AF900923

Der ITG-M einen guten Start,
und erfolgreiche Projekte!

Steffen Reister

Steffen Reister, Matthias Jäger

Microsoft Office Project 2003 – Das Handbuch

Steffen Reister, Matthias Jäger

Microsoft Office Project 2003 – Das Handbuch

Microsoft Press

Steffen Reister, Matthias Jäger: Microsoft Office Project 2003 – Das Handbuch
Microsoft Press Deutschland, Konrad-Zuse-Str. 1, D-85716 Unterschleißheim

15 14 13 12 11 10 9 8 7 6 5 4 3 2 1
06 05 04

ISBN 3-86063-180-2

Lektorat: Georg Weiherer, Münzenberg
Korrektorat: Dorothee Klein, Siegen
Satz: mediaService, Siegen (www.media-service.tv)
Umschlaggestaltung: Hommer Design GmbH, Haar (www.HommerDesign.com)
Layout und Gesamtherstellung: Kösel, Kempten (www.KoeselBuch.de)

Inhaltsverzeichnis

Vorwort ... **XIX**
Vorstellung ... XIX
Wie ist dieses Buch aufgebaut? ... XX

Teil A
Das erste Projekt – Ein schneller Einstieg ... **1**

1 Was Sie vorher wissen sollten ... **3**
Projektmanagement, ein Allheilmittel? ... 5
Projektmanagement – eine Definition ... 5
Projektziele und Konfliktlösungen ... 8
Mehrere Projektziele gleichzeitig ... 8
Das magische Zieldreieck in Project ... 11
Nebenziele ... 11
Zielkonflikte ... 12
Phasen im Projektmanagement ... 15
Phasenmodell und Projektstrukturierung ... 15
Microsoft-Produkte in den Phasen ... 20
Die Struktur des Projektmanagements ... 21
Der Auftraggeber ... 22
Organisation des Projekts ... 23
Stellung des Projektmanagements im Unternehmen ... 25
Mitarbeiter im Projektmanagement ... 26
Aufgaben des Projektmanagers ... 27
Die zehn wichtigsten Regeln für erfolgreiches Projektmanagement ... 28
Lernen Sie aus der Systemtheorie ... 28
Auflösung von Komplexität ... 29
Ganzheitliches Projektmanagement ... 30
Der Projektlebenszyklus ... 31
Organisation ist alles ... 31
Projektmanagement durch Risikomanagement ... 32
Halten Sie das System flexibel ... 32
Die Belegung der Ressourcen ... 32
Die Ressourcenplanung ... 33
Die Datenpflege ... 33
Die wichtigsten Begriffe im Projektmanagement ... 33

2 Die Oberfläche von Project **35**
Project installieren und aktivieren 35
Die Installation 35
Produktaktivierung 36
Project starten 37
Project über das Startmenü aufrufen 37
Verknüpfung auf dem Desktop erstellen 38
Öffnen eines Projektes 39
Das Arbeitsfenster 39
Der Aufgabenbereich 39
Der Projektberater 40
Die Ansichtsleiste 41
Die Bildlaufleisten 41
Der Fenstermodus 41
Die Menüleiste 42
Das Kontextmenü 43
Die Symbolleisten 44
Die Statusleiste 46
Die Dialogfelder 46
Ein Klick zur Hilfe 47
Hilfe von Ihrem stummen Begleiter – der Office-Assistent 48
Inhalt und Index 49
Hilfe aus dem Web 51
Erkennen und Reparieren 51
Die vielfältigen Ansichten 52
Balkendiagramm (Gantt) 52
Balkendiagramm: Überwachung 52
Kalender 52
Netzplandiagramm 52
Vorgang: Einsatz 52
Ressource: Einsatz 52
Ressource: Grafik 52
Ressource: Tabelle 53
Weitere Ansichten 53
Seitenansicht *Vorschau* 53
Die Zoomfunktion 54
Project beenden 54
Programmfenster schließen 54
Speichern eines Projektes 54

3 Das erste Projekt **57**
Die Voraussetzung: Der Auftrag 57
Ihr Start in Project 58
Die Alternative: Der Projektberater 59
Rund um das Thema »Vorgänge« 60
Erfassen der Vorgänge 61
Strukturieren der Teilvorgänge 61
Vorgangsnotizen hinterlegen 62

Terminierung der Vorgänge ... 63
Formatieren des Projektes ... 72
Schritt 1: Texte formatieren ... 72
Schritt 2: Balken formatieren ... 74
Schritt 3: Text in Balken anzeigen ... 78
Schritt 4: Gitternetzlinien einblenden ... 79
Drucken eines Projektes ... 80
Seitenansicht ... 80
Seite einrichten ... 81
Speichern und sichern eines Projektes ... 86

4 Verfeinern des ersten Projekts ... 89
Ansichtssache – Von Gantt zu PERT ... 89
Einfügen von Meilensteinen ... 89
Erweiterte Formatierung durch Balken-Rollup ... 91
Szenario-Management durch die PERT-Analyse ... 93
Projektverwaltung durch die Kalenderansicht ... 95
Der Kalender einer Ansichtskombination ... 100
Das Netzplandiagramm (PERT) ... 102
Tabellenfunktionalitäten in Project ... 104
Tabellen erstellen ... 104
Neue Tabellen durch Kopieren vorhandener Tabellen erzeugen ... 106
Per Filtertechnik schneller zum Ziel ... 107
Verwenden der Funktion *AutoFilter* ... 108
Erstellen oder Ändern von Filtern ... 109
Interaktive Filter ... 110

Teil B
Projektplanung ... 113

5 Der richtige Start: Grundeinstellungen ... 115
Bevor Sie zu planen anfangen ... 116
Wie soll Project rechnen? ... 116
Kalenderoptionen, die nichts mit Kalendern zu tun haben ... 122
Kalender und Arbeitszeiten ... 124
Die Kalenderarten in Project ... 124
Definition von Kalendern in Project ... 126
Die Hierarchie der Kalender in Project ... 132
Änderungen in bestehenden Plänen ... 134
Die Projekt-Info ... 134
Die Registerkarte *Ansicht* ... 135
Die Registerkarte *Allgemein* ... 136
Eigenschaften der Project-Datei ... 137

6 Vorgänge, Vorgangsdauern, Terminkonflikte ... 139
Vorgänge effizient eingeben ... 140
Die richtige Ansicht ... 140
Die Vorgangstabelle sinnvoll gestalten ... 144

Was gehört in das Projekt? 151
Die Gliederungstiefe 152
Wie baut man die Struktur auf? 155
Die Vorgangsdauern 157
Was ist die Vorgangsdauer? 158
Wie lange dauern Vorgänge? 158
Der Umgang mit geschätzten Dauern 162
Verknüpfungen und Einschränkungen 163
Die Definition von Verknüpfungen 164
Verknüpfungen analysieren 166
Die Festlegung von Einschränkungsterminen 169
Terminkonflikte 171
Die Ursache der Meldung feststellen 173
Der kritische Pfad 175
Terminkonflikte beheben 176
Die festen Kosten von Vorgängen 178

7 Ressourcenmanagement 181
Was sind Ressourcen? 182
Die Definition von Ressourcen 183
Die Felder in der Ansicht *Ressource: Tabelle* 184
Die Definition von Ressourcenkalendern 186
Die Verwendung von Vorgangskalendern 190
Die Eingabe und Zuordnung von Ressourcen 191
Ressourcenberechnungen 195
Feste Dauer mit Leistungssteuerung 198
Feste Dauer ohne Leistungssteuerung 205
Feste Arbeit 206
Feste Einheiten 211
Ressourcenkonflikte durch Vorgangskalender 212
Der Umgang mit Ressourcenkonflikten 213
Analyse eines Ressourcenkonflikts 214
Die Handlungsalternativen 217
Die Kosten von Ressourcen 224

Teil C
Projektüberwachung und -analyse 227

8 Plan und Soll – Die Zwischenzustände 229
Das Soll definieren 229
Mehrfache Basispläne 231
Plan- und Istwerte 232
Projektversionen vergleichen 236
Vergleichsversion erstellen 236
Projekte vergleichen 238

9 Projekte überwachen und fortschreiben ... **241**
Die Eingabe aktueller Informationen ... 241
Symbolleiste *Überwachen* einblenden ... 243
Die Optionen ... 243
Die Eingabe von Überwachungsinformationen ... 247
Schnelle Projektaktualisierung ... 250
Aktuelles Datum und Statusdatum ... 251
Fortschrittslinien in Project einblenden ... 252
Statusfelder ... 254

10 Projekte gezielt analysieren ... **257**
Analysieren und Korrigieren von Projektdaten ... 257
Auf der Suche nach dem kritischen Weg ... 258
Was verbirgt sich hinter dem kritischen Weg? ... 258
Prüfen von Anordnungsbeziehungen ... 259
Auffinden von Pufferzeiten im Projekt ... 260
Vorgangseinschränkungen im Projekt festlegen ... 261
Arbeitsauslastung von Ressourcen ... 263
Analysieren von Terminplänen mit einer Was-wäre-wenn-Analyse ... 263
Ändern von Vorgangsprioritäten für den Abgleich ... 263
Aufspalten von Vorgängen in kleinere Vorgänge ... 264
Flexible Arbeitszuweisungen erstellen ... 264
Jetzt geht's ums Geld: Die Kostenanalyse ... 265
Filter zum Analysieren anwenden ... 267
Welche Vorgänge sind abgeschlossen? ... 267
Haben Sie den Kostenrahmen überschritten? ... 268
Gibt es in Ihrem Projekt kritische Vorgänge? ... 269
Welche Vorgänge liegen zwischen zwei Terminen? ... 269
Welche Vorgänge laufen gerade? ... 270
Welche Vorgänge sind noch offen? ... 270
Wo sind Meilensteine in Ihrem Projekt? ... 270
Nicht zuviel auf einmal: überlastete Ressourcen? ... 270
Wer arbeitet woran? ... 271
Wie können Sie eine Ressource gesondert betrachten? ... 271

11 Berichtswesen in Project ... **273**
Dokumentation mit Berichten ... 273
Die Berichtstypen in Project ... 273
Allgemeine Übersichtsberichte ... 274
Der Vorgangsstatus ... 275
Bleiben Sie im Soll mithilfe von Kostenberichten! ... 276
Die vier Ressourcenberichte ... 277
Berichte zur Arbeitsauslastung ... 278
Für die individuellen Ansprüche – benutzerdefinierte Berichte ... 278
Der Monat im Überblick – Erstellen eines Monatsberichtes ... 279
Aus alt mach neu – Berichte kopieren ... 281
Berichte löschen ... 281

Die Praxisbeispiele ... 282
Praxisbeispiel 1: Der formatierte Meilenstein-Bericht ... 282
Praxisbeispiel 2: Änderung des Berichtszeitraumes bei nicht angefangenen Vorgängen ... 284
Praxisbeispiel 3: Kostenrahmen betrachten ... 286
Praxisbeispiel 4: Ressourcenbericht auf Basis einer anderen Ausgangstabelle ... 287
Praxisbeispiel 5: Die Arbeitsauslastung nach Vorgängen ... 288
Praxisbeispiel 6: Ein Kreuztabellenbericht ... 289
Benutzerdefinierte Berichte global verfügbar machen ... 291
Von der Ansicht auf Papier ... 292

Teil D
Der Weg zum Profi ... 293

12 Ansichten, Tabellen und Gruppierungen ... 295
Die Informationsarten von Project ... 295
Darstellungsarten ... 296
Ansichten gestalten ... 297
Die verschiedenen Ansichtsarten ... 297
Ansichten kombinieren ... 298
Die Ansicht *Ressource: Grafik* ... 300
Tipps und Tricks zum Thema Ansichten ... 303
Tabellen gestalten ... 305
Ein paar nützliche Tabellen ... 305
Eigene Tabellen erstellen ... 307
Projekte gruppieren ... 308
Verwendung von Gliederungscodes ... 309
Vorhandene Gliederungsoptionen verwenden ... 310
Erstellen von Gliederungscodes ... 310
Codes verwenden und als Menüeintrag abspeichern ... 313

13 Masken zur Eingabe und Anzeige von Daten ... 315
Was sind überhaupt Masken? ... 315
Masken verwenden ... 316
Masken erstellen ... 318
Erweiterung bestehender Masken ... 319
Definieren eigener Masken ... 321
Umbenennen benutzerdefinierter Masken ... 323
Kopieren benutzerdefinierter Masken ... 323
Löschen benutzerdefinierter Masken ... 324
Benutzerdefinierte Masken global verfügbar machen ... 325

14 Benutzerdefinierte Felder ... 327
Benutzerdefinierte Felder in Project ... 327
Felder bearbeiten ... 329
Felder umbenennen ... 329
Wertelisten für Felder definieren ... 330

Rechnen mit Project ... 332
Arbeiten mit dem Formeleditor ... 332
Formeln importieren ... 334
Verwendung von Feldern in Formeln ... 335
Beispiel zur Verwendung von Project-Feldern ... 336
Verwendung von Funktionen in Formeln ... 338
Beispiele zur Verwendung von Funktionen in Project ... 338
Werte mit grafischen Symbolen verknüpfen: Die Ampel ... 340
Terminverzug mit grafischen Indikatoren darstellen ... 340

15 Mit Menüs und Symbolleisten schneller arbeiten ... 343
Arbeiten mit Symbolleisten und Schaltflächen ... 343
Die wichtigsten Symbolleisten im Überblick ... 344
Die Symbolleiste *Standard* ... 344
Die Symbolleiste *Format* ... 346
Die Symbolleiste *Projektberater* ... 347
Symbolleisten anpassen ... 348
Ein- bzw. Ausblenden von Symbolleisten ... 349
Hinzufügen von Schaltflächen zu Symbolleisten ... 350
Erstellen eigener Symbolleisten ... 351
Praxisbeispiel: Ein paar nützliche Anpassungen ... 352
Angepasste Symbolleisten global verfügbar machen ... 359

Teil E
Teamkommunikation ... 361

16 Multiprojektmanagement mit Project ... 363
Ressourcenpooltechnik ... 363
Erstellen eines Ressourcenpools ... 364
Hinweise zum Arbeiten mit einem Ressourcenpool ... 365
Eingefügte Projekte und projektübergreifende Verknüpfungen ... 370
Die Definition externer Verknüpfungen ... 370
Projektvorlagen ... 373

17 Project und Datenbanken ... 375
Zugriff auf Projekt-Datenbanken ... 375
Speichern über ODBC ... 376

18 Project im Netzwerk ... 383
Die Grundvoraussetzungen ... 383
Zugriffsrechte im Netzwerk ... 385
Die Global.mpt im Netzwerk ... 385
Die Startoptionen der *Global.mpt* ... 386
Erstellen einer Netzwerkverknüpfung ... 387
Unternehmensweite Anpassungen mit der *Global.mpt* verteilen . 388

Teil F
Project im Unternehmenseinsatz 389

19 Projektdaten webtauglich darstellen 391
HTML, das Internet und das World Wide Web – eine Begriffsbestimmung 391
Was sind überhaupt HTML-Seiten? 391
Project-Daten als HTML-Seiten veröffentlichen 392
Überlegungen zur Aufbereitung von Project-Daten für das Internet 392
Vorinstallierte Exportfilter 393
Die Erstellung einer neuen HTML-Seite 394
Auf HTML-Vorlagen zugreifen 396
Diagramme für das Intranet 398
Das Balkendiagramm (Gantt) Online 398
Diagramme online-fähig machen 400
Das Diagramm ins HTML-Dokument einfügen 402
Wie publiziert man Daten im »Netz der Netze«? 403
Webseiten-Gestaltung mit Web-Autorensystemen 403
Vom Projekt direkt ins Web 404

20 Project Server – Testumgebung installieren 407
Systemvoraussetzungen 408
Hardware 408
Software 408
Windows-Server vorbereiten 409
Windows Service-User 409
SQL Server-Authentifizierung konfigurieren 411
SQL-Server-Service-User 412
Internet Informationsdienste konfigurieren 414
Internet Explorer erweiterte Sicherheit deaktivieren konfigurieren 417
Windows SharePoint Services (WSS) 417
Windows SharePoint Services installieren 418
Windows SharePoint Services – Virtuellen Server konfigurieren 418
Konfigurations-Datenbank-Server einstellen 420
Virtuellen Server erweitern 421
WSS für den Project Server konfigurieren 423
Project Server installieren 426
Erstes Login als Administrator 436
Beispieldatenbank installieren und konfigurieren 437
Beispieldatenbank-Konfigurationsassistent 437
Virtuelles Verzeichnis für die Windows SharePoint Services der Beispieldatenbank konfigurieren 442
WSS für Beispieldaten konfigurieren 445
OLAP-Cube erstellen 453
Cube-Zugriffsrechte erteilen 455
Client-Software vorbereiten 457
Project-Client installieren 457
Project Server-Account erstellen 457
Internet Explorer anpassen 459

21 Eine kleine Einführung in den Project Server **461**
Was ist der Project Server 461
Arbeitsgruppe oder unternehmensweiter Einsatz? 462
Architektur 464
Datenfluss 465
Multiprojektmanagement-Möglichkeiten mit dem Project Server ... 466
Die Beispieldatenbank des Project Servers 467
Führungskräfte: Jo Brown – Einblick in das Projektportfolio 467
Ressourcenmanager: *Scott Bishop* – Ermöglichen eines optimalen Ressourcenmanagements 472
Projektmanager: Steve Masters – Effizientes Verwalten des Projekts 478

Teil G
Project und die Office-Familie **483**

22 Outlook **485**
Outlook-Aufgaben importieren 485
Importieren aus Outlook 485
Project Server-Zugang in Outlook 486
Eigenen Outlook-Ordner für Project Web Access erstellen 486
Eigene Gruppe im Outlook-Navigationsbereich für den Project Server anlegen 488

23 Excel **491**
Exportieren von benutzerdefinierten Daten nach Excel 491
Erstellen einer Tabelle 491
Erstellen eines Excel-Exports mit dem Assistenten 491
Erstellen einer Excel Pivot-Tabelle mit dem Assistenten 495
Importieren von Daten aus Excel 495
Selbstdefiniertes Importschema 495
Excel-Projektvorlage 498
Datenanalyse – Der Bericht für das Controlling 500

24 Visio **503**
Project und Visio 503
Export von Visio nach Project 504
Exportieren von Gantt-Diagrammdaten 504
Export von Project nach Visio 512
Importieren von Project-Dateien 513
Einen Projekt Strukturplan (PSP) erstellen 516

25 Word **519**
Vorgangstabelle in die Zwischenablage kopieren 519
Bild und Kopfdaten des Projektes übertragen 521

26 PowerPoint **525**
Bild zu Office-Assistenten kopieren 526

Teil H
Vom Profi zum Programmierer

Vom Profi zum Programmierer 527

27 Programmieren in Project 2003 529
Einstieg in die Project-Programmierung 529
Project mit Tastatur und Maus bearbeiten 530
Arbeiten mit Objekten 530
VBA-Neuheiten in Project 2003 535
Programmieren um jeden Preis? 539
Achtung Aufnahme 540
Namenskonventionen für Makros 540
Der Aufzeichnungsmodus 542
Der Visual Basic-Editor 543
Elemente des Visual Basic-Editors 543
Das Projektfenster 544
Objekt-Eigenschaften anzeigen 545
Hier stehen die Makros: Das Code-Fenster 546
Allgemeine Einstellungen des VBA-Editors 548
Fremde müssen draußen bleiben 551
Eingebauter Schutz vor Viren 551
Zertifizieren durch digitale Signatur 552
Informationen zum Programm: Kommentare 556
Die VBA-Hilfe 557
Wichtige Informationsquelle: der Objektkatalog 557
Informationen schon beim Schreiben 558
Parameterinfo 559
Wie war noch gleich das richtige Wort? 559
So finden Sie die Stelle wieder: Lesezeichen im Programmcode 559
Wichtige Objekte 560
Application-Objekt 560
Umgebungsvariablen anzeigen 561
Zugriff auf Projekte 561
Die Import-/Exportschemata 562
Ansichten 562
Die Vorgänge bearbeiten: Das *Task*-Objekt 564
Bequem auf Objekte zugreifen 565
Sprachelemente von VBA 571
Informationen auf dem Bildschirm: Meldungen anzeigen 571
Argumente mit dem Namen ansprechen: Benannte Argumente 576
Eingebaute Formulare nutzen 576
Vor der Antwort kommt die Frage 577
Variablen und Konstanten 578
Variable deklarieren 579
Unveränderlich: Die Konstante 581
Optimieren mit Datentypen 582
Ein Container für Daten: Datenfelder 584
Externe Prozeduren verwenden: Verweise 587

Nützliche Schleifen ... 587
Anweisungen wiederholen: *For...Next* ... 588
Gleiche Objekte in einem Topf: Auflistungen ... 589
Sortieren von Datenfeldern ... 591
Schleifen vorzeitig verlassen ... 592
»Kopfgesteuerte« Schleife mit *While...Wend* ... 592
Verschachteln von Schleifen ... 593
Fußgesteuerte Schleife mit *Do...Loop* ... 593
Verschachtelte *Do*-Anweisungen ... 594
Verzweigungen in Programmen ... 594
Eine Bedingung prüfen ... 594
ElseIf-Anweisungen ... 596
Viele unterschiedliche Bedingungen prüfen: Steuerstruktur *Select Case* ... 597
Ausdrücke in *Select*-Strukturen ... 599
Fehlerbehandlung in VBA ... 600
Laufzeitfehler ... 600
Fehler übergehen und Ausführung fortsetzen ... 601
Im Fehlerfall geht's hier weiter: Sprungmarke setzen ... 601
Err-Objekt für Fehlerroutinen ... 602
Die Anweisung *Resume* ... 603
Für Spürnasen: Logische Fehler ... 604
Fehler finden und beheben ... 604
Den Makro-Debugger einsetzen ... 604
Der Codebereich ... 606
Hier treffen sich die Ausdrücke: Das Lokal-Fenster ... 606
Den Inhalt von Variablen überwachen ... 607
Überwachungsausdruck festlegen ... 607
Können Makros automatisch ausgeführt werden? ... 608
Makros mit besonderen Namen ... 608
Makros an Ereignisse knüpfen ... 609

28 Menüs und Symbolleisten mit VBA ... 611
Makros ausführen ... 611
Eine Tastenkombination für die Programmausführung festlegen ... 612
Ein benutzerdefiniertes Menü erstellen ... 613
CommandBar-Objekte und VBA ... 615
Welche *CommandBar*-Objekte gibt es? ... 615
Die Menübefehle ermitteln ... 616
Einen Menübefehl einfügen ... 617
Ein eigenes Menü mit Untermenü einfügen ... 618
Eine neue Symbolleiste erstellen ... 621

29 Mit UserForms programmieren ... 627
Dialoge mit ActiveX-Steuerelementen ... 627
Listen- und Kombinationsfelder benutzen ... 627
Ein Formular für die Eingabe ... 628
Objekt-Präfixe – Textkürzel für Objektbezeichnungen ... 629
MultiSelect: Wer die Wahl hat, hat die Qual ... 630

Programmierung der Steuerelemente ... 631
Überwachen von Änderungen ... 631
Hinzufügen von Listenelementen ... 632
Mit Register- und Multiseiten-Objekten arbeiten ... 635
Anlegen eines *Multiseiten*-Steuerelements ... 636
Erstellen der *Register*-Steuerelemente ... 636
Listenfelder mit Daten füllen ... 637
Zwischen Registerseiten wechseln ... 639
Informationen zu Ressourcen ... 640
Das UserForm erstellen ... 640
Das Steuerelement einbinden und zeichnen ... 640
Formular mit Einträgen füllen ... 641
Die Textfelder für die Informationen ... 641
Informationen über die Ressourcen ermitteln ... 641
UserForm anzeigen ... 643

Teil I
Anhang ... 645

A Tastenkombinationen und Funktionstasten ... 647
Eingabe ... 647
Bewegen in Ansichten ... 647
Gliedern von Vorgängen ... 648
Vorgangsverknüpfungen ... 648
Berechnungsoptionen ... 648
Weitere Tastenkombinationen ... 648

B Referenz – Die Funktionen zum Berechnen von Feldern ... 649
Funktionen des Bereichs *Allgemeines* ... 649
Funktionen des Bereichs *Datum/Zeit* ... 650
Funktionen des Bereichs *Konvertierung* ... 654
Funktionen des Bereichs *Mathematik* ... 658
Funktionen des Bereichs *Microsoft Project* ... 659
Funktionen des Bereichs *Text* ... 662

C Glossar – Definitionen in Project 2003 ... 665

D Tipps und Tricks zu Project 2003 ... 691
Ändern der Standardansicht beim Start ... 691
Indikatoren für geschätzte Dauer deaktivieren ... 691
Geöffnete Projekte automatisch speichern ... 692
Eintragen von Feiertagen in den Projektkalender ... 692
Speichern eines Projektes als Vorlage ... 692
Tabellen schnell auswählen und anpassen ... 693
Löschen von Tabellen, Filtern, Ansichten und Kalendern ... 693
Balkenhöhe zum Drucken verkleinern ... 693
Legende und Spalten in anderer Sprache ... 694
Balkenarten in der Legende für den Ausdruck unterdrücken ... 694

Projekt-Gesamtnotizfeld in Kopf- oder Fußzeile einfügen 695
Datumswerte schnell eingeben 695
Stichtage zu Vorgängen vergeben 695
Vorgang manuell kritisch darstellen 696
Listenfeld der Ressourcenauswahl sortieren 696
Verknüpfung zum nicht mehr existierenden Ressourcenpool aufheben 697
Entfernen doppelt verknüpfter Projekte aus dem Ressourcenpool 697
Leerzeilen in VBA überspringen 697
Unterbrechungstermine über VBA auslesen 698
Outlook-Export über VBA 698
VBA – Benutzerdefinierte Projekteigenschaften auslesen 699
VBA – Benutzerdefinierte Projekteigenschaften schreiben 700
Fragen zu Project in den Newsgroups stellen 700
Project-Adressen im Internet 701

E Die CD-ROM zum Buch 703

Stichwortverzeichnis 705

Vorwort

Vorstellung

Dieses Buch hat sich ein hohes Ziel gesteckt: Es soll praxisgerecht, anwenderorientiert, lösungsnah und umfassend sein.

Wir geben in diesem Buch Erfahrungen aus unserer täglichen Projektarbeit weiter. Dabei berücksichtigten wir ebenso Anregungen und Tipps unserer Seminarteilnehmer und Kunden wie auch Probleme, die bei den Anwendern bei der Arbeit mit Microsoft Project auftreten.

Es liegt Ihnen hier ein Buch vor, das neben seinem Anspruch, ein umfassendes Nachschlagewerk für alle Anwendungsbereiche zu sein, auch ergänzende Themen berücksichtigt und viele Lösungen liefert, die Ihnen bei der effizienten Anwendung von **Microsoft Office Project 2003** helfen sollen.

Um Ihnen auf diesem komplexen Fachgebiet Informationen aus erster Hand präsentieren zu können, haben wir dieses Buch im Team geschrieben:

- **Steffen Reister** (*sr@reister.biz*) ist seit sieben Jahren als Berater, Consultant und Trainer für Microsoft Project tätig. Er hat diverse Schulungsunterlagen verfasst, deren Zielsetzung immer den Anwender und seine Anforderungen in den Mittelpunkt stellen. In den letzten Jahren hat er sich vollumfänglich dem Thema »Microsoft Project im unternehmensweiten Einsatz« gewidmet und diverse Unternehmen aus der Finanz-, Versicherungs-, Chemie-, Software- und Pharmabranche beim Aufbau von Multiprojektmanagement-Umgebungen auf Basis von Microsoft Project beraten. In diesem Zusammenhang ist die Anpassungsfähigkeit von Microsoft Project auf die jeweiligen firmen- und benutzerspezifischen Bedürfnisse ein Hauptfaktor für eine erfolgreiche Implementierung.
- **Matthias Jäger** (*mjaeger@diventis.ch*) ist Geschäftsführer und Senior Consultant der diventis GmbH ein Schweizer Unternehmen welches als Microsoft Project Solution Provider seine ganzes Know-how und langjährige Erfahrung bei der Implementationen von Microsoft Project in Unternehmen jeder Größenordnung und Branche einsetzt. Als Senior Consultant vermittelt er in seinen Seminaren, Beratungen und Coachings für Projektleiter, Projektteams und Führungskräfte den Einsatz von Microsoft Project in Teams und im gesamten Unternehmen. Das firmenspezifische Anpassen von Microsoft Project und die Kombination der Methodik mit dem Softwareeinsatz im Projektmanagement hat er dabei zu seinem Arbeitsalltag gemacht.

Während der Autorenarbeit hat uns fachlich **Ralph Goetze** (*rgo@goetzenet.de*) zur Seite gestanden, der seine langjährige Projektmanagement-Erfahrung dazu genutzt hat, das Kapitel 1 zu überarbeiten. Dabei hat er den Bogen geschlagen von der Projektmanagement-Methodik zur Funktionalität von Microsoft Office Project 2003.

Die Lektoratsarbeit wurde von **Georg Weiherer** äußerst kompetent durchgeführt und ist ein wichtiger Bestandteil für die Qualität dieses Buches gewesen. Des Weiteren möchten wir **Microsoft Press und stellvertretend hier Thomas Pohlmann** dafür danken, dass sie uns als Autoren dieses Buches das Vertrauen geschenkt haben. Für ihren Einsatz; die Geduld und das Engagement bei der Erstellung dieses Buchs möchten wir allen an dieser Stelle herzlich danken.

Nicht zuletzt möchten wir auch unseren Familien mit Conny und Luca, Volker, Elke und Helga und allen Freunden danken, die diesen Dauerstress mit uns aushielten und die notwendige Zeit für die Erstellung des Buches geopfert haben. Danke auch Ihnen, liebe Leser, die hoffentlich viel Nutzen aus diesem Buch ziehen werden.

Wir freuen uns, dass wir als Autoren, Trainer und Berater in der täglichen Projektmanagement-Praxis mit Microsoft Project unser Know-how mit diesem Handbuch an Sie weitervermitteln dürfen, wünschen Ihnen und Ihren Kollegen viel Spaß bei der Lektüre und freuen uns über jedes Feedback oder Fragen von Ihnen.

Die Autoren stehen Ihnen unter den folgenden E-Mail-Adressen zur Verfügung:

- *sr@reister.biz* (Steffen Reister)
- *mjaeger@diventis.ch* (Matthias Jäger)

Wir können Ihnen versprechen, dass wir bei jeder Art von Fragen und Schwierigkeiten immer per E-Mail für Sie erreichbar sind.

Steffen Reister und Matthias Jäger

Wie ist dieses Buch aufgebaut?

Ob Sie im kaufmännischen oder technischen Bereich mit dem Computer arbeiten – Microsoft Project hat sich als Planungssoftware etabliert.

Für alle diese Bereiche empfiehlt sich dieses Buch. Ab Kapitel 2 definieren wir zum jeweiligen Thema Fragestellungen, wie sie in der Praxis nach unserer Erfahrung häufig vorkommen und zeigen unmittelbar danach den Lösungsweg auf. Anschließend folgen weitere Tipps und zusätzliche Hinweise zum Thema. Schließlich findet sich in den Ausführungen – wenn sinnvoll und geboten – das Erarbeiten eines Praxisbeispiels.

Dieses Buch enthält eine Marginalspalte, in der Sie folgende Texte immer wieder finden:

Marginalspalte	Beschreibung
HINWEIS	Bietet wissenswerte Zusatzhinweise zum Thema.
WICHTIG	Enthält Hinweise, mit deren Hilfe Sie Fehler vermeiden.
TIPP	Verrät Tipps und Tricks.
NEU	Stellt neue Features vor.
ACHTUNG/VORSICHT	Enthält Informationen, die zur Ausführung einer Aufgabe von besonderer Bedeutung sind.

Das vorliegende Buch ist anwenderorientiert aufgebaut. Aufgrund unserer jahrelangen Erfahrung aus Trainings und Vorträgen wissen wir, wo »der Schuh drückt«. Wir wollen unser Wissen nun konsequent an die Leser dieses Buches weitergeben.

Das Buch ist in Abschnitte unterteilt, welche den Stufen vom Einsteiger zum fortgeschrittenen Anwender entsprechen:

Teil A – Das erste Projekt – Ein schneller Einstieg

Wenn Sie bisher noch keine Erfahrung mit Project haben oder von einer älteren Version auf Project 2003 umsteigen, sollten Sie diese Seiten unbedingt durcharbeiten.

In diesem Teil geht es zunächst um die Grundlagen des Projektmanagements sowie den Zusammenhang zwischen Methodik und Softwareanwendung. Sie lernen den Einstieg in die Oberfläche von Project kennen und eignen sich an, wie Sie Project starten und schließen bzw. wie Sie mit den Menüs, Symbolleisten, den verschiedenen Ansichten und Bildschirmaufteilungen arbeiten. Ferner wird der Zugriff auf die Online-Hilfe erklärt und auf deren Neuheiten eingegangen.

Zielsetzung dieses Teiles ist es, einen schnellen Überblick über die Funktionalität von Project zu gewinnen, ohne sich gleich mit jeder Feinheit beschäftigen zu müssen. Sie erstellen ein erstes Projekt, um – wie häufig gefordert – im Ergebnis einen groben und nicht zu detailliert geplanten Projektplan vorweisen zu können.

Teil B – Projektplanung

In Project gibt es vor der ersten richtigen Projektplanung einige Einstellungen zu beachten, die die spätere Detailplanung von Terminen, Ressourcen und Kosten wesentlich erleichtern und Ihnen viel Mühe und Nerven bei der Arbeit mit Project ersparen.

In Teil B erfahren Sie, welche Einstellungen Sie im Menü *Extras/Optionen* sinnvoll setzen sollten und welche Auswirkungen diese auf die spätere Planung haben könnten. Ferner erhalten Sie einen Einblick in den Aufbau der verschiedenen Kalendereinstellungen für die Arbeitszeiten von Project 2003 mit Projekt-, Basis- und Ressourcenkalendern und den beiden verschiedenen Berechnungsarten in Projekten (Vorwärts- und Rückwärtsrechnung).

Weiterhin erlernen Sie die Eingabe von Vorgangsdauern und Verknüpfungen von Vorgängen und deren Auswirkungen auf mögliche Terminplankonflikte. In einem weiteren Schritt erfahren Sie mit einem detaillierten Einstieg in die Welt des Ressourcenmanagements mit Project 2003 mehr über den Zusammenhang zwischen Dauer, Arbeit und prozentualer Zuordnung von Ressourceneinheiten. Die Analyse und Optimierung von Ressourcenüberlastungen runden den Buchteil ab.

Teil C – Projektüberwachung und -analyse

Eine häufige Vernachlässigung ist die Fortschreibung der Termine und deren Verfolgung im Vergleich zur ursprünglichen Planung.

In Teil C erfahren Sie zunächst mehr über den Vergleich von geplanten mit aktuellen Vorgangsterminen sowie über den Aufwand von Ressourcen und deren Kosten. Weiterhin beschäftigen sich die nachfolgenden Kapitel mit dem Thema, wie Sie Ihren Projektplan immer auf dem aktuellsten Stand halten können – sei es mithilfe des prozentualen Fortschritts oder einer Rückmeldung zum Status.

Ein weiterer Fokus dieses Teiles ist die Analyse von Projektplänen. Sie erlernen, wie Sie gezielt Filtertechniken zur Analyse von Vorgangsverschiebungen und Ressourcenengpässen wie auch zur Analyse des kritischen Weges einsetzen können.

Das Kapitel *Berichtswesen* rundet den Teil C in Form des Projektreportings ab und zeigt Ihnen verschiedene Wege auf, mit welchen Berichten Sie sinnvoll die Termin-, Ressourcen- und Kostenplanungen darstellen können.

Teil D – Der Weg zum Profi

Für den Fall, dass Ihnen die Ansichten und Masken, die standardmäßig von Project mitgeliefert werden, nicht ausreichen oder Sie weitere spezifische Anforderungen an die Daten haben, die Sie sehen möchten, werden Ihnen die beiden nachfolgenden Kapitel (12 und 13) behilflich sein. Sie machen sich damit vertraut, wie Sie Ihre Ansichten und Masken verändern müssen, um diese später inklusive aller Daten genau in der gewünschten Form präsentieren zu können.

Project berechnet so einiges – jedoch nicht unbedingt alles, was für Ihre Belange speziell notwendig sein könnte. Weiterhin möchten Sie nicht immer nur Zahlen sehen, sondern an der einen oder anderen Stelle auch grafische Symbole zum Visualisieren einsetzen. Hier wird Ihnen Kapitel 14 nützliche Hinweise liefern: So geht es u.a. darum, wie Sie benutzerdefinierte Felder in Project mit Formeln versehen und die Ergebnisse im Anschluss daran mithilfe von Symbolen darstellen können.

Wenn Sie eine bestimmte Zeit mit Project gearbeitet haben, werden Sie möglicherweise feststellen, dass Ihnen das eine oder andere Procedere zu umständlich ist. Das Kapitel 15 beschäftigt sich damit, wie Sie verschiedene Funktionalitäten mithilfe der Menüs und Symbolleisten an Ihre individuellen Bedürfnisse anpassen können.

Teil E – Teamkommunikation

In Teil E wird besprochen, wie mehrere Projektpläne miteinander verknüpft werden, wie ein gemeinsamer Ressourcenpool erstellt wird und worauf hierbei unbedingt zu achten ist.

Die logische Folgerung aus der Verknüpfung mehrerer Dateien und der Probleme, die durch das Dateisystem entstehen, machen es sinnvoll, eine Alternative zur dateibasierten Datenhaltung aufzuzeigen. Im Kapitel 17 »Project und Datenbanken« wird darauf näher eingegangen. Weiter wird in diesem Kapitel aufgezeigt, wo die Vorteile des Speicherns und das Arbeiten mit Datenbanken liegen und welche Grundkenntnisse im Umgang von Project und Access notwendig sind.

Sobald mehrere Benutzer die gleichen Projektpläne benutzen, ist es unabdingbar, dass alle mit den gleichen Grundeinstellungen arbeiten. Da diese Grundeinstellungen normalerweise lokal in der globalen Vorlagendatei *Global.mpt* gespeichert werden, wird im Kapitel 18 »Project im Netzwerk« besprochen, wie eine Vorlagendatei für alle Benutzer zugänglich gemacht und gesichert wird.

Teil F – Project im Unternehmenseinsatz

In diesem Teil wird der Frage des unternehmensweiten Einsatzes und der Einbindung aller Projektbeteiligten in ein Projekt nachgegangen.

Neben dem Publizieren per HTML-Seiten wird – speziell in Kapitel 21 »Eine kleine Einführung in den Project Server« – auf das Zusammenspiel der Produkte Microsoft Office Project 2003 und Microsoft Office Project Server 2003 eingegangen.

Die drei Kapitel beschäftigen sich damit, welche Funktionen Microsoft Office Project 2003 im Unternehmenseinsatz zu bieten hat. Angefangen bei einfachen Darstellungen von Projektplänen im Web, bis hin zur integrierten unternehmensweiten Gesamtlösung auf Basis einer SQL Datenbank und dem Microsoft Office Project Server 2003.

Teil G – Project und die Office-Familie

Als Project-Anwender sollten Sie auch das Zusammenspiel von Project mit den Office-Anwendungen Outlook, Excel, Word, PowerPoint und Visio kennen.

Wir zeigen im Teil G den Datenaustausch zwischen Project und Visio, wie Sie ein Balkendiagramm (Gantt) von Project nach Word oder PowerPoint exportieren und wie Sie Aufgabenlisten von Outlook nach Project importieren.

Teil H – Vom Profi zum Programmierer

Als Profi fehlt Ihnen jetzt nur noch die Fähigkeit, eigene Lösungen zu programmieren. Machen Sie sich mit den Grundlagen der VBA-Programmierung in Project vertraut. In Teil H beschreiben wir den Unterschied zwischen Funktionen und Prozeduren, wie Sie mit der VBA-Programmiersprache Variablen und Konstanten definieren, Programmstrukturen aufbauen und Benutzerdialoge erstellen und anwenden.

Im Einzelnen lernen Sie, wie Sie

- Programme mit dem Makro-Rekorder aufzeichnen,
- Meldungen anzeigen und Benutzereingaben verarbeiten,
- Werte vergleichen und mit Programmverzweigungen reagieren,
- mit Schleifen Aktionen wiederholt ausführen,
- auftretende Fehler im Programm verarbeiten,
- Programme automatisch starten,
- auf alle Vorgänge und Ressourcen mit einer Schleife zugreifen.

Das Zusammenspiel von Project mit anderen Programmen der Office-Familie nebst anwendungsübergreifender Programmierung runden diesen Teil ab. Danach gehören Sie ohne Zweifel zu den »Power-Usern« von Project.

Anhang

Nicht alles kann man in Texten abhandeln und doch freut sich jeder, wenn es irgendwo »schwarz auf weiß« abgedruckt ist. Bestimmte Fragen bewegen viele Benutzer von Project:

- Welche Felder gibt es und wozu dienen sie?
- Welche Tastenkombinationen gibt es überhaupt?
- Welche Funktion hat welche Syntax beim Berechnen benutzerdefinierter Felder?
- Wie sind bestimmte Ausdrücke und Begriffe zu verstehen?

All diese Fragen werden im Anhang zu diesem Buch beantwortet und – quasi als »Bonbon« – ergänzt durch Tipps und Tricks aus dem Arbeitsalltag der Autoren.

Zu guter Letzt

Es kann also losgehen. Wo und wie Sie anfangen, hängt von Ihrer persönlichen Einschätzung und Ihren Aufgaben ab. Schreiben Sie uns, teilen Sie uns Ihre Meinung mit! Wir werden Sie gern auf dem Laufenden halten.

Teil A
Das erste Projekt – Ein schneller Einstieg

3 Was Sie vorher wissen sollten
35 Die Oberfläche von Project
57 Das erste Projekt
89 Verfeinern des ersten Projekts

Wenn Sie bisher noch keine Erfahrung mit Project haben oder von einer älteren Version auf Project 2003 umsteigen, sollten Sie die nachfolgenden Seiten unbedingt durcharbeiten.

In diesem Teil geht es zunächst um die Grundlagen des Projektmanagements sowie um den Zusammenhang zwischen Methodik und Softwareanwendung. Sie lernen den Einstieg in die Oberfläche von Project kennen und eignen sich an, wie Sie Project starten und schließen bzw. wie Sie mit den Menüs, Symbolleisten, den verschiedenen Ansichten und Bildschirmaufteilungen arbeiten. Ferner wird der Zugriff auf die Online-Hilfe erklärt und auf deren Neuheiten eingegangen.

Zielsetzung dieses Teiles ist es, einen schnellen Überblick über die Funktionalität von Project zu gewinnen, ohne sich gleich mit jeder Feinheit beschäftigen zu müssen. Sie erstellen ein erstes Projekt, um dann rasch (wie häufig gefordert) einen groben und nicht zu detailliert geplanten Projektplan vorweisen zu können.

Sie erhalten hier erste wertvolle Tipps, die Ihnen die weitere Arbeit mit Microsoft Project erleichtern werden.

1 Was Sie vorher wissen sollten

5 Projektmanagement, ein Allheilmittel?
8 Projektziele und Konfliktlösungen
15 Phasen im Projektmanagement
21 Die Struktur des Projektmanagements
28 Die zehn wichtigsten Regeln für erfolgreiches Projektmanagement
33 Die wichtigsten Begriffe im Projektmanagement

Viele Projektverantwortliche nähern sich der Software Project zu Beginn mit der unterschwelligen Hoffnung, nun endlich ein Instrument in die Hand zu bekommen, mit dem sich Projekte fast von selbst verwalten. Eine weitere Gruppe möchte sogar die unternehmenspolitischen Probleme gelöst bekommen, bei denen diese selber versagen müssen. Die ersten Erfahrungen sind dann meist eher ernüchternd. Der Umgang mit der Software stellt sich komplexer dar als erwartet.

Microsoft Project 2003, im weiteren Verlauf dieses Buches als »Project« bezeichnet, ist ein leistungsfähiges Programm, das die erfolgreiche Durchführung von Projekten unterstützt. Aber das eigentliche Projektmanagement müssen immer noch Sie leisten. Die Software kann Sie dabei unterstützen, Projekte besser zu überblicken und zu steuern, aber von allein managt sich das Projekt deshalb noch lange nicht.

Projektmanagement beginnt im Kopf

Denn trotz oder auch gerade bei Einsatz einer Software gilt: Projektmanagement beginnt im Kopf, Projektmanagement ist denken. Die Ergebnisse dieser Denkprozesse lässt sich in dem Programm Project umsetzen. Sie müssen aber – und das ist die zu Beginn ernüchternde Erfahrung – die wesentlichen Vorarbeiten nach wie vor selbst leisten. Project unterstützt Sie bei der Abbildung Ihrer Ergebnisse, und stellt eine breite Datenbasis zur Verfügung, damit Sie mittels Project besser argumentieren können und Sie auch besser den unternehmenspolitischen Bestrebungen in Ihrem Project entgegentreten können.

Häufige Fehler beim Einsatz von Project

Aus der praktischen Erfahrung in einer Vielzahl von Projekten, aus Seminaren und Coachings zum Thema Projektmanagement und zu Project selbst lassen sich einige Schlüsse ziehen, welche Faktoren dafür verantwortlich sind, dass zu Beginn der Arbeit mit Project oft die erhofften Ergebnisse nicht eintreten:

- Die Leistungsfähigkeit der Software oder besser die Automatisierung von Teilen des Projektmanagements durch die Software wird überschätzt.

- Der Eingabe- und der Pflegeaufwand, den die Abbildung eines Projektes mithilfe einer Software erfordert, wird unterschätzt.
- Eine mögliche Automatisierung im Bereich der Rückmeldungen (Mail/Web Access) sind nicht bekannt, oder dürfen nicht in die vorhandene IT-Umgebung integriert werden.
- Die Projektplanungssoftware wird oftmals zu spät im Projekt eingeführt. Sie begleitet das Projekt nicht von Beginn an und wird erst dann eingesetzt, wenn sich zeigt, dass das Projekt sehr komplex wird.
- Die Anforderungen der Software Project an die klar strukturierte Abbildung eines Projektes zeigen Fehler im bisherigen Vorgehen der Projektplanung auf, die ohne externe Hilfe nicht behoben werden können. Es gelingt oftmals schlicht nicht, eine korrekte Struktur des Projektes abzubilden.
- Die Funktionalität der Projektplanungssoftware ist nicht trivial und erfordert eine genaue Kenntnis. Somit erforderliche Trainingsmaßnahmen werden vielfach nicht konsequent und verspätet durchgeführt.
- Das erste Projekt, das mithilfe der Projektplanungssoftware realisiert wird, ist oft komplex. Dies erschwert die Einarbeitung in das Programm.
- Da Eingaben in der Software in vielen Fällen einen direkten Handlungsbedarf aufzeigen, müssen auch unmittelbar Entscheidungen getroffen werden. Die Entscheidungswege sind aber oft zu lang oder zu hierarchisch. Unternehmenspolitische Meinungsverschiedenheiten erschweren zusätzlich die Wege.
- Die Projektplanungssoftware wird nicht von allen am Projekt Beteiligten genutzt. Damit stehen notwendige Daten nicht zur Verfügung.
- Die Software wird in verschiedenen Bereichen mit Projekten, die sich überlappen, in unterschiedlicher Weise eingesetzt.

HINWEIS

Die Länge dieser Liste macht deutlich, dass eine Vielzahl von Voraussetzungen zu schaffen sind, damit die Projektplanungssoftware erfolgreich genutzt werden kann. Diese Voraussetzungen lassen sich in drei Punkten zusammenfassen:

- Die organisatorischen Strukturen für das Projektmanagement und die Nutzung der Projektplanungssoftware im Unternehmen müssen klar definiert werden. Diese Strukturen widersprechen gelegentlich den unternehmenspolitischen Interessen einiger weniger. Das kann je nach Machtverhältnissen in den Unternehmen bis zur Inkompatibilität mit Project führen.
- Es muss allen Beteiligten klar sein, dass die Projektplanungssoftware keine Lösung, sondern ein Werkzeug ist. Projektmanagement findet weiterhin zunächst im Kopf der Verantwortlichen statt. Sie müssen die Methodik des Projektmanagements *und* die Handhabung und Logik der Software beherrschen.
- Der Einsatz einer Projektplanungssoftware führt üblicherweise nicht zu einem messbar geringeren Aufwand für das Projektmanagement, sondern »nur« zu früherer Fehlererkennung, sowie besserer Strukturierung und Dokumentation des Projektes. Ziel ist also das bessere Projektmanagement, nicht die reine Reduzierung des Aufwands für das Projektmanagement.

Projektmanagement, ein Allheilmittel?

Um beurteilen zu können, wann Project sinnvoll eingesetzt werden kann und wann es andere Werkzeuge oder Lösungswege gibt, ist es hilfreich, sich zunächst einmal den Begriff des Projektmanagements zu vergegenwärtigen.

Projektmanagement – eine Definition

Auch wenn Normen die Praxis nicht immer sinnvoll beschreiben, stellt die DIN-Norm 69 901 doch einen guten Ausgangspunkt dar, um die erforderliche Klarheit zumindest über den Begriff *Projekt* zu erreichen.

Projekt gemäß DIN (Deutsche Industrienorm)

Die Norm definiert ein Projekt als ein Vorhaben, das im Wesentlichen durch seine Einmaligkeit der Bedingungen in ihrer Gesamtheit gekennzeichnet ist. Die Norm nennt als solche Bedingungen unter anderem:

- Zielvorgabe
- zeitliche, finanzielle, personelle und andere Bedingungen
- Abgrenzung gegenüber anderen Vorhaben
- projektspezifische Organisation.

Abbildung 1.1: *Definition des Projekt-Managements*

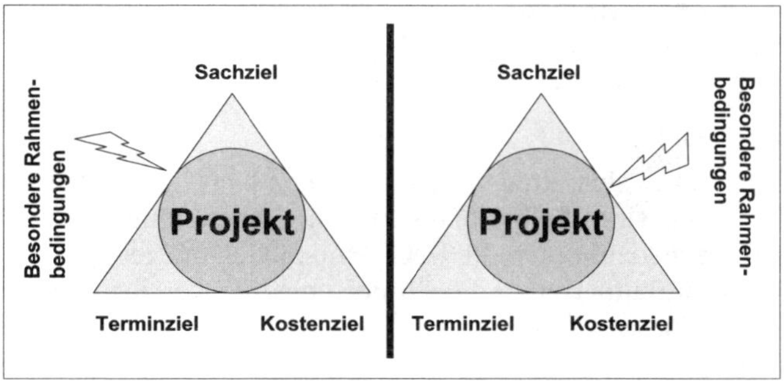

Wichtig in der Definition ist die Abgrenzung zwischen Projekten und Routineaufgaben. Projekte unterscheiden sich von Routinearbeiten dadurch, dass neue oder in dieser Kombination noch unbekannte Anforderungen und Teilaufgaben auftreten. Die Einmaligkeit der Bedingungen ist ein sehr wesentliches Element eines Projektes. Ein weiteres Element ist die Abgeschlossenheit: Es handelt sich um ein Vorhaben, nicht um eine endlose Reihe von Vorhaben. Gerade für eine Projektplanungssoftware wie Project ist es wichtig, eine solche Abgeschlossenheit klar zu definieren: Das Programm kann nur richtig rechnen, wenn das Projekt einen Anfang und ein Ende hat.

Verwendet man die Definition des Begriffs Projekt aus der Norm, dann zeigt sich, dass es Bereiche gibt, in denen sehr viele Projekte abgewickelt werden, während in anderen nur selten Projekte eine Rolle spielen.

Interessant ist, dass in der Definition der DIN-Norm seit 1980 die *Komplexität* nicht mehr enthalten ist. Diese wurde im Sinne der Projektgröße verstanden. Im

Lauf der Zeit hat sich aber mehr und mehr gezeigt, dass sich die Methoden des Projektmanagements auch bei relativ kleinen Projekten sinnvoll nutzen lassen.

Denn auch solche Projekte erreichen schnell eine Komplexität, bei der klar definierte Methoden und Werkzeuge zur Unterstützung unbedingt sinnvoll sind. Wenn man beispielsweise Marketing-Aktionen, Messestände, die Einführung von Netzwerken oder anderer Software oder auch schon kleinere Softwareentwicklungsprojekte betrachtet, so sind diese nicht unbedingt durch ihre Komplexität im Sinne von Größe, vielen beteiligten Mitarbeitern und langer Dauer gekennzeichnet.

Sie sind aber dennoch komplex, weil es eine Vielzahl von Einflussfaktoren gibt, die bei der Durchführung solcher Projekte beachtet werden müssen. Wer sich einmal mit solchen Projekten beschäftigt hat, weiß, wie schnell aus einem vermeintlich kleinen, überschaubaren Projekt dann doch eine relativ komplexe Angelegenheit mit Termin- und Ressourcenkonflikten werden kann. Genau dann macht der Einsatz von Projektmanagementwerkzeugen und Methoden des Projektmanagements Sinn.

Damit weicht das Verständnis des Projektmanagements heute auch deutlich von dem früheren Ansatz ab, als nur sehr große Vorhaben als Projekt betrachtet wurden: beispielsweise militärische Projekte im zweiten Weltkrieg und in der Frühphase des Kalten Krieges. Projektmanagement spielte daher zunächst auch bei Vorhaben der Luft- und Raumfahrt und im militärischen Bereich eine Rolle.

Drei klassische Bereiche des Projektmanagements sind heute:

- Bauprojekte
- Softwareentwicklung
- Entwicklung und Forschung

In allen drei Fällen handelt es sich um Bereiche, in denen kaum wiederkehrende Problemstellungen zu lösen sind. Selbst der Bau von Einfamilienhäusern wird kaum zur Routineaufgabe, bedenkt man die wechselnden Geländegegebenheiten, die Wünsche der jeweiligen Bauherren und die unterschiedlich beteiligten Partner (Banken, Handwerker usw.).

Das Management

Als zweites Element in dem Begriff Projektmanagement ist das Wort *Management* enthalten. Der Duden definiert *Management* als *Leitung eines Unternehmens, Betriebsführung*. Für das Verb *managen* gibt es die Vorschläge *leiten*, *zustande bringen*, *geschickt bewerkstelligen* und *organisieren*.

Für das Projektmanagement ist es wichtig, den Begriff mit *leiten* zu übersetzen. Beim Projektmanagement geht es um mehr als nur das Verwalten der Durchführung einer komplexen Aufgabe. Es geht auch um mehr als die unreflektierte Umsetzung vordefinierter Schemata und die Nutzung festgelegter Methoden. Projektmanagement bedeutet die Leitung der Projekte und die Lösung der dabei entstehenden Konflikte.

Abbildung 1.2: Elemente der Projektarbeit

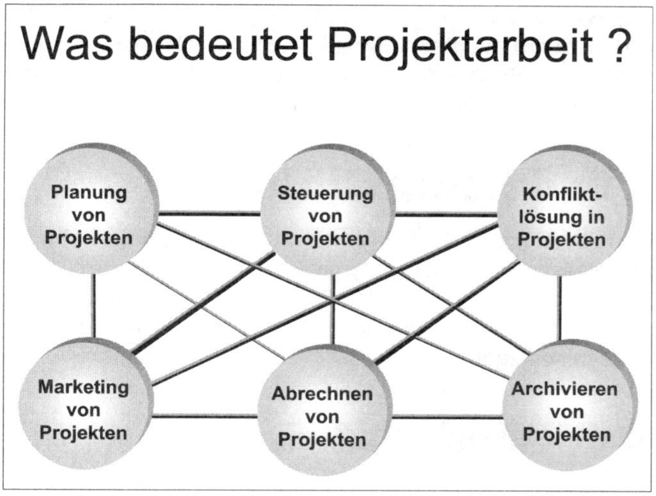

Dieses Verständnis ist von elementarer Bedeutung für den Projekterfolg. Der Projektmanager muss Regelungskompetenzen besitzen, um schnell reagieren zu können. Er muss in der Lage sein, Konflikte ohne endlose – und gar zu oft auch fruchtlose – Konsultationen anderer Instanzen der Organisation zu lösen. Für jeden Projekterfolg ist es unerlässlich, dass leidiges Kompetenzgerangel und Profilierungsstreben soweit als möglich ausgeschlossen werden und der Projektmanager den nötigen Spielraum hat.

Die Bereiche Archivieren und Marketing von Projekten werden häufig aus Kostengründen beschnitten oder gestrichen. In diesem Zusammenhang ist es sehr interessant, dass bei der Möglichkeit von Mehrfachnennungen als Gründe für das Scheitern von Projekten sehr häufig der Widerstand der Betroffenen angegeben wird.

Die Dokumentation von Projekten ist eine interessante Basis für die Projektaufwandsschätzung. Leider wird diese aus Kostengründen häufig nicht genutzt.

Das Projektmanagement

Projektmanagement ist also die Leitung eines durch seine Einmaligkeit definierten Vorhabens. Damit ist Projektmanagement eine Herausforderung für die durchführenden Kräfte. Nicht umsonst ist es heute in vielen Unternehmen so, dass die erfolgreiche Realisierung eines bedeutsamen Projektes ein Sprungbrett für die weitere Karriere ist.

Die entscheidende Herausforderung beim Projektmanagement ist die Arbeit mit und in Projektgruppen, die Lösung von Problemen zwischen den Projektbeteiligten und mit den Zulieferern. Das Projektplanungswerkzeug Project ist dabei insoweit eine Unterstützung, als es:

- hilft, Kosten -, Ressourcen- und Termin-Probleme im Projekt zu erkennen
- erlaubt, eine schnelle Analyse von Handlungsalternativen mit ihren Auswirkungen auf den weiteren Projektverlauf vorzunehmen
- ermöglicht, Fakten zum Status eines Projektes und zu Folgen von Planabweichungen darzustellen und damit eine wichtige Argumentationsgrundlage zu liefern.

Die entscheidende Vorraussetzung dafür ist, dass Project nicht nur in der Planungsphase benutzt wird, sondern auch nach Möglichkeit die Rückmeldeprozess mittels Outlook/Web Access des Project Server verwendet werden. Eine aufwändigere manuelle Eingabe ist auch möglich.

Projektziele und Konfliktlösungen

Jedes Projekt verfolgt ein bestimmtes Ziel und soll einen bestimmten Nutzen erbringen. Dazu müssen realistische Projektziele gesteckt werden. Bereits damit werden die Weichen für den gesamten Verlauf des Projekts und auch für den Projekterfolg gestellt. Das Ziel muss messbar sein, um den Erfolg oder Nichterfolg eines Projektes genau bestimmen zu können.

Mehrere Projektziele gleichzeitig

In der Literatur zum Projektmanagement werden zumeist drei Ziele unterschieden:

- Sachziel
- Terminziel
- Kostenziel

Sie werden es leichter haben, genaue Projektziele zu stecken, wenn Sie sich über diese drei Zielarten im Klaren sind.

Hier zur Verdeutlichung die Fragen, welche die drei genannten Zielarten aufwerfen:

Tabelle 1.1: Projektziele

Ziele	Fragen
Sachziel	Welches Produkt, welche Dienstleistung soll entstehen? Welchen Zweck verfolgt das Projekt? Welche Qualitätsmerkmale werden angestrebt? Sind andere Systeme involviert?
Terminziel	Bis wann soll das Projekt fertig gestellt sein?
Kostenziel	Wie hoch ist das Budget?

Abbildung 1.3: Zielkonflikte beim Projektmanagement sind unvermeidlich

Definition des Sachziels

Das bestimmende Ziel ist zweifellos das Sachziel. Dieses gibt vor, welche Leistung in dem Projekt erreicht werden soll. Das Sachziel muss, wie jedes andere Ziel auch, messbar sein. Nur bei messbaren Zielen kann überprüft werden, ob das Projekt erfolgreich war oder nicht. Nur messbare Ziele können also die Messlatte für den Projekterfolg sein.

Das Sachziel eines Projektes besteht darin, die Aufgabe in der geforderten Form zu lösen. Bei der Erstellung beispielsweise einer Firmenpräsentation im Internet muss die Funktionalität, die im Pflichtenheft dokumentiert ist, realisiert werden.

Im Gegensatz zu den beiden anderen im Mittelpunkt der Betrachtung stehenden Zielen ist die Messbarkeit beim Sachziel in vielen Fällen nur schwer zu erreichen. Wie misst man beispielsweise die Sachzielerreichung bei Forschungs- und Entwicklungsprojekten? Daher wird bei sehr vielen Projekten mit Pflichtenheften gearbeitet. Ob diese explizit diese Bezeichnung tragen oder implizit Gegenstand beispielsweise einer öffentlichen Ausschreibung sind, ist sekundär. Entscheidend ist, dass ein richtig erstelltes Pflichtenheft eine vollständige Beschreibung der sachlichen Leistungen, die ein Projekt erbringen soll, beinhaltet. Es ist der Rahmen, an dem der Projekterfolg nachher gemessen werden kann.

Das Sachziel ist also die Aufgabe, die es im Projekt zu lösen gilt. Die besondere Bedeutung des Sachziels in einem Projekt ergibt sich schlicht daraus, dass seine Erreichung der ureigene Zweck des Projekts ist. Wenn das Sachziel nicht erreicht wird, dafür aber Kosten- und Terminziele eingehalten werden, ist der Sinn des Projekts typischerweise verfehlt worden. Änderungen am Sachziel können im Verlauf eines Projekts zwar vorkommen, sollten aber nicht die Regel sein.

Bei der Definition des Sachziels kann Project den Projektleiter nicht unterstützen. Die Berücksichtigung eines Know-how-Profils von einem Projektmitarbeiter, sowie die Aufwandsschätzung liegt beim Projektleiter. Die Folgen dieser Überlegung, die Dauer und die Kosten kann Project visualisieren. Lesen Sie hierzu mehr im ▶ Teil C »Projektüberwachung und -analyse« in diesem Buch.

Definition des Kostenziels

Das Kostenziel ist das zweite wichtige Ziel. Es gilt, die Kosten in einem definierten Rahmen zu halten. Das Kostenziel hat je nach Struktur des Projekts sehr unterschiedliche Bedeutung. Bei manchen Projekten wirken sich die Kosten entscheidend auf den weiteren Erfolg oder Misserfolg eines Unternehmens aus. Andererseits gibt es genügend Beispiele für interne Projekte, bei denen es darum geht, Organisationsstrukturen anzupassen oder Konzepte zu entwickeln. Bei dieser Art von Projekten spielen die Kosten nur eine untergeordnete Rolle.

Kosten lassen sich bei allen Projekten erfassen. In vielen Fällen sind bereits Verrechnungskosten, beispielsweise für Personal, definiert, die verwendet werden können, um die im Projekt entstehenden Kosten einigermaßen genau zu erfassen. Auch wenn es zu keinen direkten Mittelabflüssen kommt und auch wenn die meisten entstehenden Kosten Gemeinkosten sind, lässt sich so doch eine einigermaßen genaue Betrachtung erreichen.

Das aber hilft für eine ganze Reihe von Punkten:

- Durch die Einbeziehung der Kosten in das Projektmanagement kann ein Kostenziel definiert und überwacht werden. Damit lässt sich erkennen, ob und bis zu welchem Punkt die Durchführung eines Projekts unter dem Aspekt der Kosten überhaupt vertretbar ist.
- Die Betrachtung von Kosten in Projekten kann die Kostendisziplin in Projekten wesentlich erhöhen.
- Die Information über Kosten von Projekten stellt einen wesentlichen Baustein bei einer zwischenzeitlichen oder abschließenden Kosten-Nutzenbetrachtung dar und liefert damit auch wichtige Informationen über den Projekterfolg und darüber, was bei zukünftigen Projekten des gleichen Typs zu beachten ist. Sie kann auch die Basis für die Preiskalkulation bei zukünftigen Angeboten im gleichen Bereich bilden.

Wenn Sie als Projektleiter sorgfältig in Project einschließlich Ressourcen geplant haben, erhalten Sie ohne weiteren Aufwand die Möglichkeit Projektgesamtkosten, Ressourcenkosten oder Vorgangskosten abzurufen.

Definition des Terminziels

Das Terminziel als drittes Ziel hat in den meisten Projekten eine wesentlich größere, explizite Bedeutung als das Kostenziel. Das Projekt soll zu einem definierten Zeitpunkt zu Ende gebracht werden und ganz typisch für eine Vielzahl von Projekten ist, dass es gerade beim Endtermin keinen Spielraum gibt.

Das Terminziel drückt aus, dass das Projekt zu einem vorgegebenen Zeitpunkt zu einem erfolgreichen Ende gebracht werden muss. Auch dieses Ziel ist von großer, manchmal sogar entscheidender Bedeutung. Oft ist es noch wichtiger als das Kostenziel.

Es gibt kaum ein Projekt, bei dem kein explizites Terminziel festgelegt ist. Termine sind, verglichen mit Kosten, aber auch mit dem Sachziel, einfach zu definieren und zu überwachen. Wichtig bei der Definition des Terminziels ist, das Ziel realistisch so zu definieren, dass es auch erreicht werden kann.

Die Erfahrung aus vielen Projekten zeigt, dass hier allzu oft Führungskräfte Termine versprechen, die bei genauerer Analyse des Projekts nicht zu halten sind. Dabei spielen oftmals »politische« Gründe eine Rolle: Die Leistungsfähigkeit des eigenen Bereichs soll bewiesen werden, ein anderer Bereich soll damit ausgestochen werden oder ein Vertriebsmitarbeiter hat mit der Terminzusage beim Kunden zuviel versprochen.

So muss es auch nicht wundern, dass Terminziele sehr häufig verschoben werden. Das ist beispielsweise bei Forschungs- und Entwicklungsprojekten durchaus typisch und oft zwingend, da sich der Verlauf eines solchen Projekts nicht immer exakt terminieren lässt. Auf der anderen Seite zeigt sich aber auch, dass Projekte eben nicht gründlich genug analysiert und geplant wurden – vor allem, wenn solche Terminverschiebungen erst spät im Projekt auftreten.

Auch ein gutes und softwaregestütztes Projektmanagement wird das nicht verhindern können. Gutes Projektmanagement kann aber Terminverschiebungen frühzeitig erkennen und damit früher reagieren. Project unterstützt die Visualisierung der Probleme und kann dadurch beim Lösungsprozess unterstützen. Gegen unerwartete Einflüsse ist man auch dann nicht gefeit. Die über längere Zeit absehbaren Verschiebungen werden aber frühzeitig deutlich.

Ein guter Projektmanager wird diese auch frühzeitig signalisieren, selbst wenn er damit auf »politische« Widerstände in seiner Organisation stößt. Wenn aber deutlich gemacht wird, welche Probleme es gibt und wie diese gelöst werden können, ist das zu einem frühen Zeitpunkt für das Standing des Projektmanagers allemal besser als sehr spät einzugestehen, dass das Ziel nicht zu halten ist.

Das magische Zieldreieck in Project

Die Problematik der Zielerreichung und der ständigen Modifikation der Ziele ist in Project abbildbar. Besonders hilfreich ist in diesem Falle die Leistungssteuerung (Umverteilung der Arbeit auf die Ressourcen), die es dem Projektleiter ermöglicht, an einem der drei Ziele, Sachziel, Kostenziel und dem Terminziel Veränderungen vorzunehmen und die Folgen direkt im Gantt Chart betrachten kann. Insofern kann man das Magische Dreieck mit dem Dreieck der Leistungssteuerung kombinieren. Besonders interessant ist es an dieser Stelle, dass der Projektleiter mittels einer Einstellung *Feste Arbeit*, *Feste Dauer* und *Feste Einheiten*, seine Zielorientierung abbilden kann. Die praktische Herangehensweise hierzu finden Sie in ▶ Kapitel 7.

Abbildung 1.4: *Die Projektziele und deren Beeinflussung durch Einstellungen in Project*

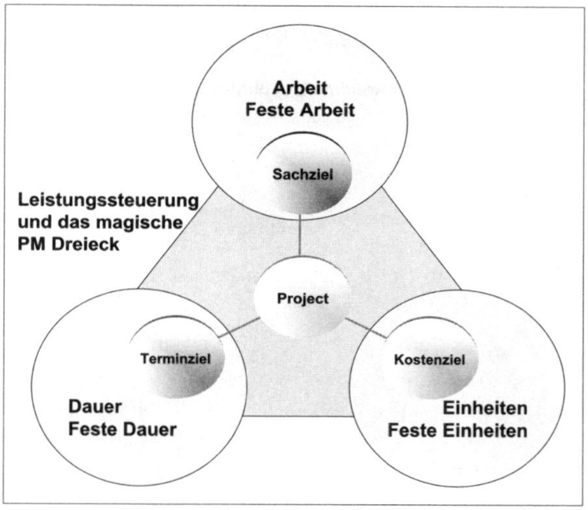

Nebenziele

Neben den drei genannten Zielen gibt es bei jedem Projekt auch noch Nebenbedingungen. Dazu gehören die Verfügbarkeit von Ressourcen, gesetzliche Rahmen, Genehmigungsverfahren und dergleichen mehr. Alle diese Nebenbedingungen können den Verlauf des Projekts durchaus entscheidend beeinflussen.

HINWEIS

Aus diesem Grund ist es ausgesprochen wichtig, die Neben- oder auch Rahmenbedingungen in einem Projekt frühzeitig zu analysieren und entsprechend zu berücksichtigen. Während sich das mit klar definierten Rahmenbedingungen wie beispielsweise gesetzlichen Regelungen relativ einfach bewerkstelligen lässt, wird diese Planung im personellen Bereich schon schwieriger.

Hier noch einmal wichtige Nebenbedingungen, die zu berücksichtigen sind:

- gesetzliche Bestimmungen (z.B. die Abschreibungsproblematik)
- patentrechtliche Festlegungen
- Umweltbestimmungen
- personelle Bedingungen

Gerade der letzte Punkt verdient besondere Aufmerksamkeit. Die zwar erfolgreiche Beendigung eines Projektes, die letztlich aber dazu führt, dass anschließend gute Mitarbeiter das Haus verlassen, weil sie mit dem Führungsstil des Projektleiters nicht zufrieden waren, ist ebenso wenig sinnvoll wie die Umsetzung eines Projektes mit einem anschließend erheblich gestörten Verhältnis zu den Lieferanten.

Wird mit zusätzlichen Zielen oder Nebenbedingungen gearbeitet, so entstehen weitere Zielkonflikte, die sich in den meisten Fällen wieder auf die drei Hauptziele auswirken können.

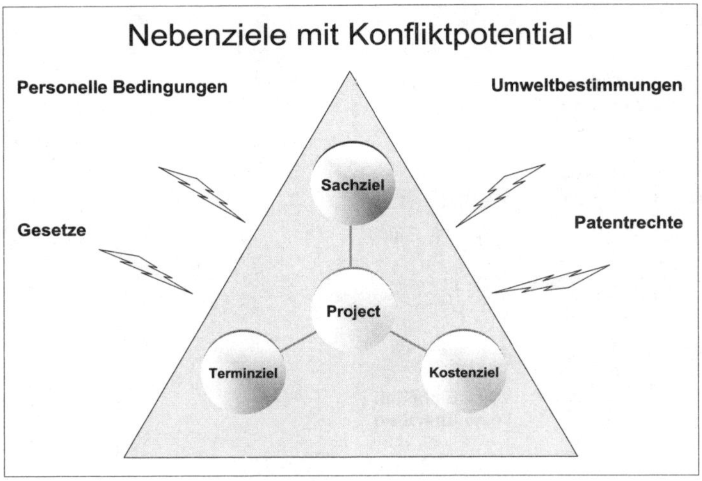

Abbildung 1.5: *Wirkung von Nebenzielen*

Welche Ziele im konkreten Fall Vorrang haben, hängt von der jeweiligen Aufgabenstellung ab. In den meisten Fällen muss das Sachziel erreicht werden. Es gibt aber auch Projekte, bei denen das Terminziel wichtiger ist – beispielsweise im Bereich Marketing/Werbung.

Zielkonflikte

Zielkonflikte in Projekten sind zwangsläufig, da die Ziele des Projektmanagements interdependent sind. Abweichungen bei einem der Ziele haben damit zwangsläufig Einfluss auf die Erreichung der beiden anderen Ziele.

Dazu kurz einige Beispiele: Bei vielen Vorhaben steht die Frage, ob die Qualität Priorität hat und ob Kosten und Zeit lediglich eine untergeordnete Rolle spielen. Vielleicht muss aber der Termin unbedingt eingehalten werden, z.B. bei der Organisation einer Messe. Dann werden Mehrkosten durch verstärkten Arbeitseinsatz entstehen, aber auch die Qualität des Projekts wird unter dem Termindruck zu leiden haben.

Wenn hingegen das Budget auf keinen Fall überschritten werden darf, kann der Termin vielleicht gehalten werden, aber an der Qualität werden in diesem Fall Abstriche gemacht werden müssen.

»Hausgemachte« Konflikte

Die Behandlung der Konflikte, die zwischen den verschiedenen Zielen entstehen können, ist eine der Hauptaufgaben des Projektmanagers. Viele der Konflikte sind aber hausgemacht und können durch ein konsequentes Projektmanagement unter Umständen vermieden werden.

Die Erreichung des Kostenziels wird häufig deshalb gefährdet, weil nachträglich weitere Anforderungen gestellt werden: das Sachziel wird verändert.

Ein Projektmanager muss sich darüber im Klaren sein, was genau das Sachziel ist – die Anforderungen müssen also genau definiert sein. Nur dann ist es für ihn möglich, geänderte Anforderungen sofort zu erkennen und Maßnahmen zu ergreifen. Wenn der Projektmanager erkennt, dass weitere Anforderungen an das Sachziel des Projektes gestellt werden, kann er die Personen, die diese Anforderungen stellen, auf die daraus resultierenden Konsequenzen hinweisen. Für diese Gespräche kann es sehr hilfreich sein, wenn Probleme für Gespräche vorab mittels Project-Berichten visualisiert werden. Wenn es sich dabei um Kunden handelt, ist hier häufig bereits eine Überwälzung der höheren entstehenden Kosten möglich – oder ein Verzicht auf die Änderung der Anforderungen.

Umgang mit Zielkonflikten

Konflikte zwischen den verschiedenen Zielen lassen sich grundsätzlich auf mehrere Arten lösen:

- Ziele werden angepasst. Das kann beispielsweise durch eine Verschiebung von Endterminen und damit typischerweise auch durch höhere Kosten geschehen. Aber auch das Sachziel kann modifiziert werden, wenn die Art des Projekts so etwas zulässt.
- Innerhalb des Projekts werden Rationalisierungspotentiale analysiert. So können häufig Terminprobleme nicht nur durch die Verschiebung des Endtermins gelöst werden, sondern auch durch eine effizientere Anordnung von Vorgängen innerhalb des Projektes. Die Parallelisierung, aber auch die Zerlegung von Vorgängen bieten hier großes Potential.
- Das Projekt wird abgebrochen. Das bietet sich gerade in frühen Projektphasen, in denen noch nicht allzu viel Arbeit und Geld investiert wurde, an. Ein guter Projektmanager ist in der Lage, ein Projekt zu beenden, wenn es Sinn macht. Das ist kein Zeichen von Schwäche, sondern eines von Stärke. Es kostet sehr viel mehr Rückgrat, ein Projekt zu beenden, als es gegen die Wand zu fahren. Diese Situation lässt sich gut mit dem Bergsteigen vergleichen: Ein guter Berg-

steiger kehrt um, wenn die Situation nicht erwarten lässt, dass er den Gipfel erreichen und wieder sicher zur Hütte zurückkehren kann. Wer das nicht macht und in Schwierigkeiten gerät, ist ein schlechter Bergsteiger. Rechtzeitiges Umkehren ist eine der größten Herausforderungen beim Bergsteigen.

Welche Ziele verändert werden, ist in hohem Maße von der Art des Projekts abhängig, ebenso auch die Häufigkeit solcher Zielkonflikte. Dazu sollen einmal exemplarisch zwei wichtige Einsatzbereiche des Projektmanagements, die Softwareentwicklung und der Baubereich, betrachtet werden.

Bei der Softwareentwicklung treten Zielkonflikte sehr häufig auf. Ursächlich dafür ist, dass es sich eben um eine Entwicklung handelt. Die Projekte weichen häufig stark von bisherigen Entwicklungsprojekten ab, sodass sich schwer abschätzen lässt, wie viel Zeit und Geld benötigt wird, um das Ziel zu erreichen. Oftmals steht zu Beginn des Projekts noch nicht einmal die genaue Form des Sachziels fest. Gerade bei Softwareentwicklungsprojekten ist daher eine exakte Zieldefinition in Form eines umfangreichen Pflichtenhefts unerlässlich. Sie bildet die Basis für den Projekterfolg.

Wenn Zielkonflikte auftreten, stellt sich – falls das Projekt nicht abgebrochen wird – die Frage, an welcher Schraube gedreht werden soll. Bei internen Softwareentwicklungsprojekten ist dabei ein Blick auf das Sachziel durchaus sinnvoll. Wenn daran Abstriche vorgenommen werden können, bedeutet das den geringsten Einfluss auf Termin- und Kostenziel.

Bei Projekten, die ein marktfähiges Produkt zum Ziel haben, ist dies deutlich schwieriger. Die meisten Softwarehersteller fahren hier eine Kompromissschiene, bei der Produkte später fertig werden, mit höheren Kosten entwickelt werden und gegenüber den ersten Ankündigungen funktional eingeschränkt sind. Funktionen werden auf spätere Versionen verschoben, indem ein Teil-Sachziel definiert wird. Das Projekt wird hier letztlich aufgeteilt.

Bei Produkten, die individuell für einen Kunden entwickelt werden, gibt es in der Regel wenig Alternativen. Das Sachziel ist typischerweise festgeschrieben, ebenso wie das Terminziel. Das bedeutet, dass nur durch höheren Aufwand, beispielsweise in Form von Überstunden, und damit höhere Kosten reagiert werden kann.

Nimmt man im Gegensatz dazu den Baubereich, dann bietet sich hier ein ganz anderes Bild. Bei Bauprojekten hängt es sehr stark von der Struktur des Projekts ab, wie groß das Risiko eklatanter Planabweichungen ist. Nach der Planung lassen sich die Kosten relativ genau schätzen, da die Erfahrungswerte in Form umfangreicher Aufstellungen allgemein verfügbar sind. Eine genaue Kosten- und Aufwandsschätzung wird dadurch erleichtert.

Schwieriger wird dies bei neuartigen oder technisch sehr anspruchsvollen Projekten wie dem Kanaltunnel und bei Renovierungen. Hier treten wesentlich mehr Zusatzeinflüsse auf.

Je nach Struktur des Projekts gibt es auch hier wieder die oben beschriebenen Handlungsalternativen. Inwieweit das Sachziel verändert werden kann, ist auch wiederum eine Frage des jeweiligen Projekts. Bei privaten Bauprojekten wird oftmals so entschieden, dass das Sachziel reduziert wird, indem an der Ausstattung gespart wird oder Maßnahmen aus dem Projekt herausgenommen werden und beispielsweise der Dachausbau erst später erfolgt.

Bei öffentlichen Großprojekten wird dagegen meist zugunsten des Sachziels und zulasten vor allem des Kostenziels entschieden. Allerdings sind die Spielräume hier bei kleineren Projekten mittlerweile auch deutlich eingeschränkt worden.

Das richtige Handeln bei Zielkonflikten

- Der Projektmanager muss sich im Klaren über die Ziele sein. Nur genau definierte Ziele können verfehlt und verändert werden. Nur bei klar definierten Zielen können Abweichungen erkannt und darauf reagiert werden.
- Der Projektmanager muss alle Handlungsalternativen einbeziehen. Mithilfe des Project ist es möglich verschiedene Versionen für die Entscheidungsfindung miteinander zu vergleichen.
- Managen Sie Ihre Projekte, indem Sie Ihre Risiken in den Zielkonflikten managen!

Phasen im Projektmanagement

Projekte werden in Phasen gegliedert. Doch sind diese Phasen beim Projektmanagement wirklich zwingend? Kaum ein Lehrbuch zum Projektmanagement kommt ohne Phasenkonzept aus. Die Frage, ob Phasenkonzepte erforderlich sind, muss eindeutig bejaht werden. Solche Konzepte sind Hilfsmittel für die Strukturierung eines Projektes. Denn Phasen definieren Anfangs- und Endpunkte. Sie beinhalten Überprüfungen des Projektstatus. Phasen schaffen zeitliche und qualitative Abschnitte im Projekt. Diese Abschnitte sind unter anderem wichtig für die Motivation von Projektmitarbeitern, und für den Aufbau eines gesunden Arbeitsdrucks.

Welches Modell letztlich gewählt wird, ist sekundär. Wichtig ist die klare Strukturierung des Projektes. Viele Unternehmen haben schon ein Regelwerk verfasst, ein Projekthandbuch, welches Modell in welchem Umfang in den entsprechenden Unternehmen zu verwenden ist.

Phasenmodell und Projektstrukturierung

Unabhängig vom jeweils gewählten Phasenkonzept sind folgende Elemente in allen Modellen stets enthalten:

- Beschreibung der Inhalte und Aufgaben in den Phasen
- Definition von Kontrollpunkten und Reviews oder Audits
- Aufteilung des Projektes in überschaubare Blöcke

Der Zyklus eines Projektes unterteilt sich mindestens in vier Phasen:

- Definition und Planung
- Realisierung
- Einführung und Nutzung
- Abschluss

Je nach Art des Projekts können noch weitere Phasen hinzukommen, z.B. eine Pilotphase.

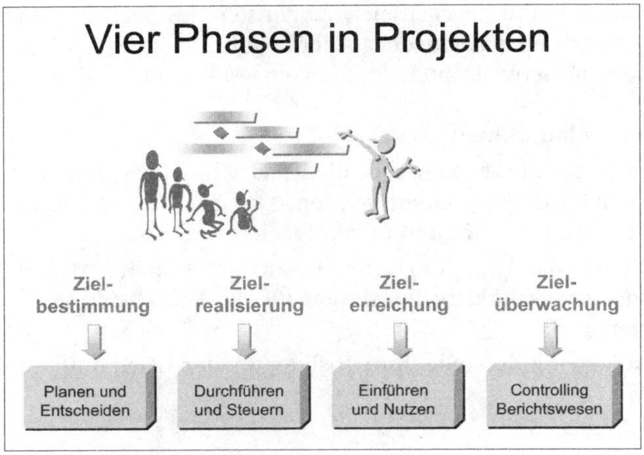

Abbildung 1.6: *Ein mögliches Phasenmodell*

Die Definitions- und Planungsphase

Ohne Definitionsphase gibt es keinen Projektstart. Projektleiter klären in dieser Phase die Ziele mit dem Auftraggeber. Das Projekt wird auf Wirtschaftlichkeit und Machbarkeit hin überprüft. Als Ergebnis wird der Projektauftrag verabschiedet. In dieser Phase werden Details geklärt, z.B. die Tätigkeiten der einzelnen Projektteilnehmer und die Zeitlinie. Erst nach Abschluss dieser Phase tritt das Projekt in die Realisierungsphase ein.

Die Realisierungsphase

Nun ist das Projekt reif für die schrittweise Umsetzung. Die Realisierungsphase beinhaltet allerdings mehr als nur diese, denn der Projektfortschritt muss kontinuierlich überprüft werden. Über jede Zielabweichung muss umgehend eine Entscheidung getroffen werden.

Die Einführungsphase

In dieser Phase kommt es darauf an, den Nutzen des Projektes zu zeigen und die angestrebten Projektfortschritte nun in konkrete Veränderungen umzusetzen.

Die Abschlussphase

Die Abschlussphase beginnt mit der Abnahme des Projektergebnisses durch den Auftraggeber. Sehr wichtig ist hier die Dokumentation des erworbenen Wissens und die Reintegration der Projektbeteiligten.

Abbildung 1.7: Möglicher Ablauf eines Projektes

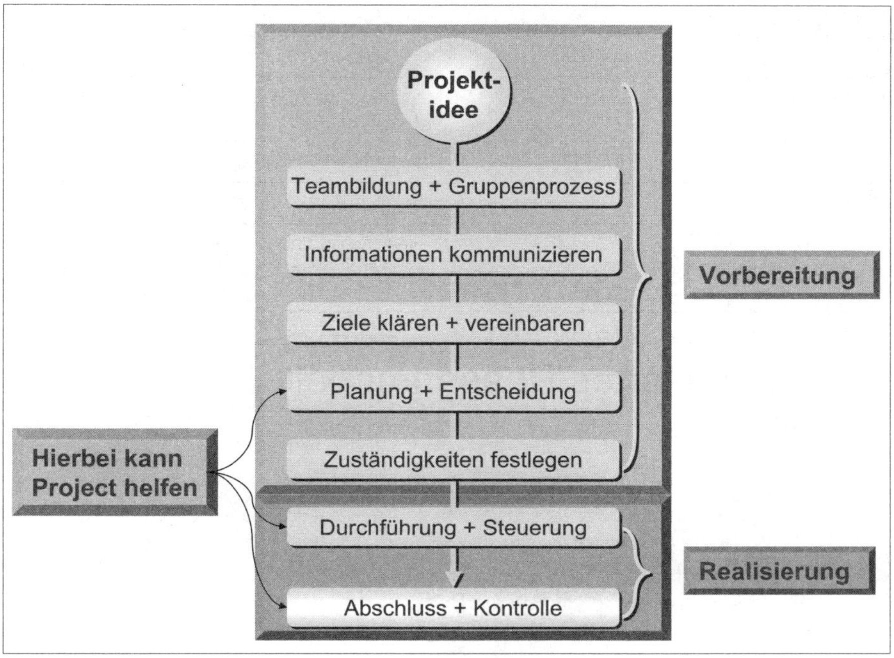

Das bereits vorgestellte Modell von vier Phasen kann durchaus noch verfeinert werden. Dazu einige Beispiele: So geht beispielsweise jedem Projekt eine Problemphase voraus, in der die Projektidee geboren wird. In der Tabelle 1.2 wird ein solches erweitertes Phasenmodell dargestellt. Die Tabelle 1.3 wiederum zeigt den in der Tabelle vorgestellten sequentiellen Ablauf eines Projektes in sieben Stufen.

Tabelle 1.2: Erweitertes Modell für Projektphasen

Phase	Inhalt
Problemphase	Problemerkennung, grobe Zieldefinition, Initialisierung des Projekts
Konzeptphase	Zielverfeinerung, Machbarkeitsstudie, Alternativensuche, Bewertungskriterien, Grobplanung, abschließend Definition eines Pflichtenhefts
Definitionsphase	Schnittstellen, Abhängigkeiten, Feinplanung auf Basis der entwickelten Definitionen
Entwicklungsphase	Detailentwicklung, Pläne für Produktion und Test, Detaillierung der Planung
Fertigungsphase	Produktion und Test
Installationsphase	Auslieferung und Inbetriebnahme
Betriebsphase	Betrieb und Wartung

Parallel dazu lassen sich auch Phasen unterscheiden, welche die wesentlichen Aufgaben des Projektmanagers aufzeigen (vgl. auch Abbildung 1.9):

Phase	Aufgabe
Problemphase	Zieldefinition
Konzeptphase	Machbarkeitsstudie, Grobgliederung, Messbarkeit der Ziele
Planungsphase	Feingliederung, Planung
Überwachungsphase	Überwachung
Abschlussphase	Projektnachrechnung (Kontrolle), gegebenenfalls Initialisierung eines neuen Projekts für Weiterentwicklung

Tabelle 1.3: *Aufgaben in verschiedenen Phasen des Projektmanagements – Revolvierender Ablauf des Projektmanagements*

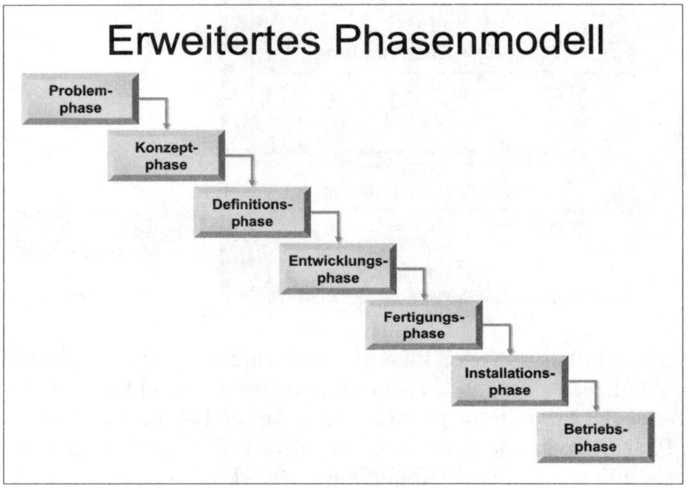

Abbildung 1.8: *Sequentieller Ablauf eines Projektes*

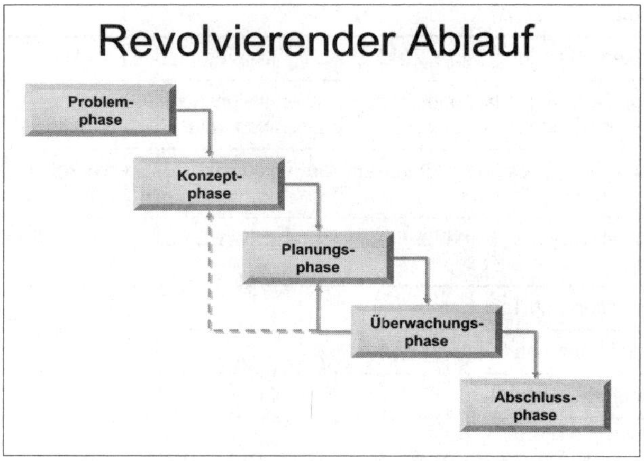

Abbildung 1.9: *Revolvierender Ablauf des Projektmanagements*

Die Phasen des Projektmanagements verlaufen in weiten Bereichen nicht sequentiell. Das wird besonders an zwei Beispielen deutlich:

- Wenn es innerhalb eines Projekts zu Abweichungen kommt, muss die Planung verändert werden. Aus der Überwachungsphase wird also wieder zurück in die Planungsphase gewechselt. Unter Umständen muss sogar bis in die Konzeptphase zurückgegangen werden, wenn Änderungen an den Zielen erforderlich sind.
- Innerhalb eines Projekts können keineswegs alle Teile bereits zu Beginn differenziert geplant werden. So kann die Feingliederung der technischen Entwicklungsphase erst nach der technischen Definitionsphase erfolgen. Die Fertigungsphase kann erst abschließend geplant werden, wenn die Ergebnisse der Entwicklung vorliegen. Ein Projekt wird also fortwährend weiter differenziert.

In jeder Phase wird folgender Prozess durchlaufen. Anschließend wird jeweils geprüft, ob das Projekt beendet wird, ob es gestoppt wird oder ob die nächste Phase gestartet wird.

Abbildung 1.10: *Prozesse in jeder Projektphase*

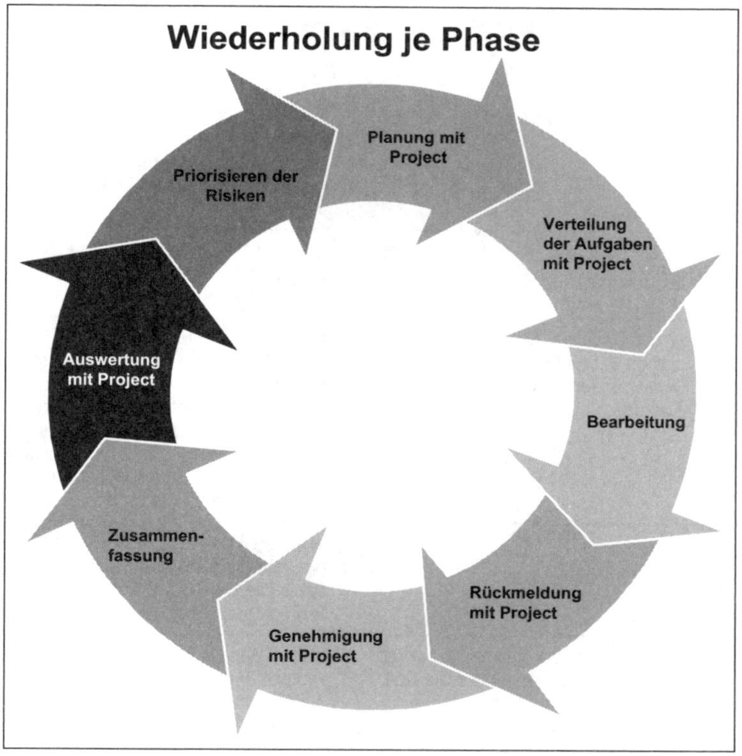

Projektmanagement ist also kein Prozess, bei dem zu Beginn das gesamte Projekt einmal geplant und dann schematisch abgearbeitet wird. Typisch ist vielmehr ein Prozess, bei dem zunächst eine Grobstruktur entwickelt wird. Für diese bilden die Phasenmodelle eine gute Basis. Im weiteren Verlauf werden die verschiedenen Phasen dann immer weiter differenziert, wobei teilweise eine Planung erst erfolgt, wenn andere Phasen bereits abgeschlossen oder in der Überwachung sind.

Microsoft-Produkte in den Phasen

Project ist kein Allheilmittel, dieses wurde schon zu Anfang festgestellt. Microsoft bietet über die Microsoft Office-Produktfamilie Softwareunterstützung, wo diese sinnvoll sein kann.

Die Frage, die sich nun stellt, ist die, in welchen dieser Phasen sich Software einsetzen lässt und welche Funktionen der Produkte genutzt werden können.

***Tabelle 1.4:** Einsatzbereich von Microsoft Office im Projekt*

Aufgabe	Office-Produktfamilie	MS Project
Zieldefinition	Word, Outlook, PowerPoint, Excel Sinnvoll ist in dieser Phase auch der Einsatz von Mind Mapping-Tools	Project kann Informationen aus schon durchgeführten Projekten für die Verifikation der Zielsetzung liefern. Überwiegend werden in dieser Phase aber andere Methoden verwendet, die nicht unbedingt DV-gestützt sein müssen.
Machbarkeitsstudie	Word, Outlook, PowerPoint, Excel	Project kann Informationen aus schon durchgeführten Projekten über die Machbarkeit liefern. Überwiegend werden aber auch hier andere Methoden eingesetzt. Allerdings können die Vergangenheits-Informationen hier bedeutsam sein. Sie stehen bei konsequentem Einsatz von Projektplanungswerkzeugen in differenzierter Form zur Verfügung.
Grobgliederung	Word, Outlook, PowerPoint, Excel	Project liefert aus bisherigen Projekten die Informationen darüber, wie man es machen soll und wie nicht.
Messbarkeit der Ziele	Zur Unterstützung kann hier vorab schon Excel, Access oder die SQL Analysis Services herangezogen werden.	Hier kann eine erste Planung in Project mit Kosten- und grober Ressourcenzuordnung bereits wichtige Informationen liefern. Der Rückgriff auf bereits durchgeführten Projekte mit Project liefert ebenfalls Informationen und erleichtert insbesondere die Aufwandsschätzung.
Feingliederung		In dieser Phase werden wieder überwiegend andere Methoden eingesetzt. Die Ergebnisse können in Project übernommen werden.
Planung	Zur Unterstützung kann hier vorab schon Excel, Access oder die SQL Analysis Services herangezogen werden.	Dieser Bereich ist eine Domäne von Project. Terminplanung und Ressourcenplanung können mittels Project differenziert erfolgen.
Initialisierung	PowerPoint für den Veranstaltungsrahmen, Word für die Aufgabenbeschreibung,	Kick-off-Veranstaltungen ▶

Aufgabe	Office-Produktfamilie	MS Project
Überwachung	Excel, Access oder die SQL Analysis Services	Auch diese Phase gehört zum Kerneinsatzbereich von Project. Dazu gehören als wichtige Funktionen Alternativensuche, Vergleich von Alternativen, Projektcontrolling, Planänderungen und das Reporting, die alle mit Werkzeugunterstützung erfolgen können.
Nachrechnung	Excel, Access, oder die SQL Analysis Services	In diesem Bereich kann Project ebenfalls sinnvoll eingesetzt werden. Hier erfolgt eine Analyse des Projekts mithilfe der gesammelten Informationen. Häufig wird Project dabei durch andere Werkzeuge wie beispielsweise Microsoft Excel oder der Project Server durch die SQL Analysis Services ergänzt.
Projekt-Dokumentation	Windows SharePoint Services, schon während des gesamten Projektes	
Projektfeier	Ohne Microsoft-Produkte	

Project kann in fast in jeder Phase des Projekts eingesetzt werden. Besonders dann, wenn regelmäßig Projekte mit dieser Software geplant und durchgeführt werden, finden sich dort eine Fülle von wertvollen Informationen für jedes neue Projekt. Die Projekte werden dokumentiert, das Lernen über Projekte erfolgt mithilfe von Project. Das Produkt Project Server aus der Microsoft Office-Familie mit den anderen Desktop- und Server-Produkten bietet die Möglichkeit einer Full House-Lösung.

Das ist eine der wichtigsten Funktionen von Projektmanagementsoftware. Da die Informationen über das Projekt konsequent gesammelt werden, sind auch Erfahrungswerte dokumentiert. Somit ist eine klar fassbare Basis auch für die Planung weiterer Projekte gegeben.

Der Einsatz solcher Komplettlösungen fordert aber auch notwendigen Anpassungsaufwand, der nicht unerheblich ist, zusätzlich wird die Einführung nicht immer von allen Beteiligten aus unternehmenspolitischer bzw. abteilungspolitischer Sicht befürwortet. Entsprechend langwierig können sich solche sinnvollen Einführungen gestalten.

Die Struktur des Projektmanagements

Neben der reinen Technik der Projektarbeit bedarf das Projektmanagement einer Reihe weiterer Voraussetzungen:

- Das Projektmanagement muss in die Organisationsstruktur des Unternehmens integriert werden.
- Mitarbeiter im Projekt und insbesondere Projektmanager müssen eine ausreichende Qualifizierung erhalten.
- Projekte müssen effizient verwaltet werden.

Nur so lässt sich eine erfolgreiche Umsetzung von Projekten sicherstellen.

Nachfolgend werden sowohl mögliche Organisationsformen für das Projektmanagement wie auch Einbindungsmöglichkeiten des Projektmanagements in Organisationen vorgestellt. Es wird auf die Anforderungen an Mitarbeiter, die benötigten Qualifikationen und die Position des Projektleiters eingegangen. Und es wird diskutiert, wie in einem Projekt effizient gearbeitet werden kann.

Für die Projektorganisation sind zwei Aspekte zu unterscheiden:

- Die Organisation im Projekt.
- Die Einbindung des Projekts in die Unternehmensorganisation.

Diese beiden Aspekte sind eng miteinander verbunden, da die Projektorganisation in hohem Maße vom Stellenwert des Projektmanagements im Unternehmen abhängt. Die Strukturen innerhalb des Projekts können sich nur an dem Rahmen orientieren, der für das Projektmanagement im Unternehmen insgesamt gesetzt ist. So werden beispielsweise die personellen Handlungsspielräume von Projektmanagern durch die Projektkultur des Unternehmens als Ganzes wesentlich beeinflusst.

Der Auftraggeber

Eine zentrale Stellung im Projekt nimmt der Auftraggeber ein. Dabei kann es sich um die Geschäftsleitung oder einen im Unternehmen an entsprechend hoher hierarchischer Stelle angesiedelten Mitarbeiter handeln. Dieser Auftraggeber besitzt für das Projekt vor allem deshalb eine herausragende Bedeutung, weil er es nicht nur initiiert, sondern auch der Sponsor des Projekts ist.

In vielen Unternehmen gibt es Projekt- oder Führungskreise, deren Aufgabe es ist, neben der offiziellen Auftragerteilung insbesondere das Sponsoring des Projekts, die Rückendeckung für das Projekt, sicherzustellen. Ohne einen Auftraggeber oder Sponsor lässt sich ein Projekt kaum erfolgreich durchführen. Denn dieser gibt dem Projektmanager die Rückendeckung bei Problemen im Projekt und bei Konflikten mit anderen Bereichen des Unternehmens.

Sich die erforderliche Unterstützung zu sichern, ist eine der wichtigsten Voraussetzungen für erfolgreiches Projektmanagement. Viele Projekte lassen sich sinnvoll nur dann realisieren, wenn diese Unterstützung gegeben ist. Das gilt beispielsweise für IT-Projekte, bei denen massiv in andere Aufgabenbereiche eingegriffen wird oder bei denen viele Bereiche kooperieren müssen. Wenn hier nicht von oberster Stelle im Unternehmen Unterstützung gegeben wird, ist der Erfolg eines solchen Projekts mehr als fraglich.

Die wesentlichen Aufgaben des Auftraggebers sind:

- Formulierung des Projektauftrags. Dazu gehört ein Grobziel und gegebenenfalls erste Randbedingungen und Auflagen für die Durchführung des Projekts. Der Auftraggeber wird diesen Auftrag zumindest formal definieren und steht dafür ein.
- Ernennung des Projektleiters und gegebenenfalls weiterer Projektmitarbeiter. Inwieweit das erfolgt, ist in hohem Maße eine Frage der Projektorganisation im Unternehmen. Der Projektleiter muss auf jeden Fall die Unterstützung durch den Auftraggeber besitzen. Falls die Projektmitarbeiter durch den Projektleiter

ausgesucht werden, besteht die Aufgabe des Auftraggebers in der Bestätigung der Personalentscheidungen seines Projektleiters und der Unterstützung des Projektleiters, falls für das Projekt benötigte Mitarbeiter nicht in ausreichendem Umfang von ihren Linienaufgaben freigestellt werden.

- Eine wichtige Aufgabe ist die Kompetenzregelung zwischen Projektleiter, Projektmitarbeitern und Linienbereichen, falls diese nicht bereits auf Unternehmensebene erfolgt ist. In jedem Fall gehört dazu aber bei Streitigkeiten eine Unterstützung des Projektleiters – falls dieser im Recht ist. Daraus resultiert aber auch eine »erzieherische« Aufgabe gegenüber dem Projektleiter, falls dieser sich verrennt. Der Auftraggeber ist auch für die Qualität des Projektleiters verantwortlich und muss reagieren, falls er dort eine Fehlbesetzung vorgenommen hat.
- Der Auftraggeber muss bei der Definition von Meilensteinen mitarbeiten und sich bei der Festlegung von Prioritäten im Projekt einbringen, soweit es dabei Unklarheiten gibt. In jedem Fall ist er eine Kontrollinstanz, die sicherstellen muss, dass beispielsweise Meilensteine gesetzt sind und an diesen Meilensteinen auch etwas geschieht.

Der Auftraggeber beziehungsweise Sponsor ist derjenige, der sicherstellt, dass ein Projekt in einem Unternehmen auch wirklich durchgeführt werden kann. Er ist vor allem dann von großer Bedeutung, wenn der Projektleiter nicht die erforderliche hierarchische Position hat. Und das ist meistens der Fall, da die eigentliche Projektleitung praktisch immer delegiert wird. Er ist damit eben letztlich auch die Person, die für den Projektleiter verantwortlich und der der Projektleiter rechenschaftspflichtig ist.

Die Bedeutung des Sponsors wächst mit der Problematik und Komplexität des Projekts. Bei Projekten, die gravierende Änderungen für das gesamte Unternehmen, einzelne Unternehmensbereiche oder auch nur für wenige Mitarbeiter zur Folge haben können, ist er in besonderem Maße gefordert, um das Projekt nicht bereits in einer frühen Phase an Widerständen innerhalb des Unternehmens scheitern zu lassen. Denn es ist erstaunlich, wie kreativ Mitarbeiter sein können, wenn es darum geht, Änderungen zu verhindern.

Organisation des Projekts

Nur in der Sondersituation, bei der ein Projekt allein von einer Person geplant, verwaltet und durchgeführt wird, kann auf eine explizite oder implizite Festlegung einer Aufbau- und Ablauforganisation im Projekt verzichtet werden. In allen anderen Fällen ist es erforderlich, sich damit rechtzeitig vor dem Start eines Projektes auseinander zu setzen.

Ob diese Überlegungen mit einer formalen Fixierung in Gestalt eines Projekthandbuchs enden oder eine offenere Form annehmen, hängt sowohl von der Art des Projekts als auch von Umgebungsbedingungen ab.

Aufbauorganisation in Projekten

Die Aufgaben einer Aufbauorganisation für ein Projekt sind:

- Festlegung einer Funktionsstruktur, um eine ergebnis- und sachbezogene Arbeit sicherzustellen.

- Zuordnung von Aufgaben, Verantwortung und Kompetenzen.
- Definition einer klaren Struktur, um bei Änderungen von Zielen und Randbedingungen des Projekts schnell reagieren zu können.

HINWEIS

Hier wird schnell wieder deutlich, dass die Zuordnung von Kompetenzen alleine nichts bringt. Die Mitarbeiter müssen auch bereit sein, die Kompetenzen zu nutzen und Verantwortung zu tragen. Das erreicht man nicht durch formalisierte Strukturen, sondern durch Personalentwicklung und durch die Auswahl der richtigen Mitarbeiter.

Das wichtigste Element in einem Projekt ist das Projektteam. Dieses setzt sich zusammen aus:

- Projektleiter
- Mitarbeitern aus Fachabteilungen
- Mitarbeitern aus den beauftragenden Bereichen

In vielen Fällen kommen noch externe Berater hinzu. Jedes Projektteam sollte eine flache Hierarchie aufweisen, in der nur der Projektleiter eine exponierte Stellung besitzt. Nur in sehr großen Projekten kann über komplexere Strukturen nachgedacht werden. Aber auch dann bietet sich eine eher teamorientierte, flache Struktur an, bei der es Teams mit Teamleitern und darüber noch eine koordinierende Instanz gibt.

Die Kernaufgaben des Teamleiters sind:

- Koordination
- Kommunikation und Reporting mit anderen Stellen
- Leitung der Projektplanung
- Steuerung und Überwachung des Projekts

Die Position des Projektmanagers ist keine Vorgesetztenposition im eigentlichen Sinne. Es handelt sich vielmehr um einen Fachvorgesetzten für einen speziellen Bereich. Ein starker Projektmanager gewinnt seine Autorität durch seine Person und nicht durch die formale Stellung.

Sein Anliegen muss es sein, den Sachverstand der Projektmitarbeiter gewinnbringend einzusetzen. Eine gut geführte Gruppe wird immer ein besseres Ergebnis als das beste Mitglied innerhalb einer Gruppe liefern. Der Projektmanager muss vor allem dafür sorgen, dass das Projektteam funktioniert und die Möglichkeiten der Gruppe optimal genutzt werden.

Kontroll- und Abstimmungsinstanzen

Neben den Mitarbeitern im Projektteam und dem Auftraggeber gibt es die Kontroll- und Abstimmungsinstanzen, die nicht in die regelmäßige Projektarbeit eingebunden sind, die aber unter Umständen entscheidend für die Weiterführung und damit den Erfolg des Projekts sein können.

Dazu gehören unter anderem:

- Spätere Nutzer des Projektergebnisses (die externen oder internen Kunden)
- Datenschutzbeauftragter
- Revision/Wirtschaftsprüfer
- Betriebsrat

Stellung des Projektmanagements im Unternehmen

Bei der Einordnung von Projekten in die Gesamtorganisation eines Unternehmens lässt sich eine Fülle unterschiedlicher Formen unterscheiden. Auch heute ist in vielen Unternehmen und Behörden die Projektarbeit schlicht noch nicht explizit vorgesehen. Sie findet einfach statt und wird in der Regel auch toleriert, häufig sogar gefördert. Klare Regelungen für ihre Integration in die Unternehmensorganisation und damit der Aufbau einer Projektorganisation und die Förderung einer Projektkultur fehlen aber.

Wenn das Projektmanagement dagegen bewusst in die Unternehmensorganisation eingebunden wird, lassen sich insbesondere die folgenden Formen unterscheiden:

- Reine Projektorganisation
- Einfluss-Projektorganisation
- Matrix-Projektorganisation

In Unternehmen, in denen die Projektarbeit einen hohen Stellenwert besitzt, bzw. wenn es ein unternehmensweites Projekt mit einem oder mehreren externen Dienstleistern ist, wird häufig ein Lenkungsausschuss eingesetzt. Der Lenkungsausschuss ist gleichbedeutend mit einer Institutionalisierung des Sponsorings für Projekte. Je nach Zusammensetzung sitzen dort Führungskräfte von externen Dienstleistern um in diesem Gremium Entscheidungen treffen zu können.

HINWEIS Er hat allerdings einen kleinen Nachteil: Es besteht die Gefahr, dass Projekte bereits daran scheitern, weil sie im Lenkungsausschuss keine Mehrheit finden. Die starre Form kann also dazu führen, dass Veränderungen langsam oder nicht erfolgen. Das ist insbesondere dann der Fall, wenn Entscheidungen im Lenkungsausschuss, wie es zum Teil in der Literatur gefordert wird, einstimmig erfolgen müssen.

Abbildung 1.11: *Die Arbeit mit einem Lenkungsausschuss*

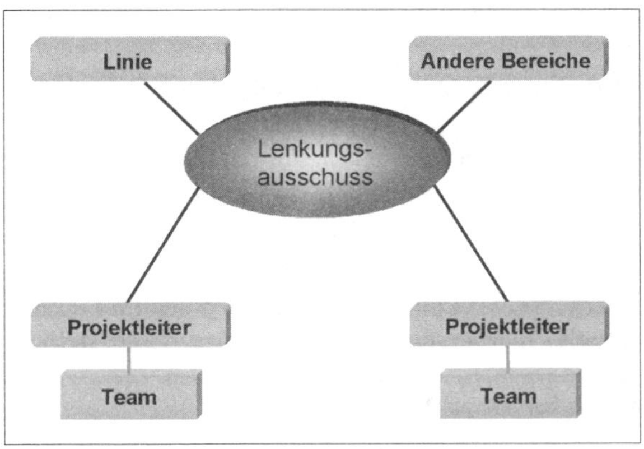

Bei größeren Unternehmen kann es sinnvoll sein, für Projekte in unterschiedlichen Bereichen darüber hinaus Fachausschüsse zu bilden, die sich um Projekte zu ihren jeweiligen Themenbereichen kümmern. Diese stehen dann auch dem Lenkungsausschuss beratend zur Verfügung.

Mitarbeiter im Projektmanagement

Mitarbeiter in Projekten befinden sich zumindest dann, wenn das Projekt neben ihrer Linienfunktion abläuft, in einem Spannungsfeld. Dieses Spannungsfeld entsteht generell in zwei Situationen:

- Die Projektarbeit ist zeitlich beschränkt.
- Die Projektarbeit läuft parallel zu den Linienaufgaben.

Selbst bei großen Projekten erfolgt zumindest in deutschen Unternehmen in der Regel nur eine zeitweilige Delegation in das Projekt: Das hat eine relativ geringe Beweglichkeit der Mitarbeiter zur Folge: Grund dafür ist der Wunsch der Mitarbeiter, anschließend wieder in eine gleiche oder bessere Linienfunktion zurückzukehren. Aus dieser Situation resultierende Unsicherheiten sind in ihren Folgen für das Engagement der Mitarbeiter in einem Projekt und für die Bereitschaft, in Projekten mitzuarbeiten, nicht zu unterschätzen.

Eine wesentliche Anforderung für den Erfolg des Projekts ist, dass die Mitarbeiter sich mit den Projektzielen identifizieren. Projektarbeit bedeutet fast zwangsläufig einen erhöhten Einsatz. Sie erfordert neben dem zeitlichen Einsatz vor allem Engagement und Kreativität.

Diese werden erbracht, wenn die Motivation der Mitarbeiter stimmt. Diese Motivation wird bereits bei der Zusammenstellung der Projektgruppe beeinflusst und hängt in hohem Maße von der Arbeit in der Projektgruppe ab.

Für die Auswahl der Mitarbeiter bedeutet dies zunächst, dass versucht werden sollte, interessierte, aktive Mitarbeiter zu gewinnen. Es bedeutet aber auch, dass der Projektmanager sich während des Projekts intensiv um das Klima in der Gruppe kümmern muss.

Die wesentliche Aufgabe des Auftraggebers beziehungsweise Sponsors liegt darin, den Projektmitarbeitern den Rücken gegenüber der Linienfunktion freizuhalten. Dazu gehören:

- Sicherung einer ausreichenden Entlastung von Linienaufgaben für die Dauer des Projekts
- Sicherung einer ausreichenden zeitlichen Freistellung für das Projekt
- Verhinderung von Nachteilen bei der Weiterentwicklung in der Linienfunktion nach Abschluss des Projekts (Karrieresicherung)

Nur in dieser Situation ist es überhaupt möglich, dass die Mitarbeiter den für eine erfolgreiche Projektarbeit erforderlichen Freiraum haben. Die Problematik besteht nur dann nicht, wenn das eigentliche Tagesgeschäft in der Projektarbeit besteht.

Qualifikationen von Mitarbeitern im Projekt

Erfolgreiche Projektarbeit setzt geeignete und damit ausreichend qualifizierte Mitarbeiter voraus. Vor dem Beginn der Projektarbeit müssen daher sowohl Projektleiter als auch Projektmitarbeiter auf ihre neuen Aufgaben vorbereitet werden. Die benötigten Kenntnisse umfassen:

- Projektmanagement-Methodik
- Umgang mit Projektmanagement-Werkzeugen
- Training im Bereich Teamarbeit und Teamfähigkeit

HINWEIS Projekte können nicht durchgeführt werden, wenn nicht alle Mitarbeiter die erforderlichen Kenntnisse über das Projektmanagement besitzen.

Aufgaben des Projektmanagers

Für die Projektmanager sind darüber hinaus profunde Kenntnisse in

- Führungstechnik,
- Motivation und
- Moderation

von besonderer Bedeutung, um ein Projekt erfolgreich führen zu können. Wie oben bereits ausgeführt wurde, muss das Hauptaugenmerk in diesem Zusammenhang der Entwicklung eines offenen, kooperativen Führungsverhaltens gelten.

Daneben liegen die Aufgaben insbesondere in

- der Steuerung der Projektorganisation,
- der Sicherstellung von regelmäßigen Projekt-Reviews,
- der Organisation von Projektsitzungen,
- der Lösung von Problemen und
- der Kommunikation mit anderen am Projekt beteiligten bzw. interessierten Gruppen.

Sein Aufgabenbereich liegt also sowohl in der Projektmanagement-Methodik als auch darin, sein Team zu führen. Diese Führungsfunktion ist insbesondere deshalb anspruchsvoll, weil es sich um eine fachliche Führung handelt, die sich weder auf hierarchische Macht stützen kann (zumindest nicht immer) noch sich darauf stützen sollte. Projektmanagement sollte als Teamarbeit verstanden werden – und auch der Projektleiter ist Mitglied dieses Teams.

Während auf die mit der Projektmanagement-Methodik verbundenen Aufgaben des Projektmanagers in diesem Buch noch mehrfach eingegangen wird, hier einige Worte zum Aspekt der Motivation.

Betrachtet man die Durchführung von Projekten in verschiedenen Unternehmenskulturen, so werden dort große Unterschiede deutlich. Während gerade in großen deutschen Unternehmen die Projektarbeit häufig sehr nüchtern erfolgt, wird auf den Teamgeist in manchen amerikanischen (aber nicht nur diesen) Unternehmen sehr viel mehr Wert gelegt.

Auch wenn man über die Auswüchse einer T-Shirt-Kultur – zu jedem Projekt gehört mindestens eines – oder den Spitznamen »Mom« für den Projektleiter lächeln mag – der Teamgeist ist da. Möglich gemacht wird vieles durch die Bereitstellung von kleinen Budgets für Incentives innerhalb des Projekts, vor allem aber durch das Verständnis, dass der Erfolg des Projekts nicht der Erfolg eines Einzelnen ist.

Projektmanager müssen daher versuchen, einen kooperativen Führungsstil zu entwickeln. Dieser lässt sich trainieren. Voraussetzung ist allerdings auch, dass die Mitarbeiter im Projekt ebenfalls mit der Einstellung arbeiten, das Projekt vor ihren persönlichen Erfolg zu stellen.

Bei den organisatorischen Anforderungen, die hier an einen Projektleiter gestellt werden ist beim Einsatz von mehreren Projektleitern in mehreren Projekten Project und Project Server in Verbindung mit der Microsoft Office Familie empfehlenswert. Besonders um dem Projektleiter durch Zeiteinsparungen in den Bereichen der Projektmitarbeiterinformation und in dem Bereich der Rückmeldungen zu entlasten, damit er diese Zeit für die eingangs erwähnte notwendige Denkarbeit verwenden kann.

Die zehn wichtigsten Regeln für erfolgreiches Projektmanagement

Erfolgreiches Projektmanagement ist nicht nur die Anwendung von Regeln. Erfolgreiches Projektmanagement setzt sowohl das richtige Verständnis für das Projekt als auch den sinnvollen Umgang mit den Werkzeugen voraus. Die zehn wichtigsten Regeln für erfolgreiches Projektmanagement finden Sie auf den nächsten Seiten.

Lernen Sie aus der Systemtheorie

Unter einem System versteht man:

- eine gegenüber der Umwelt abgegrenzte Ganzheit,
- die aus einzelnen Elementen besteht,
- zwischen denen festgelegte Beziehungen existieren
- und die bestimmte Funktionen erfüllen.

Ausgangspunkt jeder Systembetrachtung ist das Erfassen, Verstehen und Ordnen der in einem System bestehenden Beziehungen. Dazu wird das System soweit in seine Teilbereiche zerlegt, bis alle Einzelelemente voneinander abgegrenzt und die Beziehungen zwischen den Elementen sichtbar sind.

Dieser Vorgang wird *Strukturierung* genannt. Strukturiertes Vorgehen macht komplexe Aufgaben transparenter und damit leichter handhabbar. Das gilt für die Systembetrachtung ebenso wie für das Projektmanagement. Strukturieren und das Verstehen komplexer Systeme können Sie aus der Systemtheorie lernen. Aber vermeiden Sie unnötige und künstliche Grenzen innerhalb des Systems und über das System hinaus. Grenzen können schnell einmal auch zu unüberwindlichen Hürden werden.

Um aber das Gesamtziel nicht aus den Augen zu verlieren, sind die Einzelaspekte nicht für sich allein, sondern als Bestandteil eines umfassenden Ganzen zu betrachten. Es gilt, den berühmten »Blick über den Tellerrand« zu wagen.

Durch das Denken in Zusammenhängen über die Grenzen des eigenen Fachbereichs und der eigenen wissenschaftlichen Spezialisierung hinaus lassen sich Insellösungen vermeiden. Auch das ist etwas, was für das Projektmanagement wichtig ist. Projektmanagement bedeutet, sich mit Neuem zu beschäftigen. Und dazu müssen komplexe Zusammenhänge erfasst und Neues gedacht werden.

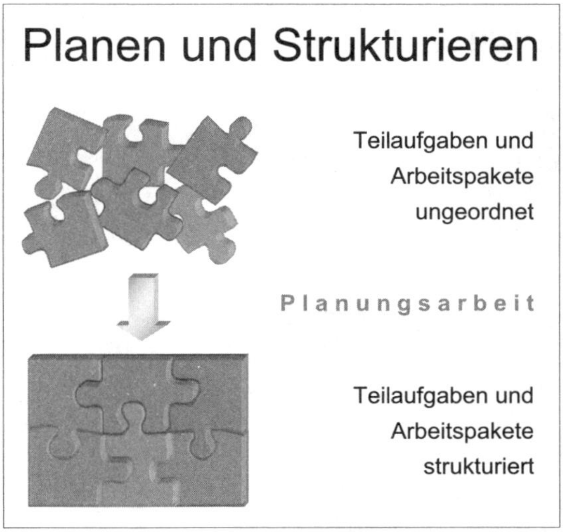

Abbildung 1.12: Systemtheorie angewandt auf das Projektmanagement

Auflösung von Komplexität

Je größer die Komplexität eines Systems ist, umso wichtiger ist die Analyse. Nehmen Sie sich gerade am Anfang ausreichend Zeit, die Zusammenhänge aufzudecken. Sprechen Sie Ihr Vorhaben nicht nur mit den Planern eines Projektes ab, sondern holen Sie ebenso die Realisierer mit in das Boot – diejenigen, die das Projekt schließlich umsetzen müssen.

Sie werden sehen, dass das Projektmanagement eine Aufgabe ist, die erlernt werden muss. Das erste Projekt, das Sie mit den Methoden des Projektmanagements durchführen, wird sie sehr viel Zeit und Kraft kosten. Sie werden aber bereits beim ersten Projekt feststellen, dass Sie auf einmal sehr viel mehr über Ihre Arbeit wissen. Nehmen Sie sich also wirklich die Zeit.

Durch Übung lässt sich die Komplexität reduzieren. Methoden zur Reduktion der Komplexität sind zu Beginn ebenfalls komplex. Im Laufe der Zeit wird das Verständnis komplexer Systeme und Zusammenhänge im Projekt aber durch die konsequente Nutzung der Methodik erleichtert.

Ein wichtiger Faktor ist in diesem Zusammenhang auch die Strukturierung von Projekten. Strukturierung bedeutet eine Verminderung der Komplexität.

Ein bewährtes Mittel dafür sind beispielsweise Projekt-Strukturpläne (Abbildung 1.13).

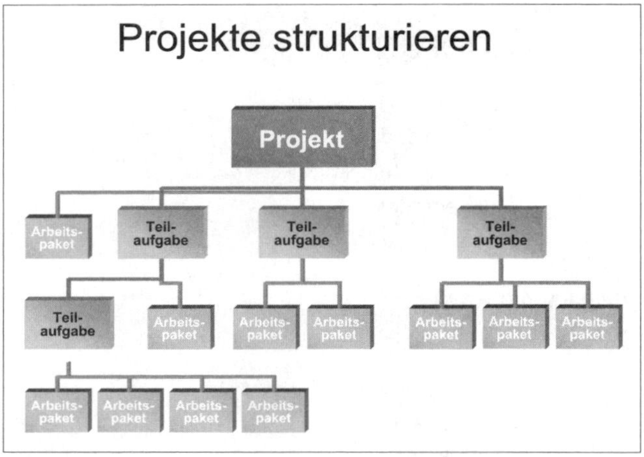

Abbildung 1.13: Komplexe Sachverhalte auflösen mithilfe eines Projekt-Strukturplans

Abbildung 1.14: Zwei Beispiele für Projekt-Strukturpläne

Ganzheitliches Projektmanagement

Projekte können als Systeme betrachtet werden. Sie sind Teile eines Ganzen, bestehen aber auch ihrerseits aus zahlreichen Einzelelementen. Die formalisierten Abläufe und Verfahren, die Sie kennen lernen werden und die die Zielgrößen aus dem magischen Dreieck erfassen, sind nur die eine Seite der Medaille.

Im Alltag eines Projektes spielen auch die nicht formalisierbaren »Soft-Faktoren« eine Rolle. Das heißt, Kommunikationsprobleme, Ängste von Mitarbeitern, Status- und Prestigedenken, fehlende Teamregeln und so weiter behindern oft die Projektarbeit und stellen den Gesamtprojekterfolg in Frage.

Mit einem ganzheitlichen Projektmanagement integrieren Sie die eingesetzten Systeme, Verfahren und Methoden mit den psycho-sozialen Prozessen der Projektarbeit. Sie berücksichtigen gleichzeitig

- die strukturellen Voraussetzungen der Organisation,
- die Fachkenntnisse der Projektbeteiligten,
- die richtige Anwendung der Methoden sowie
- die Kenntnisse um Verhaltensaspekte der Teammitglieder.

Der Projektlebenszyklus

Die Laufzeit eines Projekts kann je nach Größe und Komplexität unterschiedlich sein. Im Kern folgt aber jedes Projekt einem bestimmten Zyklus, dem Projektlebenszyklus. Ob Sie ein Haus bauen, eine Feier organisieren oder an einem Industrieprojekt mitarbeiten, Sie werden feststellen, dass sich jedes Projekt, ähnlich wie in der Natur, in Stufen beziehungsweise Lebensphasen entwickelt.

Aufgrund ihrer Komplexität und Neuartigkeit sind Projekte nach einer systematischen Vorgehensweise abzuwickeln. Dieser Vorgehensweg wird durch drei Grundprinzipien bestimmt:

- Strukturierung in Phasen
- vom Groben zum Detail
- Problemlösungszyklus

Die Strukturierung eines Projekts ist die Basis für den Projekterfolg. Nur bei klar strukturierten Projekten können Sie die Komplexität des Gesamtsystems überschauen.

Organisation ist alles

In der Ressourcenplanung liegt permanent die Gefahr, dass diejenigen, die ohnehin schon viel Arbeit haben, noch mehr bekommen. Das Problem liegt darin, dass viele Entscheidungen vom Projektmanager selbst getroffen werden müssen.

Aber auch Entscheidungen, die das Projekt als Ganzes betreffen, müssen von Auftraggebern oder Lenkungsausschüssen getroffen werden, die typischerweise mit Personen besetzt sind, die zwar über die Kompetenz für diesen Entscheidungsbereich verfügen, aber mit vielen anderen Fragen belastet sind.

Abhilfe kann hier nur eine klare Aufteilung von Zuständigkeiten schaffen, die allerdings auch Vertrauen erfordert. Delegation kann aber ohne Vertrauen nicht funktionieren. Damit Projekte effizient verwaltet werden können, muss dieses Vertrauen vorhanden sein. Dann können Projekte so organisiert und Aufgaben so verteilt werden, dass nur die wirklich kritischen Fragen bei den stark belasteten Entscheidungsträgern anlangen.

Damit das funktioniert, ist neben klaren Regeln auch ein klares Berichtswesen innerhalb eines Projekts erforderlich. Informationen über kritische Vorgänge müssen sicher bei Entscheidungsträgern ankommen. Unkritische Aspekte müssen ebenso sicher gefiltert werden.

Project bietet interessante Möglichkeiten den Projektleiter mittels Berichten und Exportmöglichkeiten, das Berichtswesen weniger aufwändig zu gestalten. Lesen Sie hierzu auch das ▶ Kapitel 11 und den ▶ Teil G in diesem Buch.

Projektmanagement durch Risikomanagement

Managen Sie Ihre Projekte indem Sie akribisch Ihre Risiken abschätzen und jede Veränderung beobachten. Versuchen Sie frühzeitig, wenn Ihre Aufwandschätzung von der Realität abweicht, gegenzusteuern. Warten Sie nicht erst, bis der Vorgang zu Ende sein soll um dann zu erfahren, dass dieser sich um 60% verlängert. Betrachten Sie vorab das Risiko und die Auswirkungen und agieren sie frühzeitig. Die Visualisierungsmöglichkeiten von Zielkonflikten in Project, den Plan mit dem Ist und dem Basisplan zu vergleichen, sind dabei sehr hilfreich (siehe ▶ Kapitel 10).

Halten Sie das System flexibel

Häufig wird der Versuch unternommen, in Excel oder in anderen Tabellenkalkulationen eine Projektbuchhaltung aufzubauen. Dies soll dann meist auch noch als Export/Import-Schnittstelle zu Terminplanungssystemen dienen.

Dieser Ansatz ist prinzipiell nicht falsch. Jedoch wird meist übersehen, dass bereits Buchhaltungen existieren, ebenso wie Betriebsdatenerfassungssysteme. Eine Projektbuchhaltung ist ein Überwachungsinstrument für die Projektkostenkontrolle. Kostenvoranschlägen und -nachträgen steht ein Pool von Rechnungen gegenüber, die meist unter anderen Gesichtspunkten durch die Projektleiter gegliedert werden müssen.

Beachten Sie: In einem Projekt ändern sich Daten sehr häufig infolge technischer und terminlicher Anpassungen. Das System muss flexibel bleiben und die Projektstruktur abbilden. Die Buchhaltung hat meist andere Strukturen. Sie kann zwar Informationen übernehmen. Für die Projektplanung sollten Sie aber das richtige System mit dem richtigen Grad an Genauigkeit der Informationen verwenden.

Die Project-Möglichkeiten in Verbindung mit den Exportmöglichkeiten unterstützen die Projektkostenkontrolle.

Die Belegung der Ressourcen

Eines der größten Probleme in einem Projekt ist die Abschätzung der Zeit und damit die Belegung der Ressourcen. Während die Geschäftsführer und Vorgesetzten meist geringere Fristen schätzen, liegen die Schätzungen der Betroffenen meist höher.

Die Diskrepanz besteht in der Regel darin, dass durch Vorgesetzte und Geschäftsleitung Randarbeiten wie Dokumentation, Auswertungen abgeschlossener Projekte und Projektteile viel zu gering oder gar nicht beachtet werden. Meist fehlt auch der Einblick in die konkreten Probleme. Andererseits wird jeder, der seinen Aufwand abschätzen muss, im Kopf einen Puffer hinzurechnen.

Ein Ausweg aus diesem Dilemma ist die Nutzung der Auftragssummen und anderer Kennwerte. Diese werden in Stunden umgerechnet und bieten eine gute Ausgangsposition. Die Erfahrungen vergangener Projekte können ebenfalls eine wichtige Hilfestellung bieten.

Nicht zu unterschätzen ist schließlich auch noch der Einfluss der Projektkultur. Wenn akzeptiert wird, dass Schätzungen – und das impliziert der Begriff – falsch sein können und Änderungen daran vorgenommen werden müssen, wird die Bereitschaft zu realistischen Aussagen steigen. Wenn aus jeder Fehleinschätzung ein Drama gemacht wird, werden dagegen mehr und mehr Puffer einkalkuliert werden.

Die Ressourcenplanung

Das erste Kriterium, das die Ressourcenplanung scheitern lässt, ist meist der Aufwand, der getrieben werden muss. Wie oben schon beschrieben ist der, der die Ressourcenplanung eigentlich machen müsste – der Projektleiter, oft in Verbindung mit Führungskräften in den Linienbereichen – ohnehin schon stark belastet.

Ändern sich die Daten sehr häufig und werden sie nicht korrekt und laufend nachgeführt, ist die Ressourcenplanung ohnehin nicht genau und kann gleich beendet werden. Hier hilft nur eine radikale Reduzierung der Datenmengen. Eine nach einheitlichen Regeln mit einem definierten Grad an Unschärfe durchgeführte Ressourcenplanung ist mehr wert als der zum Scheitern verurteilte Versuch, die Realität exakt im Projektplanungssystem abzubilden.

Besonders im Bereich der Ressourcenbelastung und der Ressourcenplanung zeigt Project seine Stärken. In Verbindung mit dem Project Server können Sie bequem einen Mitarbeiterpool verwalten und verhindern ohne übermäßige Kommunikation die unbeabsichtigte Überlastung von Ressourcen (siehe ▶ Kapitel 21).

Die Datenpflege

Der Pflegeaufwand für die Daten hat interessanterweise eine U-Form. Es scheint eine optimale Menge an Projekttätigkeiten pro Projekt zu geben, bei der der Ressourcenplanungsaufwand das optimale Maß erreicht. Sind die Projekte sehr kurz, sind die Änderungen darin sofort von Bedeutung für die Ressourcenplanung.

Sind Projekte sehr lang, und damit sehr groß, ist die Übersicht eingeschränkt und es kommt zu vielen Änderungen in der Logik und zu fehlenden Tätigkeiten, die eine erneute Überarbeitung erzwingen. Damit verbunden auch völlig andere Ressourcenauslastungen und erneute Belastungen.

Die Kunst des richtigen Detaillierungsgrades muss erlernt werden. Erst durch eigene Erfahrung kann man sagen, wann ein Projekt in welchem Maße gegliedert werden muss.

Wer aber konsequent vom Groben zum Feinen plant, wird dabei feststellen, dass sich dieses Gefühl schnell einstellt. Immer dann, wenn Sie das Gefühl haben, der Differenzierungsgrad der im Projektplanungssystem enthaltenen Informationen reicht nicht aus, müssen Sie das Projekt weiter differenzieren.

Die wichtigsten Begriffe im Projektmanagement

Bevor Sie nun daran gehen, Ihre Projekte mithilfe von Project zu verwalten, sollen noch einige Grundbegriffe, die im Projektmanagement eine wichtige Rolle spielen, erläutert werden. Auf die verschiedenen Begriffe und noch manchen weiteren Begriff wird im weiteren Verlauf des Buchs noch intensiv eingegangen. Hier werden nur die wichtigsten Begriffe kurz und zusammenfassend erläutert.

Tabelle 1.5:* *Die wichtigsten Begriffe des Projektmanagements

Begriff	Bedeutung
Vorgänge	Vorgänge oder auch Aktivitäten bilden das Projekt. Ein Projekt wird in Vorgänge gegliedert. Die Vorgänge sind das Ergebnis der Strukturierung eines Projekts. Sie beschreiben, welche Aktivitäten erforderlich sind, um das Sachziel des Projekts zu erreichen. Vorgänge stellen die unterste Ebene der »Top-down«-Planung dar und haben als zeitliche Komponenten einen Anfangs-, Endtermin und eine Dauer.
Ressourcen	Ressourcen sind die Mittel, die zur Bearbeitung eines Projektes eingesetzt werden. Ressourcen sind üblicherweise knapp und kosten Geld. Es ist also sowohl zur Einhaltung der Termine als auch aus Kostengründen wichtig, diese Ressourcen bei der Planung zu berücksichtigen.
Meilensteine	Meilensteine stellen Fixpunkte in einem Projekt dar. Sie definieren besonders wichtige Zwischenergebnisse im Projekt, werden typischerweise für Überprüfungen im Projekt verwendet und stellen Ereignisse mit besonderer Bedeutung dar. In Project werden Meilensteine mit der Dauer *Null* gesetzt.
Der kritische Pfad	Stellt man sich die Vorgänge bildlich vor, so hat man ein ganzes Geflecht an Vorgängen vor sich. Vom ersten zum letzten Vorgang gibt es dabei viele Wege. Der kritische Pfad ist der längste Weg vom Anfang bis zum Ende des Projektes. Alle Vorgänge im kritischen Pfad sind ohne zeitliche Puffer voneinander abhängig. Bei Verzögerungen eines Vorgangs im kritischen Pfad verlängert sich damit die Gesamtdauer des Projektes. Das kann bei der Kalkulation Verschiebungen des Anfangs- oder Endtermins zur Folge haben. Durch Verzögerungen im kritischen Pfad kann sich auch ein neuer kritischer Pfad ergeben. Das Modell des kritischen Pfades bildet die Grundlage der heute üblicherweise verwendeten Projektplanungstechniken. Man spricht hier von CPM (Critical Path Method).
Pert-Diagramm *(Netzplan)*	Pert-Diagramme stellen die einzelnen Vorgänge mit den zwischen ihnen bestehenden Beziehungen dar. Dabei wird auch der kritische Pfad besonders deutlich sichtbar.
Gantt-Diagramm *(Balkendiagramm)*	Gantt-Diagramme sind Balkendiagramme, die jeden Vorgang als Balken darstellen. Die X-Achse der Diagramme ist die Zeit, sodass die Länge eines Balkens die Dauer des Vorgangs angibt. Werden mehrere Vorgänge parallel ausgeführt, stehen die Balken direkt übereinander. Gantt-Diagramme ermöglichen einen schnellen Überblick über den zeitlichen Ablauf eines Projektes.

2 Die Oberfläche von Project

35 Project installieren und aktivieren
37 Project starten
39 Das Arbeitsfenster
47 Ein Klick zur Hilfe
52 Die vielfältigen Ansichten
54 Project beenden

Project installieren und aktivieren

Die Installation

Zur Installation von Microsoft Project legen Sie bitte die Programm-CD-ROM in das CD-Laufwerk ein. Das Installationsprogramm startet automatisch. Nachdem Sie Ihre Benutzerinformationen sowie den Product Key eingegeben und die Lizenzbestimmungen akzeptiert haben, können Sie zwischen der Standard- und einer benutzerdefinierten Installation wählen. Die gewünschte Installationsart wählen Sie über das entsprechende Optionsfeld: Wählen Sie beispielsweise die Option *Benutzerdefinierte Installation* und klicken Sie anschließend auf die Schaltfläche *Weiter* (siehe Abbildung 2.1).

Sollte bereits eine Vorgängerversion auf Ihrem Rechner installiert sein, empfiehlt das Setup-Programm die Aktualisierung der installierten Version. Auf diese Weise werden Ihre Einstellungen aus der installierten Version beibehalten. Bei einer Neuinstallation wird Project 2003 mit den am häufigsten verwendeten Komponenten installiert.

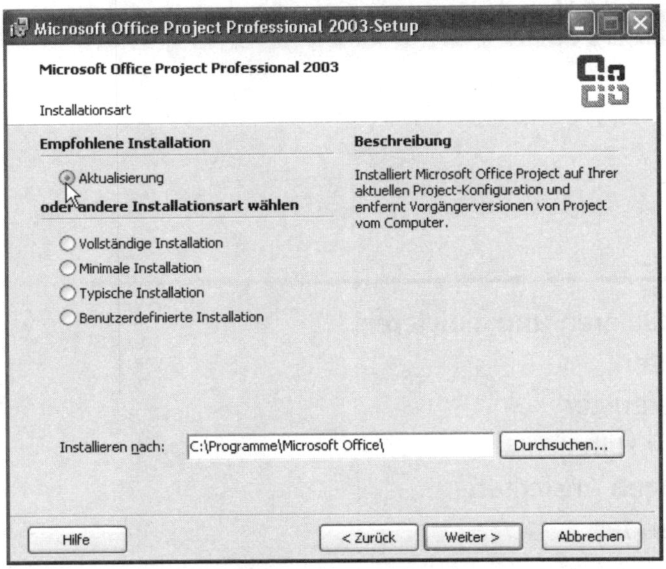

Abbildung 2.1: *Installationsart auswählen*

Produktaktivierung

Microsoft möchte den Schutz gegen Raubkopien verbessern. Deshalb lässt sich Project nach der Installation nur 50 Mal starten und muss dann mit einem speziellen Code per Internet oder Telefon freigeschaltet werden. Bei jedem Start von Project wird eine entsprechende Aufforderung zur Aktivierung eingeblendet. Der Ablauf der Microsoft-Produktaktivierung ist einfach und kann völlig anonym ablaufen, da es sich um eine Aktivierung und nicht um eine Registrierung bei Microsoft handelt. Sie können im Rahmen der Aktivierung zusätzlich Ihr Produkt freiwillig registrieren lassen.

Aktivierung per Internet

Bei der Microsoft-Produktaktivierung über das Internet erkennt der Aktivierungs-Assistent welche Hardwarekomponenten in einem System zum Zeitpunkt der Softwareinstallation konfiguriert sind. Dabei werden weder auf Ihrer Festplatte gespeicherte Daten durchsucht noch persönliche Informationen registriert. Auch Bauart, Modelltyp oder Hersteller von PC und Hardwarekomponenten werden nicht festgestellt. Der Vorgang über das Internet dauert nur wenige Sekunden und verläuft absolut anonym, es sei denn, Sie lassen sich gleichzeitig registrieren. Der Installationscode, der an Microsoft übermittelt wird, ist ein verschlüsselter Zeichenkettenwert aus der Product-ID und einem Hardwarecode, der sich aus allgemeinen Komponenten des PCs zusammensetzt. Diese Komponenten enthalten keine persönlich identifizierbaren Informationen und der Hardwarecode selbst wird ausschließlich zu Aktivierungszwecken verwendet. Er lässt sich nicht wieder aufschlüsseln, um Informationen über Ihren PC zu liefern. Der Hardwarecode stellt sicher, dass nicht ein und dieselbe Lizenz zur gleichzeitigen Installation auf verschiedenen PCs genutzt wird.

HINWEIS Grundsätzlich ist es möglich und erlaubt, die Software zusätzlich auf einem tragbaren Gerät zu installieren, wobei gewährleistet sein muss, dass das Programm nicht zeitgleich benutzt wird.

Zitat aus dem Endbenutzer-Lizenzvertrag:

> *»1.1 Installation und Verwendung. Sie sind berechtigt,*
>
> *(a) eine Kopie der Software auf einem PC oder einem anderen Gerät zu installieren und zu verwenden und*
>
> *(b) eine zusätzliche Kopie der Software auf einem zweiten, tragbaren Gerät zur ausschließlichen Verwendung durch die Hauptbenutzerin oder den Hauptbenutzer der ersten Kopie der Software zu installieren.«*

Der Anwender muss bei der Aktivierung nur das Land angeben, in dem das Produkt eingesetzt wird. Weitere Angaben zur Person sind nicht erforderlich, können aber optional eingegeben werden.

Telefonische Aktivierung

Sie können die Software auch telefonisch aktivieren. Sie können in dem Aktivierungsassistenten wählen ob Sie die Aktivierung per Internet oder telefonisch wünschen. Im Fall der telefonischen Variante müssen Sie eine Servicenummer von Microsoft anrufen, die im Aktivierungsassistenten angegeben wird. Ein Mitarbeiter von Microsoft leitet Sie dann telefonisch durch den Aktivierungsprozess. In diesem Prozess wird zunächst ein Code erstellt den Sie mündlich dem Hotline-Mitarbeiter durchgeben müssen. Auf Basis dieses Codes bekommen Sie dann einen Freigabecode diktiert, den Sie in einem dafür vorgesehenen Feld eingeben. Innerhalb dieses Prozesses werden weder Ihr Name noch irgendwelche andere persönliche Informationen von Ihnen verlangt. Einzig den Softwareschlüssel müssen Sie dem Hotline-Mitarbeiter angeben.

Project starten

Project über das Startmenü aufrufen

Beginnen Sie Ihre Projektarbeit, indem Sie Project starten.

Dazu haben Sie drei Möglichkeiten:

1. Der Programmstart über das Windows-Startmenü: *Start/Alle Programme/ Microsoft Office/Microsoft Office Project 2003.*
2. Aufruf des Programms durch Öffnen einer bereits vorhandenen und kürzlich verwendeten Project-Datei. Dazu wählen Sie im Startmenü unter *Zuletzt verwendete Dokumente* die betreffende Project-Datei aus.
3. Sie können auch auf das Symbol einer Project-Datei im Windows-Explorer doppelklicken; Project wird gestartet, öffnet die ausgewählte Projektmappe und zeigt sie an.

Verknüpfung auf dem Desktop erstellen

Einen schnellen Zugriff erhalten Sie auch über das Project-Symbol auf dem Windows-Desktop. Mit einem Doppelklick auf dieses Symbol startet das Programm. Eine entsprechende Verknüpfung auf dem Desktop erstellen Sie folgendermaßen:

1. Klicken Sie im Menü *Start/Alle Programme/ Microsoft Office/Microsoft Office Project 2003* mit der rechten Maustaste auf das Project-Symbol.
2. Ziehen Sie es bei gedrückt gehaltener rechter Maustaste auf Ihren Desktop und dort loslassen.
3. Klicken Sie im erscheinenden Kontextmenü auf den Eintrag *Hierher kopieren*.

Sollte kein Project-Symbol im Startmenü vorhanden sein, können Sie alternativ folgendermaßen vorgehen (vgl. auch Abbildung 2.2):

1. Klicken Sie mit der rechten Maustaste auf den Desktop.
2. Wählen Sie im Kontextmenü den Menüpunkt *Neu* und im zugehörigen Untermenü den Eintrag *Verknüpfung*.
3. Klicken Sie im Dialogfeld *Verknüpfung erstellen* auf die Schaltfläche *Durchsuchen*.
4. Bei einer Standardinstallation wählen Sie den Pfad *Programme/Microsoft Office/Office11* und dann das Programmsymbol von *WINPROJ.EXE*.
5. Klicken Sie auf die Schaltfläche *OK* und dann auf die Schaltfläche *Weiter*.
6. Nach Angabe der Symbolbeschriftung (z.B. *Microsoft Project 2003*) bestätigen Sie mit der Schaltfläche *Fertig stellen*.

Abbildung 2.2: *Verknüpfung auf dem Desktop erstellen*

Öffnen eines Projektes

In Project können Sie Projekte öffnen, die auf lokalen Laufwerken oder auf Netzwerklaufwerken, zu denen Sie Verbindung haben, gespeichert sind. Wählen Sie dazu in der Standardsymbolleiste den Befehl *Öffnen* bzw. die Tastenkombination Strg+O. Im Dialogfeld *Öffnen* können Sie im Auswahllistenfeld *Suchen in:* innerhalb der verfügbaren Verzeichnisse den Speicherort der gesuchten Datei auswählen.

HINWEIS Um eines der zuletzt verwendeten Projekte zu öffnen, klicken Sie unten im Menü *Datei* auf dessen Namen. Wenn die zuletzt benutzten Projekte nicht angezeigt werden, rufen Sie den Menübefehl *Extras/Optionen* auf und aktivieren die Registerkarte *Allgemein*. Markieren Sie das Kontrollkästchen *Liste zuletzt geöffneter Dateien* und geben Sie eine Zahl zwischen 1 und 9 ein.

Das Arbeitsfenster

Nachdem Sie Project gestartet haben, sehen Sie das Project-Arbeitsfenster auf Ihrem Bildschirm. Im folgenden Abschnitt erfahren Sie, wie Sie die einzelnen Elemente Ihrer Project-Umgebung leicht bedienen können.

Der Aufgabenbereich

Abbildung 2.3: *Arbeitsoberfläche mit Aufgabenbereich und Projektberater-Symbolleiste*

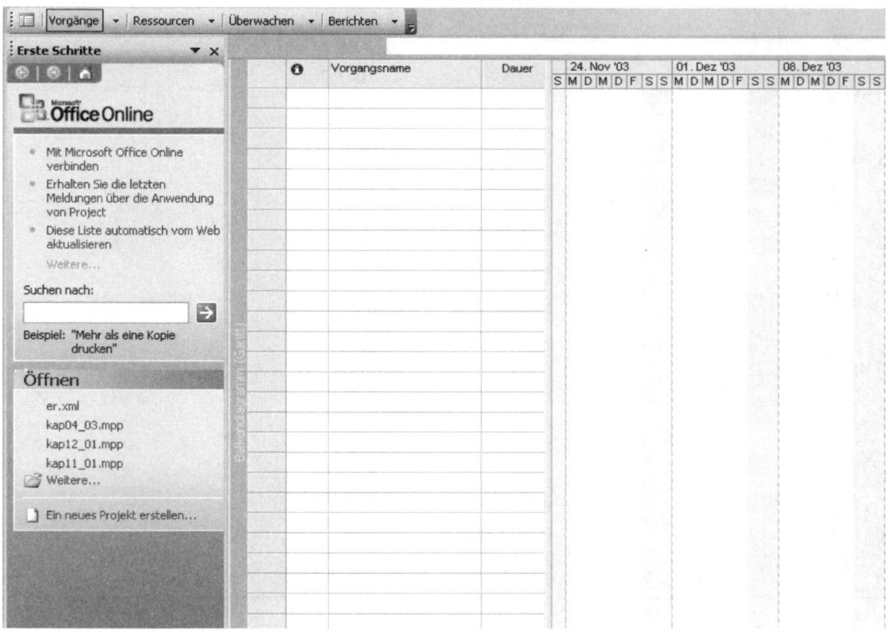

Im linken Bildschirmfenster steht der so genannte Aufgabenbereich zur Verfügung. Dieser Bereich ist von seiner Funktionalität her an den Internet Explorer angelehnt. Sie können im Arbeitsbereich navigieren wie Sie es vom Internet gewohnt sind. Nachdem Sie Project aufgerufen haben, werden Ihnen hier standardmäßig verschiedene Möglichkeiten geboten, einen Projektplan zu öffnen. So können Sie z.B. ein neues Projekt, ausgehend von einem leeren Projektplan, basierend auf einem vorhandenen Projektplan oder mithilfe einer Vorlage öffnen.

Der Projektberater

Der Projektberater ist ein Feature, das seit der Version 2002 vorhanden ist. Er begleitet Sie je nach Wunsch im gesamten Projektverlauf und bietet Ihnen die Möglichkeit, auf entsprechende Project-Funktionen zuzugreifen und deren sinnvollen Einsatz zu erlernen. Hierzu bietet Ihnen der Projektberater Anregungen sowie weitere Assistenten zur Unterstützung in verschiedenen Projektphasen an.

Abbildung 2.4: *Projektberater-Symbolleiste*

Standardmäßig ist die Symbolleiste für den Projektberater eingeblendet. Mit deren Hilfe können Sie auf die vier unterschiedlichen Themenbereiche zugreifen: *Vorgänge*, *Ressourcen*, *Überwachen* und *Berichten*. Über das Symbol *Einblenden/Ausblenden des Projektberaters* gelangen Sie direkt zu den Anregungen und Assistenten im Seitenbereich Ihres Ansichtsfensters.

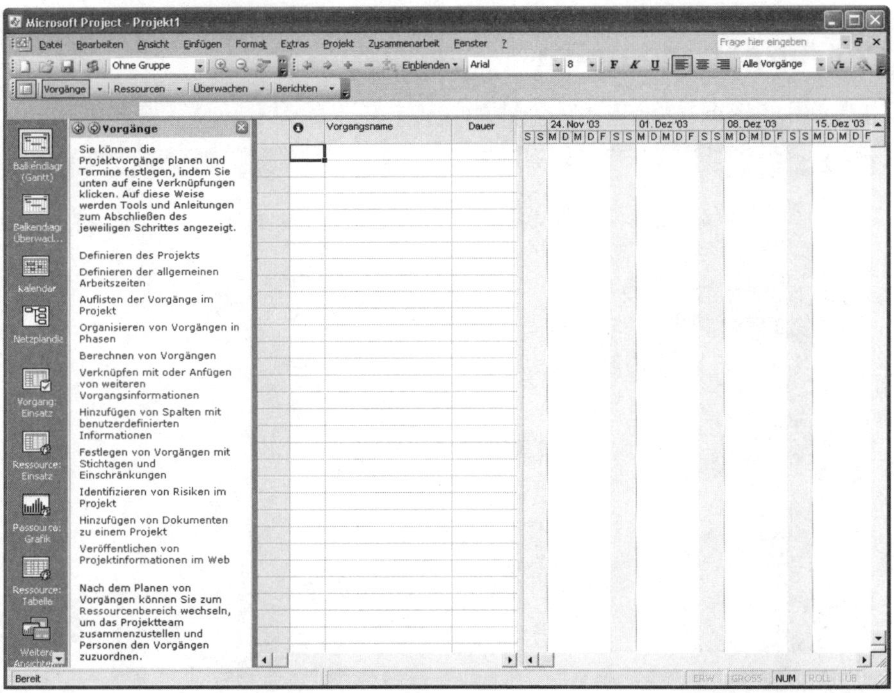

Abbildung 2.5: *Arbeitsoberfläche von Project mit eingeblendetem Projektberater*

Im Seitenbereich wird eine Liste für die Aufgaben eines jeden Aktivitätsbereiches zur Verfügung gestellt. Zudem finden Sie hier Hinweise zu verwandten Themen oder damit verbundenen Hilfethemen. Der Projektberater ist somit ein ständiger Begleiter in jeder Projektphase, der Sie mit Feedback und Statusinformationen versorgt oder bei der Erledigung bestimmter Aufgaben unterstützt.

Die Ansichtsleiste

In der Ansichtsleiste, unmittelbar neben dem Seitenbereich des Projektberaters, sind die Ansichten von Project enthalten. Die Ansichtsleiste lässt sich über die Befehlsfolge *Ansicht/Ansichtsleiste* aktivieren bzw. deaktivieren. Die entsprechende Ansicht erscheint dann als niedergedrückte Schaltfläche (Abbildung 2.5). Die Ansichtsleiste erlaubt Ihnen einen schnellen Wechsel zwischen den verschiedenen Ansichten. Die Ansicht *Balkendiagramm (Gantt)* wird z.B. angezeigt, wenn Sie Vorgänge eingeben. Gleiches gilt für die Ansicht *Ressource: Tabelle*, wenn Sie z.B. Informationen zur Ressource eingeben.

Die Bildlaufleisten

Der Project-Arbeitsbereich weist nach dem Start standardmäßig zwei horizontale und eine vertikale Bildlaufleiste auf. Wenn Sie die Pfeile (kleine Dreiecke) an den Enden der Bildlaufleisten anklicken, können Sie sich im Arbeitsfenster horizontal und vertikal bewegen, um die weiteren Spalten und Zeilen dieser Tabelle anzusehen und zu bearbeiten.

Nehmen wir an, Sie wollen in einem umfangreichen Projekt zum letzten Drittel des Projektes blättern. Gehen Sie dazu folgendermaßen vor:

1. Klicken Sie mit der linken Maustaste auf den Regler der vertikalen Bildlaufleiste und halten Sie dabei die Maustaste gedrückt.
2. Ziehen Sie den Regler der Bildlaufleiste nach unten. Über eine *QuickInfo* (Abbildung 2.6) werden Sie jeweils über die Zeilennummer und über den Vorgangsnamen informiert.

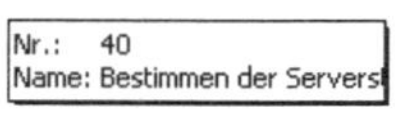

Abbildung 2.6: *QuickInfo mit Zeilennummer und Vorgangsname*

Sie können ebenso einen Mausklick auf die Pfeile der Bildlaufleisten ausführen, um kleinere Sprünge im Arbeitsblatt durchzuführen.

Der Fenstermodus

Mit den Fenstersymbolen des Programmfensters können Sie Ihren Bildschirm auf verschiedenste Weise darstellen:

 Fenster auf Symbolgröße minimieren

 Fenster zum Vollbild maximieren

 Fenster im verkleinerter Ansicht darstellen

 Fenster schließen

Die Symbole in der Titelleiste des Project-Fensters beziehen sich auf das Project-Programmfenster; die in der Zeile darunter, auf das Dokumentfenster der Projektmappe. Sie können beliebig viele Projekte geöffnet haben und bearbeiten. Über die Windows-Taskleiste können Sie z.B. leicht zwischen den verschiedenen Fenstern navigieren. Zusätzliche Arbeitsfenster für ein Projekt öffnen Sie im Menü *Fenster* mit dem Befehl *Neues Fenster*.

Jedes Fenster hat seine eigenen Schaltflächen für Vollbild, zum Verkleinern, Symbolgröße und zum Schließen: Testen Sie diese Schaltflächen einmal, indem Sie sie einzeln anklicken.

Mehr Überblick durch ein neues Projektfenster

Bei umfangreichen Projekten ist es oft nützlich, ein zusätzliches Fenster zu öffnen. Dies erleichtert die Projektarbeit ungemein.

Nehmen wir an, Sie wollen ein Projekt in zwei Fenstern anzeigen lassen. Das erste Fenster soll am Anfang des Projektes positioniert sein, das zweite am Ende. Anschließend sind die Fenster horizontal anzuordnen.

Verfahren Sie hierzu wie folgt:

1. Wählen Sie im Menü *Fenster* den Befehl *Neues Fenster*. Im gleichnamigen Dialogfeld werden sämtliche aktuell geöffneten Projekte aufgeführt (in unserem Beispiel ist es lediglich ein Projekt, siehe (Abbildung 2.7).
2. Im Kombinationsfeld *Ansicht* können Sie zusätzlich eine andere Ansicht einstellen. Für unser Beispiel belassen Sie die Voreinstellung und drücken die Schaltfläche *OK*.
3. Das zweite Fenster erscheint damit in der Windows-Taskleiste. Wählen Sie aus dem Menü *Fenster* den Befehl *Alles anordnen*, um die beiden Fenster horizontal auf Ihrer Project-Oberfläche anzuordnen.

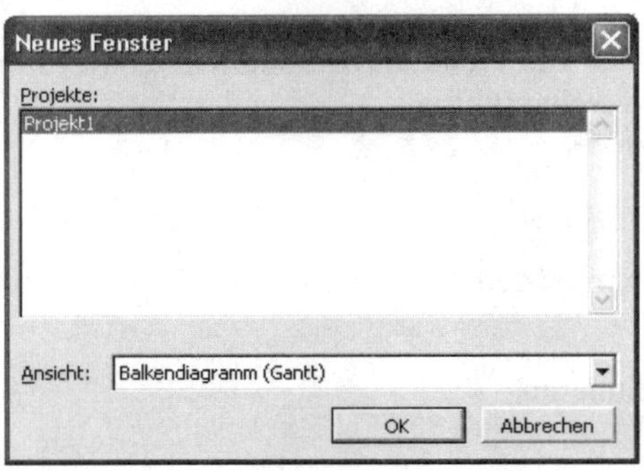

Abbildung 2.7: *Öffnen Sie ein weiteres Fenster Ihres Projektes*

Die Menüleiste

Alle Befehle der Anwendung finden Sie in der Menüleiste von Project (vgl. Abbildung 2.8). Ein Klick mit der linken Maustaste auf einen Eintrag in der Menüleiste öffnet das zugehörige Pulldown-Menü.

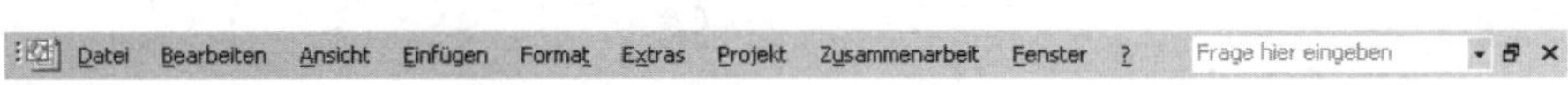

Abbildung 2.8: *Project-Menüleiste*

Die Pulldown-Menüs enthalten Menübefehle, die von der Funktion her zueinander passen. So finden Sie z.B. unter dem Menü *Datei* alle Befehle zur Verwaltung von Projekten (Abbildung 2.9).

Abbildung 2.9: *Das Menü* Datei *mit den Befehlen zur Projektverwaltung*

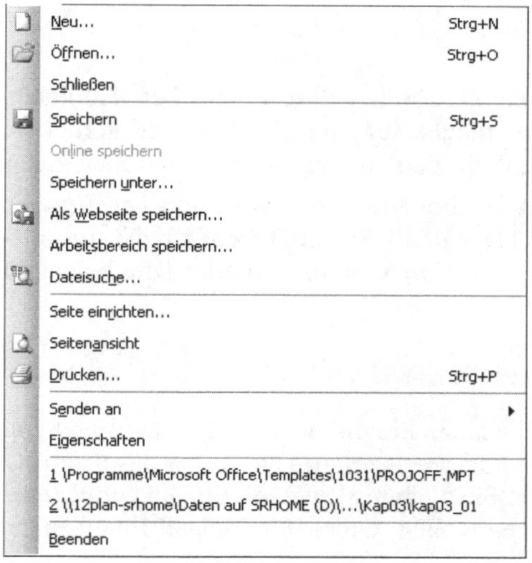

Sie können die Menüleiste auch mit der Tastatur ansteuern und Befehle aufrufen. Drücken Sie dazu die Alt-Taste gleichzeitig mit dem im Menüpunkt unterstrichenen Buchstaben und anschließend einzeln den unterstrichenen Buchstaben im Menübefehl. Um beispielsweise den Menübefehl *Datei/Seitenansicht* aufzurufen, drücken Sie zunächst gemeinsam die beiden Tasten Alt+D, lassen die Tasten wieder los und drücken dann die Taste A.

Das Kontextmenü

Abbildung 2.10: *Das Kontextmenü für den Tabellenbereich mit den Befehlen für die Zellbearbeitung*

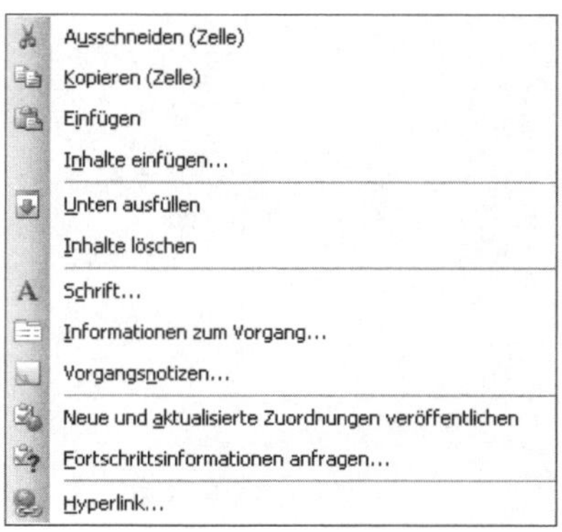

Die rechte Maustaste wird verwendet, um ein Kontextmenü aufzurufen. Dieses enthält die wichtigsten Befehle, die Sie zur momentanen Arbeitssituation benötigen. Befindet sich der Mauszeiger innerhalb des Tabellenblatts und Sie betätigen die rechte Maustaste, erscheint das Kontextmenü mit Befehlen, die in direktem

Zusammenhang mit der Bearbeitung von Zellen stehen (siehe Abbildung 2.10). Befindet sich der Mauszeiger hingegen im Bereich der Symbol- oder Menüleiste, listet das Kontextmenü alle zur Verfügung stehenden Symbolleisten auf.

Die Symbolleisten

Durch Schaltflächen symbolisierte Befehle können durch einfaches Anklicken ausgeführt werden. Wenn Sie eine Schaltfläche auf einer Symbolleiste anklicken, führt Project den entsprechenden Befehl mit den voreingestellten Optionen aus.

Standardmäßig startet Project mit den Symbolleisten *Standard* und *Format*. Die *Standard*-Symbolleiste (Abbildung 2.11) enthält Schaltflächen für die grundlegenden Arbeitsschritte in Project, z.B. das Öffnen, Schließen oder Drucken einer Project-Tabelle.

Abbildung 2.11: Standard-*Symbolleiste*

Sind Ihnen die Symbolleisten zu klein, wählen Sie die Befehlsfolge *Ansicht/Symbolleisten/Anpassen* und aktivieren auf der Registerkarte *Optionen* das Kontrollkästchen *Große Symbole*. Hier können Sie auch festlegen, ob Sie die *QuickInfos* zu den einzelnen Schaltflächen anzeigen wollen. QuickInfos zeigen Ihnen Informationen zu den verschiedenen Symbolen an, sobald Sie mit dem Mauszeiger kurz darauf verweilen.

Anpassen der Symbolleisten nach Ihren Bedürfnissen

Project verfügt neben der *Format*- und der *Standard*-Symbolleiste über zahlreiche weitere Symbolleisten, die je nach Bedarf aus- oder eingeblendet werden können. Wollen Sie beispielsweise die Symbolleiste *Zeichnen* einblenden, können Sie dies auf zwei Arten bewerkstelligen: entweder über den Befehl *Ansicht/Symbolleisten* oder über das Kontextmenü einer Symbolleiste.

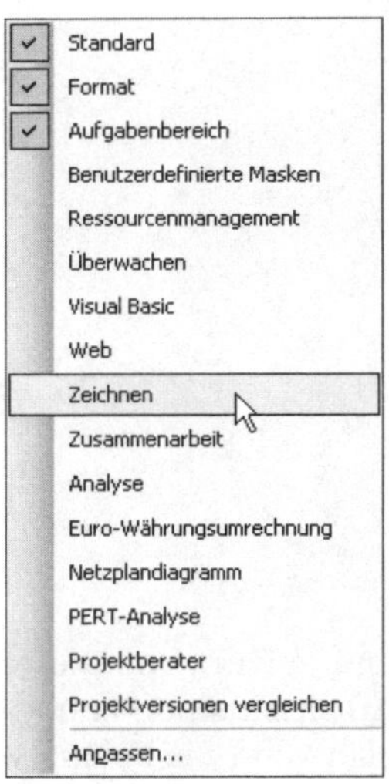

Abbildung 2.12: *Auswahl der Symbolleiste* Zeichnen

Via Kontextmenü bedeutet:

1. Bewegen Sie den Mauszeiger in einen freien Bereich der Symbolleisten und drücken Sie die rechte Maustaste. Im Kontextmenü sind die bereits eingeblendeten Symbolleisten mit einem Häkchen versehen.
2. Klicken Sie im Kontextmenü auf *Zeichnen*. Die Symbolleiste *Zeichnen* wird eingeblendet.

Erstellen eigener Symbolleisten

Sie können Ihre eigenen Symbolleisten erstellen und dort die Schaltflächen platzieren, die Sie häufig benötigen. Wenn Sie beispielsweise oft mit Listen arbeiten, die zu sortieren sind, können Sie eine Symbolleiste namens *Liste* erstellen und dort alle Schaltflächen anordnen, die Sie zum Arbeiten mit Listen brauchen.

Mit den folgenden Schritten können Sie eine eigene Symbolleiste erstellen:

1. Wählen Sie im Kontextmenü einer beliebigen Symbolleiste den Menübefehl *Anpassen*.
2. Holen Sie im Dialogfeld *Anpassen* die Registerkarte *Symbolleisten* in den Vordergrund und klicken Sie auf die Schaltfläche *Neu*.
3. Geben Sie im nun erscheinenden Dialogfeld *Neue Symbolleiste* den Namen für die neue Symbolleiste ein, beispielsweise »EigeneLeiste«, und bestätigen Sie über *OK*. Auf dem Bildschirm erscheint eine neue Symbolleiste, die aber noch keine Schaltflächen enthält.
4. Wechseln Sie im Dialogfeld *Anpassen* zur Registerkarte *Befehle*.
5. Wählen Sie im Listenfeld *Kategorien* eine gewünschte Kategorie aus.
6. Ziehen Sie die benötigten Schaltflächen mit gedrückter linker Maustaste auf die neu erstellte Symbolleiste und schließen Sie das Dialogfeld *Anpassen*.

TIPP Im *Anpassen*-Modus, d.h. wenn das Dialogfeld *Anpassen* geöffnet ist, finden Sie im Kontextmenü für das neue Symbol alle Befehle zur Gestaltung bzw. Beschriftung des Symbols.

7. Positionieren Sie Ihre neue Symbolleiste an einem beliebigen Rand des Arbeitsfensters.
8. Zur Kontrolle klicken Sie mit der rechten Maustaste auf die Symbolleiste. Sie sehen, dass Ihre neu erstellte Symbolleiste im Kontextmenü gleichberechtigt neben den Project-internen Symbolleisten aufgeführt und mit einem Häkchen versehen ist.

Eine Schaltfläche löschen

Oftmals ist es für einen besseren Überblick sinnvoll, einzelne Schaltflächen, die nicht gebraucht werden, aus der Symbolleiste zu entfernen.

So können Sie Schaltflächen aus einer Symbolleiste löschen:

1. Klicken Sie mit der rechten Maustaste in den freien Bereich der Symbolleisten, um das Kontextmenü zu öffnen. Wählen Sie den Befehl *Anpassen*.
2. Ziehen Sie die zu löschende Schaltfläche von der Symbolleiste herunter. Beim Loslassen der Maustaste verschwindet das Symbol.

HINWEIS

Sie brauchen sich beim Anpassen der Symbolleisten keine Gedanken darüber zu machen, dass Ihre Anpassungen beim nächsten Programmstart nicht mehr vorhanden sein könnten und Sie diese erneut anpassen müssten. Project speichert bei jedem Verlassen des Programms die Einstellungen der Symbolleisten.

Sie können jederzeit die Standardeinstellungen wiederherstellen, indem Sie im Dialogfeld *Anpassen* auf der Registerkarte *Symbolleisten* die entsprechende Symbolleiste markieren und anschließend auf die Schaltfläche *Zurücksetzen* klicken.

Die Statusleiste

Am unteren Bildschirmrand sehen Sie die so genannte Statusleiste. Diese Statusleiste ist dreigeteilt.

Abbildung 2.13: *Die Statusleiste*

Im linken Teil der Statusleiste gibt Ihnen Project eine Rückmeldung, wenn es bestimmte Aufgaben zu erledigen hat (*Bereit*) oder auf bestimmte Aktionen Ihrerseits (*Eingeben*) wartet.

Im mittleren Teil der Statusleiste meldet Ihnen das System bestimmte Zustände, beispielsweise wenn das Projekt neu berechnet wird.

Der rechte Teil der Statusleiste gibt Ihnen Information zu den Sonder- und Standardtasten Ihrer Tastatur. Haben Sie beispielsweise die Feststelltaste für die numerische Eingabe aktiviert, so zeigt die Statusleiste den Eintrag *NUM* an.

Die Dialogfelder

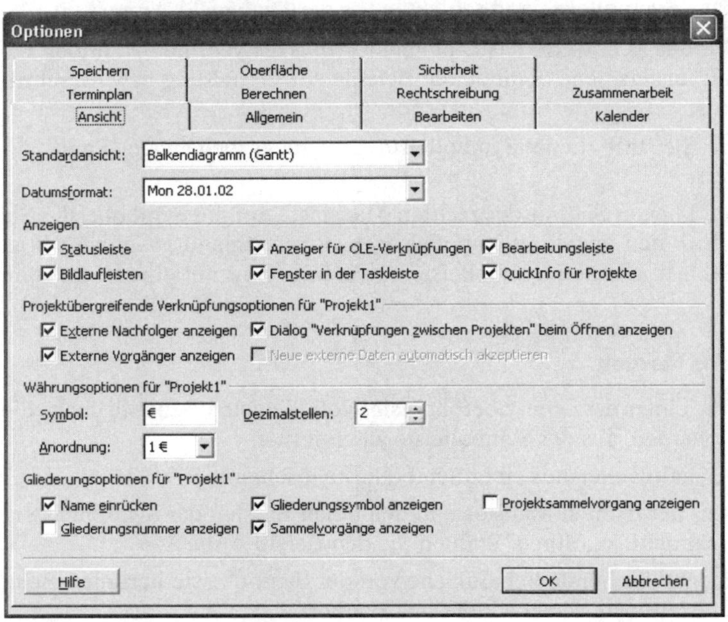

Abbildung 2.14: *In den Optionen sind viele Grundeinstellungen für die Berechnung der Projekte wichtig*

Menübefehle, denen drei Pünktchen im Menü folgen, öffnen ein Dialogfeld (vgl. beispielsweise Abbildung 2.14), in dem Sie bestimmte Einstellungen festlegen können.

Wie jedes Fenster besitzt auch ein Dialogfeld in der obersten Zeile eine Titelleiste mit dem Dialogfeldnamen und der Schaltfläche *Schließen*.

In den Feldern selbst können Sie sich vorwärts (von einem Feld zum nächsten) mit der Tab-Taste bewegen. Sollten Sie auf ein gerade verlassenes Feld zurück wollen, drücken Sie zusätzlich zur Tab- die Umschalt-Taste. Als Alternative klicken Sie einfach mit der Maus in das betreffende Feld.

Die verfügbaren Elemente von Dialogfeldern

Registerkarten: Einige Dialogfelder, wie beispielsweise das Dialogfeld *Optionen* enthalten mehrere Registerkarten (siehe Abbildung 2.14). Um eine Registerkarte auszuwählen, klicken Sie auf den beschrifteten Reiter.

Kontrollkästchen: Hat ein Kontrollkästchen ein Häkchen, ist die betreffende Funktion aktiviert. Mit der linken Maustaste kann die Funktion des Kontrollkästchens aktiviert bzw. deaktiviert werden. Es können gleichzeitig mehrere Kästchen aktiviert sein. Auf der Tastatur drücken Sie dazu die Leertaste.

Optionsfeld: Optionsfelder stehen in einem Gruppenfeld. In jeder Gruppe kann jeweils nur ein Optionsfeld aktiviert sein. Wenn Sie eine Option aktivieren, wird die bisher aktivierte Option deaktiviert. In der Umgangssprache werden diese Elemente auch »Radiobuttons« genannt.

Listenfelder: In Listenfeldern, wie z.B. im Dialogfeld *Optionen* auf der Registerkarte *Ansicht* (siehe Abbildung 2.14) können die darin enthaltenen Einträge per Mausklick ausgewählt werden. Die Schaltfläche mit dem Pfeil rechts deutet darauf hin, dass es mehrere Auswahlmöglichkeiten gibt.

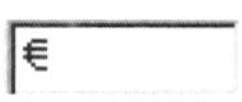

Eingabefelder: Einige Dialogfelder, z.B. das Dialogfeld *Optionen*, enthalten Eingabefelder, in die Sie Daten (Maße, Benutzerangaben usw.) direkt eingeben können.

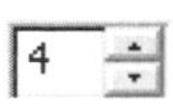

Drehfelder: Aktivieren Sie im Dialogfeld *Optionen* die Registerkarte *Allgemein*. Dort finden Sie ein Drehfeld *Liste zuletzt geöffneter Dateien*: ein Beispiel für ein Drehfeld, in das Sie eine Zahl von eins bis neun eingeben können oder auch über den Pfeil nach oben weiterzählen bzw. über den Pfeil nach unten die Anzahl verringern können. Diese Zahl legt fest, wie viele der zuletzt bearbeiteten Dateien im unteren Teil des Menüs *Datei* zum schnelleren Öffnen angezeigt werden.

Ein Klick zur Hilfe

Wenn Sie Informationen über eine bestimmte Prozedur oder ein besonderes Feature benötigen, ist die Hilfe-Funktion stets ein wertvoller Ratgeber, um Project kennen zu lernen. Hilfe finden Sie generell über den Menüpunkt *?*. Dort erhalten Sie unterschiedliche Arten von Hilfestellungen.

Hilfe von Ihrem stummen Begleiter – der Office-Assistent

Klicken Sie im Menü *Hilfe* (*?*) auf den Eintrag *Microsoft Project-Hilfe* oder drücken Sie die F1-Taste, um den Office-Assistenten (Abbildung 2.15) aufzurufen. Er beantwortet Ihnen Fragen, gibt Tipps oder Warnungen und Hilfestellungen zu einer Vielzahl von Funktionen.

HINWEIS

Dieser Assistent wird in allen Office Applikationen angeboten. Wird er in einer der anderen Anwendungen deaktiviert so gilt dies auch für alle anderen Anwendungen. In diesem Fall wird direkt die Offline-Hilfe gestartet.

Über den rechten Mausklick (Kontextmenü) auf die Figur können Sie überdies das Aussehen Ihres Office-Assistenten ändern, z.B. einen Professor, einen Hund, eine Katze und andere hilfsbereite Figuren auswählen.

Abbildung 2.15: *Hund, Katze oder Karl Klammer*

Der Office-Assistent »beobachtet« Ihre Arbeit und gibt Ihnen gelegentlich Tipps. Dies merken Sie daran, dass der Assistent eine Sprechblase anzeigt. Klicken Sie auf die entsprechenden Punkte in der Sprechblase, um die angebotenen Informationen zu bekommen.

Welche Tipps angezeigt werden, hängt von den Optionen ab, die Sie je nach Bedarf selbst einstellen können:

1. Klicken Sie auf den *Office-Assistenten*.
2. Klicken Sie auf die Schaltfläche *Optionen* in der Sprechblase.
3. Holen Sie die Registerkarte *Optionen* in den Vordergrund (Abbildung 2.16).
4. Aktivieren bzw. deaktivieren Sie die gewünschten Kontrollkästchen.

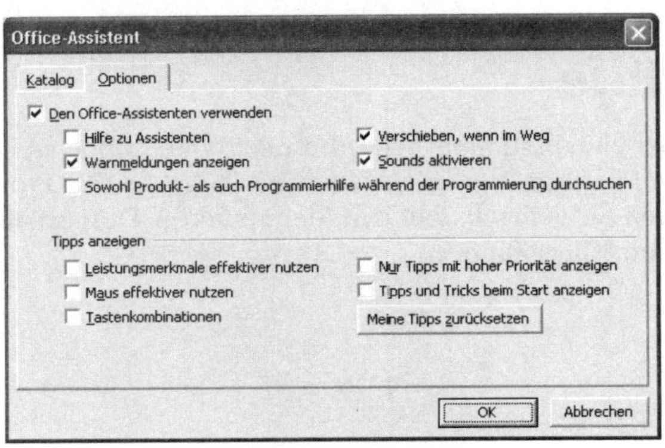

Abbildung 2.16: *Die Einstellungen des Office-Assistenten*

Mit Ihren Festlegungen steuern Sie das Verhalten des Office-Assistenten. *Hilfe zu Assistenten* wird angezeigt, wenn Sie einen Project-Assistenten, z.B. den Balkenplan-Assistenten, starten. Benötigen Sie keine Hilfe zu Project-Assistenten, können Sie dieses Kontrollkästchen deaktivieren.

HINWEIS Es steht in allen Microsoft Office-Programmen ein gemeinsamer Assistent zur Verfügung. Jede Änderung an den Einstellungen des Assistenten wirkt sich auf alle anderen Office-Programme aus.

Inhalt und Index

Sie können die Hilfe ebenso über das Menü *?* mit dem Befehl *Microsoft Project-Hilfe* aufrufen. Oder drücken Sie einfach die F1 Taste. Die neu gestaltete Hilfe wird im Aufgabenbereich links im Programmfenster angezeigt.

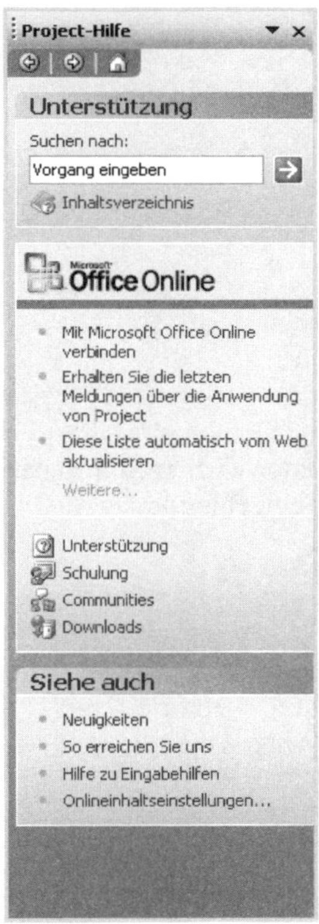

Abbildung 2.17: *Die Hilfe im Aufgabenbereich*

Geben Sie im Eingabefeld den zu suchenden Begriff ein und klicken Sie auf die Schaltfläche *Suche starten*. Project sucht dann automatisch alle Einträge dazu heraus und zeigt sie im Aufgabenbereich an.

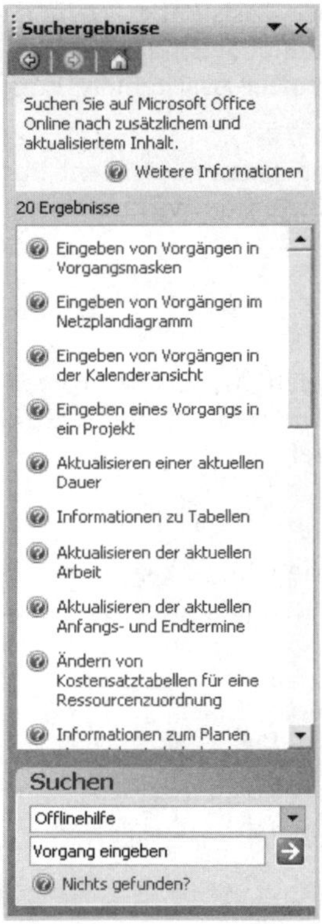

Abbildung 2.18: *Die Suchergebnisse im Aufgabenbereich*

Klicken Sie nun auf eines der angebotenen Suchergebnisse, wird rechts neben dem Programmfenster das Microsoft Project-Hilfe-Fenster eingeblendet.

Abbildung 2.19: *Die Details zu den Suchergebnissen*

In der HTML-basierten Hilfe arbeiten Sie wie im Internet-Browser. Querverweise sehen Sie in Form von Links (meist farblich hervorgehobener Text). Wenn Sie auf die farbig gekennzeichneten Einträge klicken, bekommen Sie zu diesem Begriff zusätzliche Informationen im selben Fenster angezeigt.

Dazu gehören auch die vom Browser bekannten Schaltflächen zum Vor- oder Zurückblättern:

Wenn Sie das aktuelle Thema zum Nachschlagen auf Papier haben wollen, drucken Sie es mit einem Klick auf die Schaltfläche *Drucken* aus.

Mit der Schaltfläche *Zurück* bewegen Sie sich zu dem Thema, von welchem aus Sie zur aktuellen Seite navigierten.

Mit der Schaltfläche *Vorwärts* bewegen Sie sich zum nächsten, schon einmal gewählten Thema.

Mit der Schaltfläche *Automatisch nebeneinander* bestimmen Sie ob das Hilfe-Fenster neben Project oder überlappend zum Programmfenster angezeigt wird.

TIPP Wollen Sie einen Hilfetext oder Teile daraus in die Zwischenablage kopieren, um ihn in einem anderen Programm weiter zu verarbeiten, markieren Sie den Hilfetext und kopieren ihn mit der Tastenkombination Strg+C. Sie markieren Text, indem Sie mit gedrückter linker Maustaste über den Hilfetext ziehen. Sie können den kopierten Text anschließend mit der Tastenkombination Strg+V beispielsweise in ein Textprogramm einfügen.

Mit einem rechten Mausklick in den Hilfetext erhalten Sie weitere Möglichkeiten, um beispielsweise den gesamten Text zu markieren, zu kopieren bzw. zu drucken.

Hilfe aus dem Web

Informieren Sie sich im Internet, indem Sie aus dem Menü *?* den Befehl *Microsoft Office Online* wählen. Mit diesem Befehl wird der Internet Explorer aufgerufen, der Sie dann mit den Microsoft-Webseiten im Internet verbindet. Einzige Voraussetzung dafür ist, dass Sie online gehen können.

Erkennen und Reparieren

Ebenfalls im Hilfe-Menü enthalten ist der Befehl *Erkennen und Reparieren*. Sollten Programmkomponenten nicht mehr korrekt funktionieren, können Sie hier die Reparatur veranlassen. Der Befehl initialisiert den Installer, der Fehler behebt oder Komponenten neu installiert (siehe Abbildung 2.20). Eventuell wird dafür die Project 2003-CD benötigt.

Abbildung 2.20: *Fehler in Project beheben*

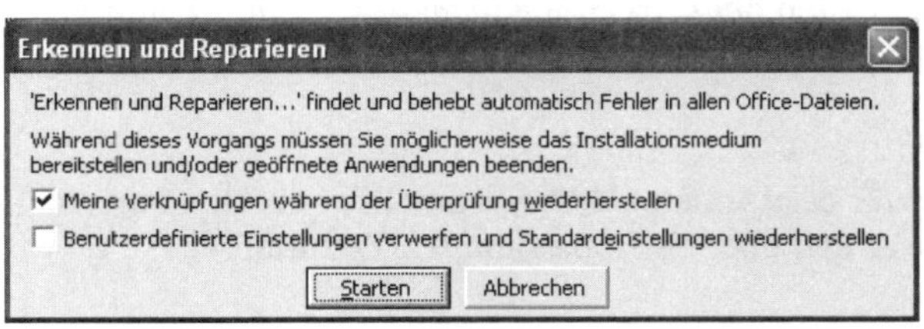

Die vielfältigen Ansichten

Balkendiagramm (Gantt)

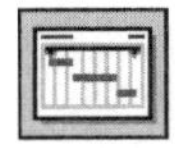

Die Ansicht *Balkendiagramm (Gantt)* ist nach dem Start von Project standardmäßig eingestellt. Bei dieser Ansicht ist der Bildschirm in zwei Hälften geteilt. Die eine Seite stellt den Eingabebildschirm dar, auf der anderen Seite wird das Gantt-Diagramm dargestellt. Diese Ansicht wird eingesetzt, um Vorgänge einzugeben und diese zu terminieren.

Balkendiagramm: Überwachung

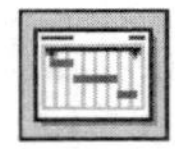

Die Ansicht *Balkendiagramm: Überwachung* liefert Ihnen eine Auflistung Ihrer Projektvorgänge und ein Diagramm, das für jeden Vorgang einen geplanten und einen berechneten Balken darstellt. Diese Ansicht eignet sich hervorragend, um einen Abgleich zwischen geplanten Terminen und dem aktuellen Terminplan durchzuführen.

Kalender

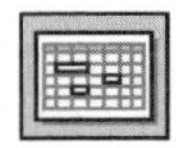

Diese Ansicht stellt einen Monatskalender dar, der die Projektvorgänge und deren Dauer anzeigt. Verschaffen Sie sich schnell einen Überblick über die geplanten Vorgänge einer oder mehrerer Wochen.

Netzplandiagramm

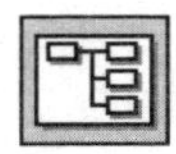

Die Ansicht *Netzplandiagramm* zeigt Ihnen das Projekt in Form eines Flussdiagramms an. Dabei erkennen Sie sehr übersichtlich die Anordnungsbeziehungen zwischen den einzelnen Vorgängen.

Vorgang: Einsatz

Diese Ansicht liefert Ihnen die Information, welche Ressourcen welchen Vorgängen zugeordnet sind.

Ressource: Einsatz

Die Ansicht *Ressource: Einsatz* listet Ihnen alle Ressourcen auf und gibt Ihnen Auskunft über die Faktoren Kosten oder Arbeit in einem bestimmten Zeitraum.

Ressource: Grafik

Die Ansicht *Ressource: Grafik* zeigt Ihnen ein Diagramm über die Ressourcenzuteilung, die Kosten oder die Arbeit über einen bestimmten Zeitraum.

Ressource: Tabelle

Die Ansicht *Ressource: Tabelle* liefert Ihnen die Ressourcen eines Projektes und die dazugehörigen Informationen in einer tabellarischen Anordnung. Sie können diese Ansicht verwenden, um leichter Ihre Ressourcen zu erfassen.

Weitere Ansichten

Zusätzliche Ansichten können Sie abrufen, indem Sie auf die Schaltfläche *Weitere Ansichten* (Abbildung 2.21) klicken. Auf eine Beschreibung der weiteren Ansichten wird in diesem Kapitel nicht weiter eingegangen. In den späteren Kapiteln wird jedoch die eine oder andere Ansicht noch ausführlicher erläutert werden.

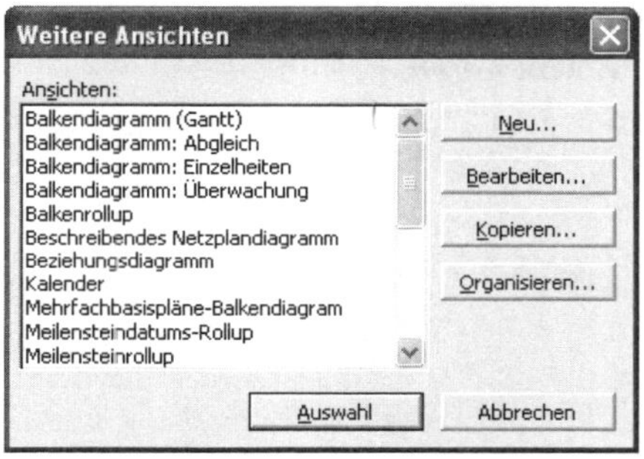

Abbildung 2.21: *Wählen Sie die gewünschte Ansicht aus*

Seitenansicht *Vorschau*

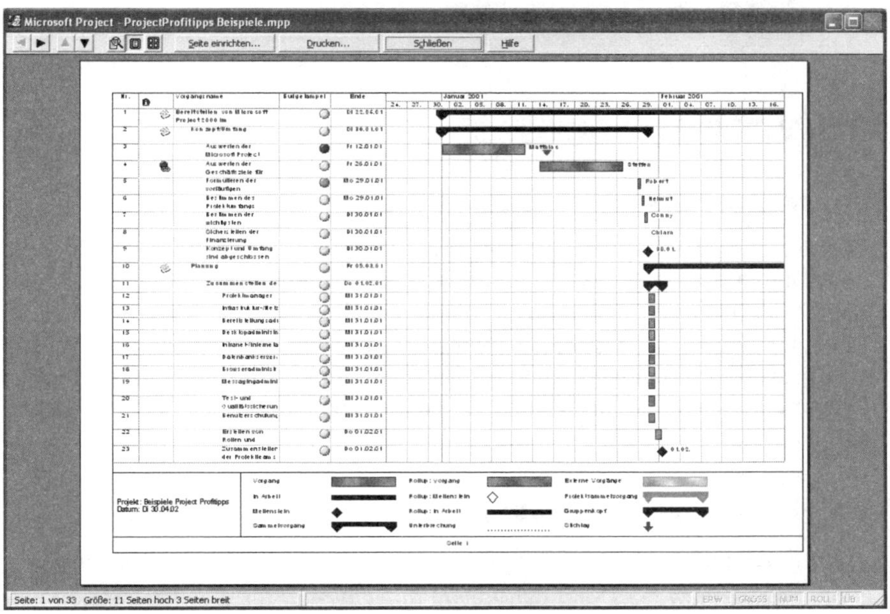

Abbildung 2.22: *Die Druckseite des Projektes inklusive Legende*

Wählen Sie im Menü *Datei* den Befehl *Seitenansicht*, um die einzelnen Seiten eines Projekts so am Bildschirm darzustellen, wie sie im späteren Ausdruck aussehen (vgl. Abbildung 2.22). Um schnell zur Seitenansicht zu gelangen, können Sie auch die Schaltfläche *Seitenansicht* in der *Standard*-Symbolleiste anklicken.

Die Zoomfunktion

Sollte sich die Ansicht auf dem Bildschirm über einen zu langen Bereich erstrecken, können Sie die Funktion *Zoom* einsetzen. Zoomen können Sie, indem Sie auf eine der beiden Lupen in der *Standard*-Symbolleiste klicken oder aus dem Menü *Ansicht* den Befehl *Zoom* auswählen.

Wenn Sie in einem großen Projekt, das über mehrere Monate läuft, eine Ansicht über lediglich zwei Wochen wählen möchten, gehen Sie wie folgt vor:

1. Wählen Sie aus dem Menü *Ansicht* den Befehl *Zoom*.
2. Im Dialogfeld *Zoom* wählen Sie das Optionsfeld *2 Wochen* (Abbildung 2.23).
3. Bestätigen Sie Ihre Wahl mit *OK*.

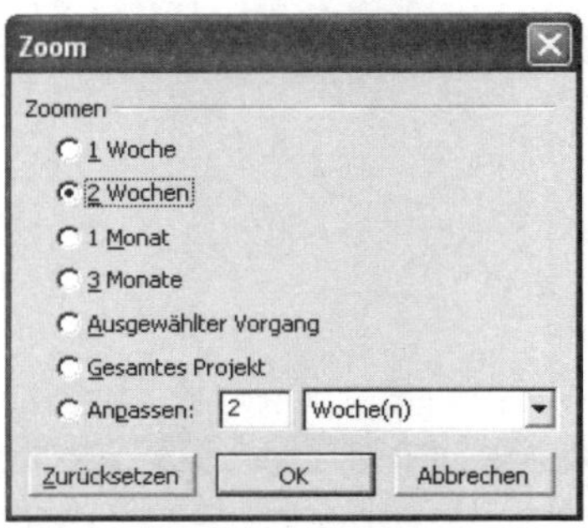

Abbildung 2.23: *Die Ansicht mithilfe der Zoom-Funktion anpassen*

Project beenden

Programmfenster schließen

Das Beenden von Project erfolgt über den Menübefehl *Datei/Beenden*, über die Tastenkombination Alt+F4 oder mit der Schaltfläche *Schließen* in der Titelleiste des Project-Bildschirms.

Bevor Sie Project beenden, sollten Sie aber Ihr Projekt speichern. Ein neu erstelltes Projekt erhält standardmäßig den Namen *Projekt* mit einer fortlaufenden Nummer und behält diesen so lange bei, bis es unter einem neuen Namen gespeichert wird.

Speichern eines Projektes

Um ein Projekt unter einem neuen Namen zu speichern, gehen Sie wie folgt vor:

1. Wählen Sie im Menü *Datei* den Befehl *Speichern unter*. Das Dialogfeld *Speichern unter* wird auf dem Bildschirm angezeigt.

2. Geben Sie im Eingabefeld *Dateiname* den Namen des Projektes ein.
3. Klicken Sie auf die Schaltfläche *Speichern*, oder betätigen Sie Enter, um das Dialogfeld zu schließen und die Datei zu speichern.

Wenn Sie später Änderungen in der Tabelle vornehmen und anschließend die Datei wieder speichern wollen, brauchen Sie nur auf die Schaltfläche *Speichern* in der *Standard*-Symbolleiste zu klicken. Die Schaltfläche *Speichern* zeigt zwar eine Diskette, die Datei wird aber genau dort wieder mit den Änderungen gespeichert, wo sie geöffnet wurde und behält ihren Namen bei. Alternativ können Sie auch den Menübefehl *Datei/Speichern* aufrufen oder die Tastenkombination Strg+S drücken.

3 Das erste Projekt

57 Die Voraussetzung: Der Auftrag
58 Ihr Start in Project
59 Die Alternative: Der Projektberater
60 Rund um das Thema »Vorgänge«
72 Formatieren des Projektes
80 Drucken eines Projektes
86 Speichern und sichern eines Projektes

Die Voraussetzung: Der Auftrag

Stellen Sie sich vor, Sie sind seit kurzem Projektleiter in einer Marketingagentur. Sie haben den Auftrag bekommen, einen neuen Webauftritt für einen Kunden zu konzipieren und durchzuführen. Leider sind Sie auf diesem Gebiet ein Neuling und fragen sich zu Recht, wie Sie diese Aufgabe lösen können. Wie schon in ▶ *Kapitel 1* beschrieben, müssen Sie zuerst Ihre Ideen sammeln, indem Sie die Voraussetzungen für dieses Projekt zusammentragen. Diese Grobkonzeption können Sie auf einem normalen Stück Papier durchführen oder ein professionelles Tool wie »MindManager« benutzen. Die in Abbildung 3.1 gezeigte Übersicht wurde mit diesem Tool entworfen.

Abbildung 3.1: *Mind Map als Start für einen Projektplan*

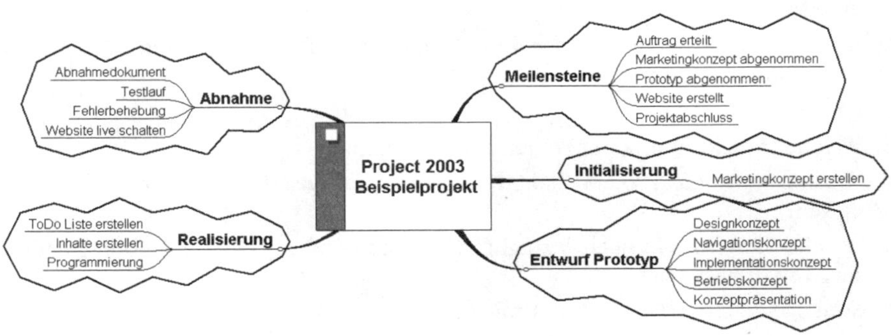

HINWEIS

Für unser Beispielprojekt haben wir bewusst einen relativ übersichtlichen Projektplan erstellt. Es war uns nicht in erster Linie wichtig, einen perfekten Projektplan zu erstellen; vielmehr ging es darum, eine übersichtliche Übungsdatei zu erstellen, die praxisrelevante Bezüge hat und trotzdem nicht zu komplex ist.

Project 2003 Beispielprojekt

1 Meilensteine

1.1 Auftrag erteilt

1.2 Marketingkonzept abgenommen

1.3 Prototyp abgenommen

1.4 Website erstellt

1.5 Projektabschluss

2 Initialisierung

2.1 Marketingkonzept erstellen

3 Entwurf Prototyp

3.1 Designkonzept

3.2 Navigationskonzept

3.3 Implementationskonzept

3.4 Betriebskonzept

3.5 Konzeptpräsentation

4 Realisierung

4.1 ToDo Liste erstellen

4.2 Inhalte erstellen

4.3 Programmierung

5 Abnahme

5.1 Abnahmedokument

5.2 Testlauf

5.3 Fehlerbehebung

5.4 Website live schalten

Abbildung 3.2: *Mind Map als Gliederung exportiert*

Ihr Start in Project

Nun werden Sie die einzelnen Vorgänge in Project einarbeiten.

1. Starten Sie Microsoft Project 2003, falls noch nicht geschehen.
2. Legen Sie ein neues Projekt an, indem Sie den Menübefehl *Datei/Neu* aufrufen.
3. Markieren Sie in der Aufgabenleiste *Neues Projekt* die Vorlage *Leeres Projekt*.
4. Rufen Sie das Dialogfeld *Projektinfo* über das Menü *Projekt/Projektinfo* auf. Tragen Sie den geplanten *Anfangstermin* für Ihr Projekt ein und schließen Sie mit *OK*.

Jetzt sollten Sie weitere wichtige Einzelheiten zum Projekt erfassen. Dabei sind z.B. folgende Informationen wichtig:

- Wer leitet das Projekt?
- Welche Projektmitarbeiter stehen zur Verfügung?
- Wann beginnt das Projekt (haben Sie bereits angegeben) bzw. wann soll es fertig sein?
- Welche Einschränkungen bezüglich Termine, Kosten, Personal oder Qualität sind Ihnen bekannt?
- Sonstige wichtige Daten zum Projekt.

Diese Informationen sind u.a. wichtig, um ein Projekt mithilfe der Suchfunktionen von Windows finden zu können, ohne hierfür jede einzelne Projektdatei öffnen zu müssen.

Um diese Informationen Ihrem Projekt anzufügen, gehen Sie folgendermaßen vor:

1. Rufen Sie den Menübefehl *Datei/Eigenschaften* auf.
2. Aktivieren Sie die Registerkarte *Zusammenfassung* (Abbildung 3.3).
3. Geben Sie Ihre Informationen in die Eingabefelder ein.
4. Bestätigen Sie Ihre Eingaben mit *OK*.

Abbildung 3.3: *Dateiinformationen zum Projekt*

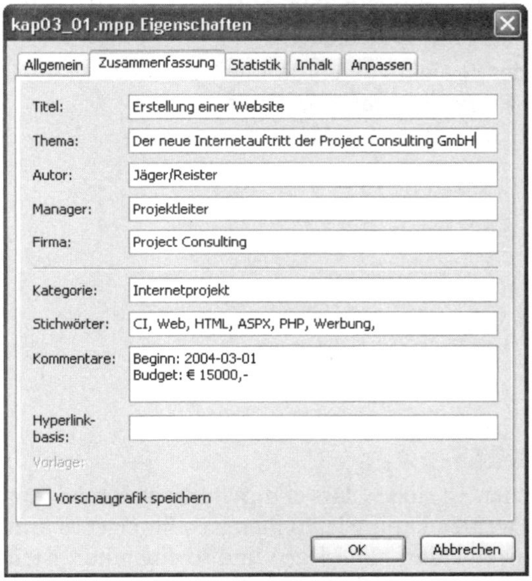

Das Ergebnis dieser Arbeit finden Sie im Projekt *Kap03_01.mpp* im Ordner *\Buch\Kap03* auf der CD-ROM zu diesem Buch.

Die Alternative: Der Projektberater

Seit der Version 2002 hat Microsoft in Project einen Assistenten implementiert, der Ihnen hilft, Ihr Projekt zu planen und zu steuern. Dieser Berater führt Sie durch alle notwendigen Schritte des Planens, Überwachens und Steuerns von Projekten.

Abbildung 3.4: *Die Symbolleiste* Projektberater

Der Vorteil des Projektberaters ist, dass Sie als Benutzer gezielt durch einen definierten Prozess geleitet werden. Gerade in großen Unternehmen, in denen es darauf ankommt Projekte konsistent zu planen, ist der Projektberater eine große Hilfe – insbesondere dann, wenn unternehmensweit Projektmanagement betrieben werden soll.

Standardmäßig ist der Projektberater aktiviert und die Symbolleiste eingeblendet. Sollte dies nicht der Fall sein, rufen Sie die entsprechende Symbolleiste auf. Klicken Sie dazu im Menü *Ansicht/Symbolleisten* auf den Eintrag *Projektberater*, um die Symbolleiste einzublenden. Nun stehen Ihnen verschiedene Möglichkeiten zur Verfügung:

- Klicken Sie auf die Schaltfläche *Vorgänge,* um den Berater für den Planungsprozess aufzurufen (Abbildung 3.5).
- Klicken Sie auf *Ressourcen*, um den Berater für den Ressourcenplanungsprozess aufzurufen.
- Klicken Sie auf *Überwachen* zum Fortschreiben des Projektes. Hier finden Sie die Hinweise, um Ihr Projekt zu aktualisieren und die Istwerte einzugeben.
- Klicken Sie auf *Berichte,* um das Projekt zu steuern.
- Zum Ein- und Ausblenden des Projektberaters können Sie die Schaltfläche *Einblenden/Ausblenden des Projektberaters* verwenden.

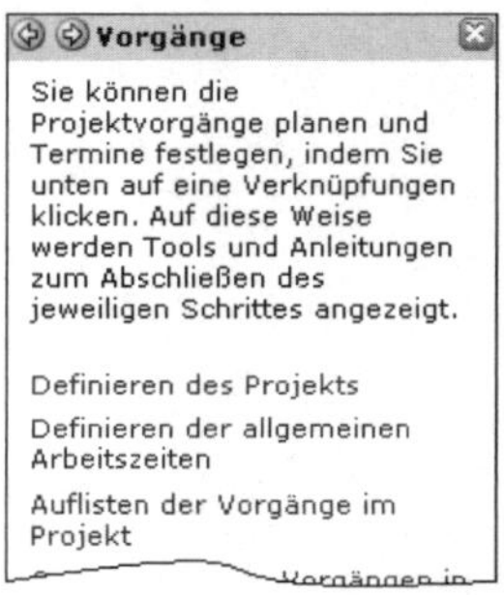

Abbildung 3.5: *Der Projektberater – Erster Schritt*

Der größte Vorteil des Projektberaters ist sicher, dass er durch Ihren eigenen firmeninternen Planungsprozess ersetzt werden kann. Sie können z.B. Ihr eigenes firmeninternes Projekthandbuch im Projektberater hinterlegen und so einen konsistenten Planungsprozess Ihres Unternehmens gewährleisten. Wie Sie diesen Projektberater spezifisch anpassen können, finden Sie unter *http://msdn.microsoft.com/library/en-us/pdr/PDR_Introduction_to_Customizing_the_Project_Guide_3333.asp*

HINWEIS

Diese Artikel sind alle in Englisch verfasst und für Project 2002 gelistet, sie gelten aber auch für Project 2003. Diese Artikel werden ständig aktualisiert und im Laufe der Zeit auch für Project 2003 erweitert werden.

Rund um das Thema »Vorgänge«

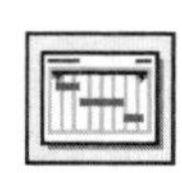

Zur Eingabe von Vorgängen in Project arbeiten Sie am besten in der Ansicht *Balkendiagramm (Gantt)*. Diese ist beim Neustart von Project standardmäßig eingestellt. Erstellen Sie jetzt eine Vorgangsliste, wobei Sie im ersten Schritt lediglich die Vorgänge eingeben und nach jeder Eingabe Eingabe drücken. Sie werden feststellen, dass Project jedem Vorgang den Standardwert *1 Tag* als Vorgangsdauer zuweist. Diese Standardwerte übernehmen Sie vorerst. Das Startdatum haben Sie bereits festgelegt. Eine Terminierung der einzelnen Vorgänge führen Sie praxisgerecht erst nach der Vorgangseingabe durch.

HINWEIS Bei jedem neuen Vorgang wird zunächst von Project im Feld *Dauer* ein Fragezeichen eingefügt. Dieses Fragezeichen hat zwar keine Funktion, kennzeichnet diese Dauer aber als *geschätzt*. Das Fragezeichen verschwindet beim ersten Ändern der Dauer.

Erfassen der Vorgänge

Erfassen Sie jetzt die Einzelvorgänge Ihres Projektes und führen Sie die nächsten Arbeitsschritte durch:

1. Aktivieren Sie die Ansicht *Balkendiagramm (Gantt)* durch einen Klick auf die erste Schaltfläche in der Ansichtsleiste.
2. Klicken Sie in die erste Zelle der Spalte *Vorgangsname* und tragen Sie den Vorgang ein.
3. Drücken Sie Eingabe. Dadurch springt der Mauszeiger in die nächste freie Vorgangszelle.
4. Wiederholen Sie die Arbeitsschritte 2 und 3, bis Sie alle Vorgänge erfasst haben.

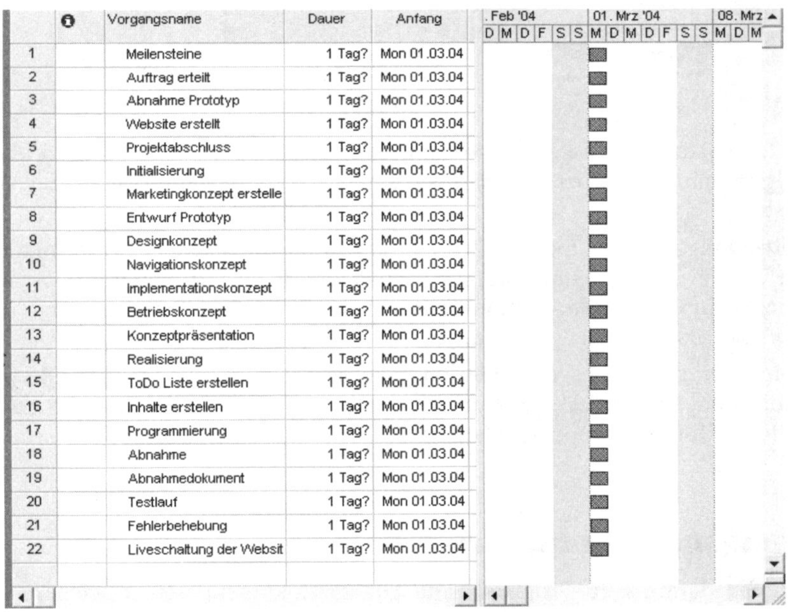

	Vorgangsname	Dauer	Anfang
1	Meilensteine	1 Tag?	Mon 01.03.04
2	Auftrag erteilt	1 Tag?	Mon 01.03.04
3	Abnahme Prototyp	1 Tag?	Mon 01.03.04
4	Website erstellt	1 Tag?	Mon 01.03.04
5	Projektabschluss	1 Tag?	Mon 01.03.04
6	Initialisierung	1 Tag?	Mon 01.03.04
7	Marketingkonzept erstelle	1 Tag?	Mon 01.03.04
8	Entwurf Prototyp	1 Tag?	Mon 01.03.04
9	Designkonzept	1 Tag?	Mon 01.03.04
10	Navigationskonzept	1 Tag?	Mon 01.03.04
11	Implementationskonzept	1 Tag?	Mon 01.03.04
12	Betriebskonzept	1 Tag?	Mon 01.03.04
13	Konzeptpräsentation	1 Tag?	Mon 01.03.04
14	Realisierung	1 Tag?	Mon 01.03.04
15	ToDo Liste erstellen	1 Tag?	Mon 01.03.04
16	Inhalte erstellen	1 Tag?	Mon 01.03.04
17	Programmierung	1 Tag?	Mon 01.03.04
18	Abnahme	1 Tag?	Mon 01.03.04
19	Abnahmedokument	1 Tag?	Mon 01.03.04
20	Testlauf	1 Tag?	Mon 01.03.04
21	Fehlerbehebung	1 Tag?	Mon 01.03.04
22	Liveschaltung der Websit	1 Tag?	Mon 01.03.04

Abbildung 3.6: *Eingabe der Vorgangsnamen*

Das Arbeitsergebnis finden Sie auf der CD-ROM zu diesem Buch im Ordner *\Buch\Kap03* in der Datei *Kap03_02.mpp*.

Strukturieren der Teilvorgänge

Da Sie in der Grobkonzeption Ihres Internetprojektes bereits bestimmte Projektphasen geplant haben, sozusagen eine inhaltliche Gliederung Ihres Projektes, wollen Sie dies natürlich auch in Project abbilden.

Nehmen wir an, »Marketingkonzept erstellen« ist der Schritt der ersten Projektphase. Die Phase »Entwurf Prototyp« besteht aus fünf Teilvorgängen usw.

Um diese Vorgänge zu strukturieren, gehen Sie folgendermaßen vor (Abbildung 3.7):

1. Geben Sie alle Vorgänge, also auch die untergeordneten, genau so ein, wie es oben beschrieben wurde.
2. Markieren Sie die Vorgänge, die Sie untergliedern wollen.
3. Klicken Sie in der *Format*-Symbolleiste auf die Schaltfläche *Tiefer stufen*.

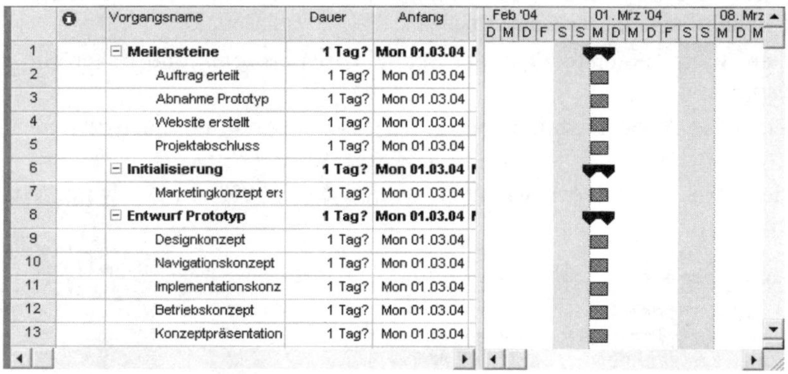

		Vorgangsname	Dauer	Anfang
1		**Meilensteine**	**1 Tag?**	**Mon 01.03.04**
2		Auftrag erteilt	1 Tag?	Mon 01.03.04
3		Abnahme Prototyp	1 Tag?	Mon 01.03.04
4		Website erstellt	1 Tag?	Mon 01.03.04
5		Projektabschluss	1 Tag?	Mon 01.03.04
6		**Initialisierung**	**1 Tag?**	**Mon 01.03.04**
7		Marketingkonzept er:	1 Tag?	Mon 01.03.04
8		**Entwurf Prototyp**	**1 Tag?**	**Mon 01.03.04**
9		Designkonzept	1 Tag?	Mon 01.03.04
10		Navigationskonzept	1 Tag?	Mon 01.03.04
11		Implementationskonz	1 Tag?	Mon 01.03.04
12		Betriebskonzept	1 Tag?	Mon 01.03.04
13		Konzeptpräsentation	1 Tag?	Mon 01.03.04

Abbildung 3.7: *Gliederung der Vorgänge in der Gantt-Ansicht*

TIPP

Sollten Sie bei der Eingabe einen Vorgang vergessen haben, können Sie ihn leicht nachträglich einfügen: Über die Einfg-Taste erhalten Sie eine neue Zeile in der Vorgangsliste.

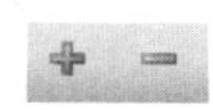

Die Teilvorgänge können Sie jederzeit ein- und wieder ausblenden. Dazu markieren Sie den jeweiligen Sammelvorgang (eingerückter fett formatierter Vorgang) und klicken in der *Format*-Symbolleiste auf die Schaltfläche *Teilvorgänge einblenden* bzw. *Teilvorgänge ausblenden*.

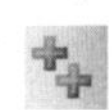

Sind alle Teilvorgänge ausgeblendet, können Sie diese umgekehrt auch alle wieder einblenden. Dazu klicken Sie auf die Schaltfläche *Einblenden* in der *Format*-Symbolleiste. Im aufgeklappten Menü wählen Sie dann den Befehl *Alle Teilvorgänge*.

Vorgangsnotizen hinterlegen

Denken Sie daran, Ihre Projektschritte gut zu dokumentieren. Speichern Sie wichtige Zusatzinformationen in Form von Notizen ab. Sie erleichtern sich dadurch die Arbeit enorm. Falls andere Kollegen in das Projekt involviert sind, ist es für diese unter Umständen hilfreich, auf Ihre Notizen zurückgreifen zu können.

Um eine Vorgangsnotiz zu hinterlegen, gehen Sie folgendermaßen vor:

1. Aktivieren Sie die Ansicht *Balkendiagramm (Gantt)* durch einen Klick auf die erste Schaltfläche in der Ansichtsleiste, falls noch nicht geschehen.
2. Klicken Sie auf den Vorgang in der Spalte *Vorgangsname,* dem Sie eine Notiz zuordnen wollen.

3. Klicken Sie in der *Standard*-Symbolleiste auf die Schaltfläche *Vorgangsnotizen*. Das Dialogfeld *Informationen zum Vorgang* wird geöffnet und die Registerkarte *Notizen* ist automatisch ausgewählt (Abbildung 3.8).
4. Geben Sie Ihre Notiz im Eingabefeld *Notizen* ein und klicken Sie auf *OK*.

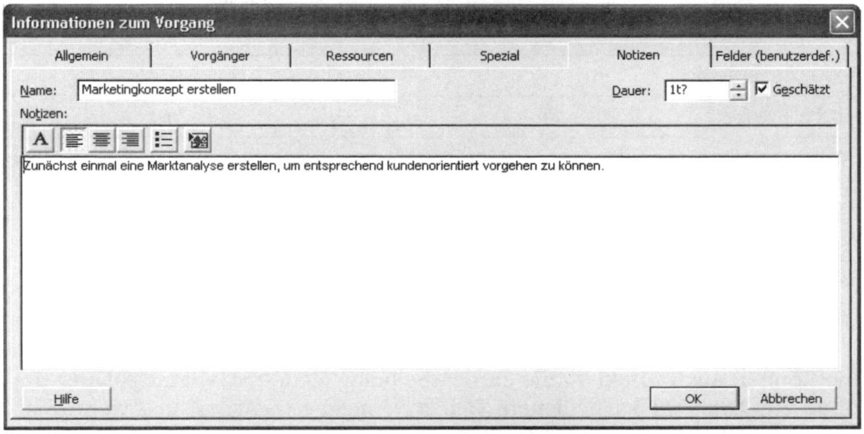

Abbildung 3.8: *Notiz zum Vorgang »Marketingkonzept erstellen«*

Sie können übrigens sofort erkennen, ob einem Vorgang eine Notiz zugeordnet ist oder nicht. Schauen Sie sich die Zellen der ersten Spalte (i-Symbol) an. Ist zu einem Vorgang eine Notiz hinterlegt, erkennen Sie dies an dem Notiz-Symbol in der entsprechenden Zelle. Wenn Sie die Maus direkt auf eine solche Zelle positionieren, wird die Notiz automatisch als *QuickInfo* angezeigt (Abbildung 3.9).

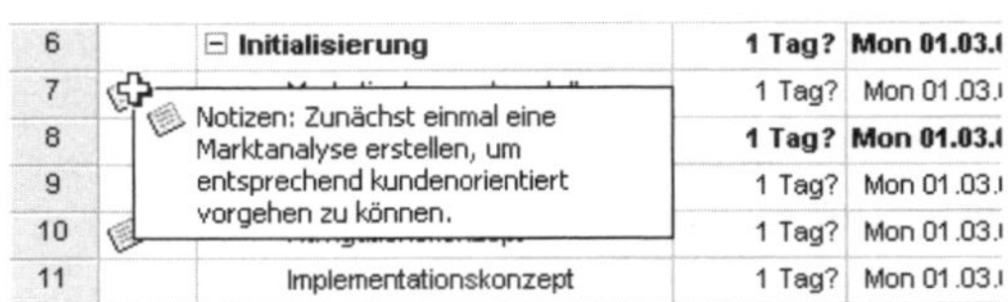

Abbildung 3.9: *QuickInfo mit Notiz zum Vorgang*

Terminierung der Vorgänge

Bis hierher sind alle Vorgänge mit der Standard-Vorgangsdauer *1 Tag* terminiert. Ändern Sie die Zuordnung der Dauer, indem Sie in der Spalte *Dauer* die zu ändernde Zelle auswählen. Stellen Sie nun die korrekte Dauer mithilfe der jetzt zur Verfügung stehenden Drehfelder ein und drücken Sie danach Eingabe.

Tabelle 3.1: *Die Werte, die eingegeben werden sollen*

Vorgang	Dauer
Auftrag erteilt	0 Tage
Abnahme Prototyp	0 Tage
Website erstellt	0 Tage
Projektabschluss	0 Tage
Marketingkonzept erstellen	2 Tage
Designkonzept	2 Tage

▶

Vorgang	Dauer
Navigationskonzept	2 Tage
Implementationskonzept	1 Tag
Betriebskonzept	1 Tag
Konzeptpräsentation	1 Tag
ToDo Liste erstellen	1 Tag
Inhalte erstellen	15 Tage
Programmierung	13 Tage
Abnahmedokument	1 Tag
Testlauf	1 Tag
Fehlerbehebung	1 Tag
Liveschaltung der Webseite	0,5 Tage

HINWEIS

Sie können auch direkt in die zu bearbeitende Zelle die Vorgangsdauer tippen, ohne ein Drehfeld zu bedienen. Bei der Eingabe reicht es aus, wenn Sie den numerischen Wert eingeben. Project ergänzt automatisch die Einheit. Standardmäßig wird als Einheit *Tage* verwendet, es sei denn, Sie ändern dies über die Optionen Ihres Projektes.

Bei der Dauer werden immer nur die Vorgänge der untersten Gliederungsebene geändert, da sich die Dauer der Sammelvorgänge aus der Summe der Dauer ihrer Teilvorgänge ergeben.

Eingabe der Zeiteinheiten ändern

So gehen Sie zum Ändern der Zeitskalen vor:

1. Rufen Sie den Menübefehl *Extras/Optionen* auf.
2. Aktivieren Sie die Registerkarte *Terminplan* (Abbildung 3.10).
3. Wählen Sie aus dem Listenfeld (z.B. *Dauer wird eingegeben in:*) die gewünschten Eingabeeinheiten aus.
4. Klicken Sie auf die Schaltfläche *OK*, um Ihre Auswahl zu speichern.

Beachten Sie, dass diese Einstellungen nur konkret für Ihr aktuell bearbeitetes Projekt gelten.

HINWEIS

Sie können allerdings diese Einstellung für alle zukünftigen Projekte ebenfalls festlegen, indem Sie auf die Schaltfläche *Als Standard festlegen* klicken. Diese Schaltfläche sollten Sie allerdings mit äußerster Vorsicht benutzen, da alle bisherigen Einstellungen übernommen werden, nicht nur die konkret angepasste Einstellung.

Abbildung 3.10: Ändern der Anzeigeoptionen für die Zeiteinheiten

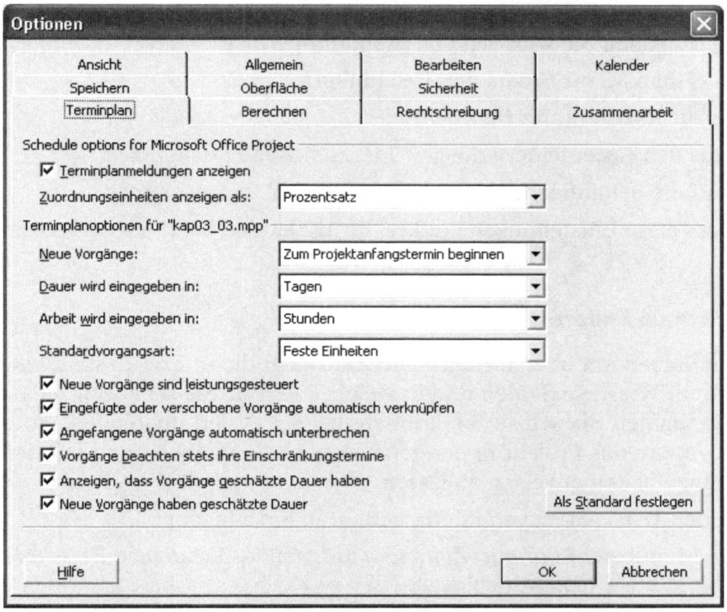

TIPP Sie können auch im Eingabefeld direkt mit unterschiedlichen Einheiten arbeiten. Geben Sie dazu hinter der Ziffer das Kürzel für die gewünschte Einheit ein, also z.B.

t = Tage; h = Stunden; w = Wochen; m = Monate

Andere Zeiteinheiten für die Terminierung einstellen

Abbildung 3.11: Die Standardeinstellung für die Zeiteinheiten

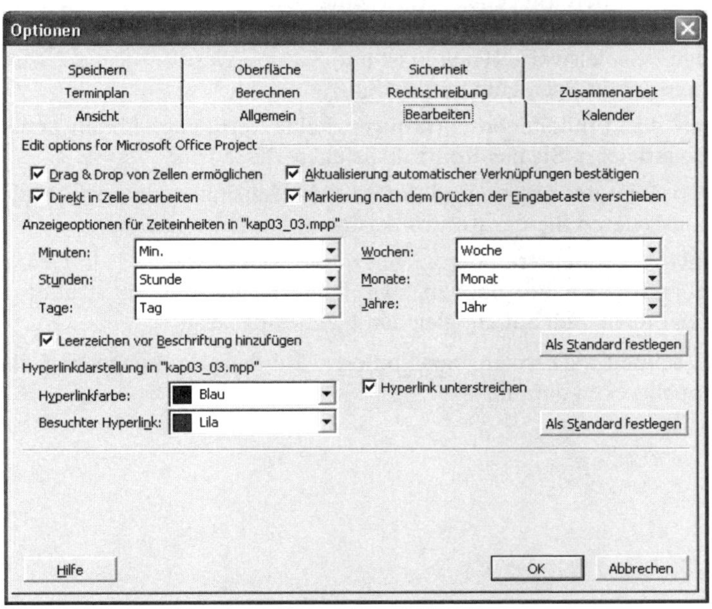

Sie haben ferner die Möglichkeit, eine andere Zeiteinheit für die Terminierung auszuwählen. Dazu gehen Sie wie folgt vor (Abbildung 3.11):

1. Wählen Sie aus dem Menü *Extras* den Befehl *Optionen*.
2. Wechseln Sie zur Registerkarte *Bearbeiten*.
3. Wählen Sie aus den Listenfeldern die gewünschten Zeiteinheiten aus.
4. Klicken Sie auf die Schaltfläche *OK*, um Ihre Auswahl zu speichern.

Beachten Sie, dass diese Einstellungen konkret für Ihr aktuell bearbeitetes Projekt gelten.

Anzeige der Zeitskala ändern

Einige Ansichten haben am oberen Rand eine Zeitskala, die in drei Bestandteile aufgeteilt sein kann. Wie viele Skalen und in welcher Teilung Sie sie anzeigen lassen möchten, bestimmen Sie selbst. Sie können die Zeitskalen unabhängig voneinander anpassen, um das Projekt in der gewünschten Genauigkeit und mit den erforderlichen Einzelheiten anzeigen zu lassen.

Um die Ansicht der Zeitskala zu verändern, verfahren Sie wie folgt:

1. Rufen Sie den Menübefehl *Format/Zeitskala* auf, um das Dialogfeld *Zeitskala* zu öffnen (Abbildung 3.12).
2. Aktivieren Sie die Registerkarte der gewünschten Skala.
3. Klicken Sie dann auf das Listenfeld *Einheiten* und wählen Sie die gewünschte Zeiteinheit aus.
4. Legen Sie über das Listenfeld *Beschriftung* die gewünschte Beschriftung fest.
5. Wählen Sie im Listenfeld *Ausrichtung* jeweils die gewünschte Ausrichtung. Sie haben die Auswahl zwischen *Links*, *Zentriert* und *Rechts*.
6. Im Feld *Teilung* können Sie einen Wert eingeben, um den gewünschten Abstand zwischen den Einheitenbeschriftungen auf der Skala festzulegen. Wenn die Einheit beispielsweise *Wochen* ist und Sie den Wert *3* eingeben, wird die Skala in Dreiwochen-Segmente unterteilt.
7. Sollen zwischen den Einheitenbeschriftungen keine vertikalen Linien angezeigt werden, deaktivieren Sie das Kontrollkästchen *Teilstriche*.
8. Möchten Sie zwischen der oberen und der unteren Zeitskala eine horizontale Linie anzeigen, aktivieren Sie das Kontrollkästchen *Skalentrennung*.
9. Um die Zeitskala zu verkleinern oder zu vergrößern, geben Sie im Feld *Größe* einen entsprechend neuen Prozentwert zwischen 25 und 1000 ein. Dadurch wird weniger oder mehr Zeit auf der gleichen Fläche angezeigt.

HINWEIS

Um die Zeitskala schnell aufzurufen, positionieren Sie den Mauszeiger auf die Zeitskala und doppelklicken darauf.

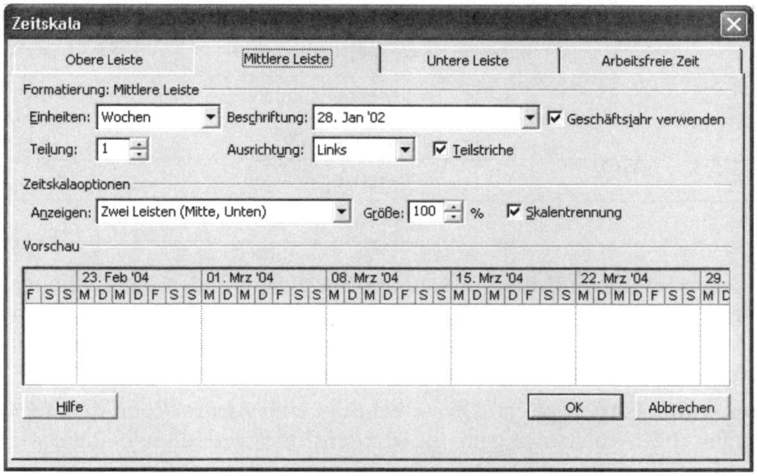

Abbildung 3.12: Mit einem Doppelklick können Sie die Zeitskala schnell aufrufen

Dritte Skala in der Zeitleiste zusätzlich einblenden

Sie wollen zusätzlich eine dritte Skala auf der Zeitleiste einblenden:

1. Aktivieren Sie im Dialogfeld *Zeitskala* die Registerkarte *Obere Leiste.*
2. Wählen Sie im Listenfeld *Anzeigen* den Eintrag *Drei Leisten (Oben, Mitte, Unten)* aus (siehe Abbildung 3.13).

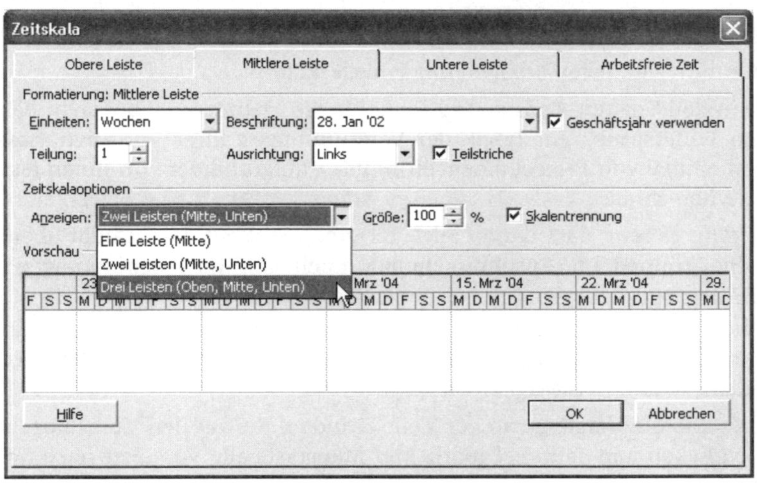

Abbildung 3.13: Zeitskala auf drei Leisten erweitern

Normaldauer contra fortlaufende Dauer

Bei der fortlaufenden Dauer wird die Zeit, die benötigt wird, um einen Vorgang durchzuführen, auf der Basis des 24-Stunden-Tages und der 7-Tage-Woche einschließlich Feiertagen und arbeitsfreien Tagen berechnet. Die fortlaufende Zeit umfasst also sowohl Arbeitszeiten als auch Leerzeiten, in denen nicht gearbeitet wird. Die Tabelle 3.2 zeigt die Maßeinheiten, die Sie eingeben müssen, wenn Sie die fortlaufende Dauer anwenden wollen.

Abkürzung	Beschreibung
fmin	Fortlaufende Minuten
fh	Fortlaufende Stunden
ft	Fortlaufende Tage
fw	Fortlaufende Wochen
fm	Fortlaufende Monate

***Tabelle 3.2:** Einheiten für fortlaufende Dauer*

In Ihrem Projekt »Internetauftritt«, verwenden Sie die normalen Zeiteinheiten. Bei z.B. eher chemisch ausgerichteten Vorgängen (weniger bei Personen-Ressourcen) kann es vorkommen, dass Sie gerade auf diese fortlaufenden Zeiten zurückgreifen müssen. Um dies an einem Beispiel zu verdeutlichen:

In einem Haus wurde Estrich gelegt. Dieser benötigt zum Austrocknen drei Tage. Damit sind keine drei Arbeitstage gemeint, sondern drei fortlaufende Tage, weil der Estrich natürlich genauso gut nachts oder an Feiertagen trocknet.

Vorgänge verknüpfen durch eine Kette

Die Vorgänge eines Projekts laufen normalerweise nach einem bestimmten Schema ab. In unserem Beispielprojekt »Internetauftritt« müssen Sie zuerst das Konzept für die Website erstellen, dann dieses Konzept vom Auftraggeber abnehmen lassen, um schließlich mit der Programmierung anfangen zu können. Bei der Eingabe von Vorgängen legt Project als Anfangstermin für alle Vorgänge standardmäßig den Anfangstermin des Projekts fest.

WICHTIG

Eine der Grundregeln beim Arbeiten mit Project lautet:

Geben Sie in den Spalten *Anfang* und *Ende* **nie** ein Datum ein. Dies steht häufig im direkten Widerspruch zur Logik der Verknüpfungen Ihrer Vorgänge. Lassen Sie sich erst einmal von Project einen Terminplan aufgrund der von Ihnen festgelegten Logik berechnen.

Natürlich kann es sein, dass dann einige Termine nicht mit der Realität übereinstimmen. Sie können im Anschluss immer noch Termineinschränkungen für bestimmte Vorgänge festlegen.

Um nun die Vorgänge nacheinander anzuordnen, verknüpfen Sie die Vorgänge miteinander. Dabei nehmen Sie an, dass die Vorgänge alle nacheinander abgearbeitet werden. Verfahren Sie daher wie folgt:

1. Markieren Sie die Vorgänge ab der Zeile 6, indem Sie auf den Zeilenkopf dieser Zeile klicken und dann bei gedrückter Maustaste alle Vorgänge nach unten markieren.

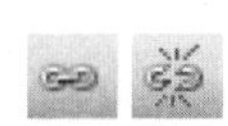

2. Klicken Sie in der *Standard*-Symbolleiste auf die Schaltfläche *Vorgänge verknüpfen.* Project ordnet dann die Vorgänge, indem es die Anfangs- und Endtermine berechnet und die Gantt-Balken versetzt anordnet. Sie können diesen Vorgang ggf. wieder rückgängig machen, indem Sie erneut die Spalte markieren und die Schaltfläche *Vorgangsverknüpfungen entfernen* anklicken.

3. Blenden Sie jetzt die zwei Spalten – *Anfang* und *Ende* – in Ihrer Tabelle ein, indem Sie Ihren Mauszeiger genau zwischen der zuletzt gezeigten Spalte Ihrer

Tabelle (im Beispiel die Dauer) und der Zeitskala positionieren. Der Mauszeiger nimmt daraufhin die Gestalt eines Doppelpfeiles an.

4. Ziehen Sie bei gedrückter linker Maustaste die Grenzlinie so weit nach rechts, bis die Spalten *Anfang* und *Ende* sichtbar werden. Sie sehen, dass Project alle Vorgänge in Bezug auf Anfangs- und Enddatum neu terminiert hat.

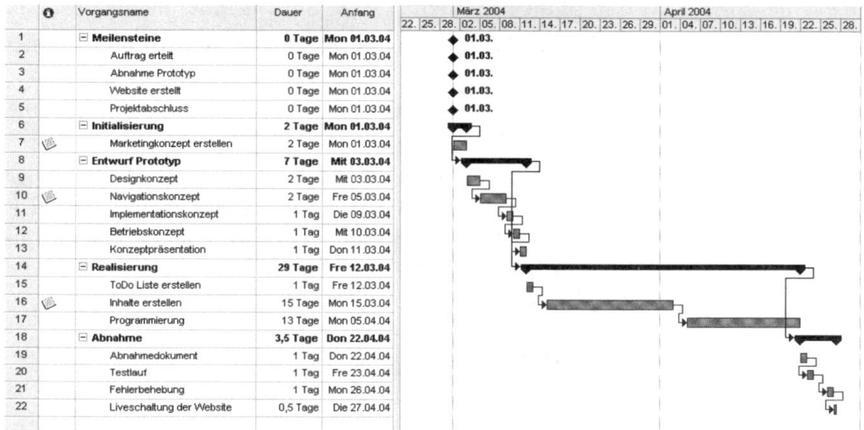

	Vorgangsname	Dauer	Anfang
1	**Meilensteine**	**0 Tage**	**Mon 01.03.04**
2	Auftrag erteilt	0 Tage	Mon 01.03.04
3	Abnahme Prototyp	0 Tage	Mon 01.03.04
4	Website erstellt	0 Tage	Mon 01.03.04
5	Projektabschluss	0 Tage	Mon 01.03.04
6	**Initialisierung**	**2 Tage**	**Mon 01.03.04**
7	Marketingkonzept erstellen	2 Tage	Mon 01.03.04
8	**Entwurf Prototyp**	**7 Tage**	**Mit 03.03.04**
9	Designkonzept	2 Tage	Mit 03.03.04
10	Navigationskonzept	2 Tage	Fre 05.03.04
11	Implementationskonzept	1 Tag	Die 09.03.04
12	Betriebskonzept	1 Tag	Mit 10.03.04
13	Konzeptpräsentation	1 Tag	Don 11.03.04
14	**Realisierung**	**29 Tage**	**Fre 12.03.04**
15	ToDo Liste erstellen	1 Tag	Fre 12.03.04
16	Inhalte erstellen	15 Tage	Mon 15.03.04
17	Programmierung	13 Tage	Mon 05.04.04
18	**Abnahme**	**3,5 Tage**	**Don 22.04.04**
19	Abnahmedokument	1 Tag	Don 22.04.04
20	Testlauf	1 Tag	Fre 23.04.04
21	Fehlerbehebung	1 Tag	Mon 26.04.04
22	Liveschaltung der Website	0,5 Tage	Die 27.04.04

Abbildung 3.14: *Das Projekt nach der logischen Verknüpfung und Berechnung*

In der Abbildung 3.14 wird der Verlauf des Projektes mit Pfeilen verdeutlicht. Die Sammelvorgänge werden durch eine dickere Linie (Klammer) dargestellt. Auf die Formatierung der einzelnen Elemente wird weiter unten im ▶ Abschnitt »Formatieren des Projektes« eingegangen.

Wenn Sie dieses Projekt betrachten wollen, öffnen Sie auf der CD-ROM zu diesem Buch im Ordner *\Buch\Kap03* die Beispieldatei *Kap03_03.mpp*.

Die verschiedenen Vorgangsverknüpfungen

Normalerweise wird beim Verknüpfen von Vorgängen in Project standardmäßig eine »Ende-Anfang (EA)-Verknüpfung« angewendet. Sie können jedoch auch die Anfangstermine der Vorgänge oder die Endtermine der Vorgänge miteinander verknüpfen. Die Tabelle 3.3 zeigt Ihnen die verschiedenen Verknüpfungsmöglichkeiten.

Tabelle 3.3: *Verknüpfungsmöglichkeiten für Vorgänge*

Beziehung	Beschreibung
Ende-Anfang (EA)	Vorgang B kann erst anfangen, wenn Vorgang A abgeschlossen ist.
Anfang-Anfang (AA)	Vorgang B kann erst starten, wenn Vorgang A begonnen hat.
Ende-Ende (EE)	Vorgang B kann erst beendet werden, wenn Vorgang A zu einem Ende gekommen ist.
Anfang-Ende (AE)	Vorgang B kann erst beendet werden, wenn Vorgang A angefangen hat.

Ändern von Vorgangsverknüpfungen

Für das Beispiel des Internetprojektes möchten Sie, dass bestimmte Vorgänge gleichzeitig starten sollen. In der Konzeptphase können nach dem Festlegen des Designs der Site und des Navigationskonzeptes, die Konzepte für Betrieb und Implementierung parallel bearbeitet werden.

Um eine Vorgangsverknüpfung zu ändern, gehen Sie folgendermaßen vor:

1. Falls erforderlich, klicken Sie in der Ansichtsleiste auf *Balkendiagramm (Gantt)*.

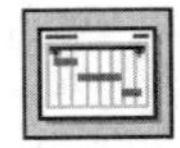

2. Klicken Sie den Pfeil, der die zu bearbeitenden Vorgänge miteinander verbindet, doppelt an.
3. Wählen Sie im Listenfeld *Art* (Abbildung 3.15) die gewünschte Anordnungsbeziehung. Entscheiden Sie sich für den Eintrag *Anfang-Anfang (AA)*. Damit legen Sie fest, dass der Vorgang »Betriebskonzept« und der Vorgang »Implementationskonzept« gemeinsam beginnen können.
4. Bestätigen Sie die Zuordnung mit *OK*.

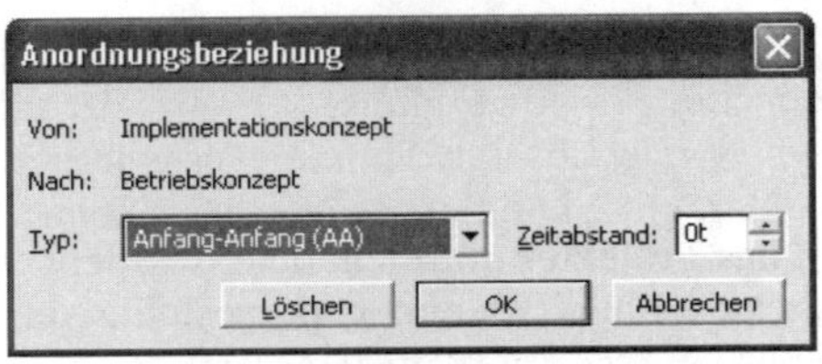

Abbildung 3.15: *Vorgangsbeziehungen mit dem Dialogfeld* Anordnungsbeziehung *ändern*

HINWEIS

Bevor Sie mit der Verknüpfung einzelner Vorgänge beginnen, machen Sie sich intensiv Gedanken über den Projektablauf und verknüpfen Sie erst danach. Die Verknüpfungen haben einen starken Einfluss auf die Berechnung Ihres Projektes und können unter Umständen den Plan sehr stark verändern. Es ist daher gut, vorweg zu wissen, was hinterher herauskommen soll.

TIPP

In unserem Internetprojekt entsteht durch die vorher erstellte Verknüpfung ein offenes Ende an dem Vorgang »Implementationskonzept« (siehe Abbildung 3.16). Eine der wichtigsten Regeln beim Arbeiten mit Project lautet:

Vermeiden Sie offene Enden innerhalb des Projektes!

Deshalb sollten Sie den Vorgang »Implementationskonzept« noch mit einem weiteren Nachfolger verknüpfen.

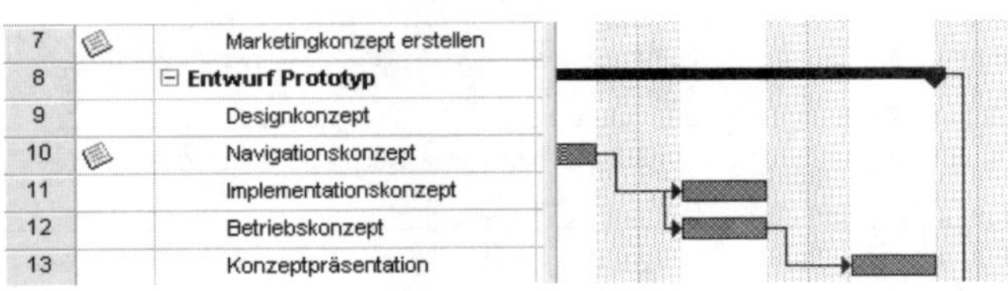

Abbildung 3.16: *Offenes Ende am Vorgang »Implementationskonzept«*

Verknüpfen mit der Maus

Natürlich gibt es viele verschiedene Möglichkeiten, Vorgänge miteinander zu verknüpfen. Sie können dies u.a. auch mit der Maus erledigen. Damit sollten Sie aber »vorsichtig« umgehen, denn die Maus muss richtig positioniert sein, damit Sie den Vorgang nicht aus Versehen verschieben oder verlängern.

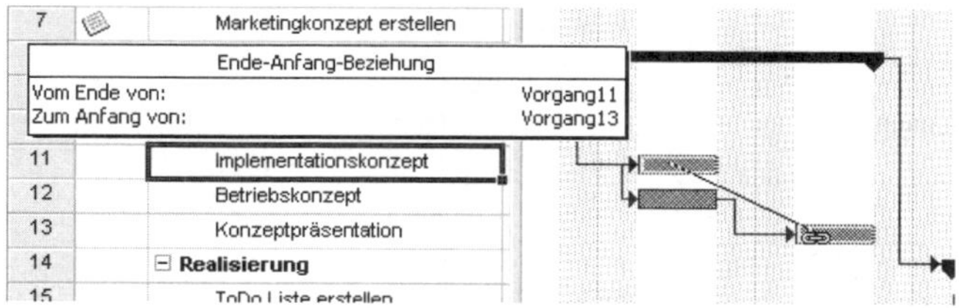

Abbildung 3.17: *Verknüpfung der Vorgänge mit der Maus*

Um die Vorgänge mit der Maus zu verknüpfen, gehen Sie wie folgt vor:

1. Vergrößern Sie die Ansicht Ihres Planes mit der Schaltfläche *Vergrößern* in der *Standard*-Symbolleiste.
2. Positionieren Sie den Mauszeiger in der Mitte des Vorganges *Implementationskonzept*.
3. Ziehen Sie den Mauszeiger bei gedrückter linker Maustaste auf den Vorgang *Konzeptpräsentation*.

HINWEIS Bei dieser Art der Verknüpfung werden die Vorgänge immer mit der Verknüpfungsart *Ende-Anfang* erstellt. Um diese Art zu ändern, müssen Sie wie bereits oben beschrieben vorgehen. Achten Sie darauf, dass nicht aus Versehen beim Verknüpfen die Vorgänge verschoben werden.

Meilensteine in das Projekt einbauen

Nachdem Sie nun den Projektplan terminiert haben, wollen wir noch unsere Kontrollpunkte (Meilensteine) an die richtige Position im Projekt bringen.

Dazu wenden wir einige Regeln an, die helfen das Projekt übersichtlich zu halten:

- Jeder Sammelvorgang steht für sich alleine als »Blackbox«.
- Der Sammelvorgang hat einen Eingang und einen Ausgang. Dies ist entweder ein Meilenstein oder ein anderer Sammelvorgang.
- Ein Projekt wird immer durch einen Meilenstein gestartet und durch einen Meilenstein beendet.
- Meilensteine werden in einem eigenen Sammelvorgang im Kopf des Projektes positioniert. Dies dient der besseren Übersichtlichkeit.

Dazu gehen Sie wie folgt vor:

1. Löschen Sie die bestehenden Verknüpfungen zwischen den Sammelvorgängen, indem Sie doppelt auf die Verknüpfungslinie klicken.
2. Anschließend klicken Sie auf die Schaltfläche *Löschen* (siehe Abbildung 3.15) und verknüpfen danach mit der Maus die Meilensteine entsprechend der folgenden Tabelle:

Tabelle 3.4: *Die Vorgangsbeziehungen*

Vorgang	Nachfolger
Auftrag erteilt	Initialisierung
Initialisierung	Entwurf Prototyp ▶

Vorgang	Nachfolger
Entwurf Prototyp	Abnahme Prototyp
Abnahme Prototyp	Realisierung
Realisierung	Website erstellt
Website erstellt	Abnahme
Abnahme	Projektabschluss

Das Ergebnis hierzu finden Sie auf der CD-ROM zu diesem Buch im Ordner *\Buch\Kap03* in der Beispieldatei *Kap03_04.mpp*.

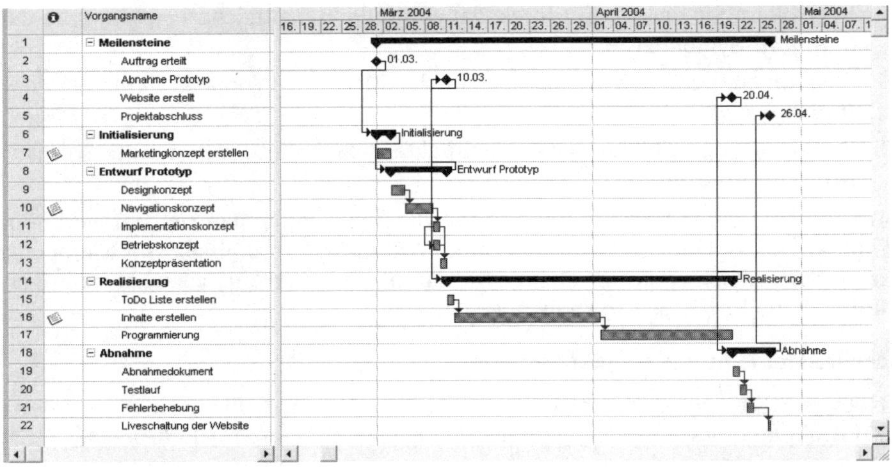

Abbildung 3.18: *Ihr erstes Projekt in übersichtlicher Meilensteindarstellung*

HINWEIS

Der Vorteil dieser Art der Darstellung ist ein hohes Maß an Übersichtlichkeit auch wenn das Projekt aus mehreren hundert Vorgängen besteht. Sie können sich z.B. nur die Meilensteine einblenden und alle anderen Sammelvorgänge zugeklappt lassen und haben trotzdem einen Gesamtüberblick über das Projekt. Mit ein paar zusätzlichen Konfigurationen können Sie z.B. die Meilensteine so darstellen, dass Sie anhand der Meilensteine sofort über Verzögerungen informiert werden. Mehr dazu finden Sie in ▶ Kapitel 6.

Formatieren des Projektes

Nach der Eingabe und Terminierung der Vorgänge werden Sie auf den folgenden Seiten lernen, welche Möglichkeiten Sie haben, Ihr Projekt ansprechend zu formatieren und an Ihre Anforderungen anzupassen.

Schritt 1: Texte formatieren

Das Aussehen des Textes in Ihrer Tabelle können Sie frei gestalten. Wählen Sie eine für Ihre Bedürfnisse passende Schriftart und -größe und suchen Sie sich eine passende Farbe aus.

Im Beispielfenster sehen Sie jeweils einen Testdruck für die gewählte Schriftart. Das hat den Vorteil, dass Sie das Dialogfeld nicht beenden müssen und in Ruhe eine geeignete Schriftart auswählen können.

Abbildung 3.19: *Schrift für generelle Formatierungen wählen*

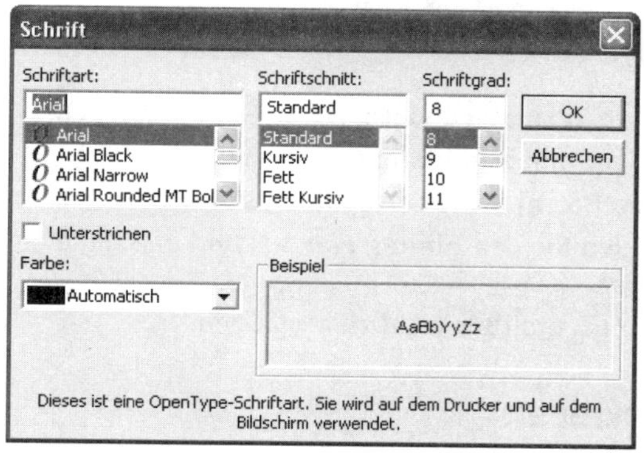

Formatieren bestimmter Textarten

Sie haben die Möglichkeit, bestimmte Textkategorien, z.B. Meilensteine, oder kritische Vorgänge von anderen Texten in dem Projekt zu unterscheiden. Dies erreichen Sie durch unterschiedliche Formatierung der Kategorien.

Auch einzelne Termine lassen sich formatieren – z.B., wenn Sie ein besonderes Augenmerk auf ein bestimmtes Datum legen möchten, an dem ein wichtiges Ereignis stattfinden soll.

Um die Formatierung der Textkategorien vorzunehmen, führen Sie die nachfolgenden Arbeitsschritte aus:

1. Wählen Sie über die Ansichtsleiste die gewünschte Ansicht aus.
2. Wählen Sie im Menü *Format* den Befehl *Textarten* (Abbildung 3.20).
3. Aus dem Listenfeld *Zu ändernder Eintrag* wählen Sie den Informationstyp, den Sie formatieren möchten.
4. Formatieren Sie den Informationstyp, indem Sie Schriftart, -schnitt, -größe und die Schriftfarbe einstellen.

Abbildung 3.20: *Kritische Vorgänge in Rot darstellen*

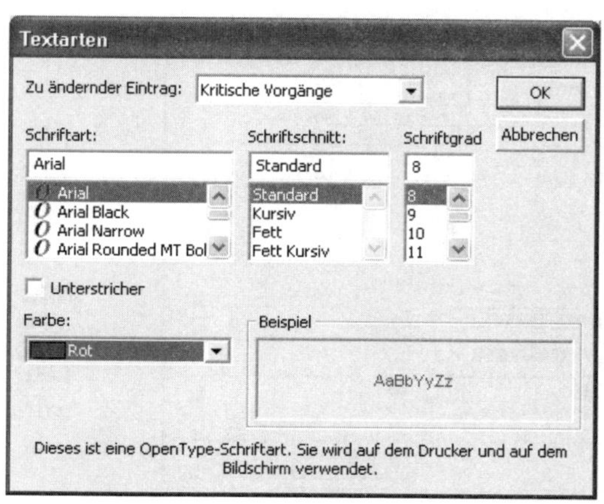

HINWEIS

Im Beispielfenster sehen Sie eine Vorschau auf den fertig formatierten Text. Sie brauchen übrigens das Dialogfeld nicht zu beenden, um eine neue Textkategorie einzustellen. Wählen Sie aus dem Kombinationsfeld *Zu ändernder Eintrag* eine neue Textkategorie und formatieren Sie diese wie gewünscht.

Sie wollen einen einzelnen Text formatieren. Der Text soll rot und fett dargestellt werden.

Um die Formatierung eines einzelnen Textes zu ändern, gehen Sie wie folgt vor:

1. Markieren Sie den Text, den Sie gesondert formatieren wollen.
2. Wählen Sie im Menü *Format* den Befehl *Schrift* (Abbildung 3.19).
3. Im Listenfeld *Schriftschnitt* wählen Sie den Eintrag *Fett* aus und im Listenfeld *Farbe* aktivieren Sie die Farbe *Rot*.
4. Klicken Sie auf die Schaltfläche *OK*, um Ihre Wahl zu bestätigen.

Schritt 2: Balken formatieren

Für die Formatierung der Balken eines Balkendiagramms stellt Ihnen Project eine Vielzahl von Möglichkeiten zur Verfügung. Die Formatierung der Balken dient u.a. dazu, die Aufmerksamkeit auf Vorgänge eines bestimmten Typs zu lenken. Richten Sie die Aufmerksamkeit des Betrachters z.B. auf die Meilensteine in Ihrem Projekt.

Dazu gehen Sie wie folgt vor:

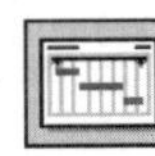

1. Falls erforderlich, klicken Sie in der Ansichtsleiste auf *Balkendiagramm (Gantt)*.
2. Rufen Sie den Menübefehl *Format/Balkenarten* auf (Abbildung 3.21).
3. Markieren Sie in der Tabelle die Zelle mit der zu ändernden Kategorie (*Meilenstein*).
4. Wechseln Sie im unteren Bereich zur Registerkarte *Balken*.
5. Stellen Sie die gewünschte Formatierung ein: Wählen Sie dazu unter *Anfang* und *Ende* Formen, Muster, Art (Typen) und Farben für den Balken aus.
6. Klicken Sie auf *OK*, um Ihre Formatierungen wirksam werden zu lassen.

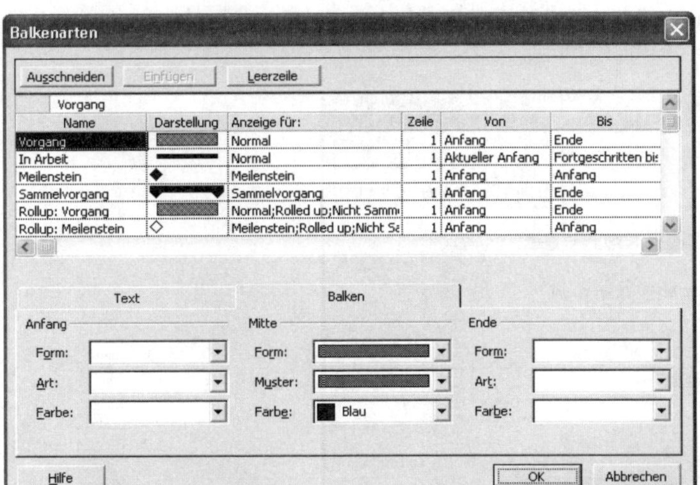

Abbildung 3.21: *Die Balkenarten formatieren bzw. neue Balkenarten erstellen*

TIPP Dieses Fenster können Sie übrigens blitzschnell aufrufen. Positionieren Sie Ihren Mauszeiger im Bereich des Gantt-Diagramms (nicht direkt auf einem Balken) und klicken Sie doppelt.

Um eine einzelne Balkenart zu formatieren, führen Sie direkt auf dem gewünschten Balken einen Doppelklick aus.

Das Layout von Gantt-Balken anpassen

Es gibt auch einige gestalterische Möglichkeiten.

Nehmen wir an, Sie wollen die »Dicke« Ihrer Balken verändern.

1. Falls erforderlich, klicken Sie auf der Ansichtsleiste auf *Balkendiagramm (Gantt)*.
2. Rufen Sie den Menübefehl *Format/Layout* auf (Abbildung 3.22).
3. Entscheiden Sie sich im Listenfeld *Balkenhöhe* für eine Punktgröße Ihrer Gantt-Balken.
4. Bestätigen Sie Ihre Wahl mit *OK*.

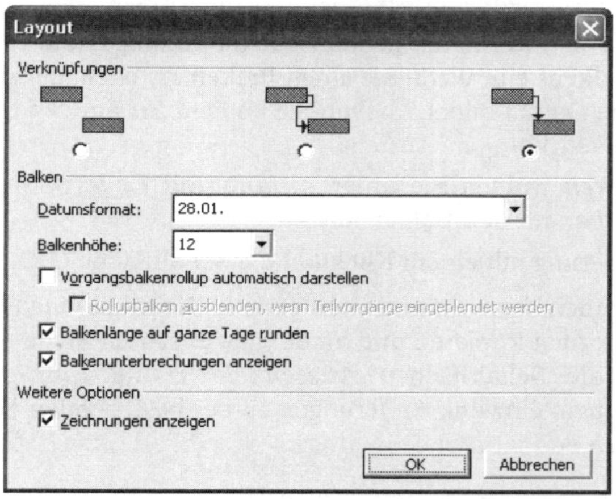

Abbildung 3.22: *Standardlayout für die Gantt-Balken*

Folgende Optionen stehen Ihnen zur Verfügung:

- Im Gruppenfeld *Verknüpfungen* haben Sie die Wahl, ob und wie Sie Pfeile zwischen den Anordnungsbeziehungen anzeigen wollen.
- *Datumsformat*: Möchten Sie Termine neben Ihren Balken anzeigen lassen, so können Sie aus dem Listenfeld das gewünschte Format auswählen.
- *Balkenlänge auf ganze Tage runden*: Mit der Aktivierung dieser Funktion wird jede Dauer, die kürzer als die eingestellte untere Zeitskala ist, gerundet. Das Aussehen des Balkens hat aber keinerlei Auswirkung auf die tatsächliche Dauer!
- *Balkenunterbrechungen anzeigen*: Hiermit können Sie unterbrochene Vorgänge anzeigen lassen. Diese Einstellung entspricht automatisch der Standardeinstellung.
- *Zeichnungen anzeigen:* Sie können eigene Zeichnungen in Ihr Diagramm einfügen oder selbst in Project erstellen. Dies funktioniert jedoch nur, wenn dieses Kontrollkästchen aktiviert ist.

Eigene Balken hinzufügen

Sie können auch selbst eine neue Kategorie mit einem benutzerdefinierten Gantt-Balken erstellen. Dies bietet sich beispielsweise an, wenn Sie verfügbaren Puffer sichtbar machen wollen.

Um benutzerdefinierte Gantt-Balken einzufügen, führen Sie die folgenden Arbeitsschritte aus:

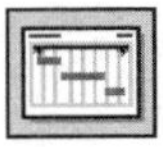

1. Falls erforderlich, klicken Sie in der Ansichtsleiste auf *Balkendiagramm (Gantt)*.
2. Rufen Sie den Menübefehl *Format/Balkenarten* auf.
3. Markieren Sie die Zeile, über der Sie eine neue Gantt-Balkenart einfügen möchten, und klicken Sie dann auf die Schaltfläche *Leerzeile*.
4. Benennen Sie die neue Zeile, indem Sie im Feld *Name* der neuen Zeile einen Namen für die neue Balkenart eingeben, und drücken Sie die Eingabe-Taste.
5. Positionieren Sie den Mauszeiger im Feld *Anzeige für* der neuen Zeile auf dem *Vorgangstyp*, den der Balken darstellen soll. Drücken Sie erneut die Eingabe-Taste.
6. Stellen Sie in den Feldern *Von* und *Bis* der neuen Zeile die Anfangs- und Endpunkte des neuen Gantt-Balkens ein. Wenn Sie einen Balken erstellen, der sich lediglich aus einem einzigen Datum bildet, klicken Sie im Feld *Bis* auf den gleichen Listeneintrag wie im Feld *Von*.
7. Auf der Registerkarte *Balken* wählen Sie unter *Anfang* und *Ende* Formen, Muster oder Typen und Farben für den Balken aus.
8. Bestätigen Sie Ihre Formatierung mit einem Klick auf die Schaltfläche *OK*.

TIPP

Nun haben Sie einen benutzerdefinierten Balken neu erstellt. Sie können jedoch auch ein bestehendes Balkenformat kopieren und an der gewünschten Stelle einfügen. Benutzen Sie dazu die Schaltflächen *Ausschneiden* und *Einfügen*. Danach können Sie dann bequem einzelne Änderungen an der bestehenden Formatierung durchführen.

Unterstützung vom Balkenplan-Assistenten

Lassen Sie sich durch den Balkenplan-Assistenten tatkräftig unterstützen. Er hilft Ihnen, kritische Wege, Informationen zum Basisplan oder benutzerdefinierte Balken weiter anzupassen. Durch den Einsatz des Assistenten lassen sich sogar ungewollte benutzerdefinierte Balken schneller beseitigen, als wenn man sie einzeln löschen würde.

Um den Balkenplan-Assistenten aufzurufen, wählen Sie aus dem Menü *Format* den Befehl *Balkenplan-Assistent*. Noch schneller geht es allerdings, wenn Sie in der *Format*-Symbolleiste die Schaltfläche *Balkenplan-Assistent* anklicken.

Sie wollen sich den *Kritischen Weg* in Ihrem Projekt mithilfe des Balkenplan-Assistenten anzeigen lassen.

Was versteht man unter dem Kritischen Weg?

Unter dem *Kritischen Weg* sind alle Vorgänge zu verstehen, die sich auf die Gesamtdauer des Projektes auswirken. So haben manche Projektvorgänge gewisse Pufferzeiten und können daher ein wenig verzögert werden, ohne dass sie einen Einfluss auf den Endtermin des Projektes haben. Projektvorgänge, die keine Verzögerung zulassen, weil diese ansonsten den Endtermin des Projekts gefährden würden, werden *kritische Vorgänge* genannt.

Um den *Kritischen Weg* im Projekt »Internetauftritt« anzuzeigen, befolgen Sie die nächsten Schritte:

1. Rufen Sie den Balkenplan-Assistenten auf (Abbildung 3.23), indem Sie auf die Schaltfläche *Balkenplan-Assistent* in der *Format*-Symbolleiste klicken.
2. Bestätigen Sie den Begrüßungsbildschirm mit *Weiter*.
3. Aktivieren Sie das Optionsfeld *Kritischer Weg*.
4. Bestätigen Sie die restlichen Schritte des Assistenten, indem Sie die Schaltfläche *Weiter* und am Ende die Schaltfläche *Jetzt formatieren* anklicken.
5. Klicken Sie abschließend auf die Schaltfläche *Assistent beenden*.

Das Diagramm wird fertig formatiert angezeigt. Anhand der roten Balken sehen Sie den kritischen Weg Ihres Projektes.

Abbildung 3.23: *Balkenplan mit* Kritischer Weg *formatieren*

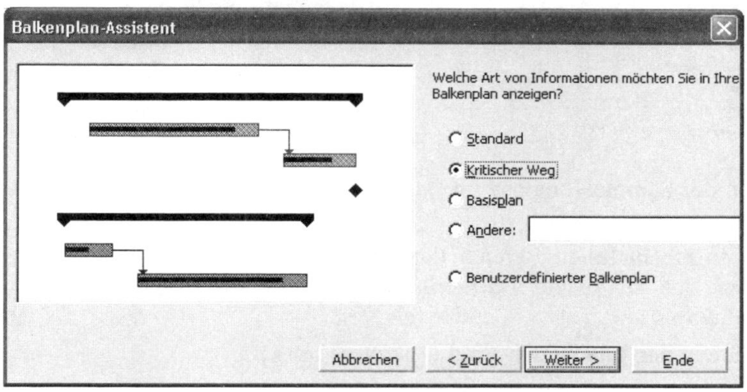

Sie wollen den kritischen Weg wieder ausblenden?

1. Rufen Sie erneut den Balkenplan-Assistenten auf.
2. In Schritt 2 wählen Sie die Option *Standard* und klicken auf die Schaltfläche *Ende*.
3. Bestätigen Sie Ihre Wahl, indem Sie im nächsten Fenster die Schaltfläche *Jetzt formatieren* und im abschließenden Fenster die Schaltfläche *Assistent beenden* anklicken.

Schritt 3: Text in Balken anzeigen

Neben der einfachen Balkenformatierung gibt es zusätzlich die Möglichkeit, die Anzeige der Balken mit einem Text zu versehen. Dabei können Sie beispielsweise den Vorgangsnamen mit anzeigen lassen. Sie können hierbei entscheiden, ob Sie nur für einen Vorgang einen Text mit anzeigen lassen wollen oder ob Sie generell die Texte zu bestimmten Balken ausgeben möchten.

Nehmen wir an, Sie wollen bei allen Sammelvorgängen jeweils den Vorgangsnamen rechts neben dem Balken anzeigen lassen (siehe Abbildung 3.24).

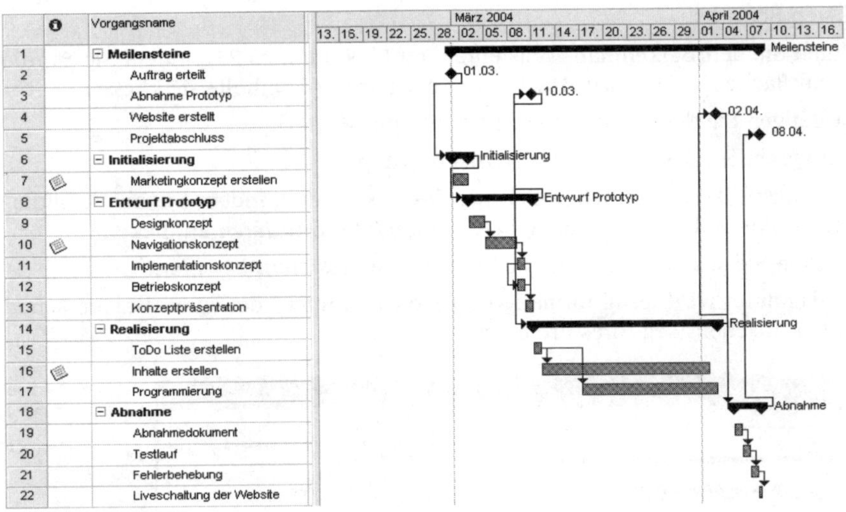

Abbildung 3.24: *Sammelvorgang mit Name rechts neben dem Balken*

Um die Namen der Sammelvorgänge im Balkendiagramm zusätzlich anzeigen zu lassen, gehen Sie folgendermaßen vor:

1. Führen Sie in einem freien Bereich (kein Balken in der Nähe) einen Doppelklick aus. Das Dialogfeld *Balkenarten* erscheint auf Ihrem Bildschirm (Abbildung 3.25).
2. Markieren Sie in der Tabelle den Eintrag *Sammelvorgang*.
3. Wechseln Sie unten zur Registerkarte *Text*.
4. Klicken Sie in der unteren Tabelle auf den Eintrag *Rechts*. In der Zelle daneben wählen Sie im Listenfeld den Eintrag *Name* aus.
5. Bestätigen Sie Ihre Wahl mit *OK*.

Löschen können Sie die Anzeige mit Sammelvorgangsnamen wie folgt:

1. Führen Sie in einem freien Bereich erneut einen Doppelklick aus. Das Dialogfeld *Balkenarten* erscheint.
2. Markieren Sie in der oberen Tabelle den Eintrag *Sammelvorgang*.
3. Wechseln Sie unten zur Registerkarte *Text*.
4. Klicken Sie in der unteren Tabelle auf den Eintrag *Rechts* und drücken Sie dann die Entf-Taste.
5. Bestätigen Sie das Dialogfeld über *OK*.

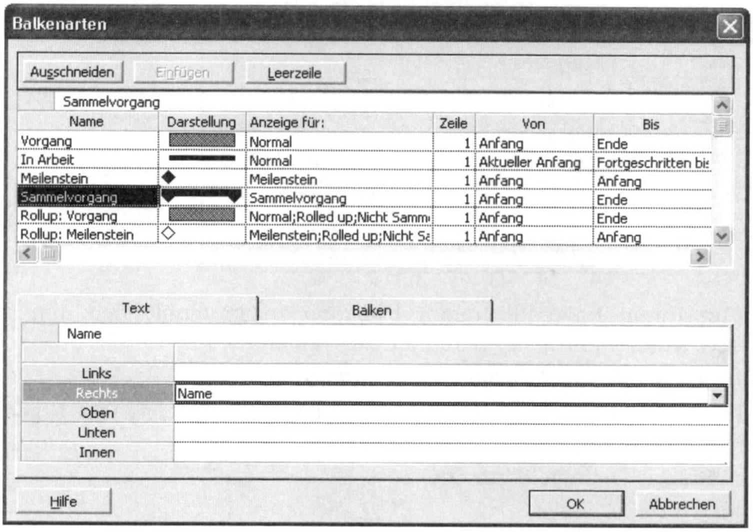

Abbildung 3.25: *Namen des Vorganges dem gewählten Balken hinzufügen*

Schritt 4: Gitternetzlinien einblenden

Der Einsatz von Gitternetzlinien eignet sich hervorragend, um eine Ansicht übersichtlicher darzustellen. Diese horizontalen und vertikalen Hilfslinien können Sie nach Belieben mit Farben und Mustern belegen. Sie können sowohl einmalige Gitternetzlinien (beispielsweise die horizontale Linie, welche den Spaltenkopf von den Eingabefeldern trennt) als auch sich wiederholende Linien, wie Tabellenzeilenlinien, bearbeiten. Die Bearbeitung der einzelnen Gitternetzlinien hängt natürlich auch von der gewählten Ansicht ab.

Um in die Gestaltung der Gitternetzlinien einzugreifen, gehen Sie folgendermaßen vor:

1. Wählen Sie im Menü *Ansicht* die gewünschte Ansicht aus.
2. Rufen Sie den Menübefehl *Format/Gitternetzlinien* auf (Abbildung 3.26).
3. Klicken Sie in der Liste *Zu ändernde Linie* auf die Hilfslinie, die Sie ändern möchten.
4. Entscheiden Sie sich im Listenfeld *Art* unter *Hauptintervall* für das Muster der Linie. Möchten Sie keine Linie anzeigen, wählen Sie den ersten Wert in der Liste.
5. Wählen Sie aus dem Listenfeld *Farbe* unter *Hauptintervall* eine Ihnen angenehme Linienfarbe.
6. Möchten Sie neben dem *Hauptintervall* ein *Hilfsintervall* verwenden, so ist auch das kein Problem. Achten Sie aber darauf, dass Sie beim Hilfsintervall eine andere Linienart auswählen, damit diese sich vom Hauptintervall abhebt.

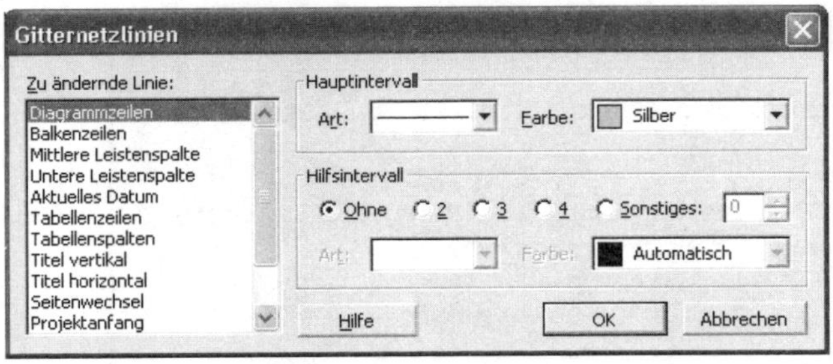

Abbildung 3.26: *Gitternetzlinien für bessere Übersicht*

Sie wollen in Ihrem Balkendiagramm Diagrammzeilen einblenden, um sich dadurch besser in Ihrem Projekt orientieren zu können:

1. Rufen Sie den Menübefehl *Format/Gitternetzlinien* auf.
2. Füllen Sie das Dialogfeld aus, wie in Abbildung 3.26 gezeigt. Das Ergebnis sehen Sie in Abbildung 3.27.
3. Schließen Sie das Dialogfeld mit *OK*.

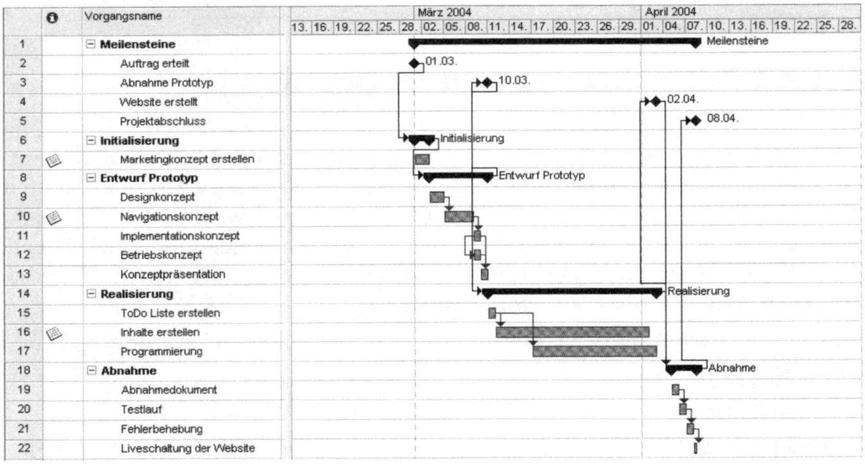

Abbildung 3.27: *Ergebnis der Gitternetzlinien-Formatierung*

Drucken eines Projektes

Haben Sie Ihr Projekt fertig eingegeben und gespeichert, können Sie es jetzt ausdrucken. Bevor Sie aber die entsprechende *Drucken*-Schaltfläche anklicken, lesen Sie bitte die folgenden Seiten, denn diese könnten Ihnen helfen, Papier zu sparen und Ihre Nerven zu schonen.

Seitenansicht

Starten Sie vor dem Drucken die *Seitenansicht*, um sich vorab anzusehen, wie Ihr Projekt in gedruckter Form aussehen wird (Abbildung 3.28).

Zum Aufrufen der Seitenansicht haben Sie zwei Möglichkeiten:

- Wählen Sie im Menü *Datei* den Befehl *Seitenansicht*.
- Klicken Sie in der *Standard*-Symbolleiste auf die Schaltfläche *Seitenansicht*.

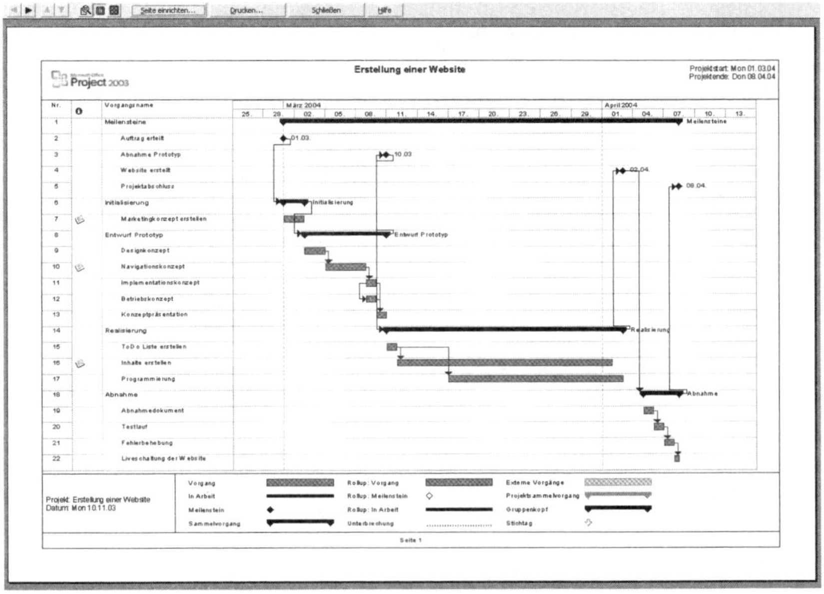

Abbildung 3.28: So kann es nach entsprechenden Einstellungen aussehen

HINWEIS Die Seitenansicht ermöglicht keine Änderung an Ihren Projektdaten, sondern hat lediglich eine Kontrollfunktion für die Ausgabe. Allerdings können Sie von hier aus die Seitengestaltung aufrufen.

Seite einrichten

Greifen Sie in die Seitengestaltung ein und rufen Sie dazu den Menübefehl *Datei/ Seite einrichten* auf (Abbildung 3.29).

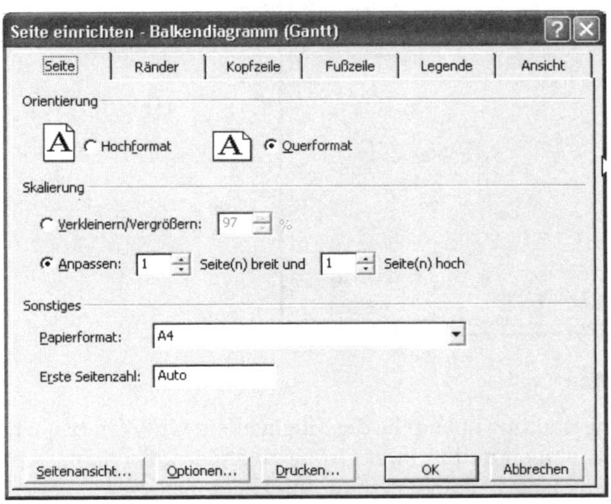

Abbildung 3.29: Dialogfeld zum Gestalten des Ausdruckes

HINWEIS

Die wichtigsten Registerkarten in diesem Dialogfeld sind *Seite* und *Ansicht*. Wenn Sie hier die richtigen Einstellungen vornehmen, ersparen Sie sich viel Ärger beim Ausdruck Ihres Planes. Grundsätzlich gilt: Je größer der Plan, umso wichtiger die Vorarbeit vor dem Ausdruck. In Tabelle 3.5 finden Sie eine nützliche Übersicht hierzu.

Tabelle 3.5: *Die wichtigsten Einstellungen der Seitengestaltung*

Registerkarte	Funktion	Beschreibung
Seite	*Orientierung*	Wählen Sie zwischen *Hoch-* oder *Querformat*; meist bietet sich das Querformat an.
Seite	*Papierformat und Erste Seitenzahl*	Wählen Sie das Papierformat und mit welcher Seitennummer der Druck beginnen soll.
Seite	*Skalierung*	Skalieren Sie Ansichten und Berichte durch Prozentwerte.
Ansicht	*Alle Tabellenspalten drucken*	Es werden alle Spalten gedruckt, die in der Tabelle zu sehen sind.
Ansicht	*Die ersten x Spalten auf allen Seiten drucken*	Auf den folgenden Seiten wird die Anzahl der Spalten gedruckt, die eingestellt wurde.
Ansicht	*Zeitskala in Seite einpassen*	Die Druckansicht wird auf die Seite optimiert, sodass möglichst eine optimal Ansicht des Balkendiagramms entsteht.

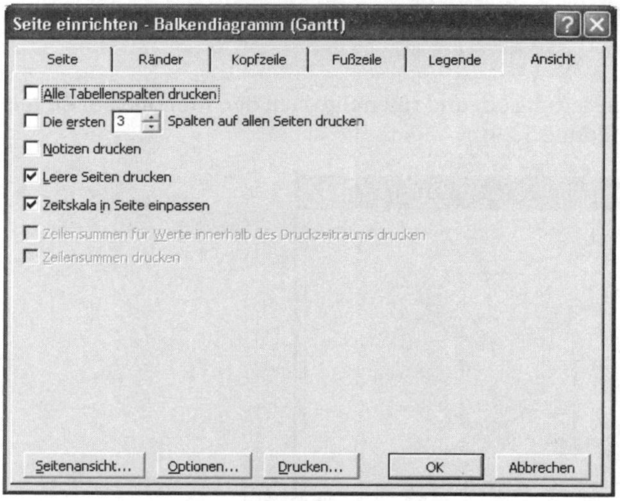

Abbildung 3.30: *Druckansicht definieren*

Kopf- und Fußzeile gestalten

Bei der Kopf- und Fußzeilengestaltung haben Sie die Möglichkeit, Grafiken bequem in Kopf- und Fußzeilen einzubinden und in ihrer Größe zu ändern. Die umfassenden Möglichkeiten lassen sich am besten an einem Beispiel demonstrieren.

Gehen wir davon aus, dass Sie die Kopfzeile so gestalten wollen, dass links Ihr Firmenlogo steht und in der Fußzeile links der Projektname sowie die Datei, in der Mitte die Seitenzahl und rechts das Datum ausgegeben wird.

Dies alles erreichen Sie wie folgt:

1. Rufen Sie den Menübefehl *Datei/Seite einrichten* auf.
2. Aktivieren Sie die Registerkarte *Kopfzeile* (Abbildung 3.31) und dort die Registerkarte *Links*. Damit setzen Sie Ihre Einfügemarke automatisch an die richtige Stelle.

3. Klicken Sie auf die Schaltfläche *Bild einfügen*. Wählen Sie aus der entsprechenden Dateiliste Ihr Firmenlogo aus.
4. Wechseln Sie zur Registerkarte *Fußzeile* (Abbildung 3.32) und aktivieren dort die Registerkarte *Links*. Damit setzen Sie Ihre Einfügemarke automatisch an die richtige Stelle.
5. Wählen Sie aus dem Listenfeld *Allgemein* den Eintrag *Projektname* aus. Klicken Sie anschließend auf die Schaltfläche *Hinzufügen*.
6. Wählen Sie nun aus dem Listenfeld den Eintrag *Dateiname* aus. Klicken Sie anschließend auf die Schaltfläche *Hinzufügen*.
7. Aktivieren Sie die Registerkarte *Zentriert*, und wählen Sie aus dem Listenfeld den Eintrag *Seitenzahl* aus. Klicken Sie anschließend auf die Schaltfläche *Hinzufügen*.

8. Aktivieren Sie die Registerkarte *Rechts*, und klicken Sie auf die Schaltfläche *Datum*. Sie sehen, dass das Datum im oberen Vorschaufenster jetzt erscheint.

Abbildung 3.31: *Einfügen von Informationen in Kopf- und Fußzeile*

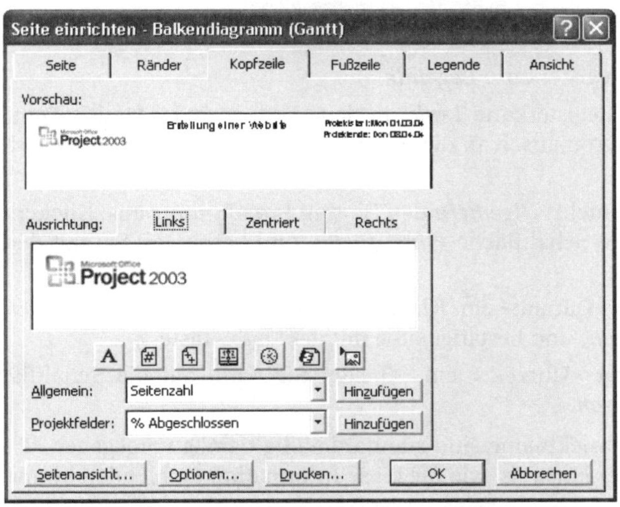

HINWEIS Standardmäßig ist die Seitenzahl zentriert in der Fußzeile integriert. Trotzdem an dieser Stelle der Hinweis, wie Sie diese Information einblenden können.

Abbildung 3.32: *Gestaltung der Fußzeile*

Legende gestalten

Bei der Formatierung der Legende können Sie auf dieselbe Funktionalität zurückgreifen wie bei den Kopf- und Fußzeilen. Wir gehen von Folgendem aus: Sie wollen auf der linken Seite der Legende in der ersten Zeile den Projektnamen, in der zweiten Zeile die Uhrzeit und in der dritten Zeile den Dateinamen des Projektes ausgeben.

Und so geht es:

1. Rufen Sie den Menübefehl *Datei/Seite einrichten* auf.
2. Aktivieren Sie die Registerkarte *Legende*.
3. Holen Sie hier die Registerkarte *Links* in den Vordergrund. Damit setzen Sie die Einfügemarke automatisch an die richtige Stelle. Tippen Sie den Text »Projekt:« ein.
4. Wählen Sie im Listenfeld *Allgemein* den Eintrag *Projektname* aus. Klicken Sie anschließend auf die Schaltfläche *Hinzufügen*, und bestätigen Sie mit der Eingabe-Taste.
5. Tippen Sie den Text »Datum:« ein. Klicken Sie dann auf die Schaltfläche *Aktuelles Datum einfügen*, und bestätigen Sie mit der Eingabe-Taste.

6. Tippen Sie den Text »Uhrzeit:« ein. Klicken Sie dann auf die Schaltfläche *Aktuelle Zeit einfügen*.

HINWEIS

Das Datum und der Projektname sind standardmäßig bereits vorgegeben. Trotzdem an dieser Stelle der Hinweis, wie Sie diese Information einblenden können.

Schauen Sie sich hierzu ergänzend die Abbildung 3.33 an.

Abbildung 3.33: *Legende formatieren*

Project stellt Ihnen eine komplette Legende zur Verfügung. Alle Informationen wie Sammelvorgänge, Meilensteine, Vorgänge, Unterbrechungen usw. werden Ihnen standardmäßig angeboten. Was aber tun, wenn Sie nur bestimmte Informationen in Ihrer Legende haben wollen – z.B. nur Vorgänge und Sammelvorgänge?

Dazu verfahren Sie wie folgt:

1. Falls erforderlich, klicken Sie in der Ansichtsleiste auf *Balkendiagramm (Gantt)*.
2. Führen Sie in einem freien Bereich (kein Balken in der Nähe) einen Doppelklick aus oder rufen Sie den Menübefehl *Format/Balkenarten* auf. Das Dialogfeld *Balkenarten* erscheint nun auf Ihrem Bildschirm.
3. Stellen Sie die Einfügemarke im Feld *Name* in die Zeile des Vorganges, den Sie **nicht** anzeigen möchten.
4. Tippen Sie vor alle diese Vorgänge, die nicht in der Legende erscheinen sollen, ein Sternchen (»*«) ein (Abbildung 3.34).

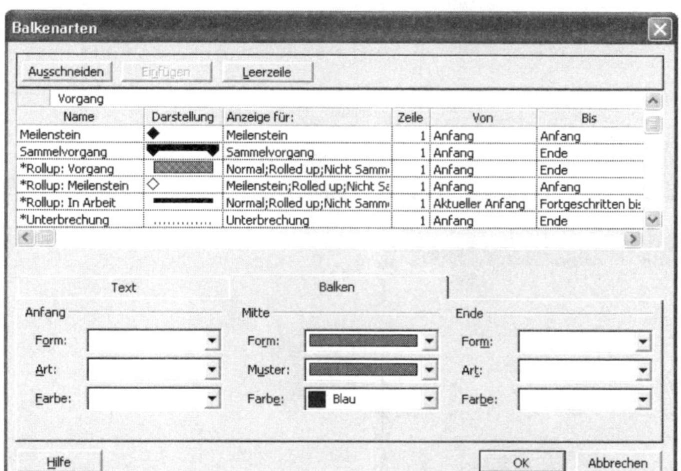

Abbildung 3.34: *Definieren der Legende für den Ausdruck*

Diesen Anpassungsvorgang können Sie jederzeit wieder rückgängig machen. Rufen Sie dazu den Balkenplan-Assistenten auf, und setzen Sie die Einstellungen auf *Standard*.

HINWEIS

Speichern und sichern eines Projektes

Vergessen Sie nicht, Ihr erstes Projekt abschließend zu speichern.

1. Klicken Sie in der *Standard*-Symbolleiste auf die Schaltfläche *Speichern*.
2. Beim ersten Speichern Ihres Projekts öffnet Project das *Speichern unter*-Dialogfeld (Abbildung 3.35), in welchem Sie erstmalig einen Dateinamen und den Speicherort festlegen.
3. Wenn Sie wollen, können Sie ein Sicherungskennwort eingeben, das verhindert, dass das Projekt von nicht autorisierten Personen geöffnet wird, sowie ein Schreibschutzkennwort, welches verhindert, dass Änderungen am Projekt von nicht autorisierten Personen gespeichert werden.
4. Klicken Sie dazu in der Symbolleiste des Dialogfelds auf die Schaltfläche Extras.
5. Wählen Sie den Befehl Allgemeine Optionen (Abbildung 3.36).
6. Geben Sie Ihr Kennwort in das Eingabefeld Sicherungskennwort ein. Um Fehleingaben zu vermeiden, müssen Sie die Eingabe nochmals wiederholen.
7. Bestätigen Sie jeweils mit OK.

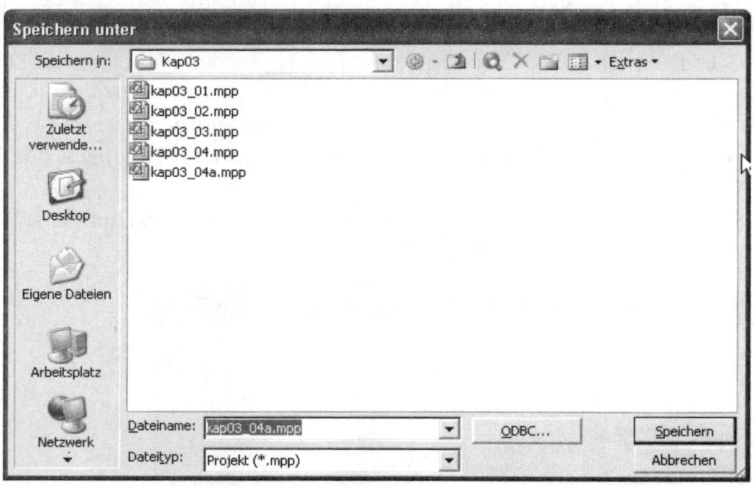

Abbildung 3.35: *Erstmaliges Speichern eines Projektes*

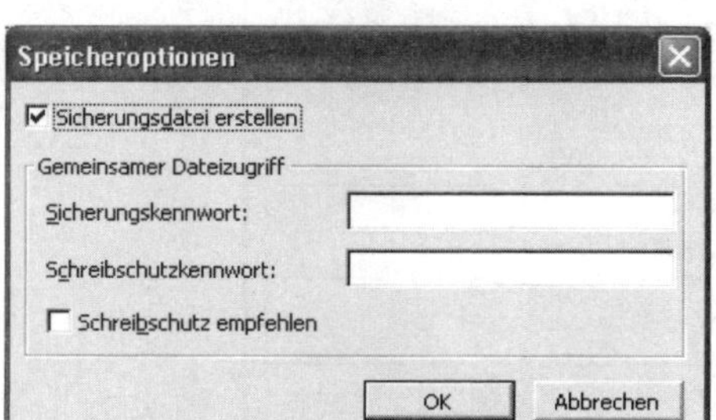

Abbildung 3.36: *Eingabe eines Kennworts für das Projekt*

HINWEIS Es sei darauf hingewiesen, dass in Project *multiple Basispläne* abgespeichert werden können (insgesamt elf Stück). Wenn Sie Ihre Grundplanung abgeschlossen haben, sollten Sie in jedem Fall einen Basisplan speichern, weil er Ihnen Vergleiche zu späteren Zeitpunkten zwischen aktuellem und ursprünglichem Plan ermöglicht. In ▶ Kapitel 8 wird das Thema »Basispläne« ausführlich behandelt.

Project bietet Ihnen auch die Möglichkeit, Ihr Projekt in verschiedenen Internet-tauglichen Formaten (XML, HTML) zu speichern. Stellen Sie sich vor, Sie wollten Ihr Projekt im Internet veröffentlichen und eventuell mit mehreren Partnern kommunizieren. Mehr zu diesem Thema finden Sie in ▶ Kapitel 19 dieses Buches.

4 Verfeinern des ersten Projekts

89 Ansichtssache – Von Gantt zu PERT
104 Tabellenfunktionalitäten in Project
107 Per Filtertechnik schneller zum Ziel

Aufbauend auf dem vorherigen ▶ Kapitel 3 wird das Projekt »Erstellung einer Website« nun weiter verfeinert. In diesem Kapitel lernen Sie zusätzliche Ansichten kennen, ferner, wie man Tabellen anlegt und ändert sowie den Umgang mit Filtern.

Ansichtssache – Von Gantt zu PERT

Neben dem Balkendiagramm (Gantt) gibt es noch weitere interessante Ansichten. Im ersten Schritt wird Ihr Balkendiagramm weiter verfeinert. Im Anschluss daran werden Sie Ihr Projekt in der Kalenderansicht sowie in einem Netzplandiagramm (PERT) anwenden.

Einfügen von Meilensteinen

Ein Meilenstein stellt einen wichtigen Punkt in Ihrem Projekt dar. Dieses Hilfsmittel wird Sie insbesondere bei der Überwachung Ihres Projekts unterstützen. So kann ein Meilenstein z.B. den Abschluss einer wichtigen Phase darstellen. Sie können es sich daher zur Regel machen, jede Phase mit einem Meilenstein abzuschließen. Sämtliche Vorgänge einer Phase sollten direkt oder indirekt in diesen Meilenstein münden. Dieser Meilenstein treibt wiederum die folgende Phase. So vermeiden Sie offene Enden in Ihrem Plan.

Ein Meilenstein wird mit der Dauer von null Tagen eingegeben. Er geht also nicht in die Gesamtdauer des Projektes mit ein. Geben Sie für einen Vorgang eine Dauer von Null ein, wird dieser Vorgang im Balkendiagramm automatisch als Meilenstein erkannt und dementsprechend angezeigt.

In das Projekt »Erstellung einer Website« wollen wir nach der Phase »Entwurf Prototyp« einen Meilenstein mit dem Namen »Abnahme Prototyp« einfügen.

Dazu verfahren Sie wie folgt:

1. Öffnen Sie das Projekt (hier die Beispieldatei *Kap04_01.mpp* von der Buch-CD-ROM), indem Sie den Menübefehl *Datei/Öffnen* aufrufen.

2. Markieren Sie die Datei (*Kap04_01.mpp*) und klicken Sie danach auf die Schaltfläche *Öffnen*.

1	⊟ **Meilensteine**	**20,5 Tage**
2	Auftrag erteilt	0 Tage
3	Website erstellt	0 Tage
4	Projektabschluss	0 Tage
5	⊟ **Initialisierung**	**2 Tage**

Abbildung 4.1: *Projekt* Kap04_01 *ohne Meilenstein »Prototyp erstellt«*

3. Falls erforderlich, klicken Sie in der Ansichtsleiste auf die Schaltfläche *Balkendiagramm (Gantt)*.

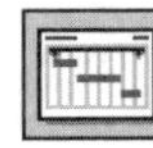

4. Markieren Sie die Zeile 3 *(Webseite erstellt)*. Wählen Sie aus dem Menü *Einfügen* den Befehl *Neuer Vorgang*. Project fügt nun eine neue Zeile vor der Zeile *Webseite erstellt* ein.
5. Geben Sie in die Zelle *Vorgangsname* den Text *Prototyp erstellt* ein. Als *Dauer* geben Sie die Zahl *0* ein.

	⊟ **Meilensteine**	**20,5 Tage**
	Auftrag erteilt	0 Tage
	Prototyp erstellt	0 Tage
	Website erstellt	0 Tage
	Projektabschluss	0 Tage
	⊟ **Initialisierung**	**2 Tage**

Abbildung 4.2: *Nach Einfügen des Meilensteins*

Nun muss der neue Meilenstein noch mit seinem Vorgänger bzw. Nachfolger verknüpft werden.

Dazu gehen Sie folgendermaßen vor:

1. Wie bereits im ▶ Kapitel 3 beschrieben, ziehen Sie mit der Maus eine Verknüpfung vom Sammelvorgang *Entwurf Prototyp* zum Meilenstein *Prototyp erstellt*.
2. Ziehen Sie eine weitere Verknüpfung vom Meilenstein *Prototyp erstellt* zum Sammelvorgang *Realisierung*.

	ⓘ	Vorgangsname	Dauer	Anfang
1		⊟ **Meilensteine**	**28,5 Tage**	**Mon 01.03.04**
2		Auftrag erteilt	0 Tage	Mon 01.03.04
3		Prototyp erstellt	0 Tage	Mit 10.03.04
4		Website erstellt	0 Tage	Fre 02.04.04
5		Projektabschluss	0 Tage	Don 08.04.04
6		⊟ **Initialisierung**	**2 Tage**	**Mon 01.03.04**
7		Marketingkonzept erstellen	2 Tage	Mon 01.03.04
8		⊟ **Entwurf Prototyp**	**6 Tage**	**Mit 03.03.04**
9		Designkonzept	2 Tage	Mit 03.03.04
10		Navigationskonzept	2 Tage	Fre 05.03.04
11		Implementationskonzept	1 Tag	Die 09.03.04
12		Betriebskonzept	1 Tag	Die 09.03.04
13		Konzeptpräsentation	1 Tag	Mit 10.03.04
14		⊟ **Realisierung**	**17 Tage**	**Don 11.03.04**
15		ToDo Liste erstellen	1 Tag	Don 11.03.04
16		Inhalte erstellen	15 Tage	Fre 12.03.0
17		Programmierung	13 Tage	Mit 17.03.04
18		⊟ **Abnahme**	**3,5 Tage**	**Mon 05.04.04**

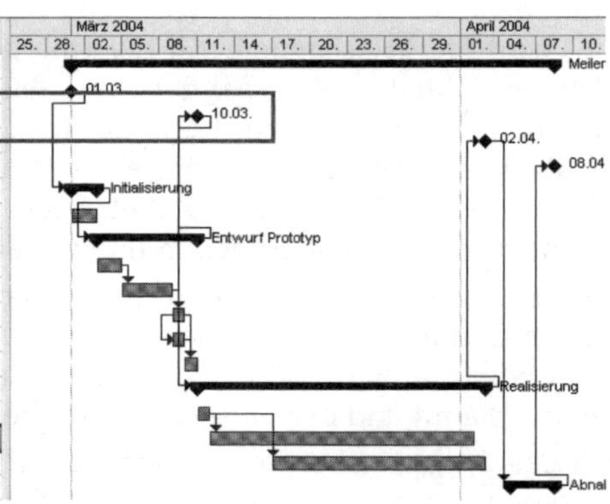

Abbildung 4.3: *Der Meilenstein* Prototyp erstellt *mit seinen Verknüpfungen*

Im vorangegangenen Beispiel haben Sie in Ihr Projekt eine zusätzliche Zeile mit der Dauer von null Tagen eingegeben. Sie können jedoch auch einen bestehenden

Vorgang, der nicht die Dauer von null Tagen aufweist, zu einem Meilensteinvorgang machen.

Dazu gehen Sie folgendermaßen vor:

1. Klicken Sie in der *Standard*-Symbolleiste die Schaltfläche *Informationen zum Vorgang* an.
2. Wechseln Sie zur Registerkarte *Spezial*.
3. Aktivieren Sie das Kontrollkästchen *Vorgang als Meilenstein darstellen* (Abbildung 4.4).
4. Beenden Sie mit *OK*.

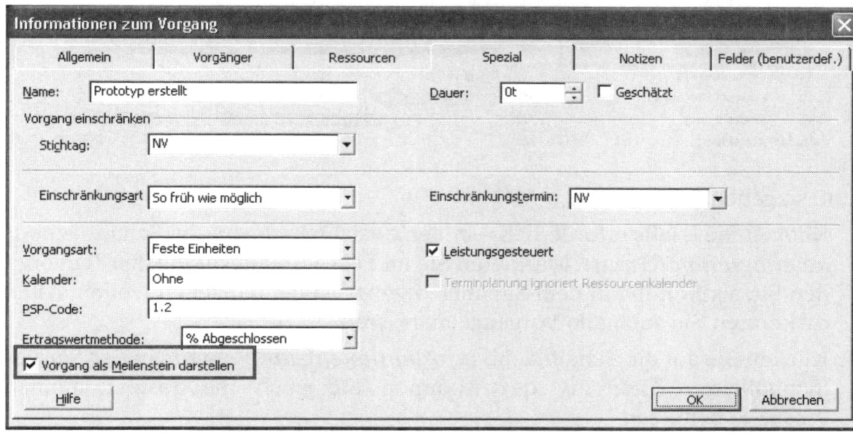

Abbildung 4.4: *Bestehenden Vorgang als Meilenstein definieren*

HINWEIS Einen Meilenstein in Ihrem Balkendiagramm können Sie daran erkennen, dass er durch eine kleine schwarze Raute dargestellt wird. Neben diesem Symbol wird standardmäßig das Datum mit ausgegeben. Die Darstellung von Meilensteinen können Sie natürlich, wie in ▶ Kapitel 3 beschrieben, nach Ihren Anforderungen ändern.

Erweiterte Formatierung durch Balken-Rollup

Was ist ein Balken-Rollup? Bei einem Balken-Rollup werden Teilvorgänge als Symbole auf einem Sammelvorgangsbalken nebeneinander aufgereiht. Diese optische Erleichterung dient Ihnen dazu, wichtige Termine zu kennzeichnen.

Für die Rollup-Darstellung haben Sie zwei Möglichkeiten:

- Sie stellen die Termine für mehrere Meilenstein-Teilvorgänge als kleine schwarze Rauten auf einem Sammelvorgangsbalken dar (Abbildung 4.5).
- Sie geben die berechneten Endtermine ausgewählter Vorgänge aus. Diese Rollup-Vorgänge werden dann als Balken aneinander gereiht auf dem Sammelvorgangsbalken dargestellt (Abbildung 4.6).

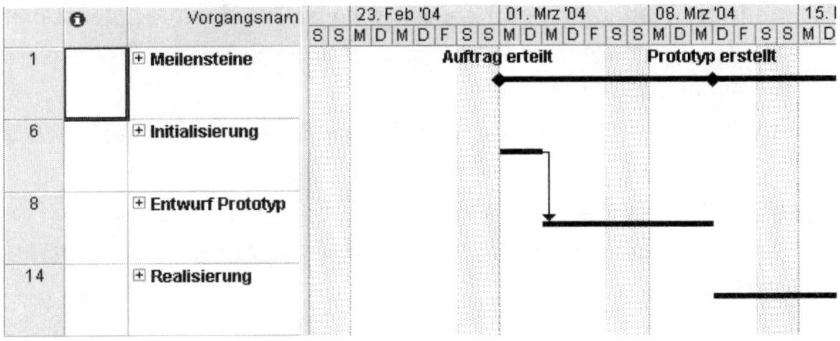

Abbildung 4.5: *Meilenstein-Rollup*

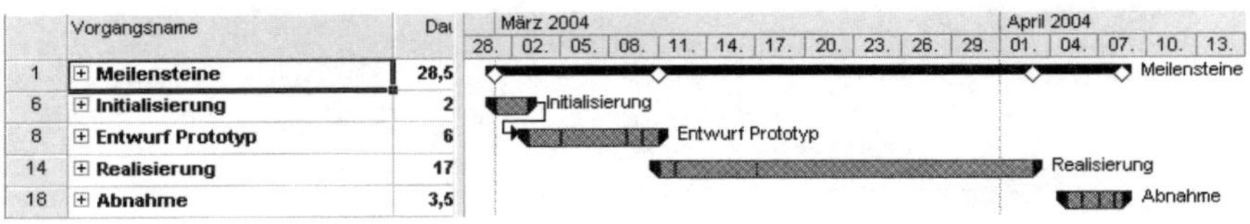

Abbildung 4.6: *Balken-Rollup*

Und so gehen Sie vor:

1. Klicken Sie – falls erforderlich – in der Ansichtsleiste auf die Schaltfläche *Balkendiagramm (Gantt)*. Markieren Sie im Feld *Vorgangsname* den Teilvorgang, den Sie als Rollup auf dem Sammelvorgangsbalken darstellen wollen. Alternativ können Sie auch alle Vorgänge markieren.
2. Klicken Sie auf die Schaltfläche *Informationen zum Vorgang* in der *Standard*-Symbolleiste. Alternativ dazu können Sie auch die Tastenkombination Umschalt+F2 benutzen.

3. Wechseln Sie zur Registerkarte *Allgemein*. Aktivieren Sie das Kontrollkästchen *Vorgangsbalkenrollup im Sammelvorgang darstellen* (Abbildung 4.7). Schließen Sie mit *OK* ab.

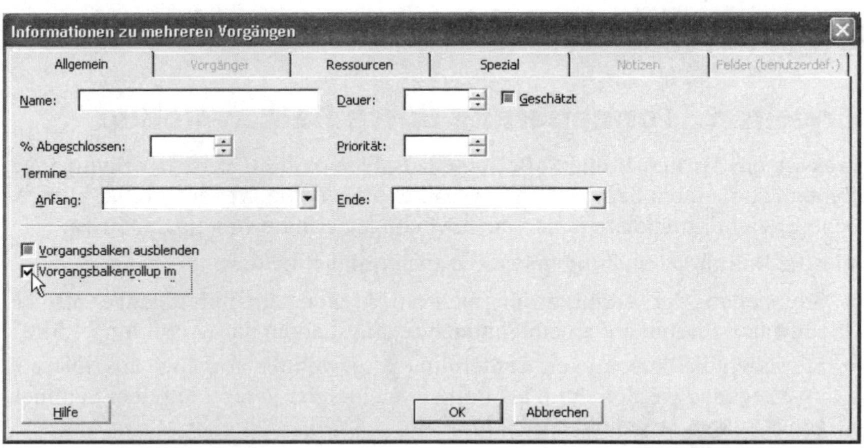

Abbildung 4.7: *Rollup-Balken im Sammelvorgang aktivieren*

Im Lieferumfang von Project befindet sich ein Makro, welches die Funktionalität beinhaltet, die Sie für diese Formatierung benötigen.

Dazu müssen Sie folgende weitere Schritte ausführen:

1. Wählen Sie im Menü *Extras* den Befehl *Makro*, und rufen Sie im Untermenü den Befehl *Makros* auf.
2. Suchen Sie in der Liste *Makroname* das Makro namens *Rollupformatierung* und betätigen dann die Schaltfläche *Ausführen*.
3. Entscheiden Sie sich im Dialogfeld *Rollupformatierung* für die gewünschte Formatierung. Sie können zwischen *Balken* und *Meilensteine* wählen (Abbildung 4.8). Wenn Sie sich für *Balken* entscheiden, werden die Teilvorgänge als Balken über dem Sammelvorgangsbalken dargestellt. Entscheiden Sie sich hingegen für die *Meilensteine*, werden die Teilvorgänge als Meilensteinsymbole über dem Sammelvorgangsbalken (Abbildung 4.6) dargestellt.
4. Bestätigen Sie Ihre Wahl mit *OK*.

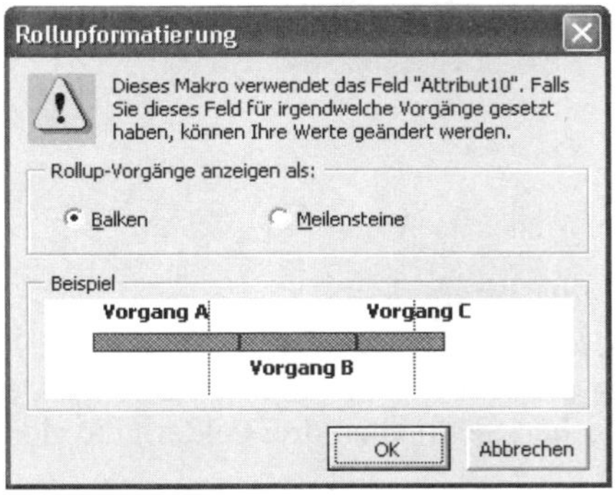

Abbildung 4.8: *Mitgeliefertes Makro zur Rollupformatierung*

HINWEIS Das Makro *Rollupformatierung* müssen Sie nur einmal starten. Für die Aufreihung weiterer Teilvorgänge auf dem Sammelvorgangsbalken genügt es, wenn Sie jeweils die Kontrollkästchen *Vorgangsbalkenrollup im Sammelvorgang darstellen* aktivieren (Abbildung 4.7).

Sollten Sie mehrere Teilvorgänge auf einem Sammelvorgangsbalken anzeigen wollen, so empfiehlt es sich, der Übersichtlichkeit wegen den Sammelvorgangsbalken auszublenden.

Dazu verfahren Sie wie folgt:

1. Markieren Sie den Sammelvorgang, welchen Sie als Sammelvorgangsbalken nicht anzeigen lassen wollen.

2. Klicken Sie auf die Schaltfläche *Informationen zum Vorgang* in der *Standard*-Symbolleiste.
3. Wechseln Sie zur Registerkarte *Allgemein*. Aktivieren Sie das Kontrollkästchen *Vorgangsbalken ausblenden*.

Szenario-Management durch die PERT-Analyse

Für Ihr Projekt »Erstellung einer Website« können Sie verschiedene Projekt-Szenarios erstellen, um einzelne Vorgänge zeitlich abzuschätzen.

Project stellt Ihnen drei Möglichkeiten der Berechnung zur Verfügung:

- Berechnung der günstigsten Vorgangsdauer;

- Berechnung der wahrscheinlichsten Vorgangsdauer;
- Berechnung der ungünstigsten Vorgangsdauer.

Sie können in einem Terminplan eine solche PERT-Analyse durchführen, um die Dauer eines Vorgangs zu schätzen. Nachdem Sie die Dauer des Vorgangs im günstigsten, im realistischen und im ungünstigsten Fall angegeben haben, bildet Project aus diesen drei Werten einen gewichteten Durchschnitt.

Verwenden Sie zur Ergebniskontrolle die Datei *kap04_02.mpp* im Ordner zum Buch *Buch\kap04*.

Für die Erstellung der drei Szenarios (günstig, realistisch und ungünstig) und deren grafischer Darstellung gehen Sie folgendermaßen vor:

1. Wählen Sie im Menü *Ansicht* den Befehl *Symbolleisten* und klicken Sie auf den Eintrag *PERT-Analyse* oder klicken Sie mit der rechten Maustaste auf eine beliebige Symbolleiste, und wählen Sie aus dem Kontextmenü den Eintrag *PERT-Analyse*.

Abbildung 4.9: *Symbolleiste* PERT-Analyse

2. Klicken Sie auf die Schaltfläche *PA_Eingabetabelle*.

3. Geben Sie in den Feldern *Optimistische Dauer, Realistische Dauer* und *Pessimistische Dauer* für jeden Vorgang die Dauer ein. Möchten Sie, dass eine Vorgangsdauer nicht berechnet wird, geben Sie in allen drei Feldern die gleiche Dauer ein.
4. Klicken Sie in der *PERT-Analyse*-Symbolleiste auf *PERT berechnen*, um die geschätzte Dauer zu berechnen. Microsoft Project errechnet nun einen einzigen Wert für die geschätzte Dauer, basierend auf dem gewichteten Durchschnitt der drei angegebenen Werte.

	Vorgangsname	Dauer	Optimistische Dauer	Realistische Dauer	Pessimistische Dauer
1	⊟ **Meilensteine**	**29,04 Tage**	**17,25 Tage**	**28,5 Tage**	**43 Tage**
2	Auftrag erteilt	0 Tage	0 Tage	0 Tage	0 Tage
3	Abnahme Prototy	0 Tage	0 Tage	0 Tage	0 Tage
4	Website erstellt	0 Tage	0 Tage	0 Tage	0 Tage
5	Projektabschluss	0 Tage	0 Tage	0 Tage	0 Tage
6	⊟ **Initialisierung**	**2 Tage**	**1 Tag**	**2 Tage**	**3 Tage**
7	Marketingkonzept	2 Tage	1 Tag	2 Tage	3 Tage
8	⊟ **Entwurf Prototyp**	**6,17 Tage**	**3 Tage**	**6 Tage**	**10 Tage**
9	Designkonzept	2 Tage	1 Tag	2 Tage	3 Tage
10	Navigationskonze	2 Tage	1 Tag	2 Tage	3 Tage
11	Implementationskc	1,08 Tage	0,5 Tage	1 Tag	2 Tage
12	Betriebskonzept	1,08 Tage	0,5 Tage	1 Tag	2 Tage
13	Konzeptpräsentat	1,08 Tage	0,5 Tage	1 Tag	2 Tage
14	⊟ **Realisierung**	**17,08 Tage**	**11,5 Tage**	**17 Tage**	**23 Tage**
15	ToDo Liste erstell	1,08 Tage	0,5 Tage	1 Tag	2 Tage
16	Inhalte erstellen	15 Tage	10 Tage	15 Tage	20 Tage
17	Programmierung	13 Tage	8 Tage	13 Tage	18 Tage
18	⊟ **Abnahme**	**3,79 Tage**	**1,75 Tage**	**3,5 Tage**	**7 Tage**
19	Abnahmedokume	1,08 Tage	0,5 Tage	1 Tag	2 Tage
20	Testlauf	1,08 Tage	0,5 Tage	1 Tag	2 Tage
21	Fehlerbehebung	1,08 Tage	0,5 Tage	1 Tag	2 Tage
22	Liveschaltung der	0,54 Tage	2 Stunde	0,5 Tage	1 Tag

Abbildung 4.10: *Eingabe der Werte für die PERT-Analyse und Ergebnis der Berechnung*

5. Nach dem Rechenvorgang der geschätzten Vorgangsdauern können Sie diese für den günstigsten, ungünstigsten und realistischen Fall anzeigen lassen, indem Sie in der *PERT-Analyse*-Symbolleiste auf *Optimistisches Balkendiagramm*, *Realistisches Balkendiagramm* und *Pessimistisches Balkendiagramm* klicken.

6. Zusätzlich können Sie steuern, wie die drei angegebenen Dauern gewichtet werden sollen. Dazu klicken Sie auf die Schaltfläche *PERT-Gewichtungen festlegen* und geben für die drei Zeiträume neue Werte ein. Achten Sie darauf, dass die drei Werte zusammen immer die Zahl 6 ergeben müssen. Die eingestellten Standardwerte stellen Standardabweichungen für *PERT-Wahrscheinlichkeiten* dar. Deshalb kann eine Änderung der Standardwerte zu ungenaueren Schätzungen führen.

Wie sich das Projekt nach Ihren Einstellungen für den optimalen Fall grafisch darstellt, können Sie der Abbildung 4.11 entnehmen.

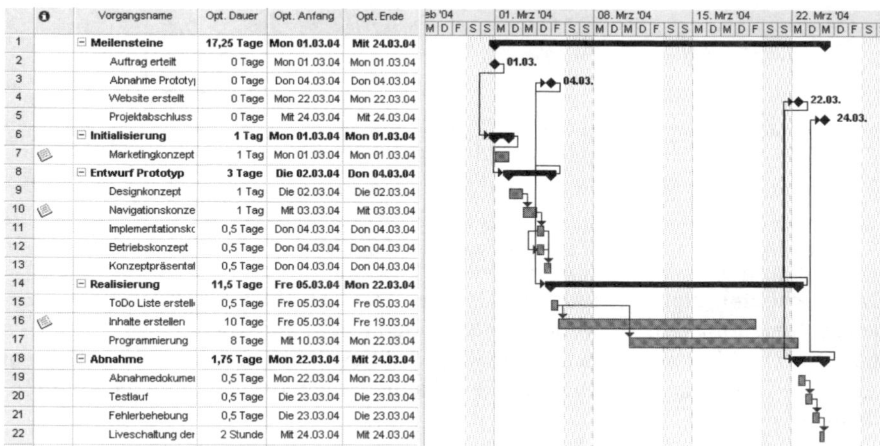

Abbildung 4.11: *So sieht es aus, wenn alles optimal läuft*

Die Endtermine der drei errechneten Terminpläne können Sie anzeigen lassen, indem Sie ihnen einen Projekt-Sammelvorgangsbalken hinzufügen.

Dazu gehen Sie wie folgt vor:

1. Rufen Sie den Menübefehl *Extras/Optionen* auf.
2. Wechseln Sie zur Registerkarte *Ansicht* und aktivieren Sie das Kontrollkästchen *Projektsammelvorgang anzeigen*.
3. Klicken Sie zum Abschluss auf die Schaltfläche *OK*.

Projektverwaltung durch die Kalenderansicht

Wählen Sie die Ansicht *Kalender*, wenn Sie beispielsweise wissen wollen, welche Vorgänge zu einem bestimmten Datum vorgesehen sind. Bei einem einfachen Projekt können Sie Ihre Vorgänge und deren Dauer auch direkt in diese Ansicht eingeben. Ferner haben Sie die Möglichkeit, Ihren Vorgängen Ressourcen zuzuordnen. Die Ressourcenzuordnung wird in einem späteren Kapitel dieses Buches behandelt und ist hier noch kein Thema. Die Ansicht *Kalender* zeigt Ihr Projekt in einem Kalenderformat an, bei dem sich die Vorgänge in Form von Balken jeweils über die berechneten Tage oder Wochen ziehen.

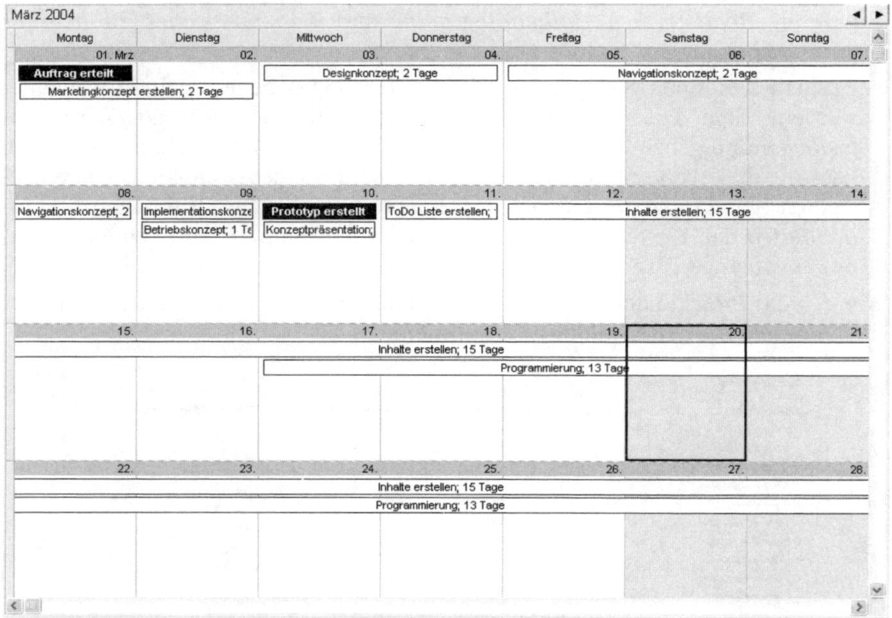

Abbildung 4.12: Kalenderansicht des Projektes

Das Erscheinungsbild des Kalenders können Sie nach Ihren Anforderungen bearbeiten. Angenommen, Sie wollen die Kalenderansicht der Wochentage in das Format *Mo, Di, Mi* ändern. Standardmäßig wird das dafür ausgeschriebene Format verwendet. Als Zusatz möchten Sie jeweils die laufende Kalenderwoche mit einblenden.

Um diese benutzerdefinierte Ansicht zu erstellen, gehen Sie wie folgt vor:

1. Klicken Sie in der Ansichtsleiste auf die Schaltfläche *Kalender*.

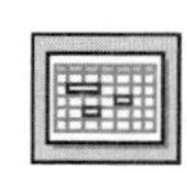

2. Führen Sie einen Doppelklick auf die Zeitskala mit den Wochentagen aus.

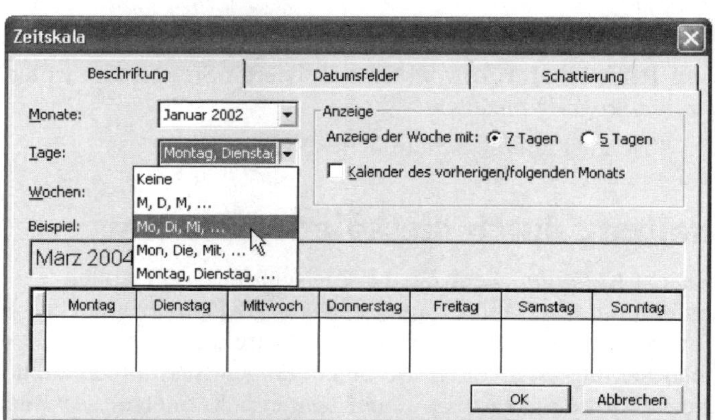

Abbildung 4.13: *Ändern der Zeitskala* Beschriftung

3. Im Kombinationsfeld *Tage* stellen Sie das Format *Mo, Di, Mi, ...* ein.
4. Aus dem Kombinationsfeld *Wochen* wählen Sie den Eintrag *W1, W2, W3, W4, ... (Vom Anfang)*.
5. Bestätigen Sie Ihre Wahl mit *OK*.

HINWEIS Die benutzerdefinierte Ansicht geht Ihnen nicht mehr verloren. Sie wird beim Speichern des Projekts in der Projektdatei abgelegt.

Abbildung 4.14: Definierte Kalenderansicht

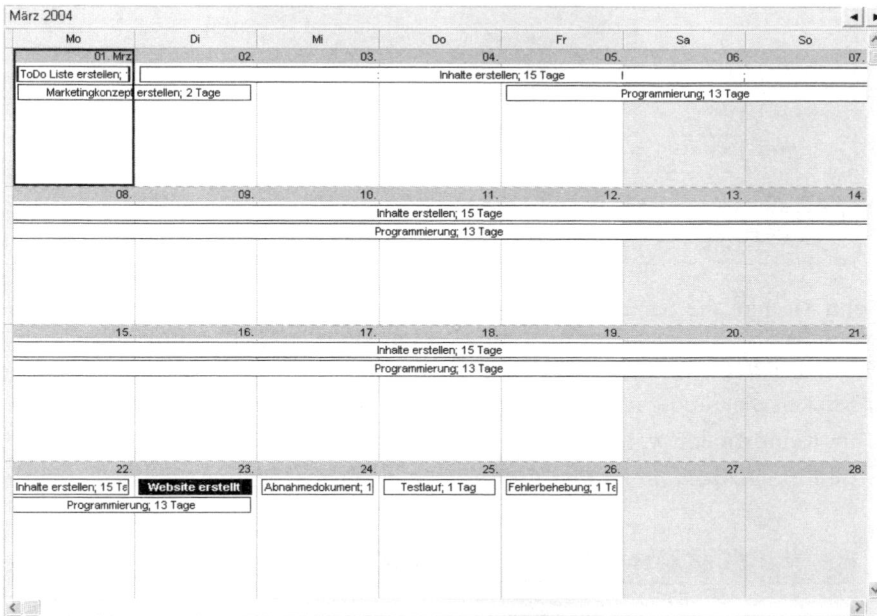

Zur Navigation durch Ihren Kalender stehen Ihnen die zwei Bildlaufleisten zur Verfügung, eine vertikale und eine horizontale. Um durch Ihren Kalender zu blättern, können Sie alternativ auch die Schaltflächen an der rechten oberen Ecke des Kalenders verwenden.

Sammelvorgänge in der Kalenderansicht anzeigen

Es kann sehr praktisch sein, wenn Sie zusätzlich zu den einzelnen Vorgängen auch noch die Sammelvorgänge im Kalender sehen können.

Dies können Sie wie folgt erreichen:

1. Klicken Sie mit der rechten Maustaste in Ihren Kalender.
2. Im Kontextmenü wählen Sie den Eintrag *Balkenarten* aus.
3. Aus dem Listenfeld *Vorgangsart* wählen Sie den Eintrag *Sammelvorgang* aus.
4. Wählen Sie im Listenfeld *Art* den Eintrag *Linie* aus.
5. Klicken Sie auf *OK*, um die Einstellungen zu übernehmen.

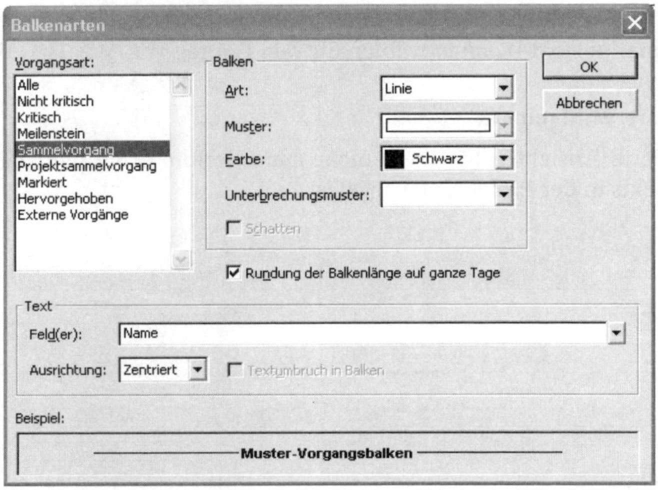

Abbildung 4.15: *Darstellung von Vorgangsarten in der Kalenderansicht*

Wenn Sie nun die Sammelvorgänge in der Kalenderansicht hervorheben möchten, indem Sie z.B. die Schriftart um zwei Punkte vergrößern und Fettdruck einstellen, gehen Sie wie folgt vor:

1. Klicken Sie mit der rechten Maustaste in Ihren Kalender.
2. Im Kontextmenü wählen Sie den Eintrag *Textarten* aus.
3. Im Listenfeld *Zu ändernder Eintrag* wählen Sie den Eintrag *Sammelvorgänge* aus.

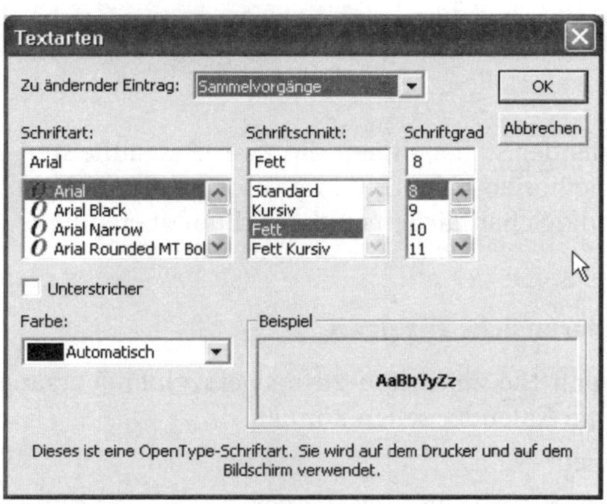

Abbildung 4.16: *Textarten in der Kalenderansicht anpassen*

4. Wählen Sie den Schriftschnitt *Fett* und den Schriftgrad *10*.
5. Klicken Sie auf *OK*, um die Einstellungen zu übernehmen.

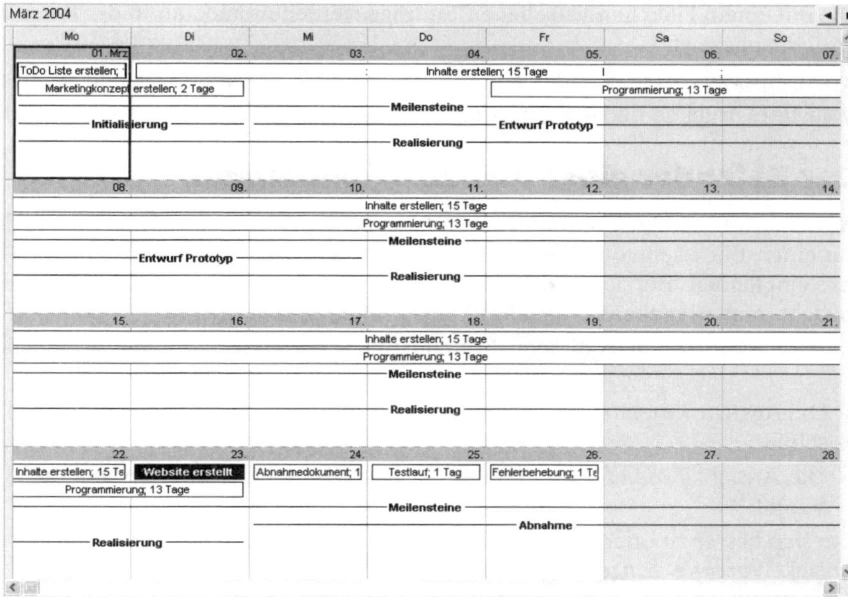

Abbildung 4.17: *Die Kalenderansicht mit eingeblendeten Sammelvorgängen*

Sollten die Sammelvorgänge momentan nicht angezeigt werden, liegt es eventuell daran, dass die Wochenzeile nicht hoch genug ist. Abhilfe schafft hier ein Klick auf die Schaltfläche *Vergrößern* in der *Standard*-Symbolleiste.

Eine andere Methode, die Zeilenhöhe einzustellen, ist das Ziehen der Höhe im Zeilenkopf. Zeigen Sie mit der Maus auf die Grenze zwischen zwei Zeilen und ziehen mit dem geänderten Maussymbol auf die gewünschte Höhe. Ein Doppelklick würde die optimale Höhe einstellen.

Wie Sie sehen, können Sie den Kalender ganz nach Ihren Wünschen gestalten. Sie entscheiden, welche Vorgangsbalken im Kalender angezeigt werden und wie die Datumsfelder aussehen.

Mit einem Doppelklick auf die untere Datumsleiste oder den Überlaufzeiger können alle Vorgänge, die sich im Bereich der anliegenden Tage befinden, bequem angezeigt werden.

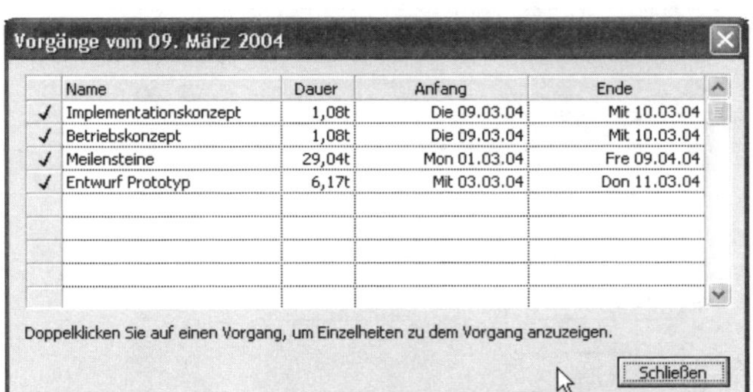

Abbildung 4.18: *Nähere Informationen zum angeklickten Wochentag*

Die mit einem Häkchen versehenen Einträge werden momentan in der Kalenderansicht angezeigt.

TIPP

Als Alternative zum Doppelklick auf den Vorgang können Sie auch die rechte Maustaste drücken und aus dem Kontextmenü den Eintrag *Vorgangsliste* wählen.

Der Kalender einer Ansichtskombination

Normalerweise nutzen Sie den Kalender, wenn Sie so viele Vorgänge wie möglich auf einen Blick sehen möchten. Zu dieser Ansicht lässt sich zusätzlich eine weitere einblenden. Bei der Anordnung verschiedener Ansichten wird die Kalenderansicht immer im oberen Ausschnitt angeordnet.

Es bieten sich Ihnen in diesem Zusammenhang folgende Kombinationsmöglichkeiten:

- Die Ansicht *Kalender* im oberen und eine *Ressourcenansicht* im unteren Ausschnitt.
- Die Ansicht *Kalender* im oberen und eine *Vorgangsansicht* im unteren Ausschnitt.

Um sich besser zu orientieren, können Sie sich unterhalb der Kalenderansicht die Ansicht *Vorgang: Einzelheiten* einblenden lassen.

Dazu führen Sie die nächsten Arbeitsschritte aus:

1. Rufen Sie den Menübefehl *Fenster/Teilen* auf.
2. Klicken Sie auf eine beliebige Stelle im unteren Ausschnitt.
3. Klicken Sie in der Ansichtsleiste auf die Schaltfläche *Weitere Ansichten*, dann wählen Sie in der Liste *Ansichten* den Eintrag *Vorgang: Einzelheiten* aus.
4. Klicken Sie jetzt auf die Schaltfläche *Auswahl* und die gewünschte Ansicht wird im unteren Abschnitt dargestellt.

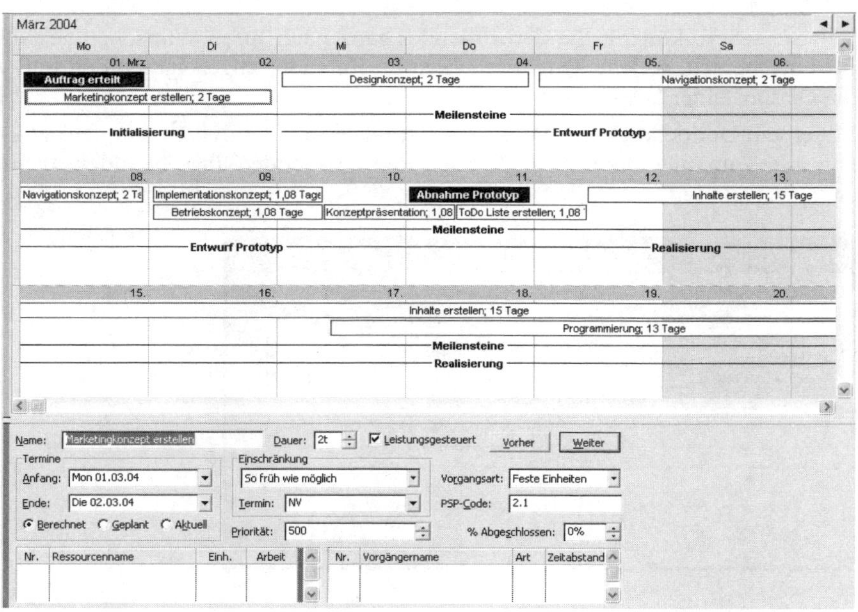

Abbildung 4.19: *Ansichtskombinationen erleichtern oft die Arbeit*

HINWEIS Um die Ansicht zu schließen, klicken Sie im Menü *Fenster* auf *Teilung aufheben* oder halten die Umschalt-Taste gedrückt und klicken in der Ansichtenliste auf die Schaltfläche *Kalender.*

TIPP Wie bekommen Sie aber das untere Fenster aktualisiert, wenn Sie einen neuen Vorgang näher betrachten wollen?

Klicken Sie im oberen Bereich auf den nächsten Vorgang, dadurch werden die Einzelheiten zu diesem Vorgang im unteren Bereich aktualisiert und eingeblendet.

Vielleicht möchten Sie in der unteren Ansicht eine Notiz zu einem Vorgang eingeben, ohne dabei die Doppelansicht zu beenden.

Und so geht es:

1. Klicken Sie mit der rechten Maustaste auf den unteren Bereich des Fensters.
2. Klicken Sie im Kontextmenü (Abbildung 4.20) auf den Befehl *Notizen.*
3. Geben Sie im unteren Fenster Ihre Notizen zum Vorgang ein.

Abbildung 4.20: *Kontextmenü zum Wechseln der Ansicht*

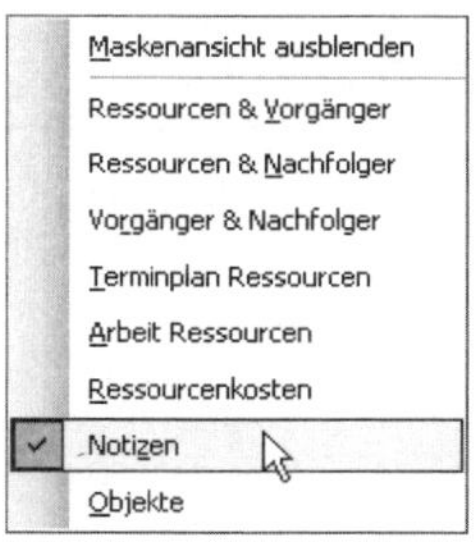

Abbildung 4.21: *Vorgang mit dazugehörigen Notizen*

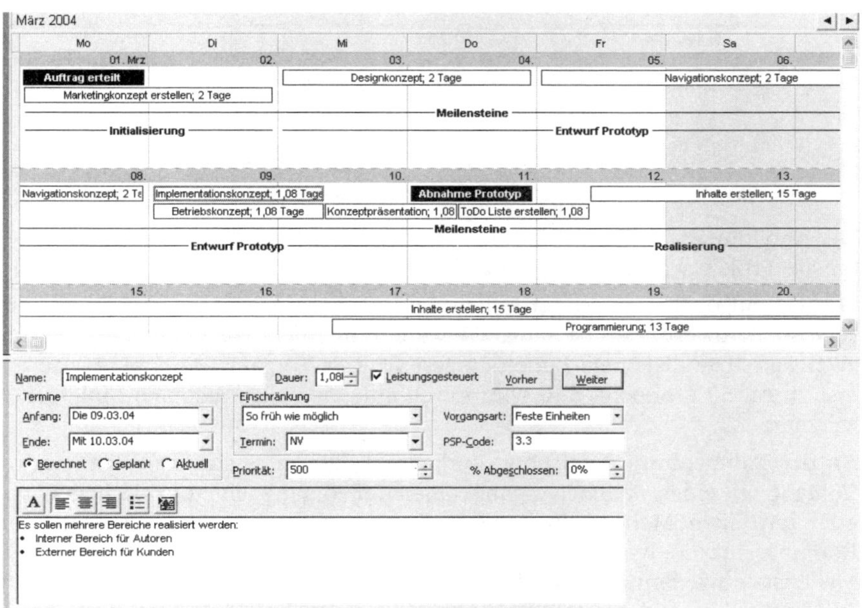

Das Netzplandiagramm (PERT)

Die Ansicht *Netzplandiagramm* (PERT) eignet sich hervorragend, um Vorgänge und Anordnungsbeziehungen Ihres Projektes zu kontrollieren. Ein Vorgang wird in einem PERT-Diagramm durch einen »Knoten« dargestellt. Die Linie, die diese Knoten miteinander verbindet, stellt die Anordnungsbeziehung zwischen den Vorgängen dar. So werden in Ihrem Projekt beispielsweise die meisten Vorgänge durch eine EA-Anordnungsbeziehung dargestellt.

In Abbildung 4.22 (vergleichen Sie mit der Datei *Kap04_03.mpp* im Ordner zum Buch *Buch\Kap04*) sehen Sie, dass ein Knoten in sechs Teilbereiche eingeteilt wird. Ein Kasten beinhaltet in der Standardeinstellung den Vorgangsnamen, dann folgen Anfang, die Vorgangsnummer (rechts), Ende und die Dauer (rechts). Ganz unten befinden sich die Ressourcen bzw. bei den Sammelvorgängen der Eintrag *Abgeschlossen* (in %).

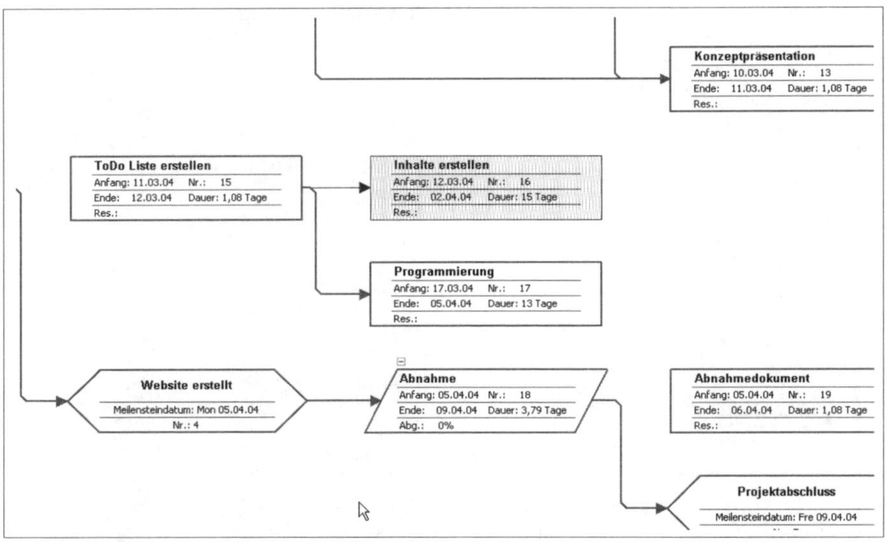

Abbildung 4.22: *Unser Website-Projekt als Netzplandiagramm*

Der Abbildung 4.23 können Sie entnehmen, wie sich die Knoten verändern, wenn Sie das Projekt während seiner Ausführungsphase aktualisieren.

Die Vorgänge »ToDo Liste erstellen« und »Inhalte erstellen« sind bereits abgeschlossen. Abgeschlossene Vorgänge werden in einem Netzplandiagramm durch zwei gekreuzte diagonale Linien dargestellt. Der Vorgang »Programmierung« ist erst zu ca. 50% erledigt und wird durch eine einfache diagonale Linie gekennzeichnet.

An der Rahmenform des Knotens erkennen Sie, ob es sich bei dem jeweiligen Vorgang um einen Sammelvorgang, einen Teilvorgang, einen kritischen Vorgang oder um einen Meilenstein handelt. Ein Sammelvorgang hat die Form eines Rhombus, der Teilvorgang wird durch ein normales Rechteck dargestellt. Der Meilenstein wiederum hat die Form eines Sechsecks und kritische Vorgänge sind standardmäßig rot dargestellt. Es besteht auch hier die Möglichkeit, benutzerdefinierte Darstellungen zu bestimmen.

Abbildung 4.23: *Das aktualisierte Projekt als Netzplandiagramm*

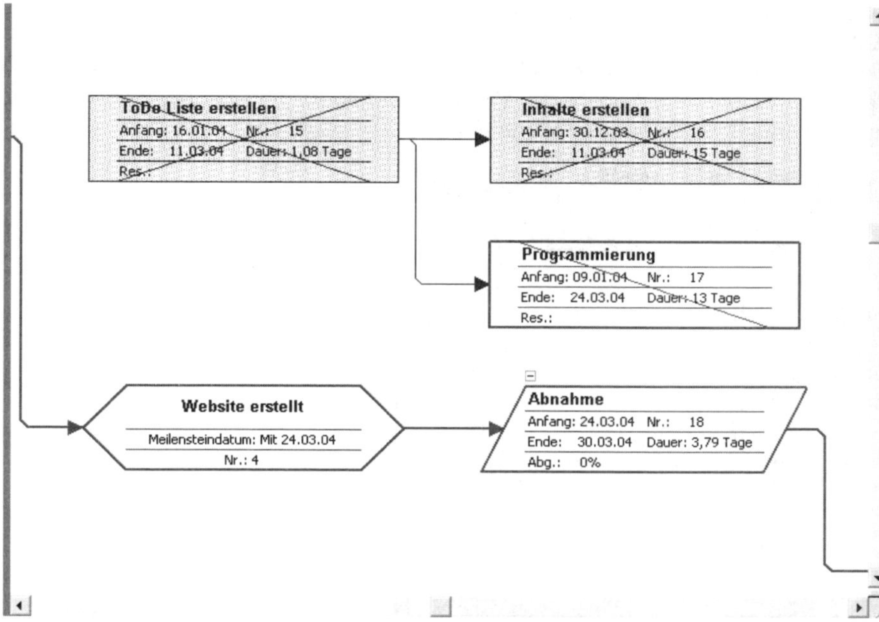

Sie könnten z.B. wie folgt verfahren:

1. Klicken Sie mit der rechten Maustaste auf den Hintergrund des Netzplandiagramms. Im Kontextmenü wählen Sie den Befehl *Knotenarten*.

Abbildung 4.24: *Änderung der Knotendarstellung*

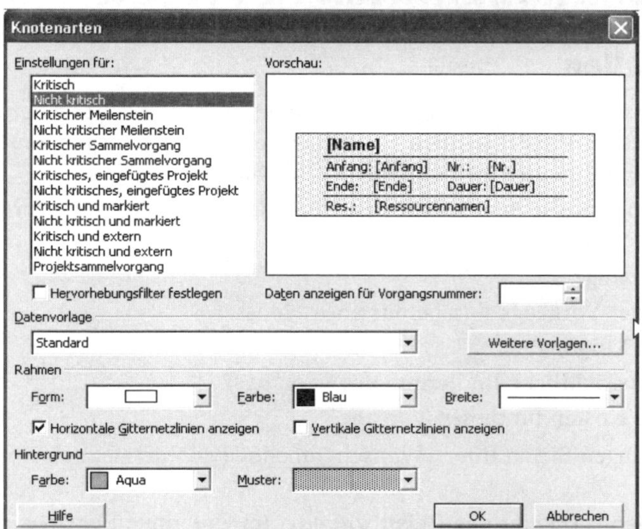

2. Unter *Einstellungen für* markieren Sie die entsprechende Knotenart und wählen dann Rahmen-, Hintergrund- und ggf. weitere Einstellungen für diese aus. Die Vorschau zeigt Ihnen alle Veränderungen sofort an.
3. Klicken Sie auf *OK*, um die Einstellungen zu übernehmen.

HINWEIS

Über die Auswahl im Listenfeld *Datenvorlage* bestimmen Sie den inhaltlichen Aufbau der Knoten. Sollte keine Vorlage Ihren Vorstellungen entsprechen, klicken Sie auf die Schaltfläche *Weitere Vorlagen*. Hier stehen Ihnen die Schaltflächen *Bearbeiten* zum Ändern der Vorlagen und *Neu* zum Erstellen von Vorlagen mit individuellem Aufbau zur Verfügung.

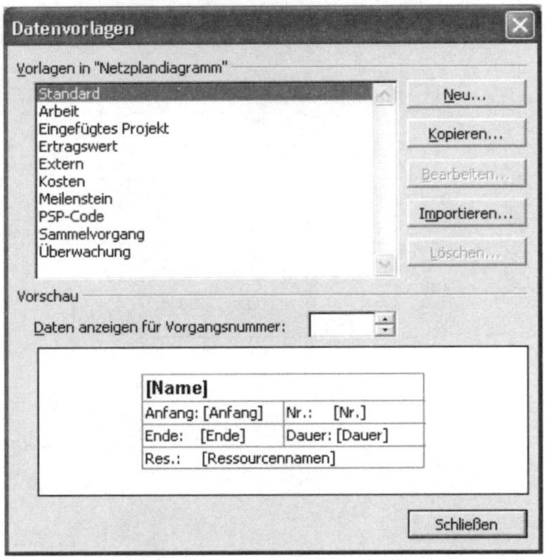

Abbildung 4.25: *Bestimmen Sie die Inhalte, die im Knoten angezeigt werden sollen*

Tabellenfunktionalitäten in Project

Tabellen erstellen

Tabellen bieten in ihrer Übersichtlichkeit viele Vorteile – gerade bei der Überwachung eines Projektes. In Project können Sie sich eigene Tabellen zusammenstellen und so gezielt die Informationen kombinieren, die Sie benötigen.

So könnten Sie beispielsweise eine Tabelle erstellen, die Ihnen folgende Informationen liefert:

- Wie heißt der Vorgang?
- Wie viel Prozent des Vorgangs sind bereits abgeschlossen?
- Wann beginnt der Vorgang?
- Wann ist der voraussichtliche Endtermin des Vorgangs?
- Wie hoch sind die Kosten für diesen Vorgang?

Auf diesem Weg gelangen Sie zu Ihrer »Wunsch-Tabelle« (vgl. hierzu auch Abbildung 4.26):

1. Wählen Sie im Menü *Ansicht* den Befehl *Tabelle*. Im Untermenü entscheiden Sie sich für den Eintrag *Weitere Tabellen*.
2. Im Listenfeld des folgenden Dialogfeldes markieren Sie den Eintrag *Eingabe* und klicken danach auf die Schalfläche *Neu*.

Abbildung 4.26: *Erstellung einer neuen Tabelle*

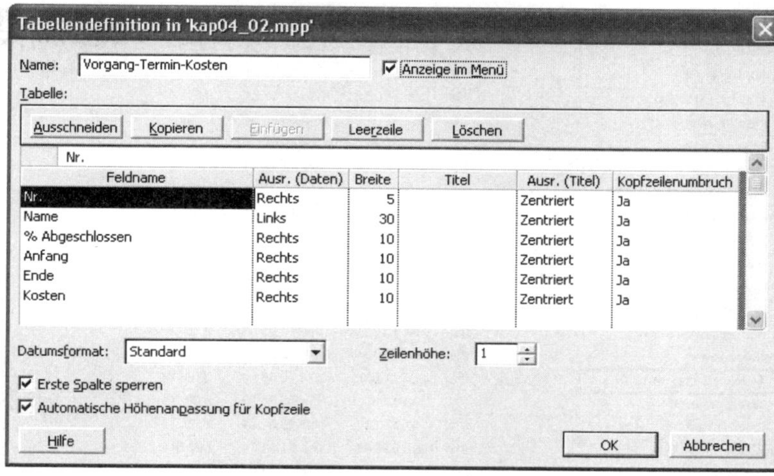

3. Geben Sie im Feld *Name* einen beliebigen neuen Namen für die Tabelle ein.
4. Setzen Sie den Mauszeiger auf die erste Zelle der Spalte *Feldname*. Sie sehen, es wird automatisch zu einem Auswahl-Listenfeld.
5. Wählen Sie in den entsprechenden Zellen jeweils einen Feldnamen, die Ausrichtung der Daten und die Spaltenbreite aus. Sie können diese Angaben auch per Tastatur eingeben.
6. Lassen Sie die Spalte *Titel* leer, sofern Sie die vorgegebenen Namen verwenden wollen. Wenn nicht, tragen Sie im Feld *Titel* einfach den von Ihnen gewünschten Namen ein. Geben Sie im Feld *Ausr. (Titel)* die Ausrichtung an.
7. Für die zwei Datumsfelder *Anfang* und *Ende* können Sie ein anderes Datumsformat festlegen. Klicken Sie dazu im Listenfeld *Datumsformat* auf ein Datumsformat Ihrer Wahl.
8. Klicken Sie im Feld *Zeilenhöhe* auf eine Zahl, um die Höhe der Zeile zu ändern oder belassen Sie diese auf dem Wert *1*.
9. Lassen Sie das Kontrollkästchen *Erste Spalte sperren* aktiviert. Diese Funktion hält die erste Spalte immer im sichtbaren Bereich des Bildschirms, wenn Sie über die horizontale Bildlaufleiste nach rechts blättern.
10. Klicken Sie auf *OK* und dann auf die Schaltfläche *Auswahl*, um die Tabelle anzuzeigen.

HINWEIS Die Auswahl einer Tabelle ist nur in solchen Ansichten möglich, die auch mit einer Tabelle arbeiten. Haben Sie z.B. eine der Ansichten *Kalender, Ressource: Grafik* oder *Netzplandiagramm* aktiviert, werden Sie keine Tabelle auswählen können, da diese Ansichten ohne Tabellen arbeiten.

	Name	% Abgeschlossen	Anfang	Ende	Kosten
1	⊟ **Meilensteine**	**0%**	**Mon 01.03.04**	**Fre 09.04.04**	**0,00 DM**
2	Auftrag erteilt	0%	Mon 01.03.04	Mon 01.03.04	0,00 DM
3	Abnahme Prototyp	0%	Don 11.03.04	Don 11.03.04	0,00 DM
4	Website erstellt	0%	Mon 05.04.04	Mon 05.04.04	0,00 DM
5	Projektabschluss	0%	Fre 09.04.04	Fre 09.04.04	0,00 DM
6	⊟ **Initialisierung**	**0%**	**Mon 01.03.04**	**Die 02.03.04**	**0,00 DM**
7	Marketingkonzept erstellen	0%	Mon 01.03.04	Die 02.03.04	0,00 DM
8	⊟ **Entwurf Prototyp**	**0%**	**Mit 03.03.04**	**Don 11.03.04**	**0,00 DM**
9	Designkonzept	0%	Mit 03.03.04	Don 04.03.04	0,00 DM
10	Navigationskonzept	0%	Fre 05.03.04	Mon 08.03.04	0,00 DM
11	Implementationskonzept	0%	Die 09.03.04	Mit 10.03.04	0,00 DM
12	Betriebskonzept	0%	Die 09.03.04	Mit 10.03.04	0,00 DM
13	Konzeptpräsentation	0%	Mit 10.03.04	Don 11.03.04	0,00 DM
14	⊟ **Realisierung**	**0%**	**Don 11.03.04**	**Mon 05.04.04**	**0,00 DM**
15	ToDo Liste erstellen	0%	Don 11.03.04	Fre 12.03.04	0,00 DM
16	Inhalte erstellen	0%	Fre 12.03.04	Fre 02.04.04	0,00 DM
17	Programmierung	0%	Mit 17.03.04	Mon 05.04.04	0,00 DM
18	⊟ **Abnahme**	**0%**	**Mon 05.04.04**	**Fre 09.04.04**	**0,00 DM**
19	Abnahmedokument	0%	Mon 05.04.04	Die 06.04.04	0,00 DM
20	Testlauf	0%	Die 06.04.04	Mit 07.04.04	0,00 DM
21	Fehlerbehebung	0%	Mit 07.04.04	Don 08.04.04	0,00 DM
22	Liveschaltung der Website	0%	Don 08.04.04	Fre 09.04.04	0,00 DM

Abbildung 4.27: *Eine benutzerdefinierte Tabelle*

Neue Tabellen durch Kopieren vorhandener Tabellen erzeugen

Meist werden Sie es vorziehen, bestehende Tabellen abzuändern, anstatt den Aufwand zu betreiben, völlig neue zu kreieren.

Hier eine zeitsparende Methode, die Sie leicht nachvollziehen können:

1. Klicken Sie im Menü *Ansicht* auf *Tabelle* und dann auf *Weitere Tabellen.*
2. Um auf eine vorhandene Vorgangstabelle zuzugreifen, klicken Sie auf das Optionsfeld *Vorgang*, dann auf den Namen der Tabelle und anschließend auf die Schaltfläche *Kopieren* (Abbildung 4.28).

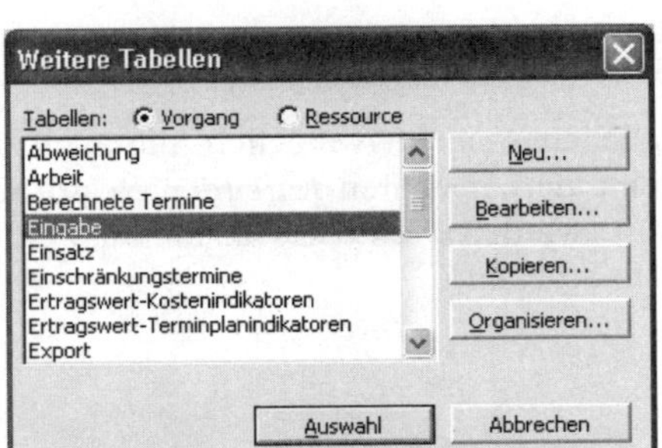

Abbildung 4.28: *Kopieren von bestehenden Tabellen, um sie später individuell anzupassen*

3. Weisen Sie der Tabelle über das Feld *Name* einen neuen Namen zu.

4. Entfernen Sie überflüssige Feldnamen, indem Sie die Entf-Taste drücken. Richten Sie dann Feldnamen, Datenausrichtung, Spaltenbreite, Spaltentitel und Ausrichtung der Titel für Ihre gewünschten Tabellenspalten ein.
5. Sollte Ihre neue Tabelle ein Datumsfeld beinhalten, klicken Sie im Listenfeld *Datumsformat* auf ein Datumsformat oder übernehmen Sie den Standardeintrag.
6. Legen Sie im Feld *Zeilenhöhe* die Höhe der Zeilen fest.
7. Soll die erste Spalte bei einem Bildlauf auf dem Bildschirm sichtbar bleiben, aktivieren Sie das Kontrollkästchen *Erste Spalte sperren*.

Per Filtertechnik schneller zum Ziel

Der Einsatz von Filtern in Project hilft Ihnen vortrefflich dabei, Ihr Projekt im Auge zu behalten. Oft wollen Sie nur ganz bestimmte Informationen zu Ihrem Projekt anzeigen. In einem Fall möchten Sie nur Vorgänge anzeigen, die noch nicht abgeschlossen sind, weil Sie auf abgeschlossene Vorgänge gar keinen Einfluss mehr haben. In einem anderen Fall interessieren Sie nur diejenigen Kosten des Projektes, welche einen bestimmten Betrag übersteigen, da Sie Ihr Budget nicht überschreiten möchten. Man könnte die Aufzählung an Beispielen noch weiter fortführen – die Auswahl an vorgefertigten Filtern in Project ist fast unerschöpflich. Sie können sich aus den bestehenden Filtern nahezu jede Frage beantworten lassen. Sollte dennoch keiner der in Project vordefinierten Filter Ihren Anforderungen genügen, können Sie sich auch einen neuen Filter erstellen.

Gehen wir einmal davon aus, dass Sie in der Ansicht *Balkendiagramm (Gantt)* nur diejenigen Vorgänge anzeigen lassen möchten, welche noch nicht abgeschlossen sind:

1. Öffnen Sie das Projekt (hier *Kap04_04.mpp* von der CD-ROM zum Buch).
2. Wählen Sie im Menü *Projekt* den Befehl *Filter: <Filtername>*.
3. Klicken Sie im Untermenü auf den Eintrag *Nicht abgeschlossene Vorgänge*.

Das Ergebnis können Sie Abbildung 4.29 entnehmen.

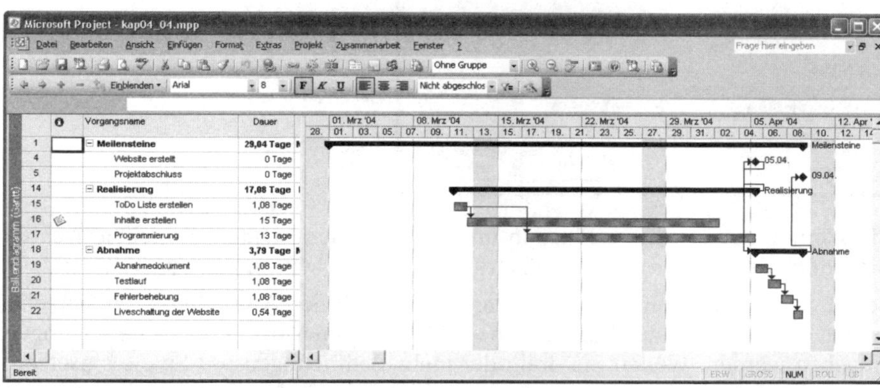

Abbildung 4.29: *Das Projekt* Kap04_04.mpp *mit Filter* Nicht abgeschlossene Vorgänge

HINWEIS Um einen Filter wieder auszuschalten, wählen Sie im Menü *Projekt* den Befehl *Filter: <Filtername>* und klicken danach auf *Alle Vorgänge*.

Zugegeben – dies war ein eher simples Beispiel. Sie können mit Filtern auch komplexere Aufgaben lösen. Meist empfiehlt sich hierzu das Verwenden der Funktion *AutoFilter*.

Verwenden der Funktion *AutoFilter*

Die *AutoFilter*-Funktion ist in jeder Tabellenansicht verfügbar. Jede Spalte einer Tabellenansicht weist einen eigenen *AutoFilter* auf. Die Funktion *AutoFilter* ist in der Lage, auch zwei Filterkriterien zu kombinieren und somit komplexere Abfragen zu bewältigen.

Beginnen Sie damit, indem Sie im Menü *Projekt* den Befehl *Filter: <Filtername>* und im Untermenü den Befehl *AutoFilter* auszuwählen. Wenn der *AutoFilter* aktiviert und somit einsatzbereit ist, weist jede Spaltenüberschrift eine Dropdown-Schaltfläche auf.

Wir wollen uns nun beispielhaft in der Ansicht *Balkendiagramm (Gantt)* alle Vorgänge anzeigen lassen, welche den Endtermin zwischen dem 08.03.2004 und dem 02.04.2004 haben:

1. Klicken Sie – falls erforderlich – in der Ansichtsleiste auf die Ansicht *Balkendiagramm (Gantt).*
2. Ist der Autofilter noch deaktiviert, wählen Sie im Menü *Projekt* den Befehl *Filter: <Filtername>/AutoFilter.*
3. Klicken Sie auf die Dropdown-Schaltfläche neben der Spaltenüberschrift *Ende* und wählen den Eintrag *Benutzerdefiniert*.
4. Wählen Sie die entsprechenden Kriterien und Daten aus (Abbildung 4.30).
5. Klicken Sie zum Abschluss auf die Schaltfläche *OK.*

Die Dropdown-Schaltfläche und die Überschrift dieser Spalte werden jetzt blau angezeigt. Daran erkennen Sie, in welcher Spalte Filter eingestellt sind.

Abbildung 4.30: *Zwei Kriterien im Autofilter miteinander verknüpfen*

HINWEIS

Sie können auch mehrere Filter in unterschiedlichen Spalten einstellen. Achten Sie jedoch darauf, dass sich die Filterkriterien nicht widersprechen.

Selbst wenn bereits ein normaler Filter aktiv ist, können AutoFilter zusätzlich eingesetzt werden. Mit der Funktion *AutoFilter* können bis zu zwei Bedingungen eingeben werden. Wollen Sie drei oder mehr Bedingungen pro Spalte einsetzen, verwenden Sie die Funktion *Berechnete Werte als Kriterien*, auf die im weiteren Verlauf des Buches noch eingegangen wird.

Da es recht zeitintensiv sein kann, kombinierte Filter immer wieder neu einzustellen, gibt es in Project die Möglichkeit, benutzerdefinierte AutoFilter zu speichern.

Um einen benutzerdefinierten AutoFilter zu speichern, gehen Sie wie folgt vor:

1. Klicken Sie auf die Dropdown-Schaltfläche in der Spaltenüberschrift.
2. Wählen Sie in der Liste den Eintrag *Benutzerdefiniert* aus.
3. Betätigen Sie die Schaltfläche *Speichern*.

Abbildung 4.31: *Filter zur Arbeitserleichterung speichern*

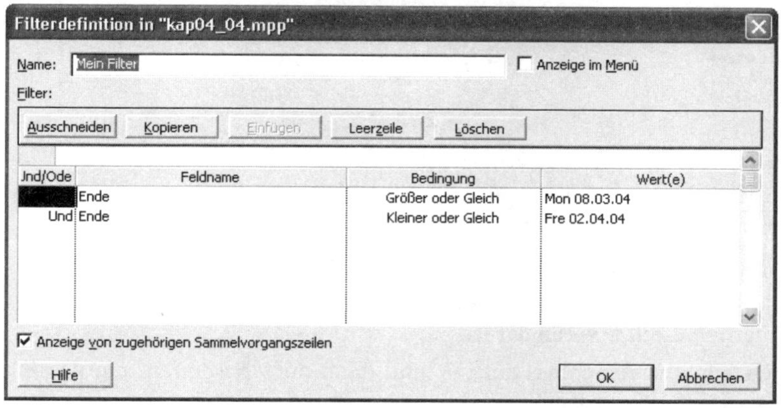

4. Geben Sie einen neuen Namen für den benutzerdefinierten AutoFilter ein (Abbildung 4.31).
5. Aktivieren Sie das Kontrollkästchen *Anzeige im Menü*. Dadurch wird der Filter anschließend im Untermenü *Filter* angezeigt.
6. Bestätigen Sie Ihr Vorgehen mit *OK*.

Erstellen oder Ändern von Filtern

Auf den vorherigen Seiten haben Sie den Umgang mit dem AutoFilter geübt. Wie Sie wissen, haben Sie mit dem AutoFilter die Möglichkeit, bis zu zwei Bedingungen pro Spalte einzugeben. Was machen Sie aber, wenn Sie in einer Spalte mehr als zwei Bedingungen formulieren wollen?

Angenommen, Sie wollen sich alle Projektvorgänge anzeigen lassen, die auf Freitage fallen. Da Ihr Projekt länger als zwei Wochen läuft, reichen Ihnen zwei Filterbedingungen in diesem Fall nicht. Sie benötigen mindestens drei Bedingungen. Mit dieser Filterauswahl möchten Sie sehen, ob der Arbeitsaufwand für die Freitage nicht zu groß ist, da Sie freitags früher nach Hause gehen wollen.

Um diese Aufgabe zu lösen, führen Sie die nächsten Arbeitsschritte aus:

1. Klicken Sie in der Ansichtsleiste auf eine Ansicht Ihrer Wahl.
2. Wählen Sie im Menü *Projekt* den Befehl *Filter: <Filtername>* und dann den Befehl *Weitere Filter*.
3. Aktivieren Sie die Option *Vorgang* und wählen Sie in der Liste *Filter* den Eintrag *Alle Vorgänge* aus.
4. Klicken Sie auf die Schaltfläche *Neu*.

5. Geben Sie im Feld *Name* einen neuen Namen für den Filter ein.

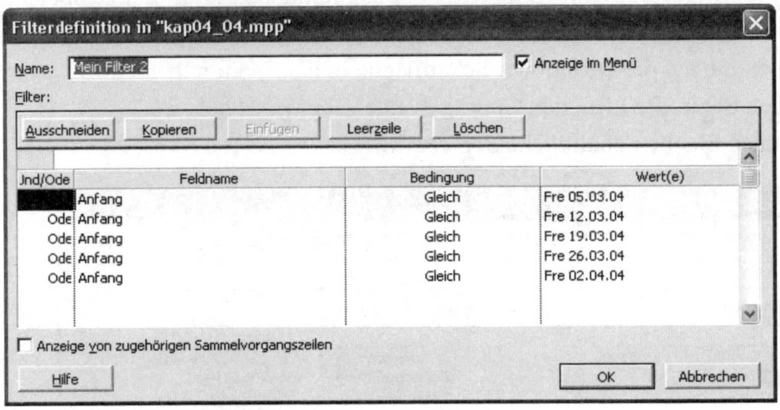

Abbildung 4.32: *Ein Filter mit mehr als zwei Bedingungen*

6. Füllen Sie das Dialogfeld wie in Abbildung 4.32 dargestellt aus.
7. Aktivieren Sie das Kontrollkästchen *Anzeige im Menü*, damit der Filter später im Untermenü *Filter* verfügbar ist.
8. Klicken Sie zum Abschluss auf *OK* und dann auf *Anwenden*, um das Filterergebnis sofort anzuzeigen.

HINWEIS

Bei der Auswahl der Bedingung *Gleich* oder *Ungleich* können Sie auch Stellvertreterzeichen einsetzen. Dabei steht das Sternchen (*) als Platzhalter für mehrere Zeichen und das Fragezeichen (?) als Platzhalter für ein einzelnes Zeichen. Stellvertreterzeichen funktionieren jedoch nur bei Textfeldern!

Beachten Sie, dass Sie Vorgangsfilter nicht bei Ressourcenansichten anwenden können. Ebenso können Sie Ressourcenfilter nicht bei Vorgangsansichten einsetzen.

Interaktive Filter

Unter Umständen wollen Sie auch einen bestimmten Wert angeben, zu dem die dazugehörigen Vorgänge angezeigt werden sollen. Beispielsweise möchten Sie alle Vorgänge nach einem bestimmten Datum oder Vorgänge einer bestimmten Mindestdauer anzeigen lassen.

Dazu können Sie mit einem Trick nach dem Aufruf des Filters eine oder mehrere Abfragemasken einblenden lassen. Dies empfiehlt sich z.B. dann, wenn Sie wechselnde Werte abfragen wollen. Hierzu können Sie im Wertebereich der Filterdefinition einen entsprechenden Text in Anführungszeichen für eine Abfragemaske eingeben. Durch das Anfügen eines Fragezeichens wird dann bei Aufruf des Filters eine Abfragemaske erstellt, in die das entsprechende Kriterium eingegeben werden kann.

Lassen Sie uns dies an einem Beispiel nachvollziehen. Wir werden uns nun alle Vorgänge nach dem 08.03.2004 mit einer Dauer größer als ein Tag anzeigen lassen.

Gehen Sie dazu wie folgt vor:

1. Rufen Sie im Menü *Projekt* die Befehlsfolge *Filter: <Filtername>/Weitere Filter* auf.
2. Klicken Sie auf *Neu* um einen neuen Filter zu erstellen.
3. Geben Sie dem Filter den Namen *Interaktiver Filter*.
4. Geben Sie die Filterkriterien gemäß Abbildung 4.33 ein.

Abbildung 4.33: *Interaktiver Filter*

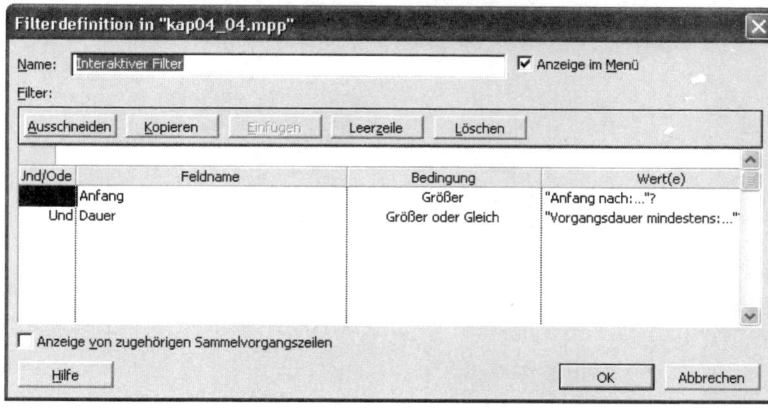

5. Bestätigen Sie die Angaben mit *OK*.
6. Rufen Sie den Filter über das Menü *Projekt* und die Befehlsfolge *Filter: <Filtername>/Interaktiver Filter* auf.

Die Filtereingabemasken werden nun entsprechend der Reihenfolge aus der Filterdefinition aufgerufen. Sie können die Kriterien nacheinander eingeben und mit *OK* bestätigen (vgl. Abbildung 4.34 und Abbildung 4.35).

Abbildung 4.34: *Interaktiver Filter, Teil 1*

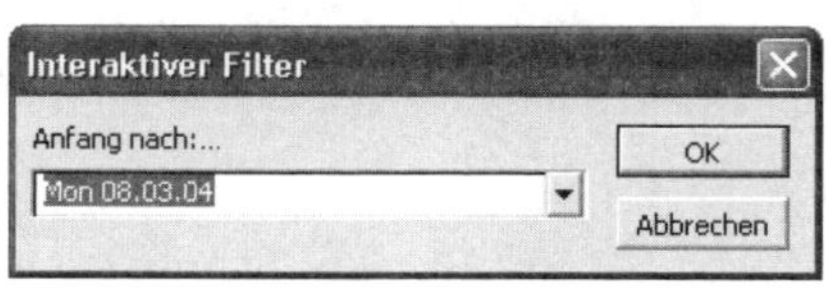

Abbildung 4.35: *Interaktiver Filter, Teil 2*

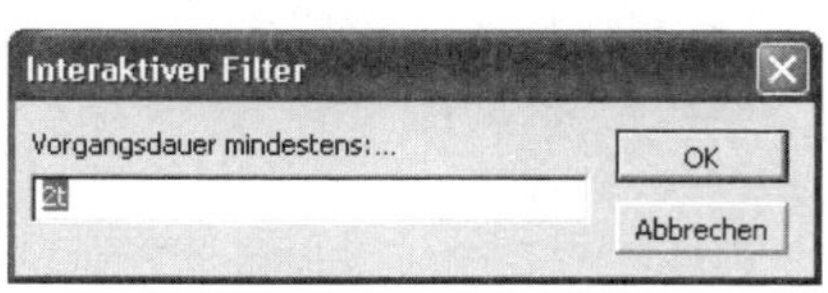

Teil B
Projektplanung

115 Der richtige Start: Grundeinstellungen
139 Vorgänge, Vorgangsdauern, Terminkonflikte
181 Ressourcenmanagement

In Project gibt es vor der ersten richtigen Projektplanung einige Einstellungen zu beachten, die die spätere Detailplanung von Terminen, Ressourcen und Kosten wesentlich erleichtern und Ihnen viel Mühe und Nerven bei der Arbeit mit Project ersparen.

In diesem Buchteil erfahren Sie, welche Einstellungen Sie im Menü *Extras/Optionen* sinnvoll setzen sollten und welche Auswirkungen diese auf die spätere Planung haben könnten. Ferner erhalten Sie einen Einblick in den Aufbau der verschiedenen Kalendereinstellungen für die Arbeitszeiten von Project mit Projekt-, Basis- und Ressourcenkalendern und den beiden verschiedenen Berechnungsarten in Projekten (Vorwärts- und Rückwärtsrechnung).

Weiterhin erlernen Sie die Eingabe von Vorgangsdauern und Verknüpfungen von Vorgängen und deren Auswirkungen auf mögliche Terminplankonflikte. In einem weiteren Schritt erfahren Sie mit einem detaillierten Einstieg in die Welt des Ressourcenmanagements mit Project mehr über den Zusammenhang zwischen Dauer, Arbeit und prozentualer Zuordnung von Ressourceneinheiten. Die Analyse und Optimierung von Ressourcenüberlastungen runden diesen Teil des Buches ab.

5 Der richtige Start: Grundeinstellungen

116 Bevor Sie zu planen anfangen
124 Kalender und Arbeitszeiten
134 Änderungen in bestehenden Plänen

Kaum ein Programm ist in einem so hohen Maß von den richtigen Grundeinstellungen abhängig wie Project. Nicht alle Einstellungen sind kritisch. Es gibt aber einige, die das Verhalten von Project so maßgeblich beeinflussen, dass sie im späteren Verlauf kaum noch korrigiert werden können.

Nachdem Sie im ersten Teil dieses Buches einen Überblick über den Umgang mit Project erhalten haben, der Ihnen den Einstieg erleichtern soll, geht es in diesem Teil schon richtig »ans Eingemachte«. In den weiteren Kapiteln werden die komplexen Themen des Termin- und des Ressourcenmanagements erläutert.

In diesem Kapitel stehen folgende Bereiche der Grundeinstellungen im Blickpunkt:

- Vor dem Beginn der Planungstätigkeit.
- Basiskalender als Grundlage des Ressourcen- und Terminmanagements.
- Was kann ohne Probleme während der Planung geändert werden.

Es gibt eine Reihe an Grundüberlegungen und damit verbundene Entscheidungen, die schon vor dem Start bzw. der eigentlichen Nutzung von Project getroffen werden sollten. Die Einstellungen werden in diesem Kapitel im Überblick besprochen.

HINWEIS Wenn Sie innerhalb eines Unternehmens mit mehreren Projektleitern arbeiten, sollten die Grundeinstellungen nach Möglichkeit sowohl von Projekt zu Projekt, als auch von Arbeitsplatz zu Arbeitsplatz identisch sein. Es ist von großer Bedeutung, mit identischen Einstellungen zu arbeiten. Wenn zwei Benutzer die gleiche Project-Datei bearbeiten und dabei unterschiedliche Programmeinstellungen verwenden, kann dies zu unterschiedlichen Darstellungen führen.

Daher empfiehlt es sich, die zu verwendenden Einstellungen bereits im Rahmen der Einführung von Project für das gesamte Unternehmen generell und verbindlich zu definieren.

Wenn Sie mit dem Gedanken spielen, Project unternehmensweit einzusetzen, sollten Sie zugleich über den Einsatz des Project Servers nachdenken, denn dieser trägt den zuvor beschriebenen Fragestellungen Rechnung. Einen Überblick über die Funktionalität des Project Servers finden Sie in ▶ Kapitel 21.

Bevor Sie zu planen anfangen

Einer der wichtigsten Menübefehle in Project ist *Extras/Optionen*. Dieser Menübefehl ist auch in anderen Office-Applikationen ein wichtiger Bereich; in Project verstecken sich hier einige Einstellungen, die sozusagen von »existentieller Bedeutung« für das Projekt sind. Viele der Einstellungen beeinflussen das Verhalten von Project so nachhaltig, dass sie kaum noch nachträglich verändert werden können.

In diesem Abschnitt werden nicht alle Einstellungen besprochen. Es wird nur auf die wichtigsten Parameter eingegangen, also diejenigen, die Sie unbedingt kontrollieren und – falls erforderlich – festlegen sollten. Daneben werden einige weitere Parameter gezeigt, die, falls nicht korrekt eingestellt, zu erheblichen Irritationen bei der Arbeit mit dem Projekt führen können.

Wie soll Project rechnen?

Immer wieder hört man von gestressten Anwendern die Bemerkung: »Project rechnet falsch«. Mit diesem Vorurteil möchten wir an dieser Stelle aufräumen. Project rechnet nicht falsch (es sei denn, Sie finden irgendwo einen Bug), sondern vielmehr genau so, wie Sie es ihm sagen. Hier fängt die Schwierigkeit an, denn es gibt bestimmte Standardeinstellungen, die in der Regel übernommen werden, wenn ein neues Projekt erstellt wird. Ab einem bestimmten Punkt fangen später die Irritationen an und kaum jemand weiß, was sich hier abspielt.

In diesem Abschnitt behandeln wir die beiden Bereiche des Dialogfeldes zum Menübefehl *Extras/Optionen*, die unbedingt vor dem Beginn einer erfolgreichen Planung bearbeitet werden sollten:

- Optionen für den Terminplan, die festlegen, nach welchen Grundeinstellungen neue Vorgänge erstellt werden und
- Berechnungsoptionen, die festlegen, wie Project rechnen soll.

Es gibt Einstellungen, die nicht unbedingt kritisch sind, aber dennoch fatale Auswirkungen haben können. An den Stellen, wo wir aus unserer Erfahrung heraus Empfehlungen abgeben können, tun wir dies gerne; an anderen Stellen werden Sie anhand der Erklärung selbst entscheiden müssen, was Ihnen lieber ist. Häufig gibt es keinen »Königsweg« – dieser ist zu stark von Ihrem Planungsumfeld abhängig. Deshalb sollten Sie, bevor Sie mit einem neuen Project-Plan beginnen, vorab ein paar grundsätzliche Fragen klären. Lassen Sie sich hierzu von der Tabelle 5.1 ein paar Anregungen geben.

Tabelle 5.1: Dies sollten Sie vorab bedenken

Frage	Hintergrund
Plane ich Arbeit oder Dauer?	Dementsprechend sollten Sie Ihre Standard-Vorgangsart wählen! Dies wirkt sich erheblich auf die berechnete Arbeit bzw. Dauer der Vorgänge während der Planungsphase sowie später bei Plananpassungen und der Aktualisierung der Projekte aus.
Wie möchte ich mit festen Terminen (Meilensteinen) verfahren?	Je nachdem, wie Sie feste Termine bewerten, können Sie auch Project darauf einstellen. Wollen Sie, dass Project beim Berechnen unbedingt die festen Termine beachtet und Sie entsprechend warnt, oder möchten Sie Project rechnen lassen nach tatsächlich erbrachter Leistung und nur eine optische Anzeige von zu erwartenden Terminverzügen erhalten?
Welche Arbeitszeiten habe ich, die für das Projekt relevant sind?	Danach müssen Sie einen oder mehrere Kalender definieren, die für Ihr Projekt notwendig sind. Diese Kalender können sich auf das Projekt, einzelne Vorgänge oder Ressourcen beziehen.

Optionen für den Terminplan

Über die Registerkarte *Terminplan* legen Sie fest, wie sich Project beim Erstellen neuer Vorgänge, beim Ändern von Vorgängen in Bezug auf den Netzplan sowie beim Zuweisen von Ressourcen verhält.

Abbildung 5.1: Grundeinstellungen und Terminplanoptionen für Vorgänge

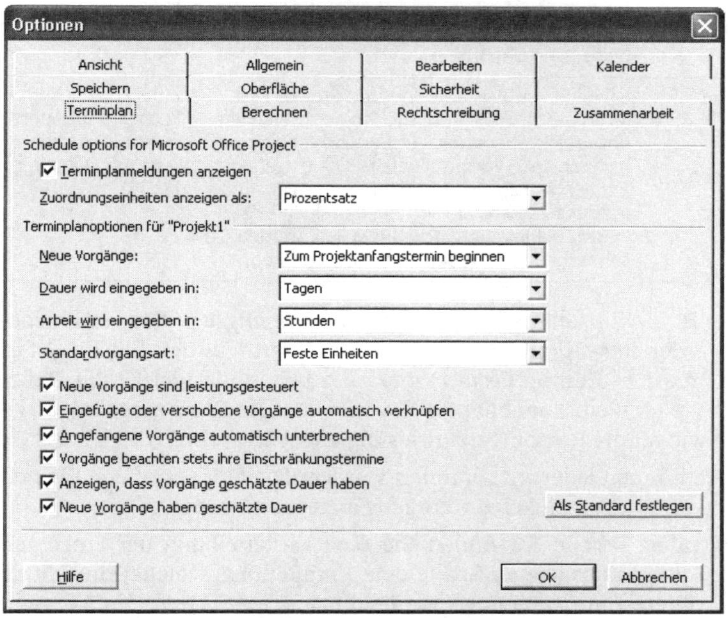

Prinzipiell können Sie all diese Einstellungen auch nachträglich pro Vorgang noch verändern; je nach Größe des Projektes ist dies jedoch mit erheblichem Aufwand verbunden. Daher ist es im Sinne eines möglichst geringen Planungsaufwandes sinnvoll, sich am Anfang Gedanken zu machen und dies entsprechend vor der Eingabe des ersten Vorganges festzulegen.

Zunächst werden einmal die Listenfelder dieser Registerkarte nebst Auswirkung beschrieben (Tabelle 5.2). Hier ist keine generelle Empfehlung möglich; Sie müssen entsprechend Ihren Planungsvorgaben selbst entscheiden, welche Festlegungen sinnvoll sind.

Tabelle 5.2: *Terminplanoptionen*

Listenfeld	Hintergrund	Auswirkung
Zuordnungseinheiten anzeigen als	Hier wird festgelegt, ob eine Ressourcenzuweisung als Dezimalzahl (z.B. *2* für zwei Programmierer) oder als Prozentzahl (*100 %* entspricht 100 Prozent der maximalen Verfügbarkeit der ausgewählten Ressource) angezeigt wird.	Unkritisch
Neue Vorgänge	Mit dieser Option wird festgelegt, wo sich neue Vorgänge einordnen sollen, wenn sie zu einem Projekt hinzugefügt werden. Sollte nicht geändert werden, da eine andere Option als die standardmäßig gesetzte automatisch eine Vorgangseinschränkung erzeugt.	Erzeugt unter Umständen eine Vorgangseinschränkung.
Dauer wird eingegeben in	Wenn Sie hauptsächlich in Wochen planen, empfiehlt sich die Auswahl des Eintrages *Wochen*. Sie sparen sich so die Eingabe des Kürzels hinter der Ziffer im Feld *Dauer*. *Achtung*: Hier spielen die Umrechnungsfaktoren der Registerkarte *Kalender* () eine wichtige Rolle.	Unkritisch
Arbeit wird eingegeben in	Hier gilt das gleiche wie im vorherigen Feld. Je nach Granularität der Planung kann hier die Einheit eingestellt werden.	Unkritisch
Standardvorgangsart	Eines der wichtigsten Felder von Project. Hier legen Sie erstmalig fest, wie Project im Verlaufe des Projektlebenszyklus Dauer und Arbeit berechnen soll. Hierzu sollten Sie sich eingehend mit den ▶ Kapiteln 6 und 7 beschäftigen. Ohne genaues Wissen, wie sich die einzelnen Einstellungen auf Ihre Vorgänge auswirken, werden Sie sehr schnell die Freude an Project verlieren.	Erhebliche Auswirkungen auf Dauer und/oder berechnete Arbeit in Ihrem Projekt.

WICHTIG

Wirklich wichtig ist die Einstellung für die *Standardvorgangsart*. Die verschiedenen Varianten werden in ▶ Kapitel 6 ausführlich erläutert. Für den Einstieg ist es am einfachsten, mit dem Eintrag *Feste Dauer* zu arbeiten, da hierbei die Dauer eines Vorganges gleich bleibt, unabhängig davon, wie viele Ressourcen zugewiesen werden und wie oft die Ressourcenzuweisung angepasst wird.

Die Einstellungen können jederzeit verändert werden. Die hier getroffene Einstellung kann jederzeit für jeden einzelnen Vorgang angepasst werden.

In der nachfolgenden Tabelle 5.3 finden Sie eine Beschreibung der einzelnen Kontrollkästchen und in der letzten Spalte eine Empfehlung, welche Einstellung Sie verwenden sollten. Eine eindeutige Empfehlung wäre *Einschalten* oder *Ausschalten*. Sollte keine Empfehlung vorhanden bzw. notwendig sein, so ist die entsprechende Zelle leer.

Tabelle 5.3: *Entscheiden Sie hier unter Berücksichtigung der Folgen*

Kontrollkästchen	Hintergrund	Auswirkung	Empfehlung
Terminplanmeldungen anzeigen	Sorgt dafür, dass bei Terminplankonflikten Hinweise eingeblendet werden. Für erfahrene Benutzer nicht unbedingt notwendig.	Unkritisch aber hilfreich	☑
Neue Vorgänge sind leistungsgesteuert	Hier legen Sie fest, wie sich ein Vorgang verhält, wenn weitere Ressourcen in einem weiteren Planungsschritt hinzugefügt werden. Kann nur bei *Feste Einheiten* und *Feste Dauer* geändert werden; ist bei *Feste Arbeit* immer aktiv, siehe auch ▶ Kapitel 7.	Erhebliche Auswirkungen auf Dauer des Vorgangs	
Eingefügte oder verschobene Vorgänge automatisch verknüpfen	Diese Funktion verknüpft automatisch einen Vorgang mit dem in der Tabelle vor bzw. hinter ihm stehenden Vorgang mit einer EA-Beziehung.	Erhebliche Auswirkungen auf die Netzplan-Logik	☐
Angefangene Vorgänge automatisch unterbrechen	Wenn dieses Kontrollfeld gesetzt ist, ermöglicht es, Vorgänge zu unterbrechen. Project erlaubt die Eingabe von *Unterbrechungsterminen* und *Wiederaufnahmeterminen* eines Vorgangs. Dies ist nicht möglich, wenn dieses Kontrollkästchen nicht gesetzt ist.	Auswirkungen auf das Fortschreiben von Projekten	☑
Vorgänge beachten stets ihre Einschränkungstermine	Wenn Vorgänge Termineinschränkungen haben, werden diese in jedem Fall beach-tet und Vorgänge werden nicht so verschoben, dass Sie einen negativen Puffer haben.	Project blendet eine Terminplan-Konfliktmeldung ein	
Anzeigen, dass Vorgänge geschätzte Dauer haben	Zeigt im Feld *Dauer* ein Fragezeichen an, wenn der Vorgang im Menü *Projekt/Informationen zum Vorgang* auf der Registerkarte *Allgemein* als *Geschätzt* gekennzeichnet ist (vgl. auch).	Unkritisch	☑
Neue Vorgänge haben geschätzte Dauer	Alle neuen Vorgänge werden automatisch als *Geschätzt* gekennzeichnet.	Unkritisch	☑

Abbildung 5.2: *Vorgang mit geschätzter Dauer darstellen*

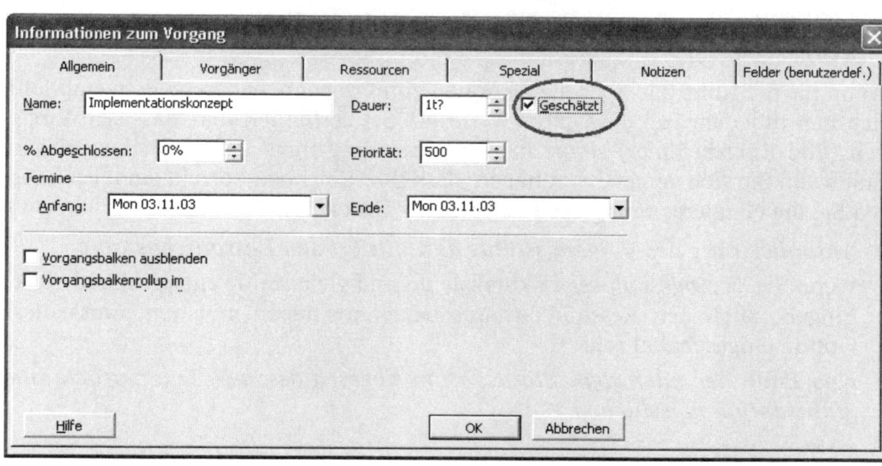

Die Berechnungsoptionen

Hier wird es jetzt etwas kompliziert: Um diese Einstellungen (Abbildung 5.3) sinnvoll vornehmen zu können, muss man eine ganze Menge an PM-Methodik und Kostenrechnungslogik kennen.

Leider können wir an dieser Stelle nicht sämtliche Hintergrundinformationen und Theorien wiedergeben – wir werden Ihnen nachfolgend jedoch eine grundlegende Beschreibung an die Hand geben, mit deren Hilfe Sie Ihre Entscheidungen treffen können:

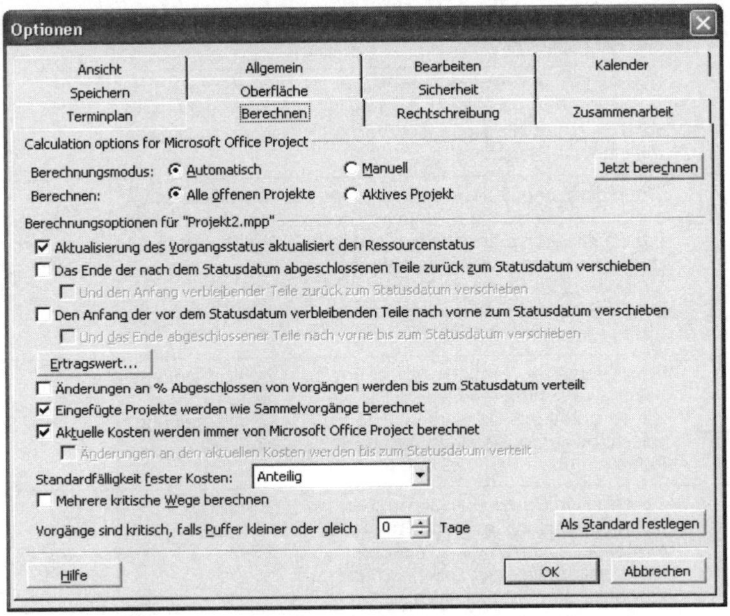

Abbildung 5.3: *Berechnungsoptionen von Project*

- *Berechnungsmodus: Automatisch* oder *Manuell*

  Hier legen sie fest, ob Project nach jeder erfolgten Eingabe den Plan neu berechnet oder ob durch Drücken der Taste F9 der Rechenvorgang angestoßen werden soll.

TIPP

Wenn Sie die Kontrolle über die Aktionen von Project behalten wollen, empfiehlt sich hier in jedem Fall die Option *Manuell*. Sie verhindert u.a., dass sich Eingaben (und Eingabefehler) sofort in einer Änderung Ihres Planes niederschlagen. Erst wenn Sie sich vergewissert haben, dass Ihre Eingaben korrekt sind, veranlassen Sie die Neuberechnung des Planes durch Drücken der F9-Taste.

- *Aktualisierung des Vorgangsstatus aktualisiert den Ressourcenstatus*

  Wenn Sie *% Abgeschlossen* aktualisieren und gleichzeitig entsprechend dieser Eingabe auch den Ressourcenstatus berechnet haben möchten, **muss** diese Option eingeschaltet sein.

  Das Ende der nach dem Statusdatum abgeschlossenen Teile zurück zum Statusdatum verschieben

  oder

Den Anfang der vor dem Statusdatum verbleibenden Teile nach vorne zum Statusdatum verschieben

Mit diesen beiden neuen Optionen können Sie festlegen, auf welches Datum sich *aktuelle Arbeit* und *verbleibende Arbeit* beziehen sollen und wie Project diese Werte berechnen soll. Wenn diese Optionen verwendet werden, ignoriert Project bei der Berechnung möglicherweise gesetzte Vorgangseinschränkungen. Istwerte überschreiben in diesem Fall immer die Einschränkungstermine.

WICHTIG Diese Optionen werden nur bei der Eingabe von Totalwerten auf Vorgänge, wie z.B. *Aktuelle Arbeit; Aktuelle Dauer; % Abgeschlossen* oder *% Arbeit abgeschlossen* verwendet. Werden Projekte mit Werten aus Project Server-Timesheets aktualisiert, so werden diese Optionen ignoriert, es sei denn, aus den Timesheets werden nur Werte in der Form *% Arbeit abgeschlossen* übergeben.

- *Ertragswert*

  Über diese Schaltfläche wird die Berechnungsmethode für den Ertragswert (Earned Value) festgelegt und ferner, welcher Basisplan dafür zugrunde gelegt werden soll (siehe Abbildung 5.4).

HINWEIS Für alle Benutzer, die sich mit dem Thema Kostenrechnung/Ertragswerte und Project schon intensiver beschäftigt haben, gibt es seit der Version 2002 das Feld *Physisch % Abgeschlossen*.. Der Unterschied zu *% Abgeschlossen* ist, dass *Physisch % Abgeschlossen* weder mit der *Arbeit* noch mit der *Dauer* verknüpft ist. Es ist also Ihre Entscheidung, wie weit der Fortschritt des Vorganges ist, unabhängig von der aktuellen Arbeit oder Dauer.

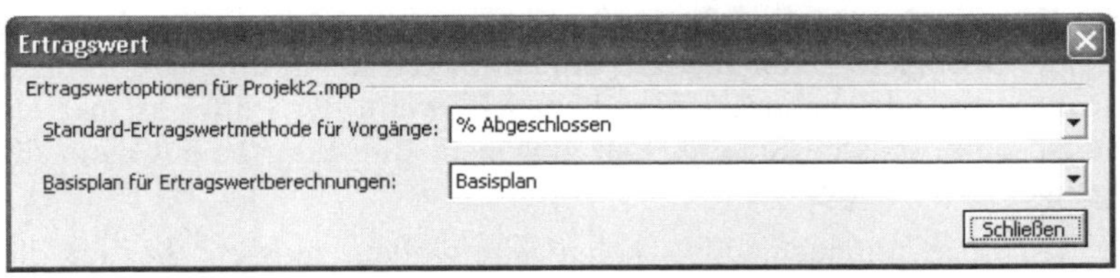

***Abbildung 5.4:** Wie soll der Ertragswert berechnet werden?*

- *Änderungen an % Abgeschlossen von Vorgängen werden bis zum Statusdatum verteilt*

  Das Aktivieren dieser Option führt dazu, dass Änderungen an *% Abgeschlossen* immer bis zum Statusdatum oder, falls das Statusdatum nicht gesetzt ist, bis zum aktuellen Datum verteilt werden.

- *Eingefügte Projekte werden wie Sammelvorgänge berechnet*

  Sollten Sie mit Masterprojekten arbeiten und einzelne eingefügte Projekte haben einen kritischen Pfad für ihren eigenen Endtermin, jedoch nicht für das Masterprojekt, dann werden sie im Masterprojekt als *nicht kritisch* angezeigt. Das Setzen der Option bewirkt weiter, dass für das Masterprojekt ein eigener kritischer Pfad berechnet wird, der sich nicht durch die eingefügten Projekte zieht. Standardmäßig ist diese Option eingeschaltet.

- *Aktuelle Kosten werden immer von Microsoft Office Project berechnet*

  Diese Option auszuschalten ist sehr wichtig, wenn Sie aktuelle Kosten von Hand eingeben oder die Kosten aus einem anderen System (z.B. SAP) importieren möchten. Ist die Option aktiviert, werden die Kosten von Project anhand von Kostensätzen (Ressourcen, Material) oder fixen Kosten von Vorgängen berechnet. Standardmäßig ist diese Option aktiviert.

- *Standardfälligkeit fester Kosten*

  Hier legen Sie fest, welche Fälligkeit für *Feste Kosten* Sie standardmäßig haben möchten. Diese Auswahl gilt für alle neuen Vorgänge. Sie können dies aber im Einzelfall berichtigen, indem Sie in der Tabelle *Vorgang: Kosten* die Fälligkeit für den einzelnen Vorgang entsprechend ändern.
- *Mehrere kritische Wege berechnen*

  Sollten Sie in einem Projekt mehrere voneinander unabhängige Vorgangsketten haben (mehrere offene Enden), setzt Project das Projektende normalerweise als *Spätes Ende* für alle Vorgänge ohne Nachfolger. Damit kann es nur einen kritischen Pfad im Projekt geben. Wenn Sie die Option aktivieren, wird für jeden Strang Ihres Netzplanes ein eigener kritischer Pfad berechnet.

TIPP

Gerade in sehr großen Projekten kann es zu Problemen führen, wenn Sie mehr als ein offenes Ende in Ihrem Plan haben. Sollten Terminkonflikte auftreten, könnten Sie viel Zeit damit verschwenden, den falschen kritischen Pfad zu analysieren, der in Wirklichkeit gar keinen Einfluss auf das Projektende hat.

In der Praxis hat sich die Regel als sinnvoll erwiesen, möglichst nur einen Vorgang (den letzten) ohne Nachfolger zu haben. Dadurch vermeiden Sie die Situation, mehrere kritische Pfade in Ihrem Projekt zu haben.

- *Vorgänge sind kritisch, falls Puffer kleiner oder gleich <x> Tage*

  Normalerweise stellt Project alle Vorgänge als kritisch dar (rote Vorgangsbalken beispielsweise in der Ansicht *Balkendiagramm: Überwachung*), deren Puffer kleiner oder gleich Null Tage ist. Sollten Sie diese Warnung von Project bereits früher angezeigt bekommen wollen, z.B. wenn der Puffer kleiner als drei Tage ist, dann müssen Sie dies hier eingeben. Ihre Eingabe gilt dann für alle Vorgänge des Projektes.

TIPP

Sollten Sie Vorgänge unterschiedlich behandeln wollen, müssen Sie auf die benutzerdefinierten Felder zurückgreifen (vgl. hierzu auch ▶ Kapitel 15).

Kalenderoptionen, die nichts mit Kalendern zu tun haben

Auf der Registerkarte *Kalender* finden Sie Grundeinstellungen, die keine Auswirkungen auf die Kalender haben, die Sie in Ihrem Projekt verwenden, wohl aber auf die Berechnung von Dauern und Anfangszeiten Ihrer Vorgänge (Abbildung 5.5).

Zunächst sollten Sie die *Standardanfangszeit* und die *Standardendzeit* für Vorgänge definieren. Diese Standardzeiten werden für alle neuen Vorgänge herangezogen, die nur mit einem Datum ohne Uhrzeit eingegeben werden.

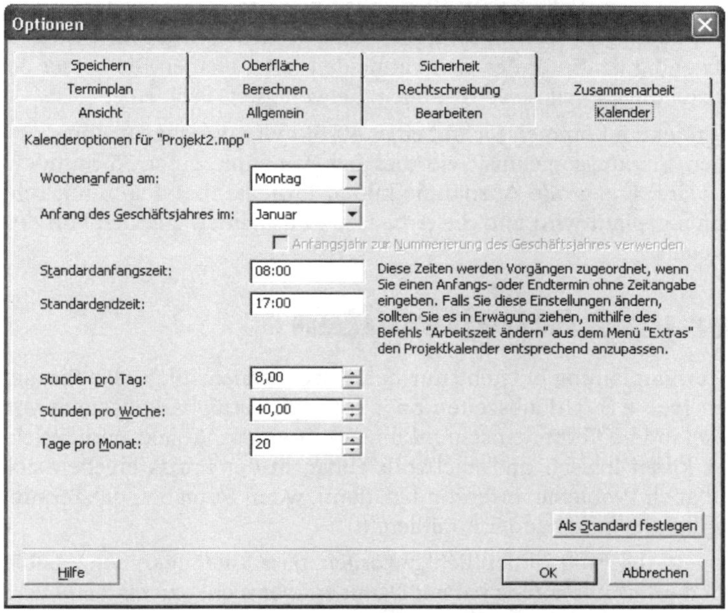

Abbildung 5.5: *Umrechnungsfaktoren in Project*

WICHTIG Ihre Einstellungen speziell bezüglich der Anfangszeiten sollten nicht von den Einstellungen in Ihren Kalendern abweichen, da ansonsten sehr verwirrende Phänomene auftreten können. So kann es passieren, dass ein Vorgang um 8:00 Uhr beginnt, obwohl Ihre Anfangszeit im Kalender eigentlich 7:30 Uhr ist. Das kann wiederum dazu führen, dass ein Vorgang möglicherweise erst einen Tag später endet, als Sie es erwarten würden.

Ein weiteres bedeutendes Element stellen die Umrechnungsfaktoren *Stunden pro Tag*, *Stunden pro Woche* und *Tage pro Monat* dar. Hier legen Sie fest, wie Project die Eingabe im Feld *Dauer* behandeln soll. Geben Sie z.B. die Dauer »3m« (drei Monate) ein, so wird anhand des Faktors auf der Registerkarte *Kalender* die tatsächliche Dauer berechnet und dann in Minuten gespeichert.

Alle Berechnungen des Programms erfolgen über die Formel:

```
Arbeit = Dauer * Einheiten * Stunden/Tag
```

Das bedeutet, dass Sie für *Stunden pro Tag* einen Wert setzen müssen, der Ihren Standard-Arbeitstag richtig widerspiegelt. Ob Sie dabei 7 Stunden für eine 35 Stunden-Woche, 7,4 Stunden für eine 37-Stunden-Woche oder 8 Stunden für eine 40-Stunden-Woche wählen, ist nicht relevant. Die Einstellungen sollten aber einigermaßen zutreffend für die reale Arbeitsdauer in den Projekten sein.

WICHTIG Die Erfahrung zeigt, dass grundsätzlich alles möglich ist, was von »8 Stunden pro Tag« abweicht. Auf der anderen Seite führt dies dazu, dass sich sämtliche Project-Nutzer an bestimmte Regeln halten müssen, die für ihr Unternehmen definiert werden.

Die Empfehlung in diesem Falle lautet: Bevor Sie anfangen, Arbeitszeiten individuell anzupassen, überlegen Sie sich sehr gut, ob diese Granularität für Ihre Projektplanung notwendig ist. Sofern es sich vermeiden lässt, bleiben Sie besser bei den Standardeinstellungen – diese verursachen die wenigsten Probleme.

HINWEIS

In den meisten Projekten kommen Sie mit einer 40-Stunden-Woche zu einem vergleichbar genauen Planungsergebnis, wie dies bei Annahme einer 35-Stunden-Woche der Fall wäre. Die große Ausnahme bilden Projekte, bei denen mit sehr kurzen Zeiträumen geplant wird und die Arbeitszeit tatsächlich deutlich von den 40 Stunden abweicht.

Kalender und Arbeitszeiten

Eine sinnvolle Terminplanung entsteht nur dann, wenn tatsächlich alle Termineinschränkungen (wie z.B. Urlaubszeiten oder sonstige Verfügbarkeitsdaten von Ressourcen sowie andere Termineinschränkungen) in einem Projekt berücksichtigt werden. Das klingt logisch und nachvollziehbar, in der Praxis ergeben sich aber sehr schnell auch Probleme, insbesondere dann, wenn Vorgaben der Termin- und Ressourcenplanung miteinander kollidieren.

Aus dem vorherigen Abschnitt ist deutlich geworden, dass Kalender einen erheblichen Einfluss auf die Terminplanung haben. Damit es aber nicht »zu einfach« wird bzw. Project auch möglichst genau die Realität abbilden kann, stehen Ihnen zu allem Überfluss verschiedene Kalenderarten (Tabelle 5.4) zur Verfügung, die auf unterschiedlichste Art und Weise die Terminplanung beeinflussen. In den nachfolgenden Abschnitten versuchen wir, hier etwas Licht ins Dunkel zu bringen.

Die Kalenderarten in Project

Project unterscheidet zwischen dem *Standardkalender*, dem *Projektkalender* und anderen Kalendern, die Sie definieren können. Die einzigen Kalender, die zunächst in einem Projekt existieren, sind der *Standardkalender* und die beiden anderen vorgegebenen Kalender *Nachtschicht* und *24 Stunden*.

Tabelle 5.4: Welche Kalenderarten gibt es?

Kalendertyp	Beschreibung
Standardkalender	Die »Mutter aller Kalender« gilt zunächst global für das ganze Projekt, solange nichts anderes definiert wird.
Projektkalender	Er definiert sich durch die Auswahl im Feld *Kalender* im Dialogfeld *Projektinfo für "Projekt1"* ().
Vorgangskalender	Muss explizit einem Vorgang zugewiesen werden: Durch die Zuweisung eines Kalenders zu einem Vorgang wird ein Kalender zu einem *Vorgangskalender*. Ist ein *Vorgangskalender* vorhanden, so ist dessen Priorität höher als die des *Projektkalenders*. Sie müssen allerdings bei der Zuweisung eines Vorgangskalenders noch festlegen, ob der *Ressourcenkalender* ebenfalls bei der Terminplanung berücksichtigt werden soll. **Achtung**: Änderungen am *Standardkalender* wirken sich nicht auf den *Vorgangskalender* aus! Solange kein Kalender zu einem Vorgang zugewiesen wurde, gilt für diesen Vorgang der *Projektkalender*. ▶

Kalendertyp	Beschreibung
Ressourcenkalender	Jede Ressource, die zu einem Projekt hinzugefügt wird, bekommt automatisch einen eigenen Kalender, der zunächst identisch mit dem *Standardkalender* ist. **Ausnahme**: Ressourcen, die aus einem gemeinsam genutzten Ressourcenpool stammen. Diese Ressourcen haben einen Kalender, bestehend aus den Einstellungen des Ressourcenpools (siehe hierzu ▶ Kapitel 16). Wenn Sie den Ressourcenkalender ändern, hat dies entsprechende Auswirkungen auf die Berechnung der Termine in Project.

TIPP

Den *Standardkalender* können Sie weder löschen noch umbenennen.

Dieser Kalender wird immer als Basis verwendet, wenn Sie eine neue Ressource in Ihrem Projekt eintragen. Deshalb sollten Sie ihn als Basis aller Ihrer Kalender in Ihrem Projekt verwenden. Das heißt: Definieren Sie zunächst den *Standardkalender* als kleinsten gemeinsamen Nenner in Ihrem Projekt.

HINWEIS

Grundsätzlich gilt folgende Regel für die Anwendung von Kalendern:

Solange für bestimmte Elemente nichts anderes definiert ist, gilt der Standardkalender für alle Elemente innerhalb des Projektes (Abbildung 5.6).

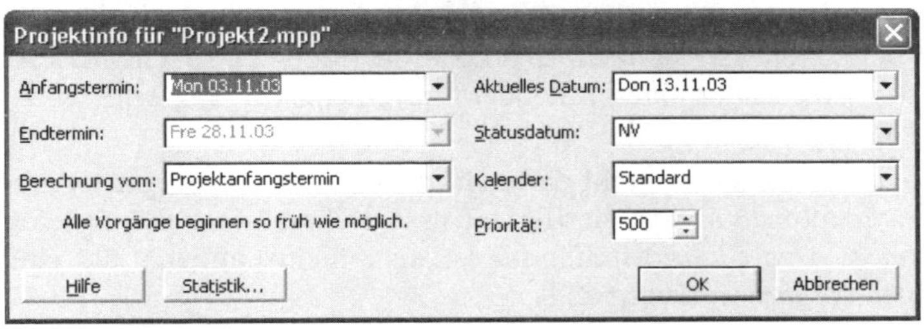

***Abbildung 5.6:** Wählen Sie im Listenfeld* Kalender *den für Ihr Projekt gültigen Basiskalender aus*

WICHTIG

Ressourcenkalender sind nützliche Helfer, wenn sie Urlaubsabwesenheiten und unterschiedliche Arbeitszeiten in Ihrer Projektplanung widerspiegeln.

In der Anwendung ergeben sich allerdings einige Probleme:

- Die Terminverschiebungen sind unter Umständen kaum noch nachvollziehbar, es sei denn, Sie haben alle Ressourcekalender auswendig im Kopf.
- Wer die Ressourcenkalender pflegt, muss auch Zugriff auf den Projektplan haben.
- Je mehr Ressourcen an einem Projekt beteiligt sind, desto schwerer wird es, den Überblick zu behalten.
- Was ist, wenn Ressourcen in mehreren Projekten gleichzeitig von mehreren Projektleitern verwendet werden?

TIPP

Aus diesen Überlegungen heraus ergeben sich zwei Faustregeln für die Verwendung von Ressourcenkalendern:

- Solange die Ressourcen nur in einem Projekt verwendet werden und deren Anzahl einigermaßen überschaubar ist, können Sie Ressourcenkalender ohne Probleme als Arbeitsmittel einsetzen.
- Beim Einsatz eines Ressourcenpools oder des Project Servers empfiehlt es sich nicht, Ressourcenkalender einzusetzen. In diesem Fall sollte man ressourcenspezifische Abweichungen »planen«, d.h. beispielsweise Abteilungsprojekte oder Urlaubsprojekte pflegen.

Definition von Kalendern in Project

Bevor Sie ein Projekt starten, sollten Sie sich erst einmal klar machen, inwieweit unterschiedliche Arbeitszeiten eine Rolle spielen:

- Ist Ihr Projekt auf mehrere Standorte verteilt, die unterschiedliche Feiertage haben, sollten Sie unterschiedliche *Standortkalender* definieren.
- Gibt es Vorgänge, die aus bestimmten Gründen von einem Standardkalender abweichen, so ist es sinnvoll, bestimmte *Vorgangskalender* zu definieren.
- Haben Sie viele Mitarbeiter mit unterschiedlichen Arbeitszeiten in Ihrem Projekt bzw. ist Ihr Projekt so lang, dass die Urlaubs- oder Arbeitszeiten der Mitarbeiter Auswirkungen auf Ihre Projektdauer haben, dann deutet dies auf einen *Ressourcenkalender* hin.

Für das Arbeiten mit Kalendern gilt die Devise: Erstellen Sie zusätzliche Kalender nur dann, wenn sich gar keine andere Lösung finden lässt. Je mehr in Ihrem Projekt vom Standardkalender gesteuert wird, desto übersichtlicher und nachvollziehbarer sind die Berechnungsergebnisse von Project.

Project kennt nicht grundsätzlich einen Unterschied zwischen einem *Standort-* und einem *Vorgangskalender*. Diese Unterscheidung wird erst bei der Zuweisung getroffen. Das bedeutet, Sie müssen zunächst einen entsprechenden Kalender (Abbildung 5.7) definieren, der dann in der Liste der Kalender erscheint. Erst durch die explizite Zuweisung eines Kalenders zu einem Vorgang wird er zu einem *Vorgangskalender*.

Ein *Standortkalender* dagegen entsteht dadurch, dass bestimmte Vorgangsgruppen an einem bestimmten Standort stattfinden und deshalb einen besonderen Kalender verwenden. Der *Standortkalender* ist also nichts anderes als eine besondere Art eines *Vorgangskalenders*.

Auch ein *Ressourcenkalender* entsteht erst dadurch, dass Sie für eine in dem Projekt existierende Ressource die Arbeitszeit individuell anpassen. Es wird zwar für jede Ressource ein Kalender angelegt, dieser ist aber zunächst identisch mit dem *Standardkalender* (Projektkalender) des Projektes.

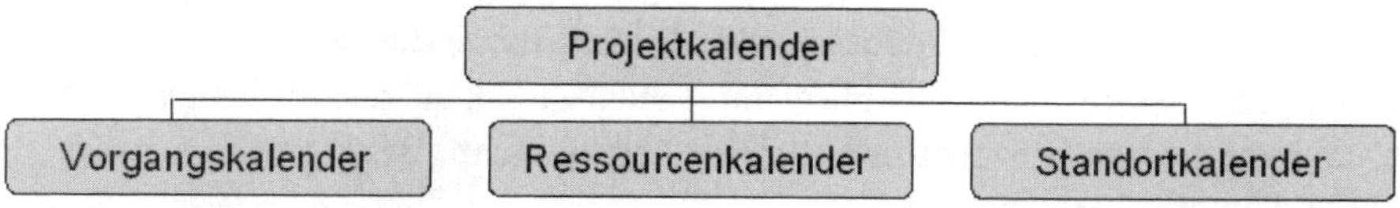

Abbildung 5.7: *Verschiedene Kalender in Project*

Erstellen neuer Kalender für das Projekt

Sollten Sie tatsächlich weitere Kalender benötigen, so müssen Sie diese erstellen. Dies gilt allerdings nur für *Vorgangs-/Standortkalender. Ressourcenkalender* müssen lediglich angepasst werden, da sie ja beim Einfügen einer Ressource in das Projekt automatisch auf Basis des Standardkalenders erstellt werden.

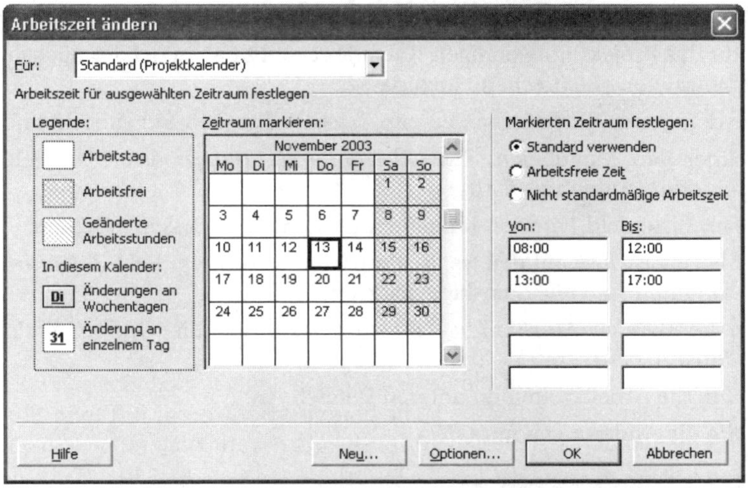

Abbildung 5.8: *Definition von Kalendern in Projekten*

Und so erstellen Sie einen neuen Kalender:

1. Rufen Sie über den Menübefehl *Extras/Arbeitszeit ändern* das gleichnamige Dialogfeld auf (Abbildung 5.8).
2. Klicken Sie auf die Schaltfläche *Neu*. Das Dialogfeld *Neuen Basiskalender erstellen* (Abbildung 5.9) wird geöffnet.

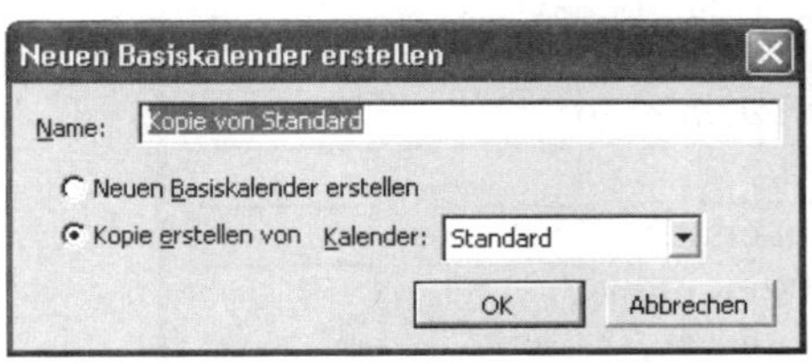

Abbildung 5.9: *Kopie des Standardkalenders, um einen Vorgangskalender zu erstellen*

3. Geben Sie im Feld *Name* einen Namen für den neuen Kalender ein.

TIPP Der Name für den neuen Kalender sollte möglichst aussagekräftig sein, da er beim späteren Zuweisen auf Vorgänge das einzige Identifikationsmerkmal ist. Im Namen sollte sich die Besonderheit des Kalenders wieder finden.

4. Wählen Sie im Listenfeld *Kalender* aus, welcher Kalender die Basis für den neuen Kalender sein soll. Die Einstellungen werden in den neuen Kalender übernommen.

WICHTIG Nachdem Sie einen neuen Kalender erstellt haben, gibt es keine Verknüpfung mehr zwischen diesem und dem Kalender, der als Basis verwendet wurde. Wenn also im Basiskalender etwas geändert wird, hat das keine Auswirkungen auf Ihren neuen Kalender.

5. Bestätigen Sie den Vorgang mit *OK*.

Bearbeiten von Kalendern in Project

Wenn Sie die für das Projekt notwendigen Kalender erstellt haben, ist der nächste Schritt, die Arbeitszeiten entsprechend anzupassen.

So können Sie den neuen Kalender mit einer 6-Tage-Woche (Mo-Sa) einrichten:

1. Rufen Sie über den Menübefehl *Extras/Arbeitszeit ändern* das Dialogfeld *Arbeitszeit ändern* (Abbildung 5.10) auf.
2. Wählen Sie im Listenfeld *Für:* den Kalender aus, den Sie anpassen möchten.
3. Klicken Sie beispielsweise auf den Spaltenkopf für *Samstag* im Feld *Zeitraum markieren*. Dadurch sind alle Samstage markiert.
4. Wählen Sie im Bereich *Markierten Zeitraum festlegen:* die Option *Nicht standardmäßige Arbeitszeit*.
5. Geben Sie nun die Arbeitszeiten im unteren Bereich ein.
6. Bestätigen Sie die Änderungen mit *OK*.

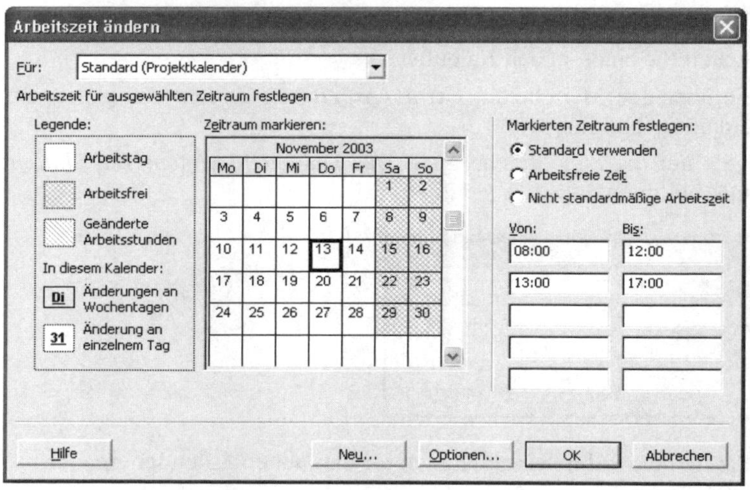

Abbildung 5.10: *Anpassen der Arbeitszeiten in einem Kalender*

HINWEIS

Wenn Sie nun wieder das Dialogfeld aufrufen und den bearbeiteten Kalender auswählen, werden Sie feststellen, dass sich die Darstellung aller Samstage geändert hat und gleichzeitig der Spaltenkopf fett und unterstrichen dargestellt wird (Abbildung 5.11). Dadurch erkennen Sie sofort, dass die Samstage vom ursprünglichen Standard abweichen.

Auf diese Art können Sie jeden gewünschten Kalender anpassen. Beachten Sie, dass dieser Kalender nur dem geöffneten Projekt zur Verfügung steht.

Abbildung 5.11:
Der Kalender mit der 6-Tage-Woche

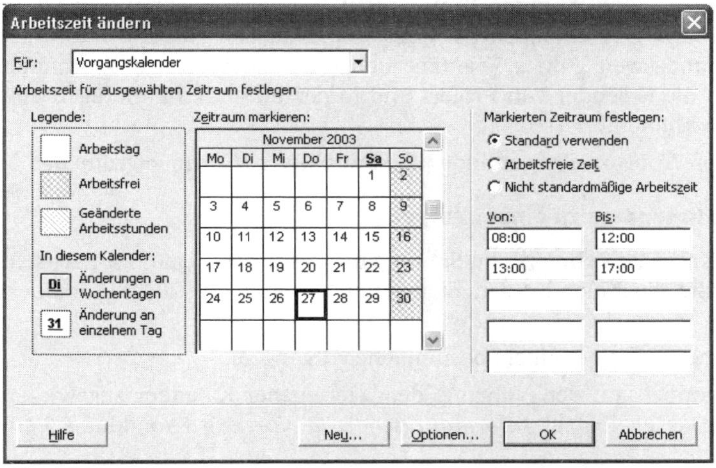

Kalender für alle Projekte zur Verfügung stellen

Wenn Sie den neu angefertigten Kalender auch in allen anderen Projekten verwenden wollen, müssen Sie diesen nicht jedes Mal neu erstellen, sondern können ihn mit wenigen Mausklicks für alle Projekte zugänglich machen.

So stellen Sie den Kalender für die 6-Tage-Woche in allen Projekten zur Verfügung:

1. Rufen Sie über den Menübefehl *Extras/Organisieren* das Dialogfeld *Organisieren* auf.
2. Aktivieren Sie die Registerkarte *Kalender.*

3. Markieren Sie im rechten Teil der Registerkarte den gewünschten Kalender und klicken Sie auf *Kopieren*. Der Kalender wird nun in die globale Projektvorlage *Global.mpt* kopiert und steht ab sofort allen Projekten zur Verfügung, die die gleiche *Global.mpt* verwenden. Wie eine globale Projektvorlage für mehrere Benutzer eingerichtet wird, lesen Sie in ▶ Kapitel 18.

Abbildung 5.12:
Neue Kalender allen Projekten zur Verfügung stellen

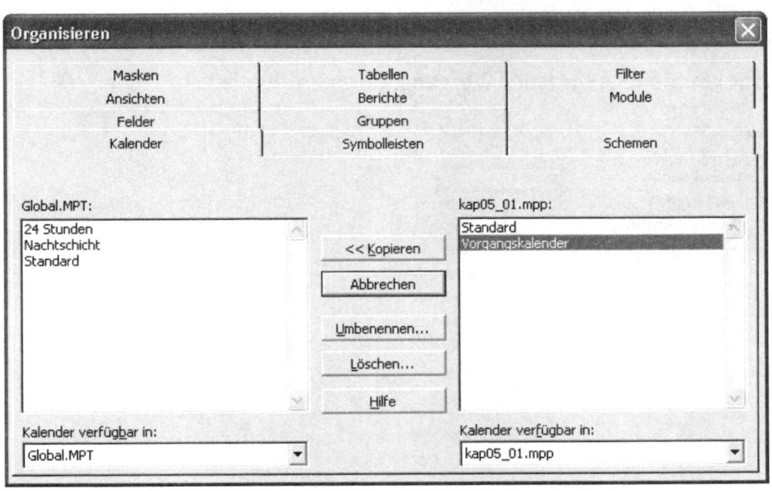

Project sieht keinen automatisierten Eintrag von Feiertagen vor. Von der Firma »The Project Group« gibt es jedoch ein Zusatztool, mit dem Sie alle deutschen Feiertage, nur bundesweit gültige Feiertage und/oder die Feiertage bestimmter Bundesländer in die Kalender von Project und Microsoft Outlook einfügen und wieder entfernen können.

Dieses und weitere Tools zu Project finden Sie unter *www.theprojectgroup.de*.

TIPP

Zuweisen eines Kalenders zu einem Vorgang

Nun haben Sie Kalender definiert, die Sie für Ihr Projekt benötigen. Im nächsten Schritt müssen Sie die Kalender den Elementen zuweisen, für die sie definiert wurden.

So weisen Sie einen Kalender einem bestimmten Vorgang zu:

1. Klicken Sie doppelt auf den Vorgang, dem ein eigener Kalender zugewiesen werden soll. Das Dialogfeld *Informationen zum Vorgang* (Abbildung 5.14) wird geöffnet.
2. Aktivieren Sie die Registerkarte *Spezial*.
3. Wählen Sie im Listenfeld *Kalender* den gewünschten Kalender aus.
4. Bestätigen Sie mit *OK*.

Wenn Sie einen Kalender einem Vorgang zugewiesen haben, so wird dies durch ein entsprechendes Symbol in der Indikatorenspalte, wie in Abbildung 5.13 zu sehen, angezeigt.

HINWEIS

Zuweisen eines Kalenders zu mehreren Vorgängen

In der Regel wird es so sein, dass Sie mehrere Vorgänge haben, denen Sie einen Kalender zuweisen möchten.

Da es ziemlich umständlich wäre, immer wieder die oben genannte Prozedur durchzuführen, können Sie folgendermaßen vorgehen:

1. Blenden Sie über den Menübefehl *Einfügen/Spalte* das Feld *Vorgangskalender* in Ihre Vorgangstabelle ein.
2. Wählen Sie für jeden Vorgang aus der Liste der Kalender den entsprechenden Kalender aus.
3. Wiederholen Sie dies für jeden Vorgang, der betroffen ist.

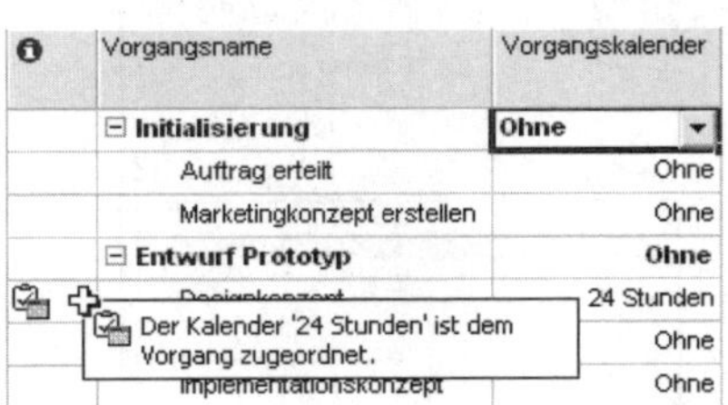

Abbildung 5.13: *Kalender in der Vorgangstabelle zuweisen*

Gleichzeitiges Verwenden von Vorgangs- und Ressourcenkalender

Zuweilen passiert es, dass Sie für Vorgänge einen Kalender definiert haben und die zugewiesenen Ressourcen ebenfalls angepasste Kalender besitzen. Jetzt stellt sich natürlich die Frage, welcher Kalender eigentlich gilt. Das können Sie selbst bestimmen.

Gehen wir davon aus, dass Sie Vorgangskalender und Ressourcenkalender definiert haben, der Vorgangskalender aber Vorrang haben soll:

1. Klicken Sie doppelt auf den Vorgang, der mit Vorgangskalender und Ressourcen arbeitet. Das Dialogfeld *Informationen zum Vorgang* (Abbildung 5.14) wird geöffnet.
2. Aktivieren Sie die Registerkarte Spezial.
3. Setzen Sie das Häkchen im Kontrollkästchen Terminplanung ignoriert Ressourcenkalender, wenn der Vorgangskalender Vorrang haben soll.

Abbildung 5.14: *Wer hat Vorrang, der Ressourcen- oder der Vorgangskalender?*

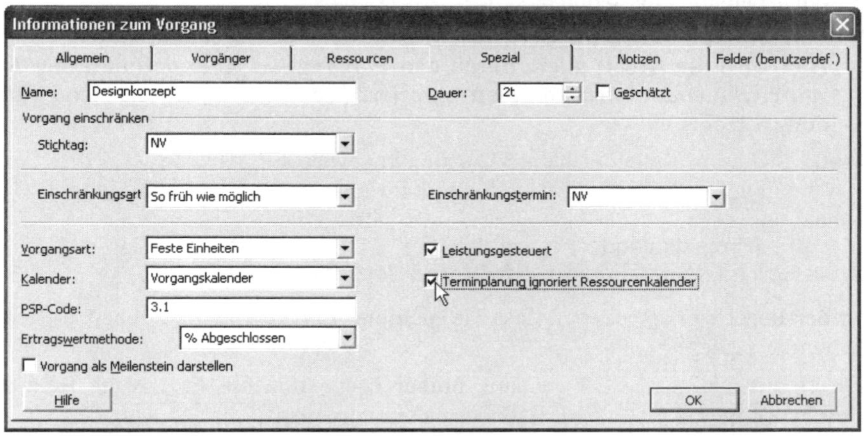

HINWEIS Haben Sie das Kontrollkästchen nicht aktiviert, so werden bei der Terminierung des Vorganges beide Kalender berücksichtigt.

TIPP Sie können auch in der Vorgangstabelle das Feld *Ressourcenkalender ignorieren* einblenden, um die Option ein- oder auszuschalten (Abbildung 5.15).

Abbildung 5.15: Ressourcenkalender ignorieren *über die Vorgangstabelle eingeben*

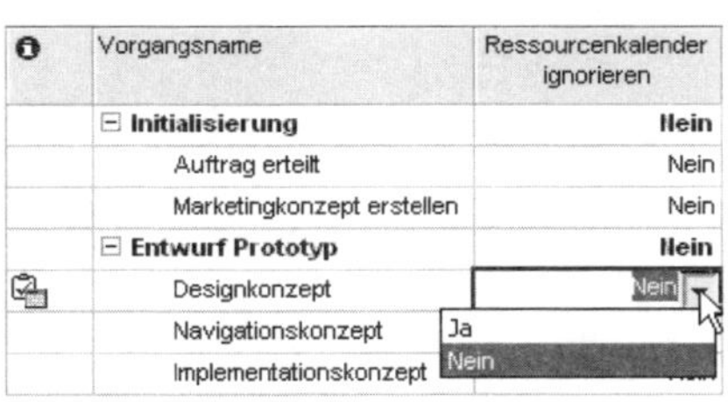

Die Hierarchie der Kalender in Project

Wie beeinflussen sich die Kalender gegenseitig?

Project berechnet *Dauern* (von Vorgängen) grundsätzlich nach zugewiesenen Kalendern.

Es gelten folgende Regeln für die Berechnung von Terminen und Arbeit im Zusammenhang der Verwendung von Vorgangs- und Ressourcenkalendern:

- Solange nichts anderes definiert wurde, gilt der *Projektkalender* für alles.
- *Ressourcenkalender* überschreiben den *Projektkalender*.
- *Vorgangskalender* sind vorrangig gegenüber dem *Projektkalender*.
- *Vorgangskalender mit Berücksichtigung der Ressourcenkalender*
  In diesem Fall werden beide Kalender berücksichtigt. Immer, wenn in einem der beiden Kalender arbeitsfreie Zeiten vorhanden sind, werden diese als generell arbeitsfrei angesehen.
- *Vorgangskalender ohne Berücksichtigung der Ressourcenkalender*
  Hier wird die Arbeit allein durch den *Vorgangskalender* **definiert, der** *Ressourcenkalender* **wird komplett ignoriert** (siehe Abbildung 5.14 und Abbildung 5.15).

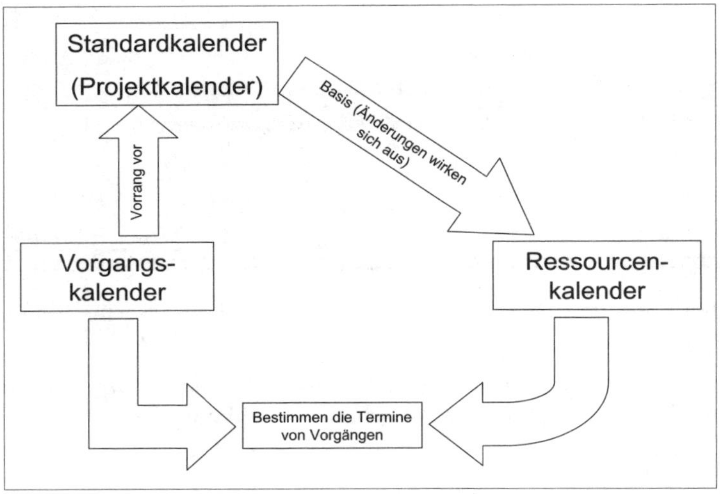

Abbildung 5.16: *Wie beeinflussen sich die Kalender?*

Ausnahme bei der Vorgangsart *Feste Dauer*

Hat ein Vorgang mit der Vorgangsart *Feste Dauer* einen eigenen Vorgangskalender, ergeben sich Besonderheiten.

Weisen Sie eine Ressource, deren Ressourcenkalender abweichende Arbeitszeiten hat, einem Vorgang mit *Fester Dauer* zu, wird die Arbeit der Ressource an die Schnittmenge der beiden Kalender innerhalb der (festen) Dauer des Vorganges angepasst.

Dieses Verhalten führt zu unterschiedlichen Ergebnissen – je nach dem, ob der Vorgangskalender vor oder nach der Ressourcenzuweisung geändert wird bzw. ob die Vorgangsart vor oder nach der Ressourcenzuweisung geändert wird. In den beiden folgenden Beispielen versuchen wir, dieses Verhalten zu verdeutlichen (vgl. ergänzend Tabelle 5.5 und Abbildung 5.16).

Beispiel 1:

- Vorgangskalender Arbeitszeit (v1/a): 8:00-12:00 und 13:00-17:00 entspricht 8 Stunden/Tag.
- Ressourcenkalender (r1): 8:30-12:00 und 13:00-17:00 entspricht 7,5 Stunden/Tag.

Fall 1:

1. Vorgang hat die Vorgangsart *Feste Dauer*.
2. Die Ressource *r1* wird dem Vorgang zugewiesen, daraufhin wird die Arbeit der Ressource mit 7,5 Stunden berechnet.

Fall 1a:

1. Vorgang hat die Vorgangsart *Feste Einheiten* oder *Feste Arbeit*.
2. Die Ressource *r1* wird dem Vorgang zugewiesen, daraufhin wird die Arbeit der Ressource mit 8 Stunden berechnet.
3. Eine Änderung des Vorgangs im Nachhinein auf *Feste Dauer* würde die Dauer auf 1,13 Tage ändern.

Beispiel 2:

- Der Vorgang (v2) hat den Standardkalender, beginnt am 15.04.02, dauert 3 Tage und hat zunächst die Vorgangsart *Feste Einheiten*.
- Eine Ressource (r2) hat am 15.04.02 und 16.04.02 Urlaub.

Fall 2:

1. Die Ressource *r2* wird dem Vorgang zugewiesen, die Arbeit wird auf 24 Stunden berechnet.
2. Der Anfang des Vorgangs verschiebt sich auf den 17.04.02 und endet am 19.04.02.
3. Ändert man die Vorgangsart auf *Feste Dauer*, bleibt der Anfang des Vorgangs am 15.04.02 und die Dauer wird auf 5 Tage verlängert. Die Arbeit der Ressource bleibt gleich.

Fall 2a:

1. Der Vorgang hat von Anfang an die Art *Feste Dauer*.
2. Die Ressource *r2* wird dem Vorgang zugewiesen.
3. Die Dauer des Vorgangs bleibt bei 3 Tagen, die Arbeit wird auf 8 Std. berechnet.

Tabelle 5.5: *Ergebnisse der beschriebenen Beispiele*

Vorgang	Kalender	Vorgangsart	Dauer	Arbeit	Ressource
v1	Vorgangskalender	Feste Dauer	1 Tag	7,5 Std.	r1
v1a	Vorgangskalender	Feste Dauer	1,13 Tage	8 Std.	r1
v2	Standard	Feste Dauer	5 Tage	24 Std.	r2
v2a	Standard	Feste Dauer	3 Tage	8 Std.	r2

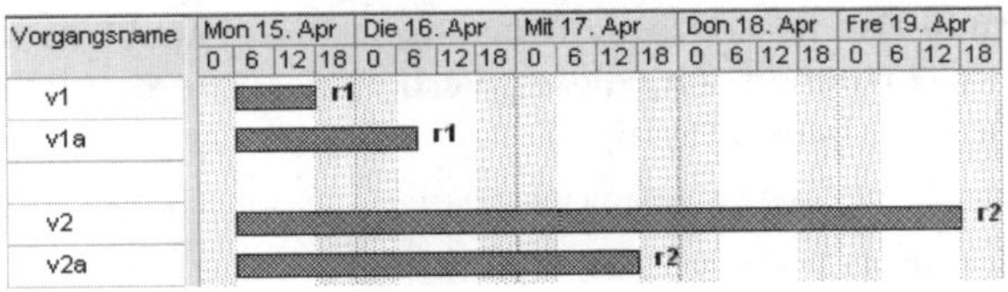

Abbildung 5.17: Die Vorgangsbalken zu den Beispielen

Grund für diese sehr unterschiedlichen Ergebnisse ist die Tatsache, dass bei *Fester Dauer* die Dauer der Vorgänge immer streng nach *Vorgangskalender* berechnet wird.

Im ersten Beispiel hat die Ressource 30 Minuten weniger Arbeitszeit pro Tag, als der Vorgangskalender und bekommt deshalb nur 7,5 Stunden Arbeit zugewiesen, weil die Dauer des Vorgangs *fest* ist. Ist die Arbeit mit 8 Stunden berechnet worden, muss die Dauer des Vorganges erhöht werden, damit die zugewiesene Ressource die Arbeit auch leisten kann.

Im zweiten Beispiel beginnt der Vorgang automatisch an seinem frühesten Anfang entsprechend dem Vorgangskalender und dauert so lange, bis die Arbeit der Ressource – bezogen auf ihren Kalender – abgeschlossen ist.

Änderungen in bestehenden Plänen

Die Projekt-Info

Im Menü *Projekt* findet sich der Befehl *Projektinfo*. Im angezeigten Dialogfeld (siehe Abbildung 5.18) können Sie einige wichtige Einstellungen festlegen.

Dies beginnt mit dem Auswahlfeld *Berechnung vom:*. Hier legen Sie fest, in welcher Form das Projekt berechnet werden soll. Als Optionen haben Sie die Berechnung vom *Projektanfangstermin* oder vom *Projektendtermin*. Diese beiden Varianten werden auch als *Vorwärts-* bzw. *Rückwärtsberechnung* bezeichnet.

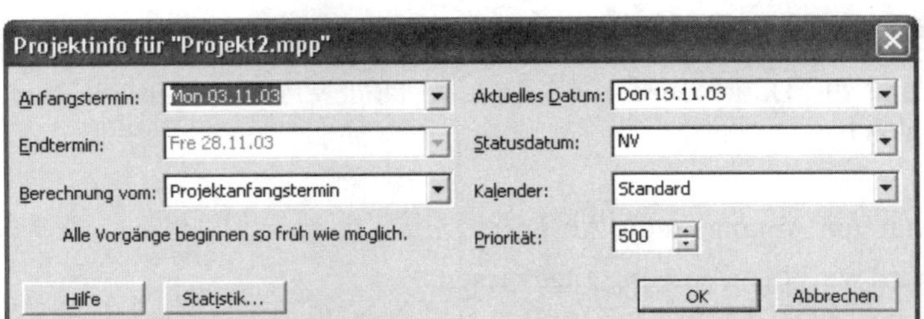

Abbildung 5.18: Projektinfo in Project Standard

Projekt vom Anfangstermin berechnen (Vorwärtsberechnung)

Wird mit der *Vorwärtsrechnung* gearbeitet, so ergibt sich in der Theorie die Situation, dass der früheste Termin, an dem das Projekt nach der Planung fertig wäre, errechnet wird.

Für die Praxis bietet es sich immer dann an, mit der Vorwärtsrechnung zu arbeiten, wenn kein expliziter Endtermin vorgegeben ist. Der Anfangstermin des Projekts wird gesetzt. Sie können zusätzlich – wie es auch im nächsten Kapitel beschrieben wird – eine Termineinschränkung für den letzten Vorgang im Projekt definieren, sodass faktisch auch ein Endtermin gesetzt wird.

Bei dieser Berechnungsart werden alle Vorgänge auf den frühest möglichen Termin gesetzt und Project berechnet für jeden Vorgang, entsprechend ihrer Verknüpfungen, Pufferzeiten.

HINWEIS Der Projektbeginn sollte – zumindest, was die Durchführung betrifft – noch in der Zukunft liegen, wenn Sie mit der Planung in Project beginnen. Wenn Sie sehr frühe Phasen der Zieldefinition und dergleichen einbeziehen, sollten Sie zumindest noch ausreichend Spielraum haben, bis es richtig losgeht. Wenn das Projekt erst einmal läuft, fehlt Ihnen fast immer die Zeit, um noch ein sauberes, auf Project aufgesetztes Projektmanagement zu realisieren.

Den Anfangstermin des Projekts setzen Sie auf einen Wert in der Zukunft. Das sollte der Tag sein, an dem das Projekt tatsächlich beginnt. Wenn dieser Tag in der Vergangenheit liegt, haben Sie schon ein kleines Problem: Sie müssen dann bereits geschehene Vorgänge in das Projekt einbeziehen und teilweise wirklich planen. Damit haben Sie letztlich zu spät mit dem Projektmanagement begonnen.

Projekt vom Endtermin berechnen (Rückwärtsberechnung)

Bei der *Rückwärtsrechnung* wird ein definierter Endtermin gesetzt. Project ermittelt dann, wann begonnen werden muss, damit das Projekt noch rechtzeitig fertig wird.

Das geschieht aber unter der Prämisse, dass alles gut geht. Und wer hat schon einmal bei einem Projekt erlebt, dass dem so ist?! Dadurch, dass bei der Rückwärtsrechnung alle Vorgänge auf den spätest möglichen Termin gelegt werden, berauben Sie sich als Projektmanager von vornherein aller Spielräume.

Die Rückwärtsrechnung kann in einer frühen Planungsphase eines Projekts hilfreich sein, um festzustellen, wann Sie spätestens beginnen sollten.

Die Registerkarte *Ansicht*

Die Registerkarte *Ansicht* (Abbildung 5.19) im Dialogfeld *Optionen* enthält zwar wichtige Einstellungen, diese beeinflussen aber nicht das Gesamtverhalten von Project, wenn sie nachträglich geändert werden.

HINWEIS Das *Datumsformat* spielt eine wichtige Rolle. Damit steuern Sie, welches Datumsformat beispielsweise in Tabellen verwendet wird, wenn nicht explizit ein anderes Format festgelegt ist. Die Anzeige der Uhrzeit kann sehr wichtig werden, da Project minutengenau rechnet.

Wenn Sie nicht nur mit vollen Tagen arbeiten, entsteht schnell die Situation, dass ein Vorgang beispielsweise einmal um 12:00 Uhr statt um 08:00 Uhr beginnt. Er erstreckt sich dann aber bei einer Dauer von zwei Tagen von Montag bis Mittwoch und nicht von Montag bis Dienstag. Ohne die Anzeige der Uhrzeit können Sie in solchen Situationen lange herumrätseln, was zu der Verschiebung geführt hat.

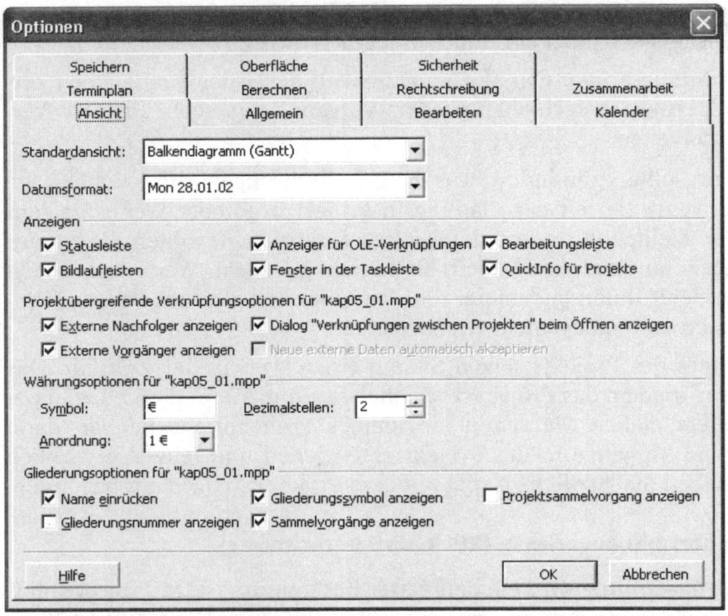

Abbildung 5.19: *Was soll von Project wie angezeigt werden?*

Im Auswahlfeld *Standardansicht* legen Sie fest, welche Ansicht normalerweise verwendet werden soll. Im weiteren Verlauf von Projekten können Sie dann auf andere Ansichten wechseln, die für die jeweiligen Projektphasen am besten geeignet sind. Welche das sind, wird in den nächsten Kapiteln behandelt. Die Standardansicht wird beim Öffnen eines Projekts automatisch geladen.

HINWEIS

Das Kontrollkästchen *Projektsammelvorgang anzeigen* hat auch ein paar nützliche Funktionen. Wenn Sie sich diese Zeile im Projekt mit anzeigen lassen, bekommen Sie im Projektplan all die Informationen angezeigt, die Sie normalerweise mühsam über den Menübefehl *Datei/Eigenschaften* auf der Registerkarte *Inhalt* aufrufen müssten.

Die Registerkarte *Allgemein*

WICHTIG

Auch auf der Registerkarte *Allgemein* des Dialogfeldes *Optionen* gibt es nur wenige wichtige Einstellungen, die vor dem Start der Arbeit an einem Projekt gesetzt werden sollten. Auf die Ratschläge der Assistenten im Bereich *Planungs-Assistent* wird in den nächsten beiden Kapiteln noch eingegangen.

Sollten Sie den Project Server verwenden, ist die wichtigste Einstellung auf dieser Registerkarte der *Benutzername*. Dieser wird verwendet, um Projekte im Project Server anzulegen und nur Ihnen zugänglich zu machen. Ratsam ist im Zusammenhang mit dem Project Server immer die Verwendung der *NT-Authentifizierung*. Dadurch wird die Verwaltung von Projekten und das Einloggen auf dem Project Server erheblich vereinfacht. Mehr hierzu erfahren Sie in ▶ Kapitel 21.

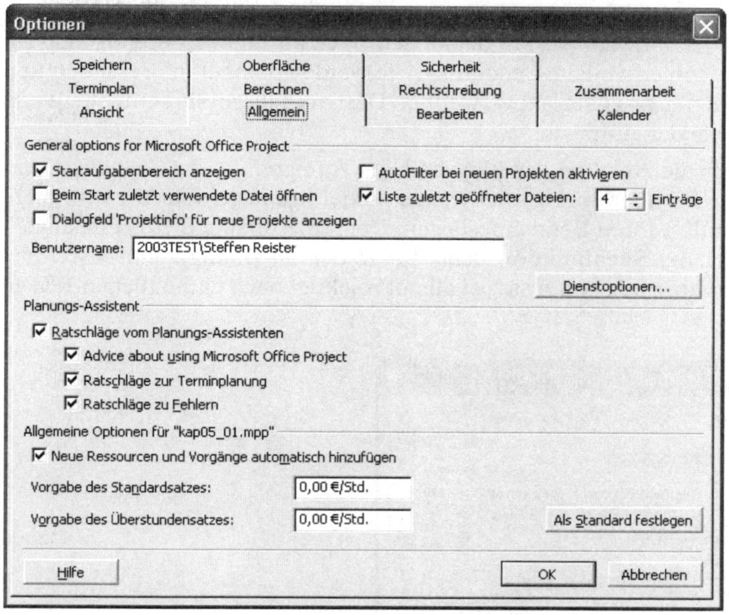

Abbildung 5.20: *Allgemeine Einstellungen und Arbeitserleichterungen*

HINWEIS Überprüfen und ggf. setzen sollten Sie dagegen die Einstellungen im Bereich *Allgemeine Optionen für <Projektname>*. Die Option *Neue Ressourcen und Vorgänge automatisch hinzufügen* sollten Sie deaktivieren. Wenn diese aktiviert ist und Sie beispielsweise in einer Vorgangstabelle manuell eine Ressource eintragen, wird diese zu der Ressourcenliste hinzugefügt, falls sie bisher noch nicht definiert ist.

Was sich im ersten Moment durchaus sinnvoll anhört, ist bei näherer Betrachtung nicht wünschenswert, denn diese Form des Hinzufügens von Ressourcen – oder, in anderer Richtung, Vorgängen – wird in der Praxis nur selten genutzt. Normalerweise werden Ressourcen gezielt, beispielsweise in der Ansicht *Ressource: Tabelle*, festgelegt.

Durchaus sinnvoll ist es, Standardwerte für den Standard- und Überstundensatz festzulegen. Natürlich werden Sie diese teilweise noch anpassen müssen, können sich aber, wenn Sie einen für viele Ihrer Ressourcen gültigen Satz wählen, viel Arbeit bei der späteren Eingabe der Ressourcen ersparen.

Eigenschaften der Project-Datei

Nicht ganz so wichtig, aber durchaus sinnvoll ist es, auch die Eigenschaften für die Datei gleich zu Beginn der Arbeit in einem neuen Projekt festzulegen. Dazu verwenden Sie den Befehl *Eigenschaften* im Menü *Datei*.

Die erste wichtige Registerkarte in diesem Dialogfeld ist *Zusammenfassung* (Abbildung 5.21). Dort können Sie eine Reihe allgemeiner Angaben zum Projekt treffen. Sie können aber auch zwei Einstellungen festlegen, die durchaus funktionale Bedeutung für die Arbeit mit dem Projekt haben.

Die allgemeinen Einstellungen von *Titel* bis *Kommentare* erklären sich weitgehend von selbst. Auch wenn sie auf den ersten Blick als nicht so wichtig erscheinen, haben sie doch erhebliche Bedeutung. Sie werden nämlich in Berichten und anderen Ausgaben für das Projekt verwendet. Deshalb sollten Sie sinnvolle Werte in diese Eingabefelder eintragen.

Falls Sie sich für die Nutzung der Eingabefelder *Kategorie* und *Stichwörter* entscheiden, sollten Sie allerdings vorher wieder eindeutige Regeln für Ihr Unternehmen oder zumindest Ihren Bereich festlegen. Denn die Inhalte dieser Eingabefelder können von der Suchfunktion beim *Datei/Öffnen*-Dialog genutzt werden. Das funktioniert aber nur, wenn sie bei allen Projekten nach einheitlichen Regeln gefüllt werden.

Abbildung 5.21: *Dateieigenschaften eines Projekts*

Generell sind diese Eingabefelder sinnvoll, wenn Sie eine große Zahl von Projektdateien haben und sich damit den Zugriff auf die Informationen aus älteren Projekten erleichtern möchten.

TIPP

Von wesentlicher Bedeutung für das Verhalten von Project ist dagegen der Wert in *Hyperlinkbasis*. Die dort angegebene URL wird in Verbindung mit allen relativen Pfadangaben, die in der Projektdatei bei Hyperlinks angegeben werden, verwendet. Wenn Sie also beispielsweise hier *www.meinefirma.de/projekte* angeben, werden alle URLs auf dieses Verzeichnis bezogen.

Die anderen Registerkarten in diesem Dialogfeld spielen für das Verhalten von Project bei der weiteren Arbeit keine Rolle. Dabei handelt es sich nur um Analysefunktionen, mit denen aggregierte Informationen über das Projekt angezeigt werden können.

6 Vorgänge, Vorgangsdauern, Terminkonflikte

140 Vorgänge effizient eingeben
151 Was gehört in das Projekt?
157 Die Vorgangsdauern
163 Verknüpfungen und Einschränkungen
171 Terminkonflikte
178 Die festen Kosten von Vorgängen

Nachdem die Vorbereitungen für die Projektplanung getroffen sind, kann es mit dem eigentlichen Projektmanagement losgehen. Einiges zur Eingabe von Vorgängen wurde ja bereits in ▶ Kapitel 3 ausgeführt. In diesem Kapitel geht es nun vor allem um die Fragen, wie beispielsweise in einem größeren Projekt effizient Vorgänge eingegeben werden können und wie Vorgangsdauern sinnvoll ermittelt werden. Ferner werden wir betrachten, wie Vorgänge und Projekte sinnvoll strukturiert werden und wie mit Terminkonflikten umzugehen ist.

Der Umgang mit Terminkonflikten ist neben der – durchaus verwandten – Lösung von Ressourcenkonflikten eine der großen Herausforderungen des Projektmanagers. Schließlich gibt es kaum ein Projekt, bei dem es nicht zu Terminengpässen kommt.

HINWEIS Project zeigt diese Konflikte in besonderer Deutlichkeit auf. Das ist ein Vorteil eines solchen Projektplanungssystems. Auf der anderen Seite werden Sie als Projektmanager dadurch auch gezwungen, sich mit dieser Problematik intensiv auseinander zu setzen.

Aber auch das Terminmanagement ist kein Hexenwerk. Wichtig ist, dass Sie sich die verschiedenen Verhaltensweisen von Project deutlich machen und schrittweise vorgehen. Dann wird Project Ihnen schnell ein unentbehrlicher Helfer beim zeitlichen Management Ihrer Projekte werden.

Vorgänge effizient eingeben

Projekte bestehen bei Project im Wesentlichen aus drei verschiedenen Arten von Informationen:

- Vorgangsinformationen,
- Ressourceninformationen und
- Zuordnungsinformationen zwischen Vorgängen und Ressourcen

Hinzu kommen noch einige allgemeine Informationen zum Projekt, die wir aber vernachlässigen können. Auf diese verschiedenen Arten von Informationen wird in ▶ Kapitel 7 noch ausführlich eingegangen. Dennoch soll bereits an dieser Stelle ein kurzer Blick darauf erfolgen.

Die drei o.g. Arten von Informationen zeigen, dass ein Projekt aus Vorgängen und Ressourcen besteht, die einander zugeordnet werden. Dies bedeutet, dass die Eingabe von Vorgängen eine wichtige Basis des Projekts darstellt. In einem weiteren Schritt werden Ressourcen hinzugefügt und diesen Vorgängen zugeordnet.

Durch die Unterscheidung zwischen Vorgängen und Ressourcen gibt es auch unterschiedliche Ansichten bei Project. Es finden sich sowohl Ressourcen- als auch Vorgangsansichten und zudem noch Masken, in denen die Zuordnungsinformationen sichtbar werden.

Im ersten Schritt geht es lediglich um Vorgangsinformationen und -ansichten. Von diesen gibt es eine ganze Menge mit durchaus unterschiedlichem Nutzen. Um in einem größeren Projekt schnell arbeiten zu können, muss daher eine geeignete Ansicht ausgewählt und an die eigenen Bedürfnisse angepasst werden.

Die richtige Ansicht

Die Ansicht *Balkendiagramm (Gantt)* wird als Standardansicht verwendet, wenn Sie ein neues Projekt erstellen. Außerdem gibt es noch die Standardansicht *Vorgang: Eingabe*.

Beide Ansichten sind nicht optimal, wenn es darum geht, eine größere Zahl an Vorgängen schnell in das Projekt einzugeben.

Bei der Ansicht *Balkendiagramm (Gantt)* ist der angezeigte Balkenplan übersichtlich. Solange Sie aber nur Vorgänge eingeben und diese nicht miteinander verknüpfen, bringt er keinen Nutzen. Abgesehen davon ist ein Balkenplan ohnehin wesentlich hilfreicher, wenn Sie ihn ausdrucken. Bei größeren Projekten ist er auch bei hohen Bildschirmauflösungen am Bildschirm kaum überschaubar.

HINWEIS

Apropos Bildschirmauflösung: Sie sollten mit einer möglichst hohen Auflösung arbeiten. Auflösungen unter 1.024*768 Bildpunkten zeigen Ihnen einfach zu wenig Informationen, um effizient mit Project arbeiten zu können. Angenehm wird das Arbeiten ab einer Auflösung von 1.280*1.024 Bildpunkten, was natürlich einen ausreichend großen Bildschirm (mind. 19 Zoll) voraussetzt.

Abbildung 6.1: Die Standardansicht von Project: Balkendiagramm (Gantt)

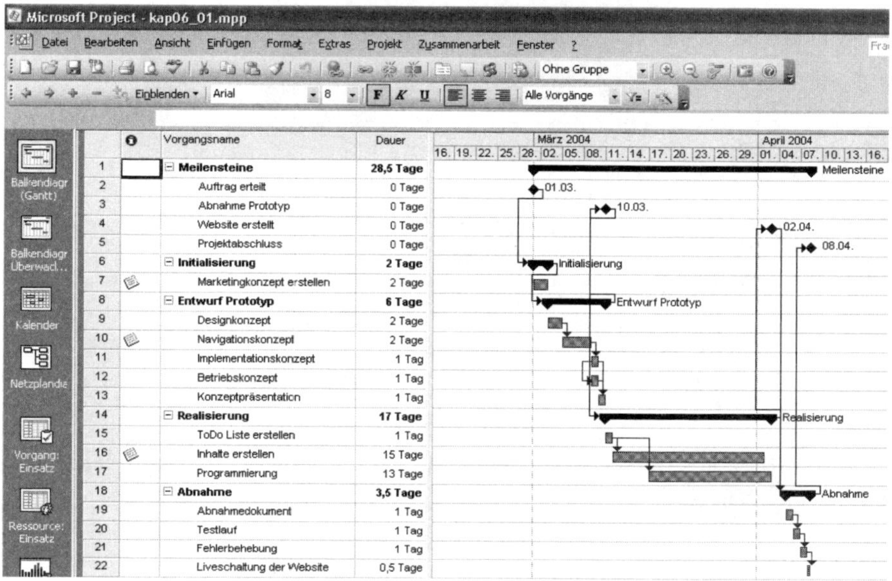

Besonders deutlich wird dies in der Ansicht *Vorgang: Eingabe* (vgl. Abbildung 6.2). Dort wird im oberen Bereich in der Standardeinstellung das *Balkendiagramm (Gantt)* und im unteren Bereich die Ansicht *Vorgang: Maske* angezeigt. Wenn Sie mit einer Auflösung von lediglich 800*600 Bildpunkten arbeiten, können Sie gerade einmal sechs oder sieben Vorgänge gleichzeitig im Balkendiagramm sehen. Bei einer Auflösung von 1.024*768 sind es schon 20 Vorgänge, bei 1.280*1.024 noch einmal etliche mehr.

Diese Ansicht ist für die Eingabe von Vorgängen genauso wenig geeignet, wie die Ansicht *Balkendiagramm (Gantt)*, da noch weniger Informationen gleichzeitig am Bildschirm dargestellt werden.

TIPP Unser Tipp für die Eingabe von Vorgängen ist die Ansicht *Vorgang: Tabelle*. Sie gehört nicht zu den standardmäßig im Menü *Ansicht* angezeigten Ansichten, ist aber eine der nützlichsten überhaupt – nicht nur für die Eingabe von Vorgängen, sondern auch was die Analyse von Projekten anlangt.

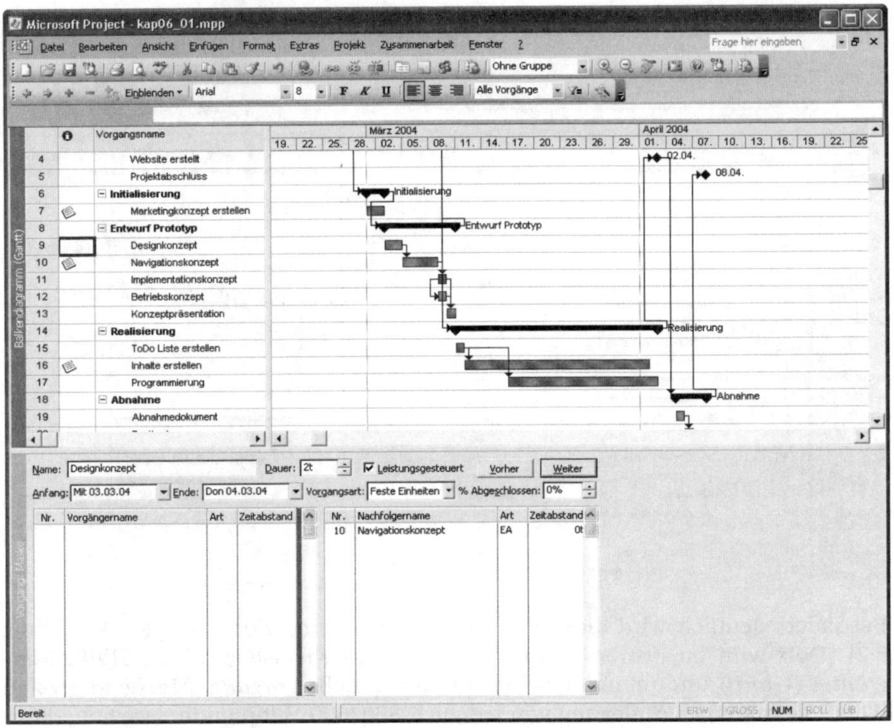

Abbildung 6.2:
Die Ansicht
Vorgang: Eingabe

Einblenden der Ansicht *Vorgang: Tabelle*

Um auf die Ansicht *Vorgang: Tabelle* zugreifen zu können, wählen Sie den Befehl *Weitere Ansichten* aus dem Menü *Ansicht*. Im angezeigten Dialogfeld (vgl. Abbildung 6.3) sehen Sie eine Liste der verschiedenen Ansichten, die Project zur Verfügung stellt. Das sind wesentlich mehr, als Sie direkt im Menü *Ansicht* finden.

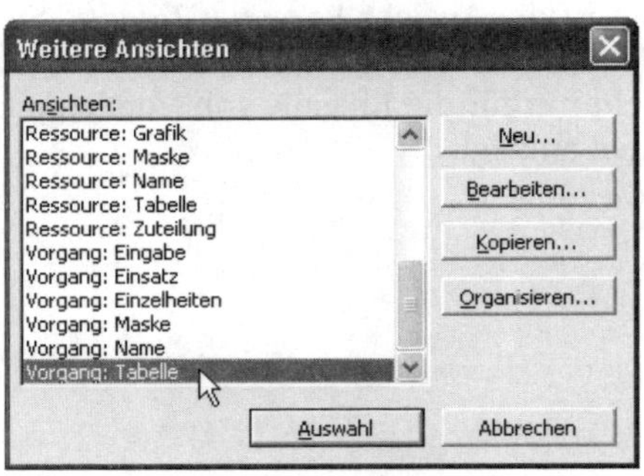

Abbildung 6.3:
Project stellt weit mehr Ansichten zur Verfügung, als auf Anhieb erkennbar ist

Ansicht *Vorgang: Tabelle* im Menü anzeigen

Sie finden in dieser Liste auch die Ansicht *Vorgang: Tabelle*. Damit Sie diese nicht jedes Mal auf diesem Weg auswählen müssen, können Sie die Ansicht in der Liste zunächst markieren und anschließend die Schaltfläche *Bearbeiten* anklicken.

Weiter geht es wie folgt:

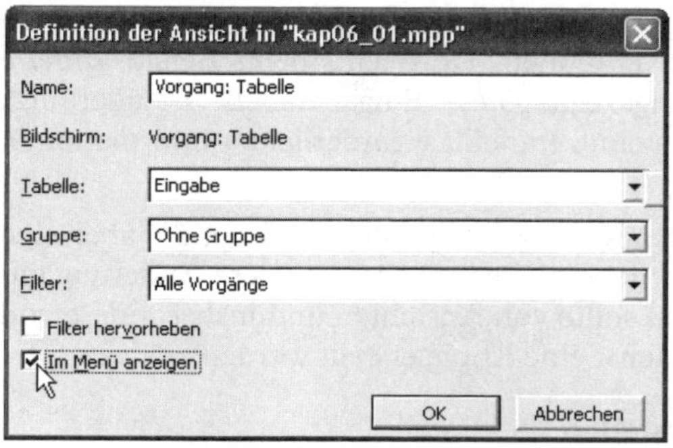

Abbildung 6.4: *Die Ansicht* Vorgang: Tabelle *verfügbar machen*

1. In dem in Abbildung 6.4 gezeigten Dialogfeld sehen Sie den Namen der Ansicht, die verwendete Tabelle (mehr dazu im nächsten Abschnitt), die Vorgangsgruppe und den verwendeten Filter.
2. Links unten finden Sie schließlich das Kontrollkästchen *Im Menü anzeigen*. Wenn Sie dieses aktivieren, können Sie die Ansicht zukünftig im Menü *Ansicht* direkt auswählen. Genau das sollten Sie tun, wenn Sie intensiv mit der Ansicht *Vorgang: Tabelle* arbeiten möchten.

HINWEIS Ein angenehmer Nebeneffekt dieser Einstellung ist, dass Sie die Ansicht dann nicht nur über das Menü, sondern auch in der Ansichtsleiste finden. Dadurch können Sie schnell darauf zugreifen.

Abbildung 6.5: *Die Ansicht* Vorgang: Tabelle

	❶	Vorgangsname	Dauer	Anfang	Ende	Vorgänger	Ressourcennamen
1		⊟ **Meilensteine**	**28,5 Tage**	**Mon 01.03.04**	**Don 08.04.04**		
2		Auftrag erteilt	0 Tage	Mon 01.03.04	Mon 01.03.04		
3		Abnahme Prototyp	0 Tage	Mit 10.03.04	Mit 10.03.04	8	
4		Website erstellt	0 Tage	Fre 02.04.04	Fre 02.04.04	14	
5		Projektabschluss	0 Tage	Don 08.04.04	Don 08.04.04	18	
6		⊟ **Initialisierung**	**2 Tage**	**Mon 01.03.04**	**Die 02.03.04**	**2**	
7		Marketingkonzept erstellen	2 Tage	Mon 01.03.04	Die 02.03.04		
8		⊟ **Entwurf Prototyp**	**6 Tage**	**Mit 03.03.04**	**Mit 10.03.04**	**6**	
9		Designkonzept	2 Tage	Mit 03.03.04	Don 04.03.04		
10		Navigationskonzept	2 Tage	Fre 05.03.04	Mon 08.03.04	9	
11		Implementationskonzept	1 Tag	Die 09.03.04	Die 09.03.04	10	
12		Betriebskonzept	1 Tag	Die 09.03.04	Die 09.03.04	11AA	
13		Konzeptpräsentation	1 Tag	Mit 10.03.04	Mit 10.03.04	12;11	
14		⊟ **Realisierung**	**17 Tage**	**Don 11.03.04**	**Fre 02.04.04**	**3**	
15		ToDo Liste erstellen	1 Tag	Don 11.03.04	Don 11.03.04		
16		Inhalte erstellen	15 Tage	Fre 12.03.04	Don 01.04.04	15	
17		Programmierung	13 Tage	Mit 17.03.04	Fre 02.04.04	15EA+3 Tage	
18		⊟ **Abnahme**	**3,5 Tage**	**Mon 05.04.04**	**Don 08.04.04**	**4**	
19		Abnahmedokument	1 Tag	Mon 05.04.04	Mon 05.04.04		
20		Testlauf	1 Tag	Die 06.04.04	Die 06.04.04	19	
21		Fehlerbehebung	1 Tag	Mit 07.04.04	Mit 07.04.04	20	
22		Liveschaltung der Website	0,5 Tage	Don 08.04.04	Don 08.04.04	21	

In der Ansicht *Vorgang: Tabelle* (Abbildung 6.5) können Sie nun in tabellarischer Form alle Informationen über Vorgänge eingeben. Dazu bietet es sich an, nicht nur die Ansicht auszuwählen, sondern im nächsten Schritt auch noch die Tabelle anzupassen.

Die Vorgangstabelle sinnvoll gestalten

Zunächst wird in der Ansicht *Vorgang: Tabelle* die Tabelle *Eingabe* angezeigt. Das können Sie im Menü *Ansicht* erkennen. Dort wird beim Befehl *Tabelle* immer die gerade aktive Tabelle angezeigt. Diese Eingabetabelle ist allerdings nicht ausreichend, um alle zu Beginn eines Projekts erforderlichen Informationen über Vorgänge einzugeben.

HINWEIS

Aus diesem Grund muss die Tabelle noch angepasst werden. Wenn Sie aber eine Tabelle oder Ansicht anpassen, wird das Original verändert. Diese Änderung gilt für die gesamte Projektdatei. Deshalb sollte von Ansichten und insbesondere von Tabellen vor einer Veränderung zunächst eine Kopie erstellt werden.

Eine Kopie der Vorgangstabelle erstellen

Diese Kopie können Sie dann beliebig anpassen. Bei Bedarf können Sie aber immer noch auf die ursprüngliche Tabelle oder Ansicht zurückgreifen. In diesem Abschnitt wird erläutert, wie Sie im ersten Schritt eine Kopie der Tabelle *Eingabe* erstellen.

Der erste Schritt der Anpassung besteht darin, zunächst eine Kopie der Tabelle und der Ansicht zu erstellen, um dann mit diesen Darstellungen zu arbeiten:

1. Wählen Sie den Menübefehl *Ansicht/Tabelle: <Tabellenname>* aus und öffnen das Untermenü. Dort wählen Sie den Befehl *Weitere Tabellen* aus.
2. Markieren Sie die Tabelle *Eingabe* und klicken Sie auf die Schaltfläche *Kopieren* (vgl. Abbildung 6.6).

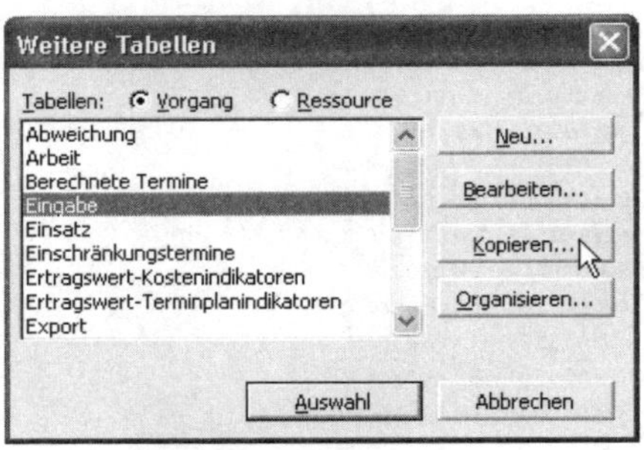

Abbildung 6.6: *Bearbeiten und kopieren von Tabellen*

3. Geben Sie im Eingabefeld *Name* einen Namen für die Tabelle wie beispielsweise *Standardeingabe* an.
4. Wählen Sie das Kontrollkästchen *Anzeige im Menü* aus, damit die Tabelle im Untermenü zum Menübefehl *Ansicht/Tabelle: <Tabellenname>* angezeigt wird.

Abbildung 6.7: Einstellungen einer Tabelle

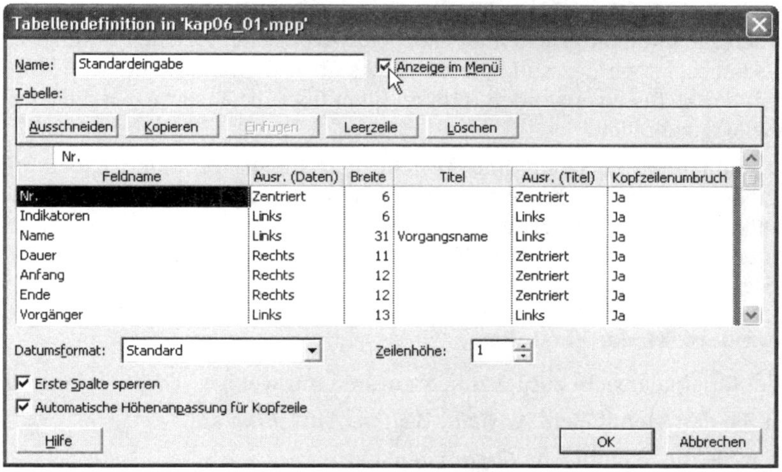

5. Verlassen Sie das Dialogfeld mit der Schaltfläche *OK* und wählen Sie im noch geöffneten Dialogfeld *Weitere Tabellen* die Tabelle über die Schaltfläche *Auswahl* zur Anzeige aus.
6. Rufen Sie im Menü *Ansicht* den Befehl *Weitere Ansichten* auf und wählen Sie dort die Ansicht *Vorgang: Tabelle* aus. Klicken Sie dann die Schaltfläche *Kopieren* an.
7. Legen Sie im Feld Name einen neuen Namen für die Ansicht fest. Sie können dazu beispielsweise Vorgang: Vorgangseingabe verwenden. (vgl. Abbildung 6.8)

Abbildung 6.8: Ansichten kopieren

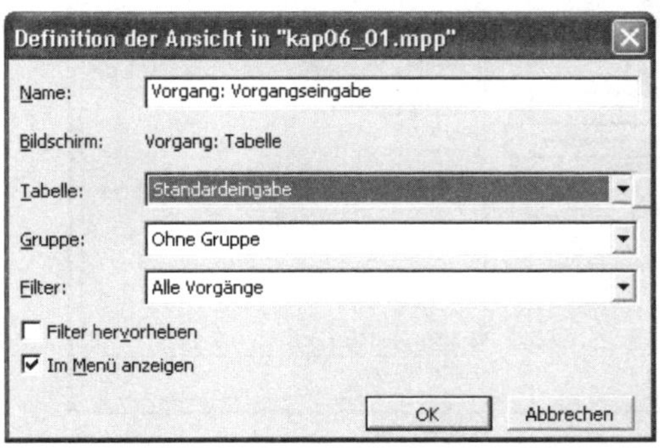

HINWEIS Sie können nicht den Namen *Vorgang: Eingabe* verwenden, da dieser bereits belegt ist.

8. Überprüfen Sie, ob als Tabelle die von Ihnen erstellte Kopie ausgewählt ist und dass das Kontrollkästchen Im Menü anzeigen aktiviert ist.
9. Verlassen Sie die Dialogfelder mit OK und Auswahl.

Damit haben Sie eine Kopie der Ansicht und der von Ihnen verwendeten Tabelle erstellt. Beide werden im Menü angezeigt. Sie können diese nun beliebig verändern, ohne dabei die ursprünglichen Ansichten zu verändern.

TIPP

Wenn Sie Namen für Ansichten, Tabellen oder andere Objekte in Project definieren, können Sie mit dem Zeichen *&* festlegen, welches der Zeichen unterstrichen in Menüs angezeigt werden soll. Diesen Buchstaben können Sie dann in Kombination mit der Alt-Taste verwenden (Hotkey), um über die Tastatur auf die Ansicht oder Tabelle zuzugreifen.

Falls Sie einmal aus Versehen eine Ansicht oder Tabelle verändert haben, ohne zuvor eine Kopie davon angelegt zu haben, können Sie das Original dennoch wiederherstellen (siehe den folgenden Abschnitt). Das kommt vor allem beim Balkendiagramm (Gantt) leicht vor: Wenn Sie dort die Formatierungen ändern, ändern Sie auch die Ansicht.

Einen Standard wieder herstellen

Um zu der Originalansicht zurückzukehren, sind nur wenige Schritte erforderlich:

1. Rufen Sie den Menübefehl *Ansicht/Weitere Ansichten* auf.
2. Klicken Sie die Schaltfläche *Organisieren* an.
3. Wählen Sie die Registerkarte aus, die sich auf das Objekt, welches Sie wiederherstellen möchten, bezieht. Bei einer Ansicht ist es die Registerkarte *Ansichten* (Abbildung 6.9).

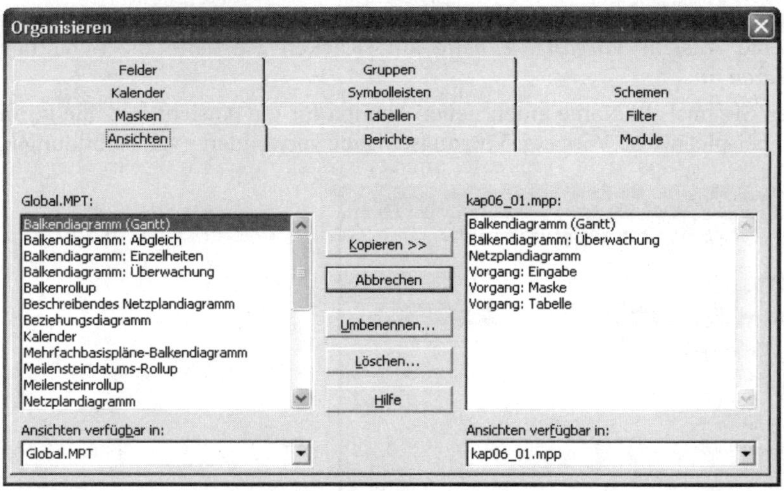

***Abbildung 6.9:** Wie erhält das Projekt wieder die Standardeinstellungen?*

4. Markieren Sie die Ansicht im linken Dialogfeld, die sich auf die Datei *Global.mpt* bezieht.
5. Klicken Sie auf die Schaltfläche *Kopieren*.

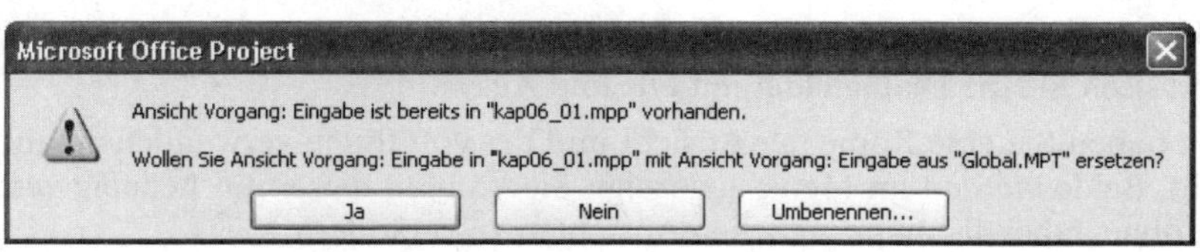

***Abbildung 6.10:** Project gibt alle Hinweise, die man braucht*

6. Es erscheint die in Abbildung 6.10 gezeigte Warnmeldung. Wählen Sie dort die Schaltfläche *Ja* aus.

Damit wird die von Ihnen veränderte Ansicht überschrieben. Die Datei *Global.mpt* ist die Basis für Projekt-Dateien und enthält die Standardversionen der verschiedenen Ansichten, Tabellen usw., solange Sie diese nicht explizit verändert haben.

Sie können über diesen Befehl auch die von Ihnen veränderte Ansicht umbenennen oder der Originalansicht durch Auswahl der Schaltfläche *Umbenennen* beim Kopieren einen neuen Namen geben. In diesem Fall bleibt die von Ihnen veränderte Version erhalten.

Die Tabelle anpassen

Der nächste Schritt ist die Anpassung der Tabelle. Darauf wurde bereits in ▶ Kapitel 4 kurz eingegangen. Während dort erläutert wurde, wie sich die Tabelle über den *Bearbeiten*-Dialog bei *Tabelle/Weitere Tabellen* anpassen lässt, wird nachfolgend gezeigt, wie Tabellen über das Kontextmenü angepasst werden können.

Die wichtigste Anforderung beim Bearbeiten von Tabellen ist das Hinzufügen weiterer Spalten. Project stellt eine große Zahl von Feldern zur Verfügung, von denen die wichtigsten im Verlauf dieses Buches behandelt werden.

Gehen Sie wie folgt vor:

1. Bewegen die Maus auf den Spaltenkopf der Spalte, **vor** der Sie eine neue Spalte einfügen möchten.
2. Betätigen Sie die rechte Maustaste, um das Kontextmenü für die Spalten aufzurufen.
3. Wählen Sie im Kontextmenü den Befehl *Spalte einfügen* aus (Abbildung 6.11).

Abbildung 6.11: *So bringen Sie neue Spalten in Ihre Tabellen*

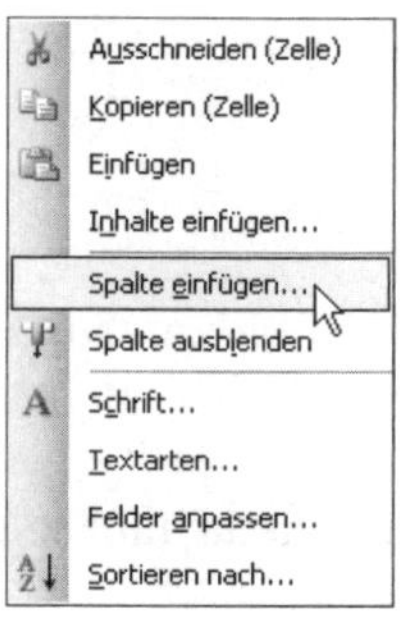

4. Wählen Sie bei *Feldname* die gewünschte Spalte aus. Sie können in der Liste »springen«, indem Sie den ersten Buchstaben des gewünschten Feldnamens eintippen.
5. Bei Bedarf können Sie noch einen Spaltentitel angeben, der anstelle des Feldnamens angezeigt wird. Dieser Spaltentitel hat nur für die aktuelle Tabelle Gültigkeit.

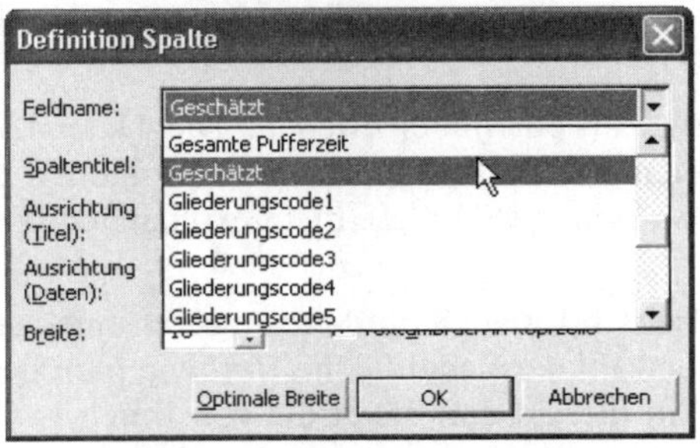

***Abbildung 6.12:** Das Feld* Geschätzt *markiert Ihre Vorgänge mit einem Fragezeichen*

6. Außerdem können Sie die Ausrichtung von Titel und Daten sowie die Tabellenbreite bestimmen. Sie können hier auch differenziert die Ausrichtung und Breite festlegen.
7. Durch Auswahl der Schaltfläche *OK* schließen Sie das Hinzufügen der Spalte ab.

Drag & Drop von Spalten als eine Benutzervereinfachung

Weil neue Spalten immer **vor** der markierten Spalte eingefügt werden, können Sie auf diese Art keine Spalten am Ende der Tabelle hinzufügen.

Und so können Sie eine Spalte an das Ende der Tabelle verschieben:

1. Markieren Sie die Spalte, die Sie verschieben möchten. Es erscheint am Mauszeiger ein »Vierfach-Pfeil«.
2. Klicken Sie auf die linke Maustaste, um die Spalte zu verschieben.
3. Verschieben Sie nun die Spalte an die gewünschte Stelle. Die angedeutete senkrechte Linie (Abbildung 6.13) zeigt Ihnen die Stelle an, an die die Spalte verschoben wird, wenn Sie die Maustaste loslassen.

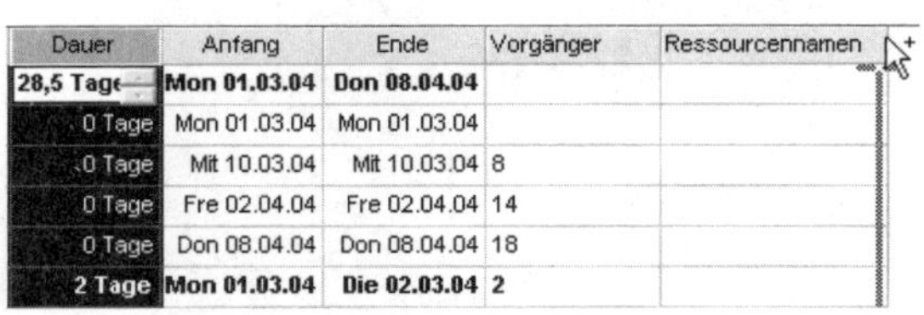

***Abbildung 6.13:** Verschieben von Spalten*

Die wichtigsten Spalten

In der Tabelle *Eingabe* bzw. deren Kopie finden Sie zu Beginn die in Tabelle 6.1 erläuterten Spalten.

***Tabelle 6.1:** Die Spalten in der Tabelle* Eingabe

Feld	Funktion
Nr.	Die linke, grau dargestellte Spalte enthält die automatisch vergebenen Vorgangsnummern. Diese Werte können nicht angepasst werden.
Indikatoren	In dieser Spalte werden Informationen zu den Vorgängen angezeigt. So wird beispielsweise dargestellt, wenn Termineinschränkungen definiert wurden.
Vorgangsname	In dieser Spalte wird der Name des Vorgangs angezeigt. ▶

Feld	Funktion
Dauer	Gemeint ist hier die Dauer des Vorgangs. Die Dauer gibt nicht unbedingt die zeitliche Dauer an, sondern die Zahl der Arbeitstage, an denen am Vorgang gearbeitet wird. Sie ist damit auch nicht mit dem Aufwand in Manntagen zu verwechseln, da durchaus einmal mehrere Ressourcen parallel an einem Vorgang arbeiten können.
Anfang	Der Anfangstermin des Vorgangs.
Ende	Der Endtermin des Vorgangs.
Vorgänger	Die Vorgangsnummern des oder der Vorgänger dieses Vorgangs. Die Einträge in dieser Spalte werden durch Kommata getrennt.
Ressourcennamen	Die Namen der Ressourcen, die diesem Vorgang zugeordnet sind.

Zusätzlich zu diesen Spalten können nun weitere Spalten eingefügt werden. Durch die sinnvolle Gestaltung dieser Tabelle können Sie sich die Arbeit bei der Eingabe wesentlich erleichtern. Nachfolgend werden eine Reihe von Feldern vorgestellt, mit denen Sie Ihre Eingabetabelle sinnvoll ergänzen können. Im weiteren Verlauf des Buches werden Sie immer wieder auf Tabellen stoßen, bei denen die eine oder andere Spalte ergänzt wird.

Frei definierbare Felder

Eine der interessantesten Gestaltungsoptionen, die wir noch an verschiedenen Beispielen vorstellen werden, bieten dabei die frei verfügbaren Felder. Es gibt hier beispielsweise Felder wie *Attribut1* bis *Attribut20* oder *Text1* bis *Text30*. Diese Felder werden von Project selbst nicht verwendet. Sie können diese aber nutzen, um Informationen, die bei Project standardmäßig nicht vorgesehen sind, zu ergänzen. Sehen Sie sich dazu die Tabelle 6.2 an.

Tabelle 6.2: *Frei definierbare Felder und ihre Funktionen*

Feld/Anzahl	Funktion/Format
Anfang1-10	Zehn zusätzliche Felder, um Anfangsdaten zu speichern oder zu berechnen. Dieses Feld wird mit dem Standard-Datumsformat dargestellt.
Ende1-10	Zehn zusätzliche Felder, um Enddaten zu speichern oder zu berechnen. Dieses Feld wird mit dem Standard-Datumsformat dargestellt.
Datum1-10	Zehn zusätzliche Felder, um diverse Daten zu speichern oder zu berechnen. Dieses Feld wird mit dem Standard-Datumsformat dargestellt.
Dauer1-10	Diese zehn Felder sind Dezimalzahlen und geben Ihnen die Möglichkeit, mit zusätzlichen Dauern zu arbeiten.
Attribut1-20	Diese 20 Felder können zwei Zustände annehmen (»Ja« oder »Nein«) und können beispielsweise als Filterkriterien verwendet werden.
Zahl1-20	Dies sind 20 frei definierbare Zahlenfelder.
Text1-30	Dies sind 30 frei definierbare Textfelder.

Ein Beispiel zur Nutzung eines frei definierten Textfeldes wäre der Verantwortliche für einen Vorgang: Bei größeren Projekten gibt es häufig unterschiedliche Verantwortliche für die einzelnen Vorgänge. Wer das jeweils ist, wird nicht direkt sichtbar. Bei Project ist auch kein spezielles Feld für diese Information vorgesehen. Sie könnten aber beispielsweise die Spalte *Text1* einfügen und als Spaltentitel *Verantwortlich* festlegen. Eine Alternative dazu wäre das vordefinierte Feld *Kontaktperson*.

Zusätzliche nützliche Felder

HINWEIS

Wichtig ist, dass sich solche Zuordnungen von Feldname und Titel zunächst jeweils nur auf die aktuelle Tabelle beziehen. Sie können die Änderung allerdings bei benutzerdefinierten Feldern auch für das gesamte Projekt durchführen. Dazu verwenden Sie den Menübefehl *Extras/Anpassen/Felder*. Falls Sie dagegen mit einem vordefinierten Feld wie *Kontaktperson* arbeiten, ist eine solche generelle Änderung nicht möglich. Das bedeutet, dass Sie den Titel des Feldes auch an allen anderen Stellen, an denen das Feld eingesetzt wird, umbenennen müssen.

Tabelle 6.3: *Nützliche Felder bei der Eingabe von Vorgängen*

Feld	Funktion
Ressourcenkürzel	Das Ressourcenkürzel kann bei der Eingabe von Ressourcen definiert und alternativ zum Ressourcennamen verwendet werden.
Nachfolger	Die Spalte *Nachfolger* in die Vorgangstabelle aufzunehmen, kann hilfreich sein. Die *Vorgänger* sind standardmäßig enthalten. Für die Aufnahme der Nachfolger spricht, dass Sie die Korrektheit von Verknüpfungen besser überprüfen können. Darauf wird weiter unten in diesem Kapitel noch ausführlicher eingegangen.
PSP-Code	In dieser Spalte kann ein Projektstrukturplan-Code eingetragen werden. Projektstrukturpläne sind vordefinierte Projektpläne, in denen bestimmten Arten von Vorgängen festen Nummern zugeordnet sind. Diese Pläne werden vor allem in Bereichen mit einem relativ streng definierten Vorgehensschema eingesetzt. Falls Sie mit solchen Projektstrukturplänen arbeiten, können Sie darauf bezogene Informationen in dieses Feld eingeben.
Einschränkungsart & Einschränkungstermin	Wenn Sie Einschränkungen für Termine definieren, erfolgt das über diese Spalten. Eine Termineinschränkung ist in vielen Fällen erforderlich. Wenn Vorgänge erst an einem bestimmten Termin stattfinden dürfen oder bis zu einem bestimmten Termin abgeschlossen sein müssen oder wenn es zwingende Termine für Vorgänge gibt, kann das über eine Termineinschränkung berücksichtigt werden. Der wohl wichtigste Fall der Termineinschränkung ist die Fixierung des Endtermins eines Projekts. Durch eine Termineinschränkung können Sie sicherstellen, dass Project Ihren vorgegebenen Endtermin für das Projekt nicht nach hinten verschiebt. Auf die Problematik der Termineinschränkungen wird weiter unten in diesem Kapitel noch ausführlich eingegangen.
Feste Kosten	Mit der Spalte *Feste Kosten* können Sie gleich Informationen über die fixen Kosten eines Vorgangs eingeben. Diese Spalte sollten Sie auf jeden Fall aufnehmen, wenn Sie nicht nur Termine planen, sondern auch eine Kostenüberwachung betreiben und Kosteninformationen aus dem Projekt holen möchten.
Priorität	Hierüber können Sie die Priorität von Vorgängen steuern. Diese Information können Sie sowohl für die Filterung, als auch für den Kapazitätsabgleich einsetzen. Der Kapazitätsabgleich, auf den im nächsten Kapitel noch ausführlich eingegangen wird, erlaubt die automatisierte Verschiebung von Vorgängen, wenn es zu Ressourcenkonflikten kommt. Diese Verschiebung kann die *Priorität* einbeziehen.
Geschätzt	Dieses Feld wird verwendet, um anzugeben, ob ein Feld eine geschätzte Dauer oder eine fest geplante Dauer besitzt. Diese Spalte sollte auf jeden Fall aufgenommen werden, um zwischen den verschiedenen Varianten der Dauer umschalten zu können.

TIPP Überlegenswert ist es bei Tabellen mit sehr vielen Spalten auch, den Vorgangsnamen – und damit das Feld *Name* – noch einmal aufzunehmen. Die Vorgangsnummer wird zwar fixiert und ist auch sichtbar, wenn Sie nach rechts in der Tabelle blättern. Da aber der Vorgangsname nicht fixiert wird und Sie auch nur die erste Spalte sperren können, sehen Sie beim Blättern in der Tabelle relativ bald den Vorgangsnamen nicht mehr.

Was gehört in das Projekt?

Bis ein Projekt richtig startet, müssen eine ganze Reihe an Vorarbeiten durchgeführt werden. Die Organisationsstrukturen müssen stimmen, die Ziele definiert sein, die Grundstruktur des Projekts sollte stehen. Dann kann es damit losgehen, die Vorgänge in Project einzugeben. Allerdings müssen vorab drei wichtige Fragen geklärt werden.

HINWEIS Die zentrale Frage, die sich dabei stellt, ist sicherlich die nach dem richtigen Anfang: Sollen mit Project alle Phasen des Projekts abgebildet werden oder nur einige dieser Phasen?

Wie so oft beim Projektmanagement lässt sich darauf keine pauschale Antwort geben. Es gibt nicht den richtigen Ansatz. Vieles hängt von der Größe des Projekts und dem Aufwand ab, der für die einzelnen (in ▶ Kapitel 1 definierten) Phasen erforderlich ist.

Wenn Sie beispielsweise komplexe Machbarkeitsstudien durchführen müssen, ist das zweifelsohne ein Fall für Project. Wenn die Zieldefinition ein umfangreicher Prozess ist, gehört das ebenfalls in die explizite, softwaregestützte Planung hinein. Wenn vor dem eigentlichen Projekt langwierige und aufwändige Angebotsabgaben stehen, können Sie das ebenfalls mit Project abbilden.

Letztlich hängt das davon ab, wie komplex der Prozess vor der eigentlichen Realisierung im Projekt ist. Wenn der Vorlauf sozusagen ein eigenes Projekt darstellt, müssen Sie darauf auch die Methoden des Projektmanagements anwenden.

Es hängt aber auch davon ab, wann Sie mit dem Einsatz der Projektplanungssoftware beginnen. Wenn das eigentliche Projektteam erst nach der Machbarkeitsstudie und der Zieldefinition festgelegt wird, gehören zumindest die frühen Phasen nicht zu diesem Projekt. Sie können dann durchaus ein eigenständiges Projekt bilden, werden von Ihnen aber nicht berücksichtigt.

HINWEIS Die zweite wichtige Thematik in diesem Zusammenhang ergibt sich aus der Frage, welche Bereiche eines Projekts in welcher Detaillierung in den Projektplan aufgenommen werden.

In den meisten Projekten ist es, wie in ▶ Kapitel 1 schon ausgeführt wurde, kaum möglich, bereits zu Beginn bis hin zum Ende zu planen. Dennoch sollte der Rahmen der eingegebenen Phasen eines Projekts sehr weit angelegt werden. Die Phasen, die zu Anfang nur grob bekannt sind, werden dann im weiteren Verlauf differenziert.

Erleichtert wird eine umfassende Strukturierung von Projekten, wenn Sie öfter mit Project arbeiten. Sie können dann Informationen aus vergangenen Projekten als Basis für die Strukturierung neuer Projekte verwenden. Falls sich die Projekte in ihrer Struktur stark ähneln, können Sie sogar mit Vorlagen arbeiten. Auf die Thematik der Vorlagen wird in ▶ Kapitel 16 noch ausführlich eingegangen.

Die spätere Strukturierung eines Projekts wird in Project dadurch erleichtert, dass Projekte ohnehin mit hierarchischen Strukturen für Vorgänge aufgebaut werden können (und sollten). Dadurch kann ein Vorgang später untergliedert und als »Sammelvorgang« definiert werden. So lässt sich ein Projekt verfeinern.

Die Gliederungstiefe

Die dritte Frage, die es vorab zu klären gilt, ist die nach der richtigen Gliederungstiefe bei der Strukturierung eines Projekts. Auch diese Frage lässt sich nicht pauschal beantworten.

Insbesondere bei der Feingliederung stellt sich immer wieder die Frage, wie tief gegliedert werden sollte. Die nachfolgenden Ansätze bringen Sie einer Antwort näher.

Ein Vorgang auf der untersten Ebene sollte sich durch folgende Merkmale auszeichnen:

- Durch eine Aufteilung des Vorgangs sind keine weiteren Steuerungsinformationen für das Projektmanagement zu erhalten.
- Die Ressourcen, die diesem Vorgang zugeordnet werden, müssen nicht trennbare Tätigkeiten verrichten.
- In dem Vorgang wird nur eine bestimmte Tätigkeit vollbracht.

Mit anderen Worten: Es macht keinen Sinn, Vorgänge weiter zu unterteilen, wenn Sie dadurch keine zusätzlichen Steuerungsinformationen erhalten. Ein gutes Beispiel dafür wären extern vergebene Vorgänge.

HINWEIS

Wenn Sie Zwischeninformationen erhalten, macht es Sinn, einen solchen extern vergebenen Auftrag zu unterteilen. Wenn Sie dagegen nach der Vergabe erst an einem bestimmten Termin das fertige Ergebnis erhalten, brauchen Sie sich über die verschiedenen Vorgänge, die Ihr Auftragnehmer zu verrichten hat, keine Gedanken zu machen.

WICHTIG

Wichtig ist vor allem die Aufteilung von Vorgängen, an denen mehrere Ressourcen arbeiten. Wenn diese Ressourcen unterschiedliche Dinge durchführen, die keineswegs parallel verrichtet werden müssen, oder wenn in einem Vorgang unterschiedliche trennbare Tätigkeiten wie z.B. der Entwurf einer Software und die Codierung derselben vollbracht werden, dann sollten Sie diese weiter aufteilen.

Die optimale Gliederungstiefe in einer bestimmten Art von Projekt ist letztlich eine Frage der Erfahrung. Ein wichtiger Punkt bei der Feingliederung ist, dass Sie diese vielfach nur für die ersten Phasen in Ihrem Projekt machen können. So gibt es beispielsweise die Situation, dass in einem Projekt zunächst analysiert wird, ob ein Produkt bzw. eine Komponente selbst entwickelt oder zugekauft werden soll. Die genaue Gliederung für die Eigenentwicklung macht dann erst nach der »Make or Buy«-Entscheidung Sinn, da erst dann bekannt ist, ob das Konzept intern oder extern entworfen wird.

Es gibt keine optimale Gliederungstiefe mit drei, vier oder fünf Stufen, sondern nur einige Regeln, die beim Gliedern berücksichtigt werden sollten. Die fünf wichtigsten Regeln – und eine Ableitung – finden Sie nachfolgend.

Fünf Regeln zur Bestimmung der Gliederungstiefe

Regel 1 **Die Zerlegung eines Vorgangs in mehrere kleinere Vorgänge macht nur Sinn, wenn dadurch zusätzliche Steuerungsinformationen gewonnen werden können.**

Der Sinn der Gliederung eines Projekts in viele Einzelvorgänge liegt darin, dass dadurch die komplexe Struktur des Projekts überschaubarer wird und Abweichungen früher erfasst werden, sodass entsprechend schneller reagiert werden kann.

Beispiel Vorgänge, die von externen Ressourcen durchgeführt werden.

Wenn Sie z.B. einen Prospekt drucken lassen, ist es für Sie irrelevant, was der Drucker wann macht, solange Sie das Ergebnis am vereinbarten Zeitpunkt in der gewünschten Form in Händen halten.

Wenn Sie aber vorher einen Korrekturabzug und vielleicht auch noch eine Lieferung der Prospekte in mehreren Tranchen erhalten, sollten Sie weiter »zerlegen«. Denn dann sind die Erstellung des Korrekturabzugs und die Genehmigung oder Veränderung durch Sie ebenso wie die Lieferung der Prospekte jeweils eigene Vorgänge, die Ihnen Steuerungsinformationen liefern und damit Steuerungsmöglichkeiten für diesen oder verknüpfte Vorgänge bieten.

Regel 2 **Sachlich unterschiedliche Aktivitäten gehören in getrennte Vorgänge.**

Achten Sie grundsätzlich darauf, dass Sie in einem Vorgang nicht unterschiedliche Dinge miteinander vermischen. Sachlich unterscheidbare Aktivitäten gehören in unterschiedliche Vorgänge. Darauf stoßen Sie spätestens bei der Lösung von Terminengpässen.

Beispiel Wenn Sie beispielsweise ein Softwaremodul testen, bestehen die dafür erforderlichen Aktivitäten vielleicht aus dem Generieren von Testdaten, dem Schnittstellentest und dem funktionalen Test des Moduls. Das Generieren der Testdaten muss nun nicht unbedingt von dem Mitarbeiter, der auch den eigentlichen Test durchführt, übernommen werden. Dies lässt sich sinnvoll aber nur abbilden, wenn getrennte Vorgänge definiert werden. Ebenso können die verschiedenen Tests vielleicht von verschiedenen Mitarbeitern übernommen und damit parallel durchgeführt werden. Das Beispiel lässt sich noch ausbauen, wenn man zum einen das Bereitstellen der Testdaten und zum anderen die einzelnen Tests weiteranalysiert.

Wenn die Testdaten, wie es bei der Entwicklung von Software für einen externen Auftraggeber häufig der Fall ist, von diesem bereitgestellt werden, ergeben sich schnell noch mehr Vorgänge:

- Abstimmungsgespräche über die Art der Testdaten
- Vorbereitung der Testdaten beim Auftraggeber
- Übermittlung der Testdaten zum Auftragnehmer
- Umsetzung der Testdaten in das benötigte Format

Aus dem letzten Vorgang können sich wieder mehrere Vorgänge ergeben, wenn diese eingetippt, überprüft und womöglich noch konvertiert werden müssen und vielleicht auch noch Software für die Generierung der Testdaten erstellt werden muss.

Wie tief Sie gliedern, hängt nun vor allem von den anderen Regeln ab. Sie müssen sich aber in jedem Fall Gedanken über die innere Struktur der Vorgänge machen, um im konkreten Einzelfall entscheiden zu können, ob diese weiter zerlegt werden müssen oder nicht.

Vorgänge, bei denen mehrere Ressourcen zu unterschiedlichen Zeitpunkten unterschiedliche Tätigkeiten vornehmen, sind aufzutrennen. **Regel 2a**

Dies ist eine Ableitung der zweiten Regel, weil es sich um unterschiedliche sachliche Aktivitäten handelt. Wenn ein Fliesenleger die Fliesen legt und ein zweiter sie später ausfugt, so sind dies zwei verschiedene sachliche Aktivitäten.

In der Praxis wird aber durch den Blick auf die Ressourcen häufig erst deutlich, dass in einem Vorgang tatsächlich unterschiedliche Dinge passieren.

Vorgänge mit zeitlichen Unterbrechungen sollten als getrennte Vorgänge definiert werden. **Regel 3**

Dahinter verbirgt sich weniger eine sachliche Notwendigkeit, als vielmehr die Unfähigkeit von Project, solche Unterbrechungen zu verarbeiten. Project kann nur in Sondersituationen mit Unterbrechungsterminen umgehen, sodass Vorgänge, die auf jeden Fall eine »Lücke« aufweisen, sowohl aus Darstellungsgründen (im Balkendiagramm) als auch (und vor allem) wegen der Genauigkeit von ressourcenbezogenen Berechnungen (Arbeit und Kosten) getrennt werden müssen.

Häufig wird diese Notwendigkeit allerdings erst im Laufe des Projekts entstehen. In diesem Fall bietet es sich an, unter dem Vorgang die entsprechenden Teilvorgänge zu definieren und den bisherigen Vorgang als Sammelvorgang zu behalten. Damit wird die beste Vergleichbarkeit von Plan- und Istwerten erreicht.

Die Strukturierung eines Projekts stellt immer einen Kompromiss zwischen der Genauigkeit der Projektsteuerung und dem Aufwand für die Projektsteuerung dar. Eine tiefere Gliederung muss »sich rechnen«. **Regel 4**

Wer detailliert gliedert, bekommt mehr Steuerungsinformationen, muss aber auch wesentlich mehr Vorgänge pflegen und überschauen. Bei der Gliederung eines Projekts ist daher, ebenso wie beim eigentlichen Projektmanagement, die Kunst des Kompromisses gefordert. Die entsprechende Formel lautet: »So tief wie nötig, so wenig wie möglich.«

Wenn Sie nur unwesentliche Steuerungsinformationen aus einer weiteren Strukturierung von Vorgängen erhalten oder in einem Bereich des Projekts ein großer zeitlicher Spielraum besteht, macht eine weitere Gliederung keinen Sinn. Sie können zudem einzelne Vorgänge auch im Laufe der Zeit weiter gliedern, wenn Sie z.B. mit einem terminlichen Engpass konfrontiert werden.

Regel 5 **Die Vorgangsdauer sollte im Verhältnis zur Projektdauer nicht überproportional sein. Sehr lange Vorgänge deuten darauf hin, dass sie noch nicht bis ins Detail geplant wurden.**

Eine gute Faustregel für das Verhältnis von Vorgangsdauer zu Projektlänge ist, dass Vorgänge, deren Dauer mehr als das Doppelte der durchschnittlichen Länge aller Vorgänge betragen, einer näheren Betrachtung unterzogen werden sollten. Vorgänge mit langer Dauer sind zumeist Kandidaten für eine weitere Zerlegung. Wenn Sie also z.B. überwiegend Vorgänge mit fünf Tagen Dauer und einzelne mit 20 Tagen Dauer haben, sollten Sie letztere einer näheren Betrachtung unterziehen.

Wie baut man die Struktur auf?

Eine weitere wichtige Frage ist, wie bei der Strukturierung vorgegangen werden soll. Soll das Sachziel oder die Tätigkeit im Vordergrund stehen?

Abbildung 6.14: Das Sachziel steht im Vordergrund

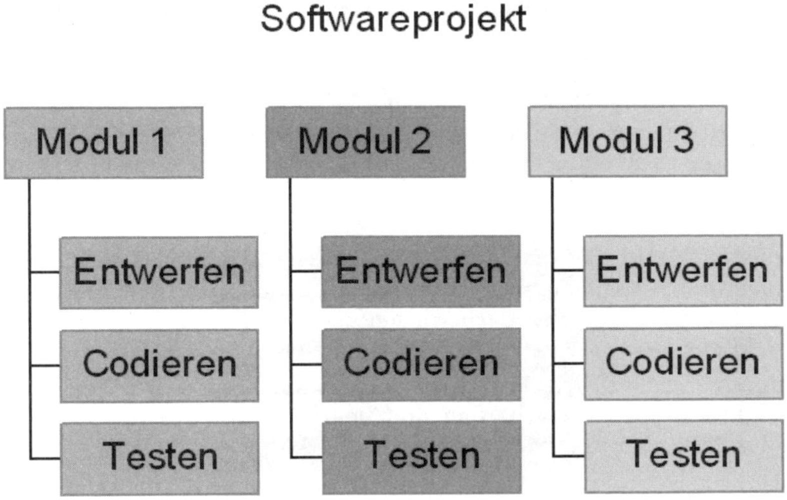

Soll also bei der Softwareentwicklung eine Struktur in der Form wie in Abbildung 6.14 gezeigt verwendet werden oder ist eine Strukturierung, die sich, wie in Abbildung 6.15 gezeigt, an den verrichteten Tätigkeiten orientiert, die bessere Lösung? Ähnliche Situationen lassen sich bei vielen anderen komplexen Projekten finden. Um eine Antwort auf diese Frage zu finden, bietet sich ein Blick auf die sachlichen Abhängigkeiten der verschiedenen Vorgänge an.

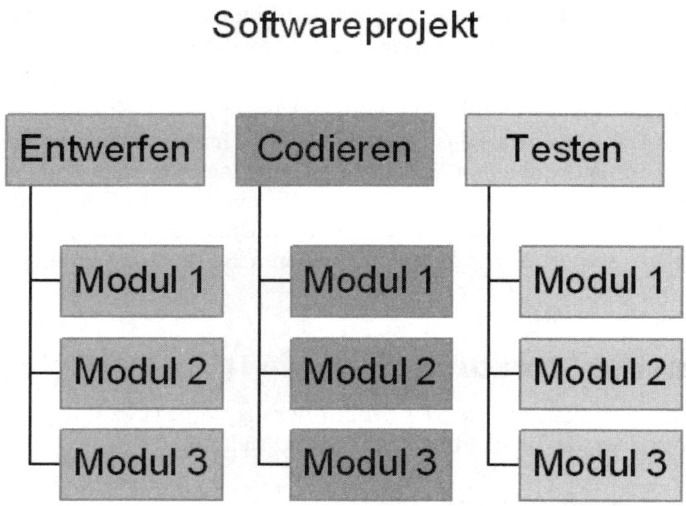

Abbildung 6.15: *Die Tätigkeiten stehen im Vordergrund*

Wenn Sie sich die beiden Beispiele einmal mit den erforderlichen Verknüpfungen vorstellen, dann wird schnell deutlich, was in diesem Fall die bessere Lösung sein könnte.

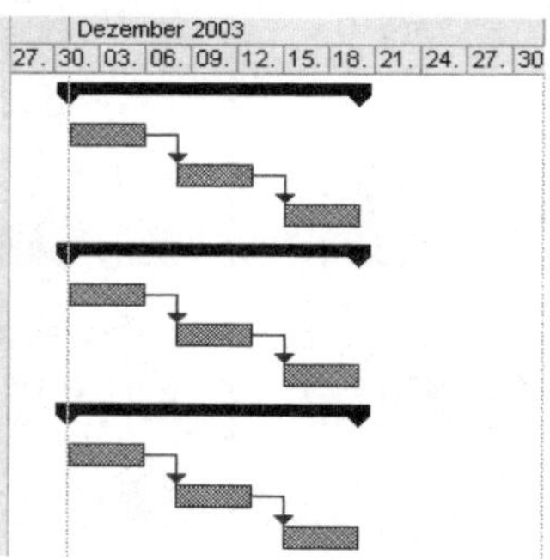

		Vorgangsname	Dauer	Anfang
1		**⊟ Modul 1**	**15 Tage**	**Mon 01.12.03**
2		Entwerfen	5 Tage	Mon 01.12.03
3		Codieren	5 Tage	Mon 08.12.03
4		Testen	5 Tage	Mon 15.12.03
5		**⊟ Modul 2**	**15 Tage**	**Mon 01.12.03**
6		Entwerfen	5 Tage	Mon 01.12.03
7		Codieren	5 Tage	Mon 08.12.03
8		Testen	5 Tage	Mon 15.12.03
9		**⊟ Modul 3**	**15 Tage**	**Mon 01.12.03**
10		Entwerfen	5 Tage	Mon 01.12.03
11		Codieren	5 Tage	Mon 08.12.03
12		Testen	5 Tage	Mon 15.12.03

Abbildung 6.16: *Objektorientiertes Modell*

Die erste, in Abbildung 6.16 dargestellte Variante weist im Vergleich zu der in Abbildung 6.17 dargestellten, tätigkeitsorientierten Variante wesentlich weniger Verknüpfungen und damit eine objektorientierte Struktur auf. Die Tätigkeiten, die verrichtet werden müssen, spielen eine untergeordnete Rolle in der Hierarchie der Strukturierung. Sie ist in diesem Fall die einfachere Struktur. Das bedeutet aber nicht zwangsläufig, dass das Objekt-Modell beim Strukturieren eines Projekts immer das bessere Modell ist. Dies müssen Sie von Projektart zu Projektart immer neu entscheiden. Es hängt auch von Ihren eigenen Vorstellungen ab, wie Ihr Projekt aussehen soll. Darüber hinaus haben Sie noch die Möglichkeit, mithilfe von Gliederungscodes (mehr dazu in ▶ Kapitel 12) mehrere Strukturierungen in Ihrem Plan unterzubringen.

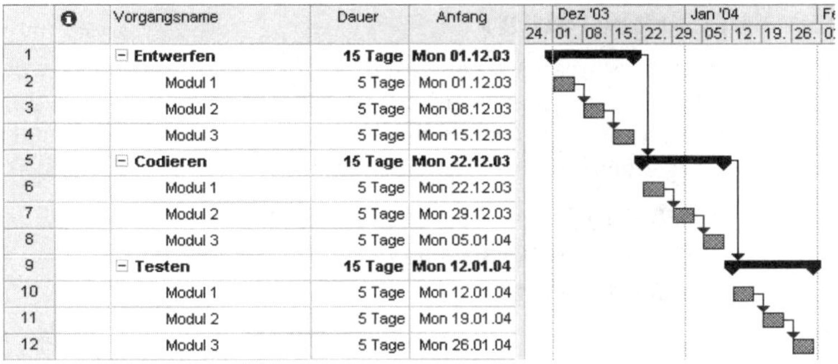

Abbildung 6.17: *Tätigkeitsorientiertes Modell*

HINWEIS Diese Überlegungen müssen Sie abschließen, bevor es an die eigentliche Eingabe der Vorgänge geht. Denn Sie sollten die Vorgänge möglichst in einer einigermaßen exakten Reihenfolge eingeben.

Verlassen Sie sich dabei nicht auf die Sortierfunktionen von Project. Diese sind eher geeignet, Ihr Projekt in Unordnung zu bringen, als eine chaotische Struktur in eine logische Abfolge umzusetzen. Sortierfunktionen sind recht hilfreich, um temporär eine Sortierung für einen Bericht oder eine Analyse durchzuführen. Die Grundstruktur des Projekts müssen Sie aber schon selbst festlegen.

WICHTIG Project kann auch mit völlig unstrukturierten Projekten arbeiten. Sie müssen aber den Überblick über das Projekt behalten können und beispielsweise Verknüpfungen richtig und vollständig definieren. Das geht deutlich einfacher, wenn Sie das Projekt schon in klar strukturierter Form eingeben.

Die Vorgangsdauern

Nun stellt sich die Frage, welche Informationen zu Vorgängen eingegeben werden und in welcher Reihenfolge dabei vorgegangen wird.

Zu Beginn geht es – abgesehen von eventuellen zusätzlichen Feldern wie dem *PSP-Code* und dem *Vorgangsverantwortlichen* – vor allem darum, folgende Informationen einzugeben:

- Vorgangsname
- Vorgangsdauer
- Termineinschränkungen
- Verknüpfungen

Die Zuordnung von Ressourcen findet dann erst in einem zweiten Schritt statt. Dadurch erreichen Sie mehr Klarheit im Aufbau Ihres Projekts und können zunächst grundlegende Terminkonflikte lösen, bevor Sie sich an die Ressourcenkonflikte machen. Sie können das Projekt so wesentlich einfacher halten.

Es gibt für die o.g. Felder keine »richtige Reihenfolge«. Auch hier ist es wieder, wie schon bei der Strukturierung, eine Frage des Arbeitsstils und der Art des Projekts.

Die wichtigste Frage dabei ist, ob zuerst die Vorgangsdauer oder die Verknüpfungen festgelegt werden. Alles in allem hat es sich bewährt, die Vorgangsdauern als »Maß der Dinge« heranzuziehen, also diese zu definieren, bevor die Verknüpfungen festgelegt werden. Es lässt sich aber mit beiden Ansätzen gut arbeiten.

Was ist die Vorgangsdauer?

WICHTIG

Wenn es um die Eingabe von Vorgängen geht, stellt sich sogleich die Frage, was eigentlich als Vorgangsdauer eingegeben werden soll. Das ist zweifellos eine der komplexesten Fragen überhaupt, weil Project die Vorgangsdauer je nach Einstellungen und gewählter Vorgehensweise unterschiedlich behandelt.

Die Dauer kann bei der Vorgangseingabe interpretiert werden als

- zeitliche Dauer des Vorgangs in Arbeitstagen oder
- Aufwand in Manntagen für den Vorgang.

Bei der zeitlichen Dauer gibt es wiederum zwei Varianten: Zum einen können es die Arbeitstage laut Kalender zwischen Vorgangsanfang und -ende sein, zum anderen aber auch die Zahl der Arbeitstage, an welchen tatsächlich an einem Vorgang gearbeitet wird. Die Vorgangsdauer muss daher in engem Zusammenhang mit der Vorgangsart und der Leistungssteuerung gesehen werden.

Grundsätzlich gelten folgende Regeln:

- Wenn Sie bei der Vorgangsart mit *Feste Dauer* arbeiten, wird die Dauer von Vorgängen als die kalendarischen Arbeitstage innerhalb des Vorgangs interpretiert. Es ist dann die tatsächliche zeitliche Dauer eines Vorgangs.
- Arbeiten Sie dagegen mit *Feste Einheiten* oder *Feste Arbeit*, so wird die Dauer als die Arbeitstage interpretiert, die tatsächlich zwischen Projektanfang und -ende liegen. Es kann dann eine Situation entstehen, in der sich beispielsweise durch die Abwesenheit von Ressourcen Lücken auftun, die bei der Berechnung der Dauer nicht berücksichtigt werden.

Falls Sie mit der Leistungssteuerung arbeiten, können Sie darüber hinaus noch eine Situation schaffen, bei der die zunächst eingegebene Vorgangsdauer faktisch als Aufwand – als die Summe der zu leistenden Arbeit – bei einem Vorgang interpretiert wird.

HINWEIS

Wenn Sie die Option der Leistungssteuerung schon bei der ersten Zuordnung von Ressourcen aktiviert haben, hängt es von der Art der Ressourcenzuordnung ab, wie sich Project an dieser Stelle verhält. Es gibt keine Option, mit der Sie Project dazu bringen könnten, sich generell in der einen oder anderen Form zu verhalten.

Ein Problem bei diesem Ansatz ist, dass die Dauer nach der Eingabe der Ressourcen letztlich wieder als Dauer und nicht mehr als Arbeit interpretiert wird. Das bedeutet, dass Sie sich immer sehr genau darüber klar sein müssen, welche Aussage das Feld *Dauer* in Ihrem Projekt nun tatsächlich hat.

Wie lange dauern Vorgänge?

In diesem Kapitel wird davon ausgegangen, dass die Vorgangsdauer im Sinne von Arbeitstagen bei einem Vorgang interpretiert wird. Dabei ist es zunächst noch unerheblich, ob Sie mit festen Vorgangsdauern oder mit einer anderen Vorgangsart arbeiten. Solange Sie keine Ressourcen zuordnen, spielt das keine Rolle. Auf die unterschiedlichen Verhaltensweisen, die Project in dieser Situation zeigt, wird in ▶ Kapitel 7, das sich mit dem Ressourcenmanagement auseinander setzt, näher eingegangen.

Wir gehen in diesem Abschnitt davon aus, dass das Feld *Dauer* die zeitliche Dauer von Vorgängen beschreibt. Das ist auch der sinnvollste Ansatz, da Sie dadurch eine klare Trennung der Bedeutung verschiedener Vorgänge erhalten. Die *Arbeit* gibt dann an, wie viele Arbeitsstunden bei einem Vorgang geleistet werden müssen. Damit wird deutlich zwischen der zeitlichen Dauer und dem zu leistenden Aufwand unterschieden – und das ist auch der Sinn, weshalb Project diese unterschiedlichen Felder bereitstellt.

Die zweite Frage, die es nun zu klären gilt, ist die nach der richtigen Vorgangsdauer. Damit wird ein Kernproblem des Projektmanagements angesprochen: das Schätzen.

Schätzmethoden gibt es viele

HINWEIS Schätzen bedeutet weder »Wissen« noch »Raten«. Schätzen ist das Ermitteln eines optimalen Ergebnisses auf Basis von Erfahrungswerten und logischen Überlegungen.

Gerade bei Entwicklungsprojekten spielt die Problematik des Schätzens eine erhebliche Rolle. Und dass kaum jemand das Problem wirklich beherrscht, wird daran deutlich, dass es kaum ein kommerzielles Softwareprodukt gibt, das im vorgegebenen Zeitrahmen fertig gestellt wird.

Die Kunst des Schätzens besteht darin, einen realistischen Wert zu erhalten. Das setzt

- Erfahrungen und
- Expertenwissen

voraus.

Gerade für die Erfahrungen kann Project wertvolle Hilfestellung leisten. Da Projekte dokumentiert werden, ist es relativ einfach möglich, einen früher angefallenen zeitlichen und/oder finanziellen Aufwand für bestimmte Arten von Projekten sowie für Aktivitäten innerhalb dieser Projekte nachzuvollziehen.

Ergänzend können auch Informationen gesammelt werden, die eine noch bessere Analyse solcher Erfahrungswerte erlauben. So können die verschiedenen Vorgänge z.B. bei Software-Projekten nach der Function Point-Methode bewertet und klassifiziert werden. Alternativ ist auch ein etwas einfacherer Weg möglich, der weiter unten in einem kleinen Modell, das sich aber auch leicht auf die Function Point-Methode ausdehnen lässt, vorgestellt wird.

Was ist überhaupt die Function Point-Methode?
Function Points sind ein Maß für die funktionale Größe von Anwendungssystemen. Was ein Function Point genau ist, wurde in einem internationalen Standard (IFPUG 4.1) von der »International Function Point Users Group« festgelegt.
Function Points – oder Funktionspunkte – messen die Zahl und die Komplexität der für einen Anwender sichtbaren Funktionen einer EDV-Anwendung.
Mehr zum Thema finden Sie unter anderem im Internet unter *www.ifpug.org*.

HINWEIS

Das Kernproblem des Schätzens kann allerdings mit Project nicht gelöst werden: Es ist auch mit dieser Software nicht möglich, ohne korrekte Strukturierung genaue Ergebnisse vorherzusagen. Die besten Schätzergebnisse lassen sich erzielen, wenn die Feinstrukturierung für das gesamte Projekt abgeschlossen ist.

Dann kann eine vollständige Analyse mithilfe der Function Point-Methode oder anderen Methoden erfolgen. Nur: dann ist gerade bei der Softwareentwicklung der größte Teil des Projekts schon gelaufen. Bei einem Bauprojekt sind die Kosten für den Architekten im Verhältnis zu den Realisierungskosten gering – bei Softwareprojekten dagegen sind die Entwurfkosten aber unter Umständen höher als die der Codierung und des Tests.

Hier hilft nur die Sammlung von Erfahrungswerten und eine schrittweise Verfeinerung der Daten, die sich in Project finden. Bereits die Function Point-Methode zeigt, dass gute Erfahrungswerte dann vorliegen, wenn eine große Grundgesamtheit gegeben ist.

Hilfsmittel in Project zum Schätzen der Dauer

Project stellt mehrere Hilfsmittel zur Verfügung, mit denen Sie sich das Schätzen von Vorgangsdauern erleichtern können:

- Eine wichtige Basis sind die Informationen in vorhandenen Projekten. Sie können auf diese Informationen zurückgreifen, um zu überprüfen, wie viel Aufwand bei bestimmten Vorgängen tatsächlich investiert wurde.
- Sie können die Informationen aus Projekt-Dateien in Datenbanken überführen. Project stellt dazu eine *ODBC*-Schnittstelle zur Verfügung. Das erleichtert die Analyse der Informationen auch deshalb, weil Sie Informationen aus mehreren Projekten in eine Datenbank übernehmen können.
- Sie können mit Vorlagen arbeiten, in denen – für Projekte mit relativ klar vorgegebener Struktur – Informationen auch über typische Vorgangsdauern enthalten sind.
- Sie können auf Basis von Datenbanken ganze Schätzmodelle realisieren. Voraussetzung dafür ist, dass Sie ein Feld wie *Text1* dazu nutzen, eine Klassifikation für Vorgänge einzugeben. Sie können dann für Klassen von Vorgängen in der Datenbank sehr schnell ermitteln, wie der tatsächliche Aufwand war.

HINWEIS

Gerade, wenn Sie Informationen aus vergangenen Projekten übernehmen, müssen Sie aber eines berücksichtigen: es gibt *Dauer* und *Arbeit*. Am besten analysieren Sie beide Informationen, um auch den Unterschied zwischen *Dauer* als zeitlicher Komponente und der tatsächlich geleisteten *Arbeit* berücksichtigen zu können.

Sie müssen bei der Eingabe von Vorgangsdauern auch deshalb auf diesen Unterschied achten, weil sich Vorgangsdauern ändern können, wenn Sie zusätzliche Ressourcen zuordnen. Sie sollten daher entweder davon ausgehen, dass der Vorgang nur von einer Ressource durchgeführt wird, wenn Sie die Vorgangsdauern definieren, oder die in die Schätzung der Vorgangsdauer eingeflossene Zahl der Ressourcen mit angeben.

Ein Beispiel zur Schätzproblematik

Jetzt soll das Beispielprojekt, das für den weiteren Verlauf dieses und des nächsten Kapitels zum Ressourcenmanagement verwendet wird, kurz vorgestellt werden. Im Beispiel geht es um ein kleines Softwareentwicklungsprojekt. Es ist im Vergleich mit der Realität stark reduziert. Ziel ist in diesem Fall auch nicht die vollständige Darstellung eines Projekts zur Softwareentwicklung, sondern das Aufzeigen besonderer Problemstellungen in einem solchen Projekt.

Sie können dieses Projekt nutzen, indem Sie auf der CD-ROM zum Buch im Ordner *\Buch\Kap06* die Datei *Kap06.mpd* öffnen und dort das Projekt »Basisprojekt« auswählen. Die Datei ist als Projekt-Datenbank gespeichert, in der sich wiederum verschiedene Zwischenstände des Projekts finden. Sie können daher an unterschiedlichen Stellen aufsetzen.

Abbildung 6.18: *Das Beispielprojekt*

	i	Vorgangsname	Dauer	Anfang	Ende	Vorgänger	Ressourcennamen
1		**Meilensteine**	**0 Tage?**	**Mon 01.03.04**	**Mon 01.03.04**		
2		Projektbeginn	0 Tage?	Mon 01.03.04	Mon 01.03.04		
3		Projektende	0 Tage?	Mon 01.03.04	Mon 01.03.04		
4		**Problemanalyse**	**1 Tag?**	**Mon 01.03.04**	**Mon 01.03.04**		
5		Modularisierung	1 Tag?	Mon 01.03.04	Mon 01.03.04		
6		Schnittstellendefinition	1 Tag?	Mon 01.03.04	Mon 01.03.04		
7		Testdaten	1 Tag?	Mon 01.03.04	Mon 01.03.04		
8		**Entwicklung**	**1 Tag?**	**Mon 01.03.04**	**Mon 01.03.04**		
9		Entwicklungsvorgang	1 Tag?	Mon 01.03.04	Mon 01.03.04		
10		**Test**	**1 Tag?**	**Mon 01.03.04**	**Mon 01.03.04**		
11		Testvorgang	1 Tag?	Mon 01.03.04	Mon 01.03.04		
12		**Einführung**	**1 Tag?**	**Mon 01.03.04**	**Mon 01.03.04**		
13		Einführungsvorgang	1 Tag?	Mon 01.03.04	Mon 01.03.04		

Die in Abbildung 6.18 dargestellte Struktur ist noch sehr grob. Verknüpfungen wurden bisher ebenso wenig definiert wie Vorgangsdauern eingetragen wurden. Außerdem sind alle späteren Phasen des Projekts noch nicht detailliert dargestellt, da erst nach der *Modularisierung* die weiteren Phasen geplant werden können.

Aber dem Projekt ist schon einmal eine Struktur gegeben worden nach dem Prinzip der tätigkeitsorientierten Herangehensweise.

Eingabe einer ersten Dauerschätzung

Im ersten Schritt müssen nun die Vorgangsdauern angegeben werden. Diese können ebenfalls nur für die ersten Phasen einigermaßen genau festgelegt werden. Für die sehr grob definierten Phasen – insbesondere die Entwicklung und den Test – werden sie dagegen nur als geschätzte Richtgrößen (Abbildung 6.19) eingetragen.

	i	Vorgangsname	Dauer	Geschätzt	Anfang	Ende	Vorgänger	Ressourcen
1		⊟ **Meilensteine**	**0 Tage**	**Nein**	**Mon 01.03.04**	**Mon 01.03.04**		
2		Projektbeginn	0 Tage	Nein	Mon 01.03.04	Mon 01.03.04		
3		Projektende	0 Tage	Nein	Mon 01.03.04	Mon 01.03.04		
4		⊟ **Problemanalyse**	**10 Tage?**	**Ja**	**Mon 01.03.04**	**Fre 12.03.04**		
5		Modularisierung	3 Tage	Nein	Mon 01.03.04	Mit 03.03.04		
6		Schnittstellendefinitior	5 Tage	Nein	Mon 01.03.04	Fre 05.03.04		
7		Testdaten	10 Tage?	Ja	Mon 01.03.04	Fre 12.03.04		
8		⊟ **Entwicklung**	**60 Tage?**	**Ja**	**Mon 01.03.04**	**Fre 21.05.04**		
9		Entwicklungsvorgang	60 Tage?	Ja	Mon 01.03.04	Fre 21.05.04		
10		⊟ **Test**	**15 Tage?**	**Ja**	**Mon 01.03.04**	**Fre 19.03.04**		
11		Testvorgang	15 Tage?	Ja	Mon 01.03.04	Fre 19.03.04		
12		⊟ **Einführung**	**5 Tage**	**Nein**	**Mon 01.03.04**	**Fre 05.03.04**		
13		Einführungsvorgang	5 Tage	Nein	Mon 01.03.04	Fre 05.03.04		

Abbildung 6.19: *Eine erste Schätzung der Dauern*

Außerdem werden die Dauern für die beiden speziellen Vorgänge *Projektbeginn* und *Projektende* auf *0* gesetzt. Dadurch werden diese Vorgänge zu *Meilensteinen* gemacht.

HINWEIS

Diese speziellen Vorgänge sind sehr sinnvoll in Projekten, da hierdurch sichergestellt ist, dass es nur einen Anfang und ein Ende im Projektplan geben kann. Damit lässt sich eine korrekte Struktur des Projektplans als geschlossener Graph erreichen. Darüber hinaus können diesen Vorgängen auch feste Kosten, die sich auf das Projekt als Ganzes beziehen, zugeordnet werden.

Der Umgang mit geschätzten Dauern

Bei der Eingabe von Vorgängen wird standardmäßig, wie bereits im vorangegangenen Kapitel ausgeführt, eine geschätzte Dauer eingetragen. Das ist auch in Abbildung 6.19 sichtbar. Diese geschätzten Dauern sind durch ein Fragezeichen gekennzeichnet. Wenn nun direkt eine Dauer eingegeben wird, setzt Project den Wert im Feld *Dauer* auf eine geplante Dauer, entfernt also das Fragezeichen.

TIPP

Die Dauer kann auch direkt mit einem Fragezeichen eingegeben werden und wird dann weiterhin als geschätzte Dauer behandelt.

Wie geht Project mit der Information *Geschätzt* um?

HINWEIS

Es ist wichtig zu verstehen, dass geschätzte Dauern keinen Einfluss auf die Berechnungen haben, die Project durchführt. Ob mit geschätzten oder geplanten Dauern gearbeitet wird, ist irrelevant. Die Kennzeichnung als geschätzte Dauer ist nur eine Hilfe für den Projektmanager, um diesem auf einen Blick deutlich zu machen, welchen Status der Eintrag für die Dauer bei den jeweiligen Vorgängen hat. So kann beispielsweise auch eine Filterung nach Vorgängen mit geschätzter Dauer erfolgen.

Die Umschaltung zwischen geschätzter Dauer und geplanter Dauer kann mit den nachfolgenden Ansätzen erfolgen:

- Bei der direkten Eingabe von Dauern wird eine geschätzte Dauer dadurch festgelegt, dass ein Fragezeichen hinter der Einheit der Dauer eingegeben wird (also z.B. »3t?«). Wird kein Fragezeichen eingegeben, so wird auf geplante Dauer umgeschaltet.

- Das Feld *Geschätzt* kann beispielsweise in die Tabelle *Eingabe* aufgenommen werden. Darüber kann dann jederzeit zwischen der geschätzten und geplanten Dauer hin- und hergeschaltet werden.
- Von der geschätzten Dauer zur geplanten Dauer kann auch gewechselt werden, wenn die Dauer des Vorgangs über die Drehfelder (nach oben oder unten) direkt im Feld für die Dauer (z.B. in der Ansicht *Vorgang: Tabelle*) verändert wird.
- Eine weitere Alternative stellt das Kontrollkästchen *Geschätzt* im Dialogfeld *Informationen zum Vorgang* auf der Registerkarte *Allgemein* (Menübefehl *Projekt/Informationen zum Vorgang*) dar.

Ob mit geschätzter Dauer gearbeitet werden soll und dass neue Vorgänge automatisch mit geschätzter Dauer erstellt werden, kann auf der Registerkarte *Terminplan* unter *Extras/Optionen* festgelegt werden, wie bereits in ▶ Kapitel 5 ausgeführt.

Verknüpfungen und Einschränkungen

Nachdem die Basis mit den eingegebenen Vorgängen und den Vorgangsdauern geschaffen wurde, geht es im nächsten Schritt um zwei wichtige Informationen zu den Vorgängen. Da sind zum einen die Verknüpfungen zwischen den Vorgängen und zum anderen die Termineinschränkungen.

Auch hier sollten Sie sich vorab überlegen, womit Sie beginnen möchten. Wenn Sie zuerst Termineinschränkungen definieren, werden Sie in den meisten Projekten bereits bei der Definition der Verknüpfungen mit Terminplanmeldungen konfrontiert, die Sie darauf hinweisen, dass sich das Projekt nicht im geplanten zeitlichen Rahmen durchführen lässt.

Alternativ können Sie zunächst auch die Verknüpfungen definieren. Sobald Sie dann die erste und wichtigste Einschränkung, nämlich den vorgesehenen Endtermin beim Vorgang *Projektende*, definieren, werden Sie typischerweise ebenfalls mit dieser Situation konfrontiert. Der Vorteil ist, dass Sie erst in Ruhe die Verknüpfungen festlegen können, bevor es dann an das Management von Terminkonflikten geht.

Wir werden uns daher im vorliegenden Beispiel auch an diese Reihenfolge halten. Im ersten Schritt werden die Verknüpfungen festgelegt (Abbildung 6.20), bevor es dann an die Termineinschränkungen geht.

Abbildung 6.20: *Nächster Schritt: Festlegen der Verknüpfungen*

	ℹ	Vorgangsname	Dauer	Anfang	Ende	Vorgänger	Ressourcennamen
1		**⊟ Meilensteine**	**98 Tage**	**Mon 01.03.04**	**Mit 14.07.04**		
2		Projektbeginn	0 Tage	Mon 01.03.04	Mon 01.03.04		
3		Projektende	0 Tage	Mit 14.07.04	Mit 14.07.04	12	
4		**⊟ Problemanalyse**	**18 Tage?**	**Mon 01.03.04**	**Mit 24.03.04**	**2**	
5		Modularisierung	3 Tage	Mon 01.03.04	Mit 03.03.04		
6		Schnittstellendefinition	5 Tage	Don 04.03.04	Mit 10.03.04	5	
7		Testdaten	10 Tage?	Don 11.03.04	Mit 24.03.04	6	
8		**⊟ Entwicklung**	**60 Tage?**	**Don 25.03.04**	**Mit 16.06.04**	**4**	
9		Entwicklungsvorgang	60 Tage?	Don 25.03.04	Mit 16.06.04		
10		**⊟ Test**	**15 Tage?**	**Don 17.06.04**	**Mit 07.07.04**	**8**	
11		Testvorgang	15 Tage?	Don 17.06.04	Mit 07.07.04		
12		**⊟ Einführung**	**5 Tage**	**Don 08.07.04**	**Mit 14.07.04**	**10**	
13		Einführungsvorgang	5 Tage	Don 08.07.04	Mit 14.07.04		

Die Definition von Verknüpfungen

Wie Verknüpfungen definiert werden und welche Formen von Verknüpfungen es gibt, wurde schon zu Beginn des ▶ Kapitels 3 besprochen. Dem ist von der technischen Warte aus auch nichts mehr hinzuzufügen.

Es gibt aber noch eine grundsätzliche Überlegung, die in diesem Zusammenhang angestellt werden muss. Das gilt vor allem für die Art von Verknüpfungen.

In ▶ Kapitel 3 wurden die vier Varianten von Verknüpfungen, die bei Project zur Auswahl stehen, erläutert. Die wichtigste Form der Verknüpfung ist die so genannte *Ende-Anfang*-Verknüpfung. Diese wird von Project verwendet, wenn nichts anderes angegeben wurde. Die *EA*-Verknüpfung sagt aus, dass der Nachfolger beginnen kann, wenn der Vorgänger abgeschlossen hat.

Alle anderen Formen von Verknüpfungen haben in der Praxis nur geringe Bedeutung. Sie sollten den Einsatz dieser Verknüpfungsarten dann erwägen, wenn Sie dafür zwingende sachliche Gründe haben bzw. die Standard-Verknüpfung für die Abbildung der Realität nicht geeignet ist.

Es gibt durchaus Beispiele für eine sinnvolle *Anfang-Anfang*-Verknüpfung. Wenn zwei Vorgänge weitgehend parallel laufen, der eine aber auf Informationen aus dem anderen angewiesen ist, so kann diese Form der Verknüpfung verwendet werden.

Zwei zusätzliche Optionen für Verknüpfungen

- Sie können Verknüpfungen in der Form *2EA+2t* definieren. Wenn diese Information in der Spalte *Vorgänger* steht, bedeutet das, dass der Vorgang ein Nachfolger von Vorgang 2 ist und frühestens zwei Tage nach dem Ende dieses Vorgangs beginnen darf. Natürlich können Sie anstelle von Tagen auch andere Einheiten verwenden und ebenso wie die im Beispiel dargestellte positive Überlappung, auch eine negative Überlappung festlegen.
- Sie können Verknüpfungen in der Form *2EA-50%* definieren. Anstatt mit festen Zeiten zu arbeiten, hängt die Überlappung von der Dauer des jeweils anderen Vorgangs ab.

HINWEIS

Wenn Sie mit Überlappungen mit prozentualen Angaben arbeiten, haben Sie ein hohes Risiko, etwaige Terminengpässe zu verschärfen. Der Abstand der Vorgänge hängt in diesem Fall von der Dauer der Vorgänge ab. Wenn Sie vier Tage Dauer für einen Vorgang geplant und die Überlappung auf 50% festgelegt haben, sind zunächst zwei Tage Abstand zwischen diesen beiden Vorgängen. Wenn sich die Dauer des ersten Vorgangs nun aber auf sechs Tage erhöht, wird der Abstand auch auf drei Tage erweitert. Damit hat sich das Terminproblem de facto um einen weiteren Tag vergrößert.

Diese Problematik führt zwangsläufig zur nächsten Anmerkung: Die Vorgangsverknüpfungen müssen sachlich gerechtfertig sein. Sie dürfen nicht Probleme des Ressourcenmanagements oder gar Puffer reflektieren, sondern sollen nur die sachlichen Zusammenhänge von Vorgängen in einem Projekt widerspiegeln.

In der Praxis wird das in sehr vielen Fällen falsch gemacht und führt dann zu allergrößten Problemen bei der Arbeit mit Project. Der eine Fehler ist, dass Vorgänge miteinander verknüpft werden, weil sie von der gleichen Ressource durchgeführt werden müssen und damit nicht parallel ablaufen können. Darauf sollten Sie verzichten. Sie werden im folgenden ▶ Kapitel 7 mit dem Feld *Verzögerung* noch ein spezielles Feld kennen lernen, mit dem Sie diese praktischen Probleme abbilden können.

TIPP Viele Projektmanager versuchen, künstliche Puffer einzubauen. Das kann beispielsweise durch Verknüpfungen mit zeitlichen Abständen oder durch entsprechend hoch gesetzte Vorgangsdauern geschehen. Solche Puffer fallen in einem Balkendiagramm stark auf, wenn sie über die Verknüpfungen festgelegt werden.

Wenn in die Vorgangsdauern künstlich Spielräume eingebaut werden, können Sie keine auch nur ansatzweise genaue Planung durchführen, weil Sie nicht wissen, wie viel Zeit Sie tatsächlich noch benötigen.

Letztlich müssen Sie hier Rückgrat beweisen und bestehende Puffer, die auch explizit in den entsprechenden Feldern von Project zu finden sind, als erforderlich rechtfertigen, wenn diese es denn sind. Natürlich ist die Neigung von Vorgesetzten groß, solche Puffer zum Anlass zu nehmen, den Endtermin eines Projekts vorzuziehen, um Lorbeeren einzuheimsen. Dazu muss man (und das kann auch diskret erfolgen) auf das mit der Verkürzung eventueller Puffer einhergehende Risiko aufmerksam machen: Wenn die Termine knapper gesetzt werden und damit die Puffer kleiner werden, ist das Risiko größer, den Endtermin des Projekts zu einem späteren Zeitpunkt wieder nach hinten verlegen zu müssen.

Die Verknüpfungen mit Überlappungen versehen

Nehmen wir an, Sie wollen eine überlappende Verknüpfung festlegen, weil der Vorgang *Schnittstellendefinition* zwei Tage nach dem Beginn der Modularisierung beginnen kann.

- Für diese Aufgabe gibt es verschiedene Lösungsansätze. Der einfachste Ansatz, wenn größere Projekte bearbeitet werden, ist die manuelle Eingabe der Information in der Ansicht *Vorgang: Tabelle* bzw. der von Ihnen auf dieser Basis erstellten Ansicht. Im Beispielprojekt ist es die Ansicht *Vorgang: Standardeingabe* mit der Tabelle *Standardeingabe*.
- In der Spalte *Vorgänger* können Sie nun die Information eintragen. Im Beispiel wird beim Vorgang *Schnittstellendefinition* der Wert *5AA+2t* eingegeben.

Abbildung 6.21: *Vorgang* Schnittstellendefinition *mit einer 2-Tages-Überlappung*

	ℹ	Vorgangsname	Dauer	Anfang	Ende	Vorgänger	Ressourcennamen
1		⊟ **Meilensteine**	**97 Tage**	**Mon 01.03.04**	**Die 13.07.04**		
2		Projektbeginn	0 Tage	Mon 01.03.04	Mon 01.03.04		
3		Projektende	0 Tage	Die 13.07.04	Die 13.07.04	12	
4		⊟ **Problemanalyse**	**17 Tage?**	**Mon 01.03.04**	**Die 23.03.04**	**2**	
5		Modularisierung	3 Tage	Mon 01.03.04	Mit 03.03.04		
6		Schnittstellendefinitic	5 Tage	Mit 03.03.04	Die 09.03.04	5AA+2 Tage	
7		Testdaten	10 Tage?	Mit 10.03.04	Die 23.03.04	6	
8		⊟ **Entwicklung**	**60 Tage?**	**Mit 24.03.04**	**Die 15.06.04**	**4**	
9		Entwicklungsvorgan	60 Tage?	Mit 24.03.04	Die 15.06.04		
10		⊟ **Test**	**15 Tage?**	**Mit 16.06.04**	**Die 06.07.04**	**8**	
11		Testvorgang	15 Tage?	Mit 16.06.04	Die 06.07.04		
12		⊟ **Einführung**	**5 Tage**	**Mit 07.07.04**	**Die 13.07.04**	**10**	
13		Einführungsvorgang	5 Tage	Mit 07.07.04	Die 13.07.04		

Die Abbildung 6.21 zeigt das Projekt nebst Verknüpfungen. Diese Version des Projekts ist unter der Bezeichnung »Basisprojekt mit Verknüpfungen und Überlappungen« in der Projekt-Datenbank *Kap06.mpd* auf der CD-ROM zu diesem Buch gespeichert.

Verknüpfungen analysieren

Bei einem so kleinen Projekt wie diesem lässt sich die Richtigkeit der Verknüpfungen noch leicht verifizieren. Bei größeren Projekten wird das schon um einiges problematischer. Project stellt aber eine ganze Reihe von Hilfsmitteln bereit, um die Richtigkeit von Verknüpfungen überprüfen zu können (vgl. Abbildung 6.22). Sehen Sie sich hierzu ergänzend die Tabelle 6.4 an.

***Tabelle 6.4:** Die drei gröbsten Fehler beim Verknüpfen von Vorgängen*

Fehler	Erklärung
Sammelvorgänge und Teilvorgänge sollten keine gemeinsamen Verknüpfungen haben	In Project kann jede Zeile (Vorgang) Verknüpfungen beinhalten. Sie sollten auf keinen Fall von Vorgängen der untersten Ebene auf Sammelvorgänge Verknüpfungen erstellen. Das ist zwar technisch möglich, ist aber in der Regel unnötig und führt oft dazu, dass in einem Projekt viele Verknüpfungen existieren die unnötig sind. Gehen Sie nach dem Black-Box-Prinzip vor und packen alle Vorgänge unter einen Sammelvorgang. Dann müssen Sie nur noch die Sammelvorgänge miteinander verknüpfen. Sie gewinnen Übersichtlichkeit und vermeiden unnötige Verknüpfungen. Wie das aussehen kann sehen Sie in dem hier dargestellten Beispielprojekt.
Projektbeginn darf keinen Vorgänger haben	Beim Vorgang *Projektbeginn* darf es keinen Vorgänger geben, beim Vorgang *Projektende* entsprechend keinen Nachfolger. Alle anderen Vorgänge müssen entweder einen Vorgänger und einen Nachfolger besitzen, oder durch einen Sammelvorgang gekapselt sein. Ist dies nicht der Fall, so kann das in dieser Ansicht auf einen Blick erkannt werden. Sie können damit zwar nicht sicherstellen, dass alle Verknüpfungen korrekt definiert sind. Sie können aber immerhin erkennen, ob alle Vorgänge in das Projekt eingebunden sind.
Es darf nur ein Ende und einen Anfang geben	Es ist definitiv falsch, wenn diese Situation nicht gegeben ist. Ein Projektplan muss ein so genannter »geschlossener Graph« sein, wenn er z.B. als *PERT*-Diagramm dargestellt wird. Das bedeutet, dass es nur einen Anfang und ein Ende geben darf. Ist das nicht der Fall, kann Project nicht korrekt rechnen. Es können in diesem Fall keine für alle Situationen korrekten Puffer und keine korrekten kritischen Pfade ermittelt werden. Dieser gravierende Fehler ist zugleich einer der häufigsten beim praktischen Einsatz von Projektplanungssoftware. Dieses Prinzip ist auch auf alle Black-Boxes in Ihrem Projekt anzuwenden.

Analyse mit der Tabelle *Vorgang: Vorgangseingabe*

Auf einen Ansatz wurde bereits weiter oben in diesem Kapitel eingegangen. Zusätzlich zur Spalte *Vorgänger* kann auch noch die Spalte *Nachfolger* in die Tabelle aufgenommen werden. Damit lassen sich die gravierenden Fehler bei der Definition von Verknüpfungen auf einen Blick erkennen.

Abbildung 6.22: Die Spalte Nachfolger *kann zur Überprüfung von Verknüpfungen verwendet werden*

		Vorgangsname	Dauer	Anfang	Ende	Vorgänger	Nachfolger	Ressourcennamen
1		**⊟ Meilensteine**	**97 Tage**	**Mon 01.03.04**	**Die 13.07.04**			
2		Projektbeginn	0 Tage	Mon 01.03.04	Mon 01.03.04		4	
3		Projektende	0 Tage	Die 13.07.04	Die 13.07.04	12		
4		**⊟ Problemanalyse**	**17 Tage?**	**Mon 01.03.04**	**Die 23.03.04**	**2**	**8**	
5		Modularisierung	3 Tage	Mon 01.03.04	Mit 03.03.04		6AA+2 Tage	
6		Schnittstellendefinitic	5 Tage	Mit 03.03.04	Die 09.03.04	5AA+2 Tage	7	
7		Testdaten	10 Tage?	Mit 10.03.04	Die 23.03.04	6		
8		**⊟ Entwicklung**	**60 Tage?**	**Mit 24.03.04**	**Die 15.06.04**	**4**	**10**	
9		Entwicklungsvorgan	60 Tage?	Mit 24.03.04	Die 15.06.04			
10		**⊟ Test**	**15 Tage?**	**Mit 16.06.04**	**Die 06.07.04**	**8**	**12**	
11		Testvorgang	15 Tage?	Mit 16.06.04	Die 06.07.04			
12		**⊟ Einführung**	**5 Tage**	**Mit 07.07.04**	**Die 13.07.04**	**10**	**3**	
13		Einführungsvorgang	5 Tage	Mit 07.07.04	Die 13.07.04			

Analyse mithilfe des Balkendiagramms

Auch im *Balkendiagramm (Gantt)* wird die Struktur der Verknüpfungen sehr gut deutlich (siehe Abbildung 6.23). Sie können hier, vor allem bei kleineren Projekten, direkt erkennen, ob die Verknüpfungen korrekt definiert sind. Auf die Anpassung des Layouts wurde bereits in ▶ Kapitel 3 eingegangen.

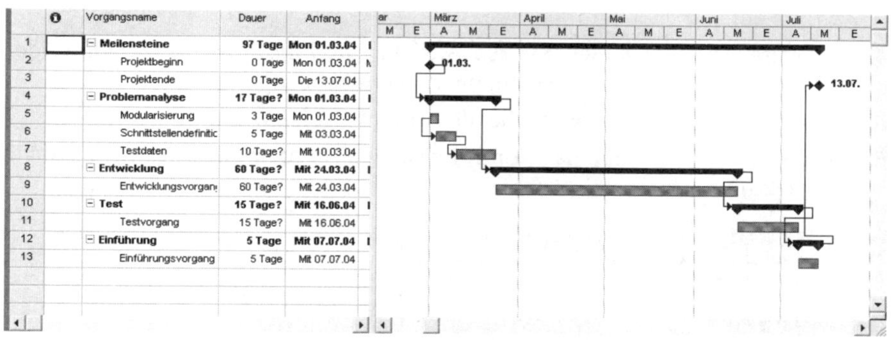

Abbildung 6.23: Die Verknüpfungen im Balkendiagramm (Gantt)

Für die Netzplaner: Das PERT-Diagramm

Noch deutlicher werden die Verknüpfungen im *Netzplandiagramm (PERT)* sichtbar (vgl. Abbildung 6.24). Dieses können Sie ebenso wie das *Balkendiagramm (Gantt)* direkt über das Menü *Ansicht* oder über die Ansichtsleiste aufrufen.

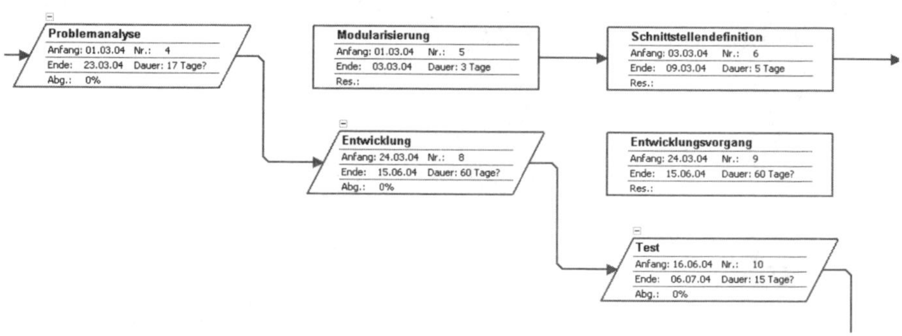

Abbildung 6.24: Noch deutlicher werden die Verknüpfungen im Netzplandiagramm (PERT)

Grafische Darstellung von Vorgänger und Nachfolger

Alle beschriebenen Ansichten sind auf einen kompletten Überblick über das Projekt ausgelegt.

Um das Projekt schrittweise analysieren zu können, können Sie auch eine eigene Ansicht zusammenstellen, die Ihnen optimale Informationen über die Vorgangsverknüpfungen bietet:

1. Wählen Sie im Menü *Ansicht* den Befehl *Weitere Ansichten* aus und klicken Sie dort die Schaltfläche *Neu* an.
2. Im angezeigten Dialogfeld *Neue Ansicht definieren* (Abbildung 6.25) wählen Sie die Option *Ansichtskombination* aus.

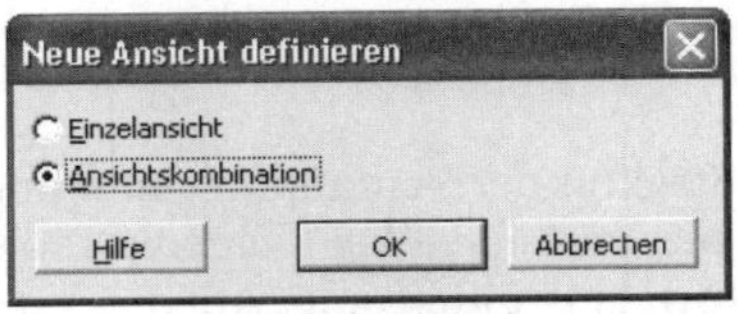

Abbildung 6.25: *Eine neue Ansicht erstellen*

3. Als Name für die neue Ansicht geben Sie beispielsweise *Vorgang: Netzplananalyse* ein.
4. Als obere Ansicht wählen Sie die Ansicht *Vorgang: Vorgangseingabe* oder, falls Sie diese nicht erstellt haben, die Ansicht *Vorgang: Tabelle*.
5. Als untere Ansicht verwenden Sie die Ansicht *Beziehungsdiagramm*.
6. Aktivieren Sie jetzt noch das Kontrollkästchen *Im Menü anzeigen* (vgl. Abbildung 6.26).

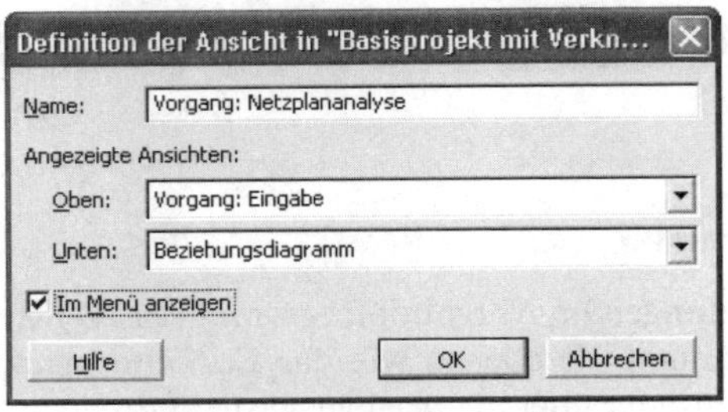

Abbildung 6.26: *Wie soll die neue Ansicht aussehen?*

7. Schließen Sie das Dialogfeld durch Klick auf die Schaltflächen *OK* und bestätigen Sie abschließend mit *Auswahl*.

Abbildung 6.27:
Die fertige Ansicht

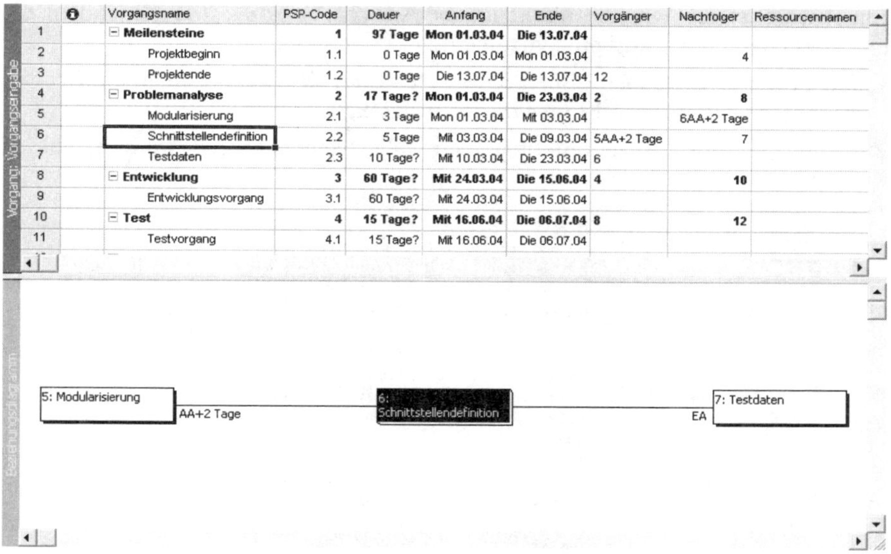

	Vorgangsname	PSP-Code	Dauer	Anfang	Ende	Vorgänger	Nachfolger	Ressourcennamen
1	**Meilensteine**	**1**	**97 Tage**	**Mon 01.03.04**	**Die 13.07.04**			
2	Projektbeginn	1.1	0 Tage	Mon 01.03.04	Mon 01.03.04		4	
3	Projektende	1.2	0 Tage	Die 13.07.04	Die 13.07.04	12		
4	**Problemanalyse**	**2**	**17 Tage?**	**Mon 01.03.04**	**Die 23.03.04**	**2**	**8**	
5	Modularisierung	2.1	3 Tage	Mon 01.03.04	Mit 03.03.04		6AA+2 Tage	
6	Schnittstellendefinition	2.2	5 Tage	Mit 03.03.04	Die 09.03.04	5AA+2 Tage	7	
7	Testdaten	2.3	10 Tage?	Mit 10.03.04	Die 23.03.04	6		
8	**Entwicklung**	**3**	**60 Tage?**	**Mit 24.03.04**	**Die 15.06.04**	**4**	**10**	
9	Entwicklungsvorgang	3.1	60 Tage?	Mit 24.03.04	Die 15.06.04			
10	**Test**	**4**	**15 Tage?**	**Mit 16.06.04**	**Die 06.07.04**	**8**	**12**	
11	Testvorgang	4.1	15 Tage?	Mit 16.06.04	Die 06.07.04			

In dieser Ansicht (Abbildung 6.27) können Sie nun im oberen Bereich die Vorgänge auswählen. Im unteren Bereich sehen Sie dann in grafischer Form jeweils die Vorgänger und Nachfolger des ausgewählten Vorgangs.

HINWEIS Bei der Erstellung von Ansichts-Kombinationen müssen Sie im oberen Bereich immer eine Ansicht wählen, in der in tabellarischer Form Vorgänge oder Ressourcen angezeigt werden. Das kann auch die Ansicht *Balkendiagramm (Gantt)* sein. Im unteren Bereich können Sie dann (fast) beliebige Ansichten verwenden.

Die Festlegung von Einschränkungsterminen

Nachdem die Verknüpfungen definiert und analysiert sind, können im nächsten Schritt die Einschränkungstermine festgelegt werden.

Einschränkungstermine werden vor allem in den folgenden Situationen definiert:

- Für das *Projektende* sollte in jedem Fall ein Einschränkungstermin festgelegt werden, um das Terminziel abzubilden.
- Für *Meilensteine* bietet sich die Definition von Einschränkungsterminen ebenfalls an.
- Einschränkungstermine müssen darüber hinaus auch bei Vorgängen gesetzt werden, bei denen es eine sachliche Begründung für eine solche Einschränkung gibt. Ein Beispiel dafür sind Veranstaltungstermine innerhalb eines Projekts, die fixiert sind. Es können aber auch Einschränkungen gesetzt werden, weil beispielsweise der Außenanstrich eines Gebäudes vor dem Winter oder die Pflanzarbeiten erst nach dem Winter erfolgen können.

Die Definition von Einschränkungsterminen kann, wie die meisten anderen Aufgaben bei Project, auf verschiedene Arten erfolgen.

Ein Ansatz ist die Eingabe direkt in der Ansicht *Vorgang: Tabelle*, indem die erforderlichen Felder dort eingefügt werden:

1. Fügen Sie in die Tabelle *Eingabe* oder eine Kopie dieser Tabelle die Spalten *Einschränkungsart* und *Einschränkungstermin* ein.
2. Geben Sie dort Einschränkungen an, falls welche gesetzt werden müssen (Abbildung 6.28).

	i	Vorgangsname	Dauer	Anfang	Ende	Einschränkungsart	Einschränkungstermin	Vorgänger
1		**⊟ Meilensteine**	**97 Tage**	**Mon 01.03.04**	**Die 13.07.04**	**So früh wie möglich**	**NV**	
2		Projektbeginn	0 Tage	Mon 01.03.04	Mon 01.03.04	So früh wie möglich	NV	
3		Projektende	0 Tage	Die 13.07.04	Die 13.07.04	Ende nicht später als	Don 15.07.04	12
4		**⊟ Problemanalyse**	**17 Tage?**	**Mon 01.03.04**	**Die 23.03.04**	**So früh wie möglich**	**NV**	**2**
5		Modularisierung	3 Tage	Mon 01.03.04	Mit 03.03.04	So früh wie möglich	NV	
6		Schnittstellendefinitic	5 Tage	Mit 03.03.04	Die 09.03.04	So früh wie möglich	NV	5AA+2 Tage
7		Testdaten	10 Tage?	Mit 10.03.04	Die 23.03.04	So früh wie möglich	NV	6
8		**⊟ Entwicklung**	**60 Tage?**	**Mit 24.03.04**	**Die 15.06.04**	**So früh wie möglich**	**NV**	**4**
9		Entwicklungsvorgan	60 Tage?	Mit 24.03.04	Die 15.06.04	So früh wie möglich	NV	
10		**⊟ Test**	**15 Tage?**	**Mit 16.06.04**	**Die 06.07.04**	**So früh wie möglich**	**NV**	**8**
11		Testvorgang	15 Tage?	Mit 16.06.04	Die 06.07.04	So früh wie möglich	NV	
12		**⊟ Einführung**	**5 Tage**	**Mit 07.07.04**	**Die 13.07.04**	**So früh wie möglich**	**NV**	**10**
13		Einführungsvorgang	5 Tage	Mit 07.07.04	Die 13.07.04	So früh wie möglich	NV	

Abbildung 6.28: *Die Tabelle zur Eingabe der Einschränkungen*

HINWEIS

Dieser Ansatz ist auch praktisch, um schnell erkennen zu können, welche Termineinschränkungen gesetzt sind. Allerdings ist das bei Project nicht mehr so bedeutsam, da in der Spalte *Indikatoren* ein Symbol eingefügt wird, wenn Termineinschränkungen festgelegt werden. Solche Einschränkungen werden z.B. auch definiert, wenn Sie manuell einen Anfangs- oder Endtermin für einen Vorgang festlegen.

Alternativ können Sie die Einschränkungen auch über die Vorgangseigenschaften definieren. Diese können Sie mit der Tastenkombination Umschalt+F2 oder über den Befehl *Informationen zum Vorgang* im Kontextmenü des Vorgangs bzw. im Menü *Projekt* aufrufen. Die Termineinschränkungen werden in der Registerkarte *Spezial* (Abbildung 6.29) definiert.

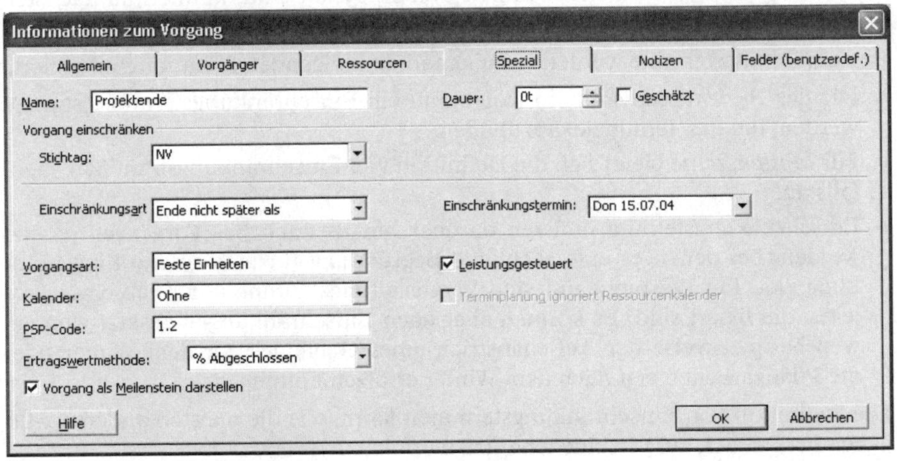

Abbildung 6.29: *Die Informationen zum Vorgang*

In unsere[illegible] Beispiel soll nun eine Termineinschränkung für das Projektende (am 15.07.20[illegible]t werden:

1. Gebe[illegible]en Vorgang *Projektende* den Endtermin in der Spalte *Einschr*[illegible]*min* ein. Es erscheint dadurch bereits ein Symbol in der Spalte *Ind*[illegible]
2. W[illegible] der Spalte *Einschränkungsart* die Einschränkung *Ende nicht sp*[illegible].

Pro[illegible] sich nun intensiv darum, Ihnen das Leben zu erleichtern – leider ver[illegible]n Vorschlag, keine oder nur eine weiche Einschränkung festzulege[illegible]ie ignorieren. Denn die Einschränkung *Ende nicht früher als* hat of[illegible] nicht die gewünschte Wirkung.

[illegible] Sie eine Einschränkung definiert. Project ist leider an dieser Stelle gar [illegible]üht, die Komplexität zu reduzieren. Der Sinn von Termineinschränkun[illegible]r gerade, dass Sie damit Konflikte im Terminplan aufzeigen (Abbildung [illegible]halb müssen Sie ggf. auch harte Einschränkungen definieren.

[illegible]Beispiel führt die Einschränkung noch zu keinem Terminkonflikt. Der [illegible] Zwischenstand ist als »Basisprojekt mit Verknüpfungen und Einschrän[illegible]« in der Projekt-Datenbank *Kap06.mpd* auf der CD-ROM zu diesem Buch gespeichert.

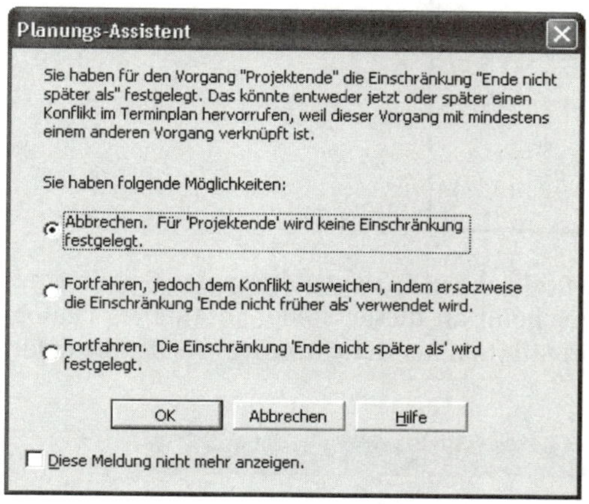

Abbildung 6.30: *Termineinschränkungen rufen immer eine Warnung hervor*

Terminkonflikte

Eine praktisch zwangsläufige Folge der Festlegung von Termineinschränkungen ist, dass es zu Terminkonflikten kommt. Das ist aber genau der Sinn des Einsatzes eines Projektplanungssystems. Durch die von Project gelieferten Informationen über Terminkonflikte werden diese für Sie als Projektmanager deutlich. Damit können Sie umgehend reagieren. Terminkonflikte sind natürlich lästig. Es ist aber besser, sie gleich zu behandeln als irgendwann festzustellen, dass sich das Projekt bereits in einer nahezu aussichtslosen Situation befindet.

Gehen wir von folgendem Sachverhalt aus: Bei der Überprüfung des Projektplans wird festgestellt, dass die Modularisierung nicht nur drei Tage, sondern voraussichtlich fünf Tage dauern wird und dass die Schnittstellendefinition sogar zehn Tage dauern wird. Diese Änderung wird eingetragen und führt – in diesem Fall Sinn der Übung – zu einem Terminkonflikt.

Und so gehen Sie vor:

1. Ändern Sie die Dauer des Vorgangs *Modularisierung* auf fünf Tage. Die Änderung wird angenommen, weil das Ende dieses Vorgangs immer noch vor dem Ende des über eine *Anfang-Anfang*-Beziehung verknüpften Vorgangs *Schnittstellendefinition* liegt und sich damit das Projektende nicht verschiebt.
2. Ändern Sie die Dauer des Vorgangs *Schnittstellendefinition* auf zehn Tage. Es wird nun eine Meldung wie in Abbildung 6.31 angezeigt.
3. Wählen Sie *Fortfahren* aus. Die Änderung der Dauer wird dadurch übernommen.

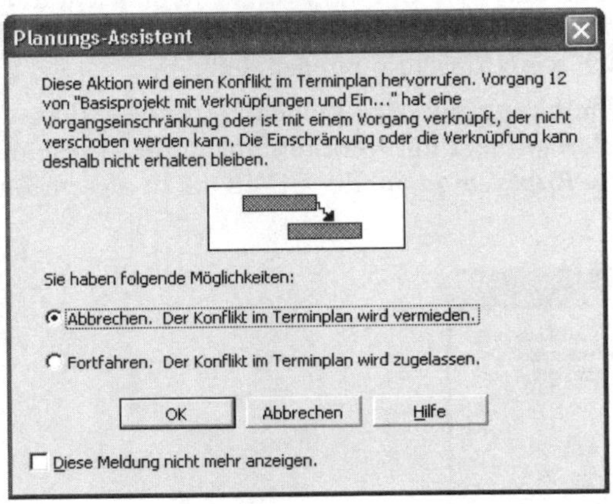

Abbildung 6.31: *Der Planungs-Assistent meldet einen Terminkonflikt*

Falls Sie die Option *Diese Meldung nicht mehr anzeigen* durch das Setzen eines Häkchens einmal aktiviert haben, erscheint an dieser Stelle ein anderes Dialogfeld, das aber bei Project mehr Informationen als der *Planungs-Assistent* liefert (Abbildung 6.32).

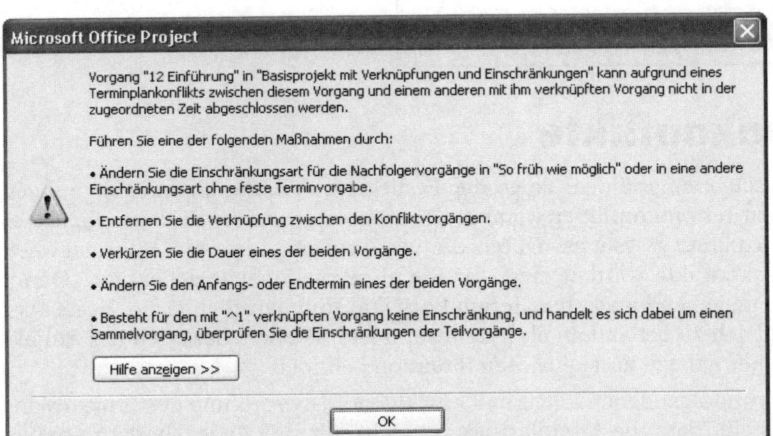

Abbildung 6.32: *Die Meldung ohne den Planungs-Assistenten*

Der Vergleich der beiden Dialogfelder in Abbildung 6.31 und Abbildung 6.32 zeigt aber bereits, dass es alles in allem mehr Sinn macht, den Planungs-Assistenten zu deaktivieren. Dessen Vorschlag, auf die Änderung zu verzichten, ist nicht allzu differenziert. Die alternative Meldung liefert Ihnen indes deutlich mehr Informationen.

HINWEIS Falls Sie wieder mit dem *Planungs-Assistenten* arbeiten möchten, müssen Sie ggf. unter *Extras/Optionen* auf der Registerkarte *Allgemein* einstellen, dass die Ratschläge zu Fehlern wieder angezeigt werden sollen (siehe Abbildung 6.33).

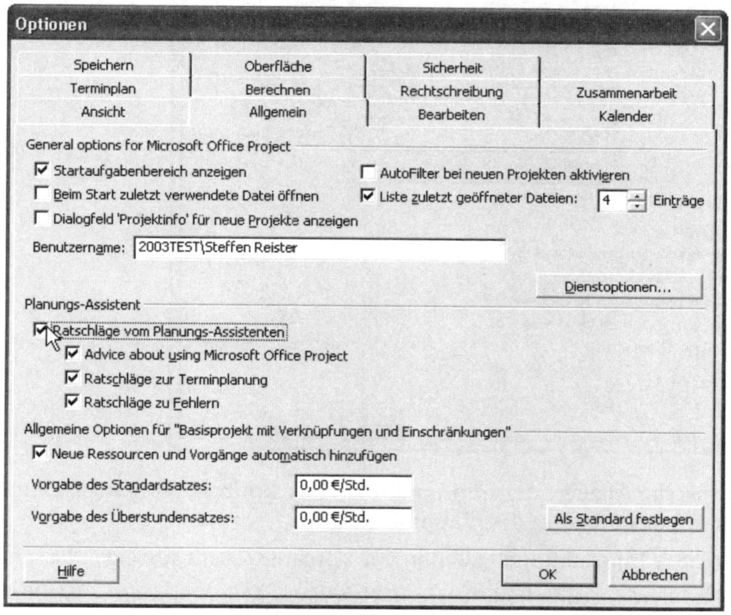

Abbildung 6.33: *Aktivieren des Planungs-Assistenten über den Menübefehl* Extras/Optionen

Die Ursache der Meldung feststellen

Wenn eine solche Terminplanmeldung angezeigt wird, gilt es im ersten Schritt, die Ursache des Problems und die Handlungsmöglichkeiten, die Sie zur Behebung des Problems haben, zu analysieren.

Dazu bietet es sich an, zunächst eine Kopie der Tabelle zu erstellen, die für die Analyse verwendet wird. Sie können auf Basis der angepassten Eingabetabelle arbeiten, da Sie ohnehin alle Informationen aus dieser Tabelle benötigen. Allerdings sollten Sie diese Tabelle nicht direkt verändern, da Sie die Spalten, die nun zusätzlich eingefügt werden, außerhalb des Managements von Terminkonflikten nicht benötigen.

HINWEIS Sie sollten sich auf jeden Fall merken, bei welchem Vorgang Sie die Änderung vorgenommen haben, die zur Terminplanmeldung geführt hat. Außerdem sollten Sie sich die Vorgangsnummer markieren, die in der Terminplanmeldung angezeigt wird. In diesem Fall wurde die Änderung bei Vorgang *4* vorgenommen, in der Terminplanmeldung wurde aber auf Vorgang *8* Bezug genommen.

Falls die Terminplanmeldungen überhaupt nicht angezeigt werden, müssen Sie auf der Registerkarte *Terminplan* unter *Extras/Optionen* die Option *Terminplanmeldungen anzeigen* auswählen (Abbildung 6.34).

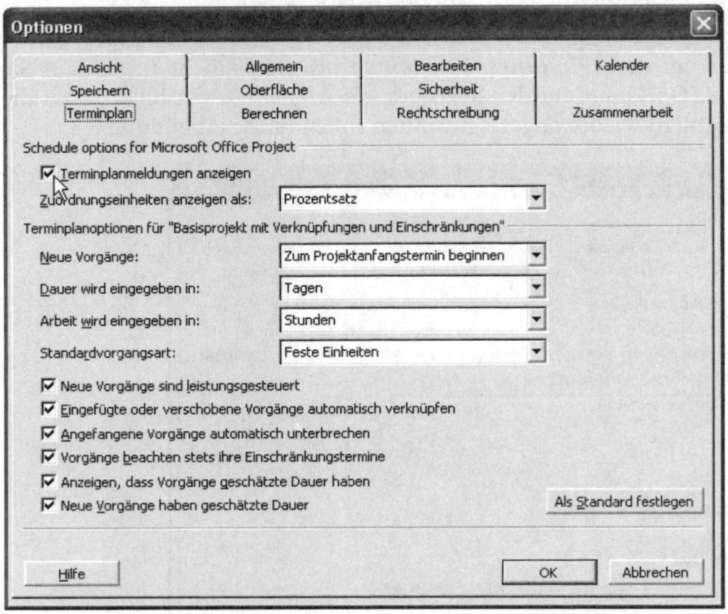

Abbildung 6.34: *Terminplanmeldungen einschalten*

Der erste Schritt ist die Anzeige der Informationen über kritische Vorgänge. Denn nur bei diesen kann das Problem überhaupt liegen.

Sie können sich diese Informationen auch in der Vorgangstabelle anzeigen lassen:

1. Rufen Sie über den Menübefehl *Ansicht/Tabelle: <Tabellenname>/Weitere Tabellen* das zugehörige Dialogfeld auf, um die Tabelle zu kopieren.
2. Nennen Sie die Tabelle beispielsweise *Terminplanmeldungen* und verlassen Sie die Dialogfelder über *OK* und *Auswahl*.
3. Rufen Sie den Menübefehl *Format/Textarten* auf. Es erscheint das in Abbildung 6.35 gezeigte Dialogfeld.
4. Im Feld *Zu ändernder Eintrag* wählen Sie *Kritische Vorgänge* aus.
5. Wählen Sie im Feld *Farbe* den Eintrag *Rot* aus.
6. Schließen Sie das Dialogfeld durch Anklicken der Schaltfläche *OK*.

Abbildung 6.35: Textarten bei bestimmten Ereignissen anders darstellen

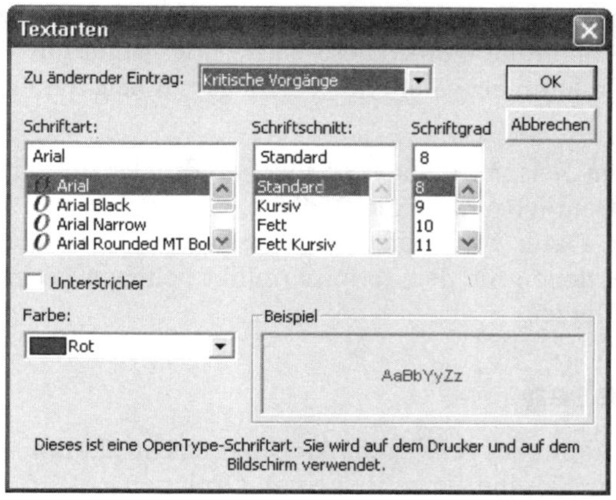

Damit haben Sie erreicht, dass kritische Vorgänge rot dargestellt werden. Eine Alternative dazu ist, dass Sie die Spalte *Kritisch* in die Tabelle aufnehmen. Allerdings ist die farbliche Anpassung prägnanter, wenn Sie Farben insgesamt sparsam einsetzen. Für den Ausdruck können Sie natürlich anstelle der farblichen Hervorhebung auch eine Auswahl bei *Schriftschnitt* treffen.

Der kritische Pfad

Alternativ können Sie sich die kritischen Pfade auch im Balkendiagramm (Gantt) anzeigen lassen. Das ist bei diesem kleinen Beispiel-Projektplan allerdings nicht sehr eindrucksvoll, da das gesamte Projekt durch die Änderung kritisch ist.

Allerdings werden in der Ansicht *Balkendiagramm (Gantt)* keine kritischen Pfade angezeigt. Sie müssen dazu die Ansicht *Balkendiagramm: Überwachung* (Abbildung 6.36) auswählen.

Abbildung 6.36: Der kritische Pfad im Balkendiagramm

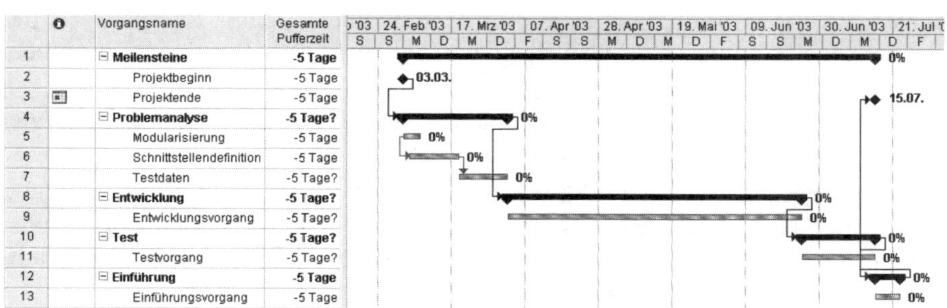

Die Information darüber, welche Vorgänge kritisch sind, hilft Ihnen zwar bei der Ortung des Problems; die wirklich erforderlichen Informationen werden dadurch aber noch nicht geliefert:

1. Rufen Sie über dem Kopf der Spalte *Ressourcenamen* das Kontextmenü mit der rechten Maustaste auf.
2. Wählen Sie den Befehl *Spalte einfügen* aus.
3. Fügen Sie die Spalte *Gesamte Pufferzeit* ein.

In dieser Spalte können Sie nun die Pufferzeit, die für die einzelnen Vorgänge zur Verfügung steht, sehen (siehe Abbildung 6.36). Diese ist negativ, wenn ein Terminkonflikt vorliegt. Der Konflikt kann bei einem der Vorgänge mit negativer Pufferzeit ausgelöst werden.

HINWEIS

Diese Information ist in unserem Beispiel nicht besonders eindrucksvoll, da sie bei allen Vorgängen gleich ist. Deutlicher wird die Bedeutung, wenn es parallele Vorgänge in einem Projekt gibt. Dann wird sichtbar, in welchen Bereich dieses Problem fällt. Die Vorgänge, bei denen Sie den Terminkonflikt beheben können, haben eine negative gesamte Pufferzeit.

Terminkonflikte beheben

Nachdem der Terminkonflikt erkannt ist, geht es im nächsten Schritt darum, den Konflikt zu beheben. Sie haben dafür eine ganze Reihe von Optionen.

Der Wert für *Gesamte Pufferzeit* zeigt an, wie groß der Terminkonflikt ist – im Beispiel sind es zwei Tage, die »herausgeholt« werden müssen:

- Sie können Vorgangsdauern verkürzen.
- Sie können die Zuordnungen zwischen Vorgängen verändern.
- Sie können Termineinschränkungen löschen oder verändern.
- Sie können Vorgänge differenzieren, um dadurch beispielsweise parallele oder kürzere Vorgänge zu erreichen.

HINWEIS

Bei diesen Handlungsalternativen spielen natürlich bereits die Ressourcen hinein. Denn wenn Sie beispielsweise Vorgangsdauern kürzen oder Vorgänge parallel anordnen, geschieht dies zumeist vor dem Hintergrund, dass Sie entweder mehrere oder unterschiedliche Ressourcen zuordnen. Sie können Ressourcen aber auch Überstunden leisten lassen. Diese Möglichkeiten werden im folgenden ▶ Kapitel 7 noch ausführlich erläutert.

TIPP

Falls Sie das Beheben des Konflikts in dieser Stufe der Projektplanung ausführen, sollten Sie dies unbedingt mit einer Notiz protokollieren, damit Sie später bei der Ressourcenzuordnung auch ausreichend und die »richtigen« Ressourcen zuordnen.

Bei der Änderung der Vorgangsverknüpfung sollten Sie ebenfalls mit Notizen arbeiten, um festzuhalten, welche Implikationen die vorgenommene Veränderung für den weiteren Verlauf des Projekts hat.

Im Beispielprojekt soll das Problem dadurch gelöst werden, dass die Entwicklung bereits fünf Tage vor Ende der Generierung der Testdaten beginnen kann. Dabei wird davon ausgegangen, dass in den ersten Tagen der Entwicklung ohnehin keine Testdaten benötigt werden.

Und so gehen Sie vor:

1. Ändern Sie den Wert für *Vorgänger* beim Vorgang *Entwicklung* von *5* auf *5EA-5t* (Abbildung 6.38).
2. Fügen Sie eine Vorgangsnotiz ein, in der Sie diese Änderung notieren. Die Notiz können Sie in der Registerkarte *Notizen* unter *Informationen zum Vorgang* einfügen (Abbildung 6.37).

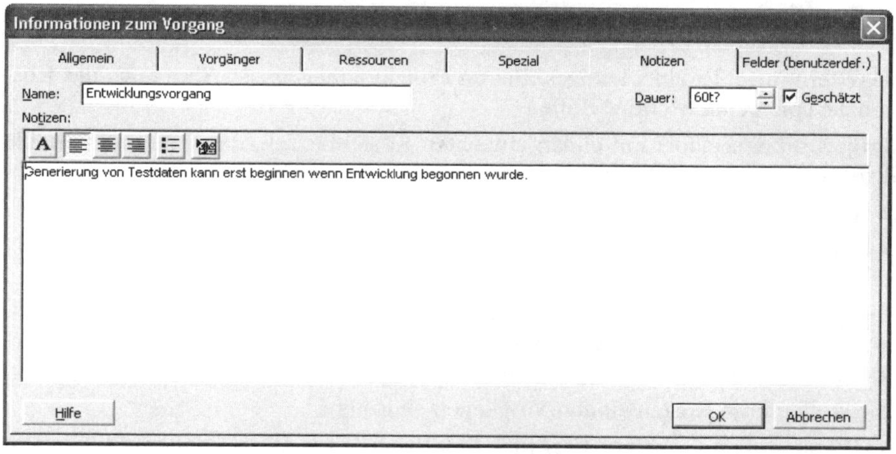

Abbildung 6.37: *Fügen Sie Notizen an, wenn Sie Termine ändern*

Damit ist der Terminkonflikt gelöst. In diesem Fall wurde ein sehr einfacher Ansatz gewählt. Letztlich benötigen Sie aber für keine der Handlungsalternativen andere Funktionen als die, die in diesem Kapitel bzw. im folgenden ▶ Kapitel 7 über das Ressourcenmanagement besprochen werden.

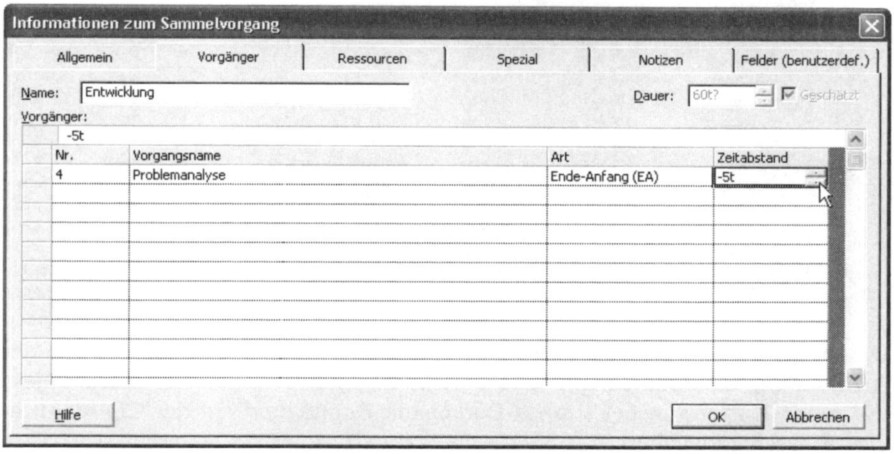

Abbildung 6.38: *Der Vorgang* Problemanalyse *mit dem negativen Abstand*

Die Kunst liegt mehr in der Erkennung des Terminkonflikts und in der Analyse, bei welchen Vorgängen der Konflikt gelöst werden kann, als bei der technischen Umsetzung. Denn das Ändern von Vorgangsverknüpfungen oder Vorgangsdauern ist ebenso wie das Eingeben neuer Vorgänge, nichts anderes als das, was schon beim Erstellen des Projekts gemacht wird.

Die festen Kosten von Vorgängen

Das Terminziel ist ein wichtiges Ziel im Projektmanagement. Aber auch das Kostenziel spielt eine wichtige Rolle.

Project arbeitet dabei mit einem einfachen Kostenmodell, das feste und variable Kosten einbezieht:

- Feste Kosten können einem Vorgang zugeordnet werden.
- Variable Kosten werden als Produkt des Ressourceneinsatzes – geleistete Arbeit – und der Kosten der Ressource ermittelt.

Die festen Kosten können Sie in ihrer angepassten Tabelle *Standardeingabe* eingeben, indem Sie die Spalte *Feste Kosten* einfügen. Sie können aber auch die spezielle Kosten-Tabelle dafür verwenden.

Sie wollen feste Kosten zu den Vorgängen eingeben:

1. Wählen Sie die Ansicht *Vorgang: Tabelle* aus, falls diese nicht bereits gewählt ist.
2. Öffnen Sie im Menü *Ansicht* das Untermenü *Tabelle: <Tabellenname>* und wählen Sie dort die Tabelle *Kosten* aus.
3. Geben Sie die festen Kosten der Vorgänge in die Spalte *Feste Kosten* ein.

	Vorgangsname	Feste Kosten	Fälligkeit fester Kosten	Gesamtkosten	Geplant	Abweichung	Aktuell	Verbleibend
1	⊟ **Meilensteine**	**0,00 €**	**Anteilig**	**26.000,00 €**	**0,00 €**	**26.000,00 €**	**0,00 €**	**26.000,00 €**
2	Projektbeginn	25.000,00 €	Anteilig	25.000,00 €	0,00 €	25.000,00 €	0,00 €	25.000,00 €
3	Projektende	1.000,00 €	Anteilig	1.000,00 €	0,00 €	1.000,00 €	0,00 €	1.000,00 €
4	⊟ **Problemanalyse**	**0,00 €**	**Anteilig**	**0,00 €**	**0,00 €**	**0,00 €**	**0,00 €**	**0,00 €**
5	Modularisierun	0,00 €	Anteilig	0,00 €	0,00 €	0,00 €	0,00 €	0,00 €
6	Schnittstellend	0,00 €	Anteilig	0,00 €	0,00 €	0,00 €	0,00 €	0,00 €
7	Testdaten	0,00 €	Anteilig	0,00 €	0,00 €	0,00 €	0,00 €	0,00 €
8	⊟ **Entwicklung**	**0,00 €**	**Anteilig**	**0,00 €**	**0,00 €**	**0,00 €**	**0,00 €**	**0,00 €**
9	Entwicklungsv	0,00 €	Anteilig	0,00 €	0,00 €	0,00 €	0,00 €	0,00 €
10	⊟ **Test**	**0,00 €**	**Anteilig**	**0,00 €**	**0,00 €**	**0,00 €**	**0,00 €**	**0,00 €**
11	Testvorgang	0,00 €	Anteilig	0,00 €	0,00 €	0,00 €	0,00 €	0,00 €
12	⊟ **Einführung**	**0,00 €**	**Anteilig**	**8.000,00 €**	**0,00 €**	**8.000,00 €**	**0,00 €**	**8.000,00 €**
13	Einführungsvor	8.000,00 €	Anteilig	8.000,00 €	0,00 €	8.000,00 €	0,00 €	8.000,00 €

Abbildung 6.39: *Die Tabelle* Kosten

Die festen Kosten, die dem Beispielprojekt zugeordnet werden, können Sie der ▶ Abbildung 6.39 entnehmen. Das Projekt ist unter dem Namen »Basisprojekt mit festen Kosten« in der Projekt-Datenbank *Kap06.mpd* auf der CD-ROM zu diesem Buch gespeichert.

HINWEIS

Sie sollten die festen Kosten entweder über Notizen kommentieren oder Hyperlinks zu anderen Quellen einfügen, damit die Herkunft dieser Informationen klar wird. Um Hyperlinks festzulegen, können Sie den Befehl *Hyperlink* aus dem Kontextmenü des Vorgangs verwenden. Hyperlinks können Sie beispielsweise auch auf Excel-Tabellen definieren.

TIPP

Detaillierte Darstellung von festen Kosten

Leider gibt es in Project für diese Kostenart nur ein einziges Feld pro Vorgang. Sie können diese Kosten also nicht sehr detailliert planen. Allerdings können Sie z.B. eine Excel-Lösung dafür nutzen.

Wenn Sie Ihre festen Kosten stärker detaillieren möchten, können Sie über eine *OLE*-Verbindung ein Feld aus Excel in das Feld *Feste Kosten* in Project eingeben:

1. Öffnen Sie die Excel-Mappe, die die Kosten enthält.
2. Erstellen Sie ein Summenfeld für alle Kosten.
3. Markieren Sie dieses Feld und kopieren Sie es mit Strg+C in die Zwischenablage.
4. Markieren Sie in Project das Feld *Feste Kosten* des entsprechenden Vorgangs.
5. Rufen Sie über den Menübefehl *Bearbeiten/Inhalte einfügen* das Dialogfeld *Inhalte einfügen* auf.

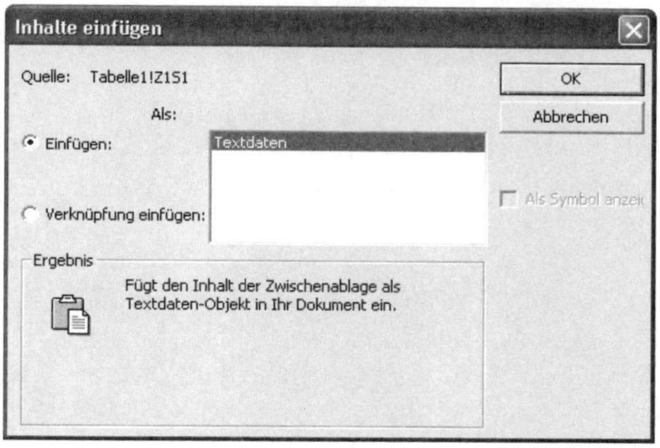

Abbildung 6.40: *Einfügen von externen Daten als Verknüpfung zur Ursprungsdatei*

6. Wählen Sie die Option *Verknüpfung einfügen* (Abbildung 6.40).
7. Bestätigen Sie mit *OK*.

Nun wird bei jeder Änderung in der Excel-Tabelle auch das Feld *Feste Kosten* angepasst, wenn Sie das Projekt neu öffnen.

HINWEIS

Diese Methode ist als »Workaround« zu betrachten, da sie diverse Probleme mit sich bringt. Die Verknüpfung zwischen zwei Dateien beinhaltet die Schwierigkeit, dass die Excel-Mappe nie in einen anderen Ordner verschoben werden darf. Ansonsten würde die Verbindung unterbrochen.

7 Ressourcenmanagement

182 Was sind Ressourcen?
183 Die Definition von Ressourcen
191 Die Eingabe und Zuordnung von Ressourcen
195 Ressourcenberechnungen
213 Der Umgang mit Ressourcenkonflikten
224 Die Kosten von Ressourcen

In den ersten Kapiteln haben Sie die Möglichkeiten der Projektstruktur- und Terminplanung (Ablaufplanung) mit Project kennen gelernt. Annahmen und Überlegungen, mit welchen Einsatzmitteln dieser Terminplan erledigt werden kann, bleiben noch unberücksichtigt. Bei der Ablaufplanung werden die Durchlaufzeiten für die *Dauer* zunächst unter einem kalkulatorischen Mittel beim Einsatz aller Beteiligten ermittelt.

Dabei ist zweifellos eine der größten Herausforderungen im Projektmanagement und beim Einsatz von Projektplanungssoftware, die Einsatzmittel im Rahmen des Ressourcenmanagements zu planen, zu steuern und einen regelmäßigen Status abzufragen. Aus dem Gesichtspunkt des Projektleiters ist die größere Aufgabe, den zeitlichen Einsatz zu koordinieren, Projektmitarbeiter zu führen und dabei gleichzeitig die aus der Delegation von Linienmitarbeitern in Projekte resultierenden Konflikte zu bewältigen.

Beim Einsatz von Projektplanungssoftware liegt die Kernproblematik vor allem darin, dass die Einbeziehung von Ressourcen dazu führt, dass zusätzliche Probleme entstehen und damit die Komplexität des Ganzen noch deutlich erweitert wird. Zudem gilt es, zunächst einmal zu verstehen, wie Project überhaupt arbeitet, wenn Ressourcen zugeordnet werden sollen.

In diesem Kapitel wird zunächst nur die Situation behandelt, dass die Ressourcen direkt im Projekt definiert werden, d.h., es beschäftigt sich mit dem Ressourcenmanagement in Project beim Einsatz in Einzelprojekten und stellt schrittweise die verschiedenen Einstellungen vor. Für den Fall, dass Sie Ressourcen gemeinsam in mehreren Projekten verwenden und Ressourcenzuweisungen und -belastungen in der Multiprojektmanagement-Ebene erkennen möchten, lesen Sie als Ergänzung zu diesem Kapitel die Ausführungen in ▶ Kapitel 16. Dort wird das Ressourcenmanagement in mehreren Projekten und einem gemeinsamen, als Projektdatei abgespeicherten Ressourcenpool behandelt. In ▶ Kapitel 21 erfahren Sie mehr über das unternehmensweite, auf eine Datenbank gestützte Multiprojektmanagement und die neuen Funktionen vom Project Server 2003 nebst Anbindung an das Internet/Intranet mit Project Web Access.

Was sind Ressourcen?

Vorgänge und Aufgaben in Projekten beanspruchen für die Erfüllung der Ziele alle Arten von Einsatzmitteln. Diese Einsatzmittel werden auch *Ressourcen* genannt.

Folgende Ressourcenarten können unterschieden werden:

- Personal, z.B. Projektleiter, Projektmitarbeiter, interne oder externe Fachmitarbeiter, beteiligte Dienstleister
- Sachmittel, z.B. Maschinen, Geräte, Anlagen, Räume, Software, Hardware, Transportmittel
- Material, z.B. Güter, Sand, Treibstoff, Papier
- Geldmittel, z.B. Budgetgelder, Kosten

Je nach Projektart ist die Bedeutung der Einsatzmittel sehr unterschiedlich ausgeprägt. In den meisten Projekten, die mit der Planungssoftware Project geplant werden, sind personelle Einsatzmittel zu planen. Deshalb werden auch im weiteren Verlauf dieses Kapitels wie auch im gesamten Buch die personellen Einsatzmittel als *Ressourcen* bezeichnet.

Bevor mit dem Ressourcenmanagement begonnen wird, gilt es ein paar Fragen zu klären:

- Welche Einsatzmittel (Personal, Sachmittel, Material, Geldmittel) sind für die Durchführung des Projekts erforderlich?
- Müssen die personellen Ressourcen bestimmte Qualifikationen (Skills) erreicht haben?
- Gibt es Einsatzmittel, die nicht zur Verfügung stehen, nicht beschaffbar oder explizit ausgeschlossen sind?

Ressourcen müssen geplant werden, wenn sie nicht in unbegrenzter Weise zur Verfügung stehen. Sobald ein Konflikt aus der Verfügbarkeit bzw. Nichtverfügbarkeit einer Ressource entsteht, muss das in die Projektplanung einfließen. Die Planung von Ressourcen ist aber auch notwendig, wenn bei der Projektplanung differenzierte Kosteninformationen ermittelt werden sollen. In diesem Fall müssen auch Ressourcen, die nicht knapp, aber eben nicht umsonst sind, in der Planung berücksichtigt werden.

Ressourcen können dabei unterschiedlicher Natur sein. Es kann sich um humane Ressourcen, also Mitarbeiter, handeln. Bei diesen treffen typischerweise beide Argumente zu. Sie sind knapp und kosten eine Menge. Es können aber auch Maschinen und andere Arbeitsgeräte bzw. Verbrauchsmaterialien gemeint sein. Die am häufigsten im Projektmanagement verwendeten Ressourcen sind indes humane Ressourcen.

HINWEIS Project unterstützt auch explizit Materialressourcen, mit denen Verbrauchsmaterialien abgebildet werden können. Diese werden ggf. auch in anderer Form berechnet. Auf Materialressourcen wird weiter unten noch ausführlicher eingegangen.

Ob es sinnvoll ist, Ressourcen, die nicht durch Knappheit, sondern nur durch Kosten gekennzeichnet sind, einzeln zu verwalten, sei dahingestellt. Hier können die aggregierten Kosteninformationen z.B. auch von Excel nach Project übermittelt werden; es ist nicht notwendig, hier in Project eine Vielzahl von Ressourcen zu pflegen.

Ein Beispiel dafür sind die Materialien, die bei einem Bauprojekt verwendet werden. Es ist wenig sinnvoll, diese »samt und sonders« in Project einzutragen und den Vorgängen zuzuordnen. Stattdessen können dem Vorgang, bei dem solche Materialien eingesetzt werden, feste Kosten zugeordnet werden, die an anderer Stelle errechnet wurden. Eine Verwaltung als Ressource in Project ist dann erforderlich, wenn sich daraus Engpässe ergeben können, die in der Projektplanung berücksichtigt werden müssen. Außerdem ist die Auswertung von Informationen durch die Verwendung von Ressourcen des Typs »Material« einfacher, da alle Informationen dann in Project gespeichert werden können.

Alternativ könnten die Daten aber auch aus Excel kopiert werden oder aus einem anderen Dokument stammen. Hier unterstützt Project viele Ansätze. Wie Sie Informationen aus Excel in Project übernehmen, wird in ▶ Kapitel 19 besprochen.

Die Definition von Ressourcen

Der erste Schritt beim Ressourcenmanagement ist die Definition der Ressourcen. Dazu muss eine andere Ansicht verwendet werden. Project bietet eine Fülle von Ansichten, auf die in ▶ Kapitel 12 noch intensiver eingegangen wird.

Die wichtigsten Ansichten für die Ressourcenplanung sind:

- Ressourcenansichten und
- Vorgangsansichten.

Bisher wurde in diesem Buch nur auf Vorgangsansichten eingegangen, die in unterschiedlicher Form Informationen über Vorgänge bereitstellen. Im Menü *Ansicht* finden sich diese oberhalb der ersten Trennlinie. Direkt unterhalb dieser ersten Trennlinie befinden sich die Ressourcenansichten.

Für die Eingabe von Ressourcen bietet sich die Ansicht *Ressource: Tabelle* (Abbildung 7.1) an. Wie bei den Vorgängen wird auch hier in tabellarischer Form gearbeitet, da sich auf diese Weise größere Informationsmengen am besten eingeben lassen.

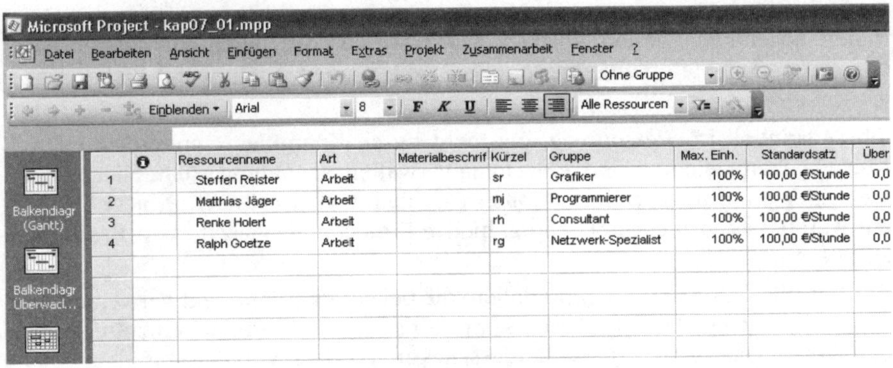

Abbildung 7.1:
Die Ansicht
Ressource: Tabelle

HINWEIS

Sie sollten Ressourcen immer zuerst mit allen Informationen definieren. Deaktivieren Sie also über den Menübefehl *Extras/Optionen* auf der Registerkarte *Allgemein* die Option *Neue Ressourcen und Vorgänge automatisch hinzufügen*.

In dieser Tabelle können Sie zusätzliche Spalten aufnehmen (wie bereits in der Ansicht *Vorgang: Tabelle*). Allerdings ist die Notwendigkeit weniger ausgeprägt als bei den Vorgängen, da die wichtigsten Spalten hier standardmäßig in der Tabelle enthalten sind.

Sinnvoll ist es, beispielsweise eine Spalte *Text1* hinzuzufügen und in diese die Abteilung, die Telefonnummer oder andere Informationen einzugeben. Wichtig ist auch die Spalte *E-Mail-Adresse*, die Sie hier nun definieren können. Das Hinzufügen von Spalten erfolgt wie bei Vorgangstabellen (vgl. hierzu ▶ Kapitel 6).

Die Felder in der Ansicht *Ressource: Tabelle*

In der Tabelle *Eingabe* der Ansicht *Ressource: Tabelle* sind Spalten vordefiniert (vgl. hierzu Abbildung 7.1).

Tabelle 7.1:
Die Spalten von
Ressource: Tabelle

Spalte	Bedeutung
Indikatoren	In dieser Spalte werden Symbole angezeigt, wenn beispielsweise ein Ressourcenkonflikt vorliegt. Die Funktion ist der Indikatoren-Spalte von *Vorgang: Tabelle* vergleichbar.
Ressourcenname	Der Name der Ressource, über den diese identifiziert wird.
Art	Erlaubt die Unterscheidung zwischen Ressourcen der Art *Arbeit* und *Material*.
Materialbeschriftung	Dieses Feld ist vorgesehen, um bei Materialressourcen die Art der Beschriftung – also faktisch die Einheit – festlegen zu können. Hier kann ein beliebiger Text wie *Tonnen* oder *Meter* angegeben werden.
Kürzel	Ein Ressourcenkürzel, das ebenfalls für die Identifikation der Ressource verwendet werden kann.
Gruppe	Eine Gruppe, der die Ressource zugeordnet ist. Als Gruppe kann beispielsweise die Abteilung, aber auch eine funktionale Beschreibung verwendet werden.
Max. Einh.	Die maximalen Einheiten, mit denen die Ressource in diesem Projekt verfügbar ist.
Standardsatz	Der Standardsatz für die Kosten der Ressource. ▶

Spalte	Bedeutung
Überstd.-Satz	Der Überstundensatz, der verwendet wird, wenn der Ressource Arbeit außerhalb der regulären Arbeitszeiten zugeteilt wird.
Kosten/Einsatz	Die Kosten, die bei jedem Einsatz einer Ressource entstehen. Diese Kosten können beispielsweise Aufstellkosten für ein Gerüst oder Reisekosten für einen externen Berater sein.
Fällig am	Der Fälligkeitszeitpunkt der Kosten. Die Kosten können am Anfang, am Ende oder gleichmäßig über den Vorgang, dem die Ressource zugeordnet ist, verteilt werden. Diese Einstellung ist wichtig, wenn aus den Projekt-Daten heraus auch Informationen für eine Liquiditätsplanung gewonnen werden sollen.
Basiskalender	Der Basiskalender, der für diese Ressource verwendet werden soll.
Code	Hier kann beispielsweise die Kostenstelle oder die Abteilungsbezeichnung verwendet werden. Damit ist eine Gruppierung möglich. Das Feld kann aber auch zur Aufnahme der Personalnummer dienen.

HINWEIS Bei der Definition von Ressourcennamen ist es wichtig, nach einem einheitlichen Schema zu arbeiten. Ressourcennamen sollten immer in der gleichen Form definiert werden. Bei humanen Ressourcen sollte beispielsweise einheitlich nach dem Schema »Nachname, Vorname« oder »Vorname Nachname« gearbeitet werden. Nur so kann eine sinnvolle Sortierung erfolgen.

Wie schon bei der Definition von Vorgangstabellen zu Beginn des letzten Kapitels erläutert wurde, gibt es sowohl Ressourcennamen als auch Ressourcenkürzel. Wenn Sie mit Ressourcenkürzeln arbeiten, müssen Sie die entsprechende Spalte explizit in Ihren Vorgangstabellen definieren. Es macht wenig Sinn, Ressourcenkürzel einfach in die Spalte mit den Ressourcennamen einzugeben, da Project diese dort nicht interpretieren kann.

Zu Beginn wirken die verschiedenen Spalten für *Gruppe* und *Code* vielleicht etwas irritierend. Sie können aber, wie schon in der Tabelle 7.1 ausgeführt, hier unterschiedlichste Informationen wie

- Funktionen,
- Abteilungen,
- Personalnummern und
- Kostenstellen

eingeben. Dazu werden Sie schnell mehr Spalten benötigen, als standardmäßig in dieser Tabelle vorgesehen sind.

Maximale Einheiten

HINWEIS Eines der problematischeren Felder bei der Ressourcendefinition ist *Max. Einh.* In diesem Feld werden die maximalen Einheiten definiert, die von einer Ressource zur Verfügung stehen. Der Standardwert liegt bei 100%.

Es lassen sich drei grundsätzliche Optionen für die Definition von Ressourcen unterscheiden:

- Es wird grundsätzlich mit 100% gearbeitet, wenn die Ressource die gesamte Arbeitszeit – abzüglich der ohnehin anfallenden Kaffee-, Smalltalk- und Kopierzeiten etc. – für das Projekt zur Verfügung steht. Individuelle Abweichungen der Arbeitszeit werden im jeweils individuellen Kalender für die Ressourcen berücksichtigt.

- Es wird mit einem Standardkalender gearbeitet. Wenn Ressourcen nicht die gesamte Zeit in einem Projekt zur Verfügung stehen, wird das berücksichtigt, indem die maximalen Einheiten für die jeweilige Ressource herabgesetzt werden. Der Vorteil ist die einfachere Handhabung. Allerdings ist bei der Arbeit mit Kalendern eine differenziertere Steuerung des Projekts möglich.
- Ressourcen mit vergleichbarem Einsatzbereich werden zusammengefasst. Während sich dies bei Maschinen und Arbeitsgeräten als durchaus sinnvoll erweist, ist dieses Vorgehen bei humanen Ressourcen mit Vorsicht zu genießen. Selbst wenn die Mitarbeiter aufgrund ihrer Qualifikation leicht austauschbar wären, wird nicht deutlich, wer gerade wo eingesetzt ist oder gerade Urlaub hat. Es bietet sich daher immer an, eine der beiden vorab genannten Alternativen zu wählen und für humane Ressourcen die maximalen Einheiten nicht über 100% zu erhöhen.

Die Auswirkungen von *Ressourcen*, die mit weniger als 100% eingesetzt sind, werden ebenso wie die Verhaltensweise von Project bei Ressourcen, die zu mehr als 100% zur Verfügung stehen, im weiteren Verlauf dieses Kapitels ausführlich erläutert.

HINWEIS

Sie sollten unbedingt darauf verzichten, mit weniger als 100% Verfügbarkeit zu arbeiten, wenn dies nicht sachlich gerechtfertigt ist. Selbst wenn eine Ressource einen kleinen Teil der Arbeitszeit mit Funktionen ihrer »normalen« Tätigkeit und damit außerhalb des Projekts verbringt, muss das nicht zwingend berücksichtigt werden.

In den meisten Fällen wird es keine wesentliche Planungsungenauigkeit geben, wenn die Ressource mit 100% statt realer 92% oder 95% zugeordnet wird – es sei denn, Sie planen sehr exakt. Eine solche (sehr exakte) Planung findet sich aber typischerweise nur in Bereichen, in denen die Ressourcen ohnehin voll dem Projekt zugeordnet sind, wie beispielsweise bei der Planung von Maschinenlaufzeiten. Hier ist Project nicht das ideale Werkzeug, auch wenn sich solche Projekte durchaus damit abbilden lassen.

HINWEIS

Der Aufwand, eine derartige Abweichung in Project berücksichtigen zu wollen, ist enorm. Sollte es sich hier um eine Situation handeln, in der die Abweichung auf die meisten Mitarbeiter zutrifft (wie in solchen Fällen meist der Fall), dann könnten Sie alternativ die Arbeitszeiten im Projekt z.B. von acht auf sieben Stunden reduzieren und dann wieder mit 100% Einsatz bei den Einheiten der Ressourcen arbeiten. Dies ist wesentlich einfacher handhabbar.

Eine Ressource, die nicht zu 100% verfügbar ist, sollte einem Vorgang also nicht mit 100% zugeordnet werden, da sich dies als in der Handhabung überaus umständlich erweisen würde. Tragen Sie also keine höheren Werte ein, wenn eine Ressource nur zu 98% verfügbar ist.

Die Definition von Ressourcenkalendern

In ▶ Kapitel 5 haben Sie bereits erfahren, welche Zusammenhänge zwischen *Projektkalendern, Basiskalendern, Ressourcenkalendern* und *Vorgangskalendern* bestehen. Der dortige Abschnitt »Definition von Kalendern in Project« stellt quasi die Basis der folgenden Abschnitte dar.

Jeder Ressource kann ein Kalender zugeordnet werden. In diesen Kalendern können individuell abweichende Arbeitszeiten von Ressourcen berücksichtigt werden.

Allerdings gibt es einige Punkte, die vor der Definition von Ressourcenkalendern überlegt sein wollen:

- Die Informationen in Ressourcenkalendern lassen sich nur schwer grafisch darstellen und an zentraler Stelle verwalten. So lässt sich beispielsweise nicht ohne weiteres eine Abwesenheitsliste der Mitarbeiter in einer übersichtlichen Darstellung erzeugen, wie dies etwa in Excel möglich wäre.
- Die Daten in Ressourcenkalendern und die Informationen zur Verfügbarkeit, die in *Max. Einh.* eingegeben werden, stehen in engem Zusammenhang. Wenn eine Ressource nicht voll verfügbar ist, können Sie das entweder über den Ressourcenkalender oder über die Einheiten berücksichtigen. Sie müssen dies aber unbedingt in einheitlicher Weise in Ihrem gesamten Projekt handhaben.
- Sie können Ressourcenkalender auf unterschiedlichen Basiskalendern basieren lassen. Beispiel: Sie erstellen zwei Basiskalender für die Schichtarbeit, wobei einer das Verhalten von in geraden Wochen beginnenden Schichten abbildet und der andere das Verhalten derer, die in ungeraden Wochen beginnen. Sie können aber beispielsweise auch Teilzeit-Basiskalender für unterschiedliche Formen der Teilzeitarbeit definieren.

HINWEIS Auch hier stellt sich wieder die Frage, mit welcher Genauigkeit die Realität im Projekt abgebildet werden soll. Wenn Sie beispielsweise komplexe Arbeitszeitsysteme mit 30-Stunden-Wochen und vier Arbeitstagen haben, die aber an unterschiedlichen Tagen Freizeiten vorsehen, wird es vermutlich schwierig werden, das noch genau abzubilden.

So definieren Sie einen neuen Basiskalender für Teilzeitarbeit, bei der die Mitarbeiter nur vormittags anwesend sind:

1. Rufen Sie den Menübefehl *Extras/Arbeitszeit ändern* auf.
2. Wählen Sie dort die Schaltfläche *Neu*.

Abbildung 7.2: Die Erstellung eines neuen Basiskalenders

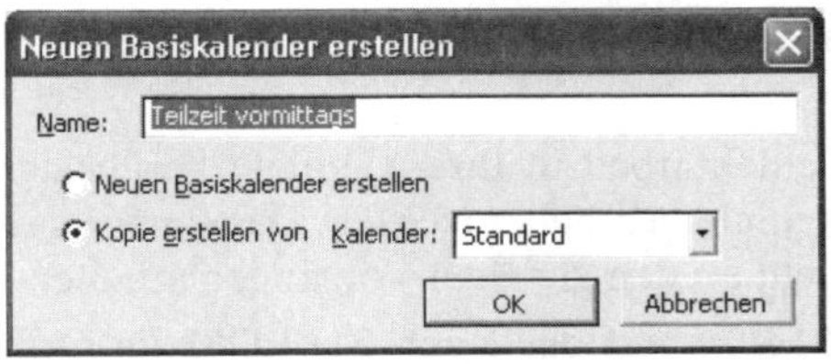

3. Geben Sie als Name *Teilzeit vormittags* ein, legen Sie fest, dass der neue Basiskalender eine Kopie des Standard-Kalenders ist und bestätigen Sie mit *OK* (Abbildung 7.2). Änderungen wie Feiertage, die im Standard-Kalender definiert sind, werden damit übernommen.
4. Markieren Sie die Spaltenköpfe *Mo* bis *Fr*.
5. Löschen Sie in den Feldern *Von* und *Bis* den zweiten Eintrag für die Arbeitszeit.
6. Bestätigen Sie die Änderungen über *OK*.

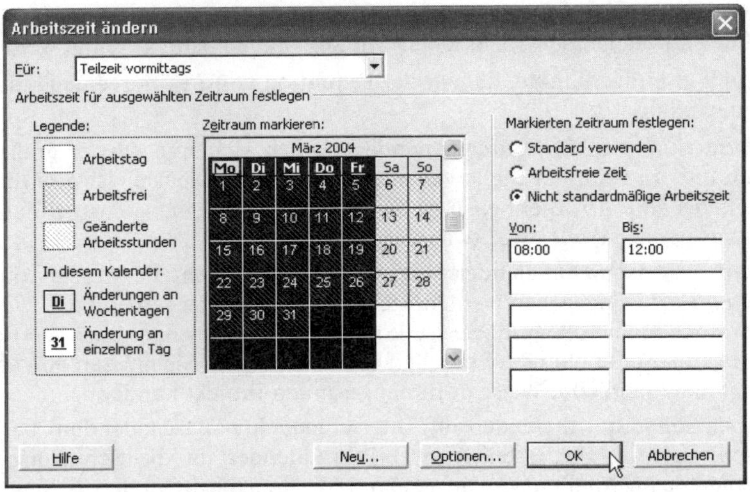

Abbildung 7.3: Der neue Basiskalender

Auf diese Weise können Sie einfach neue Basiskalender (Abbildung 7.3) erstellen. Wichtig dabei ist immer, zu überlegen, ob der Standard-Kalender mit den (hoffentlich) bereits eingegebenen Feiertagen, Betriebsferien und anderen Abwesenheitszeiten die richtige Basis ist oder nicht.

So können Sie den Ressourcenkalender einer Ressource anpassen:

1. Markieren Sie die Ressource in einer Ressourcenansicht.
2. Rufen Sie den Menübefehl *Extras/Arbeitszeit ändern* auf.
3. Im Auswahlfeld *Für* steht nun bereits der Name der Ressource. Alternativ können Sie hier auch eine andere Ressource auswählen.
4. Passen Sie den Kalender an und schließen Sie das Dialogfeld über *OK*.

HINWEIS

Falls Sie die Ressourcenkalender gleich noch für weitere Ressourcen ändern möchten, können Sie im Auswahlfeld *Für* eine andere Ressource auswählen. Sie werden dann gefragt, ob Sie die Änderungen an der zuletzt bearbeiteten Ressource speichern möchten.

Nehmen wir einmal an, Sie wollen Schichtarbeit in Ihrem Projekt berücksichtigen. Es soll mit Frühschicht und Spätschicht gearbeitet werden. Dabei wird davon ausgegangen, dass Früh- und Spätschicht an den gleichen Vorgängen arbeiten.

Sie finden die Beispieldatei *Kap07_01.mpp* auf der Buch-CD-ROM im Ordner *\Buch\Kap07*. Hier können Sie die folgenden Schritte testen.

Gehen Sie wie folgt vor:

1. Rufen Sie den Menübefehl *Extras/Optionen* auf und aktivieren Sie die Registerkarte *Kalender* (Abbildung 7.4).
2. Legen Sie als *Standardanfangszeit* »05:30« und als *Standardendzeit* »22:00« fest.
3. Für *Stunden pro Tag* werden »16« und für *Stunden pro Woche* analog »80« definiert. Diese Werte sind hier erforderlich, da es sich um die Einstellungen für die Vorgänge handelt, die sich über zwei Schichten erstrecken. Es wird also hier nicht die Arbeitszeit der Ressourcen definiert.

Abbildung 7.4:
Die Kalender-optionen für Zweischicht-Betrieb

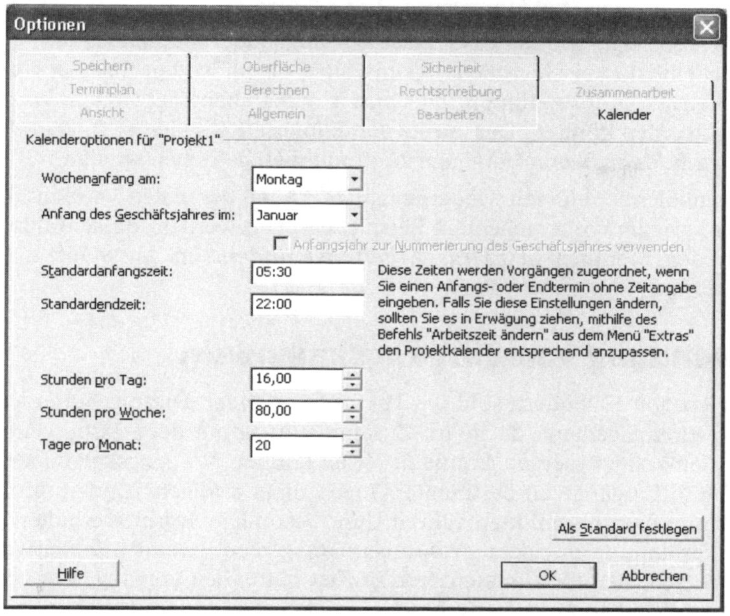

4. Im nächsten Schritt müssen Sie den Projekt-Kalender anpassen. Definieren Sie dort als Arbeitszeit für alle Arbeitstage in der ersten Schicht »05:30« bis »13:30« und in der zweiten Schicht »14:00« bis »22:00«.
5. Sie können hier keine Pausen mehr berücksichtigen. Deshalb müssen Sie entweder mit kürzeren Zeiten als in der Realität oder mit längeren Arbeitszeiten der Ressourcen arbeiten. Project erlaubt nur die Definition von drei Schichten.
6. Erstellen Sie zwei neue Basiskalender für die Ressourcen. Der Kalender *Schicht 1* hat als Arbeitszeit *05:30* bis *13:30*, der Kalender *Schicht 2* dagegen *14:00* bis *22:00*.
7. Sie können die Basiskalender auch so erstellen, dass der erste Kalender in geraden Wochen mit der Frühschicht, der zweite dagegen in ungeraden Wochen mit der Frühschicht beginnt. Dann müssen Sie die Änderung aber für jede Woche einzeln durchführen.
8. Ordnen Sie den Ressourcen die jeweils zutreffenden Basiskalender zu.

Wenn Sie nun Vorgänge definieren, werden diese mit einer Dauer von täglich 16 Stunden erzeugt. Die Ressourcen arbeiten dagegen auch weiterhin nur acht Stunden pro Tag.

Mit Project werden zwei weitere vordefinierte Basiskalender geliefert. Der Kalender *Nachtschicht* zeigt, wie eine Nachtschicht abgebildet werden kann. Allerdings ist es bei einem Dreischichtbetrieb sinnvoller, die im letzten Beispiel vorgestellte Vorgehensweise fortzuführen, da Pausen dabei eben nicht mehr korrekt berücksichtigt werden können. Der zweite vordefinierte Kalender ist *24 Stunden*. Er eignet sich z.B. dann, wenn Vorgänge kontinuierlich betrieben werden.

HINWEIS

Die Ressourcenkalender müssen wiederum entsprechend der realen Verfügbarkeit der Ressourcen wie im vorhergehenden Beispiel definiert werden. Beide Kalender können über den Menübefehl *Extras/Arbeitszeit ändern* im Auswahlfeld *Für* ausgewählt werden.

Die Verwendung von Vorgangskalendern

Eine weitere Art von Kalendern sind die *Vorgangskalender*. Diese gehören auch zum Ressourcenmanagement, da sie im Zusammenhang mit der Ressourcenplanung effektiv eingesetzt werden können.. Zwar können Vorgangskalender, bei denen bestimmte Vorgänge an bestimmten Tagen nicht erfolgen können, grundsätzlich auch zu Terminkonflikten führen; ihre besondere Brisanz erhalten sie aber erst in Verbindung mit dem Ressourcenmanagement, wenn beispielsweise eine Ressource zu einem bestimmten Termin Zeit hätte, der Vorgang aber nicht durchgeführt werden kann.

Die Vorgehensweise zur Erstellung von Vorgangskalendern ist allerdings etwas umständlich. Im Gegensatz zu Ressourcenkalendern werden sie nicht automatisch angelegt und stehen damit über den Menübefehl *Extras/Arbeitszeit ändern* auch nicht direkt zur Verfügung. Sie müssen vielmehr zunächst als neuer Kalender oder Kopie eines bestehenden Kalenders angelegt und dann den Vorgängen zugeordnet werden (Abbildung 7.5).

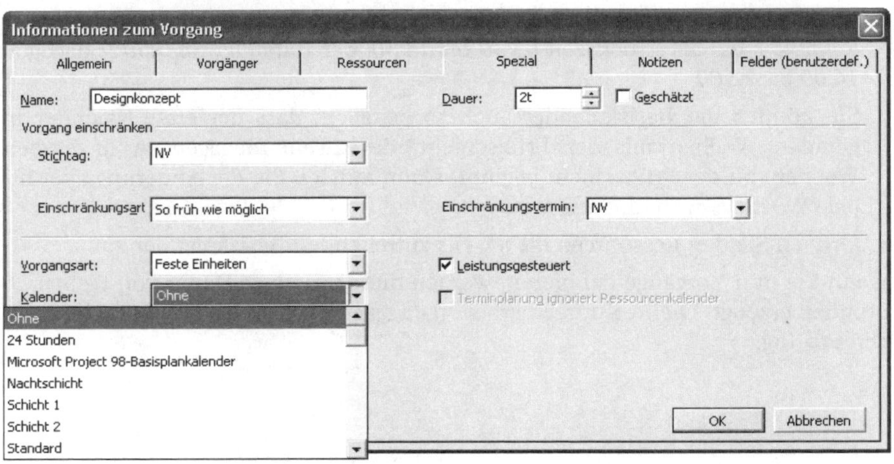

Abbildung 7.5: *Die Zuordnung eines Vorgangskalenders*

Wie ein neuer Kalender erstellt werden kann, wurde dabei bereits im vorangegangenen Abschnitt anhand des Teilzeit-Kalenders besprochen. Die Vorgehensweise bei der Erstellung von Vorgangskalendern unterscheidet sich hier nicht.

Die Zuordnung erfolgt bei den *Informationen zum Vorgang*, die beispielsweise über den gleichnamigen Befehl im Menü *Projekt* aufgerufen werden können. Auf der Registerkarte *Spezial* kann hier der Kalender ausgewählt werden, der für den Vorgang verwendet werden soll (siehe hierzu Abbildung 7.5).

HINWEIS Eine »exzessive« Nutzung dieser Funktion ist nicht anzuraten. Die Verwendung von Vorgangskalendern sollte auf die Situationen beschränkt werden, in denen es zwingende sachliche Gründe dafür gibt (die sich aus dem Vorgang ergeben). In den meisten Fällen ist die Nutzung von Ressourcenkalendern sinnvoller, beispielsweise bei der Wartung von Maschinen. Wirklich zwingende Beispiele, bei denen Vorgangskalender anstelle von Ressourcenkalendern verwendet werden, sind selten. So könnte z.B. bei einem Projekt »Wursterzeugung« definiert werden, dass der Vorgang »Schlachten« aus religiösen Gründen nicht an allen Tagen stattfinden darf. Wie gesagt: wirklich sinnvolle Beispiele sind selten.

Die Eingabe und Zuordnung von Ressourcen

Sie wollen die Ressourcen zum Projekt »Erstellung einer Webseite« eingeben. Die Ressourcen in diesem Projekt werden alle als individuelle Personen betrachtet. Es werden keine Mitarbeiter mit gleicher Befähigung zusammengefasst.

Und so gehen Sie vor:

1. Rufen Sie die Ansicht *Ressource: Tabelle* auf und geben Sie die Ressourcen entsprechend der Abbildung 7.6 ein. In die Spalte *Code* werden in diesem Beispiel keine Informationen eingegeben.

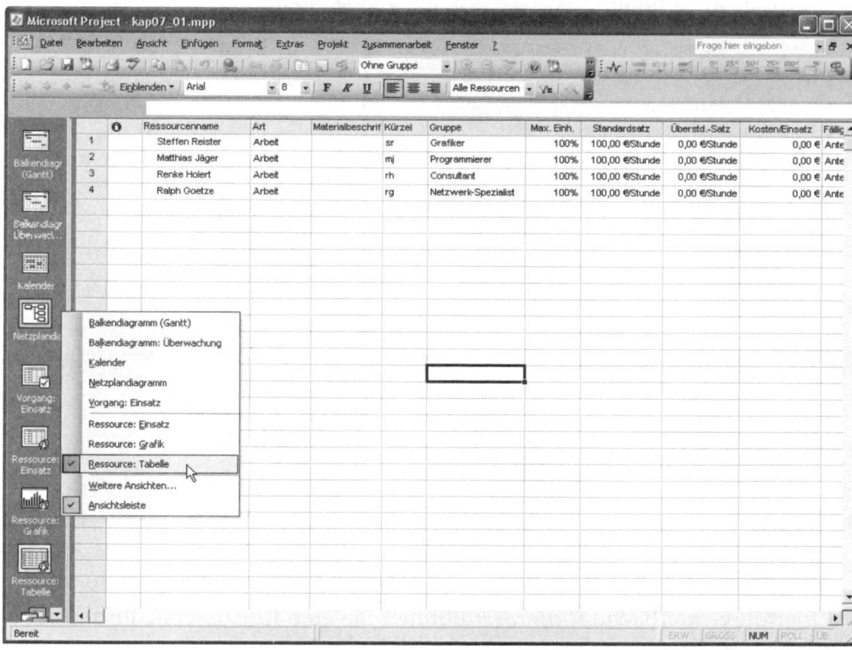

Abbildung 7.6: Die Eingabe der Ressourcen

2. Im nächsten Schritt müssen noch die *Ressourcenkalender* angepasst werden: Steffen Reister ist vom 01.07.2004 bis zum 21.07.2004 in Urlaub. Die entsprechende Anpassung erfolgt über den Befehl *Arbeitszeit ändern* im Menü *Extras*.

Weitere Änderungen werden in dieser Phase noch nicht berücksichtigt. Die Beispieldatei mit den eingegebenen Ressourcen ist im Projekt *Kap07_01.mpp* im Ordner *Buch**Kap07* auf der CD-ROM zum Buch als gespeichert.

Zuordnung über die Ressourcen-Maske

Im nächsten Schritt gilt es, die Ressourcen zuzuordnen. Nachfolgend werden dazu nur die ersten Schritte erläutert. Die vollständige Zuordnung von Ressourcen im Beispielprojekt erfolgt erst weiter unten in diesem Kapitel.

Über das Dialogfeld *Ressourcen zuordnen* sollen Ressourcen den Vorgängen im Projekt zugeordnet werden:

1. Der wohl einfachste Ansatz für die Zuordnung von Ressourcen ist die Verwendung des entsprechenden Dialogfeldes. Sie können darüber differenziert Ressourcen zuordnen. Rufen Sie für die Zuordnung eine Vorgangsansicht wie *Balkendiagramm (Gantt)* auf und markieren Sie den Vorgang im Projekt (in unserem Beispiel »Marketingkonzept erstellen«).

HINWEIS

Meilensteinen und Sammelvorgängen werden in aller Regel keine Ressourcen zugeordnet. Bei Meilensteinen hat die Zuordnung von Ressourcen, so lange die Meilensteine eine Dauer von *0t* haben, keine funktionelle Bedeutung, da es dadurch weder zu Ressourcenkonflikten kommen kann, noch eine Zuordnung von Kosten erfolgt.

2. Rufen Sie über das Symbol *Ressourcen zuordnen* in der *Standard*-Symbolleiste das in Abbildung 7.7 dargestellte Dialogfeld auf.

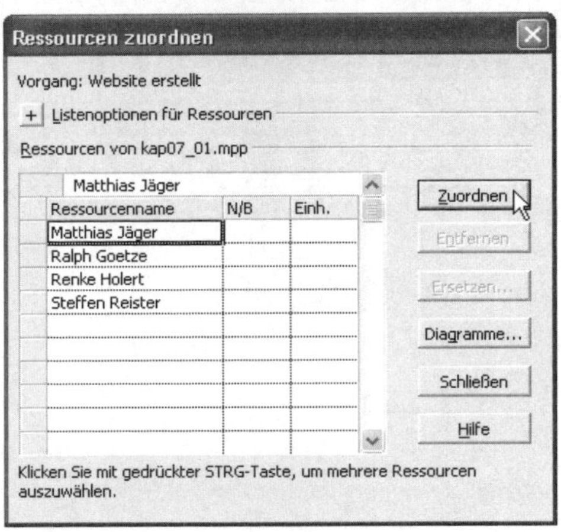

Abbildung 7.7: *Dialogfeld zum Ressourcen zuordnen*

3. Sie können dort Ressourcen zuordnen, indem Sie entweder in die Kopfspalte vor der jeweiligen Ressource klicken bzw. indem Sie die Schaltfläche *Zuordnen* auswählen oder indem Sie die zuzuordnenden Einheiten manuell eingeben.
4. Über die Schaltfläche *Entfernen* können Sie eine Ressourcenzuordnung rückgängig machen.

5. Über die Schaltfläche *Ersetzen* können Sie eine Ressource durch eine andere Ressource ersetzen lassen.
6. Ordnen Sie dem Vorgang *Marketingkonzept erstellen* die Ressource *Steffen Reister* zu.

Sie können das Dialogfeld nun schließen oder einen weiteren Vorgang auswählen, um diesem die Ressourcen zuzuordnen.

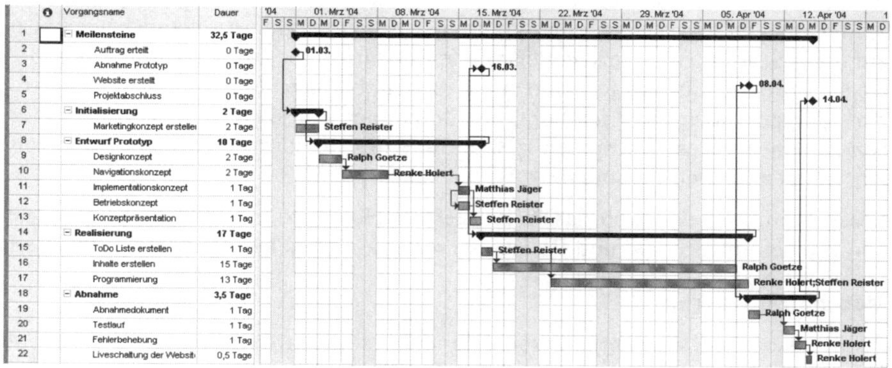

Abbildung 7.8: *Der Balkenplan mit zugeordneten Ressourcen*

Die Ressourcen werden im Balkendiagramm (Gantt) hinter dem Vorgang angezeigt (Abbildung 7.8). In diesem Balkendiagramm wird übrigens auch noch einmal sichtbar, ob alle Verknüpfungen definiert waren.

Dieses Beispiel zeigt, wie wichtig es ist, einen Projektplan mehrfach zu kontrollieren. Die Ansicht *Vorgang: Tabelle* ist eine wichtige Informationsquelle. Balkendiagramme und PERT-Diagramme ergänzen diese Informationen und erst in der Summe kann erreicht werden, dass ein Projektplan wirklich fehlerfrei ist.

Zuordnung über die Spalte *Ressourcennamen*

Eine zweite Alternative der Zuordnung von Ressourcen ist die direkte Eingabe in das Feld *Ressourcennamen*, z.B. in der Ansicht *Balkendiagramm (Gantt)*.

So ordnen Sie dem Vorgang 9 *Designkonzept* die Ressource *Ralph Goetze* in der Ansicht *Balkendiagramm (Gantt)* zu:

1. Rufen Sie über die Ansichtsliste die Ansicht *Balkendiagramm (Gantt)* auf.
2. Klicken Sie in Zeile 9 der Tabelle in das Feld *Ressourcennamen*.
3. Öffnen Sie das Listenfeld und wählen Sie die gewünschte Ressource (in diesem Fall *Ralph Goetze*) aus.

Generische Ressourcen

NEU Project unterstützt die Unterscheidung zwischen personellen und generischen Ressourcen. Personelle Ressourcen werden in der Regel über ihren Namen, z.B. aus dem Active Directory des Unternehmens oder aus dem »Globalen Adressbuch« des Exchange Server, identifiziert und sind als Mitarbeiter im Projekt mit Vornamen und Namen eindeutig zuzuordnen, z.B. *Matthias Jäger*, *Steffen Reister* oder *Renke Holert*. Generische Ressourcen hingegen sind Ressourcengruppen, die über eine Qualifikation (Skill), eine Teamzugehörigkeit, einen Mitarbeiterstatus (intern/extern) oder andere Kriterien definiert sind, z.B. *Programmierer*, *Consultant*, *Grafiker*.

Das Feld *Generisch* zeigt an, dass es sich bei einer Ressource um eine generische Ressource handelt.

HINWEIS

Beim Einsatz von Project Professional in der Kombination mit dem Project Server kann über das Feld *Generisch* eine Ressourcenanfrage an z.B. einen Mitarbeiter aus dem Team der Programmierer gestellt werden. Project Professional erstellt damit eine Anfrage an die generische Ressource *Programmierer,* zu der gleichzeitig über die Definition des *Ressourcenstrukturplancodes (RSP)* die Zuordnung zu personellen Ressourcen hergestellt wird. Somit werden Aufwandsbelastungen auf die generische und auf die personelle Ressource durchgeführt. Damit können weiter vorausschauende Ressourcenplanungen, bei denen der Einsatz der Person zum Vorgang noch nicht feststeht, auch quantitativ zu den generischen Ressourcen geplant werden und später, z.B. mithilfe des Ressourcen-Ersetzungsassistenten, mit personellen Ressourcen ausgetauscht werden.

TIPP

Lesen Sie unbedingt auch das ▶ Kapitel 21. Hier wird u.a. das Zusammenspiel von Project Professional und Project Server mit generischen Ressourcen erläutert.

Materialressourcen

Die Eingabe und Verwendung von Materialressourcen (Abbildung 7.9) weist im Vergleich mit den Ressourcen der Art *Arbeit* keine essenziellen Unterschiede auf. Sie werden im Wesentlichen identisch behandelt. Die Unterschiede liegen letztlich nur darin, dass die Berechnung des Einsatzes und des Verbrauchs und damit der Kosten in anderer Weise erfolgen.

	i	Ressourcenname	Art	Materialbeschrif	Kürzel	Gruppe	Max. Einh.	Standardsatz	Überstd.-Satz
1		Steffen Reister	Arbeit		sr	Grafiker	100%	100,00 €/Stunde	0,00 €/Stunde
2		Matthias Jäger	Arbeit		mj	Programmierer	100%	100,00 €/Stunde	0,00 €/Stunde
3		Renke Holert	Arbeit		rh	Consultant	100%	100,00 €/Stunde	0,00 €/Stunde
4		Ralph Goetze	Arbeit		rg	Netzwerk-Spezialist	100%	100,00 €/Stunde	0,00 €/Stunde
5		Server	Material		svr	Hardware		8.000,00 €	
6		Schulung	Arbeit		s	Raum		400,00 €	
7		Besprech	Material		b	Raum		400,00 €	
8		Netzwerkkabel	Material		n	Hardware		25,00 €	

Abbildung 7.9: *Die Definition einer Materialressource*

Dabei lassen sich wiederum zwei Ansätze unterscheiden:

- Es kann mit festen Verbrauchsraten gearbeitet werden. Diese sind dann unabhängig von der Dauer des Vorgangs.
- Es kann aber auch mit variablen Verbrauchsraten gearbeitet werden, bei denen der Verbrauch einer Ressource mit der Dauer des Vorgangs zunimmt.

Die Steuerung, ob es sich um eine Ressource mit fester oder variabler Zuordnung handelt, erfolgt über die Ressourcenzuordnung zu einem Vorgang. Materialressourcen können dort genau in der gleichen Weise wie andere Ressourcen zugeordnet werden. Falls aber mit einer variablen Verbrauchsrate gearbeitet werden soll (Abbildung 7.10), muss dort die Zeiteinheit (z.B. *h*, *t* oder eine andere bei Project zulässige Einheit) angegeben werden. Dann wird der Verbrauch pro Zeiteinheit berechnet.

Diese Festlegung bei der Zuordnung von Ressourcen hat durchaus ihre Logik: Wenn beispielsweise die Materialressource *Benzin* definiert ist, kann der Verbrauch einmal bei *2 Liter/Stunde* und einmal bei *150 Liter/Stunde* liegen, je nachdem, wie viele und welche Maschinen bei einem Vorgang eingesetzt werden. Das lässt sich über die Zuordnung fehlerfrei steuern. Würde man dagegen eine solche Verbrauchsrate direkt bei der Definition der Materialressource festlegen, müsste unter Umständen eine sehr hohe Zahl solcher Ressourcen erstellt werden.

Abbildung 7.10: *Die Zuordnung einer Ressource mit variablem Verbrauch*

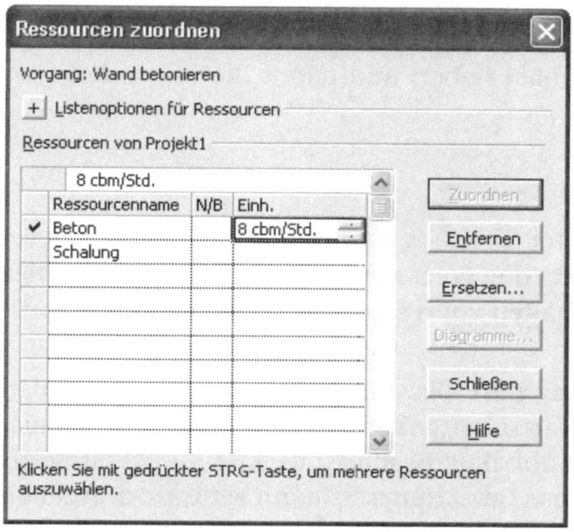

In der Ansicht *Ressource: Einsatz* lässt sich dann einfach analysieren, wie hoch der Verbrauch tatsächlich gewesen ist. Wenn mit einer Ressource mit variablem Verbrauch gearbeitet wird, ergeben sich andere Werte als bei einer festen Verbrauchsrate, wie aus Abbildung 7.11 deutlich wird.

Abbildung 7.11: *Die Analyse des Verbrauchs in der Ansicht* Ressource: Einsatz

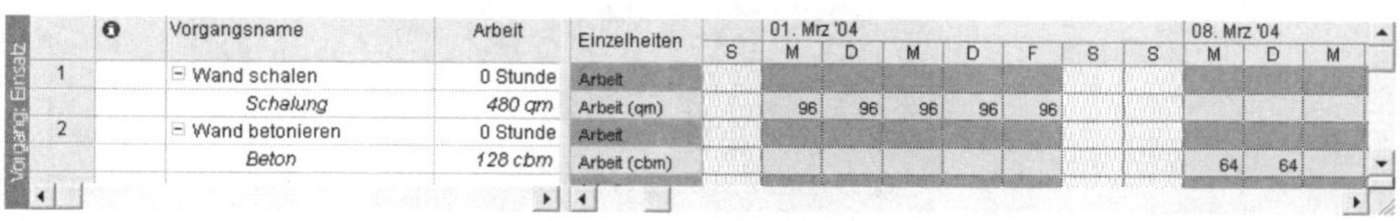

Der exakte Verbrauch kann in diesem Bereich auch durch Verbrauchsprofile oder durch die direkte Eingabe der Verbrauchswerte gesteuert werden. Insofern verhalten sich die Materialressourcen dann wieder identisch mit den Ressourcen der Art *Arbeit*.

Ressourcenberechnungen

Die Kunst des Ressourcenmanagements bei Project besteht vor allem darin, die verschiedenen Verhaltensweisen des Programms zu verstehen.

Diese hängen von folgenden Faktoren ab:

- Die eingestellte Art der *Dauer* für den Vorgang. In der aktuellen Version gibt es dafür drei verschiedene Varianten – mit fester Dauer, fester Arbeit und festen Einheiten.

- Die Option *Leistungssteuerung* steuert das Verhalten von Project beim Umgang mit Ressourcen ebenfalls stark.
- *Ressourcenkalender* haben ebenfalls einen wesentlichen Einfluss auf das Verhalten von Project beim Umgang mit Ressourcen.

HINWEIS

Daneben müssen Sie sich nur eine einzige Formel merken, mit der Project arbeitet:

```
Arbeit = Dauer * Einheiten * Stunden/Tag
```

Diese Formel kann auch andere Variablen haben und damit die folgenden Formen annehmen:

```
Dauer = Arbeit / (Einheiten * Stunden/Tag)
Einheiten = Arbeit / (Dauer * Stunden/Tag)
```

Es ist aber immer die gleiche Formel, die vom System verwendet wird. Dies erleichtert das Verständnis für das Verhalten von Project im Umgang mit Ressourcen ganz wesentlich.

Berechtigterweise werden Sie jetzt sagen, dass dies eine Formel mit drei Variablen ist. Was passiert wenn nur eine der Variablen geändert wird? Wie geht Project damit um? In diesem Fall müssen Sie unbedingt beachten welche Berechnungsart Project auf die Vorgänge anwendet. Diese Berechungsart kann zentral vorgegeben werden (vgl. hierzu ▶ Kapitel 5).

Das nachfolgende Bild soll die Regeln verdeutlichen, nach denen Project vorgeht:

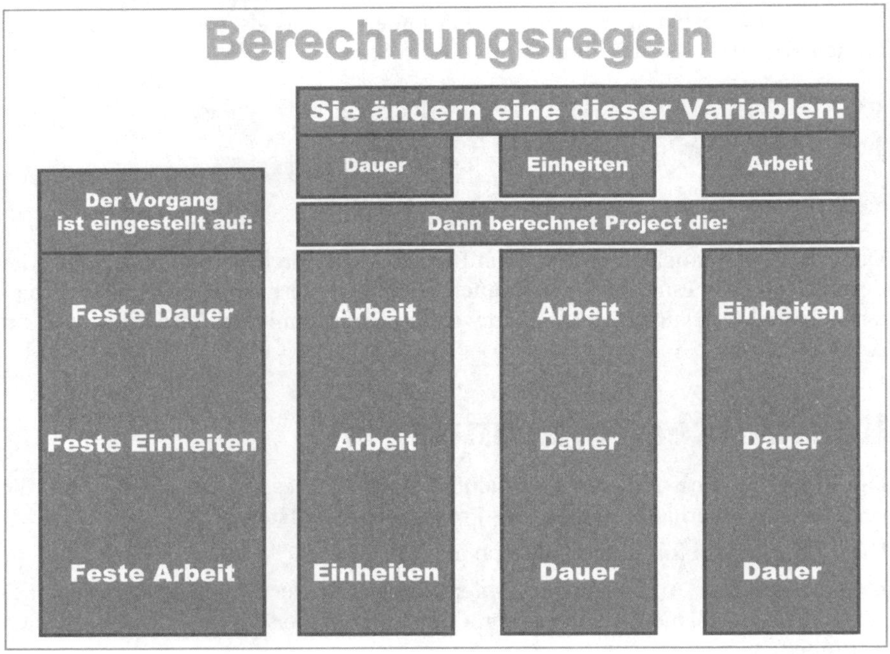

Abbildung 7.12: *Rechenregeln, nach denen Project vorgeht*

Für die nachfolgenden Abschnitte, in denen schrittweise das Verhalten für die Fälle

- Feste Dauer,
- Feste Arbeit und
- Feste Einheiten

erläutert wird, findet ein sehr kleines Projekt Verwendung, das nur als Beispiel gedacht ist.

Auf die entsprechende Beispieldatei (Abbildung 7.13 und Abbildung 7.14) können Sie auf der CD-ROM zum Buch im Ordner *\Buch\Kap07* unter *Kap07_02.mpp* zugreifen.

Abbildung 7.13: Das Beispiel-Projekt für Ressourcenprobleme

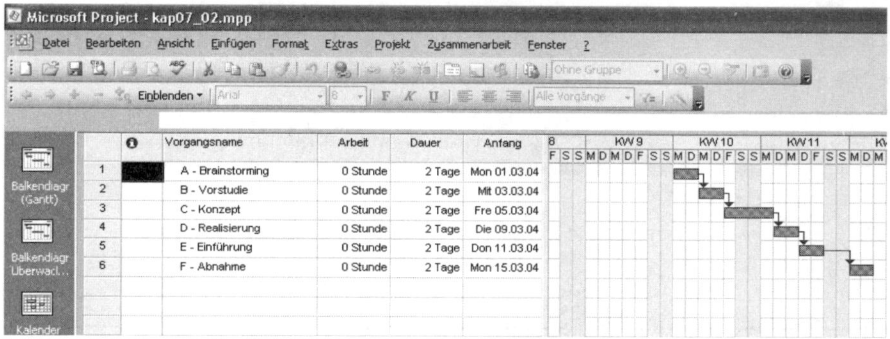

Diesem Projekt, das in die Vorgänge A bis F zur leichteren Beschreibung aufgeteilt ist, sind mehrere Ressourcen (Abbildung 7.14) zugeordnet, die alle unterschiedlich definiert werden.

Abbildung 7.14: Die Ressourcen im Beispiel

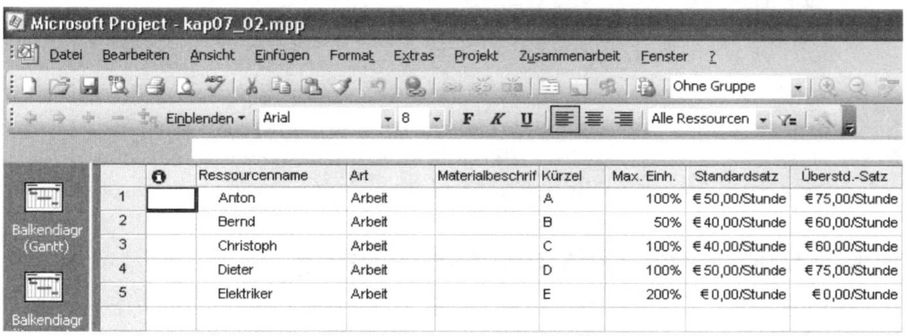

Zu den Ressourcen sind folgende Anmerkungen zu machen:

- Anton steht vollständig für das Projekt zur Verfügung und ist auch nie im Urlaub.
- Bernd steht für das Projekt nur mit 50% seiner Kapazität zur Verfügung.
- Christoph arbeitet nur halbtags. Das wurde im Ressourcenkalender berücksichtigt.
- Dieter ist vom 04.03.2004 bis zum 09.03.2004 im Urlaub.
- Es gibt gleich zwei Elektriker, die jeweils austauschbar sind. Daher wurde hier bei *Max. Einh.* eine Kapazität von 200% definiert.

Das sind auch die verschiedenen Abweichungen, die vorkommen können. Diese könnten natürlich noch kombiniert werden. Für die Analyse der im Projekt entstehenden Probleme reicht es so aber vollkommen aus.

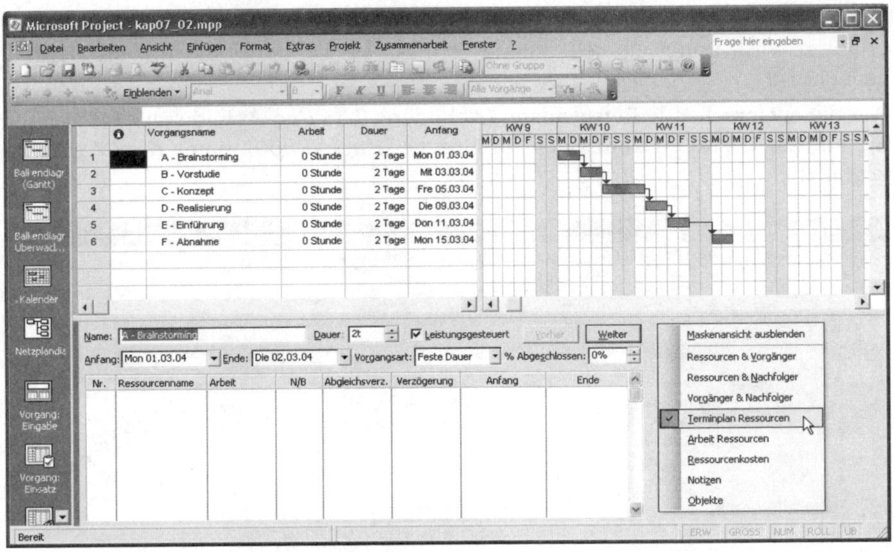

Abbildung 7.15: *Die Ansicht* Vorgang: Eingabe

HINWEIS

Für die weitere Analyse wird die Ansicht *Vorgang: Eingabe* (Abbildung 7.15) verwendet, die am besten geeignet ist, um Ressourcen zuzuordnen und das Verhalten von Project beim Ressourcenmanagement nachzuvollziehen.

1. Wählen Sie dafür im Menü *Ansicht/Weitere Ansichten* die Ansicht *Vorgang: Eingabe*. Klicken Sie auf die Schaltfläche *Bearbeiten* und wählen Sie die Option *Im Menü anzeigen* aus.
2. Bestätigen Sie danach mit *OK* und *Auswahl*.

Im unteren Bereich der Ansicht wird über das Kontextmenü das Format *Terminplan Ressourcen* eingeblendet. Sie können das Format alternativ auch über *Format/Einzelheiten* auswählen, wenn Sie den unteren Bereich der Ansicht markiert haben.

Feste Dauer mit Leistungssteuerung

Los geht es mit der festen Dauer als Arbeit und leistungsgesteuerten Ressourcen. Im ersten Schritt muss sichergestellt werden, dass diese Optionen bei dem Projekt gesetzt sind.

Dafür gibt es mehrere Optionen. Sie können:

- die Spalten *Art* und *Leistungsgesteuert* in eine Vorgangstabelle aufnehmen und dort die Werte anpassen;
- vor Beginn des Projekts die entsprechenden Einstellungen unter *Extras/Optionen* und dort in der Registerkarte *Terminplan* treffen;
- einen oder mehrere Vorgänge markieren und dann das Dialogfeld *Informationen zum Vorgang* über das Kontextmenü oder den gleichnamigen Befehl im Menü *Projekt* aufrufen.

Der letzte Ansatz soll nun für diesen Fall verwendet werden – in den weiteren Varianten des Beispiels wird auf die Anpassung nicht mehr gesondert eingegangen:

1. Markieren Sie alle Vorgänge, indem Sie den Vorgang A anklicken, die Umschalt-Taste gedrückt halten und dann den Vorgang F anklicken.
2. Wählen Sie im Kontextmenü (das Sie mit der rechten Maustaste aufrufen können) den Befehl *Informationen zum Vorgang* aus.
3. Aktivieren Sie dort die Registerkarte *Spezial* (siehe Abbildung 7.16).
4. Im Listenfeld *Vorgangsart* wählen Sie die Einstellung *Feste Dauer.*
5. Klicken Sie das Kontrollkästchen *Leistungsgesteuert* zweimal an, um es zu aktivieren.
6. Schließen Sie das Dialogfeld durch Auswahl der Schaltfläche *OK.*

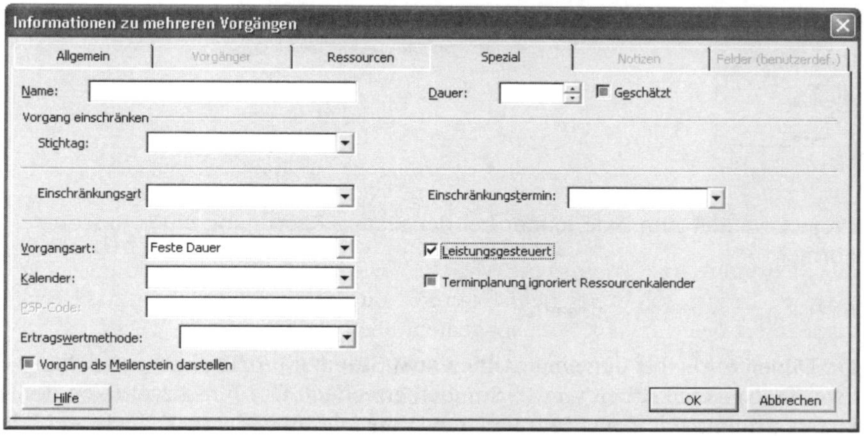

Abbildung 7.16: *Die Einstellungen für die Vorgänge*

Der nächste Schritt ist nun die Zuordnung der Ressourcen zu den Vorgängen. Wie Ressourcen zugeordnet werden können, wurde in diesem Kapitel bereits ausgeführt. Nachfolgend werden daher primär die Auswirkungen solcher Zuordnungen und die dabei entstehenden Meldungen von Project analysiert.

Sie können Ressourcen auch direkt in der Ansicht *Vorgang: Eingabe* in der im unteren Bereich angezeigten Maske zuordnen:

1. Markieren Sie den ersten Vorgang im Projekt *A - Brainstorming.*
2. Klicken Sie auf das erste Feld in der Spalte *Ressourcenname.*
3. Öffnen Sie das Listenfeld und wählen Sie als Ressource *Anton* aus.
4. Klicken Sie auf die Schaltfläche *OK,* um die Zuordnung der Ressource durchzuführen.

HINWEIS

Bei dieser Vorgehensweise können Sie – im Gegensatz zu den beiden oben beschriebenen Ansätzen über das entsprechende Dialogfeld bzw. via Vorgangstabelle – auch mehrere Ressourcen in einem Durchgang einem Vorgang zuordnen. Das hat, wie sich nachher zeigen wird, wesentlichen Einfluss darauf, wie sich Project bei gesetzter Option *Leistungssteuerung* verhält.

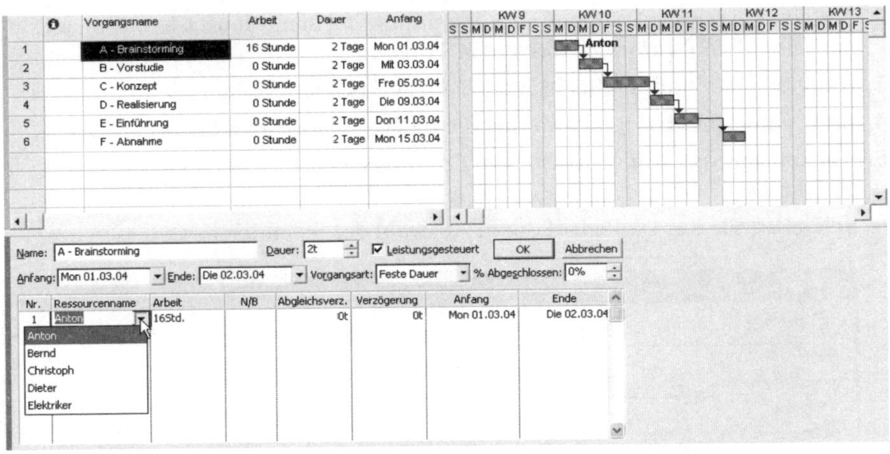

Abbildung 7.17: Das Projekt mit zugeordneter Ressource

Project wendet nun, wie immer bei der *ersten* Zuordnung einer Ressource, die Formel

```
Arbeit = Dauer * Einheiten * Stunden/Tag
```

an. Damit wird – bei den eingestellten acht Stunden pro Tag und einer Dauer von zwei Tagen – eine Arbeit von 16 Stunden errechnet. Der Einsatzzeitraum der Ressource stimmt mit dem Zeitraum des Vorgangs überein (vgl. auch Abbildung 7.17).

Wenn nun bei Vorgang B die Ressource *Bernd* zugeordnet wird, ergibt sich folgendes Ergebnis (Abbildung 7.18):

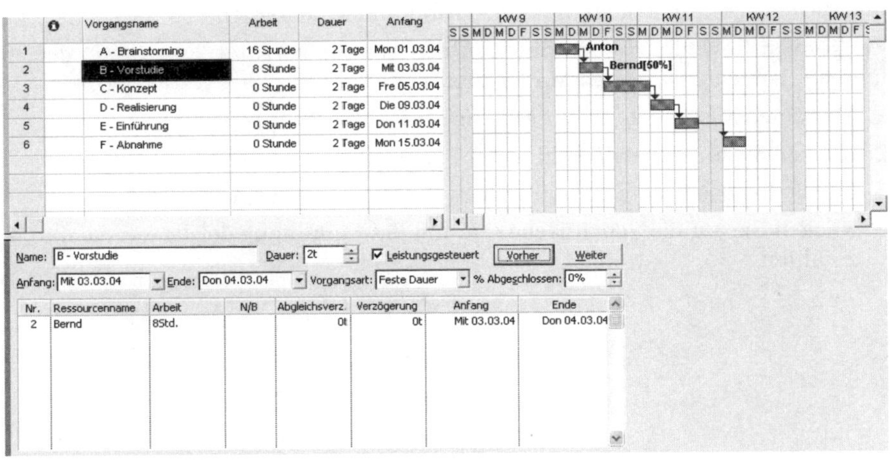

Abbildung 7.18: Die Zuordnung einer Ressource mit geringerer Kapazität

Project erkennt, dass die Ressource nicht voll zur Verfügung steht und ordnet sie, solange nichts anderes angegeben wird, nur mit 50% zu. Da die Einheiten jetzt nur 0,5 (also 50%) sind, errechnet sich hier eine geringere Arbeit von lediglich acht Stunden.

HINWEIS Wenn Sie bei der Eingabe von Vorgängen davon ausgegangen sind, dass die von Ihnen definierte Dauer als zu leistende Personentage interpretiert werden sollen, müssen Sie das bei der Zuordnung von Ressourcen mit weniger als 100% Verfügbarkeit berücksichtigen. Sie müssen in diesem Fall die Dauer noch einmal manuell korrigieren. Vermerken Sie das ggf. unbedingt in den Notizen zu Ihrem Vorgang.

Der Einsatz der Ressource wird gleichmäßig über die gesamte Dauer des Vorgangs verteilt. Diese Zuordnung hat also keinen Einfluss auf die Anfangs- oder Endtermine des Vorgangs.

Dieses Verhalten von Project zeigt, dass die Verwendung von anderen Einheiten als 100% nicht unproblematisch ist. Denn in diesem Fall wird die Ressource dennoch vollständig belegt. Wenn Sie nun beispielsweise in einem anderen Projekt ebenfalls zu 50% eingesetzt ist (Abbildung 7.19), liefert Project keine Information darüber, wann sie bei welchem Projekt arbeitet. Das lässt sich allerdings auch schwer exakt steuern.

Abbildung 7.19: Die Zuordnung einer Ressource mit Halbtagsarbeit

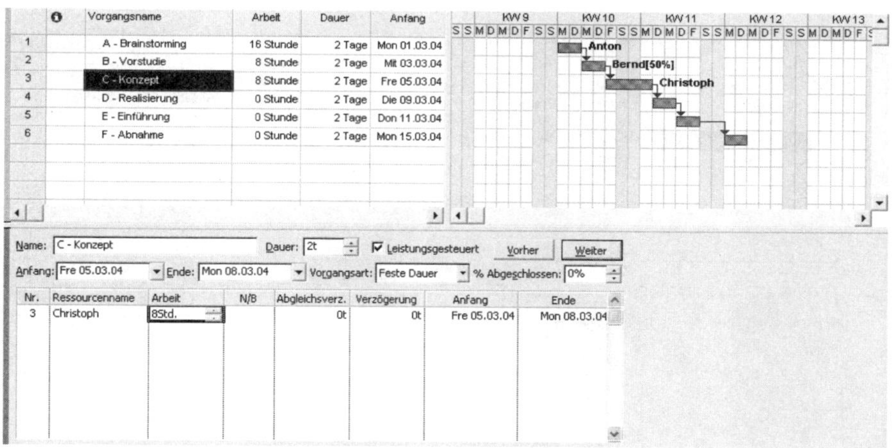

Eine wichtige Einschränkung gibt es, wenn Ressourcen mit Einschränkungen im Kalender bei Vorgängen mit fester Dauer zugeordnet werden. Project verwendet hier nicht unreflektiert seine Standard-Formel, sondern bezieht die kalendarische Verfügbarkeit in die Berechnung mit ein.

HINWEIS Das ist nicht unproblematisch, da bei der Ressource *Christoph* die Arbeit nur mit acht Stunden berechnet wird, obwohl sich laut Formel bei einer eingesetzten Einheit von 100% eine Arbeit von 16 Stunden ergeben müsste. Da die Dauer aber nicht fest ist, kann sie nicht verändert werden, weshalb nun dieser Weg gegangen wird.

Bei der Zuordnung der nächsten Ressource *Dieter* ergibt sich ein ähnliches Bild. Da diese Ressource am ersten Tag des Vorgangs noch im Urlaub ist, wird die Arbeit von Project als Ergebnis des Ressourcenkalenders und nicht als Ergebnis der Standardformel berechnet (Abbildung 7.20). Auch hier erfolgt wieder keine Warnung.

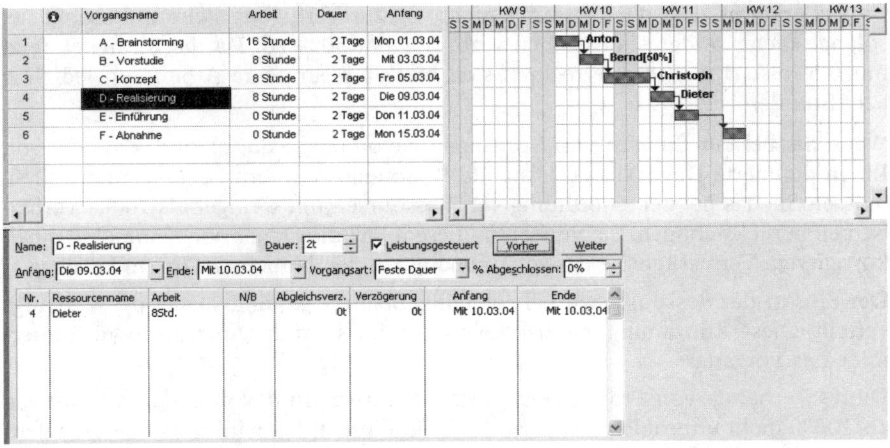

Abbildung 7.20: Die Zuordnung einer Ressource mit teilweisem Urlaub

Beim Vorgang E (Abbildung 7.21) wird nun schließlich die Ressource *Elektriker* zugeordnet. Bei Ressourcen, deren maximale Einheiten über 100% liegen, ordnet Project standardmäßig nur 100% zu, wenn nicht explizit etwas anderes angegeben wird.

HINWEIS

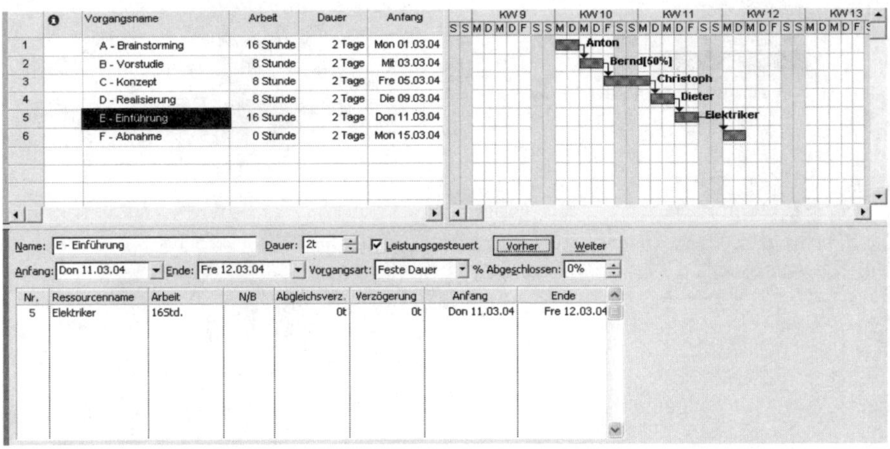

Abbildung 7.21: Die Zuordnung einer Ressource mit höherer Kapazität

Wenn nun die zugeordneten Einheiten der Elektriker bei diesem Vorgang auf 200% erhöht werden, erhöht sich in diesem Fall auch zunächst die Arbeit auf 32 Stunden. Hier wird eine Neuberechnung der Arbeit durchgeführt.

Abbildung 7.22: Erhöhung der Einheiten

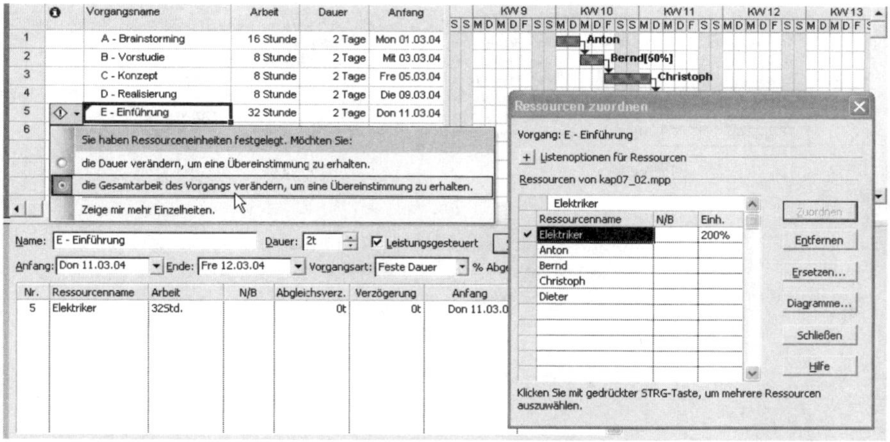

NEU

Wie in Abbildung 7.22 dargestellt, meldet sich in Project der Projektberater mit einem Hinweis (Smarttag) für den Anwender, da weitere Ressourcen zugewiesen wurden. Sie haben dabei die Möglichkeit die zusätzlichen Ressourcenkräfte in Form einer Erhöhung der Arbeit hinzuzufügen, d.h., dass die Formel

```
Arbeit = Dauer * Einheiten * Stunden/Tag
```

die Gesamtarbeit des Vorgangs verändert und einen neuen Arbeitswert in Höhe von

```
32h = 2t * 200% (8h/1t)
```

berechnet. Weiter haben Sie die Möglichkeit, die Dauer des Vorgangs verkürzen zu lassen, indem Sie die Option *Dauer verändern* des Projektberaters wählen und die Dauer neu mit

```
Dauer = Arbeit / (Einheiten * Stunden/Tag)
1t = 16h / (200% * 8h/1t)
```

berechnen. Im dargestellten Beispiel haben wir die Gesamtarbeit auf 32h erhöht und die Dauer mit 2t beibehalten.

HINWEIS

Werden nun im nächsten Schritt dem Vorgang F die Ressourcen *Anton* und *Dieter* zugeordnet, so werden Sie mit einer der größten Tücken von Project konfrontiert. Das Verhalten von Project hängt nämlich von der gewählten Vorgehensweise bei der Ressourcenzuordnung ab.

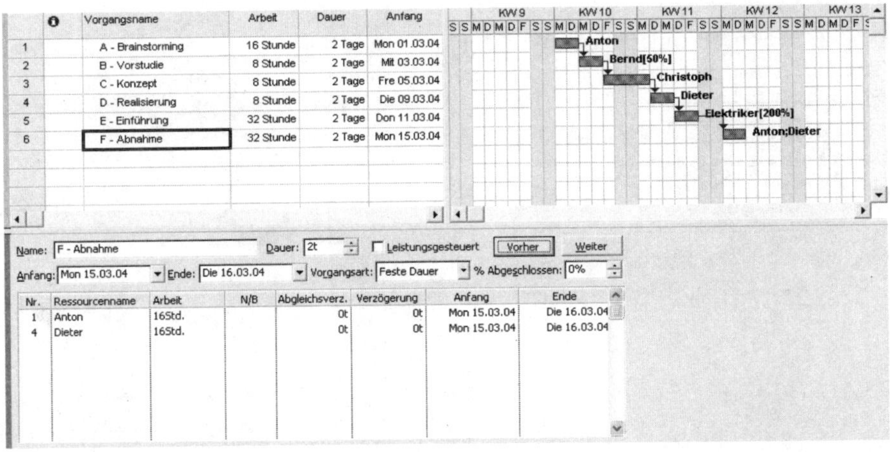

Abbildung 7.23: *Die gleichzeitige Zuordnung mehrerer Ressourcen*

Wenn Sie die Ressourcen gleichzeitig im unteren Bereich der Ansicht *Vorgang: Eingabe* zuordnen, ergibt sich das in Abbildung 7.23 gezeigte Bild. Gleichzeitige Zuordnung bedeutet, dass Sie zunächst in der Spalte *Ressourcenname* beide Ressourcen auswählen, bevor Sie die Schaltfläche *OK* betätigen. In diesem Fall wird mit der Standardformel für beide Ressourcen gearbeitet.

Im Gegensatz dazu steht das Verhalten, wenn Sie die Ressourcen schrittweise zuordnen. In diesem Fall errechnet Project zunächst eine Arbeit von 16 Stunden für die Ressource *Anton*.

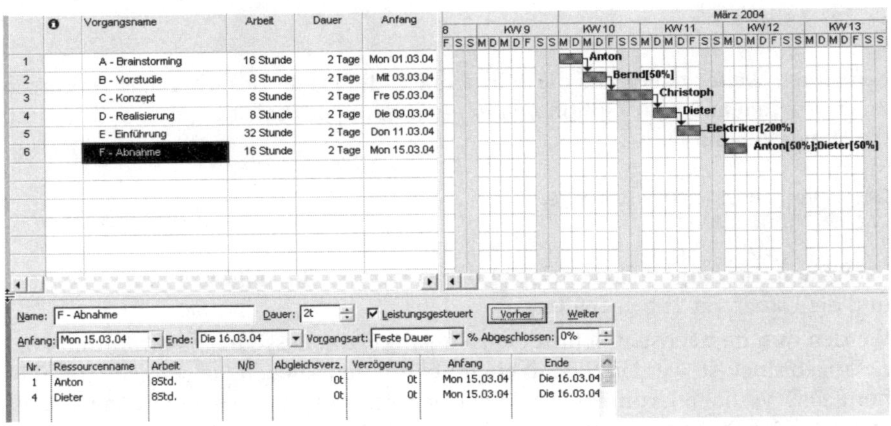

Abbildung 7.24: *Das Ergebnis bei schrittweiser Ressourcenzuordnung*

Da aber die Option *Leistungsgesteuert* für diesen Vorgang gesetzt ist, wird bei der Zuordnung der nächsten Ressource *Dieter* davon ausgegangen, dass die definierte Arbeit von 16 Stunden auf beide Ressourcen gleichmäßig verteilt werden soll (siehe Abbildung 7.24).

Damit errechnet sich eine Arbeit von jeweils acht Stunden pro Ressource. Project korrigiert aber die Einsatztermine der Ressourcen und die Dauer des Vorgangs bei der Einstellung *Feste Dauer* nicht. Dies führt zu dem irritierenden Ergebnis, dass die Ressourcen zwar nur acht Stunden arbeiten, diese acht Stunden aber über jeweils zwei Tage und damit 16 Stunden verteilt werden.

HINWEIS Die *Leistungssteuerung* ist eine der interessantesten und wichtigsten Funktionen, die im Ressourcenmanagement in Project existieren. Sie ist aber nicht ohne Tücken. Es ist insbesondere zu überlegen, ob diese Option bei der ersten Zuordnung von Ressourcen – also zu Beginn der Planungsphase – gesetzt wird, oder ob sie nicht besser erst zu einem späteren Zeitpunkt, wenn der Ausgleich von Ressourcenkonflikten und dann die Überwachung des Projekts beginnt, verwendet wird.

Das gilt umso mehr, als die gleichzeitige Zuordnung von Ressourcen nur in der Ansicht *Vorgang: Eingabe* oder bei vollkommen manueller Eingabe in einer Vorgangstabelle möglich ist. Wenn Sie mit dem Dialogfeld *Ressourcen zuordnen* arbeiten, werden die Ressourcen nacheinander eingegeben, womit die Auswirkungen der Leistungssteuerung voll zum Tragen kommen.

Die Bedeutung von Leistungsgesteuert
Dieses Feature könnte auch den Namen **Arbeit konstant halten** tragen, denn genau dies ist seine Funktion.
Leistungsgesteuert bedeutet, dass beim Zuweisen oder Entfernen von Personen zu bzw. aus einem Vorgang die Dauer des Vorgangs von Project basierend auf dem Umfang der zugewiesenen Ressourceneinheiten verlängert oder verkürzt wird, sich der Gesamtumfang der Arbeit für den Vorgang aber nicht verändert.
Wenn Sie mit der Planung eines Projekts beginnen, wissen Sie beim Hinzufügen eines Vorgangs zum Projekt in den meisten Fällen, was getan werden muss. Beispielsweise wissen Sie (oder Ihnen liegt eine gute Schätzung vor), wie viele Quadratmeter Wand gestrichen oder wie viel Softwarecode für eine bestimmte Gruppe von Features geschrieben werden muss.
Bei der Planung eines Projekts ist Ihnen daher in der Regel recht gut bekannt, welche Arbeit erledigt werden muss. Zur Vervollständigung des Projektplans werden Sie dann die bis zum Abschluss dieser Arbeit voraussichtlich benötigte Zeit (Dauer) und die Anzahl der Ressourcen (Ressourceneinheiten) anpassen, die Sie dem Vorgang für die Durchführung der Arbeit zuweisen können.
Aus diesem Grund ist das Feature zur leistungsgesteuerten Terminplanung in Project standardmäßig aktiviert. Sie können die Einstellung für die Leistungssteuerung jedoch deaktivieren, wenn für Ihre Projektvorgänge andere Anforderungen bestehen.

Feste Dauer ohne Leistungssteuerung

Falls ohne Leistungssteuerung gearbeitet wird, ergeben sich nur wenige Unterschiede bei der Zuordnung von Ressourcen (Abbildung 7.25). Auswirkungen hat diese Option im Beispiel nur bei Vorgang F, bei dem mehr als eine Ressource zugeordnet wird.

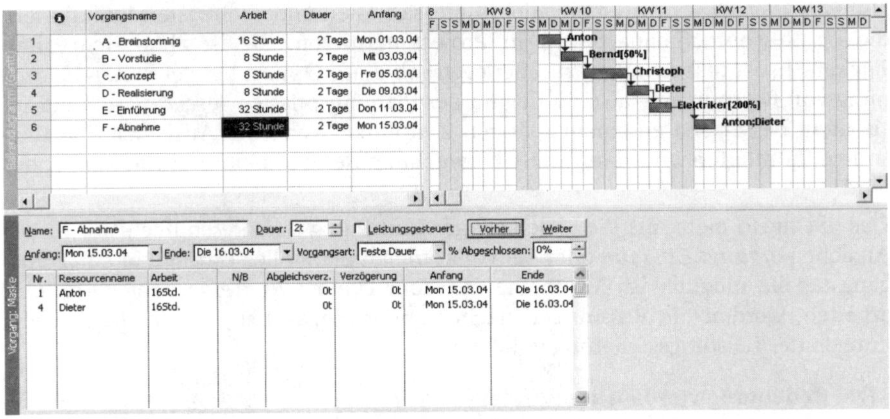

Abbildung 7.25: Die Zuordnung ohne Leistungssteuerung

In diesem Fall ist es irrelevant, ob mit oder ohne Leistungssteuerung gearbeitet wird. Auch wenn die Ressourcen nacheinander zugeordnet werden, wird für jede Ressource mit der Standardformel gearbeitet und damit eine Arbeit von 16 Stunden errechnet.

HINWEIS

Da Sie die Leistungssteuerung jederzeit ein- und ausschalten können, spricht nichts dagegen, zunächst ohne Leistungssteuerung zu beginnen und die Vorgänge später generell bzw. nach Bedarf auf die Leistungssteuerung umzuschalten.

Auch wenn die Leistungssteuerung im ersten Moment eine durchaus interessante Option ist, so ist sie doch mit einiger Vorsicht zu betrachten. Denn nur, wenn tatsächlich die Situation gegeben ist, dass sich bei Zuordnung einer zusätzlichen Ressource die Dauer auch proportional verringert, funktioniert dieses Modell. Wenn aber, wie es z.B. bei Software-Projekten typisch ist, bei Zuordnung einer weiteren Ressource auch höherer Koordinierungsaufwand entsteht, sollte diese Option generell nicht genutzt werden.

Feste Arbeit

Im ersten Beispiel wurde mit der Vorgangsart *Feste Dauer* gearbeitet. Wie der Name schon sagt, wird in dieser Situation die Dauer immer als Konstante in der Formel

```
Arbeit = Dauer * Einheiten * Stunden/Tag
```

behandelt. Es können sich also Einheiten oder Arbeit ändern, da die Stunden pro Tag ja ebenfalls eine Konstante sind.

Bei der *festen Arbeit* wird dagegen nach der ersten Zuordnung der Ressourcen, die ebenfalls nach der obigen Formel erfolgt, immer so gearbeitet, dass die Arbeit konstant ist. Es können sich also Vorgangsdauer oder Einheiten ändern.

Analog wird bei der Vorgangsart *Feste Einheiten* bei der ersten Zuordnung ebenfalls erst einmal die Arbeit errechnet. Bei allen späteren Änderungen bleiben dagegen die Einheiten konstant. Es können sich alternativ Dauer oder Arbeit ändern.

Dementsprechend ändert sich nun einiges, wenn anstelle von *Feste Dauer* nun *Feste Arbeit* als Vorgangsart eingestellt wird. Auf den nächsten Seiten wird am gleichen Beispiel das Verhalten von Project in dieser Situation beschrieben. Die Beispieldatei finden Sie auf der CD-ROM zu diesem Buch im Ordner *\Buch\Kap07* unter *Kap07_03.mpp*.

HINWEIS Auf die Leistungssteuerung wird in diesem und im folgenden Abschnitt nicht mehr gesondert eingegangen, da sich dort im Vergleich mit den festen Dauern nichts ändert. Die Leistungssteuerung wird noch im Zusammenhang mit der Behandlung von Ressourcenkonflikten im weiteren Verlauf dieses Kapitels behandelt.

Falls als Vorgangsart *Feste Arbeit* definiert ist, wird ohnehin mit der Leistungssteuerung gearbeitet. In diesem Fall wird nicht die Arbeit der einzelnen, zugeordneten Ressourcen, sondern die gesamte Arbeit beim Vorgang als fest definiert. Daraus folgt, dass bei Änderungen zwangsläufig mit Leistungssteuerung gearbeitet werden muss, da diese feste Arbeit gleichmäßig auf die Ressourcen verteilt werden muss.

Das Verhalten von Project bei der Zuordnung der Ressourcen *Anton* und *Bernd* unterscheidet sich nicht von dem bei der Vorgangsart *Feste Dauer*. Eine Änderung ergibt sich erst, wenn der Ressourcenkalender vom Standardkalender abweicht (Abbildung 7.26).

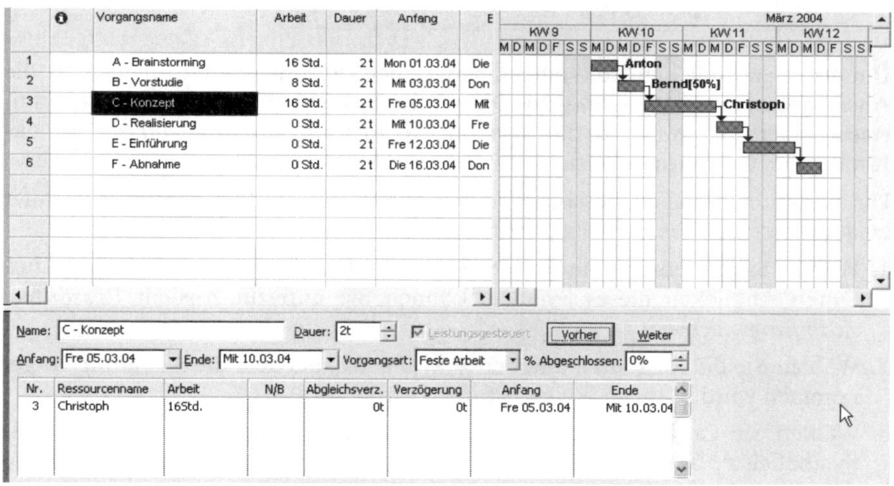

Abbildung 7.26: *Die Zuordnung einer Ressource mit verändertem Kalender*

Auch hier erfolgt wieder eine dieser »versteckten« Veränderungen, die den Umgang mit Project anfangs erschweren. Denn die errechnete Arbeit liegt jetzt bei 16 Stunden, was ja auch durchaus logisch ist, wenn man die Standardformel betrachtet. Nur: Die eingesetzte Ressource kann diese Arbeit überhaupt nicht innerhalb der zwei ursprünglich vorgesehenen Tage leisten.

Da die Ressource *Christoph* laut ihrem Ressourcenkalender nur halbtags arbeitet, lassen sich 16 Stunden Arbeit natürlich nicht auf zwei Arbeitstage verteilen – pro Arbeitstag stehen hier schließlich nur vier Stunden zur Verfügung.

Project zeigt hier ein deutlich anderes Verhalten, als das bei der Vorgangsart *Feste Dauer* zu beobachten war. Denn bei *fester Arbeit* wird der Endtermin des Vorgangs angepasst.

HINWEIS

Project analysiert hier, wann die Ressource die errechnete Arbeit innerhalb ihres Kalenders leisten kann. Die 16 Stunden werden über vier Arbeitstage (05.03. bis 10.03.2004) verteilt, sodass sich als Endtermin des Ressourceneinsatzes, der auch im unteren Bereich des Bildschirms sichtbar ist, der 10.03.2004, 12:00 Uhr ergibt. Dieser Wert wird auch als Enddatum des Vorgangs eingefügt.

Die Vorgangsdauer bleibt dennoch bei zwei Tagen, weil die Vorgangsdauer hier als die Zahl der Arbeitstage interpretiert wird und nicht als die Zahl der Kalendertage, an denen gearbeitet wird. Da es vier halbe Tage sind, ergibt sich insgesamt eine Dauer von zwei Tagen. Diese Logik von Project ist etwas eigenwillig, wird aber so verwendet.

HINWEIS

Dieses Verhalten verdeutlicht noch einmal die Notwendigkeit von Termineinschränkungen. Wenn Sie Termineinschränkungen gesetzt haben, kann das Projekt zumindest nur in eingeschränktem Maße verschoben werden. Das Projektende und ggf. auch die Meilensteine im Projekt sind fixiert. Dennoch sollten Sie grundsätzlich überprüfen, ob die Vorgangstermine nach der Ressourcenzuordnung unverändert geblieben sind.

Abbildung 7.27: *Die Symbolleiste* Ressourcenmanagement

Um Probleme mit dem Ressourcenmanagement zu analysieren, bietet sich die Ansicht *Ressource: Zuteilung* an. Diese Ansicht können Sie am einfachsten aufrufen, indem Sie zunächst die Symbolleiste *Ressourcenmanagement* über das Kontextmenü der Symbolleisten aktivieren (Abbildung 7.27).

Um die Zuteilung einer Ressource in der Ansicht *Ressource: Zuteilung* genauer zu analysieren, gehen Sie folgendermaßen vor:

1. Wählen Sie das erste Symbol in der Symbolleiste *Ressourcenmanagement* aus. Durch Anklicken dieses Symbols können Sie nun zur Ansicht *Ressource: Zuteilung* wechseln.
2. Wählen Sie die Ressource und den Vorgang aus, bei dem die Änderung vorgenommen wurde.
3. Wählen Sie das Symbol *Gehe zu ausgewähltem Vorgang* in der *Standard*-Symbolleiste, um in der Zeitskala zu den Informationen dieses Vorgangs zu wechseln.

4. Sie sehen nun, wie sich die Arbeit des Vorgangs über die Zeit verteilt. Hier wird deutlich, dass an jedem der vier Kalendertage jeweils nur vier Stunden gearbeitet wird.

Aus diesem Grund verändert sich in unserem Beispiel dann auch die Vorgangsdauer.

TIPP

Sie können übrigens über das zweite Symbol in der Symbolleiste *Ressourcenmanagement* wieder zurück zur Ansicht *Vorgang: Eingabe* wechseln.

Da sich nun der Vorgang C verschoben hat, muss in unserem Beispiel der Urlaub der Ressource *Dieter* noch verlängert werden, damit wir das Verhalten bei einer solchen Abwesenheit auch beobachten können. Der Urlaub wird daher bis einschließlich 12.03.2004 verlängert. Ordnen Sie danach dem Vorgang D die Ressource *Dieter* zu und beobachten Sie das Verhalten von Project, da die Ressource zu diesem Zeitpunkt an diesem Vorgang eigentlich nicht arbeiten kann, da sie im Urlaub ist.

Abbildung 7.28: *Die Verschiebung durch Urlaub*

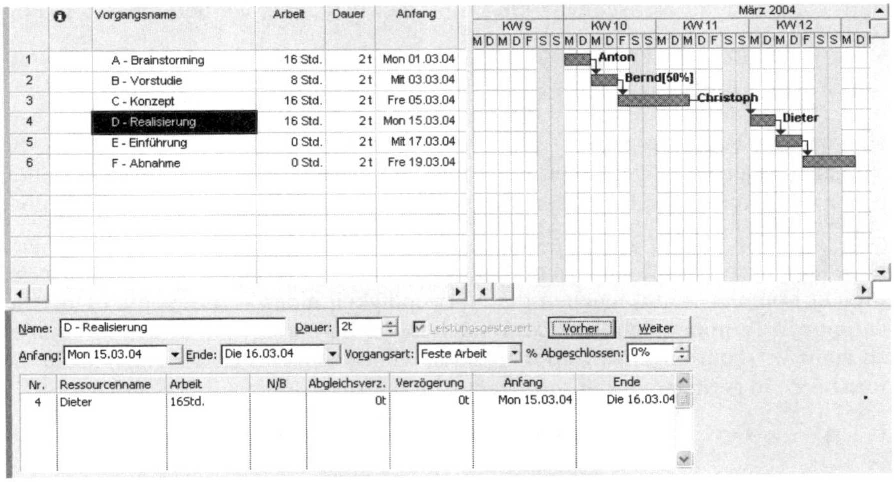

Es kann nun wenig überraschen, dass sich auch hier der Endtermin des Vorgangs verschiebt, weil die Ressource, wie in Abbildung 7.28 dargestellt, eben erst ab dem 15.03.2004 wieder zur Verfügung steht. Hier findet sich also das gleiche Verhalten, wie bei der im Kalender definierten Halbtagsarbeit.

Der nächste Schritt ist die Zuordnung der Elektriker (Abbildung 7.29) und dann die Erhöhung der Einheiten auf 200%. Auch hier verhält sich Project wieder anders, als das bei der Vorgangsart *Feste Dauer* der Fall war.

Abbildung 7.29: *Die Erhöhung der Einheiten ändert die Dauer*

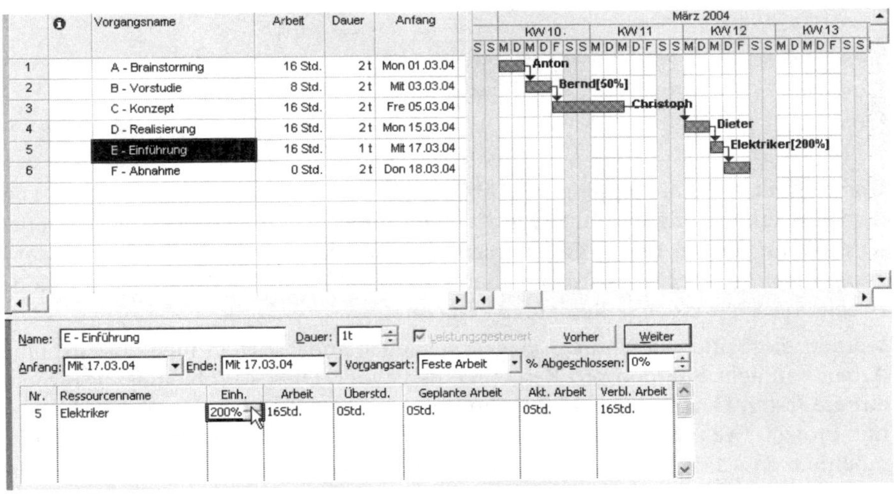

Bei der Erhöhung der Einheiten handelt es sich um eine nachträgliche Veränderung der Vorgangsdauer. Während bei der ersten Eingabe die Standardformel in der Form

```
Arbeit = Dauer * Einheiten * Stunden/Tag
```

Verwendung findet, wird bei der Veränderung gemäß der Vorgangsart *Feste Arbeit* die Arbeit als Konstante genommen. Die Einheiten werden manuell verändert, sodass in der Konsequenz die Dauer neu berechnet werden muss. Die Formel wird also in der Form

```
Dauer = Arbeit / (Einheiten * Stunden/Tag)
```

verwendet. Dementsprechend ändert sich nun bei gleich bleibender Arbeit die Vorgangsdauer von zwei Tagen auf einen Tag, da die Option *Feste Arbeit* auch gleichzeitig immer die Einstellung *Leistungsgesteuert* aktiviert hat. Auch das hat eine Verschiebung der Termine im Projekt zur Folge.

HINWEIS

Die vielfältigen Situationen, in denen es zu einer Verschiebung von Terminen im Projekt kommen kann, machen die Notwendigkeit einer konsequenten Überwachung von Terminen deutlich. Denn auch in der beschriebenen Situation kann es zu einer Verschärfung von Terminengpässen kommen. Das ist der Fall, sobald die Ressource in geringerem statt höherem Umfang zugeordnet wird.

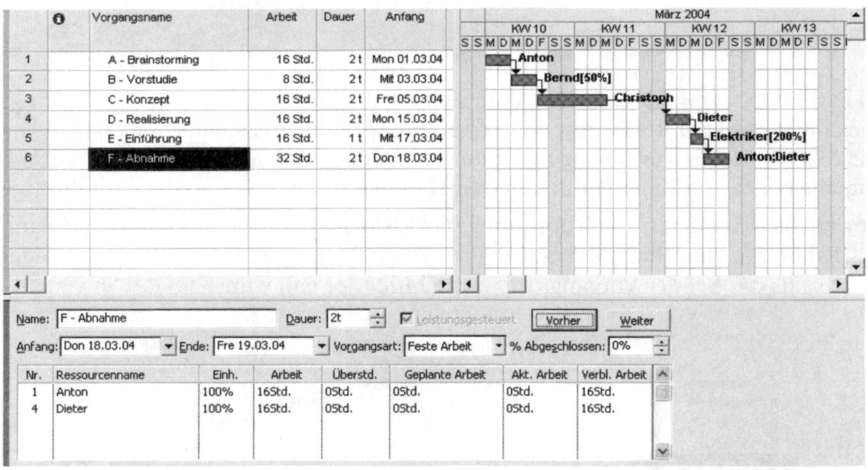

Abbildung 7.30: Die Zuordnung von zwei Ressourcen

Das Verhalten beim Vorgang F (Abbildung 7.30) unterscheidet sich nicht von dem, das Project zeigt, wenn mit *fester Dauer* und *Leistungssteuerung* gearbeitet wird. Wenn Sie die beiden Ressourcen direkt nacheinander in der Ansicht *Vorgang: Eingabe* eingegeben und erst dann die Schaltfläche *OK* betätigen, wird eine Arbeit von 16 Stunden je Ressource berechnet.

Werden die beiden Ressourcen dagegen nacheinander zugeordnet, so wird eine Arbeit von acht Stunden pro Ressource berechnet. Dieses Problem ist also nicht auf die festen Dauern beschränkt, sondern ein generelles Problem beim Umgang mit Project. Wenn Sie bei der ersten Zuordnung von Ressourcen sichergehen möchten, dass sich die Dauer – abgesehen vom Einfluss der Kalender – nicht verändert, müssen Sie die Leistungssteuerung bis zu diesem Zeitpunkt deaktivieren.

Feste Einheiten

Damit bleibt als letzte Vorgangsart noch *Feste Einheiten* mit aktivierter *Leistungssteuerung*. Wie schon ausgeführt, werden in diesem Fall die Einheiten von Ressourcen als konstant betrachtet. Je nach Änderung können sich also Dauer oder Arbeit verändern. Auch hier wird wieder das gleiche Beispiel verwendet, um das Verhalten von Project darzustellen.

Die Beispieldatei mit den zugeordneten Ressourcen finden Sie auf der CD-ROM zum Buch im Ordner *\Buch\Kap07* unter *Kap07_04.mpp*.

Abbildung 7.31: *Das Ergebnis bei der Vorgangsart* Feste Einheiten

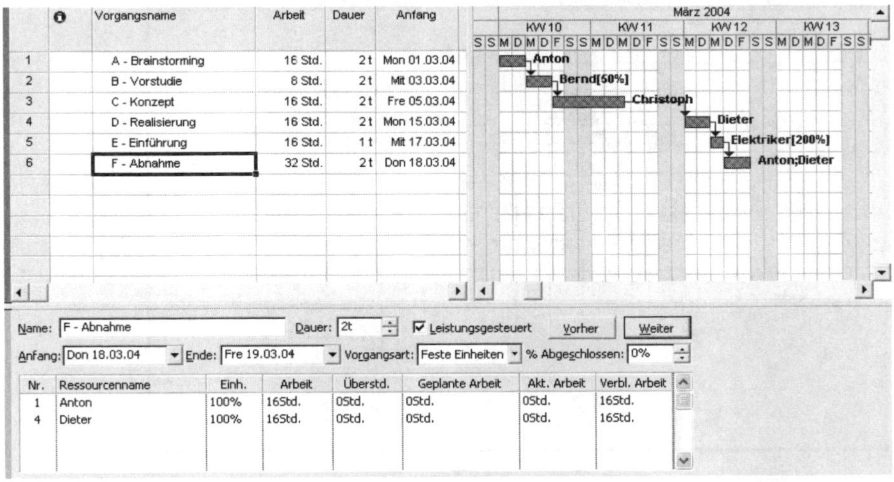

Die Zuordnung der Ressourcen verläuft hier (Abbildung 7.31) absolut identisch zu der Vorgangsart *Feste Arbeit*. Das bedeutet, dass auch hier die Dauer, ebenso wie die Endtermine, von Vorgängen verändert werden können.

Dass es keine großartigen Unterschiede gibt, ist nicht überraschend. Der eigentliche Unterschied entsteht erst, wenn explizit eine Vorgangsdauer verändert wird, was im Beispiel nicht der Fall war. Dann werden die Formeln

```
Arbeit = Dauer * Einheiten * Stunden/Tag
Einheiten = Arbeit / (Dauer * Stunden/Tag)
```

benutzt. Die obere Formel wird verwendet, wenn sich die Dauer ändert und die Vorgangsart auf *Feste Einheiten* steht. Die zweite Formel wird verwendet, wenn die Vorgangsart *Feste Arbeit* eingestellt ist und sich die Dauer verändert.

HINWEIS In allen anderen Fällen wird die Dauer verändert. Bei *fester Arbeit* werden auch die Einheiten konstant gehalten, wenn das möglich ist. Ebenso wird bei *festen Einheiten* die Arbeit konstant gehalten, so lange es geht. Nur wenn explizit die Dauer verändert wird, gibt es daher einen Unterschied zwischen diesen beiden Vorgangsarten.

Ressourcenkonflikte durch Vorgangskalender

Interessant ist es, das Verhalten von Project in Bezug auf die Ressourcen zu beobachten, wenn mit einem Vorgangskalender gearbeitet wird. Das soll anhand der auf den letzten Seiten genutzten Beispiele mit den Einstellungen zur *Festen Arbeit* noch kurz dargestellt werden.

Die Beispieldatei *Kap07_05.mpp* mit den erstellten Vorgangskalendern finden Sie auf der CD-ROM zum Buch im Ordner *\Buch\Kap07*.

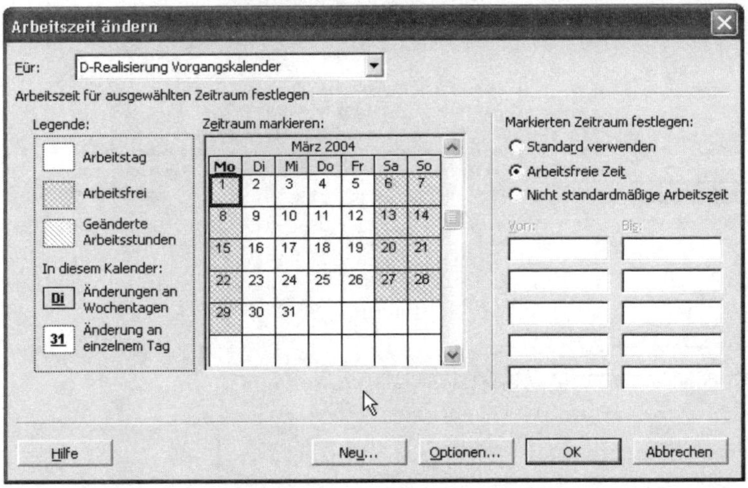

Abbildung 7.32: *Die Definition des Vorgangskalenders*

Dazu wird zunächst über den Menübefehl *Extras/Arbeitszeit ändern* eine Kopie des Projektkalenders erstellt. Diese Kopie wird als *D-Realisierung Vorgangskalender* bezeichnet. Dort werden alle Montage als *Arbeitsfreie Zeit* markiert und eingetragen (Abbildung 7.32), da alle Entwickler für die Realisierungsarbeiten immer am Montagvormittag an Teamsitzungen für Entwickler teilnehmen und den Montagnachmittag stets dazu verwenden, aktuelle am Vormittag besprochene Fehler und Sicherheitslücken in der Softwareentwicklung zu reparieren.

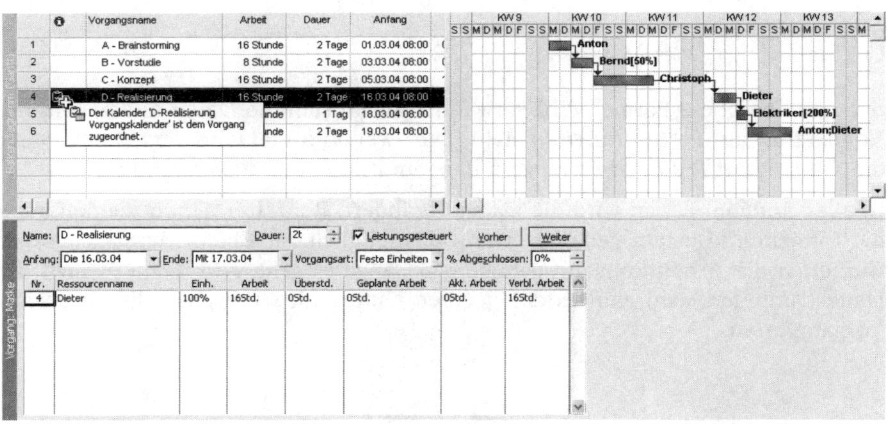

Abbildung 7.33: *Die Veränderung des Projektplans*

Sobald nun aber der Kalender dem Vorgang D zugeordnet wird – wieder über den Befehl *Informationen zum Vorgang* im Menü *Projekt* – setzt Project Montag, den 15.03.2004 als freien Tag und schiebt alle Vorgänge entsprechend nach hinten (Abbildung 7.33).

Außerdem wird ein Symbol beim Vorgang B eingeblendet, welches anzeigt, dass es sich um einen Vorgang mit zugeordnetem Vorgangskalender handelt. Die Verschiebung im Projekt kann dazu führen, dass sich Endtermine verschieben oder Ressourcenkonflikte ergeben.

TIPP Lesen Sie mehr über die Erstellung von Vorgangs- und Ressourcenkalendern und den Zusammenhang mit Projekt- und Basiskalendern in ▶ Kapitel 5 im Abschnitt »Kalender und Arbeitszeiten«.

Der Umgang mit Ressourcenkonflikten

Nachdem das grundlegende Verhalten von Project bei der Zuordnung von Ressourcen erläutert wurde, gilt der Blick nun den Ressourcenkonflikten und dem Umgang mit Konfliktlösungen. Dazu wird wieder das Projekt »Erstellung einer Webseite« verwendet, das Sie schon aus den vorhergehenden Kapiteln kennen bzw. am Anfang dieses Kapitels verwendet haben.

Sie finden das Projekt mit den Ressourcenkonflikten auf der CD-ROM zum Buch im Ordner *\Buch\Kap07* unter *Kap07_06.mpp*.

Abbildung 7.34: *Die Vorgänge im Balkendiagramm (Gantt)*

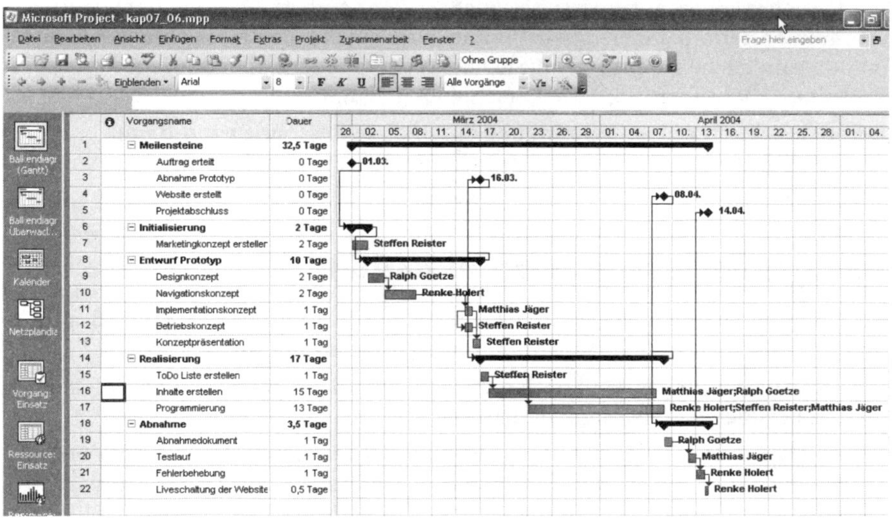

Dem Vorgang 11 *Implementationskonzept* ist die Ressource *Matthias Jäger* zugeordnet, dem allerdings in der Woche vom 08.03. bis zum 12.03.2004 Urlaub bewilligt wurde (Abbildung 7.34):

Ändern Sie den *Ressourcenkalender* für *Matthias Jäger* zunächst so, dass zu den genannten Terminen arbeitsfreie Zeit im Kalender eingetragen ist.

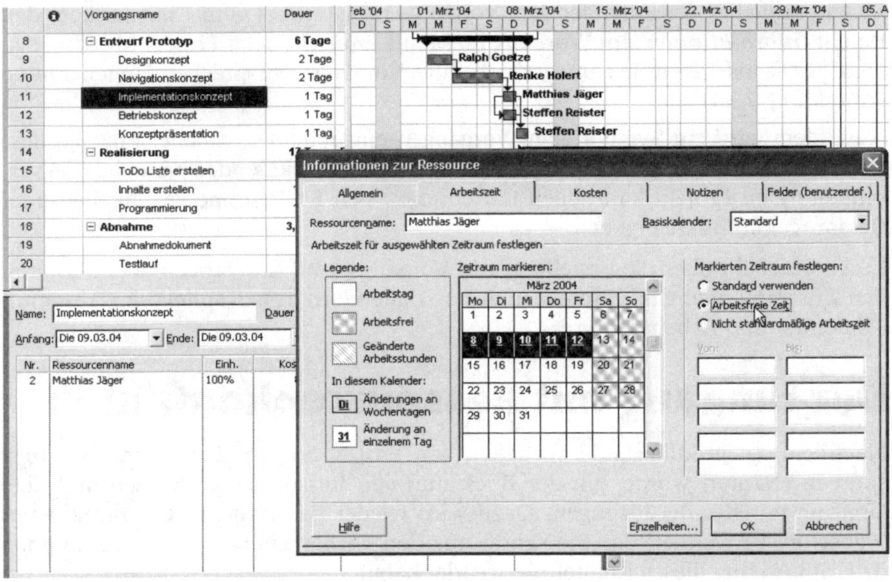

Abbildung 7.35: Das Projekt in der Ansicht Vorgang: Eingabe *und der* Ressourcenkalender *von Matthias Jäger*

Auch hier bietet sich wieder die Ansicht *Vorgang: Eingabe* für die weitere Analyse an (Abbildung 7.35). Die Verschiebung wird, wenn man bei der Zuordnung der Ressource nicht aufgepasst hat, nicht sofort deutlich. Da auch noch kein Einschränkungstermin tangiert wird, kann eine solche Änderung praktisch unbemerkt »durchgehen«. Erst wenn Sie nachrechnen oder in der Ansicht *Ressource: Zuteilung* nachsehen, wird die Verschiebung deutlich.

Da noch keine Termineinschränkung durch diese Ressourcenzuordnung betroffen ist und damit weder ein Termin- noch ein Ressourcenkonflikt entstehen, wird diesem Problem hier nicht weiter nachgegangen.

Analyse eines Ressourcenkonflikts

Im nächsten Schritt soll der Programmierer *Matthias Jäger* den Vorgängen 16 und 17 (*Inhalte erstellen, Programmierung*) zugeordnet werden.

Dass daraus ein Ressourcenkonflikt entstehen wird, ist offensichtlich, soll aber an diesem Beispiel demonstriert werden:

1. Öffnen Sie das Dialogfeld *Ressourcen zuordnen* durch Auswahl des entsprechenden Symbols in der Symbolleiste *Standard* oder *Ressourcenmanagement*.
2. Ordnen Sie die Ressource *Matthias Jäger* den Vorgängen 16 und 17 zu.
3. Project zeigt in dieser Situation keine Fehlermeldung an.
4. Wechseln Sie in die Ansicht *Ressource: Tabelle*. Dort sehen wir die Ressource *Matthias Jäger* in roter Farbe dargestellt. Gleichzeitig erscheint ein Warnsymbol in der Spalte *Indikatoren* (siehe Abbildung 7.36).

Abbildung 7.36: Die Ressourcenüberlastung wird erst in der Ressourcenansicht deutlich

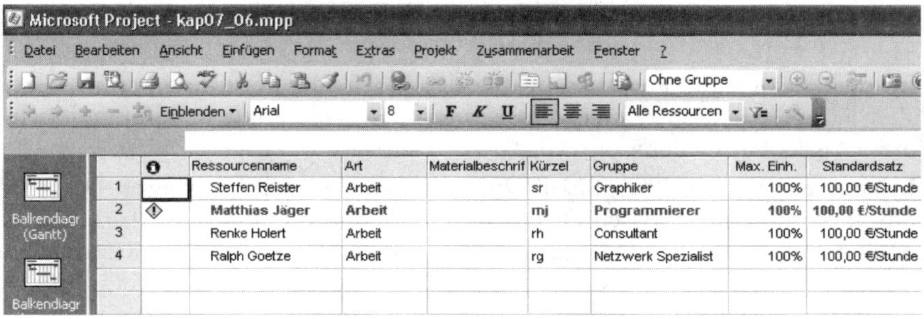

Dies ist insofern ein Problem, als Sie nicht sofort erkennen können, ob ein Ressourcenkonflikt entstanden ist. Sie müssen erst in eine andere Ansicht wechseln, um potenziell entstandene Ressourcenkonflikte zu erkennen.

An dieser Stelle haben Sie nun gleich eine ganze Reihe von Handlungsmöglichkeiten. Bevor Sie sich für eine dieser Alternativen entscheiden, sollten Sie allerdings den Ressourcenkonflikt genauer analysieren.

Gehen Sie dazu wie folgt vor:

1. Blenden Sie, falls diese nicht ohnehin schon angezeigt wird, die Symbolleiste *Ressourcenmanagement* ein. Wählen Sie das erste Symbol in dieser Symbolleiste aus, um zur Ansicht *Ressource: Zuteilung* zu gelangen.
2. Wählen Sie die Ressource *Matthias Jäger* aus, die als überlastet markiert ist.

3. Klicken Sie solange auf das dritte Symbol in der Symbolleiste *Ressourcenmanagement*, es steht für *Gehe zur nächsten Ressourcenüberlastung,* bis die Markierung im rechten Tabellenbereich zur ersten Ressourcenüberlastung der Ressource *Matthias Jäger* springt.
4. Ggf. müssen Sie noch die Zeitskala anpassen, um die Informationen zur Überlastung besser sehen und analysieren zu können.

Abbildung 7.37: Die Informationen zum Ressourcenkonflikt

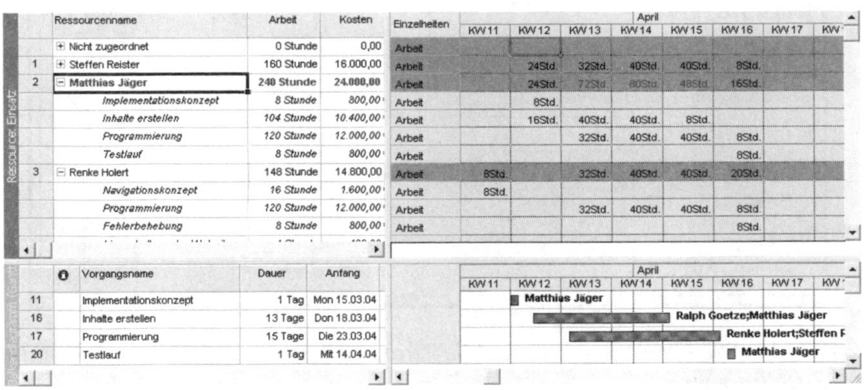

In dieser Ansicht (Abbildung 7.37) werden nun die Informationen zum Ressourcenkonflikt sehr gut dargestellt. In der viergeteilten Darstellung sehen Sie oben links die Liste der Ressourcen samt den Vorgängen, denen diese Ressourcen zugeordnet sind. Über die Gliederungssymbole können Sie die den Ressourcen zugeordneten Vorgänge auch ausblenden.

Im rechten oberen Fenster sehen Sie die Arbeit, die diese Ressourcen über die Zeit leisten. Sie können über das Kontextmenü auch andere Informationen für diese Ansicht auswählen.

Im unteren Bereich sehen Sie die Informationen zu den Vorgängen. Hier finden Sie praktisch einen Ausschnitt aus dem *Balkendiagramm (Gantt)*. Damit wird noch einmal deutlich, wie lange der Vorgang dauert und wann die Ressource dem Vorgang zugeordnet ist.

In diesem Fall ist die Überlastungssituation sehr einfach erkennbar. Die Ressource *Matthias Jäger* ist gleichzeitig den beiden Vorgängen 16 und 17 (*Inhalte erstellen* und *Programmierung*) zugeordnet und muss bei jedem der beiden Vorgänge acht Stunden pro Tag arbeiten – und das ist eben in der Summe deutlich mehr als die acht Stunden, die diese Ressource eigentlich pro Tag leisten kann.

Etwas bedauerlich ist in diesem Zusammenhang, dass die Ansicht *Ressource: Einsatz*, die im oberen Teil der Ansicht *Ressource: Zuteilung* angezeigt wird, bei Project keine direkte Anzeige der zugeordneten Einheiten erlaubt.

Um anstelle der Informationen zur Arbeit die prozentualen Zuordnungen in der Ansicht: *Ressource: Einsatz* angezeigt zu bekommen, gehen Sie folgendermaßen vor:

1. Rufen Sie im Kontextmenü des rechten oberen Teils des Bildschirms den Befehl *Einzelheitenarten* auf (Abbildung 7.38).

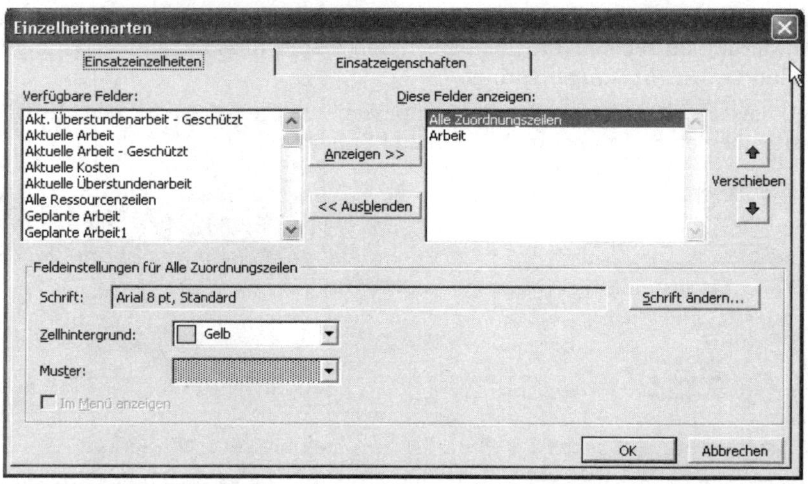

Abbildung 7.38: *Die Festlegung von anzuzeigenden Einzelheiten*

2. Wählen Sie zur Anzeige neben *Alle Zuordnungszeilen* auch noch *Prozentuale Zuteilung* aus.
3. Schließen Sie das Dialogfeld über die Schaltfläche *OK*.
4. Blenden Sie ggf. mithilfe des Kontextmenüs die Einzelheit *Arbeit* für einen besseren Überblick aus.

Abbildung 7.39: *Die geänderte Anzeige*

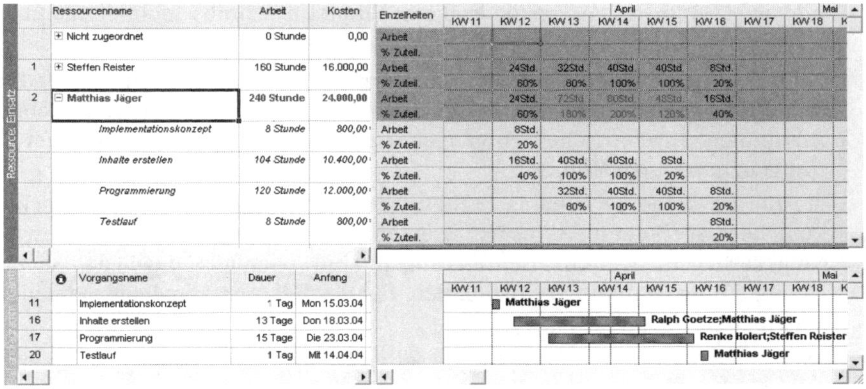

Diese Anzeige (Abbildung 7.39) ist deutlich besser geeignet, um das Maß der Überlastung zu erkennen.

Die Handlungsalternativen

Nachdem die Überlastungssituation analysiert wurde, geht es nun darum, die Handlungsalternativen zu analysieren.

Die wichtigsten Optionen, die Sie haben, sind folgende:

- Sie können einem der beiden Vorgänge ein oder mehrere andere Ressourcen zuordnen.
- Sie können einen der Vorgänge verzögern, um die Überlappung des Ressourceneinsatzes zu beseitigen.
- Sie können die Vorgänge weiter gliedern, um ggf. den verschiedenen Teilen unterschiedliche Ressourcen zuordnen zu können. Das ist eine der wichtigsten Handlungsalternativen überhaupt, die Sie bei Ressourcen- und bei Terminkonflikten haben. In sehr vielen Fällen lässt sich durch eine genauere Strukturierung und damit in der Konsequenz eine genauere Planung ein Problem lösen.
- Sie können beiden Vorgängen zusätzliche Ressourcen zuordnen, um den Einsatz der überlasteten Ressource auf insgesamt 100% zu reduzieren.
- Sie können die Ressource Überstunden leisten lassen – was allerdings in diesem Fall kaum ausreichen wird.
- Sie können Vorgangsdauern überdenken. Allerdings wird das in dieser Situation nichts bringen, da die beiden Vorgänge parallel beginnen. Übrigens: Falls Sie Vorgangsdauern ändern, sollten Sie das in einer Notiz vermerken.
- Falls eine Ressourcenüberlastung dadurch bedingt ist, dass sich der Einsatz bei einem Vorgang verschoben hat, weil die Ressource abwesend ist, können Sie ggf. auch die Abwesenheit der Ressource kürzen, um so das Problem in den Griff zu bekommen. Auch diese Maßnahme kommt für die Situation im Beispiel nicht in Frage.

Es gibt zwei Maßnahmen, die Sie in dieser Situation definitiv nicht ergreifen dürfen:

- Sie dürfen die beiden Vorgänge nicht miteinander verknüpfen, um dadurch den Ressourcenkonflikt zu lösen. Denn Verknüpfungen spiegeln sachliche Zusammenhänge zwischen Vorgängen wider und werden nicht wegen der Ressourcenzuordnung definiert.
- Sie dürfen keine Termineinschränkungen definieren. Eine Termineinschränkung wird auch definiert, wenn Sie einen festen Anfangstermin für einen Vorgang festlegen. Termineinschränkungen sind ebenfalls dazu da, sachlich bedingte Einschränkungen abzubilden. Für das Ressourcenmanagement gibt es andere Mechanismen.

Die verschiedenen Handlungsoptionen sollen nachfolgend an einem Beispiel vorgestellt werden.

Das Ersetzen von Ressourcen

So ersetzen Sie die Ressource *Matthias Jäger* beim Vorgang 17 *Programmierung* durch eine externe Ressource *Team C#* als Programmierer:

1. Erfassen Sie zunächst die neue Ressource *Team C#* in der Ansicht *Ressource: Tabelle.*
2. Wechseln Sie über das zweite Symbol von links in der Symbolleiste *Ressourcenmanagement* in die Ansicht *Vorgang: Eingabe*. Die Änderung kann nicht direkt in der Ansicht *Ressource: Zuteilung* vorgenommen werden.

3. Wählen Sie dort im oberen Bereich den Vorgang 17 *Programmierung* aus.
4. Rufen Sie das Dialogfeld *Ressourcen zuordnen* auf und markieren Sie die derzeit zugeordnete Ressource *Matthias Jäger.*

5. Klicken Sie auf die Schaltfläche *Ersetzen* (Abbildung 7.40).

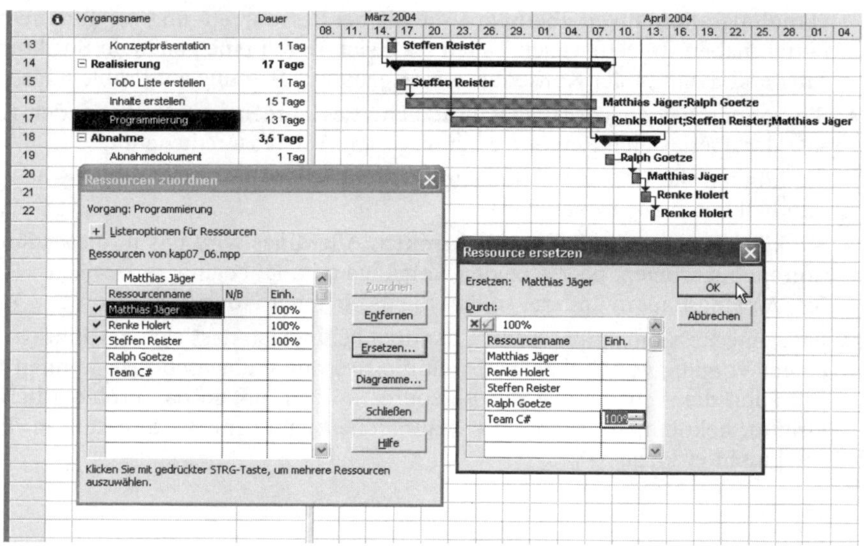

Abbildung 7.40: *Das Ersetzen einer Ressource*

6. Wählen Sie im angezeigten Dialogfeld die Ressource *Team C#* aus.
7. Schließen Sie das Dialogfeld durch Auswahl der Schaltflächen *OK* und *Schließen*.
8. Wechseln Sie wieder in die Ansicht *Ressource: Zuteilung*, um das Ergebnis der Anpassung zu analysieren (Abbildung 7.41).

Abbildung 7.41: *Die Ansicht* Ressource: Zuteilung *mit gelöstem Ressourcenkonflikt*

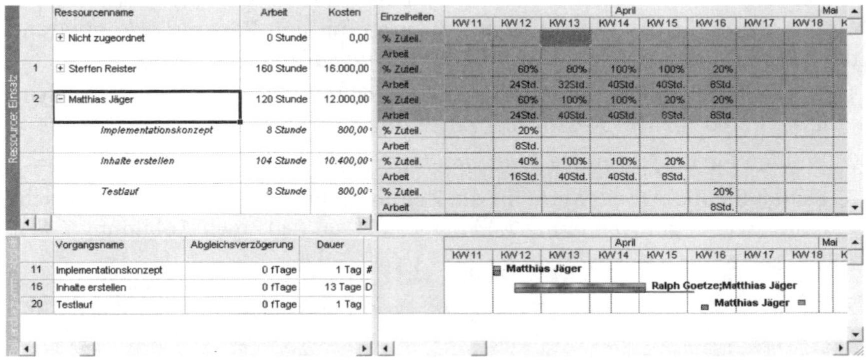

Damit ist die Ressource *Matthias Jäger* nicht mehr überlastet und der Ressourcenkonflikt gelöst (siehe hierzu auch Abbildung 7.42).

HINWEIS

Das methodische Vorgehen ist identisch, wenn Sie eine Ressource nicht vollständig, sondern nur teilweise ersetzen oder eine weitere Ressource hinzufügen möchten, um die durch die erste Ressource zu leistende Arbeit zu reduzieren. Welche Alternative Sie wählen, hängt ausschließlich von Ihren realen Handlungsoptionen ab: Welche Ressourcen können Sie durch welche anderen Ressourcen ersetzen oder ergänzen?

Falls Sie einem Vorgang eine weitere Ressource zuordnen, hängt das Verhalten von Project maßgeblich davon ab, ob die Option *Leistungsgesteuert* für diesen Vorgang ausgewählt ist oder nicht.

Abbildung 7.42: *Das Balkendiagramm (Gantt) mit den ersetzten Ressourcen*

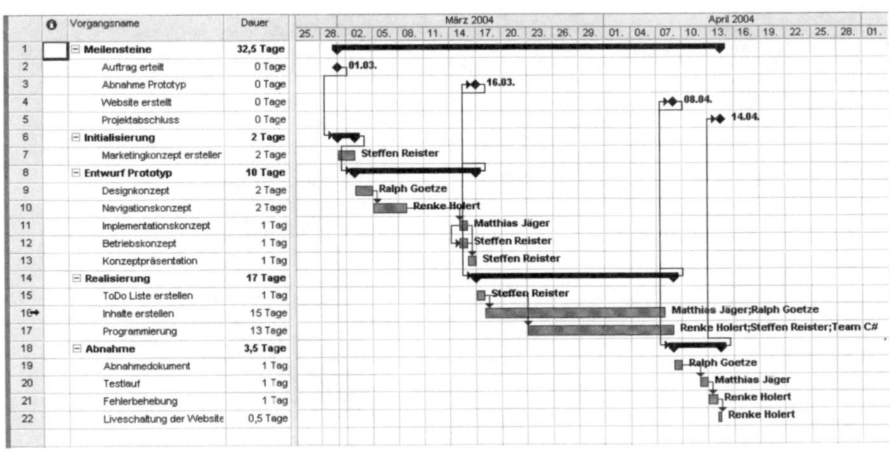

Manuelle Zuordnung der Arbeit

Wie in Abbildung 7.43 dargestellt, bleibt als weitere Handlungsalternative noch die manuelle Zuordnung der Arbeit bei den Ressourcen. Um die Arbeitszeiten an den Vorgängen 16 und 17 (*Inhalte erstellen* und *Programmierung*) der Ressource *Matthias Jäger* zu verkürzen, soll die Arbeit manuell festgelegt und der Rest der verbleibenden Arbeit an die neue externe Ressource *TeamC#* vergeben werden.

Öffnen Sie dafür das Projekt *Kap07_07.mpp* mit den Ressourcenkonflikten von der CD-ROM zum Buch aus dem Ordner *\Buch\Kap07*.

1. Wechseln Sie mit dem ersten Symbol in der *Ressourcenmanagement*-Symbolleiste in die Ansicht *Ressource: Zuteilung*.

2. Wählen Sie die Ressource *Matthias Jäger* aus.
3. Passen Sie die Arbeitswerte für die Zeitphasendaten in der oberen Bildschirmhälfte, wie in der Abbildung 7.43 dargestellt, an (vgl. auch Abbildung 7.44).

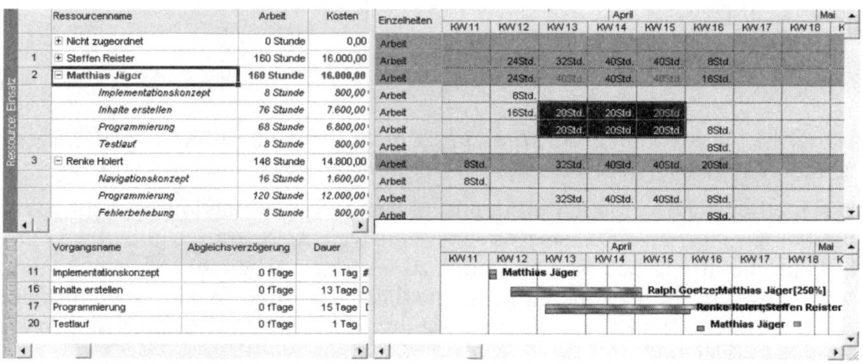

Abbildung 7.43: *Das Projekt nach der manuellen Anpassung*

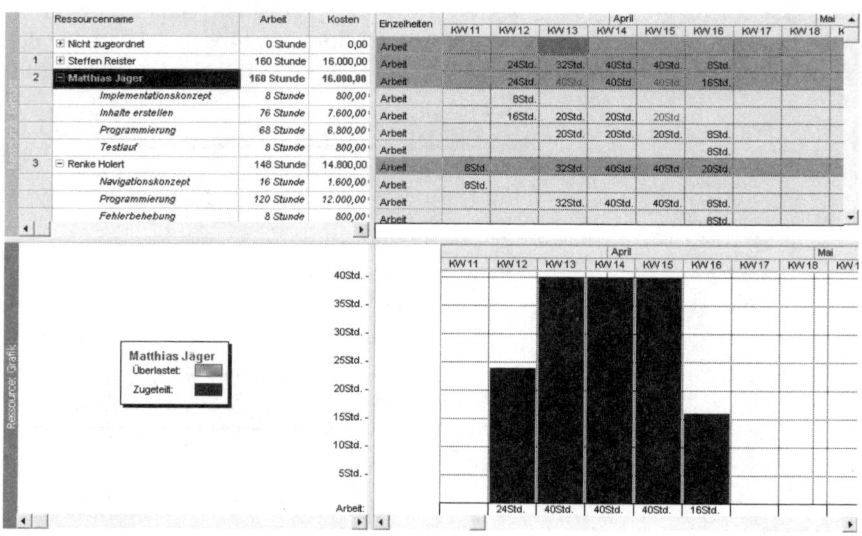

Abbildung 7.44: *Das Projekt nach der manuellen Anpassung mit der Ansicht* Ressource: Grafik

Kapazitätsabgleich und Verzögerung

Project bietet auch einen automatischen Mechanismus, um Ressourcenkonflikte zu lösen. Dieser wird als *Kapazitätsabgleich* bezeichnet und arbeitet mit Verzögerungen. Bei parallel laufenden Vorgängen, bei denen die gleichen Ressourcen eingesetzt werden, wird einer der Vorgänge so lange verzögert, bis die Ressourcen nicht mehr parallel arbeiten müssen.

Öffnen Sie dafür das Projekt *Kap07_08.mpp* mit den Ressourcenkonflikten von der CD-ROM zum Buch aus dem Ordner *\Buch\Kap07*.

Die Situation des automatischen Kapazitätsabgleichs lässt sich einfach konstruieren, wenn die Ressource *Matthias Jäger* im Beispielprojekt dem Vorgang 16 *Inhalte erstellen* und 17 *Programmierung* zugeordnet ist. Diese Vorgänge verlaufen parallel mit der gleichen Ressource im Einsatz.

Diese Sachlage lässt sich gut erkennen, wenn wieder die Ansicht *Ressource: Zuteilung* aufgerufen und dort zu der Ressource *Matthias Jäger* gegangen wird (Abbildung 7.45).

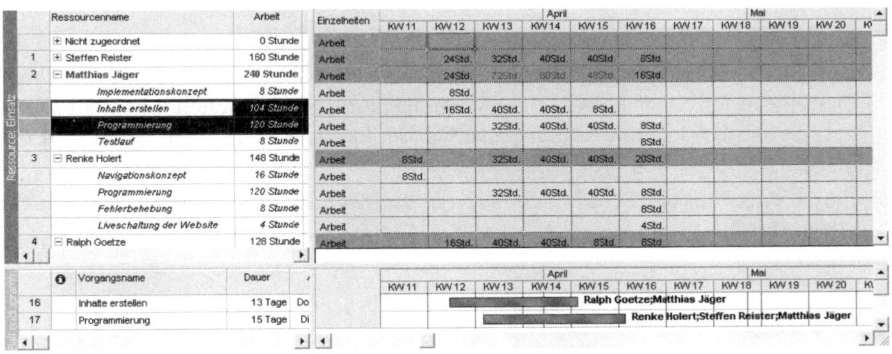

Abbildung 7.45: *Die Überlastungssituation*

Die Überlastungssituation soll nun unter Verwendung des Kapazitätsabgleichs von Project beseitigt werden:

1. Rufen Sie dazu den Befehl *Kapazitätsabgleich* im Menü *Extras* auf.
2. Im angezeigten Dialogfeld (Abbildung 7.46) wählen Sie aus, dass das gesamte Projekt abgeglichen werden soll.
3. Belassen Sie die Abgleichsreihenfolge auf *Standard*.
4. Das Kontrollkästchen *Abgleich nur innerhalb der Pufferzeit* können Sie deaktiviert lassen. Allerdings kann das zu Terminverschiebungen führen. Diese können Sie jedoch kontrollieren, wenn Sie eine Termineinschränkung auf das Projektende gesetzt haben.
5. Das Kontrollkästchen *Abgleich kann individuelle Zuordnungen zu einem Vorgang anpassen* können Sie markiert lassen. Beim Kapazitätsabgleich können dadurch auch einzelne Zuordnungen innerhalb eines Vorgangs verzögert oder unterbrochen werden, wenn diese einen Engpass darstellen, statt den gesamten Vorgang zu verzögern oder zu unterbrechen. Diese Option ist nur sinnvoll, wenn die zugeordneten Ressourcen nicht gleichzeitig am Vorgang arbeiten müssen. Außerdem wird dadurch die Komplexität erhöht.

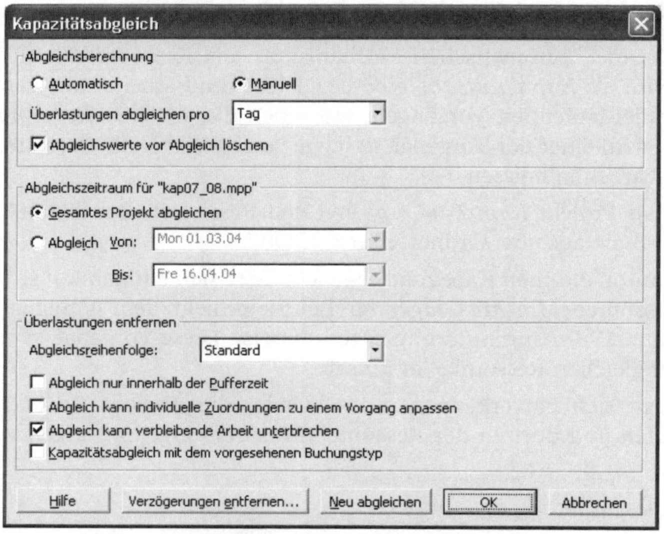

Abbildung 7.46: *Das Dialogfeld* Kapazitätsabgleich

6. Eine weitere Option ist *Abgleich kann verbleibende Arbeit unterbrechen*. Damit können Sie festlegen, dass Vorgänge auch unterbrochen und später fortgesetzt werden können. Auch diese Option kann nützlich sein, wenn sich die Vorgänge tatsächlich unterbrechen lassen.
7. Durch Auswahl der Schaltfläche *Neu abgleichen* führen Sie den Kapazitätsabgleich durch.

Abbildung 7.47: *Die Abfrage nach den abzugleichenden Ressourcen*

8. Falls Sie eine Ressource in einer Ressourcenansicht markiert haben, werden Sie noch gefragt, ob sich der Abgleich nur auf diese eine Ressource oder auf alle Ressourcen beziehen soll (Abbildung 7.47). In unserem Beispiel ist nur diese eine Ressource überlastet, sodass es irrelevant ist, welche Option Sie hier wählen.

Damit ist der Kapazitätsabgleich abgeschlossen. Solange Sie keine Meldung erhalten, dass ein Terminkonflikt entstanden ist oder der Abgleich nicht abgeschlossen werden konnte, ist Ihr Problem gelöst. Falls eine Terminplanmeldung angezeigt wird, müssen Sie die in ▶ Kapitel 6 vorgestellten Methoden zur Lösung von Terminkonflikten anwenden. Andernfalls geht es nun nur noch darum, die Auswirkungen dieses Kapazitätsabgleichs festzustellen.

HINWEIS

Project bietet auch einen ständigen, automatischen Kapazitätsabgleich an, der immer im Hintergrund aktiv ist. Diesen sollten Sie in der Praxis nicht verwenden, da dann jeder Ressourcenkonflikt automatisch und ohne weiteren Hinweis für Sie gelöst wird, so weit das möglich ist. Dadurch kann es zu extremen terminlichen Verschiebungen in Ihrem Projekt kommen. In der Praxis wurden bei Projekten mit einer geplanten Laufzeit im Bereich eines Jahres dabei Verschiebungen von mehr als zwei Jahren beobachtet!

Sie sollten den Kapazitätsabgleich auch niemals durchführen, ohne zumindest eine Termineinschränkung für den Meilenstein am Projektende gesetzt zu haben, da es auch sonst zu erheblichen Verschiebungen in Ihrem Projekt kommen kann.

Die Situation lässt sich am besten in der Ansicht *Ressource: Zuteilung* analysieren. Im unteren Balkendiagramm (Gantt) werden mit grünen Balkenhälften die Termine vor der Verschiebung durch den Kapazitätsabgleich und mit blauen Balkenhälften die Termine nach der Verschiebung dargestellt (Abbildung 7.48).

Abbildung 7.48: *Die Ansicht* Ressource: Zuteilung

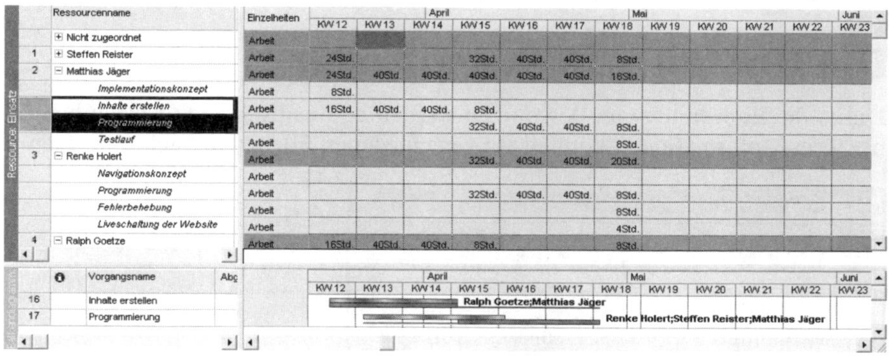

Alternativ können Sie im unteren Bereich auch eine tabellarische Ansicht verwenden:

1. Rufen Sie die Ansicht *Vorgang: Eingabe* auf.
2. Markieren Sie im oberen Balkendiagramm (Gantt) den Vorgang, der durch den Kapazitätsabgleich verschoben wurde.
3. Im unteren Tabellenteil können Sie die *Abgleichsverzögerung* für die Ressource am Vorgang ablesen (siehe Abbildung 7.49).

Abbildung 7.49: *Die Informationen zur Verzögerung im Überblick*

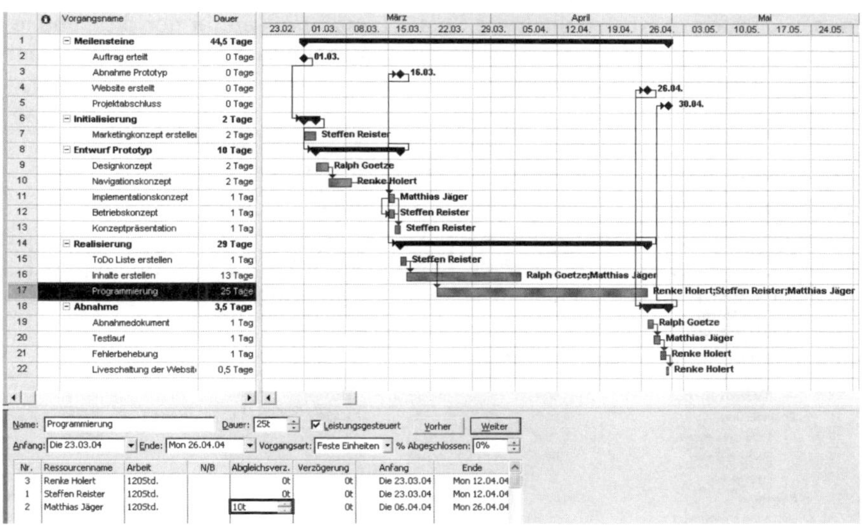

HINWEIS

Sie können die Verzögerungen in dieser Ansicht natürlich auch manuell definieren und damit einen Abgleich eigenständig durchführen. Dazu müssen Sie nicht den *Kapazitätsabgleich* von Project bemühen.

Wichtig ist, dass Sie dann, wenn Sie Vorgänge verzögern möchten, immer mit diesem Abgleich arbeiten. Das ist der von Project vorgesehene Weg, um Verzögerungen aufgrund von Ressourcenproblemen abzubilden. Die Informationen im Feld *Verzögerung* sind eindeutig und lassen sich damit von Verknüpfungen und Termineinschränkungen, die sachlich bedingt sind, unterscheiden.

Die Kosten von Ressourcen

Durch die Zuordnung von Ressourcen werden automatisch auch Kosten berechnet. Diese Informationen können auf verschiedenen Ebenen betrachtet werden.

Projektstatistik für "kap07_08.mpp"

	Anfang	Ende
Berechnet	Mon 01.03.04	Fre 16.04.04
Geplant	Mon 01.07.02	Don 08.08.02
Aktuell	NV	NV
Abweichung	435t	441t

	Dauer	Arbeit	Kosten
Berechnet	34,5t	676Std.	67.600,00 €
Geplant	28,5t	580Std.	58.000,00 €
Aktuell	0t	0Std.	0,00 €
Verbleibend	34,5t	676Std.	67.600,00 €

Prozent abgeschlossen:
Dauer: 0% Arbeit: 0%

Schließen

Abbildung 7.50: *Die Kosten im Überblick*

Sie können zum einen mit dem Befehl *Projektinfo* im Menü *Projekt* einen stark zusammengefassten Überblick erhalten. Wenn Sie dort die Schaltfläche *Statistik* auswählen, wird das in Abbildung 7.50 dargestellte Dialogfeld eingeblendet.

Differenziertere Informationen liefert die Tabelle *Kosten*, die Sie beispielsweise in der Ansicht *Vorgang: Tabelle* aufrufen können (Abbildung 7.51). Dort finden Sie neben den festen Kosten auch die Spalte *Gesamtkosten*, in der die Summe der festen Kosten und die der variablen, durch den Einsatz von Ressourcen entstehenden Kosten aufgeführt wird.

	Vorgangsname	Feste Kosten	Fälligkeit fester Kosten	Gesamtkosten	Geplant	Abweichung	Aktuell	Verbleibend
1	**Meilensteine**	**0,00 €**	**Anteilig**	**0,00 €**	**0,00 €**	**0,00 €**	**0,00 €**	**0,00 €**
2	Auftrag erteilt	0,00 €	Anteilig	0,00 €	0,00 €	0,00 €	0,00 €	0,00 €
3	Abnahme Prototyp	0,00 €	Anteilig	0,00 €	0,00 €	0,00 €	0,00 €	0,00 €
4	Website erstellt	0,00 €	Anteilig	0,00 €	0,00 €	0,00 €	0,00 €	0,00 €
5	Projektabschluss	0,00 €	Anteilig	0,00 €	0,00 €	0,00 €	0,00 €	0,00 €
6	**Initialisierung**	**0,00 €**	**Anteilig**	**1.600,00 €**	**1.600,00 €**	**0,00 €**	**0,00 €**	**1.600,00 €**
7	Marketingkonzept erstellen	0,00 €	Anteilig	1.600,00 €	1.600,00 €	0,00 €	0,00 €	1.600,00 €
8	**Entwurf Prototyp**	**0,00 €**	**Anteilig**	**5.600,00 €**	**5.600,00 €**	**0,00 €**	**0,00 €**	**5.600,00 €**
9	Designkonzept	0,00 €	Anteilig	1.600,00 €	1.600,00 €	0,00 €	0,00 €	1.600,00 €
10	Navigationskonzept	0,00 €	Anteilig	1.600,00 €	1.600,00 €	0,00 €	0,00 €	1.600,00 €
11	Implementationskonzept	0,00 €	Anteilig	800,00 €	800,00 €	0,00 €	0,00 €	800,00 €
12	Betriebskonzept	0,00 €	Anteilig	800,00 €	800,00 €	0,00 €	0,00 €	800,00 €
13	Konzeptpräsentation	0,00 €	Anteilig	800,00 €	800,00 €	0,00 €	0,00 €	800,00 €
14	**Realisierung**	**0,00 €**	**Anteilig**	**57.600,00 €**	**57.600,00 €**	**0,00 €**	**0,00 €**	**57.600,00 €**
15	ToDo Liste erstellen	0,00 €	Anteilig	800,00 €	800,00 €	0,00 €	0,00 €	800,00 €
16	Inhalte erstellen	0,00 €	Anteilig	20.800,00 €	20.800,00 €	0,00 €	0,00 €	20.800,00 €
17	Programmierung	0,00 €	Anteilig	36.000,00 €	36.000,00 €	0,00 €	0,00 €	36.000,00 €
18	**Abnahme**	**0,00 €**	**Anteilig**	**2.800,00 €**	**2.800,00 €**	**0,00 €**	**0,00 €**	**2.800,00 €**
19	Abnahmedokument	0,00 €	Anteilig	800,00 €	800,00 €	0,00 €	0,00 €	800,00 €
20	Testlauf	0,00 €	Anteilig	800,00 €	800,00 €	0,00 €	0,00 €	800,00 €
21	Fehlerbehebung	0,00 €	Anteilig	800,00 €	800,00 €	0,00 €	0,00 €	800,00 €
22	Liveschaltung der Website	0,00 €	Anteilig	400,00 €	400,00 €	0,00 €	0,00 €	400,00 €

Abbildung 7.51: *Die Tabelle* Kosten

Einen noch differenzierteren Überblick erhalten Sie in der Ansicht *Vorgang: Eingabe*, in der Sie sich idealerweise im oberen Bereich die Ansicht *Vorgang: Tabelle* mit der Tabelle *Kosten* und im unteren Bereich das Format *Ressourcenkosten* anzeigen lassen.

Abbildung 7.52: *Die Kosteninformationen für Ressourcen im Detail*

	Vorgangsname	Feste Kosten	Fälligkeit fester Kosten	Gesamtkosten	Geplant	Abweichung	Aktuell	Verbleibend
1	**⊟ Meilensteine**	**0,00 €**	**Anteilig**	**0,00 €**	**0,00 €**	**0,00 €**	**0,00 €**	**0,00 €**
2	Auftrag erteilt	0,00 €	Anteilig	0,00 €	0,00 €	0,00 €	0,00 €	0,00 €
3	Abnahme Prototyp	0,00 €	Anteilig	0,00 €	0,00 €	0,00 €	0,00 €	0,00 €
4	Website erstellt	0,00 €	Anteilig	0,00 €	0,00 €	0,00 €	0,00 €	0,00 €
5	Projektabschluss	0,00 €	Anteilig	0,00 €	0,00 €	0,00 €	0,00 €	0,00 €
6	**⊟ Initialisierung**	**0,00 €**	**Anteilig**	**1.600,00 €**	**1.600,00 €**	**0,00 €**	**0,00 €**	**1.600,00 €**
7	Marketingkonzept erstellen	0,00 €	Anteilig	1.600,00 €	1.600,00 €	0,00 €	0,00 €	1.600,00 €
8	**⊟ Entwurf Prototyp**	**0,00 €**	**Anteilig**	**5.600,00 €**	**5.600,00 €**	**0,00 €**	**0,00 €**	**5.600,00 €**
9	Designkonzept	0,00 €	Anteilig	1.600,00 €	1.600,00 €	0,00 €	0,00 €	1.600,00 €
10	Navigationskonzept	0,00 €	Anteilig	1.600,00 €	1.600,00 €	0,00 €	0,00 €	1.600,00 €
11	Implementationskonzept	0,00 €	Anteilig	800,00 €	800,00 €	0,00 €	0,00 €	800,00 €
12	Betriebskonzept	0,00 €	Anteilig	800,00 €	800,00 €	0,00 €	0,00 €	800,00 €
13	Konzeptpräsentation	0,00 €	Anteilig	800,00 €	800,00 €	0,00 €	0,00 €	800,00 €
14	**⊟ Realisierung**	**0,00 €**	**Anteilig**	**57.600,00 €**	**57.600,00 €**	**0,00 €**	**0,00 €**	**57.600,00 €**
15	ToDo Liste erstellen	0,00 €	Anteilig	800,00 €	800,00 €	0,00 €	0,00 €	800,00 €
16	Inhalte erstellen	0,00 €	Anteilig	20.800,00 €	20.800,00 €	0,00 €	0,00 €	20.800,00 €
17	Programmierung	0,00 €	Anteilig	36.000,00 €	36.000,00 €	0,00 €	0,00 €	36.000,00 €
18	**⊟ Abnahme**	**0,00 €**	**Anteilig**	**2.800,00 €**	**2.800,00 €**	**0,00 €**	**0,00 €**	**2.800,00 €**
19	Abnahmedokument	0.00 €	Anteilig	800.00 €	800.00 €	0.00 €	0.00 €	800.00 €

Name: Programmierung   Dauer: 15t   ☑ Leistungsgesteuert   Vorher   Weiter

Anfang: Die 23.03.04   Ende: Mon 12.04.04   Vorgangsart: Feste Einheiten   % Abgeschlossen: 0%

Nr.	Ressourcenname	Einh.	Kosten	Gepl. Kosten	Akt. Kosten	Verbl. Kosten
3	Renke Holert	100%	12.000,00 €	12.000,00 €	0,00 €	12.000,00 €
1	Steffen Reister	100%	12.000,00 €	12.000,00 €	0,00 €	12.000,00 €
2	Matthias Jäger	100%	12.000,00 €	12.000,00 €	0,00 €	12.000,00 €

Im unteren Bereich von Abbildung 7.52 sehen Sie differenziert die Kosten, die für jede Zuordnung einer Ressource zu dem im oberen Bereich ausgewählten Vorgang anfallen.

Falls Sie mehr an den Kosten aus Sicht der Ressourcen interessiert sind, können Sie hierzu die Ansicht *Ressource: Tabelle* und dort wiederum die Tabelle *Kosten* aufrufen.

Abbildung 7.53: *Die Ressourcenkosten*

	Ressourcenname	Kosten	Geplante Kosten	Abweichung	Aktuelle Kosten	Verbleibend
1	Steffen Reister	16.000,00 €	16.000,00 €	0,00 €	0,00 €	16.000,00 €
2	**Matthias Jäger**	**24.000,00 €**	**24.000,00 €**	**0,00 €**	**0,00 €**	**24.000,00 €**
3	Renke Holert	14.800,00 €	14.800,00 €	0,00 €	0,00 €	14.800,00 €
4	Ralph Goetze	12.800,00 €	12.800,00 €	0,00 €	0,00 €	12.800,00 €
5	Team C#	0,00 €	0,00 €	0,00 €	0,00 €	0,00 €

Dort (Abbildung 7.53) sehen Sie die Kosteninformationen für die Ressourcen im Überblick. Durch einen Doppelklick auf eine Ressource können Sie sich hier übrigens auch das Dialogfeld *Informationen zur Ressource* einblenden lassen (Abbildung 7.54).

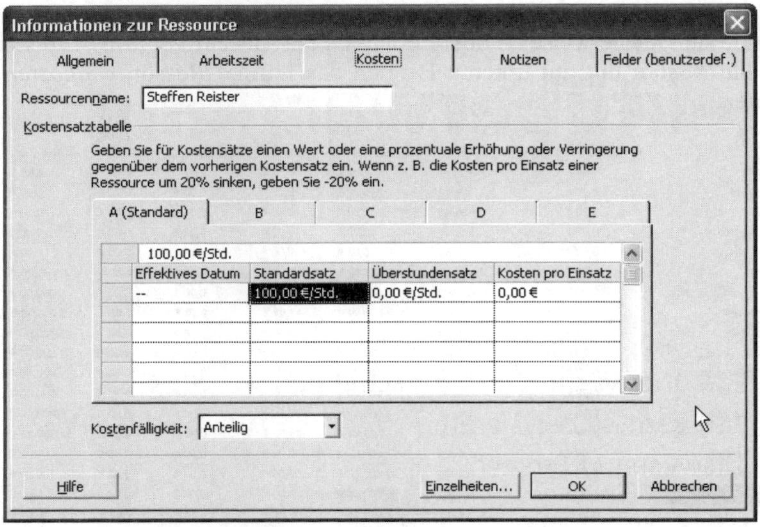

Abbildung 7.54: *Die Kosteninformationen zur Ressource*

Sie können hier zum einen die Kostenfälligkeit steuern, zum anderen aber auch Kostensteigerungen bei Ressourcen berücksichtigen. Dazu geben Sie an, ab welchem Datum neue Kostenwerte für die Ressource gelten sollen. Das erlaubt Ihnen, insbesondere bei längeren Projekten, eine einigermaßen korrekte Erfassung der Kosten, weil Sie Kostensteigerungen einbeziehen können.

Teil C Projektüberwachung und -analyse

229 Plan und Soll – Die Zwischenzustände
241 Projekte überwachen und fortschreiben
257 Projekte gezielt analysieren
273 Berichtswesen in Project

In den ersten beiden Teilen dieses Buchs haben Sie sich bereits grundsätzlich mit der Planung von Terminen und Ressourcen in Ihrem Projekt beschäftigt. Beim Projektmanagement mit Project kann häufig feststellt werden, dass hierbei die Fortschreibung der Termine und deren Verfolgung im Vergleich zur ursprünglichen Planung zu kurz kommt.

Im diesem Teil erfahren Sie zunächst mehr über den Vergleich von geplanten aktuellen Vorgangsterminen sowie über den Aufwand von Ressourcen und deren Kosten. Weiter beschäftigen sich die Kapitel dieses Teils mit dem Thema, wie Sie Ihren Projektplan immer auf dem aktuellsten Stand halten können – sei es mithilfe des prozentualen Fortschritts oder einer Rückmeldung zum Status.

Ein weiterer Fokus dieses Teils ist die Analyse von Projektplänen. Sie erfahren, wie Sie gezielt Filtertechniken zur Analyse von Vorgangsverschiebungen und Ressourcenengpässen wie auch zur Analyse des kritischen Weges einsetzen können.

Das Kapitel *Berichtswesen* rundet den Teil C in Form des Projektreportings ab und zeigt Ihnen verschiedene Wege auf, mit welchen Berichten Sie sinnvoll die Termin-, Ressourcen- und Kostenplanungen darstellen können.

8 Plan und Soll – Die Zwischenzustände

229 Das Soll definieren
232 Plan- und Istwerte
236 Projektversionen vergleichen

Die Planungsphase ist nur ein Teil des Projektmanagements. Ist die Planung für die ersten Phasen abgeschlossen, geht es an die Realisierung des Projekts. Um die Planung später mit dem Erreichten vergleichen zu können, muss sie als Sollwert festgehalten werden.

Dadurch können die aktuellen Werte mit den Planungen verglichen werden. Zusätzlich unterstützt Project auch Zwischenstände, mit denen der Status eines Projekts beispielsweise an einem Meilenstein festgehalten werden kann.

Die verschiedenen Plan- und Ist-Informationen bei Project, die Definition von Basisplänen und die Definition von Zwischenplänen werden in den folgenden Abschnitten besprochen.

Das Soll definieren

Der erste Schritt hin zur Projektüberwachung und auch für die spätere Analyse eines Projekts ist die Definition eines Solls. Dazu wird ein so genannter *Basisplan* gespeichert, der den aktuellen Stand des Projekts als Plan festhält. Änderungen im Projekt und damit der Istwerte können mit diesen Plan- oder Sollwerten verglichen werden. Damit lassen sich Abweichungen im Projekt gut erkennen.

Sie sollten den Basisplan erst speichern (Abbildung 8.1), wenn Sie die erste Planungsphase abgeschlossen haben.

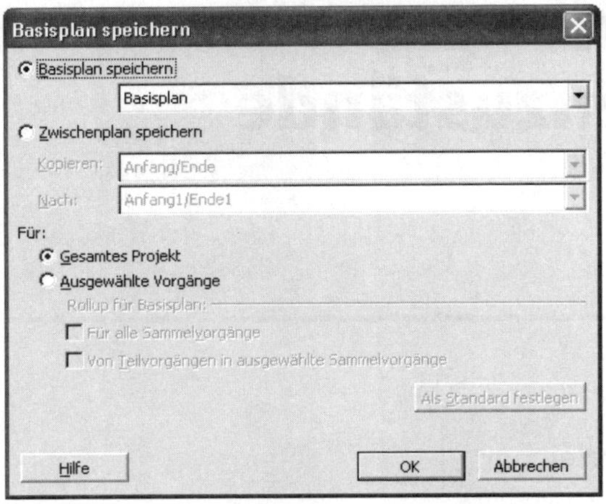

Abbildung 8.1: *Das Speichern eines Basisplans*

Wenn Sie den Basisplan für das Beispielprojekt speichern möchten, gehen Sie folgendermaßen vor:

1. Rufen Sie im Menü *Extras* das Untermenü *Überwachung* auf.
2. Wählen Sie den Befehl *Basisplan speichern* aus.
3. Wählen Sie die Option *Basisplan speichern* und die Option *Gesamtes Projekt* aus.
4. Speichern Sie den Basisplan durch Auswahl der Schaltfläche *OK*.

Damit haben Sie den Basisplan gespeichert und die Sollwerte sind festgeschrieben.

Sie finden die Beispieldatei *Kap08_01.mpp* auf der CD-ROM zu diesem Buch im Ordner *\Buch\Kap08*.

HINWEIS

Sie können den Basisplan jederzeit neu speichern, indem Sie diesen Befehl erneut aufrufen. Mit anderen Worten: Der Basisplan muss nicht unbedingt die ursprüngliche Planung widerspiegeln, oder, um Churchill in leicht abgewandelter Form zu zitieren: »Glaube keinem Basisplan, den Du nicht selbst gefälscht hast«.

Eine weitere wichtige Option, die dieses Dialogfeld bietet, ist die selektive Speicherung des Basisplans. Der Basisplan muss keineswegs für alle Vorgänge gespeichert werden. Sie können auch vorab Vorgänge auswählen und den Basisplan nur für einen Teil des Projektplans speichern.

Diese Option ist vor allem dann wichtig, wenn Sie zu Beginn des Projekts nur einen Teil des gesamten Projektplans ausarbeiten können, weil beispielsweise das Aussehen der Phase *Realisierung* erst fest steht, wenn die Phase *Entwurf Prototyp* abgeschlossen ist. In diesem Fall können Sie jeweils nach erfolgter Planung der verschiedenen Phasen den Basisplan erweitern.

Mehrfache Basispläne

NEU

Project unterstützt die Speicherung von bis zu elf Basisplänen. Pro Basisplan werden alle geplanten Felder (*Geplante Dauer, Geplante Arbeit, Geplanter Anfang, Geplantes Ende, Geplante Kosten*) in den Feldern *Geplant* und *Geplant1-10* zwischengespeichert. Dies ermöglicht die Speicherung von verschiedenen Versionsständen eines Projektes. Zusätzlich können jedoch auch auf dem Project Server noch weitere zu definierende Versionen, z.B. *Geplant*, *Budget*, *Quartalsversionen*, *Veröffentlicht* usw. gespeichert werden. Mehr zum Multiprojektmanagement können Sie dem ▶ Kapitel 21 entnehmen. Bei jeder Basisplanspeicherung wird das aktuelle Datum gespeichert (Abbildung 8.2), sodass eine Historisierung und Nachverfolgung der Zwischenzustände in einem Projekt mitverfolgt werden kann.

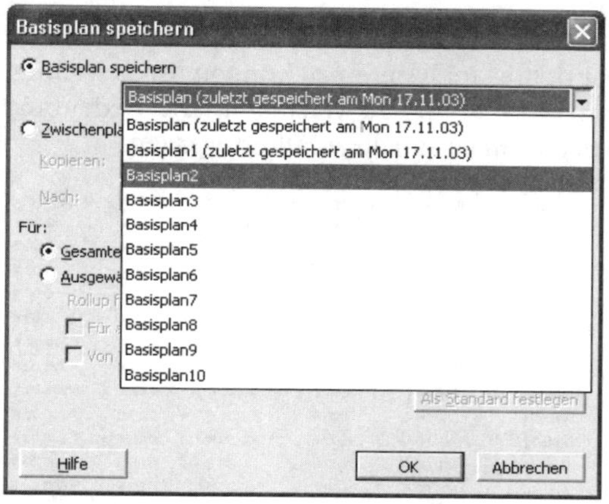

Abbildung 8.2: *Speicherung von mehrfachen Basisplänen*

Über die in früheren Versionen von Project häufig durchgeführte Methode der Speicherung von Zwischenplänen (Abbildung 8.3) hinaus kann jetzt auch ein Basisplan zu einem anderen kopiert werden, z.B. *Basisplan4* zu *Basisplan5*, falls Sie (wie in Abbildung 8.2 dargestellt) monatlich eine Speicherung des Basisplans durchführen und eventuell die Speicherung von *Basisplan5* Anfang Juni nicht durchgeführt wurde.

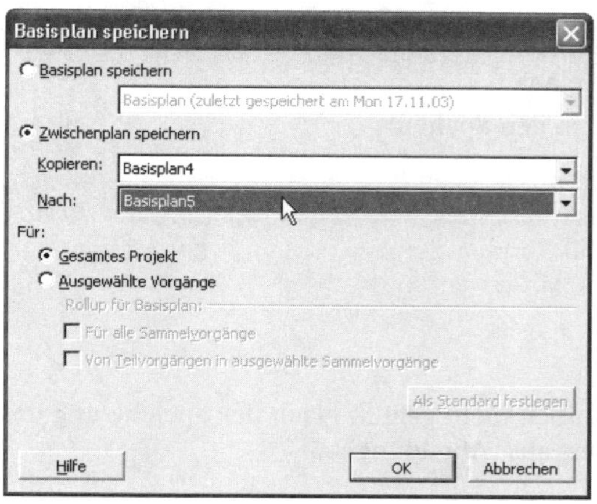

Abbildung 8.3: *Basispläne als Zwischenplan speichern und kopieren*

Mithilfe des Befehls *Basisplan löschen* im Untermenü *Extras/Überwachung* können Sie gezielt einen Basisplan oder einen der Zwischenpläne wieder löschen (Abbildung 8.4).

TIPP

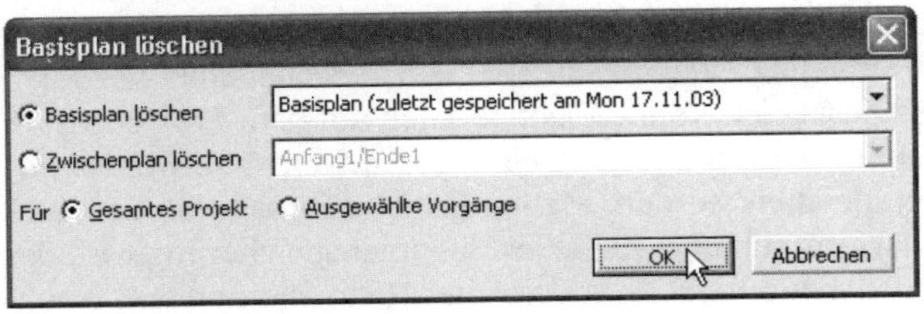

Abbildung 8.4: *Basispläne können jederzeit wieder gelöscht werden*

Plan- und Istwerte

Um die Soll- und Istwerte bei Project richtig analysieren zu können, ist es wichtig, die verschiedenen Felder und deren Verwendung zu verstehen. Die Bedeutung der verschiedenen Felder soll am Beispiel einer Tabelle erläutert werden.

	Vorgangsname	Feste Kosten	Fälligkeit fester Kosten	Gesamtkosten	Geplant	Abweichung	Aktuell	Verbleibend
1	**⊟ Meilensteine**	**0,00 €**	**Anteilig**	**0,00 €**	**0,00 €**	**0,00 €**	**0,00 €**	**0,00 €**
2	Auftrag erteilt	0,00 €	Anteilig	0,00 €	0,00 €	0,00 €	0,00 €	0,00 €
3	Abnahme Prototyp	0,00 €	Anteilig	0,00 €	0,00 €	0,00 €	0,00 €	0,00 €
4	Website erstellt	0,00 €	Anteilig	0,00 €	0,00 €	0,00 €	0,00 €	0,00 €
5	Projektabschluss	0,00 €	Anteilig	0,00 €	0,00 €	0,00 €	0,00 €	0,00 €
6	**⊟ Initialisierung**	**0,00 €**	**Anteilig**	**1.200,00 €**	**0,00 €**	**1.200,00 €**	**0,00 €**	**1.200,00 €**
7	Marketingkonzept erstellen	0,00 €	Anteilig	1.200,00 €	0,00 €	1.200,00 €	0,00 €	1.200,00 €
8	**⊟ Entwurf Prototyp**	**0,00 €**	**Anteilig**	**4.200,00 €**	**0,00 €**	**4.200,00 €**	**0,00 €**	**4.200,00 €**
9	Designkonzept	0,00 €	Anteilig	1.200,00 €	0,00 €	1.200,00 €	0,00 €	1.200,00 €
10	Navigationskonzept	0,00 €	Anteilig	1.200,00 €	0,00 €	1.200,00 €	0,00 €	1.200,00 €
11	Implementationskonzept	0,00 €	Anteilig	600,00 €	0,00 €	600,00 €	0,00 €	600,00 €
12	Betriebskonzept	0,00 €	Anteilig	600,00 €	0,00 €	600,00 €	0,00 €	600,00 €
13	Konzeptpräsentation	0,00 €	Anteilig	600,00 €	0,00 €	600,00 €	0,00 €	600,00 €
14	**⊟ Realisierung**	**0,00 €**	**Anteilig**	**42.000,00 €**	**0,00 €**	**42.000,00 €**	**0,00 €**	**42.000,00 €**
15	ToDo Liste erstellen	0,00 €	Anteilig	600,00 €	0,00 €	600,00 €	0,00 €	600,00 €
16	Inhalte erstellen	0,00 €	Anteilig	18.000,00 €	0,00 €	18.000,00 €	0,00 €	18.000,00 €
17	Programmierung	0,00 €	Anteilig	23.400,00 €	0,00 €	23.400,00 €	0,00 €	23.400,00 €
18	**⊟ Abnahme**	**0,00 €**	**Anteilig**	**2.100,00 €**	**0,00 €**	**2.100,00 €**	**0,00 €**	**2.100,00 €**
19	Abnahmedokument	0,00 €	Anteilig	600,00 €	0,00 €	600,00 €	0,00 €	600,00 €
20	Testlauf	0,00 €	Anteilig	600,00 €	0,00 €	600,00 €	0,00 €	600,00 €
21	Fehlerbehebung	0,00 €	Anteilig	600,00 €	0,00 €	600,00 €	0,00 €	600,00 €
22	Liveschaltung der Website	0,00 €	Anteilig	300,00 €	0,00 €	300,00 €	0,00 €	300,00 €

Abbildung 8.5: *Die Tabelle* Kosten *vor der Planung*

In der Abbildung 8.5 sehen Sie die Ansicht *Vorgang: Tabelle* und dort die Tabelle *Kosten* vor der Definition des Basisplans.

Informationen finden sich lediglich in den Spalten:

- *Vorgangsname*
- *Feste Kosten*
- *Fälligkeit fester Kosten*
- *Gesamtkosten*
- *Abweichung*
- *Verbleibend*

Die anderen Spalten sind dagegen noch nicht gefüllt. Nach der Speicherung des Basisplans sieht das allerdings anders aus (Abbildung 8.6).

Abbildung 8.6:
Die Tabelle Kosten *nach der Speicherung des Basisplans*

	Vorgangsname	Feste Kosten	Fälligkeit fester Kosten	Gesamtkosten	Geplant	Abweichung	Aktuell	Verbleibend
1	⊟ **Meilensteine**	**0,00 €**	**Anteilig**	**0,00 €**	**0,00 €**	**0,00 €**	**0,00 €**	**0,00 €**
2	Auftrag erteilt	0,00 €	Anteilig	0,00 €	0,00 €	0,00 €	0,00 €	0,00 €
3	Abnahme Prototyp	0,00 €	Anteilig	0,00 €	0,00 €	0,00 €	0,00 €	0,00 €
4	Website erstellt	0,00 €	Anteilig	0,00 €	0,00 €	0,00 €	0,00 €	0,00 €
5	Projektabschluss	0,00 €	Anteilig	0,00 €	0,00 €	0,00 €	0,00 €	0,00 €
6	⊟ **Initialisierung**	**0,00 €**	**Anteilig**	**1.200,00 €**	**1.200,00 €**	**0,00 €**	**0,00 €**	**1.200,00 €**
7	Marketingkonzept erstellen	0,00 €	Anteilig	1.200,00 €	1.200,00 €	0,00 €	0,00 €	1.200,00 €
8	⊟ **Entwurf Prototyp**	**0,00 €**	**Anteilig**	**4.200,00 €**	**4.200,00 €**	**0,00 €**	**0,00 €**	**4.200,00 €**
9	Designkonzept	0,00 €	Anteilig	1.200,00 €	1.200,00 €	0,00 €	0,00 €	1.200,00 €
10	Navigationskonzept	0,00 €	Anteilig	1.200,00 €	1.200,00 €	0,00 €	0,00 €	1.200,00 €
11	Implementationskonzept	0,00 €	Anteilig	600,00 €	600,00 €	0,00 €	0,00 €	600,00 €
12	Betriebskonzept	0,00 €	Anteilig	600,00 €	600,00 €	0,00 €	0,00 €	600,00 €
13	Konzeptpräsentation	0,00 €	Anteilig	600,00 €	600,00 €	0,00 €	0,00 €	600,00 €
14	⊟ **Realisierung**	**0,00 €**	**Anteilig**	**42.000,00 €**	**42.000,00 €**	**0,00 €**	**0,00 €**	**42.000,00 €**
15	ToDo Liste erstellen	0,00 €	Anteilig	600,00 €	600,00 €	0,00 €	0,00 €	600,00 €
16	Inhalte erstellen	0,00 €	Anteilig	18.000,00 €	18.000,00 €	0,00 €	0,00 €	18.000,00 €
17	Programmierung	0,00 €	Anteilig	23.400,00 €	23.400,00 €	0,00 €	0,00 €	23.400,00 €
18	⊟ **Abnahme**	**0,00 €**	**Anteilig**	**2.100,00 €**	**2.100,00 €**	**0,00 €**	**0,00 €**	**2.100,00 €**
19	Abnahmedokument	0,00 €	Anteilig	600,00 €	600,00 €	0,00 €	0,00 €	600,00 €
20	Testlauf	0,00 €	Anteilig	600,00 €	600,00 €	0,00 €	0,00 €	600,00 €
21	Fehlerbehebung	0,00 €	Anteilig	600,00 €	600,00 €	0,00 €	0,00 €	600,00 €
22	Liveschaltung der Website	0,00 €	Anteilig	300,00 €	300,00 €	0,00 €	0,00 €	300,00 €

Hier bietet sich nun ein anderes Bild: In der Spalte *Geplant* finden sich jetzt die Informationen aus dem Basisplan. Die Spalte *Abweichung* steht auf *0*, so lange sich nach der Festlegung des Basisplans noch nichts im Projekt getan hat. Daher sind auch noch keine aktuellen Kosten angefallen, die in der Spalte *Aktuell* stehen könnten.

Dennoch wird das Konzept von Project beim Umgang mit Soll- und Istwerten hier schon klarer. Wenn dann noch etwas auf das nächste ▶ Kapitel 9 vorgegriffen und ein Projektfortschritt eingetragen wird, ergibt sich ein noch deutlicheres Bild (vgl. Abbildung 8.7): Es finden sich nun ebenfalls die Ist-Informationen für die ersten fünf Vorgänge.

Abbildung 8.7:
Die Tabelle Kosten *mit aktuellen Informationen*

	Vorgangsname	Feste Kosten	Fälligkeit fester Kosten	Gesamtkosten	Geplant	Abweichung	Aktuell	Verbleibend
1	⊟ **Meilensteine**	**0,00 €**	**Anteilig**	**0,00 €**	**0,00 €**	**0,00 €**	**0,00 €**	**0,00 €**
2	Auftrag erteilt	0,00 €	Anteilig	0,00 €	0,00 €	0,00 €	0,00 €	0,00 €
3	Abnahme Prototyp	0,00 €	Anteilig	0,00 €	0,00 €	0,00 €	0,00 €	0,00 €
4	Website erstellt	0,00 €	Anteilig	0,00 €	0,00 €	0,00 €	0,00 €	0,00 €
5	Projektabschluss	0,00 €	Anteilig	0,00 €	0,00 €	0,00 €	0,00 €	0,00 €
6	⊟ **Initialisierung**	**0,00 €**	**Anteilig**	**1.200,00 €**	**1.200,00 €**	**0,00 €**	**1.200,00 €**	**0,00 €**
7	Marketingkonzept erstellen	0,00 €	Anteilig	1.200,00 €	1.200,00 €	0,00 €	1.200,00 €	0,00 €
8	⊟ **Entwurf Prototyp**	**0,00 €**	**Anteilig**	**4.200,00 €**	**4.200,00 €**	**0,00 €**	**4.200,00 €**	**0,00 €**
9	Designkonzept	0,00 €	Anteilig	1.200,00 €	1.200,00 €	0,00 €	1.200,00 €	0,00 €
10	Navigationskonzept	0,00 €	Anteilig	1.200,00 €	1.200,00 €	0,00 €	1.200,00 €	0,00 €
11	Implementationskonzept	0,00 €	Anteilig	600,00 €	600,00 €	0,00 €	600,00 €	0,00 €
12	Betriebskonzept	0,00 €	Anteilig	600,00 €	600,00 €	0,00 €	600,00 €	0,00 €
13	Konzeptpräsentation	0,00 €	Anteilig	600,00 €	600,00 €	0,00 €	600,00 €	0,00 €
14	⊟ **Realisierung**	**0,00 €**	**Anteilig**	**42.000,00 €**	**42.000,00 €**	**0,00 €**	**9.600,00 €**	**32.400,00 €**
15	ToDo Liste erstellen	0,00 €	Anteilig	600,00 €	600,00 €	0,00 €	600,00 €	0,00 €
16	Inhalte erstellen	0,00 €	Anteilig	18.000,00 €	18.000,00 €	0,00 €	9.000,00 €	9.000,00 €
17	Programmierung	0,00 €	Anteilig	23.400,00 €	23.400,00 €	0,00 €	0,00 €	23.400,00 €
18	⊟ **Abnahme**	**0,00 €**	**Anteilig**	**2.100,00 €**	**2.100,00 €**	**0,00 €**	**0,00 €**	**2.100,00 €**
19	Abnahmedokument	0,00 €	Anteilig	600,00 €	600,00 €	0,00 €	0,00 €	600,00 €
20	Testlauf	0,00 €	Anteilig	600,00 €	600,00 €	0,00 €	0,00 €	600,00 €
21	Fehlerbehebung	0,00 €	Anteilig	600,00 €	600,00 €	0,00 €	0,00 €	600,00 €

Einige Vorgänge sind als vollständig abgeschlossen definiert, während der Vorgang *Inhalte erstellen* noch in Arbeit ist.

Wenn man nun die Informationen zu den Kosten betrachtet, so finden sich dafür – neben den festen Kosten, die an dieser Stelle keine Rolle spielen – fünf verschiedene Spalten, welche Informationen zu den Kosten enthalten:

- Gesamtkosten
- Geplant
- Abweichung
- Aktuell
- Verbleibend

Diese fünf Spalten haben die in Tabelle 8.1 näher beschriebene Bedeutung.

Tabelle 8.1: *Die Soll- und Ist-Informationen*

Spalte	Bedeutung
Gesamtkosten	In dieser Spalte stehen die aktuell geplanten Kosten, die fortgeschriebene Planung also. Während der Planungsphase ist hier die ursprüngliche Planung zu finden, die bei der Definition des Basisplans in die Spalte *Geplant* übernommen wird. Während der Laufzeit eines Vorgangs handelt es sich um die fortgeschriebene Planung, die gegenüber der ursprünglichen Planung angepasst worden sein kann. Ist ein Vorgang abgeschlossen, entspricht der Wert in dieser Spalte dem Istwert.
Geplant	Hier finden sich die Informationen aus dem Basisplan. Bei der Festschreibung des Basisplans werden die Daten hier festgehalten.
Abweichung	In der Spalte *Abweichung* steht die Differenz der Spalten *Gesamtkosten* und *Geplant*. Sie ist positiv, wenn die Planwerte überschritten werden und negativ, wenn die fortgeschriebene Planung unter der ursprünglichen Planung liegt.
Aktuell	An dieser Stelle stehen die aktuell angefallenen Kosten. Sie sind 0, wenn der Vorgang noch nicht begonnen hat. Während der Vorgang abläuft, zeigen sie die tatsächlich angefallenen Kosten an. Wenn ein Vorgang abgeschlossen ist, enthalten sie die gleiche Information wie die Spalte *Gesamte Kosten*.
Verbleibend	Hier findet sich die Differenz zwischen den Kosten nach der fortgeschriebenen Planung, also dem Wert aus *Gesamtkosten*, und den aktuellen Kosten. Diese Information zeigt, wie viele Kosten bei einem Vorgang nach dem aktuellen Planungsstand noch anfallen werden.

Das gleiche Bild findet sich auch bei anderen Tabellen, in denen die Ist- und die Soll-Informationen gegenübergestellt werden.

Ein Beispiel dafür ist die Tabelle *Arbeit*, in der die Information über die bei den Vorgängen anfallende Arbeit enthalten ist (Abbildung 8.8). Auch hier finden sich vergleichbare Spalten.

Auch bei den Ressourcen gibt es entsprechende Tabellen, wie die in Abbildung 8.9 gezeigte Tabelle *Kosten* in der Ansicht *Ressource: Tabelle*.

Auch für die Zuordnungsfelder werden solche Informationen gespeichert. Am besten werden sie in der Ansicht *Vorgang: Eingabe* sichtbar, in welcher im unteren Bereich die Ansicht *Vorgang: Maske* mit den Zuordnungsinformationen angezeigt wird (Abbildung 8.10).

Abbildung 8.8: Die Tabelle Arbeit

	Vorgangsname	Arbeit	Geplant	Abweichung	Aktuell	Verbleibend	% Arbeit abgeschl.
1	⊟ **Meilensteine**	**0 Stunde**	**0 Stunde**	**0 Stunde**	**0 Stunde**	**0 Stunde**	**0%**
2	Auftrag erteilt	0 Stunde	0 Stunde	0 Stunde	0 Stunde	0 Stunde	100%
3	Abnahme Prototyp	0 Stunde	0 Stunde	0 Stunde	0 Stunde	0 Stunde	100%
4	Website erstellt	0 Stunde	0 Stunde	0 Stunde	0 Stunde	0 Stunde	0%
5	Projektabschluss	0 Stunde	0 Stunde	0 Stunde	0 Stunde	0 Stunde	0%
6	⊟ **Initialisierung**	**16 Stunde**	**16 Stunde**	**0 Stunde**	**16 Stunde**	**0 Stunde**	**100%**
7	Marketingkonzept erste	16 Stunde	16 Stunde	0 Stunde	16 Stunde	0 Stunde	100%
8	⊟ **Entwurf Prototyp**	**56 Stunde**	**56 Stunde**	**0 Stunde**	**56 Stunde**	**0 Stunde**	**100%**
9	Designkonzept	16 Stunde	16 Stunde	0 Stunde	16 Stunde	0 Stunde	100%
10	Navigationskonzept	16 Stunde	16 Stunde	0 Stunde	16 Stunde	0 Stunde	100%
11	Implementationskonzep	8 Stunde	8 Stunde	0 Stunde	8 Stunde	0 Stunde	100%
12	Betriebskonzept	8 Stunde	8 Stunde	0 Stunde	8 Stunde	0 Stunde	100%
13	Konzeptpräsentation	8 Stunde	8 Stunde	0 Stunde	8 Stunde	0 Stunde	100%
14	⊟ **Realisierung**	**560 Stunde**	**560 Stunde**	**0 Stunde**	**128 Stunde**	**432 Stunde**	**23%**
15	ToDo Liste erstellen	8 Stunde	8 Stunde	0 Stunde	8 Stunde	0 Stunde	100%
16	Inhalte erstellen	240 Stunde	240 Stunde	0 Stunde	120 Stunde	120 Stunde	50%
17	Programmierung	312 Stunde	312 Stunde	0 Stunde	0 Stunde	312 Stunde	0%
18	⊟ **Abnahme**	**28 Stunde**	**28 Stunde**	**0 Stunde**	**0 Stunde**	**28 Stunde**	**0%**
19	Abnahmedokument	8 Stunde	8 Stunde	0 Stunde	0 Stunde	8 Stunde	0%
20	Testlauf	8 Stunde	8 Stunde	0 Stunde	0 Stunde	8 Stunde	0%
21	Fehlerbehebung	8 Stunde	8 Stunde	0 Stunde	0 Stunde	8 Stunde	0%

Abbildung 8.9: Informationen zu den Kosten von Ressourcen

	Ressourcenname	Kosten	Geplante Kosten	Abweichung	Aktuelle Kosten	Verbleibend
1	Steffen Reister	11.100,00 €	11.100,00 €	0,00 €	3.000,00 €	8.100,00 €
2	Renke Holert	9.600,00 €	9.600,00 €	0,00 €	1.200,00 €	8.400,00 €
3	**Matthias Jäger**	**18.000,00 €**	**18.000,00 €**	**0,00 €**	**5.100,00 €**	**12.900,00 €**
4	Ralph Goetze	10.800,00 €	10.800,00 €	0,00 €	5.700,00 €	5.100,00 €

Abbildung 8.10: Die Zuordnungsinformationen mit Plan und Ist

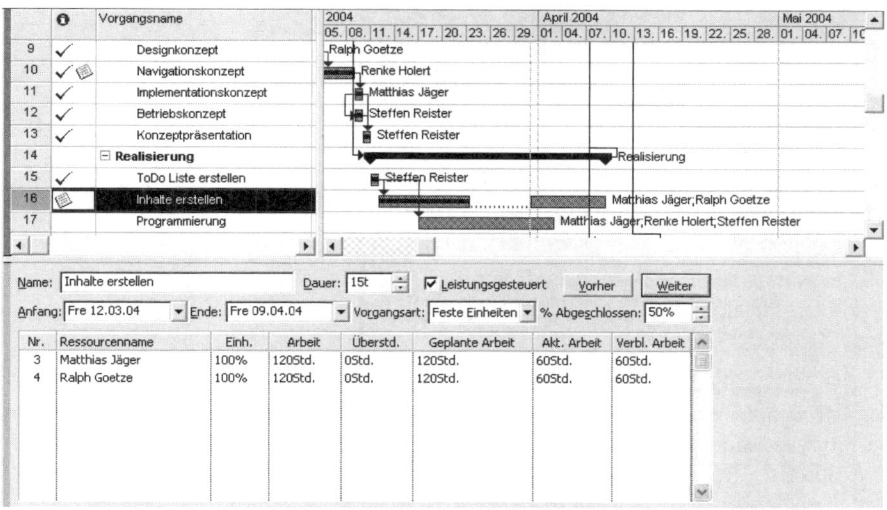

Im unteren Bereich müssen Sie dazu über das Kontextmenü das Format *Arbeit Ressourcen* oder *Ressourcenkosten* aufrufen. In diesen Darstellungen werden sowohl Plan- als auch Istwerte angezeigt.

Projektversionen vergleichen

Mit der Version 2003 von Project ist nun ein Feature fest eingebaut, welches bisher nur als zusätzliches Add-On in englischer Sprache auf den Microsoft-Webseiten verfügbar war. Damit ist es nun möglich zwei Projekte miteinander zu vergleichen und recht schnell die Unterschiede zwischen den beiden Versionen herauszufinden.

Vergleichsversion erstellen

Zum Verwenden der Funktion *Projektversionen vergleichen* gehen Sie folgendermaßen vor:

1. Rufen Sie den Menüpunkt *Ansicht/Symbolleisten/Projektversionen vergleichen* auf.

   Es wird nun eine neue Symbolleiste eingeblendet (siehe Abbildung 8.11)

Abbildung 8.11: *Die Symbolleiste* Projektversionen vergleichen

2. Klicken Sie nun auf das nebenstehend gezeigte Symbol, um den Assistenten zum Vergleich zweier Projekte zu starten.

3. Hier wählen Sie die beiden Projekte und die zugehörigen Datentabellen aus, die Sie miteinander vergleichen möchten.

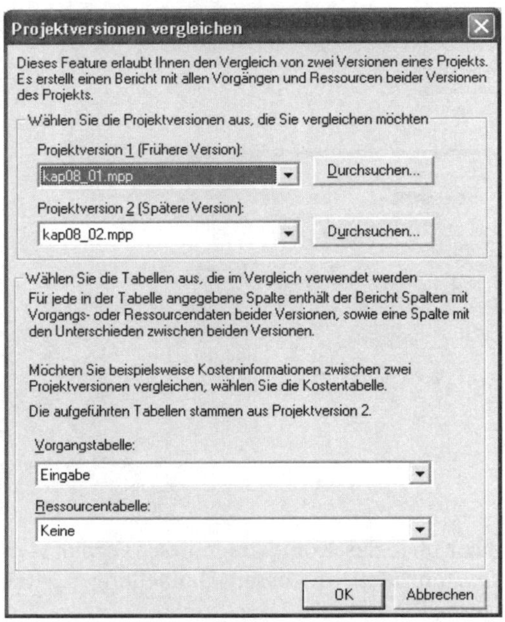

Abbildung 8.12: *Wählen Sie die Projekte zum Vergleich aus*

4. Klicken Sie auf die Schaltfläche *OK*, um die Erstellung des Vergleichsberichtes zu starten.
5. Nach der Fertigstellung des Vergleichs wird die Meldung aus Abbildung 8.13 eingeblendet.
6. Klicken Sie auf *OK*, um eine Legende der Informationen in dem Vergleichsprojekt anzuzeigen.

Abbildung 8.13: *Rufen Sie die Legende zur Vergleichsversion auf*

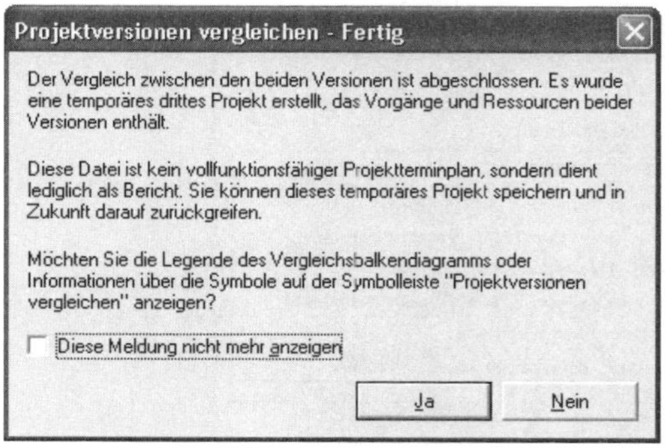

HINWEIS Die Ergebnisse der verglichenen Projekte werden in einem separaten Projekt angezeigt. Allerdings ist dieses Projekt nicht als Terminplan verwendbar, da die berechneten Felder von Project nicht benutzt werden. Zu jedem berechneten Wert der zu vergleichenden Projekte werden neue Werte erstellt, die in einem benutzerdefinierten Feld des Vergleichsprojektes abgelegt werden.

Z.B. die Dauer:

- Die Dauer des ersten Projektes wird in das Feld *Dauer:V1 (Dauer1)* des Vergleichsprojektes geschrieben.
- Die Dauer des zweiten Projektes wird in das Feld *Dauer:V2 (Dauer2)* des Vergleichsprojektes geschrieben.
- Aus diesen beiden Dauern wird die Differenz gebildet und in das Feld *Dauer:Diff (Dauer3)* geschrieben.

In der Legende zum Vergleichsprojekt finden Sie die Erklärung zu den einzelnen Symbolen und der Formatierung des Gantt-Charts die Sie im Vergleichsprojekt sehen werden.

Sie finden ein Beispiel hierzu in der Beispieldatei *Vergleichsbericht.mpp* auf der CD-ROM zu diesem Buch im Ordner *\Buch\Kap08*.

Projekte vergleichen

Nachdem die Vergleichversion erstellt wurde, gibt es verschiedene Hilfsmittel, um die beiden Versionen zu vergleichen bzw. die Unterschiede zwischen den beiden Versionen herauszuarbeiten.

Die Bedeutung der Vergleichssymbole

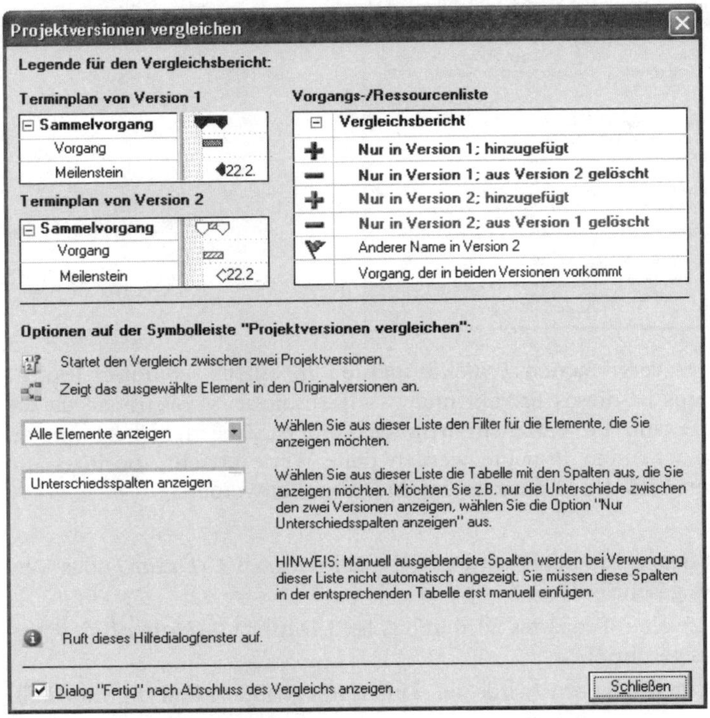

Abbildung 8.14: *Die Legende zur Vergleichversion und die Funktionen der Symbolleiste*

In dem Vergleichsbericht werden in einer zusätzlich generierten Ansicht die Balkenpläne der beiden gewählten Projekte dargestellt und miteinander verglichen. Dabei werden Unterschiede in der Vorgangstabelle farblich und mit Symbolen gekennzeichnet, beziehungsweise im Gantt-Chart grafisch angezeigt (siehe Tabelle 8.1).

Tabelle 8.2: *Die Bedeutung der einzelnen Symbole im Vergleichsbericht*

Symbol	Farbe	Bedeutung
	Grün	Dieser Vorgang hat in *Version 2* einen anderen Namen.
	Grün	Dieser Vorgang existiert nur in *Version 2*, er wurde dort hinzugefügt.
	Rot	Dieser Vorgang existiert nur in *Version 1*, er wurde dort hinzugefügt.
	Grün	Dieser Vorgang existiert nur in *Version 2*, er wurde in *Version 1* gelöscht.
	Rot	Dieser Vorgang existiert nur in *Version 1*, er wurde in *Version 2* gelöscht

Abbildung 8.15: *Die Darstellung der Änderungen in einem separaten Projekt*

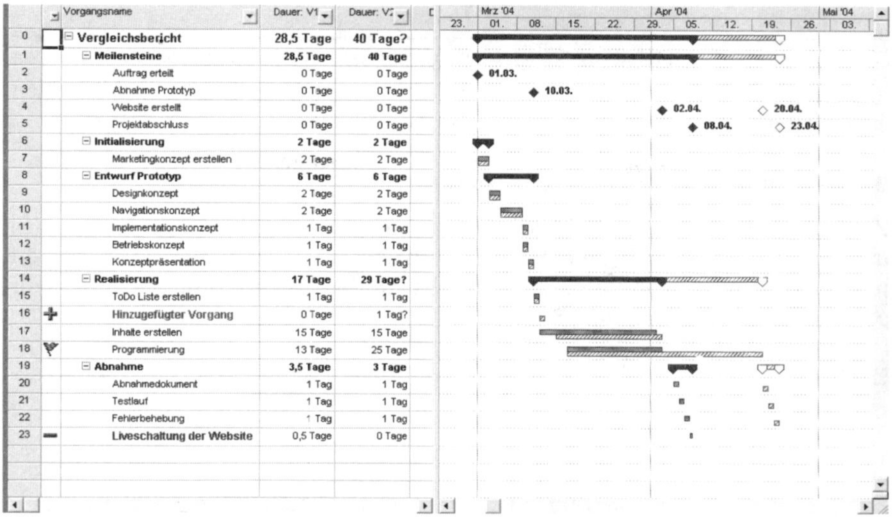

Um die Projekte tiefergehend zu vergleichen, stellt das Feature *Projektversionen vergleichen* noch ein paar Tools zur Verfügung, die Sie in den beiden Listenfeldern der Symbolleiste finden. Diese Tools werden in den folgenden beiden Abschnitten beschrieben.

Filter in der Symbolleiste *Projektversionen vergleichen*

Diese Filter stehen Ihnen nur in dem Vergleichsprojekt zur Verfügung und sind auch in der Liste der Projektfilter zu finden. Diese Liste können Sie über das Menü *Projekt/Filter/Weitere Filter* einsehen. Mehr zum Thema Filter finden Sie in ▶ Kapitel 10.

Abbildung 8.16: *Zur Verfügung stehende Filter im Vergleichsbericht*

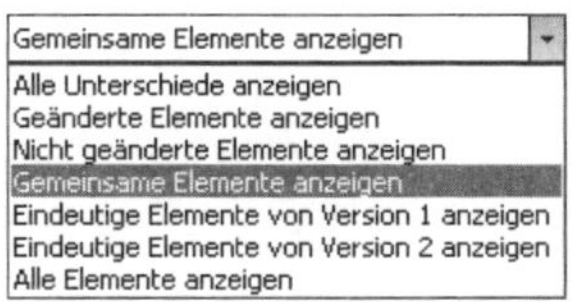

Tabelle 8.3: *Die Filter und ihre Funktion*

Filtername	Funktion
Alle Unterschiede anzeigen	Zeigt alle unterschiedlichen Vorgänge an, egal aus welchem der beiden Projekte sie stammen.
Geänderte Elemente anzeigen	Vorgänge, die in einer der beiden Versionen verändert wurden.
Nicht geänderte Elemente anzeigen	Vorgänge, die in keiner der beiden Versionen verändert wurden.
Gemeinsame Elemente anzeigen	Vorgänge, die in beiden Versionen gleich sind.
Eindeutige Elemente von Version 1 anzeigen	Vorgänge, die nur in der ersten Version vorhanden sind. ▶

Filtername	Funktion
Eindeutige Elemente von Version 2 anzeigen	Vorgänge, die nur in der zweiten Version vorhanden sind.
Alle Elemente anzeigen	Alle Vorgänge beider Versionen anzeigen.

Die Datentabellen der Vergleichsversion

Zusätzlich werden in der Vergleichsversion noch verschiedene Tabellen angelegt um die Fülle an zusätzlichen Daten der einzelnen Vorgänge reduzieren zu können. Es gibt zusätzliche Vorgangs- und falls von Ihnen ausgewählt auch Ressourcentabellen (siehe Abbildung 8.12).

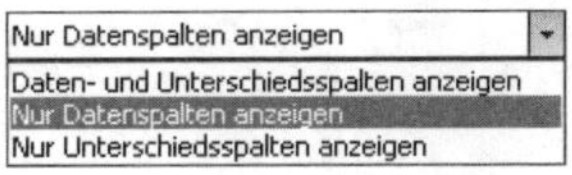

Abbildung 8.17: *Zur Verfügung stehende Tabellen im Vergleichsbericht*

Tabelle 8.4: *Tabellen im Vergleichsbericht*

Tabellenname	Tabelleninhalt
Daten- und Unterschiedsspalten anzeigen	Zeigt die Daten der beiden Versionen sowie die daraus resultierenden Differenzdaten an.
Nur Datenspalten anzeigen	Zeigt nur die Datenspalten beider Versionen an.
Nur Unterschiedsspalten anzeigen	Zeigt die Differenzspalten an.

9 Projekte überwachen und fortschreiben

241 Die Eingabe aktueller Informationen
250 Schnelle Projektaktualisierung
251 Aktuelles Datum und Statusdatum
252 Fortschrittslinien in Project einblenden
254 Statusfelder

Wenn das eigentliche Projekt beginnt, sollte zumindest der erste Basisplan gespeichert sein.

Die Arbeit des Projektmanagers verändert sich nun, da er mehrere Aufgaben gleichzeitig zu erledigen hat:

- Er muss den Fortschritt des Projekts überwachen.
- Die aktuellen Informationen zum Projekt müssen eingegeben werden.
- Änderungen im Projekt müssen durch entsprechende Änderung der Planung berücksichtigt werden.

Dieses Kapitel widmet sich primär zwei Punkten:

- Der Erkennung von Abweichungen im Projekt.
- Der Eingabe aktueller Informationen zu den Vorgängen.

Begonnen wird mit dem zweiten dieser Punkte, da erst dann die Informationen zur Verfügung stehen, um Abweichungen erkennen zu können. Außerdem wird auf einige Besonderheiten eingegangen, mit denen die Realität in einem Projekt genauer abgebildet werden kann.

Die Eingabe aktueller Informationen

In den vorangegangenen Kapiteln hat sich bereits gezeigt, dass es bei der Arbeit mit Project besonders wichtig ist, immer die richtigen Ansichten und Symbolleisten zu wählen, um die anstehenden Aufgaben möglichst effizient lösen zu können. Das ist bei der Eingabe aktueller Informationen zu den Vorgängen nicht anders.

Um genau erkennen zu können, welche Auswirkungen die Eingabe aktueller Informationen zu Vorgängen hat, bietet sich eine Variante der Ansicht *Vorgang: Eingabe* an, bei der Sie im oberen Bereich die Ansicht *Vorgang: Tabelle* anstelle von *Balkendiagramm (Gantt)* verwenden.

Werfen Sie einen Blick in Tabelle 9.1: Die dort aufgeführten Ansichtskombinationen (vgl. beispielhaft hierzu Abbildung 9.1) von Tabellen im oberen und Maskenformaten im unteren Bereich bieten sich an.

***Tabelle 9.1:** Ansichtskombinationen zur Vorgangsüberwachung*

Oberer Bildschirmbereich	Unterer Bildschirmbereich	Funktion
Tabelle *Abweichung*	Format *Terminplan Ressourcen*	Hier können Sie die Informationen zur Vorgangsdauer steuern.
Tabelle *Kosten*	Format *Ressourcenkosten*	In dieser Ansichtskombination finden Sie die wichtigsten Felder für die Eingabe von Kosteninformationen.
Tabelle *Arbeit*	Format *Arbeit Ressourcen*	Hier finden Sie die wichtigsten Felder für die Eingabe von Arbeitsinformationen.

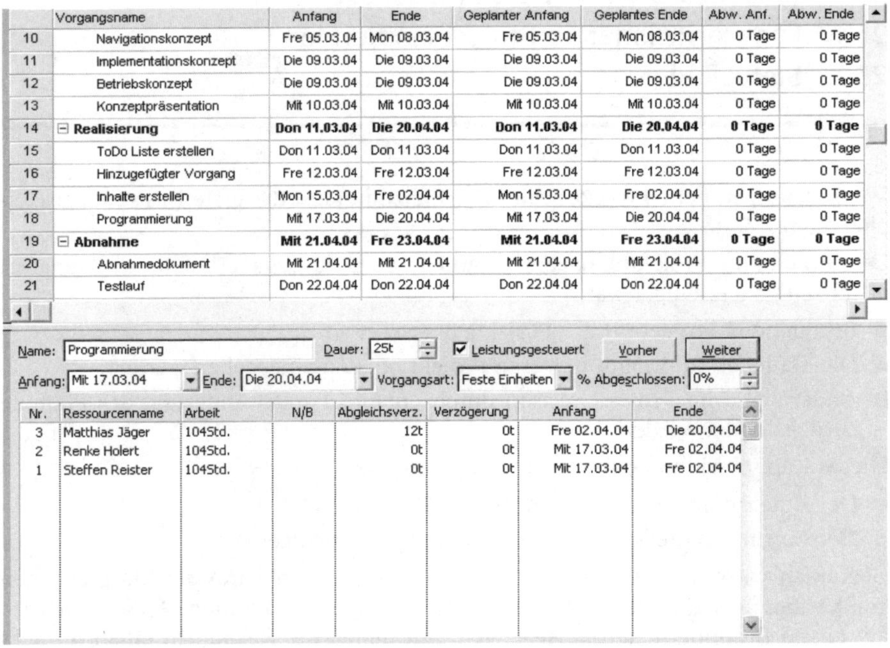

	Vorgangsname	Anfang	Ende	Geplanter Anfang	Geplantes Ende	Abw. Anf.	Abw. Ende
10	Navigationskonzept	Fre 05.03.04	Mon 08.03.04	Fre 05.03.04	Mon 08.03.04	0 Tage	0 Tage
11	Implementationskonzept	Die 09.03.04	Die 09.03.04	Die 09.03.04	Die 09.03.04	0 Tage	0 Tage
12	Betriebskonzept	Die 09.03.04	Die 09.03.04	Die 09.03.04	Die 09.03.04	0 Tage	0 Tage
13	Konzeptpräsentation	Mit 10.03.04	Mit 10.03.04	Mit 10.03.04	Mit 10.03.04	0 Tage	0 Tage
14	**⊟ Realisierung**	**Don 11.03.04**	**Die 20.04.04**	**Don 11.03.04**	**Die 20.04.04**	**0 Tage**	**0 Tage**
15	ToDo Liste erstellen	Don 11.03.04	Don 11.03.04	Don 11.03.04	Don 11.03.04	0 Tage	0 Tage
16	Hinzugefügter Vorgang	Fre 12.03.04	Fre 12.03.04	Fre 12.03.04	Fre 12.03.04	0 Tage	0 Tage
17	Inhalte erstellen	Mon 15.03.04	Fre 02.04.04	Mon 15.03.04	Fre 02.04.04	0 Tage	0 Tage
18	Programmierung	Mit 17.03.04	Die 20.04.04	Mit 17.03.04	Die 20.04.04	0 Tage	0 Tage
19	**⊟ Abnahme**	**Mit 21.04.04**	**Fre 23.04.04**	**Mit 21.04.04**	**Fre 23.04.04**	**0 Tage**	**0 Tage**
20	Abnahmedokument	Mit 21.04.04	Mit 21.04.04	Mit 21.04.04	Mit 21.04.04	0 Tage	0 Tage
21	Testlauf	Don 22.04.04	Don 22.04.04	Don 22.04.04	Don 22.04.04	0 Tage	0 Tage

Name: Programmierung Dauer: 25t ☑ Leistungsgesteuert Vorher Weiter
Anfang: Mit 17.03.04 Ende: Die 20.04.04 Vorgangsart: Feste Einheiten % Abgeschlossen: 0%

Nr.	Ressourcenname	Arbeit	N/B	Abgleichsverz.	Verzögerung	Anfang	Ende
3	Matthias Jäger	104Std.		12t	0t	Fre 02.04.04	Die 20.04.04
2	Renke Holert	104Std.		0t	0t	Mit 17.03.04	Fre 02.04.04
1	Steffen Reister	104Std.		0t	0t	Mit 17.03.04	Fre 02.04.04

***Abbildung 9.1:** Ansichtskombination zum Überwachen von Projekten*

Daneben gibt es noch eine Reihe weiterer Ansichten, die während der Projektüberwachung von Bedeutung sind. Dazu zählen natürlich auch die Ansichten, die z.B. bereits in ▶ Kapitel 7 verwendet wurden. Denn bei der Überwachung des Projekts werden Sie zwangsläufig auch immer wieder mit der Neuplanung von Teilen des Projekts konfrontiert.

Symbolleiste *Überwachen* einblenden

Ferner stellt Project (wie für viele andere Funktionen des Projektmanagements) auch hier eine spezielle Symbolleiste (Abbildung 9.2) zur Verfügung.

Wenn Sie sich die Symbolleiste *Überwachen* zusätzlich anzeigen lassen möchten, gehen Sie dazu wie folgt vor:

Abbildung 9.2: *Symbolleiste* Überwachen

1. Bewegen Sie den Mauszeiger über die Symbolleisten.
2. Rufen Sie per Klick der rechten Maustaste das Kontextmenü auf. Vor den aktiven Symbolleisten findet sich ein »Häkchen«.

Abbildung 9.3: *Symbolleiste einblenden*

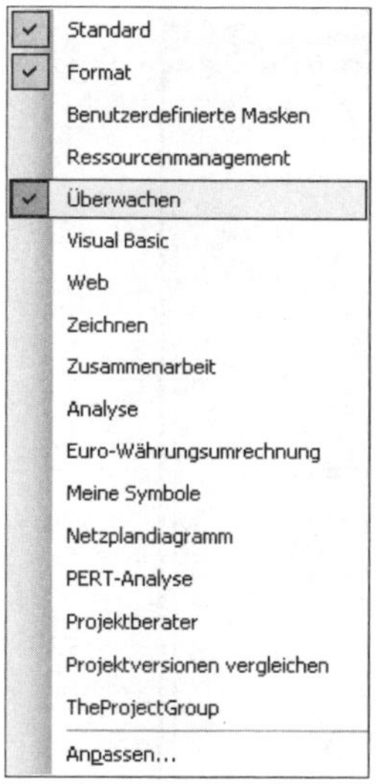

3. Wählen Sie zusätzlich die Symbolleiste *Überwachen* aus (Abbildung 9.3).
4. Positionieren Sie diese Symbolleiste an die gewünschte Stelle auf dem Bildschirm.

Die Optionen

Bevor Sie mit der Eingabe von Informationen beginnen, müssen Sie überlegen, welche Informationen in welcher Form aktualisiert werden sollen.

Project bietet dafür eine wichtige Funktionalität an: Die tatsächlich entstandenen Kosten können vom Benutzer auch manuell eingegeben werden. Dadurch werden die von Project errechneten Kosten überschrieben.

Sie wollen die aktuellen Kosten direkt eingeben und nicht von Project auf Basis der geleisteten Arbeit berechnen lassen:

1. Im Dialogfeld zum Menübefehl *Extras/Optionen* finden Sie auf der Registerkarte *Berechnen* (Abbildung 9.4) die Option *Aktuelle Kosten werden immer*

von Microsoft Office Project berechnet. Diese Option ist standardmäßig gesetzt.

2. Deaktivieren Sie diese Option (indem Sie das Häkchen anklicken). Ab jetzt können (und müssen) Sie die aktuellen Kosten direkt eingeben. Sie können diese dann beispielsweise aus anderen Anwendungen übernehmen. Wie Sie Informationen aus anderen Anwendungen übernehmen können, wird im Teil G dieses Buchs (ab ▶ Kapitel 22) noch ausführlich besprochen.
3. Sie können hier die Option *Änderungen an den aktuellen Kosten werden bis zum Statusdatum verteilt* (durch Setzen des Häkchens) aktivieren. Dann werden die aktuellen Kosten bei noch laufenden Vorgängen nur bis zum Statusdatum und nicht bis zum Ende des Vorgangs verteilt. Dies ergibt in aller Regel ein realistischeres Bild des Projekts.

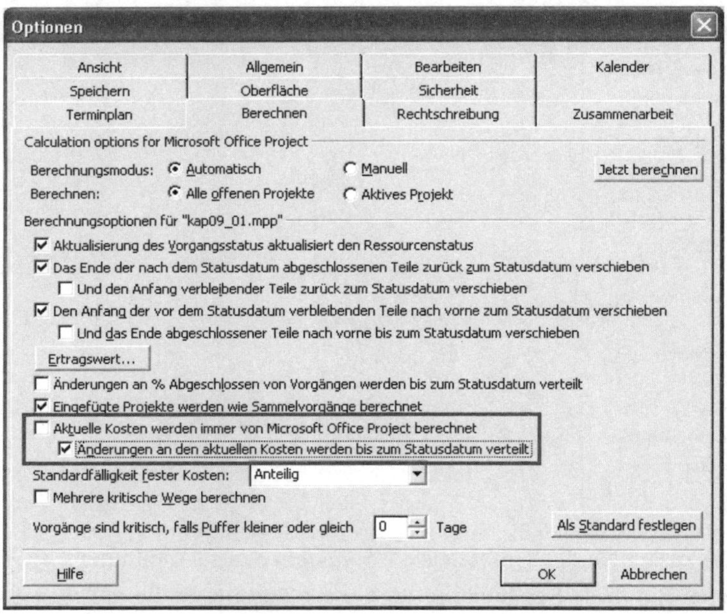

Abbildung 9.4: *Einstellungen zum Überwachen von Projekten*

HINWEIS

Sie können die aktuellen Informationen zu den Kosten nun an verschiedenen Stellen eingeben. Besonders leicht lassen sich aktuelle Kosten aus anderen Anwendungen in die Tabelle *Kosten* übernehmen. Wenn Sie Zuordnungsinformationen – also jene Kosten, die für einzelne Ressourcen bei Vorgängen angefallen sind – aus anderen Anwendungen übernehmen möchten, müssen Sie dazu Makros entwickeln, da keine Informationen direkt in die Vorgangsmasken, die Sie beispielsweise im unteren Teil der Ansicht *Vorgang: Eingabe* finden, kopiert werden können

Gehen Sie wie folgt vor, wenn Sie aktuelle Kosten manuell eingeben möchten:

1. Rufen Sie die Ansicht *Vorgang: Eingabe* auf und wählen Sie oben die Ansicht *Vorgang: Tabelle* mit der Tabelle *Kosten* aus.
2. Wählen Sie im unteren Bereich über das Kontextmenü das Format *Ressourcenkosten* aus.

3. Sie können nun die Kosteninformationen für Vorgänge im oberen Bereich direkt in der Spalte *Aktuell* eingeben (vgl. Abbildung 9.5).

Die Kosteninformationen für die Zuordnung von Ressourcen und Vorgängen können Sie in der Maske im unteren Bereich in der Spalte *Akt. Kosten* eintragen.

Abbildung 9.5: *Ansicht zur Eingabe der aktuellen Kosten*

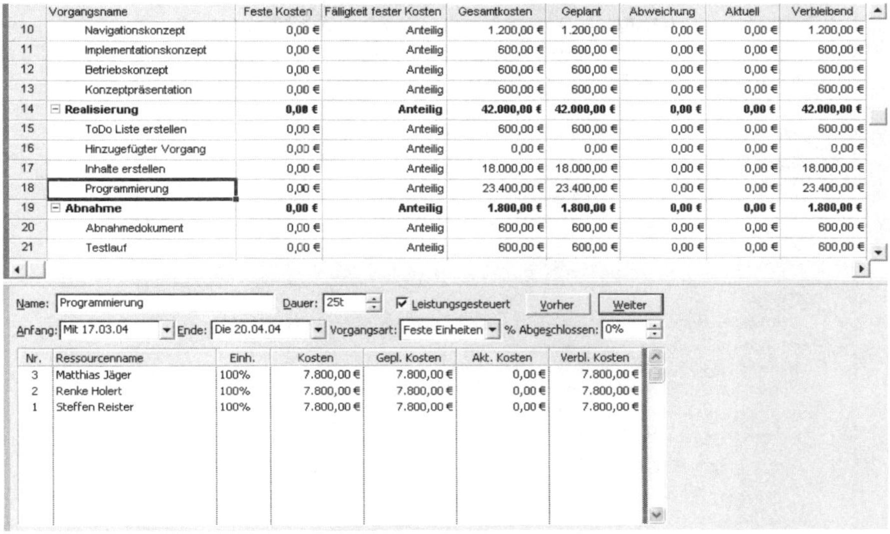

	Vorgangsname	Feste Kosten	Fälligkeit fester Kosten	Gesamtkosten	Geplant	Abweichung	Aktuell	Verbleibend
10	Navigationskonzept	0,00 €	Anteilig	1.200,00 €	1.200,00 €	0,00 €	0,00 €	1.200,00 €
11	Implementationskonzept	0,00 €	Anteilig	600,00 €	600,00 €	0,00 €	0,00 €	600,00 €
12	Betriebskonzept	0,00 €	Anteilig	600,00 €	600,00 €	0,00 €	0,00 €	600,00 €
13	Konzeptpräsentation	0,00 €	Anteilig	600,00 €	600,00 €	0,00 €	0,00 €	600,00 €
14	**Realisierung**	**0,00 €**	**Anteilig**	**42.000,00 €**	**42.000,00 €**	**0,00 €**	**0,00 €**	**42.000,00 €**
15	ToDo Liste erstellen	0,00 €	Anteilig	600,00 €	600,00 €	0,00 €	0,00 €	600,00 €
16	Hinzugefügter Vorgang	0,00 €	Anteilig	0,00 €	0,00 €	0,00 €	0,00 €	0,00 €
17	Inhalte erstellen	0,00 €	Anteilig	18.000,00 €	18.000,00 €	0,00 €	0,00 €	18.000,00 €
18	Programmierung	0,00 €	Anteilig	23.400,00 €	23.400,00 €	0,00 €	0,00 €	23.400,00 €
19	**Abnahme**	**0,00 €**	**Anteilig**	**1.800,00 €**	**1.800,00 €**	**0,00 €**	**0,00 €**	**1.800,00 €**
20	Abnahmedokument	0,00 €	Anteilig	600,00 €	600,00 €	0,00 €	0,00 €	600,00 €
21	Testlauf	0,00 €	Anteilig	600,00 €	600,00 €	0,00 €	0,00 €	600,00 €

Nr.	Ressourcenname	Einh.	Kosten	Gepl. Kosten	Akt. Kosten	Verbl. Kosten
3	Matthias Jäger	100%	7.800,00 €	7.800,00 €	0,00 €	7.800,00 €
2	Renke Holert	100%	7.800,00 €	7.800,00 €	0,00 €	7.800,00 €
1	Steffen Reister	100%	7.800,00 €	7.800,00 €	0,00 €	7.800,00 €

HINWEIS Die Kosten werden anteilig auf die zugeordneten Ressourcen verteilt. Wichtig dabei ist, dass sich die hier eingegebenen Informationen nur auf die Kosten der Arbeit beziehen. Die festen Kosten sind davon nicht betroffen. Sie dürfen also auch aus anderen Anwendungen nur die Kosten der Arbeit und nicht die Gesamtkosten einschließlich der festen Kosten eines Vorgangs übernehmen.

Dieser Ansatz, bei dem aktuelle Kosten direkt eingegeben werden, kann Ihnen eine deutlich verbesserte Genauigkeit im Projekt liefern. Allerdings ist die Wahrscheinlichkeit von Planabweichungen in diesem Fall deutlich höher, da Sie die Planung mit den Kostenberechnungen von Project durchführen und diesen die realen Kosten gegenüberstellen (statt den von Project selbst errechneten Kosten).

Eine zweite wichtige Option betrifft die Abhängigkeit von Ressourcen- und Vorgangsstatus. Grundsätzlich wird der Status von Ressourcen dann verändert, wenn der Status des Vorgangs verändert wird. Ein Beispiel: Wenn der Vorgang zu 50% abgeschlossen ist, geht Project davon aus, dass auch die Arbeit der an dem Vorgang beteiligten Ressourcen zu jeweils 50% abgeschlossen ist.

Dieser Ansatz ist nicht unlogisch. Er funktioniert aber nicht, wenn die Informationen zu den Ressourcen in Form tatsächlich geleisteter Arbeit manuell eingegeben werden. Das kann beispielsweise über die in ▶ Kapitel 20 noch zu erläuternden Funktionen zum Teammanagement erfolgen.

Nehmen wir an, Sie möchten die Informationen zur Arbeit der Ressourcen manuell eingeben:

1. Rufen Sie den Menübefehl *Extras/Optionen* auf und wählen Sie dort die Registerkarte *Berechnen* aus (Abbildung 9.6).

2. Deaktivieren Sie die Option *Aktualisierung des Vorgangsstatus aktualisiert den Ressourcenstatus.*

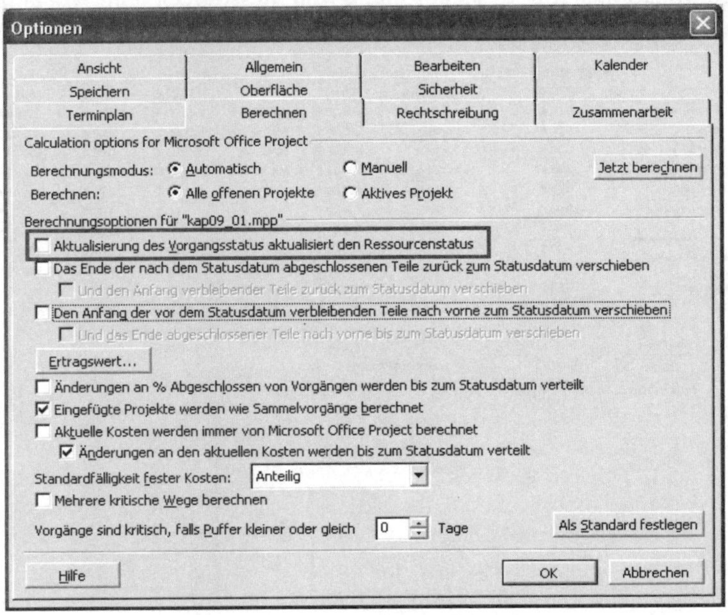

Abbildung 9.6: *Einstellungen zur Aktualisierung*

Die Änderungen, die Sie an dem Fortschritt eines Vorgangs durchführen, wirken sich damit nicht mehr auf die Ressourcen aus. Sie müssen den Arbeitsfortschritt bei den Ressourcen daher manuell eingeben bzw. aus anderen Anwendungen übernehmen.

HINWEIS

Diese Option ist zwingend, wenn Sie in Ihrem Projekt Rückmeldungen über die tatsächlich geleistete Arbeit erhalten möchten und diese Informationen daher nicht durch Project errechnet werden sollen.

Sie können diese Einstellung nur für das gesamte Projekt und nicht selektiv für einzelne Vorgänge treffen!

Die Eingabe der aktuellen Arbeit muss in der Vorgangsmaske und damit für die einzelnen Zuordnungen erfolgen. Das bedeutet, dass diese Informationen auch nur über Makros aus anderen Anwendungen importiert werden können.

Informationen zur aktuellen Arbeit geben Sie wie folgt ein:

1. Wählen Sie die Ansicht *Vorgang: Eingabe* aus.
2. Rufen Sie im unteren Bereich das Format *Arbeit Ressourcen* auf.
3. Geben Sie in der Spalte *Akt. Arbeit* die tatsächlich durch die Ressourcen geleistete Arbeit ein.

Auf Basis dieser Arbeitsinformationen errechnet Project die aktuellen Kosten. Falls Sie die aktuellen Kosten manuell eingeben, ist es nicht sinnvoll, die aktuelle Arbeit ebenfalls auf diese Weise einzugeben. Das wäre nur dann von Nutzen, wenn Sie die Informationen über die tatsächlich geleistete Arbeit später für die Analyse Ihres Projekts benötigen.

Falls Sie diese Optionen wieder rückgängig machen, werden Sie darauf explizit hingewiesen (Abbildung 9.7). Die manuell eingegebenen aktuellen Kosten bzw. die manuell eingegebene aktuelle Arbeit wird gelöscht.

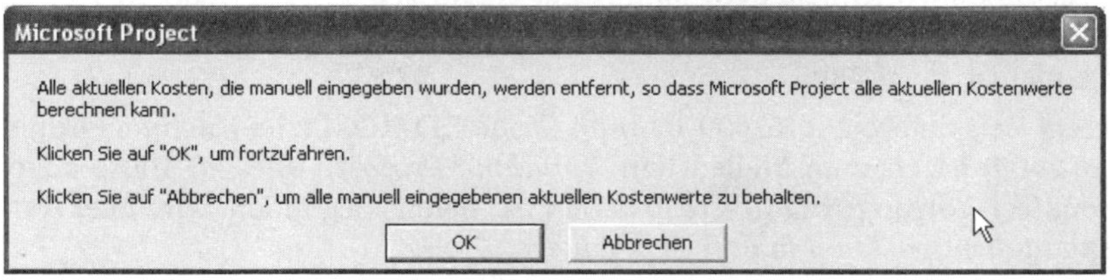

Abbildung 9.7: *Warnmeldung bei der Änderung der Berechnungsoptionen*

Die Eingabe von Überwachungsinformationen

Nachdem diese Einstellungen entsprechend Ihren Anforderungen festgelegt sind, kann es an die eigentliche Überwachung des Projekts gehen.

Project stellt hier mehrere Optionen zur Verfügung:

- Sie können einen oder mehrere Vorgänge auswählen und über die Schaltfläche *Aktualisieren wie berechnet* der *Überwachen*-Symbolleiste eine Aktualisierung der Vorgänge entsprechend der aktuell fortgeschriebenen Planung bis zum aktuellen Datum bzw. Statusdatum durchführen.

- Sie können einen oder mehrere Vorgänge auswählen und eine der Optionen zwischen 0% und 100% auswählen, um diesen gemäß der fortgeschriebenen Planung zu aktualisieren. Der Fortschritt wird dann entsprechend des von Ihnen gewählten Wertes berechnet.

- Sie können differenziert arbeiten und die Aktualisierung von einem oder mehreren Vorgängen über das Symbol *Vorgänge aktualisieren* durchführen. In diesem Fall können Sie detaillierte Informationen zum Vorgang in einem Dialogfeld eingeben (Abbildung 9.8).

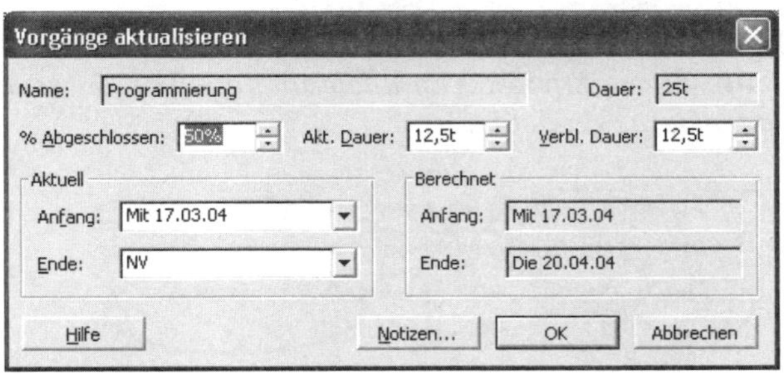

Abbildung 9.8: *Eingabe aktueller Vorgangsinformationen*

Nur wenn Sie die im letzten Abschnitt beschriebenen Optionen gewählt haben, hat es Sinn, differenzierte Informationen zu den einzelnen Ressourcen einzugeben. Andernfalls wird die aktuell geleistete Arbeit durch Project berechnet.

Ein Vorgang soll als 100% abgeschlossen definiert werden:

1. Markieren Sie den Vorgang.

2. Wählen Sie in der Symbolleiste *Überwachen* die Option *100%* aus.
3. Der Vorgang wird damit entsprechend der Planung aktualisiert.

HINWEIS

Bei Meilensteinen bietet sich diese Vorgehensweise an, wenn Sie eine Dauer von *0t* haben. Da Meilensteine mit anderen Vorgängen verknüpft sind, werden Verschiebungen automatisch berücksichtigt.

Sobald Sie einen Vorgang als vollständig abgeschlossen markiert haben, wird in der Spalte *Indikatoren* ein Häkchen angezeigt. Dieses symbolisiert, dass der Vorgang beendet ist.

In unserem Beispielprojekt *Kap09_01.mpp* (siehe CD-ROM zum Buch im Ordner *\Buch\Kap09*) ist bis zum Meilenstein *Abnahme Prototyp* alles zu 100% abgeschlossen. Der Vorgang *ToDo Liste erstellen* hat bereits begonnen, wird aber statt dem geplanten einen Tag nun drei Tage dauern.

Diese Information soll nun ebenfalls im Projektplan eingegeben werden:

1. Markieren Sie den Vorgang *ToDo Liste erstellen*.
2. Rufen Sie das Dialogfeld *Vorgänge aktualisieren* auf (Abbildung 9.9).
3. Geben Sie für *Akt. Dauer* den Wert *2* und für *Verbl. Dauer* den Wert *1* ein.
4. Schließen Sie das Dialogfeld per Klick auf die Schaltfläche *OK*. Sie können vorher auch noch durch Auswahl der Schaltfläche *Notizen* Informationen eingeben, in denen Sie die Ursache für die Änderungen bei dem Vorgang beschreiben.

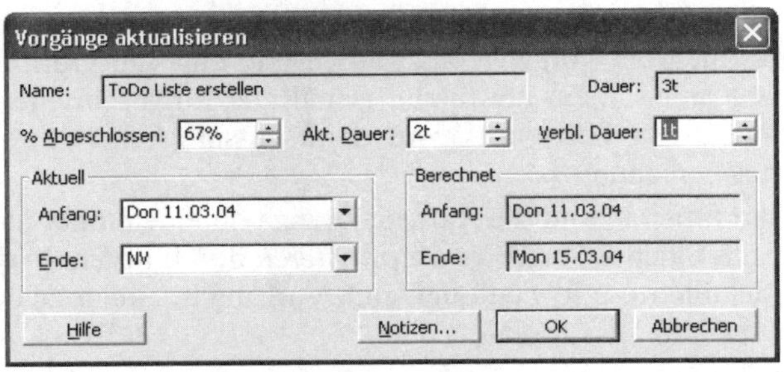

Abbildung 9.9: *Vorgang* ToDo Liste erstellen *fortschreiben*

Durch die Aktualisierung des Vorgangs wird auch die Arbeit beim Vorgang neu berechnet (Abbildung 9.10), da die Option *Aktualisierung des Vorgangsstatus aktualisiert den Ressourcenstatus* gesetzt ist.

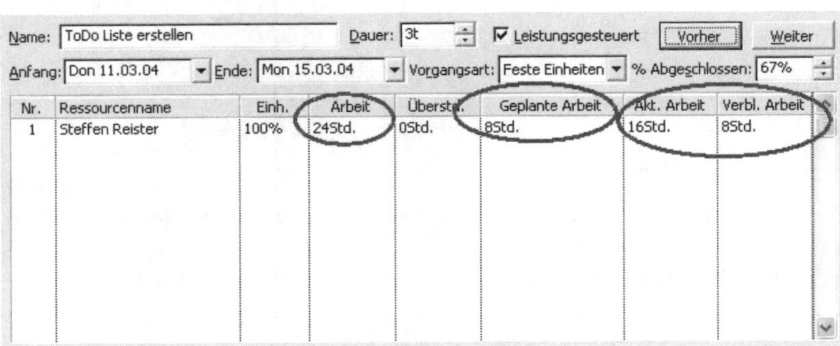

Abbildung 9.10: *Veränderung der Arbeit gegenüber dem Planwert*

Sie können hier wiederum angepasste Informationen über die tatsächliche Arbeit eingeben.

HINWEIS Bei der Eingabe von Informationen über die tatsächlich geleistete Arbeit müssen Sie vorsichtig vorgehen. Project aktualisiert die Dauer des Vorgangs, wenn die eingegebene Arbeit nicht innerhalb der im Kalender definierten Zeiten geleistet werden kann. Das gilt auch, wenn der Vorgang bereits zu 100% abgeschlossen ist.

Sie möchten überprüfen, in welchem Umfang die Ressource *Robert Bruch* während der Laufzeit des Projektes noch verfügbar bzw. bereits verplant ist:

1. Rufen Sie die Ansicht *Ressource: Einsatz* über das Menü *Ansicht* auf. Falls der Bildschirm noch geteilt ist, können Sie beim Aufruf des Menüs *Ansicht* die Umschalt-Taste gedrückt halten, um die Ansicht *Ressource: Einsatz* über den gesamten Bildschirm angezeigt zu bekommen.
2. Wählen Sie in der rechten Hälfte des Bildschirms die Optionen *Arbeit*, *Akt. Arbeit* und *Verbl. Verfgb.* aus. Sie sehen nun für jeden Vorgang und jede Ressource drei Zeilen mit Informationen.
3. Dort sehen Sie in den oberen drei Zeilen, welche die gesamte Zuordnung kumuliert anzeigen, dass *Robert Bruch* am Anfang und am Ende des Projektes noch freie Kapazitäten hat, dagegen in der Mitte des Projektes nicht mehr verfügbar ist (Abbildung 9.11).

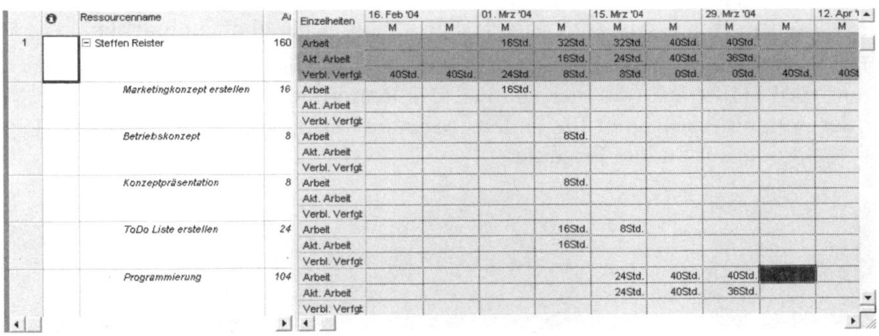

Abbildung 9.11: Überprüfung des Ressourceneinsatzes

4. Dem unteren Bereich können Sie entnehmen, wie sich die Zuordnungen auf die einzelnen Vorgänge verteilen.

Sie möchten nun zusätzlich zu der gewählten Zeiteinheit (in diesem Fall Wochen) sehen, wie viel Prozent der Ressource noch frei sind, weil beispielsweise *Steffen Reister* von einem anderen Projektleiter angefragt wurde oder weitere Arbeiten in Ihrem Projekt anstehen:

1. Klicken Sie mit der rechten Maustaste in den rechten Teil des Fensters und wählen Sie aus dem Kontextmenü den Eintrag *Einzelheitenarten*.

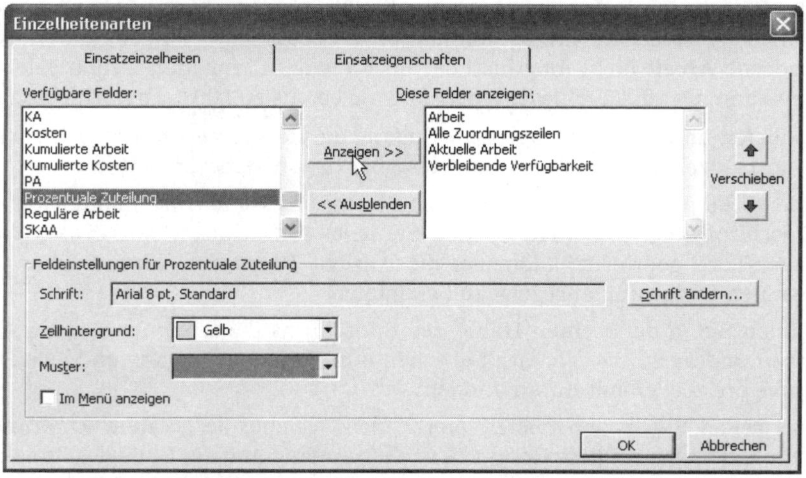

Abbildung 9.12: Zusätzliche Felder in der Ansicht Ressource: Einsatz

2. Im erscheinenden Dialogfeld (Abbildung 9.12) wählen Sie aus dem linken Listenfeld den Eintrag *Prozentuale Zuteilung* und klicken auf *Anzeigen*, um diese Information in der Liste als vierte Zeile zugänglich zu machen.

Der Abbildung 9.13 können Sie entnehmen, dass *Steffen Reister* nur in der zweiten April-Hälfte zu 100% verplant ist. Die Ressource wäre also durchaus im März oder Anfang April noch für andere Arbeiten verfügbar, sei es in Ihrem eigenen Projekt oder für andere Projekte.

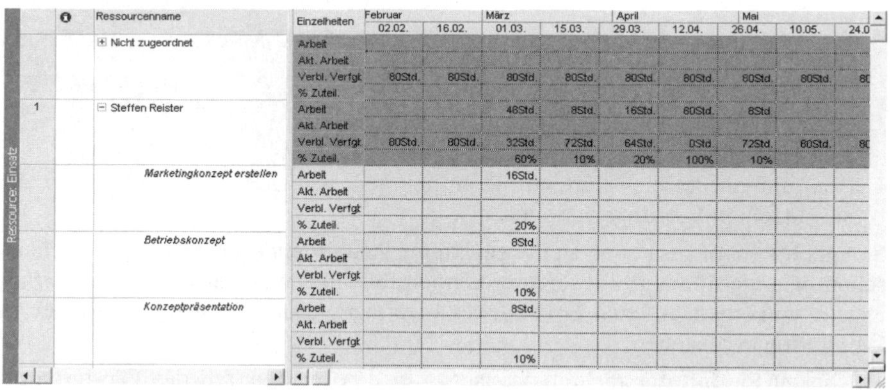

Abbildung 9.13: Zusätzliche Anzeige der prozentualen Zuteilung

Schnelle Projektaktualisierung

Alternativ zur Aktualisierung einzelner Vorgänge, die Sie auch über den Befehl *Vorgänge aktualisieren* im Untermenü *Extras/Überwachung* steuern können, gibt es den Befehl *Projekt aktualisieren* im gleichen Menü. Damit können Sie eine Aktualisierung aller Vorgänge bis zu einem vorgegebenen Datum durchführen (Abbildung 9.14). Dazu müssen Sie aber in eine Ansicht wechseln in der dieser Befehl verfügbar ist, wie z.B. die Ansicht *Balkendiagramm (Gantt)*.

Abbildung 9.14: Projekt schnell aktualisieren

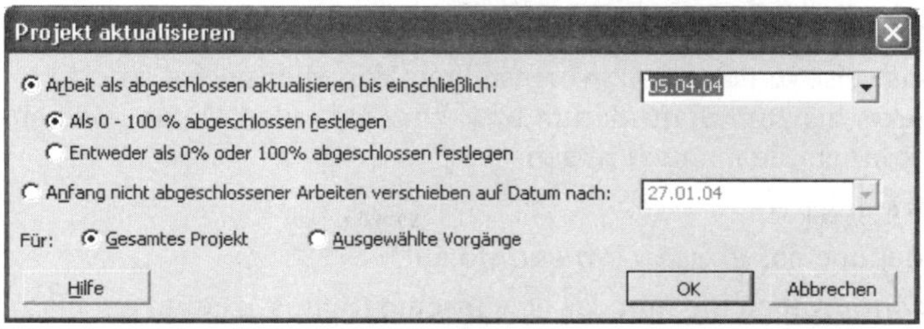

Sie können hier definieren, für welche Vorgänge und welchen Zeitraum die Aktualisierung gelten soll. Als Datum wird das aktuelle Datum bzw. das Statusdatum, falls dieses gesetzt ist, angezeigt.

HINWEIS Dieser Ansatz ist verhältnismäßig undifferenziert und empfiehlt sich daher in aller Regel nicht. Denn in kaum einem Projekt verlaufen die Vorgänge tatsächlich so, wie sie ursprünglich geplant wurden.

TIPP Als Kompromiss zwischen dieser ungenauen Fortschreibung und der sehr aufwändigen wie weiter oben beschrieben, können Sie die zweite Option in diesem Dialogfeld wählen:

1. Schreiben Sie die Vorgänge nach dem prozentualen Fertigstellungsgrad fort, entweder mithilfe der Symbolleiste *Überwachung* (Abbildung 9.2), oder in dem Dialogfeld *Vorgänge aktualisieren* (Abbildung 9.8).
2. Anschließend wählen Sie im Menü *Extras/Überwachung/Projekt aktualisieren* die Option *Anfang nicht abgeschlossener Vorgänge verschieben auf Datum nach:*.
3. Wählen Sie im Datumsfeld das für das Projekt gültige Statusdatum aus (siehe hierzu den ▶ Abschnitt »Statusdatum setzen« weiter hinten in diesem Kapitel).

Aktuelles Datum und Statusdatum

Das *Statusdatum* ist sozusagen ein virtuelles **aktuelles** Datum, welches nur für das Projekt gilt. Auf dieses Datum bezieht sich Project bei der Aktualisierung der Vorgänge. Project betrachtet alle Vorgänge, die vom Statusdatum aus in der Vergangenheit liegen und kontrolliert deren Fertigstellungsgrad. Diese Vorgänge werden entsprechend der Einstellungen über den Menübefehl *Extras/Optionen* auf der Registerkarte *Berechnen* und den Optionen, wie sie aus Abbildung 9.14 ersichtlich sind, angepasst.

WICHTIG Gleichgültig, welche Einstellungen Sie bevorzugen, eines gilt immer: Werte, die vom Statusdatum aus in der Vergangenheit liegen, sind nach dem Aktualisieren *Istwerte*. Werte, die dagegen in der Zukunft liegen, sind *Planwerte*. Das bedeutet, Sie können Ihre ursprünglichen Planungen nur weiterhin sehen, wenn Sie vor dem ersten Aktualisieren einen *Basisplan* gespeichert haben.

HINWEIS Project orientiert sich am aktuellen Datum, bis Sie ein Statusdatum gesetzt haben. Solange Sie nur »Häkchen setzen« wollen und keine weitere Terminverfolgung anstreben, mag dies genügen – der realistische Ablauf eines Projektes wird in diesem Falle jedoch nicht wirklich berücksichtigt.

Statusdatum setzen

Sie können beispielsweise in der zuletzt vorgestellten Vorgehensweise eine Aktualisierung des Projekts bis zum Statusdatum bzw. zum aktuellen Datum vornehmen. Diese Daten können Sie manuell setzen.

Gehen Sie hierzu wie folgt vor:

1. Rufen Sie den Menübefehl *Projekt/Projektinfo* auf.
2. Im Feld *Statusdatum* geben Sie nun das gewünschte (Status-)Datum an, bis zu welchem die Aktualisierung erfolgen soll (Abbildung 9.15).
3. Schließen Sie das Dialogfeld durch Auswahl der Schaltfläche *OK*.

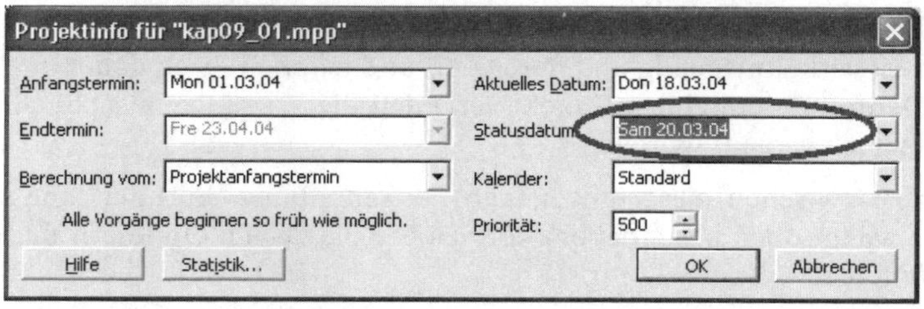

Abbildung 9.15: *Statusdatum setzen*

Sie können sich damit nun beispielsweise Fortschrittslinien in Ihrem Projekt anzeigen lassen. Diese zeigen im *Balkendiagramm (Gantt)* an, welchen Status das Projekt hat.

Fortschrittslinien in Project einblenden

So erhalten Sie eine grafische Anzeige im *Balkendiagramm,* wie sich der Fortschritt des Projektes verhält:

1. Klicken Sie mit der rechten Maustaste in den Bereich des Balkendiagramms und wählen Sie aus dem Kontextmenü den Befehl *Fortschrittslinien.*
2. Wählen Sie im Dialogfeld *Fortschrittslinien* (Abbildung 9.16) die Registerkarte *Daten und Intervalle.*
3. Aktivieren Sie das Kontrollkästchen *Aktuelle Fortschrittslinie anzeigen zum* und wählen Sie die Option *Projektstatusdatum.*
4. Zusätzlich können Sie noch periodische Intervalle angeben, in welchen sich die Fortschrittslinien wiederholen sollen.

Abbildung 9.16:
Fortschrittslinien einblenden

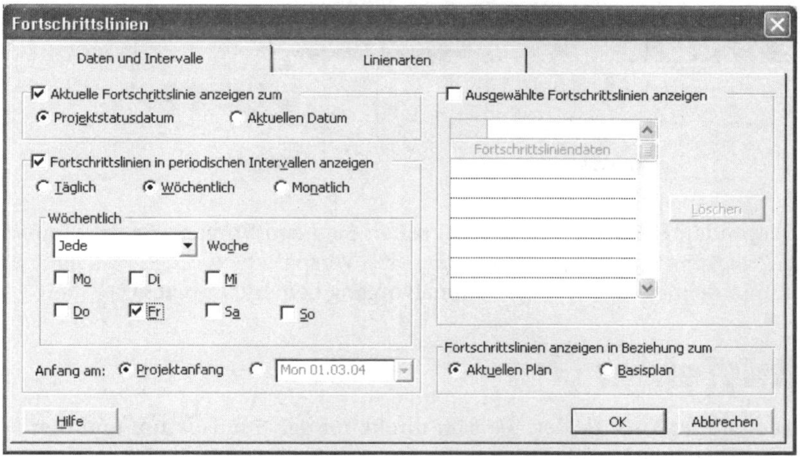

5. Rechts unten im Dialogfeld können Sie noch entscheiden, ob sich die Linien auf den aktuellen Plan oder einen gespeicherten Basisplan beziehen sollen.
6. Aktivieren Sie die Registerkarte *Linienarten*, um das Erscheinungsbild der Fortschrittslinien zu formatieren (Abbildung 9.17).
7. Sie können hier nun Form, Farbe, Linienart und Fortschrittspunkte bestimmen.

Abbildung 9.17:
Fortschrittslinien formatieren

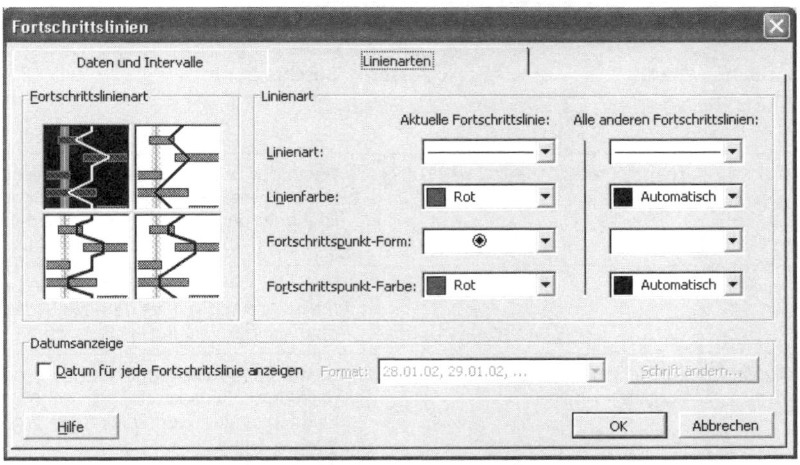

Die Abbildung 9.18 zeigt Ihnen eine entsprechende Fortschrittslinie und zusätzliche Hilfslinien. Eine Abweichung nach links bedeutet, dass eine Aktivität verspätet ist; eine Abweichung nach rechts gibt an, dass eine Aktivität vor dem berechneten Termin liegt.

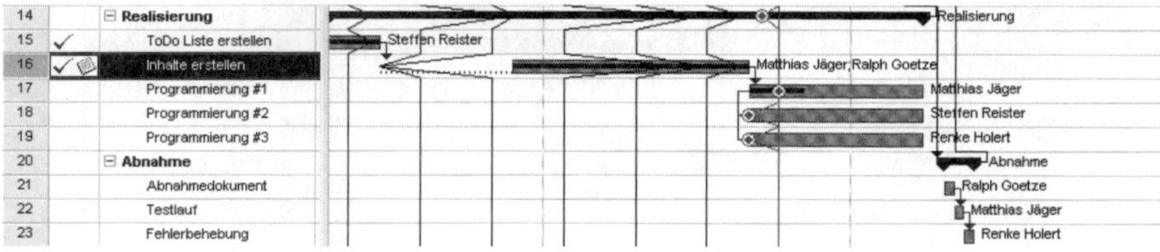

Abbildung 9.18: *Fortschrittslinien im Balkenplan*

Im vorliegenden Fall (Abbildung 9.18) sehen Sie beim Vorgang *Programmierung #1* und *Programmierung #2*, dass bereits eine Verspätung vorliegt, was sich natürlich auch in dem dazugehörigen Sammelvorgang bemerkbar macht.

Statusfelder

In Project gibt es zwei Felder, die sich direkt auf das Statusdatum und den Fortschritt der Vorgänge beziehen.

Es handelt sich um:

- Status
- Statusanzeige

Diese Felder sind von Project berechnete Felder und können nicht manuell geändert werden. Beide beziehen sich auf den gleichen Inhalt und sind als Symbol (*Statusanzeige*) oder Text (*Status*) dargestellt. In Tabelle 9.2 finden Sie eine Beschreibung dieser Felder. Sehen Sie sich ergänzend hierzu bitte die Abbildung 9.19 an.

Tabelle 9.2: *Status von Vorgängen*

Statusanzeige	Status	% Abgeschlossen	Beschreibung
✓	Abgeschlossen	100%	
	Termingerecht	0% < x < 100%	Wenn der Termin für *Fortgeschritten bis* maximal einen Tag vor dem Statusdatum liegt oder bereits nach dem Statusdatum, dann ist der Vorgang *Termingerecht*.
	Verspätet	0% < x < 100%	Liegt der Termin für *Fortgeschritten bis* mehr als einen Tag vor dem Statusdatum, dann gilt der Vorgang als *Verspätet*.
Kein Indikator	Zukünftiger Vorgang	0%	Wenn der Anfangstermin des Vorgangs nach dem Statusdatum liegt, enthält das Feld *Status* den Wert *Zukünftiger Vorgang*.

Abbildung 9.19: Schematische Darstellung der Statusfelder in Verbindung mit dem Statusdatum

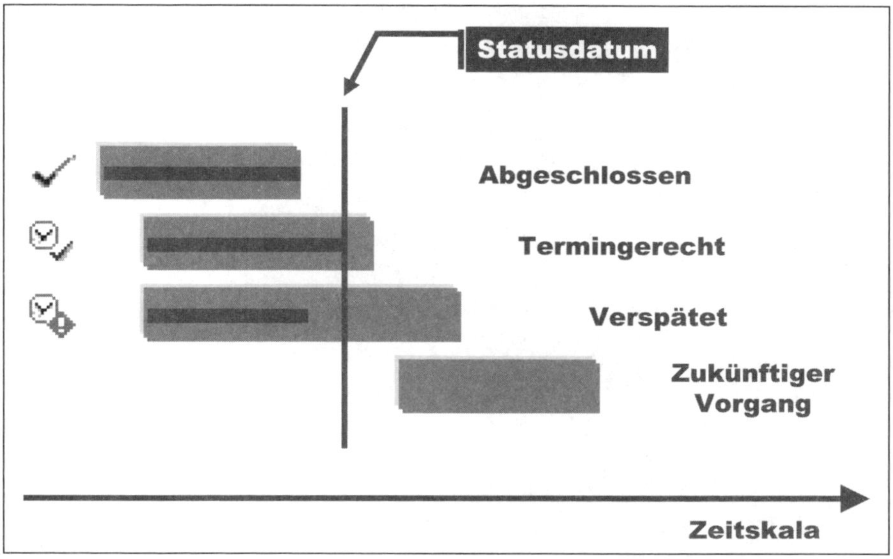

Statusfelder einblenden

Um Statusfelder einzublenden (Abbildung 9.20), gehen Sie wie folgt vor:

1. Klicken Sie mit der rechten Maustaste auf die Position in einer Vorgangstabelle, an der Sie die Felder einfügen möchten.
2. Klicken Sie im Kontextmenü auf den Befehl *Spalte einfügen* und suchen Sie im Listenfeld *Feldname* den Eintrag *Statusanzeige*.
3. Bestätigen Sie die Auswahl mit *OK*.
4. Gehen Sie für das Feld *Status* gleichermaßen vor.

Abbildung 9.20: Darstellung der *Felder* Status, Statusanzeige

1		⊟ **Meilensteine**	**0%**	**Verspätet**	
2	✓	Auftrag erteilt	100%	Abgeschlossen	✓
3	✓	Abnahme Prototyp	100%	Abgeschlossen	✓
4		Website erstellt	0%	Zukünftiger Vorgang	
5		Projektabschluss	0%	Zukünftiger Vorgang	
6	✓	⊟ **Initialisierung**	**100%**	**Abgeschlossen**	✓
7	✓	Marketingkonzept ersteller	100%	Abgeschlossen	✓
8	✓	⊟ **Entwurf Prototyp**	**100%**	**Abgeschlossen**	✓
9	✓	Designkonzept	100%	Abgeschlossen	✓
10	✓	Navigationskonzept	100%	Abgeschlossen	✓
11	✓	Implementationskonzept	100%	Abgeschlossen	✓
12	✓	Betriebskonzept	100%	Abgeschlossen	✓
13	✓	Konzeptpräsentation	100%	Abgeschlossen	✓
14		⊟ **Realisierung**	**30%**	**Verspätet**	
15	✓	ToDo Liste erstellen	100%	Abgeschlossen	✓
16		Inhalte erstellen	66%	Verspätet	
17		Programmierung #1	25%	Termingerecht	
18		Programmierung #2	0%	Verspätet	
19		Programmierung #3	0%	Verspätet	
20		⊟ **Abnahme**	**0%**	**Zukünftiger Vorgang**	
21		Abnahmedokument	0%	Zukünftiger Vorgang	
22		Testlauf	0%	Zukünftiger Vorgang	
23		Fehlerbehebung	0%	Zukünftiger Vorgang	

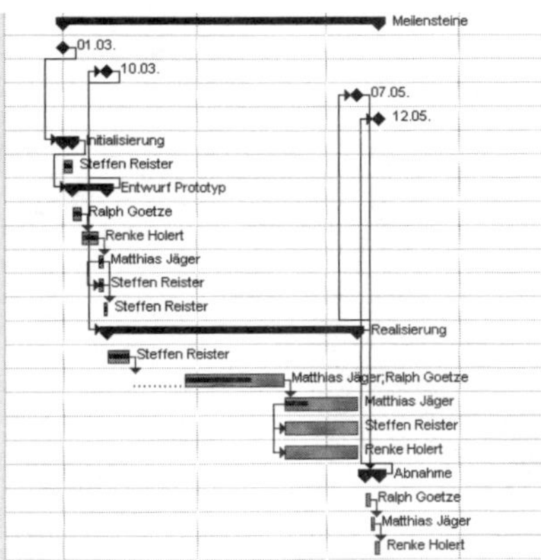

C

Projektüberwachung und -analyse

10 Projekte gezielt analysieren

257 Analysieren und Korrigieren von Projektdaten

258 Auf der Suche nach dem kritischen Weg

267 Filter zum Analysieren anwenden

Analysieren und Korrigieren von Projektdaten

Bisher haben Sie gelernt, wie man in *Project* Vorgänge eingibt und Ressourcen zuordnet. Nun ist es an der Reihe, das Projekt nach potenziellen Fehlerquellen zu untersuchen. Der Zeitpunkt dieser Untersuchungen sollte möglichst früh beginnen – am besten noch während der Planung des Projektes, denn früh erkannte eventuell eintretende Störungen lassen sich so schnell in den Griff bekommen.

Untersuchen Sie Ihr Projekt nach folgenden Gesichtspunkten:

- Zeit,
- Vorgänge,
- Anordnungsbeziehungen,
- Ressourcen und
- Kosten.

Stellen Sie sich dabei die unten aufgelisteten Fragen (auf die einzelnen Fragestellungen wird im Verlauf des Kapitels näher eingegangen).

Zeit

- Was ist der kritische Weg in Ihrem Projekt?
- Welche Auswirkungen haben Pufferzeiten auf Terminpläne?
- Wie können Sie Pufferzeiten in Terminplänen auffinden?
- Wie führen Sie eine »Was-wäre-wenn-Analyse« durch?
- Wie erstellen Sie flexible Arbeitszuweisungen?

Vorgänge

- Gibt es in Ihrem Projekt Vorgänge, die nicht in einer logischen Reihenfolge angeordnet sind?
- Welches sind die Auswirkungen von Vorgangseinschränkungen auf Terminpläne?

- Wie können Sie Vorgänge in kleinere Vorgänge aufspalten?
- Wie können Sie die Vorgangsprioritäten für den Abgleich beeinflussen?

Anordnungsbeziehungen

- Wie lassen sich Anordnungsbeziehungen prüfen?
- Gibt es Vorgänge, welche keine Anordnungsbeziehungen aufweisen und daher zu Beginn des Terminplans anfangen?

Ressourcen

- Wie steht es mit der Arbeitsauslastung Ihrer Ressourcen?
- Welche Ressourcen sind überlastet oder leisten Überstunden?
- Gibt es Ressourcen, die eventuell falschen Vorgängen zugeordnet wurden?
- Gibt es Ressourcen, denen überhaupt keine Vorgänge zugeordnet sind?

Kosten

- Wie ermitteln Sie die Kosten des Projekts?
- Wie analysieren Sie die Kosten Ihres Projekts?
- Gibt es Vorgänge, die weniger oder mehr als geplant kosten?
- Wie können Sie Kosten über einen längeren Zeitraum analysieren?

Auf der Suche nach dem kritischen Weg

Unter dem *kritischen Weg* versteht man eine Abfolge von Vorgängen mit einem geplanten Endtermin. Diese Vorgänge in ihrer Summe beeinflussen den Endtermin eines Projektes.

Können Vorgänge nicht zeitlich verschoben werden, ohne dass der Endtermin des Projektes gefährdet wird, werden diese Vorgänge als »kritisch« bezeichnet. Zum Glück gibt es aber in fast jedem Projekt Pufferzeiten, d.h. Sie können ausgewählte Vorgänge zeitlich verschieben, ohne den Endtermin des Projektes zu gefährden. Achten Sie bei jeglichen Korrekturmaßnahmen darauf, dass sich Änderungen an kritischen Vorgängen direkt auf den Endtermin des Projektes auswirken.

Was verbirgt sich hinter dem kritischen Weg?

Um den *kritischen Weg* eines Projektes zu ermitteln, verfahren Sie folgendermaßen:

1. Klicken Sie auf der Ansichtsleiste auf *Balkendiagramm (Gantt)*.
2. Klicken Sie in der *Format*-Symbolleiste auf die Schaltfläche *Balkenplan-Assistent*.

3. Befolgen Sie die Anweisungen im Balkenplan-Assistenten, um die Vorgänge auf dem kritischen Weg zu formatieren (vgl. hierzu auch Abbildung 10.1).

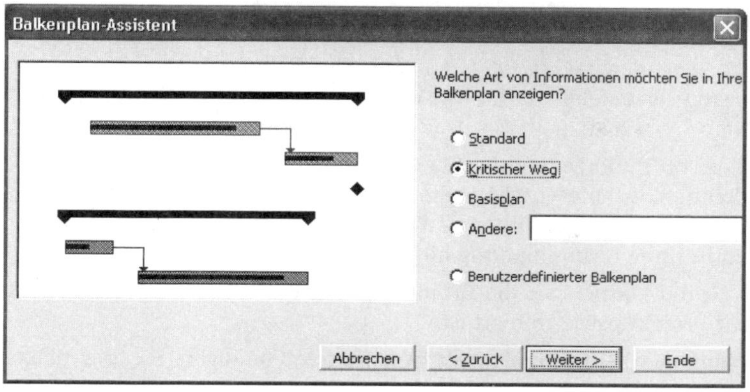

Abbildung 10.1: *Formatierung des Balkenplanes mit dem* kritischen Weg

Prüfen von Anordnungsbeziehungen

Unter einer *Anordnungsbeziehung* versteht man die Beziehung zwischen zwei Vorgängen in Bezug auf Ihre Verknüpfung. *Project* bietet vier verschiedene Anordnungsbeziehungen an. Eine Überprüfung dieser Anordnungsbeziehungen kann sich positiv auf die Projektdauer auswirken.

Um eine Anordnungsbeziehung zwischen zwei Vorgängen zu prüfen, gehen Sie wie folgt vor:

1. Klicken Sie auf der Ansichtsleiste auf die Schaltfläche *Balkendiagramm (Gantt)*.
2. Doppelklicken Sie auf den Verbindungspfeil zwischen den beiden Vorgängen, deren Anordnungsbeziehung Sie untersuchen möchten.

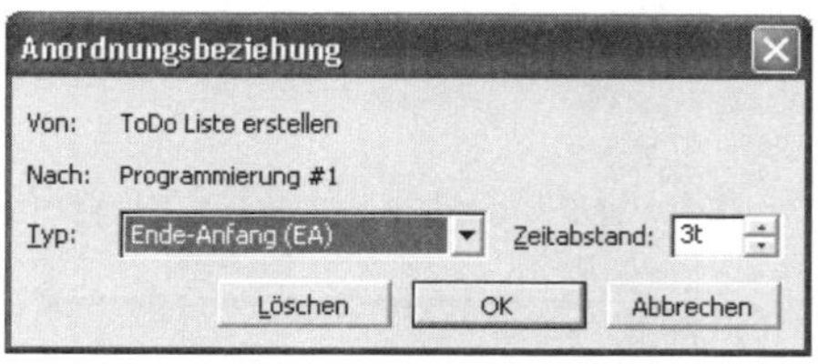

Abbildung 10.2: *Das Dialogfeld* Anordnungsbeziehung

HINWEIS Wissenswertes zu den Anordnungsbeziehungen:

- Jede Ende-Anfangs-Beziehung (Abbildung 10.2) führt automatisch dazu, dass sich die Dauer eines Projektes verlängert, da vor dem Start eines Vorgangs der vorhergehende Vorgang erst beendet sein muss.
- Setzen Sie dagegen Anfang-Anfang-Beziehungen ein, wirkt sich dies positiv auf Ihre Projektdauer aus.
- Ein Pfeil, der vom Ende eines Vorgangsbalkens zum Anfang eines anderen gezeichnet ist, kennzeichnet eine Ende-Anfang-Beziehung.
- Ein Pfeil, der zwei Vorgänge am Anfang der Balken miteinander verbindet, stellt eine Anfang-Anfang-Beziehung dar, d.h., es können in diesem Fall zwei Vorgänge zur gleichen Zeit starten.

Auffinden von Pufferzeiten im Projekt

Jedes Projekt weist gewisse *Pufferzeiten* auf. Die Pufferzeit ist die Zeit, um die sich ein Vorgang verschieben darf, ohne dass ein nachfolgender Vorgang darunter zu leiden hat.

Das Erkennen von Pufferzeiten hat den entscheidenden Vorteil, dass Sie frühzeitig genug erkennen, welche Vorgänge Sie ggf. verschieben können, ohne den Endtermin Ihres Projektes zu gefährden. Zu hohe Pufferzeiten weisen aber auch auf Unklarheiten in Ihrer Terminplanung hin.

Aus diesem Grund können Sie die Ermittlung von Pufferzeiten auch als Test einsetzen, ob Ihr Projekt gut terminiert ist.

Um die Pufferzeiten eines Projektes zu ermitteln, befolgen Sie die nächsten Arbeitsschritte:

1. Klicken Sie auf der Ansichtsleiste auf die Schaltfläche *Weitere Ansichten*.
2. Wählen Sie in der Liste *Ansichten* den Eintrag *Balkendiagramm: Einzelheiten* aus.
3. Klicken Sie auf die Schaltfläche *Auswahl*.
4. Wählen Sie im Menü *Ansicht* den Befehl *Tabelle: ...* aus.
5. Wählen Sie im Untermenü den Befehl *Berechnete Termine*.
6. Ziehen Sie den Trennbalken nach rechts, um die Felder *Freie Pufferzeit* und *Gesamte Pufferzeit* angezeigt zu bekommen.

	Anfang	Ende	Spätester Anfang	Spätestes Ende	Freie Pufferzeit	Gesamte Pufferzeit
1	**Mon 01.03.04**	**Mon 26.04.04**	**Mon 01.03.04**	**Mon 26.04.04**	**0 Tage**	**0 Tage**
2	Mon 01.03.04	Mon 01.03.04	Mon 01.03.04	Mon 01.03.04	0 Tage	0 Tage
3	Mit 10.03.04	Mit 10.03.04	Mit 10.03.04	Mit 10.03.04	0 Tage	0 Tage
4	Die 20.04.04	Die 20.04.04	Die 20.04.04	Die 20.04.04	0 Tage	0 Tage
5	Mon 26.04.04	Mon 26.04.04	Mon 26.04.04	Mon 26.04.04	0 Tage	0 Tage
6	**Mon 01.03.04**	**Die 02.03.04**	**Mon 01.03.04**	**Die 02.03.04**	**0 Tage**	**0 Tage**
7	Mon 01.03.04	Die 02.03.04	Mon 01.03.04	Die 02.03.04	0 Tage	0 Tage
8	**Mit 03.03.04**	**Mit 10.03.04**	**Mit 03.03.04**	**Mit 10.03.04**	**0 Tage**	**0 Tage**
9	Mit 03.03.04	Don 04.03.04	Mit 03.03.04	Don 04.03.04	0 Tage	0 Tage
10	Fre 05.03.04	Mon 08.03.04	Fre 05.03.04	Mon 08.03.04	0 Tage	0 Tage
11	Die 09.03.04	Die 09.03.04	Die 09.03.04	Die 09.03.04	0 Tage	0 Tage
12	Die 09.03.04	Die 09.03.04	Die 09.03.04	Die 09.03.04	0 Tage	0 Tage
13	Mit 10.03.04	Mit 10.03.04	Mit 10.03.04	Mit 10.03.04	0 Tage	0 Tage
14	**Don 11.03.04**	**Die 20.04.04**	**Don 11.03.04**	**Die 20.04.04**	**0 Tage**	**0 Tage**
15	Don 11.03.04	Don 11.03.04	Don 11.03.04	Don 11.03.04	0 Tage	0 Tage
16	Fre 12.03.04	Don 25.03.04	Mit 07.04.04	Die 20.04.04	18 Tage	18 Tage
17	Fre 02.04.04	Die 20.04.04	Fre 02.04.04	Die 20.04.04	0 Tage	0 Tage
18	Fre 12.03.04	Die 30.03.04	Fre 02.04.04	Die 20.04.04	15 Tage	15 Tage
19	Fre 12.03.04	Die 30.03.04	Fre 02.04.04	Die 20.04.04	15 Tage	15 Tage
20	**Mit 21.04.04**	**Mon 26.04.04**	**Mit 21.04.04**	**Mon 26.04.04**	**0 Tage**	**0 Tage**
21	Mit 21.04.04	Mit 21.04.04	Mit 21.04.04	Mit 21.04.04	0 Tage	0 Tage
22	Don 22.04.04	Don 22.04.04	Don 22.04.04	Don 22.04.04	0 Tage	0 Tage
23	Fre 23.04.04	Fre 23.04.04	Fre 23.04.04	Fre 23.04.04	0 Tage	0 Tage
24	Mon 26.04.04	Mon 26.04.04	Mon 26.04.04	Mon 26.04.04	0 Tage	0 Tage

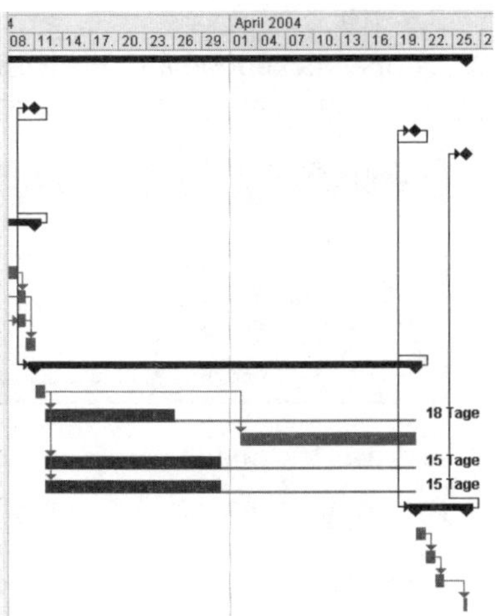

Abbildung 10.3: *Projekt mit eingeblendeten Pufferzeiten*

Der Puffer eines Vorgangs wird als dünner, grau-grüner Balken dargestellt, der an den regulären Gantt-Balken angrenzt (Abbildung 10.3).

Vorgangseinschränkungen im Projekt festlegen

Ein weiteres Mittel, um Ihr Projekt präzise zu planen, ist der Einsatz von *Vorgangseinschränkungen*. Dabei legen Sie fest, welche weiteren Einschränkungen für Ihre Anfangs- und Endtermine gelten sollen.

In der Standardeinstellung von *Project* wird jedem Vorgang die Einschränkung *so früh wie möglich* mitgegeben.

Dass es neben dieser Einschränkung noch eine Vielzahl weiterer Einschränkungen gibt, zeigt Ihnen die Tabelle 10.1.

WICHTIG Überprüfen Sie Ihr Projekt nach Vorgangseinschränkungen und legen Sie dabei ein besonderes Augenmerk auf die kritischen Vorgänge. Hinterfragen Sie jede Einschränkung, ob diese auch wirklich nötig ist. Vermeiden Sie die Eingabe eines festen Datums, denn feste Anfangs- bzw. Endwerte haben die Eigenschaft, dass diese bei der Neuberechnung des Projektes nicht berücksichtigt werden.

Tabelle 10.1: *Vorgangseinschränkungen*

Einschränkung	Beschreibung
So früh wie möglich	Die Standardeinschränkung für Projekte, die vom Anfangstermin aus geplant werden. Der Vorgang wird so früh angefangen, wie dies möglich ist. Diese Einschränkung wird bei den meisten Vorgängen eingesetzt, sofern der Terminplan vom Projektanfangstermin her aufgebaut ist.
So spät wie möglich	Die Standardeinschränkung für Projekte, die vom Endtermin aus geplant werden. Der Vorgang wird so spät begonnen, wie dies möglich ist. Diese Einschränkung wird für die meisten Vorgänge eingesetzt, wenn der Terminplan vom Projektendtermin her aufgesetzt wurde.
Ende nicht früher als	Der Vorgang wird erst an oder nach dem angegebenen Datum beendet. Diese Einschränkung wird eingesetzt, wenn ein Vorgang nicht vor einem bestimmten Termin enden darf.
Anfang nicht früher als	Der Vorgang wird erst an oder nach einem angegebenen Datum begonnen. Diese Einschränkung kommt zum Einsatz, wenn ein Vorgang nicht vor einem bestimmten Termin beginnen darf.
Ende nicht später als	Der Vorgang muss an oder vor dem angegebenen Datum beendet sein. Diese Einschränkung wird eingesetzt, wenn ein Vorgang bis zu einem bestimmten Termin beendet sein muss.
Anfang nicht später als	Der Vorgang darf nicht später als an einem bestimmten Datum begonnen werden. Diese Einschränkung wird angewandt, wenn ein Vorgang bis zu einem bestimmten Termin begonnen sein muss.
Muss enden am	Der Vorgang muss zu einem bestimmten Datum beendet sein.
Muss anfangen am	Der Vorgang muss an einem bestimmten Datum starten.

Um Vorgangseinschränkungen einzusehen bzw. zu erstellen, gehen Sie Schritt für Schritt vor:

1. Klicken Sie auf der Ansichtsleiste auf die Schaltfläche *Balkendiagramm (Gantt)*.
2. Wählen Sie im Menü *Ansicht* den Befehl *Tabelle* aus, und klicken Sie dann auf *Weitere Tabellen*.

3. Klicken Sie in der Liste *Tabellen* auf den Befehl *Einschränkungstermine*.
4. Klicken Sie die Schaltfläche *Auswahl*.
5. Ziehen Sie den Trennbalken nach rechts, um die Felder *Einschränkungsart* und *Einschränkungstermin* anzeigen zu lassen.
6. Betrachten Sie vor allem die Vorgänge, die eine andere Einschränkung als *So früh wie möglich* haben. Sie können die Einschränkungsart ändern, indem Sie auf die Zelle klicken, welche den Vorgang beinhaltet (siehe Abbildung 10.4).
7. Wählen Sie aus dem Listenfeld eine andere Einschränkungsart aus.

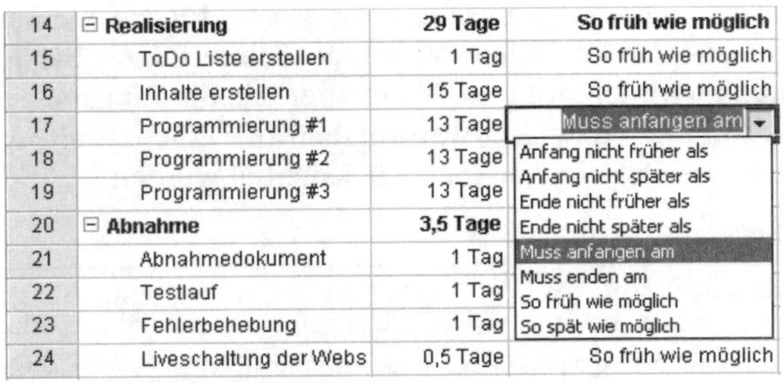

Abbildung 10.4: *Einschränkungsart wählen*

Auf dieselbe Art und Weise können Sie bei der Vergabe von neuen Einschränkungsterminen vorgehen. Klicken Sie auf die Zelle, in der Sie den Termin ändern wollen. Daraufhin wird das Steuerelement *Kalender* eingeblendet (siehe Abbildung 10.5).

Abbildung 10.5: *Das Steuerelement* Kalender

HINWEIS

Wenn Sie für einen Vorgang einen Anfangstermin eingeben, wird diesem Vorgang in *Project* automatisch die Einschränkung *Anfang nicht früher als*, basierend auf dem neuen Anfangstermin zugewiesen. Analog dazu erhält ein Vorgang den Endtermin: Es wird automatisch die Einschränkung *Ende nicht früher als* zugewiesen.

Arbeitsauslastung von Ressourcen

Wichtig bei jedem Projekt ist, dass Sie Ihre Ressourcen zweckmäßig zuordnen. Vermeiden Sie in Ihrer Planung, Ressourcen zu überlasten. Auf der anderen Seite sollten Ressourcen auch nicht brach liegen. Sorgen Sie also dafür, dass Ihre Ressourcen richtig eingeteilt werden.

Um überlastete Ressourcen zu ermitteln, klicken Sie in der Ansichtsleiste auf die Schaltfläche *Ressource: Einsatz*.

Abbildung 10.6: *Überlastete Ressource*

1	◈	⊟ Steffen Reister	228 Stunde
		Marketingkonzept erstellen	*16 Stunde*
		Betriebskonzept	*8 Stunde*
		Konzeptpräsentation	*8 Stunde*
		ToDo Liste erstellen	*8 Stunde*
		Inhalte erstellen	*80 Stunde*
		Programmierung #3	*104 Stunde*
		Liveschaltung der Website	*4 Stunde*

Überlastete Ressourcen erkennen Sie an der roten Kennzeichnung und dem Symbol im Indikatorfeld (vgl. Abbildung 10.6).

Wie man Ressourcenüberlastungen auflöst, haben Sie bereits in ▶ Kapitel 7 erfahren.

Analysieren von Terminplänen mit einer Was-wäre-wenn-Analyse

Sie können in einem Terminplan eine Was-wäre-wenn-Analyse (Pert-Analyse) durchführen, um die Dauer der Projektvorgänge zu schätzen. Nachdem Sie die Dauer der einzelnen Vorgänge im günstigsten, im realistischen und im ungünstigsten Fall in eine Tabelle eingegeben haben, wird in Project ein gewichteter Durchschnitt der Dauer gebildet und eine Schätzung für die Dauer abgegeben.

HINWEIS Ein ausführliches Beispiel für eine solche Pert-Analyse finden Sie in ▶ Kapitel 4.

Ändern von Vorgangsprioritäten für den Abgleich

Die Priorität der Vorgänge ist wichtig für den Kapazitätsabgleich. Mit dem Kapazitätsabgleich legen Sie fest, in welcher Reihenfolge Vorgänge mit überlasteten Ressourcen verzögert werden. Soll ein Vorgang nicht mit anderen Vorgängen abgeglichen werden, welche dieselben überlasteten Ressourcen verwenden, weisen Sie dem Vorgang eine höhere Priorität zu.

Und so geht's:

1. Klicken Sie auf der Ansichtsleiste auf die *Schaltfläche Balkendiagramm (Gantt)*.
2. Wählen Sie im Feld *Vorgangsname* den Vorgang aus, dessen Priorität Sie ändern möchten.

3. Klicken Sie auf die Schaltfläche *Informationen zum Vorgang* in der *Standard*-Symbolleiste.

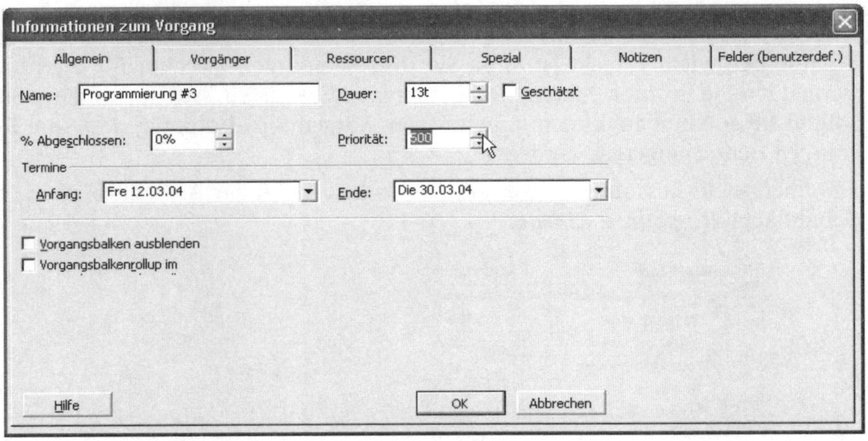

Abbildung 10.7: *Ändern der Priorität im Dialogfeld* Informationen zum Vorgang

4. Wechseln Sie auf die Registerkarte *Allgemein*.
5. Stellen Sie im Feld *Priorität* eine Priorität zwischen *0* und *1000* ein. Standardmäßig ist hier *500* eingestellt (siehe Abbildung 10.7).
6. Bestätigen Sie Ihre Wahl mit *OK*.

HINWEIS

Sie können Vorgänge nach Priorität sortieren, um auf einen Blick feststellen zu können, welche Vorgänge bei einem Kapazitätsabgleich weniger wahrscheinlich verzögert werden. Wählen Sie dafür im Menü *Projekt* den Befehl *Sortieren* und klicken Sie danach auf *nach Priorität*.

Aufspalten von Vorgängen in kleinere Vorgänge

Erkennen Sie während der Projektarbeit, dass Sie einen geplanten Vorgang in mehrere kleinere Teilvorgänge aufteilen müssen, weil dadurch Ihr Projekt übersichtlicher wird, so führen Sie die nächsten Arbeitsschritte durch:

1. Klicken Sie auf der Ansichtsleiste auf die Schaltfläche *Balkendiagramm (Gantt)*.
2. Wählen Sie im Feld *Vorgangsname* den Vorgang aus, vor dem Sie einen neuen Vorgang einfügen möchten.
3. Klicken Sie im Menü *Einfügen* auf den Befehl *Neuer Vorgang*.

HINWEIS

Wenn Sie neue Vorgänge aus einem bereits vorhandenen Vorgang erstellen, denken Sie daran, die Dauer oder die Arbeit des vorhandenen Vorgangs zu verringern, um die Dauer und die Arbeit, die jetzt in den neuen Vorgängen abgedeckt wird, auszugleichen.

Flexible Arbeitszuweisungen erstellen

Wie Sie Vorgängen Ressourcen zuweisen können, haben Sie bereits erfahren. Stellen Sie sich vor, Sie haben darüber hinaus die Möglichkeit, die Arbeiten einer Ressource an einem Vorgang festzulegen, d.h. Sie bestimmen, wie eine Ressource an dem Vorgang arbeiten soll. Dabei können Sie vorgefertigte Arbeitsprofile verwenden.

Im Normalfall werden Sie wohl die Standardeinstellung *Flach* wählen, bei der die Arbeit gleichmäßig auf den gesamten Vorgang verteilt wird. In Fällen, wo zuerst eine große Vorleistung erbracht werden muss, sich danach aber die Arbeit normalisiert, können Sie das Arbeitsprofil *Frühe Spitze* verwenden, welches dieser Aufgabenstellung Rechnung trägt.

Um ein vordefiniertes Arbeitsprofil zu verwenden, befolgen Sie die nächsten Arbeitsschritte:

1. Klicken Sie auf der Ansichtsleiste auf die Schaltfläche *Vorgang: Einsatz*.
2. Wählen Sie in der Spalte *Vorgangsname* die Ressource aus, für die Sie ein vordefiniertes Arbeitsprofil einsetzen wollen.

3. Klicken Sie in der *Standard*-Symbolleiste auf die Schaltfläche *Informationen zur Zuordnung*.
4. Wechseln Sie auf die Registerkarte *Allgemein*.

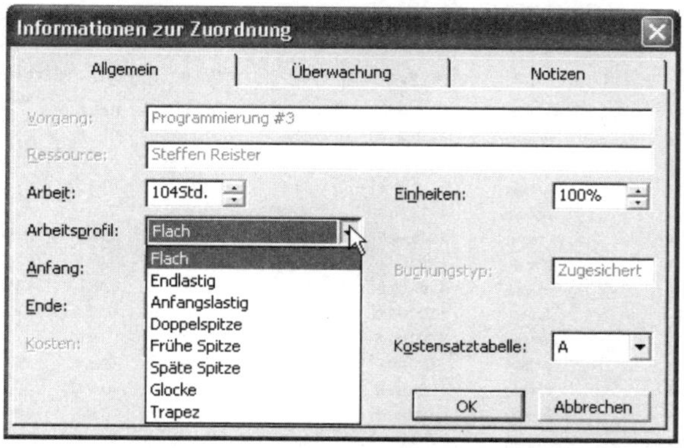

Abbildung 10.8: *Arbeitsprofil auswählen*

5. Wählen Sie aus dem Listenfeld *Arbeitsprofil* ein Profil aus (vgl. Abbildung 10.8).
6. Beenden Sie Ihre Aktionen mit einem Klick auf die Schaltfläche *OK*.

Sie sehen, dass im Feld *Indikatoren* jetzt ein Symbol angezeigt wird, welches das hinterlegte Arbeitsprofil symbolisiert.

Jetzt geht's ums Geld: Die Kostenanalyse

Nahezu jedes Projekt besitzt ein Planbudget. Im Verlauf des Projekts fallen die ersten Kosten an und Sie möchten frühzeitig erkennen, ob und vor allem wo es Budgetüberschreitungen gibt. Nur wer Budgetüberschreitungen früh genug erkennt, kann korrigierende Maßnahmen ergreifen.

Aber welche Möglichkeiten der Korrektur haben Sie bei einer Überschreitung? Sie können »den Rotstift ansetzen« bei folgenden Punkten:

- Projektumfang: Verkleinern Sie den Projektumfang, indem Sie Vorgänge streichen.
- Ressourcen: Analysieren Sie Ihre Ressourcen. Gibt es eventuell preiswertere Varianten? Tauschen Sie ggf. Ressourcen aus.

- Terminierung: Sehen Sie zu, dass Sie Puffer aus Ihrem Projekt entfernen. Prüfen Sie, ob bestimmte Vorgänge auch schneller erledigt werden können.

Voraussetzung für eine Kostenanalyse ist, dass Sie für die Vorgänge und Ressourcen

- Kosten eingegeben und
- den Vorgängen Ressourcen zugeordnet haben.

Nach der Eingabe errechnet Project die Kosten für die Arbeit der einzelnen Ressourcen, die Gesamtkosten der Vorgänge sowie die Kosten des gesamten Projektes.

Um die Kosten eines Projektes zu analysieren, verfahren Sie wie folgt:

1. Klicken Sie auf der Ansichtsleiste auf die Schaltfläche *Balkendiagramm (Gantt)*.
2. Wählen Sie im Menü *Ansicht* den Befehl *Tabelle* und klicken Sie danach auf den Befehl *Kosten*.
3. Ziehen Sie den Trennbalken nach rechts, damit Sie auch die Felder *Gesamtkosten*, *Geplant* usw. angezeigt bekommen (siehe Abbildung 10.9).

	Vorgangsname	Feste Kosten	Fälligkeit fester Kosten	Gesamtkosten	Geplant	Abweichung	Aktuell	Verbleibend
1	**⊟ Meilensteine**	**0,00 €**	**Anteilig**	**0,00 €**	**0,00 €**	**0,00 €**	**0,00 €**	**0,00 €**
2	Auftrag erteilt	0,00 €	Anteilig	0,00 €	0,00 €	0,00 €	0,00 €	0,00 €
3	Abnahme Protc	0,00 €	Anteilig	0,00 €	0,00 €	0,00 €	0,00 €	0,00 €
4	Website erstell	0,00 €	Anteilig	0,00 €	0,00 €	0,00 €	0,00 €	0,00 €
5	Projektabschlus	0,00 €	Anteilig	0,00 €	0,00 €	0,00 €	0,00 €	0,00 €
6	**⊟ Initialisierung**	**0,00 €**	**Anteilig**	**1.200,00 €**	**0,00 €**	**1.200,00 €**	**0,00 €**	**1.200,00 €**
7	Marketingkonze	0,00 €	Anteilig	1.200,00 €	0,00 €	1.200,00 €	0,00 €	1.200,00 €
8	**⊟ Entwurf Prototyp**	**0,00 €**	**Anteilig**	**4.200,00 €**	**0,00 €**	**4.200,00 €**	**0,00 €**	**4.200,00 €**
9	Designkonzept	0,00 €	Anteilig	1.200,00 €	0,00 €	1.200,00 €	0,00 €	1.200,00 €
10	Navigationskon	0,00 €	Anteilig	1.200,00 €	0,00 €	1.200,00 €	0,00 €	1.200,00 €
11	Implementations	0,00 €	Anteilig	600,00 €	0,00 €	600,00 €	0,00 €	600,00 €
12	Betriebskonzep	0,00 €	Anteilig	600,00 €	0,00 €	600,00 €	0,00 €	600,00 €
13	Konzeptpräser	0,00 €	Anteilig	600,00 €	0,00 €	600,00 €	0,00 €	600,00 €
14	**⊟ Realisierung**	**0,00 €**	**Anteilig**	**42.000,00 €**	**0,00 €**	**42.000,00 €**	**0,00 €**	**42.000,00 €**
15	ToDo Liste erst	0,00 €	Anteilig	600,00 €	0,00 €	600,00 €	0,00 €	600,00 €
16	Inhalte ersteller	0,00 €	Anteilig	18.000,00 €	0,00 €	18.000,00 €	0,00 €	18.000,00 €
17	Programmierun	0,00 €	Anteilig	7.800,00 €	0,00 €	7.800,00 €	0,00 €	7.800,00 €
18	Programmierun	0,00 €	Anteilig	7.800,00 €	0,00 €	7.800,00 €	0,00 €	7.800,00 €
19	Programmierun	0,00 €	Anteilig	7.800,00 €	0,00 €	7.800,00 €	0,00 €	7.800,00 €
20	**⊟ Abnahme**	**0,00 €**	**Anteilig**	**2.100,00 €**	**0,00 €**	**2.100,00 €**	**0,00 €**	**2.100,00 €**
21	Abnahmedokur	0,00 €	Anteilig	600,00 €	0,00 €	600,00 €	0,00 €	600,00 €
22	Testlauf	0,00 €	Anteilig	600,00 €	0,00 €	600,00 €	0,00 €	600,00 €
23	Fehlerbehebun	0,00 €	Anteilig	600,00 €	0,00 €	600,00 €	0,00 €	600,00 €
24	Liveschaltung (	0,00 €	Anteilig	300,00 €	0,00 €	300,00 €	0,00 €	300,00 €

Abbildung 10.9: *Die Tabelle* Kosten

4. Vergleichen Sie die Werte in den Feldern *Gesamtkosten* und *Geplant* miteinander. Sie sehen die Kostenabweichungen direkt im Feld *Abweichung*.

Neben der einfachen Kostenanalyse gibt es zusätzlich eine Variante, die eine Kostenanalyse über einen Projektzeitraum beinhaltet. Sie gibt Ihnen Auskunft, ob sich Ressourcen im Rahmen der Kosten bewegen und ob die erforderlichen Arbeiten sich mit dem Kostenrahmen vereinbaren lassen.

Für die Erstellung einer erweiterten Kostenanalyse befolgen Sie die nächsten Schritte:

1. Klicken Sie auf der Ansichtsleiste auf die Schaltfläche *Balkendiagramm (Gantt)*.
2. Wählen Sie im Menü *Ansicht* den Befehl *Tabelle* und klicken Sie dann auf *Weitere Tabellen*.

3. Klicken Sie im Listenfeld *Tabellen* auf den Eintrag *Kostenanalyse* und wählen dann die Schaltfläche *Auswahl*.
4. Ziehen Sie den Trennbalken nach rechts, bis Sie alle Felder der Tabelle *Kostenanalyse* im Blickfeld haben.

In der Tabelle 10.2 werden die einzelnen Felder der Kostenanalyse der Reihenfolge nach erklärt.

Tabelle 10.2: *Felder der Kostenanalyse*

Feld	Beschreibung
SKBA	Das Feld *SKBA* listet die Soll-Kosten berechneter Arbeit bis zum Projekt-Statusdatum auf.
SKAA	Das Feld *SKAA* gibt Auskunft über Soll-Kosten abgeschlossener Arbeit bis zum Projekt-Statusdatum.
IKAA	Das Feld *IKAA* weist die Ist-Kosten abgeschlossener Arbeit bis zum Projekt-Statusdatum aus.
PA	Das Feld *PA* zeigt die Planabweichung bis zum Projekt-Statusdatum.
KA	Das Feld *KA* gibt die aktuelle Kostenabweichung bis zum Projekt-Statusdatum wieder.
BK	Das Feld *BK* zeigt die berechneten Kosten für einen Vorgang
PK	Das Feld *PK* zeigt die Plankosten der Vorgänge
ANA	Hier wird eine Abweichung nach Abschluss des Vorgangs zwischen geplanten und berechneten Kosten gezeigt.

Filter zum Analysieren anwenden

Zu den besten Analysefunktionen in *Project* gehören mit Sicherheit die »mächtigen« Filter. *Project* bietet diverse Filter in der Standardauslieferung an, zu denen Sie eigene, benutzerdefinierte Filter hinzufügen können.

Die nächsten Seiten werden Ihnen die ganze Klasse der Filter zeigen. Formulieren Sie nahezu jede Fragestellung an Ihr Projekt! Sie können sie mit der Filtertechnik lösen.

Welche Vorgänge sind abgeschlossen?

Für *Project* sind alle Vorgänge abgeschlossen, welche im Feld *%-Abgeschlossen* den Wert *100* aufweisen. Für einen einzelnen Vorgang können Sie die Information schnell abrufen, indem Sie den Vorgang in der Tabelle markieren und in der *Standard*-Symbolleiste auf die Schaltfläche *Informationen zum Vorgang* klicken. Auf der Registerkarte *Allgemein* finden Sie dann das Feld *%-Abgeschlossen*.

Was aber tun, wenn Sie alle fertigen Vorgänge Ihres Projektes in einer Liste ausgeben wollen?

1. Klicken Sie auf der Ansichtsleiste auf die Schaltfläche *Balkendiagramm (Gantt)*.
2. Wählen Sie aus dem Menü *Projekt* den Befehl *Filter* und klicken Sie auf den Befehl *Abgeschlossene Vorgänge*.

HINWEIS

Bei der Standardeinstellung in Project ist der Filter auf *Alle Vorgänge* eingestellt, d.h. es wurde noch kein Filterkriterium eingestellt. Somit werden alle Vorgänge ohne Einschränkung angezeigt.

Wie aber gehen Sie vor, wenn nur Kosten ab einer bestimmten Höhe von Interesse sind?

Stellen Sie sich vor, Sie sind Projektmanager und haben die Vorgabe, alle Vorgänge Ihres Projektes zu dokumentieren, welche mehr als 2.500,00 Euro kosten. Ihr Chef sitzt Ihnen im Nacken und Sie müssen so schnell wie möglich ein Ergebnis liefern!

Um die Kosten des Projektes dokumentieren zu können, müssen diese zunächst angezeigt werden. Dazu befolgen Sie die nächsten Schritte:

1. Klicken Sie auf der Ansichtsleiste die Schaltfläche *Balkendiagramm (Gantt)* an.
2. Wählen Sie aus dem Menü *Projekt* den Befehl *Filter* und klicken Sie auf den Befehl *Weitere Filter*.

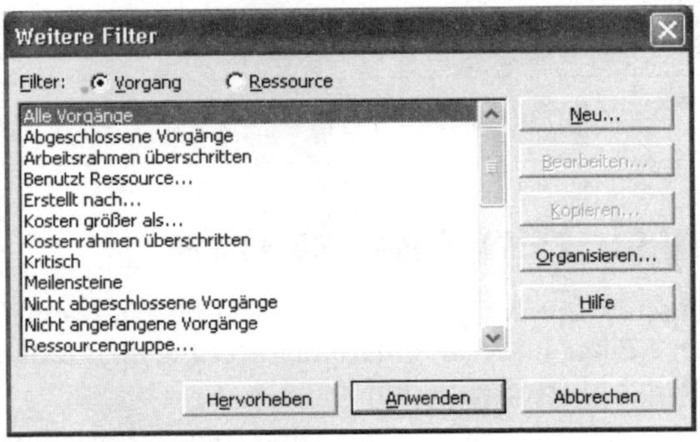

Abbildung 10.10: *Dialogfeld* Weitere Filter

3. Aus dem Listenfeld *Filter* wählen Sie den Eintrag *Kosten größer als* und klicken danach auf die Schaltfläche *Anwenden* (vgl. Abbildung 10.10).
4. Geben Sie im folgenden Dialogfeld *Kosten größer als* den Wert *2500* ein und bestätigen Ihre Eingabe mit *OK*.

Nun haben Sie die Arbeitsgrundlage für Ihre Dokumentation geschaffen. Viel Spaß bei der weiteren Arbeit!

Haben Sie den Kostenrahmen überschritten?

Mithilfe des Filters *Kostenrahmen überschritten* können Sie feststellen, ob es Vorgänge oder auch Ressourcen in Ihrem Projekt gibt, welche den Kostenrahmen sprengen.

Beim Einsatz des Filters werden alle Ressourcen oder Vorgänge angezeigt, deren berechnete Kosten die geplanten Kosten überschreiten.

Aktivieren Sie den Filter, indem Sie wie folgt vorgehen:

1. Klicken Sie auf der Ansichtsleiste die Schaltfläche *Balkendiagramm (Gantt)* an.

2. Wählen Sie aus dem Menü *Projekt* den Befehl *Filter* und klicken Sie auf den Befehl *Weitere Filter.*
3. Aus dem Listenfeld *Filter* wählen Sie den Eintrag *Kostenrahmen überschritten* und klicken danach auf die Schaltfläche *Anwenden.*

HINWEIS Je nachdem, in welcher Ansicht Sie den Filter einsetzen, werden die Vorgänge oder Ressourcen angezeigt, die den Kostenrahmen überschreiten.

Gibt es in Ihrem Projekt kritische Vorgänge?

Ein Vorgang wird in *Project* als kritisch angesehen, wenn er zu einem geplanten Termin abgeschlossen sein muss und damit das Projekt auch planmäßig beendet werden kann. Ein kritischer Vorgang darf demnach nicht verzögert werden, um den Endtermin des Projektes nicht zu gefährden. Aus diesem Grund gilt es, Ihr Projekt nach diesem Gesichtspunkt zu analysieren.

Den Filter *Kritisch* können Sie anwenden, indem Sie aus dem Menü *Projekt* den Befehl *Filter: Kritisch* auswählen. Als Resultat bekommen Sie alle Vorgänge angezeigt, die auf dem so genannten *kritischen Weg* liegen.

Welche Vorgänge liegen zwischen zwei Terminen?

Beim Filter *Terminbereich* handelt es sich um einen interaktiven Filter. Um ihn anzuwenden, müssen Sie zwei Termine eingeben.

Der Filter liefert Ihnen als Ergebnis eine Liste aller Vorgänge, deren Zuordnungen nach dem früheren Datum beginnen und vor dem späteren Datum enden werden.

Stellen Sie sich vor, Sie als Projektmanager haben auch einmal Urlaub gehabt. Nach Ihrer Rückkehr wollen Sie sich orientieren, was in Ihrer Abwesenheit gelaufen ist und was nicht. Wie verschaffen Sie sich schnell einen Überblick?

Um möglichst schnell wieder auf dem Laufenden zu sein, verfahren Sie wie folgt:

1. Klicken Sie auf der Ansichtsleiste auf die Schaltfläche *Balkendiagramm (Gantt).*
2. Wählen Sie aus dem Menü *Projekt* den Befehl *Filter: Terminbereich.*

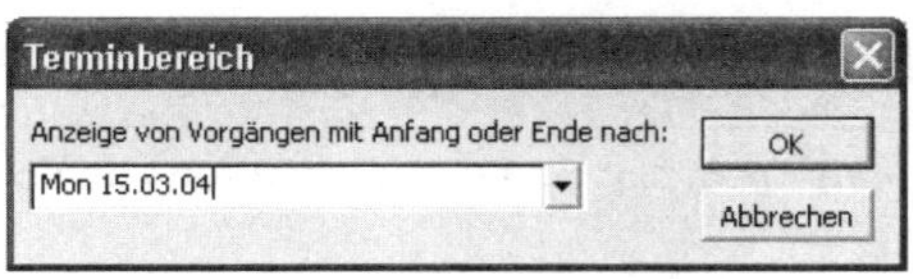

Abbildung 10.11: *Interaktiver Filter* Terminbereich

3. Geben Sie den letzten Tag vor Ihrem *Urlaub* ein und bestätigen Sie mit *OK* (vgl. Abbildung 10.11).
4. Geben Sie im Folgedialogfeld den letzten Tag Ihres Urlaubs ein und klicken Sie wiederum auf *OK.*

HINWEIS Der Filter *Terminbereich* ist verwandt mit dem Filter *Vorgangsbereich.* Bei beiden Filtern handelt es sich um interaktive Filter, mit dem Unterschied, dass Sie beim ersten ein Datum und beim zweiten Vorgangsnummern eingeben (siehe Abbildung 10.12).

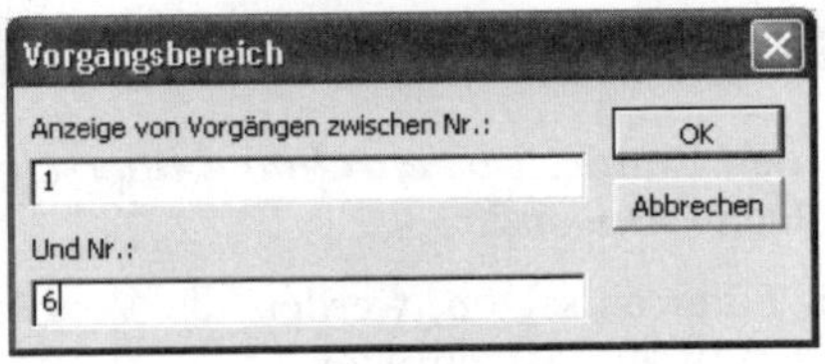

Abbildung 10.12: *Interaktiver Filter* Vorgangsbereich

Welche Vorgänge laufen gerade?

Der Filter *Vorgänge in Arbeit* findet Anwendung, wenn Sie sich einen Überblick über die gerade laufenden Vorgänge in Ihrem Projekt verschaffen wollen.

Dabei liefert der Filter alle Vorgänge, die angefangen wurden, aber noch nicht zu Ende gekommen sind. Über diesen Filter können Sie auch feststellen, ob es in Ihrem Projekt »Langläufer« gibt und können ggf. darauf einwirken.

Welche Vorgänge sind noch offen?

Eine ähnliche Funktion wie der vorherige Filter bringt Ihnen der Filter *Nicht abgeschlossene Vorgänge*. Dabei werden alle Vorgänge und Zuordnungen angezeigt, die noch kein Ende gefunden haben, inklusive derer, die noch gar nicht begonnen wurden.

Wo sind Meilensteine in Ihrem Projekt?

Meilensteine symbolisieren wichtige Eckpunkte in Ihrem Projekt. Ein Meilenstein hat eine Dauer von Null. Setzen Sie diesen Filter ein, wenn Sie nur die wichtigsten Punkte in Ihrem Projekt ansehen wollen.

Beispielsweise können Sie direkt aus den Meilensteinen Ihres Projektes eine Präsentation in *PowerPoint* erstellen. Dies hat den Vorteil, dass Sie professionelles Layout in *PowerPoint* mit inhaltlichen Punkten aus *Project* verbinden können.

Nicht zuviel auf einmal: überlastete Ressourcen?

Suchen Sie in Ihrem Projekt nach überlasteten Ressourcen, um ggf. Arbeiten umzuverteilen oder Termine anders zu legen. Der Filter *Überlastete Ressourcen* führt einen Abgleich zwischen der geplanten Arbeit und der tatsächlich zur Verfügung stehenden Kapazität aus.

Um nach überlasteten Ressourcen zu forschen, gehen Sie folgendermaßen vor:

1. Klicken Sie auf der Ansichtsleiste auf die Schaltfläche *Ressource: Einsatz.*
2. Wählen Sie aus dem Menü *Projekt* den Befehl *Filter.*
3. Aus dem zugehörigen Untermenü wählen Sie den Filter *Überlastete Ressourcen* (Abbildung 10.13).

Abbildung 10.13: *Das Untermenü* Filter *in der Ansicht* Ressource: Einsatz

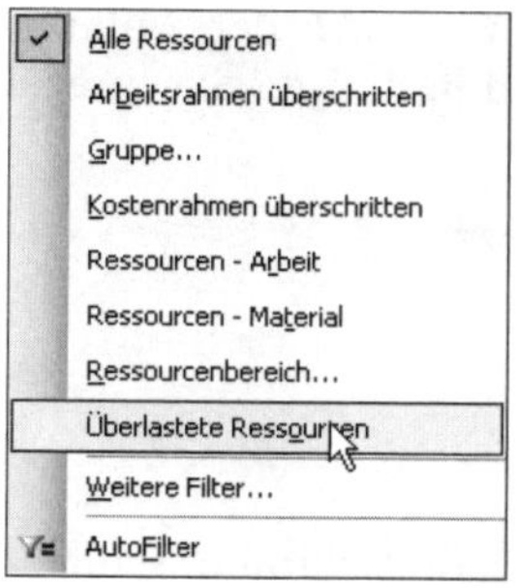

Die überlasteten Ressourcen werden jetzt in einer Liste ausgegeben. Dabei werden die Ressourcen in der Signalfarbe Rot wiedergegeben. Im *Indikatorenfeld* sehen Sie zusätzlich ein Warnsymbol.

Wer arbeitet woran?

Haben Sie Ihre Ressourcen in Gruppen eingeteilt, können Sie im Verlauf des Projekts jederzeit herausfinden, an welchen Vorgängen eine bestimmte Gruppe gerade arbeitet. Beim Filter *Ressourcengruppe* handelt es sich um einen interaktiven Filter, d.h. es wird von Ihnen eine Eingabe erwartet, damit der Filter seine Funktion erfüllen kann.

Stellen Sie sich vor, Sie seien in einem Projekt dafür verantwortlich, alle beteiligten Fachbereiche und Abteilungen über neue Anforderungen an das Projekt zu unterrichten. Sie möchten nun wissen, welchen Beitrag jede Gruppe für das Projekt erbringen muss. Erst dann können Sie Informationen gruppengerecht aufbereiten und an die richtigen Zielgruppen weitergeben.

Wie können Sie eine Ressource gesondert betrachten?

Beim Filter *Benutzt Ressource* handelt es sich wiederum um einen interaktiven Filter, der die Eingabe des Namens der gewünschten Ressource anfordert. Dabei können Sie die Ressource bequem aus einer Dropdownliste auswählen.

Setzen Sie diesen Filter ein, um den Arbeitsfortschritt einer bestimmten Ressource zu verfolgen.

Sie wollen im Projekt *Kap10_01.mpp* (Beispieldatei im Ordner *\Buch\Kap10* auf der CD zu diesem Buch) erfahren, an welchen Vorgängen der Mitarbeiter *Reister* arbeitet.

Dazu verfahren Sie wie folgt:

1. Öffnen Sie das Projekt *Kap10_01.mpp*.
2. Klicken Sie auf der Ansichtsleiste auf die Schaltfläche *Balkendiagramm (Gantt)*.
3. Öffnen Sie das Untermenü *Projekt/Filter* und wählen Sie den Befehl *Benutzt Ressource*.

4. Wählen Sie aus dem Listenfeld *Anzeige der Vorgänge mit:* den Mitarbeiter »Steffen Reister« aus (wie in Abbildung 10.14), und bestätigen Sie Ihre Wahl mit *OK*.

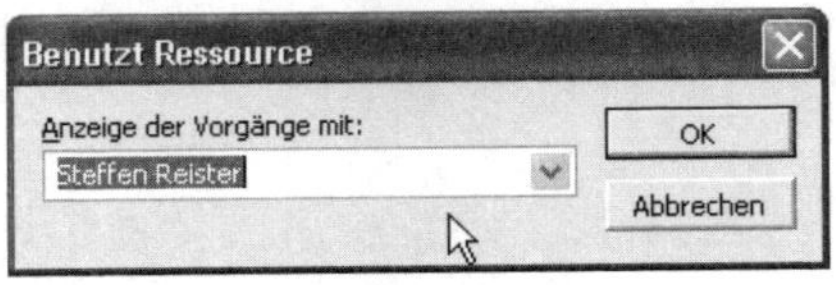

Abbildung 10.14: *Den Filter* Benutzt Ressource *verwenden*

Die Abbildung 10.15 zeigt, wie die Anzeige an Ihrem Bildschirm anschließend aussehen sollte.

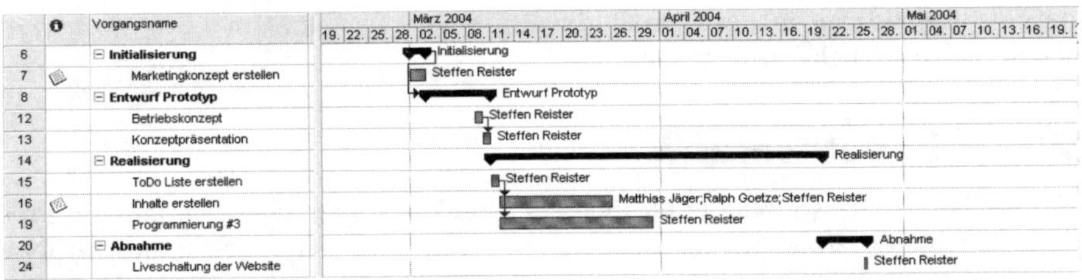

Abbildung 10.15: *Alle Vorgänge, an denen Steffen Reister mitarbeitet*

11 Berichtswesen in Project

273 Dokumentation mit Berichten
282 Die Praxisbeispiele
291 Benutzerdefinierte Berichte global verfügbar machen
292 Von der Ansicht auf Papier

Dokumentation mit Berichten

Project stellt Ihnen zahlreiche Berichte zur Verfügung, mit denen Sie Ihr Projekt nach verschiedenen Gesichtspunkten auswerten können. Dies ist sehr wichtig, um frühzeitig eventuelle Schwachpunkte, beispielsweise in der Planung, erkennen zu können. Nicht selten werden von Ihnen aussagekräftige und professionell gestaltete Berichte verlangt, welche den Projektablauf begleiten und dokumentieren sollen.

Die Berichtstypen in Project

Gerade wenn es mal schnell gehen muss, sind die in Project vordefinierten und anpassbaren Reports eine nützliche Lösung.

Damit Berichte schnell gefunden werden können, teilt man sie in sechs Berichtstypen ein:

- Übersichtsberichte
- Vorgangsstatusberichte
- Kostenberichte
- Ressourcenberichte
- Arbeitsauslastungsberichte
- Benutzerdefinierte Berichte

Auf den folgenden Seiten wird auf die einzelnen Berichtstypen und deren Berichte ausführlich eingegangen. Anhand kleiner Aufgabenstellungen lernen Sie dabei einige praktische Anwendungsmöglichkeiten kennen.

Das Dialogfeld *Berichte* rufen Sie auf, indem Sie aus dem Menü *Ansicht* den Befehl *Berichte* auswählen. Mit einem Doppelklick auf das Symbol des gewünschten Berichtstyps (Abbildung 11.1) können Sie diesen jeweils direkt auswählen.

Abbildung 11.1: *Die Hauptkategorien der Berichte im Übersichtsfenster*

Allgemeine Übersichtsberichte

Folgende Berichte sind in der Kategorie *Übersichtsberichte* (Abbildung 11.2) abrufbar:

1. *Projektübersicht*: Dieser Bericht gibt Ihnen Auskunft über die Projektstammdaten. Hier werden z.B. Anfang, Ende, Dauer, Arbeit, Kosten sowie der Vorgangsstatus und der Ressourcenstatus aufgelistet. In tabellarischer Form sind die Werte nach den Gesichtspunkten berechnet, geplant, verbleibend, aktuell und abgeschlossen stets strukturiert abrufbar.
2. *Vorgänge höchster Ebene*: Unter Vorgängen der höchsten Ebene versteht man die Hauptvorgänge bzw. Sammelvorgänge eines Projektes. Die Hauptvorgänge stellen die Grobgliederung des Projektes dar. In Abhängigkeit der Projektgröße sind diese vielfach mit weiteren Teilvorgängen untergliedert. Für den groben Überblick eines umfangreichen Projektes ist es deshalb vorteilhaft, die Vorgänge der höchsten Ebene in einem Bericht auszugeben.

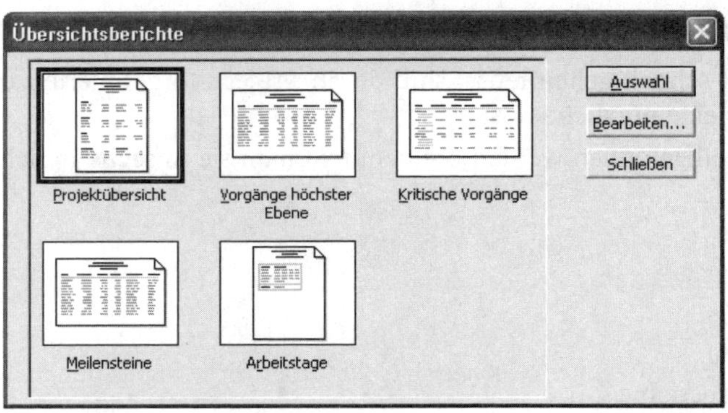

Abbildung 11.2: *Die fünf Berichte der Kategorie* Übersichtsberichte

3. *Kritische Vorgänge*: Der so genannte kritische Weg bzw. Pfad ist eine Abfolge von Vorgängen, die alle zu einem bestimmten Termin fertig gestellt sein müssen, damit der Projektendtermin planmäßig erreicht werden kann. Häufig haben Vorgänge in einem Projekt gewisse Pufferzeiten und können dadurch verschoben werden, ohne dass der Projektendtermin davon betroffen sein muss. Jene Vorgänge, bei denen sich eine Verzögerung jedoch unmittelbar auf das Projektende auswirkt, werden als kritische Vorgänge bezeichnet. In Anbe-

tracht der Bedeutung für die Projektsteuerung werden die kritischen Vorgänge in einer eigenen Berichtsform mit ihren jeweiligen Nachfolgern dokumentiert. Des Weiteren werden u.a. die Dauer sowie der Anfangs- und Endtermin der jeweiligen Vorgänge mit ausgegeben (Abbildung 11.3).

Abbildung 11.3: *Projektübersicht*

Meilensteine vom Sam 24.01.04
Erstellung einer Website
Projektleiter

Nr.	🛈	Vorgangsname	Dauer	Anfang	Ende	Vorgänger
1		Meilensteine	40,5 Tage	Mon 01.03.04	Mon 26.04.04	
2		Auftrag erteilt	0 Tage	Mon 01.03.04	Mon 01.03.04	
3		Abnahme Prototyp	0 Tage	Mit 10.03.04	Mit 10.03.04	8
4		Website erstellt	0 Tage	Die 20.04.04	Die 20.04.04	14
5		Projektabschluss	0 Tage	Mon 26.04.04	Mon 26.04.04	20

4. *Meilensteine*: Wichtige Ereignisse oder auch Teilergebnisse werden als Meilensteine geplant und dargestellt. Haben Sie in Ihrem Projekt Meilensteine eingebaut, können Sie diese auf einen Blick in einem Bericht präsentieren.
5. *Arbeitstage*: Hinter diesem Bericht verbirgt sich ein Basiskalender, in dem die Tagesarbeitszeiten in Ihrem Projekt aufgeführt werden. Haben Sie Ausnahmen definiert, an denen nicht gearbeitet wird, so werden diese nach Datum und Stunde protokolliert.

Der Vorgangsstatus

Folgende Berichte zum Vorgangsstatus werden angeboten (vgl. auch Abbildung 11.4):

Abbildung 11.4: *Die sechs Statusberichte*

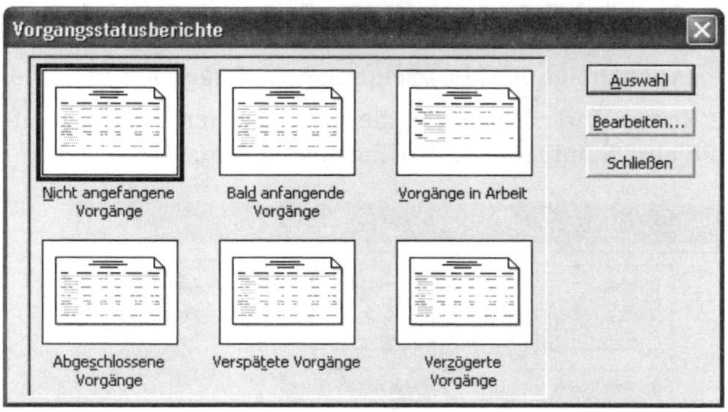

1. *Nicht angefangene Vorgänge*: In diesem Bericht werden alle noch nicht begonnenen Vorgänge aufgelistet. Project gleicht dabei Ihre eingegebenen Termine immer mit dem Systemdatum ab. Es stehen Ihnen als Berichtsinformation der Vorgangsname, die Dauer des Vorgangs, der Start- und Endtermin sowie detaillierte Ressourceninformationen zur Verfügung.
2. *Bald anfangende Vorgänge*: Mit diesem Bericht können Sie eine Liste erzeugen, welche Ihnen frühzeitig Informationen über in Kürze anstehende Vorgänge liefert. Den betreffenden *Terminbereich* legen Sie dabei im gleichnamigen Dialogfeld selbst fest (Abbildung 11.5). Der Bericht beinhaltet den jeweiligen Vorgangsnamen, die Dauer, den Start- und Endtermin des Vorgangs, mögliche Vorgänger sowie detaillierte Ressourceninformationen.

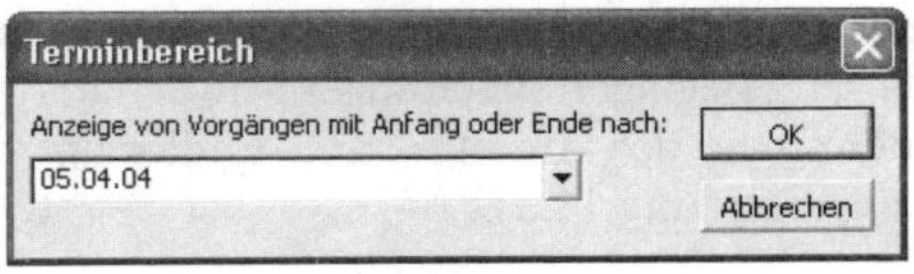

Abbildung 11.5: Berichtszeitraum über den Terminbereich eingrenzen

3. *Vorgänge in Arbeit*: Haben Sie einzelne Vorgänge bereits begonnen, aber noch nicht abgeschlossen, so können Sie mit diesem Bericht prüfen, an welchen Vorgängen noch gearbeitet werden muss. Der Bericht liefert Ihnen alle Vorgänge, die in Arbeit sind und stellt zum Vergleich den Anfangs- und den eigentlichen Endtermin ein. Sie erkennen somit rasch, bei welchen Vorgängen Sie im Hintertreffen sind.
4. *Abgeschlossene Vorgänge*: Welche Vorgänge haben Sie schon erledigt und welche Vorgänge können Sie endgültig abhaken? Dieser Bericht erstellt Ihnen eine Liste mit Vorgängen, die bereits abgearbeitet worden sind.
5. *Verspätete Vorgänge*: Diesen Bericht ziehen Sie zu Rate, um Ihre Planwerte den tatsächlichen Istwerten gegenüberzustellen. Dabei werden alle verspäteten Vorgänge aufgelistet; zusätzlich wird die Abweichung zwischen Plan und Ist aufgeführt.
6. *Verzögerte Vorgänge*: Haben Sie Vorgänge unterbrochen, um sie zu einem späteren Zeitpunkt im Terminplan wieder fortzusetzen, so können Sie sich mithilfe dieses Berichtes einen Überblick über alle unterbrochenen Vorgänge verschaffen.

Bleiben Sie im Soll mithilfe von Kostenberichten!

Die Kategorie *Kostenberichte* (Abbildung 11.6) beinhaltet die folgenden Berichte:

1. *Vorgangskosten:* Alle Kosten Ihrer Projektvorgänge werden termingenau aufgelistet. Zusätzlich wird eine Summenzeile pro Tag ausgegeben.

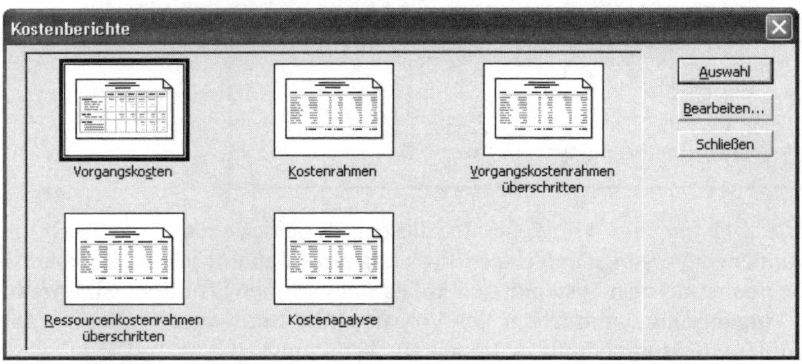

Abbildung 11.6: Die fünf Kostenberichte

2. *Kostenrahmen:* Dieser Bericht gibt Ihnen Auskunft über Ihr Kostenbudget je Vorgang. Im Vergleich dazu werden fixe Kosten, geplante Kosten, aktuelle Kosten und noch verbleibende Kosten pro Vorgang aufgeführt.

3. *Vorgangskostenrahmen überschritten:* Wenn Sie Vorgängen feste Kosten zuordnen, gibt Ihnen dieser Bericht eine Rückmeldung, ob einzelne Vorgänge höhere Kosten verursachen, als geplant.
4. *Ressourcenkostenrahmen überschritten:* Falls Sie Ihren Ressourcen Kosten zuordnen, liefert Ihnen dieser Bericht Auskunft darüber, ob die geplanten Kosten mit den tatsächlich anfallenden Kosten im Einklang stehen. So erkennen Sie frühzeitig, ob und wann es zu bestimmten Budget-Engpässen in Ihrem Projekt kommen könnte.
5. *Kostenanalyse:* Wenn Sie für Vorgänge, denen Ressourcen zugeordnet sind, den erwarteten Fortschritt mit dem derzeitigen, aktuellen Fortschritt vergleichen möchten, verwenden Sie die Berichtstabelle *Kostenanalyse.* Sie gibt anhand der Ressourcenkosten wieder, wie viel Prozent eines jeden Vorgangs abgeschlossen sind.

Die vier Ressourcenberichte

Die folgenden Fragestellungen sind bei Ressourcenberichten (Abbildung 11.7) von großer Bedeutung:

Abbildung 11.7: *Die Ressourcenberichte in Project*

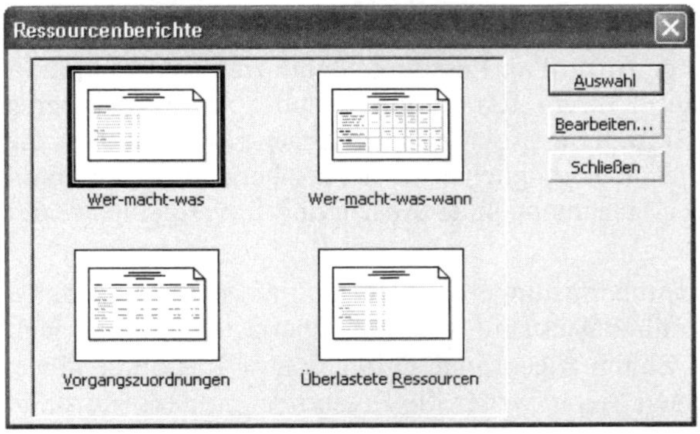

1. *Wer-macht-was*: Diese Fragestellung wird durch eine präzise Auswertung beantwortet, in welcher zu jeder Ressource die zu erledigenden Vorgänge, die Start- und Endtermine der Vorgänge und eine Dokumentation über bereits geleistete Einheiten ausgegeben werden.
2. *Wer-macht-was-wann*: Dieser Bericht liefert einen Terminplan mit auszuführenden Arbeiten der verplanten Ressourcen.
3. *Vorgangszuordnungen*: Mithilfe dieses Berichtes können Sie die Arbeiten einzelner Ressourcen herausfiltern. Im Dialogfeld *Benutzt Ressource* wählen Sie aus dem Auswahllistenfeld die gewünschte Ressource aus, für die Sie die zugeordneten Vorgänge ansehen wollen. Der Bericht gibt Ihnen Auskunft über Vorgangsnamen, die Dauer, den Start- und Endtermin des Vorgangs und – ganz wichtig – über beteiligte oder angrenzende Ressourcen.
4. *Überlastete Ressourcen*: Durch Auswählen dieses Berichtes können Sie frühzeitig erkennen, ob es überlastete Ressourcen in Ihrem Projekt gibt. Diese werden namentlich in einer Liste mit einem Nachweis der zugeteilten Arbeiten und deren Dauer aufgeführt.

Berichte zur Arbeitsauslastung

Beim Auswerten des Terminplans sollten Sie unbedingt dafür sorgen, dass die Ressourcen sinnvoll zugeordnet wurden. Eine Ressource ist überlastet, wenn ihr mehr Arbeit zugewiesen wurde, als sie gemäß ihrer Kapazität in den geplanten Arbeitsstunden schaffen kann. Eine Ressource ist nicht ausgelastet, wenn die entsprechenden Zuordnungen ihre Kapazität nicht voll ausschöpfen.

Aus diesem Grunde werden standardmäßig zwei entsprechende Berichte (Abbildung 11.8) angeboten:

- *Arbeitsauslastung nach Vorgängen*
- *Arbeitsauslastung nach Ressourcen*

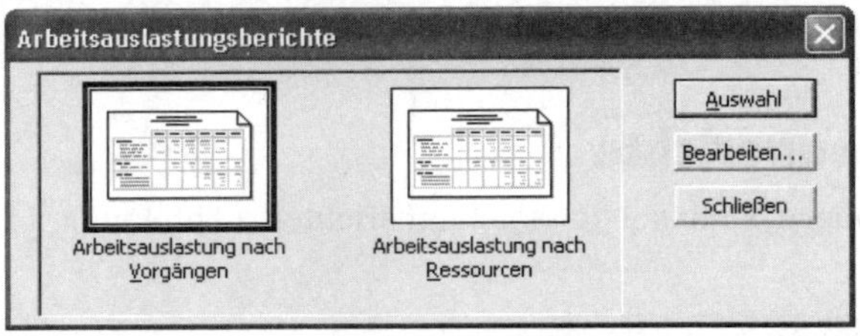

Abbildung 11.8: *Berichte zum Thema* Arbeitsauslastung

Jedem Vorgang muss die richtige Anzahl an Ressourcen zum richtigen Zeitpunkt zugeordnet werden. Damit die in Ihrem Terminplan geplante Arbeit rechtzeitig erledigt werden kann, sollten Sie jeder Ressource so viel Arbeit zuweisen, dass die Kapazität ausgeschöpft wird, es aber möglichst nicht zu Überlastungen kommt (ggf. ist eine Überlastung oder eine mangelnde Auslastung unvermeidbar oder eventuell sogar gewollt).

Bevor Sie beginnen, Ressourcenüberlastungen aufzulösen, müssen Sie zunächst feststellen, welche Ressourcen überlastet sind, wann sie überlastet sind und welchen Vorgängen sie zu diesen Zeiten zugeordnet sind. Um eine Ressourcenüberlastung dann aufzulösen, können Sie entweder die Ressourcen anders zuordnen oder den betreffenden Vorgang auf einen Zeitraum, zu dem die benötigte Ressource verfügbar ist, neu terminieren. Mehr zu diesem Thema finden Sie in ▶ Kapitel 10.

Für die individuellen Ansprüche – benutzerdefinierte Berichte

Es stehen Ihnen zwei Varianten zur Verfügung, um eigene Berichte zu kreieren, wobei die Vorgehensweise für das Erstellen eines neuen Berichtes in etwa der für das Bearbeiten eines vordefinierten Berichtes gleicht. Der wesentliche Unterschied besteht darin, dass Sie beim Erstellen eines benutzerdefinierten Berichtes eine von vier Berichtsvorlagen verwenden und keinen vordefinierten Bericht. Es stehen Ihnen dabei die Vorlagen für die Berichtsarten Vorgang, Ressource, Monatskalender und Kreuztabelle zur Auswahl.

Um eigene Berichte zu entwerfen, gehen Sie wie folgt vor:

1. Wählen Sie aus dem Menü *Ansicht* den Befehl *Berichte*.

2. Klicken Sie auf das Berichtssymbol *Benutzerdefiniert* und danach auf die Schaltfläche *Auswahl* (vgl. auch Abbildung 11.9).
3. Klicken Sie anschließend auf die Schaltfläche *Neu*, um einen komplett neuen Bericht zu erstellen.

Ein benutzerdefinierter Bericht lässt sich aber auch durch Kopieren und Bearbeiten eines bereits vorhandenen Berichtes erstellen.

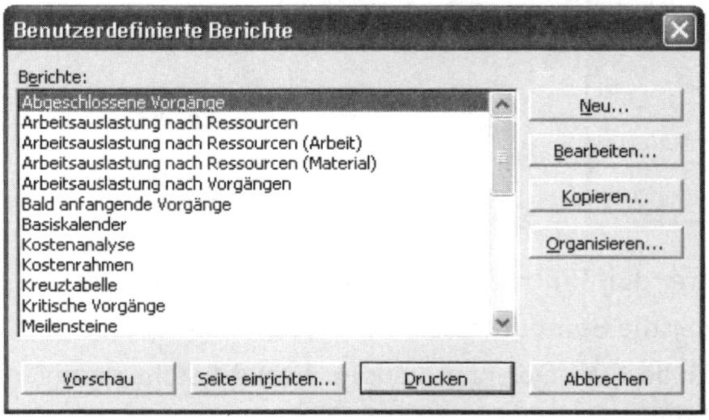

Abbildung 11.9: *Erstellen Sie Berichte nach eigenen Vorstellungen*

Der Monat im Überblick – Erstellen eines Monatsberichtes

Project bietet standardmäßig keine vordefinierten Monatskalenderberichte. Einen solchen Kalender können Sie jedoch leicht selbst erstellen.

Dazu gehen Sie folgendermaßen vor:

1. Wählen Sie im Menü *Ansicht* den Befehl *Berichte*.
2. Klicken Sie auf *Benutzerdefiniert* und dann auf *Auswahl*.
3. Klicken Sie auf die Schaltfläche *Neu*.

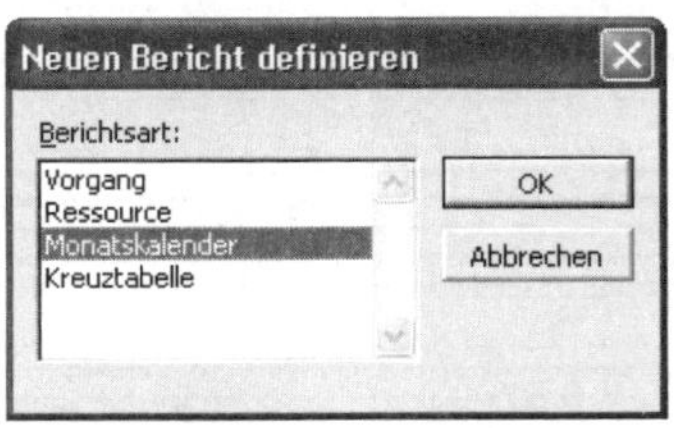

Abbildung 11.10: *Monatsberichte in Project erstellen*

4. Markieren Sie den Eintrag *Monatskalender* im Auswahllistenfeld (Abbildung 11.10) und klicken Sie auf *OK*.
5. Im Dialogfeld *Definition Monatskalenderbericht* (Abbildung 11.11) geben Sie im Feld *Name* einen eindeutigen Namen für den Bericht ein.

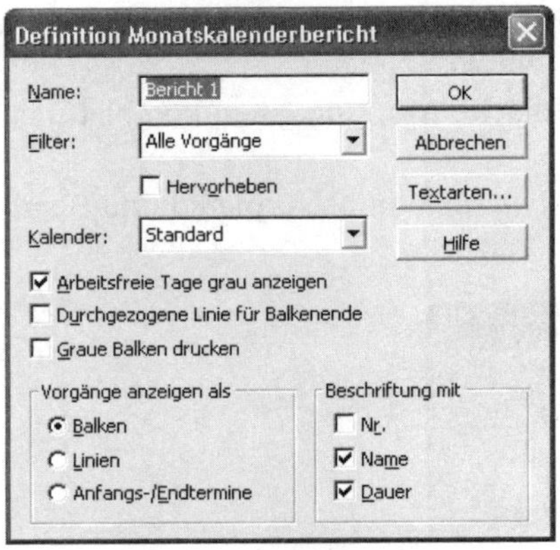

Abbildung 11.11: *Das Dialogfeld* Definition Monatskalenderbericht

6. Wählen Sie im Listenfeld *Filter* den Eintrag *Nicht abgeschlossene Vorgänge.*
7. Belassen Sie im Feld *Kalender* die Standardeinstellung.
8. Klicken Sie auf die Schaltfläche *OK*. Der neu erstellte Bericht steht damit in der Liste der benutzerdefinierten Berichte zur Verfügung
9. Klicken Sie auf die Schaltfläche *Vorschau*, um sich den Bericht zunächst anzusehen (Abbildung 11.12). Anschließend können Sie über den Befehl *Seite einrichten* das Layout sowie die Einstellungen für den Ausdruck festlegen.

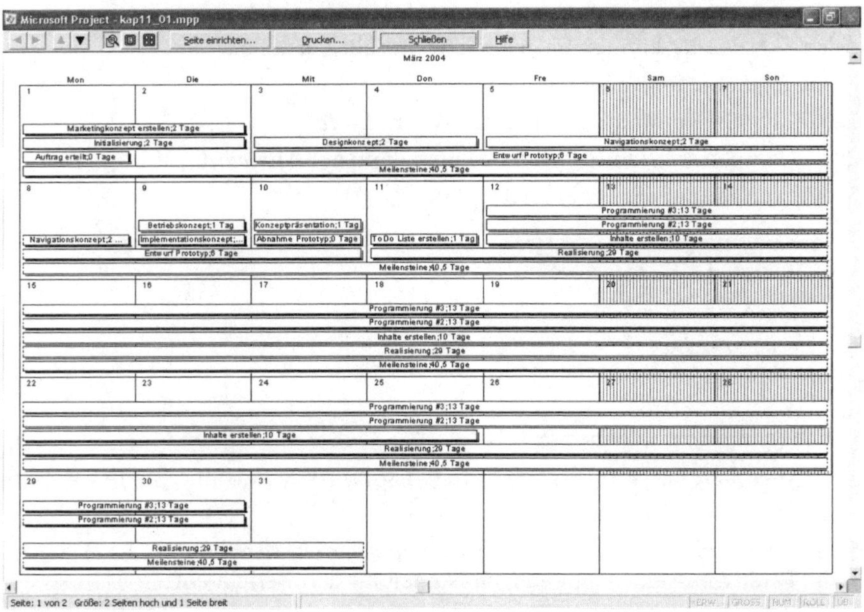

Abbildung 11.12: *Die Seitenansicht des Monatskalenderberichtes*

Aus alt mach neu – Berichte kopieren

In einigen Fällen bietet es sich an, einen vordefinierten Bericht zu kopieren, um auf dessen Grundlage einen neuen Bericht zu erstellen. Oftmals sind nur leichte Modifikationen eines Berichtes nötig, um beispielsweise den Fokus auf die gewünschten Werte zu legen. Warum also immer gleich den gesamten Bericht neu definieren?!

HINWEIS Wenn Sie für den kopierten Bericht keinen neuen Namen angeben, wird dem vorhandenen Namen der Zusatz »Kopie von« vorangestellt. Angenommen, Sie erstellen eine Kopie des Berichtes *Kostenanalyse*, geben der Kopie aber keinen neuen Namen, so wird der neue Bericht mit dem Namen *Kopie von Kostenanalyse* in der Liste der Berichte angezeigt.

Um einen neuen Bericht auf der Grundlage eines vorhandenen Berichtes zu erstellen, befolgen Sie die nächsten Arbeitsschritte:

1. Im Menü *Ansicht* wählen Sie den Befehl *Berichte*.
2. Klicken Sie auf *Benutzerdefiniert* und dann auf die Schaltfläche *Auswahl*.
3. In der Liste *Berichte* markieren Sie den Bericht, den Sie kopieren möchten.
4. Klicken Sie auf *Kopieren*.
5. Wenn Sie den Namen des kopierten Berichtes ändern möchten, geben Sie im Feld *Name* eine neue Bezeichnung ein.

Berichte löschen

Wenn Sie Ihre eigenen Berichte oder auch vordefinierte Berichte löschen wollen, können Sie dies jederzeit nach dem unten beschriebenen Verfahren tun. Die jeweiligen Berichte werden dann lediglich aus Ihrer Projektdatei gelöscht und bleiben weiterhin in der globalen Datei von *Project Global.mpt* gespeichert.

Um einen Bericht aus Ihrem Projekt zu entfernen, gehen Sie Schritt für Schritt vor:

1. Wählen Sie im Menü *Ansicht* den Befehl *Berichte*.
2. Klicken Sie auf die Schaltfläche *Benutzerdefiniert* und anschließend auf *Auswahl*.
3. Klicken Sie auf die Schaltfläche *Organisieren*.
4. Im Dialogfeld *Organisieren* sehen Sie auf der bereits aktivierten Registerkarte *Berichte* im rechten Bereich die Liste der Berichte des geöffneten Projektes. Klicken Sie auf den Bericht, der gelöscht werden soll. Löschen Sie einen Bericht nur aus der linken Liste unter *Global.mpt*, wenn Sie den Bericht dauerhaft aus *Project* entfernen möchten.
5. Wählen Sie die Schaltfläche *Löschen*.
6. Klicken Sie anschließend auf *Ja*, um den Löschvorgang zu bestätigen.

HINWEIS

Ist ein Bericht sowohl in der globalen Datei, als auch in der Projektdatei gespeichert, wird er durch Löschen zwar aus der Projektdatei, nicht aber aus der Liste *Berichte* im Dialogfeldfeld *Benutzerdefinierte Berichte* entfernt. Erst wenn ein Bericht sowohl aus der globalen Datei, als auch aus der Projektdatei gelöscht wird, steht er auch in der Liste *Berichte* im Dialogfeldfeld *Benutzerdefinierte Berichte* nicht mehr zur Verfügung.

TIPP

Zum Löschen mehrerer Berichte halten Sie die Taste Strg gedrückt, um die betreffenden Berichte einzeln auszuwählen, und klicken dann auf *Löschen*. Wollen Sie alle Berichte löschen, markieren Sie den ersten Bericht, drücken die Umschalt-Taste und klicken dann auf den untersten Bericht des Listenfeldes.

Die Praxisbeispiele

Auf den nächsten Seiten wird zu jedem Berichtstyp ein Praxisbeispiel vorgestellt. Dabei werden zusätzliche Gestaltungsmöglichkeiten, wie beispielsweise das Formatieren von Texten, das Ändern der Berichtszeiträume, das Anpassen der Sortierung von Berichtsinhalten, das Ändern der Basistabellen und vieles mehr beschrieben.

Praxisbeispiel 1: Der formatierte Meilenstein-Bericht

Sie wollen für das Projekt »Erstellung einer Website« einen Übersichtsbericht erstellen, welcher alle Meilensteine des Projektes ausgibt. Um die Meilensteine dabei optisch hervorzuheben, soll der Text der Meilensteine im Bericht mit der Farbe Rot und dem Schriftschnitt Fett ausgedruckt werden. Zusätzlich möchten Sie im Abschlussbericht in der Fußzeile das letzte Speicherdatum des Projektes sehen.

Die Beispieldatei finden Sie unter dem Namen *Kap11_01.mpp* im Ordner *\Buch\Kap11* auf der CD zu diesem Buch.

Sie können im Bericht *Meilenstein* Texte formatieren, indem Sie wie folgt vorgehen:

1. Wählen Sie aus dem Menü *Ansicht* den Befehl *Berichte*.
2. Klicken Sie auf den Berichtstyp *Übersichtsberichte* und dann auf die Schaltfläche *Auswahl*.
3. Wählen Sie als Berichtstyp *Meilensteine* und klicken Sie danach auf die Schaltfläche *Bearbeiten*.

Abbildung 11.13: Einstellungen für den Vorgangsbericht

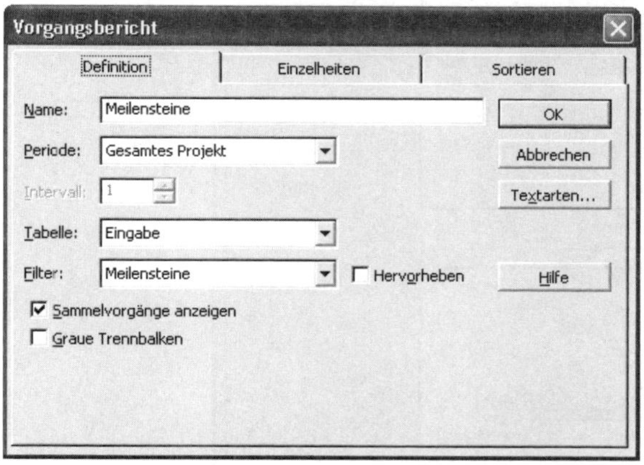

4. Auf der Registerkarte *Definition* (Abbildung 11.13) klicken Sie auf die Schaltfläche *Textarten*.
5. Klicken Sie im Listenfeld *Zu ändernder Eintrag* auf das Element *Meilensteine*.
6. Wählen Sie den Schriftschnitt *Fett* und in der Auswahlliste *Farbe* den Eintrag *Rot* aus. Wenn Ihre Meilensteine zusätzlich unterstrichen werden sollen, aktivieren Sie das Kontrollkästchen *Unterstrichen*.
7. Mit einem Klick auf die Schaltfläche *OK* bestätigen Sie Ihre Formatierungsänderungen.
8. Klicken Sie auch im Dialogfeld *Vorgangsbericht* auf die Schaltfläche *OK*.
9. Um den Bericht zu erstellen, klicken Sie jetzt auf die Schaltfläche *Auswahl* (siehe hierzu auch Abbildung 11.14).

Abbildung 11.14: Der fertige Meilensteinbericht

Meilensteine vom Sam 24.01.04
Erstellung einer Website
Projektleiter

Nr.	❶	Vorgangsname	Dauer	Anfang	Ende	Vorgänger
1		Meilensteine	40,5 Tage	Mon 01.03.04	Mon 26.04.04	
2		Auftrag erteilt	0 Tage	Mon 01.03.04	Mon 01.03.04	
3		Abnahme Prototyp	0 Tage	Mit 10.03.04	Mit 10.03.04	8
4		Website erstellt	0 Tage	Die 20.04.04	Die 20.04.04	14
5		Projektabschluss	0 Tage	Mon 26.04.04	Mon 26.04.04	20

10. Für das letzte Speicherdatum in der Fußzeile des Berichtes klicken Sie auf die Schaltfläche *Seite einrichten*.
11. Wechseln Sie in die Registerkarte *Fußzeile* (Abbildung 11.15).
12. Aktivieren Sie im Abschnitt *Ausrichtung* die Registerkarte *Links*.
13. Aus der Liste *Allgemein* wählen Sie den Eintrag *Letztes Speicherdatum* und klicken auf die Schaltfläche *Hinzufügen*.

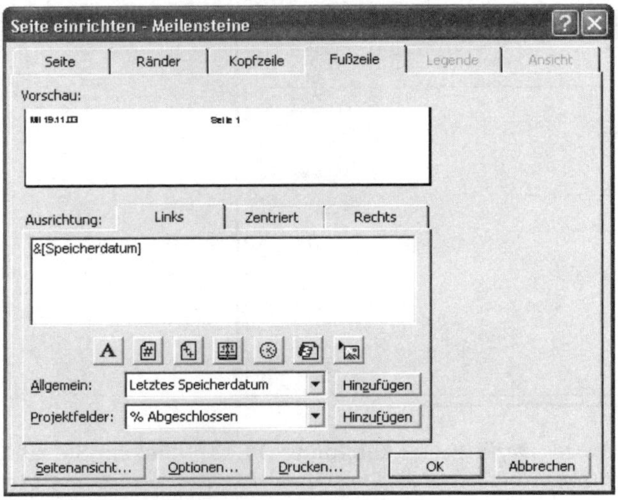

Abbildung 11.15: *Das Speicherdatum auf dem Ausdruck hinzufügen*

14. Bestätigen Sie Ihre Einstellungen per Klick auf die Schaltfläche *OK*.
15. Zum Abschluss wählen Sie ggf. den Befehl *Drucken*, um Ihren Bericht zu Papier zu bringen.

Praxisbeispiel 2: Änderung des Berichtszeitraumes bei nicht angefangenen Vorgängen

Sie wollen sich einen Überblick über alle Vorgänge in Ihrem Projekt »Erstellung einer Website« verschaffen, welche noch nicht angefangen haben.

Dabei wollen Sie in Ihrem Bericht alle noch nicht angefangenen Vorgänge in einer Wochenansicht darstellen. Zusätzlich soll der Übergang von Woche zu Woche deutlich dargestellt werden.

Um diese Aufgabe zu lösen, befolgen Sie die nächsten Arbeitsschritte:

1. Klicken Sie im Menü *Ansicht* auf den Befehl *Berichte*.
2. Wählen Sie den Berichtstyp *Vorgangsstatus* und klicken Sie dann auf die Schaltfläche *Auswahl*.
3. Anschließend wählen Sie den Bericht *Nicht angefangene Vorgänge* und klicken auf die Schaltfläche *Bearbeiten*.
4. Auf der Registerkarte *Definition* wählen Sie in der Auswahlliste *Periode* den Zeitraum *Wochen* aus (Abbildung 11.16).

Abbildung 11.16:
Definieren Sie den Zeitraum

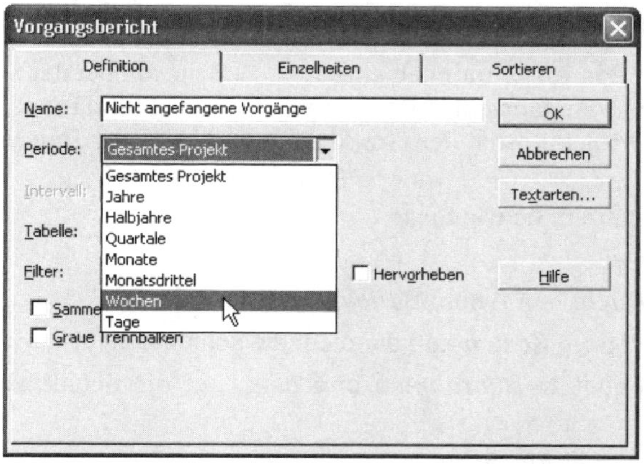

5. Im Feld *Intervall* belassen Sie den eingestellten Standardwert von einer *Periode*. Das Feld *Intervall* ist für alle Perioden aktiv, außer für den Eintrag *Gesamtes Projekt*.
6. Aktivieren Sie das Kontrollkästchen *Graue Trennbalken*, um Ihren Bericht optisch noch besser zu gestalten.
7. Schließen Sie mit *OK*.
8. Um Ihren Bericht endgültig zu erstellen, klicken Sie auf die Schaltfläche *Auswahl*.
9. Wählen Sie die Schaltfläche *Drucken*, um Ihre Resultate (Abbildung 11.17) auszudrucken.

Abbildung 11.17:
Der fertige Bericht nicht angefangener Vorgänge

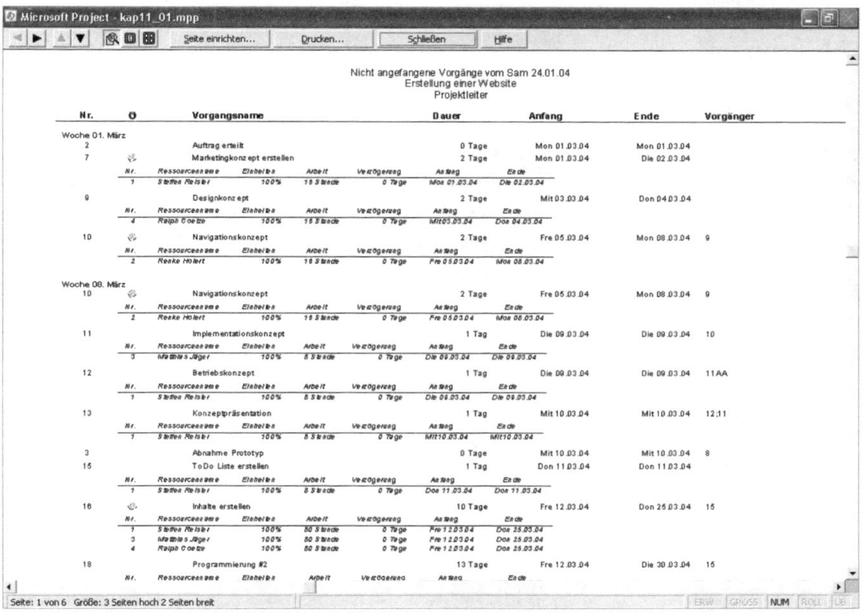

Praxisbeispiel 3: Kostenrahmen betrachten

Sie wollen in Ihrem Projekt den Kostenrahmen einsehen. Zudem soll bei der Sortierung der Daten nach der Vorgangsnummer sortiert werden. Standardmäßig sortiert dieser Bericht Ihre Projektkosten der Größe nach und bringt so Ihre Vorgänge durcheinander.

Um dies zu verhindern, verfahren Sie wie folgt:

1. Öffnen Sie die Projektdatei.
2. Wählen Sie im Menü *Ansicht* den Befehl *Berichte* aus.
3. Klicken Sie auf den Berichtstyp *Kosten* und dann auf die Schaltfläche *Auswahl*.
4. Klicken Sie auf den Bericht *Kostenrahmen* und dann auf die Schaltfläche *Bearbeiten*.
5. Wechseln Sie auf die Registerkarte *Sortieren*.
6. Wählen Sie in der Auswahlliste *Sortieren nach* den Eintrag *Nr.* und anschließend das Optionsfeld *Aufsteigend*, um den tatsächlichen Vorgangsablauf beizubehalten (Abbildung 11.18).

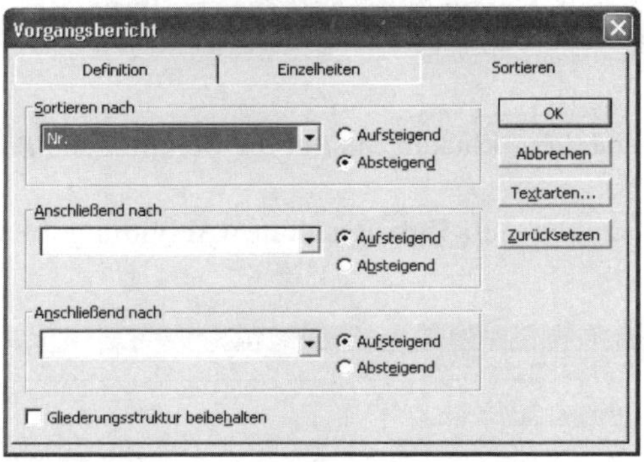

Abbildung 11.18: *Behalten Sie mittels Sortierung die Vorgangsreihenfolge bei*

HINWEIS

Je nach Wunsch können Sie das Kontrollkästchen *Gliederungsstruktur beibehalten* (Abbildung 11.18) aktivieren. Dadurch bleiben die Beziehungen nach Änderung der Sortierung zwischen den Vorgängen und Ressourcen erkennbar.

7. Klicken Sie auf *OK*, um Ihre Einstellungen zu bestätigen.
8. Klicken Sie jetzt auf die Schaltfläche *Auswahl*, um Ihren Bericht zu generieren (Abbildung 11.19).

Kostenrahmen vom Sam 24.01.04
Erstellung einer Website
Projektleiter

Nr.	Vorgangsname	Feste Kosten	Fälligkeit fester Kosten	Gesamtkosten	Geplant	Abweichung
2	Auftrag erteilt	0,00 €	Anteilig	0,00 €	0,00 €	0,00 €
3	Abnahme Prototyp	0,00 €	Anteilig	0,00 €	0,00 €	0,00 €
4	Website erstellt	0,00 €	Anteilig	0,00 €	0,00 €	0,00 €
6	Projektabschluss	0,00 €	Anteilig	0,00 €	0,00 €	0,00 €
7	Marketingkonzept erstellen	0,00 €	Anteilig	1.200,00 €	0,00 €	1.200,00 €
9	Designkonzept	0,00 €	Anteilig	1.200,00 €	0,00 €	1.200,00 €
10	Navigationskonzept	0,00 €	Anteilig	1.200,00 €	0,00 €	1.200,00 €
11	Implementationskonzept	0,00 €	Anteilig	600,00 €	0,00 €	600,00 €
12	Betriebskonzept	0,00 €	Anteilig	600,00 €	0,00 €	600,00 €
13	Konzeptpräsentation	0,00 €	Anteilig	600,00 €	0,00 €	600,00 €
15	ToDo Liste erstellen	0,00 €	Anteilig	600,00 €	0,00 €	600,00 €
16	Inhalte erstellen	0,00 €	Anteilig	18.000,00 €	0,00 €	18.000,00 €
17	Programmierung #1	0,00 €	Anteilig	7.800,00 €	0,00 €	7.800,00 €
18	Programmierung #2	0,00 €	Anteilig	7.800,00 €	0,00 €	7.800,00 €
19	Programmierung #3	0,00 €	Anteilig	7.800,00 €	0,00 €	7.800,00 €
21	Abnahmedokument	0,00 €	Anteilig	600,00 €	0,00 €	600,00 €
22	Testlauf	0,00 €	Anteilig	600,00 €	0,00 €	600,00 €
23	Fehlerbehebung	0,00 €	Anteilig	600,00 €	0,00 €	600,00 €
24	Liveschaltung der Website	0,00 €	Anteilig	300,00 €	0,00 €	300,00 €
		0,00 €		49.500,00 €	0,00 €	49.500,00 €

Abbildung 11.19: *Das Resultat*

Praxisbeispiel 4: Ressourcenbericht auf Basis einer anderen Ausgangstabelle

Sie wollen in Ihrem Projekt den Ressourcenbericht *Wer-macht-was* auf der Basis der *Tabelle: Arbeit* erstellen.

Je nach dem, welche Tabelle Sie auf einen Vorgangs- oder Ressourcenbericht anwenden, werden für die Vorgänge oder Ressourcen unterschiedliche Kategorien an Informationen angezeigt.

Um einen Bericht auf der Basis einer anderen Tabelle zu erstellen, befolgen Sie die nächsten Arbeitsschritte:

1. Öffnen Sie die Projektdatei.
2. Wählen Sie im Menü *Ansicht* den Befehl *Berichte*.
3. Klicken Sie auf den Berichtstyp *Ressourcen* und dann auf die Schaltfläche *Auswahl*.
4. Klicken Sie auf den Bericht *Wer-macht-was* und dann auf die Schaltfläche *Bearbeiten*.
5. Aktivieren Sie die Registerkarte *Definition* (Abbildung 11.20).
6. Klicken Sie im Listenfeld *Tabelle* auf *Arbeit*.

Abbildung 11.20: Die Registerkarte Definition *beim Ressourcenbericht*

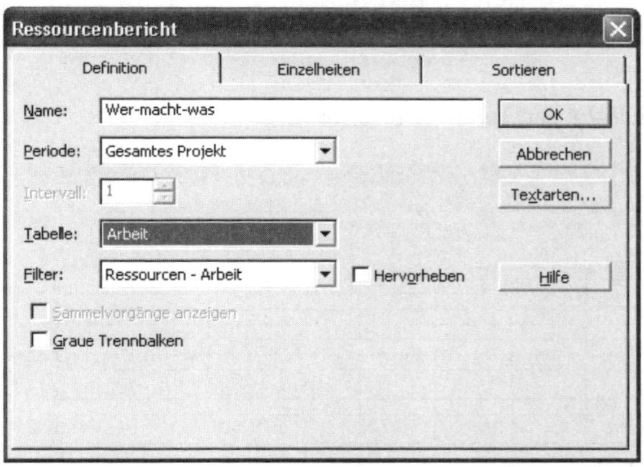

HINWEIS Wenn Sie wollen, können Sie das Kontrollkästchen *Graue Trennbalken* aktivieren. Graue Balken sind schattierte Balken, die in horizontaler Richtung über eine Berichtsseite gedruckt werden. Sie können diese Balken hinzufügen, um die einzelnen Informationen voneinander abzugrenzen und den Bericht leichter lesbar zu machen.

7. Klicken Sie auf *OK*, um Ihre Wahl zu bestätigen.
8. Erstellen Sie den Bericht, indem Sie auf die Schaltfläche *Auswahl* klicken (Abbildung 11.21).

Wer-macht-was vom Sam 24.01.04
Erstellung einer Website
Projektleiter

Nr.	Ressourcenname	% Abg.	Arbeit	Überstunden	Geplant	Abweichung	Aktuell
1	Steffen Reister	0%	228 Stunde	0 Stunde	0 Stunde	228 Stunde	0 Stunde

Nr.	Vorgangsname	Einheiten	Arbeit	Verzögerung	Anfang	Ende
7	Marketingkonzept erstellen	100%	16 Stunde	0 Tage	Mon 01.03.04	Die 02.03.04
12	Betriebskonzept	100%	8 Stunde	0 Tage	Die 09.03.04	Die 09.03.04
13	Konzeptpräsentation	100%	8 Stunde	0 Tage	Mit 10.03.04	Mit 10.03.04
15	ToDo Liste erstellen	100%	8 Stunde	0 Tage	Don 11.03.04	Don 11.03.04
24	Liveschaltung der Website	100%	4 Stunde	0 Tage	Mon 26.04.04	Mon 26.04.04
19	Programmierung #3	100%	104 Stunde	0 Tage	Fre 12.03.04	Die 30.03.04
16	Inhalte erstellen	100%	80 Stunde	0 Tage	Fre 12.03.04	Don 25.03.04

Nr.	Ressourcenname	% Abg.	Arbeit	Überstunden	Geplant	Abweichung	Aktuell
2	Renke Holert	0%	128 Stunde	0 Stunde	0 Stunde	128 Stunde	0 Stunde

Nr.	Vorgangsname	Einheiten	Arbeit	Verzögerung	Anfang	Ende
10	Navigationskonzept	100%	16 Stunde	0 Tage	Fre 05.03.04	Mon 08.03.04
23	Fehlerbehebung	100%	8 Stunde	0 Tage	Fre 23.04.04	Fre 23.04.04
18	Programmierung #2	100%	104 Stunde	0 Tage	Fre 12.03.04	Die 30.03.04

Nr.	Ressourcenname	% Abg.	Arbeit	Überstunden	Geplant	Abweichung	Aktuell
3	Matthias Jäger	0%	200 Stunde	0 Stunde	0 Stunde	200 Stunde	0 Stunde

Nr.	Vorgangsname	Einheiten	Arbeit	Verzögerung	Anfang	Ende
11	Implementationskonzept	100%	8 Stunde	0 Tage	Die 09.03.04	Die 09.03.04
16	Inhalte erstellen	100%	80 Stunde	0 Tage	Fre 12.03.04	Don 25.03.04
17	Programmierung #1	100%	104 Stunde	0 Tage	Fre 02.04.04	Die 20.04.04
22	Testlauf	100%	8 Stunde	0 Tage	Don 22.04.04	Don 22.04.04

Nr.	Ressourcenname	% Abg.	Arbeit	Überstunden	Geplant	Abweichung	Aktuell
4	Ralph Goetze	0%	104 Stunde	0 Stunde	0 Stunde	104 Stunde	0 Stunde

Nr.	Vorgangsname	Einheiten	Arbeit	Verzögerung	Anfang	Ende
9	Designkonzept	100%	16 Stunde	0 Tage	Mit 03.03.04	Don 04.03.04
16	Inhalte erstellen	100%	80 Stunde	0 Tage	Fre 12.03.04	Don 25.03.04
21	Abnahmedokument	100%	8 Stunde	0 Tage	Mit 21.04.04	Mit 21.04.04

Abbildung 11.21: *Der Ressourcenbericht*

Praxisbeispiel 5: Die Arbeitsauslastung nach Vorgängen

Sie wollen sich einen Überblick verschaffen, ob Sie die Projektvorgänge sinnvoll auf die Ressourcen verteilt haben.

Diese Aufgabe lösen Sie, indem Sie sich für den Bericht *Arbeitsauslastung nach Vorgängen* entscheiden:

1. Öffnen Sie die Projektdatei.
2. Wählen Sie im Menü *Ansicht* den Befehl *Berichte*.

Microsoft Project - kap11_01.mpp

Seite einrichten... | Drucken... | Schließen | Hilfe

Arbeitsauslastung nach Vorgängen vom Son 24.01.04
Erstellung einer Website
Projektleiter

	01.03.04	08.03.04	15.03.04	22.03.04	29.03.04	05.04.04	12.04.04	19.04.04	26.04.04
Meilensteine									
Auftrag erteilt									
Abnahme Prototyp									
Website erstellt									
Projektabschluss									
Initialisierung									
Marketingkonzept erstellen	16 Stunde								
Steffen Reister	16 Stunde								
Entwurf Prototyp									
Designkonzept	16 Stunde								
Ralph Goetze	16 Stunde								
Navigationskonzept	8 Stunde	8 Stunde							
Renke Holert	8 Stunde	8 Stunde							
Implementationskonzept		8 Stunde							
Matthias Jäger		8 Stunde							
Betriebskonzept		8 Stunde							
Steffen Reister		8 Stunde							
Konzeptpräsentation		8 Stunde							
Steffen Reister		8 Stunde							
Realisierung									
ToDo Liste erstellen		8 Stunde							
Steffen Reister		8 Stunde							
Inhalte erstellen		24 Stunde	120 Stunde	96 Stunde					
Steffen Reister		8 Stunde	40 Stunde	32 Stunde					
Matthias Jäger		8 Stunde	40 Stunde	32 Stunde					
Ralph Goetze		8 Stunde	40 Stunde	32 Stunde					
Programmierung #1					8 Stunde	40 Stunde	40 Stunde	16 Stunde	
Matthias Jäger					8 Stunde	40 Stunde	40 Stunde	16 Stunde	
Programmierung #2		8 Stunde	40 Stunde	40 Stunde	16 Stunde				
Renke Holert		8 Stunde	40 Stunde	40 Stunde	16 Stunde				
Programmierung #3		8 Stunde	40 Stunde	40 Stunde	16 Stunde				
Steffen Reister		8 Stunde	40 Stunde	40 Stunde	16 Stunde				
Abnahme									
Abnahmedokument								8 Stunde	
Ralph Goetze								8 Stunde	
Testlauf								8 Stunde	
Matthias Jäger								8 Stunde	

Seite: 1 von 4 Größe: 2 Seiten hoch 2 Seiten breit

Abbildung 11.22: *Der Auslastungsbericht*

3. Klicken Sie auf den Berichtstyp *Arbeitsauslastung* und dann auf die Schaltfläche *Auswahl*.
4. Klicken Sie auf den Bericht *Arbeitsauslastung nach Vorgängen* und dann auf die Schaltfläche *Auswahl*. Die *Abbildung 11.22* zeigt die druckfertige Tabelle.

Praxisbeispiel 6: Ein Kreuztabellenbericht

Sie wollen einen Kreuztabellenbericht erstellen, der Ihnen Informationen über Ihre Vorgänge und Ressourcen liefern soll. Dabei soll sich am linken Berichtsrand eine Liste der Ressourcen mit den jeweils zugeordneten Vorgängen und am oberen Berichtsrand eine Zeitskala befinden. Am Schnittpunkt zwischen den Ressourcen und der Zeitspalte soll die zugeordnete Arbeitszeit aufgelistet werden. Als kleine Erweiterung Ihres Berichtes soll zu jedem Zeitintervall eine Spaltensumme gebildet werden.

Zur Erstellung dieses Berichtes gehen Sie folgendermaßen vor:

1. Wählen Sie im Menü *Ansicht* den Befehl *Berichte*.
2. Klicken Sie auf die Schaltfläche *Benutzerdefiniert* und dann auf *Auswahl*.
3. Klicken Sie im Dialogfeld *Benutzerdefinierte Berichte* auf die Schaltfläche *Neu*.
4. Im Dialogfeld *Neuen Bericht definieren* wählen Sie den Eintrag *Kreuztabelle* (Abbildung 11.23) und bestätigen Ihre Wahl mit *OK*.

Abbildung 11.23: *Erstellen Sie einen neuen Bericht auf Basis einer Kreuztabelle*

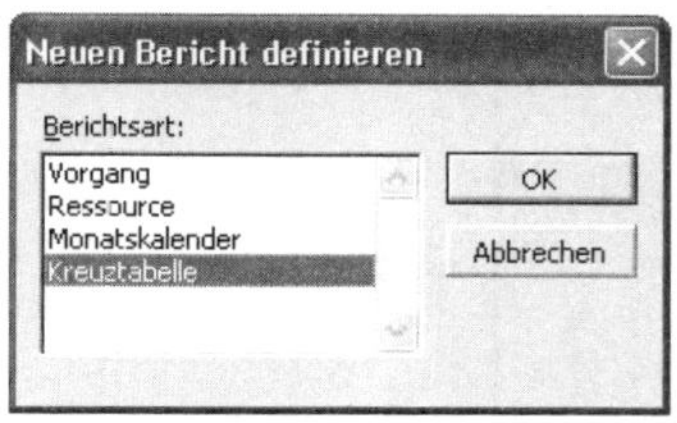

5. Vergeben Sie einen Namen Ihrer Wahl im Feld *Name*. In der Auswahlliste *Zeile* wählen Sie den Eintrag *Ressourcen* aus. Im Bereich *Spalte* belassen Sie die eingestellte Zeitskala und wählen aus der Auswahlliste darunter den Eintrag *Arbeit* aus (Abbildung 11.24).
6. Als Filter wählen Sie den Eintrag *Arbeit nicht abgeschlossen* aus.

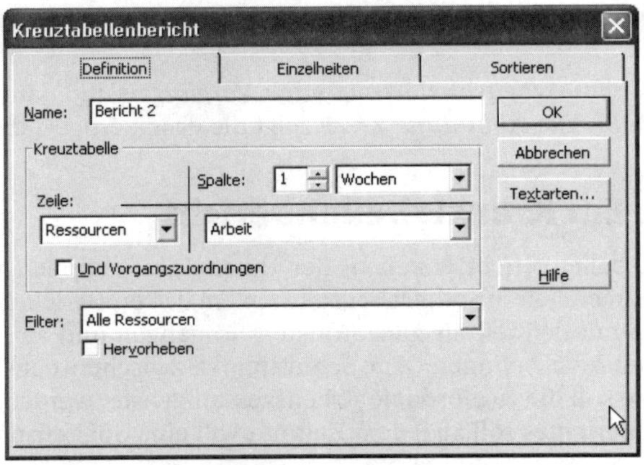

Abbildung 11.24: *Einstellmöglichkeiten*

7. Wechseln Sie jetzt auf die Registerkarte *Einzelheiten*.
8. Aktivieren Sie (wie in Abbildung 11.25) das Kontrollkästchen *Summen der Spalten*, um die Gesamtstunden pro Zeiteinheit in Ihrem Bericht zu erhalten.

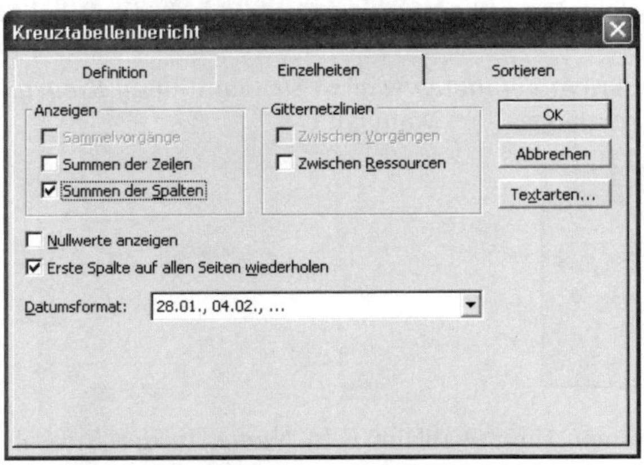

Abbildung 11.25: *Weitere Einzelheiten*

9. Klicken Sie auf die Schaltfläche *OK*, um Ihre Anpassungen zu übernehmen.
10. Zurück im Dialogfeld *Benutzerdefinierte Berichte* finden Sie in der Liste Ihren erstellten Bericht. Klicken Sie auf die Schaltfläche *Vorschau*, um Ihren Bericht auf dem Bildschirm anzuzeigen. Die Abbildung 11.26 zeigt unser Beispiel.

Kreuztabelle 1 vom Sam 24.01.04
Erstellung einer Website
Projektleiter

	01.03.	08.03.	15.03.	22.03.	29.03.	05.04.	12.04.	19.04.	26.04.
Steffen Reister	16 Stunde	40 Stunde	80 Stunde	72 Stunde	16 Stunde				4 Stunde
Renke Holert	8 Stunde	16 Stunde	40 Stunde	40 Stunde	16 Stunde			8 Stunde	
Matthias Jäger		16 Stunde	40 Stunde	32 Stunde	8 Stunde	40 Stunde	40 Stunde	24 Stunde	
Ralph Goetze	16 Stunde	8 Stunde	40 Stunde	32 Stunde				8 Stunde	
Gesamt	40 Stunde	80 Stunde	200 Stunde	176 Stunde	40 Stunde	40 Stunde	40 Stunde	40 Stunde	4 Stunde

Abbildung 11.26: *Seitenansicht des fertigen Berichtes*

Sie können diesen Bericht von nun an jederzeit unter dem abgespeicherten Namen wieder aufrufen, ohne ihn nochmals erstellen zu müssen, da er in der Projektdatei gespeichert wurde.

HINWEIS Für den erneuten Aufruf Ihres erstellten Berichtes wählen Sie wie gewohnt den Befehl *Ansicht/Berichte*. Danach klicken Sie auf die Schaltfläche *Benutzerdefiniert*. Im Listenfeld *Berichte* markieren Sie Ihren eigenen Bericht und klicken auf die Schaltfläche *Vorschau*.

Benutzerdefinierte Berichte global verfügbar machen

Möchten Sie Ihren zusammengestellten Bericht auch in anderen Projekten nutzen, ist es notwendig, Ihren Bericht in einer globalen Datei – der *Global.mpt* – zur Verfügung zu stellen. Die *Global.mpt* enthält eine Fülle von Informationen, die Sie für mehrere Projekte verwenden können: z.B. Ansichten, Kalender, Masken, Berichte, Tabellen, Filter, Symbolleisten, Menüleisten, Makros und Einstellungen für das Dialogfeld Optionen.

Um Ihren Bericht »Kreuztabelle 1« (siehe den ▶ Abschnitt »Praxisbeispiel 6: Ein Kreuztabellenbericht« weiter vorne in diesem Kapitel) in Ihre globale Projektdatei zu übernehmen, gehen Sie folgendermaßen vor:

1. Öffnen Sie die Projektdatei, in der Sie Ihren ersten Bericht erstellt hatten.
2. Wählen Sie aus dem Menü *Extras* den Befehl *Organisieren* aus.
3. Wechseln Sie auf die Registerkarte *Berichte* (Abbildung 11.27).

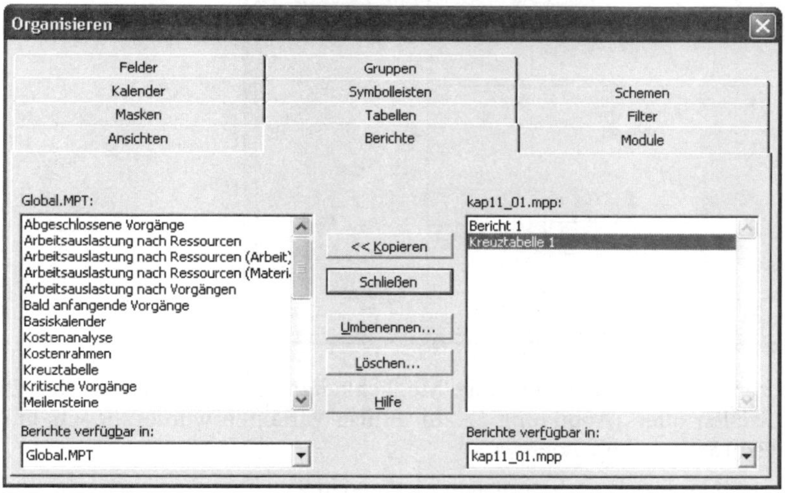

Abbildung 11.27: *Die Registerkarte* Berichte *im Dialogfeld* Organisieren

4. Markieren Sie im rechten Listenfeld (siehe Abbildung 11.27) Ihren eigenen Bericht.
5. Klicken Sie auf die Schaltfläche *Kopieren*, um den Bericht in die globale Datei zu übernehmen.
6. Verlassen Sie das Dialogfeld über die Schaltfläche *Schließen*.

HINWEIS Auf diese Art und Weise können Sie übrigens auch Berichte aus der globalen Datei löschen, wenn diese nicht mehr benötigt werden.

Von der Ansicht auf Papier

Sie haben verschiedene Möglichkeiten, einen Bericht zu drucken. Welches Verfahren am besten geeignet ist, hängt vor allem davon ab, ob Sie den Bericht noch ändern und diese Änderungen vor dem Drucken betrachten möchten.

So empfiehlt es sich z.B. zunächst das Druckbild mithilfe der Seitenansicht zu prüfen. Sollten Sie Ihren Bericht bereits über die Vorschau geöffnet haben, gelangen Sie direkt über den Befehl *Seite einrichten* zum entsprechenden Dialogfeld. Bei benutzerdefinierten Berichten brauchen Sie im gleichnamigen Dialogfeld lediglich den gewünschten Bericht in der Liste zu markieren und anschließend auf die Schaltfläche *Seite einrichten* zu klicken.

Im Dialogfeld *Seite einrichten* legen Sie auf der Registerkarte *Seite* die Ausrichtung, die Skalierung und Ihr Papierformat fest. Ihren Projektbericht können Sie somit flexibel vergrößern bzw. verkleinern oder direkt z.B. auf eine Seite anpassen. Auf den weiteren Registerkarten haben Sie die Möglichkeit, die Ränder frei einzustellen oder den Projektdaten beispielsweise einen Rahmen zu verpassen.

Abbildung 11.28: *Druckoptionen lassen sich hier festlegen*

Des Weiteren stehen Ihnen vielfältige Möglichkeiten bei der Gestaltung der Kopf- und Fußzeilen offen (Abbildung 11.28). Einige Varianten wurden bereits in den vorherigen Kapiteln behandelt.

Jeder Bericht lässt sich auch ohne den kleinen Umweg über die Seitenansicht drucken. Um einen Bericht direkt zu drucken, verfahren Sie wie folgt:

1. Wählen Sie den Befehl *Ansicht/Berichte*.
2. Klicken Sie auf den gewünschten Berichtstyp und dann auf *Auswahl*.
3. Markieren Sie den Bericht, den Sie drucken möchten, und klicken Sie dann auf *Auswahl*.
4. Über die Schaltfläche *Drucken* bringen Sie Ihren Bericht zu Papier.

Teil D
Der Weg zum Profi

295 Ansichten, Tabellen und Gruppierungen
315 Masken zur Eingabe und Anzeige von Daten
327 Benutzerdefinierte Felder
343 Mit Menüs und Symbolleisten schneller arbeiten

Nach dem Studium der ersten elf Kapitel sind Sie nun in der Lage, eine Projektplanung mit Project durchzuführen.

Für den Fall, dass Ihnen die Ansichten und Masken, die standardmäßig von Project mitgeliefert werden, nicht ausreichen oder Sie weitere spezifische Anforderungen an die Daten, die Sie sehen möchten haben, werden Ihnen die beiden nachfolgenden Kapitel (12 und 13) behilflich sein. Sie machen sich damit vertraut, wie Sie Ihre Ansichten und Masken verändern müssen, um diese später inklusive aller Daten genau in der gewünschten Form präsentieren zu können.

Project berechnet so einiges – jedoch nicht unbedingt alles, was für Ihre Belange speziell notwendig sein könnte. Weiterhin möchten Sie nicht immer nur Zahlen sehen, sondern an der einen oder anderen Stelle auch grafische Symbole zum Visualisieren einsetzen. Hier wird Ihnen Kapitel 14 nützliche Hinweise liefern: So geht es u.a. darum, wie Sie benutzerdefinierte Felder in Project mit Formeln versehen und die Ergebnisse im Anschluss daran mithilfe von Symbolen darstellen können.

Wenn Sie eine bestimmte Zeit mit Project gearbeitet haben, werden Sie möglicherweise feststellen, dass Ihnen das eine oder andere Procedere zu umständlich ist. Das Kapitel 15 beschäftigt sich damit, wie Sie verschiedene Funktionalitäten mithilfe der Menüs und Symbolleisten an Ihre individuellen Bedürfnisse anpassen können.

12 Ansichten, Tabellen und Gruppierungen

295 Die Informationsarten von Project
297 Ansichten gestalten
305 Tabellen gestalten
308 Projekte gruppieren

Im Laufe der vorangegangenen Kapitel wurden bereits einige Ansichten, Tabellen und Masken vorgestellt. In diesem Kapitel geht es nun um das Datenmodell von Project, die verschiedenen Feldtypen und -namen sowie um einige Tipps und Tricks zu Ansichten, Tabellen und Masken, die Ihnen dabei helfen werden, das Programm optimal an Ihre Bedürfnisse anzupassen.

Alle Beispiele, die in diesem Kapitel besprochen werden, finden Sie auf der CD-ROM zum Buch im Ordner *\Buch\Kap12* unter *Kap12_01.mpp*.

Die Informationsarten von Project

Im Kern verwendet Project ein relativ einfaches Datenmodell, das allerdings in der aktuellen Version um einige Feinheiten erweitert wurde. Dennoch lässt sich das Modell für den Einsatzbereich außerhalb der Programmierung auf vier Elemente reduzieren (siehe Tabelle 12.1):

Tabelle 12.1: *Die Objekte in Project*

Objekte	Funktion
Projektinformationen	Speicherung aller allgemeiner Informationen über das Projekt. Dazu zählen z.B. die Informationen aus der Projektinfo.
Vorgangsinformationen	In den Vorgangsfeldern werden die Informationen zu den Vorgängen – mit wenigen Ausnahmen, wie beispielsweise den Unterbrechungsterminen – gespeichert.
Ressourceninformationen	Diese Felder enthalten Informationen zu den Ressourcen. Hier gibt es einige Ausnahmen, wie z.B. die Kostentabellen.
Zuordnungsinformationen	Dieser Feldtyp enthält Informationen über die Zuordnung von Ressourcen und Vorgängen.

Darstellungsarten

Sie können sich jeden dieser Informationsbereiche als Tabelle oder Relation einer Datenbank vorstellen, wobei es wiederum jeweils eine oder mehrere Zeilen gibt:

- *Projektinformationen* werden einmal pro Projekt angelegt.
- *Vorgangsinformationen* werden einmal pro Vorgang angelegt. Für jeden Vorgang gibt es einen Datensatz.
- *Ressourceninformationen* werden einmal pro Ressource angelegt. Auch hier gibt es für jede Ressource einen Datensatz.
- Bei den *Zuordnungsinformationen* wird immer dann ein Datensatz definiert, wenn eine Ressource einem Vorgang zugeordnet wird. Wenn mehrere Ressourcen zum gleichen Vorgang zugeordnet werden, gibt es folgerichtig auch mehrere solcher Datensätze.

Nicht alle Informationen sind in der gleichen Form zugänglich. Die wichtigsten Varianten, um Informationen angezeigt zu bekommen, finden Sie in Tabelle 12.2:

***Tabelle 12.2:** Ansichten für Projektinformationen*

Informationstyp	Ansichtstyp
Projektinformationen	Dialogfelder wie *Projekt/Projektinfo* und *Datei/Eigenschaften* sowie einige Einstellungen in *Extras/Optionen*.
Vorgangsinformationen	Balkendiagramme, Netzplandiagramme (PERT), Vorgang: Tabelle, Vorgang: Einsatz, Kalender, Rollup-Ansichten und weitere spezialisierte Vorgangsansichten.
Ressourceninformationen	Ressource: Tabelle, Ressource: Einsatz, Ressource: Grafik und weitere spezialisierte Ressourcenansichten.
Zuordnungsinformationen	Ressource: Maske, Vorgang: Maske (sinnvoll nutzbar, jeweils nur in Verbindung mit einer Vorgangs- oder Ressourcenansicht), Vorgang: Einsatz sowie Ressource: Einsatz.

Während es für Vorgangs- und Ressourceninformationen eine Vielzahl unterschiedlicher Ansichten gibt, stehen für Projekt- und Zuordnungsinformationen nur wenige zur Verfügung. Von besonderer Bedeutung ist dabei, dass in beiden Fällen keine tabellarischen Ansichten existieren. Diese sind aber die Basis für den Export und Import aus anderen Programmen, wenn keine Makros oder spezielle Exportformate verwendet werden sollen.

Ansichten gestalten

Das Wissen über die unterschiedlichen Darstellungsformen von Ansichten ist besonders wichtig, wenn es darum geht, sich eigene Ansichten zusammenzustellen. Nicht alle Ansichten lassen sich gut mit anderen kombinieren.

Die verschiedenen Ansichtsarten

Zunächst ist wichtig, die verschiedenen Ausprägungen der Ansichten zu kennen:

- Project verfügt über zwei stark spezialisierte Ansichten. Sowohl das *Netzplandiagramm (PERT)* als auch der *Kalender* fallen unter diese Kategorie. Diese Ansichten können nicht sinnvoll mit anderen Ansichten kombiniert werden.
- Etliche Ansichten arbeiten mit einer Zeitachse. Dazu gehören das *Balkendiagramm (Gantt)* sowie die Ansichten *Ressource: Einsatz*, *Ressource: Grafik* und *Vorgang: Einsatz*.
- Für Ressourcen und Vorgänge mit *Vorgang: Tabelle* und *Ressource: Tabelle* gibt es tabellarische Ansichten.
- Einige Ansichten stellen nur einzelne Vorgänge und Ressourcen dar und können damit nur in Ansichtskombinationen als untere Ansicht sinnvoll genutzt werden (Abbildung 12.1). Dazu zählen *Ressource: Maske*, *Vorgang: Maske*, *Vorgang: Name*, *Beziehungsdiagramm* und *Vorgang: Einzelheiten*.

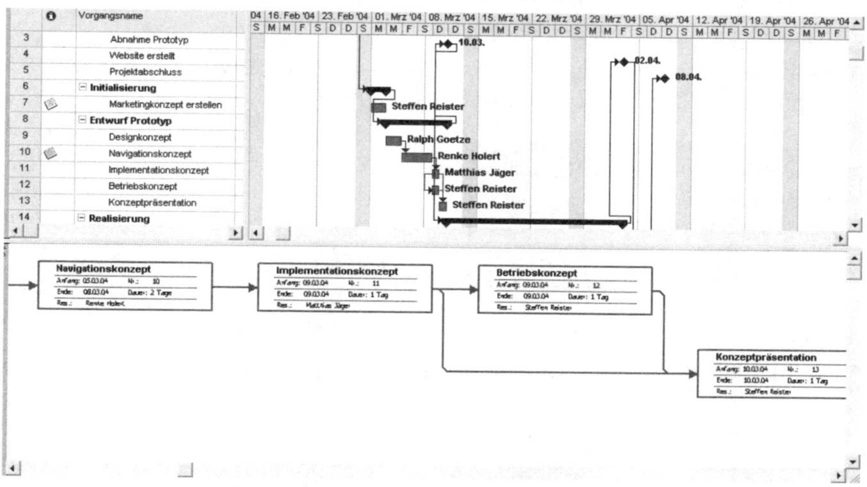

Abbildung 12.1: *Kombination aus Balkendiagramm und Netzplan*

Diese Ansichten können teils nur allein, zum Teil nur in Ansichtskombinationen und teilweise sowohl einzeln als auch in Kombination genutzt werden. Für die Realisierung von Ansichtskombinationen wie beispielsweise *Vorgang: Eingabe* oder *Ressource: Zuteilung* ist es wichtig, dass im oberen Bereich eine zumindest teilweise tabellarische Darstellung zu finden ist. In dieser Darstellung können die Vorgänge oder Ressourcen ausgewählt werden, zu denen dann im unteren Bereich Detailinformationen angezeigt werden sollen.

Diese Zusammenhänge gilt es zu beachten, wenn eigene Ansichtskombinationen gestaltet werden.

Ansichten kombinieren

Durch die geschickte Kombination von Ansichten lassen sich sehr viele Informationen wie auch ihre Zusammenhänge gleichzeitig betrachten. Nicht umsonst sind die Ansichten *Vorgang: Eingabe, Ressource: Zuteilung, Vorgang: Einsatz* und *Ressource: Einsatz* neben *Vorgang: Tabelle, Ressource: Tabelle* und *Balkendiagramm (Gantt)* die wohl am häufigsten genutzten bei der Arbeit mit Project.

Zusätzlich zu diesen Kombinationen lassen sich noch einige andere sinnvolle Varianten individuell gestalten. Mit der Kombination von *Vorgang: Tabelle* und *Beziehungsdiagramm* als *Vorgang: Netzplananalyse* wurde eine solche Kombination bereits in ▶ Kapitel 6 vorgestellt.

Interessant ist vor allem die Verbindung von Varianten des *Balkendiagramms (Gantt)* mit anderen Ansichten. Eine Kombination kann beispielsweise mit der Ansicht *Vorgang: Tabelle* erfolgen, um die wichtigsten Informationen über einen Vorgang zum Balkenplan angezeigt zu bekommen. Zwar ist das *Balkendiagramm (Gantt)* bereits mit einer Tabelle verbunden, von dieser sind aber typischerweise allenfalls zwei Spalten zu sehen, sodass es durchaus sinnvoll ist, diese Ansicht mit einer Tabelle zu kombinieren.

So verbinden Sie das *Balkendiagramm (Gantt)* mit der Ansicht *Vorgang: Tabelle* zu einer Ansichtskombination:

1. Rufen Sie den Menübefehl *Ansicht/Weitere Ansichten* auf.
2. Klicken Sie auf die Schaltfläche *Neu*.
3. Wählen Sie im angezeigten Optionsfeld die Option *Ansichtskombination* aus (Abbildung 12.2), und bestätigen Sie mit *OK*.

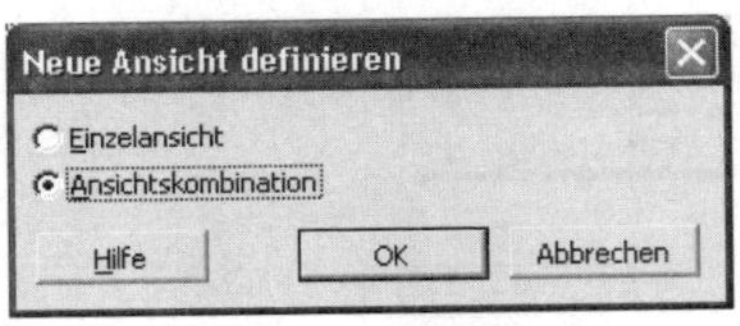

Abbildung 12.2: *Wahl des Ansichtstyps*

4. Geben Sie im Feld *Name* den Namen an, den die Ansicht erhalten soll.
5. Wählen Sie die beiden Ansichten aus, die in der Ansichtskombination zusammengefasst werden sollen (Abbildung 12.3). Im vorliegenden Beispiel sind dies das *Balkendiagramm (Gantt)* und die Ansicht *Vorgang: Tabelle*. Bestätigen Sie Ihre Auswahl mit *OK*.

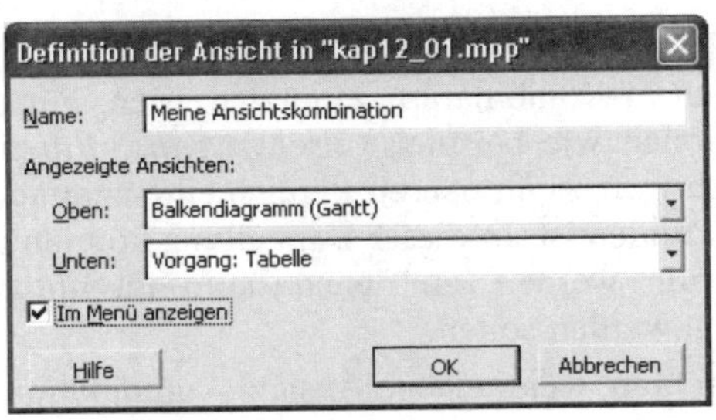

Abbildung 12.3: *Definition der Ansichtskombination*

HINWEIS Aktivieren Sie das Kontrollkästchen *Im Menü anzeigen*, wenn Sie voraussichtlich häufig mit dieser Ansichtskombination arbeiten werden.

Sie sollten allerdings nicht zu viele Ansichten in das Menü aufnehmen, da dieses sonst schnell unübersichtlich wird.

Da das Verfahren zur Definition von Ansichtskombinationen immer gleich ist, wird es bei den nachfolgend vorgestellten Kombinationen nicht mehr einzeln erläutert.

Eine weitere interessante Ansichtskombination ergibt sich, wenn Sie ein Balkendiagramm mit der Ansicht *Ressource: Einsatz* (Abbildung 12.4) oder der Ansicht *Vorgang: Einsatz* kombinieren. Sie können dann oben die grafische Darstellung sehen, während im unteren Teil sowohl die Informationen zum ausgewählten Vorgang als auch die Zuordnungsinformationen angezeigt werden. Besonders umfassend sind die Informationen bei der Kombination mit *Ressource: Einsatz*, da Sie dann alle einem Vorgang zugeordneten Ressourcen und für diese wiederum die gesamten Vorgänge, bei denen sie eingesetzt werden, sehen. Zudem werden auf der rechten Seite die detaillierten Zuordnungsinformationen ausgegeben.

Abbildung 12.4: Balkendiagramm *in Kombination mit* Ressource: Einsatz

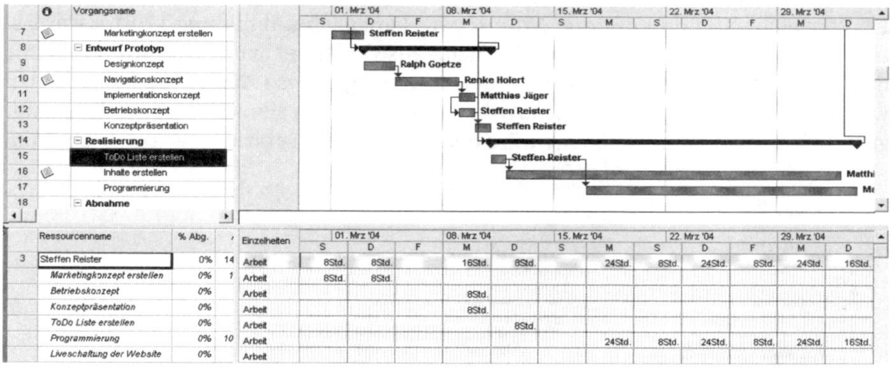

HINWEIS Diese Variante kann ideal genutzt werden, um die Zuordnungen von Ressourcen zu analysieren. Der Einsatzbereich ist damit das Management von Termin- und Ressourcenkonflikten.

Altbewährte Kombinationen ergeben sich, wenn die Ansicht *Vorgang: Tabelle* oder alternativ auch die Ansicht *Balkendiagramm (Gantt)* mit den Ansichten *Vorgang: Maske*, *Vorgang: Einzelheiten* oder *Vorgang: Name* kombiniert wird.

Die Kombination mit *Vorgang: Maske* ist aus der Ansicht *Vorgang: Eingabe* bereits bekannt. Sie ist eine der wichtigsten und am intensivsten genutzten Ansichten überhaupt, da sich durch die vielen Formate von *Vorgang: Maske* die unterschiedlichsten Informationen zu Vorgängen betrachten lassen.

Ein ähnliches Bild ergibt sich bei der Verwendung von *Vorgang: Einzelheiten* (siehe Abbildung 12.5) als untere Ansicht. Hier erhalten Sie sogar noch mehr Informationen zu den Vorgängen, da in der Tabelle andere Felder als in der gleichnamigen Maskenansicht eingeblendet werden können.

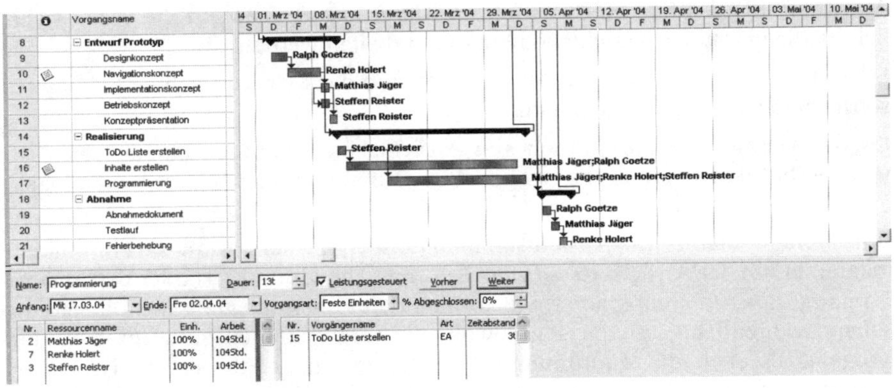

***Abbildung 12.5:** Balkendiagramm mit Einzelheiten zum Vorgang*

HINWEIS

Auch hier können für die Maske im unteren Bereich über das Kontextmenü oder den Menübefehl *Format/Einzelheiten* unterschiedliche Ansichten ausgewählt werden. Die hier zur Verfügung stehenden Ansichten entsprechen denen, die auch bei *Vorgang: Eingabe* ausgewählt werden können.

Im Vergleich wirkt da *Vorgang: Name* etwas karg (siehe Abbildung 12.6). Zwar lassen sich auch hier alle möglichen Formate auswählen; es wird aber nur der Name des Vorgangs ohne weitere Informationen angezeigt. Diese Ansicht ist daher in den wenigsten Fällen in einer solchen Ansichtskombination sinnvoll – es sei denn, aufgrund einer niedrigen Auflösung wäre der Platz am Bildschirm stark eingeschränkt.

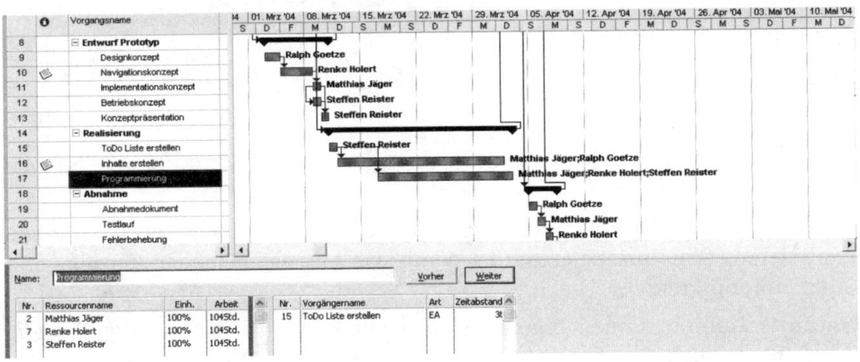

***Abbildung 12.6:** Die Ansicht* Vorgang: Name *im unteren Bereich*

Die Ansicht *Ressource: Grafik*

Eine weitere Ansichtskombination, die sehr hilfreich sein kann, ist die Kombination von *Balkendiagramm* und *Ressource: Grafik* (Abbildung 12.7). In dieser Kombination kann im unteren Bereich die Auslastung einer oben ausgewählten Ressource grafisch betrachtet werden.

Das Erstellen dieser Ansichtskombination verläuft wieder so, wie bei allen anderen Ansichtskombinationen auch. Sie können dann im oberen Bereich die Ressource auswählen und im Bereich darunter sehen, in welchem Umfang die Ressource belastet ist.

HINWEIS

Da die Ansicht *Ressource: Grafik* über eine Zeitskala verfügt, können Sie auch die Darstellungsgröße – wie bei jeder anderen Ansicht mit Zeitskala – anpassen.

Abbildung 12.7: *Kombination von* Balkendiagramm *mit* Ressource: Grafik

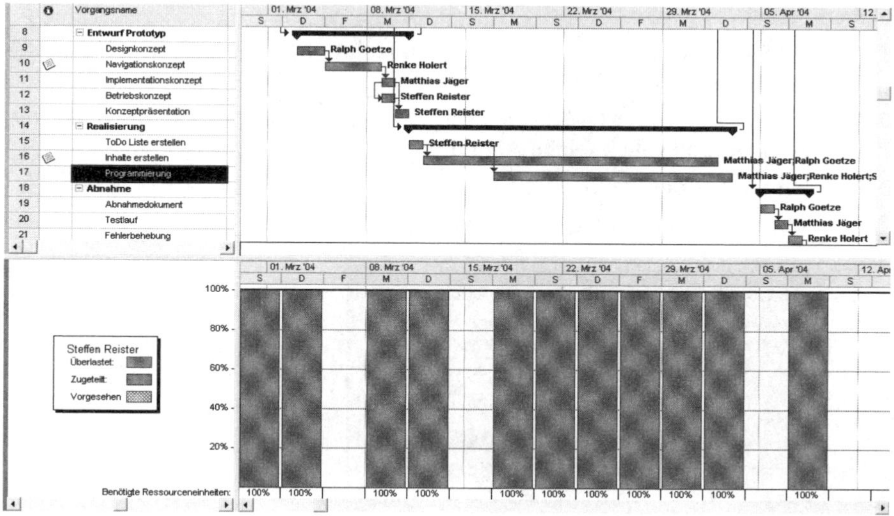

Die Ansicht *Ressource: Grafik* können Sie auch an Ihre Erfordernisse anpassen:

1. Rufen Sie die Ansicht *Ressource: Grafik* über das Menü *Ansicht* auf.
2. Rufen Sie das Kontextmenü für die Ansicht *Ressource: Grafik* mit der rechten Maustaste auf.
3. Im unteren Bereich sehen Sie verschiedene Informationen, die Sie sich in der Grafik auch darstellen lassen können – beispielsweise die Verfügbarkeit, mit der Sie leicht erkennen können, wann welche Ressource noch verfügbar ist.
4. Über den Befehl *Gitternetzlinien* können Sie steuern, welche Linien zusätzlich in dieser Ansicht angezeigt werden sollen.
5. Über den Befehl *Balkenarten* können Sie das Aussehen der Grafik gestalten.

HINWEIS Hier stellt sich allerdings ein kleines Problem: Es wird auch bei Vorgängen, denen mehr als eine Ressource zugeordnet ist, nur eine Ressource in der Grafik dargestellt.

Wenn Sie zwischen den Ressourcen, die einem Vorgang zugeordnet sind, wechseln wollen:

1. Um zwischen den Ressourcen zu wechseln, müssen Sie die Bildlaufleiste im unteren linken Fenster verwenden.
2. Sie können damit von einer Ressource zur nächsten springen.

Diese Verwendung der Ansicht *Ressource: Grafik* ist ja schon recht reizvoll. Richtig »toll« wird diese Ansicht aber erst, wenn Sie sie als alleinige Ansicht einsetzen.

HINWEIS Wie bei allen anderen Ansichten empfiehlt es sich auch bei der Ansicht *Ressource: Grafik*, diese vorab zu kopieren, also bevor die Formatierung grundlegend verändert wird.

Im ersten Moment wirkt diese Ansicht allerdings nicht besonders interessant, denn es wird wieder nur eine Ressource angezeigt. Mithilfe der Bildlaufleiste kann hier von einer Ressource zur nächsten gewechselt werden. Sie können aber auch Gruppen- und Einzelinformationen in Kombination anzeigen.

Gehen Sie wie folgt vor:

1. Wählen Sie im Kontextmenü (aufrufen mit rechter Maustaste) des rechten Bildschirmteils den Befehl *Balkenarten*.
2. Wählen Sie für *Alle Vorgänge* aus, dass für *Überlastete Ressourcen Balken* angezeigt werden sollen (siehe Abbildung 12.8).
3. Wählen Sie beispielsweise eine andere Farbe aus.
4. Schließen Sie das Dialogfeld über die Schaltfläche *OK*.

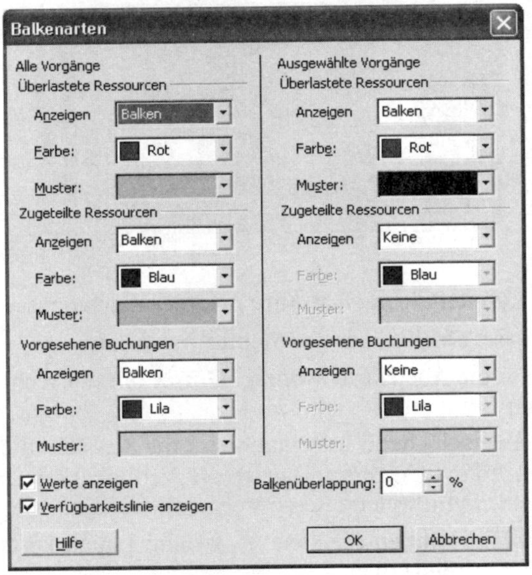

Abbildung 12.8: *Alle Vorgänge mit Überlastung anzeigen*

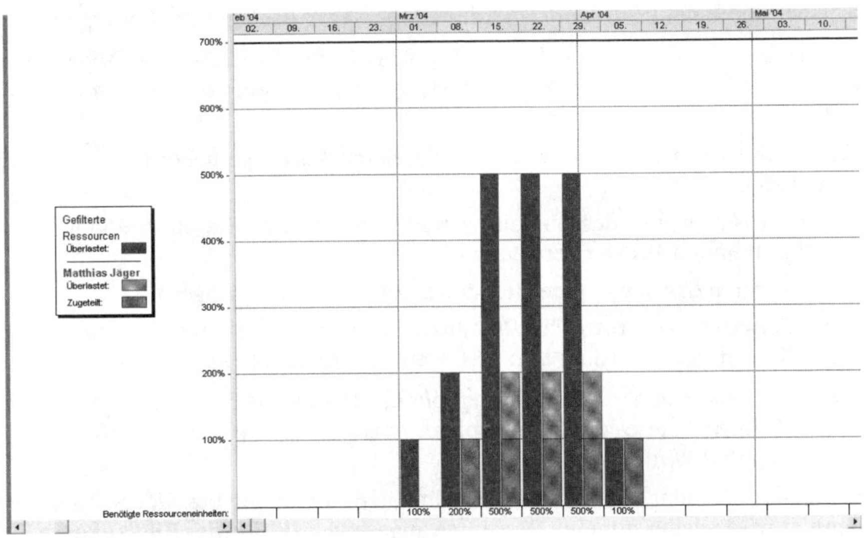

Abbildung 12.9: *Erweiterte Anzeige, um alle Zuweisungen zu sehen*

HINWEIS Sie können zusätzlich das Kontrollkästchen *Verfügbarkeitslinie anzeigen* aktivieren, um in der Grafik eine Linie mit der Verfügbarkeit der Ressourcen angezeigt zu bekommen. Dies ist beim Ressourcenmanagement hilfreich, wenn eine Alternative zu einer überlasteten Ressource gesucht wird.

Wie sinnvoll diese Ansicht ist, hängt nun stark vom gesetzten Filter ab. Die wohl interessanteste Variante ist die Filterung nach den Gruppen oder Codes, die für die Ressourcen definiert wurden. Damit kann beispielsweise die Verfügbarkeit einer Gruppe und die Verfügbarkeit einer Ressource aus dieser Gruppe gemeinsam dargestellt werden (Abbildung 12.9).

Tipps und Tricks zum Thema Ansichten

Wenn Sie eine Weile mit Project gearbeitet haben, werden Sie vielleicht feststellen, dass die Standardansichten nicht Ihren Vorstellungen entsprechen. So müssen Sie beispielsweise, wenn Sie eine Ansicht ausdrucken wollen, regelmäßig wieder Kopf- und Fußzeilen definieren. Ferner müssen Sie bestimmte Spalten, die Sie eigentlich immer sehen möchten, jedes Mal neu einfügen usw. Nachfolgend wollen wir Ihnen hierzu ein paar Tipps verraten.

Firmenspezifische Masteransicht erstellen

TIPP Definieren Sie sich eine Ansicht, von der ausgehend Sie alle weiteren bzw. eigenen Ansichten erstellen. Definieren Sie in dieser Ansicht Kopf- und Fußzeilen, die Sie standardmäßig für den Ausdruck haben wollen. Diese Ansicht benutzen Sie nun als Masteransicht, d.h., wenn Sie eine neue Ansicht definieren wollen, kopieren Sie einfach die Masteransicht, bearbeiten diese entsprechend und speichern sie unter einem neuen Namen ab.

So erstellen Sie eine Masteransicht, von der ausgehend Sie weitere eigene Ansichten definieren können:

1. Rufen Sie den Menübefehl *Ansicht/Weitere Ansichten* auf.
2. Wählen Sie die Schaltfläche *Neu* aus.
3. Wählen Sie im angezeigten Dialogfeld die Option *Einzelansicht* aus und bestätigen Sie mit *OK*.

Abbildung 12.10: *Wahl des Ansichtstyps*

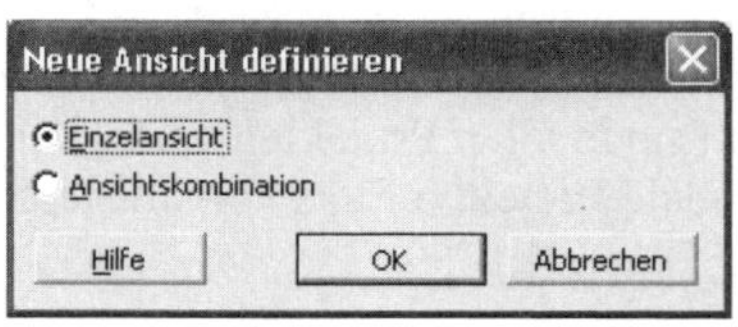

4. Geben Sie im Feld *Name* den Namen an, den die Ansicht erhalten soll.
5. Wählen Sie aus, wie die beiden Bildschirmhälften dargestellt werden sollen (siehe Abbildung 12.11). Im vorliegenden Beispiel sind für *Bildschirm* der Eintrag *Balkendiagramm (Gantt)* und für *Tabelle* der Eintrag *Eingabe*.
6. Außerdem müssen Sie noch die Art des Filters und der Gruppierung bestimmen.

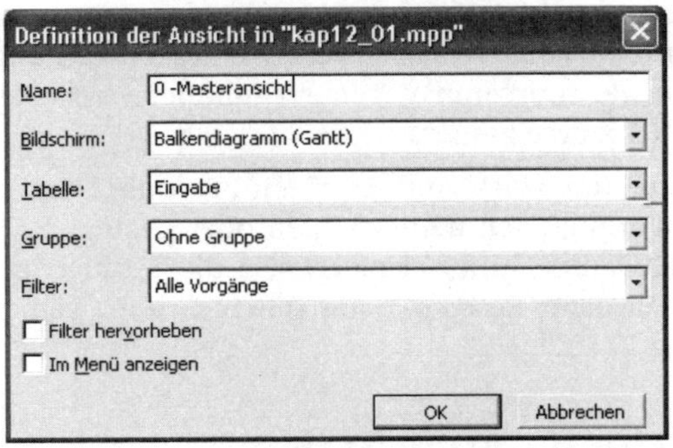

Abbildung 12.11: *Definition der Ansichten*

7. Da diese Ansicht nur als Vorlage dienen soll, muss sie nicht im Menü angezeigt werden.

TIPP

Die Vielzahl von Ansichten macht es sehr schwierig zu unterscheiden, welche nun eine selbstdefinierte ist und welche standardmäßig von Project mitgeliefert wurde.

Aus diesem Grund sollten Sie sich unbedingt eine Nomenklatur für die Benennung Ihrer Ansichten ausdenken. Im Prinzip sind Ihrer Phantasie keine Grenzen gesetzt. In Tabelle 12.3 sind ein paar Möglichkeiten aufgelistet.

Tabelle 12.3: *Trennen Sie eigene Ansichten von den standardisierten*

Nomenklatur	Vorteil
Den Namen der Ansicht in Grossbuchstaben formatieren.	Fällt optisch gut ins Auge.
Ein firmenspezifisches Kürzel voranstellen (z.B. *MeineFirma – Balkendiagramm*).	Erkennt sofort jeder als firmenspezifisch.
Eine Ziffer oder Sonderzeichen vor den Ansichtsnamen stellen.	Taucht in allen Listen immer vor den Standardansichten auf.

8. Definieren Sie nun die Standards, die Sie in jeder Ansicht haben wollen.
9. Speichern Sie die Ansicht – Sie können sie ab sofort als Basis für alle künftigen Ansichten heranziehen.

Ansichten global zur Verfügung stellen

Nachdem Sie Ihre eigenen Ansichten definiert haben, sind diese zunächst nur in Ihrem derzeit geöffneten Projekt verfügbar. Um sie in allen Projekten verfügbar zu machen, müssen Sie diese Ansichten in die globale Projektvorlage »organisieren«.

Und so gehen Sie vor:

1. Rufen Sie den Menübefehl *Extras/Organisieren* auf und wechseln Sie zur Registerkarte *Ansichten*.
2. Markieren Sie im rechten Listenfeld die Ansicht, die Sie in allen Projekten verwenden wollen (Abbildung 12.12), und klicken Sie auf *Kopieren*.

Abbildung 12.12: Selbstdefinierte Ansichten global zur Verfügung stellen

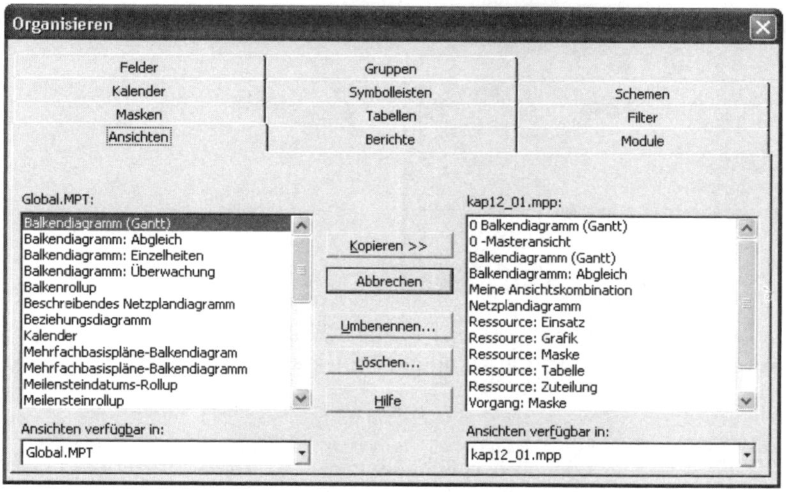

Die Ansicht ist nun in die globale Vorlagendatei kopiert worden und steht jetzt allen Projekten zur Verfügung, die Sie ab sofort aufrufen werden.

HINWEIS Wenn Sie mehr über die Organisation der globalen Projektvorlage wissen wollen, schlagen Sie bitte in ▶ Kapitel 18 nach.

Tabellen gestalten

Tabellen in Project enthalten immer die wichtigsten Informationen. Diese wurden entweder von Ihnen eingegeben, von Project berechnet oder mithilfe von anpassbaren Feldern (siehe auch ▶ Kapitel 15) erstellt. Tabellen können allein oder in Kombination mit grafischen Ansichten dargestellt werden. Darüber hinaus sind Tabellen die Grundlage, um Daten von Project schnell und unkompliziert (z.B. nach Excel) zu exportieren (siehe ▶ Kapitel 23). In der Regel verwendet man Tabellen als alleinige Darstellung zur Eingabe von Daten oder für Exportzwecke.

HINWEIS Controller, die daran gewöhnt sind, ausschließlich mit Tabellen zu arbeiten, sollten einen entsprechenden Excel-Export (siehe ▶ Kapitel 23) zur Verfügung stellen.

Ein paar nützliche Tabellen

Betrachtet man diese Ansichten und Ansichtskombinationen, wird deutlich, dass bei Project so manche reizvolle Ansicht im Verborgenen dahin vegetiert. Daher sollten Sie mit etwas »Forscherdrang« an das Thema herangehen, eine Haltung, die übrigens auch bei Filtern, Formaten oder Tabellen durchaus angebracht ist. Einige besonders interessante und nützliche Tabellen werden in diesem Abschnitt vorgestellt.

Sie möchten die Vorgangstabelle *Geplant* angezeigt bekommen:

1. Rufen Sie den Menübefehl *Ansicht/Tabelle: <Tabellenname>/Weitere Tabellen* auf.
2. Wählen Sie in der Liste die gewünschte Tabelle aus (siehe Abbildung 12.13) und klicken Sie auf die Schaltfläche *Auswahl*.

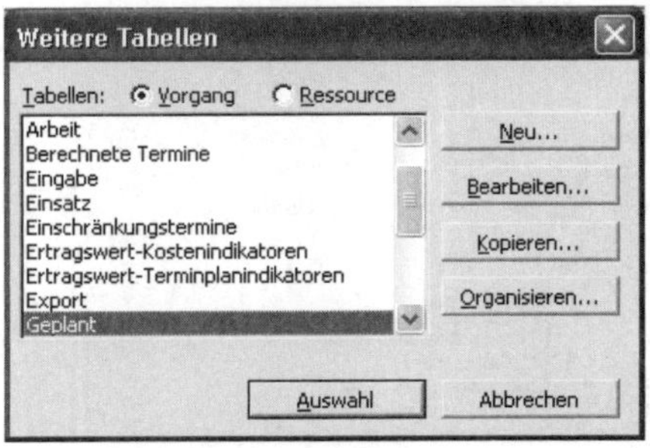

Abbildung 12.13: *Auswahl der Tabelle* Geplant

Im Beispiel wird die Tabelle *Geplant* (siehe Abbildung 12.14) ausgewählt, die Informationen über den Planungsstand des Projekts im Überblick zeigt.

	Vorgangsname	Geplante Dauer	Geplanter Anfang	Geplantes Ende	Geplante Arbeit	Geplante Kosten
1	**⊟ Meilensteine**	**28,5 Tage**	**Mon 01.03.04**	**Don 08.04.04**	**0 Stunde**	**0,00 €**
2	Auftrag erl	0 Tage	Mon 01.03.04	Mon 01.03.04	0 Stunde	0,00 €
3	Abnahme I	0 Tage	Mit 10.03.04	Mit 10.03.04	0 Stunde	0,00 €
4	Website er	0 Tage	Fre 02.04.04	Fre 02.04.04	0 Stunde	0,00 €
5	Projektabs	0 Tage	Don 08.04.04	Don 08.04.04	0 Stunde	0,00 €
6	**⊟ Initialisierung**	**2 Tage**	**Mon 01.03.04**	**Die 02.03.04**	**16 Stunde**	**1.600,00 €**
7	Marketingk	2 Tage	Mon 01.03.04	Die 02.03.04	16 Stunde	1.600,00 €
8	**⊟ Entwurf Protc**	**6 Tage**	**Mit 03.03.04**	**Mit 10.03.04**	**56 Stunde**	**2.400,00 €**
9	Designkon:	2 Tage	Mit 03.03.04	Don 04.03.04	16 Stunde	0,00 €
10	Navigation:	2 Tage	Fre 05.03.04	Mon 08.03.04	16 Stunde	0,00 €
11	Implements	1 Tag	Die 09.03.04	Die 09.03.04	8 Stunde	800,00 €
12	Betriebsko	1 Tag	Die 09.03.04	Die 09.03.04	8 Stunde	800,00 €
13	Konzeptpr:	1 Tag	Mit 10.03.04	Mit 10.03.04	8 Stunde	800,00 €
14	**⊟ Realisierung**	**17 Tage**	**Don 11.03.04**	**Fre 02.04.04**	**560 Stunde**	**33.600,00 €**
15	ToDo Liste	1 Tag	Don 11.03.04	Don 11.03.04	8 Stunde	800,00 €
16	Inhalte ers	15 Tage	Fre 12.03.04	Don 01.04.04	240 Stunde	12.000,00 €
17	Programmi	13 Tage	Mit 17.03.04	Fre 02.04.04	312 Stunde	20.800,00 €
18	**⊟ Abnahme**	**3,5 Tage**	**Mon 05.04.04**	**Don 08.04.04**	**28 Stunde**	**1.200,00 €**
19	Abnahmed	1 Tag	Mon 05.04.04	Mon 05.04.04	8 Stunde	0,00 €
20	Testlauf	1 Tag	Die 06.04.04	Die 06.04.04	8 Stunde	800,00 €
21	Fehlerbehe	1 Tag	Mit 07.04.04	Mit 07.04.04	8 Stunde	0,00 €
22	Liveschaltı	0,5 Tage	Don 08.04.04	Don 08.04.04	4 Stunde	400,00 €

Abbildung 12.14: *Die Tabelle* Geplant

Bisher wurden vor allem die Vorgangstabellen betrachtet. Neben der Tabelle *Eingabe* bei der Ansicht *Ressource: Tabelle* gibt es aber noch eine Reihe weiterer Tabellen, die hier von Interesse sind.

In der Tabelle *Arbeit* (Abbildung 12.15) finden sich im Überblick die wichtigsten Informationen zur Arbeit der Ressourcen. Hier kann schnell festgestellt werden, bei welcher Ressource besonders gravierende Abweichungen vom Plan aufgetreten sind.

	Ressourcenname	% Abg.	Arbeit	Überstunden	Geplant	Abweichung	Aktuell	Verbleibend
1	**Matthias Jäger**	**0%**	**240 Stunde**	**0 Stunde**	**240 Stunde**	**0 Stunde**	**0 Stunde**	**240 Stunde**
2	Steffen Reister	0%	148 Stunde	0 Stunde	148 Stunde	0 Stunde	0 Stunde	148 Stunde
3	Ralph Goetze	0%	144 Stunde	0 Stunde	144 Stunde	0 Stunde	0 Stunde	144 Stunde
4	Renke Holert	0%	128 Stunde	0 Stunde	128 Stunde	0 Stunde	0 Stunde	128 Stunde

Abbildung 12.15: *Die Tabelle* Arbeit

Analog zu den Vorgangstabellen gibt es auch bei den Ressourcentabellen eine Tabelle *Kosten (Abbildung 12.16)*, in der die Kosteninformationen in übersichtlicher Form angezeigt werden. Diese Tabelle ist für die Kostenkontrolle in einem Projekt von großer Bedeutung.

Abbildung 12.16: Die Tabelle Kosten

	Ressourcenname	Kosten	Geplante Kosten	Abweichung	Aktuelle Kosten	Verbleibend
1	**Matthias Jäger**	**24.000,00 €**	**24.000,00 €**	**0,00 €**	**0,00 €**	**24.000,00 €**
2	Steffen Reister	14.800,00 €	14.800,00 €	0,00 €	0,00 €	14.800,00 €
3	Ralph Goetze	0,00 €	0,00 €	0,00 €	0,00 €	0,00 €
4	Renke Holert	0,00 €	0,00 €	0,00 €	0,00 €	0,00 €

Eigene Tabellen erstellen

Es gibt einige Gründe, weshalb man eigene Tabellen definiert. Recht häufig wird es vorkommen, dass Sie bestimmte Daten in einer festgelegten Kombination sehen wollen und genau diese Tabelle gerade nicht vorhanden ist. Ein weiterer Grund könnte sein, dass Sie nur bestimmte Informationen (z.B. in Form eines Berichtes) ausgeben wollen.

Machen wir das Ganze an einem einfachen Beispiel fest. Dadurch sehen Sie zum einen, wie Sie Tabellen erstellen können, und zum anderen, wo Sie diese einsetzen können.

Gehen wir davon aus, dass Sie eine einfache Vorgangsliste als Bericht ausgeben möchten, die neben dem Vorgang die zugewiesene Ressource und den geplanten Endtermin anzeigt:

1. Rufen Sie den Menübefehl *Ansicht/Tabelle: <Tabellenname>/Weitere Tabellen auf.*
2. Wählen Sie die Option *Vorgang* und klicken Sie auf die Schaltfläche *Neu*.
3. Im Dialogfeld *Tabellendefinition in* '*<Projektname>*' legen Sie nun die Felder fest, die Sie in der Tabelle sehen wollen (Abbildung 12.17).

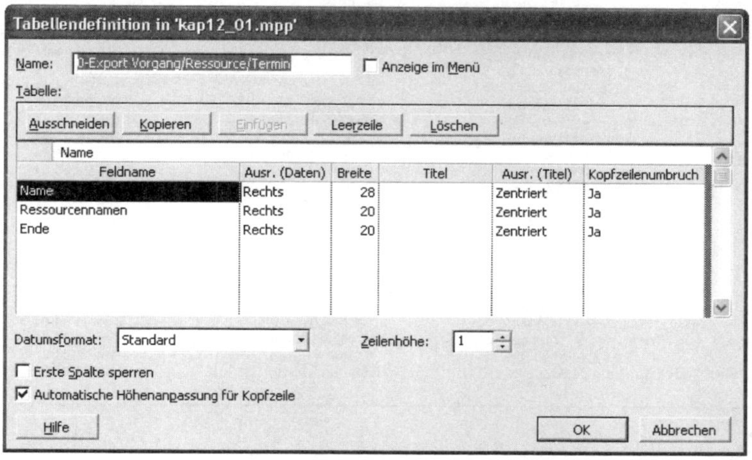

Abbildung 12.17: Definition einer Tabelle

4. Geben Sie der Tabelle einen Namen und bestätigen Sie mit *OK*.
5. Schließen Sie das Dialogfeld *Weitere Tabellen*.
6. Rufen Sie nun den Menübefehl *Ansicht/Berichte* auf.
7. Im Dialogfeld *Berichte* wählen Sie *Benutzerdefiniert* und klicken auf *Auswahl*.
8. Klicken Sie auf die Schaltfläche *Neu*.
9. Wählen Sie als Berichtsart *Vorgang* und bestätigen Sie mit *OK*.

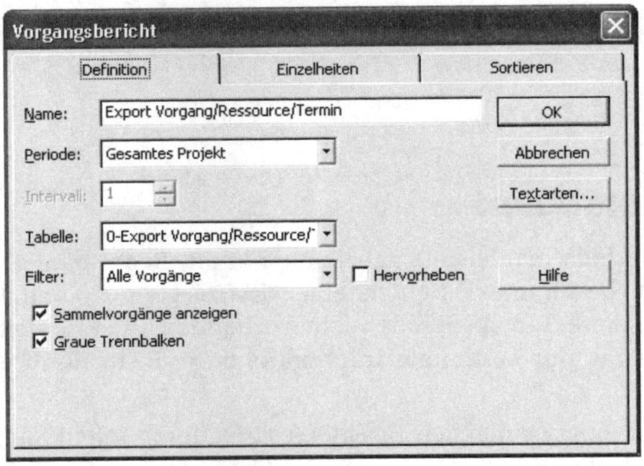

Abbildung 12.18: *Tabelle für Bericht auswählen*

10. Geben Sie dem Bericht einen Namen.
11. Wählen Sie im Listenfeld *Tabelle* die zuvor erstellte Tabelle aus und bestätigen Sie mit *OK*.
12. In der Vorschau können Sie nun den Bericht betrachten (Abbildung 12.19).

Export Vorgang/Ressource/Termin vom Mon 01.12.03
Erstellung einer Website
Projektleiter

Name	Ressourcennamen	Ende
Meilensteine		**Don 08.04.04**
Auftrag erteilt		Mon 01.03.04
Abnahme Prototyp		Mit 10.03.04
Website erstellt		Fre 02.04.04
Projektabschluss		Don 08.04.04
Initialisierung		**Die 02.03.04**
Marketingkonzept erstellen	Steffen Reister	Die 02.03.04
Entwurf Prototyp		**Mit 10.03.04**
Designkonzept	Ralph Goetze	Don 04.03.04
Navigationskonzept	Renke Holert	Mon 08.03.04
Implementationskonzept	Matthias Jäger	Die 09.03.04
Betriebskonzept	Steffen Reister	Die 09.03.04
Konzeptpräsentation	Steffen Reister	Mit 10.03.04
Realisierung		**Fre 02.04.04**
ToDo Liste erstellen	Steffen Reister	Don 11.03.04
Inhalte erstellen	Matthias Jäger;Ralph Goetze	Don 01.04.04
Programmierung	ıer;Renke Holert;Steffen Reister	Fre 02.04.04
Abnahme		**Don 08.04.04**
Abnahmedokument	Ralph Goetze	Mon 05.04.04
Testlauf	Matthias Jäger	Die 06.04.04
Fehlerbehebung	Renke Holert	Mit 07.04.04
Liveschaltung der Website	Steffen Reister	Don 08.04.04

Abbildung 12.19: *Bericht mit eigener Tabelle erstellt*

Projekte gruppieren

Seit der Version 2000 von Microsoft Project gibt es eine sehr nützliche Funktion, um Ihre Projekte nach beliebigen Kriterien darzustellen: Sie haben die Möglichkeit, mit Gliederungscodes weitere Ansichten Ihrer Projekte zu definieren und so unterschiedliche Auswertungen über ein Projekt zu erhalten. Der Vorteil ist, dass Sie Ihr Projekt in einer völlig anderen Organisation darstellen können, ohne die ursprüngliche Ordnung zu verlieren.

Verwendung von Gliederungscodes

Es gibt fast unzählige Möglichkeiten, was man mit Gliederungscodes aufgrund ihrer vielfältigen Funktionen alles bewerkstelligen kann.

Sie betrachten Ihr Projekt in der Regel »klassisch« nach dem Kriterium »Phase« (Abbildung 12.20), also so, wie Sie es ursprünglich definiert haben. Allerdings sind an dem Projekt unterschiedliche Abteilungen beteiligt und die einzelnen Abteilungsleiter möchten ihre eigene Sicht (Abbildung 12.21) des Projektes darstellen können.

Abbildung 12.20: Projektdarstellung in »klassischer Phasenordnung«

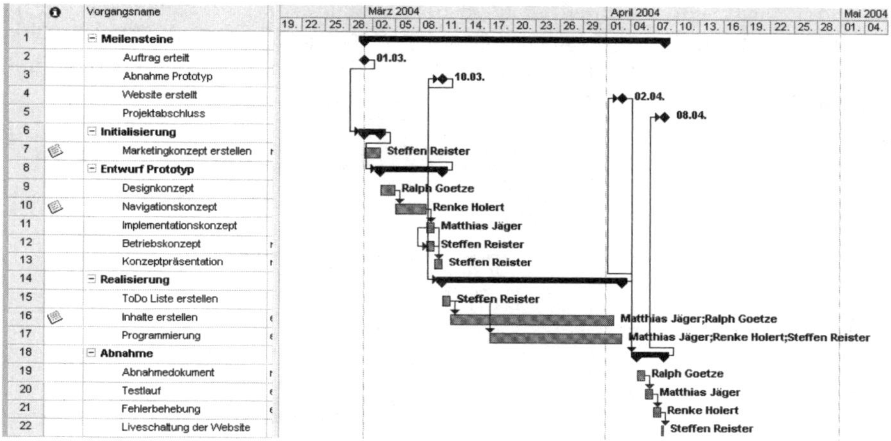

Abbildung 12.21: Projekt mit dem Gliederungscode Abteilung *dargestellt*

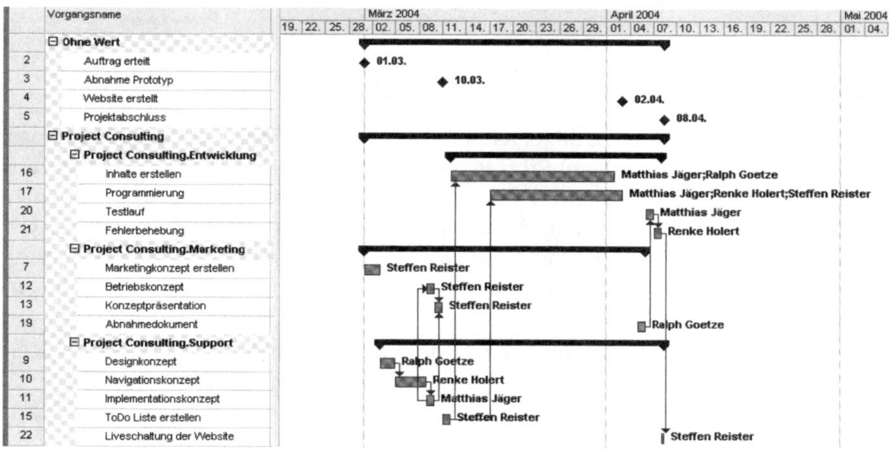

Vorhandene Gliederungsoptionen verwenden

Um ein Projekt zu gruppieren, bietet Projekt standardmäßig einige Möglichkeiten an. Diese Gruppierungen finden Sie im Menü *Projekt/Gruppieren nach: <Gruppenname>*.

Wenn Sie Ihr Projekt nach Meilensteinen gruppieren wollen, um auf einen Blick die Lage der Meilensteine kontrollieren zu können, gehen Sie wie folgt vor:

1. Rufen Sie den Menübefehl *Projekt/Gruppieren nach: <Gruppenname>/Meilensteine* auf.
2. Das Projekt wird automatisch nach Meilenstein bzw. kein Meilenstein gruppiert. Sie können nun beispielsweise die Vorgänge durch einen Klick auf das Pluszeichen vor der Gruppierungszeile *Meilenstein: Nein* einklappen und bekommen eine reine Meilensteinansicht (Abbildung 12.22).

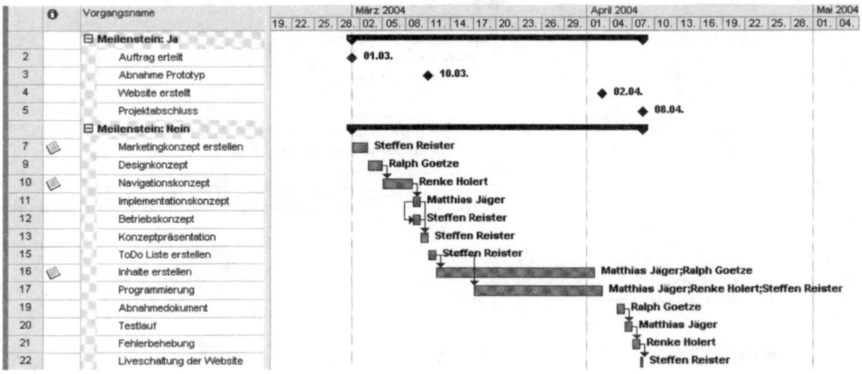

Abbildung 12.22: *Gruppierung nach Meilensteinen*

Erstellen von Gliederungscodes

Zunächst einmal ein paar allgemeine Informationen zum Thema Gliederungscodes: Projekt stellt insgesamt 20 Codes zur Verfügung – zehn für die Gliederung von Vorgängen und zehn weitere für die Gliederung von Ressourcen. Es kommen zusätzliche Codes hinzu, wenn Sie Ihr Projekt im Rahmen einer Project Server-Installation verwenden. Diese *Enterprise Codes* werden allerdings für die Organisation einheitlich definiert und können von Ihnen zwar eingesetzt, aber nicht verändert werden.

Nehmen wir an, Sie wollen einen Code definieren, um in Ihrem Projekt die Vorgänge so zu gliedern, dass die beteiligte Abteilung das Gruppierkriterium ist.

Gliederungscode umbenennen

1. Rufen Sie über den Menübefehl *Extras/Anpassen/Felder* das Dialogfeld *Felder anpassen* auf. Aktivieren Sie die Registerkarte *Gliederung (benutzerdef.)* (Abbildung 12.23).
2. Wählen Sie die Option *Vorgang*.
3. Zunächst sollten Sie dem Code einen Namen geben, mit dem Sie später auch noch etwas anfangen können. Klicken Sie dazu auf die Schaltfläche *Umbenennen* (Abbildung 12.24).

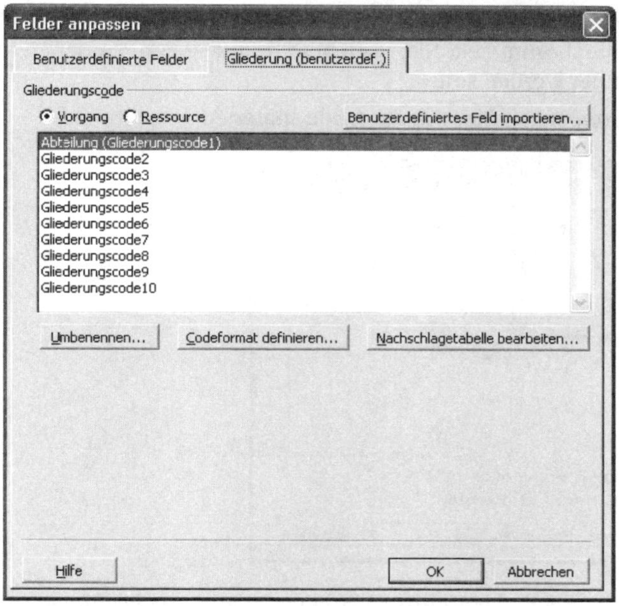

Abbildung 12.23: *Gliederungscode anpassen*

4. Geben Sie im Dialogfeld *Feld umbenennen* den gewünschten Namen für den Code ein.
5. Bestätigen Sie mit *OK*.

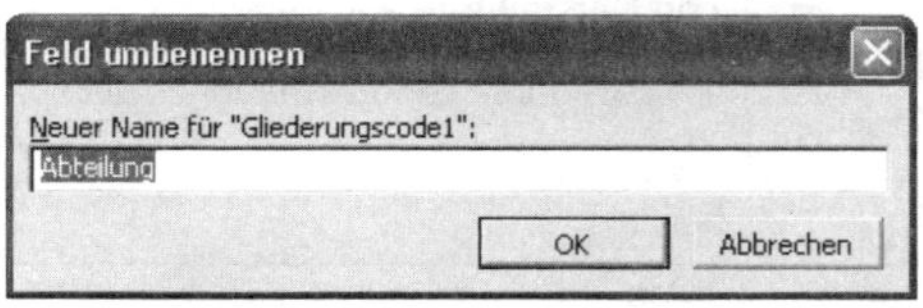

Abbildung 12.24: *Gliederungscode umbenennen*

Als nächstes müssen Sie ein Codeformat definieren, in dem Ihre Codes erscheinen sollen. Dies ist u.a. dafür notwendig, wenn diese Daten in einem anderen System (außerhalb von Projekt) verwendet werden sollen. Damit wird verhindert, dass im Feld jedes x-beliebige Zeichen verwendet werden kann.

Codeformate erstellen

1. Falls erforderlich, rufen Sie über den Menübefehl *Extras/Anpassen/Felder* das Dialogfeld *Felder anpassen* auf und aktivieren die Registerkarte *Gliederung (benutzerdef.)* (Abbildung 12.23).
2. Klicken Sie auf die Schaltfläche *Codeformat definieren*. Das Dialogfeld *Gliederungscodedefinition für " <Name>"* wird geöffnet.
3. Hier können Sie für jede hierarchische Ebene Ihres Codes bestimmen, wie das Format beschaffen sein soll.
4. Klicken Sie in der Spalte *Zeichenfolge* auf die erste freie Zeile und wählen Sie im geöffneten Listenfeld ein Format aus (Abbildung 12.25).

5. Geben Sie in der Spalte *Länge* an, wie viele Zeichen die Codeebene haben soll.
6. In der dritten Spalte bestimmen Sie, welches Trennzeichen zwischen den Codeebenen verwendet werden soll.
7. Im Feld *Codevorschau* sehen Sie, wie der Code später dargestellt wird.

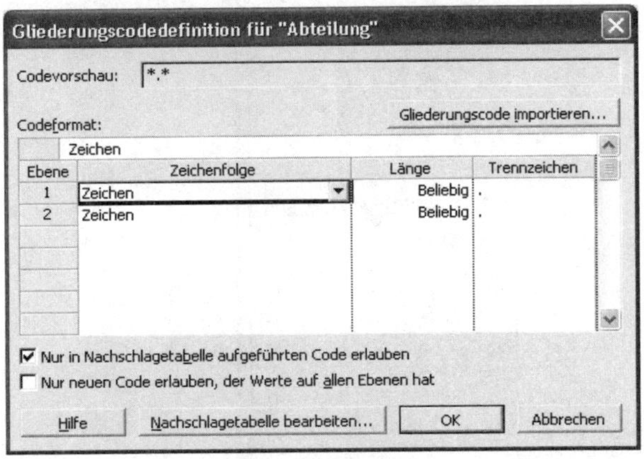

Abbildung 12.25: *Codeformat bearbeiten*

TIPP Es empfiehlt sich in jedem Fall, das Kontrollkästchen *Nur in Nachschlagetabelle aufgeführten Code erlauben* zu aktivieren, da sonst für jeden Eintrag, den Sie von Hand vornehmen, die Nachschlagetabelle erweitert wird.

In Tabelle 12.4 ist kurz aufgelistet, welche Codeformate möglich sind.

Tabelle 12.4: *Darstellungsarten der Codes*

Element	Mögliche Darstellung
Zeichenfolge	Zahlen, Groß- oder Kleinbuchstaben, beliebige Zeichen
Länge	1 bis beliebig
Trennzeichen	. – + / oder tippen Sie selbst eines ein

Nachschlagetabelle erstellen

Nachdem Sie die Codeformate definiert haben, können Sie beginnen, die Nachschlageliste für Ihren Code zu editieren. Das Wichtigste an diesen Tabellen ist die Möglichkeit, sie zu hierarchisieren. Das bedeutet, Sie können jede Hierarchie Ihres Unternehmens (z.B. die Organisationsstruktur) als Projektstrukturmerkmal verwenden.

Gehen Sie wie folgt vor:

1. Rufen Sie über den Menübefehl *Extras/Anpassen/Felder* das Dialogfeld *Felder anpassen* auf. Aktivieren Sie die Registerkarte *Gliederung* (*benutzerdef.*).
2. Klicken Sie auf die Schaltfläche *Nachschlagetabelle bearbeiten*, um das Dialogfeld *Nachschlagetabelle für "<Name>" bearbeiten* zu öffnen.
3. Geben Sie die Struktur als Liste in der Spalte *Gliederungscode* ein. Falls notwendig, können Sie in der Spalte *Beschreibung* noch eine kurze Information zum Code eingeben.

4. Ordnen Sie nun Ihre Liste hierarchisch, indem Sie die Schaltfläche *Tiefer stufen* verwenden.
5. Bestätigen Sie Ihre Eingaben mit *Schließen* und verlassen Sie auch das Dialogfeld *Felder anpassen* mit *OK*.

Abbildung 12.26: *Nachschlageliste erstellen*

Codes verwenden und als Menüeintrag abspeichern

1. Rufen Sie den Menübefehl *Projekt/Gruppieren nach: <Gruppenname>/Weitere Gruppen* auf. Im Dialogfeld *Weitere Gruppen* haben Sie nun die Möglichkeit, eine neue Gruppierung zu erstellen.

2. Klicken Sie im Dialogfeld *Weitere Gruppen* auf die Schaltfläche *Neu*.
3. Im folgenden Dialogfeld *Gruppendefinition* (Abbildung 12.27) klicken Sie in der Spalte *Feldname* in die erste Zeile und wählen Sie in der Liste das gewünschte Feld aus.
4. Aktivieren Sie das Kontrollfeld *Im Menü anzeigen*.
5. Legen Sie in der Spalte *Reihenfolge* die Sortierreihenfolge innerhalb der Gruppe fest.
6. Weisen Sie der neuen Gruppierung im Feld *Name* einen Namen zu.
7. Bestätigen Sie mit *OK*.

Die Gruppe ist ab sofort im Menü der angezeigten Gruppen auswählbar. Sie können sie über *Projekt/Gruppieren nach* auswählen (Abbildung 12.28).

HINWEIS In den weiteren Zeilen können Sie zusätzliche Gruppierungskriterien festlegen. So können Sie sich beispielsweise erst nach dem Code *Abteilung* und dann nach dem Code *Priorität* eine völlig neue Projektstruktur anzeigen lassen.

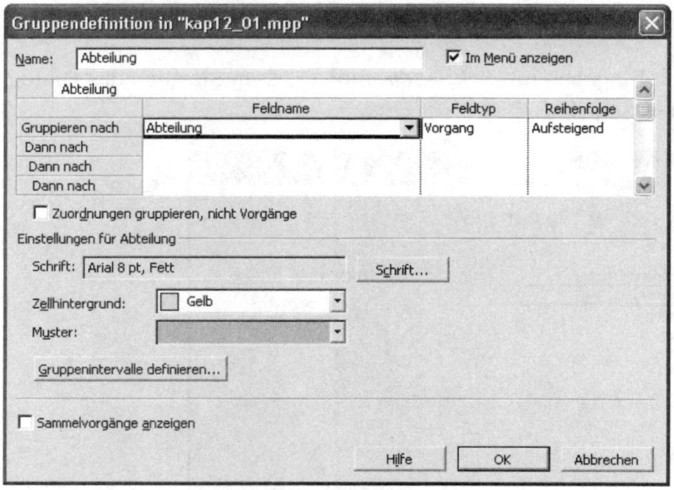

Abbildung 12.27: Erstellten Code verwenden

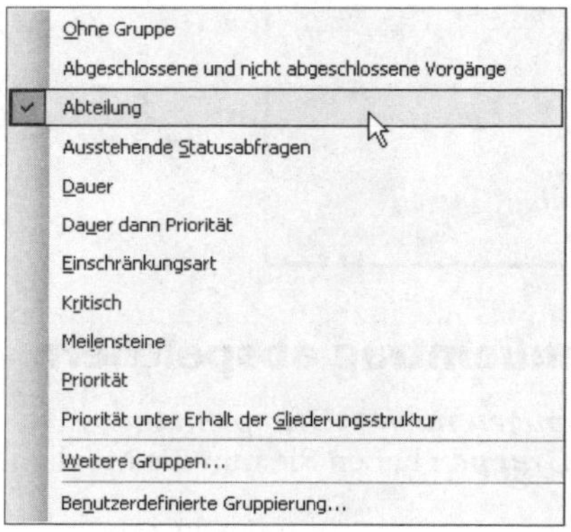

Abbildung 12.28: Gruppierung aufrufen

In Abbildung 12.29 sehen Sie das Ergebnis der Anpassung nach der Definition des Gliederungscodes *Abteilung* sowie dessen Einsatz als neue Projektstrukturierung.

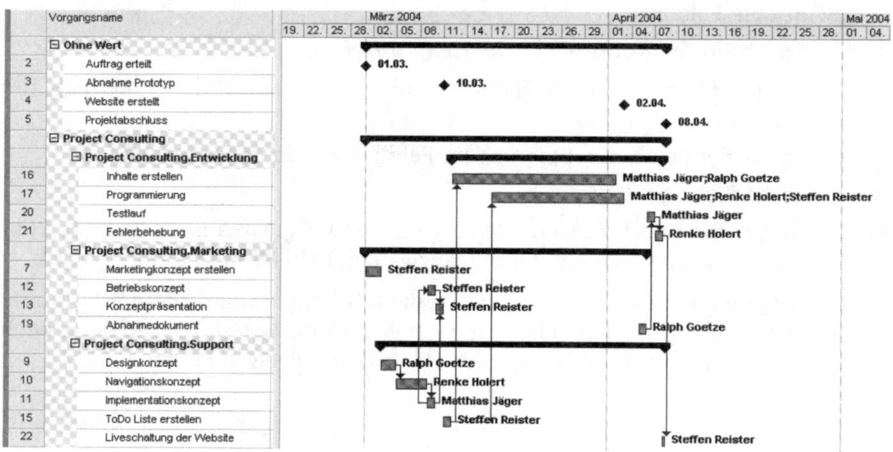

Abbildung 12.29: Ergebnis der Anpassung

13 Masken zur Eingabe und Anzeige von Daten

315 Was sind überhaupt Masken?
316 Masken verwenden
323 Umbenennen benutzerdefinierter Masken
323 Kopieren benutzerdefinierter Masken
324 Löschen benutzerdefinierter Masken
325 Benutzerdefinierte Masken global verfügbar machen

Was sind überhaupt Masken?

Diverse Erscheinungsformen von Masken haben Sie bereits kennen gelernt. Masken sind nützliche Helfer, wenn es darum geht, Daten einzugeben. Natürlich können Sie Daten auch in Tabellen eintragen. Falls ein Vorgang aber von mehreren Ressourcen bearbeitet wird, ist die Übersichtlichkeit einer Tabelle doch sehr beschränkt. Daher gibt es diverse Masken, um das Arbeiten mit Ressourcen zu vereinfachen.

Masken können mit anderen Darstellungsformen (z.B. mit Tabellen oder grafischen Ansichten) verknüpft werden. Bei der Ansicht *Vorgang: Eingabe* wird im unteren Bereich die Maske *Ressourcen & Vorgänger* (Abbildung 13.1) eingeblendet, über die Informationen eingegeben und angezeigt werden können. Die meisten Formate, die diese Maske annehmen kann, wurden bereits in den ▶ Kapiteln 6, 7 und 9 besprochen.

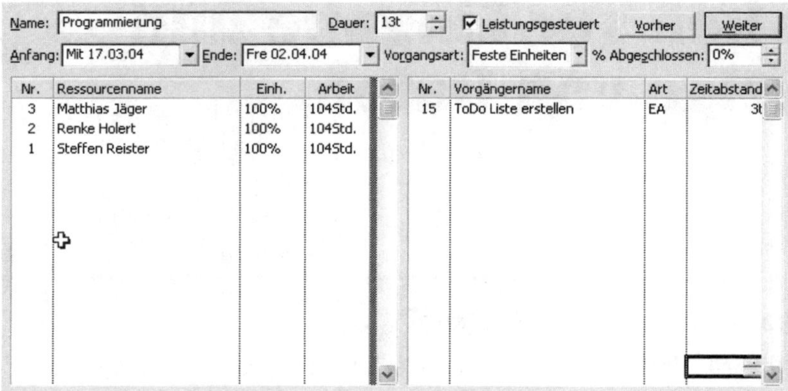

Abbildung 13.1:
Die Maske
Ressourcen & Vorgänger

Masken verwenden

Neben den bekannten Formaten gibt es noch drei weitere, die bei der Arbeit im Projekt sehr nützlich sein können. Eines dieser Formate ist *Vorgänger & Nachfolger* (Abbildung 13.2). Es wird – wie alle anderen Formate – über das Kontextmenü des unteren Teils der Ansichtskombination aufgerufen.

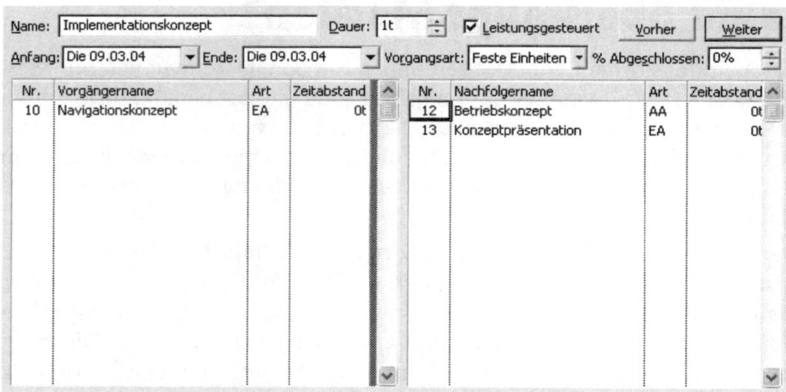

Abbildung 13.2:
Die Maske
Vorgänger & Nachfolger

Hier sind die Informationen über die den Vorgängen zugeordneten Vorgänger und Nachfolger, ebenso wie der zeitliche Abstand zwischen den Vorgängen zu sehen. Dieses Format ist vor allem für die Analyse von Vorgangsbeziehungen interessant.

Sicherlich nicht uninteressant ist auch das Format *Notizen* (Abbildung 13.3). Über dieses kann – wie es der Name bereits andeutet – auf die Vorgangsnotizen zugegriffen werden. Diese Ansicht ist vor allem dann, wenn viele Notizen eingetragen werden sollen, handlicher, als der Weg über die *Informationen zum Vorgang*.

Abbildung 13.3: *Notizen zum Vorgang*

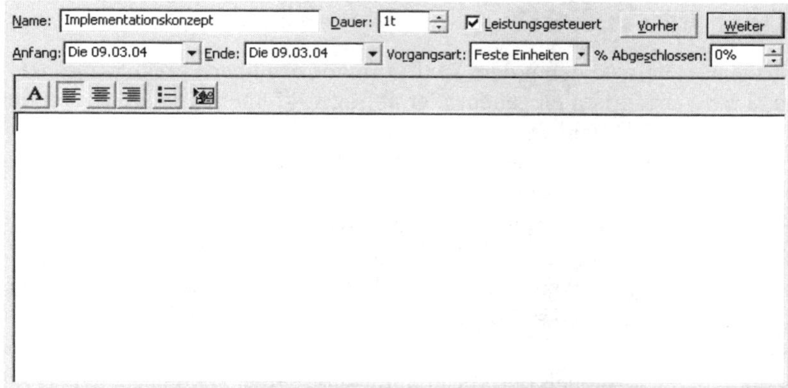

Schließlich gibt es auch noch das Format *Objekte* (Abbildung 13.4). In dieser Einstellung können Objekte aus anderen Anwendungen einem Vorgang zugeordnet werden. Das ist beispielsweise dann interessant, wenn Excel-Tabellen dem Projekt als Anlage beigefügt werden sollen.

Abbildung 13.4: *Die Maske* Objekte *mit einer Excel-Tabelle*

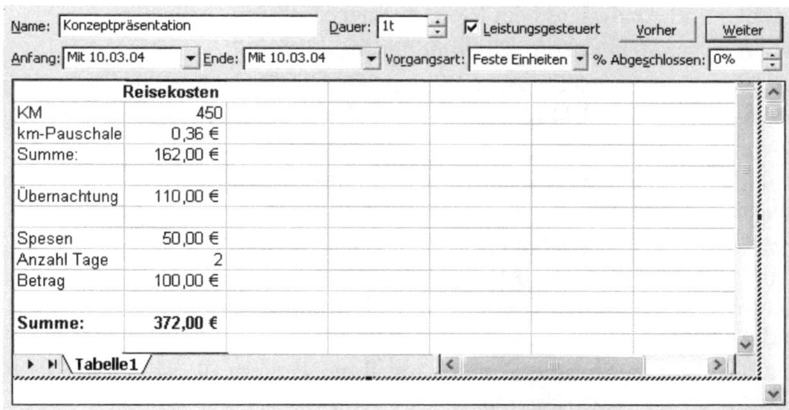

Analog zu den Vorgangsmasken gibt es auch bei den Ressourcenmasken verschiedene Varianten (siehe hierzu Tabelle 13.1).

Tabelle 13.1: *Verschiedene Ressourcenmasken*

Maske	Funktion
Termine	Über diese Maske können Sie die terminliche Zuordnung einer Ressource zu Vorgängen steuern.
Kosten	Damit steuern und beobachten Sie die Kosten, die für den Einsatz einer Ressource bei den verschiedenen Vorgängen anfallen.
Arbeit	In dieser Maske finden Sie die Einstellungen zur Arbeit einer Ressource bei den verschiedenen Vorgängen.
Notizen	Hier können Sie die Notizen zu den Ressourcen bearbeiten.
Objekte	Über diese Maske können Sie Objekte wie Excel-Tabellen zu Ressourcen zuordnen.

Masken erstellen

Eine Maske ist ein Dialogfeld, mit dem Sie Informationen über Vorgänge und Ressourcen in Ihren Terminplan eingeben oder abfragen können. Project verwendet standardmäßig das Dialogfeld *Informationen zum Vorgang* bzw. das Dialogfeld *Informationen zur Ressource*, das Optionen enthält, die Sie für einen Vorgang oder eine Ressource angeben können.

Wenn Sie Vorgangs- oder Ressourceninformationen eingeben möchten, die nicht in diesem Dialogfeld (Standardmaske) enthalten sind, können Sie benutzerdefinierte Masken verwenden. Wenn Sie das Dialogfeld *Masken anpassen* (Menübefehl *Extras/Anpassen/Masken*) öffnen, können Sie Masken für Vorgänge oder Ressourcen einblenden.

Mit Project haben Sie bezüglich der Masken folgende Möglichkeiten:

- Anzeigen integrierter benutzerdefinierter Masken mit speziellen Informationen zu Vorgängen und Ressourcen, die Sie in Ihrem Projekt eingeben, überwachen und anzeigen können.
- Erstellen und Anzeigen neuer benutzerdefinierter Masken mit speziellen Vorgangs- und Ressourceninformationen, die an Ihre Arbeitsweise beim Erstellen, Überwachen und Analysieren der Projekte angepasst sind.
- Bearbeiten vorhandener benutzerdefinierter Masken.
- Zuweisen von benutzerdefinierten Masken zu Menübefehlen oder Schaltflächen auf Symbolleisten. Darauf wird in ▶ Kapitel 15 noch ausführlicher eingegangen.

Darüber hinaus enthält Project die folgenden integrierten benutzerdefinierten Vorgangsmasken:

- *Arbeitsüberwachung*: Verschaffen Sie sich einen Überblick über Vorgänge und zugeordnete Ressourcen. Die Arbeit einer Ressource an einem Vorgang wird mithilfe der Arbeitskriterien Gesamt, Aktuell, geplant, abgeschlossen und verbleibend nachgewiesen.
- *Eingabe:* Die Standardmaske *Eingabe* mit ihren Feldern *Name, Dauer, Vorgangsanfang* sowie *Vorgangsende.*
- *Ertragswert*: Diese Maske liefert Ihnen einen Maßstab für die Kosten der Arbeit, die bis zum Statusdatum oder aktuellen Datum geleistet wurden.
- *Kostenüberwachung*: In dieser Maske werden die Kosten nach den Kriterien Gesamtkosten, geplante Kosten, feste Kosten, aktuelle Kosten und verbleibende Kosten ausgewiesen. Ergänzend erfahren Sie mehr zu Dauer und Arbeiten an Ihren Projektvorgängen.
- *PERT-Eingabe*: In der PERT-Eingabe-Maske können Sie festlegen, wie viel Zeit ein Projektvorgang im optimistischen, im realistischen oder im pessimistischen Fall benötigt.
- *Terminüberwachung*: Kontrollieren Sie die Einhaltung der Termine eines Projektes. Die Maske zeigt jeweils geplante und berechnete Termine des jeweiligen Vorgangs.
- *Überwachung*: Mithilfe dieser Maske können Sie Informationen über Name, Anfang und Ende, Dauer und Status eines Projektvorgangs erhalten.

- *Vorgangsbeziehungen*: Diese Maske gibt Ihnen Auskunft über den Vorgänger und Nachfolger eines Projektvorgangs.

Um das Dialogfeld *Masken anpassen* zu öffnen (Abbildung 13.5), rufen Sie den Menübefehl *Extras/Anpassen/Masken* auf.

Abbildung 13.5: *Die Hauptauswahl von Masken*

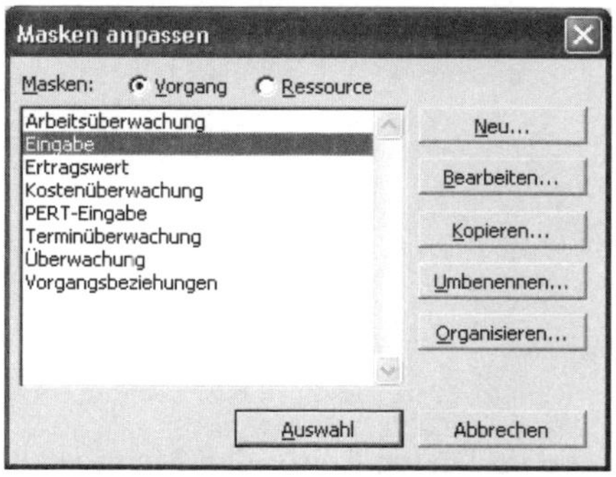

Erweiterung bestehender Masken

Falls keine der integrierten benutzerdefinierten Masken von Project Ihren Bedürfnissen entspricht, können Sie eine benutzerdefinierte Maske an Ihre Bedürfnisse anpassen. Aber warum das Rad neu erfinden? Bearbeiten Sie eine bestehende Maskenvorlage und passen Sie diese an Ihre Vorstellungen an.

Die im Folgenden aufgeführte Beispieldatei *Kap13_02.mpp* finden Sie im Ordner *\Buch\Kap13* auf der CD-ROM zu diesem Buch. Die fertigen Ergebnisse zum Vergleichen finden Sie in der Datei *Kap13_01.mpp*.

Sie wollen im Projekt *Kap13_02.mpp* die benutzerdefinierte Maske *Eingabe* um die Information *Prozentwert der Fertigstellung* erweitern. Um eine Maske nach Ihren Wünschen zu erweitern, gehen Sie folgendermaßen vor:

1. Rufen Sie den Menübefehl *Extras/Anpassen/Masken* auf.
2. Im Listenfeld markieren Sie den Eintrag *Eingabe* und klicken auf die Schaltfläche *Bearbeiten*. Dadurch gelangen Sie in den *Microsoft Project Dialog-Editor* (Abbildung 13.6).

Abbildung 13.6: *Die Maske* Eingabe *im Dialog-Editor*

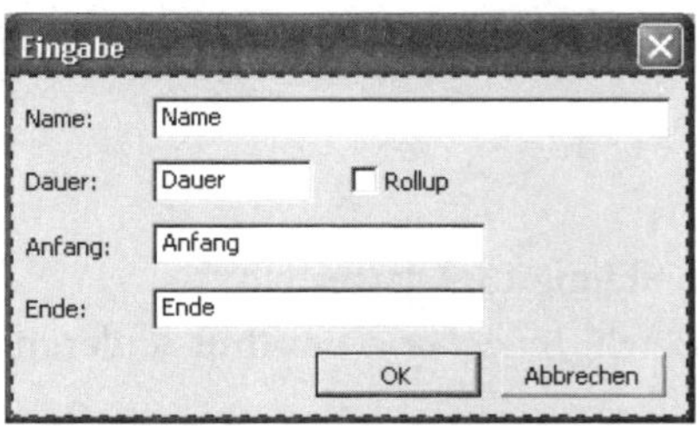

3. Vergrößern Sie zunächst die Maske, indem Sie mit der linken Maustaste auf den unteren Rand klicken und ihn bei gedrückter Maustaste ein Stück nach unten ziehen. Danach lassen Sie die Maustaste los.

4. Versetzen Sie die Schaltflächen *OK* und *Abbrechen* durch Klicken der linken Maustaste und Ziehen der Schaltflächen nach unten (Abbildung 13.7).

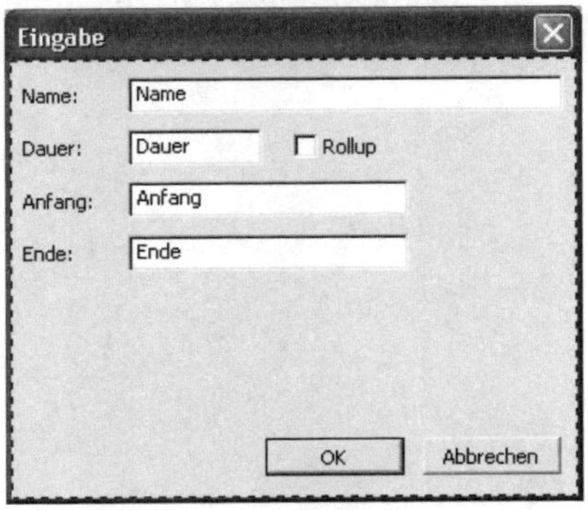

Abbildung 13.7: *Maske vergrößern und Schaltflächen verschieben*

5. Fügen Sie ein Textfeld ein. Dazu rufen Sie im Dialog-Editor den Menübefehl *Elemente/Text* auf.
6. Doppelklicken Sie auf das neue Textfeld.
7. Im daraufhin geöffneten Dialogfeld *Elementinformationen* schreiben Sie in das Feld *Text* das Wort *Erledigt:*.
8. Verkleinern Sie das Feld *Breite*, indem Sie den Wert *30* direkt eintragen.
9. Klicken Sie auf *OK*.
10. Fügen Sie ein weiteres Element ein. Rufen Sie dazu den Menübefehl *Elemente/Felder* auf.
11. Wählen Sie im Listenfeld *Feld* den Eintrag % *Abgeschlossen* aus (Abbildung 13.8).

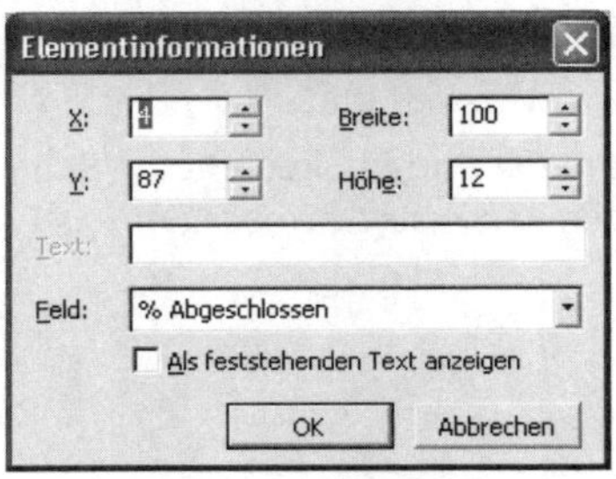

Abbildung 13.8: *Das Element* % Abgeschlossen *in die Maske einfügen*

12. Bestätigen Sie Ihre Wahl mit *OK*.
13. Positionieren Sie das Feld wie in ▶ Abbildung 13.9 dargestellt.
14. Klicken Sie im Menü *Datei* auf den Befehl *Speichern*, um Ihre Änderungen zu sichern.
15. Beenden Sie den Dialog-Editor durch Aufruf des Menübefehls *Datei/Beenden*.
16. Klicken Sie zum Abschluss auf die Schaltfläche *Auswahl*, um Ihre Änderungen zu kontrollieren (Abbildung 13.9).

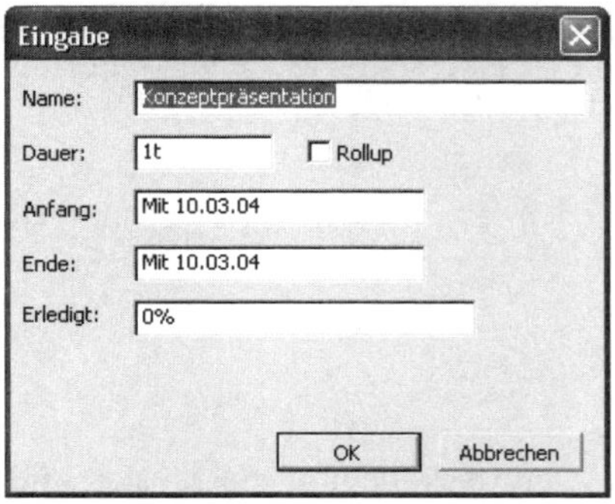

Abbildung 13.9: *Das Ergebnis: Die angepasste Maske* Eingabe

Definieren eigener Masken

Natürlich können Sie in Project auch eigene Masken erstellen. Einer neuen Maske könnten Sie dann einen so genannten Shortcut (eine Tastenkombination) zuweisen, damit Sie die Maske später schnell aufrufen können.

Gehen wir davon aus, dass Sie in Ihrem Projekt *Kap13_02.mpp* eine eigene Maske erstellen möchten, die Ihnen die Fortschreibung des jeweils selektierten Vorganges erleichtert. Fortschreiben wollen Sie die tatsächlich geleisteten Stunden. Ferner soll die noch verbleibende Arbeit sowie der tatsächliche Anfangstermin editiert werden können. Als zusätzliche Information möchten Sie den Fertigstellungsgrad anzeigen, wobei dieser aber nicht editierbar sein soll. Schließlich soll das Notizfeld zum Vorgang angezeigt werden.

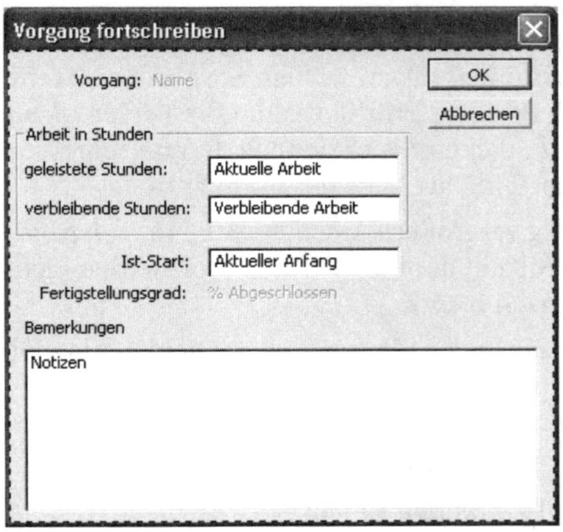

Abbildung 13.10: *So sollte die neue Maske aussehen*

Lösen Sie diese Aufgabe mit den folgenden Schritten:

1. Rufen Sie den Menübefehl *Extras/Anpassen/Masken* auf.
2. Klicken Sie auf das Optionsfeld *Vorgang*.
3. Klicken Sie auf die Schaltfläche *Neu*.
4. Geben Sie im Feld *Name* die Bezeichnung der neuen benutzerdefinierten Maske ein.

5. Für den Shortcut (die Tastenkombination) tippen Sie in das entsprechende Feld den Buchstaben »y« ein, um die Maske später über Strg+Y aufrufen zu können (Abbildung 13.11).

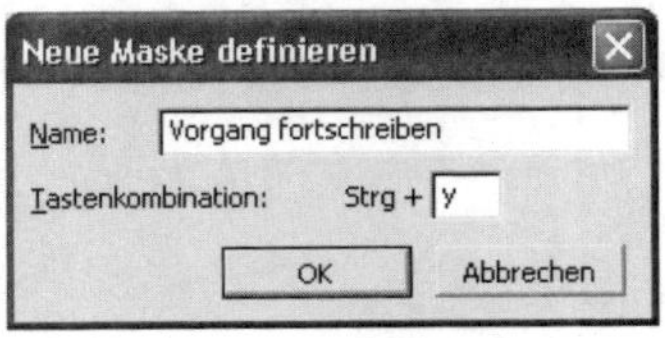

Abbildung 13.11: *Eine eigene Maske erstellen*

6. Bestätigen Sie Ihre Eingaben mit OK. Der Maskeneditor meldet sich und bietet Ihnen zu Beginn lediglich die zwei Schaltflächen OK und Abbrechen.
7. Fügen Sie jetzt Ihr erstes Element ein, indem Sie den Menübefehl Elemente/Felder auswählen.
8. Wählen Sie aus dem Listenfeld Feld den Eintrag Name und bestätigen Sie mit OK.
9. Rufen Sie erneut den Menübefehl Elemente/Felder auf, wählen Sie im Listenfeld Feld den Eintrag Aktuelle Arbeit aus und belassen Sie die anderen Felder mit den Standardwerten.
10. Klicken Sie auf OK und wiederholen Sie die Vorgänge mit den Elementen Verbleibende Arbeit, Aktueller Anfang, % Abgeschlossenen, und Notizen.

HINWEIS

Das Kontrollkästchen *Als feststehenden Text anzeigen* bewirkt, dass der Vorgangsname in der Maske lediglich angezeigt wird, jedoch nicht verändert werden kann.

11. Um die Felder *Aktuelle Arbeit* und *Verbleibende Arbeit* legen Sie ein Gruppenfeld – so werden diese optisch gruppiert. Dazu wählen Sie aus dem Menü *Elemente* den Befehl *Gruppenfeld.* Positionieren Sie es um die Felder *Aktuelle Arbeit* und *Verbleibende Arbeit,* klicken Sie es doppelt an und schreiben Sie *Arbeit in Stunden* in das Eingabefeld *Text*. Klicken Sie auf *OK*.
12. Das Notizenfeld sollten Sie ein wenig vergrößern, um längeren Notizen genügend Platz zu geben. Dafür klicken Sie mit der linken Maustaste auf den rechten Rand des Feldes und ziehen es nach rechts.
13. Zur besseren Ansicht positionieren Sie in der Maske noch Textfelder, um eine Erklärung zu den einzelnen angezeigten Daten anzuzeigen (Abbildung 13.10). Verwenden Sie dazu den Eintrag *Text* im Menü *Elemente* des Editors.
14. Klicken Sie im Menü *Datei* auf den Befehl *Speichern*.
15. Wählen Sie zum Abschluss im Menü *Datei* den Befehl *Beenden*.
16. Prüfen Sie jetzt Ihre Maske, indem Sie auf die Schaltfläche *Auswahl* klicken.

HINWEIS

Sie können Ihre Maske ebenfalls testen, indem Sie beispielsweise in der Ansicht *Balkendiagramm (Gantt)* einen beliebigen Vorgang in der Tabelle markieren und dann die Tastenkombination Strg+Y drücken (die Sie vorher Ihrer Maske zugewiesen haben).

Abbildung 13.12: Jetzt können Sie Ihr Projekt schnell und sicher fortschreiben

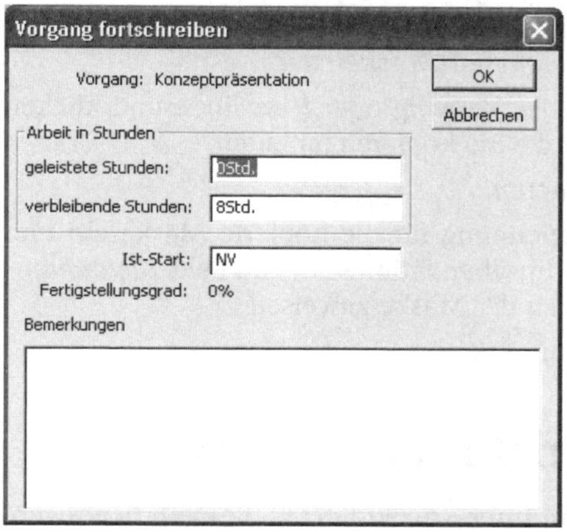

Umbenennen benutzerdefinierter Masken

Sie können integrierte oder neue benutzerdefinierte Masken umbenennen. Durch das Umbenennen erstellen Sie eine Kopie der benutzerdefinierten Maske – die ursprüngliche Maske bleibt also unverändert, während die umbenannte Kopie zur Liste benutzerdefinierter Masken hinzugefügt wird.

Um Masken umzubenennen, verfahren Sie wie folgt:

1. Rufen Sie den Menübefehl *Extras/Anpassen/Masken* auf.
2. Klicken Sie auf eines der Optionsfelder *Vorgang* oder *Ressource* und dann auf den Namen der Maske, die Sie umbenennen möchten.
3. Klicken Sie auf die Schaltfläche *Umbenennen*.
4. Geben Sie im Feld *Name* einen neuen Namen für die Maske ein und bestätigen Sie über *OK*. Falls Sie es wünschen, können Sie im Feld *Tastenkombination* einen Shortcut zum Anzeigen der Maske zuweisen.
5. Bestätigen Sie Ihre Aktionen mit *OK*.

Kopieren benutzerdefinierter Masken

Im Gegensatz zum Umbenennen von Masken können Sie integrierte oder neue benutzerdefinierte Masken kopieren. Das Kopieren einer Maske entspricht weitgehend dem Umbenennen einer benutzerdefinierten Maske. Beim Kopieren einer benutzerdefinierten Maske bleibt jedoch die Ausgangsmaske unverändert, während eine umbenannte Kopie zur Liste benutzerdefinierter Masken hinzugefügt wird. Sie müssen allerdings nicht den Namen verwenden, den Project der Kopie zuweist. Sie können die Kopie benennen, bevor oder nachdem Sie die Kopie erstellen.

Um eine Maske zu kopieren, befolgen Sie die nächsten Arbeitsschritte:

1. Rufen Sie den Menübefehl *Extras/Anpassen/Masken* auf.
2. Klicken Sie auf eines der Optionsfelder *Vorgang* oder *Ressource* und klicken Sie dann auf den Namen der Maske, die Sie kopieren möchten.
3. Klicken Sie auf die Schaltfläche *Kopieren*.
4. Geben Sie im Feld *Name* eine Bezeichnung für die kopierte Maske ein und bestätigen Sie über *OK*. Falls Sie es wünschen, können Sie im Feld *Tastenkombination* einen Shortcut zum Anzeigen der Maske zuweisen.
5. Bestätigen Sie Ihren Kopiervorgang mit *OK*.

Löschen benutzerdefinierter Masken

Sollten Sie benutzerdefinierte Masken in Ihrer Projektdatei nicht mehr benötigen, können Sie diese wieder entfernen.

Dazu verfahren Sie folgendermaßen:

1. Rufen Sie den Menübefehl *Extras/Organisieren* auf.
2. Aktivieren Sie die Registerkarte *Masken* (Abbildung 13.13).
3. Markieren Sie in der rechten Liste die Maske(n), welche Sie aus Ihrer Projektdatei entfernen wollen.

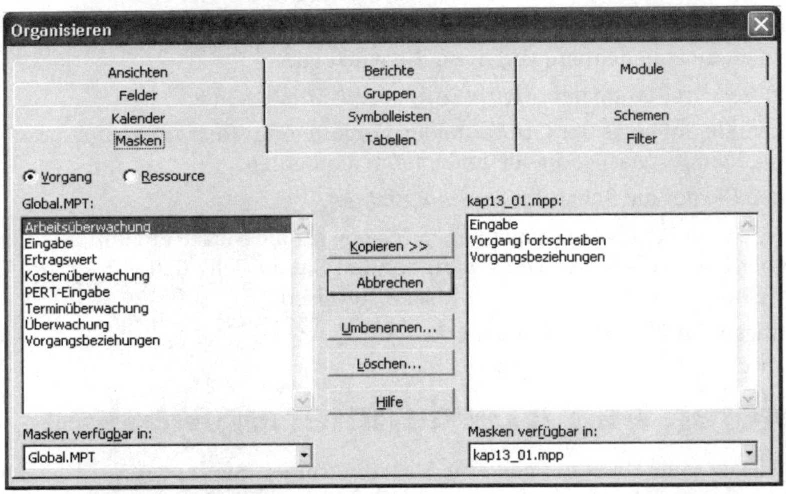

Abbildung 13.13: *Entfernen oder Kopieren von Masken*

HINWEIS

Nutzen Sie die Tasten Umschalt oder Strg zusammen mit der linken Maustaste, um mehrere Masken gleichzeitig zu markieren.

4. Klicken Sie auf die Schaltfläche *Löschen*.
5. Verlassen Sie das Dialogfeld durch einen Klick auf die Titelleisten-Schaltfläche *Schließen*.

Benutzerdefinierte Masken global verfügbar machen

Alle benutzerdefinierten Masken, die Sie in Ihrer aktiven Projektdatei erstellen oder ändern, werden nur in dieser Datei gespeichert und nicht auf andere zuvor oder später erstellte Dateien angewendet. Mit dem Dialogfeld *Organisieren* können Sie allerdings benutzerdefinierte Masken in die globale Datei *Global.mpt* verschieben (Abbildung 13.13).

1. Rufen Sie den Menübefehl *Extras/Organisieren* auf.
2. Aktivieren Sie die Registerkarte *Masken*.
3. Markieren Sie in der rechten Liste die Maske, die Sie allgemein zugänglich machen wollen.
4. Klicken Sie auf die Schaltfläche *Kopieren*.
5. Das Listenfeld auf der linken Seite aktualisiert sich sofort. Ihre benutzerdefinierte Maske ist somit in die globale Datei aufgenommen worden.
6. Verlassen Sie das Dialogfeld, indem Sie in der Titelleiste auf die Schaltfläche *Schließen* klicken.

14 Benutzerdefinierte Felder

327 Benutzerdefinierte Felder in Project
329 Felder bearbeiten
332 Rechnen mit Project
335 Verwendung von Feldern in Formeln
338 Verwendung von Funktionen in Formeln
340 Werte mit grafischen Symbolen verknüpfen: Die Ampel

Benutzerdefinierte Felder in Project

Variable oder benutzerdefinierte Felder sind eine der interessantesten Funktionen von Project. In ihnen können Informationen gespeichert werden, für die Project eigentlich keine Felder vorgesehen hat. Da das Datenmodell von Project starr ist und nicht durch den Anwender erweitert werden kann, sind diese Felder die einzige Möglichkeit, zusätzliche Informationen zu einem Projekt direkt in Project zu speichern.

Immerhin gibt es genügend solche frei definierbaren Felder. Die Zahl wurde im Laufe der Zeit deutlich erhöht, sodass es nun in der neuen Version z.B. 30 Felder gibt, in denen Text-Informationen gespeichert werden können.

Auf den folgenden Seiten finden Sie eine Reihe von Anwendungsbeispielen, die zeigen, was mit solchen variablen Feldern gemacht werden kann.

Project kennt insgesamt neun verschiedene variable Felder für Vorgänge. Zwei davon stehen allerdings nur zur Verfügung, wenn nicht mit Zwischenplänen gearbeitet wird. Die Tabelle 14.1 liefert Ihnen einen Überblick über die verschiedenen Felder:

Tabelle 14.1: *Die variablen Felder*

Feld	Anzahl	Funktion
Attribut	20	Ein binäres Feld, das entweder auf *Ja* oder *Nein* stehen kann. Es kann u.a. genutzt werden, um Vorgänge zu kennzeichnen. Beispiele anderer, nicht-variabler Felder dieses Datentyps sind *Kritisch* und *Leistungsgesteuert*.
Datum	10	In diesem Feld kann eine Datumsinformation gespeichert werden. Es könnte beispielsweise eingesetzt werden, um Daten für Statusberichte, die zu einem Vorgang geliefert werden, festzuhalten oder Unterbrechungstermine zusätzlich zu verwalten. ▶

Feld	Anzahl	Funktion
Dauer	10	In dieses Feld können Informationen über die Dauer gespeichert werden. Es kann u.a. verwendet werden, um in der Planungsphase Informationen über Manntage und zeitliche Dauer getrennt zu halten.
Gliederungscode	10	Erlaubt die Definition unterschiedlicher Codes für die Gliederung von Projekten und die automatische Berechnung einer solchen Gliederungsnummerierung.
Kosten	10	Hier können Kosteninformationen gespeichert werden. Damit lassen sich beispielsweise die Kosteninformationen in Project differenzierter festhalten.
Text	30	Dieses Feld ist das wohl am häufigsten genutzte variable Feld. Hier können Textinformationen wie z.B. der *Vorgangsverantwortliche* gespeichert werden.
Zahl	20	In diesem Feld können numerische Werte festgehalten werden.
Anfang	10	Dieses Feld speichert den Anfangstermin von Vorgängen im Zwischenplan.
Ende	10	Dieses Feld speichert den Endtermin von Vorgängen im Zwischenplan.

Neben den variablen Feldern für Vorgangsinformationen gibt es auch variable Felder für Ressourcen. Es sind genau die gleichen Felder wie bei den Vorgängen. Auch hier stehen also wieder neun verschiedene Arten von Feldern zur Verfügung.

HINWEIS

Allerdings gibt es einen gravierenden Unterschied: Die Felder *Anfang* und *Ende* werden nicht für Zwischenpläne genutzt. Sie können also auch dann frei verwendet werden, wenn mit Zwischenplänen gearbeitet wird.

Benutzerdefinierte Felder können in Tabellen, in individuell erstellten Masken sowie in Makros angesprochen werden und darüber hinaus als Filterkriterien dienen. Benutzerdefinierte Felder werden nicht automatisch von Project verarbeitet. Schließlich kann das Programm ja nicht wissen, zu welchem Zweck die verschiedenen benutzerdefinierten Felder letztlich eingesetzt werden.

Seit Project 2000 besteht die Möglichkeit, Funktionen und Formeln zu definieren, die automatisch auf ausgewählte benutzerdefinierte Felder angewendet werden.

Dies bedeutet, dass Sie die Informationen in benutzerdefinierten Feldern auf eine von drei Arten pflegen können – Sie können demnach

- alle Informationen manuell in diese Felder eintragen;
- Makros erstellen, mit deren Hilfe die Informationen in solchen Feldern gepflegt werden;
- die neuen Formeln und Funktionen nutzen, auf die am Ende dieses Kapitels noch ausführlich eingegangen wird.

Felder bearbeiten

Das Dialogfeld zum Bearbeiten benutzerdefinierter Felder (Abbildung 14.1) finden Sie im Menü *Extras* unter *Anpassen/Felder.*

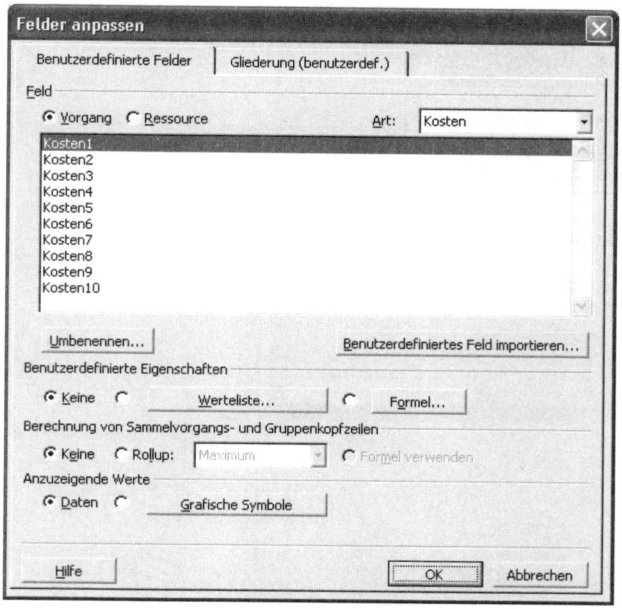

Abbildung 14.1: *Dialogfeld zum Anpassen der benutzerdefinierten Felder*

Felder umbenennen

Benutzerdefinierte Felder verfügen zugegebenermaßen nicht gerade über aussagekräftige Bezeichnungen, was im praktischen Einsatz zu Verwirrungen führen kann, insbesondere wenn ein Projekt von mehreren Benutzern bearbeitet wird. Daher empfiehlt es sich, die Felder – die man verwenden möchte – zunächst mit aussagekräftigen Namen zu versehen.

Zwei Wege stehen Ihnen zur Verfügung:

- Sie blenden das gewünschte Feld in einer Tabellenansicht ein und rufen über das Kontextmenü (rechter Mausklick) das Dialogfeld zum Anpassen der Felder auf.
- Sie rufen das Dialogfeld *Felder anpassen* über den Menübefehl *Extras/Anpassen/Felder* auf.

Nehmen wir an, Sie wollen im Feld *Kosten1* Reisekosten eintragen, um die hier anfallenden Beträge als Kostenfaktor in Ihr Projekt zu integrieren. Damit dieses Feld entsprechend erkannt wird, wollen Sie es in *Reisespesen* umbenennen.

Gehen Sie wie folgt vor:

1. Rufen Sie das Dialogfeld *Felder anpassen* über den Menübefehl *Extras/Anpassen/Felder* auf.
2. Wählen Sie aus dem Listenfeld *Art* die Feldart *Kosten* aus.

3. Markieren Sie in der erscheinenden Liste den Eintrag *Kosten1* (vgl. Abbildung 14.1).
4. Klicken Sie auf die Schaltfläche *Umbenennen*.

5. Geben Sie in dem erscheinenden Dialogfeld den neuen Namen ein (vgl. Abbildung 14.2).

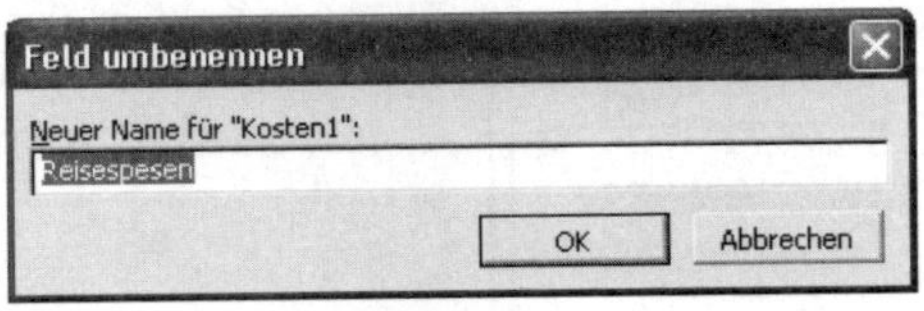

Abbildung 14.2: *Feld* Kosten1 *umbenennen*

6. Bestätigen Sie zweimal mit *OK*.

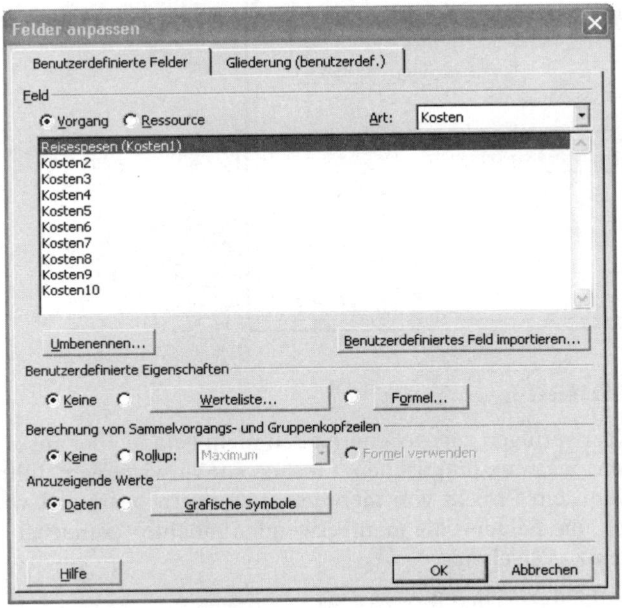

Abbildung 14.3: *Das Feld* Kosten1 *nach der Umbenennung*

Wertelisten für Felder definieren

Manchmal ist es notwendig, die Eingabe in Feldern auf bestimmte Werte zu beschränken bzw. eine Liste von Möglichkeiten vorzugeben. Dazu können Sie Wertelisten für bestimmte Felder festlegen, mit denen der Benutzer später eine Auswahlliste zur Verfügung gestellt bekommt, wenn er einen Wert in ein bestimmtes Feld eintragen möchte.

Ein Beispiel dazu: In Ihrem Unternehmen gibt es für die Mitarbeiter pro Tag 50 Euro extra, wenn sie außer Haus sind. Sie möchten daher das Feld *Reisespesen* (vormals: *Kosten1*) mit einer Auswahlliste belegen, um die Eingabe der Werte zu erleichtern bzw. nur bestimmte Werte zuzulassen.

Und so gehen Sie vor:

1. Rufen Sie das Dialogfeld *Felder anpassen* über den Menübefehl *Extras/Anpassen/Felder* auf.
2. Markieren Sie das Feld *Reisespesen (Kosten1)* im Feld *Vorgang*, Art *Kosten* (siehe Abbildung 14.3).

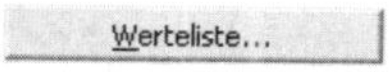

3. Klicken Sie auf die Schaltfläche *Werteliste*.
4. Geben Sie Ihre Werte im erscheinenden Dialogfeld *Werteliste für "Reisespesen"* ein (siehe Abbildung 14.4).

Abbildung 14.4: *Werteliste für das Feld* Reisespesen *eingeben*

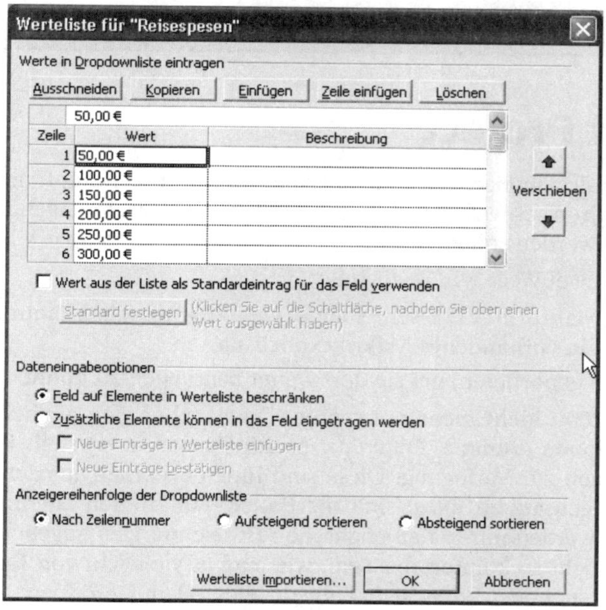

5. Damit keine anderen Werte aus Versehen eingetragen werden können, aktivieren Sie die Option *Feld auf Elemente in Werteliste beschränken*.
6. Bestätigen Sie Ihre Festlegungen mit *OK*.

HINWEIS

Sollten bereits Werte in diesem Feld eingetragen sein, werden diese beim Speichern der Liste gelöscht, weil dies im vorherigen Schritt so festgelegt wurde. Aus diesem Grund werden Sie mit einer Meldung über diesen Sachverhalt aufgeklärt und gewarnt (Abbildung 14.5).

Abbildung 14.5: *Warnung beim Überschreiben von Werten in benutzerdefinierten Feldern*

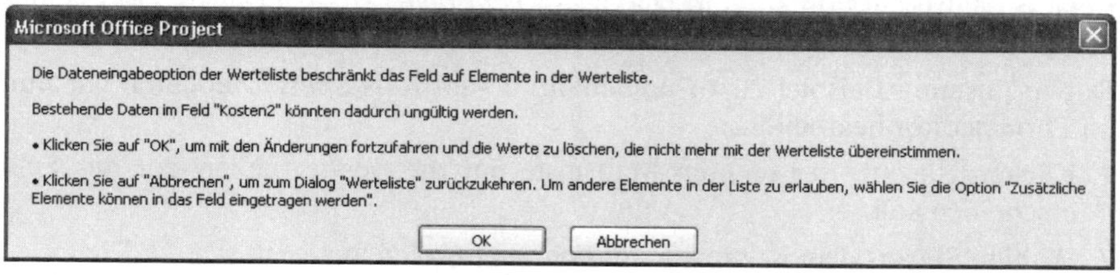

HINWEIS

Sollten Sie außer den in der Liste eingetragenen Werten auch andere zulassen wollen, müssen Sie die Option *Zusätzliche Elemente können in das Feld eingetragen werden* aktivieren. Sie können die Werte nach wie vor »von Hand« eingeben. Sollte der eingegebene Wert nicht in der Liste vorhanden sein, wird Ihnen bei Abschluss der Eingabe eine entsprechende Meldung angezeigt (Abbildung 14.6).

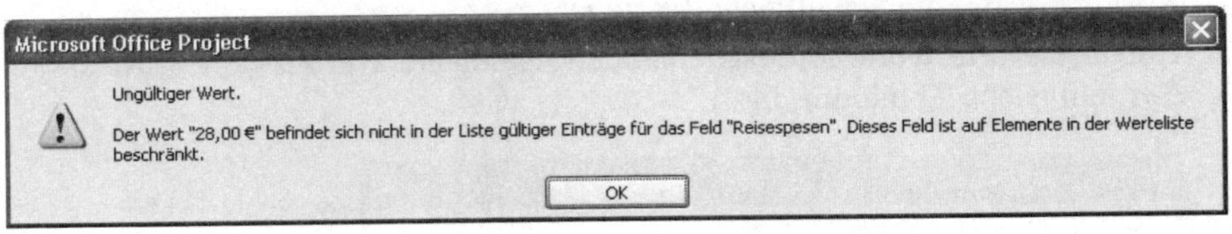

Abbildung 14.6: *Fehlermeldung bei Eingabe eines nicht in der Werteliste vorhandenen Wertes*

Rechnen mit Project

Project berechnet eigentlich immer: Termine aufgrund logischer Verknüpfungen, Kosten und Arbeitszeiten. Aber was ist mit Ihren spezifischen Berechnungen, die zusätzlich durchgeführt werden sollen?

Bislang standen hierfür zwei Wege zur Verfügung:

- Ein entsprechendes Makro in VBA schreiben – was Programmierkenntnisse voraussetzt bzw. ggf. ein vorhandenes Makro explizit starten.
- Die Daten nach Excel exportieren, um sie dort weiter bearbeiten zu können.

Beides ist seit Project 2000 nicht mehr notwendig. Denn neben den einfachen mathematischen Funktionen (Summe, Differenz, Multiplikation usw.) stellt Project zahlreiche Funktionen zur Verfügung. Diese sind Ihnen eventuell aus der Jet Engine bekannt. Im Gegensatz zu Excel sind die Project-Funktionen allerdings nicht übersetzt, d.h. sie werden nur in den englischen Bezeichnungen angeboten. Ihre Verwendung mag nicht so komfortabel sein, wie man es vielleicht von Excel her gewohnt ist, aber berechnen lässt sich nahezu alles. Damit eröffnen sich »ungeahnte« Möglichkeiten, die eigentlich nur durch die Anzahl der berechenbaren Felder begrenzt ist.

Arbeiten mit dem Formeleditor

In der Regel wollen Sie ein bearbeitetes Feld auch in einer Tabelle anzeigen lassen. Deshalb ist die schnellste Methode, ein Feld zu bearbeiten, dieses zunächst als Spalte in einer Tabelle einzublenden. Dann können Sie über das Kontextmenü (rechter Mausklick) direkt zum Dialogfeld *Feld bearbeiten* springen. Dort ist das gewählte Feld bereits automatisch markiert.

Das in unserem Beispiel zuvor umbenannte Feld *Reisespesen* möchten wir nun im Formeleditor bearbeiten:

1. Klicken Sie mit der rechten Maustaste auf die Spalte, neben der das Feld erscheinen soll.
2. Wählen Sie aus dem Kontextmenü *Spalte einfügen* aus.

3. Im erscheinenden Dialogfeld wählen Sie aus der Liste *Feldname* das Feld *Reisespesen (Kosten1)* aus. Project fügt eine neue Spalte links neben der angeklickten ein.
4. Klicken Sie mit der rechten Maustaste auf den Spaltenkopf der zu bearbeitenden Spalte und wählen Sie den Eintrag *Felder anpassen*.
5. Im geöffneten Dialogfeld *Felder anpassen* ist das angeklickte Feld bereits ausgewählt.

6. Klicken Sie auf die Schaltfläche *Formel*, um den Formeleditor zu öffnen (Abbildung 14.7).

In diesem Fenster sind alle Felder, Funktionen und Operatoren vorhanden, die Sie benötigen, um die eigenen Formeln und Berechnungen durchzuführen.

Abbildung 14.7: *Der Formeleditor*

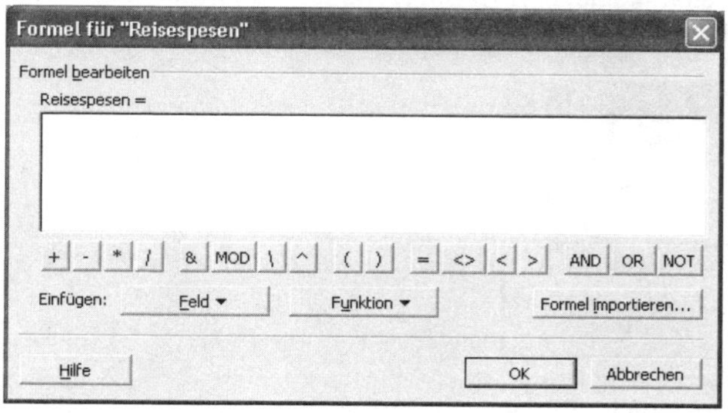

Die mathematischen Operatoren

In Tabelle 14.2 sehen Sie die mathematischen Operatoren mit einer Erläuterung der jeweiligen Funktion aufgelistet.

Tabelle 14.2: *Funktionen der mathematischen Operatoren*

Operator	Funktion
+	Addition
–	Subtraktion
*	Multiplikation
/	Division
&	Zeichenkettenoperator
MOD	Modulo-Division (Rest aus Division zweier ganzer Zahlen), z.B. 7MOD2 = 1
\	Integer-Division (Ganzzahliges Ergebnis aus Division zweier ganzer Zahlen), z.B. 7\2=3
^	Potenzrechnung
()	Klammer auf/zu
=	Gleich
<>	Ungleich
<	Kleiner ▶

Operator	Funktion
>	Größer
AND	Logisches UND
OR	Logisches ODER
NOT	Logisches NICHT

Formeln importieren

Haben Sie bereits in anderen Projekten mit Formeln gearbeitet, können Sie diese auch in ein neues Projekt übernehmen.

1. Klicken Sie auf die Schaltfläche *Formel importieren,* um eine Formel aus einem anderen Projekt zu importieren (Abbildung 14.8).

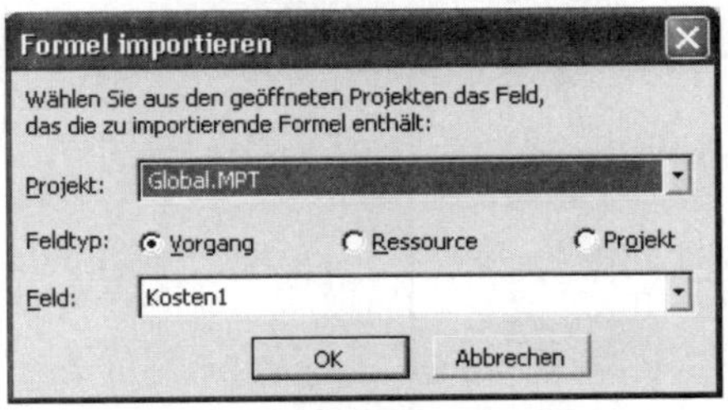

Abbildung 14.8: *Kopieren von Formeln zwischen Projekten*

2. Wählen Sie aus dem Listenfeld *Projekt* das Projekt aus, in dem sich die zu kopierende Formel befindet.
3. Wählen Sie aus dem Listenfeld *Feld* dasjenige aus, in dem sich die Formel befindet, die Sie kopieren möchten.
4. Bestätigen Sie Ihre Wahl mit *OK.*

TIPP

Formeln, die Sie immer wieder verwenden wollen, sollten Sie in Ihrer globalen Projektvorlage verfügbar machen.

Das ist zwar nicht mit einzelnen Formeln zu bewerkstelligen; da jedoch jede Formel mit einem entsprechenden Feld verbunden ist, können Sie durch Organisieren Ihre benutzerdefinierten Felder nebst dazugehöriger Formel verfügbar machen.

Dies ist in zwei Schritten realisierbar:

1. Rufen Sie das Menü *Extras/Organisieren* auf und aktivieren Sie die Registerkarte *Felder* aus.
2. Machen Sie die Felder und dazugehörigen Formeln durch Kopieren in die globale Projektvorlage für alle Projekte verfügbar (Abbildung 14.9).

Abbildung 14.9: *Felder global verfügbar machen*

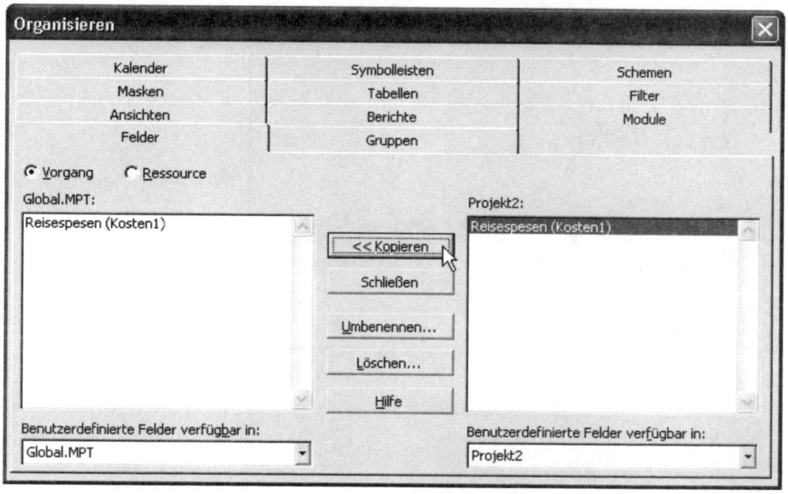

Verwendung von Feldern in Formeln

Sie haben die Möglichkeit, mit der Schaltfläche *Feld* alle Felder (Abbildung 14.10) von Project auszuwählen, um sie in Ihre Formeln mit einzubauen.

Nachfolgend wird nicht jedes einzelne Feld von Project beschrieben, da dies zu weit führen würde. Wir möchten Ihnen jedoch ein paar Hinweise geben, mit denen Sie sich orientieren können:

- Das Untermenü *Arbeit* beinhaltet alle Felder zu den Arbeitswerten von Project, z.B. *% Abgeschlossen* oder *Aktuelle Arbeit*.
- Im Untermenü *Attribut* finden Sie alle Felder, die Wahrheitswerte beinhalten wie z.B. *Meilenstein*.
- Im Untermenü *Nr./Code* finden Sie alle Code- oder Nummernfelder wie z.B. *Selbsterstellte Gliederungscodes* (▶ Kapitel 12) oder *Einmalige Nummern von Vorgängen* usw.
- Das Untermenü *Projekt* beinhaltet alle Felder, die für das gesamte Projekt gelten, z.B. *Statusdatum* oder *Projektanfang*.

Um ein Feld in eine Formel einzufügen, gehen Sie wie folgt vor:

1. Klicken Sie auf die Schaltfläche *Feld*, um ein Project-Feld in die Formel einzufügen.
2. Wählen Sie aus dem entsprechenden Untermenü die gewünschte Formel aus (Abbildung 14.10).

Das Feld wird mit eckigen Klammern in den Arbeitsbereich des Formeleditors eingefügt.

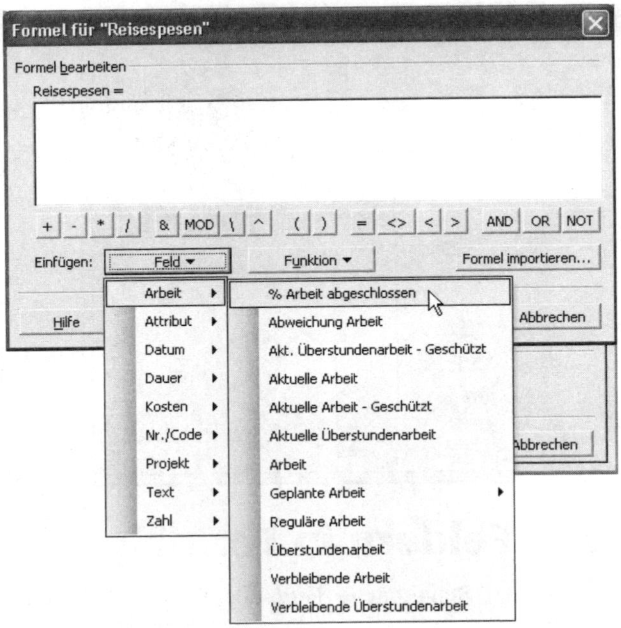

Abbildung 14.10: *Einfügen von Project-Feldern in eine Formel*

Beispiel zur Verwendung von Project-Feldern

Zuschlag zum Kostenfeld berechnen

Sie wollen die Kosten Ihrer Vorgänge dem Kunden berechnen. Dabei möchten Sie mit einem prozentualen Zuschlag einen kleinen Verdienst berücksichtigen. Da dieser Zuschlag unterschiedlich hoch sein soll, ist es nicht möglich, den Zuschlag in einer Formel festzulegen. Deshalb müssen Sie ein weiteres Feld definieren, in das Sie die Zuschläge eingeben können.

Die entsprechende Übungsdatei finden Sie unter dem Namen *Kap14_01.mpp* im Ordner *\Buch\Kap14* auf der CD-ROM zu diesem Buch. Die Ergebnisse finden Sie in der Datei *Kap14_02.mpp*.

Um diese Aufgabe zu lösen, müssen Sie folgende Schritte durchführen:

1. Benennen Sie das Feld *Zahl1* um in *Zuschlag %* (Abbildung 14.11). Eingegeben werden soll hier ein Wert zwischen 0 und 1, was 0 – 100% entspricht.

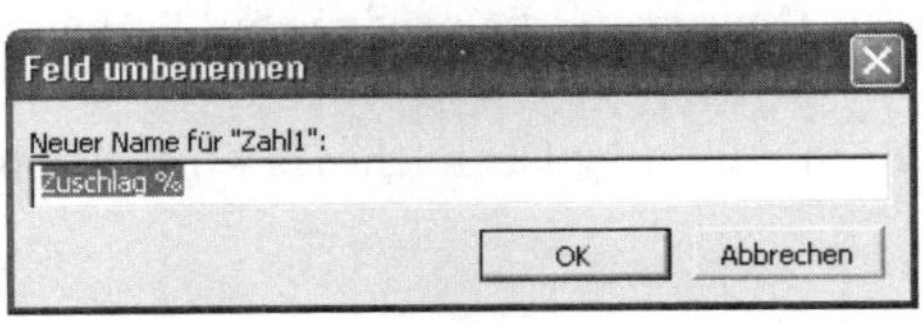

Abbildung 14.11: *Zahlfeld umbenennen*

2. Nehmen Sie ein Kostenfeld und benennen Sie es um in *Rechnung Kunde* (Abbildung 14.12).

3. Wählen Sie im Dialogfeld *Felder anpassen* für *Kosten2* im Bereich *Berechnung von Sammelvorgangs- und Gruppenkopfzeilen* die Option *Formel verwenden*.

Abbildung 14.12: *Kostenfeld umbenennen*

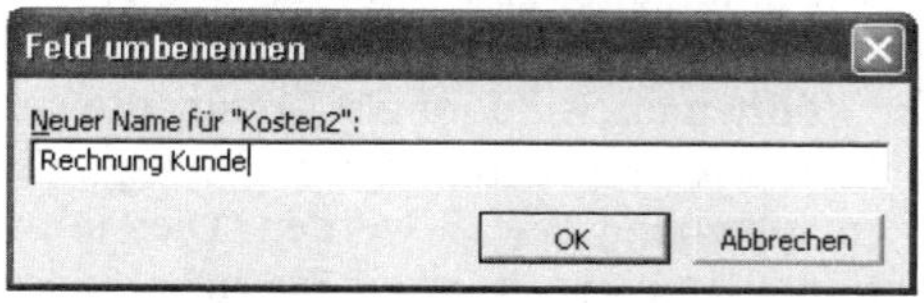

4. Geben Sie im umbenannten Kostenfeld die Formel *[Kosten]*(1+[Zahl1])* ein (Abbildung 14.13).

Abbildung 14.13: *Formel im Feld* Kosten *eingeben*

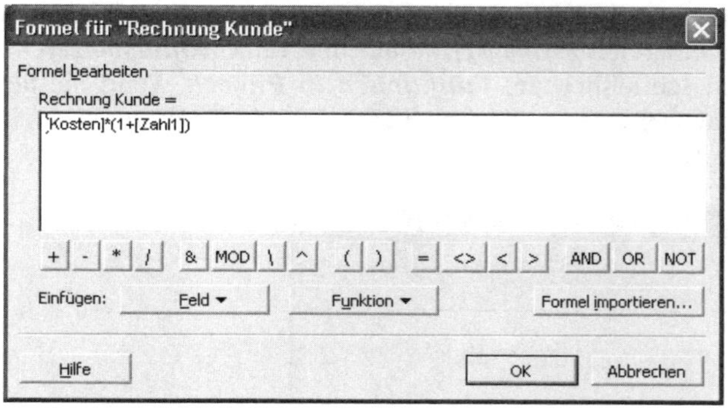

5. Blenden Sie die Spalten in Ihrer Tabelle ein und testen Sie das Ergebnis (Abbildung 14.14).

Abbildung 14.14: *Das Ergebnis*

	❶	Vorgangsname	Kosten	Zuschlag %	Rechnung Kunde
1		**⊟ Meilensteine**	**0,00 €**	**0**	**0,00 €**
2		Auftrag erteilt	0,00 €	0	0,00 €
3		Abnahme Prototyp	0,00 €	0	0,00 €
4		Website erstellt	0,00 €	0	0,00 €
5		Projektabschluss	0,00 €	0	0,00 €
6		**⊟ Initialisierung**	**1.200,00 €**	**0**	**1.200,00 €**
7		Marketingkonzept erstellen	1.200,00 €	0	1.200,00 €
8		**⊟ Entwurf Prototyp**	**4.200,00 €**	**0**	**4.800,00 €**
9		Designkonzept	1.200,00 €	0,3	1.560,00 €
10		Navigationskonzept	1.200,00 €	0,2	1.440,00 €
11		Implementationskonzept	600,00 €	0	600,00 €
12		Betriebskonzept	600,00 €	0	600,00 €
13		Konzeptpräsentation	600,00 €	0	600,00 €
14		**⊟ Realisierung**	**42.000,00 €**	**0**	**42.000,00 €**
15		ToDo Liste erstellen	600,00 €	0	600,00 €
16		Inhalte erstellen	18.000,00 €	0	18.000,00 €
17		Programmierung	23.400,00 €	0	23.400,00 €
18		**⊟ Abnahme**	**2.100,00 €**	**0**	**2.100,00 €**
19		Abnahmedokument	600,00 €	0	600,00 €
20		Testlauf	600,00 €	0	600,00 €
21		Fehlerbehebung	600,00 €	0	600,00 €
22		Liveschaltung der Website	300,00 €	0	300,00 €

Verwendung von Funktionen in Formeln

Richtig spannend wird es im Menü *Funktion* (Abbildung 14.15). Hier finden Sie ca. 80 verschiedene Funktionen zum Errechnen aller gewünschten Werte. Hinter diesen Funktionen verbergen sich in der Regel komplexe Berechnungsformeln. Neben den erforderlichen Argumenten können auch optionale Argumente gefordert sein. Wenn Sie eine Funktion im Editorfeld eingeben, werden alle Argumente als Platzhalter eingefügt und müssen entsprechend ersetzt werden. Dies können Werte, Feldnamen oder weitere Funktionen sein. So können Sie beliebig komplexe Berechnungen durchführen. Optionale Argumente können einfach gelöscht werden.

Die Beschreibung der einzelnen Funktionen finden Sie selbstverständlich in der Offline-Hilfe. Rufen Sie dazu im ?-Menü den Befehl *Microsoft Project-Hilfe* auf. Klicken Sie im Aufgabenbereich *Project-Hilfe* auf den Link *Inhaltsverzeichnis*, dann auf *Referenz* und schließlich auf *Funktionen in Project*. Wenn Sie lieber »schwarz auf weiß« nachschlagen möchten, finden Sie die Funktionen auch in ▶ Anhang B zu diesem Buch beschrieben.

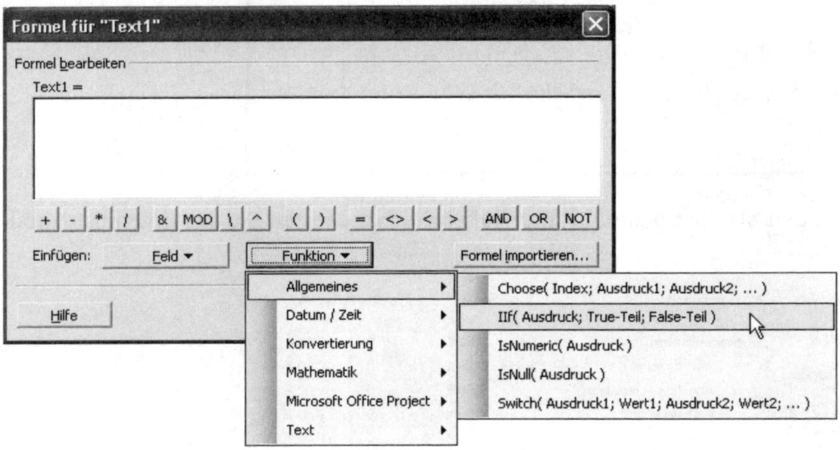

Abbildung 14.15: *Das Menü zum Einfügen einer Funktion*

Beispiele zur Verwendung von Funktionen in Project

Eine der am häufigsten verwendeten Funktionen ist mit Sicherheit die so genannte *IIF*-Funktion. Ihre klassische Aufgabenstellung lautet: »Wenn ein bestimmter Fall eintritt, dann tue etwas bestimmtes, ansonsten tue etwas anderes«. Diese Aufgabe der *IIF*-Funktion soll im Folgenden anhand eines Beispiels vorgestellt werden. Da mit der *IIF*-Funktion häufig bestimmte Felder abgefragt werden, wird in diesem Beispiel eine Kombination aus Funktion und Feld verwendet.

Die zu lösende Aufgabe lautet: »Wenn ein Vorgang begonnen hat, dann gib den berechneten Endtermin in ein Textfeld aus, ansonsten lasse das Textfeld leer«.

Die Übungsdatei hierzu finden Sie unter dem Namen *Kap14_01.mpp* im Ordner *\Buch\Kap14* auf der CD-ROM zu diesem Buch.

Gehen Sie wie folgt vor:

1. Blenden Sie das Feld *Text2* ein.
2. Klicken Sie mit der rechten Maustaste auf den Spaltenkopf von *Text2* und rufen Sie im zugehörigen Kontextmenü den Eintrag *Felder anpassen* auf.
3. Im erscheinenden Dialogfeld ist das richtige Feld bereits ausgewählt.

4. Klicken Sie auf die Schaltfläche *Formel*, um eine neue Formel einzufügen.
5. Im Formeleditor klicken Sie auf die Schaltfläche *Funktion*, um dann im Menü *Allgemeines* die Funktion *IIF* auszuwählen (siehe Abbildung 14.15). Die Funktion wird in ihrer allgemeinen Form in den Bearbeitungsbereich des Editors eingetragen.
6. Klicken Sie doppelt auf das Argument *Ausdruck*, um es zu markieren.

7. Wählen Sie aus dem Menü *Feld/Zahl* den Eintrag *% Abgeschlossen*, um dieses Feld in die Formel einzufügen.

HINWEIS Felder, die Sie in Formeln einfügen, werden immer in eckige Klammern gesetzt. Diese Klammern dürfen auf keinen Fall gelöscht werden, denn durch die Klammer erkennt Project den Ausdruck erst als Feld.

8. Setzen Sie die Einfügemarke hinter dieses Feld und ergänzen Sie den Ausdruck durch den Vergleichsoperator *>0*.

9. Markieren Sie den Ausdruck *True-Teil* und ersetzen Sie ihn durch das Feld *Ende*. Sie finden dieses Feld im Menü *Feld/Datum*.

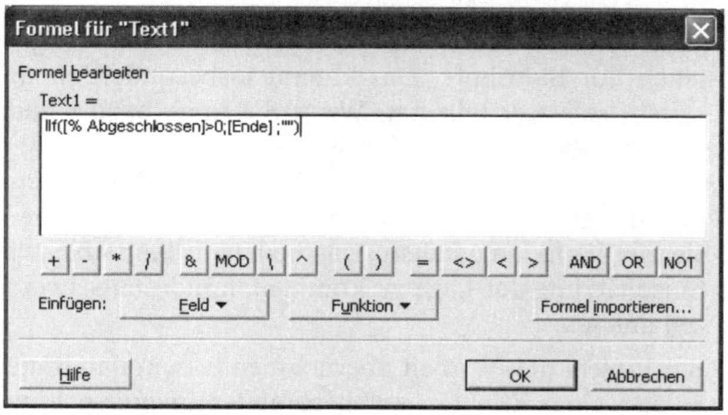

Abbildung 14.16: *Beispiel mit der Funktion* IIF

10. Markieren Sie den Ausdruck *False-Teil* und ersetzen Sie ihn durch zwei Anführungszeichen. Durch die Anführungszeichen wird das Feld leer gelassen, wenn der Vergleich »falsch« ist.
11. Die Formel ist jetzt fertig gestellt (Abbildung 14.16). Bestätigen Sie zweimal mit *OK*. Zum Testen blenden Sie die Symbolleiste *Überwachen* ein, markieren einige Vorgänge und setzen diese auf einen der vier Prozentwerte, die Sie in der Symbolleiste finden (Abbildung 14.17).

		Vorgangsname	Text1	% Abgeschlossen
1		**Meilensteine**		**0%**
2		Auftrag erteilt	Mon 01.03.04	50%
3		Abnahme Prototyp		0%
4		Website erstellt		0%
5		Projektabschluss		0%
6		**Initialisierung**		**50%**
7		Marketingkonzept erstellen	Mon 15.03.04	50%
8		**Entwurf Prototyp**		**0%**
9		Designkonzept		0%
10		Navigationskonzept		0%
11		Implementationskonzept		0%
12		Betriebskonzept		0%
13		Konzeptpräsentation		0%
14		**Realisierung**		**0%**
15		ToDo Liste erstellen		0%
16		Inhalte erstellen		0%
17		Programmierung		0%
18		**Abnahme**		**0%**
19		Abnahmedokument		0%
20		Testlauf		0%
21		Fehlerbehebung		0%
22		Liveschaltung der Website		0%

Abbildung 14.17: *Ergebnis der Formel aus Abbildung 14.16*

Werte mit grafischen Symbolen verknüpfen: Die Ampel

Sie kennen sicherlich diesen Fall: Sie finden eine Tabelle vor, die jede Menge Zahlen enthält und »verstehen nur Bahnhof«. Das kommt insbesondere dann vor, wenn man die Tabelle nicht selbst erstellt hat. Wenn Sie noch dazu gerade im Begriff sind, Ihr Projekt fortzuschreiben und Project entsprechend ständig neue Werte berechnet, können Sie rasch den Überblick verlieren. Wenn Sie keinen Vergleich dazu haben, wird ein bestimmtes Datum auch keine klare positive oder negative Aussage für Sie zur Verfügung stellen. Das bedeutet dann aber wieder, dass Sie, um zu einer Einschätzung der Lage zu kommen, mindestens zwei Spalten auf einmal betrachten müssen.

Wir wollen daher einfach Project diese Arbeit übernehmen lassen, damit uns das Programm mithilfe von optischen Effekten auf bestimmte Ereignisse hinweist. Sehr beliebt ist hier die so genannte Ampelfunktion. Sie zeigt Ihnen an, ob ein bestimmter Wert im »grünen«, also im positiven, oder im »roten«, d.h. im negativen Bereich ist.

HINWEIS

Die grafischen Symbole von Project können Sie nur auf benutzerdefinierte Felder anwenden, deshalb müssen Sie zunächst einmal ein Feld mit einer Formel belegen, um einen Wert zu haben, mit dem Sie Vergleiche anstellen zu können.

Terminverzug mit grafischen Indikatoren darstellen

Sie wollen schnell und mit einem Blick erfassen, welche Vorgänge Ihres Planes dazu führen könnten, den Endtermin eines Projektes zu gefährden. Dabei geht es in erster Linie darum, einen schnellen Überblick zu bekommen und dann in einem zweiten Schritt um konkrete Werte.

Die Übungsdatei *Kap14_01.mpp* finden Sie im Ordner *\Buch\Kap14* auf der CD-ROM zu diesem Buch. Das fertige Ergebnis finden Sie in der Datei *Kap14_02.mpp*.

Im Beispiel sollen sämtliche Vorgänge mit Terminverzug mit einem roten Symbol, alle Vorgänge, die im positiven Bereich liegen, mit einem grünen Symbol und alle Vorgänge, die genau auf Termin liegen, mit einem gelben Symbol versehen werden.

Um diese Anzeige realisieren zu können, müssen Sie zunächst überlegen, in welchem Feld die benötigte Information bereits standardmäßig von Project berechnet sein könnte. Im Beispiel ist das Feld *Gesamte Pufferzeit* die richtige Lösung.

Der nächste Schritt ist, ein benutzerdefiniertes Feld festzulegen, beispielsweise mit dem Namen *Terminverzug*. In dieses Feld soll die gesamte Pufferzeit eines Vorganges eingetragen werden. Da die gesamte Pufferzeit ein Dauer-Feld ist, nehmen Sie hier auch am besten ein solches Dauer-Feld. Im Anschluss daran können Sie in dieses Feld eine Formel eintragen und die Darstellung der Werte mit grafischen Symbolen definieren.

Gehen Sie wie folgt vor:

1. Blenden Sie das Feld *Dauer1* in der Tabelle ein.
2. Klicken Sie mit der rechten Maustaste auf den Spaltenkopf und im erscheinenden Kontextmenü auf *Felder anpassen*.
3. Klicken Sie auf die Schaltfläche *Umbenennen*, und tippen Sie für das Feld den neuen Namen *Terminverzug* ein (Abbildung 14.18). Bestätigen Sie nach Eingabe des neuen Begriffes mit *OK*.

Abbildung 14.18: *Feld* Dauer1 *in* Terminverzug *umbenennen*

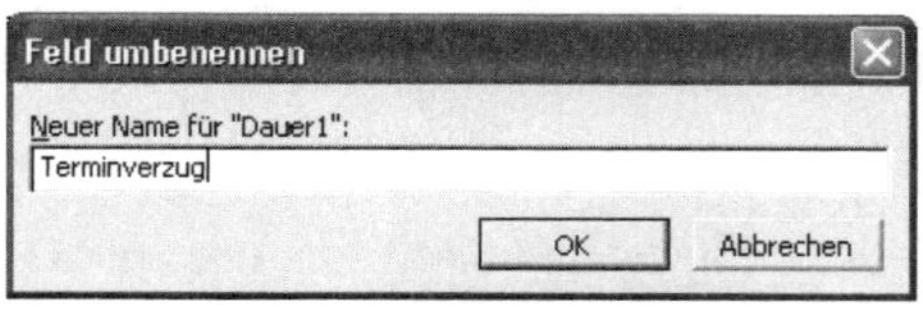

4. Klicken Sie auf die Schaltfläche *Formel*, um das Feld mit der *Gesamten Pufferzeit* zu füllen (Abbildung 14.19).
5. Wählen Sie das Feld aus dem Menü *Feld/Dauer/Gesamte Pufferzeit* aus.

Abbildung 14.19: *Das Feld* Terminverzug *mit den Werten von* Gesamte Pufferzeit *füllen*

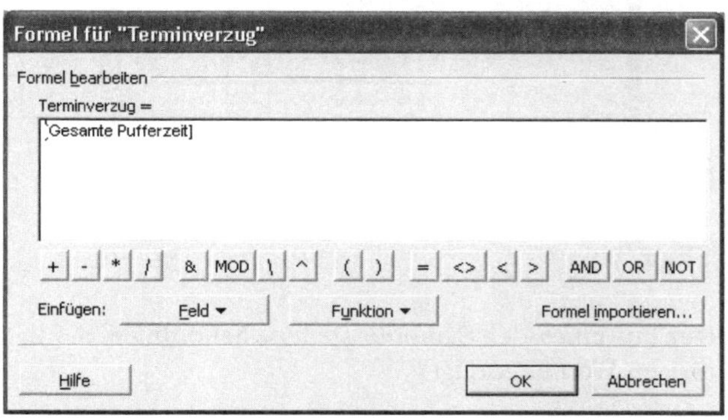

6. Bestätigen Sie mit *OK*.

7. Klicken Sie auf die Schaltfläche *Grafische Symbole*, um die Werte durch Symbole zu ersetzen.

8. Tragen Sie die Vergleichskriterien entsprechend der Abbildung 14.20 ein: Ein roter Button für Werte < 0, ein grüner Button für Werte > 0 und ein gelber Button für Werte gleich 0.

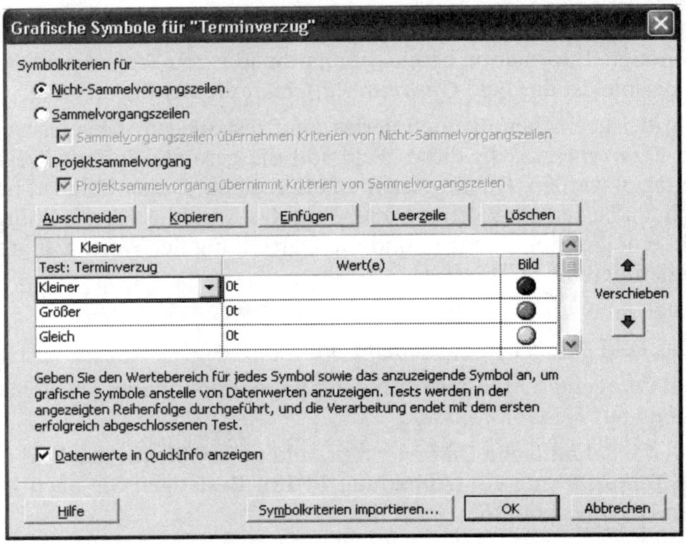

Abbildung 14.20: *Vergleichskriterien für die Ampel*

9. Bestätigen Sie Ihre Festlegungen zweimal mit *OK*. Das Ergebnis zeigt die Abbildung 14.21.

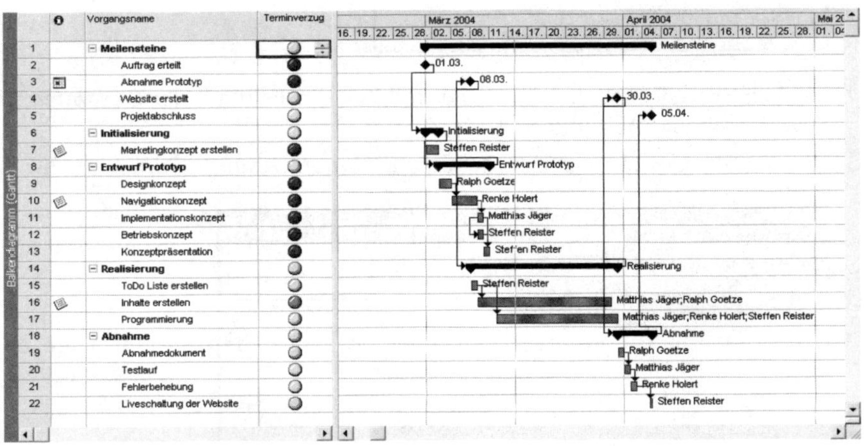

Abbildung 14.21: *Ein schneller Blick auf die Termintreue der einzelnen Vorgänge*

HINWEIS

Wenn Sie den Mauszeiger auf eines der Symbole stellen, bekommen Sie in der QuickInfo den dazugehörigen Wert angezeigt.

15 Mit Menüs und Symbolleisten schneller arbeiten

343 Arbeiten mit Symbolleisten und Schaltflächen
344 Die wichtigsten Symbolleisten im Überblick
348 Symbolleisten anpassen
351 Erstellen eigener Symbolleisten
359 Angepasste Symbolleisten global verfügbar machen

Arbeiten mit Symbolleisten und Schaltflächen

Am Anfang steht die Frage: Was sind Symbolleisten und wozu kann man diese einsetzen?

Symbolleisten bestehen aus einer Reihe von Schaltflächen und Listenfeldern, die beim Arbeiten mit *Project* einen Schnellzugriff auf bestimmte Befehle darstellen. Wenn Sie auf eine Symbolleistenschaltfläche klicken, können Sie die entsprechende Aktion in der Regel schneller aufrufen, als mit einem Menübefehl.

Mithilfe der Symbolleisten können Sie Befehle also schneller ausführen. Sie müssen diese nicht erst mühsam in den Menüs suchen und auswählen. An dieser Stelle soll darauf hingewiesen werden, dass zu viele Symbolleisten die sichtbare Arbeitsfläche des Bildschirms deutlich verkleinern. Aus diesem Grunde empfiehlt es sich, nicht mehr als die tatsächlich benötigten Symbolleisten einzublenden.

Symbolleisten können verschoben und geändert werden. Sie können sogar eigene Symbolleisten nach Ihren Wünschen erstellen. Wir gehen später in diesem Kapitel näher darauf ein.

In der Anordnung von Symbolleisten haben Sie praktisch freie Hand. Vom oberen Rand des Bildschirms bis in den Arbeitsbereich hinein oder selbst am unteren bzw. seitlichen Bildschirmrand können Sie Ihre Symbolleisten platzieren.

Sie können jeder Symbolleiste zusätzliche Schaltflächen hinzufügen bzw. Schaltflächen aus den Symbolleisten entfernen sowie komplette Menüs verschieben und ändern.

Sie lernen u.a., wie man Symbolleisten ein- und ausblendet, wie eigene Symbolleisten und Schaltflächen erstellt und wie Masken mithilfe von Schaltflächen aufgerufen werden.

Die wichtigsten Symbolleisten im Überblick

Auf den folgenden Seiten lernen Sie die wichtigsten Symbolleisten, Schaltflächen und deren Wirkungsweise kennen. Einige Schaltflächen sind mehrfach in unterschiedlichen Symbolleisten enthalten. Aus diesem Grund wird nur einmal auf jede Schaltfläche eingegangen. In diesem Kapitel sind nur jene Symbolleisten erklärt, die standardmäßig von Project eingeblendet werden. Es gibt natürlich noch etliche mehr; wovon wiederum einige auch automatisch eingeblendet werden. Diese werden aber besser an der Stelle erklärt, wo sie auch Verwendung finden.

Die Symbolleiste *Standard*

Die wohl wichtigste Symbolleiste in *Project* ist *Standard* (Abbildung 15.1).

Abbildung 15.1: *Symbolleiste* Standard

Sie enthält die am häufigsten genutzten Schaltflächen (und damit Befehle) während Ihrer Projektarbeit:

Neu: Erstellen Sie eine neue Datei, d.h. ein neues Standardprojekt mit der Schaltfläche *Neu*. Denselben Befehl können Sie aus dem Menü *Datei* auswählen.

Öffnen: Bereits gespeicherte Projekte können Sie erneut bearbeiten, indem Sie die Schaltfläche *Öffnen* anklicken oder aus dem Menü *Datei* den Befehl *Öffnen* wählen.

Speichern: Speichern Sie das aktive Projekt mit der Schaltfläche *Speichern*. Ebenso können Sie aus dem Menü *Datei* den Befehl *Speichern* auswählen.

Dateisuche: Diese Schaltfläche öffnet den Aufgabenbereich, um in Ihrem Dateisystem in Office-Dateien oder in Outlook-Elementen nach bestimmten Begriffen zu suchen.

Drucken: Mit einem Klick auf die Schaltfläche *Drucken* bringen Sie die aktuelle Ansicht des aktiven Projekts zu Papier. Falls Sie sich in der Maskenansicht befinden, müssen Sie im Menü *Ansicht* zunächst eine andere Ansicht wählen, bevor Sie drucken können.

Seitenansicht: Über diese Schaltfläche gelangen Sie mit der aktuellen Ansicht in die Druckvorschau. Kontrollieren Sie so ohne Papiereinsatz Ihren Ausdruck.

Rechtschreibung: Prüft die Rechtschreibung des Textes in einem Projekt. Unbekannte bzw. fehlerhafte Wörter werden kenntlich gemacht.

TIPP

Sie können zusätzlich im Menü *Extras* den Befehl *AutoKorrekturoptionen* auswählen und die automatische Korrektur während Ihrer Eingaben aktivieren. Erweitern Sie die *AutoKorrektur*-Liste ggf. um Einträge, die Ihre typischen Tippfehler berücksichtigen.

Ausschneiden: Mit dieser Schaltfläche löschen Sie die markierten Informationen und speichern sie in der Windows-Zwischenablage. Von dort aus können Sie die Daten an einer anderen Stelle wieder einfügen. Wenn die gesamte Zeile markiert ist, löscht der Befehl den Vorgang, die Ressource bzw. die Zuordnung. Diesen Befehl können Sie auch im Menü *Bearbeiten* abrufen. Eine weitere Möglichkeit, diesen Befehl auszuführen, ist der Shortcut (die Tastenkombination) Strg+X.

Kopieren: Diese Schaltfläche kopiert die markierten Informationen und speichert sie in der Windows-Zwischenablage. Wenn die gesamte Zeile markiert ist, kopiert der Befehl den gesamten Vorgang, die Ressource bzw. Zuordnung. Diesen Befehl finden Sie ebenfalls im Menü *Bearbeiten*. Eine weitere Möglichkeit, diesen Befehl auszuführen, ist der Shortcut Strg+C.

Einfügen: Die Schaltfläche *Einfügen* fügt den Inhalt der Windows-Zwischenablage an der markierten Stelle in das Projekt ein. Diesen Befehl können Sie ebenfalls im Menü *Bearbeiten* wiederfinden. Alternativ können Sie auch den Shortcut Strg+V hierfür nutzen.

Format übertragen: Mithilfe dieser Schaltfläche übertragen Sie die Formatierung eines markierten Feldes auf ein anderes.

Rückgängig: Bei Fehlern können Sie Ihren zuletzt ausgeführten Befehl rückgängig machen. Wenn Sie auf die Schaltfläche *Rückgängig* klicken, ändert sich der Befehl in *Wiederholen* und kann nun zum Wiederherstellen der ursprünglichen Aktion verwendet werden. Diesen Befehl finden Sie auch im Menü *Bearbeiten*. Noch schneller geht's allerdings mit dem Shortcut Strg+Z.

ACHTUNG Auch in dieser Version von Project können Sie nur die letzte Aktion rückgängig machen. Es empfiehlt sich daher immer vor dem Ausführen eines Befehles genau zu überlegen was er bewirkt, um dies hinterher auch kontrollieren und verifizieren zu können.

Hyperlink: Diese Schaltfläche fügt in der aktuellen Markierung einen Hyperlink zu einer Webseite, zu einem Office-Dokument oder einer Seite in Ihrem Intranet ein und lässt Sie die Verknüpfungsoptionen festlegen. Diesen Befehl können Sie auch über das Menü *Einfügen* aufrufen. Der entsprechende Shortcut lautet Strg+K.

Vorgänge verknüpfen: Diese Schaltfläche ordnet den markierten Vorgängen eine *Ende-Anfang*-Beziehung zu. Dieser Befehl kann ebenfalls im Menü *Bearbeiten* abgerufen werden.

Vorgangsverknüpfungen entfernen: Ein Klick auf diese Schaltfläche entfernt Anordnungsbeziehungen zwischen den markierten Vorgängen. Alternativ dazu können Sie den Befehl auch im Menü *Bearbeiten* auswählen.

Vorgang unterbrechen: Mithilfe der Schaltfläche *Vorgang unterbrechen* können Sie einen Projektvorgang unterbrechen, um ihn später wieder aufzunehmen. Auch dieser Befehl wird im Menü *Bearbeiten* angeboten.

Informationen zum Vorgang: Zeigt die Informationen zum ausgewählten Vorgang, zur Ressource oder zur Zuordnung an bzw. erlaubt deren Bearbeitung. Je nach eingestellter Ansicht wird der entsprechende Schaltflächentext eingeblendet, wenn Sie mit dem Mauszeiger direkt auf die Schaltfläche zeigen.

Die so genannte *QuickInfo* kann demnach drei Ausprägungen aufweisen:

- Informationen zum Vorgang,
- Informationen zur Ressource und
- Informationen zur Zuordnung.

Diesen Befehl finden Sie auch im Menü *Projekt*. Auch hier können Sie alternativ eine Tastenkombination wählen – der entsprechende Shortcut lautet Umschalt+F2.

Vorgangsnotizen: Mit einem Klick auf diese Schaltfläche fügen Sie Notizen über den ausgewählten Vorgang, die Ressource oder die Zuordnung ein. Natürlich können Sie damit auch schon bestehende Notizen bearbeiten. Sie können diesen Befehl ebenfalls aus dem Menü *Projekt* auswählen.

Ressourcen zuordnen: Mit dieser Schaltfläche ordnen Sie Ihren Vorgängen die entsprechenden Ressourcen zu. Auch mit diesem Befehl können Sie Ressourcenzuordnungen ersetzen oder wieder entfernen. Den Befehl finden Sie auch im Menü *Extras*.

Gruppieren nach: In diesem Listenfeld finden Sie die wichtigsten Gruppierungsmöglichkeiten. Die Liste unterscheidet sich je nach der Ansicht in der Sie sich gerade befinden (Ressourcen oder Vorgangsansicht)

Alle Informationen veröffentlichen: Zum Veröffentlichen von Vorgangsänderungen auf dem Project Server. Diese Funktionalität arbeitet nur dann korrekt wenn Ihr Projekt auf einem Project Server gespeichert wird.

Vergrößern: Ein Klick auf die Schaltfläche *Vergrößern* vergrößert die aktive Ansicht auf die nächst höhere Stufe.

Verkleinern: Die aktive Ansicht auf die nächst niedrigere Stufe verkleinert.

TIPP

Um nicht schrittweise die Ansicht verkleinern bzw. vergrößern zu müssen, können Sie eine erweiterte Funktionalität im Menü *Ansicht* unter dem Befehl *Zoom* abrufen.

Gehe zu ausgewähltem Vorgang: Mit einem Klick auf diese Schaltfläche führen Sie in der Zeitskala einen Bildlauf durch, um den ausgewählten Vorgang anzuzeigen.

Bild kopieren: Mithilfe der Schaltfläche *Bild kopieren* können Sie Ihren Bildschirm bzw. Teile davon fotografieren und als Grafik speichern oder ausdrucken.

Microsoft Project-Hilfe: Brauchen Sie Hilfe bei Ihrer Projektarbeit, dann klicken Sie einfach auf die Schaltfläche der *Project-Hilfe*. Diese wird dann im so genannten Aufgabenbereich im linken Teil Ihres Programmfensters eingeblendet.

Die Symbolleiste *Format*

Die Symbolleiste *Format* (Abbildung 15.2) enthält alle wichtigen Funktionen für die Formatierung Ihrer Projektdaten.

Abbildung 15.2: *Symbolleiste* Format

Viele der nachfolgend beschriebenen Funktionen haben Sie sicher bereits eingesetzt:

Höher stufen: Durch einen Klick auf diese Schaltfläche weisen Sie einem Vorgang die nächst höhere Gliederungsebene zu. Diesen Befehl können Sie auch im Menü *Projekt/Gliederung* auswählen.

Tiefer stufen: Die Funktion *Tiefer stufen* ordnet einen Vorgang auf der nächst tieferen Gliederungsebene an.

Teilvorgänge einblenden: Diese Schaltfläche erweitert die Ansicht eines Sammelvorgangs so, dass die Teilvorgänge mit angezeigt werden. Den Befehl finden Sie im Menü *Projekt/Gliederung*.

Teilvorgänge ausblenden: Klicken Sie auf diese Schaltfläche, wenn Sie die Anzeige auf die Sammelvorgänge reduzieren möchten.

Zuordnungen einblenden: Zum ein- und ausblenden von Zuordnungen z.B. in der Ansicht *Ressource: Einsatz*.

Einblenden: Zum ein- bzw. ausblenden von Gleiderungsebenen in Vorgangsansichten, z.B. *Balkendiagramm (Gantt)* oder *Vorgang: Einsatz*.

Schriftart: Benutzen Sie das Listenfeld *Schriftart*, um die Schrift des ausgewählten Textes zu ändern. Dieser Befehl kann ebenfalls aus dem Menü *Format* ausgewählt werden.

Schriftgrad: Wählen Sie die passende Schriftgröße zu Ihrer Schriftart aus dem Listenfeld *Schriftgrad*.

Fett: Ein Klick auf diese Schaltfläche weist dem von Ihnen ausgewählten Text die Fettformatierung zu oder entfernt sie. Für Freunde der Shortcuts seien hier ergänzend die Tasten Strg+Umschalt+F genannt.

Kursiv: Weist dem von Ihnen ausgewählten Text eine kursive Formatierung zu oder entfernt sie. Der Shortcut hierfür: Strg+Umschalt+K.

Unterstrichen: Weist dem von Ihnen ausgewählten Text die einfache Unterstreichung zu oder entfernt sie. Drücken Sie alternativ die Tasten Strg+Umschalt+U.

Linksbündig: Beim Klick auf diese Schaltfläche wird der Inhalt des ausgewählten Feldes linksbündig ausgerichtet.

Zentriert: Richten Sie Ihre Daten in der Mitte aus, indem Sie auf die Schaltfläche *Zentriert* klicken.

Rechtsbündig: Ein Klick auf diese Schaltfläche richtet den Inhalt des ausgewählten Feldes rechtsbündig aus.

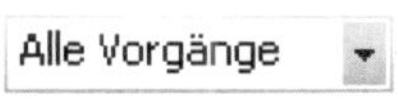

Filter: Stellen Sie in diesem Listenfeld einen Filter ein, wenn Sie nur bestimmte Daten in Ihrem Projekt sehen wollen. In der Standardeinstellung wird nichts gefiltert. Den Befehl können Sie ebenfalls im Menü *Projekt* auswählen.

AutoFilter: Mit einem Klick auf die Schaltfläche *AutoFilter* aktivieren bzw. deaktivieren Sie den AutoFilter.

Balkenplan-Assistent: Durch einen Klick auf diese Schaltfläche starten Sie den Balkenplan-Assistenten, der Ihnen schrittweise bei der Formatierung eines Balkenplans hilft. Den Befehl können Sie auch im Menü *Format* aktivieren.

Die Symbolleiste *Projektberater*

Abbildung 15.3: *Die Symbolleiste* Projektberater

HINWEIS Der Projektberater soll Ihnen bei der Erstellung und Bearbeitung von Projekten helfen. Er kann auch an die eigenen Bedürfnisse angepasst werden.

Einblenden/Ausblenden des Projektberaters: Mit dieser Schaltfläche können Sie das Fenster des Projektberaters ein- oder ausblenden.

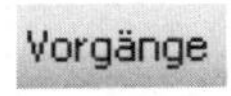

Vorgänge: Der Projektberater bietet Ihnen hier die Möglichkeit, alle notwendigen Tätigkeiten die beim Erstellen eines neuen Projektes anfallen, benutzergeführt abzuarbeiten. Dazu gehören z.B. die Grunddefinitionen eines Projektes (Startdatum, projektspezifische Arbeitszeiten etc.), die Eingabe von Vorgängen und das Bearbeiten von Vorgängen (Verknüpfungen, Vorgangseinschränkungen, Berechnen der Vorgänge usw.).

Ressourcen: Dieser Bereich hilft Ihnen, die Ressourcenplanung sinnvoll durchzuführen. Hier haben Sie u.a. die Möglichkeit, Arbeitszeiten für Ressourcen zu korrigieren, wenn diese vom Standardkalender des Projektes abweichen.

Überwachen: Dieser Teil des Projektberaters leitet Sie durch die notwendigen Schritte zum Überwachen und Fortschreiben eines Projektes.

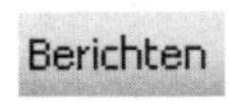

Berichten: Dies ist ein Assistent zum Erstellen von Berichten. Er führt Sie chronologisch durch alle Schritte die notwendig sind, um den gewünschten Bericht zu erstellen.

Jeder der vier Bereiche des Projektberaters hat diverse Untermenüs (vgl. hierzu Abbildung 15.4). Klicken Sie beispielsweise auf den Pfeil neben *Vorgänge*, um zu sehen, an welcher Stelle des Beraters Sie sich gerade befinden. Die momentan aktive Seite ist mit einem Häkchen versehen.

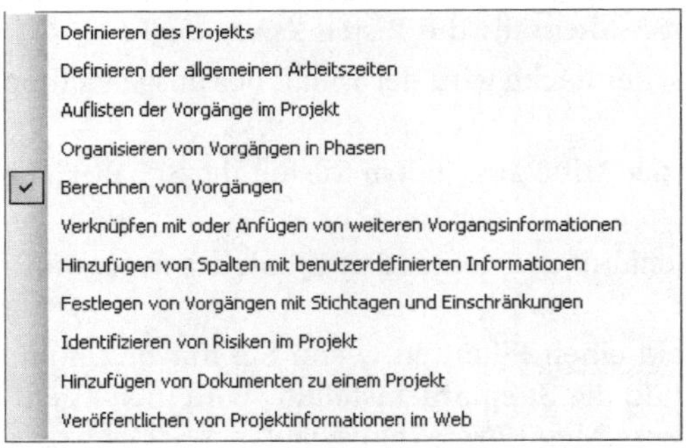

Abbildung 15.4: *Menü des Projektberaters*

Symbolleisten anpassen

Nehmen wir einmal an, Sie möchten Ihre Symbolleisten etwas modifizieren. Im Laufe der Arbeit mit Project haben Sie festgestellt, dass der eine oder andere Befehl von Ihnen sehr oft benötigt wird, aber leider nur sehr umständlich über mehrere Untermenüs aufzurufen ist. Im folgenden Beispiel passen wir die Symbolleisten *Standard* und *Format* so an, wie es uns in unserer eigenen Praxis nützlich erschien.

Sie finden die Anpassungen in der Projektvorlage *Kap15_01.mpp* im Ordner *\Buch\Kap15* auf der CD-ROM zu diesem Buch.

Ein- bzw. Ausblenden von Symbolleisten

Prinzipiell können Sie so viele Symbolleisten einblenden, wie Sie wollen. Um eine Symbolleiste einzublenden, haben Sie mehrere Möglichkeiten:

- Über die Menüleiste: Wählen Sie im Menü *Ansicht* den Befehl *Symbolleisten* und klicken Sie auf die Symbolleiste, die ein- bzw. ausgeblendet werden soll.
- Über das Kontextmenü: Klicken Sie mit der rechten Maustaste auf eine bereits eingeblendete Symbolleiste und aktivieren Sie aus dem Kontextmenü die gewünschte Symbolleiste.
- Über ein Dialogfeld: Doppelklicken Sie im oberen Bereich des Bildschirms neben eine bereits eingeblendete Symbolleiste. Daraufhin erscheint das Dialogfeld *Anpassen* (Abbildung 15.5). Aktivieren Sie auf der Registerkarte *Symbolleisten* im Listenfeld die entsprechenden Kontrollkästchen und klicken Sie danach auf *Schließen*.

Abbildung 15.5: *Symbolleisten einblenden*

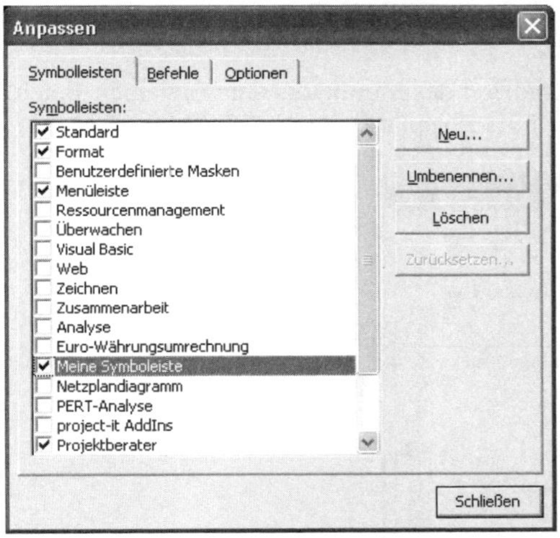

Sie haben jetzt eine Symbolleiste eingeblendet. Die Position können Sie jederzeit verändern. Verschieben Sie die Symbolleiste mithilfe der Maus an eine beliebige Position des Bildschirms. Zeigen Sie dazu auf den linken Rand der Symbolleiste. Wenn das Maussymbol in alle vier Richtungen zeigende Pfeile aufweist, können Sie mit dem Verschieben beginnen.

HINWEIS Eine zweite Möglichkeit, um Symbolleisten zu verschieben, ist der Doppelklick auf die Symbolleiste. Achten Sie allerdings darauf, dass Sie nicht auf eine der Schaltflächen doppelklicken. Danach wird die Symbolleiste mitten in Ihrem Arbeitsbereich positioniert. Ein erneuter Doppelklick auf die Titelleiste bringt sie an ihre vorherige Position zurück.

Hinzufügen von Schaltflächen zu Symbolleisten

Passen Sie bereits existierende Symbolleisten an, indem Sie zusätzliche Schaltflächen hinzufügen. Richten Sie sich Ihre Arbeitsumgebung so ein, dass Sie sich leicht zurechtfinden und möglichst schnell auf Befehle, Funktionen oder auch Masken zugreifen können

Nachdem Sie Schaltflächen zu einer Symbolleiste hinzugefügt haben, wird diese Änderung in der globalen Datei *Global.mpt* gespeichert.

Wie Sie Symbolleisten für andere Projektmitarbeiter bzw. Arbeitsplätze verfügbar machen, erfahren Sie im weiteren Verlauf dieses Kapitels.

Um zusätzliche Schaltflächen zu bereits bestehenden Symbolleisten hinzuzufügen, verfahren Sie wie folgt:

1. Blenden Sie die Symbolleiste ein, der Sie weitere Schaltflächen hinzufügen wollen.
2. Rufen Sie den Menübefehl *Ansicht/Symbolleisten/Anpassen* auf und aktivieren Sie die Registerkarte *Befehle*.
3. Markieren Sie in der Liste *Kategorien* das Menü, aus dem Sie einen Befehl zu einer Symbolleistenschaltfläche hinzufügen möchten (Abbildung 15.6).

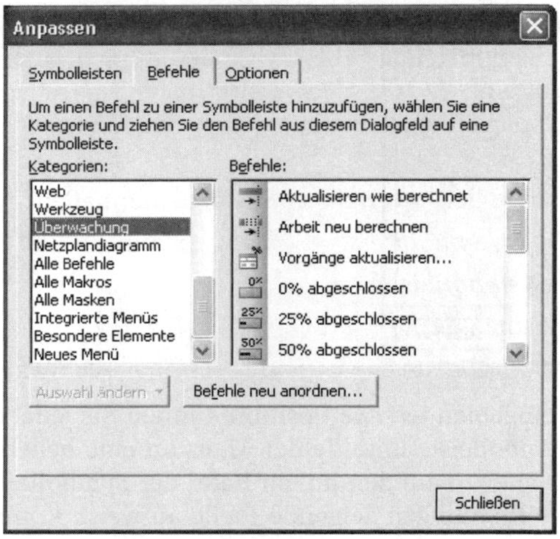

Abbildung 15.6: *Schaltflächen zu Symbolleisten hinzufügen*

4. Wählen Sie in der Liste *Befehle* den gewünschten Befehl aus.
5. Ziehen Sie die Schaltfläche bzw. Befehlszeile aus der Liste auf die Symbolleiste, in der die neue Schaltfläche erscheinen soll.
6. Beenden Sie Ihre Aktion(en) mit einem Klick auf die Schaltfläche *Schließen*.

Nachdem Sie zusätzliche Schaltflächen zu einer Symbolleiste hinzugefügt haben, können Sie deren Position auf der Symbolleiste bestimmen. Sie könnten beispielsweise die Schaltflächen nach ihrer Wichtigkeit von links nach rechts absteigend auf der Symbolleiste platzieren. Dazu halten Sie die Alt-Taste gedrückt, klicken mit der linken Maustaste auf die zu verschiebende Schaltfläche und ziehen sie an eine andere Position.

Selbstverständlich können Sie jede Veränderung auf einer Symbolleiste rückgängig machen. Dazu gehen Sie folgendermaßen vor:

1. Rufen Sie den Menübefehl *Ansicht/Symbolleisten/Anpassen* auf.
2. Aktivieren Sie die Registerkarte *Symbolleisten*.
3. Wählen Sie im Listenfeld *Symbolleisten* diejenige Symbolleiste aus, bei der Sie Ihre Einstellungen rückgängig machen wollen.
4. Klicken Sie auf die Schaltfläche *Zurücksetzen*. *Project* fragt Sie noch einmal, ob Sie Ihre Aktionen bezüglich dieser Symbolleiste wirklich rückgängig machen wollen.
5. Bestätigen Sie die Rückfrage, indem Sie auf die Schaltfläche *Ja* klicken. Project stellt dann die Standardeinstellung für diese Symbolleiste wieder her.

Erstellen eigener Symbolleisten

Wie schon am Anfang des Kapitels erwähnt, ist es nicht gerade von Vorteil, wenn Sie zu viele Symbolleisten einblenden. Erstens nehmen Ihnen zu viele eingeblendete Symbolleisten wichtigen Platz für Ihren Arbeitsbereich weg; zweitens leidet die Übersichtlichkeit darunter.

Abhilfe dagegen können Sie schaffen, indem Sie eine einzige eigene Symbolleiste erstellen. In diese packen Sie alle Schaltflächen hinein, die gerade für Ihre Tätigkeiten wichtig sind. Arbeiten Sie in einem Projektteam, so können Sie festlegen, dass jeder Projektmitarbeiter mit derselben Arbeitsumgebung an dem Projekt arbeitet.

Bei der Erstellung einer eigenen Symbolleiste verfahren Sie folgendermaßen:

1. Rufen Sie den Menübefehl *Ansicht/Symbolleisten/Anpassen* auf.
2. Aktivieren Sie die Registerkarte *Symbolleisten*.
3. Klicken Sie dort auf die Schaltfläche *Neu*.
4. Geben Sie im Feld *Name der Symbolleiste* einen Namen für die neue Symbolleiste ein (Abbildung 15.7).
5. Bestätigen Sie den Vorgang mit *OK*.

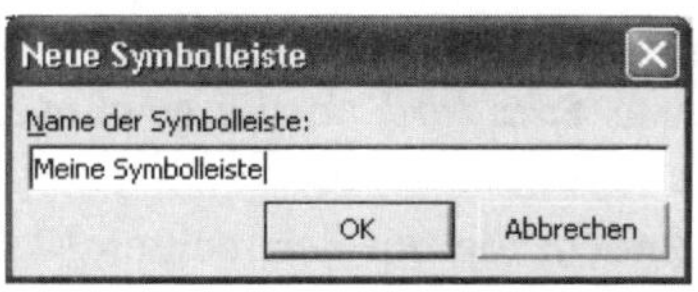

Abbildung 15.7: *Die eigene Symbolleiste*

Die neue Symbolleiste wird daraufhin im Arbeitsbereich angezeigt. Jetzt können Sie beginnen, der neuen, benutzerdefinierten Symbolleiste Schaltflächen hinzuzufügen. Blättern Sie ggf. ein paar Seiten zurück, um sich nochmals mit dem Einfügen von Schaltflächen in Symbolleisten vertraut zu machen.

HINWEIS Übrigens können Sie nicht mehr benötigte benutzerdefinierte Symbolleisten auch löschen, indem Sie im Dialogfeld *Anpassen* die zu löschende Symbolleiste in der Liste *Symbolleisten* markieren und dann die Schaltfläche *Löschen* betätigen.

Praxisbeispiel: Ein paar nützliche Anpassungen

Ein neues Menü: *Berichte*

Sie wollen in der soeben erstellten Symbolleiste ein neues Menü einfügen, das *Berichte...* heißen und neben dem Berichtsassistenten auch noch einen Bericht enthalten soll.

Wie das Ergebnis aussehen soll, können Sie dem Projekt *Kap15_02.mpp* entnehmen, das Sie im Ordner *\Buch\Kap15* auf der CD-ROM zu diesem Buch finden.

Gehen Sie schrittweise vor:

1. Klicken Sie mit der rechten Maustaste auf eine Symbolleiste und wählen Sie den Menüpunkt *Anpassen*, um das Dialogfeld zum Bearbeiten der Menüs und Symbolleisten einzublenden.
2. Aktivieren Sie die Registerkarte *Befehle*.
3. Wählen Sie aus der Liste der *Kategorien* die Kategorie *Neues Menü* (Abbildung 15.8).

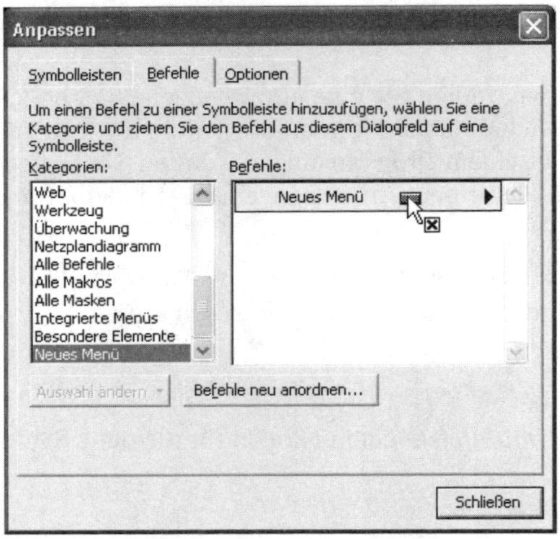

Abbildung 15.8: *Ein neues Menü in eine Symbolleiste ziehen*

4. Klicken Sie mit der linken Maustaste auf den Befehl *Neues Menü* und ziehen Sie diesen (Drag & Drop) in die Symbolleiste *Standard* an die gewünschte Stelle.
5. Benennen Sie das Menü in *Berichte...* um, indem Sie mit der rechten Maustaste auf den Menüpunkt klicken und im Kontextmenüpunkt *Name:* die Bezeichnung *Berichte...* eingeben.
6. Wählen Sie nun in der Liste der *Kategorien* die Kategorie *Ansicht* aus – dort werden Sie den Befehl *Berichte* (Abbildung 15.9) finden.

Abbildung 15.9: *Den Befehl* Berichte *zum Aufrufen des Assistenten für die Berichte*

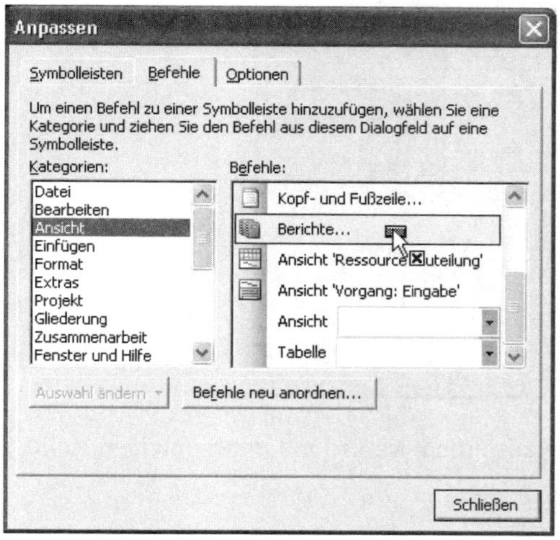

7. Ziehen Sie diesen Befehl (Drag & Drop) auf das neue Menü; es wird unter dem Menü ein leeres Kästchen geöffnet. Dort legen Sie den Befehl *Berichte* als Menüpunkt ab.
8. Benennen Sie jetzt noch den neuen Menüpunkt um in *Berichte Assistent...*, indem Sie mit der rechten Maustaste auf den Menüpunkt klicken und im Kontextmenüpunkt *Name:* den Namen eintragen (Abbildung 15.10).

Abbildung 15.10: *Menünamen umbenennen*

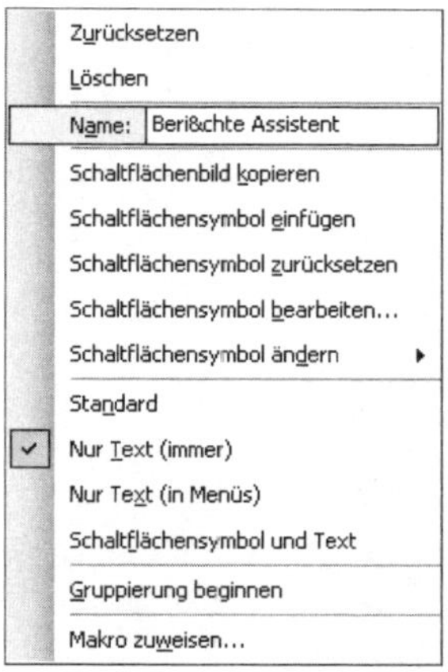

Erster Befehl: Bericht *Projektübersicht* direkt aufrufen

Normalerweise wollen Sie sich zu jedem Projekt eine kurze Projektübersicht aufrufen. Diese ist standardmäßig vorhanden, allerdings müssen Sie jedes Mal über das Menü *Ansicht/Berichte* und weiter in das Untermenü *Übersicht* gehen, wo Sie schließlich den Bericht *Projektübersicht* aufrufen können (Abbildung 15.11). Addiert sind dies sechs Mausklicks in Folge. Eigentlich nicht kompliziert, aber ermüdend, wenn man diese Klickfolge öfter ausführt.

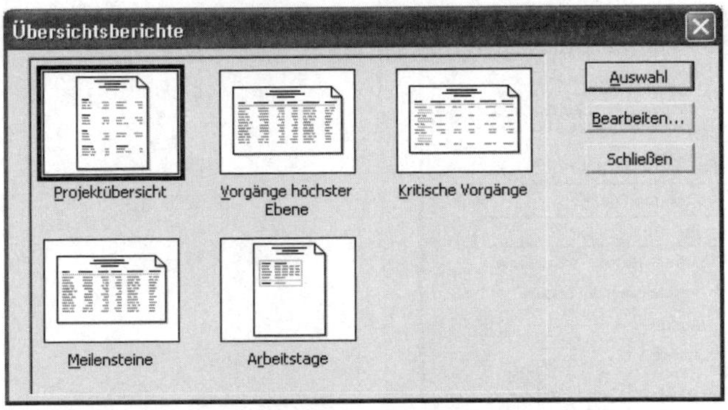

Abbildung 15.11: *Aufruf des Berichtes* Projektübersicht

Eigentlich besteht diese Klickfolge aus einem Makro mit einer einzigen Zeile:

```
Sub Bericht_Projektuebersicht()
    ReportPrintPreview Name:="Projektübersicht"
End Sub
```

Listing 15.1: *Aufruf des Berichts* Projektübersicht

Dieses Makro kann sehr einfach aufgezeichnet werden:

1. Blenden Sie die Symbolleiste *Visual Basic* ein.
2. Klicken Sie auf die Schaltfläche *Makro aufzeichnen*. Das Dialogfeld *Makro aufzeichnen* wird eingeblendet (Abbildung 15.12).

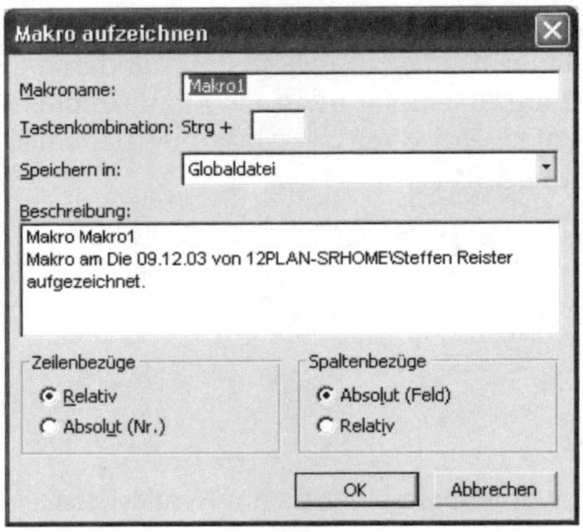

Abbildung 15.12: *Aufzeichnen des Makros* Bericht_Projektübersicht

3. Geben Sie dem Makro einen Namen, mit dem Sie auch später noch etwas anfangen können, z.B. *Bericht_Projektuebersicht*.

HINWEIS

Der Makroname darf außer dem Unterstrich keine Leer- und Sonderzeichen enthalten!

4. Geben Sie ggf. eine Beschreibung zum Makro im Feld *Beschreibung* ein.
5. Wählen Sie aus, in welcher Datei Sie das Makro speichern wollen. Normalerweise wird dies in der Globaldatei sein, wenn Sie das Makro in allen Projekten verwenden wollen.
6. Bestätigen Sie die Angaben mit *OK*.

Nun ist die Makroaufzeichnung gestartet, was Sie an der aktivierten Schaltfläche in der Symbolleiste *Visual Basic* erkennen können.

7. Klicken Sie sich nun durch die Menüs, wie weiter vorne beschrieben, um die Vorschau für den Bericht *Projektübersicht* aufzurufen.

8. Stoppen Sie die Aufzeichnung mit einem Klick auf die Schaltfläche *Aufzeichnung beenden*.

Das Makro wird automatisch gespeichert und Sie müssen nur noch das Makro in Ihrer Symbolleiste verfügbar machen:

1. Klicken Sie mit der rechten Maustaste auf eine Symbolleiste und wählen Sie den Befehl *Anpassen*.
2. Wählen Sie auf der Registerkarte *Befehle* die Kategorie *Alle Makros* aus und suchen Sie in der Liste *Befehle* das eben erstellte Makro.
3. Ziehen Sie das Makro per Drag & Drop in das erstellte Menü *Berichte...*
4. Benennen Sie den neuen Menüpunkt um, indem Sie die gleichen Schritte durchführen, wie oben beschrieben.

Schon haben Sie Ihr erstes eigenes Menü erstellt (Abbildung 15.13) und gleich auch noch ein eigenes Makro eingebunden.

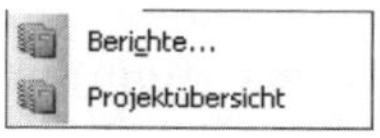

***Abbildung 15.13:** Das erste eigene Menü*

Zweiter Befehl: *Dauer formatieren*

Zuweilen kommt es vor, dass Sie die Dauer Ihrer Vorgänge in einer anderen Einheit anzeigen wollen. Leider ist diese Funktion noch nicht als Menü implementiert: Im Standard-Lieferumfang von Project ist jedoch ein Makro enthalten, welches diese Funktion beinhaltet (Abbildung 15.14).

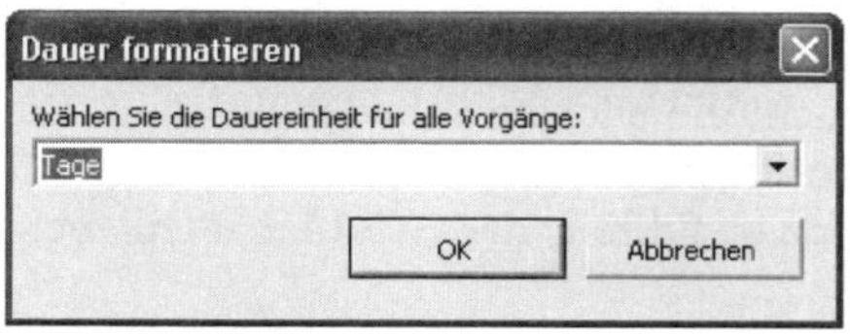

***Abbildung 15.14:** Das Makro* Dauer_ Formatieren

Sie wollen das Makro zum Zwecke des schnelleren Zugriffs der Symbolleiste *Format* hinzufügen:

1. Klicken Sie mit der rechten Maustaste auf eine Symbolleiste und wählen Sie den Befehl *Anpassen*.
2. Wählen Sie auf der Registerkarte *Befehle* die Kategorie *Alle Makros* und suchen Sie in der Liste *Befehle* das Makro *Dauer_Formatieren*.
3. Ziehen Sie das Makro per Drag & Drop in die Symbolleiste *Format* (Abbildung 15.15).

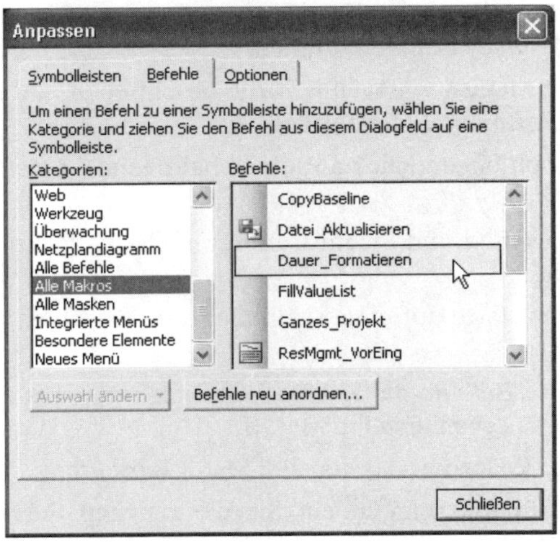

Abbildung 15.15: Dauer_Formatieren *in der Symbolleiste verfügbar machen*

Dritter/Vierter Befehl: Filter- und Gruppiermenü anpassen

Die standardmäßig in den Symbolleisten *Standard* und *Format* angezeigten Menüs für das Filtern und Gruppieren von Vorgängen haben einen großen Vorteil: Man kann Sie editieren. Dieser Vorteil wirkt sich aber nur aus, wenn Sie genau wissen, wie alle Filter heißen, die Sie benutzen. Nachteil: Ein Eintrag, der sehr lang ist, wird nicht komplett angezeigt, weil die Feldbreite der Menüs festgelegt ist (Abbildung 15.16).

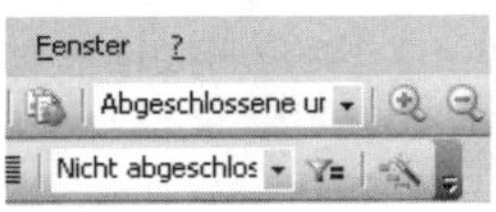

Abbildung 15.16: *Welchen Filter habe ich gewählt?*

Also ist es in der Regel so, dass Sie doch die Liste öffnen müssen, um zu prüfen, welche Wahl Sie getroffen haben. Hier taucht die nächste Schwierigkeit auf: Die Listen lassen sich nur durch Klick auf den kleinen Pfeil neben dem Eintrag öffnen. Bei hohen Auflösungen kann dies dazu führen, dass Sie den Pfeil nicht gleich beim ersten Versuch treffen.

Hier gibt es Abhilfe in den Funktionalitäten von Projekt, indem Sie einfach die Listen austauschen und so jederzeit den kompletten Namen des gewählten Elementes lesen können. Außerdem soll die Auswahl mit der Maus vereinfacht werden:

1. Klicken Sie mit der rechten Maustaste auf eine Symbolleiste und wählen Sie den Befehl *Anpassen*.
2. Wählen Sie in der Registerkarte *Befehle* die Kategorie *Integrierte Menüs* und suchen Sie in der Liste *Befehle* die Einträge *Filter: [AktuellerFilter]* und *Gruppieren nach: [Aktuelle Gruppe]* (Abbildung 15.17).

Abbildung 15.17: Neue Filterliste in der Symbolleiste zur Verfügung stellen

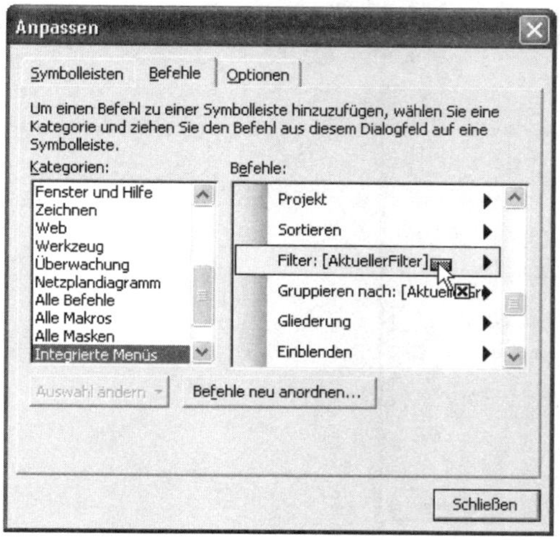

3. Ziehen Sie die beiden Befehle nacheinander in die Symbolleiste *Format* bzw. *Standard* neben die Standardlisten.
4. Anschließend ziehen Sie die beiden Standardlisten in das Feld *Befehle* des Dialogfeldes *Anpassen* (Abbildung 15.18).

Abbildung 15.18: Ach, der Filter war es!

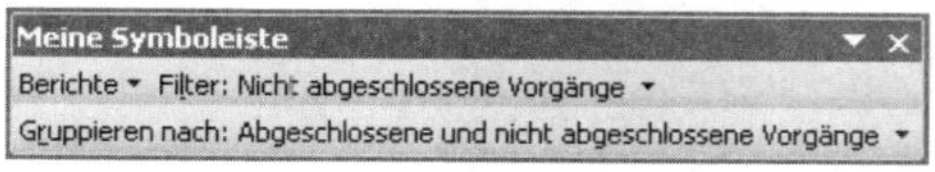

Das war es schon! Mit relativ einfachen Mitteln haben Sie sich Project ein bisschen einfacher gemacht, oder in neudeutsch: customized!

Fünfter Befehl: *ComAddInsDialog* einfügen

Von Microsoft wie auch von Drittanbietern werden diverse kleine Zusatzprogramme geliefert, die als kompilierter Quellcode in Project integriert werden können. Diese so genannten *COM-Add-Ins* müssen aber registriert sein, damit sie in Project aufgerufen werden können. Um solche Zusatzprogramme verfügbar zu machen, benötigen Sie den *ComAddInsDialog*.

So gehen Sie vor:

1. Klicken Sie mit der rechten Maustaste auf eine Symbolleiste und wählen Sie den Befehl *Anpassen*.
2. Wählen Sie auf der Registerkarte *Befehle* die Kategorie *Alle Befehle* aus und suchen Sie in der Liste *Befehle* den Eintrag *ComAddInsDialog* (Abbildung 15.19).

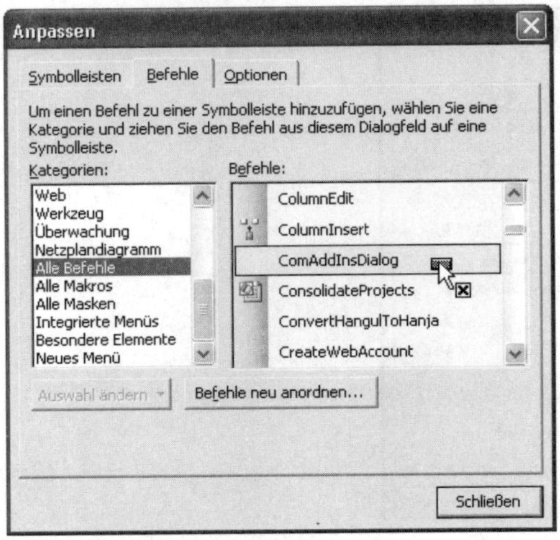

Abbildung 15.19: *Befehl* ComAddInsDialog *suchen*

3. Ziehen Sie den Befehl in die *Format*-Symbolleiste neben den Befehl *Dauer formatieren*.

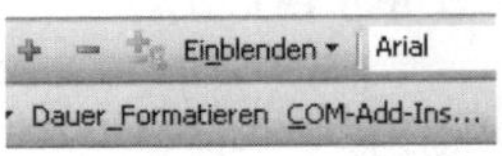

Abbildung 15.20: *COM-Add-Ins über die Symbolleiste aufrufen*

Jetzt haben Sie die Möglichkeit, über diesen Dialog zu überprüfen, ob alle *COM-Add-Ins* aktiviert sind:

Klicken Sie auf die Schaltfläche *COM-Add-Ins*, um das Dialogfeld aufzurufen, und überprüfen Sie anhand der Kontrollkästchen, ob alle Add-Ins ordnungsgemäß registriert sind.

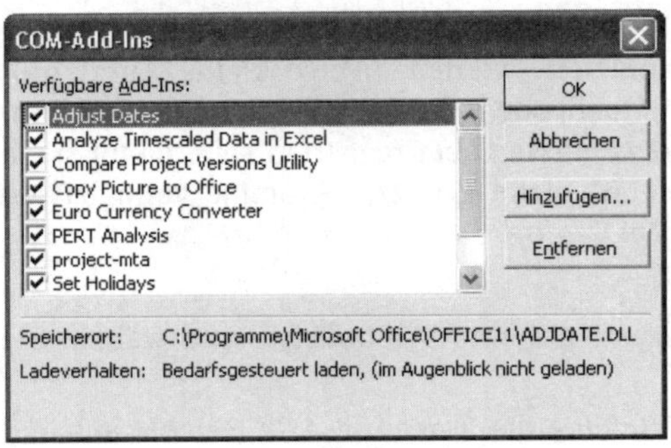

Abbildung 15.21: *COM-Add-Ins registrieren*

Angepasste Symbolleisten global verfügbar machen

Anpassungen in Symbolleisten werden in der globalen Projektvorlage (*Global.mpt)* gespeichert. Damit alle Benutzer diese angepassten Befehle verwenden können, muss die Projektvorlage auch allen zur Verfügung gestellt werden.

Hier haben Sie zwei Möglichkeiten:

- Jeder verfügt über seine eigene globale Projektvorlage: In diesem Fall muss die angepasste *Global.mpt* in das Standard-Verzeichnis kopiert werden. Der entsprechende Pfad lautet standardmäßig nach der Installation:

  C:\Dokumente und Einstellungen\Benutzer\Anwendungsdaten\Microsoft\MS Project\11\1031

HINWEIS Das Verzeichnis *1031* steht für den Ländercode Deutschland, *1033* steht für die englische Version.

- Benutzen Sie eine globale Projektvorlage im Netzwerk (mehr hierzu in ▶ Kapitel 18), muss diese Projektvorlage entsprechend ersetzt werden.

Teil E
Teamkommunikation

363 Multiprojektmanagement mit Project
375 Project und Datenbanken
383 Project im Netzwerk

Zu Anfang dieses Buchteils wird in Kapitel 16 besprochen, wie mehrere Projektpläne miteinander verknüpft werden, wie ein gemeinsamer Ressourcenpool erstellt wird und worauf hierbei unbedingt zu achten ist.

Die logische Folgerung aus der Verknüpfung mehrerer Dateien und der Probleme, die durch das Dateisystem entstehen, machen es sinnvoll, eine Alternative zur dateibasierten Datenhaltung aufzuzeigen. In Kapitel 17 wird darauf näher eingegangen. Weiter wird in diesem Kapitel aufgezeigt, wo die Vorteile des Speicherns und das Arbeiten mit Datenbanken liegen und welche Grundkenntnisse im Umgang von Project und Access notwendig sind.

Sobald mehrere Benutzer die gleichen Projektpläne benutzen, ist es unabdingbar, dass alle mit den gleichen Grundeinstellungen arbeiten. Da diese Grundeinstellungen normalerweise lokal in der globalen Vorlagendatei *Global.mpt* gespeichert werden, wird in Kapitel 18 besprochen, wie eine Vorlagendatei für alle Benutzer zugänglich gemacht und gesichert wird.

16 Multiprojektmanagement mit Project

363 Ressourcenpooltechnik
370 Eingefügte Projekte und projektübergreifende Verknüpfungen
373 Projektvorlagen

Es kann verschiedene Gründe geben, warum Sie mehrere Projekte miteinander verknüpfen möchten. Eine Analyse dieser Gründe sollten Sie unbedingt durchführen, bevor Sie anfangen, Projekte miteinander zu verknüpfen, da durch die Verknüpfung eine Reihe von Problemen auftreten können. Gerade wenn Sie dazu übergehen, mit mehreren Benutzern an Projekten zu arbeiten, sind bestimmte Regeln zu beachten.

Gründe, die für die Mehrprojekttechnik sprechen:

- Sie haben sehr große Projekte, die Sie übersichtlicher gestalten wollen.
- Sie haben ein Projekt, welches von mehreren Projektleitern in Unterprojekten gepflegt wird.
- Ein Projekt wird an verschiedenen Standorten bearbeitet.
- Sie haben ein unternehmensweites Projektmanagement aufgesetzt und wollen einen Ressourcenpool über alle Projekte verwenden.

All diese Gründe sprechen prinzipiell für die Aufteilung von Projekten in mehrere Pläne. Nachfolgend gehen wir auf die einzelnen Funktionalitäten von Projektverknüpfungen ein und beschreiben die Punkte, die hierbei unbedingt beachtet werden müssen.

Ressourcenpooltechnik

Immer dann, wenn mehrere Projekte auf ein und dieselbe Gruppe von Ressourcen zugreift empfiehlt es sich, einen gemeinsamen Ressourcenpool anzulegen. Bereits eine terminliche Überschneidung zweier Projekte, die die gleichen Ressourcen nutzen, kann zu erheblichen Problemen führen. Diese können viel schneller entdeckt und gehandhabt werden, wenn es einen Ressourcenpool gibt.

Selbst wenn Sie nicht parallel mit mehreren Projekten arbeiten, kann eine entsprechende Vorgehensweise Sinn machen. Sie können sich eine Menge Arbeit sparen, wenn Sie mit Ihren neuen Projekten auf einen zentralen Ressourcenpool zugreifen: So müssen Sie z.B. Ihre Ressourcen nur einmal pflegen und nicht in jedem Projekt eine neue Ressourcentabelle anlegen.

Erstellen eines Ressourcenpools

Die Beispieldateien zum Ressourcenpool finden Sie in der Projektdatenbank *Projekt_db.mdb* im Ordner *\Buch\Kap16* auf der CD zum Buch. Sie können die Projekte in dieser Datenbank öffnen, indem Sie im Dialogfeld *Öffnen* den Dateityp *Microsoft Access Datenbank (*.mdb)* auswählen. Mehr zum Thema Project und Datenbanken finden Sie in ▶ Kapitel 17.

Sie wollen Ressourcen in mehreren Projekten gemeinsam nutzen:

1. Erstellen Sie ein leeres Projekt und wechseln Sie dort auf die Ansicht *Ressource: Tabelle.*
2. Speichern Sie das Projekt unter einem sprechenden Namen ab (z.B. unter *ressourcen* in *projekt_db.mdb*), indem Sie als Dateityp in dem Dialogfeld Speichern unter den Typ .mdb auswählen.
3. Definieren Sie die Ressourcen, die von den verschiedenen Projekten genutzt werden sollen, in diesem Projekt.
4. Erstellen Sie ein neues Projekt, das auf dieses Ressourcenprojekt zugreifen soll. Speichern Sie das Projekt ebenfalls in der Projektdatenbank ab (z.B. unter *16_03*).
5. Stellen Sie sicher, dass das Ressourcenprojekt noch geöffnet ist.
6. Öffnen Sie im Menü *Extras* das Untermenü *Ressourcen gemeinsam nutzen.* Wählen Sie dort den Befehl *Gemeinsame Ressourcennutzung* aus (Abbildung 16.1).

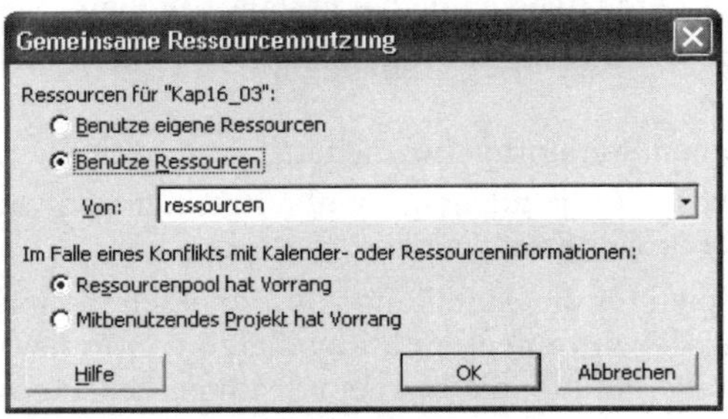

Abbildung 16.1: *Die Auswahl des Ressourcenpools*

7. Wählen Sie die Option *Benutze Ressourcen* aus.
8. Wählen Sie im Listenfeld *Von:* das Ressourcenprojekt aus. Sie sehen hier eine Liste der geöffneten Projekte.
9. Wählen Sie die Option *Ressourcenpool hat Vorrang* aus. Bei dieser Option werden Einstellungen zu gleichnamigen Ressourcen, die in Ihrem lokalen Projekt und dem Ressourcenprojekt gespeichert sind, durch die zentralen Einstellungen des Ressourcenprojekts überschrieben.
10. Schließen Sie das Dialogfeld über die Schaltfläche *OK.*

Damit ist die Definition des Ressourcenprojekts abgeschlossen. Wenn Sie nun beispielsweise in die Ansicht *Ressource: Tabelle* wechseln, sehen Sie dort die Ressourcen aus dem Ressourcenprojekt. Das gilt auch für alle anderen Ansichten. Sie können nun mit diesen Ressourcen so arbeiten, als ob sie lokal in Ihrem Projekt definiert wären.

HINWEIS Solange Sie im neu erstellten Projekt noch keine Ressourcen zugewiesen haben, sehen Sie nur dann Ressourcen, wenn Sie den Pool geöffnet haben, gleichgültig ob schreibgeschützt oder nicht. Sobald Sie Ressourcen zu Vorgängen hinzugefügt haben, werden diese auch in Ihrem Projekt sichtbar, wenn der Pool nicht geöffnet ist.

Hinweise zum Arbeiten mit einem Ressourcenpool

Übersicht, welche Projekte mit dem Pool verknüpft sind

Es ist sehr wichtig zu wissen, welche Projekte insgesamt auf den Pool zugreifen. Nur so können Sie klären, welche Projekte ggf. auf diejenigen Ressourcen zugreifen, die im eigenen Projekt schon engagiert sind. Es könnten ja Konflikte entstehen, die gelöst werden müssen und um dies tun zu können, muss Ihnen bekannt sein, woher die Probleme stammen.

Sie möchten herausfinden, welche Projekte mit Ihrem Ressourcenpool verknüpft sind:

1. Öffnen Sie Ihren Ressourcenpool.
2. Rufen Sie das Menü *Extras/Ressourcen gemeinsam nutzen/Gemeinsame Ressourcennutzung* auf.

In dem erscheinenden Dialogfeld können Sie in der Liste *Verknüpfungen* (Abbildung 16.2) die mit dem Pool verknüpften Projekte sehen. Sie haben von diesem Dialogfeld aus mehrere Möglichkeiten, die verknüpften Projekte zu bearbeiten.

Sie können

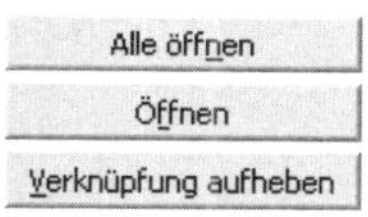

- alle Projekte gemeinsam öffnen – mit Klick auf die Schaltfläche *Alle Öffnen*;
- einzelne markierte Projekte öffnen – mit Klick auf die Schaltfläche *Öffnen*;
- Verknüpfungen aufheben, indem Sie auf die Schaltfläche *Verknüpfung aufheben* klicken.

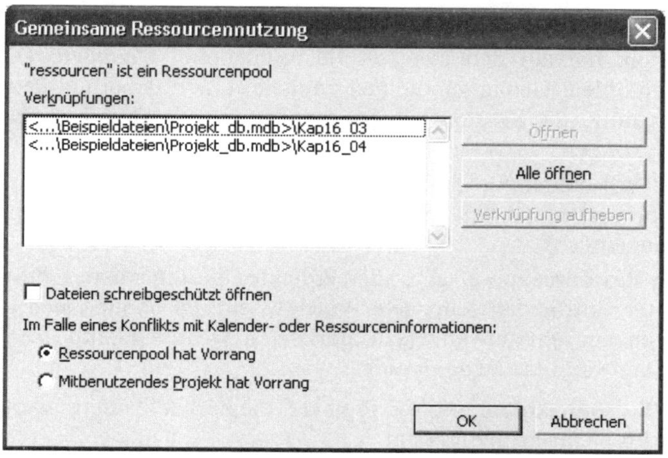

Abbildung 16.2: *Übersicht über die mit dem Pool verknüpften Projekte*

HINWEIS Es wird nicht empfohlen, die Option *Mitbenutzendes Projekt hat Vorrang* zu verwenden. Konflikte würden zuungunsten des zentralen Projekts entschieden!

WICHTIG

Wenn mehrere Benutzern auf einen Pool gleichzeitig zugreifen sollen, empfiehlt es sich, vorher genaue Festlegungen zu treffen, wer welche Aktionen ausführen darf.

Solange Sie normale Projektdateien verwenden, sind Sie in der Datensicherheit auf die standardmäßige Netzwerksicherheit beschränkt. Sollten Sie eine größere Anzahl von Benutzern und Projekten haben, empfiehlt es sich in jedem Fall, auf die Datenhaltung in einer Datenbank überzugehen, da Sie dort mehr Möglichkeiten haben, Daten zu sichern. Lesen Sie mehr dazu in ▶ Kapitel 17.

Pool schreibgeschützt öffnen

Wenn Sie den so erstellten Ressourcenpool das nächste Mal öffnen, wird die in Abbildung 16.3 gezeigte Meldung eingeblendet.

Sie können den Ressourcenpool nun in unterschiedlicher Form öffnen:

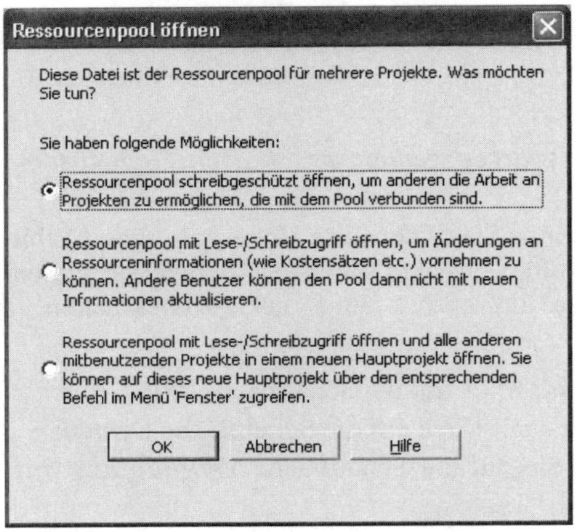

Abbildung 16.3: *Öffnen eines Ressourcenpools*

- Öffnen Sie ihn schreibgeschützt, können andere Projektmanager parallel an Projekten arbeiten, die auf den gleichen Ressourcenpool zugreifen. Diese Option wird empfohlen. Genau genommen handelt es sich dabei um keinen echten Schreibschutz, da Sie Änderungen wieder in den Ressourcenpool zurückschreiben können.
- Sie können den Ressourcenpool im Schreibzugriff öffnen, um ihn zu verändern. Diese Option ist sinnvoll, wenn Sie konkretes Ressourcenmanagement durchführen möchten.
- Sie können den Ressourcenpool samt aller Projekte, die ihn nutzen, öffnen. Das können unter Umständen sehr viele Projekte sein. Es handelt sich also möglicherweise um ein sehr aufwändiges Unterfangen. Dennoch kann es erforderlich werden, um Konflikte zu analysieren.

HINWEIS

Es reicht aus, den Ressourcenpool und die Projekte, die parallel laufen, manuell zu laden, um diese Probleme zu analysieren.

Änderungen aus oder in den Pool übertragen

Wenn Sie den Ressourcenpool schreibgeschützt öffnen, verwenden Sie eine Momentaufnahme dieser Informationen. Sie arbeiten dann weiter mit Ihrem lokalen Projekt und können dort beliebige Änderungen vornehmen. Um diese Änderungen in den Ressourcenpool zu schreiben, verwenden Sie den Befehl *Ressourcenpool aktualisieren* (Abbildung 16.4) aus dem Untermenü *Extras/Ressourcen gemeinsam nutzen*.

Abbildung 16.4: Änderungen aus oder in den Pool übertragen

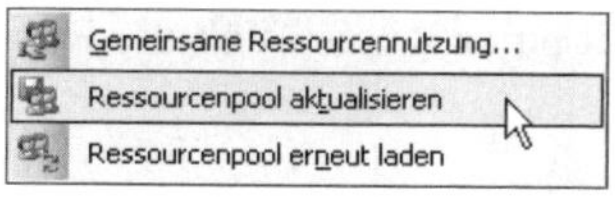

Ebenso können Sie jederzeit einen aktuellen Status des Ressourcenpools während ihrer Arbeitssitzung laden. Dazu verwenden Sie den Befehl *Ressourcenpool erneut laden* aus dem gleichen Menü. Änderungen, die von anderen Projekten in dem Zeitraum vorgenommen wurden, werden dann aus dem Ressourcenpool geladen und stehen in Ihrem Projekt zur Verfügung.

Diese Funktionalität ist wesentlich flexibler als das frühere Konzept der gemeinsamen Ressourcenprojekte. Vormals musste der Ressourcenpool mit Schreib-/Lesezugriff geöffnet werden, weshalb jeweils nur ein Projektmanager zu einem bestimmten Zeitpunkt darauf zugreifen konnte.

Projekte kopieren

Abbildung 16.5: Die Ressourcenlast ergibt sich aus zwei Projekten

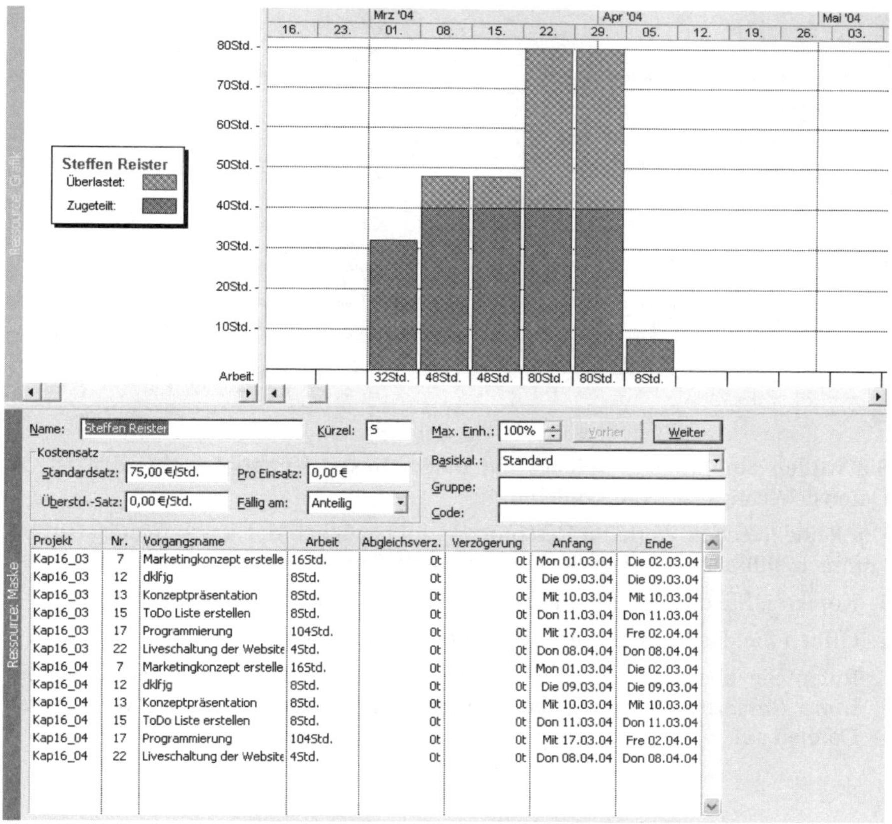

WICHTIG

Nicht zu vernachlässigen ist der Umgang mit Projektkopien. Häufige Praxis ist es, zum Zwecke der Datensicherung die Kopie eines Planes in ein Sicherungsverzeichnis zu legen. Wenn Sie mit einem gemeinsamen Ressourcenpool arbeiten, sollten Sie damit sehr vorsichtig umgehen, da Sie nicht allein das Projekt kopieren, sondern zugleich die Verknüpfung zum Ressourcenpool (vgl. Abbildung 16.5 und Abbildung 16.6). Das bedeutet, Sie verdoppeln mit einer Kopie auch die Ressourcenlast, die das Projekt im Pool verursacht.

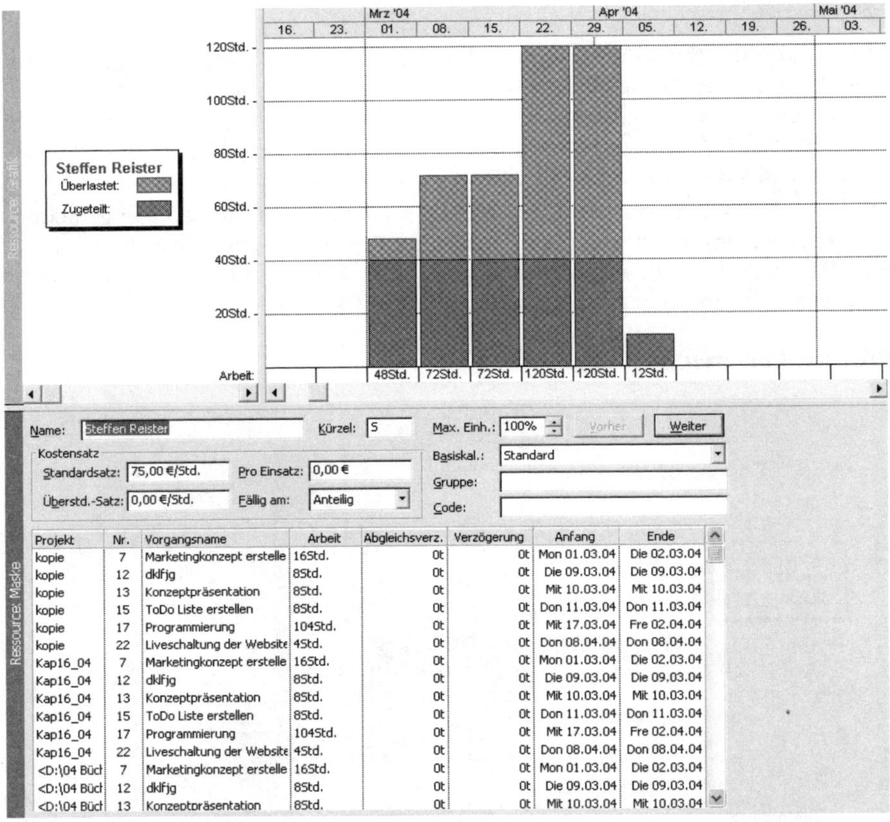

Projekt	Nr.	Vorgangsname	Arbeit	Abgleichsverz.	Verzögerung	Anfang	Ende
kopie	7	Marketingkonzept erstelle	16Std.	0t	0t	Mon 01.03.04	Die 02.03.04
kopie	12	dklfjg	8Std.	0t	0t	Die 09.03.04	Die 09.03.04
kopie	13	Konzeptpräsentation	8Std.	0t	0t	Mit 10.03.04	Mit 10.03.04
kopie	15	ToDo Liste erstellen	8Std.	0t	0t	Don 11.03.04	Don 11.03.04
kopie	17	Programmierung	104Std.	0t	0t	Mit 17.03.04	Fre 02.04.04
kopie	22	Liveschaltung der Website	4Std.	0t	0t	Don 08.04.04	Don 08.04.04
Kap16_04	7	Marketingkonzept erstelle	16Std.	0t	0t	Mon 01.03.04	Die 02.03.04
Kap16_04	12	dklfjg	8Std.	0t	0t	Die 09.03.04	Die 09.03.04
Kap16_04	13	Konzeptpräsentation	8Std.	0t	0t	Mit 10.03.04	Mit 10.03.04
Kap16_04	15	ToDo Liste erstellen	8Std.	0t	0t	Don 11.03.04	Don 11.03.04
Kap16_04	17	Programmierung	104Std.	0t	0t	Mit 17.03.04	Fre 02.04.04
Kap16_04	22	Liveschaltung der Website	4Std.	0t	0t	Don 08.04.04	Don 08.04.04
<D:\04 Büch	7	Marketingkonzept erstelle	16Std.	0t	0t	Mon 01.03.04	Die 02.03.04
<D:\04 Büch	12	dklfjg	8Std.	0t	0t	Die 09.03.04	Die 09.03.04
<D:\04 Büch	13	Konzeptpräsentation	8Std.	0t	0t	Mit 10.03.04	Mit 10.03.04

Abbildung 16.6: *Nach dem Kopieren eines Projektes zu Archivzwecken*

Sie wollen ein Projekt, welches mit einem Ressourcenpool verbunden ist, zu Datensicherungszwecken kopieren.

Um keine falschen Werte im Ressourcenpool bezüglich der Ressourcenlast zu bekommen, müssen Sie folgende Schritte durchführen:

1. Kopieren Sie das Projekt und benennen Sie es um.
2. Öffnen Sie das Ressourcenprojekt mit Schreibzugriff.
3. Rufen Sie über das Menü *Extras/Ressourcen gemeinsam nutzen/Gemeinsame Ressourcennutzung* das Dialogfeld zum Überprüfen der verknüpften Dateien auf.

Abbildung 16.7: Vorsicht beim Kopieren von Projekten wegen eventuell ungewollter Erhöhung der Ressourcenlast

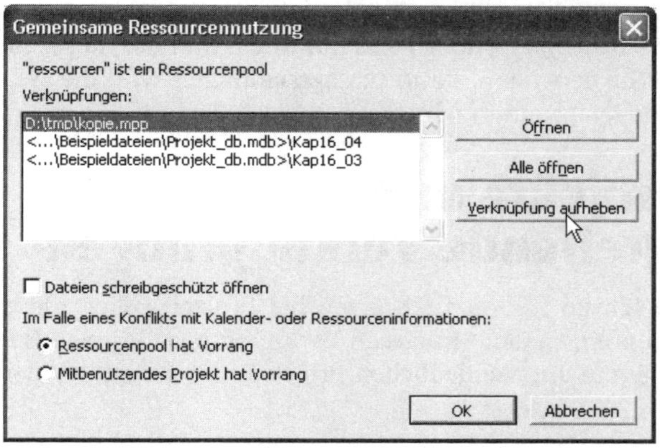

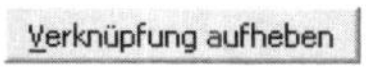

4. Markieren Sie das kopierte Projekt und klicken Sie auf die Schaltfläche *Verknüpfung aufheben* (Abbildung 16.7), um die Verknüpfung zu lösen.
5. Speichern Sie den Ressourcenpool, um die Änderungen wirksam werden zu lassen.

Alternative:

1. Öffnen Sie das kopierte Projekt.
2. Rufen Sie über das Menü *Extras/Ressourcen gemeinsam nutzen/Gemeinsame Ressourcennutzung* das Dialogfeld *Gemeinsame Ressourcennutzung* auf.
3. Schalten Sie die Option *Benutze eigene Ressourcen* ein (Abbildung 16.8).
4. Speichern Sie den Ressourcenpool, um die Änderungen wirksam werden zu lassen.

Abbildung 16.8: Projekt vom Ressourcenpool trennen, die 2. Möglichkeit

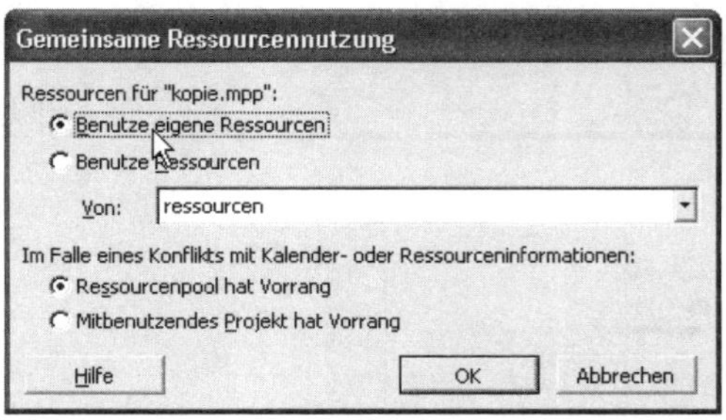

Hinzufügen von Ressourcen zum Pool

Sie können in einem Projekt, das mit einem Ressourcenpool verknüpft ist, jederzeit eine neue Ressource hinzufügen. Beim nächsten Aktualisieren des Pools wird die neue Ressource entsprechend übertragen. Sollten Sie eine Ressource aus dem Pool benötigen, aber keinen Zugriff auf den Pool haben, so können Sie auch eine bereits im Pool vorhandene Ressource in Ihr Projekt eintragen und verwenden. Sie müssen aber darauf achten, dass diese Ressource die exakt gleiche Schreibweise hat, wie die des Pools.

Aus Gründen der Fehleranfälligkeit sollten Sie darauf verzichten, in einzelnen Projekten Ressourcen hinzuzufügen, sondern dies nur direkt im Pool tun. Je mehr Ressourcen und Projekte Sie verwalten, desto unübersichtlicher wird die Arbeit, wenn an verschiedenen Stellen geändert wird.

TIPP

Eingefügte Projekte und projektübergreifende Verknüpfungen

Eine Änderung im Vergleich zu früheren Ansätzen bei Project stellen die projektübergreifenden Verknüpfungen dar. Mit diesen Verknüpfungen können Beziehungen zwischen Vorgängen in unterschiedlichen Projekten hergestellt werden.

Die Definition externer Verknüpfungen

Damit lässt sich die Situation, dass aus einem Projekt heraus Verknüpfungen zu externen Projekten bestehen, sehr viel besser modellieren. Diese Situation tritt gerade dann häufig auf, wenn mehrere Projekte in einem Unternehmen parallel laufen oder wenn komplexe Projekte in mehrere Teilprojekte zergliedert werden.

Die Beispieldateien *Kap16_01.mpp* und *Kap16_02.mpp* finden Sie auf der CD-ROM zu diesem Buch im Ordner *\Buch\Kap16*.

Sie wollen in dem Projekt *Kap16_01.mpp* eine externe Verknüpfung zu dem Projekt *Kap16_02.mpp* einfügen:

1. Öffnen Sie das Projekt *Kap16_01.mpp*.
2. Setzen Sie die Markierung in die erste freie Zeile nach dem letzten Vorgang.
3. Rufen Sie den Menübefehl *Einfügen/Projekt* auf, wählen als Projekt *Kap16_02.mpp* aus und bestätigen mit *Einfügen*.
4. Dieses wird nach dem ersten Projekt eingefügt (Abbildung 16.9).

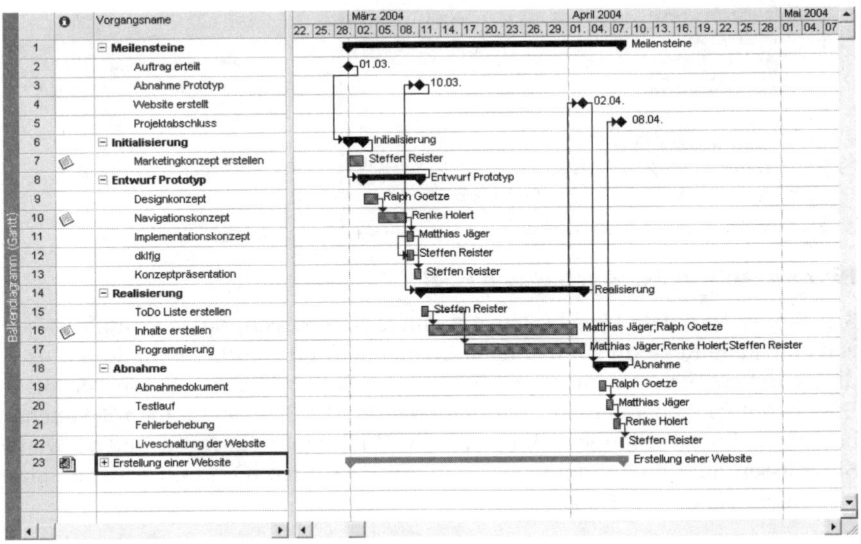

Abbildung 16.9: *Eingefügtes Projekt als Sammelvorgang dargestellt*

5. Erweitern Sie das eingefügte Projekt durch Auswahl des Plus-Zeichens vor dem Projektnamen und bestätigen Sie die Meldung des Planungs-Assistenten mit OK.
6. Bewegen Sie die Maus zum Ende des Meilensteins Projektabschluss. Achten Sie darauf, dass der Mauszeiger noch die Form eines Kreuzes mit vier Pfeilspitzen hat.
7. Ziehen Sie die Markierung zum Anfang des Meilensteins Website erstellt im ursprünglichen Projekt (Abbildung 16.10).

Abbildung 16.10: *Verknüpfung des Endmeilensteins mit einem Meilenstein im Ursprungsprojekt*

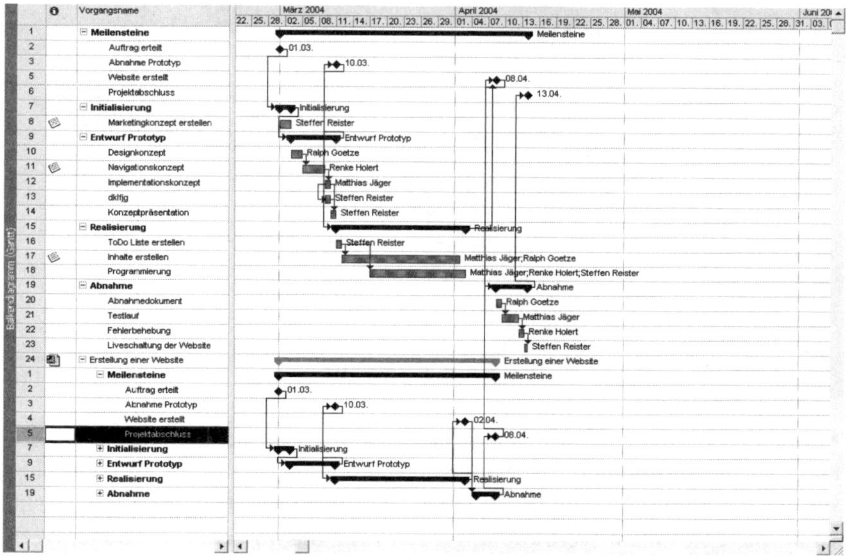

8. Damit haben Sie die Beziehung zwischen den zwei Projekten definiert.
9. Markieren Sie das eingefügte Projekt und drücken Sie Entf.
10. Es wird eine Warnung angezeigt (Abbildung 16.11), dass alle Teilvorgänge des Projekts ebenfalls gelöscht werden. Bestätigen Sie durch Auswahl von *OK*.

Abbildung 16.11: *Löschen des eingefügten Projektes*

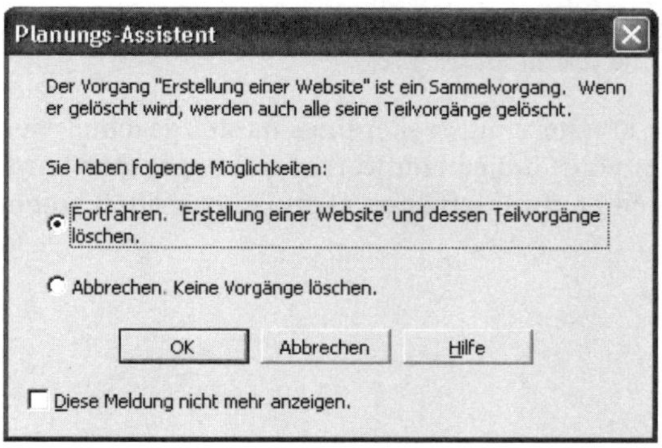

11. Die Verknüpfungsinformationen zum Meilenstein Projektabschluss werden beibehalten. Der Vorgang wird anders dargestellt, um deutlich zu machen, dass es sich um eine externe Verknüpfung handelt (Abbildung 16.12).

Damit ist die Definition einer externen Verknüpfung abgeschlossen. Gleichzeitig haben Sie gesehen, wie ein anderes Projekt eingefügt werden kann. Darauf wird im weiteren Verlauf dieses Kapitels noch näher eingegangen.

HINWEIS

Per Doppelklick auf den Vorgang aus dem externen Projekt können Sie die andere Projektdatei öffnen.

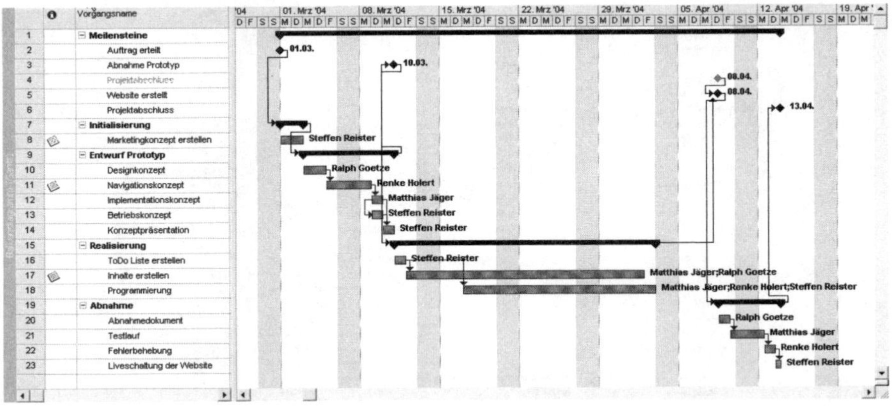

Abbildung 16.12: *Der verknüpfte Vorgang ist weiterhin sichtbar*

Mit dem Befehl *Verknüpfungen zwischen Projekten* aus dem Menü *Extras* können Sie die Verknüpfungsbeziehungen näher analysieren. In diesem Dialogfeld werden alle Informationen über externe Vorgänger und Nachfolger angezeigt.

Wenn Sie eine solche Verknüpfungsbeziehung auswählen, können Sie Verknüpfungen löschen, Dateien bei beschädigten Verknüpfungen suchen und Änderungen an Verknüpfungen mit den Schaltflächen *Annehmen* (für die ausgewählte) und *Alle* (für alle Verknüpfungen) übernehmen.

HINWEIS

Sie können Verknüpfungen zwischen Projekten auch manuell in den Spalten *Vorgänger* bzw. *Nachfolger* definieren (Abbildung 16.13). Die Einträge haben dann beispielsweise die Form

```
\\strntpaa\allgdata\Projekte\Buecher\Project2003\VK_Projekt_1.mpp\3
```

Wenn Sie in einem Netzwerk arbeiten, muss allerdings darauf geachtet werden, dass immer der *UNC*-Pfad (der vollständige Laufwerkspfad) angegeben wird. Bei einer Pfadangabe mit gemappten Laufwerken kann es zu Fehlzugriffen kommen.

Abbildung 16.13: Verknüpfungen bearbeiten

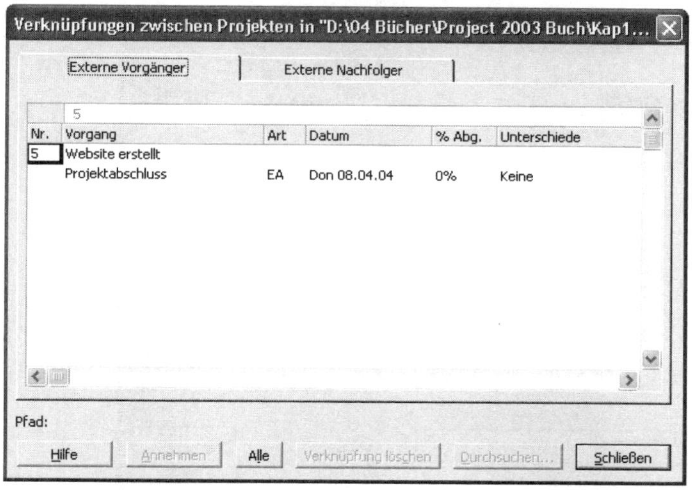

Projektvorlagen

Eine weitere wichtige Funktion im Zusammenhang mit der Bearbeitung einer größeren Zahl von Projekten hängt zwar nicht direkt mit der Mehrprojekttechnik zusammen, ist aber dennoch nicht unwesentlich: Gemeint sind die *Projektvorlagen*.

Durch Verwendung von Projektvorlagen können Sie sicherstellen, dass in Projekten beispielsweise gleiche Grundeinstellungen, Tabellen, Ansichten und Makros genutzt werden.

Sie wollen eine Projektvorlage erstellen:

1. Erstellen Sie zunächst ein neues Projekt. Passen Sie dort alle Elemente Ihren Vorstellungen an. Angepasst werden können z.B. Ansichten, Tabellen, Symbolleisten etc.
2. Fügen Sie die Vorgänge, die auf jeden Fall verwendet werden können, bereits in das Projekt ein. Wie genau Sie hier gliedern können, hängt von der Art des Projekts ab.
3. Speichern Sie das Projekt mit dem Befehl *Speichern unter* aus dem Menü *Datei* als Projektvorlage ab. Die Einstellung *Projektvorlage* (**.mpt*) müssen Sie im Auswahlfeld *Dateityp* festlegen (vgl. Abbildung 16.14).

Sie können nun jederzeit wieder auf diese Vorlage zurückgreifen. Beim Öffnen einer Projektvorlage wird eine Kopie dieser Datei erstellt.

Alternative: Sie können auch beim Befehl *Datei/Öffnen* im Aufgabenbereich von Project über den Link *Allgemeine Vorlagen* auf die definierten Vorlagen zugreifen (Abbildung 16.15). Dort finden sich bei Project wieder eine Reihe mitgelieferter Vorlagen.

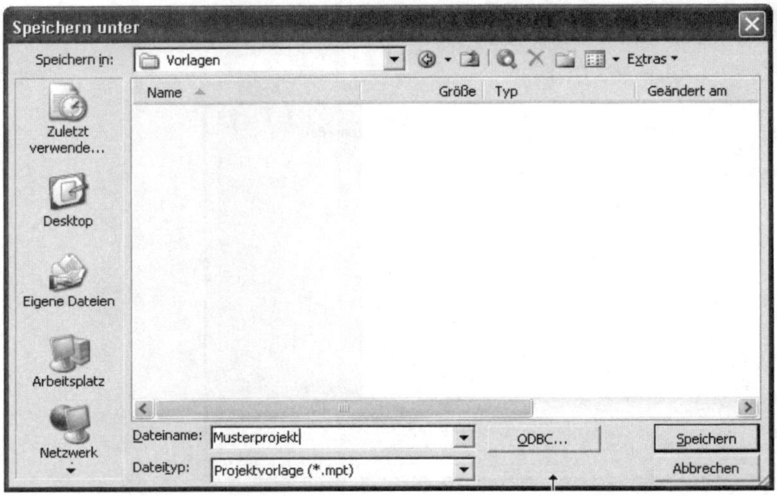

Abbildung 16.14: Projekt als Vorlage abspeichern

Sie möchten die Projektvorlage anpassen?

1. Öffnen Sie die Projektvorlage. Es wird eine Datei erstellt, die auf dieser Vorlage basiert.
2. Nehmen Sie Ihre Änderungen vor.

TIPP

Sie können beispielsweise über den Befehl *Weitere Ansichten* aus dem Menü *Ansicht* das Dialogfeld *Organisieren* oder direkt den Befehl *Extras/Organisieren* aufrufen und dort Objekte aus der *Global.mpt* oder anderen gerade geöffneten Dateien in die aktuell bearbeitete Datei verschieben.

3. Speichern Sie die Vorlage wieder unter dem bisherigen Namen und als Dateityp *Projektvorlage* ab. Die bisherige Vorlage wird dadurch überschrieben.

Abbildung 16.15: Vorlagen aufrufen

17 Project und Datenbanken

375 Zugriff auf Projekt-Datenbanken
376 Speichern über ODBC

Die Speicherung von Projektinformationen in Datenbanken ist vor allem für größere Projekte und für die Integration von Informationen aus Microsoft Project Standard mit anderen Anwendungen eine ausgesprochen wichtige Funktion. Auf die Speicherung in SQL Server-Datenbanken mit dem Project Server wird in diesem Kapitel nicht näher eingegangen. Lesen Sie alles zur Speicherung von Projekt- und Ressourcendaten in SQL-Datenbanken mit dem Project Server in ▶ Kapitel 21.

Zugriff auf Projekt-Datenbanken

Die Funktion der Projekt-Datenbank wurde bereits in ▶ Kapitel 5 angesprochen. Dort wurde auch gezeigt, wie eine solche Datenbank definiert werden kann und wie Projekte in einer solchen Datenbank gespeichert werden können.

WICHTIG Da Project für das Speichern dieser Datenbank die Microsoft Jet-Engine verwendet, die auch von Microsoft Access eingesetzt wird, sind die Datenformate kompatibel. Sie können also mit Microsoft Access und mit allen anderen Anwendungen, die dieses Datenbankformat verwenden, direkt auf die Projektinformationen zugreifen.

So verfügt beispielsweise Microsoft Visual Basic ebenfalls über umfassende Schnittstellen zu diesem Datenbankformat. Mit Visual Basic und unter Verwendung der Projekt-Datenbanken lassen sich auch relativ einfach Erweiterungen zu Project entwickeln.

So greifen Sie mit Microsoft Access auf die Informationen in einer Projekt-Datenbank zu.

- Starten Sie Microsoft Access und wählen Sie im Start-Dialogfeld die Schaltfläche *Abbrechen*.
- Rufen Sie den Befehl *Öffnen* aus dem Menü *Datei* auf.
- Wechseln Sie in das Verzeichnis, in dem die Projekt-Datenbank abgelegt ist.
- Sie können nun die Projekt-Datenbank auswählen und durch Auswahl der Schaltfläche *Öffnen* in Microsoft Access öffnen.

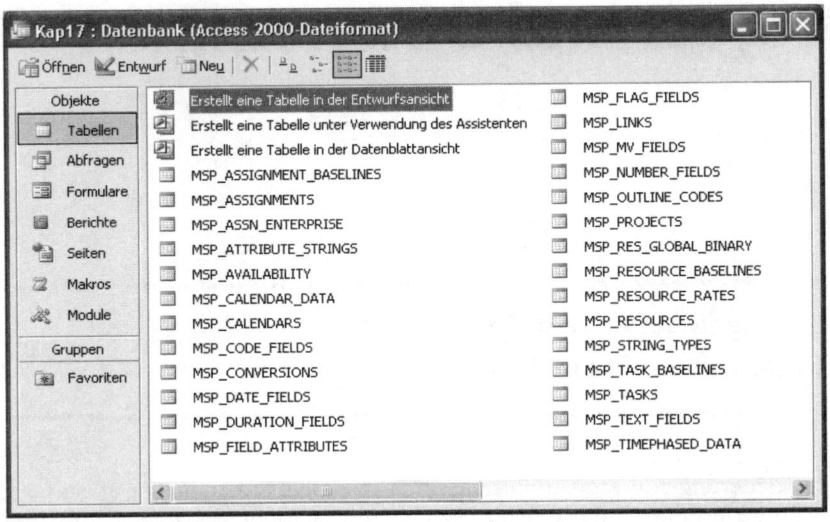

Abbildung 17.1: *Die Projekt-Datenbank in Microsoft Access*

Die dargestellte Microsoft Access-Datenbank *kap17.mdb* und die zugehörige Microsoft Project-Datei *Kap17_01.mpp* finden Sie im Ordner *\Buch\Kap17* auf der CD-ROM zum Buch

Alle Informationen aus der Projekt-Datenbank stehen Ihnen jetzt als Tabellen zur Verfügung. Sie können hier nun alle Funktionen von Microsoft Access nutzen, um diese Informationen zu bearbeiten.

Ein umfassender Überblick über das Datenbank-Modell von Project 2003 befindet sich im Dokument *Microsoft Office Project 2003-Datenreferenz* in der Datei *PJDB.HTM* im Ordner *<CD-Laufwerk>\DOCS* auf der Project Installations-CD oder im Ordner *\Buch\Kap17* auf der CD-ROM zum Buch.

Der Reiz an dieser Konstruktion ist, dass der Zugriff auf eine Projekt-Datenbank praktisch genauso verläuft wie der Zugriff auf normale Projekt-Dateien. Gleichzeitig stehen aber alle Möglichkeiten von Microsoft Access mit diesem Datenformat zur Verfügung. Dies erleichtert insbesondere die Integration mit anderen Datenbanken.

Speichern über ODBC

Eine zweite neue Funktion ist die Speicherung einer Datenbank über ODBC. Voraussetzung dafür ist, dass Sie

- den ODBC-Treiber für das Datenbanksystem, in dem die Datei gespeichert werden soll, installiert haben,
- bei Client/Server-Datenbanksystemen eine Datenbank vorbereitet haben, in die diese Informationen gespeichert werden können.

Besonders interessant an dieser Funktion ist, dass darüber nicht nur komplette Datenbanken, sondern auch ausgewählte Teile einer Projekt-Datenbank in einer anderen Datenquelle gespeichert werden können.

Sie können ein Projekt in einer neuen Access-Datenbank folgendermaßen speichern:

1. Wählen Sie den Befehl *Speichern unter* aus dem Menü *Datei* aus.
2. Klicken Sie auf die Schaltfläche *ODBC*.
3. Wählen Sie eine Datenquelle aus. Falls Sie die Daten das erste Mal in dieser Datenquelle speichern, aktivieren Sie die Registerkarte *Computerdatenquelle*.

Abbildung 17.2: *Auswahl der Datenquelle*

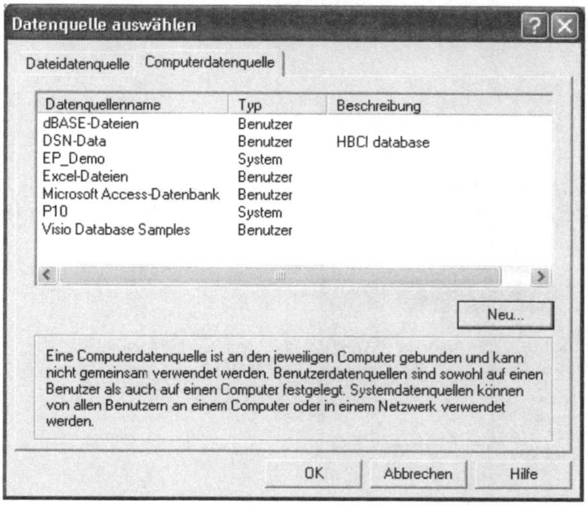

4. Klicken Sie auf die Schaltfläche *Neu*, um eine neue Datenquelle zu erstellen.

Abbildung 17.3: *Die Art der Datenquelle auswählen*

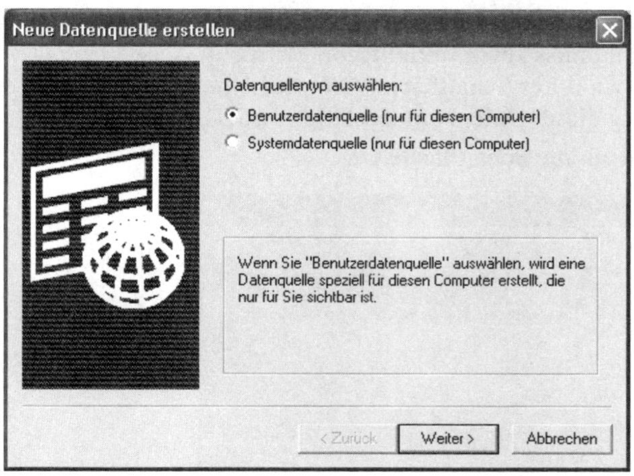

5. Wählen Sie die Option *Benutzerdatenquelle* aus und klicken anschließend die Schaltfläche *Weiter*.
6. Wählen Sie den Eintrag *Microsoft Access-Treiber (*.mdb)* in der angezeigten Liste aus und betätigen Sie die Schaltfläche *Weiter*.
7. Klicken Sie im nächsten Dialogfeld auf die Schaltfläche *Fertig stellen*.

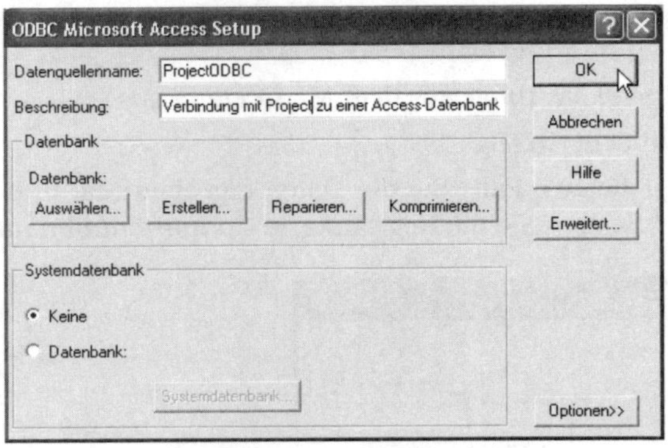

Abbildung 17.4: *Die Definition der Datenquelle*

8. Geben Sie einen Namen und eine Beschreibung für die Datenquelle ein und klicken Sie auf die Schaltfläche *Auswählen*, um die Access-Datenbank zu erzeugen.

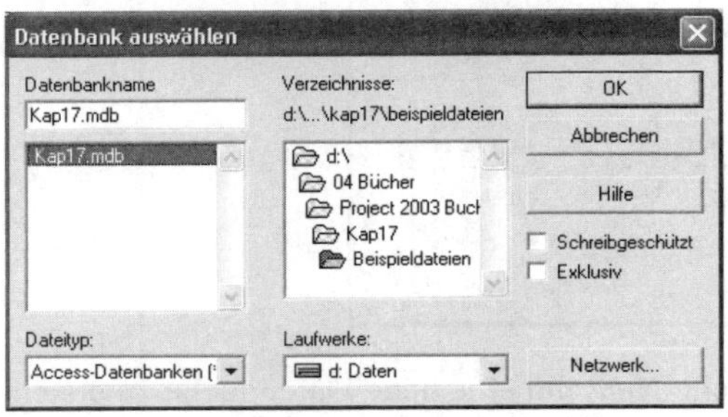

Abbildung 17.5: *Die Erstellung der Datenbank*

9. Wählen Sie die Datenbank aus, mit der eine Verbindung hergestellt werden soll. Diese Datenbank muss zuvor mithilfe von Microsoft Access erstellt worden sein. Nach Auswahl der Schaltfläche *OK* wird eine Meldung angezeigt, mit der die Erstellung dieser Datenbank bestätigt wird.
10. Klicken Sie zweimal auf die Schaltfläche *OK*.

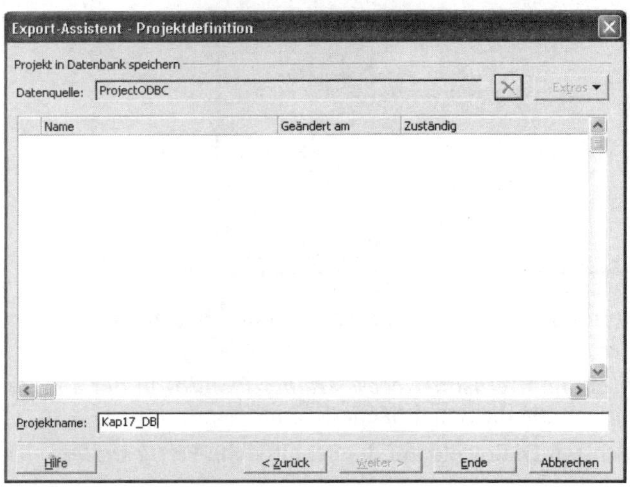

Abbildung 17.6: *Speichern des Projektes in der Datenbank*

11. Im nächsten Dialogfeld können Sie auswählen, ob alle Daten oder nur ausgewählte Informationen exportiert werden sollen.
12. Durch Auswahl der Schaltfläche *Speichern* exportieren Sie die Informationen in die Access-Datenbank.

So können Sie nur Teile der Informationen in Ihrem Projekt in eine Datenbank exportieren:

1. Wählen Sie im automatisch startenden Export-Assistenten von Project die Schaltfläche *Weiter*
2. Wählen Sie in dem Dialogfeld, das in Abbildung 17.7 zu sehen ist, das Optionsfeld *Nur ausgewählte Daten*.

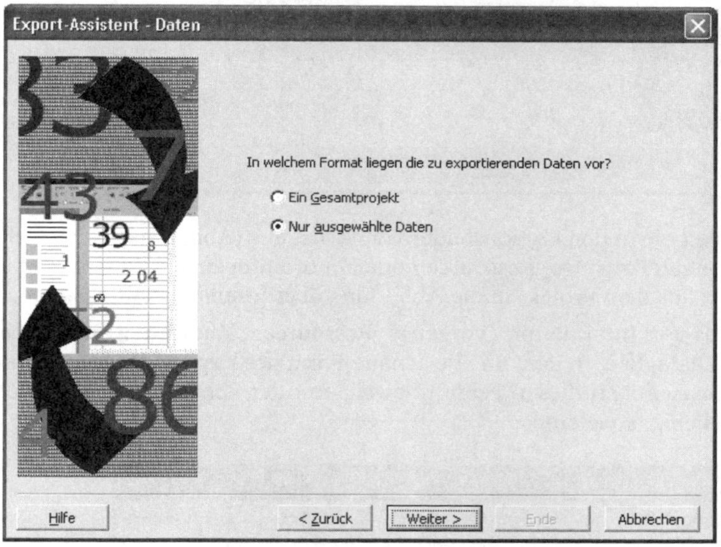

Abbildung 17.7: *Die Steuerung der zu exportierenden Informationen*

HINWEIS Im folgenden Dialogfeld können für den Export Schemata definiert werden. Diese Schemata beschreiben, welche Daten aus dem Projekt in welcher Form exportiert werden.

3. Über die Schaltfläche *Neues Schema* können Sie neue Beschreibungen für Export-Formate erstellen.

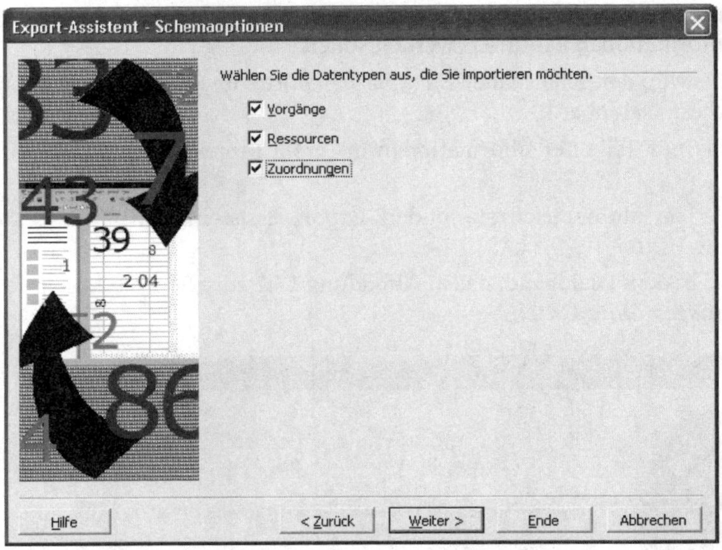

Abbildung 17.8: *Das Erstellen einer neuen Abbildung*

4. Dazu wählen Sie in den Optionsfeldern zunächst aus (Abbildung 17.8), welche Informationen (Vorgänge, Ressourcen oder Zuordnungen von Ressourcen und Vorgängen) aus dem Projekt in die Abbildung übernommen werden sollen.
5. Für jede Art von Information (Vorgänge, Ressourcen, Zuordnungen) erscheint ein neues Dialogfeld, in dem Sie die genaue Form des Exports steuern können. Sie können zwischen diesen Feldern jeweils mit der Schaltfläche *Weiter* oder *Zurück* beliebig navigieren.

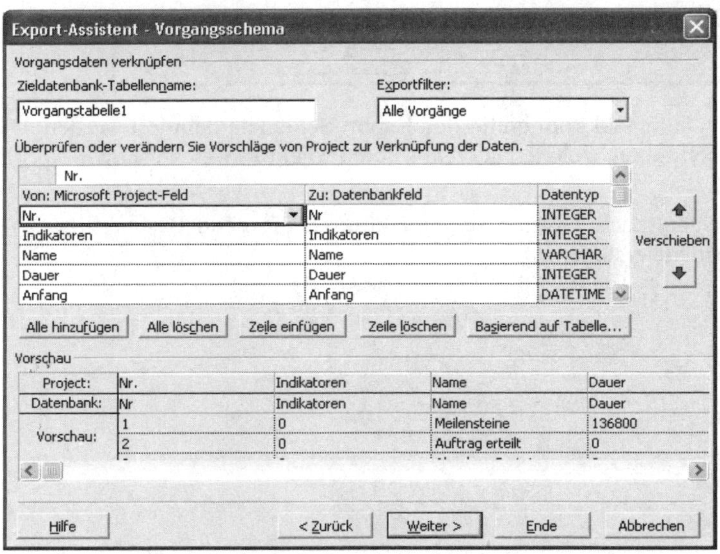

Abbildung 17.9: *Die Definition einer Export-Abbildung*

6. Sie können hier nun zunächst eine Tabelle auswählen, mit der die Struktur der zu exportierenden Informationen vorgegeben wird. Dazu müssen Sie ggf. eine passende Tabelle erstellen.
7. Anschließend können Sie festlegen, welches Feld der Tabelle in welches Datenbankfeld geschrieben wird und mit welchem Datentyp gearbeitet werden soll.
8. Über die Schaltflächen am rechten Rand können Sie die Feld-Reihenfolge aus der Tabelle auch umstellen.
9. Außerdem können Sie über das Listenfeld *Exportfilter* auch einen Filter setzen, der steuert, welche Informationen in die Datenbank geschrieben werden.
10. Nachdem Sie das Schema definiert haben, können Sie den Export der Informationen durchführen. Der Export erfolgt immer für eine ausgewählte Abbildung.

Sie können also für verschiedene Ziele unterschiedliche Schemata erstellen und damit sehr differenziert steuern, welche Informationen exportiert werden sollen.

WICHTIG

Analog dazu können Sie auch beim Import von Informationen aus Datenquellen vorgehen. Im Dialogfeld zum Menübefehl *Datei/Öffnen* findet sich ebenfalls die Schaltfläche *ODBC*. Sie können darüber eine Datenquelle auswählen und dann bestimmen, ob ein komplettes Projekt oder nur ausgewählte Informationen importiert werden sollen. Beim selektiven Import können Sie dann wiederum steuern, welches Schema verwendet werden soll, um die Felder der Datenbank auf die Felder von Project abzubilden.

18 Project im Netzwerk

383 Die Grundvoraussetzungen
385 Zugriffsrechte im Netzwerk
385 Die Global.mpt im Netzwerk

Microsoft Project ist ein Werkzeug, das seine optimale Wirkung erst im Netzwerk erzielt. Allerdings müssen dafür einige Voraussetzungen geschaffen werden. Nur dann wird sich auch der erhoffte Erfolg einstellen.

Die Grundvoraussetzungen

Die Grundvoraussetzungen für einen erfolgreichen Einsatz von Project in vernetzten Umgebungen sind schnell umrissen:

- Einheitliche Einstellungen für Project sind eine der wichtigsten Voraussetzungen für den Erfolg. Wenn Benutzer unterschiedliche Konfigurationseinstellungen für das Programm verwenden, kommt es zu erheblichen Problemen beim Austausch von Projekten. Diese Einstellungen müssen vorab definiert und eingerichtet werden. Die Einhaltung kann durch einen Schreibschutz auf die Datei *Global.mpt* erreicht werden. Idealerweise befindet sich diese wie alle zentral genutzten Dateien auf dem Server. Dann können die Zugriffsrechte dort gesteuert werden.
- Die konsequente Anwendung der Mehrprojekttechnik, auf die in ▶ Kapitel 16 eingegangen wurde, ist eine zweite wichtige Voraussetzung für den erfolgreichen Einsatz von Project durch mehrere Anwender. Dadurch lassen sich Überlappungen zwischen Projekten erfassen und Ressourcen auch planerisch gemeinsam verwalten.
- Eine dritte wichtige Voraussetzung ist die gezielte Steuerung der Zugriffsrechte auf Projekt-Dateien. Damit lässt sich genau steuern, welche Benutzer in welcher Form mit den Projekt-Informationen arbeiten können. Eine solche Steuerung lässt sich nur sinnvoll realisieren, wenn die Informationen auf dem Server liegen.
- Das bedeutet in der Konsequenz aber auch, dass die bei *Datei/Speichern unter* über die Schaltfläche *Optionen* erreichbaren Kennworteinstellungen nicht genutzt werden sollten. Zum einen sind solche Kennwörter, wenn mehrere Benutzer auf eine Datei zugreifen sollen, ohnehin schnell Allgemeingut. Zum

anderen ist es schlicht effizienter, eine sinnvolle Zugriffssteuerung auf der Ebene des Fileservers zu realisieren und die Projekt-Informationen dort abzulegen.

- Wenn immer wieder ähnliche Projekte durchgeführt werden, sollte auch intensiv mit Vorlagen gearbeitet werden, um eine möglichst gut vergleichbare Struktur der Projekte zu erreichen.

WICHTIG

Diese Regeln sind relativ einfach zu befolgen. Eines wird aber deutlich: Gemeinsames Projektmanagement erfordert einheitliche Regeln. Diese Regeln müssen definiert und befolgt werden – und die Nichtbefolgung muss sanktioniert werden, damit das System funktioniert.

In dieser Situation entsteht vor allem das Problem, Regeln zu finden, die ausreichend sind, um ein Funktionieren des Systems sicherzustellen, ohne die Flexibilität des Systems unnötig zu beeinträchtigen. Mehrbändige Projektmanagement-Handbücher sind erfahrungsgemäß keine funktionsfähige Lösung. Aber Regeln sind erforderlich.

Zu den wichtigsten Punkten, die in solchen Regeln definiert werden müssen, zählen aus organisatorischer Sicht:

- Grundeinstellungen für Project
- Wer arbeitet in welcher Form mit Project?
- Wer darf Projekte verändern, wer darf Projekte nur ansehen? Für letztere Gruppe kann das Zugriffsrecht auf dem Netzwerk-Server auf »Lesen« beschränkt werden.
- Wer definiert zentrale Elemente des technischen Projektmanagement-Systems mit Project? Wer erstellt die unternehmensspezifischen Ansichten, Tabellen, Berichte, Filter, Symbolleisten und VBA-Makros und sorgt dafür, dass die zentral bereitgestellte *Global.mpt* und die weiteren genutzten Projektvorlagen das gewünschte Erscheinungsbild haben?
- In welcher Form greifen zentrale Instanzen des organisatorischen Projektmanagement-Systems im Unternehmen wie beispielsweise der Lenkungsausschuss auf das Projekt zu? Nutzen Sie Project mit vordefinierten Analyseeinstellungen oder werden die Informationen für sie ausgedruckt?

Darüber hinaus müssen aber auch Regeln definiert werden, um sicherzustellen, dass Project von allen Anwendern in den gleichen Situationen auch gleich bedient wird. Die besonders kritischen Bereiche dabei sind:

- Die Vorgangsarten. Vorgangsarten sollten möglichst einheitlich gehandhabt werden. Das bedeutet nicht, dass generell nur mit einer Vorgangsart gearbeitet wird. Es sollte aber in den gleichen Situationen immer nur mit der gleichen Vorgangsart wie Feste Dauer oder Feste Einheiten gearbeitet werden.
- Dazu gehört natürlich auch, dass das Feld *Dauer* einheitlich interpretiert wird.
- Wichtig ist, dass Verknüpfungen in gleichen Situationen auch immer in der gleichen Weise bearbeitet werden. Verknüpfungen dürfen keine Puffer enthalten. Und Verknüpfungen werden nur dann definiert, wenn sie sachlich bedingt werden. Ansonsten gibt es beispielsweise das Feld *Verzögerung* oder die Termineinschränkungen.
- Kalender und Einheiten von Ressourcen müssen in einheitlicher Weise gehandhabt werden. Wenn die Verfügbarkeit mal über den Kalender und mal

über die Einheiten definiert wird, entsteht Chaos. Allerdings lässt sich das durch die Verwendung eines zentralen Ressourcenprojekts leicht verhindern.

HINWEIS Diese Regeln machen auch die Schulung der Anwender für Project viel einfacher. Wenn die Komplexität durch Regeln reduziert wird, können die Anwender sehr viel schneller erfolgreich mit dem System arbeiten.

Im Übrigen sind solche einheitlichen Regeln auch wichtig, damit verschiedene Anwender ein Projekt verwalten können. Wenn ein Projektmanager vorübergehend oder dauerhaft nicht mehr verfügbar ist, müssen Regeln so klar definiert sein, dass der Stellvertreter oder ein anderer Projektmanager ohne weiteres dessen Aufgabe übernehmen kann.

Zugriffsrechte im Netzwerk

Netzwerkumgebung

Wie Zugriffsrechte im Netzwerk definiert werden, ist ein Thema, das den Rahmen dieses Buchs bei weitem sprengen würde. Wichtig sind nur ein paar Grundregeln für die sinnvolle Gestaltung von Zugriffsrechten auf die Projekt-Informationen:

- Die Projekt-Dateien, die unter Umständen von mehr als einem Anwender genutzt werden, sollten zentral auf dem Server gespeichert werden.
- Für Projekte unterschiedlicher Unternehmensbereiche sollten getrennte Verzeichnisstrukturen oder sogar Freigaben definiert sein.
- Für die Projekt-Dateien sind in aller Regel zwei, maximal aber drei Formen der Zugriffsrechte ausreichend. Zum einen gibt es die Möglichkeit einen »Lesezugriff« auf die Projektdatei einzustellen, der den Benutzer(gruppen) gewährt werden sollte, die zwar die Informationen über Projekte einsehen aber nicht verändern dürfen. Zum anderen besteht die Möglichkeit des »Vollzugriffs«. Gegebenenfalls ist es auch denkbar, das Recht »Ändern« für Benutzer zu vergeben, wenn diese Projekte zwar verändern dürfen, aber keine neuen Projektdateien erstellen oder bestehende Projekte löschen dürfen. Diese Rechte können bei sinnvoller Gestaltung der Verzeichnisse auf der Ebene von Verzeichnissen vergeben werden und müssen nicht auf der Dateiebene definiert werden.

Die Global.mpt im Netzwerk

Die globale Vorlagendatei *Global.mpt* für Project beinhaltet alle standardmäßigen und benutzerdefinierten Ansichten, Tabellen, Filter, Gruppen, Berichte, Kalender, Felder, Masken, Module (VBA-Makros), Symbolleisten und Schemen (Import-/Exportschemen). In vergangenen Versionen von Project war es zwar möglich, die *Global.mpt* auf einem zentralen Netzlaufwerk zu speichern, damit alle Benutzer von Project darauf zugreifen können, jedoch gab es bei jedem Beenden von Project eine Fehlermeldung, dass die *Global.mpt* nicht gespeichert werden kann, wenn mehr als ein Benutzer auf die *Global.mpt* zugriff. Diese Fehlermeldung ist auch korrekt, da Project bei jedem Beenden immer die *Global.mpt* zurückspeichert und bei einem Mehrfachzugriff dieser Speichervorgang nicht mehr exklusiv für einen Benutzer korrekt funktioniert.

Seit der Version Project 2000 ist es möglich, verschiedene Speicher-, Start- und Zugriffsmöglichkeiten für die *Global.mpt* zu definieren. Die *Global.mpt* kann daher auch in Project von einem zentralen Netzwerklaufwerk aus im Mehrfachzugriff (Multiuser) gestartet werden.

NEU

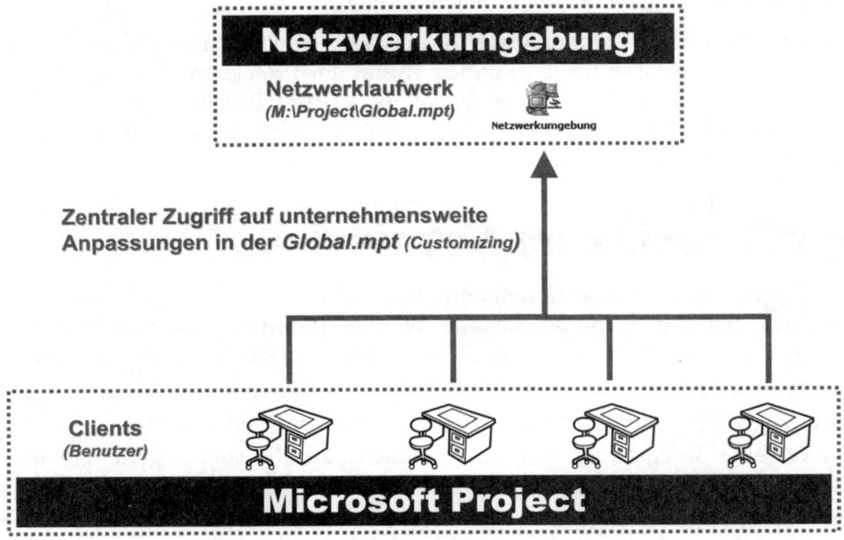

Abbildung 18.1: *Die* Global.mpt *im Netzwerk*

Die Abbildung 18.1 zeigt die Möglichkeiten eines Einsatzes einer zentralen *Global.mpt*, um unternehmensweite Standardisierungen in Ansichten, Symbolleisten, Menüs und zusätzliche Systemergänzungen in Form von VBA-Makros zentral zur Verfügung zu stellen und zu administrieren.

HINWEIS

Beachten Sie dabei, dass die Benutzer beim Einsatz dieser Methode auf die *Global.mpt* im angegebenen Netzwerklaufwerk nur eine »Leseberechtigung« haben und Änderungen an der *Global.mpt* nur vorgenommen werden können, indem Sie diese entweder auf ein lokales Laufwerk kopieren, dort weiter bearbeiten und anschließend wieder zurückkopieren, oder durch die Zugriffsrechte im Netzwerk-Verzeichnis für bestimmte Benutzer, beispielsweise dem Projektadministrator, auf einen vollen Schreibzugriff setzen.

Die Startoptionen der *Global.mpt*

Vor einem Einsatz der *Global.mpt* im Netzwerkzugriff ist es zunächst wichtig, das Startverhalten von Project zu kennen:

1. Beim Starten versucht Project zunächst eine lokale *Global.mpt* aus einem in der Registrierung festgelegten Standard-Arbeitsverzeichnis zu laden.
2. Falls die *Global.mpt* aus diesem Verzeichnis entfernt oder umbenannt wurde oder die Registrierung ein Starten aus dem Standard-Arbeitsverzeichnis nicht zulässt, öffnet Project die *Global.mpt* aus dem Arbeitsverzeichnis der Verknüpfung des Project-Symbols auf dem Desktop oder im Startmenü.

3. Falls kein Arbeitsverzeichnis angegeben ist, startet Project mit der *Global.mpt*, die im Profilverzeichnis des Benutzers gespeichert ist. Das Verzeichnis ist im Ordner *Profiles\Username\Anwendungsdaten\Microsoft\MS Project\1031* im Windows-Verzeichnis zu finden.
4. Falls auch im *Profiles*-Ordner des Benutzers keine *Global.mpt* gefunden wird, erstellt Project eine neue *Global.mpt* zum Arbeiten und speichert diese im *Profiles*-Ordner unter dem in Schritt 3 angegebenen Pfad.

Erstellen einer Netzwerkverknüpfung

Damit Project mit einer zentralen *Global.mpt* arbeiten kann, muss für jeden zugreifenden Benutzer zunächst eine Verknüpfung zum Netzwerkverzeichnis erstellt werden, in dem die *Global.mpt* gespeichert werden soll, beispielsweise *M:\Project\Global.mpt.*

1. Klicken Sie dafür mit der rechten Maustaste auf das *Project*-Symbol auf dem Desktop und wählen im Kontextmenü den Befehl *Eigenschaften* aus.

Abbildung 18.2: *Verknüpfung auf dem Desktop zu Project*

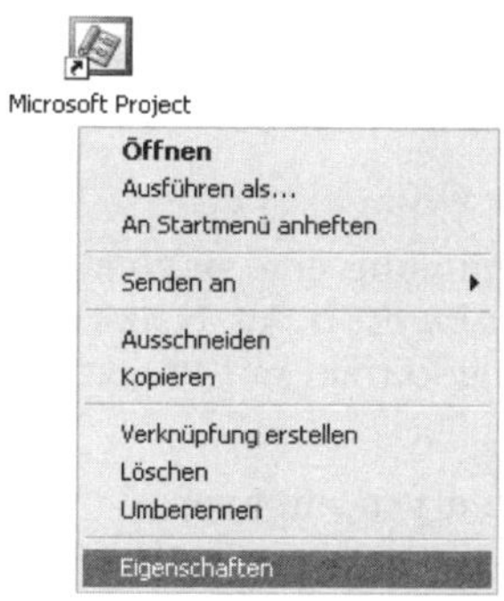

2. Erstellen Sie auf der Registerkarte *Verknüpfung* einen Eintrag im Feld *Ausführen in*, um das Arbeitsverzeichnis im Netzwerk zu setzen, beispielsweise *X:\Project*.

E

Teamkommunikation

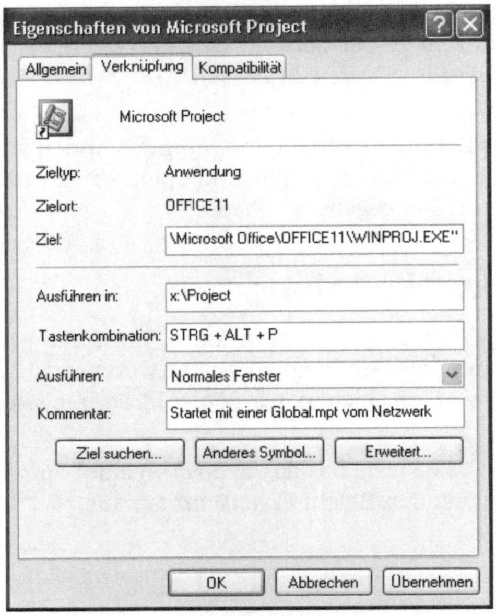

Abbildung 18.3: *Arbeitsverzeichnis (*Ausführen in*) zum Öffnen der* Global.mpt

3. Bestätigen Sie zum Abschluss mit der *Schaltfläche OK*.

HINWEIS Kopieren Sie vor dem ersten Starten mit der Verknüpfung eine originale *Global.mpt* von der Project-CD oder Ihre lokale *Global.mpt* in das Netzwerkverzeichnis, damit Sie beim ersten Start der Verknüpfung korrekt mit Project arbeiten können.

4. Starten Sie anschließend Project mit der angepassten Verknüpfung.

Unternehmensweite Anpassungen mit der *Global.mpt* verteilen

Um die individuellen Bedürfnisse in Ihrem Unternehmen mit Project abzudecken, können Sie die zentrale *Global.mpt* benutzerdefiniert anpassen, um firmenweit einheitliche Ansichten, Berichte oder andere Arbeits- und Reportingmöglichkeiten zu nutzen. Informationen in einer Ansicht oder in einem Bericht können durch benutzerdefinierte und zugeordnete Tabellen und Filter angepasst werden. Unternehmensspezifische Symbolleisten, Menüs und VBA-Makros können in der zentralen *Global.mpt* gespeichert und zentral zur Verfügung gestellt werden.

HINWEIS Nutzen Sie zum Kopieren und Anpassen von benutzerdefinierten Elementen auch den Befehl *Organisieren* aus dem Menü *Extras*.

Wenn Sie diese Regeln beachten, können Sie mit wenig Aufwand eine sichere Umgebung für die Arbeit mit Project in einem Netzwerk schaffen.

Teil F
Project im Unternehmenseinsatz

391 Projektdaten webtauglich darstellen
407 Project Server – Testumgebung installieren
461 Eine kleine Einführung in den Project Server

In diesem Buchteil wird der Frage des unternehmensweiten Einsatzes und der Einbindung aller Projektbeteiligten in ein Projekt nachgegangen.

Neben dem Publizieren per HTML-Seiten wird – speziell in Kapitel 21 »Multiprojektmanagement mit dem Project Server« – auf das Zusammenspiel der neuen Produkte Project Professional und Project Server eingegangen. Damit Sie dies auch praktisch nachvollziehen können gibt es im Kapitel 20 eine detaillierte Beschreibung einer Testumgebung für den Project Server.

Die drei Kapitel beschäftigen sich damit, welche Funktionen Project im Unternehmenseinsatz zu bieten hat. Angefangen bei einfachen Darstellungen von Projektplänen im Web, bis hin zur integrierten unternehmensweiten Gesamtlösung auf Basis einer SQL Datenbank und dem neuen Project Server.

19 Projektdaten webtauglich darstellen

391 HTML, das Internet und das World Wide Web – eine Begriffsbestimmung
392 Project-Daten als HTML-Seiten veröffentlichen
398 Diagramme für das Intranet
403 Wie publiziert man Daten im »Netz der Netze«?

HTML, das Internet und das World Wide Web – eine Begriffsbestimmung

In der Regel unterscheidet man nicht zwischen den Begriffen »Internet« und »World Wide Web« – so, als drückten sie dasselbe aus. Das ist falsch: Im Grunde genommen ist das Internet nur die Infrastruktur, auf der das World Wide Web aufbaut. Es handelt sich dabei eigentlich um einen technischen Standard, der die einfache Verbindungsaufnahme zwischen zwei Computern über deren IP-Adressen ermöglicht.

Durch diese Internet-Technologie kann das World Wide Web mit allen Rechnern im Netz unmittelbar kommunizieren. Neben dem Internet gibt es noch viele weitere Technologien, über die die Kommunikation ebenfalls möglich ist, beispielsweise »FTP«, »Usenet« oder »Telnet«. Das World Wide Web ist aber leichter bedienbar und attraktiver.

Sie benötigen nicht viel, um Ausflüge ins World Wide Web zu unternehmen und als »Surfer« die zahlreichen Angebote zu betrachten:

- Einen Computer, einen Telefonanschluss und ein Modem,
- einen Webbrowser (das ist ein Programm zur Verbindungsaufnahme und zum Anzeigen der Webseiten) und
- einen Internet Service Provider (das ist ein Partner, der für die Verbindung mit dem WWW sorgt).

Was sind überhaupt HTML-Seiten?

HTML-Seiten sind grundsätzlich ganz einfache Textdokumente. Dadurch sind sie plattformunabhängig. Wenn Sie eine Webseite mit einem Browser wie dem Microsoft Internet Explorer öffnen, sehen Sie allerdings nicht nur Text, sondern auch Grafiken und Sprungverweise (so genannte »Hyperlinks«) auf andere Dokumente. Wenn Sie einen solchen Verweis anklicken, wird ein anderes Dokument geöffnet. Dieses kann sich sowohl im World Wide Web als auch in einem Intranet (einem firmeninternen Netz, das auf der Internet-Architektur basiert) oder auch lokal auf Ihrem Rechner befinden.

Ein weiterer großer Vorzug von HTML-Dateien: Sie bestehen nur aus Beschreibungen der Seiten im Textformat, Beschreibungen der Formatierungen und Links. Bilder, Klänge und Videos sind lediglich als Verweis enthalten. Der Browser lädt sie gesondert. Der Browser führt also das in HTML formulierte Programm aus, formatiert dadurch den Text, lädt Bilder und Multimediadaten und positioniert sie an der richtigen Stelle. Sie sehen dann die fertige Seite.

Auf diese Weise bleiben die Seiten klein und die Übertragungszeiten kurz. Sie können sich jede Webseite in reinem HTML-Code ansehen. Die meisten Browser lassen einen Blick auf den Quelltext der aktuellen Seite zu, falls diese nicht durch entsprechende Vorkehrungen geschützt ist.

Sie können sogar Office-Dokumente miteinander verbinden, ohne diese im HTML-Format speichern zu müssen. Das ist eine recht interessante Möglichkeit, die Ihnen bei der täglichen Arbeit helfen kann. Denken Sie daran, wie Sie sich (und Ihren Mitarbeitern) Zeit sparen können: Keine umständliche Suche nach verwandten Dokumenten mehr, kein Ärger mit unklar benannten Dateien ... Mit einem Mausklick haben Sie das gewünschte Projekt oder ein anderes Office-Dokument auf dem Bildschirm. Der Internet Explorer zeigt dann zusätzlich die Symbolleisten der entsprechenden Anwendung an.

Project-Daten als HTML-Seiten veröffentlichen

Der integrierte Internet-Assistent von Project geleitet Sie durch den gesamten Vorgang der Konvertierung eines Projekts in eine HTML-Seite. In Project ist der Internet-Assistent leider noch nicht so komfortabel wie in Excel. Trotzdem lassen sich ganz ansehnliche Webseiten erstellen. Er erzeugt eine komplette HTML-Seite mit Titel und Kopfzeilen-Tags sowie Trennlinien. Der Internet-Assistent von Project ist allerdings kein Werkzeug für die Gestaltung von Webseiten. Sein Aufgabenbereich beschränkt sich auf das oben Erwähnte.

Überlegungen zur Aufbereitung von Project-Daten für das Internet

Bevor Sie ein Projekt in eine HTML-Seite konvertieren, sollten Sie sich Gedanken über die Struktur und die Darstellung machen.

Eine genaue Anleitung zur Planung von Webseiten wäre hier natürlich fehl am Platz, außerdem gibt es genügend gute Literatur – sowohl im World Wide Web als auch in gedruckter Form.

Die Formatierung auf Webseiten wird im zugrunde liegenden HTML-Dokument in so genannten »Tags« (Steuerbefehlen) beschrieben. Diese Tags können zwar von (fast) jedem Browser angezeigt werden. Dennoch sehen die Formatierungen, je nach verwendeter Browser-Anwendung, unter Umständen ganz verschieden aus, nicht zuletzt deshalb, weil jeder Anwender die Farben und Schriftarten seines Browser-Fensters selbst festlegen kann.

Das ist das Hauptproblem (aus anderer Sicht auch der Hauptvorteil) bei der Gestaltung von HTML-Dokumenten: Die Schöpfer des Internet hatten die Idee, dass jeder Benutzer das Aussehen des angezeigten Dokuments selbst steuern kann. Dadurch ist es recht schwierig, ein einigermaßen stabiles Layout zu realisieren.

Versuchen Sie daher, die Projekte weniger durch verschiedene Schriftarten, Farben und Rahmen zu gestalten. Legen Sie vielmehr Wert auf eine gute, übersichtliche Gliederung:

- **Die Struktur**, vor allem mehrerer zusammenhängender Webseiten, will gut geplant sein. Überlegen Sie sich, welche Themen auf welchen Seiten erscheinen sollen, wie zwischen diesen Seiten navigiert werden soll und wie sie strukturiert sein sollen.
- **Die Seiten dürfen nicht zu groß sein**. Sehr lange Seiten sind unübersichtlich und brauchen oft eine halbe Ewigkeit zum Laden. Beachten Sie: Eine HTML-Datei sollte auf keinen Fall größer als 10 KB sein.
- **Überladen Sie eine Seite nicht mit Diagrammen**. Abgesehen von gestalterischen Gründen dauern auch hier die Ladezeiten meist viel zu lang.
- Ein **klares Layout** hat grundlegende Bedeutung, um dem Betrachter bei der Orientierung zu helfen.
- **Erklären Sie alle Hyperlinks**. Der Hinweis »Klicken Sie hier« reicht nicht aus.
- Beachten Sie die **Copyrights**.

Vorinstallierte Exportfilter

Nutzen Sie für die Konvertierung Ihrer Projektdaten fürs Internet vordefinierte Import-/Export-Abbildungen. Vordefinierte Import-/Export-Abbildungen sind vorgefertigte Filter, welche die Art und Weise der Konvertierung festlegen. Folgende Filter sind in Project standardmäßig installiert:

- *Bericht »Wer-macht-was«*
- *Kosten pro Vorgang*
- *Kostenanalyse-Informationen*
- *Liste der Vorgänge höchster Ebene*
- *Mit Basisplan vergleichen*
- *Nach HTML unter Verw. der Standardvorl. export.*
- *Pivot-Tabelle für Vorgänge und Ressourcen*
- *Ressourcenschema »Exporttabelle«*
- *Standardinformationen für Vorgänge*
- *Vorgänge mit eingebetteten Zuordnungszeilen*
- *Vorgangsschema »Exporttabelle«*

Darüber hinaus können Sie natürlich eigene Exportfilter erstellen, indem Sie bestehende ändern oder völlig neue Exportfilter erzeugen.

Die Erstellung einer neuen HTML-Seite

Sie möchten das Projekt »Erstellung einer Website« in Ihrem firmeneigenen Intranet dokumentieren und veröffentlichen. Dabei möchten Sie die Vorgangsnamen, die Dauer der einzelnen Vorgänge, das Anfangs- und Enddatum des Projektes übersichtlich in einer Tabelle ausgeben.

Führen Sie die folgenden Arbeitsschritte aus:

1. Rufen Sie in Project den Menübefehl *Datei/Öffnen* auf und wählen das Projekt *Kap19_01.mpp* im Ordner *\Buch\Kap19* auf der CD-ROM zum Buch aus.

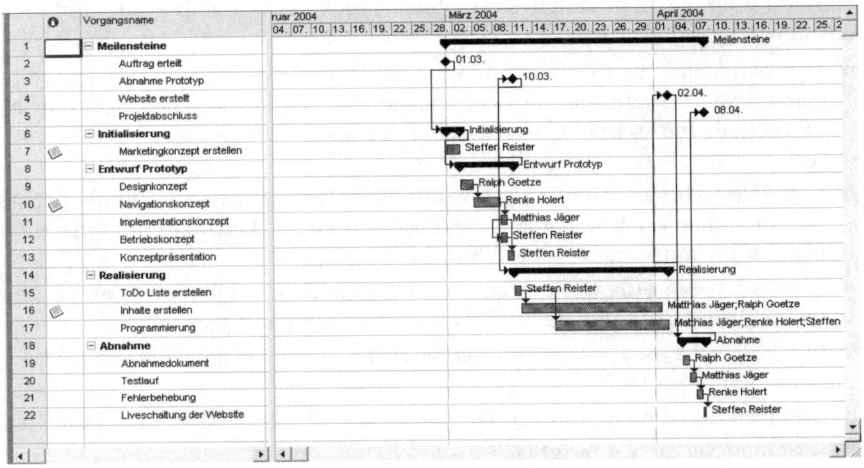

Abbildung 19.1: Das Projekt »Erstellung einer Website« in Microsoft Project

2. Rufen Sie den Menübefehl *Datei/Als Webseite speichern* auf.

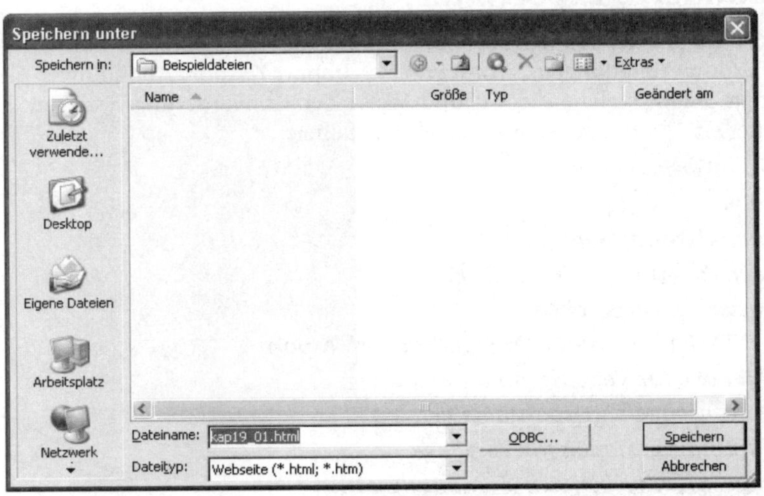

Abbildung 19.2: Der erste Schritt zur HTML-Seite

3. Vergeben Sie den Dateinamen *Erstellung Website* oder einen Dateinamen Ihrer Wahl.
4. Klicken Sie auf die *Schaltfläche Speichern*.

5. Bestätigen Sie das erste Dialogfeld des Export-Assistenten mit *Weiter.*
6. Wählen *Sie den Eintrag Vorhandenes Schema verwenden* und klicken Sie auf die Schaltfläche *Weiter.*
7. Wählen Sie den Eintrag *Standardinformationen für Vorgänge* und klicken Sie auf *Weiter.*

Abbildung 19.3: *Das Exportformat festlegen*

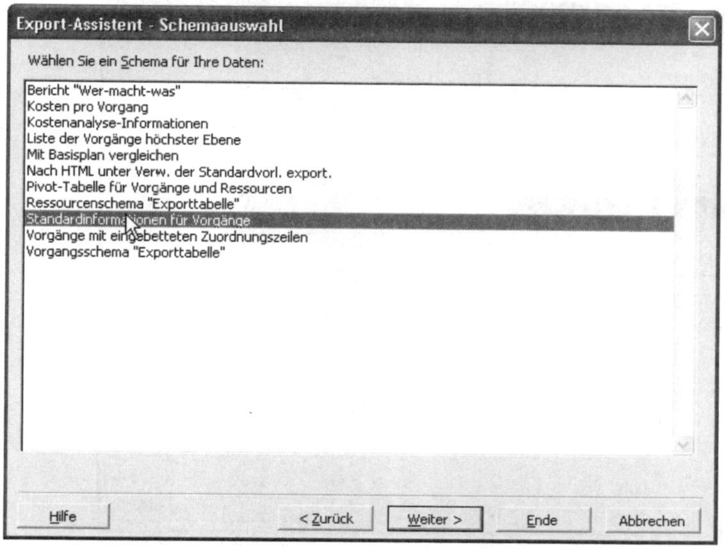

8. Wählen Sie das Schema *Standardinformationen für Vorgänge* aus und klicken Sie die Schaltfläche *Weiter,* um weitere Exporteinstellungen vorzunehmen.

Abbildung 19.4: *Weitere optionale Exporteinstellungen*

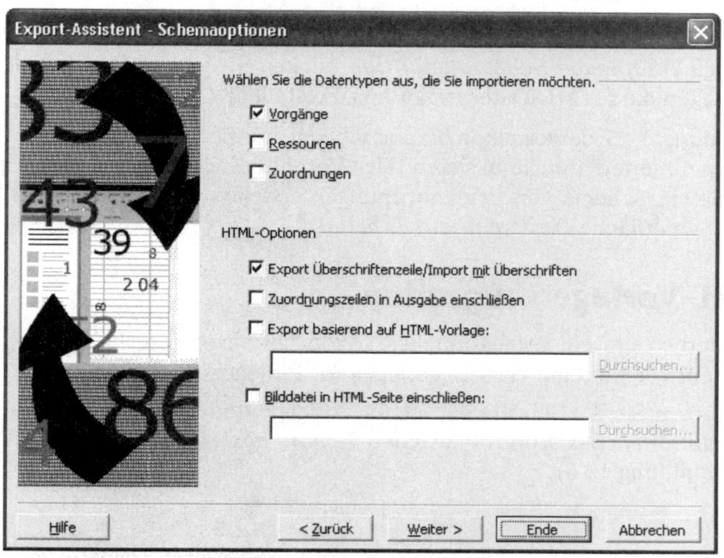

9. Klicken Sie auf die Schaltfläche *Weiter*, um zum Dialogfeld *Vorgangsschema* zu wechseln.
10. Entfernen Sie die Feld-Einträge *Vorgänger* und *Ressourcennamen* aus dem Listenfeld, indem Sie die Einträge einzeln anklicken und die Schaltfläche *Zeile löschen* anklicken.

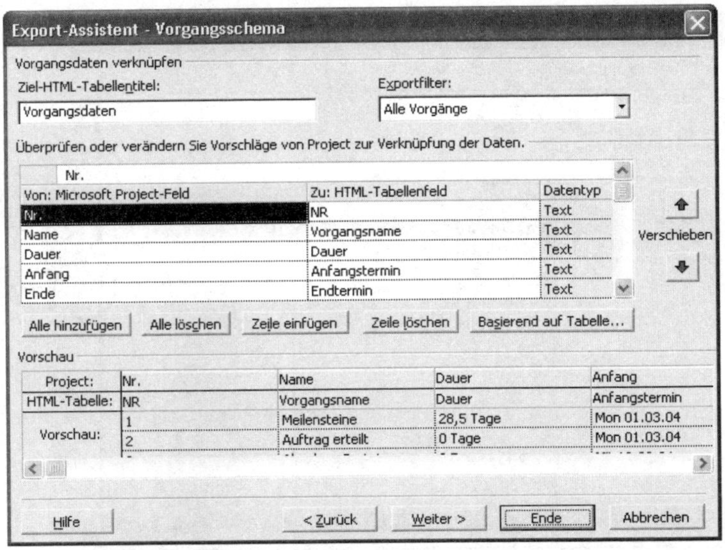

Abbildung 19.5: *Anpassen des Layouts*

11. Kontrollieren Sie die vorherige Aktion im Vorschaufenster. Die eingestellte Reihenfolge ist in diesem Fall in Ordnung. Sie können die Reihenfolge jedoch ändern, indem Sie das gewünschte Feld markieren und die zwei Schaltflächen *Ordnen* betätigen.

12. Klicken Sie die Schaltfläche *Weiter.*
13. Im Dialogfeld *Ende der Schemadefinition* klicken Sie jetzt auf die Schaltfläche *Ende*, um die HTML-Datei endgültig zu erstellen.

HINWEIS

Die in Abbildung 19.5 dargestellten Exportschema können auch auf einer von Ihnen zuvor definierten Tabelle basieren. Der Vorteil besteht darin, dass Sie nur an einer Stelle ein Schema von Feldanordnungen erstellen müssten. Klicken Sie dafür auf die Schaltfläche *Basierend auf Tabelle.*

Auf HTML-Vorlagen zugreifen

Um Ihrer Internetseite ein professionelles Layout zu verpassen, haben Sie die Möglichkeit, auf vorgefertigte HTML-Vorlagen für Project zurückzugreifen.

Dazu wiederholen Sie die Schritte der letzten Aufgabe und aktivieren im Dialogfeld *Schemaoptionen* das Kontrollkästchen *Export basierend auf HTML-Vorlage* (siehe Abbildung 19.6)

Abbildung 19.6: *Auf eine HTML-Vorlage zurückgreifen*

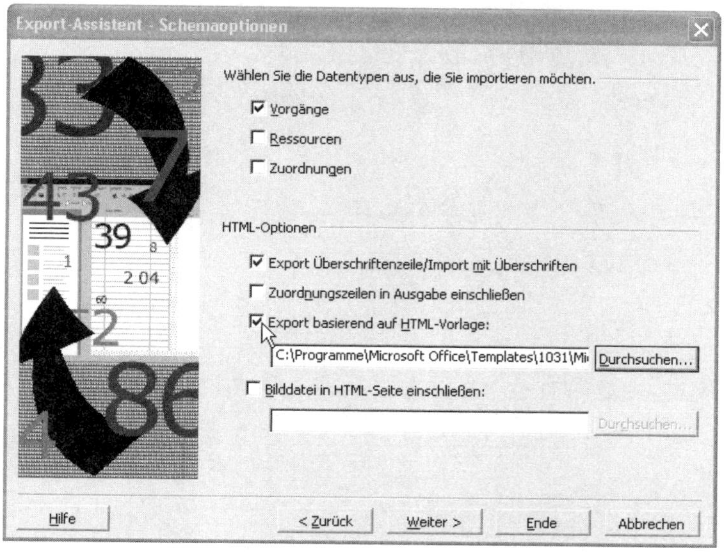

Klicken Sie danach auf die Schaltfläche *Durchsuchen*, wählen eine gewünschte HTML-Vorlage aus (siehe Abbildung 19.7) und bestätigen bitte mit der Schaltfläche *OK* und *Ende*.

Abbildung 19.7: *Zugriff auf Project-Webvorlagen*

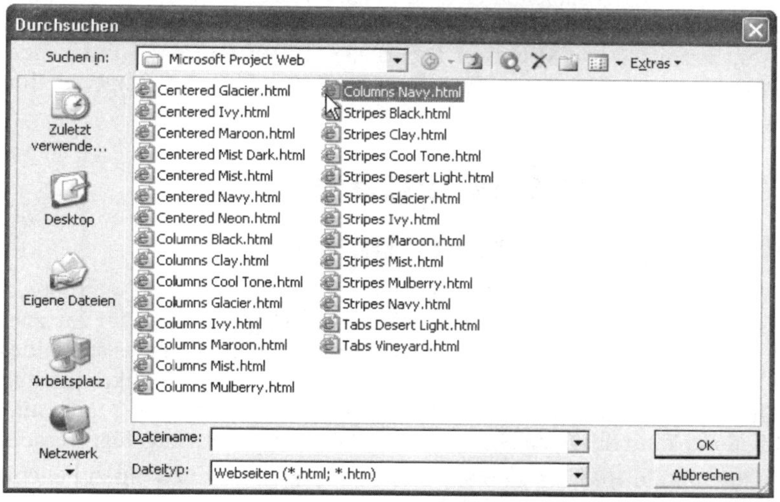

Die Abbildung 19.8 zeigt exemplarisch einen HTML-Export der Projektvorlagendatei *Standardinformationen für Vorgänge* kombiniert mit der HTML-Vorlagendatei *Columns Navy.html*.

Erstellung einer Website

Vorgangsdaten

Projektanfang: Mon 01.03.04
Projektende: Don 08.04.04

NR	Vorgangsname	Dauer	Anfangstermin	Endtermin	Vorgänger	Ressourcennamen
1	**Meilensteine**	28,5 Tage	Mon 01.03.04	Don 08.04.04		
2	Auftrag erteilt	0 Tage	Mon 01.03.04	Mon 01.03.04		
3	Abnahme Prototyp	0 Tage	Mit 10.03.04	Mit 10.03.04	8	
4	Website erstellt	0 Tage	Fre 02.04.04	Fre 02.04.04	14	
5	Projektabschluss	0 Tage	Don 08.04.04	Don 08.04.04	18	
6	**Initialisierung**	2 Tage	Mon 01.03.04	Die 02.03.04	2	
7	Marketingkonzept erstellen	2 Tage	Mon 01.03.04	Die 02.03.04		Steffen Reister
8	**Entwurf Prototyp**	6 Tage	Mit 03.03.04	Mit 10.03.04	6	
9	Designkonzept	2 Tage	Mit 03.03.04	Don 04.03.04		Ralph Goetze
10	Navigationskonzept	2 Tage	Fre 05.03.04	Mon 08.03.04	9	Renke Holert
11	Implementationskonzept	1 Tag	Die 09.03.04	Die 09.03.04	10	Matthias Jäger
12	Betriebskonzept	1 Tag	Die 09.03.04	Die 09.03.04	11AA	Steffen Reister
13	Konzeptpräsentation	1 Tag	Mit 10.03.04	Mit 10.03.04	12;11	Steffen Reister
14	**Realisierung**	17 Tage	Don 11.03.04	Fre 02.04.04	3	
15	ToDo Liste erstellen	1 Tag	Don 11.03.04	Don 11.03.04		Steffen Reister
16	Inhalte erstellen	15 Tage	Fre 12.03.04	Don 01.04.04	15	Matthias Jäger;Ralph Goetze
17	Programmierung	13 Tage	Mit 17.03.04	Fre 02.04.04	15EA+3 Tage	Matthias Jäger;Renke Holert;Steffen Reister
18	**Abnahme**	3,5 Tage	Mon 05.04.04	Don 08.04.04	4	
19	Abnahmedokument	1 Tag	Mon 05.04.04	Mon 05.04.04		Ralph Goetze
20	Testlauf	1 Tag	Die 06.04.04	Die 06.04.04	19	Matthias Jäger
21	Fehlerbehebung	1 Tag	Mit 07.04.04	Mit 07.04.04	20	Renke Holert
22	Liveschaltung der Website	0,5 Tage	Don 08.04.04	Don 08.04.04	21	Steffen Reister

Abbildung 19.8: *HTML-Export mit einer Vorlagendatei*

TIPP

Sie können die HTML-Vorlagendateien aus dem Verzeichnis *C:\Programme\Microsoft Office\Templates\1031\Microsoft Project Web* auch mit einem HTML-Editor, beispielsweise Microsoft FrontPage, öffnen und nach Ihren eigenen Wünschen weitergestalten, um diese dann als Exportformat-Vorlage für Ihre Projekte zu verwenden.

Diagramme für das Intranet

Das Balkendiagramm (Gantt) Online

Leider können Sie nicht standardmäßig Diagramme aus Project in ein internetverträgliches Grafikformat konvertieren. Um Bilder bzw. Diagramme in Ihr Intranet zu bringen, müssen Sie die aktiven Microsoft Project-Ansichten als feststehendes Bild in die Zwischenablage kopieren und anschließend in ein Grafikprogramm einfügen. Dieses Grafikprogramm muss die Formate (JPG) oder (GIF) unterstützen. Anschließend kann dann die Grafik dem HTML-Dokument zugefügt werden.

Sie können sowohl ein Bild der ganzen Ansicht kopieren als auch einen beliebigen Bereich einer Ansicht markieren und kopieren.

Sie wollen das Balkendiagramm (Gantt) aus Ihrer Projektdatei *Erstellung einer Website* im Internet in einem internettauglichen Format speichern.

Dazu gehen Sie wie folgt vor:

1. Klicken Sie in Project in der Ansichtsleiste auf *Balkendiagramm (Gantt)*.
2. Markieren Sie die Zeilen Ihres Projektes auf dem Bildschirm, die Sie später in einem Bild kopieren möchten, indem Sie die Vorgangszeilen bei gedrückter linker Maustaste markieren.

3. Klicken Sie in der *Standard*-Symbolleiste auf die Schaltfläche *Bild kopieren* oder rufen Sie den Menübefehl *Bearbeiten/Bild kopieren* auf.

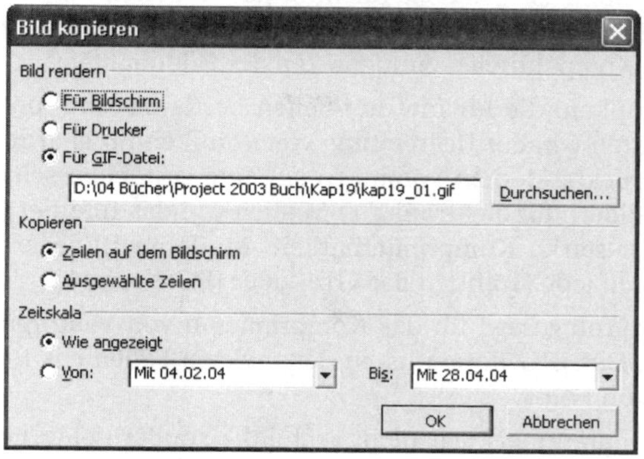

Abbildung 19.9: *Bildoptionen festlegen*

4. Aktivieren Sie das Optionsfeld *Für GIF-Datei* und geben den Pfad und den Dateinamen an.

HINWEIS Das Optionsfeld *Ausgewählte Zeilen* ist automatisch aktiviert wenn Sie mehr als eine Zeile markiert haben.

5. Aktivieren Sie im Bereich *Zeitskala* das Optionsfeld *Von* und geben in den Feldern *Von* und *Bis* einen Zeitbereich vom Projektanfang bis zum Projektende ein (siehe Abbildung 19.9).

6. Klicken Sie auf die Schaltfläche *OK*.

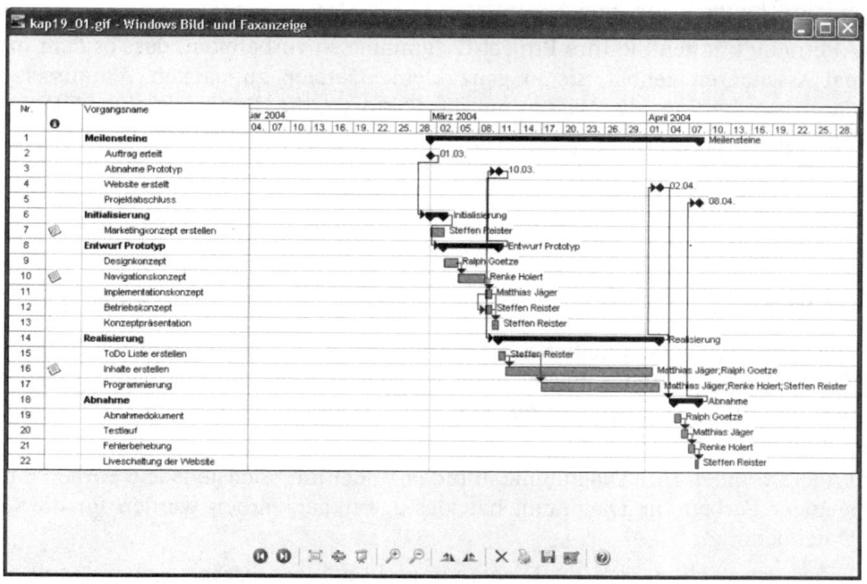

Abbildung 19.10: *Das Balkendiagramm als GIF-Datei*

Es ist notwendig, die Dateigröße von Grafiken für das Internet ganz gering zu halten. Man sagt, eine Internet-Seite plus Grafiken sollte allerhöchstens 60 KB »schwer« sein. Unseres Erachtens ist das aber für informative Seiten bereits zu viel. Nur zwei Grafikformate werden diesem Anspruch gerecht: GIF und JPG. Bei beiden liegt das Gewicht auf Kompaktheit – zuungunsten der Bildqualität.

Die Bildbearbeitung von Grafiken, die für Internet-Seiten bestimmt sind, unterscheidet sich in einigen Punkten von der Bearbeitung von Grafiken für gedruckte Medien. Bei Bildern für gedruckte Medien kommt es auf eine gestochen scharfe Reproduzierbarkeit an; bei Bildern für elektronische Medien wie das Internet legt man Wert auf eine möglichst starke Komprimierbarkeit. Moderne Bildbearbeitungsprogramme komprimieren jede Grafik in das GIF- oder JPG-Format.

Das GIF-Format eignet sich, grob gesagt, für das Komprimieren von Vektorgrafiken, also auch Diagrammen. Das JPG-Format ist in den meisten Fällen das Richtige für die Komprimierung von Fotos.

Allerdings ist das Programm daran meist gar nicht »schuld,« sondern eher mangelnde Kenntnisse des Anwenders darüber, wie die Kompression in das GIF-Format funktioniert. Wenn Sie den folgenden Absatz lesen und die darin enthaltenen Ratschläge umsetzen, werden sich die Dateigrößen Ihrer Diagramme deutlich verringern.

Diagramme online-fähig machen

Es ist eine Wissenschaft für sich, wie man schnell ladende und dabei noch gut aussehende Bilder erzeugt. Es gibt dazu bestimmte Verfahren und ganze Stapel von Literatur. Sie benötigen auf jeden Fall ein Bildbearbeitungsprogramm und das entsprechende Know-how.

Alternativ können Sie Ihre Project-Diagramme so vorbereiten, dass es dem Internet-Assistenten gelingt, sie in ganz kleine Dateien zu packen. Voraussetzung dafür ist allerdings das Wissen um die Faktoren, die die Größe einer GIF-Datei beeinflussen:

- die Farbtiefe
- das Dithering
- die Komprimierbarkeit

Die Farbtiefe

Die geringste Dateigröße haben Bilder mit einem Bit. Sie bestehen aus den beiden Zuständen Weiß und Schwarz (oder ein und aus). Je mehr Farben ein Bild hat, desto mehr Bits werden pro Pixel benötigt. Dadurch wird auch die Datei größer und benötigt eine längere Ladezeit.

Project wandelt Ihre Diagramme in Index-Bilder mit höchstens 256 Farben um. Je weniger Farben Ihr Diagramm hat, desto weniger Farben werden für die GIF-Datei benötigt.

Es ist also wichtig, dass Ihr Diagramm nicht zu viele Farben aufweist, soll es in eine gute (sprich kleine) GIF-Datei umgewandelt werden.

Mancher wird denken: »Also, dann wandle ich eben die Farbverläufe und den strukturierten Hintergrund in Graustufen um. Dadurch werde ich eine ganz kleine GIF-Datei bekommen.«

Das ist nur bedingt richtig. Am meisten wird die Bilddateigröße durch das Dithering und die Komprimierbarkeit beeinflusst.

Das Dithering

Die Indexfarben sind mit einer Farbpalette verbunden. Jede Farbe in dieser Palette hat eine bestimmte Zahl. Wenn Sie Fotos oder aufwändige Grafiken als zusätzliche Präsentationseffekte in Ihr Balkendiagramm einfügen, dann achten Sie bitte auf Folgendes:

Beim Konvertieren der GIF-Datei verwendet Project alle Zwischentöne, die durch Verläufe und Glättung zustande kommen und die nicht auf der Farbpalette enthalten sind, durch das Rastern vorhandener Farben. Dazu werden die Hauptfarben gestreut. Diesen Vorgang nennt man Dithering. Dithering vergrößert die Datei erheblich.

Die Komprimierbarkeit

Die Komprimierbarkeit eines Bildes hängt – grob gesagt – von seinem Detailreichtum ab. Große einfarbige Farbflächen lassen sich im GIF-Format besser komprimieren als unregelmäßig gemusterte, wie das bei den neuen fotorealistischen Hintergründen der Fall ist.

Das GIF-Format bedient sich des »Lempel-Ziv-Welch-Kompressionsalgorithmus«, kurz LZW. Dieser Algorithmus ersetzt horizontale Sequenzen gleichfarbiger Pixel durch eine Zahl, die ausdrückt, wie lang diese gleichfarbige Sequenz ist. Die Grafik wird linienweise gescannt. Dabei werden die Pixelmuster untersucht. Für jedes sich wiederholende Muster hält der Algorithmus fest, wie oft es in einer Zeile vorkommt. Horizontale Linien werden gleich zeilenweise komprimiert, wodurch die Dateigröße noch weiter reduziert wird.

Daraus folgt: Verlängern Sie gleichfarbige Sequenzen, um Ihre Diagramme komprimierbar zu machen.

WICHTIG Aus diesen Ausführungen erkennen Sie, dass nicht jedes Diagramm oder Bild, mag es am Bildschirm oder im Ausdruck auch wunderschön wirken, für das Internet geeignet ist.

Die Bildausdehnung

Noch ein letzter Punkt ist in diesem Zusammenhang wichtig: die Bildausdehnung. Sie haben gesehen, wie aus einer Vorgangsliste ein HTML-Dokument mit einem fast bildschirmfüllenden Diagramm erstellt wurde. Auch wenn diese Grafik beispielsweise nur 20 KB hat, erstaunlich wenig für ein Bild dieser Größe also, könnte sie das Laden der Seite erheblich verzögern oder sogar den Browser zum Absturz bringen.

Woran liegt das? Rufen Sie sich noch einmal ins Gedächtnis, dass eine Browser-Software streng genommen keine Grafiken darstellt. Eine GIF-Datei ist auch kein Bild, sondern sozusagen nur der Zustand eines Bildes, das zum Transport so klein wie möglich zusammengepackt wurde.

Beim Betrachten einer HTML-Seite im Browser werden die GIF-Dateien heruntergeladen und entpackt. Dabei wird die volle Größe wiederhergestellt. Jetzt werden Sie verstehen, dass das mehr Speicherplatz benötigt als die GIF-Datei, nämlich genauso viel wie vor der Kompression. Daher noch eine wichtige Regel im Umgang mit Diagrammen, die für das Internet aufbereitet werden: Bitte nur so groß, dass Übersichtlichkeit und Aussagekraft gewahrt bleiben.

Das Diagramm ins HTML-Dokument einfügen

Sie haben bis jetzt gelernt, wie man ein HTML-Dokument erzeugt und Bilder in einem internetfreundlichen Format speichert. Aber wie bringen Sie in Project eine Grafik in ein HTML-Dokument?

Sie wollen das Balkendiagramm, welches Sie vorher als GIF-Datei gespeichert haben, jetzt in Ihre Internetseite einbinden.

Um die Aufgabe zu lösen, befolgen Sie die nächsten Arbeitsschritte:

1. Wählen Sie aus dem Menü *Datei* den Befehl *Als Webseite speichern*.
2. Legen Sie einen Dateinamen Ihrer Wahl fest.
3. Klicken Sie auf die Schaltfläche *Speichern* und auf die Schaltfläche *Weiter*
4. Wählen Sie die Option *Vorhandenes Schema verwenden* und bestätigen Sie mit der Schaltfläche *Weiter*
5. Wählen Sie den Eintrag *Standardinformationen für Vorgänge* oder ein Schema Ihrer Wahl.
6. Klicken Sie auf die Schaltfläche *Weiter*, um weitere Exporteinstellungen vorzunehmen.

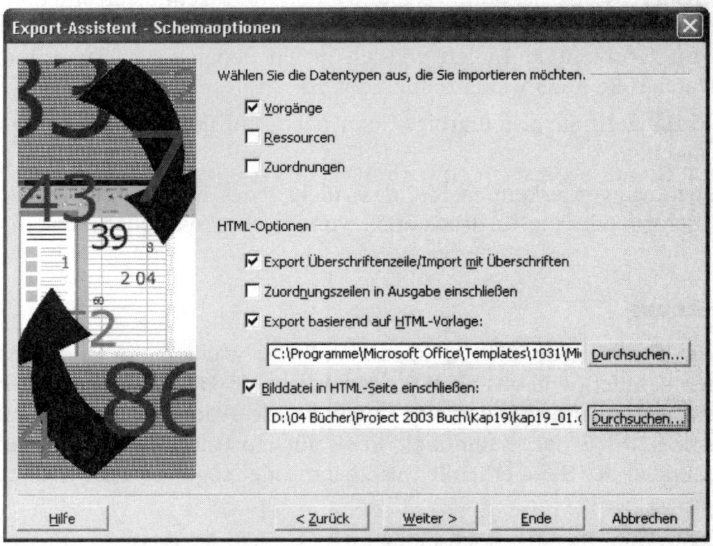

Abbildung 19.11: *Bilddateien in HTML einbinden*

7. Aktivieren Sie das Kontrollkästchen *Bilddatei in HTML-Datei einschließen* und geben den Pfad zu Ihrer gespeicherten Grafikdatei und deren Namen an.
8. Klicken Sie zum Abschluss die Schaltfläche *Ende*.

Das Bild wird jetzt der HTML-Seite am Anfang hinzugefügt. Auf die Positionierung des Bildes haben Sie in Project leider keinen Einfluss. Dazu benötigen Sie einen HTML-Editor oder besser noch ein komplettes Web-Autorensystem. Am Ende des Kapitels erfahren Sie mehr darüber.

Wie publiziert man Daten im »Netz der Netze«?

Um es ganz einfach auszudrücken: Packen Sie alle HTML-Dokumente und Grafiken zusammen und übergeben Sie diese einem Internet-Provider Ihrer Wahl. Er wird die Dateien in ein Verzeichnis auf seinem Server überspielen und dann der weltweiten Internet-Gemeinde zur Verfügung stellen.

Eines sollten Sie jedoch beachten:

Wie wir gesehen haben, speichert Project beim Konvertieren von Projekt-Daten das HTML-Dokument in einem einzigen Ordner. Falls Sie Grafiken in Ihr HTML-Dokument einbinden, achten Sie darauf, dass die eingebundenen Grafiken als Verweise auf die Grafiken eingefügt werden. Diese Verweise sind so angelegt, dass sie immer auf eine Datei in dem Ordner, der auch das Dokument enthält, verweisen. Man spricht in diesem Zusammenhang von einem »relativen Pfad«. Wenn Sie die GIF-Dateien nun in einen anderen Ordner kopieren, werden beim Anzeigen der Webseite anstelle der Grafiken nur kleine Symbole mit dem Namen der fehlenden Datei angezeigt.

Außerdem sollten die Dateinamen aus höchstens acht Zeichen und der Endung *htm* (nicht *html*) bestehen, sowie alle Dateinamen klein geschrieben werden, damit sie für die vielen Server auf Unix-Basis auch interpretierbar sind.

Die anderen Unterschiede bestehen im Großen und Ganzen darin, dass die Dateien nicht lokal auf Ihrem Rechner gespeichert sind, sondern auf einem Internet-Server, sodass andere Rechner darauf zugreifen können.

Webseiten-Gestaltung mit Web-Autorensystemen

Der Internet-Assistent von Project hat ein fest umrissenes Aufgabengebiet: Das Konvertieren von Projekten für Internet-Dokumente. Deshalb schließt er bei weitem nicht alle Möglichkeiten ein.

Wenn Sie tiefer in die Materie einsteigen und ansprechend gestaltete HTML-Seiten sowie umfangreichere Websites erstellen möchten, empfiehlt sich Microsoft FrontPage. Dieses Programm erleichtert Ihnen das Erstellen von Webseiten dadurch, dass die Benutzeroberfläche des Programms ähnlich wie bei den anderen Office-Programmen aufgebaut ist. FrontPage unterstützt Sie darüber hinaus beim Verwalten von Websites.

Vom Projekt direkt ins Web

Die *Web*-Symbolleiste

Mit einer speziellen Symbolleiste können Sie die Internet-Funktionalitäten in Project anwenden. Die wichtigsten Befehle sowie eine Auswahlliste für die Adressen stehen so für den schnellen Zugriff bereit.

Abbildung 19.12: *Die* Web-*Symbolleiste*

Einblenden können Sie die *Web*-Symbolleiste, indem Sie im Untermenü *Ansicht/ Symbolleisten* den Befehl *Web* auswählen.

Hyperlinks einfügen

Project stellt eine Hyperlink-Benutzeroberfläche zur Verfügung, um das Verwalten von Hyperlinks in Microsoft Office-Dokumenten zu vereinfachen. Mit dieser Funktionalität können Sie direkt aus Ihrer Projektdatei Adressen im Internet ansteuern. Als praktisches Beispiel könnten Sie nun wieder Ihr Projekt *Erstellung einer Website* heranziehen. Stellen Sie sich vor, Sie wollten Ihren Projektstand lokal mit Ihrem publizierten Stand im Internet abgleichen. Dazu könnten Sie mithilfe eines Hyperlinks kurz auf Ihre Firmenseite springen und nachsehen, ob Ihre Internetseite den aktuellen Projektstand aufweist. Wenn nicht, könnten Sie eine neue HTML-Seite erzeugen.

Natürlich können Sie die Hyperlink-Technik auch zum Ansteuern von Word-Dokumenten, Excel-Tabellen, PowerPoint-Präsentationen oder Access-Datenbanken verwenden. Angenommen, Sie wollten während der Projektarbeit nachsehen, ob Sie Ihr Pflichtenheft auch einhalten. Da Sie das Pflichtenheft mit Microsoft Word geschrieben haben, müssten Sie nun zusätzlich Word starten, die Datei suchen und öffnen. Leichter und schneller geht es mit einem Hyperlink!

Um einen Hyperlink einzufügen, gehen Sie wie folgt vor:

1. Markieren Sie die Zelle in der Tabellenansicht, in die der Hyperlink eingefügt werden soll. Es kann sich dabei um einen Vorgang, eine Ressource oder eine Zuordnung handeln.
2. Wählen Sie aus dem Menü *Einfügen* den Befehl *Hyperlink* oder drücken die Tastenkombination Strg+K.

Abbildung 19.13: Webseite als Hyperlink

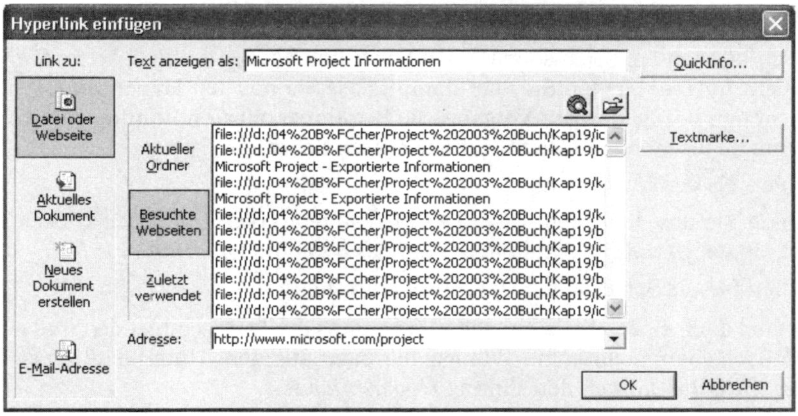

3. Geben Sie im Feld *Adresse* eine Web-Adresse als URL ein. Haben Sie die Webseite schon einmal eingestellt, können Sie diesen über die Schaltfläche *Zuletzt verwendet* oder *Besuchte Webseiten* auswählen. Müssen Sie den URL neu eintragen, empfiehlt es sich, die Schaltfläche *Webseite durchsuchen* zu wählen und über den Webbrowser auf die gewünschte Seite zu gehen.

4. Möchten Sie stattdessen auf eine lokale Datei verweisen, dann klicken Sie auf die Schaltfläche *Aktueller Ordner*, um diese zu finden oder wählen Sie die Schaltfläche *Nach Datei suchen*. Soll der Hyperlink zu einer bestimmten Stelle in der Zieldatei führen, geben Sie die Stelle (Textmarke) über die Schaltfläche *Textmarke* ein.

5. Klicken Sie zum Abschluss auf die Schaltfläche *OK*.

Nachdem Sie den Hyperlink eingefügt haben, wird dieser im Feld *Indikatoren* als Symbol angezeigt.

HINWEIS

Sie können mit der Hyperlink-Funktionalität auch auf eine bestimmte Ansicht und einen Vorgang innerhalb der Project-Datei verweisen. Blättern Sie dann mit den Symbolen *Zurück* und *Weiter* schrittweise die aufgerufenen Ansichten und Vorgänge durch.

Abbildung 19.14: Hyperlink auf eine Ansicht innerhalb der Project-Datei

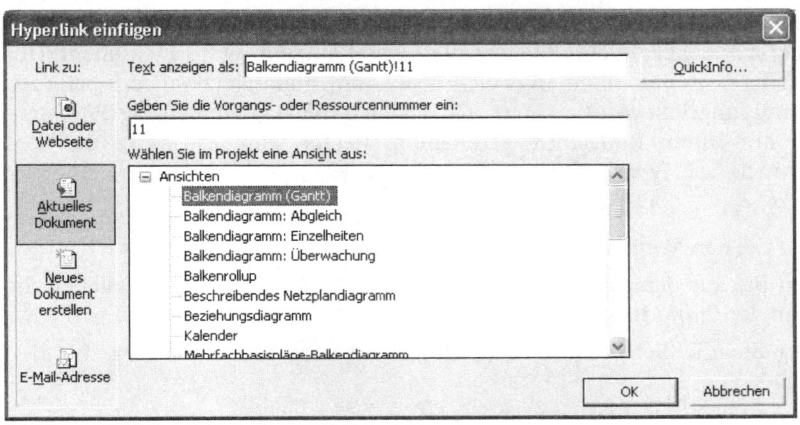

Hyperlinks löschen

Natürlich können Sie genauso gut einen Hyperlink wieder löschen, wenn Sie ihn nicht mehr nutzen. Achten Sie aber darauf, dass Sie nur den Hyperlink löschen, und nicht den dazugehörigen Vorgang, die Ressource oder Zuordnung. Um einen Hyperlink zu löschen, befolgen Sie die nächsten Schritte:

1. Wählen Sie den Vorgang aus.
2. Wählen Sie aus dem Menü *Einfügen* den Befehl *Hyperlink* oder klicken Sie direkt in der *Standard*-Symbolleiste auf das Symbol *Hyperlink einfügen.*
3. Wählen Sie die Schaltfläche *Hyperlink entfernen.*

TIPP

Sie können auch eine Tabelle mit allen Hyperlinks der Datei einblenden und auch dort einen Hyperlink löschen. Wählen Sie dazu aus dem Untermenü *Ansicht/ Tabelle: <Tabellenname>* den Eintrag *Hyperlink* aus.

Hyperlinks formatieren

Sollte Sie die Formatierung der Hyperlinks stören, können Sie diese nach Belieben ändern. In der Standardeinstellung werden noch unbenutzte Hyperlinks (Hyperlinks, welche noch nicht angeklickt wurden) in der Farbe Blau angezeigt. Haben Sie einen Hyperlink bereits einmal angeklickt, wird er in der Farbe Magenta angezeigt.

1. Wählen Sie aus dem Menü *Extras* den Befehl *Optionen.*
2. Aktivieren Sie die Registerkarte *Bearbeiten.*
3. Wählen Sie im Feld *Hyperlinkfarbe* eine andere Farbe für Hyperlinks, auf die noch nicht geklickt wurde, aus.
4. Wählen Sie im Feld *Besuchter Hyperlink* eine neue Farbe für Hyperlinks, auf die bereits geklickt wurde, aus.
5. Wollen Sie, dass die Hyperlinks unterstrichen werden, aktivieren Sie das Kontrollkästchen *Hyperlinks unterstreichen.*

Hyperlinktext bearbeiten

Bei der Erstellung eines Hyperlinks wird in Project standardmäßig die Zieladresse als Verknüpfungstext ausgegeben. Das dies nicht immer geeignet ist, können Sie sich sicher vorstellen, wenn Sie beispielsweise auf ein Word-Dokument (Ihr Pflichtenheft) zugreifen möchten, welches sich auf Ihrem Netzlaufwerk befindet. Als Verknüpfungstext würde dann »X:\Daten\Projekt\Vorbereitung\Pflichtenheft.doc« auf Ihrem Bildschirm erscheinen. Besser wäre es, wenn der Text »Pflichtenheft« als Hyperlinktext erscheinen würde.

Um diese Aufgabe zu lösen, verfahren Sie wie folgt:

1. Wählen Sie den Vorgang aus.
2. Wählen Sie aus dem Menü *Einfügen* den Befehl *Hyperlink* oder klicken Sie direkt in der *Standard*-Symbolleiste auf das Symbol *Hyperlink einfügen.*

3. Wählen Sie die Schaltfläche *QuickInfo* und vergeben einen Text für den Hyperlink.

20 Project Server – Testumgebung installieren

408 Systemvoraussetzungen
409 Windows-Server vorbereiten
417 Windows SharePoint Services (WSS)
423 WSS für den Project Server konfigurieren
426 Project Server installieren
437 Beispieldatenbank installieren und konfigurieren
457 Client-Software vorbereiten

Enterprise Project Management (EPM), welches Sie als Begriff auf den Internetseiten von Microsoft finden werden, ist eine Lösung, um auf Basis von Microsoft Project ein Multiprojektmanagement zu betreiben.

Für eine Multiprojektmanagement Lösung mit Project benötigt man:

- Microsoft Office Project 2003 Professional
- Microsoft Office Project 2003 Server
- Microsoft Office 2003 Project Web Access
- Microsoft Windows SharePoint Services

Dieses und das nächste Kapitel sollen einen Überblick darüber bieten welche Funktionalität sich hinter dem Project Server verbirgt. Die EPM-Lösung von Microsoft ist eine ausgewachsene Client-Server Lösung die auf Basis des SQL-Servers Daten im Netz in einer Datenbank speichert. Die Verbindung zwischen den Clients (Web-Zugriff oder Microsoft Office Project 2003 Professional) wird über eine Webserver Lösung (Microsoft Office 2003 Project Server) gesteuert. Um dies alles in einer produktiven Umgebung mit einigermaßen adäquaten Zugriffszeiten zu realisieren, benötigen Sie unserer Erfahrung nach mindestens zwei Server. Einen Server für SQL Server und einen Server für die Webapplikationen. Die in diesem Kapitel beschriebene Installation dient rein zu Test- und Evaluationszwecken. Sie benötigt nur einen Server, auf den Sie alle benötigten Anwendungen und Services installieren. Dies geschieht unter der Voraussetzung, dass nur sehr wenige User auf den Server zugreifen und dies auch nur zu Testzwecken.

Es sei an dieser Stelle noch einmal darauf hingewiesen, dass die Autoren nicht empfehlen, die hier beschriebene Installation als produktive Multiprojektmanagement-Lösung zu verwenden.

WICHTIG

In diesem Kapitel finden Sie die Installationsanleitung für die Grundinstallation der Testumgebung sowie die Konfiguration des Systems zur Verwendung der Testdatenbank. Das ▶ Kapitel 21 gibt Ihnen einen Einblick in die Testdatenbank, die dabei hilft, eine Vorstellung davon zu bekommen, was man alles mit dem Project Server anfangen kann.

Systemvoraussetzungen

Hardware

Diese Systemvoraussetzungen entsprechen den Erfahrungswerten der Autoren und sind auf keinen Fall zu verwechseln mit den Empfehlungen von Microsoft für eine produktive Umgebung. Lesen Sie für eine produktive Installation mehr im Buch »Project 2003 – Das Profibuch«, erschienen bei Microsoft Press im Frühjahr 2004.

- Einen Serverrechner mit installiertem Betriebssystem Windows Server 2003
- Pentium 3 mit mindestens 1,2 GHz
- Mindestens 512 MB RAM

Einer der wichtigsten Beschleunigungsfaktoren ist ausreichender Arbeitsspeicher. Unserer Erfahrung nach ist ein Server, der gemäß den hier beschriebenen Vorgaben installiert wird, mit 512 MB RAM ausreichend ausgestattet. Trotzdem kann es während bestimmter serverseitiger Aktionen zu Wartezeiten kommen, z.B. beim Erstellen eines OLAP-Cubes.

HINWEIS

Software

Folgende Software müssen Sie installieren, um die volle Funktionalität der EPM-Lösung testen zu können:

- SQL Server 2000 mit Servicepack 3 oder höher
- Analysis Server 2000 mit Servicepack 3 oder höher
- Windows SharePoint Services 2.0
- Internet Information Services 6.x
- Project Professional 2003
- Internet Explorer 6.x
- Microsoft Office 2003

Office 2003 wird benötigt für bestimmte Funktionalitäten innerhalb von Windows SharePoint Services sowie Exportfunktionalitäten innerhalb des Project Server bzw. Project Professional.

HINWEIS

Windows-Server vorbereiten

Windows Service-User

Ein Windows Service-User wird im System für die Kommunikation zwischen den einzelnen Komponenten verwendet. Folgende Komponenten müssen untereinander mithilfe dieses Users kommunizieren:

- Project Server
- SQL Server
- Analysis Server
- Windows SharePoint Services

HINWEIS Üblicherweise verwendet man nicht nur einen User, sondern richtet evtl. pro Aufgabe einen User ein. In unserem beschriebenen Beispiel handelt es sich allerdings um eine Testinstallation, die nur auf einem einzigen Rechner läuft und nicht dafür ausgelegt ist, in einem Netzwerk als produktive Installation eingesetzt zu werden. Daher halten wir die Installation so einfach wie möglich und verwenden einen User für alle Aufgaben.

Service-User einrichten

Zum Einrichten des Service-Users gehen Sie folgendermaßen vor:

1. Melden Sie sich an dem zuvor installierten Windows Server 2003 mit Administratorrechten an.
2. Öffnen Sie die Microsoft Management Console (MMC) für die Computerverwaltung über *Start/Alle Programme/Verwaltung/Computerverwaltung*.
3. Erweitern Sie im linken Bereich der Computerverwaltung den Bereich *System* per Klick auf das vorangestellte Pluszeichen.

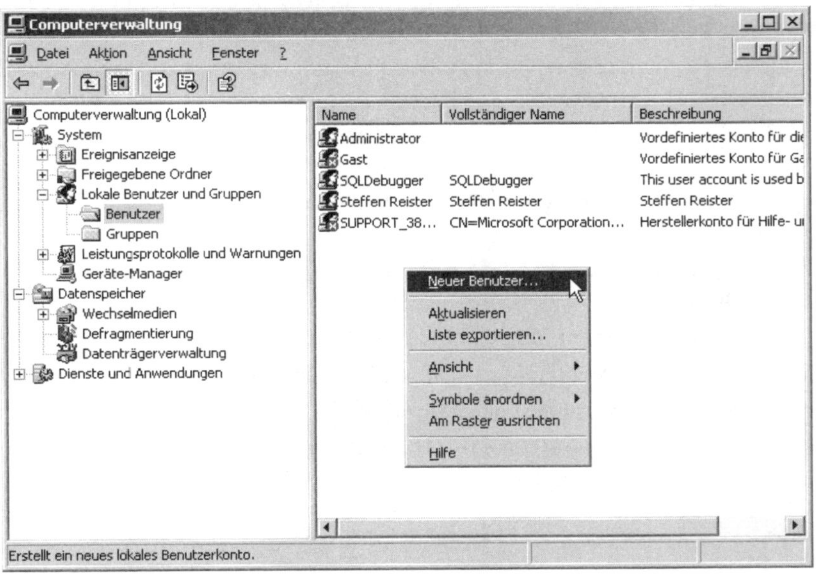

Abbildung 20.1: Neuen Windows-Benutzer erstellen

4. Erweitern Sie den Bereich *Lokale Benutzer und Gruppen* per Klick auf das Pluszeichen.
5. Klicken Sie mit der rechten Maustaste auf den Ordner *Benutzer*.
6. Wählen Sie im Kontextmenü den Eintrag *Neuer Benutzer* (Abbildung 20.2).
7. Im folgenden Dialogfeld weisen Sie dem neuen Benutzer einen Namen (z.B. *PSAdmin*) sowie eine Beschreibung und ein Kennwort zu (Abbildung 20.2).
8. Klicken Sie anschließend auf die Schaltfläche *Erstellen*.

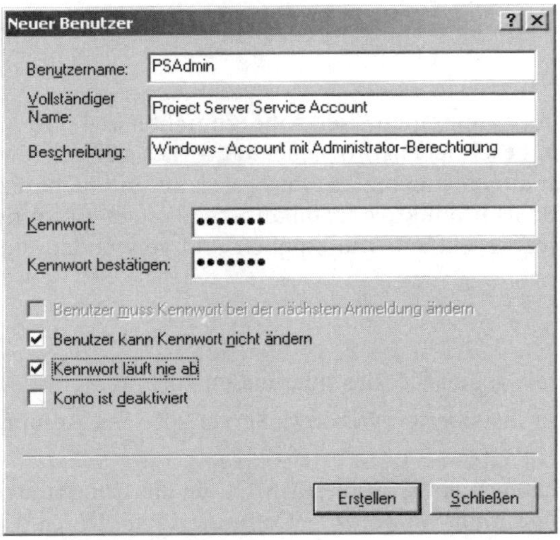

Abbildung 20.2: *Windows-Benutzer erstellen*

Service-User in die notwendigen Gruppen aufnehmen

Unser Service-User muss nun noch in die richtigen Windows-Gruppen aufgenommen werden, um die Rechte zu erhalten, die er benötigt:

1. Melden Sie sich an dem zuvor installierten Windows Server 2003 mit Administratorrechten an.
2. Öffnen Sie die MMC für die Computerverwaltung über *Start/Alle Programme/Verwaltung/Computerverwaltung*.
3. Erweitern Sie im linken Bereich der MMC den Bereich *System* per Klick auf das vorangestellte Pluszeichen.
4. Erweitern Sie den Bereich *Lokale Benutzer und Gruppen* per Klick auf das Pluszeichen.
5. Markieren Sie mit einem Mausklick den Ordner *Gruppen*.
6. Klicken Sie mit der rechten Maustaste auf die Gruppe *OLAP Administrators*.
7. Wählen Sie im Kontextmenü den Eintrag *Eigenschaften*.
8. Im Dialogfeld *Eigenschaften von OLAP Administrators* klicken Sie auf die Schaltfläche *Hinzufügen*.

Abbildung 20.3: *Eigenschaften der Windows-Gruppe* OLAP Administrators

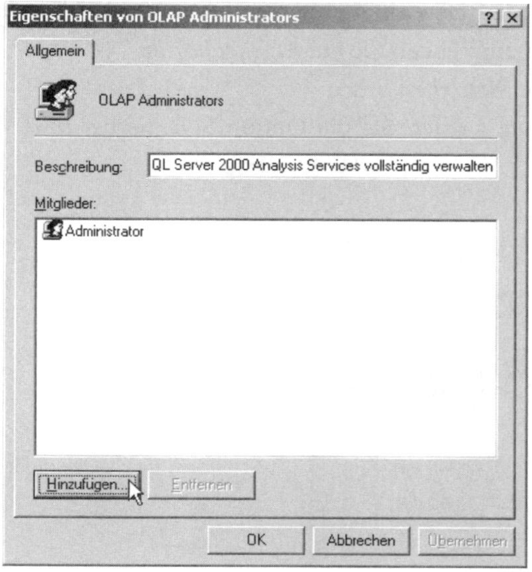

9. Im folgenden Dialogfeld *Benutzer wählen*, geben Sie im unteren editierbaren Bereich den Namen Ihres zuvor erstellten Windows-Users ein (Abbildung 20.4).
10. Bestätigen Sie mit *OK*.
11. Wiederholen Sie die Schritte 7 bis 10 mit der Gruppe *Administratoren* für den gleichen User.

Abbildung 20.4: *PSAdmin der Gruppe* OLAP Administrators hinzufügen

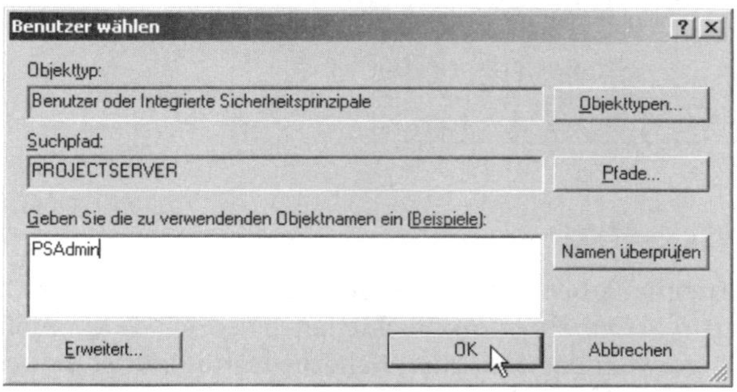

SQL Server-Authentifizierung konfigurieren

Der SQL Server muss für den Betrieb mit Project Server sowohl die Authentifizierungsmethoden mit Windows-Account als auch die Anmeldung mit SQL Server-Account unterstützen. Im Folgenden wird beschrieben, wie Sie diesen »gemischten Modus« im SQL Server einstellen können:

1. Öffnen Sie den Enterprise Manager des SQL Servers über *Start/Alle Programme/Microsoft SQL Server/Enterprise Manager*.
2. Erweitern Sie die Servergruppe, in der Ihr Datenbankserver zu finden ist, auf dem Sie den Project Server installieren werden, durch einen Klick auf das vorangestellte Pluszeichen.

3. Klicken Sie mit der rechten Maustaste auf den Server.
4. Im erscheinenden Kontextmenü klicken Sie auf *Eigenschaften.*
5. Wählen Sie die Registerkarte *Sicherheit* aus.
6. Im Bereich *Authentifizierung* wählen Sie die Option *SQL Server und Windows* aus.
7. Bestätigen Sie mit *OK.*

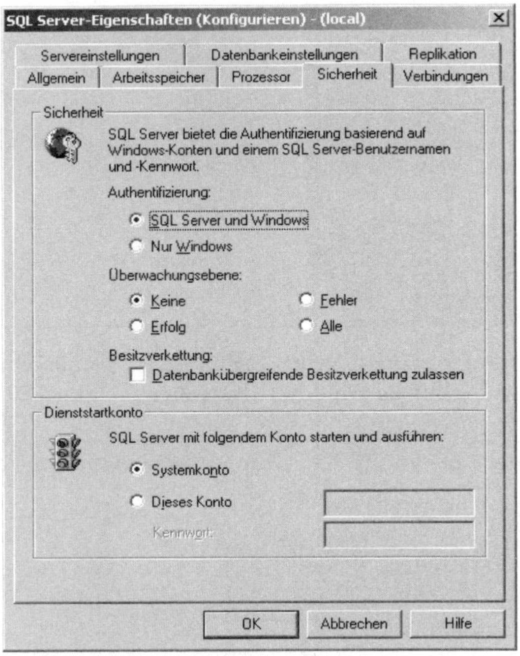

Abbildung 20.5: *SQL Server auf »gemischten Modus« einstellen*

SQL-Server-Service-User

HINWEIS

Für die Erstellung der Datenbank benötigen Sie einen SQL Server-User der *Database Creators-* und *Security Administrators-*Rechte hat. Theoretisch könnten Sie auch den *sa-*User dafür verwenden, aber aus Sicherheitsgründen ist es besser, einen eigenen User für diese Tätigkeit anzulegen. Dieser User wird nur in der Installationsphase verwendet und spielt im späteren Betrieb keine Rolle mehr.

1. Öffnen Sie den Enterprise Manager des SQL Servers über *Start/Alle Programme/Microsoft SQL Server/Enterprise Manager.*
2. Erweitern Sie die SQL Server-Gruppe, in der sich Ihr Server befindet, durch einen Klick auf das vorangestellte Pluszeichen.
3. Erweitern Sie Ihren Server durch Klick auf das Pluszeichen.
4. Öffnen Sie per Klick auf das Pluszeichen den Ordner *Sicherheit.*
5. Klicken Sie mit der rechten Maustaste auf den Eintrag *Benutzernamen.*
6. Wählen Sie im Kontextmenü den Eintrag *Neuer Benutzername* (Abbildung 20.6).

Abbildung 20.6: SQL Server Enterprise Manager

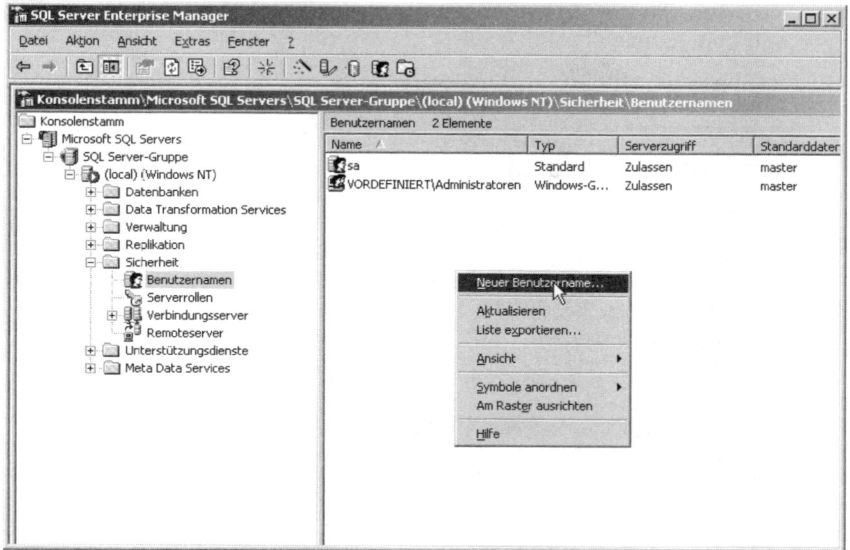

7. Geben Sie im erscheinenden Dialogfeld auf der Registerkarte *Allgemein* den Namen für den neuen Benutzer ein (z.B. *PSOwner*, siehe Abbildung 20.7).
8. Wählen Sie auf der gleichen Registerkarte die Option *SQL Server-Authentifizierung*.
9. Geben Sie ein Kennwort für den Benutzer ein.

Abbildung 20.7: Neuen SQL Server-User anlegen

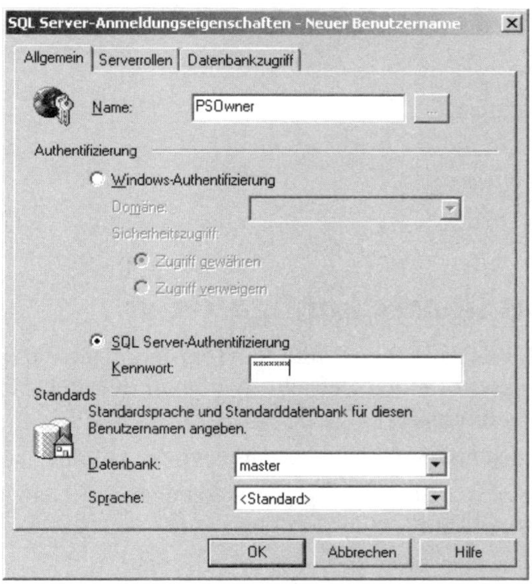

10. Wählen Sie die Registerkarte *Serverrollen*.

11. Aktivieren Sie die Rollen *Security Administrators* und *Database Creators* (Abbildung 20.8).
12. Bestätigen Sie mit *OK*.

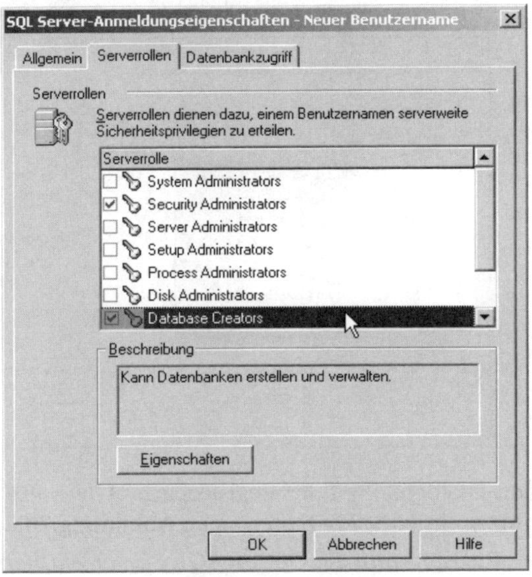

Abbildung 20.8: *SQL Server-User mit den erforderlichen Rechten ausstatten*

13. Geben Sie im folgenden Dialogfeld nochmals zur Bestätigung das in Schritt 9 vergebene Kennwort ein (Abbildung 20.9).
14. Bestätigen Sie zweimal mit *OK*.

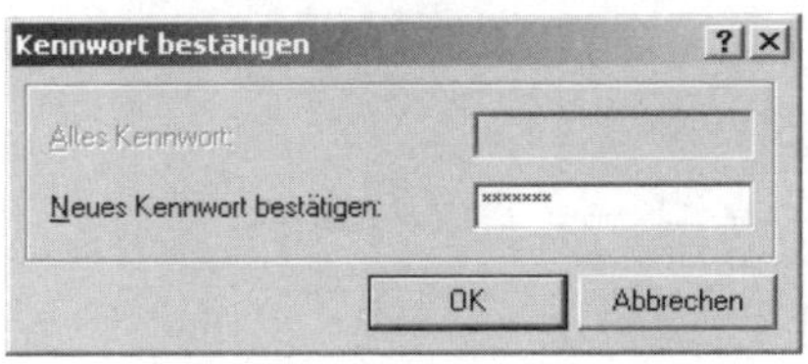

Abbildung 20.9: *Kennwortbestätigung für den SQL Server-User*

Internet Informationsdienste konfigurieren

Sowohl Project Server als auch Windows SharePoint Services benötigen die Internet Informationsdienste für einen korrekten Betrieb. Aus diesem Grund müssen Sie diese Dienste auf dem Server aktivieren.

Um diese Dienste zu aktivieren, gehen Sie folgendermaßen vor:

1. Rufen Sie den Assistenten zum Installieren von zusätzlicher Software über *Start/Systemsteuerung/Software* auf.
2. Klicken Sie auf *Windows-Komponenten hinzufügen/entfernen.*
3. Markieren Sie im Dialogfeld *Assistent für Windows-Komponenten* den Eintrag *Anwendungsserver* (Abbildung 20.10).
4. Klicken Sie auf die Schaltfläche *Details*.

Abbildung 20.10: Windows-Komponenten zum Server hinzufügen

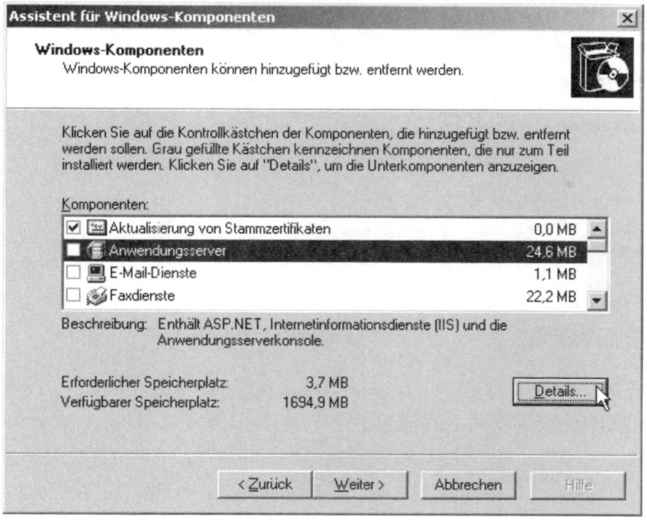

5. Im Dialogfeld *Anwendungsserver* müssen Sie das Kontrollfeld vor *ASP.NET* aktivieren (Abbildung 20.11).

HINWEIS Nach dem Aktivieren von *ASP.NET* sollte auch automatisch der Bereich *Internetinformationsdienste* aktiv sein.

6. Klicken Sie anschließend auf *OK*.

Abbildung 20.11: Anwendungsserver für ASP.NET einrichten

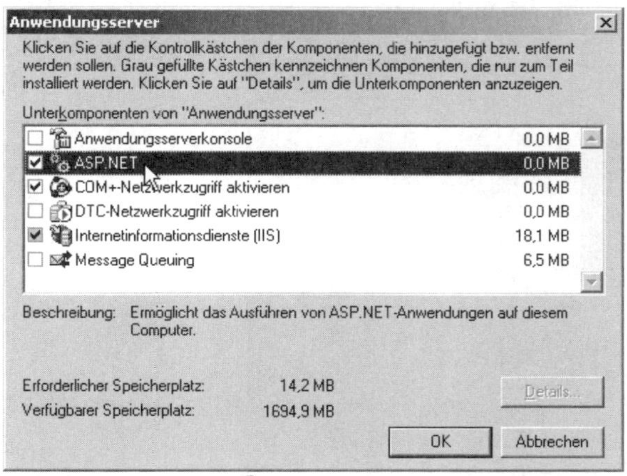

7. Öffnen Sie nach Fertigstellung der Installation den Internetinformationsdienste-Manager, über *Start/Alle Programme/Verwaltung/Internetinformationsdienste-Manager.*
8. Erweitern Sie im linken Bereich Ihren Server per Klick auf das Pluszeichen vor dem Servernamen.
9. Rufen Sie das Kontextmenü des Ordners *Websites* auf und klicken Sie auf *Eigenschaften* (Abbildung 20.12).

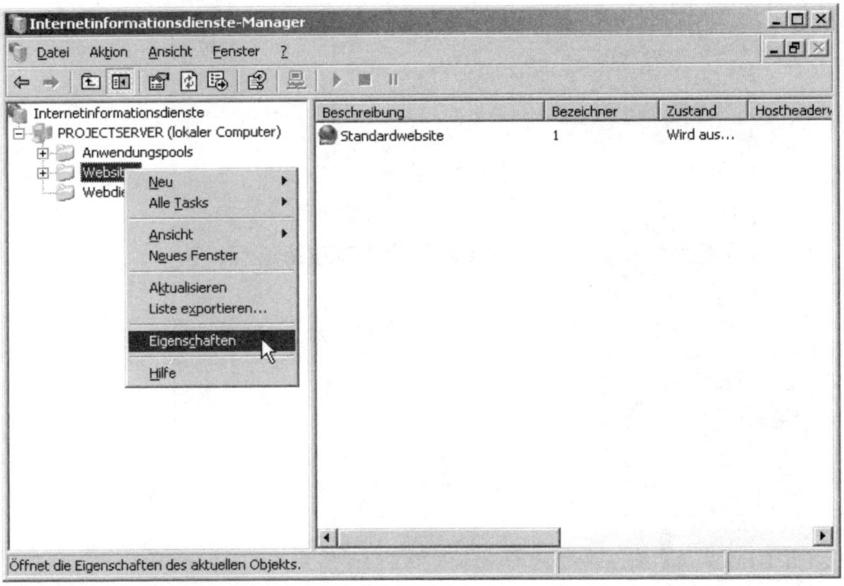

Abbildung 20.12: *Eigenschaften von Webseiten im Internetinformationsdienste-Manager bearbeiten*

10. Schalten Sie auf der Registerkarte *Dienst* die Option *WWW-Dienst im IIS 5.0-Isolationsmodus ausführen* aus (Abbildung 20.13), und bestätigen Sie mit *OK*.

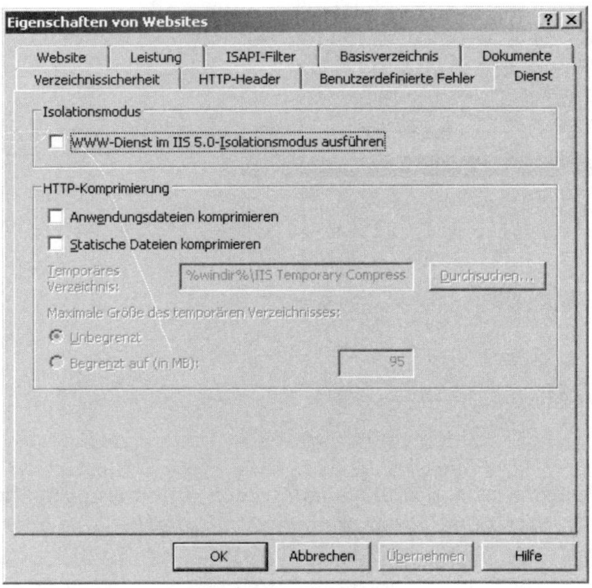

Abbildung 20.13: *IIS-Isolationsmodus ausschalten*

Internet Explorer erweiterte Sicherheit deaktivieren konfigurieren

Aus Sicherheitsgründen ist der Internet Explorer auf dem Server mit zusätzlichen Sicherheitsfeatures versehen. Diese müssen deaktiviert werden damit der Project Server einwandfrei funktioniert. Zum deaktivieren der verstärkten Sicherheit im Internet Explorer müssen Sie folgende Schritte durchführen:

1. Rufen Sie den Assistenten zum Installieren von zusätzlicher Software über *Start/Systemsteuerung/Software* auf.
2. Klicken Sie auf *Windows-Komponenten hinzufügen/entfernen.*
3. Im Assistenten für Windows-Komponenten blättern Sie in der Liste nach unten, bis Sie den Eintrag *Verstärkte Sicherheitskonfiguration für Internet Explorer* finden.
4. Stellen Sie sicher, dass diese Option deaktiviert ist und klicken Sie anschließend auf *Weiter* (Abbildung 20.14). Diese Komponente wird entfernt.
5. Klicken Sie am Ende auf *Fertig stellen*.

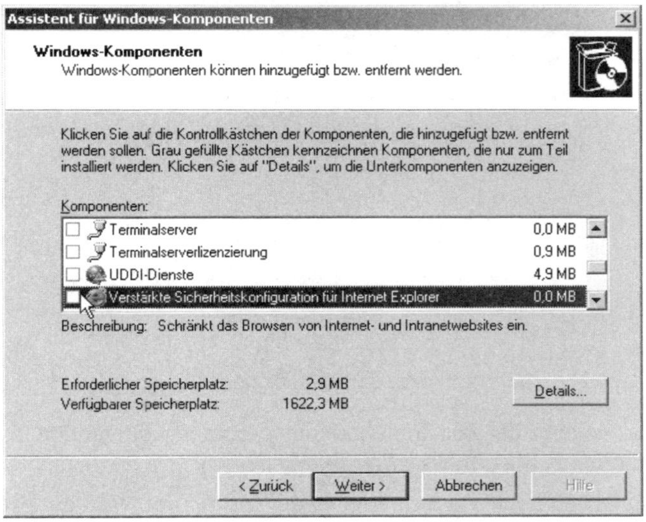

Abbildung 20.14: *Windows-Komponente* Verstärkte Sicherheitskonfiguration für Internet Explorer *deaktivieren*

Windows SharePoint Services (WSS)

HINWEIS Für die Nutzung der Features Dokumente, Risiken und Probleme innerhalb des Project Servers muss Windows SharePoint Services auf dem Server installiert sein. Diese Anwendung befindet sich nicht auf der Project Server-CD. Sie können sich diese kostenlose Anwendung mit dem Dateinamen *STSV2.EXE* von der Microsoft-Homepage über die URL *http://www.microsoft.com/germany/ms/sharepoint2003/wss/index.htm* herunterladen.

Windows SharePoint Services installieren

Um die Windows SharePoint Services zu installieren und konfigurieren gehen Sie folgendermaßen vor:

1. Starten Sie die Installation durch einen Doppelklick auf die heruntergeladene *STSV2.EXE*.
2. Das Dialogfeld mit der Anzeige der End-User-Lizenz-Vereinbarung (EULA) müssen Sie akzeptieren. Klicken Sie anschließend auf *Weiter*.
3. Im Installationsassistenten wählen Sie die Option *Serverfarm* (Abbildung 20.15).
4. Klicken Sie auf *Weiter*.

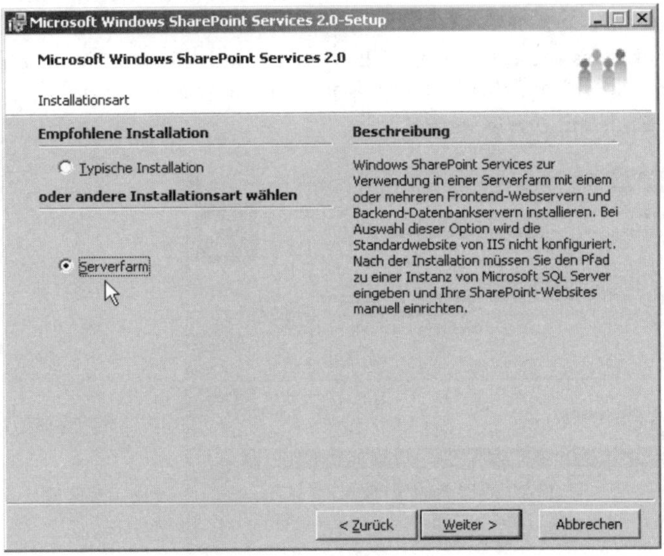

Abbildung 20.15: *Installationsassistent für Windows SharePoint Services*

5. In dem Dialogfeld, welches die Zusammenfassung der zu installierenden Komponenten anzeigt, klicken Sie auf *Installieren*.

HINWEIS

Das Setup läuft automatisch ab. Nach Beendigung der Installation wird ein Browserfenster mit der Seite *Administrativen virtuellen Server konfigurieren* geöffnet (Abbildung 20.16).

Windows SharePoint Services – Virtuellen Server konfigurieren

Zum Konfigurieren des virtuellen Servers gehen Sie folgendermaßen vor:

1. Auf der Seite aus Abbildung 20.16 wählen Sie die Option *Vorhandenen Anwendungspool verwenden*.
2. Lassen Sie alle anderen Einstellungen wie sie sind, und klicken Sie auf *OK*.

Abbildung 20.16: Windows SharePoint Services Konfigurations-Startseite

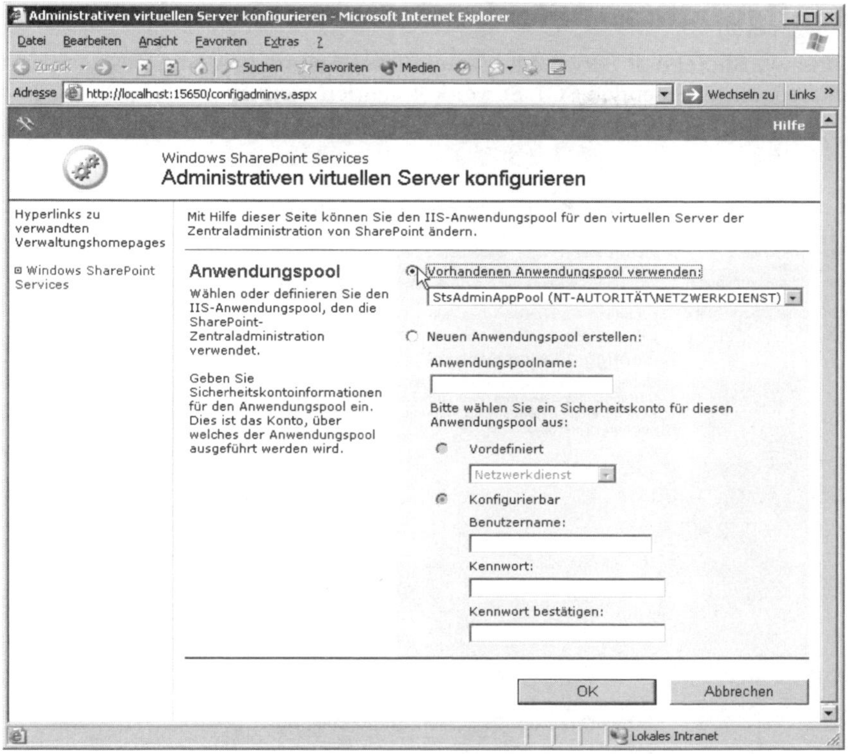

3. Es erscheint im Browserfenster die Information, dass der Anwendungspool geändert wurde.
4. Rufen Sie eine DOS-Box über *Start/Ausführen* mit dem Befehl *cmd* auf.
5. Geben Sie den Befehl *iisreset* ein und drücken Sie Eingabe.
6. Nachdem die Internetinformationsdienste wieder gestartet wurden (Abbildung 20.17), schließen Sie die DOS-Box.

Abbildung 20.17: Neustart der Internetinformationsdienste

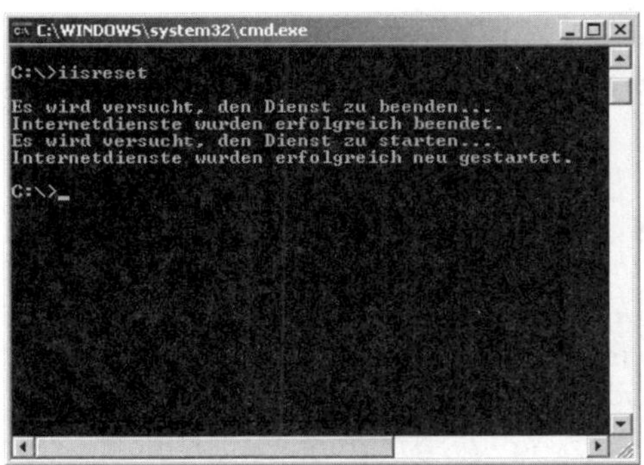

7. Auf der Seite *Anwendungspool geändert* klicken Sie auf *OK*.
8. Die Webseite aus Abbildung 20.18 wird geöffnet.

Konfigurations-Datenbank-Server einstellen

Windows SharePoint Services muss mit diesen Schritten auf die Zusammenarbeit mit dem entsprechenden SQL Server konfiguriert werden:

Abbildung 20.18: Eine neue Konfigurationsdatenbank erstellen

1. Im Feld *Datenbankserver* geben Sie den Namen Ihres Rechners an, auf dem der SQL Server installiert ist.
2. Im Feld *SQL Server-Datenbankname* geben Sie an wie die Datenbank heißen soll (z.B. *WSSConfigDB*).
3. Wählen Sie die Option *SQL-Authentifizierung verwenden.*
4. Geben Sie einen *Benutzernamen* und das *Kennwort* eines Benutzers ein, der die notwendigen Rechte hat, um eine neue Datenbank zu erstellen. Sie können hier z.B. den Benutzer *sa* verwenden.
5. Im Bereich *Active Directory-Benutzerkontoerstellung* wählen Sie die Option *Benutzer haben bereits Domänenkonten.*
6. Klicken Sie anschließend auf *OK*.

Virtuellen Server erweitern

Nach dem Erstellen der Datenbankverbindung sind alle Vorbereitungen getroffen um den Virtuellen Server für die Verwendung von Windows SharePoint Services zu erweitern. Mit der Erweiterung wird Windows SharePoint Services mit dem virtuellen Server verbunden und eine Haupt-Website wird erstellt.

Gehen Sie folgendermaßen vor, um den virtuellen Server zu erweitern:

1. Öffnen Sie die zentrale Seite zur Konfiguration von Windows SharePoint Services über *Start/Alle Programme/Verwaltung/SharePoint-Zentraladministration*.
2. Klicken Sie auf *Virtuellen Server erweitern oder aktualisieren* (Abbildung 20.19).

Abbildung 20.19: *Virtuellen Server erweitern*

3. Wählen Sie in der folgenden Seite die Seite des entsprechenden virtuellen Servers aus (Abbildung 20.20).

HINWEIS In dem hier beschriebenen Fall gibt es dort nur den Eintrag *Standardwebseite*.

Abbildung 20.20: *Virtuellen Server auswählen*

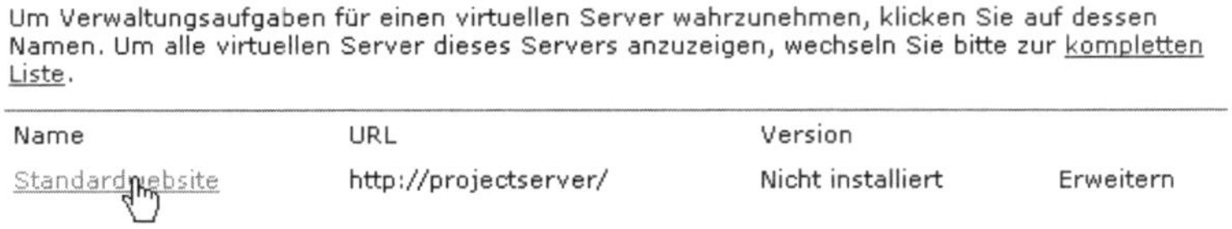

4. Auf der nächsten Webseite wählen Sie den Link *Inhaltsdatenbank erweitern und erstellen* (Abbildung 20.21).

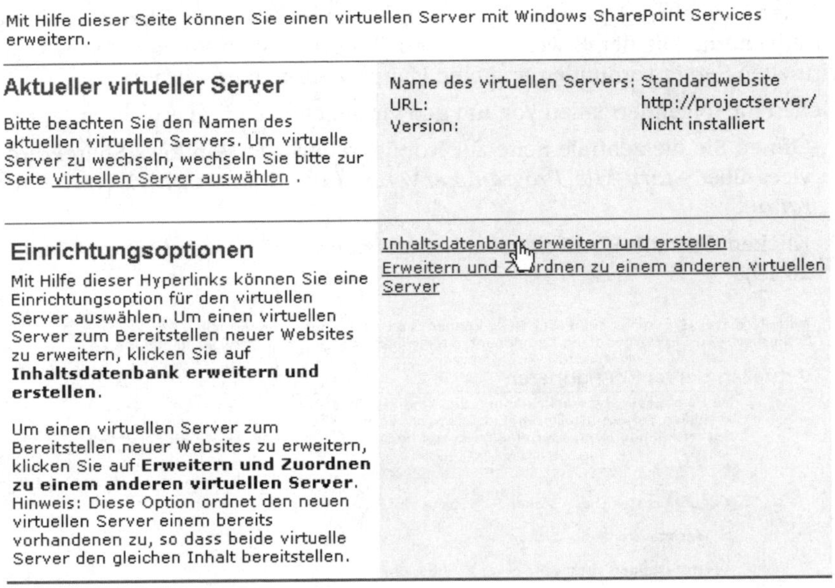

Abbildung 20.21: *Inhaltsdatenbank für Windows SharePoint Services erstellen*

5. Auf der Seite *Inhaltsdatenbank erweitern und erstellen* (Abbildung 20.22) wählen Sie die Option *Neuen Anwendungspool erstellen.*
6. Im Feld *Anwendungspoolname* geben Sie einen Namen für den Anwendungspool ein (z.B. *WSSAppPool*).
7. Wählen Sie die Option *Vordefiniert* und wählen Sie aus der Liste darunter den Eintrag *Netzwerkdienst.*
8. Im Bereich *Websitebesitzer* geben Sie den Namen des Windows-Accounts an, den Sie im ▶ Abschnitt »Windows Service-User« in diesem Kapitel eingerichtet haben.
9. Im Feld *E-Mail* müssen Sie einen *E-Mail*-Account angeben.

HINWEIS

Der E-Mail-Account muss nicht tatsächlich existieren, er soll nur im Format einer E-Mail-Adresse gleichen (z.B.: *irgendjemand@projectserver.de*).

10. Lassen Sie alle anderen Einstellungen wie sie sind, und klicken Sie *OK.*

Abbildung 20.22: Neuen Anwendungspool erstellen

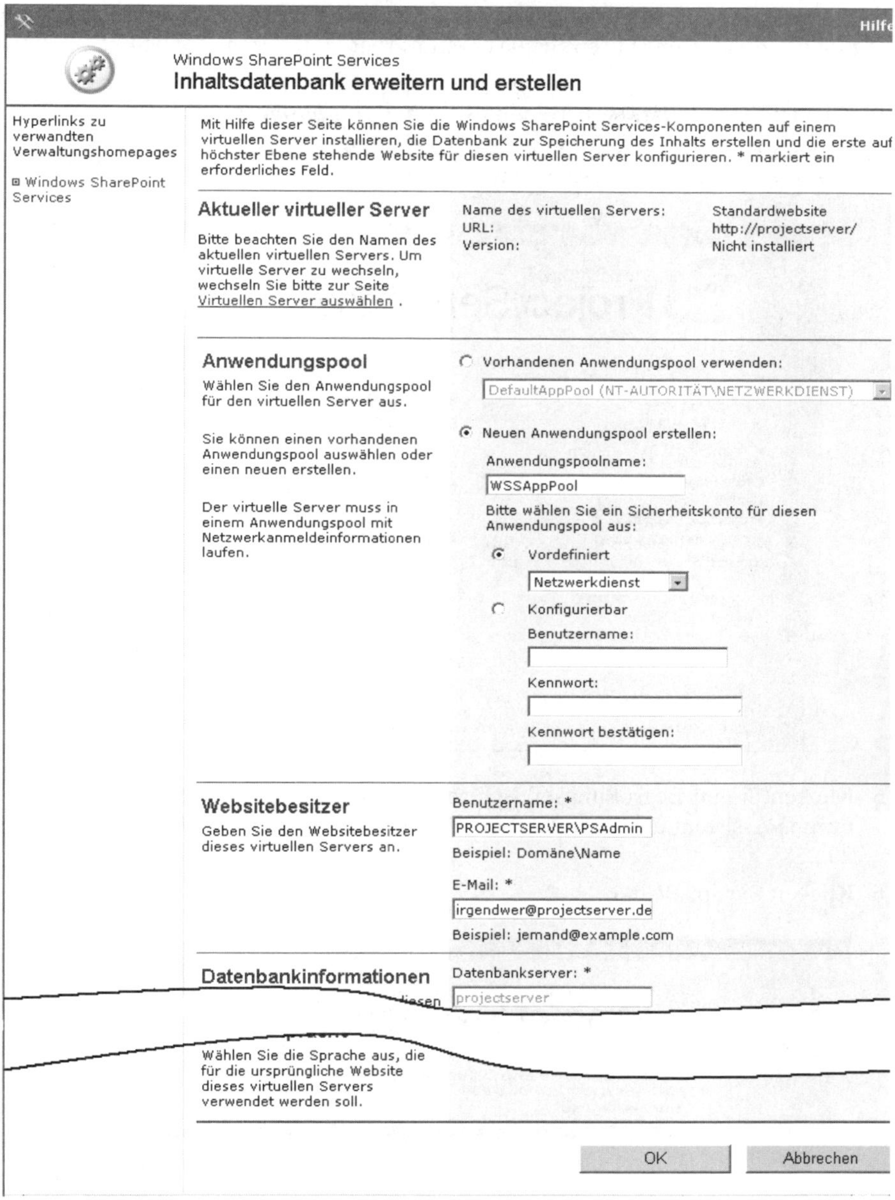

WSS für den Project Server konfigurieren

In diesem Abschnitt muss nun Windows SharePoint Services für die Verwendung mit dem Project Server angepasst werden.

1. Legen Sie die Project Server-CD ein.

2. Wenn Sie Autoplay für das CD-Laufwerk aktiviert haben, startet das Setup von alleine. Ansonsten starten Sie das Setup-Programm durch Doppelklick auf die Datei *Setup.exe*.
3. Klicken Sie auf *Microsoft Windows SharePoint Services*.
4. Klicken Sie anschließend auf *Konfigurations-Assistent für Windows SharePoint Services* (Abbildung 20.23).

Abbildung 20.23: *Windows SharePoint Services-Installationsassistent für den Project Server*

5. Klicken Sie im Begrüßungsbildschirm auf *Weiter* und wählen Sie im Konfigurations-Assistent für SharePoint den Eintrag *Standardwebseite* aus (Abbildung 20.26).
6. Klicken Sie auf *Weiter.*

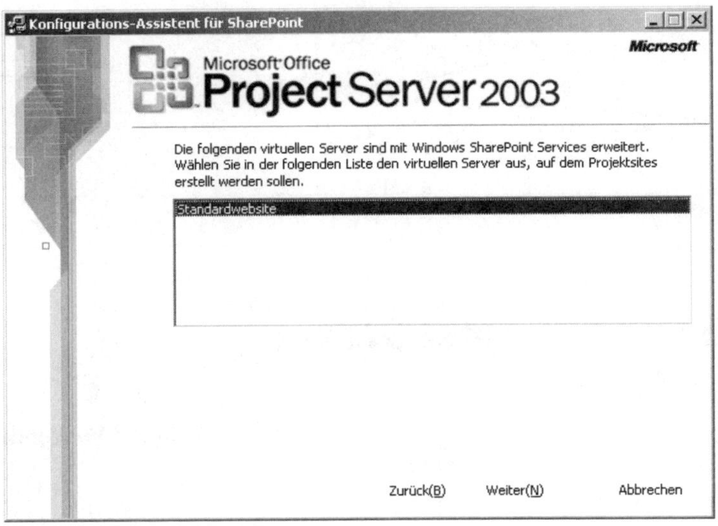

Abbildung 20.24: *Virtuellen Server auswählen*

7. Als verwalteten Pfad wählen Sie den Eintrag *sites* aus (Abbildung 20.25).
8. Klicken Sie auf *Weiter.*

Abbildung 20.25: *Verwalteten Pfad auswählen*

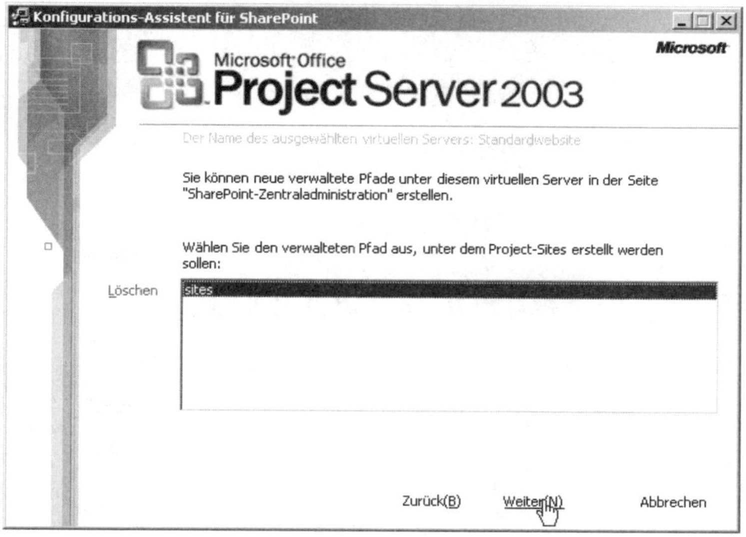

9. Im folgenden Dialogfeld (Abbildung 20.26) geben Sie den Benutzernamen des Besitzers dieser Seite an. Dies ist der im ▶ Abschnitt »Windows Service-User« in diesem Kapitel erstellte Benutzer.
10. Zusätzlich muss eine E-Mail-Adresse angegeben werden. Diese muss nicht wirklich existieren.
11. Lassen Sie alle anderen Einstellungen wie sie sind.
12. Klicken Sie auf *Weiter.*

Abbildung 20.26: *Administrator-User für Windows SharePoint Services angeben*

13. Bestätigen Sie die Meldung aus Abbildung 20.27 mit *OK*.

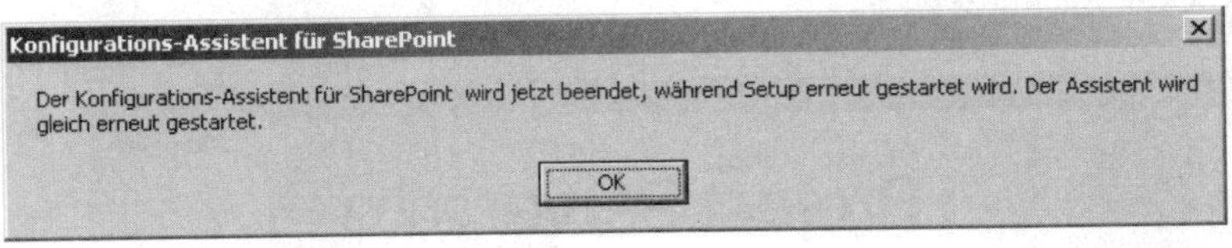

Abbildung 20.27: *Installationsmeldung*

WICHTIG

Notieren Sie sich die Informationen aus Abbildung 20.28. Diese Verbindungsinformationen werden später bei der Installation des Project Server benötigt.

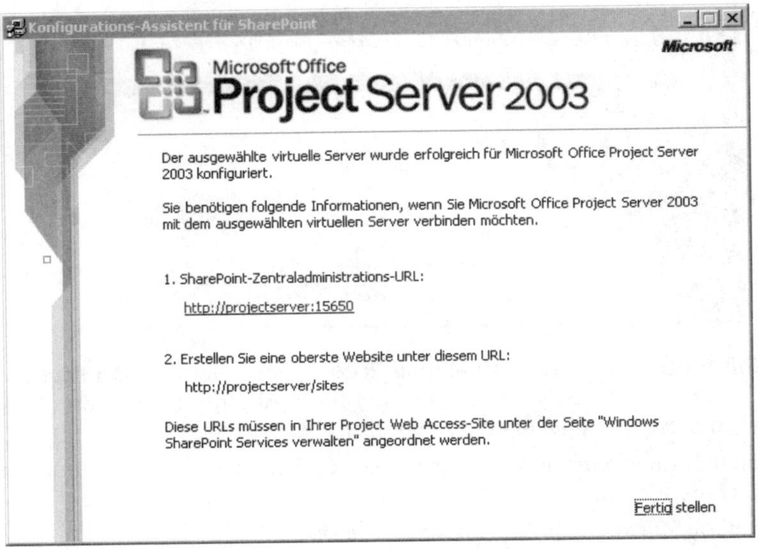

Abbildung 20.28: *Verbindungsinformationen für die Konfiguration des Project Server*

14. Klicken Sie auf *Fertig stellen.*

Project Server installieren

Nachdem diverse Vorarbeiten erledigt sind können Sie nun den Project Server selbst installieren:

1. Legen Sie die Project Server-CD ein.
2. Wenn Sie Autoplay für das CD-Laufwerk aktiviert haben, startet das Setup von alleine. Ansonsten starten Sie das Setup-Programm durch Doppelklick auf die Datei *Setup.exe.*
3. Klicken Sie auf *Server-Installation.*
4. Geben Sie im nächsten Dialogfeld Ihren *Product Key* ein.
5. Klicken Sie auf *Weiter.*
6. Geben Sie im folgenden Dialogfeld Ihre Benutzerinformationen ein.
7. Klicken Sie auf *Weiter.*

8. Bestätigen Sie die End-Benutzer-Vereinbarung durch Aktivieren des Kontrollfeldes links unten.
9. Klicken Sie auf *Weiter.*
10. Geben Sie den Pfad an, in dem Project Server auf Ihrem Computer installiert werden soll.
11. Klicken Sie auf *Weiter.*

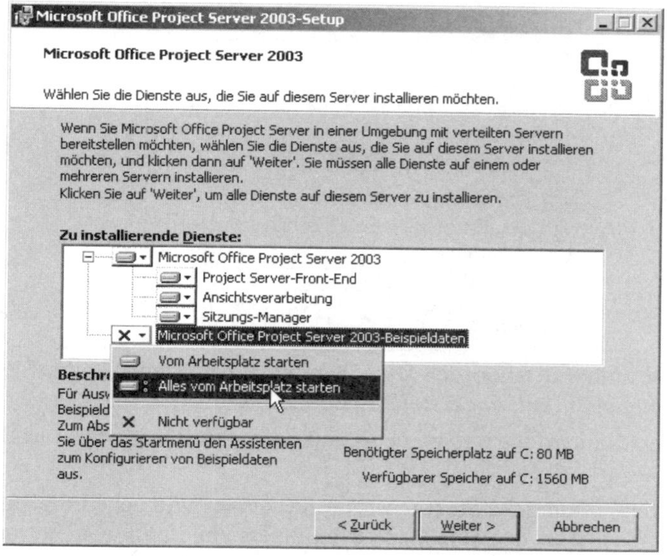

Abbildung 20.29: *Zu installierende Komponenten auswählen*

12. Wählen Sie im Dialogfeld zum Auswählen der zu installierenden Dienste (Abbildung 20.29) den Eintrag *Microsoft Office Project Server 2003-Beispieldaten* aus und klicken Sie auf das vorangestellte Symbol.
13. Im erscheinenden Kontextmenü wählen Sie den Eintrag *Alles vom Arbeitsplatz starten.*
14. Klicken Sie auf *Weiter.*

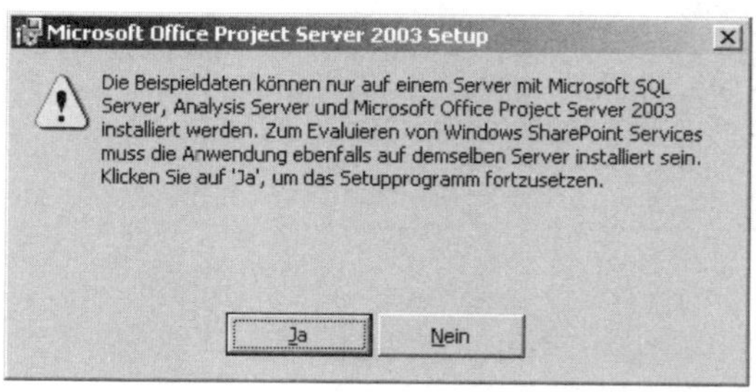

Abbildung 20.30: *Warnmeldung des Installationsassistenten*

15. Bestätigen Sie die Warnung aus Abbildung 20.30 mit *Ja.*

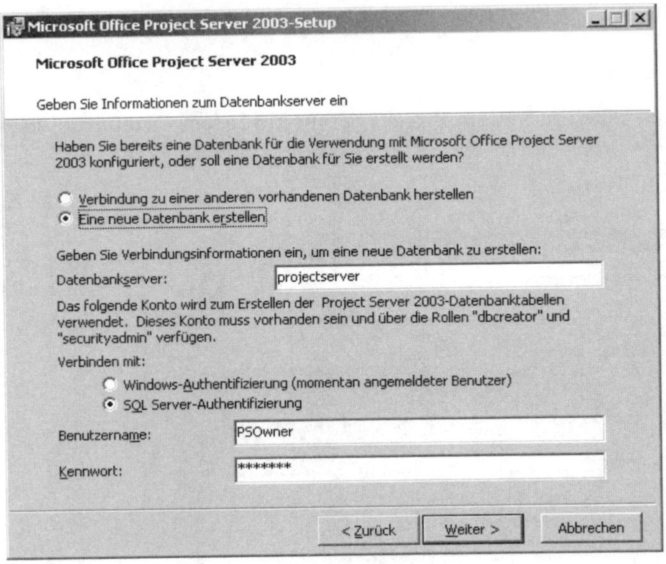

Abbildung 20.31: Datenbankinformationen angeben

16. Im Dialogfeld zum Eingeben der Datenbankinformationen wählen Sie die Option *Eine neue Datenbank erstellen (*Abbildung 20.31).
17. Geben Sie den Namen des Rechners an, auf dem der SQL Server installiert ist.
18. Wählen Sie die Option *SQL Server-Authentifizierung* und geben Sie Benutzername und *Kennwort* des SQL Server-Benutzers ein, den Sie weiter vorne in diesem Kapitel im ▶ Abschnitt »SQL-Server-Service-User« erstellt haben.
19. Klicken Sie auf *Weiter*.

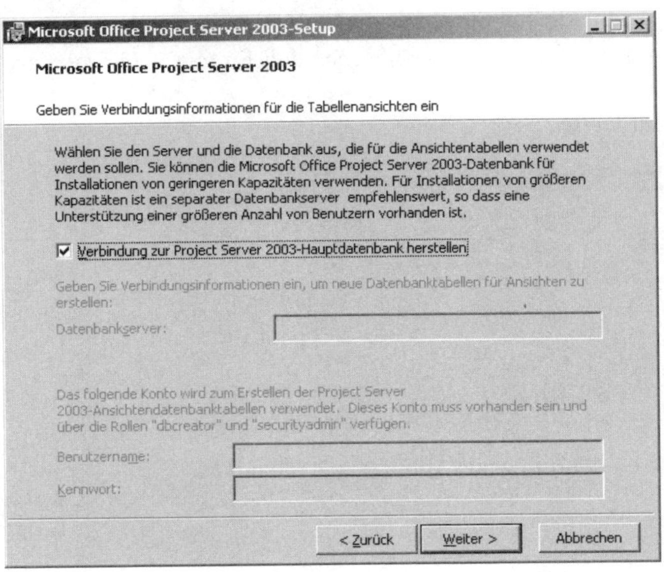

Abbildung 20.32: Option zum Verteilen des Project Server auf mehrere Datenbanken

20. Im folgenden Dialogfeld aus Abbildung 20.32 aktivieren Sie das Kontrollkästchen *Verbindung zur Project Server 2003-Hauptdatenbank herstellen*.
21. Klicken Sie auf *Weiter*.

Abbildung 20.33: *Datenbankuser mit Passwörtern versehen*

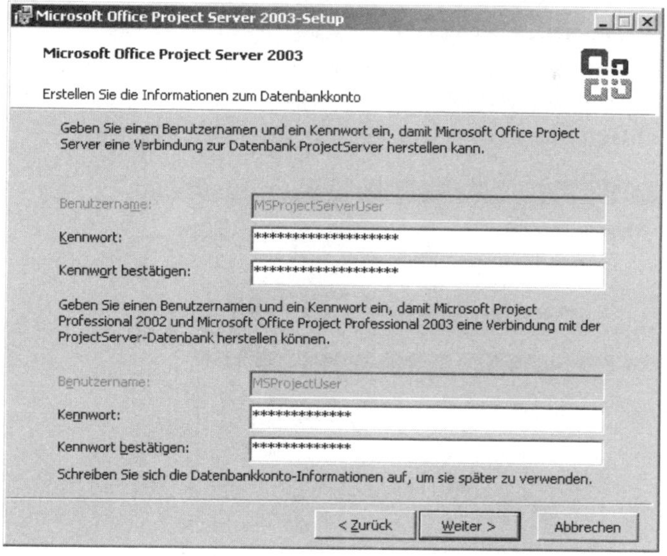

22. Geben Sie im Dialogfeld *Informationen zum Datenbankkonto* (Abbildung 20.33) der beiden automatisch während der Installation angelegten SQL Server-User deren Kennwörter an und bestätigen Sie diese durch nochmalige Eingabe.
23. Klicken Sie auf *Weiter*.

Abbildung 20.34: *Verbindungsinformationen für Analysis Services*

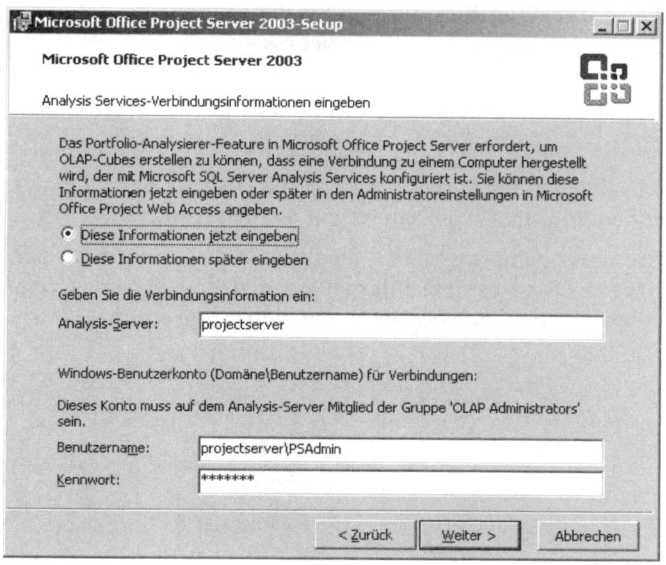

Im Dialogfeld *Analysis Services-Verbindungsinformationen eingeben* (Abbildung 20.34) müssen Sie die Informationen eingeben, um den Project Server mit dem Analysis Server zu verbinden.

24. Wählen Sie die Option *Diese Informationen jetzt eingeben.*
25. Geben Sie den Namen des Servers ein.
26. Geben Sie den Namen und das Passwort des im ▶ Abschnitt »Windows Service-User« in diesem Kapitel erstellten Users ein.
27. Klicken Sie auf *Weiter.*

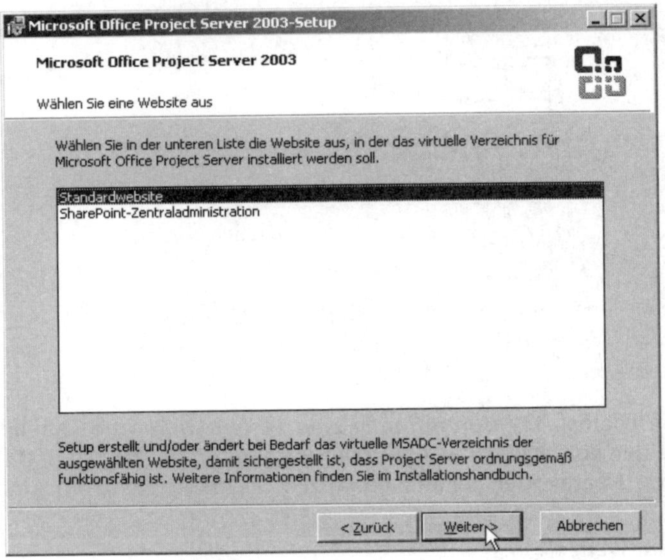

Abbildung 20.35: *Website auswählen*

Im Dialogfeld aus Abbildung 20.35 wählen Sie die Webseite der Internetinformationsdienste, in der das virtuelle Verzeichnis des Project Server erstellt werden soll.

28. Wählen Sie die Seite *Standardwebseite* aus.
29. Klicken Sie auf *Weiter.*
30. Geben Sie im Dialogfeld der Abbildung 20.36 die URL an, unter der der Project Server mit dem Internet Explorer erreicht werden kann.

HINWEIS

Die Extranetadresse muss nicht angegeben werden, da diese nur dann zur Verwendung kommt, wenn User aus dem Internet auf den Project Server zugreifen sollen. Dies ist in dieser Installationsbeschreibung nicht vorgesehen.

Abbildung 20.36: *Standard-URL für Project Server angeben*

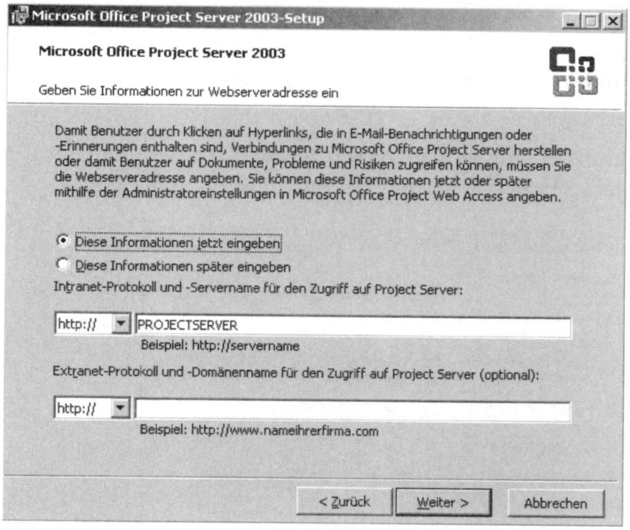

31. Klicken Sie auf *Weiter.*

Abbildung 20.37: *Mail-Server-Informationen eingeben*

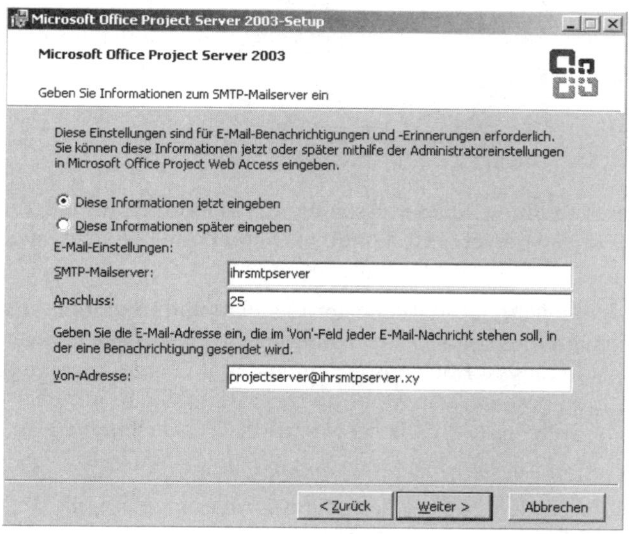

Der Project Server ist in der Lage, automatisiert Benachrichtigungen per E-Mail zu versenden. Z.B., wenn sich für Projektmitarbeiter etwas an deren Vorgängen verändert, oder der Projektleiter neue Rückmeldungen über Istwerte bekommt. Dazu benötigt der Project Server einen SMTP-Server, mit dessen Hilfe er die Mails verschicken kann.

32. Wählen Sie die Option *Diese Informationen jetzt eingeben.*
33. Geben Sie den Namen des SMTP-Servers ein.
34. Geben Sie den Port des SMTP-Servers ein.

HINWEIS

Standardmäßig ist dies der Port 25, erfragen Sie diese Informationen bei dem Administrator Ihres Mail Servers.

35. Geben Sie eine Absenderadresse ein.
36. Klicken Sie auf *Weiter.*

HINWEIS

Wenn Sie diese Funktion nutzen wollen, lassen Sie sich am besten einen E-Mail-Account für den Project Server auf Ihrem Mail-Server einrichten.

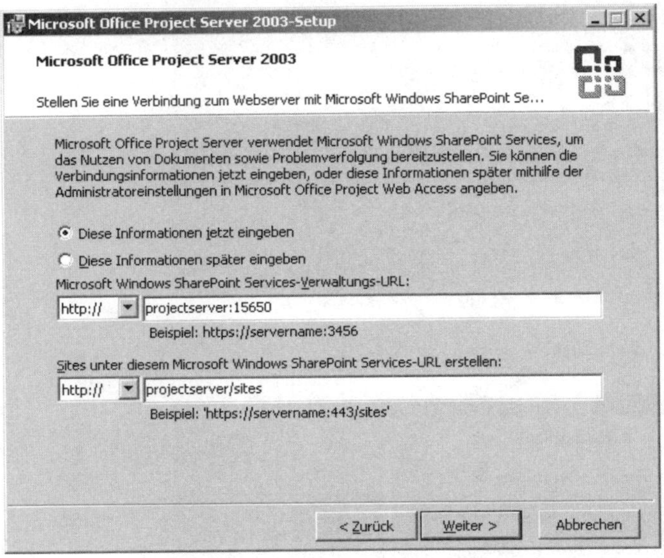

Abbildung 20.38: *Verbindungsinformationen zu Windows SharePoint Services angeben*

Im Dialogfeld der Abbildung 20.38 müssen die Informationen für die Verbindung zwischen Project Server und Windows SharePoint Services angeben werden.

HINWEIS

Dies sollten Sie in jedem Fall an dieser Stelle der Installation durchführen. Es gibt zwar auch die Möglichkeit dies später zu tun, aber dies ist mit zusätzlichem Aufwand verbunden. Es ist in diesem Buch aus Gründen des Umfanges nicht möglich diese Schritte ebenfalls zu beschreiben. Mehr hierzu können Sie in »Project 2003 – Das Profibuch« lesen, welches ebenfalls bei Microsoft Press erschienen ist.

37. Wählen Sie die Option *Diese Informationen jetzt eingeben.*
38. Geben Sie in den folgenden zwei Feldern die Informationen ein, die Sie sich, wie in Abbildung 20.28 gezeigt, notiert haben
39. Klicken Sie auf *Weiter.*
40. Geben Sie den Benutzer und das Kennwort an, den Sie im ▶ Abschnitt »Windows Service-User« in diesem Kapitel angelegt haben.
41. Klicken Sie auf *Weiter.*

Abbildung 20.39: *User für die Kommunikation zwischen Project Server und Windows SharePoint Services*

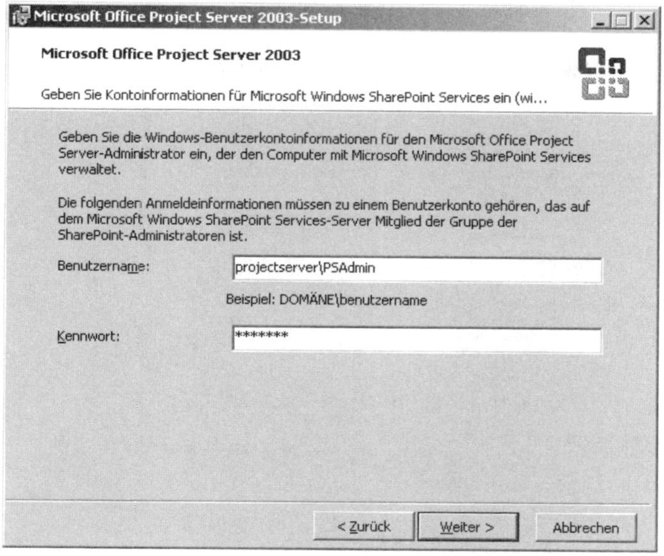

Abbildung 20.40: *SharePoint Portal Server-Verbindungsinformationen angeben*

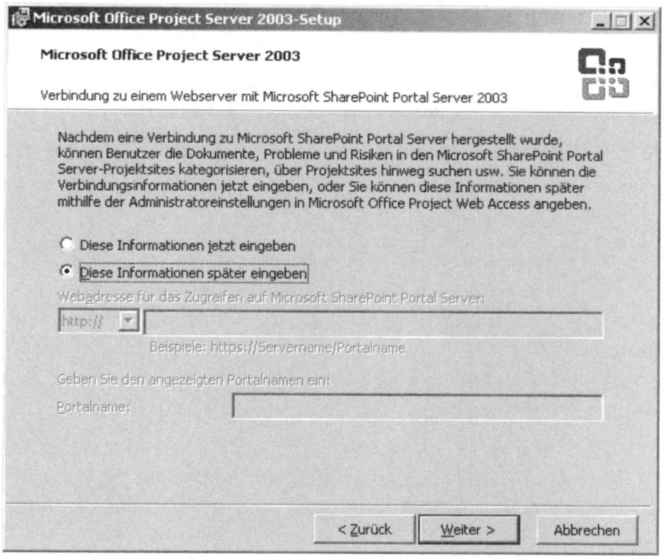

HINWEIS In dieser Installation berücksichtigen wir Zusatzfunktionalität im Zusammenhang mit dem SharePoint Portal Server nicht.

42. Aktivieren Sie die Option *Diese Informationen später eingeben.*
43. Klicken Sie auf *Weiter.*

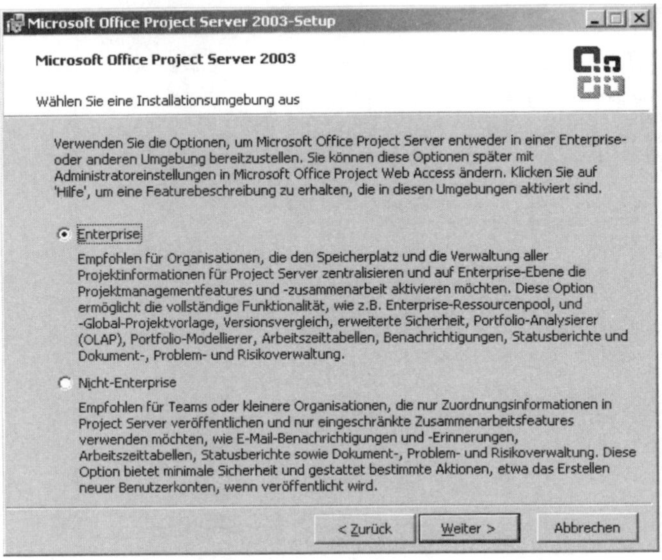

Abbildung 20.41: *Installationsumgebung wählen*

44. Wählen Sie in Abbildung 20.41 die Option *Enterprise*.
45. Klicken Sie auf *Weiter*.

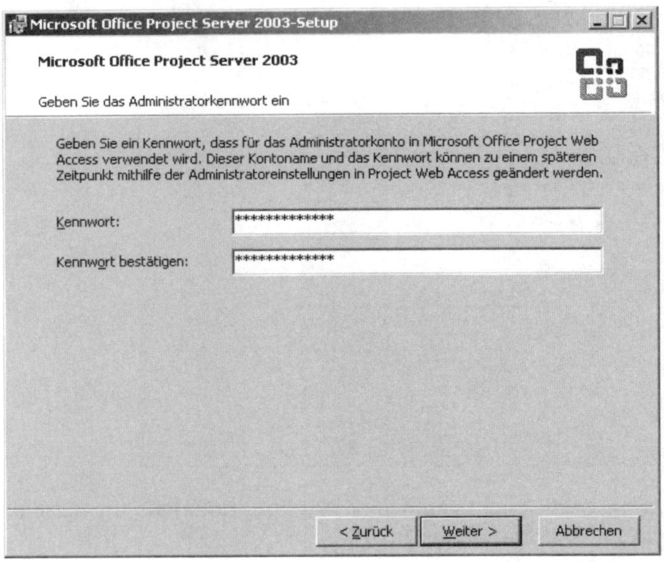

Abbildung 20.42: *Administrator-Kennwort festlegen*

46. Legen Sie in Abbildung 20.42 ein Kennwort für den Project Server-Administrator fest.
47. Klicken Sie auf *Weiter*.

HINWEIS

Der Project Server-Administrator ist ein Benutzer, der nur innerhalb des Project Server bekannt ist und dort alle administrativen Aufgaben übernimmt. Natürlich können später auch einem Windows-User Administrationsrechte zugewiesen werden.

Abbildung 20.43: Installation starten

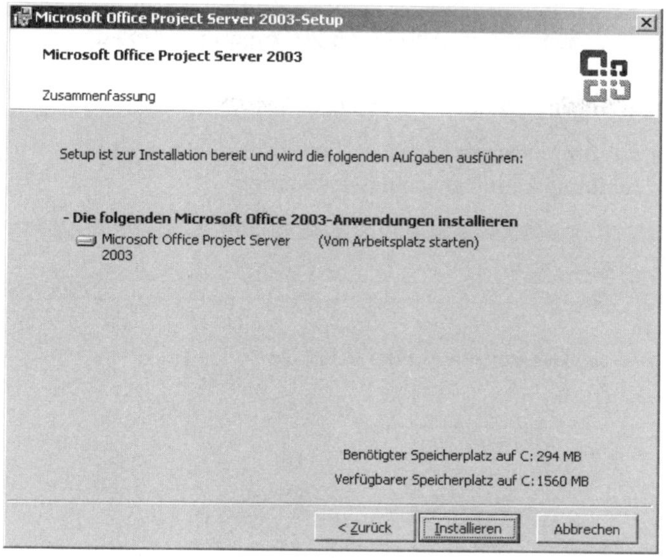

48. Klicken Sie im Dialogfeld der Abbildung 20.43 auf *Installieren*.

HINWEIS Nachdem die Installation gestartet wurde, werden die für den Project Server notwendigen Daten auf den Rechner kopiert und installiert und eine neue Datenbank installiert. Dies kann je nach Rechnerkapazität mehr oder weniger lange dauern.

Abbildung 20.44: Installation abschließen

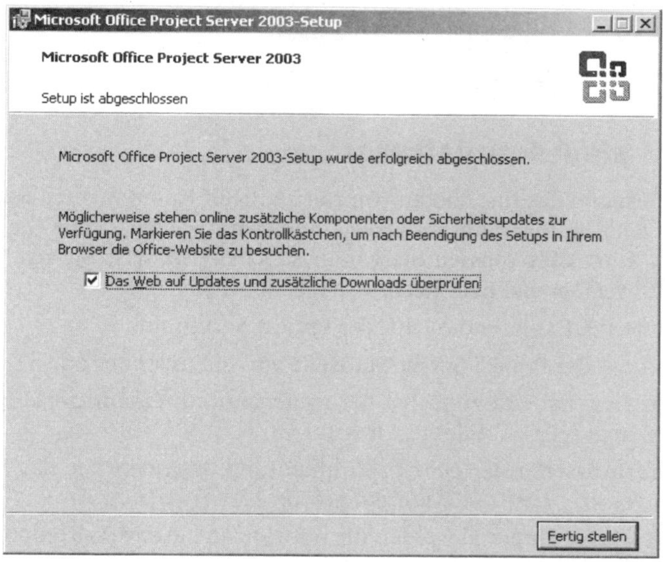

49. Nachdem die Installation beendet ist, wird das Dialogfeld aus Abbildung 20.44 angezeigt. Klicken Sie hier auf *Fertig stellen*.

HINWEIS

Sie können nun die Startseite des Project Server aufrufen, indem Sie im Internet Explorer die URL eingeben, wie in Abbildung 20.36 gezeigt, plus dem Zusatz / *projectserver*.

Die URL sollte dann folgendermaßen aussehen:

http://ihrservername/projectserver

Groß- und Kleinschreibung kann vernachlässigt werden.

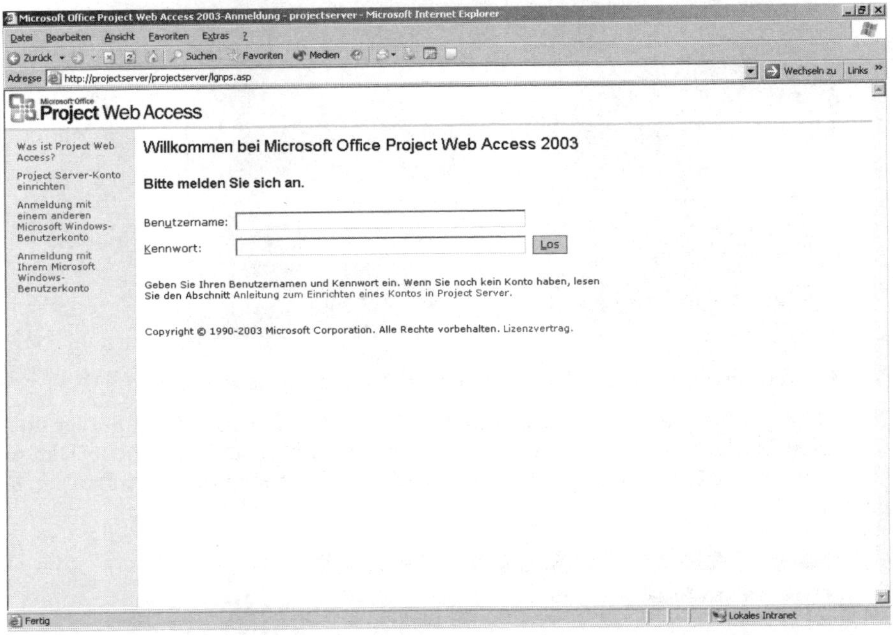

Abbildung 20.45: *Startseite des Project Servers*

Erstes Login als Administrator

Für einen ersten Test und das Installieren von zwei ActiveX Komponenten ist eine erste Anmeldung als Administrator am Project Server notwendig. Wenn Sie sich am Project Server anmelden, müssen Sie vorher sicherstellen, dass Sie mit Windows-Administratorrechten auf dem Rechner angemeldet sind.

1. Rufen Sie im Internet Explorer die URL des Project Server auf.
2. Melden Sie sich auf der Project Server-Startseite als Administrator an.
3. Klicken Sie auf *Los*. Es wird zunächst der so genannte *Endbenutzer-Lizenzvertrag* (EULA) angezeigt (Abbildung 20.46).
4. Blättern Sie im Browserfenster ganz nach unten und aktivieren Sie das Kontrollkästchen *Ich akzeptiere die Bedingungen im Lizenzvertrag*.
5. Klicken Sie auf *Weiter*. Dadurch werden die notwendigen ActiveX-Komponenten geladen und installiert.

Abbildung 20.46: Endbenutzer-Lizenzvertrag

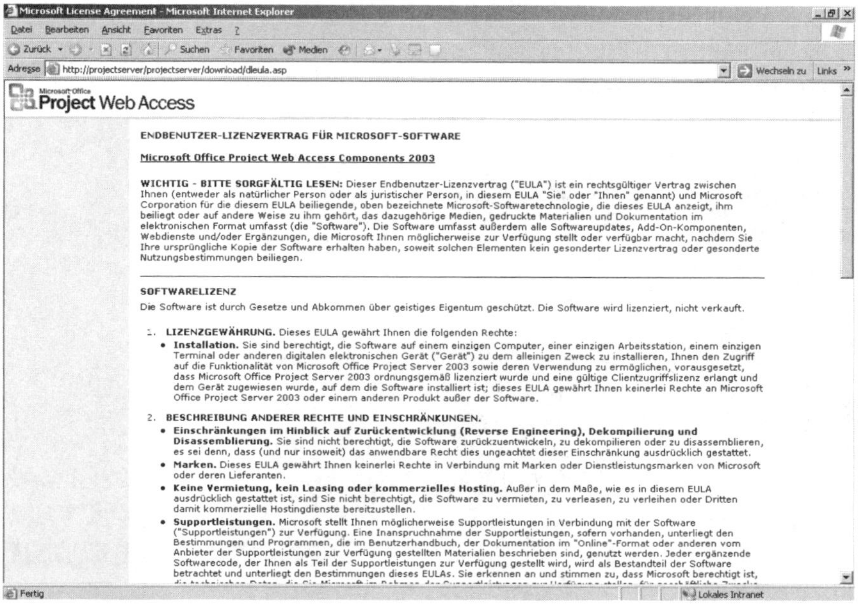

Anschließend ist Project Server auf diesem Rechner mit allen Client-Applikationen einsatzbereit.

HINWEIS Diese Verfahrensweise muss auf jedem Rechner, der sich mithilfe des Internet Explorers oder Project Professional auf den Project Server verbinden will, genauso wiederholt werden.

F

Project im Unternehmenseinsatz

Beispieldatenbank installieren und konfigurieren

Die Beispieldatenbank beinhaltet Projekt- und Ressourcendaten einer virtuellen Firma (*A.Datum*) und soll einen Eindruck vermitteln, welche Möglichkeiten der Project Server bietet, wenn man eine komplette Firma mit mehreren Abteilungen und vielen Projekten abbilden möchte. Diese Beispielfirma wird als zusätzliche Datenbank neben der im vorherigen Abschnitt erstellten Datenbank eingerichtet. Die Beispieldatenbank können Sie mithilfe des Konfigurationsassistenten jederzeit wieder auf den Ursprungszustand zurückbringen. Daher können Sie gefahrlos mit den Daten herumspielen und jederzeit wieder zum Ausgangsdatenbestand zurückkehren.

Beispieldatenbank-Konfigurationsassistent

Um mit den Beispieldaten arbeiten zu können, muss eine Datenbank für die Project Server-Daten und die Windows SharePoint Services-Daten angelegt werden. Weiterhin benötigen Sie unterschiedliche Windows-Accounts, um verschiedene Rollen im System (z.B. Projektmanager oder Ressourcenmanager) ausprobieren zu können. Dies wird alles automatisch durch den Konfigurationsassistenten eingerichtet. Voraussetzung ist, dass Sie als Administrator am System angemeldet sind.

Um die Beispieldatenbank zu installieren, gehen Sie folgendermaßen vor:

1. Rufen Sie den Beispieldaten-Konfigurationsassistenten über *Start/Alle Programme/Microsoft Office Project Server 2003/ Wiederherstellen und Konfigurieren von Beispieldaten* (Abbildung 20.47) auf.

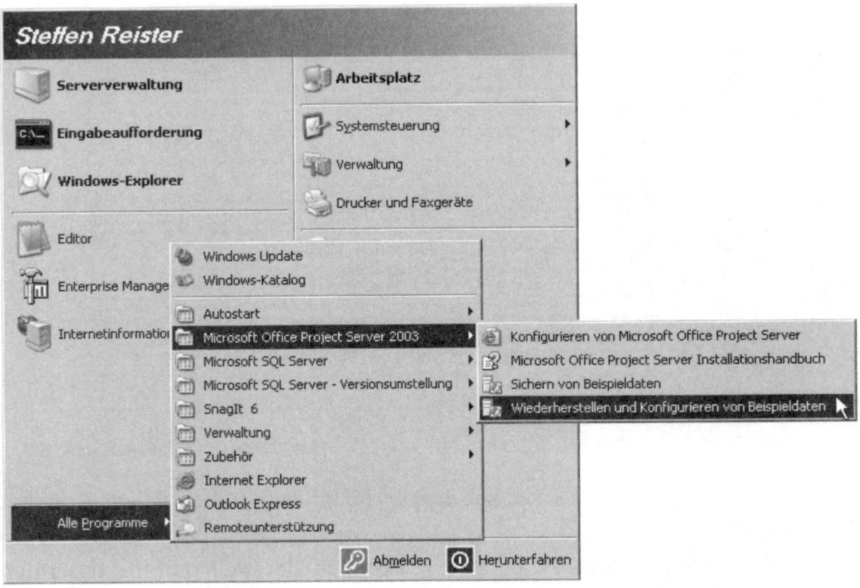

Abbildung 20.47: Konfigurieren der Beispieldaten

2. Klicken Sie im Begrüßungsbildschirm des Assistenten auf *Weiter*.

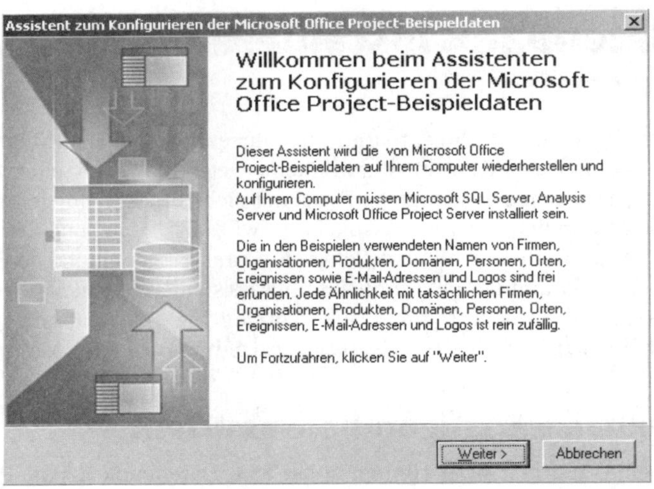

Abbildung 20.48: Konfigurationsassistent der Beispieldatenbank

3. Lesen Sie sich den Endbenutzer-Lizenzvertrag (EULA) durch und bestätigen Sie diesen durch Auswahl der Option *Ich stimme den Bedingungen des Lizenzvertrages zu* (Abbildung 20.49).
4. Klicken Sie auf *Weiter*.

Abbildung 20.49: Bestätigen des Endbenutzer-Lizenzvertrages (EULA)

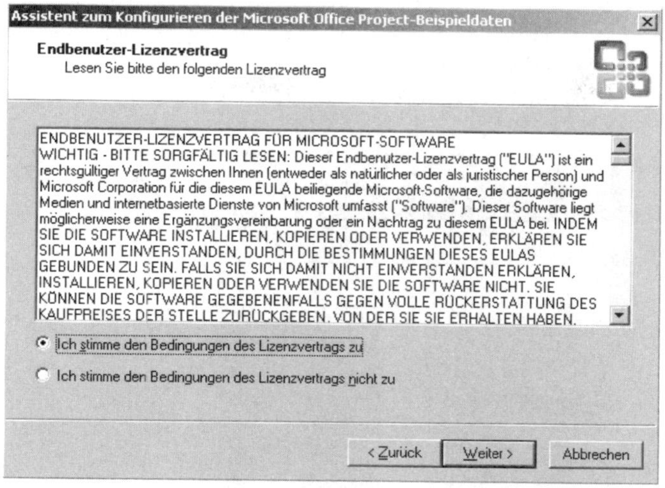

5. Wählen Sie im nächsten Dialogfeld die Option *Microsoft Office Project Server 2003- und Windows SharePoint Services-Daten installieren* aus.
6. Klicken Sie auf *Weiter*.

Abbildung 20.50: Welche Daten sollen in der Beispieldatenbank vorhanden sein?

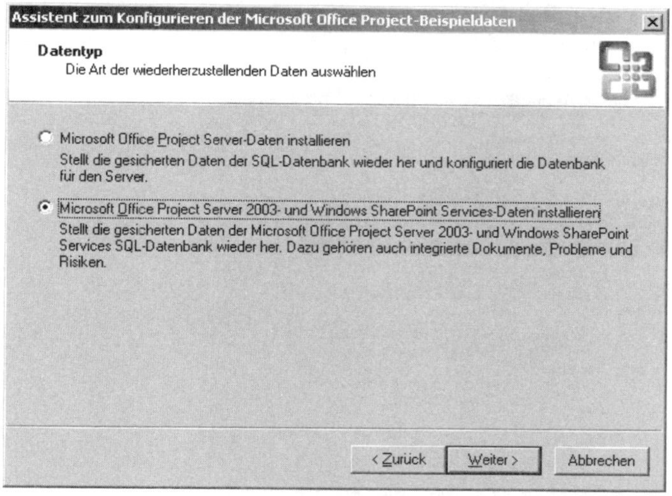

HINWEIS Im Folgenden werden zwei Datenbanken erstellt, in welche die Beispieldaten kopiert werden. Diese Datenbanken werden automatisch vom Konfigurationsassistenten erstellt. Theoretisch wäre es möglich, mehrere Beispieldatenbanken parallel zu installieren.

7. Im Dialogfeld aus Abbildung 20.51 müssen Sie den Pfad zur Datenbanksicherungsdatei angeben und einen Namen für die Project Server-Datenbank (z.B. *MPSSampleDatabase*) eintragen.

HINWEIS Der Standardpfad der Sicherungsdatei ist im Programmverzeichnis des Project Servers im Unterordner ..*Sample Data\1031\sampproj.bak*. Wobei der Ordner *1031* für den Ländercode Deutschland steht.

8. Klicken Sie auf *Weiter*.

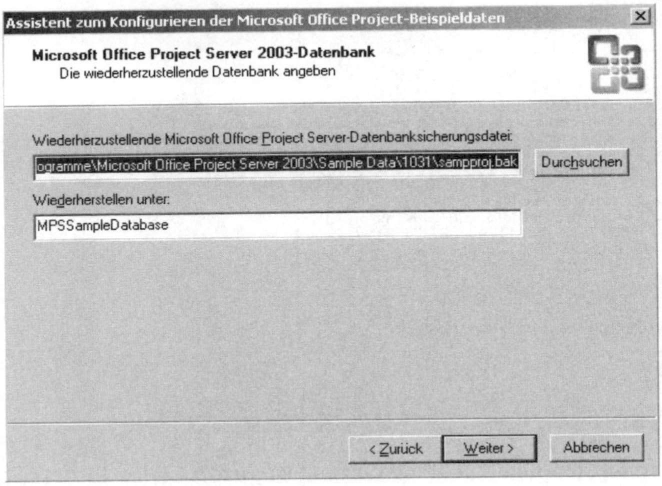

Abbildung 20.51: *Wiederherzustellende Daten für den Project Server*

9. Geben Sie im Dialogfeld aus Abbildung 20.52 einen Namen für die Windows SharePoint Services-Datenbank ein (z.B. *MPSWSSSampleDatabase*), in welche die Windows SharePoint Services-Beispieldaten kopiert werden sollen.
10. Klicken Sie auf *Weiter*.

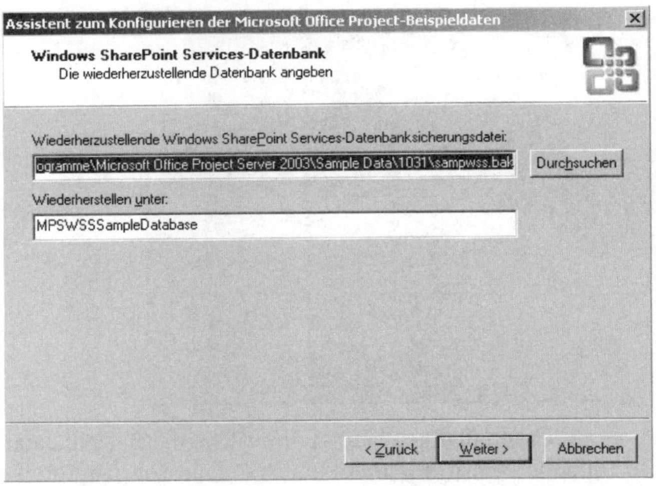

Abbildung 20.52: *Wiederherzustellende Daten für die Windows SharePoint Services*

11. Geben Sie im Dialogfeld aus Abbildung 20.53 einen URL-Pfad an, über den Sie den *Microsoft Office Project Web Access 2003* erreichen möchten.

HINWEIS

Dieser Pfad muss sich unbedingt von dem Pfad der Project Server-Grundinstallation unterscheiden.

Um alle Funktionalitäten der Beispieldatenbank testen zu können, brauchen Sie ein paar Windows-Accounts, die vom Konfigurationsassistenten automatisch angelegt werden.

Abbildung 20.53: *URL zum Aufrufen der Project Server-Beispieldatenbank*

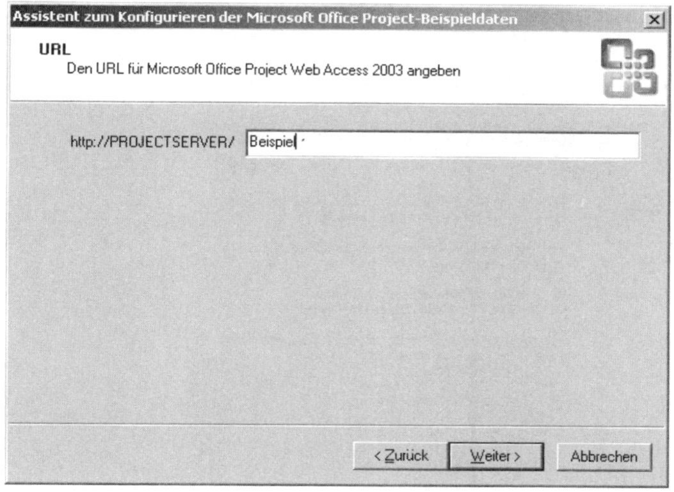

12. Dazu wählen Sie die Option *Auf diesem Computer für jede Rolle Windows-Benutzerkonten für mich erstellen* (Abbildung 20.54).
13. Klicken Sie auf *Installieren.*

    Folgende Windows-Konten werden erstellt:

Tabelle 20.1: *Windows-Konten für die Beispieldatenbank*

Konto	Name	Passwort
Jo Brown	Jo Brown	pass@word1
Scott Bishop	Scott Bishop	pass@word1
Steve Masters	Steve Masters	pass@word1
Brad Sutton	Brad Sutton	pass@word1
Eva Corets	Eva Corets	pass@word1

Abbildung 20.54: *Windows-Benutzer für die Beispieldaten*

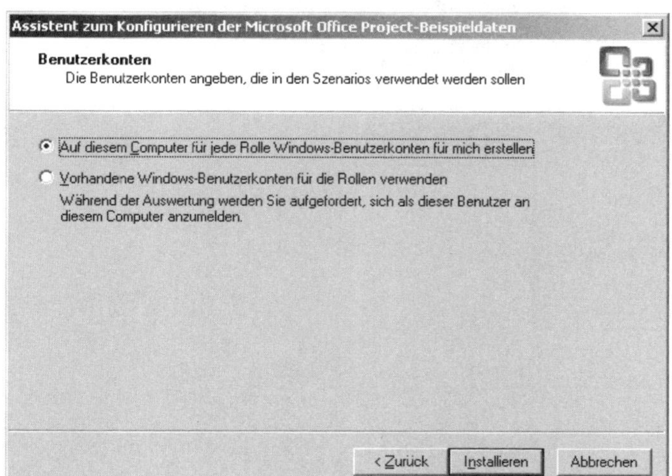

14. Nach abgeschlossener Installation wird die in Abbildung 20.55 dargestellte Meldung angezeigt.
15. Klicken Sie zum Beenden des Assistenten auf *Fertig stellen*.

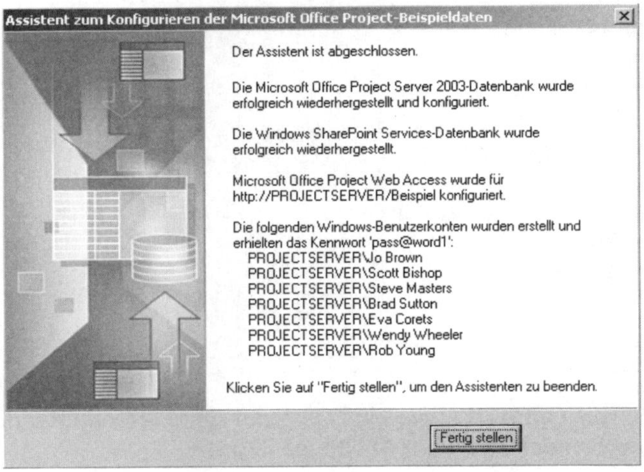

Abbildung 20.55: *Meldung des Assistenten nach erfolgreicher Installation*

Virtuelles Verzeichnis für die Windows SharePoint Services der Beispieldatenbank konfigurieren

Damit die Beispieldatenbank mit den Windows SharePoint Services-Daten auch über Project Web Access der Beispieldatenbank zu erreichen ist, müssen folgende Anpassungsarbeiten in den Windows SharePoint Services erledigt werden:

1. Öffnen Sie den Internetinformationsdienste-Manager über *Start/Alle Programme/Verwaltung/Internetinformationsdienste-Manager.*

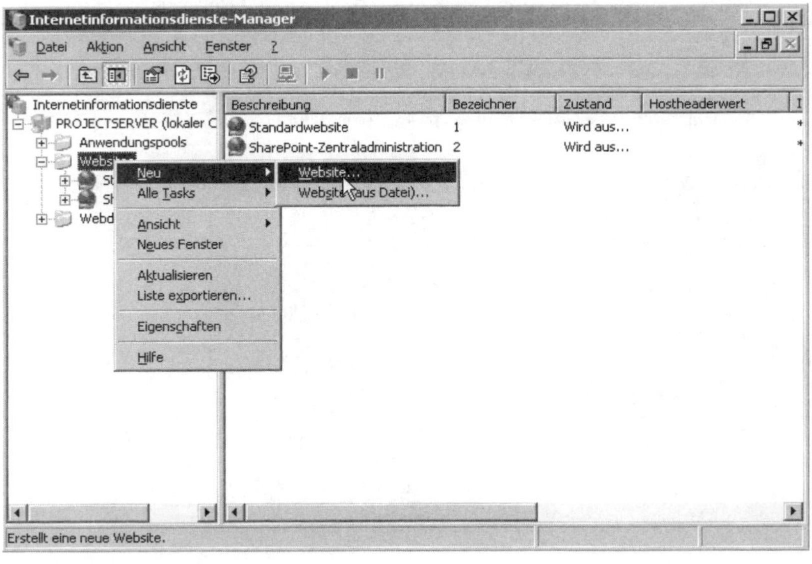

Abbildung 20.56: *Neue virtuelle Website für Windows SharePoint Services Beispieldaten*

2. Erweitern Sie Ihren Server per Klick auf das vorangestellte Pluszeichen im linken Bereich des Internetinformationsdienste-Managers (Abbildung 20.56).
3. Klicken Sie mit der rechten Maustaste auf den Ordner *Websites*.
4. Im erscheinenden Kontextmenü klicken Sie auf *Neu/Website*, daraufhin wird ein Assistent zum Erstellen einer neuen Website gestartet (Abbildung 20.57).
5. Klicken Sie auf *Weiter*.

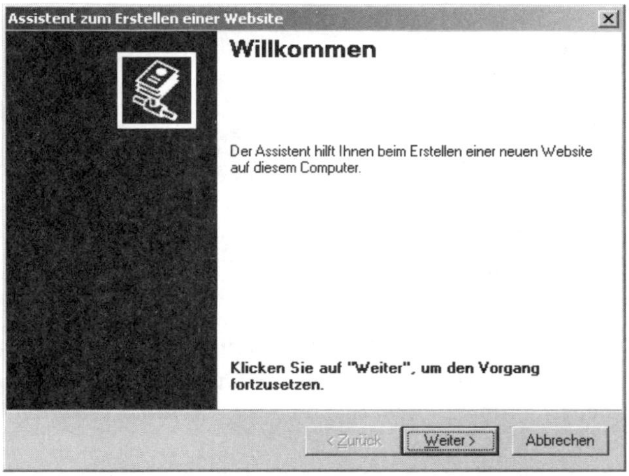

Abbildung 20.57: *Internetinformationsdienste Assistent zum Erstellen einer Website*

6. Geben Sie einen Namen für die neue Webseite ein (z.B. *WSSBeispielDB*).
7. Klicken Sie auf *Weiter*.

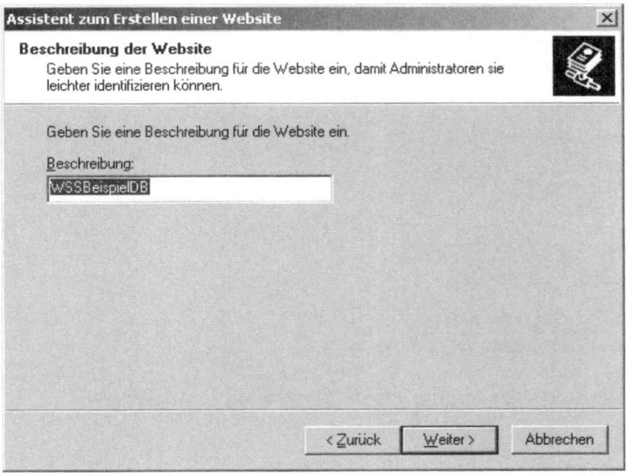

Abbildung 20.58: *Name der neuen Website*

8. Geben Sie im folgenden Dialogfeld einen TCP-Port ein (z.B. 5555).

HINWEIS Dieser Port muss sich unbedingt von dem Standardport unterscheiden und darf auf keinen Fall schon vorher verwendet worden sein. Wenn Sie die Installation auf einem frischen System durchführen, sollte jeder Port außer 80 funktionieren.

9. Klicken Sie auf *Weiter.*

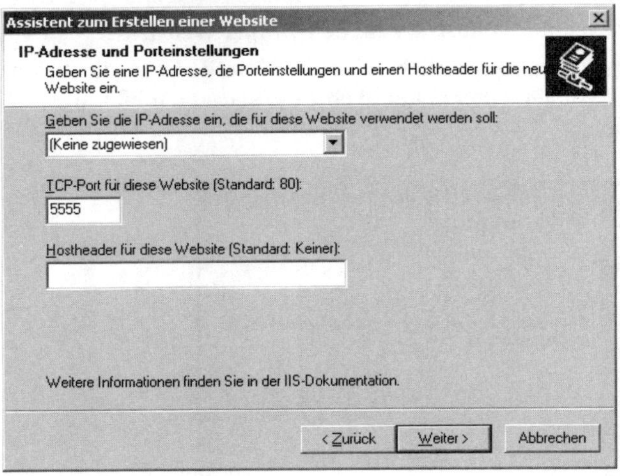

Abbildung 20.59: *Eingabe eines eindeutigen TCP-Ports*

10. Im Dialogfeld *Basisverzeichnis der Website* klicken Sie auf *Durchsuchen.*
11. Erstellen Sie unterhalb Ihres *Inetpub*-Verzeichnisses (standardmäßig *C:\Inetpub*) einen neuen Ordner, indem Sie auf *Neuen Ordner erstellen* klicken (Abbildung 20.60).
12. Geben Sie einen Namen für den neuen Ordner ein (z.B. *BeispielDaten*) und klicken Sie anschließend auf *OK.*

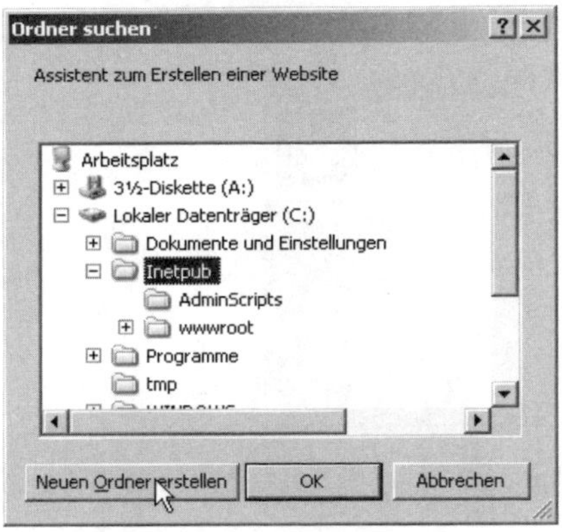

Abbildung 20.60: *Erstellen eines neuen Ordners*

13. Klicken Sie im Dialogfeld *Basisverzeichnis der Website* auf *Weiter.*

Abbildung 20.61: Der Pfad für das neue Stammverzeichnis

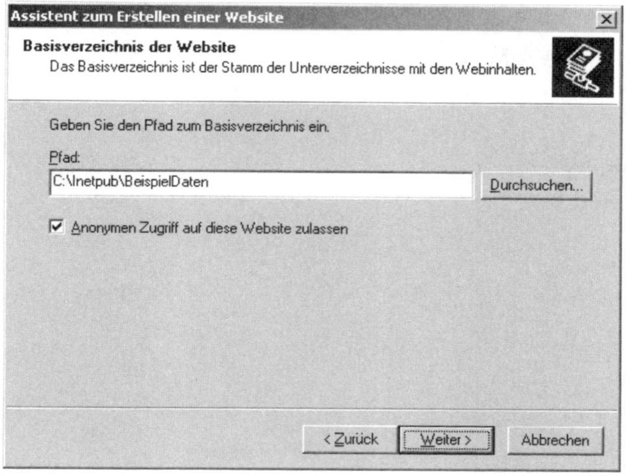

14. Belassen Sie im nächsten Dialogfeld *Zugriffsberechtigungen für die Website* alle Einstellungen wie sie sind.
15. Klicken Sie auf *Weiter.*

Abbildung 20.62: Zugriffsberechtigungen für die Website

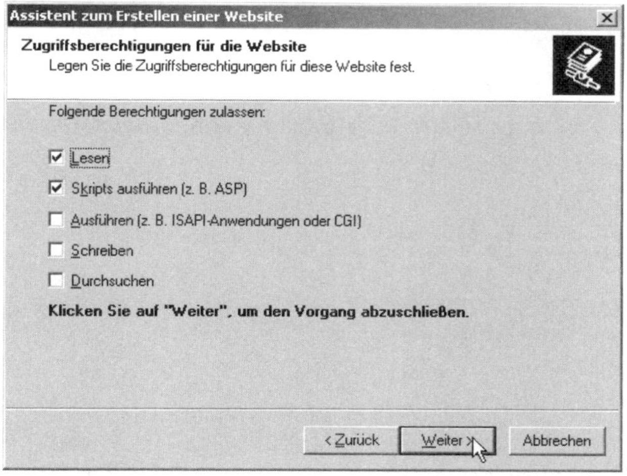

16. Klicken Sie im Dialogfeld *Fertigstellen des Assistenten* auf *Fertig stellen.*

WSS für Beispieldaten konfigurieren

Sie haben im vorhergehenden Abschnitt eine neue virtuelle Website erstellt, über welche Sie die Beispieldaten für Windows SharePoint Services erreichen können. In diesem Abschnitt wird nun Windows SharePoint Services so konfiguriert, dass Sie aus der Project Web Access Beispieldatenbank auf die Beispieldaten von Windows SharePoint Services zugreifen können.

Virtuellen Server vorbereiten

1. Öffnen Sie über *Start/Alle Programme/Verwaltung/SharePoint-Zentraladministration* die Administratorseiten von Windows SharePoint Services.

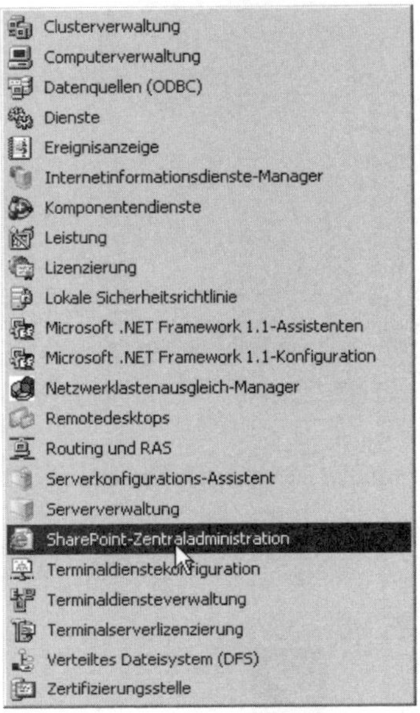

Abbildung 20.63: *Windows SharePoint-Zentraladministration öffnen*

2. Klicken Sie auf *Einstellungen virtueller Server konfigurieren* (Abbildung 20.64).

Abbildung 20.64: *Virtuellen Server konfigurieren*

3. Auf der Seite *Liste der virtuellen Server* (Abbildung 20.65) klicken Sie auf die zuvor erstellte Website.

Abbildung 20.65: *Virtuellen Server für Beispieldaten auswählen*

4. Auf der Seite *Virtuellen Server erweitern* (Abbildung 20.66) klicken Sie auf *Inhaltsdatenbank erweitern und erstellen.*

Abbildung 20.66: *Inhaltsdatenbank erweitern*

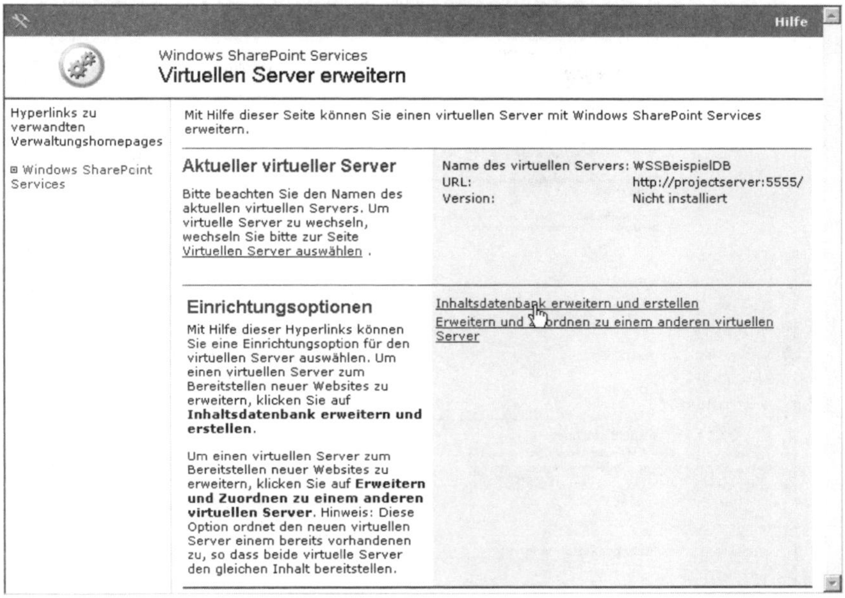

5. Auf der folgenden Seite (Abbildung 20.67) im Bereich *Anwendungspool* wählen Sie die Option *Neuen Anwendungspool erstellen.*
6. Geben Sie im Eingabefeld *Anwendungspoolname* einen Namen ein (z.B. *WSSBeispielAppPool*).
7. Aktivieren Sie die Option *Vordefiniert* und wählen Sie aus dem Listenfeld den Eintrag *Netzwerkdienst.*
8. Im Bereich *Websitebesitzer* geben Sie den Windows-Benutzer ein, der am Anfang dieses Kapitels erstellt wurde (*PSAdmin*) in der Form *servername\Benutzername.*
9. Geben Sie im Eingabefeld *E-Mail* eine E-Mail-Adresse an.

HINWEIS Diese Mail-Adresse muss nicht wirklich existieren, nur dem gängigen Mail-Adressenformat entsprechen (z.B. name@servername.de)

10. Klicken Sie auf *OK.*

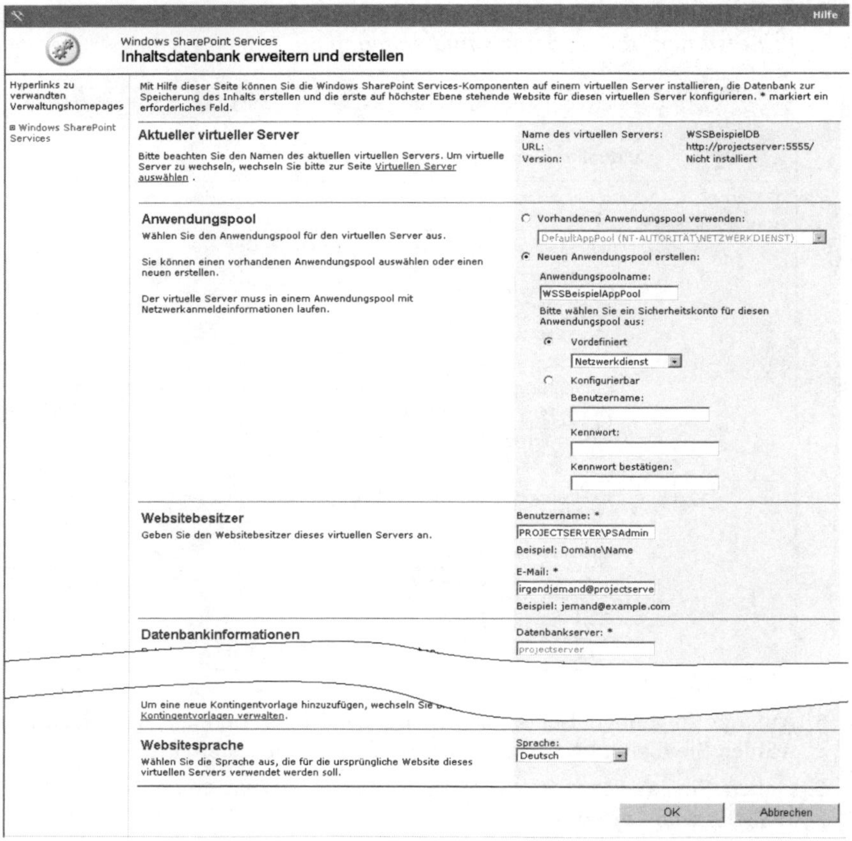

Abbildung 20.67: Anwendungspool erstellen

11. Auf der Seite *Virtueller Server erfolgreich erweitert* klicken Sie auf *OK*.

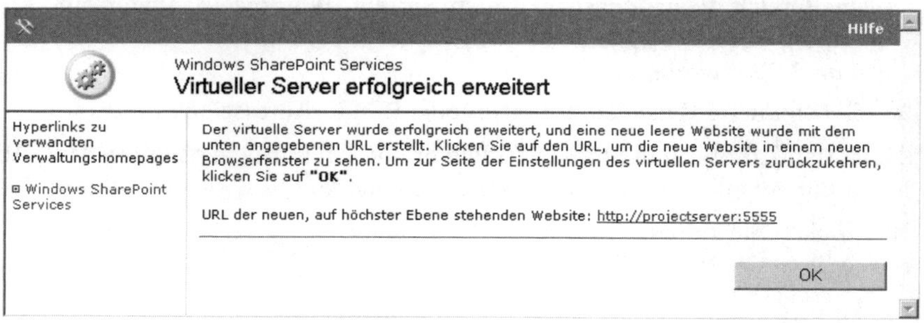

Abbildung 20.68: Erweiterung bestätigen

Datenbank an WSS anbinden

Die während der Installation erstellte Datenbank für die Windows SharePoint Services muss nun an den virtuellen Server angebunden werden. Nach der Erweiterung des virtuellen Servers wird automatisch die Webseite *Einstellungen virtueller Server* geöffnet.

1. Klicken Sie auf *Inhaltsdatenbanken verwalten* (Abbildung 20.69).

Abbildung 20.69: *Virtuellen Server mit der Datenbank verbinden*

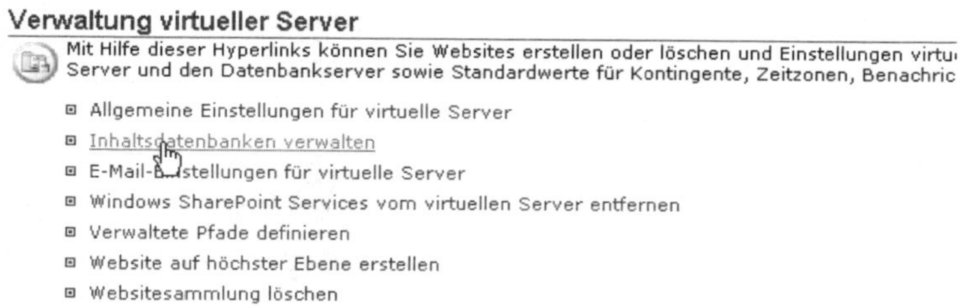

2. Klicken Sie auf der folgende Seite *Inhaltsdatenbanken verwalten* auf *Inhaltsdatenbank hinzufügen* (Abbildung 20.70).

Abbildung 20.70: *Datenbank hinzufügen*

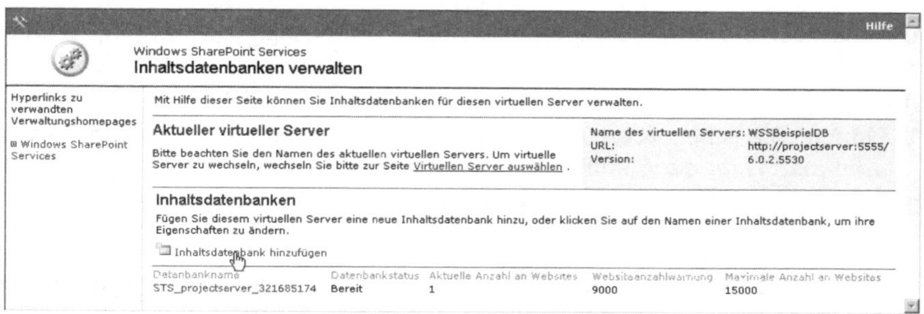

3. Auf der Seite *Inhaltsdatenbank hinzufügen* (Abbildung 20.71) im Bereich *Datenbankinformationen* geben Sie im Eingabefeld *Datenbankserver* den Namen Ihres Servers ein.
4. Im Feld *Datenbankname* geben Sie den Namen der Datenbank ein, den Sie in Abbildung 20.52 angegeben haben (z.B. *MPSWSSSampleDatabase*).
5. Geben Sie im Feld *Datenbankkonto-Benutzername* einen Datenbankbenutzer mit Administratorrechten sowie darunter das korrekte Kennwort an. Sie können hier den SQL-Server *sa* Account verwenden.
6. Im Bereich *Datenbankkapazitätseinstellungen* geben Sie jeweils eine Anzahl an Webseiten (z.B. 9000 und 15000) an.
7. Klicken Sie auf *OK*.

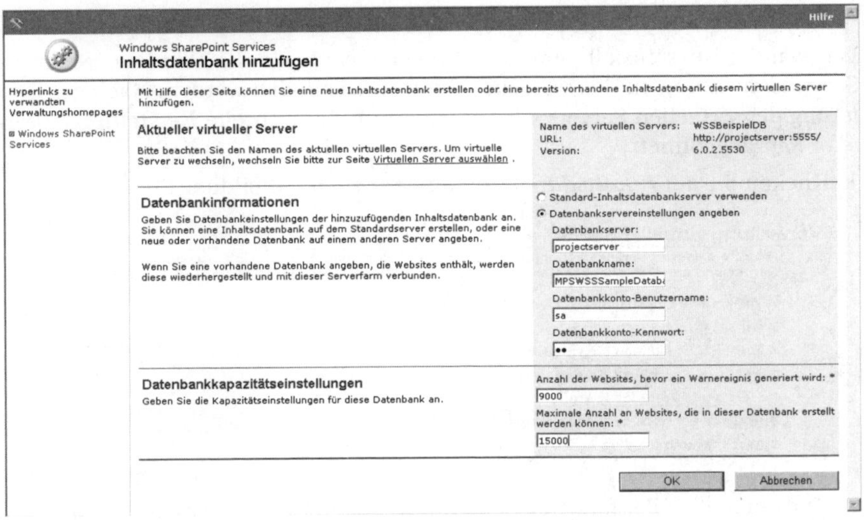

Abbildung 20.71: *Verbindungsinformationen angeben*

Project Server in die Umgehungsliste aufnehmen

Die URL der Beispieldatenbank muss noch in die Umgehungsliste der Windows SharePoint Services aufgenommen werden, damit beim Aufrufen des Project Web Access nicht die Windows SharePoint Services-Seiten geöffnet werden.

1. Öffnen Sie über *Start/Alle Programme/Verwaltung/SharePoint-Zentraladministration* die Administratorseiten von Windows SharePoint Services.
2. Klicken Sie auf *Einstellungen virtueller Server konfigurieren* (Abbildung 20.72).

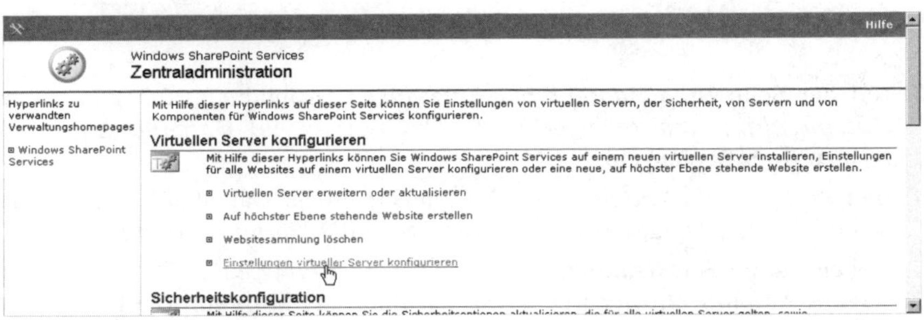

Abbildung 20.72: *Umgehungsliste erweitern*

3. Auf der Seite *Liste der virtuellen Server* (Abbildung 20.73) wählen Sie den Link *Standardwebseite* aus, der zur Webseite der Project Server-Grundinstallation führt.

Abbildung 20.73: *Standardpfad auswählen*

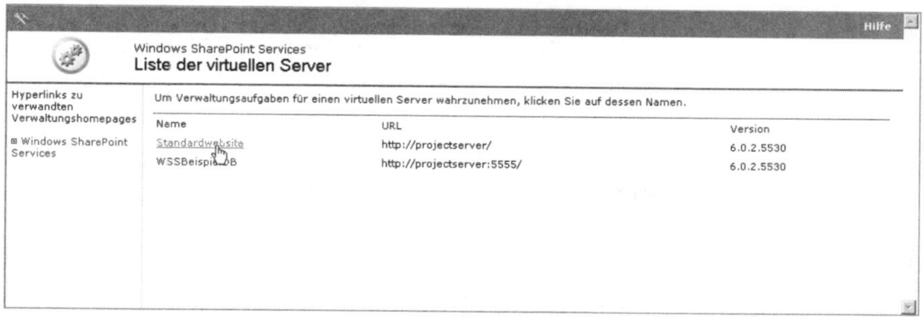

4. Auf der Seite *Einstellungen virtueller Server* (Abbildung 20.74) klicken Sie auf den Link *Verwaltete Pfade definieren*.

Abbildung 20.74: *Verwaltete Pfade*

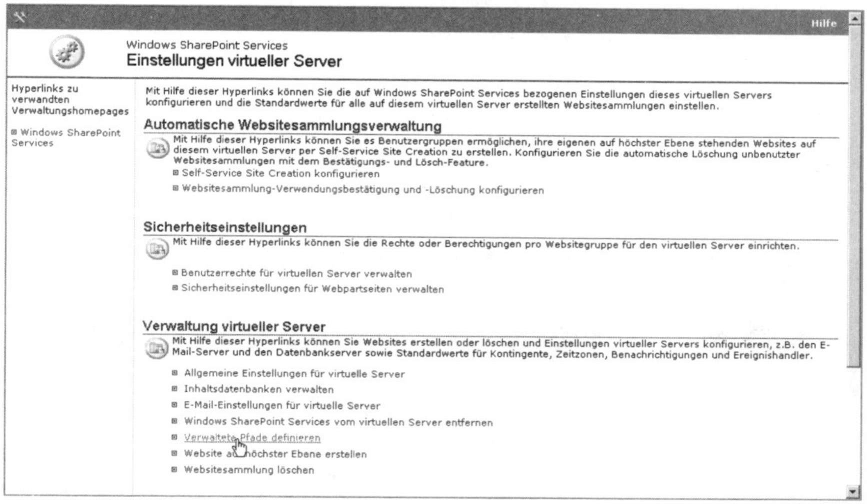

Abbildung 20.75: *Pfad zu Beispieldatenbank eingeben*

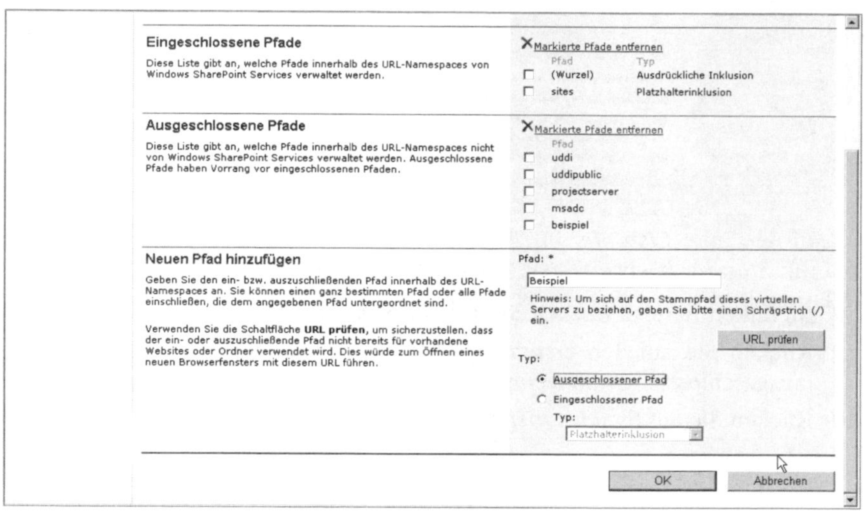

5. Auf der Seite *Verwaltete Pfade definieren* (Abbildung 20.75) tippen Sie im Bereich *Neuen Pfad hinzufügen* den Namen der Beispieldaten-URL ein, wie in Abbildung 20.53 definiert (z.B. *Beispiel*).
6. Wählen Sie die Option *Ausgeschlossener Pfad*.
7. Klicken Sie anschließend auf *OK*. Der Name des Pfades sollte nun in der Liste im Bereich *Ausgeschlossene Pfade* erscheinen.

Integration zwischen WSS und Project Server abschließen

1. Rufen Sie den Internet Explorer auf.
2. Geben Sie die URL der Project Server-Beispieldaten an, wie in Abbildung 20.53 definiert.
3. Klicken Sie in der Menüleiste auf *Administration*.
4. Wählen Sie im linken Bereich das Untermenü *Windows SharePoint Services verwalten*.
5. Geben Sie im Eingabefeld *SharePoint Services-Zentraladministrations-URL* die korrekte URL Ihres Servers an (Abbildung 20.28).
6. Im Feld *Eine Site unter diesem SharePoint-URL erstellen* geben Sie eine URL in der Form *http://servername:port/sites* ein, wobei *port* der Portnummer entspricht die Sie in Abbildung 20.59 definiert haben.
7. Klicken Sie auf *Änderungen speichern*.

Abbildung 20.76: *URL zu WSS in Beispieldatenbank anpassen*

8. Im linken Bereich klicken Sie auf *SharePoint-Sites verwalten*.
9. Klicken Sie auf den ersten Projektnamen in der Liste in Abbildung 20.77 (ausgeschlossen *Öffentliche Dokumente*).
10. Klicken Sie auf *Synchronisieren*.

Abbildung 20.77: Webseiten synchronisieren

11. Klicken Sie auf *Ja* in der daraufhin angezeigten Meldung (Abbildung 20.78).
12. Wiederholen Sie die Schritte 9 bis 11 für alle weiteren Projekte.

Abbildung 20.78: Meldung des Project Server

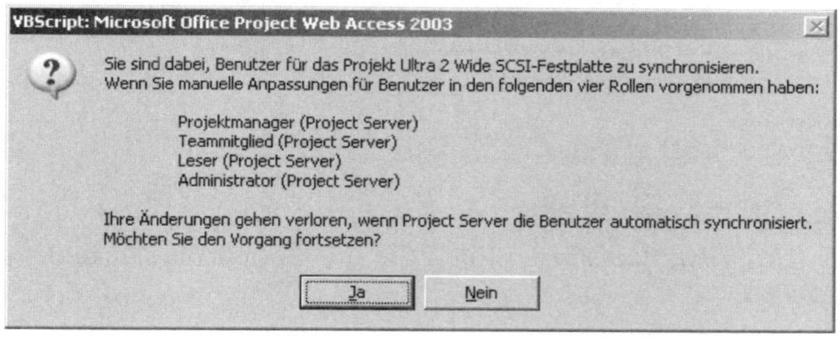

OLAP-Cube erstellen

Zum Erstellen des OLAP-Cubes für die Datenbankauswertungen gehen Sie folgendermaßen vor:

1. Rufen Sie den Internet Explorer auf.
2. Geben Sie die URL der Project Server-Beispieldaten an, wie in Abbildung 20.53 definiert.
3. Klicken Sie in der Menüleiste auf *Administration*.
4. Klicken Sie im linken Bereich unter *Aktionen* auf *Enterprise-Features verwalten*.
5. Klicken Sie links oben unter *Enterprise-Optionen* auf *Ressourcentabellen und OLAP-Cube aktualisieren*.

6. Wählen Sie im Bereich *OLAP-Cube erstellen* die Option *Ja, ich möchte die Ressourcenverfügbarkeitsinformationen aktualisieren und einen OLAP-Cube erstellen*.
7. Unter *OLAP-Cubename und Beschreibung* geben Sie den Namen Ihres Servers an und einen Namen für den Cube. Optional können Sie auch eine Beschreibung eingeben.

Abbildung 20.79: *OLAP-Cube erstellen oberer Teil*

8. Blättern Sie im Browserfenster nach unten.
9. Im Bereich *Aktualisierungsrate* wählen Sie die Option *Nur aktualisieren, wenn angegeben.*
10. Klicken Sie auf *Jetzt aktualisieren*.

HINWEIS

Anschließend wird der Erstellungsprozess des OLAP-Cubes gestartet. Dies kann je nach Rechnerperformance eine Weile dauern und sollte Sie deshalb nicht beunruhigen. Sie können durch Aktualisieren des Browserfensters (drücken Sie dazu F5) einen Status anzeigen lassen, der Ihnen im Bereich *Aktueller Cubestatus* angezeigt wird.

Abbildung 20.80: *OLAP-Cube erstellen, unterer Teil*

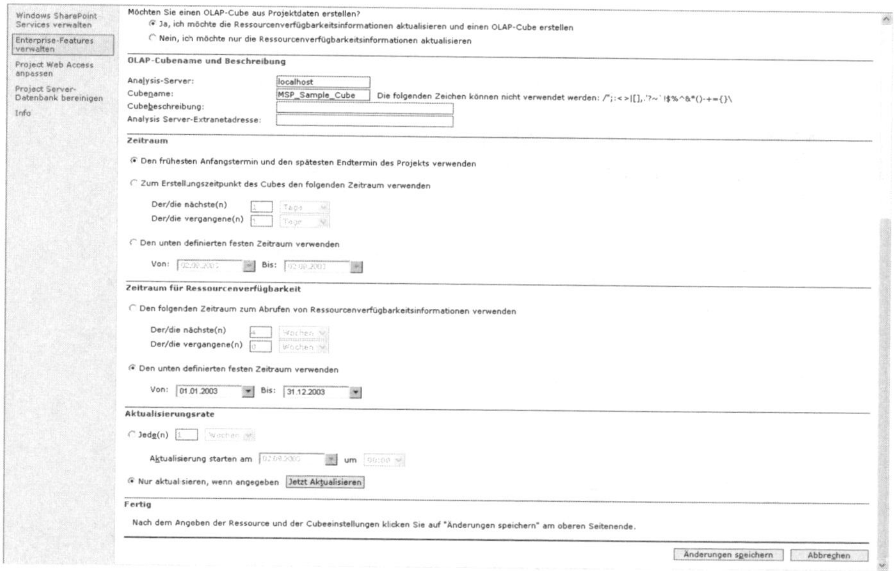

Cube-Zugriffsrechte erteilen

Damit die User auch auf die Cube-Daten zugreifen können müssen Sie ihnen Zugriffsrechte erteilen:

1. Öffnen Sie über *Start/Alle Programme/Microsoft SQL Server/Analysis Services* den *Analysis-Manager.*
2. Erweitern Sie Ihren Server per Klick auf das vorangestellte Pluszeichen.
3. Erweitern Sie den von Ihnen im vorherigen Abschnitt erstellten Cube.
4. Klicken Sie mit der rechten Maustaste auf *Datenbankrollen.*
5. Im erscheinenden Kontextmenü klicken Sie auf *Rollen verwalten.*
6. Im Dialogfeld *Datenbankrollen-Manager* klicken Sie auf die Schaltfläche *Neu.*

Abbildung 20.81: *Datenbankrollen-Manager für OLAP-Cubes*

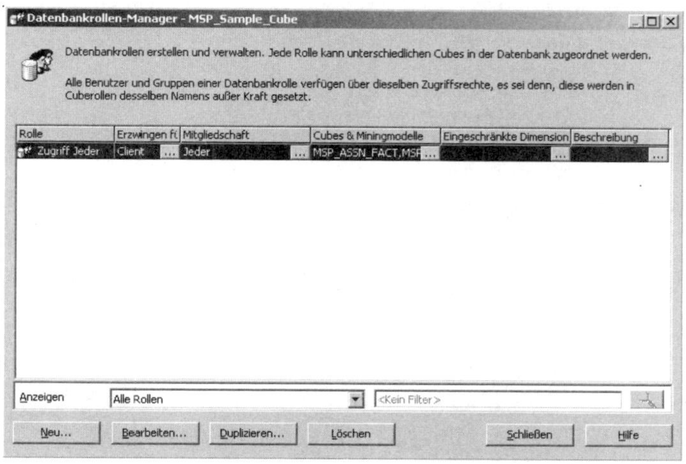

7. Geben Sie im Feld *Rollenname* einen Namen für die neue Rolle ein.
8. Wechseln Sie zur Registerkarte *Cubes* (Abbildung 20.82) und wählen Sie dort mit der Schaltfläche *Alle auswählen* alle vorhandenen Cubes aus.

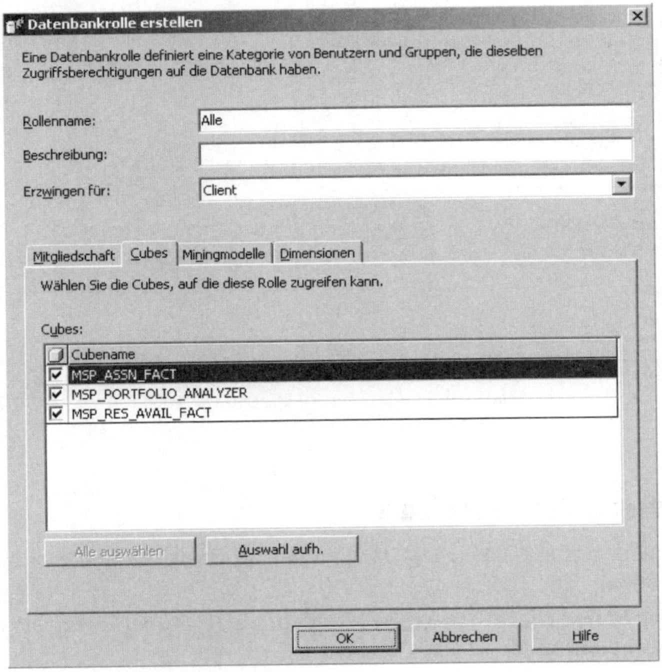

Abbildung 20.82: *Cubes für die neue Rolle auswählen*

9. Wechseln Sie zur Registerkarte *Mitgliedschaft*.
10. Klicken Sie auf die Schaltfläche *Hinzufügen*.
11. Suchen Sie aus der Liste der Namen die Gruppe *Jeder* heraus und markieren Sie sie.

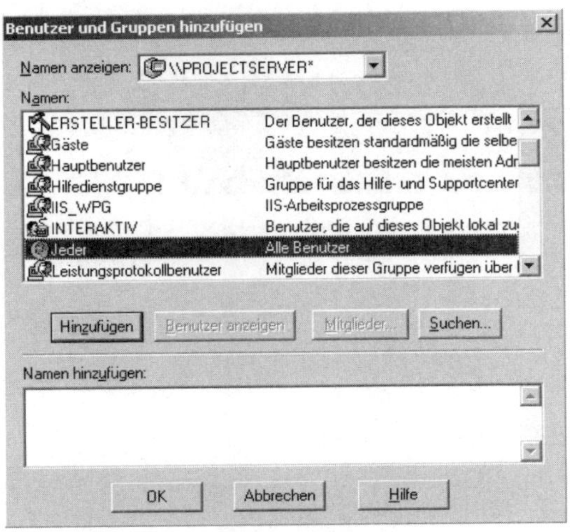

Abbildung 20.83: *Mitglieder der Rolle hinzufügen*

12. Klicken Sie auf *Hinzufügen* und bestätigen Sie die Auswahl mit *OK*.
13. Klicken Sie im Dialogfeld *Datenbankrolle erstellen* auf *OK* und schließen Sie anschließend den Analysis-Manager.

Client-Software vorbereiten

Project-Client installieren

Diese Installation unterscheidet sich nicht von der normalen Installation. Lesen Sie deshalb hierzu ▶ Kapitel 2.

Project Server-Account erstellen

Für zwei Windows-Benutzer, die während der Installation der Beispieldatenbank eingerichtet wurden (siehe Abbildung 20.1), müssen Sie einen Project Server-Account anlegen, um mit diesen Usern über Project auf die Beispieldatenbank zugreifen zu können. Es handelt sich hierbei um die User *Eva Corets* und *Steve Masters*. Außerdem müssen Sie noch einen Administrator-Account anlegen.

Beginnen wir mit dem Administrator-Account, der kein Windows-Konto benötigt. Hierfür können Sie den Standard-User des Servers verwenden.

1. Melden Sie sich mit einem Administrator-Account an dem Server an.
2. Starten Sie Project 2003 über *Start/Alle Programme/Microsoft Office/ Microsoft Office Project 2003*.
3. Öffnen Sie das Dialogfeld *Project Server-Konten* (Abbildung 20.84) über *Extras/Enterprise Optionen/Microsoft Office Project Server-Konten*.

Abbildung 20.84: *Project Server-Konten-Manager*

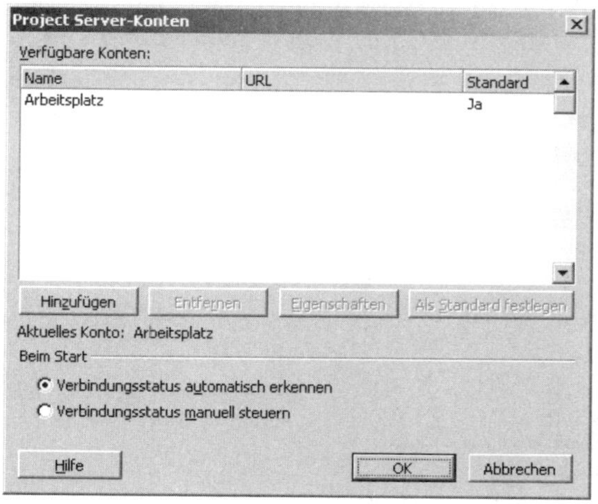

4. Klicken Sie auf *Hinzufügen*.
5. Im Dialogfeld *Konteneigenschaften* geben Sie den *Kontennamen* die *Project Server-URL* wie in Abbildung 20.85 dargestellt ein.

HINWEIS

Der Kontoname ist frei wählbar, er muss nur für Sie aussagekräftig sein, falls Sie mehrere Konten anlegen.

Die Project Server-URL ist die URL, mit der Sie im Internet Explorer den Project Server aufrufen, in der Form *http://ihrservername/beispieldatenbankname*.

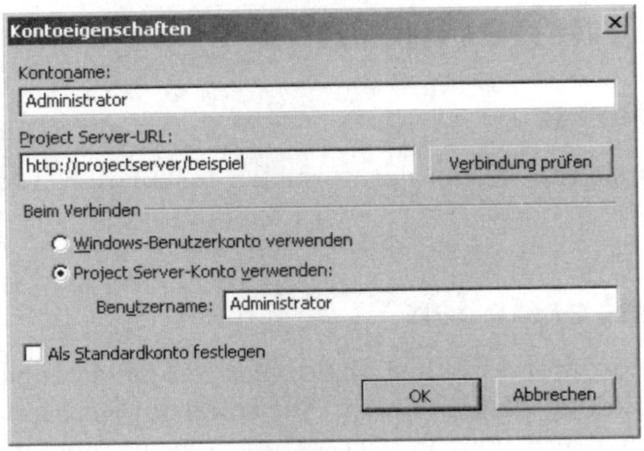

Abbildung 20.85: *Project Server-Administrator-Account einrichten*

6. Wählen Sie die Option *Project Server-Konto verwenden* und geben Sie im Feld *Benutzername Administrator* ein.
7. Bestätigen Sie die Eingaben zweimal mit *OK*.

Nun legen Sie noch die beiden Windows-User-Konten an. Dazu müssen Sie zweimal die gleichen Schritte durchführen, deshalb beschreiben wir diese hier nur für *Eva Corets*:

1. Melden Sie sich als *Eva Corets* an dem Server an.
2. Starten Sie Project 2003 über *Start/Alle Programme/Microsoft Office/Microsoft Office Project 2003*.
3. Öffnen Sie das Dialogfeld *Project Server-Konten* (Abbildung 20.84) über *Extras/Enterprise Optionen/Microsoft Office Project Server-Konten*.
4. Klicken Sie auf *Hinzufügen*.
5. Im Dialogfeld *Konteneigenschaften* geben Sie den *Kontonamen* sowie die *Project Server-URL* wie in Abbildung 20.86 dargestellt ein.

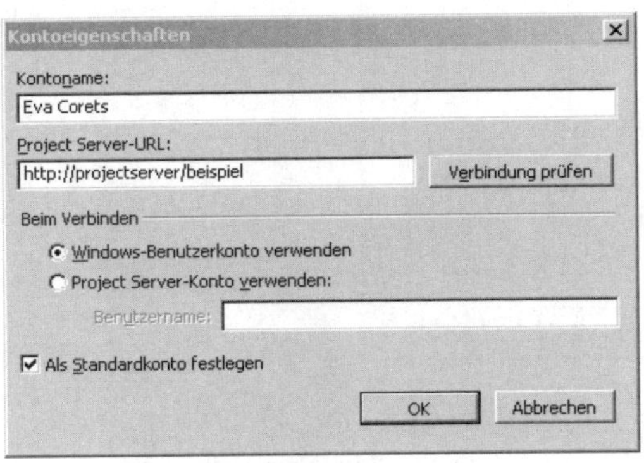

Abbildung 20.86: *Project Server-Konto für Eva Corets*

6. Wählen Sie die Option *Windows-Benutzerkonto verwenden*.
7. Bestätigen Sie die Eingaben mit *OK*.

Abbildung 20.87: Verbindungsstatus einstellen

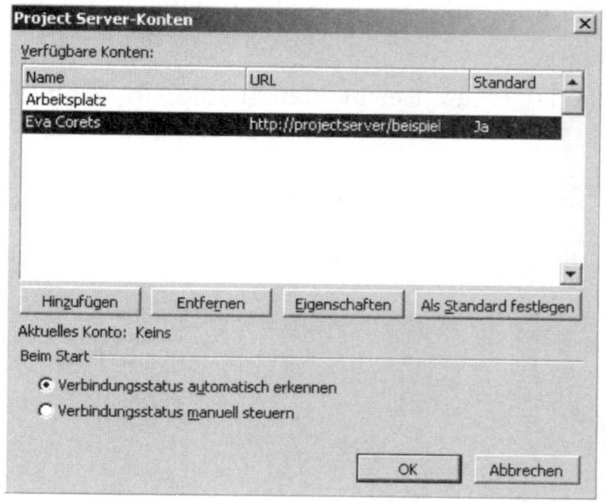

8. Im Dialogfeld *Project Server-Konten* wählen Sie die Option *Verbindungsstatus automatisch erkennen*. Dadurch wird Project beim Start automatisch mit dem Project Server verbunden.
9. Wiederholen Sie die Schritte 1 bis 8 für den Benutzer *Steve Masters*.

Internet Explorer anpassen

Um nun endgültig störungsfrei mit dem Project Server arbeiten zu können, muss noch eine Anpassung im Internet Explorer vollzogen werden:

1. Öffnen Sie den Internet Explorer.
2. Rufen Sie das Dialogfeld *Internetoptionen* (Abbildung 20.88) über *Extras/Internetoptionen* auf.
3. Wechseln Sie zur Registerkarte *Sicherheit*.
4. Markieren Sie im Auswahlfeld *Vertrauenswürdige Sites*.

Abbildung 20.88: Die Optionen des Internet Explorer

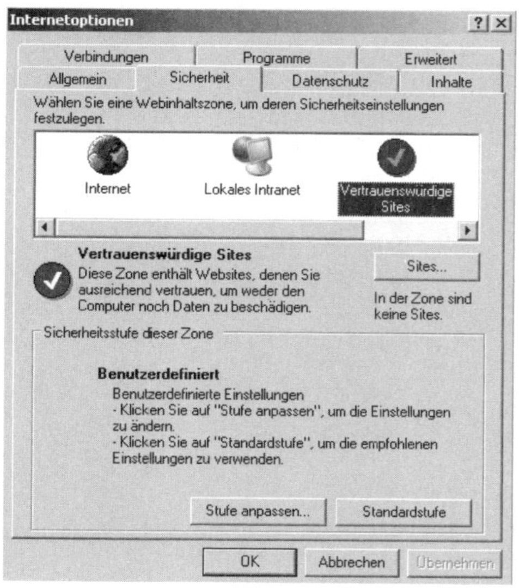

5. Klicken Sie auf die Schaltfläche *Sites*, um das Dialogfeld *Vertrauenswürdige Sites* zu öffnen (Abbildung 20.89).
6. Tragen Sie im Eingabefeld die URL der Beispieldatenbank ein (Abbildung 20.89).
7. Deaktivieren Sie das Kontrollfeld *Für Sites dieser Zone ist eine Serverüberprüfung (https:) erforderlich*.
8. Klicken Sie auf *Hinzufügen* und anschließend auf *Schließen*.

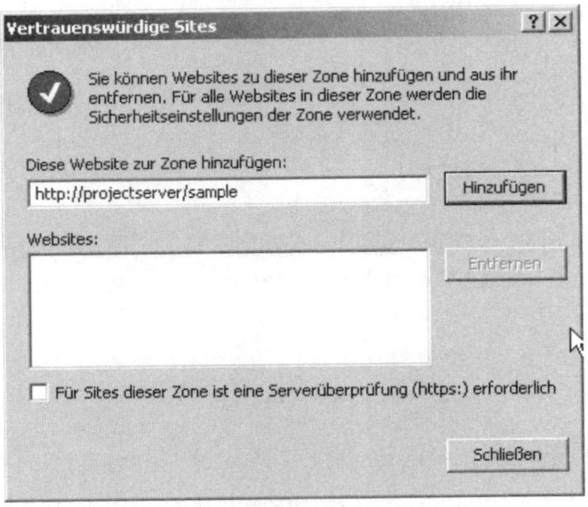

Abbildung 20.89: *Vertrauenswürdige Sites eintragen*

9. Bestätigen Sie Ihre Eingaben im Dialogfeld *Internetoptionen* mit *OK*.

21 Eine kleine Einführung in den Project Server

461 Was ist der Project Server

466 Multiprojektmanagement-Möglichkeiten mit dem Project Server

Was ist der Project Server

Bei dem Project Server handelt es sich um das Server-Begleitprodukt für Microsoft Project Professional. Mit dem Project Server werden Projekt- und Ressourceninformationen in einer zentralen Datenbank gespeichert, sodass Projektplanung und -berichterstattung innerhalb des gesamten Unternehmens standardisiert und einheitlich erfolgen können.

Das Ziel des Project Servers ist in Richtung unternehmensweites Portfoliomanagement gerichtet, ohne dabei kleinere Arbeitsgruppen zu vernachlässigen. Auch diese sind in der Lage, mithilfe des Project Servers ihre Projekte besser in den Griff zu bekommen.

Project Server ermöglicht Projektleitern, Teammitgliedern und anderen Projektbeteiligten über die Project Web Access-Oberfläche den Zugriff auf Projektinformationen. Über einen Webbrowser können alle Teammitglieder oder anderen Beteiligten mit einer Microsoft Project Server Client-Zugriffslizenz (Client Access License, CAL) auf Projektinformationen aus Project Server zugreifen, ohne dass Project Standard oder Project Professional auf dem Computer installiert sein müssten.

Zentral gespeicherte Daten und webbasierte Tools ermöglichen Projektleitern, Teammitgliedern und beispielsweise Abteilungsleitern oder Portfoliomanagern, die Project Server verwenden, Projektinformationen anzuzeigen, zu aktualisieren und zu analysieren.

Mit Project Server erfahren Teammitglieder umgehend von geänderten Projektplänen und können dementsprechend veränderte Vorgänge in ihren Zeitplänen berücksichtigen. Außerdem erhalten andere Beteiligte übersichtliche Informationen über die Leistung ihrer Projektportfolios, sodass Problembereiche leichter erkennbar sind.

HINWEIS

Dieses Kapitel soll Ihnen einen Überblick über die grundsätzlichen Möglichkeiten des Project Servers verschaffen. Aus Platzgründen ist es leider nicht möglich, eine umfassende Beschreibung aller Funktionen vorzunehmen. Sollten Sie mehr über den Project Server lesen wollen, finden Sie, speziell nach Benutzerrollen aufgeteilt, detaillierte Informationen im Microsoft Press-Buch »Microsoft Project 2003 – Das Profibuch«.

Arbeitsgruppe oder unternehmensweiter Einsatz?

Die Einsatzszenarien von Project reichen von der Einzelprojektplanung eines Projektes bis hin zur Kostenverfolgung von größeren Projektportfolios. Egal ob Einzelprojektplanung oder Mehrprojekttechnik, eines haben alle Projekte gemeinsam: Die Frage der Einbindung aller Projektbeteiligten die im Laufe eines Projektlebenszyklus Informationen, Daten oder Ergebnisse eines Projektes erhalten wollen.

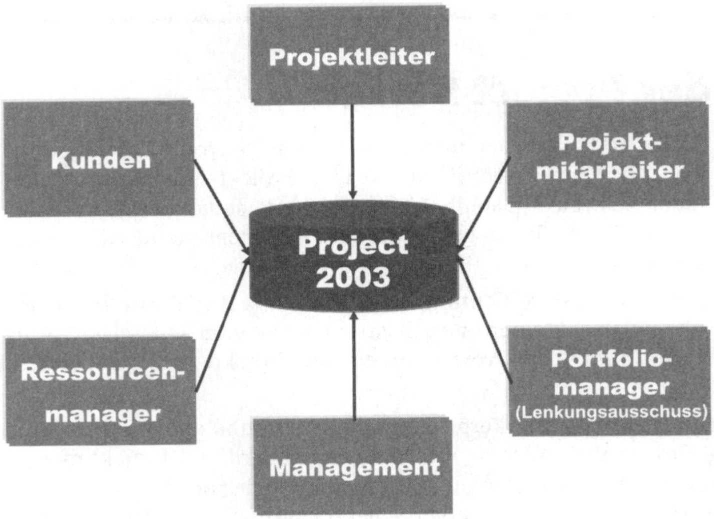

Abbildung 21.1: Beteiligte eines Projektes

Mit den Workgroup Features in Project 98 und dem Central Server in Project 2000 wurde schon der Anforderung Rechnung getragen, die Projektmitarbeiter besser an das Projekt anzubinden. Aber mit dem Project Server ist ein großer Schritt gelungen, alle Beteiligten gemäß ihren Anforderungen Projektinformationen zur Verfügung zu stellen.

Im Project Server wurde vor allem der Anforderung aus großen projektorientierten Organisationen Rechnung getragen, Daten auch mit entsprechenden Berechtigungen zu versehen, sodass wirklich jeder genau die Daten bekommt, die für seine Arbeit notwendig sind. Mithilfe des Project Servers ist es möglich, die Bedürfnisse von kleinen Arbeitsgruppen bis hin zur Matrixorganisation zu erfüllen.

Im Folgenden werden zwei typische Szenarien dargestellt, die häufig in der Praxis anzutreffen sind und die Bandbreite des Project Servers verdeutlichen.

Arbeiten in Teams

Sie haben einen oder mehrere Projektmanager, die bereits Project benutzen und damit ihre Projekte steuern. Im Laufe der Arbeit mit Project haben sich bestimmte Anforderungen an die Projektmanagementinfrastruktur ergeben:

- Die Teammitglieder sollen möglichst webbasiert Zugriff auf die ihnen zugewiesenen Arbeiten haben.
- Im Zuge einer realistischeren Projektaktualisierung sollen die Mitarbeiter Aufwände zurückmelden können.
- Es soll für die Projektmitarbeiter/Teilprojektleiter die Möglichkeit geben, Tätigkeiten zu delegieren.
- Zusätzlich möchten die Projektleiter Informationen, wie z.B. diverse Dokumente (Spezifikationen, Stücklisten, Baupläne, Ausschreibungen ...), mit den Projekten verknüpfen können.
- Über die Aufwandsrückmeldung hinaus soll eine Möglichkeit bestehen, innerhalb eines Projektteams zu kommunizieren, um z.B. offene Punkte oder Probleme den anderen Teammitgliedern oder dem Projektleiter mitzuteilen.
- Projektleiter oder Ressourcenverantwortliche möchten Statusberichte.

Das Unternehmen als Projektorganisation

Sollte Ihnen das Arbeitsgruppenszenario nicht ausreichen, weil Sie weitere Beteiligte (Ressourcenmanager, Portfoliomanager, Controller, Management, Projektkunden) an die Projektdatenbank mit anbinden wollen, dann befinden Sie sich auf dem Weg zur Projektorganisation und haben unter Umständen folgende zusätzliche Anforderungen an eine Projektdatenbank:

- Alle Projekte greifen auf einen gemeinsamen Ressourcenpool zu.
- Projektleiter und Ressourcenmanager sind nicht die gleichen Personen.
- Projektleiter sollen ihre Projekte und die zugehörigen Ressourcen sehen.
- Ressourcenmanager sollen ihre Ressourcen mit den dazugehörigen Projekten sehen.
- Das Ressourcenmanagement soll durch ein Skillmanagement ergänzt werden.
- Verfügbarkeitsdaten sollen über alle Projekte zu sehen sein.
- Portfoliobetrachtungen über alle Projekte oder Teile des Projektportfolios sollen möglich sein.
- Auswertekriterien von Projekten und Ressourcen, die im Controlling verwendet werden, sollen für alle Projekte einheitlich festgelegt sein.
- Sie möchten abgeschlossene Projekte innerhalb der Datenbank historisieren.
- Sie möchten grafische Auswertungen über Ihr gesamtes Projektportfolio erstellen können.
- Sie möchten mit What-if-Szenarien arbeiten, um die Auswirkung neuer Projekte auf Ihr Portfolio zu sehen, ohne gleich alle Daten im Produktivsystem »scharf« zu schalten.

HINWEIS

Wenn Sie die meisten der oben genannten Punkte mit Ja beantworten können, sollten Sie auf jeden Fall innerhalb Ihres Unternehmens über die Bildung eines Projektbüros nachdenken. Im Zuge einer Umwandlung eines Unternehmens von einer klassischen Unternehmensform in eine projektorientierte kommen eine ganze Reihe von Tätigkeiten auf Sie zu, die in der herkömmlichen Unternehmensstruktur nur schwierig oder gar nicht abbildbar sind.

Gerade in der ersten Zeit ist ein erhöhter Aufwand an Supportarbeit zu leisten, wofür Sie speziell ausgebildete Mitarbeiter benötigen, die Projektmanagement als ihre »Aufgabe« betrachten.

In einem unternehmensweiten Einsatz kann es durchaus sinnvoll sein, die einzelnen Serverkomponenten auf mehreren Rechnern zu verteilen. Dies ist stark von der Anzahl der Benutzer abhängig die auf eine Projektdatenbank zugreifen.

Die Architektur der Serverapplikationen lässt es zu, die einzelnen Komponenten auf mehrere Server zu verteilen.

Abbildung 21.2: Alle Projektbeteiligten auf einen Blick

Architektur

Project in Verbindung mit dem Project Server besteht aus drei Schichten. In Abbildung 21.3 sehen Sie eine schematische Darstellung der drei Schichten. Die Benutzeroberfläche ist hierbei entweder der Zugang über einen Browser (Microsoft Internet Explorer ab 5.x) oder mit der Clientapplikation von Project. Sie können als Benutzer von Project alle webbasierten Funktionalitäten direkt in Project anzeigen. Das Inhaltsfenster von Project ist in der Lage, Webcontent darzustellen.

Abbildung 21.3: Dreistufige Architektur des Project Servers in Verbindung mit dem Project Client

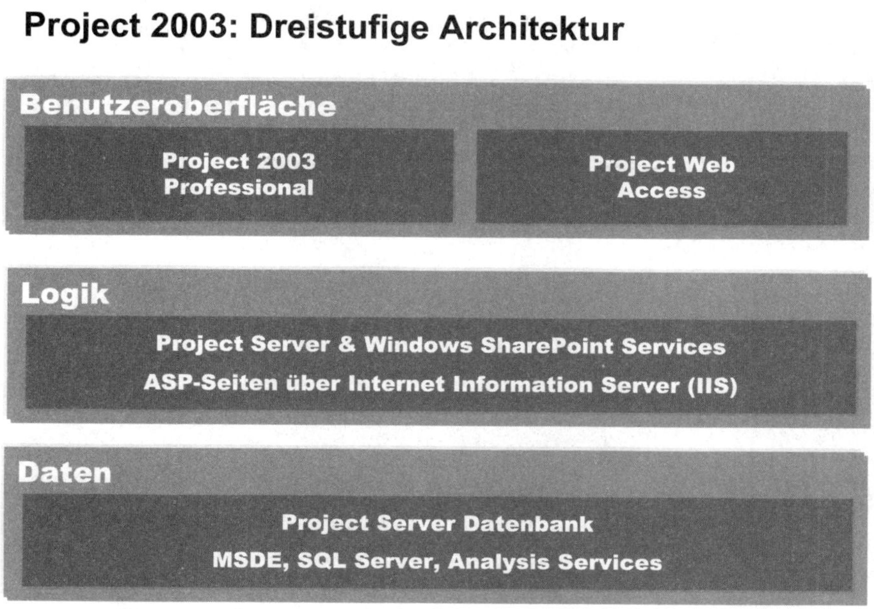

Die mittlere Schicht der Architektur stellt die Logik zur Verfügung, mit der auf die Inhalte der Datenbank zugegriffen wird. Diese Logik sind ASP-Seiten (Active Server Pages), die zum einen für die webbasierten Projektinhalte entwickelt wurden, zum anderen die bereits existierenden SharePoint Team Services, die in den Project Server zur Realisierung der Dokumentenanbindung und der Teamkommunikation an die Projekte integriert wurden.

Unter dieser Logik befindet sich der SQL Server. Mit dem SQL Server muss auch der Analysis Server installiert werden, mit dessen Hilfe die OLAP-Würfel erstellt werden, die die Grundlage für die grafischen Darstellungen der Projektdaten bilden.

Datenfluss

Der Project Server ist sozusagen die Datendrehscheibe zwischen Projektplanern, Projektmitarbeitern und sonstigen Projektbeteiligten. Aufgrund seiner ausgefeilten Sicherheitslogik wird jedem Benutzer genau der Teilbereich der Daten aus der Datenbank zur Verfügung gestellt die für ihn relevant sind.

Der Datenzugriff zwischen den Benutzer-Frontends und dem Project Server (ASP) wird über XML geregelt, sofern es sich um webfähige Daten handelt. Damit ist im System bereits die Datenaustauschsprache implementiert, die in den nächsten Jahren wohl der Standard sein wird. Sie können also von überall auf die Projektdaten zugreifen, vorausgesetzt der Project Server ist über das Internet zugänglich. Dies muss von Ihrem Netzwerkadministrator in die Wege geleitet werden.

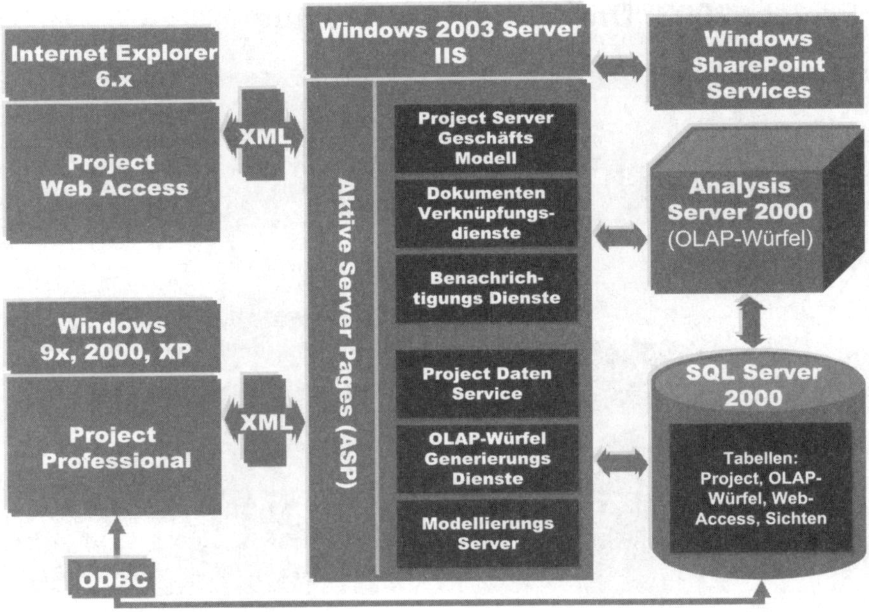

Abbildung 21.4: *Datenfluss zwischen den einzelnen Komponenten*

Wenn Sie von Project aus Projektdaten laden oder auf dem SQL Server speichern wollen, wird dies über eine ODBC-Verbindung gewährleistet. Dies bedeutet, dass Sie nur innerhalb eines LAN oder WAN direkten Zugriff auf Ihre Projekte haben. Es gibt allerdings die Möglichkeit, Projekte auszuchecken, um sie als Datei abzuspeichern. Dadurch ist es möglich, auch unterwegs Änderungen an Projektdateien durchzuführen. Sobald Sie wieder zurück im Firmennetzwerk sind, können Sie das Projekt erneut einchecken, um allen Beteiligten wieder die aktuellen Daten zur Verfügung zu stellen.

Multiprojektmanagement-Möglichkeiten mit dem Project Server

Die in den folgenden Abschnitten beschriebenen Beispiele basieren auf der in ▶ Kapitel 20 installierten Beispieldatenbank. Die Beschreibungen sind einem in englischer Sprache verfassten Evaluationshandbuch entnommen, welches mit dem englischen Server als HTML-Datei installiert wird. Es gibt zwei Handbücher, in denen die Funktionen der Enterprise Projektmanagement-Lösung für das Enterprise Projekt- und -Ressourcenmanagement demonstriert werden. Die hier beschriebenen Beispiele behandeln hauptsächlich das Enterprise-Projektmanagement von Project. Die Funktionen für das Ressourcenmanagement werden weniger ausführlich behandelt. Weitere Informationen zu den Ressourcenmanagementfunktionen von Project finden Sie im Evaluationshandbuch zur Microsoft Office Enterprise Project Management-Lösung (EPM): Ein Tag im Leben eines Ressourcenmanagers. Zum besseren Verständnis der EPM-Lösung wird nachdrücklich die Lektüre beider Handbücher empfohlen.

Sie finden beide Handbücher als HTML-Dateien in englischer Sprache verfasst auf der CD-ROM zum Buch im Ordner *Buch\Kap21* in den Dateien *SAMPPRM.HTM* und *SAMPEPM.HTM*.

Die Beispieldatenbank des Project Servers

Sie können sich bei Windows und bei Project Web Access mit unterschiedlichen Benutzerkonten anmelden. Die Tour gibt Anweisungen zum Anmelden, sofern dies erforderlich ist. Das Kennwort für alle Benutzer einschließlich des Administrators lautet pass@word1. Wenn Sie die vollständige Tour durchführen und sich mit einem anderen Benutzerkonto anmelden, können Sie den ganzen Funktionsumfang der EPM-Lösung kennen lernen und ihren Nutzen für Ihre Organisation einschätzen.

Melden Sie sich vor der Tour bei Windows als lokaler System-Administrator an. Führen Sie dann folgende Aktionen aus:

- Legen Sie das Systemdatum auf den 14.07.2003 fest. Sie müssen das Systemdatum auf diesen Wert festlegen, damit die Tour ordnungsgemäß funktioniert. Das Systemdatum und die Systemuhrzeit können in der Systemsteuerung festgelegt werden.
- Melden Sie sich bei Windows ab.

Führungskräfte: Jo Brown – Einblick in das Projektportfolio

Jo Brown ist Führungskraft in der Abteilung für *Datenspeicherprodukte* von *A. Datum Corporation*. Sie überwacht fortlaufend den Fortschritt von Initiativen in ihrer Abteilung, sodass sie rechtzeitig die richtigen Entscheidungen treffen und sich ändernden Bedingungen anpassen kann. Sie überwacht unablässig das Portfolio der Projekte in ihrer Abteilung, um Probleme möglichst vorab zu erkennen, damit sie nicht zu großen Problemen werden, die zu höheren Kosten und niedrigerem Gewinn führen. Jo Brown meldet sich täglich bei Project Web Access an, um den Status der Projekte in ihrer Abteilung zu überprüfen.

Die Projektansicht

1. Melden Sie sich bei Windows als *Jo Brown* mit dem Kennwort *pass@word1* an.
2. Starten Sie den Internet Explorer über *Start/Internet Explorer*.
3. Geben Sie in der Adressleiste den URL von Project Server in der Form »http://Servername/Beispiel« ein, wobei »Servername« der Name Ihres Servers mit der Beispieldatenbank ist. Beispiel: *http://projectserver/beispiel*.
4. Maximieren Sie bei Bedarf das Internet Explorer-Fenster.

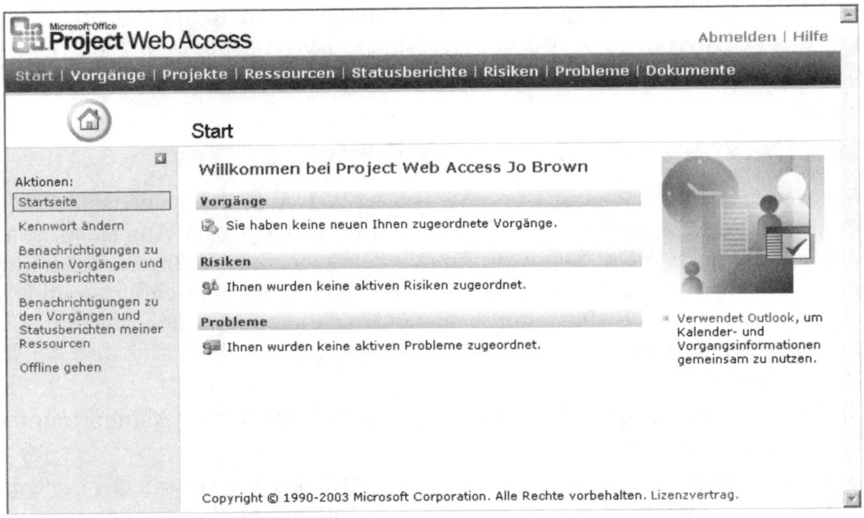

Abbildung 21.5: *Project Web Access Startseite für* Jo Brown

HINWEIS

Project Web Access ist das Webportal von Project Server. Project Web Access bietet eine einfache, leicht zu bedienende Benutzeroberfläche mit den für Benutzer erforderlichen Informationen. Da es sich um ein webbasiertes Tool handelt, können Sie auf die Informationen von jedem mit dem Internet verbundenen Computer zugreifen. Benutzer von Project Web Access müssen weder ein Installationsprogramm ausführen noch Project Professional installieren. Jeder Benutzer benötigt lediglich eine Project Server-CAL (Client Access License, Clientzugriffslizenz) und einen Webbrowser.

Jo Brown möchte die Projekte in ihrem Portfolio in der Übersicht anzeigen, um deren Fortschritt zu beurteilen. Über die Seite *Projekte* erhält sie einen Gesamtüberblick über den Projektstatus. Die Ansichten auf der Seite *Projekte* wurden von der IT-Abteilung der *A. Datum Corporation* an die Anforderungen von *Jo Brown* angepasst, sodass diese die für die Projekte in ihrer Abteilung besonders wichtigen Projektinformationen schnell abrufen kann.

Frau Brown öffnet die Seite Projekte, um ihr Portfolio anzuzeigen.

1. Klicken Sie auf *Projekte.*
2. Klicken Sie im Feld *Ansicht wählen* auf *A. Faktor Führungskraft-Sammelvorgänge.*
3. Klicken Sie auf *Filtern, Gruppieren, Suchen.*
4. Klicken Sie im Feld *Gruppieren nach* auf *Strategische Ausrichtung des Projekts.*
5. Klicken Sie im ersten Feld *Dann nach* auf *Projektterminplan.*
6. Wenn die Spalten *Projektkostenrahmen* und *Projektterminplan* nicht angezeigt werden, ziehen Sie den Trennbalken nach rechts, bis die gesamte Spalte *Projektterminplan* angezeigt wird. Der Trennbalken ist die Linie, die zwischen dem Tabellenteil und dem Diagrammteil der Ansicht angezeigt wird. Wenn Sie den Mauszeiger über dem Trennbalken positionieren, wird der Cursor als Doppelpfeil angezeigt. Ziehen Sie den Trennbalken nach rechts bis die Spalte *Projektterminplan* vollständig sichtbar ist.

7. Klicken Sie auf die Schaltfläche *Verkleinern*, und führen Sie im Diagrammbereich der Ansicht einen Bildlauf durch, um die Anfangs- und Endtermine der Projekte anzuzeigen.
8. Positionieren Sie den Mauszeiger über den grafischen Symbolen, um eine Beschreibung für jedes Symbol zu anzuzeigen.

Abbildung 21.6: *Die Ansicht der Projekte, gruppiert nach* Projektkostenrahmen *und* Projektterminplan

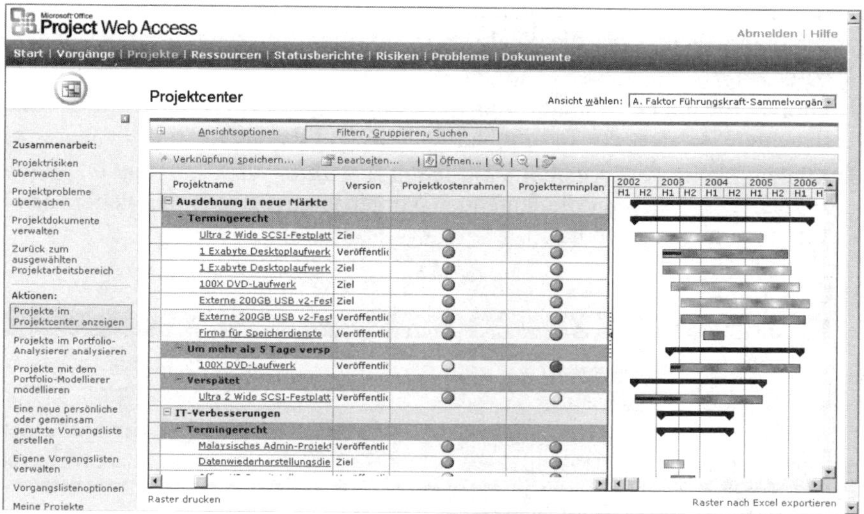

Diese angepasste Bewertungsansicht listet jedes Projekt mit einem grafischen Indikator auf, der den Kostenrahmen des Projekts und den Status des Terminplans anzeigt. Die grafischen Indikatoren basieren auf Standardvorgaben, mit denen sichergestellt wird, dass alle Projekte konsistent gemessen werden. In dieser Ampelansicht bedeutet grün, dass das Projekt wie geplant verläuft, gelb, dass das Projekt leicht hinter dem Terminplan oder über dem Kostenrahmen liegt, und rot, dass ein ernstes Problem vorliegt: Entweder liegt das Projekt weit hinter dem Terminplan oder überschreitet den Kostenrahmen erheblich. Frau Brown kann den Status jedes Projekts sofort anzeigen und sich auf die Problembereiche konzentrieren.

HINWEIS Project Server und Project Web Access sind in großem Umfang anpassbar. Mithilfe der vielfältigen Anpassungsmöglichkeiten für die Benutzeroberfläche und die Ansichten in Project Web Access können Sie eigene, an die Ziele Ihrer Organisation angepasste Indikatoren erstellen.

Frau Brown kann die Ansicht ändern, um sich auf bestimmte Informationen zu konzentrieren. Sie kann z.B. Projekte nach dem Projektmanager gruppieren, um die Projektleistung der Projektmanager zu bewerten. Oder sie kann die Projekte nach dem Standort gruppieren, um die Leistung geografischer Bereiche zu bewerten.

Drilldown auf Projekte durchführen

Anhand der grafischen Indikatoren kann Frau Brown Probleme recht einfach erkennen. Sie sieht auf den ersten Blick, dass der Terminplan für das Projekt *100X DVD-Laufwerk* auf Rot steht. Sie möchte herausfinden, was nicht geklappt hat, und führt einen Drilldown in die Projektdetails aus.

Frau Brown wählt erst das Projekt und dann eine Detailansicht aus.

1. Klicken Sie in der Spalte *Projektname* auf das Projekt *100X DVD-Laufwerk* mit der Version *Veröffentlicht* in der Spalte *Version*. Möglicherweise müssen Sie einen Bildlauf in der Tabelle durchführen.
2. Klicken Sie im Feld *Ansicht wählen* auf *A. Faktor Projektdetails*.
3. Wenn keine grafischen Indikatoren angezeigt werden, ziehen Sie den Trennbalken nach rechts, bis die Spalte *Terminplanindikator* vollständig angezeigt wird.
4. Führen Sie einen Bildlauf zum Vorgang *Klären der Finanzierung* durch. Beachten Sie, dass der Terminplanindikator auf Rot steht.
5. Klicken Sie im Feld *Ansicht wählen* auf *A. Faktor Nicht abgeschlossene verspätete Vorgänge*, um die laufenden Vorgänge anzuzeigen, bei denen sich ein Terminverzug ergeben hat.

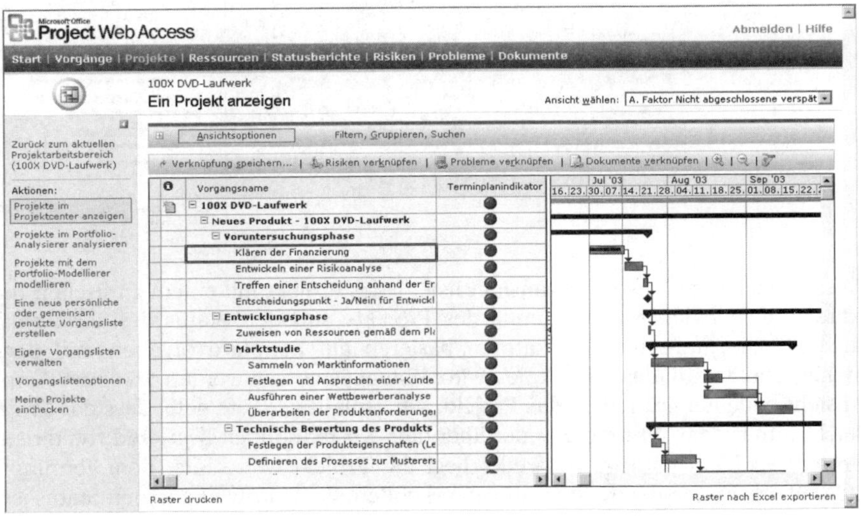

Abbildung 21.7: *Die Detailansicht des Projektes* 100X DVD-Laufwerk

Der Ansicht *A. Faktor Projektdetails* kann Frau Brown entnehmen, wo die Verzögerung des Projekts eingetreten ist, nämlich dort, wo die Farbe der grafischen Indikatoren von Grün auf Rot wechselt. Frau Brown kommt zu dem Schluss, dass der zeitliche Puffer des Projekts aufgrund der Terminplanverzögerung inzwischen aufgebraucht ist und eine Verzögerung entstanden ist, die das Auslösen der Alarmstufe Rot rechtfertigt.

Frau Brown überprüft die Seite *Projekte* regelmäßig und weiß deshalb, welche Indikatoren erst seit kurzem auf Rot stehen. Sie möchte sofort geeignete Maßnahmen zur Behebung des Problems einleiten und das Projekt wieder in den Zeitplan zu bringen. Zuerst muss sie herausfinden, worin der genaue Grund des Problems liegt. Frau Brown vermutet, dass es sich um ein Problem mit der Ressourcenzuordnung handelt.

Frau Brown nimmt eine Einschätzung des Problems vor.

1. Klicken Sie im linken Bereich auf *Projekte im Portfolio-Analysierer analysieren*.
2. Klicken Sie im Feld *Ansicht wählen* auf *Fertigungsressource – Arbeitsauslastung nach Fähigkeiten*.
3. Klicken Sie im Diagramm auf *Projekte*, deaktivieren Sie das Kontrollkästchen *Alle*, und wählen Sie anschließend *100X DVD-Laufwerk.Veröffentlicht* aus. Stellen Sie sicher, dass nur das Projekt *100X DVD-Laufwerk.Veröffentlicht* markiert ist (Abbildung 21.8).

Abbildung 21.8: *Analyse der Auslastung im Projekt* 100X DVD-Laufwerk

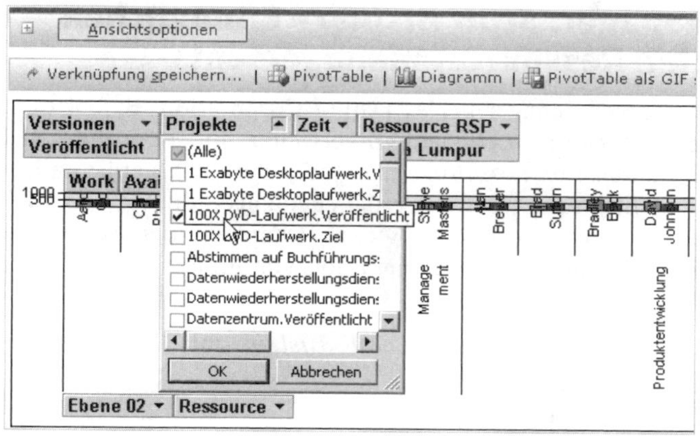

4. Klicken Sie auf *OK*.
5. Klicken Sie in der Symbolleiste auf das Symbol *Diagramm*, um nur die Grafik anzuzeigen.

In dieser Ansicht wird angezeigt, dass Bradley Beck im laufenden Quartal (Q3) überlastet ist. Möglicherweise besteht das Problem darin, dass nicht genügend Ressourcen in der Produktentwicklung für das Projekt zur Verfügung stehen.

Abbildung 21.9: *Bradley Beck ist überlastet*

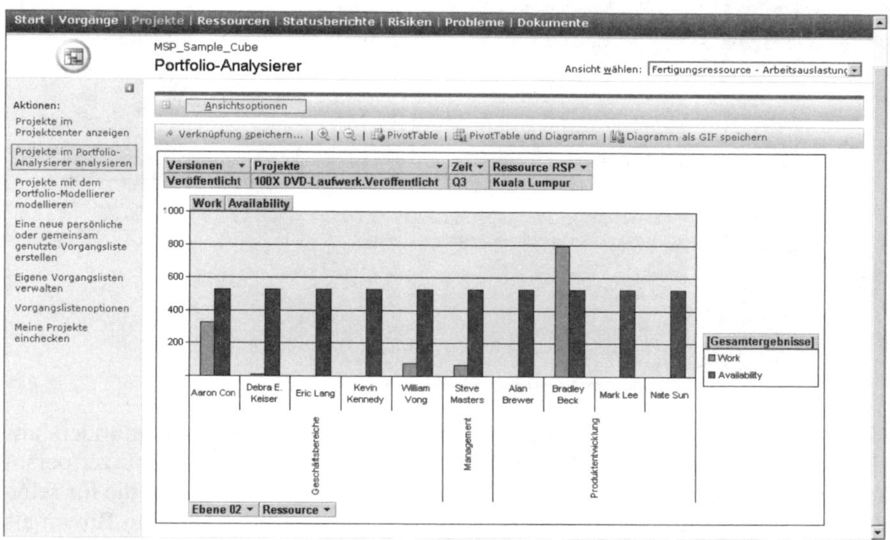

HINWEIS

Der Portfolio-Analysierer verwendet die leistungsfähige OLAP-Cube-Funktion von Project Server. OLAP-Cubes enthalten eine Vielzahl projektbezogener Daten, die auf verschiedenste Weise analysiert werden können. Ihre Organisation kann auf hoher Ebene angelegte oder aber detaillierte benutzerdefinierte Ansichten erstellen, in denen die am häufigsten abgefragten Informationen angezeigt werden. Beispielsweise können Sie am Anfang der Tabelle einen Ressourcenfilter hinzufügen, um die Auswahl an Ressourcen noch einfacher eingrenzen zu können. Außerdem können Sie die Daten nach Excel exportieren, um sie eingehender zu analysieren.

Ressourcenmanager: *Scott Bishop* – Ermöglichen eines optimalen Ressourcenmanagements

Scott Bishop ist Ressourcenmanager bei A. Datum Corporation. Er hat es sich zum Ziel gesetzt, seine Ressourcen effizient zu verwalten, indem er die Arbeitsauslastung so verteilt, dass keine Ressource übermäßig stark belastet ist und Vorgänge den Ressourcen entsprechend ihren Fertigkeiten zugeordnet werden. Hierfür verwendet Herr Bishop Project Web Access. Damit verfügt er über eine Webschnittstelle für die Ressourcenmanagementtools von Project Server.

Herr Bishop startet Project Web Access.

1. Melden Sie sich bei Windows als *Scott Bishop* mit dem Kennwort *pass@word1* an.
2. Starten Sie den Internet Explorer.
3. Geben Sie in der Adressleiste den URL von Project Server im Format »http://Servername/Beispiel« ein, wobei Servername der Name des Servers mit der Beispieldatenbank ist. Beispiel: *http://projectserver/Beispiel.*
4. Maximieren Sie bei Bedarf das Internet Explorer-Fenster.

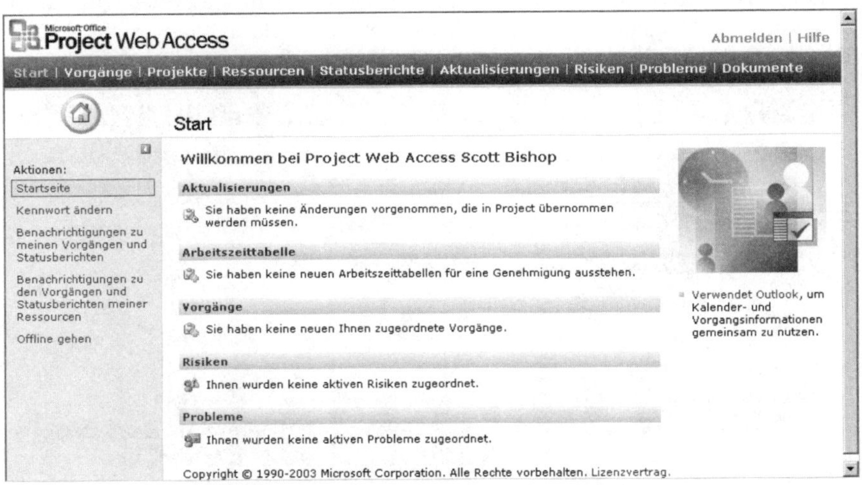

Abbildung 21.10: *Project Web Access-Startseite von* Scott Bishop

Herrn Bishops Project Web Access-Startseite (Abbildung 21.10) sieht anders aus als die von Frau Brown. In Project Web Access werden für jeden Benutzer personalisierte Informationen angezeigt. Daher werden Herrn Bishop nur die für seine Rolle wichtigen Information angezeigt. Beispielsweise gibt es bei Frau Brown als

Führungskraft den Abschnitt *Aktualisierungen* nicht, da sie Ressourcen, die an Projekten arbeiten, nicht direkt verwaltet. Hingegen werden *Aktualisierungen* in Herrn Bishops Ansicht angezeigt, da er als Ressourcenmanager Vorgangsaktualisierungen von Ressourcen genehmigt und bestätigt.

HINWEIS Vom Serveradministrator werden Berechtigungen für Benutzer definiert. Über Berechtigungen wird gesteuert, welche Projektinformationen Benutzern in welcher Ansicht angezeigt werden. Auf diese Weise kann die Organisation steuern, welche Personen Zugriff auf bestimmte Informationen haben.

Herr Bishop ist von Frau Brown angerufen worden und sie hat ihn informiert, dass sich der Abschluss des Projekts *100X DVD-Laufwerk* verzögert, weil die dazugehörigen Ressourcen überlastet sind. Um sich das Ganze genauer anzusehen, verwendet er wie Frau Brown den *Portfolio-Analysierer*. Dabei sieht er die gleiche Überlast (Abbildung 21.9) die auch schon Frau Brown entdeckt hat.

Überprüfen des Ressourceneinsatzes

Um das Problem zu lösen, möchte sich Herr Bishop den Einsatz seiner Ressourcen ganz genau ansehen. Dabei interessiert ihn die Arbeitsauslastung der Produktionsabteilung in Malaysia und insbesondere diejenige von Herrn Beck.

Herr Bishop wechselt zur Ansicht *Ressourcenverfügbarkeit*.

1. Klicken Sie auf *Ressourcen*.
2. Klicken Sie im Feld *Ansicht wählen* auf *Malaysia: Fertigungsressourcen*.
3. Klicken Sie auf die Spaltenüberschrift *Ressourcename*, um nach Namen zu sortieren. Dabei werden außerdem alle Ressourcen ausgewählt.
4. Klicken Sie auf *Filtern, Gruppieren, Suchen*.
5. Klicken Sie auf *Benutzerdefinierter Filter*, um das Dialogfeld *Weitere Filter* zu öffnen.

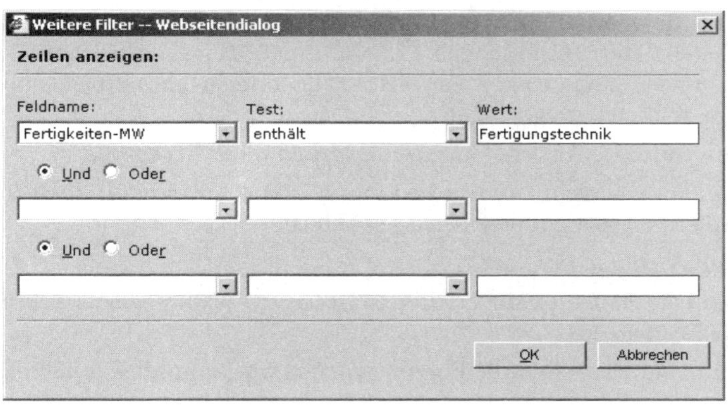

Abbildung 21.11: *Project Web Access-Ansichten filtern*

6. Wählen Sie im Feld *Feldname* die Option *Fertigkeiten-MW* aus.
7. Wählen Sie im Feld *Test* die Option *enthält* aus.
8. Geben Sie in das Feld *Wert* den Eintrag *Fertigungstechnik* ein.
9. Klicken Sie auf *OK*.

10. Klicken Sie bei Bedarf auf die Spaltenüberschrift *Ressourcenname*, um alle Mitarbeiter in der Liste auszuwählen.
11. Klicken Sie auf der Symbolleiste auf *Verfügbarkeit anzeigen*.

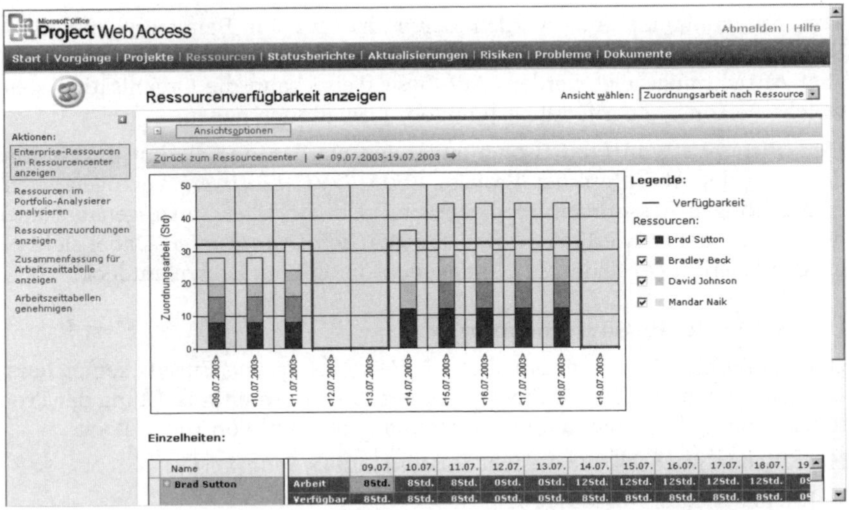

Abbildung 21.12: *Verfügbarkeit der Mitarbeiter* Fertigungstechnik

In der *Verfügbarkeit-Ansicht* (Abbildung 21.12) überprüft Herr Bishop den Echtzeiteinsatz und die Verfügbarkeit von Ressourcen mit Herrn Becks Fertigkeiten. Er kann die Arbeitsauslastung und Verfügbarkeit der Gruppe in Malaysia projektübergreifend anzeigen, da die entsprechenden Informationen in Project Server zentral gespeichert sind.

Herrn Bishop stehen je nach Art der benötigten Informationen verschiedene Ansichten zur Verfügung. Der Serveradministrator von *A. Datum Corporation* hat diese benutzerdefinierten Ansichten entsprechend den Anforderungen von Herrn Bishop erstellt. Herr Bishop möchte die Informationen geordnet nach Projekten anzeigen, um erkennen zu können, welche Ressourcen eines Projekts überlastet und welche zeitlich verfügbar sind.

Herr Bishop verwendet die Ansicht *Zuordnungsarbeit nach Ressource*:

1. Wählen Sie im Feld *Ansicht wählen* die Option *Zuordnungsarbeit nach Ressource* aus, sofern diese nicht bereits ausgewählt ist.
2. Klicken Sie auf *Ansichtsoptionen*.
3. Wählen Sie im Feld *Zeitraum* die Option *1.7.2003* aus. Wählen Sie im Feld *Bis* die Option *31.12.2003* aus.
4. Wählen Sie im Feld *Einheiten* die Option *Wochen* aus, und klicken Sie dann auf *Termine festlegen*.
5. Klicken Sie auf das Symbol neben *Ansichtsoptionen*, um die Registerkarte zu schließen. 
6. Deaktivieren Sie unter *Legende* bei *Ressourcen* die Kontrollkästchen für alle Ressourcen. Wählen Sie dann die Ressourcen einzeln aus, um ihre Verfügbarkeit anzuzeigen.

Herr Bishop überprüft den Zeitraum von Juli bis Dezember und vergleicht die in den Spalten anzeigte Arbeitsauslastung der Gruppenmitglieder mit deren Verfügbarkeit, die in den Zeilen anzeigt wird. Er erkennt, wer überlastet ist, und kann einen Bildlauf in der Tabellenansicht durchführen, um sich die Auswirkungen der Überlastung auf das Projekt anzusehen. Herr Bishop erkennt, dass Bradley Beck von Ende Juli bis Anfang August stark überlastet ist. Wahrscheinlich ist Unterstützung durch eine andere Ressource erforderlich.

Abbildung 21.13: Brad Sutton *hat noch Zeit*

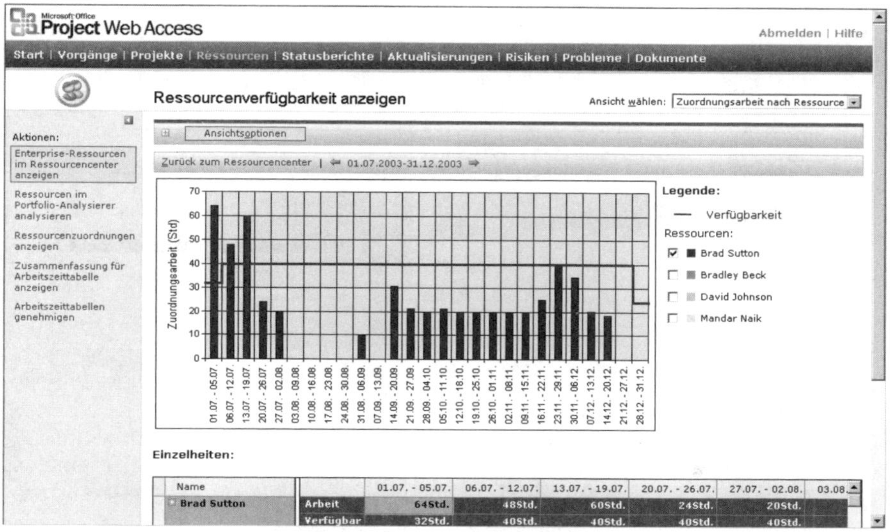

Hinzufügen einer Ressource zum Projektteam

Herr Bishop muss Herrn Sutton zum Projektteam hinzufügen und ihn anschließend anweisen, mit Herrn Beck zusammenzuarbeiten. Beide Aufgaben kann Herr Bishop mithilfe von Project Web Access ausführen.

Herr Bishop wechselt zur Seite *Team zusammenstellen:*

1. Klicken Sie auf *Projekte.*
2. Klicken Sie in der Spalte *Version* auf die Projektzeile *100X DVD-Laufwerk* mit der Version *Veröffentlicht.*

ACHTUNG Klicken Sie nicht auf die Verknüpfung in der Spalte *Projektname.* Dadurch gelangen Sie in die Detailansicht für das angeklickte Projekt. (Wenn Sie dennoch auf den Namen klicken und zum Balkendiagramm *100X DVD-Laufwerk* wechseln, klicken Sie auf *Zurück,* und wiederholen Sie den beschriebenen Schritt.)

3. Klicken Sie auf der Symbolleiste über der Tabelle auf *Team zusammenstellen.*
4. Klicken Sie auf *Alle anzeigen*
5. Klicken Sie auf der rechten Seite im Feld *Ressourcen im Projekt* auf *Bradley Beck.*
6. Klicken Sie auf *Zuordnen.*
7. Klicken Sie neben *Enterprise-Ressourcen filtern* auf das Pluszeichen.
8. Klicken Sie auf *Zeile einfügen.*

9. Wählen Sie für die eingefügte Zeile in der Spalte *Enterprise-Gliederungscode* die Option *RSP* aus.
10. Wählen Sie für die eingefügte Zeile in der Spalte *Bedingung* die Option *Gleich* aus.
11. Wählen Sie für die eingefügte Zeile in der Spalte *Wert* die Option *Asien.Südostasien.Malaysia.Kuala Lumpur* aus.
12. Klicken Sie auf *Filter anwenden*.

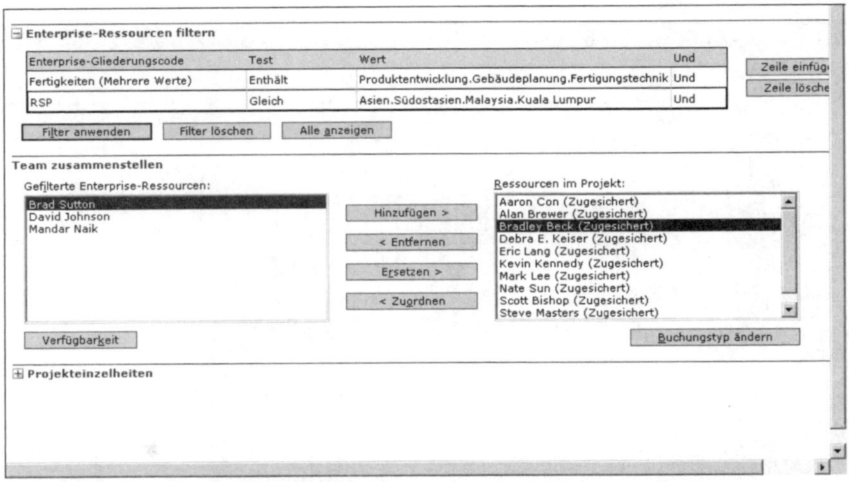

Abbildung 21.14: *Das Ergebnis des Filters*

Auf der linken Seite werden die Enterprise-Ressourcen angezeigt, für die Herr Bishop über Anzeigeberechtigungen verfügt. Das aktuelle Projektteam ist auf der rechten Seite aufgelistet. Herr Bishop kann auf der Seite *Team zusammenstellen* das Team verwalten, indem er neue Teammitglieder hinzufügt bzw. Mitglieder entfernt oder ersetzt, die noch keine Daten zur aktuellen Arbeit berichtet haben, Ressourcen nach Fertigkeiten abgleicht usw. Darüber hinaus kann Herr Bishop eigene Filter erstellen, um die Liste der Enterprise-Ressourcen auf eine noch geringere Anzahl von Kandidaten einzuschränken.

Herr Bishop überprüft die Verfügbarkeit der Ressourcen:

1. Wählen Sie im Feld *Gefilterte Enterprise-Ressourcen* alle Ressourcen aus.
2. Klicken Sie auf *Verfügbarkeit* (maximieren Sie bei Bedarf das Fenster).
3. Klicken Sie auf *Ansichtsoptionen*.
4. Wählen Sie im Feld *Zeitraum* die Option *28.07.2003* aus. Wählen Sie im Feld *Bis* die Option *31.12.2003* aus.
5. Wählen Sie im Feld *Einheiten* die Option *Wochen* aus.
6. Klicken Sie auf *Termine festlegen*.
7. Deaktivieren Sie in der Legende unter *Ressourcen* die Kontrollkästchen für alle Ressourcen. Wählen Sie dann die Ressourcen einzeln aus, um deren Verfügbarkeit anzuzeigen.

Herr Sutton und Mandar Naik sind beide begrenzt verfügbar. Da Herr Sutton langfristig besser verfügbar ist, ordnet Herr Bishop ihn dem Projekt zu.

Abbildung 21.15: *Die Wahl fällt auf* Brad Sutton

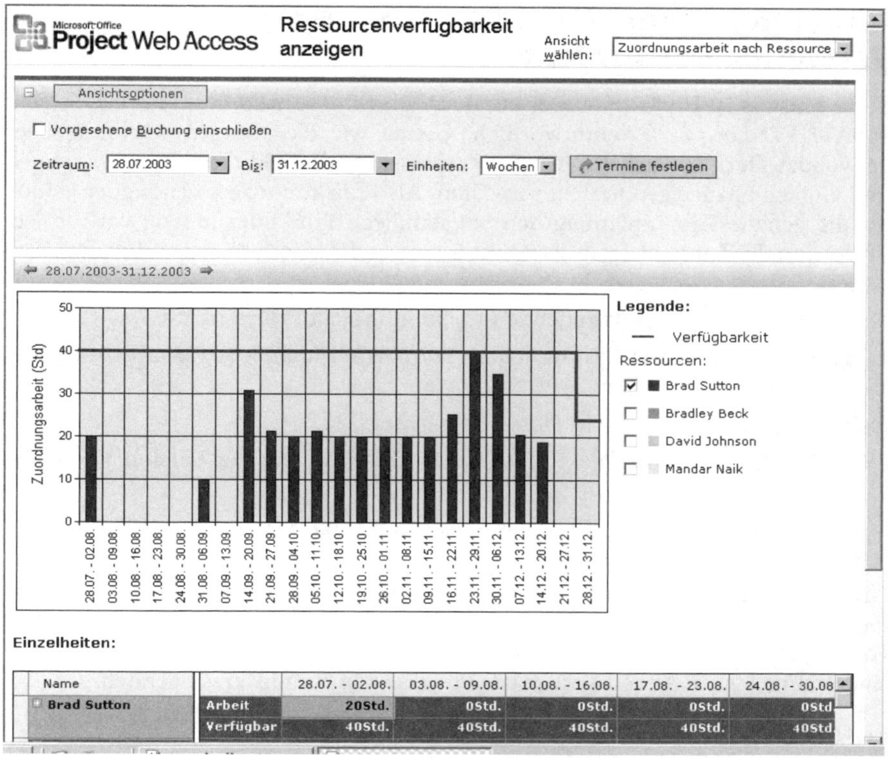

Herr Bishop fügt Herrn Sutton dem Projektteam hinzu:

1. Schließen Sie das Fenster *Ressourcenverfügbarkeit anzeigen.*
2. Klicken Sie auf der Seite *Team zusammenstellen* im *Feld Gefilterte Enterprise-Ressourcen* auf *Brad Sutton*, und klicken Sie anschließend auf *Hinzufügen* .
3. Klicken Sie auf *Änderungen speichern*, und bestätigen Sie das folgende Dialogfeld auf *OK*.

HINWEIS Die Seite *Team zusammenstellen* ist Teil des gleichnamigen Features von Project Professional. Da nicht alle Benutzer Project Professional verwenden, können Benutzer wie Herr Bishop in Project Web Access mithilfe der Seite *Team zusammenstellen* ein Projektteam von einem beliebigen Computer aus zusammenstellen. Es ist lediglich ein Internetzugang und ein Browser erforderlich, auch wenn eine Firewall vorhanden ist.

Herr Bishop hat Brad Sutton dem Projektteam hinzugefügt, ihm aber weder Vorgänge zugeordnet noch ihn benachrichtigt, dass er an einem neuen Projekt beteiligt sein wird. Der Projektmanager ist dafür verantwortlich, *Brad Sutton* bestimmte Vorgänge innerhalb des Projekts zuzuordnen und ihn davon in Kenntnis zu setzen. Herr Bishop informiert Steve Masters den zuständigen Projektmanager, dass es neue Ressourcen in seinem Projekt gibt.

Projektmanager: Steve Masters – Effizientes Verwalten des Projekts

Steve Masters ist Projektmanager bei *A. Datum Corporation* und für das Projekt *100X DVD-Laufwerk* verantwortlich. Genau wie die anderen Teammitglieder verwendet Herr Masters Project Web Access, um Projektinformationen schnell und einfach anzuzeigen und zu verwalten. Als Projektmanager benötigt er jedoch für die genaue Terminplanung den vollständigen Funktionsumfang von Project Professional. Zum jetzigen Zeitpunkt verwendet Herr Masters Project Web Access.

Herr Masters öffnet das betreffende Projekt in Project Professional:

1. Starten Sie Project Professional über *Start/Alle Programme/Microsoft Office/Microsoft Office Project 2003*.
2. Rufen Sie den Menübefehl *Datei/Öffnen* auf.
3. Klicken Sie auf das Projekt *100X DVD-Laufwerk* mit der Version *Veröffentlicht*.
4. Klicken Sie auf *Öffnen*. Bestätigen Sie die eventuell angezeigten Bestätigungsdialogfelder mit *OK* oder *Ja*.

Gleich nach dem Öffnen des Projekts *100X DVD-Laufwerk* entdeckt Herr Masters rote Terminplanindikatoren. Dies weist darauf hin, dass die meisten der derzeit vorausgesagten Endtermine für Vorgänge später als die (laut Basisplan) geplanten Endtermine liegen. Anders gesagt: das Projekt ist in Terminverzug geraten.

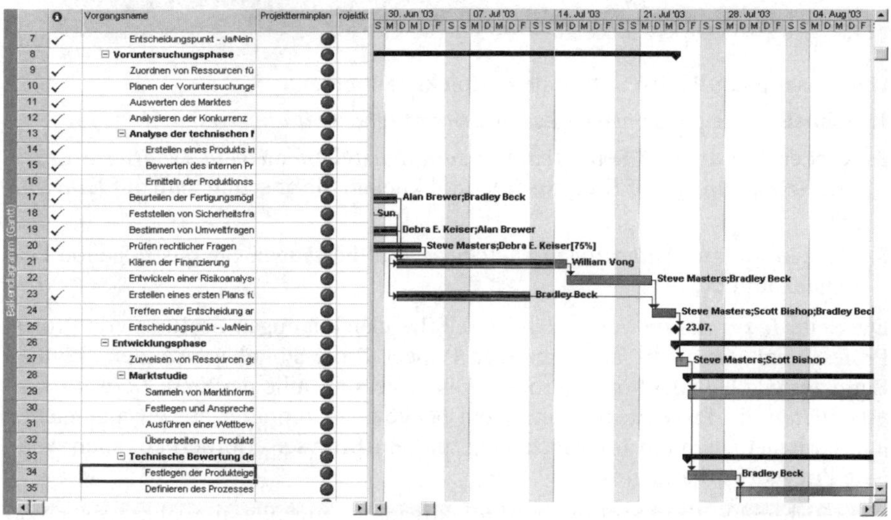

Abbildung 21.16: *Das Projekt* 100X DVD-Laufwerk *hat Terminprobleme*

Zuweisen einer neuen Ressource

Herr Masters kann den Teammitgliedern Vorgänge manuell neu zuordnen. Bevor die optimale Variante gefunden ist, muss er den Vorgang möglicherweise mehrmals wiederholen. In Project Professional kann dieser Prozess mit dem Ressourcenersetzungs-Assistenten automatisiert werden, um eine optimale Ressourcenzuordnung zu erreichen.

Herr Masters führt den Ressourcenersetzungs-Assistenten aus, um die optimale Zuordnung für seine Teammitglieder zu ermitteln. Wenn ihm die angezeigte Zuordnung nicht gefällt, kann er die Ressourcen im Projekt *100X DVD-Laufwerk* manuell neu zuordnen.

Herr Masters verwendet den Ressourcenersetzungs-Assistenten:

1. Klicken Sie im Dialogfeld *Extras* auf *Ressourcen ersetzen*.
2. Klicken Sie bei jedem Schritt auf *Weiter*, bis Sie zu dem Schritt mit der Bezeichnung *Ressourcenersetzungs-Assistent – Schritt 5* gelangen.
3. Klicken Sie rechts auf der Seite auf *Ausführen*.
4. Klicken Sie zum Überprüfen der Änderungen auf *Weiter*.
5. Klicken Sie zum Aktualisieren der Optionen auf *Weiter*.
6. Klicken Sie zum Aktualisieren des Projekts auf *Weiter*.
7. Klicken Sie im angezeigten Bestätigungsdialogfeld auf *Ja*.
8. Klicken Sie auf *Fertig stellen*, um den Assistenten abzuschließen.

Der Assistent (Abbildung 21.17) schlägt vor, dass Brad Sutton mehrere Aufgaben von Bradley Beck übernimmt. Aktuelle Vorgänge werden nicht neu zugeordnet, da sie bereits bearbeitet werden.

Abbildung 21.17: Brad Sutton *ersetzt* Bradley Beck

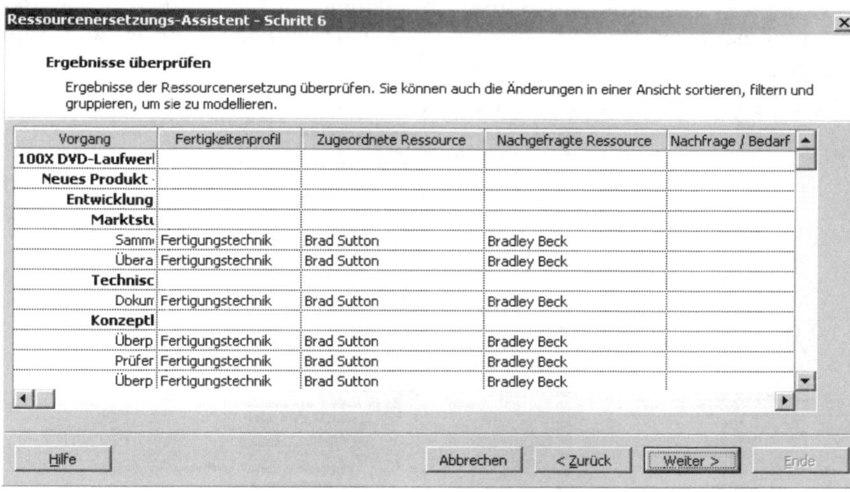

Steve Masters begrüßt die Ergebnisse und setzt die Änderungen um. Bradley Beck ist nun nicht mehr stark überlastet. Project bietet verschiedene Arten an, Daten anzuzeigen und zu analysieren. In diesem Fall sichtet Steve Masters alle Ressourcen bis Ende 2003 und bemerkt ein weit besseres Gesamtbild. Allerdings ist der Terminplanindikator immer noch rot, wodurch die Tatsache hervorgehoben wird, dass das Projektabschlussdatum weiterhin verspätet bleibt. Es muss immer noch einige Überlastungen geben.

Eine Richtlinie von *A. Datum Corporation* besagt, dass eine Vorausschau für einige Monate erforderlich ist, um sicherzustellen, dass im Hinblick auf den Gesamtplan alle erforderlichen Dinge in die Wege geleitet wurden. Herr Masters will ermitteln, worin Herrn Becks Vorgänge des kritischen Weges innerhalb dieses Zeitraums bestehen.

HINWEIS

Vorgänge des kritischen Weges sind solche, die den Endtermin eines Projekts nach hinten verschieben.

Herr Masters ermittelt, worin das Problem mit dem Terminplan besteht:

1. Wählen Sie in der Tabelle des Balkendiagramms den Vorgang *Durchführen der Marketing-/technischen Überprüfung* unter dem Sammelvorgang *Technische Bewertung des Produkts* aus.
2. Klicken Sie im Dialogfeld *Extras* auf *Ressourcen zuordnen*.
3. Klicken Sie im Dialogfeld *Ressourcen zuordnen* auf *Brad Sutton*, und klicken Sie dann auf *Zuordnen*.
4. Klicken Sie auf *Schließen*.

HINWEIS

Herr Masters stellte fest, dass der Vorgang *Durchführen der Marketing-/technischen Überprüfung* eine sehr lange Dauer hatte. Wenn Herr Sutton diesem Vorgang zugeordnet wird, wirkt sich dies sofort aus, denn viele *Terminplanindikatoren* wechseln von Rot auf Grün (Abbildung 21.18). Insbesondere der *Terminplanindikator* für den Vorgang *Projektzusammenfassung* ist nun grün und zeigt an, dass der Endtermin des Projekts wieder im Plan liegt

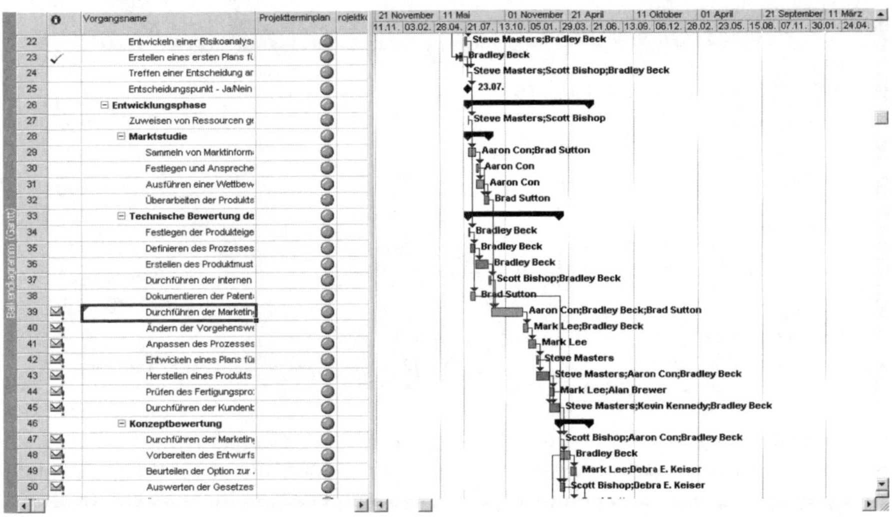

***Abbildung 21.18:** Jetzt ist das Projekt wieder im »Grünen Bereich«*

Herr Masters bestätigt die Auswirkungen der Änderungen auf den kritischen Weg und überprüft die Zuordnungen:

1. Rufen Sie den Menübefehl *Projekt/Filter* auf, und klicken Sie dann auf *Kritisch*.
2. Klicken Sie im Menü *Fenster* auf *Teilen*.

3. Wählen Sie alle Vorgänge aus, indem Sie auf *Alle auswählen* in der oberen linken Ecke der Tabelle klicken. Sie können auch auf die Spaltenüberschrift *Vorgänge* klicken.
4. Klicken Sie im unteren Bereich von *Vorgang: Maske* auf das Feld *Name*.
5. Rufen Sie den Menübefehl *Ansicht/Ressource: Grafik* auf.
6. Klicken Sie im unteren Bereich von *Ressource: Grafik* mit der rechten Maustaste auf die Grafik, und klicken Sie anschließend auf *Arbeit*.
7. Klicken Sie im unteren linken Bereich auf die horizontale Bildlaufleiste, und führen Sie einen Bildlauf in den verschiedenen Ressourcen des Teams durch, um deren Arbeit und Verfügbarkeit anzuzeigen (Abbildung 21.19).

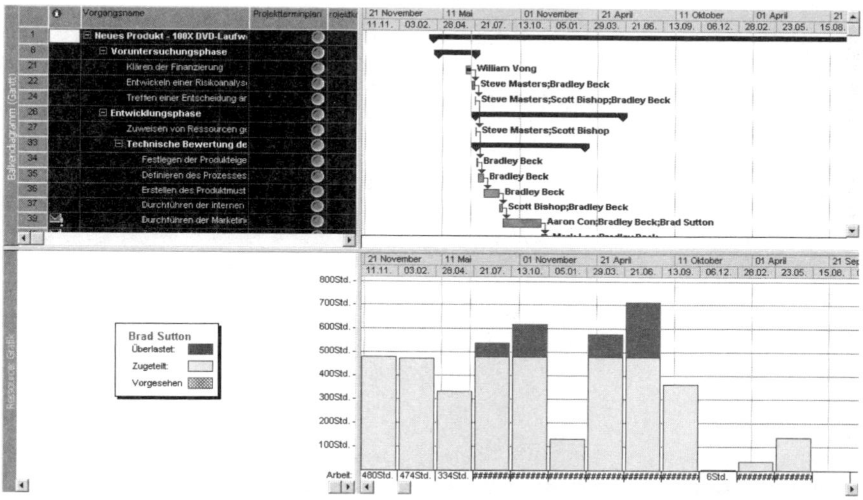

Abbildung 21.19: *Leichte Überlast bei* Brad Sutton

In Project gibt es viele Möglichkeiten zum Anzeigen und Analysieren von Daten. Im vorliegenden Fall möchte sich Herr Masters lediglich davon überzeugen, dass die Ressourcenüberlastung in den nächsten drei bis sechs Monaten nicht zu groß wird. Er überprüft die einzelnen Ressourcen bis Ende 2003 und freut sich über das deutlich verbesserte Bild, das sich ihm bietet. Herr Masters ist jetzt bereit, den überarbeiteten Plan zu speichern und zu veröffentlichen.

Herr Masters veröffentlicht das geänderte Projekt:

1. Klicken Sie im Menü *Zusammenarbeit* auf *Veröffentlichen*, und klicken Sie dann auf *Alle Informationen*.
2. Klicken Sie zum Speichern des Projekts auf *OK*.
3. Klicken Sie dann auf *OK*.

Nach der Veröffentlichung des Plans werden den Teammitgliedern ihre Zuordnungen bei der nächsten Anmeldung bei Project Web Access angezeigt. Vorher wird Herr Masters den Teammitgliedern die Änderungen selbstverständlich mitteilen, indem er ihnen eine entsprechende E-Mail-Benachrichtigung schickt.

Teil G
Project und die Office-Familie

485 Outlook
491 Excel
503 Visio
519 Word
525 PowerPoint

Als Project-Anwender sollten Sie auch das Zusammenspiel von Project mit den Office-Anwendungen Outlook, Excel, Word, PowerPoint und Visio kennen.

Wir zeigen in diesem Teil den Datenaustausch zwischen Project und Visio, wie Sie ein Balkendiagramm (Gantt) von Project nach Word oder PowerPoint exportieren und wie Sie Aufgabenlisten von Outlook nach Project importieren.

22 Outlook

485 Outlook-Aufgaben importieren
486 Project Server-Zugang in Outlook

Outlook-Aufgaben importieren

Mithilfe des Assistenten für den Import von Outlook-Aufgaben können Sie alle oder nur selektierte Aufgaben Ihrer persönlichen Aufgabenordner aus Outlook importieren. Die Aufgaben können Sie einzeln zum Import selektieren, um sie dann in Ihr Projekt zu übernehmen.

Project importiert nur Aufgabenordner aus dem Benutzerpostfach *Persönlicher Ordner* von Outlook; *Öffentliche Ordner* aus Exchange werden nicht durchsucht. Falls das aktuelle Projekt noch keine Vorgänge enthält, besteht die importierte Vorgangsliste ausschließlich aus den importierten Outlook-Aufgaben. Enthält das aktuelle Projekt bereits Vorgänge, werden die importierten Aufgaben zur aktuellen Vorgangsliste hinzugefügt. Bereits fertig gestellte Outlook-Aufgaben (100% abgeschlossen), werden nicht im Dialogfeld *Outlook-Aufgaben importieren* angezeigt. Aufgaben, die in mehreren Kategorien vorhanden sind, werden beim Import auch mehrfach angezeigt. Fälligkeits- oder Starttermine werden dagegen nicht in Project übernommen.

Folgende Feldzuordnungen (Tabelle 22.1) gelten beim Import der Aufgaben von Outlook zu Project:

Tabelle 22.1: *Feldzuordnungen beim Import der Aufgaben von Outlook zu Project*

Outlook-Feld	Project-Feld	Bemerkungen
Betreff	Vorgangsname (Name)	
Gesamtaufwand	Dauer	Standardeinstellung: 8 Stunden pro Tag
Notizen	Notizen	Formatierungen oder Aufzählungen werden nicht übernommen

Importieren aus Outlook

Erstellen Sie ein neues Projekt oder öffnen Sie ein Projekt, in welches Sie die Aufgaben importieren möchten.

1. Öffnen Sie über das Menü *Extras/Outlook Aufgaben importieren* das Dialogfeld *Outlook Aufgaben importieren* (Abbildung 22.1).

2. Markieren Sie in der linken Spalte alle Aufgaben, die Sie in Ihr Projekt übernehmen möchten.
3. Bestätigen Sie Ihre Auswahl mit *OK*. Die Aufgaben werden in das Projekt als neue Vorgänge übernommen.

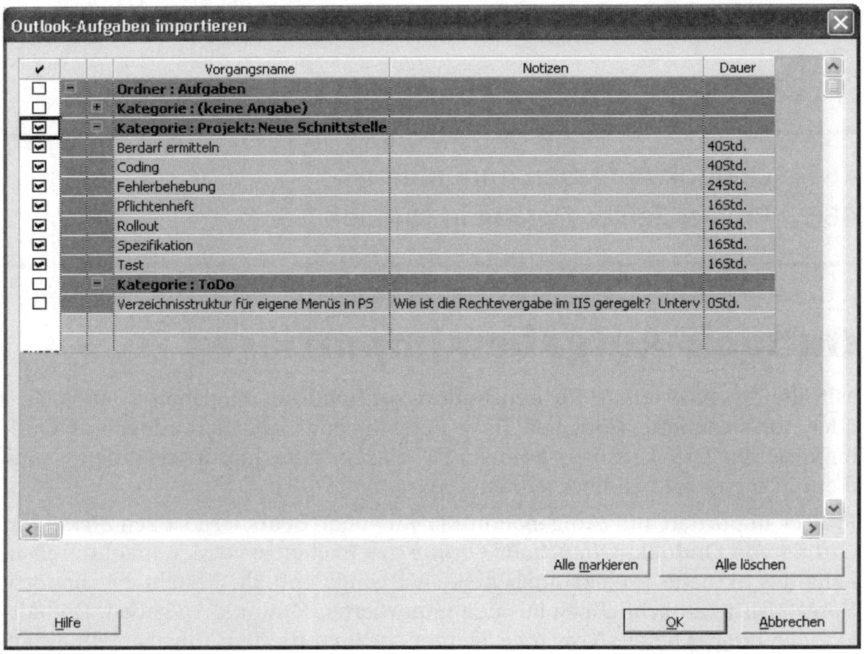

Abbildung 22.1: *Importieren von Outlook-Aufgaben in ein Projekt*

Project Server-Zugang in Outlook

Wenn Sie Project mithilfe des Project Server unternehmensweit einsetzen, werden Sie sicher einige Projektbeteiligte haben, die in erster Linie Daten sehen möchten. Diese arbeiten möglicherweise häufig mit Outlook. Sie können diesen Personen einen großen Gefallen erweisen, wenn Sie ihnen einen Outlook-Ordner einrichten, der direkt auf den Project Server verweist und die Web-Oberfläche von Project Web Access in Outlook anzeigt.

Eigenen Outlook-Ordner für Project Web Access erstellen

Gehen Sie folgendermaßen vor, wenn Sie für Project Web Accesss einen separaten Outlook-Ordner erstellen möchten:

1. Klicken Sie auf der Startseite von Microsoft Project Web Access auf den Link *Verwendet Outlook* ... (Abbildung 22.2).

Abbildung 22.2: *Link zum Verknüpfen von Project Server mit Outlook*

2. Auf der folgenden Project Web Access-Seite (Abbildung 22.3) klicken Sie auf den Link *Project Web Access in Outlook anzeigen*.

Abbildung 22.3: *Project Web Access mit Outlook verknüpfen*

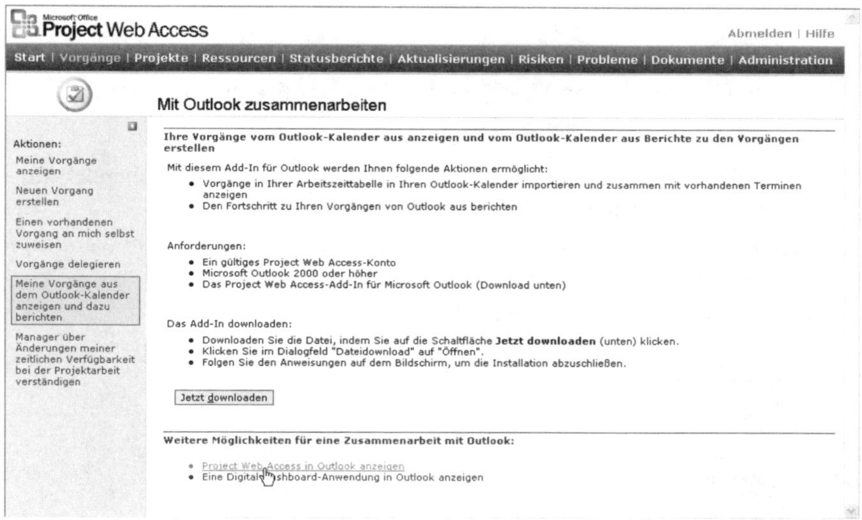

3. Das Dialogfeld *Zeigt eine Project Web Access-Seite in Outlook an* wird geöffnet (Abbildung 22.4).

Abbildung 22.4: *Dialogfeld zum Konfigurieren der Verknüpfung*

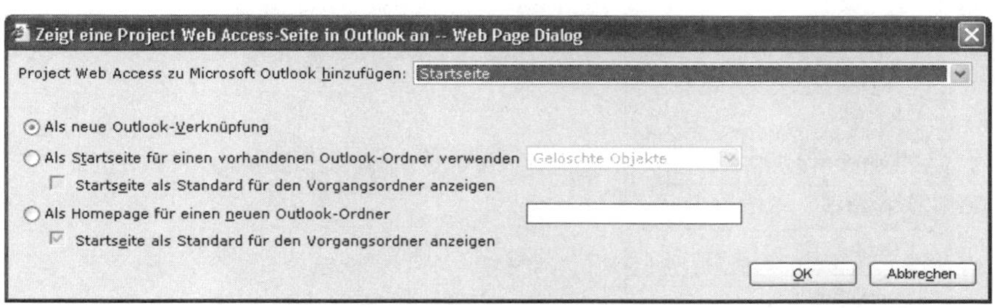

4. Wählen Sie im Listenfeld die Seite aus, die Sie als Verknüpfung in Outlook ablegen möchten.

5. Sie haben jetzt verschiedene Möglichkeiten, diese Verknüpfung nach Outlook zu übertragen:

- Als neue Verknüpfung, die im Outlook-Navigationsbereich angezeigt wird: Wählen Sie die erste Option.
- Als Startseite für einen bestehenden Ordner in Outlook: Wählen Sie die zweite Option und den entsprechenden Ordner im Listenfeld aus.
- Als Homepage für einen neuen Ordner: Wählen Sie die dritte Option und geben Sie im Editierfeld einen Ordnernamen an.

6. Bestätigen Sie Ihre Auswahl mit *OK*.

HINWEIS

Sie finden die erstellten Verknüpfungen im Outlook-Navigationsbereich im Abschnitt *Outlook-Verknüpfungen*. Den Outlook-Navigationsbereich können Sie nun mit einer eigenen Gruppe für den Project Server erweitern und die Verknüpfungen dort organisieren.

Eigene Gruppe im Outlook-Navigationsbereich für den Project Server anlegen

Folgende Schritte sind erforderlich, um im Outlook-Navigationsbereich für den Project Server eine eigene Gruppe anzulegen:

1. Wechseln Sie im Outlook-Navigationsbereich in den Abschnitt *Verknüpfungen* (Abbildung 22.5).
2. Wählen Sie den Eintrag *Neue Gruppe hinzufügen*.

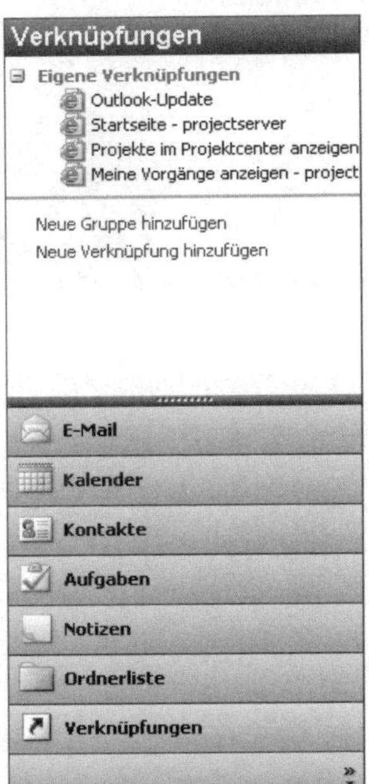

Abbildung 22.5: *Eine neue Gruppe im Outlook-Navigationsbereich*

3. Am unteren Ende der Liste erscheint eine neue Gruppe im Editiermodus.

4. Geben Sie der Gruppe beispielsweise den Namen *Project Server.*
5. Ziehen Sie mit Drag und Drop die zuvor erstellten Verknüpfungen in die neue Gruppe (Abbildung 22.6).

Abbildung 22.6: *Eine Verknüpfungsgruppe für den Project Server erstellen*

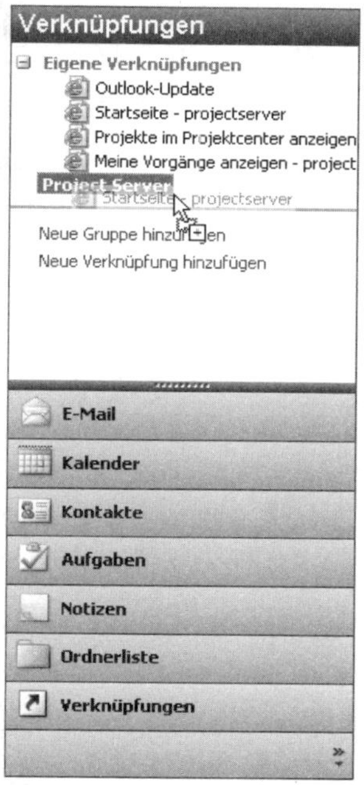

Abbildung 22.7: *Project Web Access in Outlook*

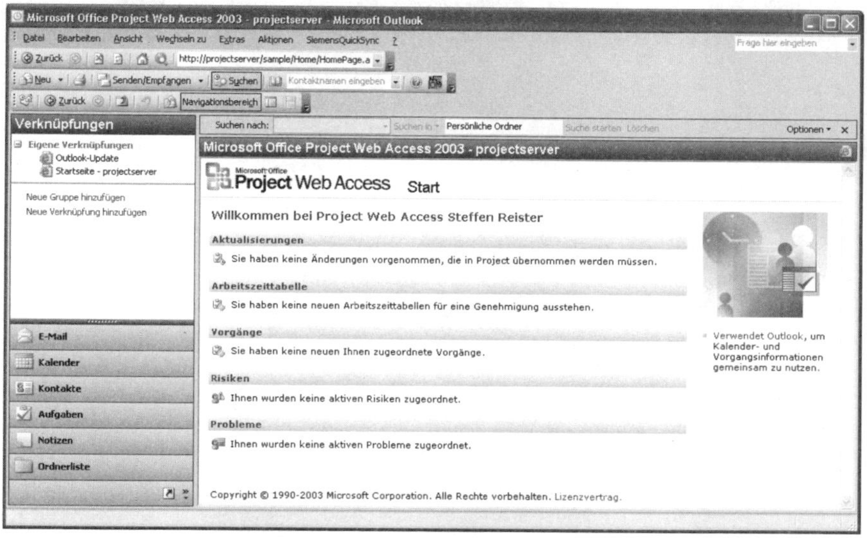

23 Excel

491 Exportieren von benutzerdefinierten Daten nach Excel
495 Importieren von Daten aus Excel
498 Excel-Projektvorlage
500 Datenanalyse – Der Bericht für das Controlling

Exportieren von benutzerdefinierten Daten nach Excel

Erstellen einer Tabelle

Project bietet einen sehr komfortablen Assistenten an, der Ihnen die Arbeit erleichtert, wenn Sie bestimmte Daten eines Projektes nach Excel exportieren möchten. Zwei Voraussetzungen für den Export müssen Sie dennoch schaffen:

- Zunächst müssen Sie eine Tabelle erstellen, die exakt die Daten enthält, die Sie später in Excel weiterverarbeiten möchten. In ▶ Kapitel 12 ist bereits beschrieben worden, wie Tabellen erstellt werden können, deshalb gehen wir hier nicht mehr in allen Einzelheiten darauf ein. Eine Tabelle ist immer Grundlage eines Exports nach Excel.
- Ferner bedarf es eines Exportschemas. Dieses definiert, welche Daten in welcher Form exportiert werden.

Erstellen eines Excel-Exports mit dem Assistenten

Sie wollen Ihr Projekt in einer ganz einfachen Taskliste darstellen, um in der nächsten Projektsteuerungsitzung zeigen zu können, wer an welchem Vorgang arbeitet und wann diese Vorgänge voraussichtlich beendet sein werden.

Sie verwenden den Export-Assistenten unter Zuhilfenahme einer Tabelle, die wir bereits in ▶ Kapitel 12 definiert haben. Sie finden diese Tabelle auf der CD-ROM zu diesem Buch im Ordner *\Buch\Kap23* unter dem Namen *Kap23_01.mpp*.

1. Rufen Sie den Menüpunkt *Speichern unter* im Menü *Datei* auf.

2. Wählen Sie im Listenfeld *Dateityp* des Dialogfeldes *Speichern unter* den Eintrag *Microsoft Excel-Arbeitsmappe* aus und geben Sie den Namen ein, unter dem Sie die exportierte Datei speichern wollen.
3. Bestätigen Sie mit *Speichern*. Der Export-Assistent von Project wird gestartet.
4. Bestätigen Sie die erste Anfrage des Assistenten mit *Weiter*.
5. Wählen Sie nun aus, in welcher Art die Daten vorliegen, die Sie exportieren wollen. Da es ein benutzerdefinierter Export sein soll, wählen Sie bitte *Ausgewählte Daten* und bestätigen Sie mit *Weiter* (Abbildung 23.1).

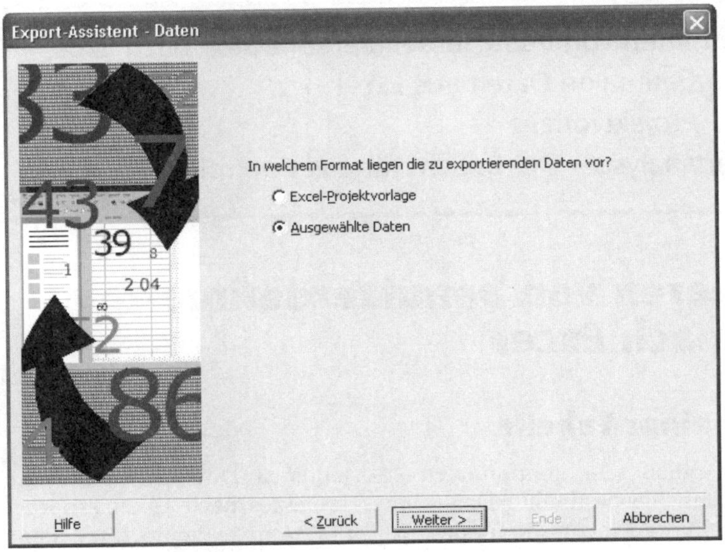

Abbildung 23.1: *Start des Excel-Export-Assistenten*

HINWEIS

Das Format *Excel-Projektvorlage* ist ein fest vordefiniertes Exportschema, welches ein Projekt mit seinen wichtigsten Daten in eine Excel-Mappe schreibt. Diese Vorlage gibt es auch als Excel-Vorlage, welche insbesondere dann hilfreich ist, wenn man ein Projekt zunächst in Excel erstellen möchte, um es dann später nach Project zu importieren. Sie finden die Vorlage bei der Standardinstallation unter *C:\Programme\Microsoft Office\ Templates\1031\PROJPLAN.XLT*.

6. Nun werden Sie aufgefordert ein Schema zu bestimmen, mit dessen Hilfe Sie das Projekt exportieren wollen. Wählen Sie hier die Option *Neues Schema* und bestätigen Sie mit *Weiter*.
7. Im nächsten Schritt können Sie bestimmen, welche Art von Daten Sie exportieren möchten. In unserem konkreten Beispiel geht es um Vorgangsinformationen, deshalb wählen Sie das Kontrollfeld *Vorgänge*. Unter *Microsoft Excel-Optionen* wählen Sie die Option *Export mit Überschriften* (Abbildung 23.2). So können Sie später in Excel nachvollziehen, welche Daten sich in den einzelnen Spalten befinden. Bestätigen Sie mit *Weiter*.

Abbildung 23.2: Festlegen der Schemaoptionen

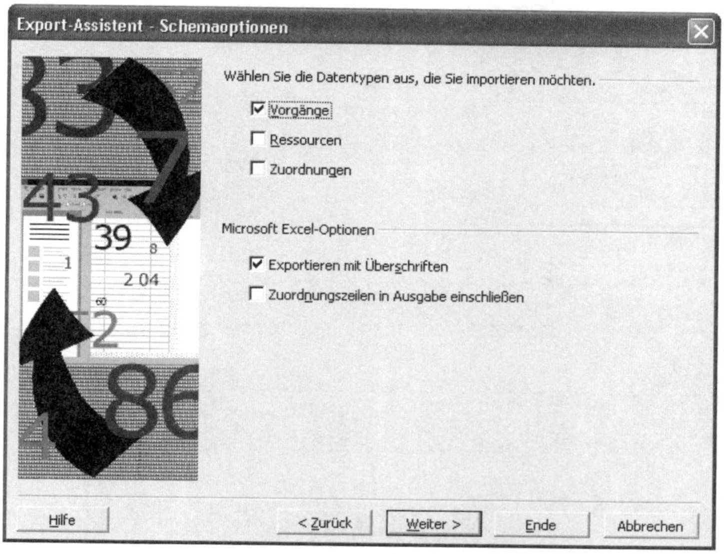

8. Nun werden Sie genau bestimmen, welche Daten Sie exportieren möchten. Um hier nicht »das Rad neu erfinden« zu müssen, greifen wir auf eine Tabelle zurück, die wir bereits in ▶ Kapitel 12 definiert haben. Sie erinnern sich, dass dort die gleiche Aufgabenstellung schon einmal gefragt war. Klicken Sie auf die Schaltfläche *Basierend auf Tabelle* und markieren Sie im Dialogfeld *Basistabelle für Feldschema wählen* (Abbildung 23.3) unter *Vorgangstabellen* die Tabelle *Export Vorgang/Ressource/Termin*.
9. Bestätigen Sie mit *OK*.

Abbildung 23.3: Exporttabelle auswählen

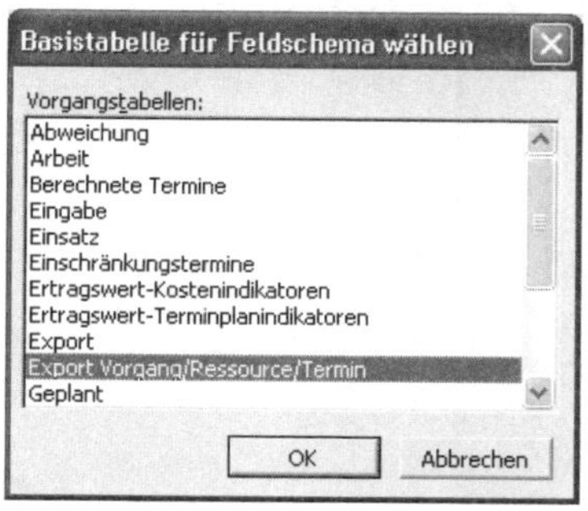

10. Sie sehen nun im Dialogfeld *Vorgangsschema* die Felder, die exportiert werden nebst einer Vorschau der Daten im unteren Bereich des Dialogfeldes (Abbildung 23.4). Bestätigen Sie Ihre Auswahl mit *Weiter*.

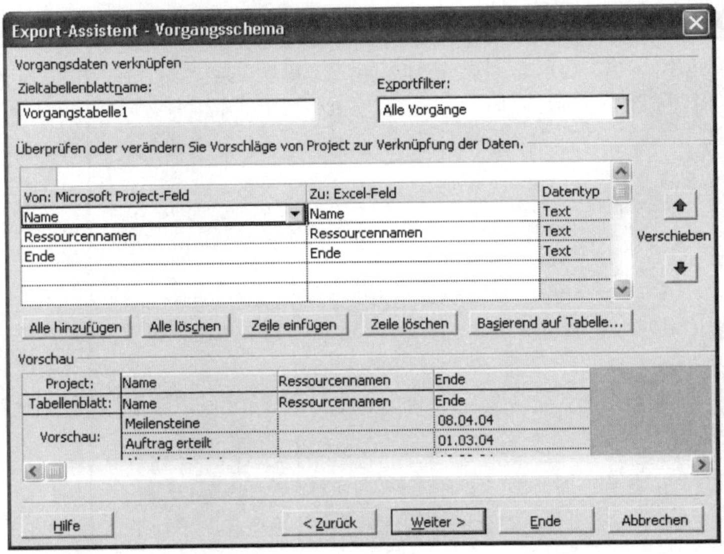

Abbildung 23.4: Exportieren von Daten in eine Excelliste

11. In diesem Schritt haben Sie die Möglichkeit, das soeben festgelegte Schema zu speichern. Sollten Sie diese Art des Exports künftig weiter verwenden wollen, würde das Speichern des Schemas Ihre Arbeitsschritte beim nächsten Export erheblich verkürzen. Klicken Sie hierzu auf *Schema speichern* (Abbildung 23.5).

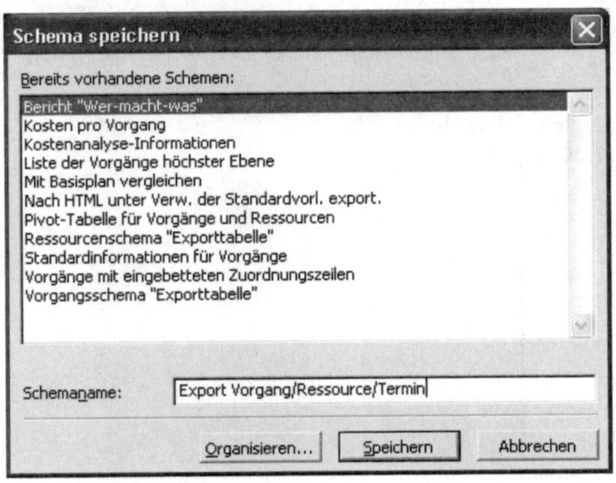

Abbildung 23.5: Speichern eines erstellten Schemas

12. Geben Sie dem Schema einen Namen, unter dem Sie es jederzeit wieder finden und verwenden können. In unserem Fall benennen wir das Schema analog der Exporttabelle: *Export Vorgang/Ressource/Termin* (Abbildung 23.5). Bestätigen Sie per Klick auf die Schaltfläche *Speichern*.
13. Anschließend klicken Sie auf *Ende* und die Excel-Mappe wird automatisch erstellt.

Erstellen einer Excel Pivot-Tabelle mit dem Assistenten

Der Datenexport in eine Pivot-Tabelle funktioniert im Prinzip genauso wie der in eine Excel-Tabelle, mit dem Unterschied, dass Sie im Export-Assistenten mehrere Tabellen definieren müssen, damit beim Export automatisch eine Pivot-Tabelle erstellt wird.

So exportieren Sie Ihre Projektdaten in eine Pivot-Tabelle:

1. Rufen Sie den Menübefehl *Datei/Speichern unter* auf.
2. Wählen Sie im Listenfeld *Dateityp* des Dialogfeldes *Speichern unter* den Eintrag *Microsoft Excel-PivotTable* aus und geben Sie den Namen ein, unter dem Sie die exportierte Datei speichern wollen.
3. Bestätigen Sie mit *Speichern*. Der Export-Assistent von Project wird gestartet.

Die weiteren Schritte verlaufen so, wie im vorigen Abschnitt beschrieben.

Importieren von Daten aus Excel

Zuweilen mag es vorkommen, dass Sie Daten erhalten, die nicht in Project erstellt wurden, aber dennoch in ein entsprechendes Projekt überführt werden sollen. Dies könnte eine MindMap sein, wie in ▶ Kapitel 3 beschrieben oder aber eine Excel-Tabelle, die verschiedene Vorgänge für das Projekt enthält. Diese Daten sind in der Regel nicht sofort Project-tauglich. Sie können sich in einem solchen Fall jedoch mit dem Import-Assistenten behelfen, der automatisch gestartet wird, sobald Sie über den Dialog *Datei/Öffnen* eine Excel-Datei importieren möchten.

Nachfolgend gehen wir davon aus, dass Sie eine Excel-Liste vorliegen haben, die drei Spalten beinhaltet (PSP-Code, Vorgangsname und Vorgangsdauer) und dass Sie aus dieser Liste einen Project-Plan erstellen sollen.

Selbstdefiniertes Importschema

Mit diesen Schritten legen Sie ein eigenes Excel-Importschema fest:

1. Klicken Sie in der *Standard*-Symbolleiste auf die Schaltfläche *Öffnen*.
2. Im Dialogfeld *Öffnen* wählen Sie aus dem Listenfeld *Dateityp* den Eintrag *Microsoft Excel-Arbeitsmappen*.

Browsen Sie im Verzeichnis *\Buch\Kap23* der CD-ROM zu diesem Buch zur Datei *import_kap_23_01.xls*. Klicken Sie auf *Öffnen*. Der Import-Assistent wird automatisch gestartet.

3. Bestätigen Sie die beiden ersten Dialogfelder mit *Weiter*.
4. Bestimmen Sie im nächsten Dialogfeld, wie Sie Ihre Daten verwenden möchten. Soll aus den Daten ein neues Projekt entstehen oder wollen Sie die Daten an ein bestehendes Projekt anhängen? In unserem Beispiel wollen wir ein neues Projekt erstellen und wählen daher die erste Option des Assistenten (Abbildung 23.6). Bestätigen Sie mit *Weiter*.

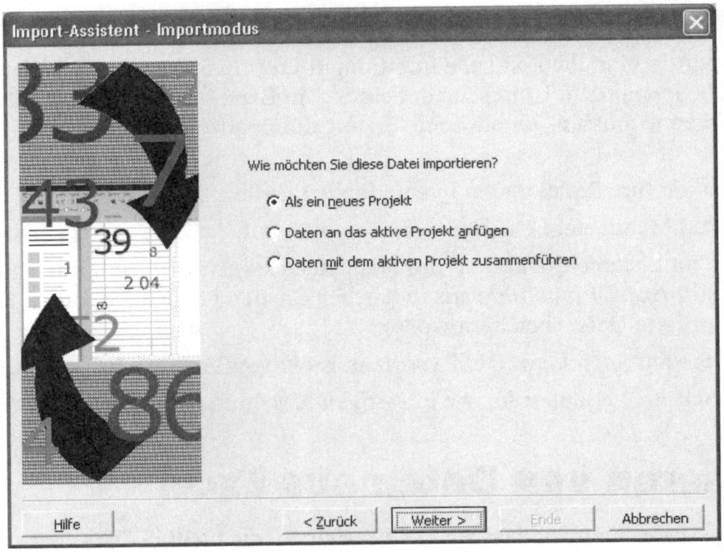

Abbildung 23.6: *Import-Assistent: Zielbestimmung der Importdatei*

5. Im folgenden Dialogfeld *Schemaoptionen* finden Sie Informationen, die Sie schon aus dem Export kennen (Abbildung 23.7). Hier muss nun festgelegt werden, in welcher Form die Daten vorliegen, die Sie importieren möchten. Da in unserem Fall nur eine Vorgangsliste existiert, aktivieren Sie das Kontrollkästchen *Vorgänge*. Bestätigen Sie anschließend mit *Weiter*.

HINWEIS

Das Kontrollkästchen *Importieren mit Überschriften* muss aktiviert werden, weil sonst beim Import die erste Zeile in Excel jeweils als Überschrift interpretiert und beim Import ausgelassen wird.

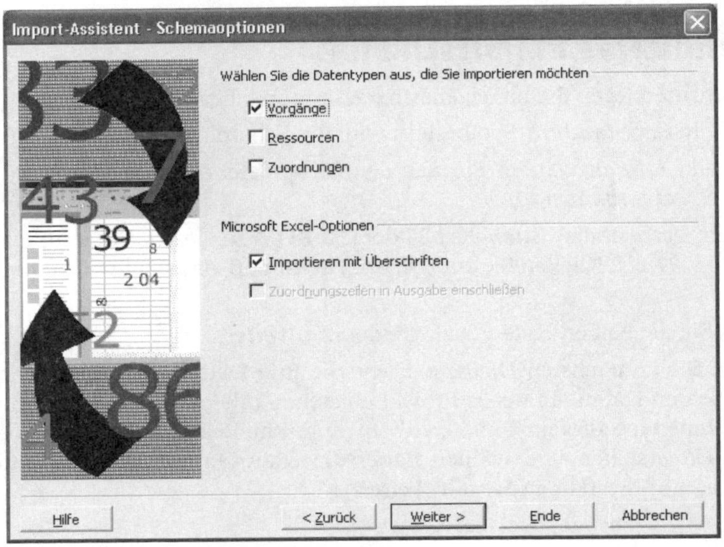

Abbildung 23.7: *Datentypenauswahl*

6. Nun werden Sie Ihre Daten spezifizieren müssen, damit Project nachvollziehen kann, in welche Felder die vorliegenden Daten importiert werden sollen (Abbildung 23.8).
7. Wählen Sie im Listenfeld *Quelltabellenblattname* den Eintrag *Tabelle1* aus, der Ihre Daten beinhaltet.
8. Im mittleren Bereich des Dialogfeldes bestimmen Sie die Verbindung zwischen Quell- (Excel) und Zielfeldern (Project). Verknüpfen Sie entsprechend der Abbildung 23.8 die Spalte 1 aus der Tabelle mit dem Project-Feld *PSP-Code*, Spalte 2 mit dem Feld *Name* und Spalte 3 mit dem Feld *Dauer*.
9. Im unteren Bereich des Dialogfeldes können Sie in einer Vorschau das Ergebnis Ihrer Verknüpfungen kontrollieren. Bestätigen Sie Ihre Festlegungen mit *Weiter*.

Abbildung 23.8: *Verknüpfung der Excel-Spalten mit Project-Feldern*

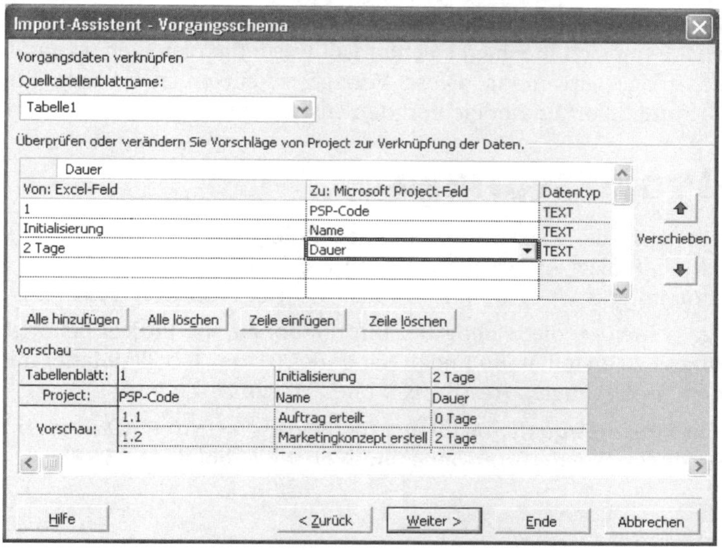

10. Nun können Sie das *Importschema* speichern. Dies macht dann Sinn, wenn Sie das Schema weitere Male verwenden möchten. Klicken Sie dazu auf *Schema speichern* und speichern Sie Ihr Importschema z.B. unter Import PSP/Name/Dauer ab. Bestätigen Sie mit *Speichern*.
11. Klicken Sie auf *Ende*, um den Import abzuschließen.

Sie werden nun in Project das Ergebnis Ihres Imports als neuen Projektplan vorfinden (Abbildung 23.9). Dieser ist zwar noch nicht gänzlich fertig gestellt, jedoch mit den normalen Project-Mitteln recht schnell zu bearbeiten.

		Vorgangsname	Dauer	Anfang	Ende	Vorgänger	Ressourcennamen
1		Auftrag erteilt	0 Tage	07.02.04	07.02.04		
2		Marketingkonzept erstelle	2 Tage	09.02.04	10.02.04		
3		Entwurf Prototyp	6 Tage	09.02.04	16.02.04		
4		Designkonzept	2 Tage	09.02.04	10.02.04		
5		Navigationskonzept	2 Tage	09.02.04	10.02.04		
6		Implementationskonzept	1 Tag	09.02.04	09.02.04		
7		Betriebskonzept	1 Tag	09.02.04	09.02.04		
8		Konzeptpräsentation	1 Tag	09.02.04	09.02.04		
9		Abnahme Prototyp	0 Tage	07.02.04	07.02.04		
10		Realisierung	17 Tage	09.02.04	02.03.04		
11		ToDo Liste erstellen	1 Tag	09.02.04	09.02.04		
12		Inhalte erstellen	15 Tage	09.02.04	27.02.04		
13		Programmierung	13 Tage	09.02.04	25.02.04		
14		Website erstellt	0 Tage	07.02.04	07.02.04		
15		Abnahme	3,5 Tage	09.02.04	12.02.04		
16		Abnahmedokument	1 Tag	09.02.04	09.02.04		
17		Testlauf	1 Tag	09.02.04	09.02.04		
18		Fehlerbehebung	1 Tag	09.02.04	09.02.04		
19		Liveschaltung der Websit	0,5 Tage	09.02.04	09.02.04		
20		Projektabschluss	0 Tage	07.02.04	07.02.04		

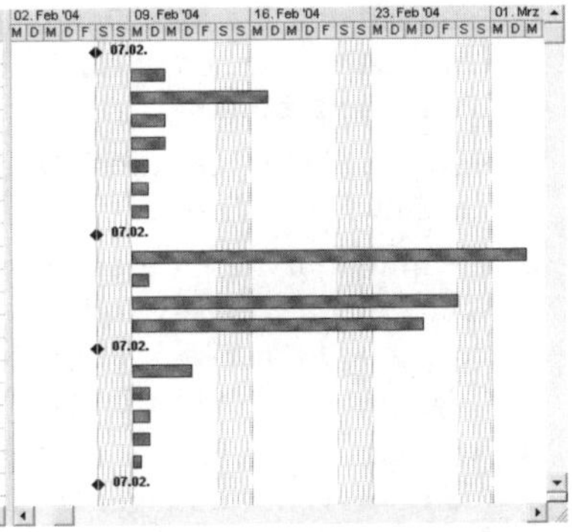

Abbildung 23.9: *Ergebnis des Imports einer einfachen Vorgangsliste*

HINWEIS

Je detaillierter die Datenquelle, desto dichter wird auch der Import im Ergebnis sein. Allerdings erhöht sich mit steigender Anzahl der Felder auch der Aufwand beim Import. Sie tun sich in einem solchen Fall wesentlich leichter, wenn Sie die Excel-Projektvorlage verwenden. Diese Vorlage ist entsprechend dem Project-Datenmodell vordefiniert und erleichtert den anschließenden Import.

Excel-Projektvorlage

Noch einfacher geht der Export oder Import mit der Excel-Projektvorlage. Diese Vorlage wird mit Project im Standard-Vorlagenordner installiert (bei einer Standardinstallation unter *C:\Programme\Microsoft Office\Vorlagen\1031*).

Diese Vorlage beinhaltet die wichtigsten Informationen, die Project benötigt, um ein neues Projekt zu erstellen. So finden Sie dort z.B. drei Tabellenblätter mit den Informationen zu *Vorgängen, Ressourcen* und *Zuordnungen* vor:

- Die Tabelle *Vorgangstabelle* beinhaltet die Felder *Nr., Name, Dauer, Anfang, Ende, Vorgänger, Gliederungsebene* und *Notizen* (Abbildung 23.10).

	A	B	C	D	E	F	G	H
1	Nr.	Name	Dauer	Anfang	Ende	Vorgänger	Gliederungse	Notizen
2	1	Meilensteine	28,5t	01.03.2004 08:00	08.04.2004 12:00		1	
3	2	Auftrag erteilt	,t	01.03.2004 08:00	01.03.2004 08:00		2	
4	3	Abnahme Prototyp	,t	10.03.2004 17:00	10.03.2004 17:00	8	2	
5	4	Website erstellt	,t	02.04.2004 17:00	02.04.2004 17:00	14	2	
6	5	Projektabschluss	,t	08.04.2004 12:00	08.04.2004 12:00	18	2	
7	6	Initialisierung	2,t	01.03.2004 08:00	02.03.2004 17:00	2	1	
8	7	Marketingkonzept erstellen	2,t	01.03.2004 08:00	02.03.2004 17:00		2	Zunächst ein
9	8	Entwurf Prototyp	6,t	03.03.2004 08:00	10.03.2004 17:00	6	1	
10	9	Designkonzept	2,t	03.03.2004 08:00	04.03.2004 17:00		2	
11	10	Navigationskonzept	2,t	05.03.2004 08:00	08.03.2004 17:00	9	2	Definition wie
12	11	Implementationskonzept	1,t	09.03.2004 08:00	09.03.2004 17:00	10	2	
13	12	Betriebskonzept	1,t	09.03.2004 08:00	09.03.2004 17:00	11AA	2	
14	13	Konzeptpräsentation	1,t	10.03.2004 08:00	10.03.2004 17:00	12;11	2	
15	14	Realisierung	17,t	11.03.2004 08:00	02.04.2004 17:00	3	1	
16	15	ToDo Liste erstellen	1,t	11.03.2004 08:00	11.03.2004 17:00		2	
17	16	Inhalte erstellen	15,t	12.03.2004 08:00	01.04.2004 17:00	15	2	Betrifft Texte
18	17	Programmierung	13,t	17.03.2004 08:00	02.04.2004 17:00	15EA+3 Tage	2	
19	18	Abnahme	3,5t	05.04.2004 08:00	08.04.2004 12:00	4	1	
20	19	Abnahmedokument	1,t	05.04.2004 08:00	05.04.2004 17:00		2	
21	20	Testlauf	1,t	06.04.2004 08:00	06.04.2004 17:00	19	2	
22	21	Fehlerbehebung	1,t	07.04.2004 08:00	07.04.2004 17:00	20	2	
23	22	Liveschaltung der Website	,5t	08.04.2004 08:00	08.04.2004 12:00	21	2	
24								

Vorgangstabelle / Ressourcentabelle / Zuordnungstabelle / Info_Ta

Abbildung 23.10: *Excel-Projektvorlage: Vorgangstabelle*

- In der Tabelle *Ressourcentabelle* finden Sie die Felder *Nr.*, *Name*, *Kürzel*, *Art*, *E-Mail-Adresse*, *Windows-Benutzerkonto*, *Max. Einheiten*, *Standardsatz*, *Kosten pro Einheit* und *Notizen* (Abbildung 23.11).

Abbildung 23.11: *Excel-Projektvorlage: Ressourcentabelle*

	A	B	C	D	E	F	G	H	I	J
1	Nr.	Name	Kürzel	Art	Materialbesch	Gruppe	E-Mail-Adres	Windows-Ber	Max. Einheite	Standardsatz
2	1	Steffen Reiste	S	Arbeit					100%	75,00 €/Stun
3	2	Renke Holert	R	Arbeit					100%	75,00 €/Stun
4	3	Matthias Jäg	M	Arbeit					100%	75,00 €/Stun
5	4	Ralph Goetze	R	Arbeit					100%	75,00 €/Stun

Vorgangstabelle | Ressourcentabelle | Zuordnungstabelle | Info_Tabel

- Die Tabelle *Zuordnungstabelle* beinhaltet pro Zuweisung die für eine Ressourcenzuweisung notwendigen Informationen: *Vorgangsname*, *Ressourcenname*, *% Arbeit abgeschlossen*, *Arbeit* und *Einheiten* (Abbildung 23.12).

Abbildung 23.12: *Excel-Projektvorlage: Zuordnungstabelle*

	A	B	C	D	E
1	Vorgangsname	Ressourcenname	% Arbeit abgeschlossen	Arbeit	Einheiten
2	Marketingkonzept erstellen	Steffen Reister	0%	16 Stunde	100%
3	Designkonzept	Ralph Goetze	0%	16 Stunde	100%
4	Navigationskonzept	Renke Holert	0%	16 Stunde	100%
5	Implementationskonzept	Matthias Jäger	0%	8 Stunde	100%
6	Betriebskonzept	Steffen Reister	0%	8 Stunde	100%
7	Konzeptpräsentation	Steffen Reister	0%	8 Stunde	100%
8	ToDo Liste erstellen	Steffen Reister	0%	8 Stunde	100%
9	Inhalte erstellen	Matthias Jäger	0%	120 Stunde	100%
10	Inhalte erstellen	Ralph Goetze	0%	120 Stunde	100%
11	Programmierung	Matthias Jäger	0%	104 Stunde	100%
12	Programmierung	Renke Holert	0%	104 Stunde	100%
13	Programmierung	Steffen Reister	0%	104 Stunde	100%
14	Abnahmedokument	Ralph Goetze	0%	8 Stunde	100%
15	Testlauf	Matthias Jäger	0%	8 Stunde	100%
16	Fehlerbehebung	Renke Holert	0%	8 Stunde	100%
17	Liveschaltung der Website	Steffen Reister	0%	4 Stunde	100%

Vorgangstabelle | Ressourcentabelle | Zuordnungstabelle | Info_Tabel

Diese Projektvorlage erleichtert den Datenaustausch in beide Richtungen. Allerdings ist auf die eine oder andere Feinheit zu achten.

An dieser Stelle verzichten wir auf eine nähere Beschreibung des Im- bzw. Exportvorganges, da dieser genauso funktioniert wie vorhin bereits beschrieben.

TIPP Beim Import sollten Sie die Felder *Anfang* und *Ende* in der *Vorgangstabelle* löschen, da sonst beim Importieren jeder Vorgang mit einer Vorgangseinschränkung belegt wird. Importieren Sie dagegen ohne die Datumsfelder, richtet sich Project nur nach der Logik, die durch die Spalte *Vorgänger* bestimmt wird.

Öffnen Sie in Project die Excel-Arbeitsmappe *excelprojektvorlage.xls* im Verzeichnis *\Buch\Kap23* der CD-ROM zu diesem Buch, indem Sie auf die Schaltfläche *Öffnen* klicken.

1. Wählen Sie im Listenfeld *Dateityp* den Eintrag *Microsoft Excel-Arbeitsmappen* aus.
2. Verwenden Sie den Import-Assistenten wie oben beschrieben, im Dialogfeld *Import-Assistent – Vorgangsschema* (Abbildung 23.13) wählen Sie aus dem Listenfeld *Quelltabellenblattname* den Eintrag *Vorgangstabelle.*
3. Löschen Sie die Felder *Anfang* und *Ende* aus dem Datenbereich, indem Sie sie markieren und dann die Taste (Entf) drücken.
4. Beenden Sie den Assistenten per Klick auf die Schaltfläche *Ende*.

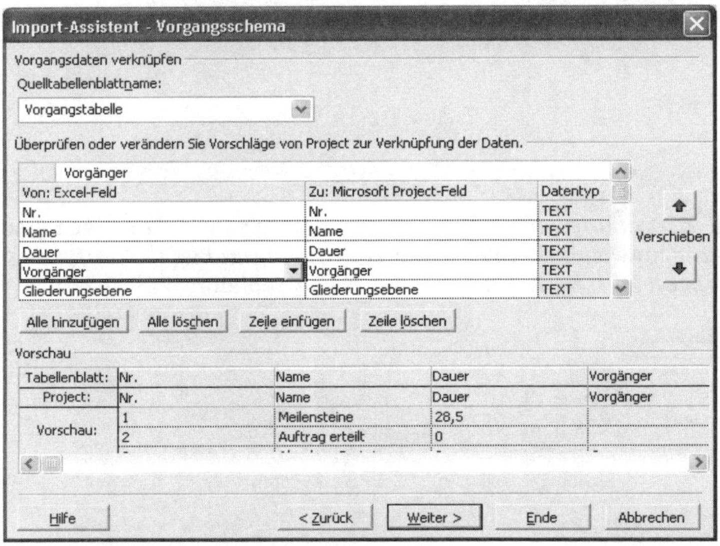

Abbildung 23.13: *Excel-Projektvorlage beim Import anpassen*

Datenanalyse – Der Bericht für das Controlling

Es gibt vorgefertigte Exportszenarien, die Sie sich unbedingt einmal anschauen sollten. Möglicherweise können Sie sich viel Arbeit ersparen, wenn Sie auf die bereits existierenden Standards zurückgreifen. Denn letztendlich soll ja der Auftraggeber eines Projektes möglichst umfassend und schnell über den neuesten Stand des Projektes informiert werden. Je schneller Sie bestimmte Berichte liefern können, desto wirksamer können Sie sich um die Steuerung des Projektes kümmern.

Nehmen wir an, Sie sollen einen Bericht abliefern, aus dem hervorgeht, wie viel Arbeit in welchem Zeitverlauf verplant ist. Hintergrund ist herauszufinden, ab welchem Zeitpunkt Ressourcen wieder für andere Projekte verfügbar sind. Das Ganze möchten Sie womöglich noch mit einer Grafik versehen, um die Daten anschaulich zu präsentieren. Für diese Aktion empfiehlt sich ein spezieller Assistent, der so genannte *Zeitskalendatenanalyse-Assistent*.

Und so gehen Sie vor:

1. Rufen Sie im Menü *Ansicht/Symbolleisten* die Symbolleiste *Analyse* auf.
2. Klicken Sie auf die Schaltfläche *Zeitskalendaten in Excel analysieren*. Der Assistent zum Exportieren zeitbezogener Daten wird aufgerufen.

Abbildung 23.14: *Welche Daten sollen analysiert werden?*

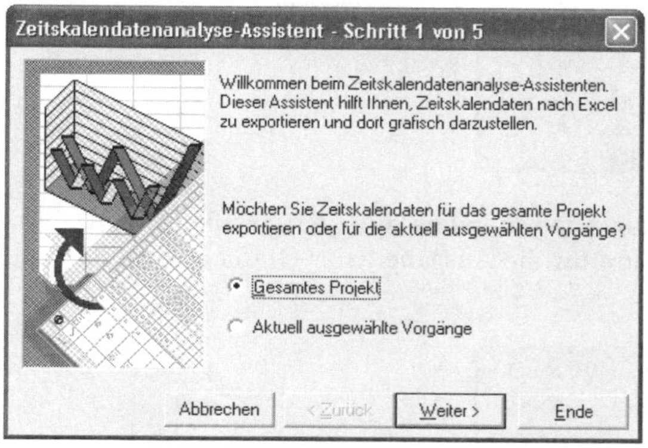

3. Wählen Sie im ersten Schritt die Option *Gesamtes Projekt* und bestätigen Sie mit *Weiter*.
4. Im zweiten Schritt müssen Sie nun bestimmen, welche Daten Sie analysieren möchten. In unserem Beispiel ist dies die *Arbeit*. Wählen Sie den Wert *Arbeit* in der Werteliste aus (Abbildung 23.15). Klicken Sie auf die Schaltfläche *Hinzufügen*, um ihn zu analysieren.
5. Fahren Sie fort mit *Weiter*.

Abbildung 23.15: *Zeitbezogenen Wert* Arbeit *wählen*

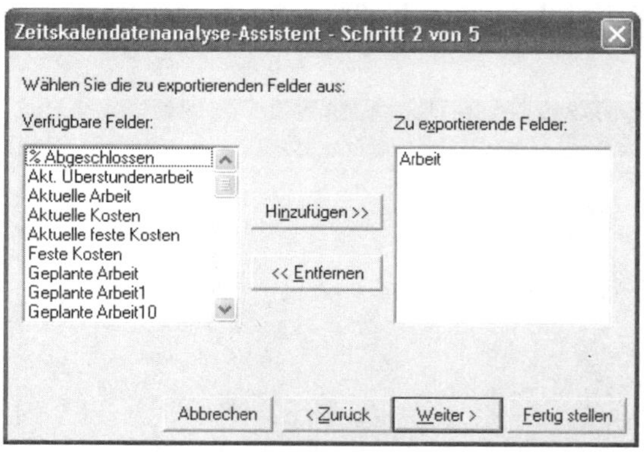

6. Nun legen Sie fest, für welchen Zeitraum die Analyse angefertigt werden soll. Standardmäßig trägt der Assistent den Projektanfangs- und Projektendtermin ein. Außerdem legen Sie hier fest, ob Sie die Daten tageweise oder in einem gröberem Raster sehen möchten (Abbildung 23.16). Bestätigen Sie Ihre Festlegungen mit *Weiter*.

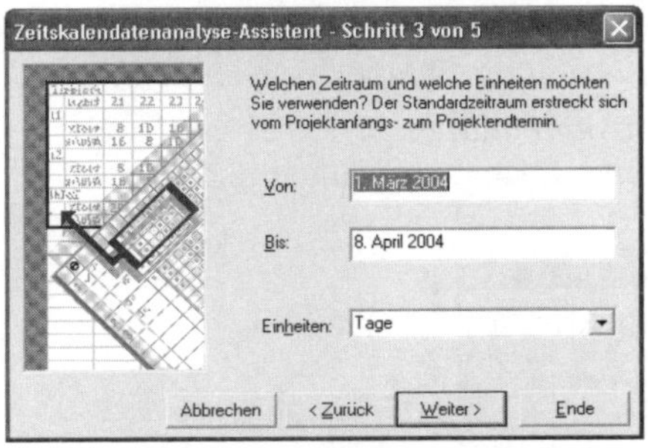

Abbildung 23.16: *Zeitraum der Analyse festlegen*

7. Da Sie auch eine Grafik zur Analyse haben möchten, wählen Sie in Schritt 4 (Abbildung 23.17) die Option für die Ausgabe einer Grafik aus. Bestätigen Sie auch hier mit *Weiter.*

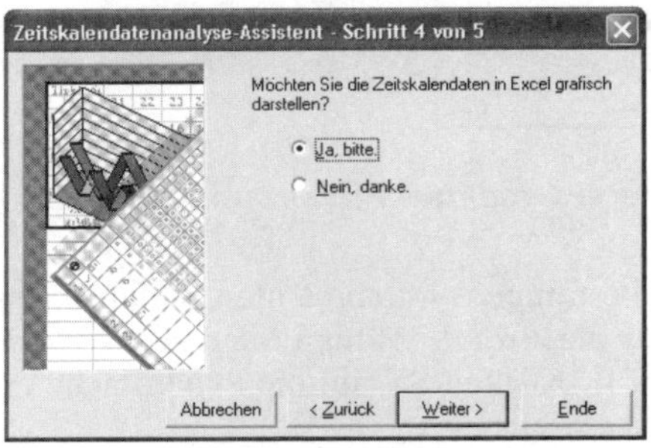

Abbildung 23.17: *Daten auch als Grafik ausgeben*

8. Im letzten Schritt müssen Sie nur noch auf *Daten exportieren* klicken, um die Analyse als Excel-Mappe auszugeben. Die Abbildung 23.18 zeigt ein mögliches Ergebnis.

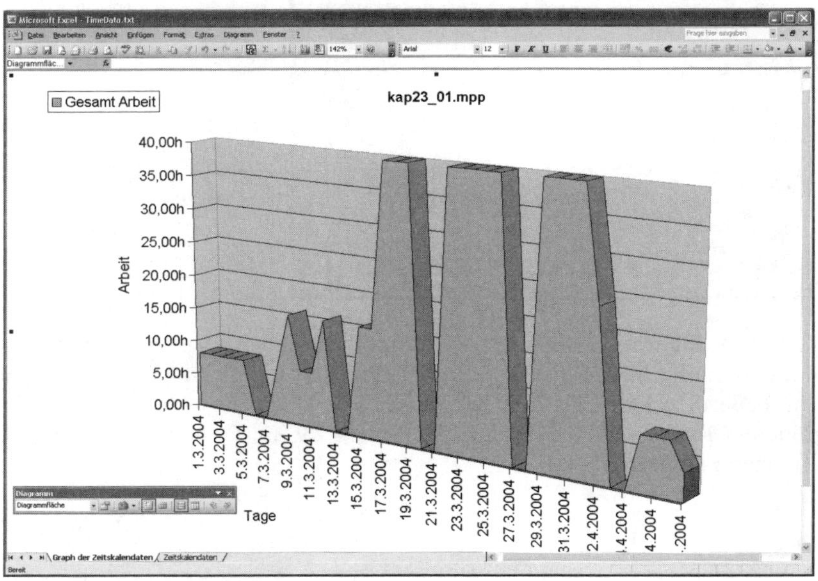

Abbildung 23.18: *Das Ergebnis des Assistenten*

24 Visio

503 Project und Visio
504 Export von Visio nach Project
512 Export von Project nach Visio

Project und Visio

In diesem Kapitel erfahren Sie, wie sich Daten von Project nach Visio exportieren lassen und umgekehrt oder wie das Importieren der Daten zwischen den beiden Anwendungen vonstatten geht.

Zunächst soll jedoch der Unterschied zwischen Project und Visio geklärt werden, da sich die beiden Softwaresysteme stark voneinander unterscheiden und die Einsatzgebiete entsprechend abweichen.

Visio bietet Ihnen bei kleineren und überschaubaren Projekten sowohl die Möglichkeit der Erstellung und der dynamischen Bearbeitung von Gantt-Diagrammen, als auch die des Zugriffs auf externe Datenquellen.

Sollte jedoch ein größeres Projekt mit vielen dynamischen Anpassungen aus einer Datenbasis automatisch erstellt werden, empfiehlt sich eine Projektplanungssoftware wie Project.

Mit Visio können Sie komplexe Gantt-Diagramme als Projektübersicht schnell erstellen, individuell gestalten und überarbeiten. Sie können Abhängigkeiten zwischen den einzelnen Vorgängen und Aktivitäten definieren und darstellen sowie Gantt-Diagramme aus externen Datenquellen (Project-Exchange-Datei, Textdatei oder Excel-Tabelle) generieren.

Wenn Sie für Ihre Tätigkeiten eher eine teilweise Integration der beiden Systeme in Form von Schnittstellen und Datenaustauschformaten anstreben, sind weitere Gesichtspunkte von Interesse – z.B. die Anforderungen an eine Schnittstelle:

- Speicherung der übermittelten Daten im jeweils anderen Dateiformat.
- Darstellung der Datenmengen im jeweils anderen System in Form von Gantt-Diagrammen, Netzplänen oder Kalendern.
- Übernahme von Datenmengen von der jeweils anderen Anwendung in beide Richtungen (Import und Export).
- Visio/Project

Für den Datenaustausch von Visio zu Project stehen dabei folgende Dateiformate zur Verfügung:

- *.mpp* (Project-Projekt) für Project 2000/2002/2003
- *.mpx* (Project-Exchange) für Project 4.x und 98
- *.txt* (Textdatei)
- *.xls* (Microsoft Excel-Datei)
- Project/Visio

Für den Datenaustausch von Project zu Visio stehen zur Verfügung:

- *.mpp* (Project-Projekt) für Project 2000/2002/2003
- *.mpx* (Project-Exchange) bis Project 98
- *.txt* (Textdatei)
- *.xls* (Microsoft Excel-Datei)
- *.csv* (Comma Separated-Values; kommagetrennte Werte)

Export von Visio nach Project

Für die Terminplanung eines Hausbau-Projektes soll zur ersten Visualisierung ein Übersichtsplan als Gantt-Diagramm in Visio erstellt werden. Zur späteren Weiterbearbeitung im Detail wird das in Visio erstellte Gantt-Diagramm nach Project exportiert, dort weiter strukturiert und nach Abschluss der Planung zur Anzeige in Visio wieder importiert.

Die Lösung dieser Aufgabe wird in vier Schritten erfolgen:

1. Exportieren eines in Visio erstellten Gantt-Diagramms als Project-Datei (*.mpp*).
2. Exportieren von zusätzlichen Feldern und arbeitsfreien Zeiten.
3. Weiterverarbeitung des Terminplans in Project.
4. Importieren des fertig gestellten Terminplans (aus Project) in Visio.

Exportieren von Gantt-Diagrammdaten

Beginnen Sie zunächst mit der Erstellung eines Gantt-Diagramms in Visio. Die Abbildung 24.1 zeigt ein Projektbeispiel (Thema »Hausbau«) für ein in Visio erstelltes Gantt-Diagramm.

Die fertige Lösung finden Sie auf der CD-ROM zum Buch im Ordner *\Buch\Kap24* in der Datei *Hausbau.vsd*.

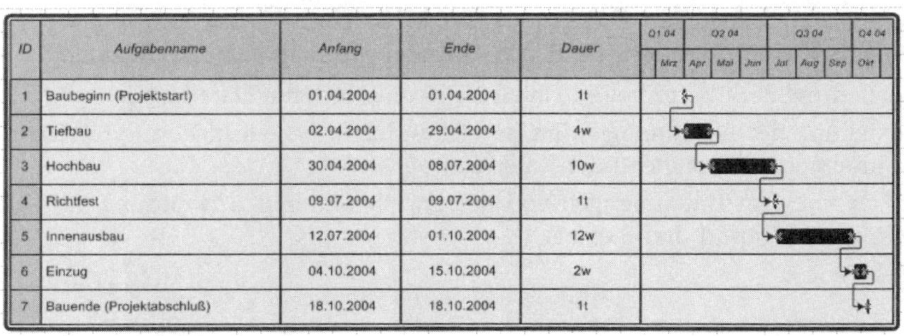

ID	Aufgabenname	Anfang	Ende	Dauer
1	Baubeginn (Projektstart)	01.04.2004	01.04.2004	1t
2	Tiefbau	02.04.2004	29.04.2004	4w
3	Hochbau	30.04.2004	08.07.2004	10w
4	Richtfest	09.07.2004	09.07.2004	1t
5	Innenausbau	12.07.2004	01.10.2004	12w
6	Einzug	04.10.2004	15.10.2004	2w
7	Bauende (Projektabschluß)	18.10.2004	18.10.2004	1t

Abbildung 24.1: *Beispiel für ein Gantt-Diagramm*

Nach der Erstellung des Gantt-Diagramms in Visio können Sie die Daten im Diagramm als Project-Datei (*.mpp*) exportieren.

.mpp (Project-Projekt)

Das Dateiformat »Project-Projekt« (*.mpp*) wird ab der Version Project 2000 unterstützt. In diesem Format gespeicherte Dateien haben die Dateinamenerweiterung *.mpp* und können von früheren Project-Versionen (4.x/98) nicht gelesen werden.

Sie können Felddaten von Visio in dieses Format exportieren, jedoch keine ganze Zeichnung. Project wiederum kann die Felddateninhalte aus diesem Dateiformat importieren.

Gantt-Diagramm exportieren

So exportieren Sie Felddaten von Visio zur Weiterverarbeitung in Project:

1. Wählen Sie in Visio im zu exportierenden Gantt-Diagramm den Befehl *Gantt-Diagramm/Exportieren* (Abbildung 24.2), um den Assistenten zum Export von Projektdaten zu starten.

Abbildung 24.2: Den Gantt-Diagrammdaten-Export starten

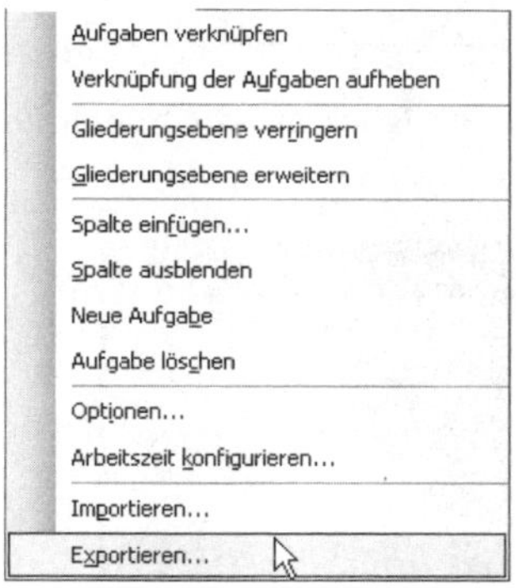

2. Wählen Sie das Format *Microsoft Office Project-Dateien* aus, wenn Sie das exportierte Gantt-Diagramm in Project öffnen möchten. Bestätigen Sie anschließend per Klick auf die Schaltfläche *Weiter* (Abbildung 24.3).

Abbildung 24.3: Assistent für den Export von Projektdaten

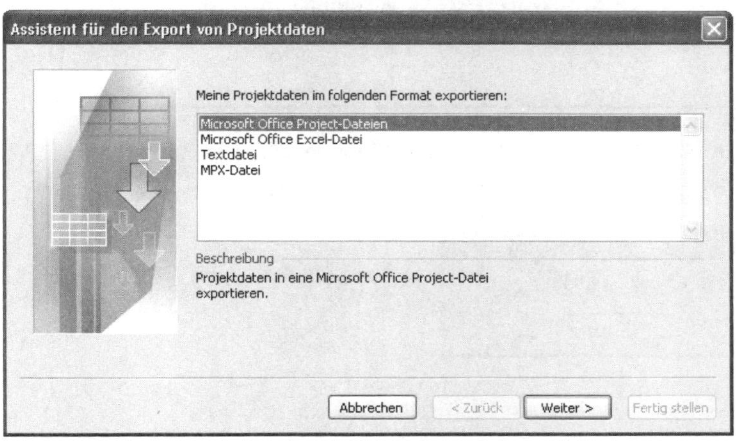

G

Project und die Office-Familie

3. Wählen Sie den Pfad, Speicherort und den Dateinamen für die zu exportierende Datei aus (Abbildung 24.4), ggf. über die Schaltfläche *Durchsuchen*. Klicken Sie dann auf die Schaltfläche *Weiter*.

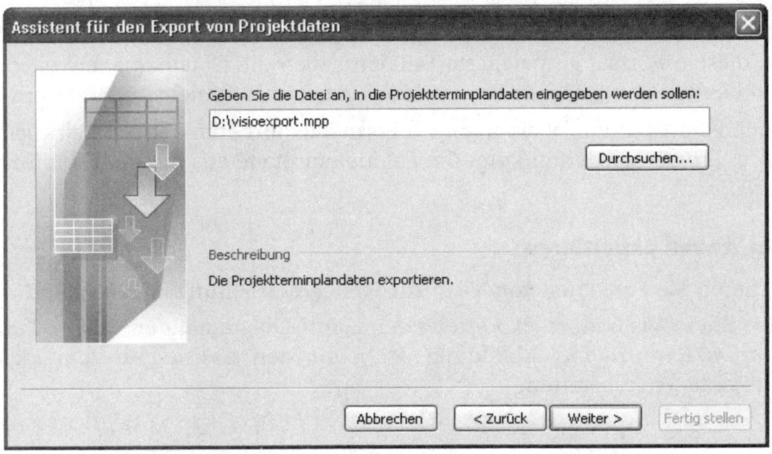

Abbildung 24.4: *Speichern als Project-Datei*

4. Überprüfen Sie alle Optionen und bestätigen Sie per Klick auf die Schaltfläche *Fertig stellen* (Abbildung 24.5).

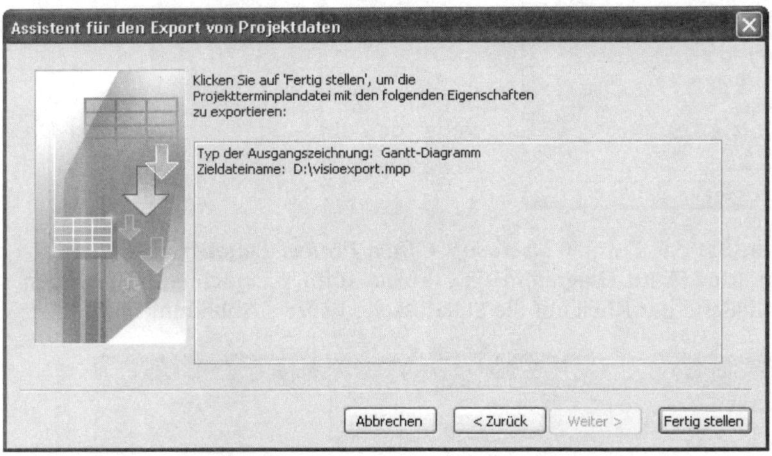

Abbildung 24.5: *Abschluss des Export-Assistenten*

Nach dem fehlerfreien Export erhalten Sie eine kurze Bestätigung (vgl. Abbildung 24.6).

Abbildung 24.6: *Meldungsfeld nach dem erfolgreichen Export*

mpx **(Project Exchange)**

Das Dateiformat »Project Exchange« ist ein datensatzbasiertes *ASCII*-Textformat, das zum Übertragen von Dateien zwischen Project und anderen Anwendungen, die dieses Format unterstützen, verwendet wird. Dateien, die in diesem Format gespeichert sind, haben die Dateinamenerweiterung *.mpx*. Das *.mpx*-Dateiformat wird bei der Projektverwaltung und verschiedenen anderen Programmen verwendet, die MPX 4.0 unterstützen. Project 4.0/4.1/98/2000 verwenden das Dateiformat MPX 4.0.

Felddaten von Visio können Sie in dieses Format exportieren, jedoch keine ganze Zeichnung. Project wiederum kann Felddateninhalte aus diesem Dateiformat importieren.

Um ein Visio-Gantt-Diagramm als *.mpx*-Datei zu speichern, wiederholen Sie die zuvor beschriebenen Schritte zum Erstellen einer *.mpp*-Datei und wählen im ersten Schritt nach dem Befehl *Gantt-Diagramm/Exportieren* die Option *MPX-Datei* aus.

Öffnen der exportierten *.mpp*-Datei in Project

Das von Visio exportierte *.mpp*-Dateiformat wird nur von Project erkannt. Das *.mpx*-Dateiformat (MPX 4.0) wird, wie schon erwähnt, von Project 4.0/4.1/98 verwendet und unterstützt. Sie können problemlos die von Visio exportierten Datenfelder mit einer der angegebenen Project-Versionen öffnen.

Um die von Visio exportierten Daten in Project zu öffnen, gehen Sie folgendermaßen vor:

1. Starten Sie Project.
2. Rufen Sie den Menübefehl *Datei/Öffnen* auf.
3. Wählen Sie im Listenfeld *Dateityp* den Eintrag *Mirosoft Project-Dateien (*.mp*)* aus (vgl. Abbildung 24.7).

Abbildung 24.7: *Öffnen der* mpp-*Datei mit Project*

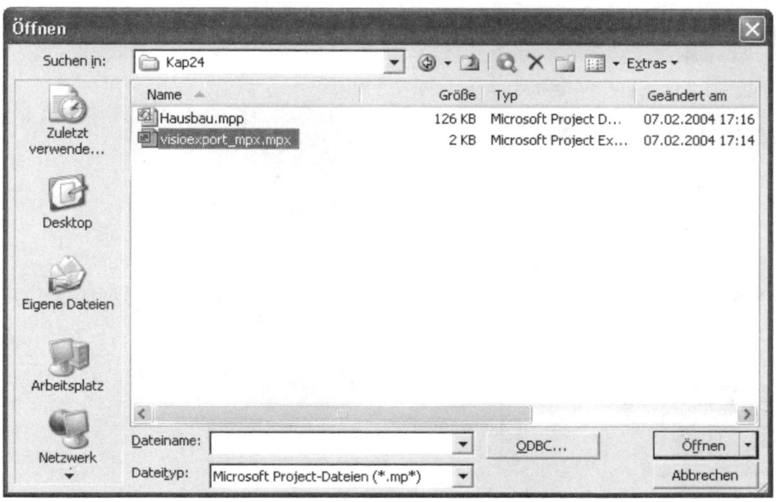

4. Wählen Sie die zu importierende Datei aus und bestätigen Sie per Klick auf die Schaltfläche *Öffnen*.

Sie erhalten in Project, in der Ansicht *Balkendiagramm (Gantt)*, die importierten Datenfelder angezeigt (Abbildung 24.8).

	Vorgangsname	Dauer	Anfang	Ende	Vorgär
1	Baubeginn (Projektstart)	1 Tag	01.04.04	01.04.04	
2	Tiefbau	20 Tage	02.04.04	29.04.04	1
3	Hochbau	50 Tage	30.04.04	08.07.04	2
4	Richtfest	1 Tag	09.07.04	09.07.04	3
5	Innenausbau	60 Tage	12.07.04	01.10.04	4
6	Einzug	10 Tage	04.10.04	15.10.04	5
7	Bauende (Projektabschlu	1 Tag	18.10.04	18.10.04	6

Abbildung 24.8: *Von Visio exportierte Zeichnung in Project*

Das in Abbildung 24.8 dargestellte Projekt finden Sie auch auf der CD-ROM zum Buch im Ordner *\Buch\Kap24* in der Datei *Hausbau.mpp*.

Zusätzliche Datenfelder exportieren

Visio exportiert sämtliche Datenspalten eines Gantt-Diagramms inklusive aller individuellen Datenspalten (z.B. Ressourcennamen, Benutzerdefinierter Text1, Prozentuale Fertigstellung usw.) mit dem gewählten Dateiformat (*.mpp* oder *.mpx*).

Um weitere Spalten mit Ressourcennamen und benutzerdefiniertem Text einzufügen:

1. Ziehen Sie aus der Schablone *Gantt-Diagramm-Shapes* das Shape *Spalte* auf das Zeichenblatt.
2. Es öffnet sich das Dialogfeld *Spalte einfügen* (Abbildung 24.9).
3. In der Liste *Spaltentyp* wählen Sie den Eintrag *Ressourcennamen* sowie *Benutzerdefinierter Text1* aus und bestätigen Sie Ihre Auswahl jeweils mit Klick auf die Schaltfläche *OK* (vgl. Abbildung 24.10).

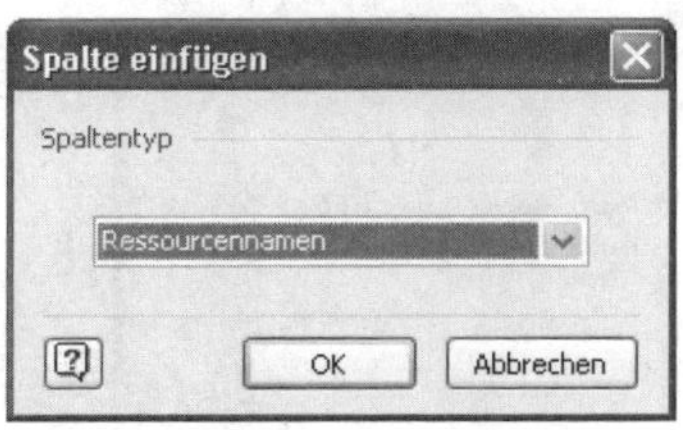

Abbildung 24.9: *Spalte* Ressourcennamen *einfügen*

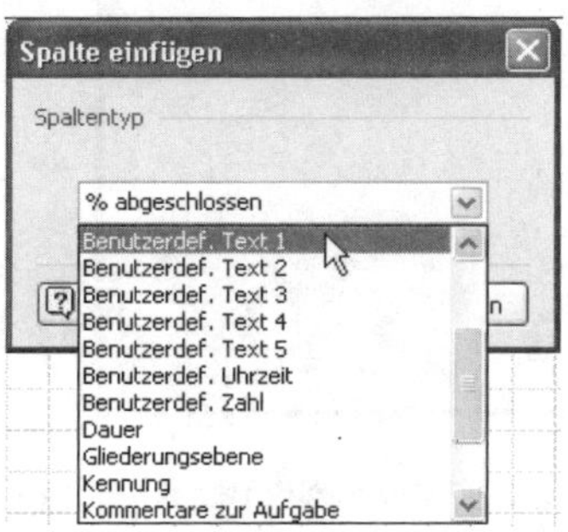

Abbildung 24.10: *Zusätzliche Spalten einfügen*

4. Ändern Sie mit einem Doppelklick auf den Spaltenkopf im *Gantt-Diagramm-Shape* den Feldnamen *Benutzerdef. Text 1* z.B. in *Pos. Nr.* und füllen Sie die Aufgaben mit Werten für *Ressourcennamen* und *Pos. Nr.* aus (Abbildung 24.11).

Abbildung 24.11: *Eingefügte zusätzliche Spalte*

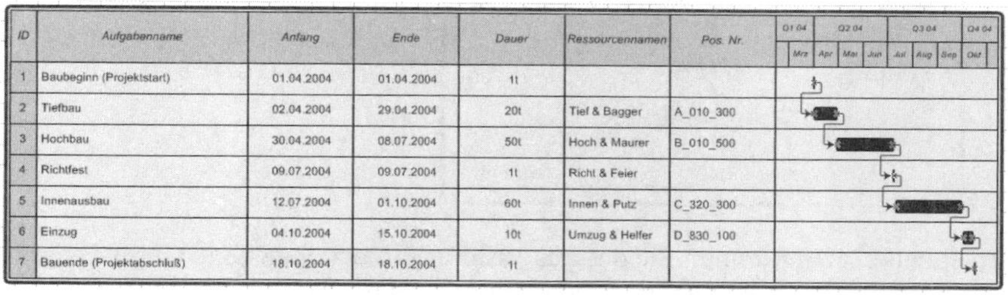

5. Exportieren Sie anschließend in Visio erneut das erstellte Gantt-Diagramm, wie zuvor beschrieben, in das *.mpp-* oder *.mpx*-Dateiformat und öffnen Sie dieses danach mit Project.
6. Um die zusätzlich exportierten Spalten in Project darzustellen, fügen Sie diese mit dem Befehl *Spalte einfügen* ein. Klicken Sie dazu in Project mit der rechten Maustaste auf einen Feldnamen (Spalte) in der Ansicht *Balkendiagramm (Gantt)* und rufen über das Kontextmenü den Befehl *Spalte einfügen* auf (Abbildung 24.12).

Abbildung 24.12: *Zusätzliche Spalten in Project einfügen*

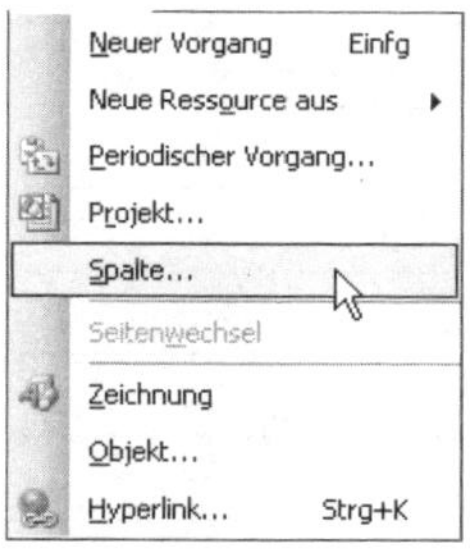

Um beispielsweise die Inhalte des Datenfeldes *Benutzerdef. Text 1* von Visio zum Feld *Text1* in Project zu exportieren:

1. Wählen Sie den Feldnamen *Text1* aus der Auswahlliste aus.
2. Bestätigen Sie mit der Schaltfläche *OK,* um die Spalte einzufügen (Abbildung 24.13).
3. Gehen Sie in der gleichen Reihenfolge vor, um z.B. die Spalte *Ressourcennamen* einzufügen.

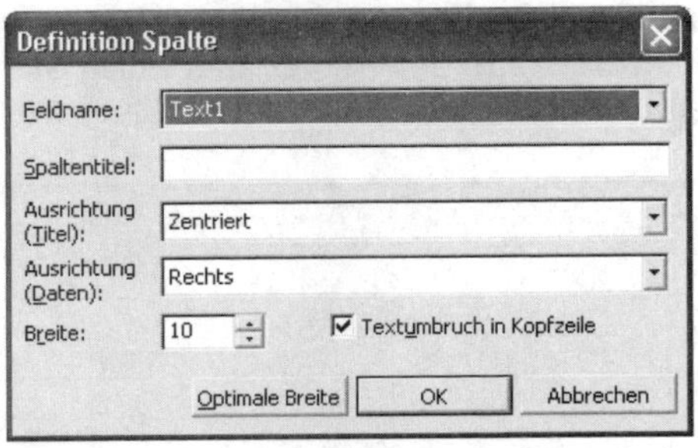

Abbildung 24.13: *Auswahl des Feldnamens in Project*

In Tabelle 24.1 erkennen Sie das aus Visio in Project eingefügte Gantt-Diagramm. Sie können alle individuellen Spalten von Visio über das *.mpp-* oder *.mpx*-Dateiformat nach Project exportieren.

Die *.mpp*-Datei hat dabei die in Abbildung 24.1 aufgeführten Feldinhalte.

Tabelle 24.1: *Feldinhalte im Vergleich*

Visio-Gantt-Diagramm	Project-Tabelle
% fertig gestellt	% Abgeschlossen
Abschluss	Ende
Anfang	Anfang
Aufgabenname	Name
Benutzerdef. Dauer	Dauer1
Benutzerdef. Dezimalstelle	Zahl2
Benutzerdef. Text 1	Text1
Benutzerdef. Text 2	Text2
Benutzerdef. Text 3	Text3
Benutzerdef. Text 4	Text4
Benutzerdef. Text 5	Text5
Benutzerdef. Uhrzeit	Anfang1
Benutzerdef. Zahl	Zahl1
Dauer	Dauer
Gliederungsebene	Gliederungsebene
ID	Nr.
Kommentare zur Aufgabe	Notizen
Ressourcennamen	Ressourcennamen
Tatsächl. Abschluss	Aktuelles Ende
Tatsächliche Dauer	Aktuelle Dauer
Tatsächlicher Anfang	Aktueller Anfang

Abbildung 24.14: *Importiertes Visio-Gantt-Diagramm mit zusätzlichen Spalten in Project*

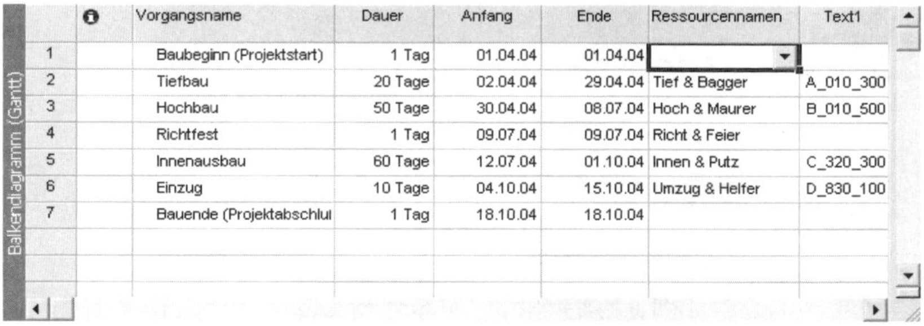

		Vorgangsname	Dauer	Anfang	Ende	Ressourcennamen	Text1
1		Baubeginn (Projektstart)	1 Tag	01.04.04	01.04.04		
2		Tiefbau	20 Tage	02.04.04	29.04.04	Tief & Bagger	A_010_300
3		Hochbau	50 Tage	30.04.04	08.07.04	Hoch & Maurer	B_010_500
4		Richtfest	1 Tag	09.07.04	09.07.04	Richt & Feier	
5		Innenausbau	60 Tage	12.07.04	01.10.04	Innen & Putz	C_320_300
6		Einzug	10 Tage	04.10.04	15.10.04	Umzug & Helfer	D_830_100
7		Bauende (Projektabschlu	1 Tag	18.10.04	18.10.04		

Arbeitsfreie Zeit exportieren

In Visio kann im Gantt-Diagramm individuell eingestellt werden, ob und an welchen Tagen arbeitsfrei ist. Standardmäßig sind in einem neuen Gantt-Diagramm der Samstag und Sonntag als arbeitsfrei eingestellt. Die arbeitsfreien Tage können Sie über das Menü *Gantt-Diagramm* mit dem Befehl *Arbeitszeit konfigurieren* ändern. Deaktivieren Sie dazu die Kontrollkästchen vor den Wochentagen, die arbeitsfrei sein sollen, und ändern Sie ggf. die Arbeitszeit (Abbildung 24.15).

Abbildung 24.15: *Arbeitszeiten in Visio*

Was geschieht mit diesen Kalendereinträgen, wenn Sie einen Export in das *.mpp*- oder *.mpx*-Dateiformat vornehmen? Visio exportiert alle eingestellten Änderungen in der Arbeitszeit zu einem neuen Basiskalender in Project. Sie finden diesen Kalender im Menü *Extras* unter *Arbeitszeit ändern*.

Wählen Sie anschließend (wie in Abbildung 24.16 gezeigt) den *Standard (Projektkalender)* aus, um die Änderungen der Arbeitszeit auch in Project zu betrachten.

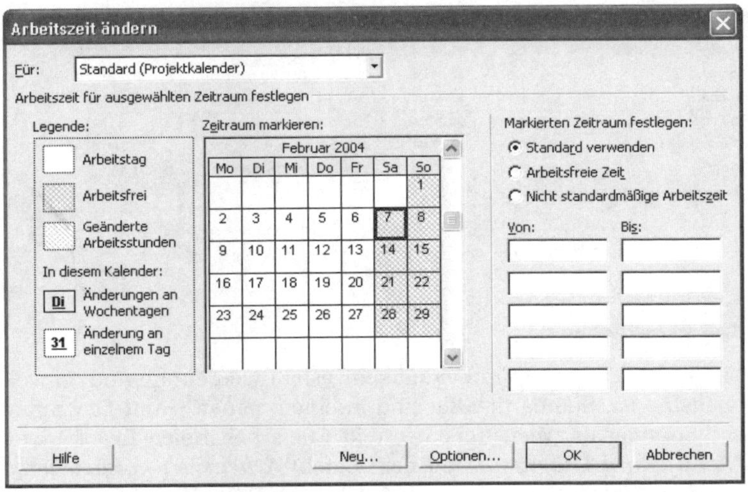

Abbildung 24.16: *Projektkalender (arbeitsfreie Zeit) in Project*

HINWEIS

Der »Visio-Gantt-Diagramm-Kalender« wird in der in Project importierten Datei als Projektkalender gespeichert. Damit werden alle Terminplanberechnungen nur anhand dieses Kalenders durchgeführt. Falls Sie den »Visio Gantt-Diagramm-Kalender« nicht in Project verwenden möchten, können Sie diesen über das Menü *Projekt* und dort über den Befehl *Projektinfo* im Listenfeld *Kalender* auf einen anderen Eintrag setzen.

Für alle in der Spalte *Ressourcennamen* im Visio-Gantt-Diagramm angelegten Einträge als Ressource wird jeweils ein Ressourcenkalender in Project erzeugt. Alle Ressourcen werden in die Project-Ansicht *Ressource: Tabelle* übernommen.

Weiterverarbeitung in Project

Der Terminplan steht nun zur Weiterverarbeitung in Project bereit. Sie können eine weiter detaillierte Strukturierung in Ihrem Projekt vornehmen und die zusätzlichen Termindaten kalkulieren. Fügen Sie dazu, weitere Vorgänge in der Project-Datei hinzu und erstellen Sie dabei mehrere Gliederungsebenen.

Nach der Fertigstellung der Terminplanung in Project können Sie den aktuellen Plan bei Bedarf wieder zurück nach Visio importieren.

Export von Project nach Visio

Zunächst sollte die Frage geklärt werden, unter welchen Bedingungen sich ein Import von Project-Dateien in Visio lohnt. Der Import von Project-Dateien sollte in Abhängigkeit zur importierenden Datenmenge stehen. Umfasst der Project-Terminplan mehrere Dutzend bis Hunderte Vorgänge, sollte ein Import in ein grafisches Programm wohl überlegt werden. Visio hat beim Import von Project-Dateien kein Limit bezüglich der zu importierenden Datensätze. Es sollte jedoch darauf geachtet werden, dass das Gantt-Diagramm in Visio noch überschaubar ist.

Visio kann auch als Viewer für Project-Dateien verwendet werden. Bei kleineren Projekten (mit bis zu 50 Vorgängen) können die beteiligten Projektpersonen mithilfe von Visio die Project-Dateien importieren und sich damit einen Überblick des aktuellen Projektgeschehens verschaffen.

Importieren von Project-Dateien

Sie möchten die von Project exportierten Daten in Visio importieren:

1. Zum Importieren von Project-Dateien wählen Sie in Visio aus dem Menü *Gantt-Diagramm* den Befehl *Importieren* (Abbildung 24.17) und anschließend die Schaltfläche *Durchsuchen*.

Abbildung 24.17: *Den Gantt-Diagrammdaten-Import starten*

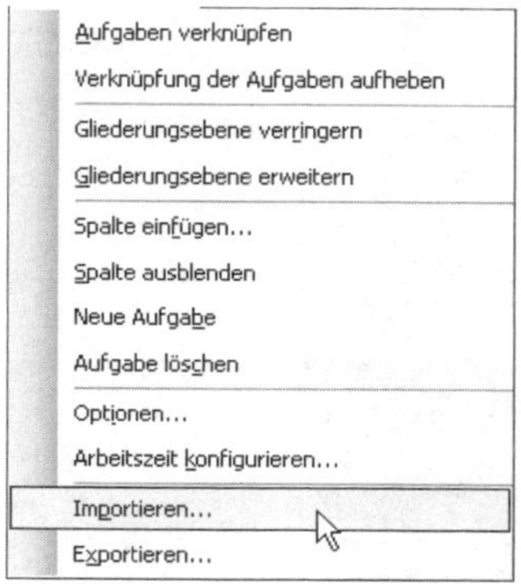

2. Wählen Sie im ersten Schritt zwischen den Optionen, ob Sie aus einer vorhandenen Project-Datei Projektinformationen öffnen oder ob Sie eine neue Projektdatei erstellen möchten (Abbildung 24.18).

Abbildung 24.18: *Optionen für die Auswahl der Datenquelle*

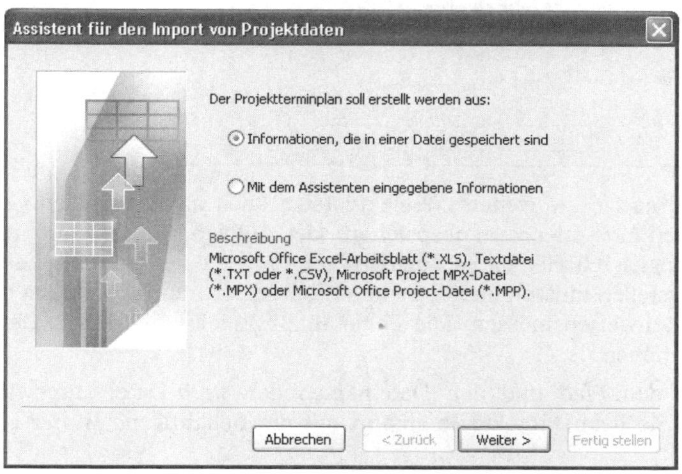

3. Wählen Sie das Format *Microsoft Office Project-Datei* aus und klicken Sie auf die Schaltfläche *Weiter*.

4. Wählen Sie den Pfad und den Dateinamen aus, den Sie zuvor beim Export zu Project verwendet haben. Bestätigen Sie per Klick auf die Schaltfläche *Öffnen* (Abbildung 24.19).

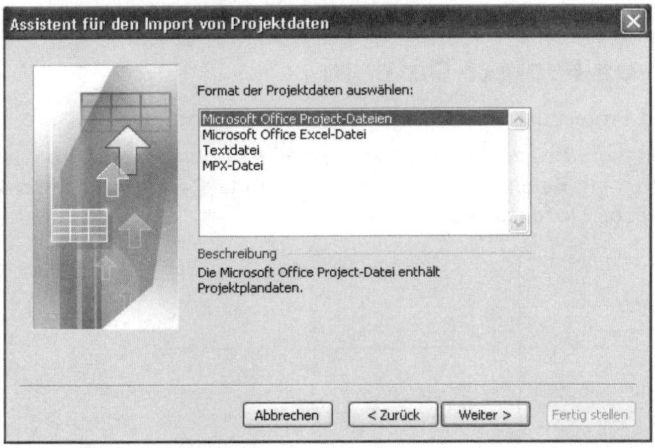

Abbildung 24.19: *Auswahl des Dateiformats*

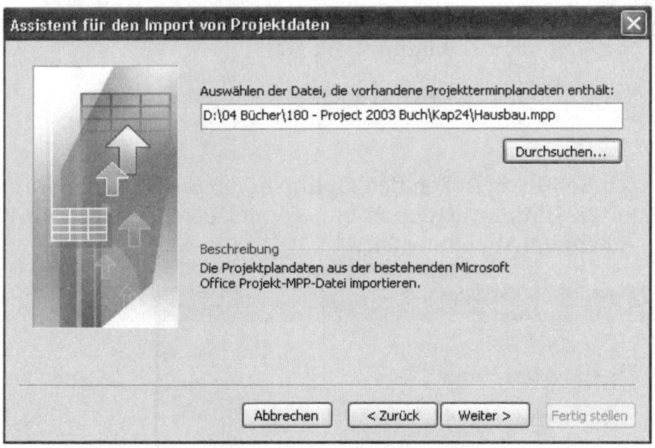

Abbildung 24.20: *Auswahl der Project-Datei*

TIPP

Sie können in Project ohne weiteres Projektdateien auch als Textdateien (*.txt*) oder Excel-Dateien (*.xls* oder *.csv*) abspeichern; der Aufwand für den Import in Visio ist jedoch ungleich höher, da Sie zunächst von Project eine Exportabbildung mit Feldnamen erstellen müssen und diese in Visio in einer Importabbildung den Visio-Feldnamen zuweisen müssen. Die Fehleranfälligkeit ist bei diesen Dateitypen wesentlich höher.

5. Nachdem Sie den Pfad und den Dateinamen der *.mpp*-Datei ausgewählt haben, gehen Sie beim Projektdatenimport mit der Schaltfläche *Weiter* zum nächsten Schritt.
6. Hier können Sie in den Optionen des Gantt-Diagramms die Daueroptionen, die Zeiteinheiten für die obere und untere Zeitskala (größere und kleinere Einheiten) einstellen, ferner, über *Weitere Optionen,* auch den Datumsbereich der Zeitskala (siehe Abbildung 24.21).

Abbildung 24.21: Projektdatenimport mit Gantt-Diagramm-Optionen abschließen

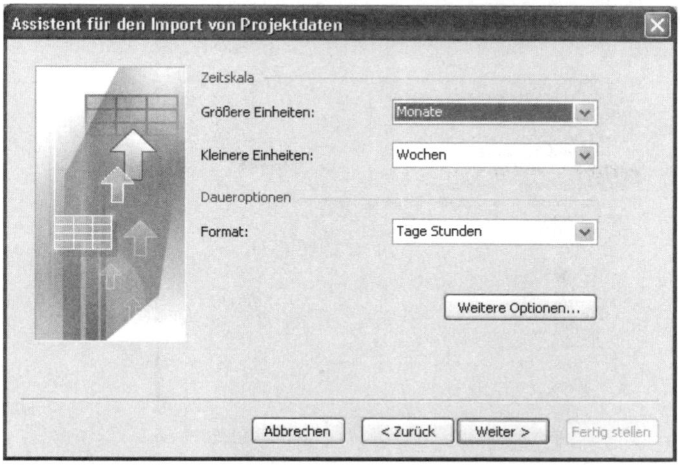

HINWEIS Achten Sie darauf, dass Sie die Zeiteinheiten nicht zu detailliert einstellen, da die importierte Grafik in Visio in ihrer Darstellung dadurch zu groß geraten könnte. Orientieren Sie sich vielmehr an der vorher in Project eingestellten Zeitskala.

7. Selektieren Sie im vorletzten Schritt die Daten, um ggf. nur die erste Gliederungsebene zu importieren (vgl. Abbildung 24.22).

Abbildung 24.22: Selektion von Projektdaten

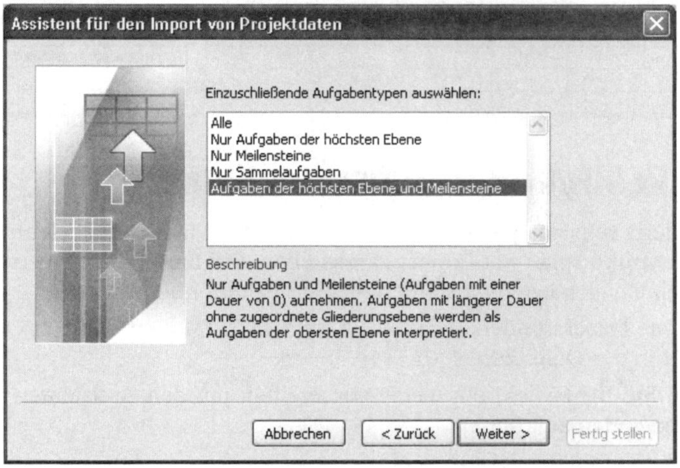

8. Klicken Sie auf die Schaltfläche *Weiter* und anschließend auf die Schaltfläche *Fertig stellen*, um den *Assistent für den Import von Projektdaten* zu beenden (vgl. Abbildung 24.23).

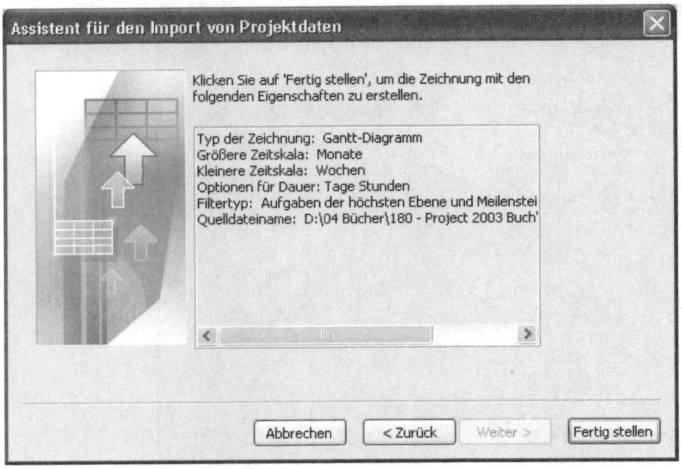

Abbildung 24.23: *Abschluss des Imports von Project*

Das endgültig von Project importierte Gantt-Diagramm ist in Abbildung 24.24 dargestellt.

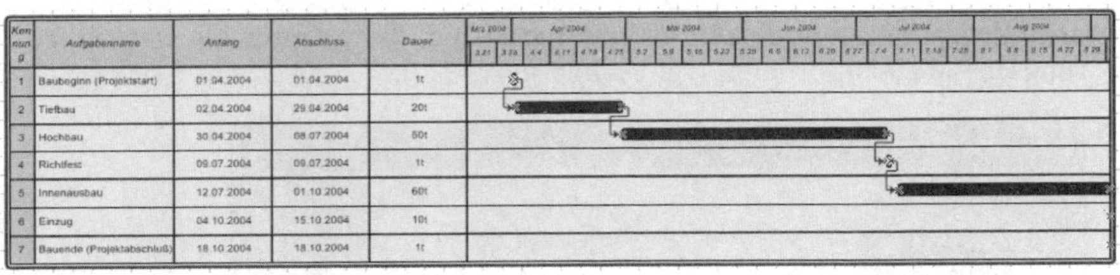

Abbildung 24.24: *Von Project importiertes Gantt-Diagramm in Visio*

Einen Projekt Strukturplan (PSP) erstellen

Ein von Anwendern sehr oft gefordertes Feature ist die Möglichkeit einen so genannten Projektstrukturplan mit Project darzustellen. Mit dieser neuen Version von Project und einem gleichzeitig installierten Visio ist dies nun möglich.

Das hier verwendete Projekt finden Sie auch auf der CD-ROM zum Buch im Ordner *\Buch\Kap24* in der Datei *kap24_01.mpp*.

Zunächst müssen Sie Ihr Projekt ein wenig vorbereiten, um den Assistenten für diese Funktion anwenden zu können:

1. Blenden Sie die Symbolleiste *Analyse* ein.

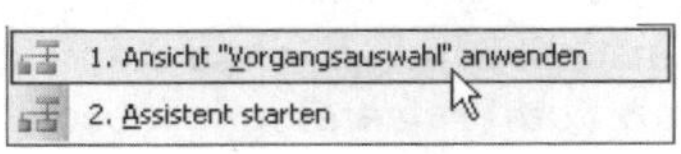

2. Rufen Sie das Menü *Assistent für Visio-Projektstrukturplandiagramme/ Ansicht "Vorgangsauswahl" anwenden* auf. Es wird eine neue Tabelle mit dem Feld *Im PSP-Diagramm hinzufügen?* angelegt (Abbildung 24.25).

Abbildung 24.25: Tabelle des Visio-Projektstrukturplandiagramm-Assistenten

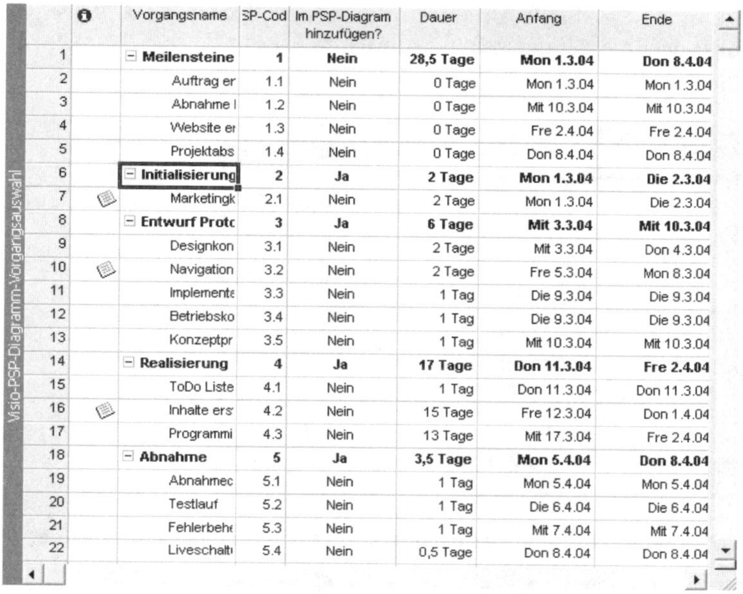

		Vorgangsname	SP-Cod	Im PSP-Diagram hinzufügen?	Dauer	Anfang	Ende
1		**Meilensteine**	**1**	**Nein**	**28,5 Tage**	**Mon 1.3.04**	**Don 8.4.04**
2		Auftrag er	1.1	Nein	0 Tage	Mon 1.3.04	Mon 1.3.04
3		Abnahme l	1.2	Nein	0 Tage	Mit 10.3.04	Mit 10.3.04
4		Website er	1.3	Nein	0 Tage	Fre 2.4.04	Fre 2.4.04
5		Projektabs	1.4	Nein	0 Tage	Don 8.4.04	Don 8.4.04
6		**Initialisierung**	**2**	**Ja**	**2 Tage**	**Mon 1.3.04**	**Die 2.3.04**
7		Marketingk	2.1	Nein	2 Tage	Mon 1.3.04	Die 2.3.04
8		**Entwurf Protc**	**3**	**Ja**	**6 Tage**	**Mit 3.3.04**	**Mit 10.3.04**
9		Designkon	3.1	Nein	2 Tage	Mit 3.3.04	Don 4.3.04
10		Navigation	3.2	Nein	2 Tage	Fre 5.3.04	Mon 8.3.04
11		Implement	3.3	Nein	1 Tag	Die 9.3.04	Die 9.3.04
12		Betriebsko	3.4	Nein	1 Tag	Die 9.3.04	Die 9.3.04
13		Konzeptpr	3.5	Nein	1 Tag	Mit 10.3.04	Mit 10.3.04
14		**Realisierung**	**4**	**Ja**	**17 Tage**	**Don 11.3.04**	**Fre 2.4.04**
15		ToDo Liste	4.1	Nein	1 Tag	Don 11.3.04	Don 11.3.04
16		Inhalte ers	4.2	Nein	15 Tage	Fre 12.3.04	Don 1.4.04
17		Programmi	4.3	Nein	13 Tage	Mit 17.3.04	Fre 2.4.04
18		**Abnahme**	**5**	**Ja**	**3,5 Tage**	**Mon 5.4.04**	**Don 8.4.04**
19		Abnahmec	5.1	Nein	1 Tag	Mon 5.4.04	Mon 5.4.04
20		Testlauf	5.2	Nein	1 Tag	Die 6.4.04	Die 6.4.04
21		Fehlerbeh	5.3	Nein	1 Tag	Mit 7.4.04	Mit 7.4.04
22		Liveschalt	5.4	Nein	0,5 Tage	Don 8.4.04	Don 8.4.04

3. Wählen Sie für jeden Vorgang, der im PSP-Diagramm erscheinen soll, den Eintrag *Ja* im Feld *Im PSP-Diagramm hinzufügen?* aus. Üblicherweise wählt man hierfür nur Sammelvorgänge aus.

Nun kann der Exportvorgang nach Visio gestartet werden:

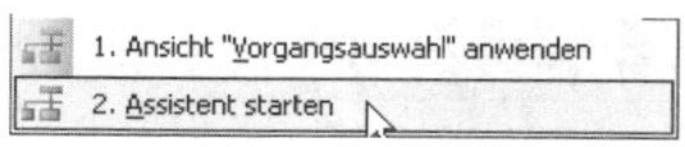

1. Rufen Sie das Menü *Assistent für Visio-Projektstrukturplandiagramme/ Assistent starten* auf.
2. Klicken Sie im ersten Dialogfeld auf *Weiter.*

Abbildung 24.26: Assistent zum Erstellen eines PSP-Diagrams

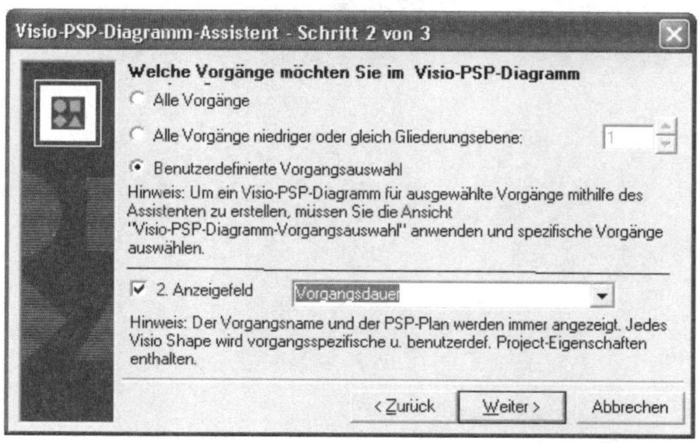

3. Wählen Sie im Schritt 2 des Assistenten die Option *Benutzerdefinierte Vorgangsauswahl,* um die Vorgänge zu exportieren, die Sie vorher markiert haben.

4. Optional können Sie durch Aktivieren des Kontrollkästchens 2. *Anzeigefeld* ein beliebiges weiteres Vorgangsfeld exportieren.
5. Klicken Sie auf *Weiter.*

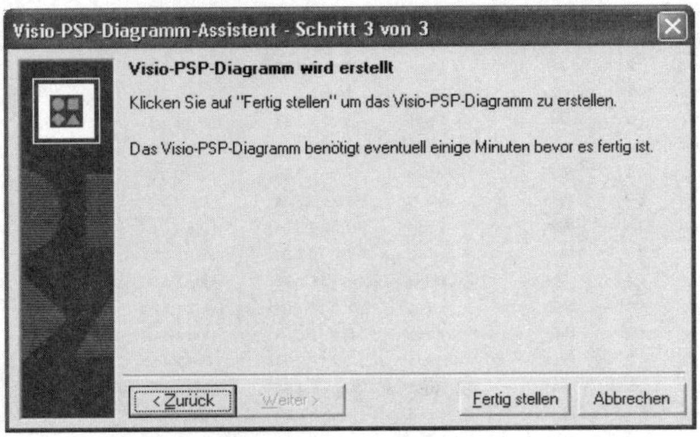

Abbildung 24.27: *Assistenten beenden*

6. Beenden Sie den Assistenten per Klick auf die Schaltfläche *Fertig stellen*.

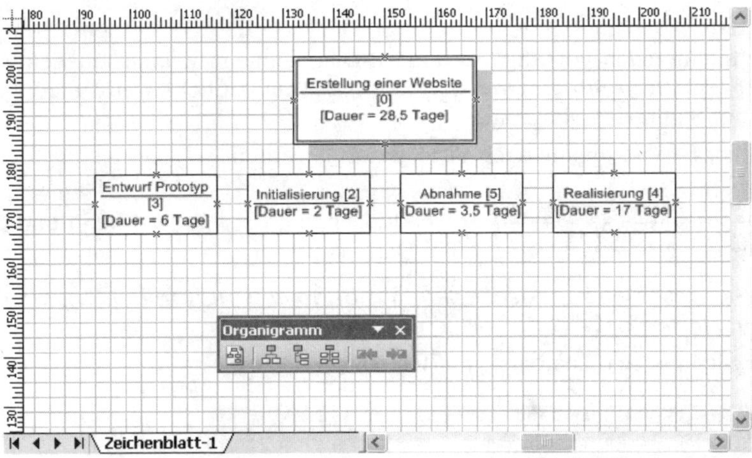

Abbildung 24.28: *Ergebnis des PSP-Diagramm-Assistenten*

25 Word

519 Vorgangstabelle in die Zwischenablage kopieren
521 Bild und Kopfdaten des Projektes übertragen

Bei der Arbeit mit Project ist die Verfügbarkeit von Daten in anderen Office-Anwendungen häufig sehr wichtig. Der Anwender will bereits erfasste Informationen nicht noch einmal eingeben, sondern komfortabel in allen verfügbaren Anwendungen abrufen. Project bietet hier verschiedene Möglichkeiten, wie Sie diese Integration herstellen können. In diesem Kapitel erfahren Sie mehr über das Zusammenspiel von Project und Word.

In Project sind einige vordefinierte Berichte enthalten, mit denen Sie den Status eines Projekts dokumentieren können. Was die Überarbeitung angeht, sind die Möglichkeiten aber doch eingeschränkt. Microsoft Word bietet hier deutlich mehr.

Sie haben eventuell bereits eine Word-Vorlage für Berichte vorliegen, die weitere Informationen aus verschiedenen Anwendungen zusammenfassen kann und darüber hinaus dem Firmen-CI entspricht. Dann stehen Sie jetzt vor dem Problem: Wie kommen die Daten eines Projektes ohne viel Arbeit in das Word-Dokument? Auf den nachfolgenden Seiten wollen wir diese Frage beantworten.

Das Beispiel zu diesem Abschnitt finden Sie in der Datei *\Buch\Kap25\Kap25_01.mpp* auf der CD-ROM zu diesem Buch.

Vorgangstabelle in die Zwischenablage kopieren

Ein erstes Beispiel zeigt, wie Sie die Vorgangstabelle über die Zwischenablage kopieren und als Tabelle in Word einfügen können.

Kopieren Sie in Project eine Vorgangstabelle und fügen Sie diese über die Zwischenablage in Word ein. Um diese Aufgabe zu lösen, gehen Sie folgendermaßen vor:

1. Starten Sie Project und öffnen Sie die Datei *Kap25_01.mpp*.
2. Markieren Sie die Zeilen in der Vorgangstabelle, die später im Bericht angezeigt werden sollen (Abbildung 25.1).

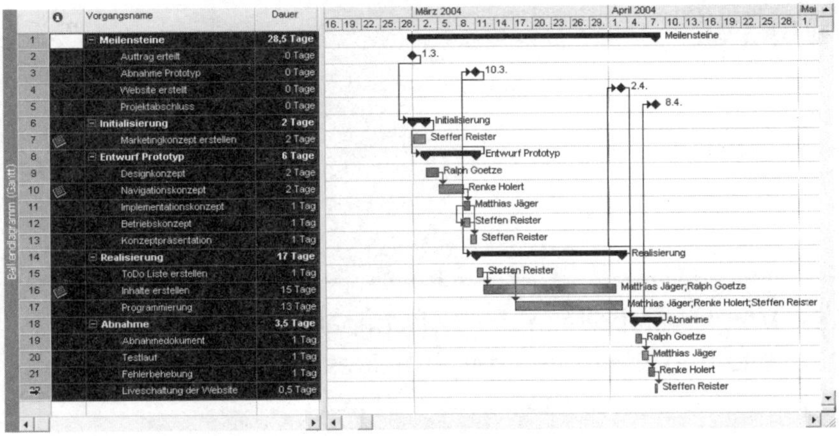

Abbildung 25.1: Markieren der Zeilen in Project

3. Kopieren Sie die Daten mit dem Menübefehl *Bearbeiten/Kopieren (Zelle)* oder alternativ über die Tastenkombination Strg+C in die Zwischenablage.
4. Wechseln Sie zu Word und positionieren Sie die Einfügemarke an der Stelle, an der die Daten der Vorgangstabelle eingefügt werden sollen.
5. Rufen Sie den Menübefehl *Bearbeiten/Einfügen* auf. Die Vorgangstabelle wird dann als Text mit Tabulatoren getrennt eingefügt (Abbildung 25.2).

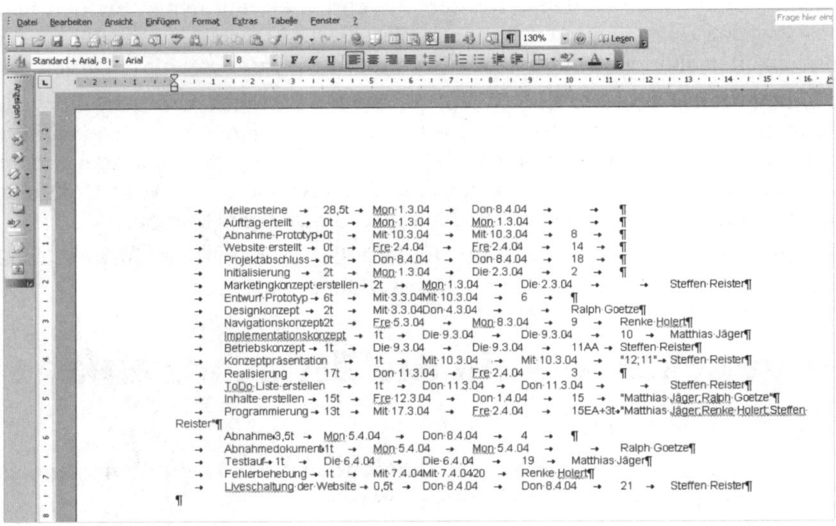

Abbildung 25.2: Eingefügte Vorgangstabelle von Project in Word

6. Wenn Sie den eingefügten Text in Word als Tabelle umwandeln möchten, markieren Sie alle Zeilen und wählen aus dem Untermenü *Tabelle/Umwandeln* den Befehl *Text in Tabelle*.
7. Legen Sie im Dialogfeld *Text in Tabelle umwandeln* fest, dass der Text durch *Tabstopps* getrennt werden soll.
8. Bestätigen Sie mit Klick auf die Schaltfläche *OK*.

Damit wird die Vorgangstabelle in Word angezeigt.

Bild und Kopfdaten des Projektes übertragen

Hierfür gibt es eine neue Funktion in Project 2003. In der Regel möchten Sie noch ein paar Kopfdaten des Projektes und eine Grafik in Ihr Worddokument übertragen. Dafür wurde der Assistent *Bild zu Office-Assistenten kopieren* implementiert.

Um diesen Assistenten aufzurufen, gehen Sie folgendermaßen vor:

1. Rufen Sie in Project über *Ansicht/Symbolleisten* die Symbolleiste *Analyse* auf.

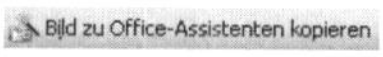

2. Klicken Sie auf *Bild zu Office-Assistenten kopieren.*
3. Klicken Sie im gestarteten Assistenten auf *Weiter.*

Abbildung 25.3: *Welche Gliederungstiefe möchten Sie exportieren?*

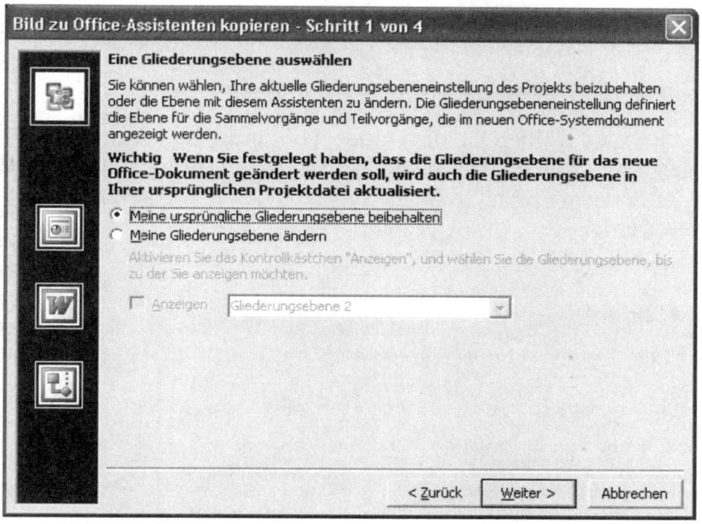

4. Im Schritt 1 des Assistenten (Abbildung 25.3) geben Sie an, wie detailliert Sie die Grafik des Projektes in Ihrem Wordbericht darstellen wollen. Wählen Sie die Option *Meine ursprüngliche Gliederungsebene beibehalten.*
5. Klicken Sie auf *Weiter.*
6. Im folgenden Dialogfeld (Abbildung 25.4) müssen Sie angeben, welche Vorgänge in der Grafik erscheinen sollen und welchen Zeitraum Sie sehen wollen.
7. Markieren Sie alle Vorgangszeilen im Projekt und wählen Sie die Option *Ausgewählte Zeilen in der Ansicht,* um alle Vorgänge darzustellen.

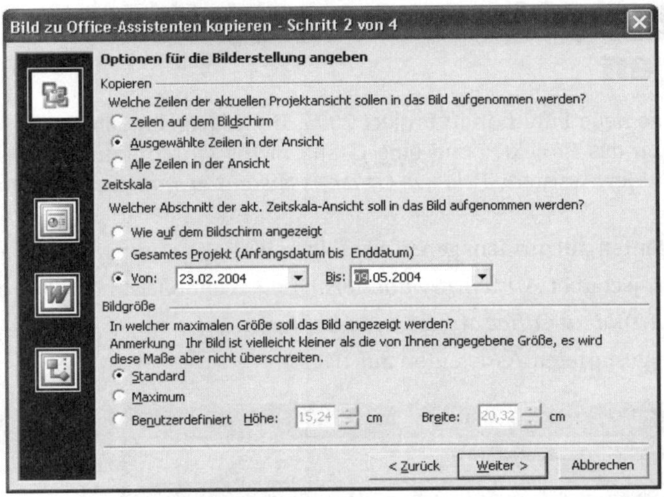

Abbildung 25.4: *Wie soll der Projektplan dargestellt werden*

8. Im Bereich *Zeitskala* wählen Sie die Option *Von* und geben dann in den Listenfeldern den Start- und Endzeitpunkt der Grafik an. Dazu sollten Sie sich genau die Zeitskala in Ihrer Grafik betrachten, damit nicht Informationen abgeschnitten werden.
9. Klicken Sie auf *Weiter*.

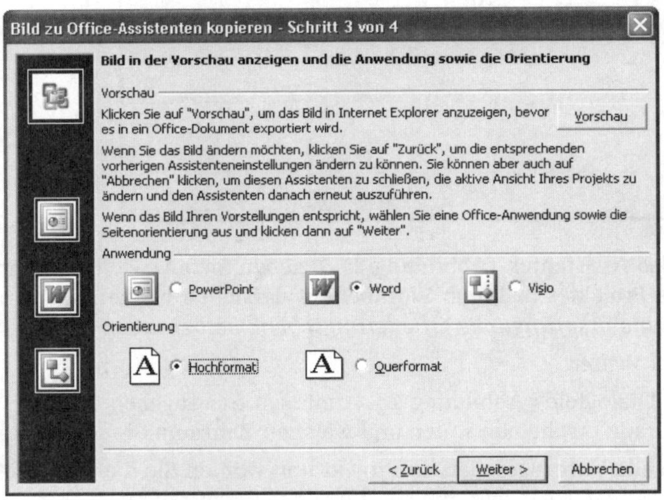

Abbildung 25.5: *Wählen Sie die Ausgabeform des Projektes*

10. In Schritt 3 (Abbildung 25.5) sollten Sie zunächst auf die Schaltfläche *Vorschau* klicken, um zu kontrollieren, wie das Bild im Export ausschauen wird. Dann können Sie eventuell noch Änderungen in Schritt 2 vornehmen.
11. Wählen Sie als Ausgabeform die Option *Word*.
12. Legen Sie fest, ob das Dokument in *Hoch-* oder *Querformat* angelegt werden soll.
13. Klicken Sie auf *Weiter*.

Abbildung 25.6: *Welche Projektkopfdaten sollen exportiert werden*

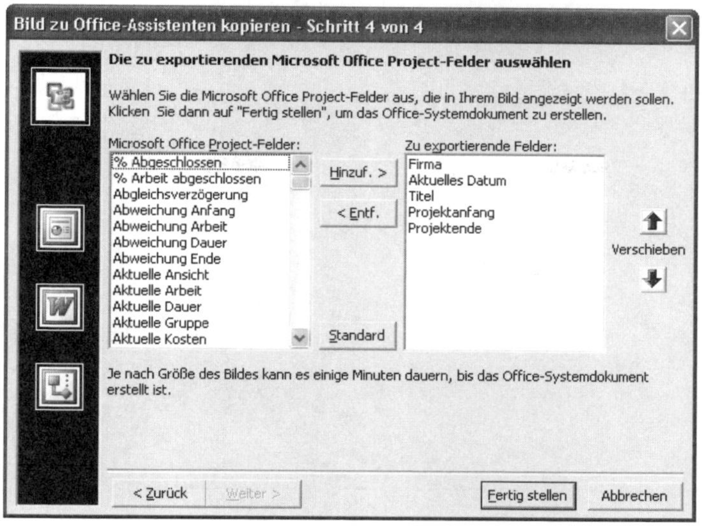

14. Im letzten Schritt (Abbildung 25.6) bestimmen Sie die Projektkopfdaten, die mit der Grafik exportiert werden sollen.
15. Klicken Sie zum Abschluss auf *Fertig stellen*, und schließen Sie den Assistenten. Daraufhin wird die Grafik mit den Projektkopfdaten in ein neues Dokument (Abbildung 25.7) exportiert.

Abbildung 25.7: *Der fertige Export in Word*

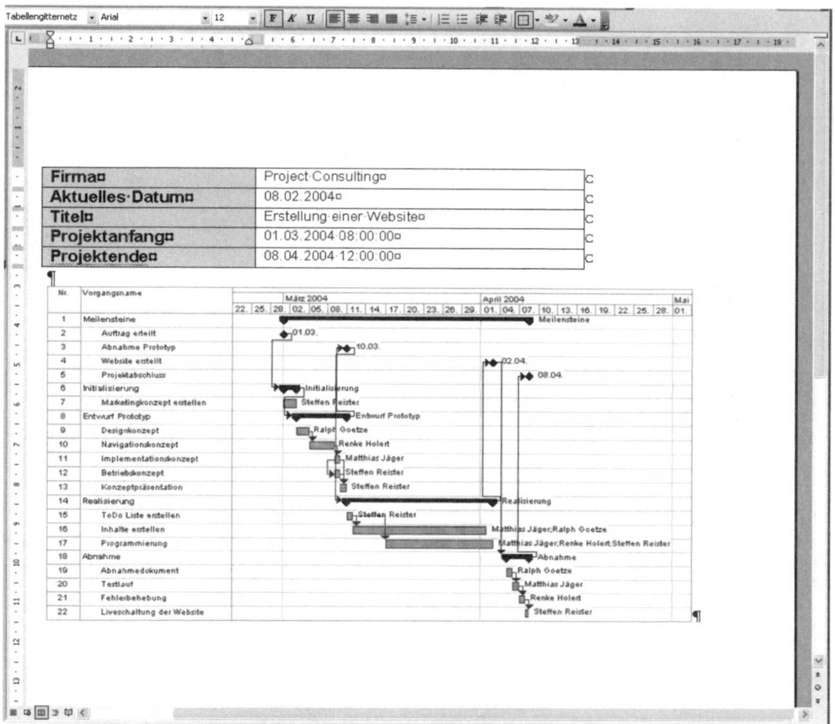

26 PowerPoint

Wie bei anderen Office-Anwendungen, können Sie Daten bzw. Ansichten aus Project über verschiedene Wege auch in eine PowerPoint-Präsentation übertragen. Der einfachste Weg führt wiederum über die Windows-Zwischenablage.

Die Funktionalität zum Kopieren von Bildern ist in Project bereits implementiert, d.h. Sie benötigen kein Zusatzprogramm, um eine Bildschirmaufnahme in Project zu erstellen. Sie können einstellen, was auf dem Bild dargestellt werden soll

1. Klicken Sie auf das Symbol *Bild kopieren* in der *Standard*-Symbolleiste. Das Dialogfeld *Bild kopieren* (Abbildung 26.1) wird geöffnet.

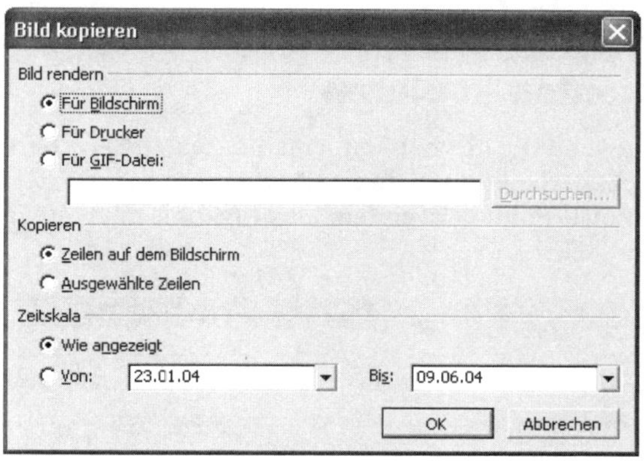

Abbildung 26.1: *Die Einstellungen für das Kopieren von Bildern*

2. Sie können die markierten Zellen oder aber die auf dem Bildschirm sichtbaren Zellen kopieren. Außerdem kann die Kopie direkt in einer GIF-Datei erstellt werden. Auch die Zeitskala kann eingestellt werden.

Das jeweilige Ergebnis können Sie dann über die Windows-Zwischenablage in PowerPoint einfügen (Abbildung 26.2).

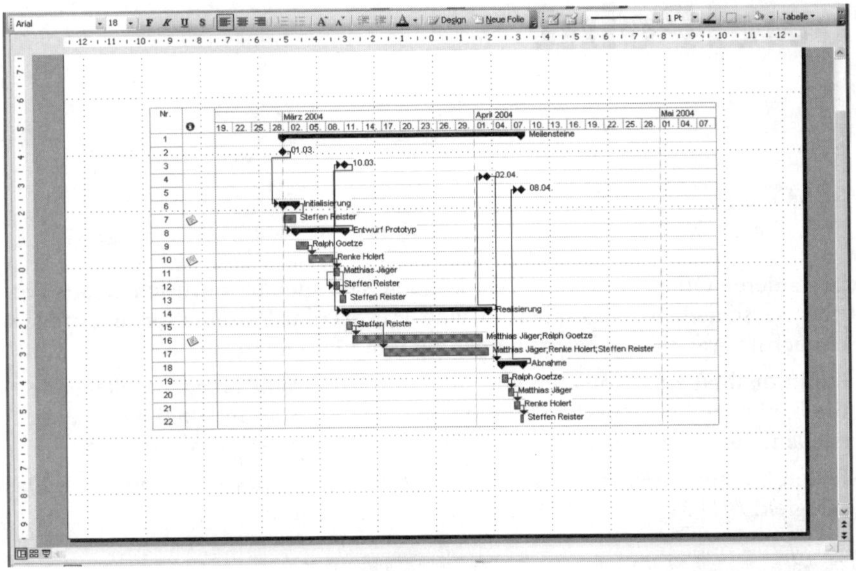

***Abbildung 26.2:** Eingefügtes Balkendiagramm (Gantt) in PowerPoint*

Bild zu Office-Assistenten kopieren

Im ▶ Kapitel 25 wurde die Verwendung des neu implementierten *Bild zu Office-Assistenten kopieren* beschrieben. Sie können diesen Assistenten auf die gleiche Weise auch für Exporte nach PowerPoint verwenden. Das Ergebnis eines solchen Exportes sehen Sie in Abbildung 26.3.

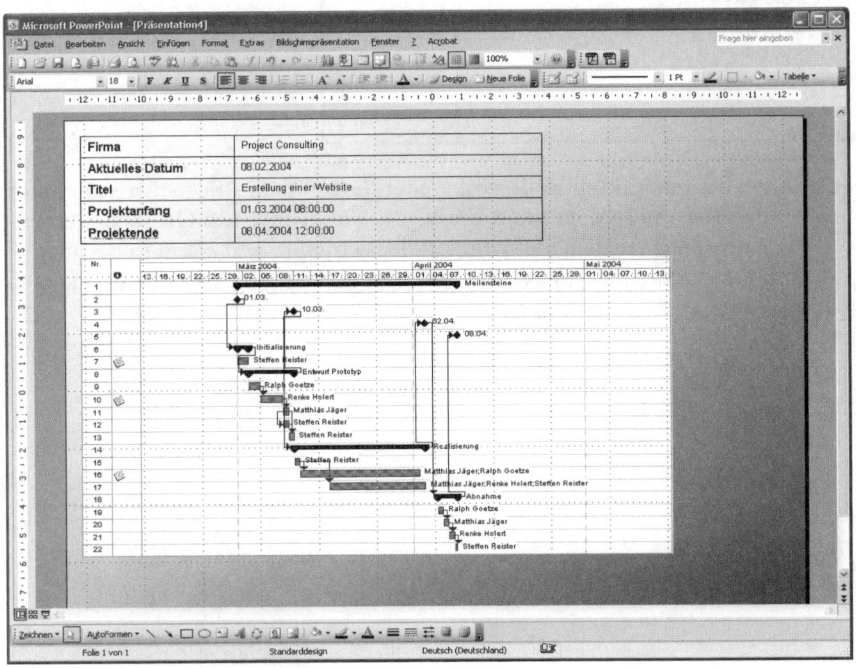

***Abbildung 26.3:** Exportergebnis nach PowerPoint*

Teil H
Vom Profi zum Programmierer

529 Programmieren in Project 2003
611 Menüs und Symbolleisten mit VBA
627 Mit UserForms programmieren

Als Profi fehlt Ihnen jetzt nur noch die Fähigkeit, eigene Lösungen zu programmieren. Machen Sie sich mit den Grundlagen der VBA-Programmierung in Project vertraut. In diesem Teil beschreiben wir den Unterschied zwischen Funktionen und Prozeduren, wie Sie mit der VBA-Programmiersprache Variablen und Konstanten definieren, Programmstrukturen aufbauen und Benutzerdialoge erstellen und anwenden.

Im Einzelnen lernen Sie, wie Sie

- Programme mit dem Makro-Rekorder aufzeichnen,
- Meldungen anzeigen und Benutzereingaben verarbeiten,
- Werte vergleichen und mit Programmverzweigungen reagieren,
- mit Schleifen Aktionen wiederholt ausführen,
- auftretende Fehler im Programm verarbeiten,
- Programme automatisch starten,
- auf alle Vorgänge und Ressourcen mit einer Schleife zugreifen.

Das Zusammenspiel von Project mit anderen Programmen der Office Familie nebst anwendungsübergreifender Programmierung runden diesen Teil ab. Danach gehören Sie ohne Zweifel zu den »Power-Usern« von Project.

27 Programmieren in Project 2003

539 Programmieren um jeden Preis?
542 Der Aufzeichnungsmodus
543 Der Visual Basic-Editor
548 Allgemeine Einstellungen des VBA-Editors
560 Wichtige Objekte
571 Sprachelemente von VBA
576 Eingebaute Formulare nutzen
577 Vor der Antwort kommt die Frage
578 Variablen und Konstanten
587 Externe Prozeduren verwenden: Verweise
587 Nützliche Schleifen
594 Verzweigungen in Programmen
600 Fehlerbehandlung in VBA
608 Können Makros automatisch ausgeführt werden?

Dieses Kapitel soll Ihnen beim Einstieg in die Programmierung mit *VBA* (Visual Basic für Applikationen) helfen. Mithilfe der VBA-Programmierung können Sie häufig wiederkehrende Aufgaben automatisieren oder fehlende Funktionalität ergänzen.

Zunächst soll in einem Kurzüberblick das Objektmodell umrissen werden. Anschließend werden die Arbeitsumgebung, die wichtigsten Objekte sowie die Sprachelemente von VBA vorgestellt.

Alle Beispiele finden Sie in der Datei *Kap27.mpp* im Ordner *\Buch\Kap27* auf der CD-ROM zu diesem Buch.

Einstieg in die Project-Programmierung

Abgesehen von *OLE*-Objekten, die Sie in eine Project-Datei einfügen können, treffen Sie bei der Arbeit mit Project nicht zwangsläufig auf die Begriffe *Objekt* oder *Objektmodell*. Bei der Programmierung mit *VBA* ist es umgekehrt: Sie kommen kaum daran vorbei, sich mit diesen Begriffen auseinander zu setzen. Das Verständnis des Objektmodells erleichtert den Zugriff auf die Eigenschaften und Methoden der Objekte.

Im ersten Abschnitt werden Sie Grundlegendes zum Objektmodell, den Objekten, Eigenschaften und Methoden erfahren.

Project mit Tastatur und Maus bearbeiten

Wenn Sie Project gestartet und eine Projektdatei geöffnet haben, befinden Sie sich in einer Arbeitsumgebung, die von allgemeinen Einstellungen geprägt ist. Hier sind insbesondere die Einstellungen unter *Extras/Optionen* zu nennen. Project fasst unter diesem Menüpunkt in allen Anwendungen eine Vielzahl von allgemeinen Parametern zusammen. Leider unterscheiden sich die Programme hinsichtlich der möglichen Einstellungen unter diesem Punkt doch ganz erheblich. So können Sie in Project auf der Registerkarte *Ansicht* unter *Währungsoptionen* z.B. das Währungssymbol und die Anzahl der Dezimalstellen für das aktuelle Projekt einstellen. Welcher Excel-Anwender, der mit verschiedenen Währungen umgehen muss, hätte von solchen Einstellungen für eine Arbeitsmappe nicht schon mal geträumt? Ganz zu schweigen von der Möglichkeit, den Wochenbeginn festlegen zu können. Was die Entwickler hier anbieten, spiegelt einen Teil des Objektmodells wider. Und die Objektmodelle der einzelnen Anwendungen unterscheiden sich eben.

Die Umgebung wird weiterhin aus verschiedenen Fenstern, Ansichten, Menüleisten und Symbolleisten gebildet. Auch diese Objekte sind Teil des Objektmodells und erlauben dem Benutzer, sich seine Arbeitsumgebung nach eigenen Wünschen und Bedürfnissen zusammenzustellen. Ein paar allgemeine Objekte sind bereits in Project 98 hinzugekommen, wie der Office-Assistent und die VBA-Entwicklungsumgebung in Gestalt des Visual Basic-Editors (VBE).

Schließlich gibt es noch das Projekt selbst, mit seinen Dateieigenschaften, Vorgängen, Ressourcen usw. An dieser Stelle spielt sich die eigentliche Arbeit ab. Hier erfassen Sie Vorgänge, Dauer, Beginn und Ende, weisen Ressourcen zu oder formatieren bestimmte Vorgänge in einer eigenen Schriftart oder Farbe.

Arbeiten mit Objekten

Betrachten Sie einmal die Arbeitsumgebung in Project. Da gibt es zunächst das Anwendungsfenster. Wenn Sie dieses Programm gestartet haben, arbeiten Sie mit Projekten, die verschiedene Ansichten enthalten. Diese Ansichten können von unterschiedlichem Typ sein – z.B. Tabellen oder Diagramme. Eine Tabelle wiederum enthält eine Vielzahl von Zellen, von denen einige leer sind, andere jedoch einen Wert enthalten und ein bestimmtes Format aufweisen.

Um einen Vorgang editieren oder formatieren zu können, ist das folgende Vorgehen erforderlich:

1. Project starten
2. Projekt öffnen
3. Ansicht auswählen
4. Vorgang aktivieren
5. Wert ändern oder die Formatierung vornehmen

Wenn Sie sich die Gliederung ansehen und die Schritte bewusst machen, wird Ihnen dies beim Verständnis der Objekte und der Zugriffsmethoden mit VBA helfen. Die Gliederung zeigt einzelne Objekte von Project. Sie sind Teil der insgesamt verfügbaren Objekte. Alle verfügbaren Objekte und ihre hierarchische Ordnung untereinander werden unter dem Begriff *Objektmodell* zusammengefasst. Die Objekte einer Anwendung, hier Project, können Sie in der Visual Basic-Hilfe einsehen, wenn Sie im Antwort-Assistent nach dem Begriff »Project-Objekte« suchen.

Auch andere Office-Anwendungen haben ein Objektmodell mit verschiedenen Objekten und ebenfalls hierarchischem Aufbau. So hat z.B. die Anwendung Word das Objekt *ActiveDocument*. Dieses wiederum enthält Absätze, Zeichen und sonstige untergeordnete Objekte.

Project und VBA

Parallel zu der eben beschriebenen Anwendungsebene von Project gibt es eine Programmierebene. Über diese können Sie ebenfalls auf die Objekte der Anwendung zugreifen. Die in Project implementierte Version VBA 6.0 ist ebenfalls objektorientiert; die Objekte sind in hierarchischen Gruppen zusammengefasst. Jedes Objekt ist ein Teil der nächst höheren Ebene und kann selbst eigene Objekte enthalten. Die höchste Ebene wird in den Office-Anwendungen üblicherweise vom *Application*-Objekt gebildet.

Um ein Objekt zu referenzieren, werden, beginnend mit der höchsten Ebene, alle Ebenen bis zum gewünschten Objekt aufgeführt. Die verschiedenen Ebenen werden dabei durch einen Punkt getrennt. Der allgemeine Aufbau ist dabei: *Objektkennzeichner.Auflistung.Objekt.*

So wird die Lage im Objektmodell eindeutig beschrieben. Im Allgemeinen kann die Angabe der höchsten Ebene, also *Application*, entfallen. Die folgenden Beispiele verweisen auf dasselbe Objekt, nämlich auf den ersten Vorgang des aktiven Projekts. Für die Beispiele ist es erforderlich, dass der Vorgang Nummer eins überhaupt eingetragen ist.

Unterschiedliche Anweisungen im Direktfenster, die alle auf dasselbe Objekt verweisen:

- `?Application.ActiveProject.Tasks.Item(1).Name`
- `?ActiveProject.Tasks.Item(1).Name`
- `?ActiveProject.Tasks(1).Name`

Auf den ersten Blick sind die Objektbezüge reichlich kompliziert. Beim Arbeiten mit VBA wird aber schnell der Vorteil dieser Schreibweise klar. Wenn Sie beispielsweise im Direktfenster ein Objekt und den anschließenden Punkt eintragen, öffnet sich eine Auswahlliste. Diese Liste enthält nur diejenigen Objekte, Eigenschaften, Methoden und Ereignisse, die auf das bisher eingetragene Element angewandt werden können. Sie haben also den kompletten Katalog der VBA-Anweisungen permanent zur Verfügung. Damit Sie in dieser Weise unterstützt werden, muss unter *Extras/Optionen* auf der Registerkarte *Editor* das Kontrollkästchen *Elemente automatisch auflisten* markiert sein.

Jedes Objekt hat bestimmte *Eigenschaften* und *Methoden*, einige auch spezielle *Ereignisse*. Diese werden durch die *Klasse*, zu der das Objekt gehört, festgelegt.

Eine Klasse definiert einen Objekttyp und enthält eine Beschreibung aller Eigenschaften, Methoden und – sofern vorhanden – Ereignisse für diese Klasse.

Eigenschaften

Eine *Eigenschaft* ist ein benanntes Attribut eines Objekts. Eigenschaften bestimmen das Aussehen von Objekten, wie etwa Größe, Farbe und Bildschirmposition. Sie können auch Informationen über den Zustand eines Objekts geben, wie z.B. aktiviert oder deaktiviert, sichtbar oder unsichtbar.

HINWEIS

Es gibt Eigenschaften, deren Werte Sie einer Variablen zuweisen, die Sie aber nicht ändern können. Andere Eigenschaften wiederum können Sie auch ändern, d.h. Sie haben darauf Lese- und Schreibzugriff. Die VBA-Hilfe (*Vbapj10.chm*) zu der jeweiligen Eigenschaft von Project gibt Ihnen Auskunft über die Zugriffsmöglichkeiten.

Wenn eine Eigenschaft gelesen wird, steht diese auf der rechten Seite des *Zuweisungsoperators* ("="). Wenn Sie die Eigenschaft setzen, steht die Eigenschaft auf der linken Seite des Zuweisungsoperators. Auf der rechten Seite steht dann der Wert oder eine Konstante, die einen für die Eigenschaft gültigen Wert setzt.

Methoden

Was ist nun aber eine Methode? Methoden führen Aktionen mit einem Objekt aus. Beispiele für Methoden sind das Auswählen eines Objekts oder das Drucken einer Tabelle.

Zu Methoden können Sie meist Argumente angeben, die näher definieren, wie eine Methode ausgeführt werden soll. Beispielsweise können Sie bei der *Speichern*-Methode als Argument den Dateinamen oder bei der *Drucken*-Methode die Anzahl der Kopien angeben.

Die Syntax für das *Speichern unter* lautet:

```
Ausdruck.FileSaveAs(Name, Format, Backup, ReadOnly, TaskInformation, Filtered, Table, UserID, Database-
PassWord, FormatID, Map, Password, WriteResPassword, ClearBaseline, ClearActuals, ClearResourceRates,
ClearFixedCosts)
```

Die Syntax für das *Drucken* lautet:

```
Ausdruck.FilePrint(FromPage, ToPage, PageBreaks, Draft, Copies, FromDate, ToDate, OnePageWide, Preview,
Color)
```

TIPP

Eine Methode steht immer auf der linken Seite; sie kann nicht in einer Variablen gespeichert werden.

Das Project-Objektmodell

Alle Objekte einer Office-VBA-Applikation sind in eine Objekthierarchie unterteilt. Das höchste Objekt in Project ist das *Application*-Objekt, d.h. die Applikation Project befindet sich auf der höchsten Ebene der Objekthierarchie. Die Methoden des *Application*-Objekts stellen die allgemeine Befehlsfunktionalität der Benutzeroberfläche dar. Diese Methoden werden für die grundlegenden Befehle und Project verwendet.

Das *Application*-Objekt im Project-Objektmodell wird wie folgt unterteilt:

- *Projects* (Project) – ein Projekt oder alle geöffneten Projekte
- *Windows* (Window) – ein oder mehrere Fenster der Applikation oder des Projekts
- *Cell* – die aktive Zelle in der Applikation
- *Selection* – eine aktuelle Auswahl im aktiven Projekt
- *Assistant* – stellt den Microsoft Office-Assistenten dar
- *COMAddIns* (COMAddIn) – die Auflistung von *COMAddIn*-Objekten, die Informationen über ein in der Windows-Registrierung registriertes COMAddIn enthalten
- *CommandBars* (CommandBar) – eine Auflistung, die alle Symbolleisten der Anwendung oder des Projekts darstellt
- *EventInfo* – Aufhebungsinformationen für Ereignisobjekte, z.B. für das *ProjectBeforeTaskChange*-Ereignis
- *VBE* (*Visual Basic Editor*) – gibt ein Objekt zurück, das den Visual Basic-Editor darstellt

Das *Application*-Objekt

Ganz oben in der Objekthierarchie steht, wie schon ausgeführt, das *Application*-Objekt. Über dieses Objekt können verschiedene allgemeine Einstellungen vorgenommen werden. Über die Anweisung *Application.Caption* könnte z.B. der Titel auf der Leiste des Hauptfensters verändert werden. Die Standardeinstellung ist der Name der Applikation »Microsoft Project«. Über die Anweisung *Application.CalculateProject* kann das aktive Projekt neu berechnet werden. Wenn Sie alle geöffneten Projekte neu berechnen wollen, gelingt das mit der Anweisung *Application.CalculateAll*.

Während Sie mit *?ActiveProject.CurrentView* den Namen der aktuellen Ansicht erhalten, können Sie über die *ViewApply(Name, SinglePane, Toggle)*-Methode zwischen den verschiedenen Ansichten wechseln. Interessant dabei ist die Verwendung dieser Methode ohne Argument. In diesem Fall wird das Dialogfeld *Weitere Ansichten* angezeigt. Die Anzeige integrierter Dialogfelder wird also nicht wie z.B. in Excel über das Auflistungsobjekt *Dialogs* ermöglicht, sondern über den Aufruf der entsprechenden Methode ohne Argument. Wenn Sie dem Anwender z.B. das Dialogfeld *Speichern unter* anzeigen wollen, genügt die Anweisung *FileSaveAs*. Soll das Dialogfeld für die Seiteneinrichtung angezeigt werden, verwenden Sie die *FilePageSetup*-Methode ohne Argument.

Geöffnete Projekte

Die *Projects*-Auflistung enthält eine Liste der geöffneten Projekte. Diese Auflistung kann in einer *For...Each*-Schleife durchlaufen werden. Das folgende Makro (Listing 27.1) gibt die Namen der geöffneten Projekte inklusive der Pfadangabe aus.

Listing 27.1: *Auflistung der geöffneten Projekte durchlaufen*

```
Sub alleProjekte()
Dim p As Project
For Each p In Application.Projects
  MsgBox p.Path & PathSeparator & p.Name
Next
End Sub
```

Die Projects-Auflistung enthält natürlich die wichtigen Objekte für den Zugriff auf einzelne Projekte. Hier sind insbesondere die *Tasks*-Auflistung (Vorgänge) und die *Ressources*-Auflistung zu nennen.

Vorgänger eines Vorgangs

Alle *Vorgänger* und Nachfolgervorgänge eines Vorgangs können mit der *TaskDependencies*-Eigenschaft ermittelt werden. Die *Count*-Eigenschaft gibt die Anzahl der Informationen an. Mit der *Add*-Methode können Sie einen Vorgänger festlegen. Das folgende Beispiel (Listing 27.2) legt den Vorgang 1 als Vorgänger von Vorgang 5 fest und zwar in der Art *Ende-Anfang*.

Listing 27.2: *Eine Verzögerung hinzufügen*

```
Sub VorgängerVerzögerung()
ActiveProject.Tasks(5).TaskDependencies.Add _
  From:=ActiveProject.Tasks(1), Type:=pjFinishToStart, Lag:="2d"
End Sub
```

Zugriff auf die VBA-Projekte

Das Objektmodell enthält aber auch ein Objekt für den Zugriff auf integrierte VBA-Projekte. Mit der Anweisung *?Application.ActiveProject.VBProject.Name* kann der Projektname des VB-Projekts abgefragt werden. Dieser Name wird im VBA-Editor unter *Extras/Eigenschaften* angezeigt.

Die Anzahl vorhandener VB-Komponenten lässt sich mit der Anweisung *?Application.ActiveProject.VBProject.VBComponents.Count* im Direktbereich ausgeben.

Ob das VBA-Projekt mit einer digitalen Signatur versehen ist, können Sie mit der Anweisung *?Application.ActiveProject.VBASigned* prüfen. Die digitale Signatur ist ein neues Feature seit Office 2000, das auch in Project enthalten ist. Es handelt sich dabei praktisch um eine digitale Unterschrift, mit der Sie VBA-Projekte versehen können, um deren Ursprung bekannt zu geben.

Das *CommandBar*-Objekt

Die Objekte *Assistant* und *CommandBar* runden das Objektmodell ab. Diese Objekte sind von den anderen Office-Produkten bekannt und ermöglichen den Zugriff auf den Office-Assistenten und die Menüs sowie die Symbolleisten. Mit dem folgenden Makro (Listing 27.3) werden die Namen aller verfügbarer *CommandBar*-Objekte in der Sprache des Anwenders angezeigt.

Listing 27.3: *Zugriff auf das* CommandBar-*Objekt*

```
Sub alleCBars()
Dim i As Integer
Dim s As String
s = "Es gibt die folgenden CommandBar-Objekte:"
For i = 1 To Application.CommandBars.Count
  s = s & vbNewLine & CommandBars(i).NameLocal
Next
MsgBox s, vbInformation, "Info zu Project 2003"
End Sub
```

Das *CommandBar*-Objekt wird ausführlich in ▶ Kapitel 28 behandelt.

COMAddIns-Objekt

Die *COMAddIns*-Eigenschaft des *Application*-Objekts ermöglicht den Zugriff auf die Beschreibung der installierten *COMAddIns*. Das Makro in Listing 27.4 zeigt diese Beschreibungen in einer Meldung an.

Listing 27.4: *Beschreibung aller installierten* COMAddIns *anzeigen*

```
Sub COMAddInsInfo()
Dim i As Integer
Dim a As Integer
Dim s As String
Dim Appl As Application
s = "Folgende COM Add-In Anwendungen sind installiert:"
Set Appl = Application
a = Appl.COMAddIns.Count
For i = 1 To a
  s = s & vbNewLine & Appl.COMAddIns(i).Description
Next
MsgBox s, vbInformation, "Info zu COM Add-Ins in Project 2003"
End Sub
```

VBA-Neuheiten in Project 2003

HINWEIS Seit der letzten Version (Project 2002) sind im Objektmodell von Project 2003 Änderungen vorgenommen worden, um neue und verbesserte Funktionen in der Anwendung zu unterstützen. Neue Ojekte, Eigenschaften und Methoden wurden für die Programmierung hinzugefügt.

Neue Objekte in Project 2003

Die Tabelle 27.1 zeigt eine Liste der neuen Objekte in Project 2003 und eine kurze Beschreibung.

Tabelle 27.1: *Neue Objekte in Project 2003*

Objekt	Beschreibung
CodeMask	Ermöglicht den Zugriff auf Codeformate in Project.
CodeMaskLevel	Ermöglicht den Zugriff auf Codeformatebenen in Project.
LookupTable	Ermöglicht den Zugriff auf Nachschlagetabellen in Project.
LookupTableEntry	Ermöglicht den Zugriff auf die Einträge in Nachschlagetabellen in Project.
OutlineCode, OutlineCodes	Ermöglicht den Zugriff auf Gliederungscodes in Project.
Windows2	Ermöglicht den Zugriff auf Fenster in Project, um Interoperabilität mit Microsoft Visual Studio .NET zu erzielen.

Es handelt sich hier um eine relativ kleine Liste neuer Objekte. Die Implementierung dieser neuen Objekte hat natürlich eine Zunahme der Eigenschaften und Methoden sowie einiger Ereignisse zur Folge. Mehr Informationen dazu finden Sie in der Microsoft Project-VBA-Hilfe.

Neue Ereignisse, Eigenschaften und Methoden

Zum Project 2003-Objektmodell sind keine neuen Ereignisse hinzugefügt. Die neuen Methoden, die vorhandenen oder neuen Objekten im VBA-Objektmodell von Project 2003 zugeordnet sind, erkennen Sie in Tabelle 27.2. Die neuen Eigenschaften sind in der Tabelle 27.3 aufgeführt.

Tabelle 27.2: *Neue VBA-Methoden in Project 2003*

Neue Methode	Beschreibung
AddChild	Fügt der *LookupTable*-Auflistung einen Nachschlagetabelleneintrag hinzu. Gibt einen Verweis auf das *LookupTableEntry*-Objekt zurück.
DisplaySharedWorkspace	Zeigt den Bereich eines gemeinsam genutzten Arbeitsbereichs, z.B. für die Dokumentenablage mit Windows SharePoint Services an
EnterpriseProjectDelete	Löscht ein Projekt aus der Project Server-Datenbank. Diese Funktion steht nur bei der Verwendung von Project Professional 2003 in Kombination mit dem Project Server 2003 zur Verfügung.
EnterpriseSynchActuals	Synchronisiert die aktuelle Arbeit oder die aktuellen Überstunden in dem Projekt in Project Professional mit der aktuellen Arbeit oder den aktuellen Überstunden, die aus der Arbeitszeittabelle vom Project Web Access übermittelt und aktualisiert wurden. Diese Funktion steht nur bei der Verwendung von Project Professional 2003 in Kombination mit dem Project Server 2003 zur Verfügung.
GetCurrentTheme	Ruft das aktuelle Design für die *Projektberater*-Symbolleiste ab und aktualisiert die Formatvorlage für den Hintergrund des Seitenbereichs in der Kopfzeile.
IsOfficeTaskPaneVisible	Gibt den Wert *True* zurück, wenn alle Office-Aufgabenbereiche angezeigt werden.
OfficeTaskPaneHide	Blendet den Office-Aufgabenbereich aus, wenn dieser angezeigt wird.
OptionsSecurity	Legt die im Dialogfeld Optionen auf der Registerkarte Sicherheit verfügbaren Sicherheitsoptionen fest.
Refresh	Aktualisiert das aktive Fenster. Gibt den Wert *Nothing* zurück
RestoreSheetSelection	Stellt die gespeicherten Informationen zu Zeilen und Spalten einer ausgewählten Tabellenansicht wieder her.
SaveSheetSelection	Speichert Informationen zu Zeilen und Spalten einer ausgewählten Tabellenansicht.
ServiceOptionsDialog	Öffnet das Dialogfeld Dienstoptionen im Menü ?/Kundenfeedback-Optionen
CanCheckOut	Erhält den Wert True, wenn Project ein angegebenes Projekt aus Windows SharePoint Services auschecken kann. Damit kann geprüft werden, ob ein anderer Benutzer das Projekt bereits ausgecheckt hat oder ob das Projekt zum Bearbeiten auf den lokalen Computer übertragen werden kann.
CheckIn	Bei Anwendung auf das Application-Objekt checkt die Methode ein Windows SharePoint Services-Objekt ein. Bei Anwendung auf das Project-Objekt gibt es die Arbeitskopie des Projekts von einem lokalen Computer an den Windows SharePoint Services-Server zurück und legt das lokale Projekt auf Schreibgeschützt fest.
CheckOut	Bei Anwendung auf das Application-Objekt checkt die Methode ein Windows SharePoint Services-Objekt aus. Bei Anwendung auf das Project-Objekt checkt es den angegebenen Dateinamen auf dem Windows SharePoint Services-Server aus
DocumentLibraryVersionsDialog	Zeigt ein Dialogfeld mit der Windows SharePoint Services-Version des aktiven Projekts an, wenn das Projekt in Windows SharePoint Services gespeichert wurde

Tabelle 27.3: Neue VBA-Eigenschaften in Project 2003

Neue Eigenschaften	Beschreibung
ActualOvertimeWorkProtected	Gibt die geschützte aktuelle Überstundenarbeit einer Ressource oder eines Vorgangs in Minuten zurück oder legt diese fest.
ActualOvtWorkProtected	Gibt die geschützte aktuelle Überstundenarbeit einer Zuordnung in Minuten zurück oder legt diese fest.
ActualWorkProtected	Gibt die geschützte aktuelle Arbeit einer Zuordnung, einer Ressource oder eines Vorgangs in Minuten zurück oder legt diese fest.
BookingType	Gibt den Buchungstyp (vorgesehen oder zugesichert) einer Zuordnung oder einer Ressource zurück oder legt diesen fest.
CodeMask	Gibt eine Auflistung zurück, die das Codeformat für einen Gliederungscode in Project darstellt
Description	Gibt die Beschreibung eines einzelnen Eintrags in der Nachschlagetabelle eines Gliederungscodes zurück oder legt diesen fest.
EnterpriseMultiValuen	Gibt einen oder mehrere Werte des entsprechenden Enterprise-Gliederungscodes einer Ressource zurück oder legt diesen oder diese fest.
EnterpriseProjectCostn	Gibt den Wert des benutzerdefinierten Feldes für die Enterprise-Projektkosten eines Vorgangs zurück oder legt diesen fest.
EnterpriseProjectDaten	Gibt den Wert des benutzerdefinierten Feldes für den Enterprise-Projekttermin eines Vorgangs zurück oder legt diesen fest.
EnterpriseProjectDurationn	Gibt den Wert des benutzerdefinierten Feldes für die Enterprise-Projektdauer eines Vorgangs zurück oder legt diesen fest.
EnterpriseProjectFlagn	Gibt den Wert des benutzerdefinierten Feldes für das Enterprise-Projektattribut eines Vorgangs zurück oder legt diesen fest.
EnterpriseProjectNumbern	Gibt den Wert des benutzerdefinierten Feldes für die Enterprise-Projektnummer eines Vorgangs zurück oder legt diesen fest.
EnterpriseProjectOutlineCoden	Gibt den Wert des benutzerdefinierten Feldes für den Enterprise-Projektgliederungscode eines Vorgangs zurück oder legt diesen fest.
EnterpriseProjectTextn	Gibt den Wert des benutzerdefinierten Feldes für den Enterprise-Projekttext eines Vorgangs zurück oder legt diesen fest.
EnterpriseResourceMultiValuen	Gibt einen oder mehrere Werte des entsprechenden Enterprise-Gliederungscodes für eine Zuordnung zurück oder legt diesen oder diese fest.
IsValid	Gibt den Wert True zurück, wenn der Eintrag dem Codeformat einer Nachschlagetabelle eines Gliederungscodes entspricht.
Length	Gibt die Länge einer bestimmten Ebene im Codeformat Nachschlagetabelle eines Gliederungscodes an.
LinkedFieldID	Mit einem auf –1 festgelegten Wert wird angegeben, dass der Gliederungscode keine Nachschlagetabelle gemeinsam nutzt.
LookupTable	Gibt eine Auflistung zurück, die das Codeformat für einen Gliederungscode in Project darstellt.
MatchGeneric	Verwendung als Codes für den Gliederungscode im Ressourcenersetzungs-Assistenten. ▶

Neue Eigenschaften	Beschreibung
OnlyCompleteCodes	Gibt den Wert True zurück, wenn Codes mit Werten auf allen Ebenen des Codeformats der Nachschlagetabelle eines Gliederungscodes verwendet werden.
OnlyLeaves	Gibt den Wert True zurück, wenn nur Gliederungscodewerte ohne untergeordnete Elemente ausgewählt werden können.
OnlyLookUpTableCodes	Gibt den Wert True zurück, wenn nur in der Nachschlagetabelle aufgelistete Codes verwendet werden können.
OutlineCodes	Gibt eine Auflistung aller Gliederungscodes des Projektes zurück.
ParentEntry	Gibt den Nachschlagetabelleneintrag des übergeordneten Elements zurück.
RemoveFileProperties	Gibt den Wert True zurück, wenn Project vor dem Speichern Benutzerinformationen aus Änderungen und dem Dialogfeld Eigenschaften entfernt.
RequiredCode	Gibt den Wert True zurück, wenn der Gliederungscode vorhanden sein muss, bevor ein Speichervorgang zulässig ist.
Separator	Das Zeichen, das die Ebene des Codeformats vom nächsten Codeformat eines Gliederungscodes trennt. Dies kann eines der folgenden Zeichen sein: ».«, »–«, »+« oder »/«.
Sequence	Gibt die Art der Zeichenfolge eines Codeformats einer Nachschlagetabelle eines Gliederungscodes an.
SharedWorkspace	Gibt ein *SharedWorkspace*-Objekt zurück, das den Dokumentenarbeitsbereich darstellt, in dem sich ein angegebenes Dokument befindet.
CanCheckIn	Gibt den Wert True zurück, wenn Project ein angegebenes Projekt in Windows SharePoint Services einchecken kann.
DocumentLibraryVersions	Gibt ein *DocumentLibraryVersions*-Objekt für das angegebene Projekt zurück.

Ausgeblendete Objekte

Das neue Objektmodell enthält auch eine Reihe ausgeblendeter Eigenschaften und Methoden. Project kann auf diese Art und Weise das Objektmodell überarbeiten, wobei für die Benutzer sichergestellt wird, dass Makros der vorigen Version auch weiterhin lauffähig bleiben und abwärtskompatibel unterstützt werden Wenn Sie bereits mit Project und VBA gearbeitet haben, lohnt es sich, in der VBA-Hilfe auch auf diese Objekte einen Blick zu werfen.

Zugriff auf andere Anwendungen

Als logische Fortsetzung des Objektmodells können andere Anwendungen, etwa Excel oder PowerPoint, auch aus Project heraus angesprochen werden. In VBA wird dies erreicht, indem das Objektmodell dieser Anwendungen eingebunden wird. Über den Menübefehl *Extras/Verweise* richten Sie einen Verweis auf die entsprechende Objektbibliothek ein. Von diesem Moment an können Sie auf die Objekte der eingebundenen Anwendung ähnlich einfach zugreifen, wie dies bei Project-Objekten der Fall ist.

Für den Zugriff auf andere Anwendungen finden Sie in ▶ Kapitel 25 zu Microsoft Word und in ▶ Kapitel 26 zu PowerPoint einige Beispiele.

VBA (fast) ohne Grenzen

Zahlreiche Software-Hersteller implementieren VBA in ihre Anwendungen. Die Liste der Anwendungen, auf die Sie mit VBA zugreifen können, wächst ständig. Was bedeutet das für Ihre Arbeit?

Von der Programmierung her ist das weiter kein Problem: Sie binden die entsprechende Objektbibliothek ein und los geht's. Auch fremde Anwendungen können Sie mit den bereits vorgestellten Hilfsmitteln erforschen, wobei die Kenntnis des Objektmodells Ihnen dabei hilft.

Hilfe beim Start mit VBA

Wenn Sie mit der Programmierung in Project beginnen, stehen Ihnen die bekannten Hilfsmittel zur Verfügung. Ganz wichtig ist hierbei der *Objektkatalog*. Er erlaubt die Suche nach Objekten, Eigenschaften, Methoden und Ereignissen und bietet ferner Hilfe bei den zahlreichen Konstanten, die in Project mit dem Präfix »*pj*« beginnen. Mehr zum Objektkatalog finden Sie im ▶ Abschnitt »Wichtige Informationsquelle: der Objektkatalog« weiter unten in diesem Kapitel.

Auch das *Lokal*-Fenster gibt Hilfestellung bei der Programmierung. Wenn sich ein Makro im Unterbrechungsmodus befindet, können Sie hier Informationen über Objekte und Variablen erhalten. Mehr zum *Lokal*-Fenster finden Sie im ▶ Abschnitt »Hier treffen sich die Ausdrücke: Das Lokal-Fenster« in diesem Kapitel.

Programmieren um jeden Preis?

Nachdem Sie sich jetzt einen ersten Überblick verschafft haben, erfahren Sie im folgenden Abschnitt mehr über die Aufzeichnung von Makros und die Arbeitsumgebung des Visual Basic-Editors.

Auch in Project ist ein Makrorekorder integriert, mit dem Sie Aktionen aufzeichnen können. Häufig wiederkehrende Arbeitsschritte werden einmal aufgezeichnet und führen die Aktionen bei Bedarf schnell und zuverlässig aus.

Allerdings verführt der einfache Umgang mit dem Makrorekorder auch dazu, Programme für die unterschiedlichsten Zielsetzungen, mitunter ohne Rücksicht auf die mehrfache Verwendbarkeit, zu erstellen.

Wirklichen Nutzen haben Sie dann, wenn der entwickelte Code

- ohne große Probleme für andere Projekte weiter verwendet oder angepasst werden kann und
- genau eine Aufgabe, unabhängig von anderen Prozeduren, erledigt.

Die modulare Programmierung erspart Ihnen auch viel Zeit, weil Sie bereits erstellte Module wieder verwenden können, anstatt diese von Neuem zu programmieren.

Vor allem aber sollten Sie den eingebauten Funktionsumfang von Project kennen und erst dann eigene Programme entwickeln, wenn Sie sicher sind, dass die gesuchte Funktionalität nicht zum Standard gehört. Warum das Rad neu erfinden?

Achtung Aufnahme

Um einen ersten Einblick in die Programmierung mit VBA zu erhalten, ist der Makrorekorder ein ideales Werkzeug. Mit seiner Hilfe zeichnen Sie die Aktionen Schritt für Schritt auf und können diese nach Belieben wiederholen. Außerdem können Sie sich auf diese Weise mit der Programmiersprache VBA vertraut machen und hierbei die einzelnen Befehle und deren Auswirkungen kennen lernen. Sie lernen die Objekte von Project kennen und sehen, wie Eigenschaften zugewiesen und Methoden angewandt werden.

Der Makrorekorder zeichnet jede Aktion auf. Daraus ergibt sich die Notwendigkeit, die einzelnen Schritte vor der Ausführung zu überdenken, zu testen und eventuell kurz zu notieren.

Nehmen wir an, Sie wollen für den Eintrag »Auftrag erteilt« (Abbildung 27.1) in der Spalte *Vorgangsname* die Schriftart Arial in der Größe 12 und den Schriftstil Kursiv einstellen. Welche Schritte sind dafür nötig?

	❶	Vorgangsname	Dauer
1		⊟ **Initialisierung**	**2 t**
2		Auftrag erteilt	0 t
3		Marketingkonzept erstellen	2 t

Abbildung 27.1: *Einen Eintrag formatieren*

Ausgehend davon, dass eine Arbeitsmappe geöffnet ist, müssen Sie folgende Aktionen ausführen:

1. Zunächst rufen Sie über den Menübefehl *Extras/Makro/Aufzeichnen* den Makrorekorder auf.
2. Markieren Sie dann den Vorgang *Auftrag erteilt.*
3. Rufen Sie anschließend den Menübefehl *Format/Schrift* auf.
4. Stellen Sie die *Schriftart* auf *Arial*, den *Schriftschnitt* auf *Kursiv* und den *Schriftgrad* auf *12* ein.
5. Bestätigen Sie die Änderungen per Klick auf die Schaltfläche *OK*.
6. Beenden Sie die Aufzeichnung des Makros über *Extras/Makro/Aufzeichnung beenden* oder klicken Sie auf das gleichnamige Symbol.

Namenskonventionen für Makros

Genau diese Schritte sollen nun über den Makrorekorder aufgezeichnet werden. Aktivieren Sie zunächst den ersten Vorgang des Projekts. Starten Sie dann den Makrorekorder über den Menübefehl *Extras/Makro/Aufzeichnen*.

Bevor Sie die Aufzeichnung starten können, wird das *Dialogfeld Makro aufzeichnen* für allgemeine Informationen über das Makro angezeigt. Sie müssen einen für die jeweilige Arbeitsmappe eindeutigen Namen für das Makro vergeben.

Dabei sollten Sie auf die Namenskonvention für Makros achten:

- Verwenden Sie einen Buchstaben als erstes Zeichen.
- Verwenden Sie kein Leerzeichen, keinen Punkt (.), Ausrufezeichen (!) oder die Zeichen @, &, $, # im Namen.
- Der Name darf nicht länger als 255 Zeichen sein.

Sie sollten keine Namen verwenden, die bereits durch Funktionen, Anweisungen und Methoden in Visual Basic verwendet werden, da auf diese Weise die Funktionalität des entsprechenden Schlüsselworts in der Sprache beeinträchtigt wird.

Ebenso müssen Sie festlegen, wo das Makro gespeichert werden soll. Wählen Sie hierzu im Listenfeld *Speichern in* unter den Einstellungen einen der Einträge *Globaldatei* oder *Dieses Projekt*.

Die Einstellung *Dieses Projekt* sollten Sie wählen, wenn die Makros ganz gezielt nur in diesem Projekt verfügbar sein sollen.

Erstellen Sie ein Makro, das unabhängig von bestimmten Voraussetzungen funktioniert und das immer verfügbar sein soll, wenn Sie mit Project arbeiten, dann speichern Sie dieses Makro in der globalen Vorlagendatei *Global.mpt*. Diese Datei befindet sich bei einer Standardinstallation im Ordner *C:\Dokumente und Einstellungen\Username\Anwendungsdaten\Microsoft\MS Project\1031*.

Die Angabe einer Tastenkombination für den Programmstart ist optional. Wenn Sie eine Taste bzw. eine Tastenkombination angeben, können Sie das Makro schnell über diese Tasten ausführen. Verwenden Sie bei der Angabe der Tasten das Muster Strg+Taste, wobei Taste für die einzelne Taste steht, die Sie zusammen mit Strg drücken.

Das Einfügen einer Beschreibung ist optional. Sie wird im Programmcode als Kommentar vor den aufgezeichneten Aktionen eingetragen. Machen Sie von dieser Möglichkeit regen Gebrauch. Beschreiben Sie kurz die Funktionalität des Makros und die Bedingungen für die Ausführung.

Alle Einstellungen, die Sie beim Starten der Aufzeichnung vornehmen, lassen sich auch nachträglich ändern. Sie ersparen sich aber unnötige Arbeitsschritte, wenn Sie bereits bei der Aufzeichnung diese Angaben machen.

Abbildung 27.2: *Die Einstellungen für die erste Aufzeichnung*

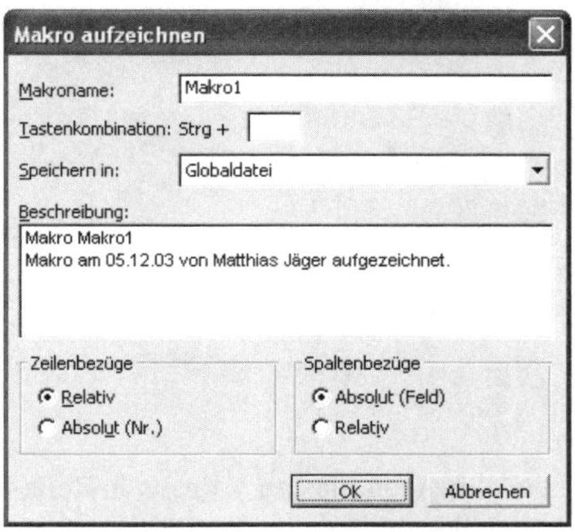

Nehmen Sie die allgemeinen Einstellungen wie in Abbildung 27.2 vor. Führen Sie nun genau die genannten Schritte durch und beenden Sie die Aufzeichnung über den Befehl *Aufzeichnung beenden im Menü Extras/Makro*.

Sie wollen jetzt natürlich das aufgezeichnete Makro ausführen, um die Arbeitsweise zu prüfen.

VORSICHT

Wenn Sie keine Tastenkombination für die Aufzeichnung festgelegt haben, führen Sie folgende Schritte aus, um das Makro zu starten:

1. Wählen Sie den Menübefehl *Extras/Makro/Makros*.
2. Markieren Sie im angezeigten Dialogfeld den Namen des Makros.
3. Wählen Sie die Schaltfläche *Ausführen*.

HINWEIS

Damit Sie die korrekte Funktionsweise auch kontrollieren können, sollten Sie zuvor die Standardformatierung für den Bereich wieder herstellen.

	ℹ	Vorgangsname	Dauer
1		⊟ **Initialisierung**	**2 t**
2		*Auftrag erteilt*	0 t
3		Marketingkonzept erstellen	2 t

Abbildung 27.3: *Das Ergebnis*

Im Dialogfeld für die Auswahl des auszuführenden Makros werden eine ganze Reihe weiterer Makros aufgelistet. Diese Makros sind Bestandteil der Datei *Global.mpt*.

Der Aufzeichnungsmodus

Wenn Sie die Aufzeichnung eines Makros beginnen, können Sie die Bezugsart für die Aufzeichnung festlegen. Für die Zeilen und Spaltenbezüge können Sie jeweils zwischen den Bezugsarten *Absolut* und *Relativ* wählen. Sehen Sie sich hierzu auch die Abbildung 27.2 an.

Der Standard für die Aufzeichnung von Bezügen ist die Bezugsart *Relativ* für Zeilenbezüge und *Absolut* für Spaltenbezüge. Wenn Sie für beide Bezugsarten *Absolut* einstellen, wird bei der Ausführung exakt der aufgezeichnete Bereich markiert und das unabhängig von der momentan aktiven Zelle. Wenn Sie die Aufzeichnungsart *Relativer Bezug* wählen, ist es wichtig, welche Zelle beim Starten der Aufzeichnung aktiv ist.

	ℹ	Vorgangsname	Dauer
1		⊟ **Initialisierung**	**2 t**
2		*Auftrag erteilt*	0 t
3		Marketingkonzept erstellen	2 t
4		⊟ **Entwurf Prototyp**	**6 t**
5		Designkonzept	2 t
6		Navigationskonzept	2 t
7		*Implementationskonzept*	1 t
8		Betriebskonzept	1 t
9		Konzeptpräsentation	1 t

Abbildung 27.4: *Das Ergebnis bei relativem Bezug ist nicht korrekt, wenn die erste Zelle nicht aktiviert ist*

Um sich den Unterschied deutlich zu machen, aktivieren Sie den Vorgang in Zeile 1 und starten den Makrorekorder erneut. Wählen Sie unter *Zeilenbezüge* die Option *Absolut (Nr.)* und zeichnen Sie die oben genannten Schritte erneut auf. Beenden Sie die Aufzeichnung. Versetzen Sie die aktive Zelle (Markierung) an eine beliebige Stelle und führen Sie das Makro aus, so wird immer exakt der erste Eintrag in der Spalte *Vorgangsname* formatiert.

Der Visual Basic-Editor

Wo stehen die Makrobefehle und wie sieht eigentlich der aufgezeichnete Programmcode aus? Wenn Sie Aktionen mit dem Makrorekorder aufzeichnen, wird der Visual Basic-Editor gestartet, der den Programmcode aufnimmt. Um das aufgezeichnete Makro einzusehen, wählen Sie aus dem Menü *Extras* die *Befehlsfolge Makro/Visual Basic-Editor*. Sie können den Visual Basic-Editor auch über die Tastenkombination Alt+F11 aufrufen. Der Moduleditor kann ebenfalls eingeblendet werden, wenn das aktive Projekt kein Makro enthält und selbst dann, wenn gar kein Projekt geladen ist.

Auch wenn die Arbeitsumgebung der von Visual Basic ähnlich ist, so gibt es doch einen grundsätzlichen Unterschied: Mit VBA erstellte Module sind immer nur in einer Applikation lauffähig, d.h. es können keine eigenständig ausführbaren Programme (*.exe*-Dateien) erstellt werden. Grundsätzlich ist die Verwendung in anderen Anwendungen, die VBA unterstützen, jedoch möglich.

WICHTIG Bedenken Sie dabei aber, dass sich die Methoden und Eigenschaften auf das jeweilige *Application*-Objekt beziehen und daher eventuell unterscheiden.

Elemente des Visual Basic-Editors

Das Fenster des Editors enthält neben den Menü- und Symbolleisten standardmäßig die drei Fenster *Projekt*, *Eigenschaften* und *Code*. Im Menü *Fenster* stehen Befehle für die Anordnung der unterschiedlichen Arbeitsbereiche zur Verfügung (vgl. auch Abbildung 27.5).

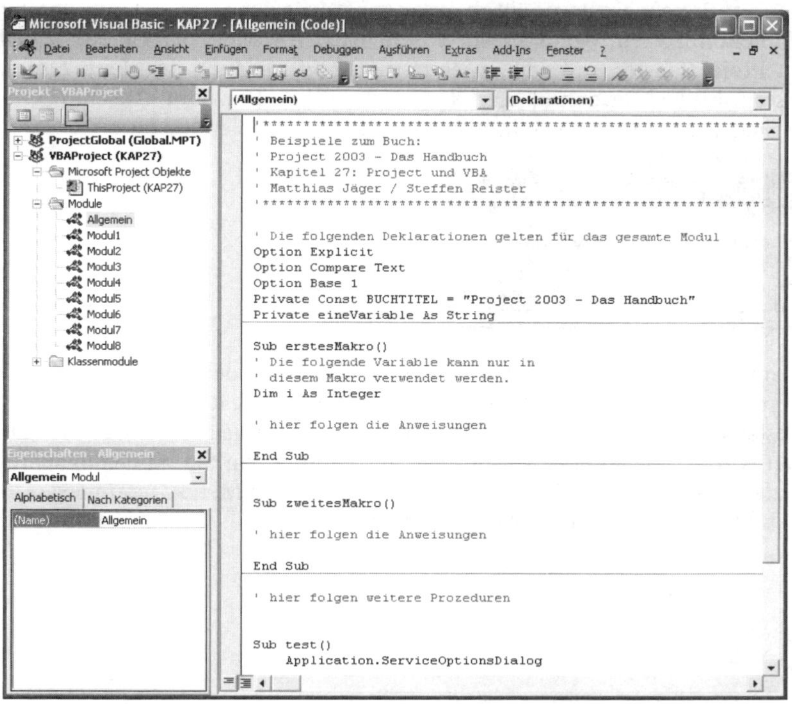

Abbildung 27.5: *Das Fenster des Moduleditors*

Das Projektfenster

Im *Projekt-Explorer* kann das Projekt für die Bearbeitung ausgewählt werden. Sollte dieses Fenster nicht angezeigt werden, können Sie es über den Befehl *Ansicht/Projekt-Explorer* oder mit der Tastenkombination Strg+R einblenden. Dieses Fenster erlaubt die gleichzeitige Bearbeitung mehrerer Projekte. Die Projekte und Elemente eines Projekts werden in einem Verzeichnisbaum, ähnlich der Anzeige im Windows-Explorer, dargestellt (siehe Abbildung 27.6).

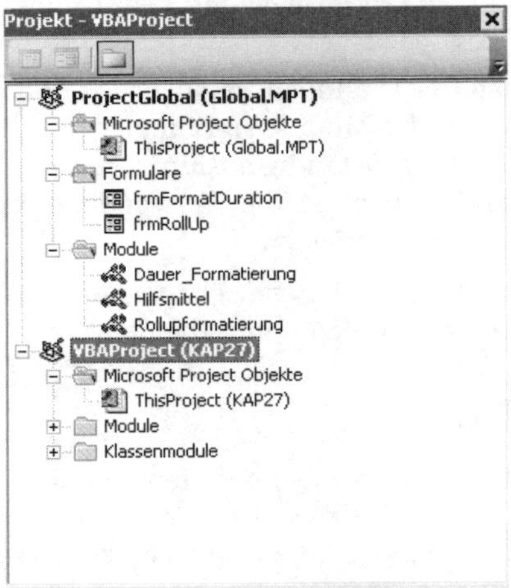

Abbildung 27.6: *Fenster für die Auswahl des Projekts*

Sie können im Projekt-Explorer ein markiertes Projekt per Drag & Drop in eine anderes Projekt kopieren. Wenn Sie ein Modul löschen wollen, markieren Sie das Modul im Projektfenster und wählen *Entfernen von ModulX* im Menü *Datei*. *ModulX* steht hierbei für den Namen der ausgewählten Prozedur. Anschließend wird eine Sicherheitsabfrage (wie in Abbildung 27.7) eingeblendet.

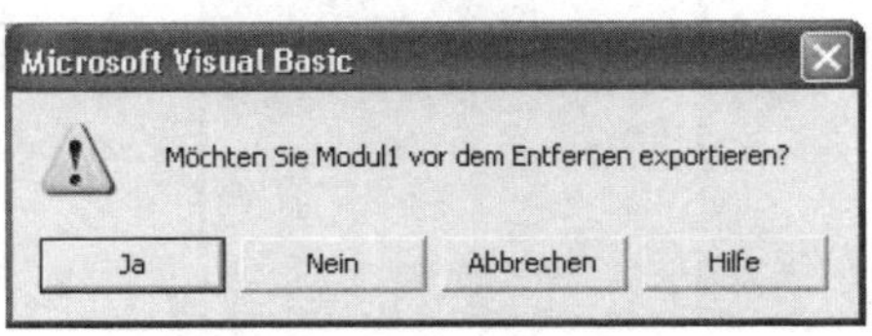

Abbildung 27.7: *Sicherheitsabfrage vor dem Löschen eines Moduls*

Sie können vor dem Löschen das Modul in einer Datei mit der Endung *.bas* speichern. Wenn Sie eine solche Sicherungskopie mit einem Texteditor öffnen, können Sie feststellen, dass neben dem Programmcode auch der Name des Moduls gespeichert wurde. Die so erstellte Sicherungskopie können Sie zu einem späteren Zeitpunkt über den Befehl *Datei importieren* aus dem Menü *Datei* wieder in ein Projekt oder in andere Office-Anwendungen einfügen.

Objekt-Eigenschaften anzeigen

Für das ausgewählte Objekt werden im Fenster *Eigenschaften* die speziellen Eigenschaften angezeigt. Sollte dieses Fenster nicht angezeigt werden, können Sie es über den Befehl *Eigenschaftenfenster* im Menü *Ansicht* oder über die Taste F4 einblenden.

Die Eigenschaften des aktiven Objekts können eingesehen und verändert werden. Dabei können Sie über zwei Registerkarten die Eigenschaften *Alphabetisch* oder *Nach Kategorien* einsehen.

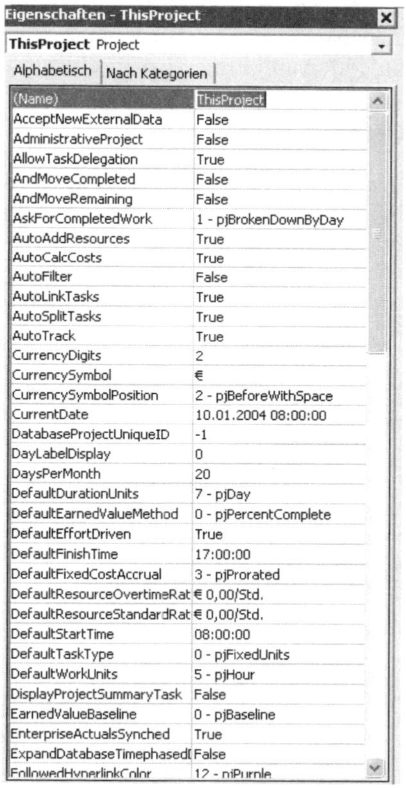

Abbildung 27.8: *Eigenschaften eines Projekts*

Die Abbildung 27.8 zeigt ein solches Eigenschaftenfenster. Im linken Teil dieses Fensters werden die Namen der Eigenschaften angezeigt. Klicken Sie einen Eintrag an, können Sie die betreffende Eigenschaft in der rechten Spalte ändern.

Den einzelnen Projekten sind ebenfalls verschiedene *Ereignis*-Eigenschaften zugeordnet, die über den Moduleditor eingesehen und bearbeitet werden können.

Einige Eigenschaften erlauben nur vordefinierte Werte. Diese können in der Regel über eine Dropdown-Liste ausgewählt werden. So können Sie über die Eigenschaft *AutoCalcCosts* das Verhalten von Project für die Berechnung der Kosten einstellen. Dazu wählen Sie einen der beiden Werte *True* oder *False* aus. Bei der Einstellung *True* werden die Kosten immer von Project berechnet, während bei

False der Benutzer die aktuellen Kosten eingeben kann, diese von Project jedoch nicht automatisch berechnet werden.

Ändern Sie aus dem Eigenschaftenfenster heraus den Namen des aktuellen Projekts und die Anzahl der Kommastellen bei der Anzeige der Kosten auf *0*.

1. Klicken Sie im Projektfenster den Eintrag *ThisProject* an.
2. Wechseln Sie ins Fenster *Eigenschaften* und ändern Sie die Eigenschaft *(Name)*. Beachten Sie dabei, dass Sie keine Leerzeichen verwenden können.
3. Ändern Sie die Eigenschaft *CurrencyDigits* auf *0* ab.

HINWEIS

Wechseln Sie über den Menübefehl *Ansicht/Microsoft Project* zum aktuellen Projekt, um die Änderungen zu kontrollieren. Alternativ können Sie auch mit der Tastenkombination Alt+F11 zwischen dem Moduleditor und Project wechseln.

Hier stehen die Makros: Das Code-Fenster

Der eigentliche Programmcode wird im *Code-Fenster* abgelegt. Angezeigt wird dieses Fenster nach einem Doppelklick auf ein Projekt im Projektfenster oder den Befehl *Code* aus dem Menü *Ansicht*. Alternativ können Sie auch die Taste F7 verwenden. Wie in Abbildung 27.9 zu sehen ist, stehen im oberen Bereich Listenfelder für die Auswahl der Objekte und der Prozeduren zur Verfügung. Im unteren Teil befinden sich die Makroanweisungen.

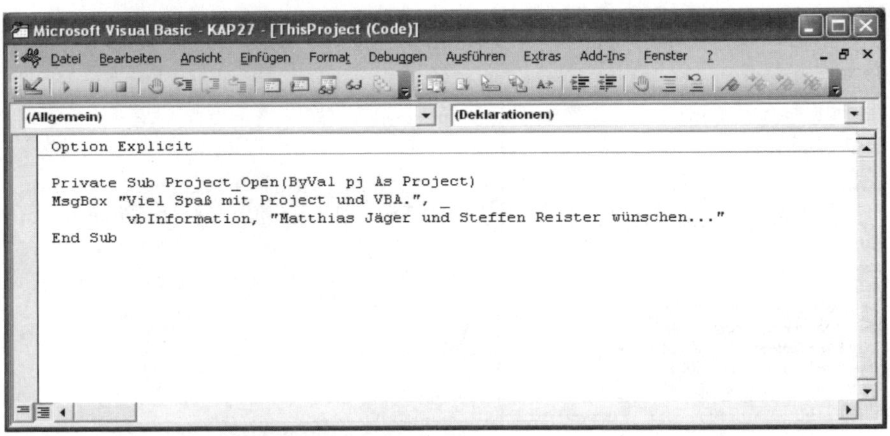

Abbildung 27.9: *Der Programmcode steht im Codefenster*

TIPP

Lassen Sie sich im Projektfenster die Project-Objekte anzeigen. Klicken Sie doppelt auf den Namen eines Projekts, wird das Codefenster für dieses Objekt angezeigt. Jedes Modul wird in einem separaten Fenster angezeigt. Wenn Sie jetzt im Objekt-Listenfeld den Eintrag *Project* auswählen, werden im Objekt-Listenfeld *Prozedur* die Ereignisse angezeigt, denen Sie Makros zuweisen können. Sind bereits Makros zugewiesen, werden diese Ereignisse im Listenfeld in fetter Schrift dargestellt.

Über *Ereignis*-Eigenschaften können Sie den Start von Makros veranlassen, sobald ein bestimmtes Ereignis eintritt – wenn etwa ein Projekt aktiviert wird oder eine Neuberechnung erfolgt. Mehr über das Starten von Makros erfahren Sie im ▶ Abschnitt »Makros an Ereignisse knüpfen« in diesem Kapitel.

Sind mehrere Prozeduren in einem Modul abgelegt, werden diese durch eine Prozedurtrennlinie voneinander getrennt. Dieses Verhalten können Sie über den Menübefehl *Extras/Optionen* auf der Registerkarte *Editor* beeinflussen. Über das Listenfeld *Prozedur* rechts oben im Code-Fenster können Sie eine Prozedur auswählen und die Einfügemarke an den Anfang versetzen.

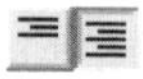

Über die Symbole unten links im Code-Fenster können Sie die Anzeige des Fensters ändern. Die Schaltfläche *Prozeduransicht* (links) führt dazu, dass im Code-Fenster jede Prozedur einzeln angezeigt wird. Sind in einem Modulblatt mehrere Prozeduren abgelegt, können Sie über das Listenfeld *Prozedur* zwischen den einzelnen Prozeduren wechseln. Über die Schaltfläche *Vollständige Modulansicht* (rechts) werden die Prozeduren fortlaufend untereinander dargestellt.

Überarbeiten aufgezeichneter Module

Beim Aufzeichnen kann es vorkommen, dass Sie versehentlich eine Aktion aufzeichnen, die nicht benötigt wird. Sie müssen nun nicht die Aufzeichnung abbrechen und erneut starten, um die korrekte Reihenfolge aufzuzeichnen. Führen Sie die weiteren Aktionen durch und überarbeiten Sie den Code, indem Sie nicht benötigte Aktionen markieren und mit der Taste Entf löschen.

Löschen können Sie auch alle Anweisungen, die der Standardeinstellung entsprechen. Sie erhalten so nicht nur besser überschaubaren Code. Das Löschen nicht benötigter Befehle wirkt sich auch positiv auf die Ausführungsgeschwindigkeit aus.

Den Programmcode ausdrucken

Für die Dokumentation von Programmen wollen Sie sicher den Programmcode auf Papier ausdrucken und archivieren.

Dafür steht Ihnen der Befehl *Drucken* im Menü *Datei* zur Verfügung. Sie können im Dialogfeld *Drucken* (Abbildung 27.10) festlegen, ob Sie das aktuelle Modul oder das gesamte Projekt drucken wollen. Wenn Sie das Optionsfeld für das gesamte Projekt aktivieren, können Sie neben dem Programmcode auch benutzerdefinierte Formulare drucken.

Abbildung 27.10: *Den Druckbereich auswählen*

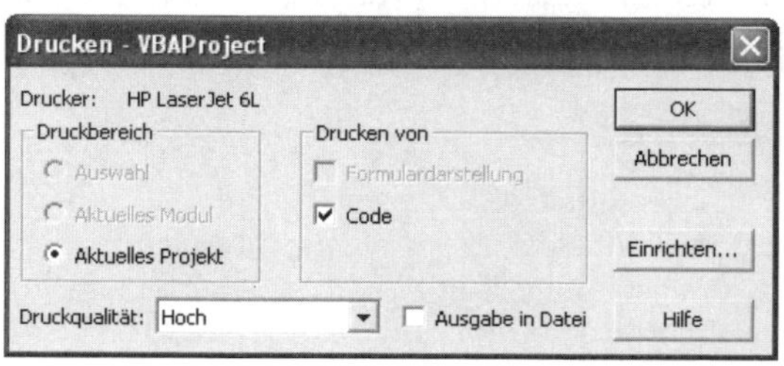

Leider stehen Ihnen für die Seiteneinrichtung keine zusätzlichen Optionen zur Verfügung. Für eine gute Dokumentation bietet sich daher die Übernahme des Programmcodes in eine Textverarbeitung wie Word an.

Allgemeine Einstellungen des VBA-Editors

HINWEIS

Auch für den Moduleditor gibt es einige allgemeine Einstellungen, die im Dialogfeld *Optionen* (Menübefehl *Extras/Optionen*) zusammengefasst sind. Die Abbildung 27.11 zeigt dieses Dialogfeld.

Auf der Registerkarte *Editor* des Dialogfeldes *Optionen* können Sie Einstellungen vornehmen, die Ihnen beim Programmieren mit VBA nützliche Hilfen und Tipps anzeigen. Die Kontrollkästchen *Automatische Syntaxüberprüfung* und *Variablendeklaration erforderlich* sollten Sie auf jeden Fall aktivieren.

Ist das Kontrollkästchen *Automatische Syntaxüberprüfung* aktiv, wird nach dem Drücken der Eingabe-Taste die Syntax einer jeden Zeile überprüft und ungültige Ausdrücke oder Argumente werden farbig dargestellt.

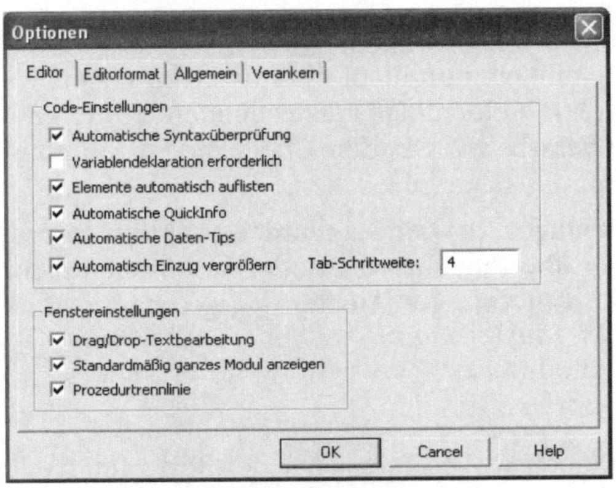

Abbildung 27.11: *Ihre persönlichen Einstellungen ändern*

Variablendeklaration erforderlich zeigt Ihnen unterschiedliche Schreibweisen von Variablen an und hilft so, Fehler zu vermeiden. Mehr über Variablen erfahren Sie im ▶ Abschnitt »Variablen und Konstanten« in diesem Kapitel.

Auf der Registerkarte *Editorformat* können Sie die Farbe und das Schriftformat für Textelemente einstellen. Wählen Sie hierfür im Listenfeld *Code-Farben* das Element aus, das Sie anpassen wollen und ändern Sie die Einstellungen Ihren Wünschen entsprechend ab (Abbildung 27.12).

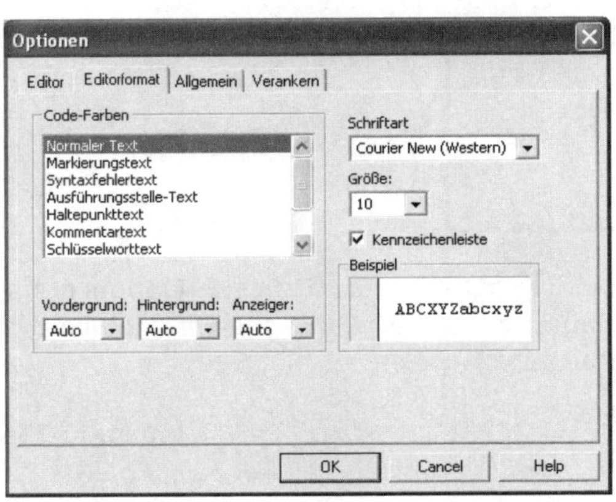

Abbildung 27.12: *Formatoptionen für den Moduleditor*

Auf der Registerkarte *Allgemein* sind allgemeine Einstellungen für das Erstellen von Formularen und die Fehlerbehandlung vorzunehmen (Abbildung 27.13).

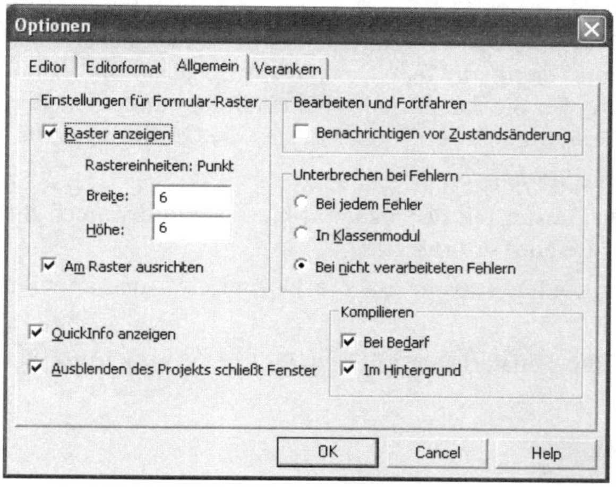

Abbildung 27.13: *Allgemeine Einstellungen für den Moduleditor*

In der Optionsgruppe *Unterbrechen bei Fehlern* legen Sie fest, wie Fehler in der Visual Basic-Entwicklungsumgebung verarbeitet werden. Die Einstellung wirkt sich auf alle Instanzen von Visual Basic aus, die nach dem Ändern dieser Einstellung gestartet werden. Die Option *In Klassenmodul* sollten Sie aktivieren. Die Einstellung bewirkt, dass der »Haltemodus« aktiviert wird, wenn nicht verarbeitete Fehler in einem Klassenmodul auftreten.

Auf der Registerkarte *Verankern* können Sie einstellen, dass die einzelnen Fenster innerhalb des Moduleditors verankert werden (Abbildung 27.14). Ein Fenster ist verankert, wenn es mit einer Kante eines anderen verankerbaren Fensters oder eines Anwendungsfensters verbunden ist.

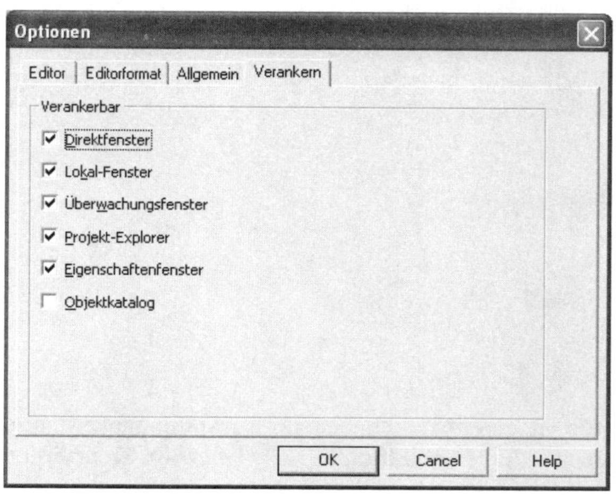

Abbildung 27.14: *Markieren Sie die Kontrollkästchen für die Fenster, die Sie verankern wollen*

Sie wollen im Visual Basic-Editor den Projekt-Explorer und das Eigenschaftenfenster verankern.

Um diese Fenster zu verankern, führen Sie die nachfolgenden Schritte aus:

1. Aktivieren Sie das *Projektfenster*.
2. Klicken Sie mit der rechten Maustaste in dieses Fenster und wählen Sie aus dem Kontextmenü den Befehl *Verankerbar*. Anschließend wird dieses Fenster mit dem Fenster des Moduleditors verankert. Wenn Ihnen die Anzeige am Bildschirm zu unpraktisch erscheint, können Sie das starre Verhalten ändern, indem Sie das Fenster zum unteren Bildschirmrand ziehen. Jetzt lässt sich die Größe anpassen.
3. Aktivieren Sie das *Eigenschaftenfenster*.
4. Klicken Sie auch in diesem Fenster mit der rechten Maustaste und wählen Sie aus dem Kontextmenü den Befehl *Verankerbar*.
5. Ziehen Sie jetzt eines der beiden Fenster auf die Fensterleiste des anderen Fensters.

TIPP

Mit einem Doppelklick auf die Fensterleiste können Sie die Verankerung des gewünschten Fenster schnell ändern.

Abbildung 27.15: *Zwei verankerte Fenster*

Die beiden Fenster werden nun in einem neuen Fenster zusammengefasst und können zusammen verschoben werden (Abbildung 27.15). Über die Trennlinien der beiden Fenster können Sie die Größe einstellen. Ein verankerbares Fenster wird beim Verschieben automatisch ausgerichtet. Ein Fenster ist nicht verankert, wenn es an eine beliebige Position auf dem Bildschirm verschoben werden kann und diese Position beibehält.

Fremde müssen draußen bleiben

Im Menü *Extras* befindet sich der Befehl *Eigenschaften von VBAProject*. Hier können Sie auf der Registerkarte *Allgemein* den Projektnamen und eine Beschreibung eintragen. Wenn Sie auf der Registerkarte *Schutz* das Kontrollkästchen *Projekt für die Anzeige sperren* aktivieren und ein Passwort vergeben, kann das VBA-Projekt nur noch nach Eingabe dieses Passworts angezeigt werden. Sie verhindern somit unberechtigte Änderungen oder Verwendung Ihres Programmcodes. Wenn ein Projekt einmal geschützt ist, bleibt dieser Schutz so lange erhalten, bis Sie ihn über das Kontrollkästchen wieder entfernen. Nach dem Überarbeiten eines geschützten Projekts müssen Sie also den Schutz nicht erneut einschalten.

Eingebauter Schutz vor Viren

Wenn in Projekten eine so mächtige Programmiersprache wie Visual Basic für Applikationen aktiv wird, birgt das natürlich auch Gefahren in sich. Computerviren, die Dateien verändern, löschen oder sonstige unerwünschte Aktionen ausführen, verbreiten sich über die Computernetze weltweit. Um Ihre Arbeit vor solchen Makroviren zu schützen, können Sie Project veranlassen, beim Öffnen von Projekten dann einen Warnhinweis (Abbildung 27.16) auszugeben, wenn dieses Projekt ein Makro enthält.

Um diesen Schutz einzuschalten, gehen Sie wie folgt vor:

1. Wählen Sie im Fenster von Project den Befehl *Extras/Makro/Sicherheit*.
2. Aktivieren Sie die Registerkarte *Sicherheitsstufe*.
3. Aktivieren Sie das Optionsfeld Ihrer Wahl. Mit der mittleren Stufe wird beim Öffnen von Projekten eine Meldung über Makros angezeigt. Sie können dann selbst entscheiden, ob diese Makros ausgeführt werden sollen.
4. Bestätigen Sie die Änderungen über die Schaltfläche *OK*.

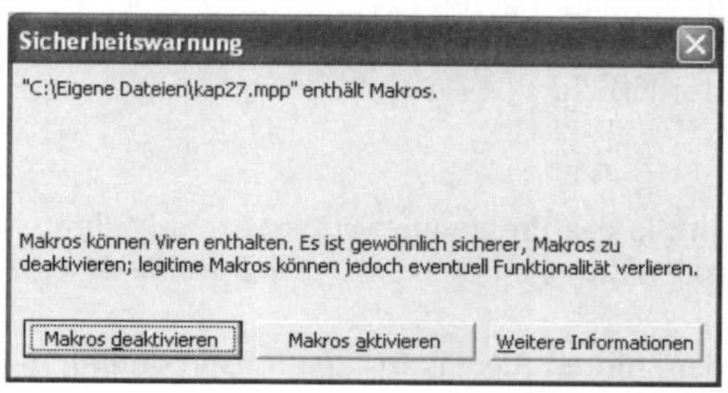

Abbildung 27.16: *Wählen Sie den Modus für das Öffnen eines Projekts, das Makros enthält*

Beim Öffnen eines Projekts, das ein Makro enthält, können Sie unter verschiedenen Möglichkeiten wählen. Wenn Sie die Schaltfläche *Makros deaktivieren* wählen, wird das Projekt geöffnet. Wählen Sie im Menü *Extras den Befehl Makro und im Untermenü den Befehl Makros*, können Sie sich eine Liste der Makros anzeigen lassen, diese aber nicht ausführen. Sollten Sie dennoch versuchen, ein Makro dieser Mappe auszuführen, erhalten Sie die in Abbildung 27.17 gezeigte Meldung.

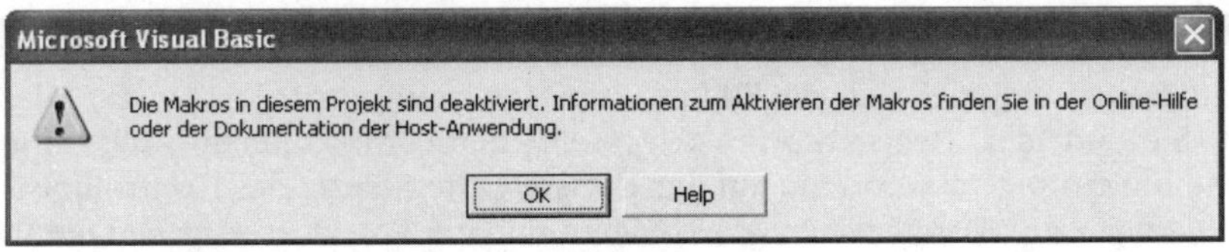

Abbildung 27.17: *Im geschützten Modus lassen sich Makros nicht ausführen*

Um die enthaltenen Makros vor der Ausführung zu prüfen, rufen Sie den Moduleditor auf. Hier können Sie die Makros zunächst einsehen und auf eventuell vorhandene Makroviren durchsuchen. Achten Sie hierbei insbesondere auf die Makros, die automatisch ausgeführt werden. Näheres hierzu erfahren Sie im ▶ Abschnitt »Können Makros automatisch ausgeführt werden?« am Ende dieses Kapitels.

WICHTIG

Sie sollten diese Vorgehensweise unbedingt einhalten, wenn Sie Projekte öffnen, deren Makros Sie nicht kennen.

Während über die Schaltfläche *Makros aktivieren* die Arbeitsmappe geöffnet wird und die Makros ausgeführt werden können, bricht die Schaltfläche *Schließen* die Aktion *Datei öffnen* ab.

Zertifizieren durch digitale Signatur

Project bietet Entwicklern die Möglichkeit, VBA-Projekte mit einer digitalen Unterschrift zu versehen. Der Entwickler bürgt dabei quasi für die Sicherheit der enthaltenen Makros. Das Zertifikat bezieht sich auf den Programmcode. Daher wird das Zertifikat ungültig, wenn Änderungen am Code vorgenommen werden. Wenn Sie das VBA-Projekt vor Veränderungen schützen wollen, müssen Sie es im VBA-Editor über *Extras/Eigenschaften von VBAProject* auf der Registerkarte *Schutz* für die Anzeige sperren.

HINWEIS

Project verwendet wie Office System 2003 die *Authenticode-Technologie*, um die Verwendung digitaler Zertifikate in Makroprojekten zu unterstützen. Mit den im Folgenden beschriebenen Arbeitsschritten können Sie kein authentifiziertes Zertifikat erstellen. Diese werden nur von besonderen Zertifizierungsstellen (Certification Authorities) vergeben. Für die Anwendung dieser Funktionalität ist der Internet Explorer ab Version 4 erforderlich.

Installation von *Selfcert.exe*

Ein Zertifikat erstellen Sie, indem Sie das Programm *Selfcert.exe* ausführen. Bei der Office-Standardinstallation finden Sie es im Ordner *C:\Programme\Microsoft Office\Office11*.

Sollten Sie diese Datei nicht finden, führen Sie das Installationsprogramm nochmals aus und gehen wie folgt vor:

1. Im Office-Wartungsmodus wählen Sie *Features hinzufügen/entfernen*.
2. Erweitern Sie im Installationsprogramm den Eintrag *Office Tools* und markieren Sie *Digitale Signatur für VBA-Projekte*.
3. Klicken Sie dann auf den Pfeil neben der Auswahl, wählen Sie *Vom Arbeitsplatz starten* und beenden Sie dann das Setup-Programm.

Ein neues Zertifikat erstellen

Um ein neues Zertifikat zu erstellen gehen Sie folgendermaßen vor:

1. Starten Sie im Windows-Explorer das Programm *Selfcert.exe* aus dem Ordner *C:\Programme\Microsoft Office\Office11* mit einem Doppelklick.
2. Geben Sie in das Dialogfeld *Digitales Zertifikat erstellen* Ihren *Zertifikatsnamen* und eventuell weitere Informationen zur Arbeitsgruppe oder Firma ein. Aus diesem Eintrag wird das Zertifikat erstellt.

Abbildung 27.18: *Ein eigenes Zertifikat erstellen*

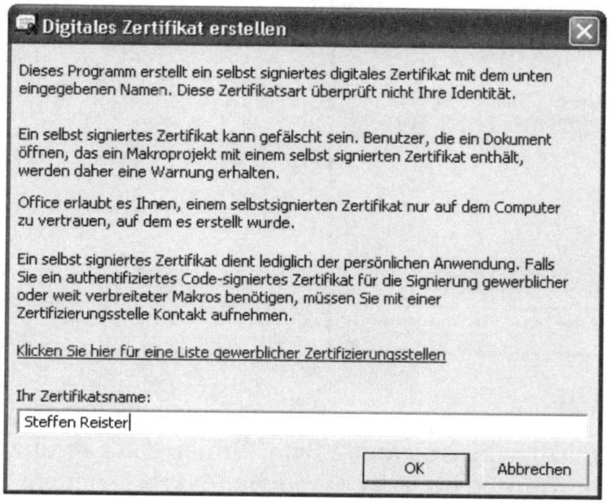

Wenn die Erstellung erfolgreich war, wird dies über ein Dialogfeld bestätigt.

Ein Projekt zertifizieren

Um Ihre Projekte mit einem persönlichen Zertifikat zu versehen:

1. Öffnen Sie das Projekt und rufen Sie im *Visual Basic-Editor* aus dem Menü *Extras* den Befehl *Digitale Signatur* auf.
2. Im Dialogfeld *Digitale Signatur* (Abbildung 27.19) wird der aktuelle Status des Projekts angezeigt.

Abbildung 27.19: *Informationen zum aktuellen Zertifikat*

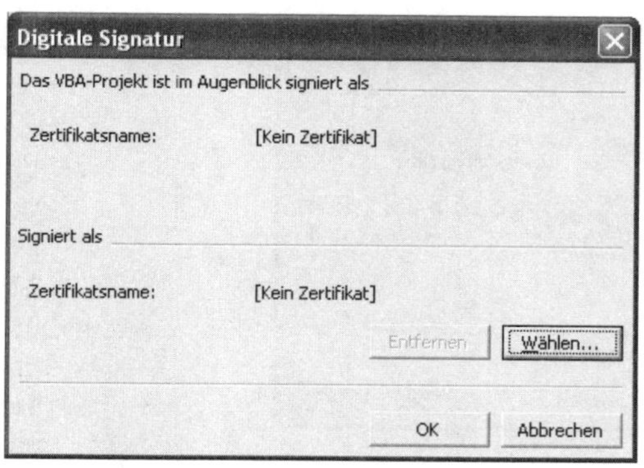

3. Über die Schaltfläche *Wählen* wird das in Abbildung 27.20 dargestellte Auswahlfenster für vorhandene Zertifikate angezeigt.
4. Über die Schaltfläche *Zertifikat anzeigen* können Sie das Dialogfeld *Zertifikat* mit Informationen zum ausgewählten Zertifikat anzeigen. Wählen Sie ein Zertifikat aus und bestätigen Sie die Auswahl mit *OK*.
5. Speichern Sie anschließend die Datei.

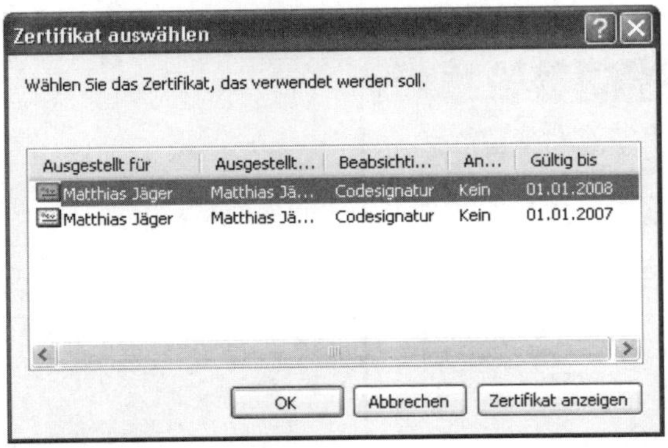

Abbildung 27.20: *Dialogfeld für die Auswahl eines Zertifikats*

Ein zertifiziertes Projekt öffnen

Was bringt das Zertifikat im Umgang mit Projekten? Beim Öffnen einer zertifizierten Datei wird nicht die übliche Warnung über vorhandene Makros, sondern das in Abbildung 27.21 dargestellte erweiterte Dialogfeld angezeigt. Ob die Schaltfläche *Makros aktivieren* gewählt werden kann, hängt von den allgemeinen Einstellungen Ihrer Arbeitsumgebung ab. Im Project-Fenster können Sie über *Extras/ Makro/Sicherheit* diese Einstellungen einsehen und bearbeiten. Wenn auf der Registerkarte *Sicherheitsstufe* das Optionsfeld *Hoch* markiert ist, müssen Sie der Quelle vertrauen, bevor Sie die Schaltfläche *Makros aktivieren* wählen können. Wenn Sie die Einstellung *Mittel* verwenden, können Sie beim Öffnen des Projekts entscheiden, wie mit den Makros verfahren werden soll.

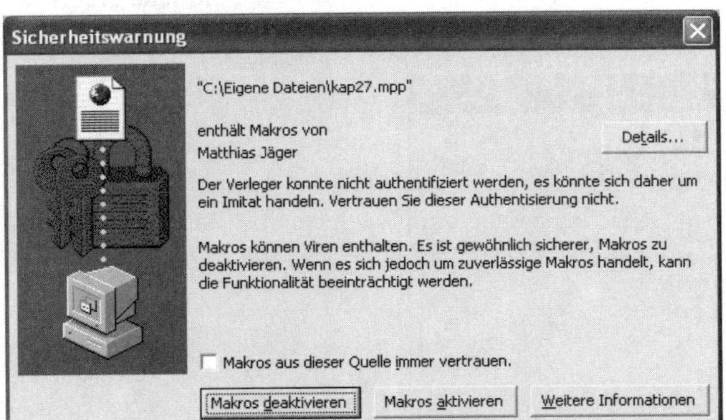

Abbildung 27.21: *Sicherheitshinweis beim Öffnen einer zertifizierten Datei, die Makros enthält*

Wenn Sie einer Quelle generell vertrauen wollen, markieren Sie das Kontrollkästchen *Makros aus dieser Quelle immer vertrauen*.

WICHTIG Wenn Sie einer Quelle immer vertrauen, wird beim nächsten Öffnen einer beliebigen Datei mit diesem Zertifikat keine Warnung über enthaltene Makros angezeigt.

Über die Schaltfläche *Details* können Sie das Dialogfeld *Zertifikat* einblenden und Informationen zum Zertifikat der Datei einsehen (Abbildung 27.22).

***Abbildung 27.22:** Informationen zum selbst erstellten Zertifikat*

WICHTIG Wenn Sie mit Project ein Projekt digital signiert haben, können Sie das VBA-Projekt in Project 98 weder einblenden noch bearbeiten.

Vertrauen ist gut ...

Was können Sie tun, wenn eine Quelle nicht mehr vertrauenswürdig ist?

1. Eine Liste der als vertrauenswürdig anerkannten Quellen können Sie bearbeiten, wenn Sie im Project-Fenster den Befehl *Extras/Makro/Sicherheit* wählen und zur Registerkarte *Vertrauenswürdige Herausgeber* wechseln.
2. Um eine Quelle zu entfernen, markieren Sie diese und wählen die Schaltfläche *Entfernen*.
3. Die Quelle wird dann ohne weiteren Hinweis entfernt.

TIPP In diesem Dialogfeld können Sie auch das Verhalten gegenüber Add-Ins und Vorlagen ändern, indem Sie das Kontrollkästchen *Allen installierten Add-Ins und Vorlagen vertrauen* markieren.

HINWEIS Vorlagen werden normalerweise nicht als vertrauenswürdig betrachtet.

Vorhandenes Zertifikat mit VBA prüfen

Auch VBA ist für die neue Funktionalität gerüstet. Hier steht die *VBASigned*-Eigenschaft des *Project*-Objekts zur Verfügung. Mit dieser Eigenschaft können Sie prüfen, ob ein Projekt ein Zertifikat enthält. Der schreibgeschützte Rückgabewert hat den Datentyp *Boolean*. Das Beispiel in Listing 27.5 prüft die *VBASigned*-Eigenschaft für das aktive Projekt und gibt die Information in einer Meldung aus.

Listing 27.5: *Die* VBASigned-*Eigenschaft verwenden*

```
Option Explicit
Sub zertifiziertesProjekt()
On Error Resume Next
Dim s As String
If ActiveProject.VBASigned = False Then
  s = "nicht "
End If
MsgBox "Das Projekt " & ActiveProject.Name & _
        " ist " & s & "zertifiziert.", vbInformation
End Sub
```

Ein Zertifikat vom Rechner löschen

Wenn Sie ein Zertifikat vollständig vom Rechner löschen wollen, können Sie das über den Internet Explorer bewerkstelligen.

1. Wählen Sie hier den Befehl *Extras/Internetoptionen* und wechseln Sie zur Registerkarte *Inhalte*.
2. Über die Schaltfläche *Zertifikate* können Sie das gleichnamige Dialogfeld aufrufen.
3. Auf der Registerkarte *Eigene Zertifikate* markieren Sie einen Eintrag und wählen die Schaltfläche *Entfernen*, um ein Zertifikat endgültig zu löschen.

TIPP

Schauen Sie sich auch die anderen Registerkarten dieses Dialogfeldes an. Hier finden Sie jede Menge Informationen rund um das Thema *Zertifikate*, so auch zu den offiziellen Zertifizierungsstellen.

Die Internetoptionen können Sie auch über das Hilfe-Fenster des Visual Basic-Editors einstellen. Wählen Sie hier die Schaltfläche *Optionen*, steht der Befehl *Internetoptionen* ebenfalls zur Verfügung. Das Dialogfeld und die weiteren Schritte entsprechen dem Weg über den Internet Explorer.

HINWEIS

Auf einem Einzelplatz-Rechner oder in einer Arbeitsgruppe ist die Verwendung von selbst erstellten Zertifikaten eine Möglichkeit, den Warnhinweis bezüglich der Makroviren zu umgehen. Ob Sie einer externen Quelle jedoch generell vertrauen wollen, sollten Sie sich gut überlegen.

Informationen zum Programm: Kommentare

»In der Kürze liegt die Würze.« Dieser Ausspruch mag für die Anzahl der Instruktionen in Ihren Programmen richtig sein. Beim Einfügen von Kommentaren sollten Sie hingegen nicht sparen. Kommentare helfen Ihnen bei Änderungen und/oder Erweiterungen, weil Sie in normaler Sprache die Vorgehensweise beschreiben.

HINWEIS

Ein Kommentar kann an beliebiger Stelle im Codefenster eingefügt werden, also auch vor oder nach einer Prozedur. Kommentare beginnen stets mit einem Apostroph oder dem Schlüsselwort `Rem` (für Remark), gefolgt von einem Leerzeichen. Kommentarzeilen (siehe Listing 27.6) werden bei der Ausführung des Programms nicht ausgewertet.

Listing 27.6: Beispiel für Kommentarzeilen in Programmen

```
Sub Kommentare()
' Dieses Makro zeigt eine Meldung,
Rem die Sie beherzigen sollten.
MsgBox "Schreiben Sie reichlich Kommentare.", vbExclamation
End Sub
```

Wollen Sie die Lesbarkeit Ihrer Programme weiter verbessern, können Sie die Anweisungen durch Einrückung strukturieren. Verwenden Sie dafür die Tab-Taste. Insbesondere in Schleifen oder verschachtelten Bedingungen empfiehlt sich dieses Vorgehen. Die Tab-Schrittweite, die für Einrückungen verwendet wird, können Sie im Moduleditor über den Menübefehl *Extras/Optionen* auf der Registerkarte *Editor* einstellen.

Die VBA-Hilfe

Aus dem Moduleditor können Sie Hilfe zu VBA-Themen über das Menü *Hilfe (?)* aufrufen. Weitere Hinweise zum Umgang mit der Hilfe finden Sie in ▶ Kapitel 2.

Sie können aber zu einem bestimmten Objekt, einer Eigenschaft oder einem Schlüsselwort auch eine kontextbezogene Hilfe anzeigen. Klicken Sie dazu die entsprechende Stelle im Code oder eine Eigenschaft im Fenster *Eigenschaften* an und drücken Sie die Taste F1.

HINWEIS Es ist nicht erforderlich, das ganze Wort zu markieren oder die Einfügemarke an eine bestimmte Stelle innerhalb des Begriffes zu setzen. Sofern in der Hilfe enthalten, erhalten Sie mit F1 den Hilfetext zu dem Begriff, in dem sich die Einfügemarke befindet.

Wichtige Informationsquelle: der Objektkatalog

Über den Menübefehl *Ansicht/Objektkatalog* oder die Taste F2 wird der Objektkatalog angezeigt. Er zeigt die Eigenschaften, Methoden, Ereignisse und Konstanten an, die in den Objektbibliotheken und Prozeduren Ihres Projekts zur Verfügung stehen. Sie können die unterschiedlichen Bibliotheken auswählen und erhalten Informationen über Objekte und deren Verwendung.

Für die gezielte Suche nach einem Schlüsselwort wie z.B. der Methode *SelectTaskCell* tragen Sie in das Eingabefeld *Suchtext* (neben dem Fernglas, siehe Abbildung 27.23) den gesuchten Begriff ein und klicken anschließend auf die Schaltfläche *Suchen*. Der Fenstermodus des Objektkatalogs ist nicht modal, d.h. Sie können auch dann zu den verschiedenen Fenstern des Editorfensters wechseln, wenn der Objektkatalog geöffnet ist.

Wollen Sie einen Eintrag aus dem Objektkatalog in den Programmcode kopieren, wählen Sie die Schaltfläche *Kopieren*. Wechseln Sie an die entsprechende Stelle im Codefenster und wählen Sie den Befehl *Einfügen* aus dem Menü *Bearbeiten*. Dieser Befehl steht auch im Kontextmenü des Codefensters zur Verfügung.

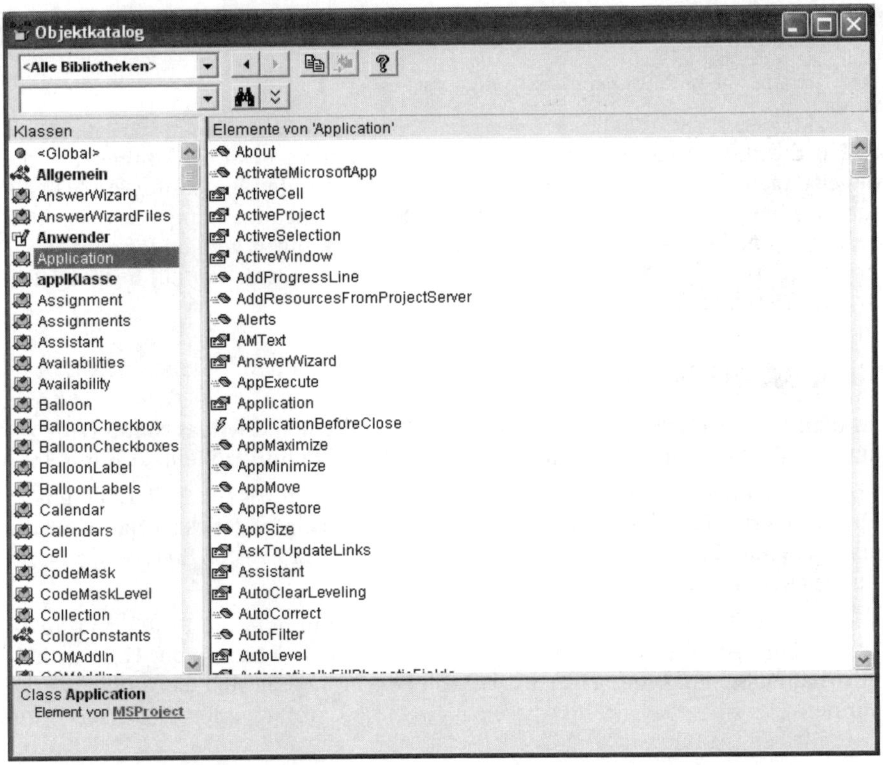

Abbildung 27.23: Der Objektkatalog für die gezielte Suche nach Eigenschaften und Methoden

Informationen schon beim Schreiben

Sind Sie über die Verwendung oder die Argumente im Unklaren, so können Sie über den rechten Mausklick auf ein Schlüsselwort und anschließendes Auswählen des Befehls *QuickInfo* im Kontextmenü einen *Tooltipp* mit der korrekten Syntax von Variablen, Funktionen, Anweisungen und Methoden anzeigen. Der Tipp zeigt außerdem die Liste der Argumente an. Argumente in eckigen Klammern sind optional zu verwenden. Auch für benutzerdefinierte Funktionen werden diese Informationen angezeigt.

HINWEIS

Über den Menübefehl *Extras/Optionen* finden Sie auf der Registerkarte *Editor* das Kontrollkästchen *Automatische QuickInfo*. Ist dieses Feld markiert, erhalten Sie bereits während des Schreibens von Programmcode nützliche Informationen. Wenn Sie beispielsweise die Anweisung *MsgBox,* gefolgt von einem Leerzeichen oder einer geöffneten Klammer, eingeben, wird die dazugehörige QuickInfo sofort angezeigt. In Abbildung 27.24 ist eine solche QuickInfo dargestellt. Sie werden diese Hilfe sehr schnell schätzen lernen.

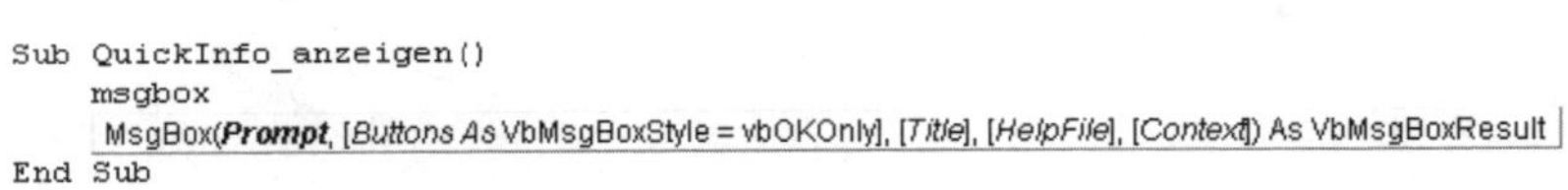

Abbildung 27.24: Argumente bereits beim Schreiben anzeigen lassen

Parameterinfo

Sind Sie über die Anzahl der Argumente im Unklaren, rufen Sie die Informationen zu Parametern ebenfalls über das Kontextmenü mit der rechten Maustaste auf. Wählen Sie den Menüpunkt *Parameterinfo* und Sie erhalten die Anzeige von Informationen über die Argumente und den Variablentyp. Alternativ können Sie den Weg über die Tastenkombination Strg+Umschalt+I gehen. Das Popup-Feld wird geschlossen, wenn die Eingabe abgeschlossen oder die Taste ESC gedrückt wurde.

Wie war noch gleich das richtige Wort?

Sollten Sie sich nicht ganz sicher sein, wie der korrekte Befehl lautet, schreiben Sie die Textfolge, soweit Sie Ihnen bekannt ist, und wählen Sie die Option *Wort vervollständigen* im Menü *Bearbeiten* bzw. den gleichnamigen Befehl im Kontextmenü (rechte Maustaste) oder die Tastenkombination Strg+Leertaste. VBA versucht, Ihre Eingabe zu erkennen und trägt den korrekten Befehl ein.

So finden Sie die Stelle wieder: Lesezeichen im Programmcode

Beim Überarbeiten von Modulen kann Ihnen das Einfügen von Lesezeichen ein schnelles Auffinden von Bearbeitungsstellen ermöglichen:

1. Wählen Sie im Menü *Bearbeiten* den Befehl *Lesezeichen* und anschließend
2. *Lesezeichen setzen/zurücksetzen*, um eine Markierung am linken Fensterrand zu erhalten (Abbildung 27.25).
3. Sie können jetzt über *Bearbeiten/Lesezeichen* gezielt das nächste oder das vorherige Lesezeichen ansteuern.

Abbildung 27.25: *Lesezeichen sind Markierungen am linken Rand des Codefensters*

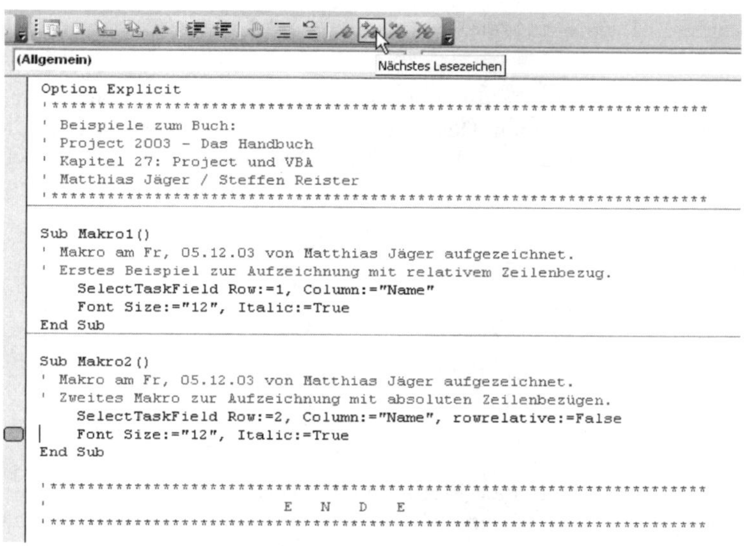

HINWEIS Beim Schließen des Projekts werden alle Lesezeichen gelöscht.

Wichtige Objekte

Zu Beginn dieses Kapitels haben Sie schon den Begriff *Objektmodell* kennen gelernt. Im folgenden Abschnitt sollen nun einige wichtige Objekte vorgestellt werden.

Application-Objekt

In der Objekthierarchie ganz oben steht das *Application*-Objekt. Über Eigenschaften dieses Objekts können Sie Informationen zur Arbeitsumgebung und zum Betriebssystem ermitteln (Listing 27.7).

```
Function Betriebssystem()
' Gibt das aktuelle Betriebssystem zurück
Betriebssystem = Application.OperatingSystem
End Function
```

***Listing 27.7:** Diese Funktion gibt das Betriebssystem der aktuellen Maschine zurück*

Welche Dateien zuletzt bearbeitet wurden, können Sie über die *FileLoadLast*-Methode ermitteln. Das folgende Makro (Listing 27.8) prüft zunächst die Einstellung der anzuzeigenden Dateien. Über den Menübefehl *Extras/Optionen* können Sie auf der Registerkarte *Allgemein* einstellen, wie viele Einträge diese Liste enthalten soll. Ob die Liste überhaupt angezeigt wird, können Sie in VBA mit der *DisplayRecentFiles*-Eigenschaft prüfen.

```
Sub ÖffneLetzte()
On Error GoTo Err_listeLetzte
Dim i As Integer
For i = 1 To RecentFilesMaximum
  FileLoadLast Number:=i
Next
Exit Sub
Err_listeLetzte:
MsgBox "Die gewünschte Datei kann nicht geöffnet werden."
End Sub
```

***Listing 27.8:** Die zuletzt geöffneten Dateien öffnen*

Über den Menübefehl *Extras/Optionen* können Sie auf der Registerkarte *Berechnen* die Berechnungsart einstellen. Das Makro aus Listing 27.9 zeigt, wie Sie diese Einstellung über die *Calculation*-Eigenschaft des *Application*-Objekts einstellen können.

```
Sub WechsleBerechnungsart()
With Application
  .Calculation = Not .Calculation
  If .Calculation = pjAutomatic Then
     MsgBox "Berechnungsart ist jetzt automatisch."
    Else
     MsgBox "Berechnungsart ist jetzt manuell."
  End If
End With
End Sub
```

***Listing 27.9:** Die Berechnungsart zwischen manuell und automatisch wechseln*

Das *Application*-Objekt stellt auch Methoden zur Verfügung. So können Sie mit der *FileExit*-Methode Project beenden. Sie können dabei über ein optionales Argument angeben, wie Project mit den geöffneten Projekten verfahren soll. Dies kann eine der Konstanten *pjDoNotSave*, *pjSave* oder *pjPromptSave* sein. Der

Standardwert ist *pjPromptSave*, d.h. Sie können in einer Sicherheitsabfrage wählen, ob das Projekt gespeichert werden soll (Listing 27.10).

Listing 27.10: *Projekt nach Sicherheitsabfrage beenden*

```
Sub BeendeProject()
' Beendet Project nach einer
' Sicherheitsabfrage zum Speichern
' aller geöffneten Projekte.
FileExit pjPromptSave
End Sub
```

Umgebungsvariablen anzeigen

Insbesondere im Netzwerk sind die Umgebungsvariablen, die bereits beim Start des Computers gesetzt werden, interessant. Damit können Informationen über den Benutzer, den Computer und bestimmte Laufwerke festgelegt werden (Listing 27.11).

Listing 27.11: *Informationen zu den Umgebungsvariablen*

```
Sub ZeigeUmgebung()
Dim i As Integer
Dim s As String
For i = 1 To 50
  If Len(Environ(i)) > 0 Then
    s = s & vbCrLf & Environ(i)
  End If
Next
MsgBox "Folgende Umgebungsvariablen sind festgelegt:" & s
End Sub
```

Zugriff auf Projekte

Der Zugriff auf Project-Dateien erfolgt über das *Project*-Objekt. Dieses stellt seinerseits weitere Objekte zur Verfügung. So können Sie ein Projekt auch mit VBA erstellen und diesem Vorgänge hinzufügen (Listing 27.12).

Listing 27.12: *Ein neues Projekt mit 20 Vorgängen erstellen*

```
Sub BeispielProjekt()
' Erstellt ein neues Projekt und
' fügt 20 Vorgänge ein.
Dim i As Integer
Dim a As Integer
a = 20
With Projects.Add
  For i = 1 To a
    .Tasks.Add "Vorgang " & i
  Next
End With
End Sub
```

Über die *Count*-Eigenschaft können Sie ermitteln, wie viele Projekte geöffnet sind. Beim Öffnen wird jedem Projekt die nächst höhere Nummer zugewiesen, dem ersten Projekt die Nummer 1, dem zweiten die Nummer 2 usw. Über diese Nummer können Sie auf das Projekt zugreifen (Listing 27.13).

HINWEIS Der Index eines Projekts ändert sich nicht, wenn andere Projekte geschlossen werden, die *Count*-Eigenschaft dagegen schon. Wenn Sie also drei Projekte geöffnet haben und schließen dasjenige, das als zweites geöffnet wurde, gibt die *Count*-Eigenschaft der *Projects*-Auflistung den Wert *2* zurück. Der Index der zuletzt geöffneten Datei ist aber weiterhin *3*!

```
Sub WievieleProjekte()
MsgBox "Derzeit sind " & Projects.Count & _
      " Projekte geöffnet." & vbCrLf & _
      "Das aktive Projekt hat die Nummer " & _
      ActiveProject.Index, vbInformation
End Sub
```

Listing 27.13: Anzahl geöffneter Projekte ermitteln

Die Eigenschaften des aktiven Projekts liefern allgemeine Informationen. Mit der *Path*-Eigenschaft ermitteln Sie den Dateinamen inklusive Pfad.

Die *Projects*-Auflistung enthält eine Liste aller geöffneten Projekte. Diese Auflistung kann mit der Anweisung

```
Application.Projects.Count
```

gezählt werden. Mit einer Schleife können Sie alle geöffneten Projekte durchlaufen (Listing 27.14):

```
Sub SchleifeDurchAlleProjekte()
Dim myProj As Project
  For Each myProj In Application.Projects
    MsgBox myProj.Name
  Next
End Sub
```

Listing 27.14: Alle geöffneten Projekte durchlaufen

Die Import-/Exportschemata

Die *MapList*-Eigenschaft eines Projekts ermöglicht den Zugriff auf die Liste der verfügbaren Import-/Exportschemata. Um diese Liste in einem Meldungsfenster anzuzeigen, können Sie das Makro aus Listing 27.15 heranziehen.

```
Sub ImExSchema()
Dim i As Integer
Dim s As String
s = "Es stehen folgende Schemata zur Verfügung:" & vbCrLf
With ActiveProject
  For i = 1 To .MapList.Count
    s = s & vbCrLf & .MapList(i)
  Next
  MsgBox s, vbInformation, _
        "MapList-Eigenschaft"
End With
End Sub
```

Listing 27.15: Die Namen der Import-/Exportschemata in einer Meldung anzeigen

Ansichten

Mit der *ViewApply*-Methode des *Application*-Objekts können Sie zwischen den verschiedenen Ansichten wechseln. Die Methode hat die Syntax *Ausdruck.ViewApply(Name, SinglePane, Toggle)*. Mit dem erforderlichen Argument *Name* geben Sie den Namen der im aktiven Fenster anzuzeigenden Ansicht an. Über das optionale Argument *SinglePane* geben Sie an, ob alle vorhandenen Teiler entfernt und eine Einzelansicht im aktiven Fenster angezeigt werden soll (Listing 27.16). Der Standardwert ist *False*. Ist das Argument *Toggle* auf *True* eingestellt, wird im aktiven Fenster von einem Bereich zu zwei Bereichen oder von zwei Bereichen zu einem Bereich gewechselt. Wenn *SinglePane* auf *True* eingestellt ist, wird *Toggle* ignoriert. Der Standardwert ist *False*.

Listing 27.16: Ansichten anzeigen

```
Sub WechsleAnsicht()
MsgBox "Die Ansicht 'Balkendiagramm (Gantt)' wird angezeigt."
ViewApply Name:="Balkendiagramm (Gantt)"
MsgBox "Die Ansicht 'Ressource: Tabelle' wird angezeigt."
ViewApply Name:="&Ressource: Tabelle"
End Sub
```

Notizansicht teilen

Ein weiteres Beispiel für das *Application*-Objekt in Project ist das Arbeiten mit Symbolen und Symbolleisten. In der Projektdokumentation erstellen Projektleiter häufig detaillierte Notizen für einen Vorgang, um mehr Inhalte für den Vorgangsnamen zu hinterlegen oder die Projektstrukturplanung in den Notizen weiter zu verfeinern. Zeitraubend kann dabei aber die »normale« Eingabe von Notizen sein, die über das Symbol *Vorgangsnotizen* oder direkt über die *Informationen zum Vorgang* erfolgen. Sinn würde daher das Hinzufügen eines zusätzlichen Symbols für Notizen machen, mit dem die Notizen für den selektierten Vorgang ein- oder ausgeschaltet werden können.

Das Listing 27.17 zeigt in der ersten Sub-Prozedur die Erzeugung eines neuen Symbols in der *Standard*-Symbolleiste rechts neben dem »normalen« Notizsymbol. Nach Aktivierung verändert das Symbol mit der *State*-Eigenschaft das Verhalten und bleibt in einem aktivierten Modus, bis der Anwender wieder auf das gleiche Symbol klickt. Gleichzeitig wird mit der *Caption*-Eigenschaft der Text des Symbols von *Notiz Ein* auf *Notiz Aus* geändert. In der zweiten dargestellten Prozedur wird eine vertikale Ansichtsteilung mit der *WindowSplit*-Methode vorgenommen und in der unteren Bildschirmhälfte die Ansicht *Vorgang: Maske* mit der Anzeige von Notizen eingeblendet (vgl. Abbildung 27.26). Gleichzeitig wird noch der Fokus des Anwendungsfensters auf die untere Ansicht für die Notizen mit der *WindowActivate*-Methode vorgenommen, sodass bei Aufruf der Prozedur der Anwender sofort in der unteren Bildschirmhälfte weiter editieren kann.

Listing 27.17: Notizen über ein zusätzliches Symbol ein- oder ausblenden

```
Sub ApplikationSymbolEinrichten()
  Dim myBtn As CommandBarButton
  Set myBtn = CommandBars("Standard").Controls.Add(Type:=msoControlButton, _
              Before:=19, temporary:=True)
  myBtn.Caption = "Notiz Ein"
  myBtn.Style = msoButtonCaption
  myBtn.OnAction = "ApplikationNotizEinAus"
End Sub

Sub ApplikationNotizEinAus()
  Dim myBtn As CommandBarButton
  Set myBtn = CommandBars.ActionControl
  If myBtn.State = msoButtonUp Then
    myBtn.Caption = "Notiz Ein"
    myBtn.State = msoButtonDown
    WindowSplit
    WindowActivate TopPane:=False
    ViewApply Name:="Vorgang: Maske"
    ViewShowNotes
  Else
    myBtn.Caption = "Notiz Aus"
    myBtn.State = msoButtonUp
    PaneClose
  End If
End Sub
```

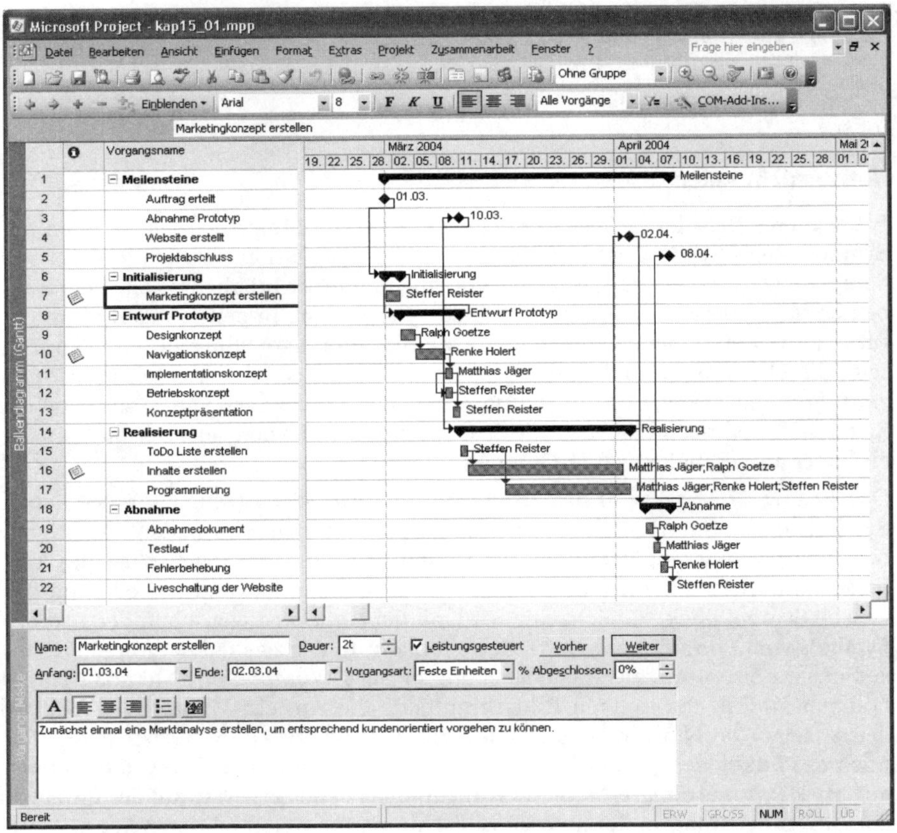

Abbildung 27.26: Einblenden von Notizen in der Ansicht Balkendiagramm (Gantt) *als geteilte Ansicht*

Die Vorgänge bearbeiten: Das *Task*-Objekt

Von besonderem Interesse ist natürlich das *Task*-Objekt, mit dem Sie die Vorgänge in Projekten kontrollieren können. Alle Vorgängen werden in der *Tasks*-Auflistung zusammengefasst. Das ermöglicht einen sehr komfortablen Zugriff. Auf ein einzelnes *Task*-Objekt greifen Sie mit *Tasks(Index)* zu. *Index* ist dabei der Vorgangsindex oder der Vorgangsname. Jedes *Task*-Objekt hat wiederum Eigenschaften, die den Vorgang näher beschreiben, z.B. ob der Vorgang ein Meilenstein ist (Listing 27.18).

```
Sub ZeigeMeilensteine()
Dim T As Task
Dim s As String
For Each T In ActiveProject.Tasks
  If T.Milestone = True Then
      s = s & vbCrLf & T.Name
  End If
Next T
MsgBox "Hier die Liste der Meilensteine des aktiven Projekts: " & s
End Sub
```

Listing 27.18: Die Meilensteine des aktiven Projekts in einer Meldung anzeigen

Bequem auf Objekte zugreifen

Wichtig beim Manipulieren von Objekten ist die *With*-Anweisung, mit der Sie viel Tipparbeit einsparen können. Diese Anweisung gestattet den komfortablen Zugriff auf Objekte und Sie können eine Reihe von Anweisungen für ein bestimmtes Objekt ausführen, ohne den Namen des Objekts mehrmals angeben zu müssen. Wenn Sie mehrere Eigenschaften eines bestimmten Objekts verändern möchten, sollten Sie die Zuweisungsanweisungen für die Eigenschaften über eine *With*-Kontrollstruktur realisieren.

Sie brauchen dann den Namen des Objekts nicht bei jeder einzelnen Zuweisung, sondern nur einmal – zu Beginn der Kontrollstruktur – anzugeben. Innerhalb der *With*-Anweisung wird durch das Voranstellen eines Punktes auf das Objekt verwiesen (Listing 27.19).

Listing 27.19: *Vermeiden Sie unnötige Anweisungen durch Verwendung der* With-*Anweisung*

```
Sub listeDokumenteigenschaften()
Dim i As Integer
Dim a As Integer
Dim s As String
s = "Hier die Dokumenteigenschaften"
With ActiveProject
  a = .CustomDocumentProperties.Count
  For i = 1 To a
    s = s & vbCrLf & .CustomDocumentProperties(i).Name & _
        ": " & .CustomDocumentProperties(i)
  Next
  MsgBox s, vbInformation, .Name
End With
End Sub
```

In einer *With*-`Anweisung` können Sie nicht mehrere unterschiedliche Objekte bearbeiten. Sie können die *With*-Anweisungen aber verschachteln, indem Sie einen *With*-Block in einen anderen einfügen.

Dateieigenschaften lesen und schreiben

Bei der Programmierung von Project mit VBA wird immer wieder auf Daten, z.B. Datum oder Zahlwerte von Projekten zugegriffen. Die Daten werden ausgelesen, berechnet und wieder ausgegeben. Die Variablen, die diese Daten speichern, sind jedoch zeitlich auf die Laufzeit der Prozedur begrenzt und der Inhalt geht beim Beenden der Prozedur und damit spätestens beim Schließen der Projektdatei verloren.

Mit der Einführung der Enterprise-Felder im Project Server 2002/2003 und Project Professional 2002/2003 ist es zumindest möglich, Felder und Werte für jedes Projekt (z.B. *Datum, Kosten, Zahlen, Text etc.*) zu speichern. Jedoch sind diese Enterprise Felder nur im Einsatz von Project Professional und dem Project Server vorhanden und können nicht lokal im herkömmlichen Dateiformat von Project gespeichert werden. Über die VBA-Programmierung ist es auch möglich, auf diese Werte lesend und schreibend zurückzugreifen – damit verbunden sind aber auch Restriktionen. Beispielsweise muss ein Projekt-Feld *Enterprise Projekt Text1* zunächst in der Enterprise-Global vom Project-Administrator erstellt und dem Projekt zugewiesen werden. Falls ein Entwickler mit VBA-Lösungen auf weitere beliebige Felder und Speicherorte für Projektfelder zurückgreifen und diese nach

Bedarf auch noch selbständig anpassen möchte, sind die Enterprise-Felder der Project Server-Datenbank nicht mehr gut geeignet.

Mithilfe der *CustomDocumentProperties*-Eigenschaft können Sie jedoch dauerhaft benutzerdefinierte Eigenschaften in einer Projektdatei speichern. Der Zugriff und die Veränderung des Inhalts auf diese Eigenschaft erfolgt dabei über VBA, aber auch direkt in Project ohne Programmierung. Gehen Sie folgendermaßen vor, um benutzerdefinierte Werte für ein Projekt zu speichern:

1. Öffnen Sie über den Menübefehl *Datei/Eigenschaften* die Registerkarte *Anpassen*.
2. Vergeben Sie einen Namen für eine neue Projekteigenschaft, z.B. »MyProp«. Weisen Sie dann einen Typ (Text, Datum, Zahl oder Ja/Nein) und einen ersten Wert zu.

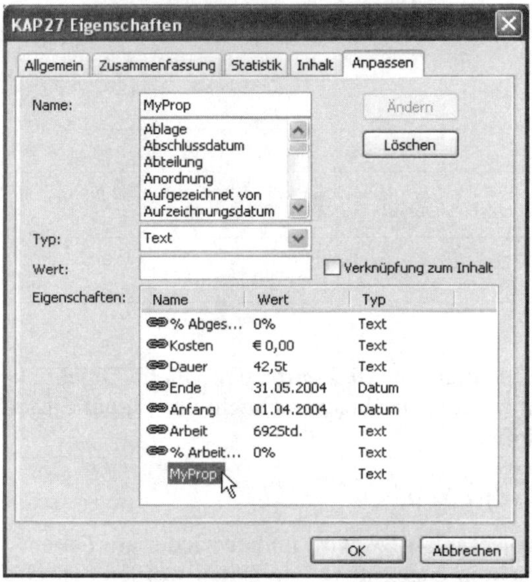

Abbildung 27.27: *Projektspezifische Werte in den Eigenschaften als* CustomDocumentProperties *festlegen*

3. Klicken Sie nun auf *Hinzufügen*. Die neue Projekteigenschaft erscheint jetzt in der Liste der Eigenschaften (vgl. Abbildung 27.27).
4. Öffnen Sie den *Visual Basic-Editor* über *Extras/Makro* oder mit der Tastenkombination Alt+F11 und geben Sie den folgenden Code ein:

```
Sub ProjektEigenschaftenLesen()
  MsgBox ActiveProject.CustomDocumentProperties("MyProp").Value
End Sub
```

Listing 27.20: *Projekteigenschaften aus* CustomDocumentProperties *lesen*

Mithilfe des beschriebenen VBA-Codes können Sie die Projekteigenschaft *MyProp* aus dem Projekt auslesen. Diese Variable bleibt auch nach dem Schließen der Projektdatei weiter erhalten und kann zu einem beliebigen späteren Zeitpunkt erneut ausgelesen werden.

TIPP Die Auflistung der integrierten Dokumenteigenschaften (z.B. Projektleiter, Projekttitel, Projektthema etc.) wird durch die *BuiltinDocumentProperties*-Eigenschaft zurückgegeben. So gibt

```
ActiveProject.BuiltinDocumentProperties("Manager").Value
```

beispielsweise den Projektleiter für das aktuelle Projekt zurück.

***Tabelle 27.4:** Vergleich zwischen Dateieigenschaften und VBA*- Builtin-DocumentProperties *mit Beschreibungen*

Dateieigenschaften	BuiltinDocumentProperties	Beschreibung
Titel	Title	Kurzbeschreibung des Projektes.
Thema	Subject	Weitere Beschreibung des Projektes.
Autor	Author	Name des Autors der Projektdatei.
Manager	Manager	Name des Projektleiters.
Firma	Company	Name der Firma.
Kategorie	Category	Z.B. für Projektarten oder -klassen (Klein- oder Großprojekt, IT- oder Entwicklungsprojekt).
Stichwörter	Keywords	Weitere Kurznotizen für den Projektnamen.
Kommentare	Comments	Erweiterte Kommentare und Notizen für die Projektbeschreibung.
Hyperlinkbasis	Hyperlink base	Hyperlink zu einer Projekt-Website im Intranet oder Internet.
Benutzername	Last Author	Benutzername unter *Extras/Optionen/ Allgemein*.
Version	Revision Number	Versionsnummer des Projektes. Anzahl der Speicherungen seit der Erstellung der Projektdatei.
Applikationsname	Application Name	Applikationsname ist hier »Microsoft Project«, bei anderen Office-Applikationen ein entsprechend anderer Wert.
Letztes Speicherdatum	Last Save Time	Datum der letzten Speicherung des Projektes.
Gesamtbearbeitungszeit	Total Editing Time	Gesamte Bearbeitungszeit des Projektes.

Die Tabelle 27.4 stellt einen Vergleich zwischen den *Dateieigenschaften* und den *BuiltinDocumentProperties* aus VBA dar.

Nachdem Sie kennen gelernt haben, wie Sie die *CustomDocumentProperties*-Eigenschaft auslesen können, können Sie mit folgender Prozedur die *CustomDocumentProperties*-Eigenschaft mithilfe von VBA auch direkt in die Projektdateien speichern.

Listing 27.21: CustomDocumentProperties-*Eigenschaften in Projekte schreiben*

```
Sub ProjektEigenschaftenSchreiben()
  Dim Eingabe As String
  Eingabe = Inputbox("Geben Sie bitte einen neuen Wert für MyProp ein", _
                   "CustomDocumentProperties")
  ActiveProject.CustomDocumentProperties_
    ("MyProp").Value = Eingabe
End Sub
```

Mithilfe des beschriebenen VBA-Codes können Sie die Projekteigenschaft *MyProp* in eine Projektdatei schreiben. Diese Variable bleibt auch nach dem Schließen der Projektdatei weiterhin erhalten und kann zu einem beliebigen späteren Zeitpunkt wieder ausgelesen werden. Die *CustomDocumentProperties*-Eigenschaft bildet die einzige Möglichkeit, in Project dauerhaft Konstanten als Eingabewerte – auch nach dem Schließen der Projektdatei – zu speichern.

In Project können Sie anschließend nach Aufruf des Menübefehls *Datei/Eigenschaften* auf der Registerkarte *Anpassen* den neuen Wert für die Projekteigenschaft »MyProp« sehen.

Multiprojekt aus geöffneten Projekten erstellen

Eine häufige Fragestellung ist, wie mit wenig Aufwand und möglichst schnell eine Multiprojektdarstellung von mehreren Dateien erzeugt werden kann. Über das Menü *Einfügen* kann ein Projekt in eine bereits vorhandene Datei eingefügt werden. Etwas schneller geht es jedoch über die Befehlsfolge *Fenster/Neues Fenster*. Dort können alle aktuell geöffneten Projekte zu einer Multiprojekt-Datei verdichtet werden. Das Makro in Listing 27.22 zeigt, wie Sie mit VBA alle geöffneten Projekte zu einer Multiprojektdatei zusammenführen können.

Listing 27.22: Multiprojekte erstellen

```
Sub MultiprojektErzeugen()
  Dim myProject As Project
  Dim myProjectList As String
  If Application.Windows.Count > 2 Then
      For Each myProject In Application.Projects
          myProjectList = myProject & ListSeparator & myProjectList
      Next myProject
  End If
  Application.ConsolidateProjects FileNames:=myProjectList, NewWindow:=True
End Sub
```

Zunächst wird mit der *Count*-Eigenschaft geprüft, wie viele Fenster in der Applikation geöffnet sind. Wenn mindestens drei Projekte geöffnet sind (und nur dann), macht die Verdichtung zu einem Multiprojekt auch Sinn. Alle Projekte werden in einer Variablen gesammelt und mithilfe der *ListSeparator*-Eigenschaft getrennt voneinander zusammengeführt. Die *ListSeparator*-Eigenschaft entspricht dem jeweils in der Systemsteuerung von Windows unter *Ländereinstellungen* angegebenen Wert.

Zum Schluss der VBA-Prozedur zeigt die *ConsolidateProjects*-Methode alle vorher zusammengeführten geöffneten Projektdateien in einem Fenster an. Die neu erstellte Datei sollte dann noch abschließend gespeichert werden. Falls Sie neue Projekte in die Multiprojekt-Datei mit aufnehmen möchten, können Sie entweder unter dem Menü *Einfügen* ein neues Projekt hinzufügen oder alle bereits in der Multiprojekt-Datei existierenden Projekte und neuen Projekte öffnen, mit dem vorher beschriebenen Makro zu einer Datei erneut verdichten und unter dem gleichen Namen speichern.

Zugriff auf alle Vorgänge im Projekt

Der Zugriff auf alle Vorgänge im Projekt erfolgt mit einer *For Each...Next*-Anweisung:

***Listing 27.23:** Standardzugriff auf alle Vorgänge im Projekt*

```
Sub AlleVorgaengeImProjekt()
  Dim myTask As Task
  For Each myTask In ActiveProject.Tasks
    Debug.Print myTask.Name
  Next myTask
End Sub
```

Die Übermittlung von Zellinhalten in andere Felder, z.B. vom Feld *Name* (Vorgangsname) in das Feld *Text1*, erfolgt mit:

***Listing 27.24:** Vorgangsname in* Text1 *kopieren*

```
Sub VorgangsnameInText1()
  Dim myTask As Task
  For Each myTask In ActiveProject.Tasks
    myTask.Text1 = myTask.Name
  Next myTask
End Sub
```

Die ersten Probleme mit dieser Vorgehensweise werden sichtbar, wenn die Vorgangsliste nicht durchgehend ist und leere Zeilen enthält. Die VBA-Prozedur bricht mit dem Laufzeitfehler 91 »Objektvariable oder With-Blockvariable nicht festgelegt (Fehler 91)« ab (vgl. Abbildung 27.28). Auch die dazu aufgerufene Hilfe bringt auf den ersten Blick keine direkte Lösung.

***Abbildung 27.28:** Laufzeitfehler 91 bei der Verwendung von leeren Zeilen im Projekt*

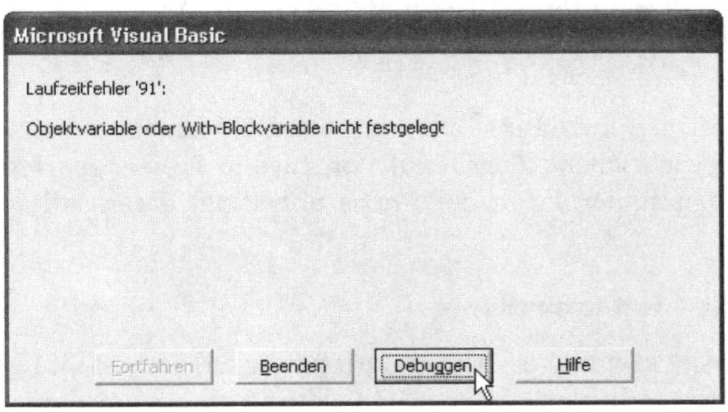

Der Fehler tritt auf, weil Project für einen leeren Vorgang auch einen Datensatz und damit auch eine einmalige Nummer (*UniqueID*) erstellt. Beim Aufruf des Datensatzes bricht Project die Prozedur ab, weil der leere Inhalt des Feldes *Name* nicht gelesen werden kann.

Um den Laufzeitfehler 91 zu unterbinden, ist ein Standardzugriff mit der *For Each...Next*-Anweisung notwendig, in dem nur nicht leere Datensätze in der Tasks-Auflistung verwendet werden.

Standardzugriff auf Vorgänge mit *For Each...Next*-Anweisung

Wenn Sie VBA-Prozeduren für eine gesamte Project-Anwendung entwickeln, z.B. in Form eines Add-Ins oder Add-Ons, müssen Sie zunächst mit mehreren *If...Then...Else*-Anweisung prüfen, ob überhaupt ein **Projekt** geöffnet ist, oder alle

Projekte geschlossen sind. Wenn ein Projekt geöffnet ist, muss weiter geprüft werden, ob ein **Vorgang** vorhanden ist, oder ob das Projekt leer ist. Anschließend kann es mit der »normalen« *For Each...Next*-Anweisung weitergehen um auf alle Vorgänge zuzugreifen.

Die Prüfung mit der Anweisung

```
If Not (myTask Is Nothing) Then
```

bringt die Überprüfung der leeren Datensätze. Dabei wird geprüft, ob der Datensatz nicht leer ist. Im Anschluss kann dann die eigentliche Prozedur mit weiteren Code-Anweisungen fortgesetzt werden.

```
Sub StandardZugriffAufVorgaenge()
  Dim myTask As Task
  If Application.Projects.Count > 0 Then
    If ActiveProject.Tasks.Count > 0 Then
      For Each myTask In ActiveProject.Tasks
        If Not (myTask Is Nothing) Then
          Debug.Print myTask.Name
          'Weitere Code-Anweisungen
        End If
      Next myTask
    End If
  End If
End Sub
```

***Listing 27.25:** Standardzugriff auf Vorgänge mit Überprüfung ob Projekte, Vorgänge und leere Zeilen existieren*

Wie beschrieben, müsste eigentlich in dieser Struktur jede VBA-Prozedur für den Zugriff auf das *Tasks*-Auflistungsobjekt programmiert werden. Nach unseren praktischen Erfahrungen im Rahmen von Kundenprojekten ist es jedoch so, dass man sich nicht gerade häufig an diese Struktur hält.

HINWEIS

Im Folgenden wird in den Beispielprozeduren aus Platz- und Übersichtlichkeitsgründen nicht der komplett beschriebene Zugriff auf Vorgänge in Project geprüft. Achten Sie aber bei der Programmierung in der Praxis unbedingt darauf, diese Überprüfung vorzunehmen.

Vorgangs-Gliederungsebene 1 fett formatieren

Bei der Verwendung von Project kommt von Anwendern häufig die Fragestellung: »Warum sind nicht alle Vorgänge in der höchsten Gliederungsebene fett dargestellt? Habe ich etwas falsch gemacht?« Da nicht alle Vorgänge der Gliederungsebene 1 auch gleichzeitig Sammelvorgänge sind, die von Project immer *fett* dargestellt werden, hilft das Listing 27.26 bei dieser Fragestellung weiter.

```
Sub VorgangEbene1Fett()
  Dim myTask As Task
  For Each myTask In ActiveProject.Tasks
    If (myTask.OutlineLevel = 1 And myTask.Summary = False) Then
      SelectRow Row:=myTask.ID, RowRelative:=False
      Font Bold:=True
    End If
  Next myTask
End Sub
```

***Listing 27.26:** Alle Vorgänge der höchsten Gliederungsebene Fett darstellen*

Zunächst wird mit der schon bekannten *For Each...Next*-Anweisung auf alle Vorgänge im Projekt zugegriffen. Mit der *If...Then...Else*-Anweisung wird geprüft, ob der Vorgang in der höchsten Gliederungsebene ist und ob er kein Sammelvorgang ist. Die Sammelvorgänge sind bereits fett formatiert. Danach muss die Zeile selektiert werden und die Schriftart wird auf fett gesetzt. Diese Lösung ist nicht die eleganteste, aber es ist die einzige Möglichkeit, eine individuelle Formatierung festzulegen.

Sprachelemente von VBA

Informationen auf dem Bildschirm: Meldungen anzeigen

Bei der Erstellung eigener Anwendungen ist es manchmal erforderlich, Ergebnisse anzuzeigen. In Project stehen Ihnen hierfür verschiedene Möglichkeiten offen.

Sie können Meldungen

- in der Statusleiste ausgeben,
- in einem eingebauten Meldungsdialog oder
- in benutzerdefinierten Formularen, so genannten *UserForms*, ausgeben.

Da das Thema *UserForm* sehr umfangreich ist, haben wir diesem Objekt ein eigenes Kapitel gewidmet. Mehr zu UserForms finden Sie in ▶ Kapitel 29.

Informationen in der Statusleiste ausgeben

Für kurze Hinweise während der Laufzeit eines Makros können Sie die Statusleiste verwenden. Standardmäßig werden hier Meldungen z.B. zum Öffnen eines Projekts angezeigt (Listing 27.27).

Listing 27.27: *Eine Information in der Statusleiste platzieren*

```
Sub Statuszeile()
Application.StatusBar = "Es läuft gerade ein Makro."
MsgBox "Achten Sie auf den Text in der Statuszeile."
Application.StatusBar = False
End Sub
```

Meldungsfenster anzeigen

Wenn die auszugebende Information umfangreicher wird, reicht der Platz in der Statuszeile nicht mehr aus. Um dem Anwender Informationen anzuzeigen, steht in VBA die Funktion *MsgBox* mit der Syntax *MsgBox(prompt[, buttons] [, title] [, helpfile, context])* zur Verfügung. Die Syntax der *MsgBox*-Funktion verwendet die nachfolgend näher bezeichneten Argumente.

Das Argument *prompt* muss angegeben werden. Es ist ein Zeichenfolgenausdruck, der als Meldung im Dialogfeld erscheint.

TIPP Wenn *prompt* aus mehreren Zeilen besteht, können Sie die Zeilen mit einem Wagenrücklaufzeichen *Chr(13)*, einem Zeilenvorschubzeichen *Chr(10)* oder einer Kombination aus Wagenrücklaufzeichen und Zeilenvorschubzeichen *Chr(13) & Chr(10)* trennen. In Project sind hierfür eingebaute VBA-Konstanten verfügbar. Für einen Zeilenvorschub verwenden Sie *vbLf* und für eine Kombination aus Wagenrücklauf und Zeilenvorschub die Konstante *vbCrLf*.

Die weiteren Argumente sind optional. *buttons* ist ein numerischer Ausdruck für die Summe der Werte, Anzahl und Typ der anzuzeigenden Schaltflächen, die Art des zu verwendenden Symbols sowie die Standardschaltfläche. Sie sollten auch hier die eingebauten Konstanten verwenden.

HINWEIS

Verwenden Sie die Summe der Werte oder besser: Verknüpfen Sie die einzelnen Werte bzw. Konstanten durch ein Pluszeichen. Um die Schaltflächen *Ja* und *Nein* sowie das Symbol Fragezeichen (?) anzuzeigen, kann das *Argument 4 + 32* alternativ auch als *vbYesNo + vbQuestion* angegeben werden. Bedenken Sie, dass der Code mit den Konstanten verständlicher ist.

Wenn das Kontrollkästchen *Automatische QuickInfo* im Dialogfeld *Optionen* aktiviert ist, werden die Konstanten angezeigt, nachdem Sie den Text für die Meldung und ein Komma eingetragen haben.

Ausgabe der Kosten von selektierten Vorgängen

Mancher Project-Anwender wünscht sich eine Summen-Funktion analog Excel, sodass für einen selektierten Bereich von Kostenwerten aus Vorgängen eine Summe in ein anderes Feld geschrieben wird. Da Project eine datenbankähnliche Anwendung darstellt, ist es unmöglich, eine gleiche Summen-Funktion zu programmieren. Eine Lösung ist jedoch, die Kosten der selektierten Vorgänge in einer *MsgBox*-Funktion oder in der Statuszeile dem Anwender zurückzugeben (vgl. Abbildung 27.29).

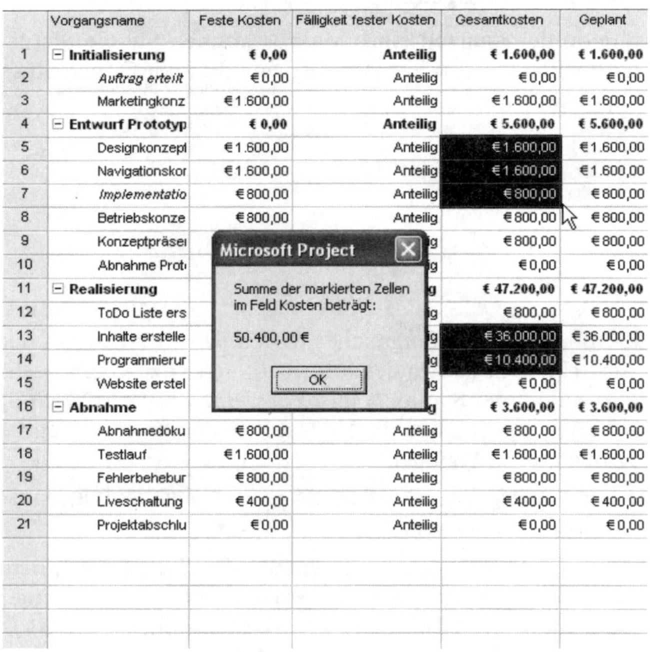

	Vorgangsname	Feste Kosten	Fälligkeit fester Kosten	Gesamtkosten	Geplant
1	⊟ Initialisierung	€ 0,00	Anteilig	€ 1.600,00	€ 1.600,00
2	Auftrag erteilt	€ 0,00	Anteilig	€ 0,00	€ 0,00
3	Marketingkonz	€ 1.600,00	Anteilig	€ 1.600,00	€ 1.600,00
4	⊟ Entwurf Prototyp	€ 0,00	Anteilig	€ 5.600,00	€ 5.600,00
5	Designkonzept	€ 1.600,00	Anteilig	€ 1.600,00	€ 1.600,00
6	Navigationskor	€ 1.600,00	Anteilig	€ 1.600,00	€ 1.600,00
7	Implementatio	€ 800,00	Anteilig	€ 800,00	€ 800,00
8	Betriebskonze	€ 800,00	Anteilig	€ 800,00	€ 800,00
9	Konzeptpräse			€ 800,00	€ 800,00
10	Abnahme Prot			€ 0,00	€ 0,00
11	⊟ Realisierung			€ 47.200,00	€ 47.200,00
12	ToDo Liste ers			€ 800,00	€ 800,00
13	Inhalte erstelle			€ 36.000,00	€ 36.000,00
14	Programmierur			€ 10.400,00	€ 10.400,00
15	Website erstel			€ 0,00	€ 0,00
16	⊟ Abnahme			€ 3.600,00	€ 3.600,00
17	Abnahmedoku	€ 800,00	Anteilig	€ 800,00	€ 800,00
18	Testlauf	€ 1.600,00	Anteilig	€ 1.600,00	€ 1.600,00
19	Fehlerbehebur	€ 800,00	Anteilig	€ 800,00	€ 800,00
20	Liveschaltung	€ 400,00	Anteilig	€ 400,00	€ 400,00
21	Projektabschlu	€ 0,00	Anteilig	€ 0,00	€ 0,00

Abbildung 27.29: *Kostensumme als* MsgBox-*Funktion*

Das Listing 27.28 durchläuft mit einer normalen *For Each…Next*-Anweisung alle Vorgänge und speichert die Werte des Feldes *Kosten* in einer Variablen.

Listing 27.28: Kostensumme als MsgBox-*Funktion*

```
Sub KostensummeMarkierteZellen()
  Dim myTsk As Task
  Dim myCost As Currency
  For Each myTsk In ActiveSelection.Tasks
    myCost = myTsk.Cost + myCost
  Next myTsk
  MsgBox "Summe der markierten Zellen " & vbCrLf & _
        "im Feld Kosten beträgt:" & vbCrLf _
        & vbCrLf & Format(myCost, "#,##0.00 ") & _
        ActiveProject.CurrencySymbol
End Sub
```

Das Aussehen des Meldungsfensters wird über eingebaute Konstanten eingestellt. Die Tabelle 27.5 gibt Ihnen eine komplette Übersicht über die Konstanten. Schauen Sie sich ergänzend Abbildung 27.29 dazu an.

Tabelle 27.5: *Konstanten für die Schaltflächen der* Msg-Box-*Funktion*

Konstante	Wert	Beschreibung
vbOKOnly	0	Nur die Schaltfläche *OK* anzeigen.
vbOKCancel	1	Schaltflächen *OK* und *Abbrechen* anzeigen.
vbAbortRetryIgnore	2	Schaltflächen *Abbruch*, *Wiederholen* und *Ignorieren* anzeigen.
vbYesNoCancel	3	Schaltflächen *Ja*, *Nein* und *Abbrechen* anzeigen.
vbYesNo	4	Schaltflächen *Ja* und *Nein* anzeigen.
vbRetryCancel	5	Schaltflächen *Wiederholen* und *Abbrechen* anzeigen.
vbCritical	16	Meldung mit Stopp-Symbol anzeigen.
vbQuestion	32	Meldung mit Fragezeichen-Symbol anzeigen.
vbExclamation	48	Meldung mit Ausrufezeichen-Symbol anzeigen.
vbInformation	64	Meldung mit Info-Symbol anzeigen.
vbDefaultButton1	0	Erste Schaltfläche ist Standardschaltfläche.
vbDefaultButton2	256	Zweite Schaltfläche ist Standardschaltfläche.
vbDefaultButton3	512	Dritte Schaltfläche ist Standardschaltfläche.
vbDefaultButton4	768	Vierte Schaltfläche ist Standardschaltfläche.
vbApplicationModal	0	An die Anwendung gebunden. Der Benutzer muss auf das Meldungsfeld reagieren, bevor er seine Arbeit mit der aktuellen Anwendung fortsetzen kann.
vbSystemModal	4096	An das System gebunden. Alle Anwendungen werden unterbrochen, bis der Benutzer auf das Meldungsfeld reagiert.
vbMsgBoxHelpButton	16384	Fügt die Schaltfläche *Hilfe* hinzu.
vbMsgBoxSetForeground	65536	Zeigt das Meldungsfenster im Vordergrund an.
vbMsgBoxRight	524288	Richtet den Text rechtsbündig aus.
vbMsgBoxRtlReading	1048576	Stellt Text in der Orientierung von rechts nach links dar. Nur auf hebräischen und arabischen Systemen.

Diese Konstanten sind bereits durch VBA festgelegt. Ob Sie die Namen oder die tatsächlichen Werte im Code verwenden, bleibt Ihnen überlassen.

Die erste Gruppe mit den Werten von 0 bis 5 beschreibt die Anzahl und den Typ der im Dialogfeld angezeigten Schaltflächen. Die zweite Gruppe (16, 32, 48, 64) beschreibt die Symbolart. Die dritte Gruppe (0, 256, 512) legt die Standardschaltfläche fest und die vierte Gruppe (0, 4096) legt fest, in welcher Form das Dialogfeld gebunden ist.

WICHTIG

Verwenden Sie beim Addieren der Zahlen zu einem Gesamtwert für das Argument *buttons* nur eine Zahl aus jeder Gruppe.

Listing 27.29: Die Anzeige über Zahlenwerte oder eingebaute Konstanten beeinflussen

```
Sub MTest()
MsgBox "Zweite Schaltfläche aktiv", _
   5 + 64 + 256 + 4096, "Test mit Zahlen"
End Sub
Sub MTest2()
MsgBox "Zweite Schaltfläche aktiv", _
vbRetryCancel + vbInformation + vbDefaultButton2 + _
vbSystemModal, "Test mit Konstanten"
End Sub
```

Das Argument *title* legt den Titel des Dialogfeldes fest. Mit den Argumenten *helpfile* und *context* legen Sie eine kontextbezogene Hilfedatei fest, wobei beide Argumente zusammen verwendet werden müssen.

Über *vbMsgBoxHelpButton* kann die Schaltfläche *Hilfe* angezeigt werden. Diese hat keinen Rückgabewert. Hilfe wird nur angezeigt, wenn über die Argumente *helpfile* und *context* eine Hilfedatei und eine Sprungadresse angegeben wurden.

WICHTIG

Wollen Sie den Rückgabewert der Anweisung verwenden, müssen die Argumente in einfache Klammern gefasst werden. Üblicherweise wird die Rückgabe in einer Variablen gespeichert, etwa wie im folgenden Beispiel (Listing 27.30).

Listing 27.30: Die gewählte Schaltfläche in einer Variablen speichern

```
Sub Rückgabe()
On Error Resume Next
Dim r As Variant
r = MsgBox("Soll der aktive Vorgang gelöscht werden?", _
        vbYesNo + vbQuestion, "Beispiel zum Rückgabewert")
If r = vbYes Then EditDelete
End Sub
```

Auch eine Sub-Prozedur können Sie im Direktbereich starten. Da eine Sub-Prozedur genau wie eine Funktion Aktionen ausführen, jedoch keinen Wert zurückgeben kann, müssen Sie dem Aufruf der Prozedur im Direktbereich kein Fragezeichen voranstellen. Der Aufruf lautet dann etwa *Rückgabe.*

Schreiben Sie also lediglich den Prozedurnamen, eventuell erforderliche Argumente (ohne Klammer) und betätigen Sie die Eingabe-Taste. Die Prozedur wird ausgeführt.

Die Rückgabewerte der *MsgBox*-Funktion entnehmen Sie bitte Tabelle 27.6.

Tabelle 27.6: *Rückgabewerte der Funktion* MsgBox

Konstante	Wert	Beschreibung
vbOK	1	OK
vbCancel	2	Abbrechen
vbAbort	3	Abbruch
vbRetry	4	Wiederholen
vbIgnore	5	Ignorieren
vbYes	6	Ja
vbNo	7	Nein

Auf Variablen und deren Verwendung werden wir im ▶ Abschnitt »Variablen und Konstanten« dieses Kapitels noch ausführlich zu sprechen kommen.

Zeilenumbruch

Bei längerem Text in Verbindung mit einer umfangreichen Liste an Argumenten werden die einzelnen Codezeilen recht lang. Um die Anzeige der Codezeilen auf dem Bildschirm übersichtlicher zu gestalten und den lästigen Bildlauf zu umgehen, haben Sie zwei Möglichkeiten:

- An den Stellen der Codezeile, an denen sich eine Leerstelle befindet, können Sie durch das Einfügen eines Unterstrichs und anschließendes Drücken der Eingabe-Taste einen Zeilenumbruch einfügen. Diese Zeichenkombination liefert VBA den Hinweis auf die Fortsetzung in der nächsten Zeile. Sie können jedoch keine Konstanten oder Funktionsnamen trennen. Um die Texte der *MsgBox*-Funktion zu trennen, müssen einzelne Teile in Anführungszeichen gesetzt werden.
- Die zweite Möglichkeit besteht in der Zuweisung von Variablen zu den einzelnen Argumenten. Dieses Verfahren hat insbesondere dann Vorteile, wenn Sie die Variable in mehreren Meldungen verwenden können (Listing 27.31).

Listing 27.31: *Einzelne Texte in Variablen speichern und ganz leicht mehrfach verwenden*

```
Sub Info_mit_Var()
Dim MeldText As String
Dim MeldText2 As String
Dim Stil As String
Dim Kopf As String
MeldText = "Heute ist der " & Date
Stil = vbOKOnly + vbInformation
Kopf = "Datum"
MsgBox MeldText, Stil, Kopf
' Hier können weitere Anweisungen stehen
MeldText2 = "Diese Meldung verwendet ebenfalls "
MeldText2 = MeldText2 & "die Variablen."
MsgBox MeldText2, Stil, Kopf
End Sub
```

Im folgenden Beispiel wird vor jedem Eintrag eines Projekts ein Zeilenumbruch eingefügt (Listing 27.32).

```
Sub OffeneProjekte()
Dim i As Integer
Dim s As String
s = "Folgende Projekte sind geöffnet: "
For i = 1 To Projects.Count
  s = s + vbCrLf + Projects(i).Name
Next
MsgBox s, vbInformation, "Beispiel Zeilenumbruch"
End Sub
```

Listing 27.32: *Den Text im Meldungsfenster umbrechen*

Argumente mit dem Namen ansprechen: Benannte Argumente

VBA unterstützt die Verwendung von benannten Argumenten. Dies erlaubt die Verwendung von Argumenten ungeachtet der Reihenfolge in der Argumentliste einer Prozedur. Ganz allgemein wird dabei dem Argument mit »:=« ein Ausdruck zugewiesen. Das folgende Beispiel (Listing 27.33) zeigt eine Meldung unter Verwendung benannter Argumente an.

```
Sub BenannteArg()
MsgBox Buttons:=vbExclamation, _
        Title:="Benannte Argumente", _
        prompt:="Die Reihenfolge bleibt unberücksichtigt"
End Sub
```

Listing 27.33: *Mit benannten Argumenten spielt die Reihenfolge keine Rolle mehr*

Eingebaute Formulare nutzen

In Project stellen Sie zahlreiche Eigenschaften über Dialogfelder ein. Was liegt da näher, als diese Dialogfelder für eigene Entwicklungen zu nutzen? Mit dem folgenden Code können Sie z.B. das Dialogfeld *Balkenarten* anzeigen Listing 27.34).

```
Sub EingebauterDialog1()
Application.BarBoxStyles
End Sub
```

Listing 27.34: *Auf eingebaute Formulare zugreifen*

Mit VBA können Sie eine ganze Reihe eingebauter Dialoge verwenden und so dem Benutzer die Möglichkeit geben, Einstellungen vorzunehmen.

Im Dialogfeld *Seite einrichten* können Sie die einzelnen Registerkarten direkt ansteuern (Listing 27.35, Listing 27.36).

```
Sub ZeigeLegendeEinrichten()
FilePageSetupLegend
End Sub
```

Listing 27.35: *Dialogfeld* Seite einrichten, *Registerkarte* Legende *anzeigen*

```
Sub ZeigeSeiteEinrichten()
FilePageSetupPage
End Sub
```

Listing 27.36: *Dialogfeld* Seite einrichten, *Registerkarte* Seite *anzeigen*

Sie wollen dem Anwender den Dialog *Datei öffnen* zeigen, damit er eine beliebige Datei öffnen kann.

Die nachfolgende Prozedur (Listing 27.37) löst diese Aufgabe. Deklarieren Sie eine Variable für das Ergebnis, das dieses Dialogfeld zurückgibt.

Listing 27.37: *Das Dialogfeld* Öffnen *anzeigen*

```
Sub EingebauterDialog2()
' Das eingebaute Dialogfeld
' "Öffnen" wird angezeigt
Dim erg
erg = FileOpen
MsgBox "Rückgabewert ist " & erg
End Sub
```

Das Ergebnis der Aktion liefert Ihnen jedoch nicht den Dateinamen, den der Anwender ausgewählt hat, sondern lediglich einen Wahrheitswert. Dieser Wert zeigt an, ob das Dialogfeld mit *OK* oder *Abbrechen* beendet wurde. Der Rückgabewert ist also vom Typ *Boolean* (*True* oder *False*).

Wenn Sie also den Dateinamen ermitteln wollen, müssen Sie zunächst das Ergebnis des Dialogfeldes prüfen. Wird *True* zurückgegeben, wurde eine Datei geöffnet. In diesem Fall können Sie den Namen des aktiven Projekts über die *Name*-Eigenschaft des aktiven Projekts ermitteln (Listing 27.38).

Listing 27.38: *Ermitteln Sie, welche Datei aus dem Dialogfeld heraus geöffnet wurde*

```
Sub ErgebnisÖffnen()
Dim o As Boolean
Dim d As String
o = FileOpen
MsgBox "Rückgabe:  " & o
If o = True Then
  d = ActiveProject.Name
  MsgBox "Sie haben die Datei " & d & " geöffnet."
Else
  MsgBox "Es wurde keine Datei geöffnet."
End If
End Sub
```

Vor der Antwort kommt die Frage

Nun ist es aber nicht nur erforderlich Meldungen anzuzeigen; Sie wollen auch Benutzereingaben ermöglichen. Mit der Anweisung *InputBox* haben Sie die Möglichkeit, sehr schnell einfache Eingabemasken zu erzeugen.

Die Anweisung verwendet die Syntax *InputBox(prompt[,title][,default][,xpos][,ypos][,helpfile,context]),* wobei auch hier die Argumente in eckiger Klammer optional sind. Das Argument *Title* wird wie bei der Funktion *MsgBox* angewendet. Gleiches gilt für die Angabe der kontextbezogenen Hilfe. Das Argument *default* legt den Vorgabewert für das Eingabefeld fest. *xpos* und *ypos* legen die Position der oberen linken Ecke des Eingabefeldes auf dem Bildschirm fest. Sind diese beiden Argumente nicht angegeben, wird das Eingabefeld zentriert angezeigt.

Erstellen Sie probeweise eine einfache Eingabeaufforderung und geben Sie den Eintrag des Benutzers in einer Meldung aus.

Um diese Aufgabe zu lösen, speichern Sie den Rückgabewert der Funktion *InputBox* in der Variablen *Eingabe*. Denken Sie dabei an die Klammern um die Argumentliste. Diese Variable wird anschließend von der Funktion *MsgBox* verwendet, die den Inhalt der Variablen anzeigt (vgl. Listing 27.39 und Abbildung 27.30).

```
Sub Meldung_zeigen()
Dim Eingabe As String
Eingabe = InputBox("Geben Sie bitte eine Zeichenfolge ein." & _
 vbCrLf & "Vorgabe ist der Benutzername Extras/Optionen/Allgemein)", _
         "Erste Eingabe", Application.UserName)
If Len(Eingabe) > 0 Then
    MsgBox "Ihre Eingabe war:" & vbCrLf & Eingabe
  Else
    MsgBox "Sie haben die Eingabe abgebrochen."
End If
End Sub
```

Listing 27.39: Dem Benutzer ein Eingabefenster anzeigen

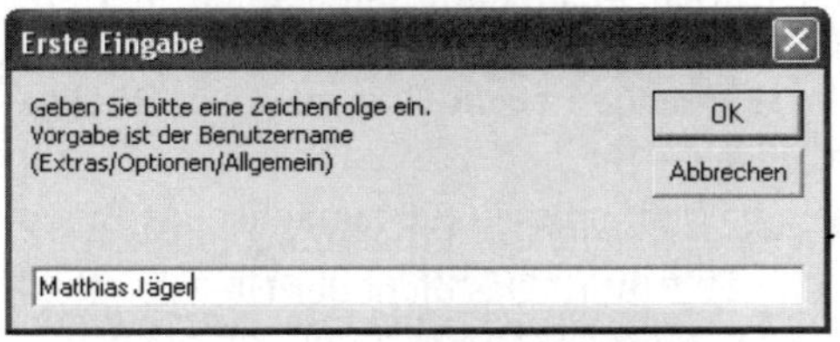

Abbildung 27.30: Eingabeaufforderung mit Zeilenumbruch und Vorgabe

Variablen und Konstanten

Beim Programmieren wird immer wieder auf Daten zugegriffen. Die Daten werden gelesen, mit Daten wird gerechnet und Daten werden ausgegeben. Um Daten für die spätere Verwendung im Programm zu speichern, werden Variablen verwendet. Variablen können während der Laufzeit des Programms verändert werden. Im Gegensatz dazu handelt es sich bei Konstanten um feststehende Werte, die während der Laufzeit nicht verändert werden können.

Variablen sind also ganz einfach Platzhalter für die originären Werte. In VBA ist es möglich, Variablen ohne vorherige Deklaration zu verwenden. Einer Variablen wird über den Zuweisungsoperator »=« direkt ein Wert zugewiesen. Nach der Zuweisung kann die Variable an jeder beliebigen Stelle im Programm verwendet werden.

HINWEIS

Obwohl zugegebenermaßen diese implizite Deklaration von Variablen verführerisch einfach ist, hat sie doch einige grundsätzliche Nachteile. Ein Nachteil liegt in möglichen Fehlerquellen durch unterschiedliche Schreibweisen. Unterläuft Ihnen ein Schreibfehler, initialisiert VBA jeweils eine neue Variable. Beim Ausführen des Programms erhalten Sie ein falsches Ergebnis. In anderen Fällen kann es zu einem Laufzeitfehler kommen.

Ein weiterer Nachteil liegt im Speicherbedarf. Implizit deklarierte Variablen haben den Datentyp *Variant*, welcher mindestens 16 Bytes benötigt. Wollen Sie einer Variablen eine Zahl zwischen 0 und 255 zuweisen, so benötigt eine Variable vom Datentyp *Byte* im Gegensatz dazu lediglich ein Byte.

Nähere Informationen zum Thema Datentypen erhalten Sie im ▶ Abschnitt »Optimieren mit Datentypen« in diesem Kapitel.

Variable deklarieren

Für die Deklaration von Variablen verwenden Sie die *Dim*-Anweisung. Dabei können mehrere Variablen in einer Zeile deklariert werden. Das Schlüsselwort *Dim* wird dabei nur vor der ersten Variablen eingetragen. Die folgenden Variablen werden durch Kommata getrennt. Im folgenden Fragment werden drei Variablen deklariert:

```
Dim A
Dim B
Dim C
```

oder kürzer

```
Dim A, B, C
```

WICHTIG Obwohl die Deklaration von Variablen an jeder Stelle des Programms möglich ist, wird diese in der Regel gleich am Anfang durchgeführt. Das dient der Übersichtlichkeit, alle Variablen sind an einer Stelle zusammengefasst und schnell gefunden.

Wenn eine Variable den Datentyp *Object* hat, müssen Sie vor der ersten Verwendung der Variablen die *Set*-Anweisung verwenden, wie die folgende Prozedur zeigt (Listing 27.40). Tun Sie dies nicht, kommt es zu einem Laufzeitfehler.

Listing 27.40: *Nach der* Set-*Anweisung zeigt die Variable auf das aktive Projekt*

```
Sub einObj()
Dim aktO As Object
' ohne die folgende Set-Anweisung
' tritt ein Fehler auf
Set aktO = ActiveProject
MsgBox "Aktuelles Projekt ist " & aktO.Name
End Sub
```

Die Deklaration erzwingen

VBA hilft Ihnen bei der Vermeidung von Schreibfehlern, wenn Sie vor die Prozeduren in einem Modulblatt die Anweisung *Option Explicit* setzen. Ist diese Anweisung gesetzt, tritt ein Kompilierungsfehler auf, wenn eine verwendete Variable noch nicht deklariert oder falsch geschrieben wurde (Listing 27.41).

Listing 27.41: *Die Anweisung* Option Explicit *veranlasst eine Fehlermeldung, wenn Variablen nicht deklariert wurden*

```
Option Explicit
Sub Variablendeklaration_erforderlich()
' Die Prozedur läuft korrekt, wenn in der folgenden
' Zeile das Kommentarzeichen entfernt wird.
' Dim s
s = CLng(InputBox("Geben Sie eine Zahl von 1 bis 27 ein.", _
    "Welche Zeile soll gelöscht werden?", 1))
    SelectRow Row:=s, rowrelative:=False
    EditDelete
End Sub
```

HINWEIS Sie können VBA veranlassen, in neuen Modulen diese Anweisung automatisch einzutragen. Markieren Sie das Kontrollkästchen *Variablendeklaration erforderlich* auf der Registerkarte *Editor* des Dialogfelds *Optionen*.

Lebensdauer von Variablen

Normalerweise kann eine Variable nur innerhalb einer Prozedur verwendet werden. Nach Beenden der Prozedur geht der Inhalt der Variablen verloren. Sie können dieses Verhalten jedoch ändern.

Wenn Sie Variablen mit der *Dim*-Anweisung innerhalb einer Prozedur deklarieren, können Sie die Variable nur in dieser Prozedur verwenden. Andere Prozeduren können die Variable nicht verwenden, auch dann nicht, wenn sie im gleichen Modul abgelegt sind. Diesen Umstand können Sie sich zunutze machen und Variablen in unterschiedlichen Prozeduren eines Moduls den gleichen Namen geben.

Um eine Variable für alle Prozeduren des Moduls verfügbar zu machen, schreiben Sie die *Dim*-Anweisung in den Deklarationsteil des Moduls, also noch vor den ersten Prozedurnamen. Eine solchermaßen deklarierte Variable kann in allen Prozeduren innerhalb des Moduls verwendet werden. Um eine Variable auf Modulebene zu deklarieren, können Sie auch die *Private*-Anweisung verwenden. Diese Anweisung zeigt schon durch den Namen die eingeschränkte Verwendbarkeit an.

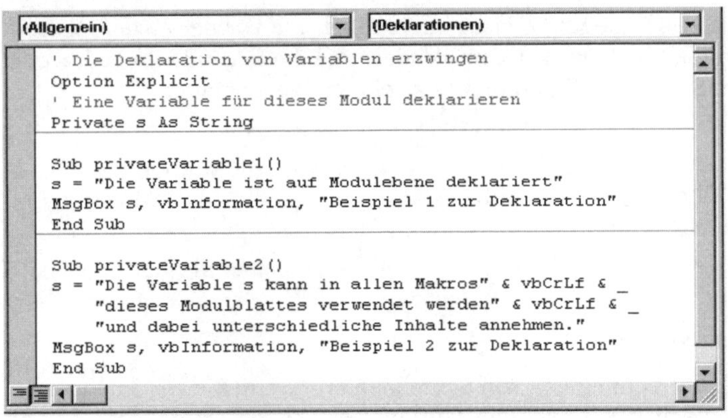


```
' Die Deklaration von Variablen erzwingen
Option Explicit
' Eine Variable für dieses Modul deklarieren
Private s As String

Sub privateVariable1()
s = "Die Variable ist auf Modulebene deklariert"
MsgBox s, vbInformation, "Beispiel 1 zur Deklaration"
End Sub

Sub privateVariable2()
s = "Die Variable s kann in allen Makros" & vbCrLf & _
    "dieses Modulblattes verwendet werden" & vbCrLf & _
    "und dabei unterschiedliche Inhalte annehmen."
MsgBox s, vbInformation, "Beispiel 2 zur Deklaration"
End Sub
```

Abbildung 27.31: *Im Deklarationsteil der Prozedur die Variable für das ganze Modul deklarieren*

Wollen Sie den Gültigkeitsbereich nochmals erweitern und die Variable auch in anderen Modulen des Projekts einsetzen, verwenden Sie statt der *Dim*-Anweisung die *Public*-Anweisung.

Den Wert einer Variablen erhalten

Möglicherweise möchten Sie, dass nach Beenden einer Prozedur der Wert einer Variablen erhalten bleibt. Wenn Sie z.B. eine Prozedur mehrmals aufrufen und dabei jeweils den Wert vom vorigen Aufruf verwenden wollen, wenden Sie die *Static*-Anweisung anstelle der *Dim*-Anweisung an. Die Variable behält dann ihren Wert zwischen den Aufrufen, solange das Projekt nicht geschlossen wurde.

Das folgende Beispiel (Listing 27.42) prüft zunächst den Wert der Variablen *w*. Ist dieser Wert größer als die aktuelle Fensterbreite, wurde das Makro bereits einmal ausgeführt. Es werden dann die Werte für den Start, das Ende und die Schrittweite der Schleife festgelegt.

Bei der ersten Ausführung des Makros ist die Schrittweite negativ, bei der zweiten Ausführung jedoch positiv.

Listing 27.42: Das Verfalldatum einer Variablen verlängern

```
Sub VerändernFensterbreite()
Static w As Integer
Dim i As Integer
Dim s As Integer
Dim Anfang As Integer
Dim Ende As Integer
If w > Windows(1).Width Then
    Anfang = 200
    Ende = w
    s = 1
  Else
    w = Windows(1).Width
    Anfang = w
    Ende = 200
    s = -1
End If
For i = Anfang To Ende Step s
  Windows(1).Width = i
Next
End Sub
```

Rufen Sie diese Prozedur aus dem Direktbereich heraus mehrmals hintereinander auf, um die Funktionsweise zu testen.

Unveränderlich: Die Konstante

Werte, die sich während des Programmablaufs nicht ändern, können Sie in Konstanten speichern. Deklariert werden Konstanten über die *Const*-Anweisung. Es gibt keine Möglichkeit, Konstanten während der Laufzeit zu verändern.

Für die Gültigkeit und die Lebensdauer von Konstanten gelten die gleichen Bedingungen wie bei Variablen bereits beschrieben. Es werden die gleichen Schlüsselworte verwendet.

Bei der Anzeige von Meldungen über die Funktion *MsgBox* haben Sie bereits eingebaute Konstanten kennen gelernt. Eingebaute Konstanten beginnen mit einem Präfix, das einen Hinweis auf die Bibliothek gibt, in der die Konstante deklariert wird. So wird z.B. Konstanten aus den Objektbibliotheken von Visual Basic und Visual Basic für Applikationen ein »vb« vorangestellt, während Konstanten aus der Project-Objektbibliothek das Präfix »pj« führen.

Mit dem Objektkatalog (Abbildung 27.32) haben Sie eine ausgezeichnete Möglichkeit, eingebaute Konstanten anzuzeigen. Wählen Sie im Feld *Projekt/Bibliothek* den Eintrag *Alle Bibliotheken* aus und tragen Sie in das Feld *Suchtext* »vb« bzw. »pj« (ohne Anführungszeichen) für die Suche nach den jeweiligen Konstanten ein.

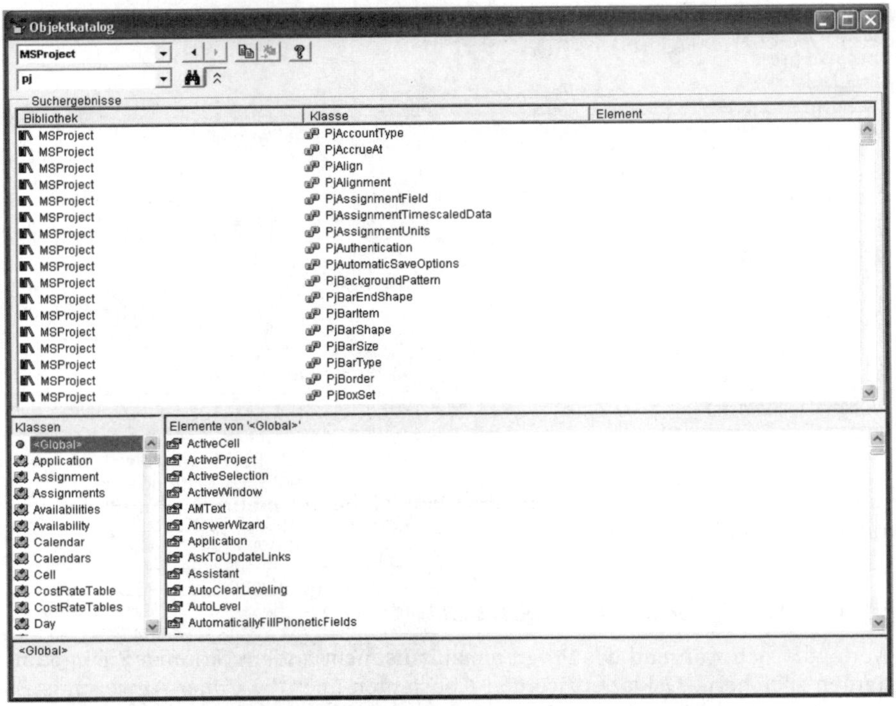

Abbildung 27.32: *Der Objektkatalog als Suchinstrument*

Eine Konstante kann für die Deklaration weiterer Konstanten verwendet werden. Sie können eine Konstante auch aus anderen Konstanten und Zeichen zusammensetzen. Der gesamte Ausdruck muss aber konstant sein, d.h. Sie können keine Variablen oder Funktionen einbauen (vgl. auch Listing 27.43).

Listing 27.43: *Beispiel für die Verwendung von Konstanten*

```
Const TEIL_NAME = "Project"
Const TEIL_VERSION = 2003
Const GESAMT = TEIL_NAME & " " & TEIL_VERSION
Sub Zeige_Konstanten()
MsgBox "Aus: " & TEIL_NAME & vbCrLf & _
       " und: " & TEIL_VERSION & vbCrLf & _
       " wird: " & GESAMT, vbInformation, _
       "Zusammengesetzte Konstante"
End Sub
```

HINWEIS

Einige Programmierer schreiben Konstanten immer in Großbuchstaben. Das hat den Vorteil, dass Sie im Code leichter Variablen von Konstanten unterscheiden können.

Optimieren mit Datentypen

Um die Verwendung von Variablen zu optimieren, können Sie diesen einen Datentyp zuweisen. Der Datentyp einer Variablen hat Auswirkungen auf den Speicherbedarf und damit auf die Ausführungsgeschwindigkeit eines Programms. Außerdem gibt der Datentyp beim Überarbeiten eines Programms den wichtigen Hinweis auf die Werte, die in einer Variablen gespeichert werden können.

Die folgende Tabelle 27.7 enthält die von VBA unterstützten Datentypen sowie deren Speicherbedarf und Wertbereiche.

***Tabelle 27.7:** Liste unterstützter Datentypen*

Datentyp	Speicherbedarf	Wertbereich
Byte	1 Byte	0 bis 255, keine Dezimalzahlen.
Boolean	2 Bytes	True oder False
Integer	2 Bytes	–32.768 bis 32.767, keine Dezimalzahlen.
Long (lange Ganzzahl)	4 Bytes	–2.147.483.648 bis 2.147.483.647, keine Dezimalzahlen.
Single (Gleitkommazahl mit einfacher Genauigkeit)	4 Bytes	–3,402823E38 bis –1,401298E–45 für negative Werte; 1,401298E–45 bis 3,402823E38 für positive Werte.
Double (Gleitkommazahl mit doppelter Genauigkeit)	8 Bytes	–1,79769313486232E308 bis –4,94065645841247E–324 für negative Werte; 4,94065645841247E–324 bis 1,79769313486232E308 für positive Werte.
Currency (skalierte Ganzzahl)	8 Bytes	–922.337.203.685.477,5808 bis 922.337.203.685.477,5807.
Decimal	14 Bytes	+/–79.228.162.514.264.337.593.543.950.335 ohne Dezimalzeichen; +/–7,9228162514264337593543950335 mit 28 Nachkommastellen; die kleinste Zahl ungleich Null ist +/–0,0000000000000000000000000001.
Date	8 Bytes	1. Januar 100 bis 31. Dezember 9999.
Object	4 Bytes	Beliebiger Verweis auf ein Objekt vom Typ *Object*.
String (variable Länge)	10 Bytes plus Zeichenfolgenlänge	0 bis ca. 2 Milliarden.
String (feste Länge)	Zeichenfolgenlänge	1 bis ca. 65.500.
Variant (mit Zahlen)	16 Bytes	Numerische Werte im Bereich des Datentyps *Double*.
Variant (mit Zeichen)	22 Bytes plus Zeichenfolgenlänge	Wie bei String mit variabler Länge.
Benutzerdefiniert (mit Type)	Zahl ist von Elementen abhängig	Der Bereich für jedes Element entspricht dem Bereich des zugehörigen Datentyps.

WICHTIG Achten Sie bei der Zuweisung eines Datentyps auf die Werte, welche die Variable aufnehmen soll. Wenn der zugewiesene Wert nicht dem deklarierten Datentyp entspricht, versucht VBA den Wert umzuwandeln. Dabei kann es allerdings zu überraschenden Ergebnissen kommen.

Haben Sie z.B. eine Variable vom Datentyp *Integer* deklariert und dieser den Wert *0,5* zugewiesen, rundet VBA den Wert auf *0* ab. Generell wird in den Fällen, wenn Sie einer Variablen vom Typ *Integer* eine Dezimalzahl zuweisen, auf die nächste gerade Zahl gerundet. Wollen Sie also unerwünschte Ergebnisse vermeiden, runden Sie die Werte vor der Zuweisung an die jeweilige Variable (Abbildung 27.33).

In Project steht Ihnen für das Runden von Zahlen die Funktion *Round(Ausdruck [,AnzahlAnDezimalpunkten])* zur Verfügung.

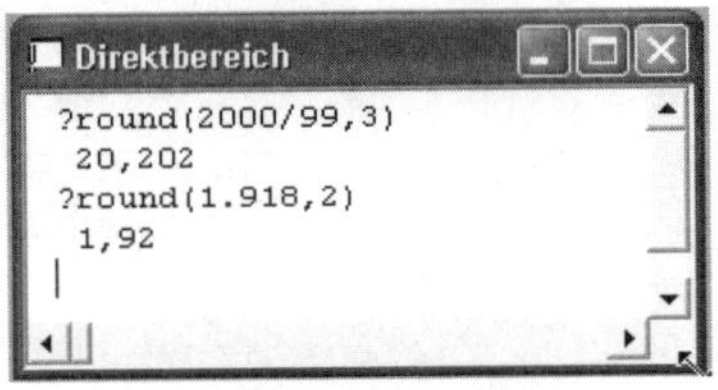

Abbildung 27.33: *Werte runden mit der Funktion* Round

Einige Datentypen erfordern weitere Erklärung, weil sie besondere Möglichkeiten eröffnen.

Sie können einer Variablen den Datentyp *String* mit einer festgelegten Anzahl an Stellen zuweisen. Verwenden Sie hierfür die *Dim*-Anweisung in der Form *Dim varName As String * (feste Länge)*. Eine solchermaßen deklarierte Variable hat immer die mit *feste Länge* angegebene Anzahl Stellen.

HINWEIS

Wird der Variablen ein String zugewiesen, der mehr Zeichen enthält, werden diese nicht beachtet. Umgekehrt werden kürzere Zeichenfolgen mit Leerzeichen aufgefüllt. Testen Sie dieses Verhalten mit der folgenden Prozedur (Listing 27.44).

Listing 27.44: *Eine String-Variable mit fester Länge*

```
Sub Str_feste_Länge()
Dim str As String * 5
str = InputBox("Tragen Sie eine Zeichenfolge ein.")
MsgBox "Der Inhalt der Variablen ist '" & str & "'" & vbCrLf & _
       "Die Länge ist " & Len(str), vbInformation, _
       "Auswertung"
End Sub
```

Ein Container für Daten: Datenfelder

In einem Datenfeld (engl. Array) werden indizierte Elemente vom gleichen Datentyp gespeichert. Über einen Index können Sie einzelne Elemente hinzufügen, ändern oder auch löschen. Der Index beginnt für das erste Element bei *0* (und nicht *1*!). Über die *Option Base*-Anweisung können Sie dieses Verhalten jedoch ändern. Um den Index des ersten Elements eines Datenfeldes auf *1* zu setzen, tragen Sie im Deklarationsteil eines Moduls, also noch vor der ersten Prozedur, *Option Base 1* ein.

Sie können ein statisches Datenfeld mit einer bestimmten Anzahl an Elementen deklarieren, etwa *Dim statDatenfeld(10)*. Die Indizes eines Datenfeldes können auch negativ sein. Sie können bei der Deklaration auch die Untergrenze und die Obergrenze festlegen. Die Untergrenze muss kleiner als die Obergrenze sein. Deklarieren Sie die Variable über *Dim untenobenDatenfeld(1 – 10)*, so ist auch bei Verwendung der Anweisung *Option Base 0* der erste Index gleich *1*.

Ein Datenfeld kann aber auch ohne genaue Anzahl an Elementen deklariert werden. Wenn Sie die Anzahl der Elemente noch nicht kennen, deklarieren Sie ein dynamisches Datenfeld, etwa *Dim dynDatenfeld()*. Für ein dynamisches Datenfeld können Sie während der Laufzeit die Anzahl der Elemente über die *Redim*-Anweisung festlegen.

Das nächste Beispiel (Listing 27.45) weist einem Datenfeld die Wochentage zu. Anschließend werden nacheinander alle Tage in einem Meldungsfenster angezeigt.

Listing 27.45: Ein Datenfeld füllen und die Inhalte anzeigen

```
Sub Tage()
Dim i As Integer
Dim d As Variant
d = Array("Montag", "Dienstag", "Mittwoch", "Donnerstag", _
        "Freitag", "Samstag", "Sonntag")
For i = 0 To 6
    MsgBox d(i), , "Die Wochentage"
Next
End Sub
```

Ein Datenfeld kann auch mehrere Dimensionen enthalten. Insgesamt sind bis zu 60 Dimensionen möglich. Es gibt allerdings keine Möglichkeit, während der Laufzeit weitere Dimensionen hinzuzufügen. Bei mehr als drei oder vier Dimensionen fällt es allerdings schwer, den Überblick zu behalten. Die häufigste Verwendung finden sicher eindimensionale Datenfelder. Um auf die Elemente eines mehrdimensionalen Datenfeldes zuzugreifen, müssen Sie neben dem Index für den Eintrag auch einen Index für die Dimension angeben.

Den niedrigsten und höchsten Index ermitteln

In dynamischen Datenfeldern ist die Anzahl der Elemente unter Umständen nicht bekannt. Mit den Funktionen *LBound (Datenfeldname[, Dimension])* und *UBound (Datenfeldname[, Dimension])* können Sie den niedrigsten bzw. den höchsten Indexeintrag ermitteln. Sind diese beiden Werte bekannt, kann über die Berechnung der Differenz die Anzahl der vorhandenen Elemente ermittelt werden (Listing 27.46).

Listing 27.46: Über die Grenzwerte des Index die Anzahl der Elemente ermitteln

```
Sub DatenfeldGrenzen()
Dim d(0 To 7) As Variant
Dim i As Integer
Dim u As Integer
Dim o As Integer
Dim a As Integer
For i = 0 To 6
    d(i) = i
Next
o = UBound(d)
u = LBound(d)
a = o - u
MsgBox "Die Woche hat " & a & " Tage."
End Sub
```

Datenfeld neu dimensionieren

Wenn Sie ein Datenfeld mit fester Länge dimensioniert haben, können Sie die Anzahl der möglichen Elemente mit der *Redim*-Anweisung erweitern. Diese Anweisung ermöglicht die Erweiterung der letzten Dimension eines Datenfeldes. Wenn die Daten bei der Neudimensionierung erhalten bleiben sollen, hängen Sie zusätzlich das Schlüsselwort *Preserve* an (Listing 27.47).

```
Sub habenTasksRessource()
Dim i As Integer
Dim a As Integer
a = 2
Dim b As Integer
Dim t As Task
Dim df() As Variant
ReDim df(1, 0)
Dim r As Integer
For Each t In ActiveProject.Tasks
  If t.Resources.Count = a Then
    b = UBound(df(), 2)
    df(0, b) = t.Name
    df(1, b) = t.ID
    ReDim Preserve df(1, b + 1)
  End If
Next
r = MsgBox("Es gibt " & UBound(df, 2) & _
         " Vorgänge mit " & a & " Ressource(n)." & _
         vbCrLf & "Weitere Informationen anzeigen?", _
         vbYesNo + vbQuestion, "Vorgänge gefunden")
If r = vbYes Then
  For i = 0 To b
    If MsgBox("Der Vorgang " & vbCrLf & df(1, i) & _
           " " & df(0, i) & vbCrLf & _
           "entspricht den Suchkriterien.", _
           vbOKCancel + vbInformation) _
           = vbCancel Then Exit Sub
  Next
End If
End Sub
```

Listing 27.47: *Datenfeld neu dimensionieren und Inhalt erhalten*

Dieses Makro durchsucht die Liste aller Vorgänge danach, ob die Anzahl der Ressourcen mit der Variablen *a* übereinstimmt. Im Beispiel ist die Variable gleich *2*. Es werden also Vorgänge gesucht, denen zwei Ressourcen zugeordnet sind. Durch Ändern der Variable können Sie auch nach anderen Vorgängen suchen und diese anzeigen, etwa alle Vorgänge denen noch keine Ressourcen zugeordnet sind. Setzen Sie hierfür den Wert der Variablen auf *0*.

Löschen einzelner Elemente eines Datenfeldes

Mit der *Erase*-Anweisung können Sie die Elemente eines Datenfeldes löschen. Bei dynamischen Datenfeldern wird damit der Speicherplatz freigegeben. Vor der erneuten Verwendung der Variablen müssen Sie mit der Anweisung *Redim* das Datenfeld neu deklarieren (Listing 27.48).

```
Sub DatenfeldLöschen()
Dim d(0 To 7) As Variant
Dim i As Integer
Dim a As Integer
For i = 0 To 6
    d(i) = i
Next
a = 0
For i = 0 To 6
    If d(i) <> "" Then a = a + 1
Next
MsgBox "Das Datenfeld hat " & a & " Elemente mit Werten."
Erase d()
```

Listing 27.48: *Den Inhalt eines Datenfeldes löschen*

```
a = 0
For i = 0 To 6
    If d(i) <> "" Then a = a + 1
Next
MsgBox "Das Datenfeld hat " & a & " Elemente mit Werten."
End Sub
```

Externe Prozeduren verwenden: Verweise

Insbesondere für Funktionen, die in externen Projekten abgelegt sind, gibt es noch eine weitere Möglichkeit. Sie können in dem Projekt, welches die Funktion benutzen soll, einen Verweis auf die Datei mit der Prozedur erstellen.

Einen solchen Verweis erstellen Sie im Visual Basic-Editor. Wählen Sie hier den Befehl *Verweise* im Menü *Extras*.

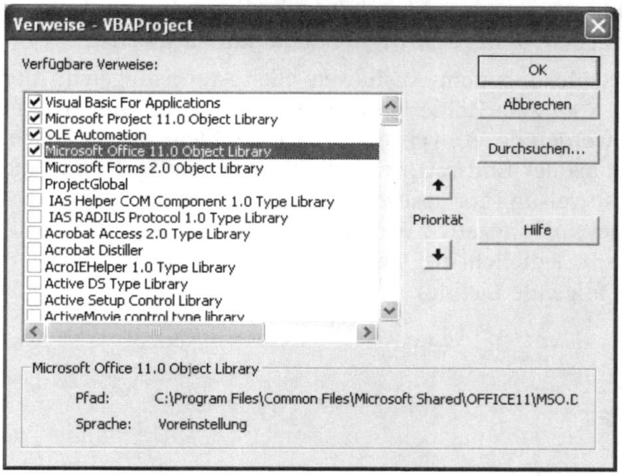

Abbildung 27.34: *Fenster für den Verweis auf externe Funktionen*

Im Dialogfeld *Verweise* (vgl. Abbildung 27.34) können Sie im Listenfeld einen Eintrag markieren, um einen Verweis einzufügen. In diesem Listenfeld sind auch alle geöffneten Projekte eingetragen. Befindet sich die gesuchte Datei nicht in der Liste, klicken Sie die Schaltfläche *Durchsuchen* und wählen anschließend den Pfad und die Datei aus. Über die *Prioritätsschaltflächen* können Sie die Einträge nach unten oder oben verschieben. Das bedeutet, dass VBA bei eventuell auftretender Namensgleichheit dasjenige Projekt bevorzugt, das in der Liste weiter oben steht. Der Verweis erscheint als Eintrag im Projektfenster.

Nützliche Schleifen

Es ist zwar bequem, mithilfe des Makrorekorders ein Makro aufzuzeichnen, aber wie gehen Sie vor, wenn immer gleiche Aktionen auf unterschiedliche Bereiche angewendet werden sollen? Was ist zu tun, wenn Aktionen ausgeführt werden sollen, für die es keinen entsprechenden Menübefehl gibt, z.B. die Namen aller geöffneten Projekte zu ermitteln?

Anweisungen wiederholen: *For...Next*

In Fällen, wenn eine oder mehrere Anweisungen mehrmals wiederholt werden sollen, wendet man so genannte Schleifen an. Die *For...Next*-Anweisung wiederholt eine Folge von Befehlen mehrmals. Die Anzahl der Wiederholungen ist dabei festgelegt. Hier die allgemeine Syntax:

```
For Zähler = Startwert To Endwert [ Step Schrittgröße ]
   [Anweisungsblock]
   [Exit For]
   [Anweisungsblock]
Next [Zähler [, Zähler]]
```

Zähler ist eine numerische Variable, die als Schleifenzähler verwendet wird. *Startwert* ist der Anfangswert des Zählers. Mit *Endwert* wird der Wert des Zählers festgelegt, bei dem die Schleife verlassen wird. Mit der *Schrittgröße* legen Sie den Betrag fest um den der Zähler bei jedem Schleifendurchlauf geändert wird. Wenn Sie keinen Wert für *Step* angeben, erhält *Schrittgröße* den Standardwert *1*.

Nach dem Starten der Schleife und dem Ausführen aller Anweisungen in der Schleife wird der Wert von *Step* zum Zähler addiert. Ist der Zähler kleiner oder gleich dem Endwert, dann werden die Anweisungen in der Schleife erneut ausgeführt. Ist der Zähler größer als der Endwert, wird die Schleife verlassen und die Ausführung wird bei der Anweisung fortgesetzt, die der Anweisung *Next* folgt. Alle Variablen können dabei auch negative Werte aufnehmen. Dies gilt auch für einzelne Variablen, z.B. kann lediglich die Variable *Step* einen negativen Wert aufnehmen (vgl. hierzu das folgende Listing).

Listing 27.49: *Die* Step-*Variable*

```
Sub NegStep()
Dim i As Integer
For i = 3 To 1 Step -1
    MsgBox "Der Zähler ist jetzt " & i
Next
End Sub
```

Sie können *For...Next*-Schleifen auch verschachteln, indem Sie diese ineinander stellen. Achten Sie darauf, dass jeder Schleifenzähler einen eindeutigen Namen hat und für jede *For*-Anweisung eine *Next*-Anweisung vorhanden sein muss.

Mit der Programmierung von Schleifen können Sie eine Menge Schreibarbeit einsparen und den Code übersichtlich halten.

Ermitteln Sie mithilfe einer Prozedur die Namen aller geöffneten Projekte.

Über die Eigenschaft *Anzahl* des *Windows*-Objekts greifen Sie auf alle Unterobjekte der Auflistung zu. Der Name des Fensters wird in der Variablen *mel* gespeichert. Gleichzeitig wird ein Zeilenvorschub eingefügt. Der Befehl *Next i* weist der Variablen *i* den nächsten Wert zu und veranlasst das Makro, wieder in die *For*-Zeile zu gehen. Hier wird nun geprüft, ob die Variable noch immer kleiner/gleich der Anzahl der Projekte ist. Ist dies der Fall, wird das Makro fortgesetzt, ansonsten ist die Abbruchbedingung erfüllt, die Schleife wird verlassen und das Makro beendet (Listing 27.50).

Listing 27.50: *Die Namen aller geöffneten Projekte ausgeben*

```
Sub GeöffneteProjekte()
Dim mel As String
Dim a, i As Integer
a = Application.Windows.Count
For i = 1 To a
    mel = mel & Windows(i) & vbCrLf
Next
MsgBox mel, , "Geöffnete Projekte"
End Sub
```

Gleiche Objekte in einem Topf: Auflistungen

Eine Auflistung ist eine Gruppe von gleichen Objekten, z.B. alle Vorgänge, alle Ressourcen etc. Die Position eines Objekts in der Auflistung kann sich bei jeder Änderung der Auflistung verändern. Auf ein einzelnes Objekt in der Auflistung greifen Sie über einen Index zu, der die Position angibt.

Für einige Objekte existiert eine Art Sammelbehälter. Objekte gleichen Typs werden in einer Collection (Auflistung) zusammengefasst. Für eine solche Auflistung gibt es dann gemeinsame Methoden. Anstatt jedes einzelne Objekt zu bearbeiten, können Sie die Methode auf das Container-Objekt anwenden.

Eine wichtige Auflistung in Project ist die *Tasks*-Auflistung. Dieses Objekt ist die Auflistung, der alle Vorgänge angehören.

TIPP Die Auflistungen stehen im Gegensatz zu einem einzelnen Objekt meist im Plural, z.B. *Tasks* für die Auflistung und *Task* für das einzelne Objekt. Oder aber *Resources* für die Auflistung aller Ressourcen und *Resource* für eine einzelne Ressource.

Eigene Auflistungen

VBA bietet die Möglichkeit, Objekte in eigenen Auflistungen zusammenzufassen. Eine solche Auflistung wird z.B. mit der folgenden Anweisung deklariert:

```
Dim meineAuflistung As New Collection
```

Dieser Auflistung können Sie dann mit der *Add*-Methode ein Objekt hinzufügen. Um ein Objekt aus der Auflistung zu entfernen, wenden Sie die *Remove*-Methode an:

```
meineAuflistung.Add neuesObjekt
meineAuflistung.Remove einObjekt
```

Die *Count*-Eigenschaft der Auflistung liefert die Anzahl der Elemente, die bereits in der Auflistung enthalten sind. Auf ein einzelnes Element einer Auflistung kann über die *Item(Index)*-Eigenschaft zugegriffen werden. Für *Index* können Sie hier die laufende Nummer des Elements in der Auflistung oder den Namen des Elements verwenden.

Auflistungen mit Schleifen durchlaufen

Wollen Sie die Liste aller Vorgänge durchlaufen, können Sie das mit einer *For Each...Next* Schleife erreichen. Mit dieser speziellen Form der *For...Next*-Schleife können Sie eine Auflistung bearbeiten.

Im folgenden Makro werden alle Vorgänge des aktiven Projekts mit einer Schleife gezählt. Die Anzahl der Vorgänge können Sie natürlich auch einfach mit der Anweisung *ActiveProject.Tasks.Count* zählen. Hier soll lediglich die Arbeitsweise der *For Each*-Schleife verdeutlicht werden (Listing 27.51).

Listing 27.51: *Schnell die Anzahl der Vorgänge anzeigen lassen*

```
Sub Vorgangszähler()
Dim i As Integer
Dim v
i = 0
'Schleife für alle Vorgänge
For Each v In ActiveProject.Tasks
    'Zähler erhöhen
    i = i + 1
Next v
MsgBox "Das aktuelle Projekt enthält " & i & " Vorgänge."
End Sub
```

Nehmen wir an, Sie wollen über ein Makro nach einem bestimmten Vorgang suchen.

Über die *For...Each*-Anweisung, die alle Vorgänge der Auflistung durchläuft, kann diese Aufgabe gelöst werden (Listing 27.52).

Listing 27.52: *Einen bestimmten Vorgang schnell auffinden*

```
Sub Suchen()
Dim suchtext As String
Dim v
    suchtext = InputBox("Welcher Text soll gesucht werden " _
            "(Groß-/Kleinschreibung beachten!)?", "Text ersetzen")
    If suchtext = "" Then
       MsgBox "Die Bearbeitung wurde abgebrochen!"
       Exit Sub
    End If
    For Each v In ActiveProject.Tasks
       If v.Name = suchtext Then
          MsgBox "Der Suchtext " & suchtext & _
               " wurde gefunden in Zeile " & v
          Exit Sub
       End If
    Next
MsgBox "Der Suchtext " & suchtext & " konnte nicht gefunden werden."
End Sub
```

Auch die Vorgangsnamen des aktuellen Projekts können mit einer solchen Schleife ermittelt werden. Im folgenden Makro werden die Einträge in einer Variablen gespeichert und dann in einer Meldung angezeigt (Listing 27.53).

Listing 27.53: *Die Namen aller Vorgänge anzeigen*

```
Sub Vorgänge()
' Die Vorgänge des aktuellen Projekts in
' einer Meldung anzeigen.
   Dim Vorgang As Task, Namen As String
   For Each Vorgang In ActiveProject.Tasks
      Namen = Namen & Vorgang.Name & vbCrLf
   Next Vorgang
   MsgBox Namen
End Sub
```

Wenn Sie nacheinander alle vorhandenen Notizen anzeigen wollen, ist dies ebenfalls mit einer *For...Each*-Schleife zu erreichen (Listing 27.54).

Listing 27.54: Die Notizen des aktiven Projekts in einer Meldung anzeigen

```
Sub Notizen()
Dim t As Task
For Each t In ActiveProject.Tasks
  If t.Notes <> "" Then
    MsgBox t.Notes, vbInformation, "Vorgang " & t.Index
  End If
Next
End Sub
```

Verschachtelte *For...Each*-Schleifen

Auch *For Each*-Schleifen können verschachtelt werden. Das folgende Beispiel durchläuft alle Ressourcen des aktiven Projekts und zeigt die Verfügbarkeit jeder Ressource in einer Meldung an (Listing 27.55).

Listing 27.55: Verfügbarkeit aller Ressourcen eines Projekts anzeigen

```
Sub Verfügbarkeit()
Dim v As Availability
Dim r As Resource
With ActiveProject
  For Each r In .Resources
    For Each v In .Resources(r.Name).Availabilities
        MsgBox "Ressource: " & r.Name & vbCrLf _
        & "Verfügbar von: " & v.AvailableFrom & vbCrLf _
        & "Verfügbar bis: " & v.AvailableTo
    Next v
  Next r
End With
End Sub
```

Sortieren von Datenfeldern

Mithilfe von verschachtelten *For*-Schleifen können Datenfelder sortiert werden. Im folgenden Beispiel (Listing 27.56) werden alle Ressourcen des aktiven Projekts in sortierter Reihenfolge ausgegeben.

Listing 27.56: Ein Datenfeld sortieren

```
Sub dfsort()
' Gibt eine sortierte Liste der Ressourcen
' des aktuellen Projekts zurück
Dim i As Integer
Dim j As Integer
Dim e As Integer
Dim tmp As Variant
Dim df() As Variant
Dim txt
i = ActiveProject.Resources.Count
ReDim Preserve df(i)
For j = 1 To i
    df(j) = ActiveProject.Resources(j).Name
Next
For e = 1 To i - 1
  For j% = e + 1 To i
    If df(e) > df(j%) Then
      tmp = df(e): df(e) = df(j%): df(j%) = tmp
    End If
  Next j%
Next e
For j = 1 To i
    txt = txt & df(j) & vbCrLf
Next
MsgBox txt
End Sub
```

Schleifen vorzeitig verlassen

Vielleicht treten beim Durchlaufen der Schleife Ereignisse ein, bei denen Sie eine Fortsetzung unterbrechen wollen. Über die *Exit For*-Anweisung können Sie eine Schleife verlassen, wenn eine Bedingung erfüllt ist (Listing 27.57).

```
Function GeladeneProjekte(Projekt)
Dim i As Integer
GeladeneProjekte = False
For i = 1 To Windows.Count
    If UCase(Windows(i)) = UCase(Projekt) Then
        GeladeneProjekte = True
        Exit For
    End If
Next
End Function
```

Listing 27.57: *Sie vermeiden unnötige Schleifendurchläufe mit der* Exit For-*Anweisung*

Diese Funktion wird dann vorzeitig verlassen, wenn das gesuchte Projekt in der Liste der geöffneten Dateien gefunden wird. Das vorzeitige Verlassen der *For*-Schleife kann sich positiv auf die Ausführungsgeschwindigkeit auswirken, insbesondere wenn die Anzahl der Schleifendurchläufe sehr groß ist.

Mit der folgenden Prozedur (Listing 27.58) können Sie die Funktion testen. Tragen Sie in die Eingabeaufforderung den Namen einer Arbeitsmappe ein. Als Vorgabe ist der Name der aktiven Datei eingetragen. Die Prozedur ruft die Funktion *GeladeneProjekte* auf.

```
Sub GeladeneProjekteTest()
Dim a As String
Dim b As String
a = ActiveProject.Name
b = InputBox("Welche Mappe soll gesucht werden?", , a)
If GeladeneProjekte(b) = True Then
        MsgBox "Mappe " & b & " ist geladen."
    Else
        MsgBox "Mappe " & b & " ist nicht geladen."
End If
End Sub
```

Listing 27.58: *Ermitteln Sie, ob eine bestimmte Datei geladen ist*

»Kopfgesteuerte« Schleife mit *While...Wend*

Eine weitere Möglichkeit der Programmierung von Schleifen können Sie über die *While Wend*-Anweisung erreichen. Diese führt eine Reihe von Anweisungen aus, solange eine gegebene Bedingung *Wahr* (True) ist.

Ermitteln Sie die Summe aller Kosten des aktuellen Projekts mithilfe eines Makros.

In der nachfolgenden Prozedur wird zunächst der Inhalt der aktiven Zelle geprüft. Solange dieser eine Zeichenfolge enthält, wird die nächste Zelle ausgewählt. Trifft die Prozedur auf eine leere Zelle, wird die Summe in einer Meldung angezeigt (Listing 27.59, Abbildung 27.35).

Listing 27.59: Per Makro eine Summe ermitteln

```
Sub Gesamtsumme()
' Ermittelt die Summe der Einträge
' in der Spalte Kosten.
Dim gesamt As Currency
TableApply Name:="&Kosten"
SelectTaskField Row:=1, Column:="Kosten", rowrelative:=False
gesamt = 0
While ActiveCell <> ""
  gesamt = gesamt + ActiveCell
  SelectTaskField Row:=1, Column:="Kosten"
Wend
MsgBox "Gesamtsumme der Spalte Kosten ist " & _
       Format(gesamt, "0,000.00 €")
End Sub
```

Abbildung 27.35: Per Makro die Summe ermitteln

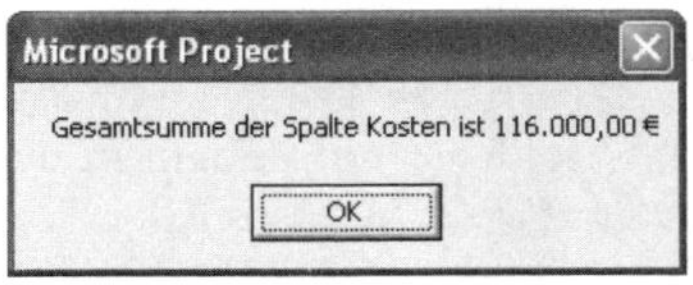

HINWEIS Sie können die Kosten eines Projekts mit der *Cost*-Eigenschaft ermitteln. Das Beispiel soll lediglich die Verwendung der *While ... Wend*-Schleife zeigen.

Verschachteln von Schleifen

Das folgende Beispiel zeigt, dass *While...Wend*-Schleifen auch verschachtelt werden können. Beachten Sie dabei, dass für jede *While*-Anweisung eine *Wend*-Anweisung vorhanden sein muss (Listing 27.60).

ACHTUNG Dieses Makro funktioniert nur dann einwandfrei wenn Sie eine Tabelle aufgerufen haben welche die Spalte *Arbeit* enthält!

Listing 27.60: Eine Notiz einfügen, wenn die Spalte Arbeit *eine Bedingung erfüllt*

```
Sub VerschachtelteSchleifen()
' Fügt eine Notiz ein, wenn der Wert in
' Spalte "Arbeit" größer 3 ist.
SelectTaskField Row:=1, Column:="Arbeit", rowrelative:=False
While ActiveCell <> ""
  While Val(ActiveCell) > 3
    SetTaskField Field:="Notizen", _
    Value:="Vorgang dauert länger als 3 Stunden", _
    AllSelectedTasks:=True
    SelectTaskField Row:=1, Column:="Arbeit"
  Wend
SelectTaskField Row:=1, Column:="Arbeit"
Wend
End Sub
```

Fußgesteuerte Schleife mit *Do...Loop*

Eine strukturierte Schleifenprogrammierung erreichen Sie mit der Verwendung der *Do...Loop*-Anweisung. Diese Anweisung wiederholt einen Block mit Anweisungen, solange eine Bedingung *Wahr* ist oder bis eine Bedingung *Wahr* wird. Hier haben Sie die Möglichkeit, die Prüfung der Bedingung entweder zu Beginn der Schleife oder am Ende festzulegen (Listing 27.61). Man spricht in diesem Zusammenhang von »kopf-« bzw. »fußgesteuerten Schleifen«.

```
Sub FülleLeerzellen()
Dim ein As Variant
Dim letzte As Long
TableApply Name:="&Kosten"
SelectEnd
letzte = ActiveCell.Task
SelectTaskField Row:=1, Column:="Kosten", rowrelative:=False
Do
  If ActiveCell = 0 Then
    ein = (InputBox("Kosten für den Vorgang " & ActiveCell.Task.Name))
    If ein <> "" Then
        SetTaskField Field:="Kosten", Value:=ein
      Else
        MsgBox "Bearbeitung abgebrochen."
        Exit Sub
    End If
  End If
  SelectTaskField Row:=1, Column:="Kosten"
Loop While ActiveCell.Task >= letzte
End Sub
```

Listing 27.61: Fehlende Kosten über ein Makro eingeben

Verschachtelte *Do*-Anweisungen

Auch die *Do*-Anweisung kann für komplexe Problemstellungen verschachtelt werden. Für jede *Do*-Anweisung muss dann eine *Loop*-Anweisung eingetragen werden.

Über die Anweisung *ExitDo* können Sie eine solche Schleife auch vorzeitig verlassen. Diese Anweisung wird häufig im Zusammenhang mit Entscheidungsstrukturen verwendet. Näheres zu Entscheidungsstrukturen erfahren Sie im ▶ Abschnitt »Verzweigungen in Programmen« in diesem Kapitel.

HINWEIS

Über Schleifen lässt sich die Anzahl an Instruktionen reduzieren und der Code wird insgesamt übersichtlicher. Für effiziente Programme sind sie unverzichtbar.

Verzweigungen in Programmen

Nicht alle Makro-Lösungen laufen Schritt für Schritt geradlinig ab. Manchmal gilt es, Entscheidungen zu treffen und auf Ereignisse unterschiedlich zu reagieren. Je nachdem, wie das Ergebnis der Prüfung ausfällt, sollen unterschiedliche Aktionen ausgeführt werden.

Eine Bedingung prüfen

Um z.B. eine Benutzereingabe zu prüfen und anschließend unterschiedliche Reaktionen auf die Eingabewerte auszuführen, wird die *If...Then*-Anweisung verwendet. Sie erlaubt eine bedingte Ausführung von Anweisungen aufgrund der Auswertung eines Ausdrucks.

Die einzeilige Form der Anweisung eignet sich besonders für kurze, einfache Bedingungsüberprüfungen. Das kann z.B. so aussehen:

```
If A > 10 Then A = A + 1 : B = B + A : C = C + B
```

HINWEIS Mehrere Befehle können in einer Zeile stehen, wenn dazwischen ein Doppelpunkt steht. Die Anweisungen werden dann von links nach rechts abgearbeitet. Das gilt nicht nur für die *If...Then*-Anweisung, in diesem Fall jedoch lassen Sie das Anweisungsende *End If* weg.

Die Blockform von *If...Then...Else* ist strukturierter und flexibler als die einzeilige Form. Sie ist im Allgemeinen leichter zu lesen und die Fehlersuche ist auch einfacher.

```
If Bedingung1 Then
         [Anweisungsblock1]
[ElseIf Bedingung2 Then
         [Anweisungsblock2] ]
. . .
[Else
         [Anweisungsblockn] ]
End If
```

Beim Ausführen des *If*-Blocks überprüft VBA *Bedingung1*. Wenn der Ausdruck *Wahr* ist, werden die nach der Anweisung *Then* folgenden Anweisungen ausgeführt. Wenn der erste Ausdruck *Falsch* ist, beginnt VBA, alle *ElseIf*-Bedingungen (sofern vorhanden) nacheinander auszuwerten. Sobald VBA eine wahre Bedingung findet, werden die auf *Then* folgenden Anweisungen ausgeführt. Wenn keine der *ElseIf*-Bedingungen *Wahr* ist, werden die nach der Anweisung *Else* folgenden Anweisungen ausgeführt. Nach dem Ausführen der Anweisungen, die nach *Then* oder *Else* folgen, wird das Programm mit der Anweisung fortgesetzt, die nach *End If* folgt.

Die *Else*- und *ElseIf*-Blöcke sind nicht unbedingt erforderlich. Sie können außerdem beliebig viele *ElseIf*-Klauseln in einem *If*-Block verwenden.

Sie können die *If...Then*-Anweisung auch ohne den *Else*-Block verwenden, wenn Sie nur auf Übereinstimmung mit einem ganz bestimmten Ausdruck prüfen wollen.

Im folgenden Beispiel (Listing 27.62) wird eine Schleife durchlaufen und dem Benutzer eine Meldung angezeigt.

Listing 27.62: *Prüfung nur mit dem Wenn-Block*

```
Sub If_ohne_Else()
Dim eing As Variant
Dim i As Integer
Do
  eing = MsgBox("Soll diese Meldung nochmals angezeigt werden?", _
            vbYesNo + vbQuestion, "Entscheiden Sie sich")
  If eing = vbNo Then
    MsgBox "Sie haben die Ausführung abgebrochen."
    Exit Sub
  End If
Loop Until i > 10
End Sub
```

Nur wenn der Benutzer die Schaltfläche *Nein* gewählt hat, wird eine Meldung ausgegeben und das Makro verlassen. Bei *Ja* wird das Programm mit der Anweisung fortgesetzt, die auf *End If* folgt.

Erstellen Sie eine Prozedur, die den Benutzer zur Eingabe einer Zahl auffordert und die diese Zahl verwendet, um eine Datei aus der Liste der zuletzt geöffneten Dateien zu öffnen.

Um dies zu erreichen, müssen Sie zunächst prüfen, ob ein Argument übergeben werden kann. Ist dies der Fall, wird die Unterprozedur aufgerufen, ansonsten wird das Makro nach einer Meldung beendet (Listing 27.63).

Listing 27.63: Eine Unterprozedur mit einem Argument aufrufen

```
Sub TesteÖffnen()
Dim r As String
r = InputBox("Welche zuletzt geöffnete Datei soll " & _
    "geöffnet werden." & "Geben Sie eine Zahl an.", _
    "Zuletzt geöffnete Datei öffnen", 2)
If Len(r) > 0 Then
    Call ÖffneLetzte(r)
  Else
    MsgBox "Bearbeitung abgebrochen."
End If
End Sub
```

Die Unterprozedur öffnet, sofern möglich, die gewünschte Datei (Listing 27.64).

Listing 27.64: Zuletzt geöffnete Datei öffnen

```
Sub ÖffneLetzte(eineZahl)
On Error GoTo Err_ÖffneLetzte
If CInt(eineZahl) > RecentFilesMaximum Then
    MsgBox "Die Zahl übersteigt die Anzahl verfügbarer Dateien."
  Else
    FileLoadLast Number:=eineZahl
End If
Exit Sub
Err_ÖffneLetzte:
MsgBox "Die gewünschte Datei kann nicht geöffnet werden."
End Sub
```

ElseIf-Anweisungen

Was tun, wenn es mehrere Möglichkeiten gibt, auf die Ihr Programm unterschiedlich reagieren soll? Hierfür steht die *ElseIf*-Anweisung bereit, die Ihnen hilft, solche Entscheidungsbäume zu konstruieren.

Schauen Sie sich das folgende Beispiel (Listing 27.65) an.

Listing 27.65: Auf die Werte eines Eingabefeldes mit einer einfachen Prüfung reagieren

```
Sub Bedingung()
Dim Eingabe As String
Eingabe = InputBox("Geben Sie bitte" + Chr(13) + Chr(13) + _
          "Ihren Namen ein.", "Erste Eingabe", "Wer sind Sie?")
If Eingabe = "Wer sind Sie?" Then
   MsgBox "Sie haben den Standardwert nicht verändert."
ElseIf Eingabe = "" Then
   MsgBox "Keine Eingabe oder Abbrechen wurde gewählt."
Else
   MsgBox "Hallo " & Eingabe
End If
End Sub
```

In diesem Code wird unterschiedlich auf verschiedene Werte des Eingabefeldes reagiert. Für jede Ihnen bekannte Möglichkeit können Sie eine solche *ElseIf*-Anweisung einfügen. Für den Fall, dass keine der Prüfungen den Wert *Wahr* liefert, sollten Sie auf jeden Fall die *Else*-Anweisung angeben. Damit stellen Sie den weiteren Programmverlauf sicher.

Auch das nachfolgende Beispiel (Listing 27.66) verwendet die *ElseIf*-Anweisung und überprüft damit den aktuellen Wochentag.

***Listing 27.66:** Den Wochentag des aktuellen Tages ermitteln*

```
Sub AnsagenTag()
Dim Ergebnis As Variant
Dim aktTag As Integer
aktTag = WeekDay(Now())
If aktTag = 2 Then
        Ergebnis = "Montag"
    ElseIf aktTag = 3 Then
        Ergebnis = "Dienstag"
     ElseIf aktTag = 4 Then
        Ergebnis = "Mittwoch"
     ElseIf aktTag = 5 Then
        Ergebnis = "Donnerstag"
     ElseIf aktTag = 6 Then
        Ergebnis = "Freitag"
     Else
        Ergebnis = "Wochenende"
End If
MsgBox "Heute ist " & Ergebnis
End Sub
```

Ist die erste Bedingung nicht erfüllt, werden nacheinander die alternativen Ausdrücke geprüft. Führt keine dieser Prüfungen zu dem Ergebnis *Wahr*, wird der *Else*-Teil ausgeführt. Durch die Verwendung einer *Else*-Anweisung am Ende des Blocks können Sie alle anderen Fälle abfangen, die nicht von einer expliziten Prüfung abgedeckt sind.

Mit dieser Anweisung lässt sich solange gut arbeiten, wie die Anzahl der Prüfungen bzw. der Verzweigungen in Ihrem Programm nicht mehr als drei oder vier Blöcke erfordert. Der Code ist ab dieser Grenze nur noch schwer lesbar und auch Anpassungen sind nicht mehr ganz so einfach.

Viele unterschiedliche Bedingungen prüfen: Steuerstruktur *Select Case*

Nun kommt es vor, dass eine Variable eine ganze Fülle von Werten annehmen kann. Die verschachtelte *If...Then*-Anweisung ist hier für eine Prüfung doch reichlich umständlich und nebenbei schwierig anzupassen. Mit VBA können Sie solche Prüfungen einfacher über die *Select Case*-Anweisung durchführen, die nach folgender Syntax arbeitet:

```
Select Case Ausdruck
    Case CaseAusdruck
      Anweisungsblock
    Case Else
      Anweisungsblock
End Select
```

Der Wert von *Ausdruck* wird mit jedem *Case*-Ausdruck verglichen. Wenn eine Übereinstimmung vorliegt, wird der entsprechende Anweisungsblock ausgeführt. Anschließend wird die Anweisung ausgeführt die auf *End Select* folgt.

Beachten Sie, dass keine weitere Prüfung durchgeführt wird. Sollten also mehrere Prüfungen den Wert *Wahr* ergeben, werden lediglich die auf die erste Prüfung folgenden Anweisungen ausgeführt.

Ist keine Übereinstimmung vorhanden, werden die Anweisungen ausgeführt, die auf *Case Else* folgen. Über die Anweisung *Case Else* werden auch solche Werte vom Programm verarbeitet, die Sie vielleicht bei der Entwicklung nicht vorhersehen konnten. Machen Sie es sich zur Regel, immer eine *Case Else*-Anweisung zu verwenden, um den Programmablauf auf jeden Fall zu kontrollieren und Fehler zu vermeiden.

Die folgende Funktion gibt den Wochentag für den Tag aus, der als Argument übergeben wurde. Die *Select Case*-Anweisung prüft dabei, ob die Zeichenfolge der Variablen *Tag* mit dem Wochentag übereinstimmt. Ist dies der Fall, wird der Funktion der Name dieses Tages als Ergebnis zugewiesen (Listing 27.67).

Listing 27.67: *Die Variable* Tag *wird mit den Werten 1 bis 7 verglichen*

```
Function BspSelect_Case(Datum)
On Error Resume Next
Dim Tag
Tag = WeekDay(Datum)
Select Case Tag
    Case 1
        BspSelect_Case = "Sonntag"
    Case 2
        BspSelect_Case = "Montag"
    Case 3
        BspSelect_Case = "Dienstag"
    Case 4
        BspSelect_Case = "Mittwoch"
    Case 5
        BspSelect_Case = "Donnerstag"
    Case 6
        BspSelect_Case = "Freitag"
    Case 7
        BspSelect_Case = "Samstag"
    Case Else
        BspSelect_Case = "Diesen Wochentag gibt es nicht."
End Select
End Function
```

Den Fall, dass ein unsinniger Wert übergeben wird, berücksichtigt die *Case Else*-Anweisung.

Nehmen wir an, Sie wollen die Kosten im aktiven Projekt prüfen und unterschiedlich einfärben. Der geprüfte Zellinhalt soll für verschiedene Klassengrenzen unterschiedlich eingefärbt werden. Die erste Gruppe soll den Bereich bis 999, die zweite von 1000 bis 9999 und die dritte von 10000 bis 49999 reichen.

Das nachfolgende Makro (Listing 27.68) durchläuft die Auflistung der markierten Zellen und erledigt diese Aufgabe.

Listing 27.68: Werte prüfen und unterschiedlich einfärben

```
Sub Werteprüfen()
TableApply Name:="&Kosten"
SelectTaskField Row:=1, Column:="Kosten", rowrelative:=False
Do
  Select Case CLng(ActiveCell.Text)
    Case Is < 1000
      Font Color:=1
    Case 1000 To 9999
      Font Color:=5
    Case 10000 To 49999
      Font Color:=3
    Case Else
      Font Color:=pjNone
  End Select
  SelectTaskField Row:=1, Column:="Kosten"
Loop While ActiveCell <> ""
End Sub
```

Das Makro prüft für jede Zelle des Bereiches, ob der Wert die Bedingung erfüllt. Ist dies der Fall, wird die jeweilige Färbung durchgeführt und das Programm setzt die Bearbeitung in der Zeile hinter *End Select* fort.

WICHTIG Bereits bei der ersten Übereinstimmung verlässt das Makro die Prüfung der Bedingung. Um den Programmablauf zu beschleunigen, setzen Sie die Vergleiche, die am häufigsten den Wahrheitswert *Wahr* liefern, an den Anfang der *Select*-Struktur. Sie vermeiden damit unnötige Prüfungen.

Ausdrücke in *Select*-Strukturen

Für die Prüfung in *Select Case*-Anweisungen können unterschiedliche Ausdrücke verwendet werden. Dabei kann geprüft werden, ob der Fall

- exakt einem Wert entspricht, z.B. `Case 1`
- gleich dem Wert einer Variablen ist, z.B. `Case meineVar`
- einem Wert aus einer Liste entspricht, z.B. `Case 1, 3, 7, 15`
- in einem bestimmten Bereich liegt, z.B. `Case "A" To "E"`
- kleiner als ein Wert oder eine Variable ist, z.B. `Case Is < 2000`. In diesem Fall ist zusätzlich zum Vergleichsoperator das Schlüsselwort *Is* als Referenz auf den prüfenden Ausdruck zu verwenden.

Beachten Sie beim Vergleichen in einer *Select Case*-Anweisung die Datentypen. Sie können z.B. einen Textstring nicht mit einer Zahl vergleichen. Sollten Sie dies dennoch versuchen, verursachen Sie einen Fehler.

Einige der Prüfungen, die in der *Select Case*-Anweisung möglich sind, zeigt Listing 27.69.

Listing 27.69: Werte prüfen und unterschiedliche Aktionen ausführen

```
Sub Select_Case_Test()
On Error Resume Next
Dim ein As String
Dim t As String
Dim m As String
t = "Beispiel zu Select Case"
ein = InputBox("Geben Sie einen Text ein.", , "Ein Text")
Select Case ein
  Case ""
    m = "Sie haben Abbrechen gewählt."
```

```
  Case "Ein Text"
    m = "Sie haben nichts geändert."
  Case 2000
    m = "Sie haben 2000 eingetragen"
  Case "A", "E", "I", "O", "U"
    m = "Sie haben einen Selbstlaut eingetragen."
  Case Else
    m = "Ihr Eintrag ist unbekannt."
End Select
MsgBox m, vbInformation, t
End Sub
```

Auch die *Select Case*-Anweisung kann weiter verschachtelt werden. Achten Sie dabei darauf, dass für jede Anweisung eine *End Select*-Anweisung festgelegt sein muss.

Fehlerbehandlung in VBA

Bei der Programmierung treten manchmal Ereignisse ein, die eine weitere Ausführung des Programms verhindern, weil z.B. eine Division durch Null erfolgt. Wie können Sie in Ihren VBA-Projekten solche Fehler abfangen?

Die auftretenden Fehler lassen sich dabei in drei Kategorien zusammenfassen:

- Fehler, die beim Kompilieren des Programmcodes auftreten;
- Fehler, die während der Ausführung des Programms auftreten;
- Fehler, die im logischen Ablauf begründet sind.

VBA unterstützt Sie bei der Vermeidung von Fehlern der ersten Gruppe zum einen dadurch, dass bereits bei der Eingabe des Codes die korrekte Syntax überprüft wird. Vorausgesetzt, das Kontrollkästchen *Automatische Syntaxüberprüfung* im Dialogfeld *Optionen* (Menübefehl *Extras/Optionen*) ist aktiviert. Diese Überprüfung wird nach dem Drücken der Eingabe-Taste durchgeführt und eine etwaige Fehlermeldung sofort angezeigt. Haben Sie z.B. eine schließende Klammer vergessen, erhalten Sie die Fehlermeldung »Erwartet Listentrennzeichen oder)«. Die Codezeile mit dem Fehler wird anschließend farbig hervorgehoben.

Eine weitere Unterstützung erhalten Sie über die Änderung der Groß-/Kleinschreibung, die VBA bei dieser Prüfung durchführt. Wenn Sie alle Anweisungen und Schlüsselwörter mit Kleinbuchstaben eintragen, werden diese bei korrekter Syntax in die richtige Schreibweise geändert. Wenn Sie sich vertippt haben, etwa »msgboy« oder »mgsbox« anstatt »msgbox« eintragen, so ist dies keine gültige Anweisung und wird daher auch nicht umgewandelt.

Laufzeitfehler

Fehler, die zur Laufzeit des Codes auftreten, werden als Laufzeitfehler bezeichnet. Laufzeitfehler treten auf, wenn eine Anweisung eine ungültige Operation ausführt. Es gibt verschiedene Funktionen in VBA, die Sie bei der Verarbeitung solcher auffangbaren Fehler unterstützen.

Fehler übergehen und Ausführung fortsetzen

Nach der Anzeige von Fehlermeldungen wird die Programmausführung in der Regel unterbrochen. Sie können dieses Verhalten ändern, indem Sie am Beginn einer Prozedur die Anweisung *On Error Resume Next* eintragen. Tritt bei der Ausführung einer solchen Prozedur ein Laufzeitfehler auf, wird das Programm nicht unterbrochen, sondern an der Zeile fortgesetzt, die auf die den Fehler verursachende Anweisung folgt. Wenn Sie in folgendem Beispiel die Vorgabe "*Text*" nicht ändern, wird zwar die Meldung über das Ergebnis ausgegeben, diese Meldung zeigt jedoch keinen Wert an (Listing 27.70).

***Listing 27.70:** Fehler ganz einfach mit* On Error Resume Next *übergehen*

```
Sub Fehler_übergehen()
Dim eing
Dim ausg
On Error Resume Next
eing = InputBox("Geben Sie eine Zahl an.", "Nächste Anweisung", "Text")
ausg = eing / 2
MsgBox "Das Ergebnis ist " & ausg
End Sub
```

Dieses Verfahren ist natürlich nur geeignet, wenn Sie die Folgen abschätzen können. In der Regel werden Sie jedoch das Programm in der Weise fortsetzen wollen, dass der Benutzer einen Hinweis auf den Fehler und/oder die Möglichkeit zur Korrektur erhält. Um dies zu erreichen, werden spezielle Fehlerroutinen eingesetzt.

Im Fehlerfall geht's hier weiter: Sprungmarke setzen

In den bisherigen Ausführungen haben wir die Anweisung *GoTo Zeile* absichtlich »unterschlagen«. Schauen Sie sich zunächst Listing 27.71 an.

***Listing 27.71:** Sie können auch Zeilennummern im Code eintragen*

```
Sub DemoZeilennummern()
1 Dim a As Integer
2 a = MsgBox("Wollen Sie weitermachen?", vbYesNo + vbQuestion)
3 If a = 6 Then GoTo 1
End Sub
```

Diese Anweisung verzweigt ohne Bedingung in eine beliebige Zeile innerhalb einer Prozedur. Sie können in einer VBA-Prozedur Zeilennummern verwenden. Die Zeilennummer muss mit einem Leerzeichen von den Anweisungen getrennt sein. Durch viele *GoTo*-Anweisungen wird der Code jedoch schnell unübersichtlich. Sie haben bereits strukturierte Methoden der Verzweigung kennen gelernt, die Sie vorziehen sollten.

Anders ist dies bei der Fehlerbehandlung. Mit der Anweisung *On Error Sprungmarke* legen Sie eine Zeile fest, zu der das Programm dann verzweigt, wenn ein Fehler auftritt. Eine solche Sprungmarke legen Sie über einen eindeutigen Namen fest. Die eigentliche Sprungmarke verwendet den Namen gefolgt von einem Doppelpunkt.

Im folgenden Beispiel wird nach dem Auftreten eines Fehlers in die Zeile *Fehlerbehandlung* verzweigt. Das Programm wird nach einem Fehlerhinweis abgebrochen (Listing 27.72).

```
Sub Fehler_übergehen2()
Dim eing
Dim ausg
On Error GoTo Fehlerbehandler
eing = InputBox("Geben Sie eine Zahl an.", "Sprungmarke", "Text")
ausg = eing / 2
MsgBox "Das Ergebnis ist " & ausg
Fehler_übergehen2_Ende:
Exit Sub
Fehlerbehandler:
MsgBox "Ein Fehler ist aufgetreten. Bearbeitung wird abgebrochen."
End Sub
```

Listing 27.72: *Weitere Ausführung unterbrechen*

Vergessen Sie nicht, dass bei normaler Bearbeitung das Programm vor der Ausführung des Fehlerbehandlers verlassen werden muss. Die Zeile *Exit Sub* im obigen Beispiel beendet die Prozedur in den Fällen, in denen kein Fehler auftritt, vor der Anzeige der Fehlermeldung. Nach Verlassen einer Prozedur ist die darin deklarierte Fehlerroutine deaktiviert.

Die *On Error*-Anweisung funktioniert nur dann korrekt, wenn im Moduleditor unter *Extras/Optionen* in der Registerkarte *Allgemein* die Einstellung *Bei jedem Fehler* nicht aktiv ist.

Mit der speziellen Variante *On Error GoTo 0* wird das standardmäßige Verhalten von VBA wieder eingeschaltet und eigene Fehlerroutinen der aktuellen Prozedur werden deaktiviert.

Err-Objekt für Fehlerroutinen

Wichtig für die Erstellung eigener Fehlerroutinen ist das *Err*-Objekt. Dieses liefert Informationen über Laufzeitfehler und kann in Project wie in anderen Office-Anwendungen verwendet werden.

Jeder Fehler hat eine Nummer

Tritt ein Laufzeitfehler auf, erhalten Sie eine Fehlermeldung, in der neben dem eigentlichen Fehlertext auch eine Fehlernummer angezeigt wird (siehe Abbildung 27.36).

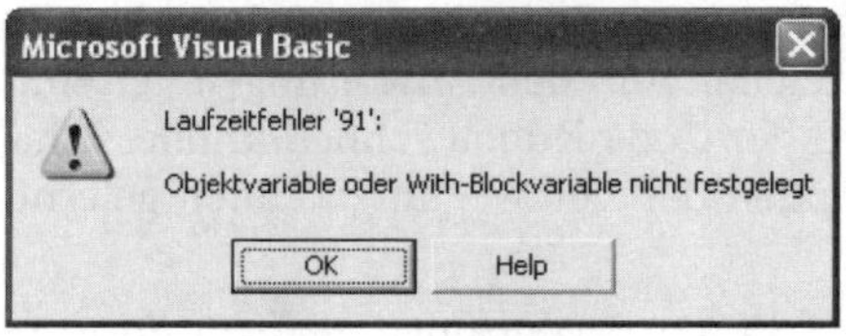

Abbildung 27.36: *Fehlermeldung für einen Laufzeitfehler*

Sie haben die Möglichkeit, diese Fehlernummer in Ihrem Programm zu ermitteln und so unterschiedlich zu reagieren. Das folgende Beispiel (Listing 27.73) versucht ein nicht existierendes Objekt anzuzeigen. Die Nummer des auftretenden Fehlers und des dazugehörenden Textes werden in zwei separaten Meldungen angezeigt.

Listing 27.73: Wenn Sie versuchen, ein ungültiges Objekt anzuzeigen, tritt ein Fehler auf

```
Sub Kein_Objekt()
On Error GoTo Fehlerinfo
ViewApply Name:="Irgendeine"
Ende_Kein_Objekt:
Exit Sub
Fehlerinfo:
MsgBox "Fehlernummer: " & Err.Number
MsgBox "Fehlertext: " & Err.Description
End Sub
```

Eigene Definition von Fehlern

Sie können bestimmten Fehlernummern eigene Fehlertexte zuweisen. Dafür steht Ihnen der Zahlenbereich von 30.000 bis 65.535 zur Verfügung. Auf diese Weise können Sie in Ihren Anwendungen ganz spezielle Fehlermeldungen definieren und dem Anwender gezielte Informationen geben.

Mit der *Raise*-Anweisung können Sie Fehler simulieren. Die Zeile *Err.Raise(11)* etwa führt zu der Fehlermeldung »Division durch Null«. Die Simulation von Fehlern kann dann recht hilfreich sein, wenn Sie im Fehlerfall unterschiedliche Verzweigungen erreichen wollen.

Das folgende Beispiel (Listing 27.74) zeigt die Anwendung einer Fehlerprüfung und die Zuweisung benutzerdefinierter Fehler.

Listing 27.74: Fehler ermitteln

```
Const Err60000 = "Mein Fehler"
Sub EinFehler()
On Error GoTo Err_EinFehler
Err.Raise 60000
Err_EinFehler:
If Err.Number = 60000 Then
    MsgBox Err60000, vbCritical, "Fehlernummer: " & Err.Number
  Else
    MsgBox Err.Number, vbCritical, Err.Description
End If
End Sub
```

Die Anweisung *Resume*

Mit dieser Anweisung legen Sie fest, wo nach Abarbeiten der Fehlerroutine die Ausführung fortgesetzt werden soll. Haben Sie eine Fehlerbehandlungsroutine geschrieben, die z.B. einen korrekten Wert für eine Variable einstellt, können Sie die Programmausführung an der Stelle fortsetzen, die auf den eigentlichen Fehler folgt. Sie verwenden hierzu die Anweisung *Resume Next*. Die Anweisung *Resume* kann ähnlich der *On Error*-Anweisung auch mit der Angabe einer Sprungmarke verwendet werden. Mit *Resume 0* setzen Sie die Programmausführung an der Stelle fort, die den Fehler verursacht hat.

Achtung: Sie müssen sicher sein, dass der Fehler in der Routine abgefangen wird. Ist dies nicht der Fall besteht die Gefahr einer Endlosschleife.

Sollte es Ihnen passieren, dass Ihr Programm in einer solchen Endlosschleife hängt, so können Sie über die Tastenkombination Strg+Pause die Programmausführung stoppen.

Für Spürnasen: Logische Fehler

Am schwierigsten ist wohl die Gruppe logischer Fehler in den Griff zu bekommen. Führt ein Programm nicht zum gewünschten Ergebnis, beginnt die Prüfung der einzelnen Prozeduren auf logische Fehler. Anfällig für solche Fehler sind insbesondere Bedingungsprüfungen und Schleifen. Bei der Überprüfung von Bedingungen sollten Sie darauf achten, dass wirklich für jeden möglichen Fall eine Anweisung vorhanden ist, welche die Steuerung im Programm belässt und dem Anwender gezielte Informationen über die Beseitigung zur Verfügung stellt. Bei der *Select Case*-Anweisung erreichen Sie dies über die Verwendung der Anweisung *Case Else*.

Bei der Überprüfung von Bedingungen über die *If...Then...Else*-Anweisung kommt es vor, dass die Vergleichsoperatoren verwechselt werden und deshalb eine Bedingung nie erfüllt sein kann.

Haben Sie eigene Funktionen erstellt, müssen Sie diese anhand unterschiedlichster Werte auf geeignete Weise nachrechnen. Auch hier lauern logische Fehler, bei denen Sie selbst gefordert sind. Werden die Argumente in der richtigen Reihenfolge weiterverarbeitet? Werden die mathematischen Regeln bei den Berechnungen beachtet oder müssen eventuell Klammern gesetzt werden?

Sie sehen: Bei dieser Art von Fehler hilft eigentlich nur das Testen der »fertigen« Prozedur. Nehmen Sie sich also die Zeit für ausführliche Tests.

Fehler finden und beheben

Trotz aller Sorgfalt kommt es vor, dass ein Programm nicht den gewünschten Erfolg bringt. Es tritt zwar kein Laufzeitfehler auf, aber das Ergebnis entspricht nicht Ihren Wünschen. Was tun bei »logischen« Fehlern?

Häufige Fehler sind in der unterschiedlichen Ausgangsposition für den Start von Makros zu finden. Prüfen Sie daher die Voraussetzungen für die Programmausführung. Eventuell können die nachfolgenden Punkte bei der Fehlersuche helfen:

- Müssen bestimmte Dateien geladen sein?
- Lässt sich das Programm nur auf eine bestimmte Datei anwenden?
- Muss ein Objekt markiert sein?
- Muss eine bestimmte Ansicht aktiv sein?
- Muss ein bestimmter Bereich markiert sein?

Funktioniert das Makro also nur, wenn bestimmte Voraussetzungen erfüllt sind? Solche Fehler sind noch relativ leicht zu finden und lassen sich in der Regel auch einfach beheben. Was tun, wenn auch diese Prüfung den Fehler nicht aufgedeckt hat?

Den Makro-Debugger einsetzen

Der *Moduleditor* besitzt ein ausgezeichnetes Instrument, um Programme zu testen. Über *Ansicht/Direktfenster* oder die Tastenkombination Strg+G können Sie aus dem Moduleditor das Fenster *Direktbereich* einblenden (Abbildung 27.37).

Im *Direktbereich* können Sie Funktionen ausführen, Variablen lesen und ändern oder auch Methoden und Prozeduren testen. Dafür geben Sie ein Fragezeichen, gefolgt von dem zu prüfenden Ausdruck im *Direktbereich* ein. Nach dem Drücken der Eingabe-Taste wird in der nächsten Zeile das Ergebnis angezeigt. Sie können auch die *Print*-Methode verwenden. Beide Methoden führen zum gleichen Ergebnis.

Abbildung 27.37: *Im Direktfenster Funktionen testen oder Informationen ausgeben*

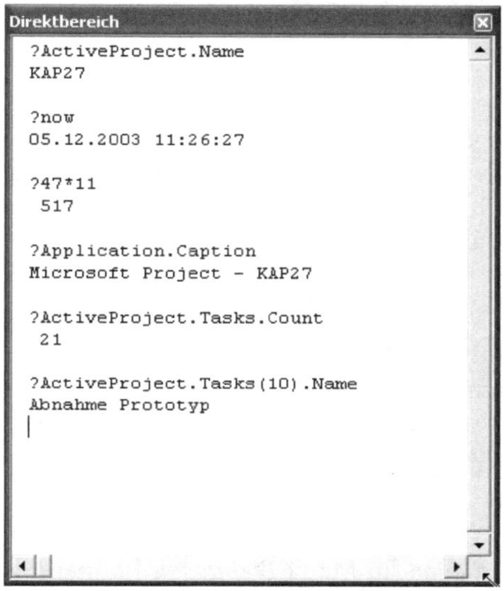

Sie können einen bereits überprüften Ausdruck erneut prüfen, indem Sie die Einfügemarke an das Zeilenende stellen und die Eingabe-Taste drücken. Auf diese Weise wird der aktuelle Wert ausgegeben.

Die Tabelle 27.8 zeigt einige Beispiele für Anweisungen im Direktbereich.

Tabelle 27.8: *Einige Beispiele für die Möglichkeiten im Direktbereich*

Eingabe	Bedeutung
`Print X` `? X`	Sie wollen im Unterbrechungsmodus den Inhalt der Variablen X überprüfen. Die beiden Ausdrücke liefern das gleiche Ergebnis.
`?Now` `Print Now`	Beide Ausdrücke zeigen das aktuelle Datum an.
`MsgBox X`	Zeigt eine Meldung mit dem Inhalt der Variablen X an. Nur im Unterbrechungsmodus verfügbar.
`?Typename (7.5)`	Wenn Sie beim Testen einer Prozedur die Fehlermeldung »Datentypen unverträglich« erhalten, können Sie mit dieser Anweisung den Datentyp einer Variablen oder eines Ausdrucks anzeigen lassen und den Code anpassen. Das Beispiel liefert als Ergebnis den Datentyp *Double*.
`Vartype(Variable)`	Liefert einen Wert vom Typ *Integer*.

Wie Sie sehen, ist es für den Aufruf von Funktionen nicht zwingend notwendig, ein Klammernpaar mitzugeben. Dies gilt, solange die Funktion keine Argumente benötigt. Sollen Argumente übergeben werden, müssen Klammern gesetzt werden. Um den aktuellen Wochentag auszugeben tragen Sie *?Format(Weekday (Now),"DDDD")* im Direktbereich ein.

Selbstverständlich können Sie auch Sub-Prozeduren testen. Dabei gilt es zu beachten, dass der Aufruf hier ohne Klammern erfolgen muss. Die Argumente werden lediglich durch ein Komma getrennt. Der Aufruf erfolgt ohne Fragezeichen und ohne die *Print*-Anweisung, also etwa *eineProzedur 3, 5,* um die Prozedur mit den Argumenten *3* und *5* aufzurufen.

Der Codebereich

Wenn Ihr Programm einen Fehler erzeugt hat und Sie die Schaltfläche *Testen* wählen, ist im Codebereich die Zeile, die den Fehler verursacht hat, mit einem Pfeil am linken Fensterrand markiert. Über die Schaltflächen der Symbolleiste *Debuggen* können Sie die Programmausführung in verschiedenen Schritten fortsetzen.

Über die Schaltfläche *Einzelschritt*, alternativ die Taste F8, können Sie den Code Zeile für Zeile abarbeiten und so die Ausführung kontrollieren.

Werden im Programm andere Prozeduren aufgerufen, so können Sie über die Schaltfläche *Prozedurschritt* die Einzelschritte für die Verzweigung unterdrücken und die ganze Prozedur ablaufen lassen.

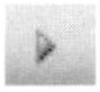

Über die Schaltfläche *Fortsetzen* können Sie unterbrochene Programme fortsetzen. Hierfür können Sie auch die Taste F5 verwenden.

Über den Befehl *Nächste Anweisung festlegen* im Menü *Debuggen* können Sie eine Zeile im Code festlegen, die als Nächste ausgeführt werden soll. Wenn Sie den Code über die Bildlaufleiste eingesehen haben, können Sie diese nächste Anweisung ebenfalls über das Menü *Debuggen* wieder auffinden.

Hier treffen sich die Ausdrücke: Das Lokal-Fenster

Über den Befehl *Lokal-Fenster* im Menü *Ansicht* können Sie das *Lokal-Fenster* einblenden. Wenn sich das Programm im Unterbrechungsmodus befindet, wird das verursachende Programm angezeigt.

Die Schaltfläche *Aufrufeliste* bietet in verschachtelten Programmen die Möglichkeit, über das Dialogfeld *Aufrufeliste* zwischen den einzelnen Prozeduren zu wechseln. Aus dem Lokal-Fenster können Sie dieses Dialogfeld ebenfalls anzeigen, indem Sie auf die Schaltfläche mit den Punkten klicken. Über die Schaltfläche *Anzeigen* gelangen Sie weiter in die entsprechende Codezeile. Das Fenster *Aufrufeliste* erspart lästiges Blättern im Codebereich.

Das Lokal-Fenster (Abbildung 27.38) zeigt in den Spalten *Ausdruck*, *Wert* und *Typ* Informationen zu den Variablen der aktiven Prozedur. In der Spalte *Ausdruck* sind die Namen der Variablen aufgelistet. Globale Variablen werden nicht angezeigt. Die Spalte *Wert* zeigt den Inhalt der Variablen und die Spalte *Typ* den Datentyp der Variablen an. Mit Ausnahme der Spalte *Wert* sind die Einträge nicht veränderbar. Den *Wert* einer Variablen hingegen können Sie gezielt beeinflussen, indem Sie den Eintrag anklicken und überschreiben. Nach dem Drücken der Eingabe-Taste hat die Variable den neuen Wert.

Abbildung 27.38: Das Lokal-Fenster bietet alle Informationen über die Variablen und Objekte eines laufenden Programms

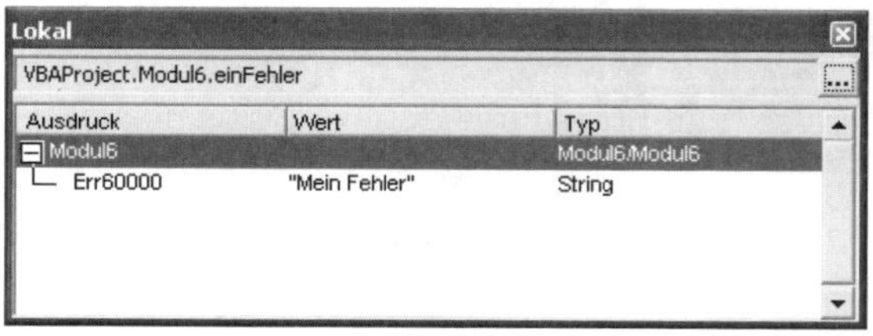

Den Inhalt von Variablen überwachen

Eine weitere Fehlerquelle sind Prüfungen von Variablen über die *If...Then...Else*-Anweisung oder die *Select Case*-Anweisung. In diesen Anweisungen werden oftmals die logischen Operatoren verwechselt, was dazu führt, dass die geprüfte Variable nie den Wert erreicht, der über die Anweisungen abgefragt wird. Prüfen Sie die Programmlogik, also was überhaupt geprüft werden soll. Hier zeigt sich, ob Sie den Code ausreichend mit Kommentaren versehen haben. In einem solchen Fall ist es hilfreich, die Werte der Variablen zu überwachen. Auch hierfür gibt es verschiedene Möglichkeiten.

Markieren Sie im Codefenster eine Variable und wählen Sie den Befehl *Aktuellen Wert anzeigen* im Menü *Debuggen* oder die Tastenkombination Umschalt+F9, *um den* aktuellen *Wert anzuzeigen (Abbildung 27.39). Auch i*m Unterbrechungsmodus gibt es diese schnelle Möglichkeit, den Wert einer Variablen oder eines Ausdrucks anzuzeigen. Markieren Sie den Ausdruck (Doppelklick) und wählen Sie die Schaltfläche *Aktuellen Wert anzeigen*.

Abbildung 27.39: Mit der Tastenkombination Umschalt+F9 *können Sie den aktuellen Wert eines Ausdrucks anzeigen*

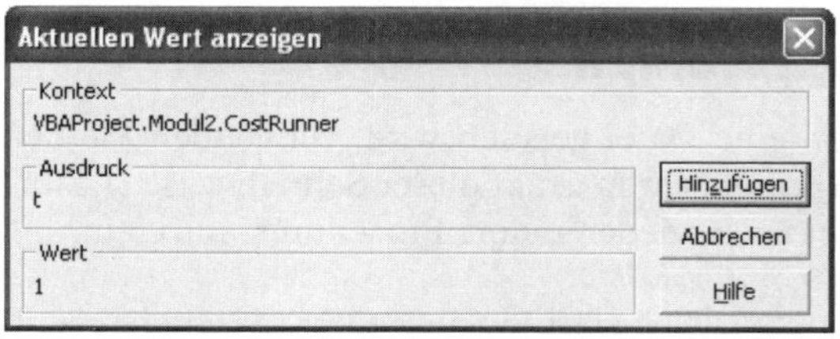

Über die Schaltfläche *Hinzufügen* können Sie diesen Ausdruck als Überwachungsausdruck festlegen.

Überwachungsausdruck festlegen

Über den Befehl *Überwachungsfenster* im Menü *Ansicht* können Sie das Dialogfeld *Überwachungsausdrücke* einblenden. Dieses Fenster zeigt eine Liste der Überwachungsausdrücke an.

Über *Debuggen/Überwachung hinzufügen* oder das Kontextmenü (rechte Maustaste) können Sie weitere Ausdrücke hinzufügen (Abbildung 27.40).

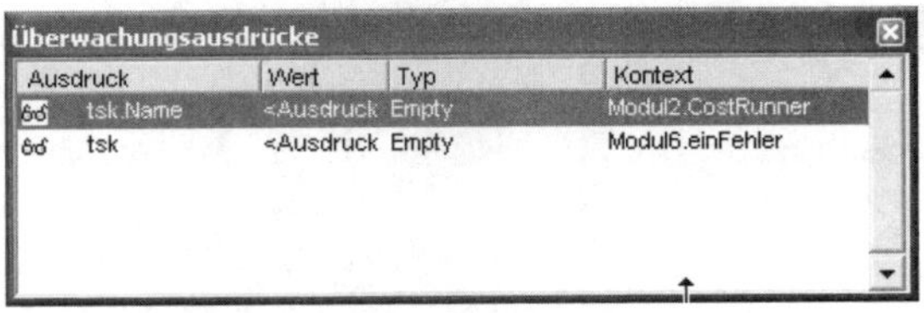

Abbildung 27.40: *Ausdrücke überwachen und Programmausführung unterbrechen*

Für jeden Ausdruck können Sie die Art der Überwachung festlegen. Markieren Sie dazu den Ausdruck und wählen Sie den Befehl *Debuggen/Überwachung bearbeiten*. Dieser Befehl ist auch direkt über die Tastenkombination Strg+W verfügbar.

Können Makros automatisch ausgeführt werden?

Häufig tritt der Wunsch nach einem automatischen Start von Makros auf. Zunächst waren hierfür Makros mit bestimmten Namen erforderlich – diese werden automatisch beim Öffnen oder Schließen eines Projekts ausgeführt und funktionieren auch noch mit der aktuellen Project-Version.

Bereits mit Project 98 wurden zahlreiche Ereignisse eingeführt, für die sich Makros schreiben lassen. Diese sind direkt mit dem Objekt verbunden und reagieren auf dessen Aktionen. Dieser Weg stellt die empfohlene Methode für die Automatisierung dar. Im folgenden Abschnitt werden beide Varianten beschrieben.

Makros mit besonderen Namen

Um ein Makro auszuführen wenn eine Datei geladen wird, verwenden Sie den eingebauten Namen *Auto_Open()* und zwar in exakt dieser Schreibweise (Listing 27.75). Diese Prozedur kann selbst auch wieder andere Prozeduren aufrufen.

Listing 27.75: *Makro mit reservierten Namen werden automatisch ausgeführt*

```
Sub Auto_Open()
MsgBox "Viel Spaß mit Project 2003!"
End Sub
```

Das Makro *Auto_Open* wird jedoch nur ausgeführt, wenn Sie beim Öffnen des Projekts die Makros nicht deaktiviert haben.

Auch beim Schließen einer Arbeitsmappe können Sie automatisch ein Makro ausführen. Dies erreichen Sie, wenn Sie dem Makro den *Namen Auto_Close()* geben (Listing 27.76).

Listing 27.76: *Makro beim Schließen eines Projekts ausführen*

```
Sub Auto_Close()
MsgBox "... und tschüß"
End Sub
```

Diese *Auto*-Makros werden automatisch ausgeführt, es sei denn, Sie haben beim Öffnen generell Makros deaktiviert.

Makros an Ereignisse knüpfen

Neben Eigenschaften und Methoden gibt es für verschiedene Objekte auch Ereignisse. Ein *Ereignis* ist eine bestimmte festgelegte Aktion, die aus der Anwendung über eine Ereignisprozedur die Kontrolle über das auftretende Ereignis ermöglicht. Die Ereignisprozedur wird immer dann aufgerufen, wenn das Ereignis eintritt. Normalerweise wird das Ereignis aufgerufen, nachdem die Anwendung die Aktionen, die standardmäßig zu diesem Ereignis gehören, durchgeführt hat. Es gibt aber auch Ausnahmen.

Ereignisse auf UserForms

Auch für Objekte, beispielsweise auf einer UserForm, gibt es eine Vielzahl von Ereignissen, etwa für das Ändern der aktuellen Auswahl, das Drücken einer Taste oder das Einfügen eines neuen Arbeitsblattes. Sie können Makros schreiben, die auf die unterschiedlichsten Ereignisse, etwa einen rechten Mausklick (*BeforeRightClick*) oder das Ändern der Auswahl (*SelectionChange*), reagieren. Makros werden diesen Ereignissen nicht über das Eigenschaftenfenster im Visual Basic-Editor zugewiesen und auch nicht über spezielle Makros initiiert, sondern über spezielle Klassenmodule, die mit dem Objekt verknüpft sind.

Der Makroname des Klassenmoduls hat dabei ganz allgemein den Aufbau *Objektname_Ereignis*.

So wird das Makro *Private Sub Project_Change(ByVal pj As Project)* ausgeführt, wenn das Projekt, für das dieses Makro erstellt wurde, geändert wird.

Es gibt verschiedene Ereignisse, die Aktionen auslösen können. Wenn Sie ein Projekt öffnen, wird das *Open*-Ereignis ausgelöst. Bevor Sie das Projekt schließen, wird das *BeforeClose*-Ereignis ausgelöst. Weitere Ereignisse werden ausgelöst, wenn das Projekt neu berechnet (*Calculate*-Ereignis) oder geändert (*Change*-Ereignis) wird.

Um Makros an bestimmte Ereignisse zu knüpfen, können Sie Makros in Project auch direkt dem Ereignis zuweisen. Blenden Sie das Projektfenster ein und führen einen Doppelklick auf den Eintrag *ThisProject* aus, wird ein Codefenster angezeigt. Das ist an sich nichts besonderes. Wenn Sie allerdings im Listenfeld *Objekt* den Eintrag *Project* auswählen, werden im Listenfeld *Prozeduren* einige Einträge angezeigt. Wählen Sie einen Eintrag aus, wird der Rumpf einer Prozedur eingefügt. Erweitern Sie dann diese Rumpfprozedur um die Makroanweisungen.

Sie können Makros für die unterschiedlichsten Ereignisse erstellen. So stehen für ein Projekt z.B. die Ereignisse *Activate*, *BeforeClose* und *BeforePrint* zur Verfügung. Über das *Open*-Ereignis können Sie z.B. ein Passwort abfragen oder ganz einfach einen Willkommensgruß anzeigen (Listing 27.77).

Listing 27.77: *Makros einem Ereignis zuordnen*

```
Private Sub Project_Open(ByVal pj As Project)
MsgBox "Viel Spaß mit Project und VBA.", _
       vbInformation, _
       "Matthias Jäger und Steffen Reister wünschen..."
End Sub
```

HINWEIS Wenn Sie sowohl Makros über den Namen *Auto_Open* als auch über die Ereigniseigenschaft für *ThisProject* ausführen lassen, werden die Makros, die der Ereigniseigenschaft zugewiesen sind, zuerst ausgeführt.

Die Tür für weitere Ereignisse aufstoßen

Ereignisse, die eine Kontrolle über Vorgänge oder Ressourcen ermöglichen, sind nicht so einfach zugänglich. Das liegt daran, dass sie nicht an ein Projekt gebunden sind. Vielmehr handelt es sich um Ereignisse, die an das *Application*-Objekt gebunden sind. Sie erschließen sich dem Benutzer erst nach einiger Vorarbeit.

Wenn Sie diese Ereignisse verwenden wollen, müssen Sie einige Vorarbeiten erledigen. Legen Sie zunächst ein *Klassenmodul* an und benennen Sie dieses mit einem aussagekräftigen Namen, etwa *ApplKlasse*. Tragen Sie hier eine *WithEvents*-Anweisung ein, etwa

```
Public WithEvents Appl As Application
```

Jetzt wird das Objekt *Appl* im Listenfeld *Objekt* des Codefensters angezeigt. Damit dieses Objekt verwendet werden kann, schreiben Sie in einem Standardmodul etwa den folgenden Code (Listing 27.78):

Listing 27.78: *Prozedur für die Initialisierung des* Application-*Objekts*

```
Dim X As New ApplKlasse
Sub InitializeAppl()
   Set X.Appl = Application
End Sub
```

Nachdem Sie dieses Makro ausgeführt haben, können Sie unter einer Vielzahl von Ereignissen, z.B. Einfügen, Ändern oder Löschen von Vorgängen oder Ressourcen, auswählen. Aktivieren Sie hierfür das *Klassenmodul* (*ApplKlasse*) und wählen Sie im Listenfeld *Objekt* das Objekt *Appl* aus. Im Listenfeld *Prozedur* werden die verfügbaren Ereignisse aufgelistet.

Das folgende Makro (Listing 27.79) wird immer dann ausgeführt, wenn ein Vorgang geändert wird. Denken Sie daran, dass dieses Ereignis nur zur Verfügung steht, wenn das Makro *InitializeAppl* ausgeführt wurde – dann jedoch in allen geöffneten Projekten. Um dies in der Praxis sicherzustellen, werden Sie das Initialisierungsmakro über ein *Project_Open*-Makro automatisch starten.

Listing 27.79: *Sicherheitsabfrage vor dem Ändern eines Vorgangs*

```
Private Sub Appl_ProjectBeforeTaskChange _
          (ByVal tsk As Task, _
           ByVal Field As PjField, _
           ByVal NewVal As Variant, _
           Cancel As Boolean)
Dim r As Integer
r = MsgBox("Soll der Vorgang Nr. " & tsk.ID & " geändert werden?", _
          vbYesNo + vbQuestion, "Ereignis: Task-Änderung")
If r = vbNo Then Cancel = True
End Sub
```

28 Menüs und Symbolleisten mit VBA

611 Makros ausführen

615 *CommandBar*-Objekte und VBA

In ▶ Kapitel 15 haben Sie bereits einiges über die manuelle Bearbeitung von Menü- und Symbolleisten erfahren. In diesem Kapitel beschäftigen wir uns nun mit der Erstellung und Verwaltung von Menü- und Symbolleisten mit *Visual Basic für Applikationen* (*VBA*), wobei zunächst die manuelle Erstellung von Menüs und Symbolleisten kurz zusammengefasst wird.

Makros ausführen

Eigene Programme können Sie »per Knopfdruck« starten – Sie müssen diese allerdings zuvor einem Symbol zugewiesen haben:

1. Eine solche neue Schaltfläche fügen Sie über den Menübefehl *Ansicht/Symbolleisten/Anpassen* ein. Alternativ klicken Sie mit der rechten Maustaste auf eine bestehende Symbolleiste und wählen im Kontextmenü den Eintrag *Anpassen*.
2. Wechseln Sie zur Registerkarte *Befehle* und markieren Sie den Eintrag *Alle Makros* im Listenfeld *Kategorien*. Daraufhin werden im Listenfeld *Befehle* alle verfügbaren Makros angezeigt.
3. Klicken Sie nun das gewünschte Makro an und ziehen Sie den Eintrag bei gedrückter linker Maustaste auf eine Symbolleiste.

Wenn Sie die neue Schaltfläche mit der rechten Maustaste anklicken, können Sie über den Befehl *Schaltflächensymbol ändern* aus einer Liste vorgefertigter Symbole auswählen und das Aussehen der Schaltfläche selbst ggf. nach Wunsch verändern. Über *Schaltfläche bearbeiten* können Sie den eingebauten *Schaltflächen-Editor* aufrufen und mit diesem das Symbol überarbeiten (Abbildung 28.1).

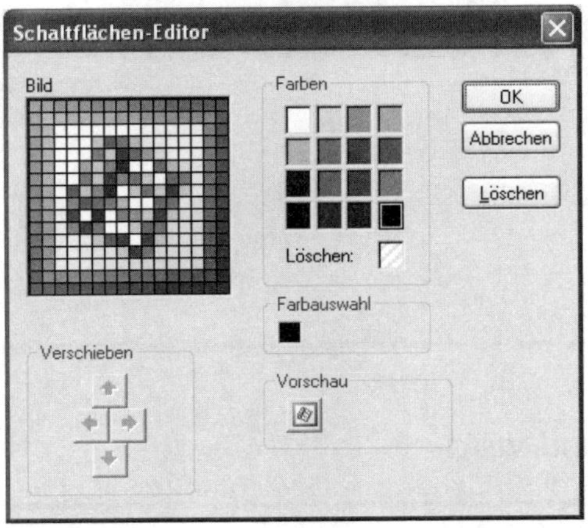

Abbildung 28.1: *Symbol für die eigenen Makros bearbeiten*

Eine Tastenkombination für die Programmausführung festlegen

Sie können in Project benutzerdefinierten Makros eine Tastenkombination zuweisen. Insbesondere für Makros, die häufig verwendet werden und die praktischerweise in Ihrer globalen Vorlagendatei *Global.mpt* abgelegt sind, empfiehlt sich diese Möglichkeit für den schnellen Zugriff.

Schneller Zugriff auf Makros über eine Tastenkombination

Um eine Tastenkombination und eine kurze Beschreibung festzulegen, gehen Sie wie folgt vor:

1. Wählen Sie den Menübefehl *Extras/Makro/Makros*.
2. Im Dialogfeld *Makros* wählen Sie das Makro aus, für das Sie eine Tastenkombination festlegen wollen.
3. Wählen Sie jetzt die Schaltfläche *Optionen*.
4. Tragen Sie die Taste und eine kurze Beschreibung dazu ein.
5. Schließen Sie das Dialogfenster *Makrooptionen* (Abbildung 28.2) mit *OK*.
6. Schließen Sie das Dialogfenster *Makros* über die Schaltfläche *Schließen*.

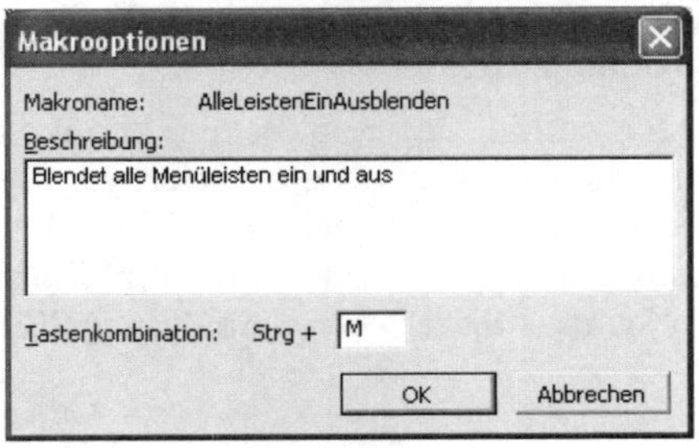

Abbildung 28.2: *Tastenkombination und Beschreibung für ein Makro festlegen*

Ein benutzerdefiniertes Menü erstellen

Die Vorgehensweise zum Ändern von Menüleisten in Project ist identisch mit derjenigen in anderen Office-Programmen. Sie können per Drag & Drop aus einer Auswahlliste die gewünschten Befehle in ein Menü ziehen.

Sie wollen einen neuen Menübefehl in die Menüleiste von Project einfügen. Gehen Sie dazu folgendermaßen vor:

1. Klicken Sie mit der rechten Maustaste auf einen freien Bereich der Menüleiste.
2. Im Kontextmenü wählen Sie den Befehl *Anpassen* aus.
3. Im Dialogfeld *Anpassen* aktivieren Sie die Registerkarte *Befehle*.
4. Wählen Sie im Listenfeld *Kategorien* den Eintrag *Neues Menü* und klicken Sie im Listenfeld *Befehle* auf den einzigen Eintrag *Neues Menü* (Abbildung 28.3). Ziehen Sie diesen an eine beliebige Position in der Menüleiste. Eine Einfügemarke zeigt die Stelle, an der das Menü eingefügt wird, wenn Sie die Maustaste loslassen.

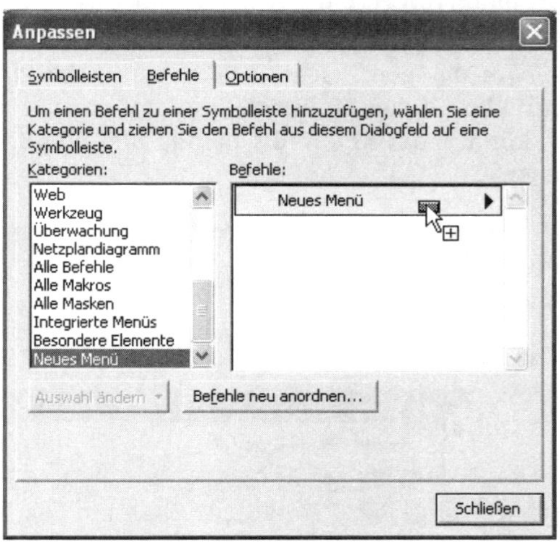

Abbildung 28.3: *Einfügen eines benutzerdefinierten Menüs in die Standard-Menüleiste*

5. Klicken Sie mit der rechten Maustaste auf den neuen Menüeintrag.
6. Ändern Sie im Kontextmenü den Namen des Menüs von *Neues Menü* zu *Mein Men&ü* (Abbildung 28.4) und bestätigen Sie die Änderungen mit der Eingabe-Taste. Das *&*-Zeichen vor dem *ü* veranlasst, dass dieses Menü nun zusätzlich über die Tastenkombination Alt+Ü aufgerufen werden kann.

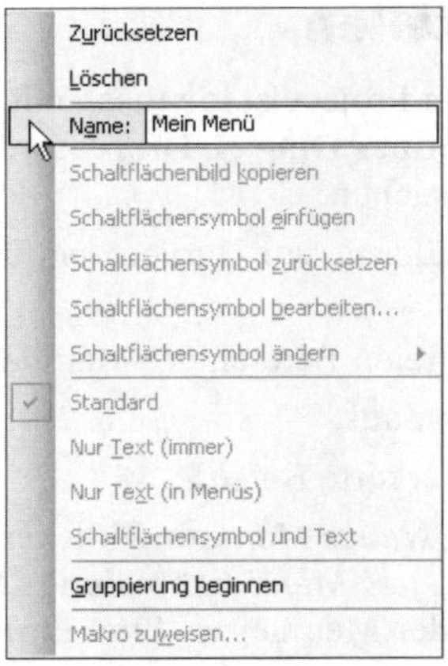

Abbildung 28.4: *Den Namen des neuen Menüs ändern*

7. Ein Menübefehl selbst führt in der Regel keine Aktion aus. Dies wird von weiteren Einträgen im Menü übernommen. Um ein entsprechendes Untermenü einzufügen, wählen Sie in der Liste der Befehle *Alle Makros* aus.
8. Wählen Sie im Listenfeld *Befehle* das gewünschte Makro aus (Abbildung 28.5) und ziehen Sie es mit gedrückter linker Maustaste über das neue Menü. Dieses klappt nun auf und Sie können das Makro als Menüpunkt eintragen, indem Sie die Maustaste loslassen.

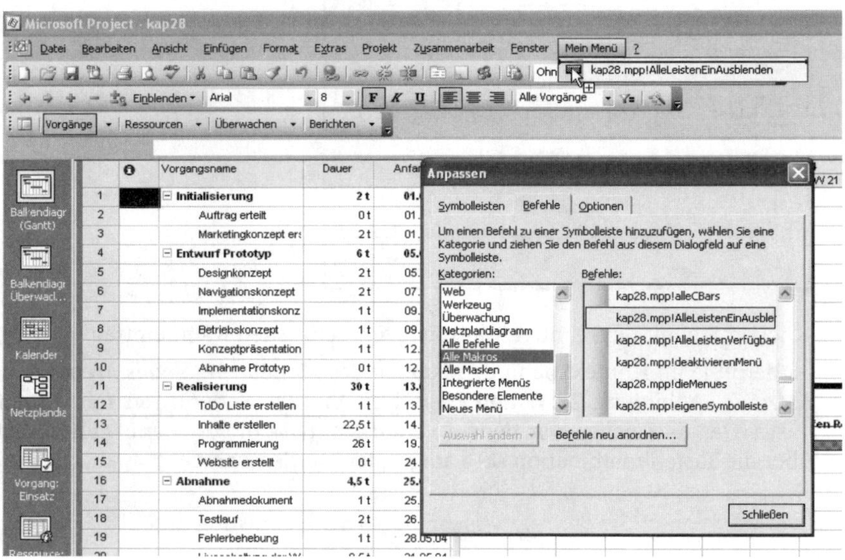

Abbildung 28.5: *Neu erstelltes Makro als Menüpunkt einfügen*

9. Geben Sie dem neuen Menüpunkt, wie zuvor beschrieben, einen neuen Namen.
10. Schließen Sie das Dialogfeld *Anpassen* und Ihre neue Menüleiste ist fertig.

Im weiteren Verlauf dieses Kapitels werden Sie erfahren, wie Sie Symbolleisten und Menüleisten mit VBA erstellen und verändern können.

CommandBar-Objekte und VBA

Project verwendet für Menü- und Symbolleisten das gleiche Objektmodell wie die Office-Anwendungen. Mit Office 97 wurde dieses Objektmodell eingeführt. In ihm sind Menüleisten und Symbolleisten nicht länger getrennte Objekte, sondern im so genannten *CommandBar*-Objekt zusammengefasst. Sie können also selbst entscheiden, ob Sie in der Menüleiste auch Symbole oder in einer Symbolleiste auch Befehle (als Text) anzeigen lassen wollen.

Für die Manipulation bestehender *CommandBar*-Objekte wie für das Erstellen eigener Leisten stellt VBA eine Reihe von Objekten mit einer Vielzahl von Eigenschaften bereit. In diesem Kapitel dreht sich alles um das *CommandBar*-Objekt.

Welche *CommandBar*-Objekte gibt es?

Alle *CommandBar*-Objekte sind in der *CommandBars*-Auflistung enthalten. Wie bereits in ▶ Kapitel 27 ausgeführt, eignet sich z.B. eine `For...Each`-Schleife bestens für den Zugriff auf eine solche Auflistung.

Um die Namen aller Symbolleisten anzuzeigen, ermitteln Sie zunächst über die *Count*-Eigenschaft der *CommandBars*-Auflistung die Anzahl der vorhandenen Objekte. Anschließend verwenden Sie eine Schleife, um die Namen aller Objekte in einer Textvariablen zu speichern (Listing 28.1).

HINWEIS Um die Makros aus der Beispieldatei *kap28.mpp* im Ordner Buch\Kap28 auf der CD zum Buch auszuführen, wechseln Sie mit der Tastenkombination Alt+F11 in den *Visual Basic-Editor*, aktivieren eine beliebige Stelle des gewünschten Makros und wählen den Menübefehl *Ausführen/Sub/UserForm ausführen*. Über die Taste F5 lassen sich die Makros ebenfalls starten.

Listing 28.1: *Die Namen aller Symbolleisten anzeigen*

```
Sub alleCBars()
' Zeigt die Namen aller CommandBar-Objekte
' in einer Meldung an. Es werden die
' englischen Namen angezeigt.
Dim i As Integer
Dim s As String
s = "Es gibt die folgenden CommandBar-Objekte:"
For i = 1 To Application.CommandBars.Count
  s = s & vbNewLine & CommandBars(i).Name
Next
MsgBox s, vbInformation, "Info zu Project 2003"
End Sub
```

TIPP Die *Name*-Eigenschaft gibt den Namen des *CommandBar*-Objekts in englischer Sprache zurück. Wenn Sie den Namen in der Sprache des Benutzers zurückgeben wollen, verwenden Sie die *NameLocal*-Eigenschaft (Listing 28.2).

Listing 28.2: *Eine Liste mit sichtbaren* CommandBar-*Objekten anzeigen*

```
Sub sichtbareCBars()
' Zeigt die Namen aller sichtbaren
' CommandBar-Objekte in einer Meldung an.
' Es werden die Namen in der Sprache
' des Benutzers angezeigt.
Dim i As Integer
Dim s As String
s = "Folgende CommandBar-Objekte sind sichtbar:"
```

```
For i = 1 To Application.CommandBars.Count
  If CommandBars(i).Visible Then
    s = s & vbNewLine & CommandBars(i).NameLocal
  End If
Next
MsgBox s, vbInformation, "Info zu Project 2003"
End Sub
```

Sichtbar und wählbar machen

Über die *Enabled*-Eigenschaft können Sie einstellen, ob das *CommandBar*-Objekt sichtbar ist oder nicht.

Listing 28.3: *Alle Menü- und Symbolleisten verfügbar machen*

```
Sub AlleLeistenVerfügbar()
Dim cb As CommandBar
For Each cb In CommandBars
  cb.Enabled = Not cb.Enabled
Next
End Sub
```

CommandBar fixieren

Das Zusammenfassen der Menü- und Symbolleisten in einem gemeinsamen *CommandBar*-Objekt führt dazu, dass auch für die Positionierung dieser Objekte mehr Möglichkeiten verfügbar sind. Menüleisten können wie Symbolleisten frei angeordnet werden. Sie haben dabei die Wahl, diese Objekte fest an einem der Fensterränder zu fixieren oder aber frei auf dem Bildschirm zu platzieren.

Über die *Protection*-Eigenschaft können Sie verhindern, dass diese Position verändert wird (Listing 28.4).

Listing 28.4: *Alle sichtbaren* CommandBars *fixieren*

```
Sub festerStandort()
  Dim i As Integer
  For i = 2 To CommandBars.Count
    If CommandBars(i).Visible = True Then
      CommandBars(i).Protection = msoBarNoChangeDock
    End If
  Next I
End Sub
```

Die umgekehrte Aktion führt das folgende Makro (Listing 28.5) aus. Die Menüleisten und Symbolleisten können anschließend wieder frei positioniert werden.

Listing 28.5: *Den Schutz wieder aufheben*

```
Sub freierStandort()
  Dim i As Integer
  For i = 2 To CommandBars.Count
    With CommandBars(i)
      If .Visible = True Then .Protection = msoBarNoProtection
    End With
  Next i
End Sub
```

Die Menübefehle ermitteln

Im *CommandBar*-Objekt gibt es die *Controls*-Auflistung, welche alle enthaltenen Objekte liefert. Auf jedes Objekt können Sie über den Namen oder einen Index zugreifen. Die Anweisungen `CommandBars("Menu Bar")` und `CommandBars(1)` sind identisch.

Das folgende Beispiel (Listing 28.6) zeigt, welche Einträge in der Standard-Menüleiste enthalten sind.

Listing 28.6: Die Menübefehle auflisten

```
Sub dieMenues()
On Error Resume Next
Dim i As Integer
Dim s As String
Dim mL As CommandBar
Set mL = CommandBars("Menu Bar")
For i = 0 To mL.Controls.Count
 s = s & vbCrLf & mL.Controls(i).Caption
Next
MsgBox "Die Menüleiste enthält die Befehle:" & _
       s, vbInformation
End Sub
```

Einen Menübefehl einfügen

Über die *Add*-Methode, die Sie auf ein Menü anwenden, können Sie dem Menü einen eigenen Befehl hinzufügen. Die *Add*-Methode hat die Syntax *Ausdruck.Add(Type, Id, Parameter, Before, Temporary)*. Die Tabelle 28.1 zeigt die Bedeutung und Einstellungen der Argumente dieser Methode.

Tabelle 28.1: Die Argumente der Add-Methode

Argument	Bedeutung
Type	Optional, Sie können eine der Konstanten `msoControlButton`, `msoControlEdit`, `msoControlDropdown`, `msoControlComboBox` oder `msoControlPopup` verwenden.
Id	Optional, geben Sie eine ganze Zahl an, die ein integriertes Steuerelement angibt. Ist der Wert für dieses Argument 1 oder wird dieses Argument ausgelassen, so wird ein leeres Steuerelement des angegebenen Typs hinzugefügt.
Parameter	Optional, bei integrierten Steuerelementen wird dieses Argument von der Containeranwendung verwendet, um den Befehl auszuführen. Bei ActiveX-Steuerelementen können Sie dieses Argument verwenden, um Daten an Visual Basic-Prozeduren zu senden oder um Daten zum Steuerelement zu speichern (vergleichbar mit einem zweiten Wert für die Tag-Eigenschaft).
Before	Optional, eine Zahl, welche die Position des neuen Steuerelements in der Befehlsleiste angibt. Das neue Steuerelement wird vor dem an dieser Position befindlichen Steuerelement eingefügt. Wenn Sie dieses Argument auslassen, wird das Steuerelement am Ende der angegebenen Befehlsleiste eingefügt.
Temporary	Optional, `True`, wenn das neue Steuerelement temporär sein soll. Temporäre Steuerelemente werden automatisch gelöscht, wenn die Containeranwendung geschlossen wird. Der Standardwert ist `False`.

Wenn Sie für das neue Objekt die *BeginGroup*-Eigenschaft auf `True` setzen, wird der Befehl durch eine Gruppierungslinie von vorhanden Befehlen abgesetzt.

Wie erweitern Sie z.B. das Menü *Extras* um einen eigenen Menüpunkt? Das folgende Makro (Listing 28.7) übernimmt diese Aufgabe. Verwenden Sie die *Add*-Methode, um einen neuen Eintrag zu erstellen und setzen Sie die Eigenschaften für diesen Befehl.

```
Sub erweiternMenueExtras()
On Error Resume Next
Dim i As Integer
Dim s As String
Dim mL  As CommandBarPopup
Dim b As CommandBarButton
Set mL = CommandBars("Menu Bar").Controls("Extras")
Set b = mL.Controls.Add(msoControlButton)
With b
  .BeginGroup = True
  .Caption = "Eigener Menübefehl"
  .OnAction = "zurücksetzenMenueExtras"
End With
End Sub
```

Listing 28.7: Einen vorhandenen Menübefehl um einen eigenen Eintrag erweitern

Mit der *OnAction*-Eigenschaft legen Sie das Makro fest, das beim Auswählen des Befehls ausgeführt wird. Für diese Eigenschaft wurde ein Makro festgelegt, das den Menübefehl über die *Reset*-Methode wieder auf den Ursprungszustand zurücksetzt (Listing 28.8).

```
Sub zurücksetzenMenueExtras()
On Error Resume Next
Dim mL As CommandBarPopup
Set mL = CommandBars("Menu Bar").Controls("Extras")
If MsgBox("Soll dieser Menüpunkt zurückgesetzt werden?", _
        vbQuestion + vbYesNo, "Eigenes Menü") = vbYes Then
   mL.Reset
End If
End Sub
```

Listing 28.8: Menüpunkt zurücksetzen

Ein eigenes Menü mit Untermenü einfügen

Was mit einem bestehenden Menübefehl geht, können Sie selbstverständlich auch mit eigenen Menübefehlen machen.

Erstellen Sie einen Menübefehl mit weiteren Untermenüs. Tragen Sie im VBA-Editor das Makro *Menüeintrag* im Code-Fenster ein. Dieses Makro setzt die Variable `mB` auf einen neuen Menübefehl vom Typ *msoControlPopup*. Diesem werden weitere Befehle hinzugefügt, deren Objekte ebenfalls in Variablen gespeichert werden. So können die Eigenschaften in verschachtelte *With*-Anweisungen gesetzt werden (Listing 28.9).

```
Sub Menüeintrag()
On Error Resume Next
Dim mL As CommandBar
Dim mB  As CommandBarPopup
Dim uM1 As CommandBarButton
Dim uM2 As CommandBarButton
Dim uM3 As CommandBarPopup
Dim uM4 As CommandBarButton
Dim uM5 As CommandBarButton
Dim uM6 As CommandBarButton
Set mL = CommandBars("Menu Bar")
With mL
  Set mB = mL.Controls.Add(Type:=msoControlPopup)
  With mB
    .Caption = "&Solutions"
    ' Befehl zum Markieren
```

Listing 28.9: Einen eigenen Menübefehl mit Untermenü erstellen

```
Set uM1 = .Controls.Add
 With uM1
  .Tag = "Menübefehl markieren"
  .Caption = "Menübefehl markieren"
  .OnAction = "markierenMenü"
End With
' Befehl zum Deaktivieren
Set uM2 = .Controls.Add
 With uM2
  .Tag = "Menübefehl deaktivieren"
  .Caption = "Menübefehl deaktivieren"
  .OnAction = "deaktivierenMenü"
End With
Set uM3 = .Controls.Add(Type:=msoControlPopup, Before:=3)
With uM3
  ' Gruppierungslinie einfügen
  .BeginGroup = True
  .Caption = "Menü ..."
  ' Befehl zum Zurücksetzen
  Set uM4 = .Controls.Add
  With uM4
    .Tag = "Zurücksetzen"
    .Caption = "Menü zurücksetzen"
    .OnAction = "zurücksetzenMenü"
  End With
' Befehl zum Entfernen
  Set uM5 = .Controls.Add
  With uM5
    .Tag = "Entfernen"
    .Caption = "Menü entfernen"
    .OnAction = "entfernenMenü"
  End With
End With
' Befehl zum Zurücksetzen der Menüleiste
Set uM6 = .Controls.Add(Type:=msoControlButton, Before:=4)
With uM6
  ' Gruppierungslinie einfügen
  .BeginGroup = True
  .Tag = "Menüleiste"
  .Caption = "Menüleiste zurücksetzen"
  .OnAction = "zurücksetzenMenüleiste"
End With
  End With
End With
End Sub
```

Wenn Sie die *BeginGroup*-Eigenschaft eines Menübefehls auf `True` setzen, so wird vor diesem Element eine Gruppierungslinie eingefügt. Mit solchen Gruppierungslinien können Sie auch eigene Menübefehle nach logischen Gruppen zusammenfassen.

Die Makros, die hier den einzelnen Menübefehlen zugeordnet sind, führen weitere Beispiele für den Umgang mit Menüs vor und werden im Folgenden beschrieben.

Markierung setzen

Einige Einträge in der Menüleiste erhalten eine Markierung, wenn der entsprechende Befehl ausgewählt wurde. Vergleichen Sie hierzu die Einträge im Menü *Ansicht*. Eine solche Markierung können Sie auch mit VBA setzen. Verwenden Sie hierfür die *State*-Eigenschaft (Listing 28.10).

```
Sub markierenMenü()
On Error Resume Next
Dim mB As CommandBarButton
Set mB = CommandBars.FindControl(Tag:="Menübefehl markieren")
With mB
  If .State = msoButtonMixed Then
      .State = msoButtonUp
      .Caption = "Menübefehl markieren"
    Else
      .State = msoButtonMixed
      .Caption = "Markierung entfernen"
  End If
End With
End Sub
```

Listing 28.10: *Eine Markierung vor einen Befehl setzen*

Dieses Makro ändert nicht nur die *State*-Eigenschaft des Menübefehls, sondern wechselt auch die Beschriftung des Menüpunktes.

Menübefehl deaktivieren

Mit der *Enabled*-Eigenschaft legen Sie fest, ob der Menüeintrag aktiv ist oder nicht. Setzen Sie für diese Eigenschaft einen der Wahrheitswerte – `True`, wenn der Befehl ausgewählt werden kann oder `False`, wenn der Befehl abgeblendet dargestellt werden soll und damit auch nicht ausgewählt werden kann (Listing 28.11).

```
Sub deaktivierenMenü()
On Error Resume Next
Dim mB As CommandBarButton
Set mB = CommandBars.FindControl(Tag:="Menübefehl deaktivieren")
With mB
  .Enabled = False
End With
End Sub
```

Listing 28.11: *Einen Menübefehl deaktivieren*

Menümarkierung entfernen und aktivieren

Im Gegensatz zu einem markierten Menübefehl kann ein deaktivierter Befehl nicht ausgewählt werden. Meist handelt es sich hier um kontextbezogene Befehle, die in der aktuellen Ansicht oder Auswahl nicht zur Verfügung stehen. Um den deaktivierten Befehl wieder zu aktivieren, ist im Beispiel der Menübefehl *Menü zurücksetzen* vorgesehen, der das Makro aus Listing 28.12 startet.

```
Sub zurücksetzenMenü()
On Error Resume Next
Dim i As Integer
Dim m As CommandBarPopup
Set m = CommandBars("Menu Bar").Controls("Solutions")
For i = 1 To m.Controls.Count
  m.Controls(i).Enabled = True
  m.Controls(i).State = msoButtonUp
Next
End Sub
```

Listing 28.12: *Deaktivierte Menübefehle zurücksetzen*

Menü entfernen

Über die *Delete-Methode* können Sie ein Menü auch entfernen. Im Gegensatz zu eigenen Menübefehlen können eingebaute Menübefehle nicht wirklich gelöscht werden (Listing 28.13).

Listing 28.13: Das eigene Menü entfernen

```
Sub entfernenMenü()
On Error Resume Next
CommandBars("Menu Bar").Controls("Solutions").Delete (True)
End Sub
```

Menüleiste zurücksetzen

Es gibt auch eine Methode, mit der Sie alle Änderungen an der Menüleiste verwerfen können. Die *Reset*-Methode setzt die Menüleiste wieder auf den ursprünglichen Zustand zurück. Dabei werden die eventuell zuvor gelöschten integrierten Menübefehle wieder eingeblendet (Listing 28.14).

Listing 28.14: Alle Änderungen verwerfen

```
Sub zurücksetzenMenüleiste()
On Error Resume Next
CommandBars("Menu Bar").Reset
End Sub
```

Eine neue Symbolleiste erstellen

Auch auf die *CommandBars*-Auflistung kann die *Add*-Methode angewandt werden. Sie können damit eine neue Symbolleiste erstellen.

Das Beispiel aus Listing 28.15 fügt über eine Schleife Symbole in eine neue Symbolleiste ein. Der Schleifenzähler wird verwendet, um die *FaceId*-Eigenschaft festzulegen. Über diese Eigenschaft wird das Aussehen eingebauter Symbole bestimmt. Auch für die Anzeige des *TooltipTextes* wird der Schleifenzähler verwendet.

Der *OnAction*-Eigenschaft aller Symbole wird das Makro *neueSymbolleiste* zugewiesen.

Listing 28.15: Eine neue Symbolleiste mit verschiedenen Symbolen erstellen

```
Sub eigeneSymbolleiste()
' Eine Symbolleiste mit verschiedenen Symbolen
' erstellen. Der OnAction-Eigenschaft ist ein
' Makro zugewiesen, mit dem das ausgewählte Symbol
' in eine neue Symbolleiste eingefügt wird.
On Error Resume Next
CommandBars("Symbolleistenschaltflächen").Delete
CommandBars("Neue Leiste").Delete
Dim cb As CommandBar
Dim cbC As CommandBarControl
Dim i As Integer
Set cb = CommandBars.Add("Symbolleistenschaltflächen", msoBarFloating)
  For i = 1 To 544
    Set cbC = cb.Controls.Add(msoControlButton)
    With cbC
      .FaceId = I
      .TooltipText = I
      .OnAction = "neueSymbolleiste"
    End With
  Next
With cb
  ' sichtbar machen und positionieren
  .Visible = True
  .Width = 800
  .Left = 100
  .Top = 100
End With
End Sub
```

Abbildung 28.6: Für neue Symbolleisten stehen zahlreiche eingebaute Symbole zur Verfügung

Wenn Sie auf eines der in Abbildung 28.6 dargestellten Symbole klicken, wird dieses in eine neue Symbolleiste eingefügt. Zunächst wird der Variablen cB mit der *Set*-Anweisung die Symbolleiste Neue Leiste zugewiesen. Wenn dieses Objekt noch nicht besteht, kommt es zu einem Fehler. Ob ein Fehler aufgetreten ist, wird mit einer If...Then-Bedingung direkt nach der Set-Anweisung geprüft. Wenn die Fehlernummer ungleich 0 ist, wird der Variablen cB über die *Add*-Methode eine neue Symbolleiste zugewiesen.

Sie können auf diese Weise ganz einfach eine Symbolleiste mit Ihren Lieblingssymbolen erstellen. Das Makro aus Listing 28.16 führt diese Aktion aus.

Listing 28.16: Das angeklickte Symbol in die neue Symbolleiste übernehmen

```
Sub neueSymbolleiste()
' Erstellt eine neue Symbolleiste und fügt ein
' neues Symbol ein das auf der Symbolleiste
' "FaceID" angeklickt wurde.
On Error Resume Next
Dim cb As CommandBar
Dim c As CommandBarButton
Set cb = CommandBars("Neue Leiste")
If Err.Number <> 0 Then
  Set cb = CommandBars.Add(Name:="Neue Leiste")
End If
With cb
  .Visible = True
  .Top = 600
  .Left = 100
  If .Width > 800 Then
    .Width = 800
  End If
End With
Set c = cb.Controls.Add(msoControlButton)
  With c
    .FaceId = CommandBars.ActionControl.FaceId
    .OnAction = "zeigeFaceId"
  End With
End Sub
```

Für die *OnAction*-Eigenschaft der Symbole ist das Makro aus Listing 28.17 festgelegt. Hier wird die *ActionControl*-Eigenschaft verwendet, über die Sie Zugriff auf das *CommandBarControl*-Objekt haben, dessen *OnAction*-Eigenschaft die laufende Prozedur aufgerufen hat.

Listing 28.17: *Zugriff auf das* CommandBar-Control *das die Prozedur aufgerufen hat*

```
Sub zeigeFaceId()
' Die FaceID des gewählten Symbols anzeigen
' und den Text für die Quickinfo ändern.
On Error Resume Next
Dim cbC As CommandBarControl
Dim mText As String
Dim mTitel As String
Dim Vorgabe As String
Dim neuerWert As String
mText = "Geben Sie den neuen Text für die QuickInfo ein."
mTitel = "QuickInfo ändern"
Set cbC = CommandBars.ActionControl
With cbC
  MsgBox "Das Symbol hat die Nummer " & .FaceId
  Vorgabe = .Caption
  neuerWert = InputBox(mText, mTitel, Vorgabe)
  If Len(neuerWert) = 0 Then Exit Sub
  .Caption = neuerWert
End With
End Sub
```

Der Benutzer wird aufgefordert, einen Text einzugeben. Dieser Text wird der *Caption*-Eigenschaft zugewiesen. Der Inhalt dieser Eigenschaft wird angezeigt, wenn der Benutzer mit dem Mauszeiger einige Sekunden auf das Symbol zeigt.

Ist der Befehl bereits vorhanden?

Vor dem Einfügen von Menüs oder Symbolen können Sie mit der *Find*-Methode prüfen, ob der Eintrag bzw. das Symbol bereits vorhanden ist.

Das Makro aus Listing 28.18 sucht nach der Schaltfläche *Öffnen*. Für ein gefundenes Symbol wird der Name der zugehörigen Symbolleiste in einer Meldung angezeigt. Auch für den Fall einer Fehlanzeige wird eine Meldung angezeigt.

Listing 28.18: *Nach einem Symbol suchen*

```
Sub SuchenSymbol()
' In diesem Beispiel wird die integrierte
' Schaltfläche Öffnen gesucht
Dim b As String
Dim c As CommandBarButton
Set c = CommandBars.FindControl(Type:=msoControlButton, ID:=23)
If c Is Nothing Then
    MsgBox "Das Symbol wurde nicht gefunden."
  Else
    MsgBox "Das Symbol " & c.Caption & vbCrLf & _
          "ist in der Symbolleiste " & c.Parent.Name & _
          vbCrLf & "enthalten."
End If
End Sub
```

Die Methode *FindControl(Type, Id, Tag, Visible, Recursive)* wird auf die *CommandBars*-Auflistung angewendet. Über das optionale Argument `Type` können Sie den Typ des gesuchten Steuerelements angeben. Das optionale Argument `Id` ist der Bezeichner des Steuerelements, nach dem gesucht werden soll. `Tag` (ebenfalls optional) ist der Wert der Markierung des Steuerelements, nach dem gesucht werden soll.

Setzen Sie das optionale Argument `Visible` auf `True`, wenn die Suche auf sichtbare Befehlsleisten-Steuerelemente eingeschränkt werden soll. Der Standardwert ist `False`.

Wenn Sie das optionale Argument `Recursive` auf `True` setzen, werden die Befehlsleiste und alle zugehörigen Unterbefehlsleisten in die Suche eingeschlossen. Der Standardwert ist `False`.

Enthält die *CommandBars*-Auflistung zwei oder mehr Steuerelemente, die den Suchkriterien entsprechen, gibt `FindControl` das erste Steuerelement, das gefunden wurde, zurück. Wenn kein Steuerelement gefunden wurde, das den Kriterien entspricht, gibt die *FindControl*-Methode `Nothing` zurück

Den Symboltyp *ComboBox* verwenden

Neben den mit Bildern versehenen Symbolen gibt es einige spezielle Typen, die z.B. eine weitere Auswahl zeigen (*msoControlPopup*) oder in die Text eingegeben werden kann (*msoControlEdit*). Das folgende Beispiel zeigt, wie Sie ein Symbol vom Typ *msoControlComboBox* erstellen und mit Einträgen füllen.

HINWEIS

Informationen zu weiteren Typen für Symbole erhalten Sie, wenn Sie in der Hilfe zu VBA das *CommandBarButton*-Objekt anzeigen und hierfür die Eigenschaften anzeigen lassen. Wählen Sie die Eigenschaft *Type* aus, wird eine Aufstellung mit den möglichen Darstellungsformen angezeigt.

Wir wollen nun ein Symbol für die schnelle Suche nach einem Vorgang des aktiven Projekts erstellen. Alle Vorgänge sollen in ein Symbol vom Typ *msoControlComboBox* eingetragen werden. Wird ein Eintrag ausgewählt, soll der gewählte Vorgang aktiviert werden.

Das Symbol wird über die *Add*-Methode mit dem Argument *msoControlComboBox* hinzugefügt. Anschließend wird die Liste der Vorgänge durchlaufen und der jeweilige Name über die *AddItem*-Methode dem Kombinationsfeld hinzugefügt.

Um das Symbol zu identifizieren, wird die *Tag*-Eigenschaft auf den Wert `Schnelle Suche` gesetzt. Da die Länge der Einträge im Feld *Vorgangsname* unter Umständen die Anzeigemöglichkeit im Kombinationsfeld übersteigt, wird der längste Eintrag ermittelt und für die *Width*-Eigenschaft des Symbols verwendet. Sollte dieser Wert 50 Zeichen übersteigen, wird er allerdings auf diesen maximalen Wert zurückgesetzt, um das Symbol nicht zu breit werden zu lassen (Listing 28.19).

Listing 28.19:* *Das Symbol erstellen und mit Einträgen versehen

```
Sub SymEingabeSuchen()
' Erstellt ein Symbol für die
' schnelle Suche nach einem Vorgang
On Error Resume Next
Dim symL As CommandBar
Dim symC As CommandBarComboBox
Dim t As Task
Dim i As Integer
' Evtl. vorhandenes Symbol entfernen
CommandBars.FindControl(Tag:="Schnelle Suche").Delete
Set symL = Application.CommandBars("Standard")
' Neues Symbol hinzufügen
Set symC = symL.Controls.Add(msoControlComboBox)
```

```
With symC
  ' Alle Vorgänge in das Kombinationsfeld einlesen
  For Each t In ActiveProject.Tasks
    .AddItem t.Name
    ' Den längsten Eintrag ermitteln
    If Len(t.Name) > i Then
      i = Len(t.Name)
    End If
  Next
  ' Maximale Anzahl der Zeichen beschränken
  If i > 50 Then i = 50
  ' Eigenschaften des Symbols setzen
  .Caption = "Schnelle Suche"
  .Tag = "Schnelle Suche"
  .OnAction = "schnelleSuche"
  .Width = i * 6
End With
End Sub
```

Der *OnAction*-Eigenschaft des Symbols wird das Makro aus Listing 28.20 zugewiesen. Dieses ermittelt den ausgewählten Text des Symbols und sucht in der Spalte *Name* des aktiven Projekts nach einer Zelle mit diesem Eintrag. Wenn der Benutzer selbst einen Suchbegriff eingibt und dieser nicht vorhanden ist, wird eine Meldung über die erfolglose Suche angezeigt.

Listing 28.20: *In der Spalte* Name *nach dem Vorgang suchen*

```
Sub schnelleSuche()
On Error Resume Next
Dim symC As CommandBarComboBox
Set symC = CommandBars.FindControl(Tag:="Schnelle Suche")
Find Field:="Name", test:="Enthält", Value:=symC.Text, _
     Next:=True, MatchCase:=False
End Sub
```

29 Mit UserForms programmieren

627 Dialoge mit ActiveX-Steuerelementen
627 Listen- und Kombinationsfelder benutzen
635 Mit Register- und Multiseiten-Objekten arbeiten
640 Informationen zu Ressourcen

Dialoge mit ActiveX-Steuerelementen

Sie sind nun mit Project schon gut vertraut. Viele Dinge gehen Ihnen mit Unterstützung von Assistenten, Listenfeldern in Tabellen und selbst generierten Masken zur einfacheren Eingabe und Überwachung Ihrer Projektdaten leicht von der Hand. Was ist aber, wenn Sie noch einen Schritt weiter gehen wollen? Wenn Sie z.B. in Ihren Masken andere als die von Project zur Verfügung gestellten Steuerelemente wie Textfelder, Rahmenfelder und Schaltflächen benutzen möchten? Dann sollten Sie sich dieses Kapitel etwas genauer ansehen. Hier werden Sie erfahren, wie Sie mit ActiveX-Steuerelementen eigene Dialoge erstellen können.

Alle hier aufgeführten Beispiele finden Sie in der Datei *kap29.mpp* im Ordner Buch\Kap29 auf der CD zum Buch.

Listen- und Kombinationsfelder benutzen

Auf den folgenden Seiten werden Sie sehen, wie Sie ein Dialogfeld gestalten, mit dem Sie neue Vorgänge anlegen, Anfangs- und Endtermine sowie Ressourcen bequem aus einer Liste auswählen und alle Daten anschließend in der Vorgangstabelle ablegen können.

Achten Sie dabei darauf, dass im Feld *Standardsatz* in der Ansicht *Ressource: Tabelle* ein Betrag eingetragen ist, da dieser später im Dialogfeld angezeigt werden soll (siehe auch Abbildung 29.1).

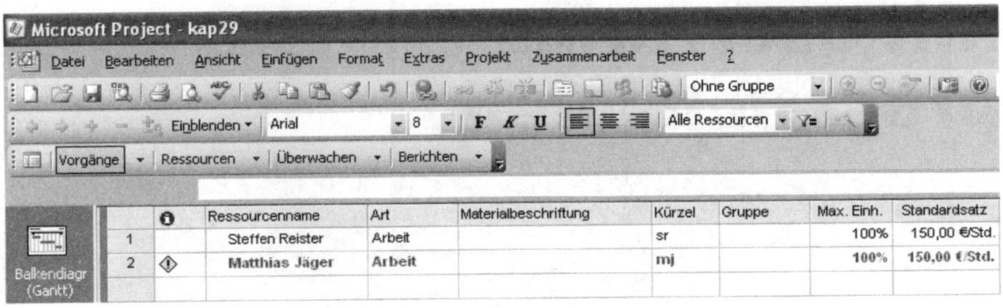

Abbildung 29.1: ***Damit im selbst erstellten Dialogfeld auch Daten erscheinen, müssen Sie zuerst einige Ressourcen anlegen***

Ein Formular für die Eingabe

Sie werden nun das Formular entwickeln, welches Sie zur Eingabe der Vorgangsdaten benötigen:

1. Rufen Sie die VBA-Entwicklungsumgebung mit der Tastenkombination Alt+F11 oder alternativ über den Menübefehl *Extras/Makro/Visual Basic-Editor* auf.
2. Legen Sie dort ein neues Formular mit dem Menübefehl *Einfügen/UserForm* an. Im Eigenschaftenfenster des *UserForm*-Objektes legen Sie die Eigenschaft *(Name)* auf *uF_Vorgang* fest.
3. Ziehen Sie nun, wie in Abbildung 29.2 zu sehen, nacheinander die einzelnen Objekte von der *Werkzeugsammlung* auf das Formular und platzieren Sie diese entsprechend. Die *Werkzeugsammlung* können Sie über *Ansicht/Werkzeugsammlung* einblenden.

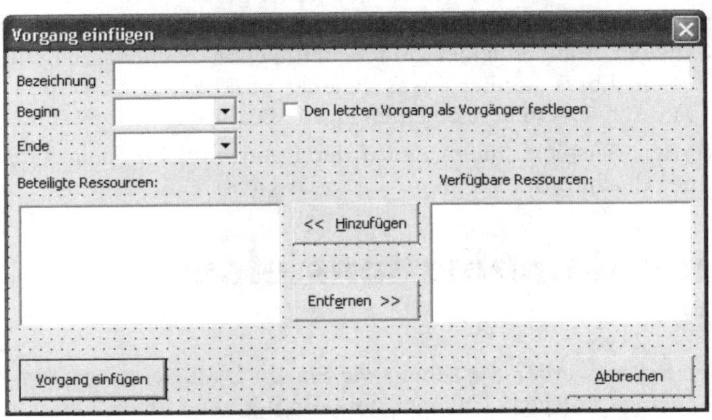

Abbildung 29.2: ***Alle benötigten Steuerelemente sind bereits auf der UserForm vorhanden***

4. Für die Bezeichnungsfelder, welche den beschreibenden Text beinhalten, klicken Sie auf das *Bezeichnungsfeld*-Symbol und ziehen es jeweils an denjenigen Stellen im Formular auf, an denen dann die Texte *Bezeichnung*, *Beginn*, *Ende* usw. stehen sollen.

5. Genauso verfahren Sie mit dem Textfeld für die Eingabe der Bezeichnung. Hierfür klicken Sie auf das *Textfeld*-Symbol und ziehen es im Formular auf. Anschließend richten Sie das Feld aus und geben ihm den Namen *txt_Bezeichnung*.

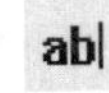

6. Für Beginn und Ende ziehen Sie jeweils ein Kombinationsfeld auf. Auch für diese Steuerelemente ändern Sie die *Name*-Eigenschaft (wie in Abbildung 29.2 und in Abbildung 29.1 zu sehen).

HINWEIS Den Namen eines Objektes können Sie neben vielen anderen Eigenschaften im *Eigenschaften-Fenster* des *Visual Basic-Editors* ändern.

7. Legen Sie die restlichen Objekte, wie in Abbildung 29.2 zu sehen, an und weisen ihnen die in Abbildung 29.1 aufgeführten Namen zu.

Tabelle 29.1: *Die Namen der Steuerelemente im UserForm*

Steuerelement	Name
Eingabefeld *Bezeichnung*	*txt_Bezeichnung*
Kombinationsfeld *Beginn*	*dd_Beginn*
Kombinationsfeld *Ende*	*dd_Ende*
Listenfeld *Beteiligte Ressourcen*	*lb_bRes*
Listenfeld *Verfügbare Ressourcen*	*lb_vRes*
Schaltfläche *Hinzufügen*	*btnHinzufügen*
Schaltfläche *Entfernen*	*btnEntfernen*
Schaltfläche *Vorgang einfügen*	*btnEinfügen*
Schaltfläche *Abbrechen*	*btnAbbrechen*
Kontrollkästchen *Den letzten Vorgang als Vorgänger festlegen*	*cBVor*

8. Für das Listenfeld *lb_vRes*, das *Verfügbare Ressourcen* zeigt, setzen Sie den Wert für *ColumnCount* auf 2, passen die Werte für *ColumnWidths* etwas an (*75 Pt;40 Pt*) und tragen in der Eigenschaft *MultiSelect* den Wert *2* ein. Über diese Einstellung der *MultiSelect*-Eigenschaft können Sie mehrere zusammenhängende Einträge mit der Umschalt-Taste markieren. Einzelne Elemente können mit der Strg-Taste markiert werden. Auch um für ein ausgewähltes Element die Markierung aufzuheben, können Sie die Strg-Taste verwenden.
9. Bei dem zweiten Listenfeld *lb_bRes* für *Beteiligte Ressourcen* ändern Sie die Werte für *ColumnCount*, *ColumnWidths* und *MultiSelect* wie im Schritt zuvor.

Objekt-Präfixe – Textkürzel für Objektbezeichnungen

Nachdem Sie die ersten Objekte im *UserForm* mit Namen versehen haben, werden Sie sich sicherlich fragen, warum am Anfang eines jeden Namens eine Abkürzung, gefolgt von einem Unterstrich, steht. Diese Präfixe verdeutlichen direkt anhand des Namens des Objektes, um welchen Objekttyp es sich handelt. Der Tabelle 29.2 können Sie einige Präfixe nebst dazugehöriger Steuerelemente entnehmen.

Präfix	Objekt
cB_	Kontrollkästchen
lb_	Listenfeld
dd_	Kombinationsfeld
cal_	Kalender
txt_	Textfeld
lbl_	Bezeichnungsfeld
uF_	Formular
btn_	Schaltfläche

Tabelle 29.2: Übersicht über Steuerelemente und ihre Namenspräfixe

Den Namen der Objekte auf UserForms kommt insofern eine besondere Bedeutung zu, als diese in den Namen der Ereignisprozeduren des jeweiligen Objektes verwendet werden.

HINWEIS

Es ist nicht zwingend erforderlich, solche Präfixe zu verwenden. VBA verwaltet die Namen so, dass jeder Objektname innerhalb eines VBA-Projektes eindeutig ist. Insbesondere wenn das Formular viele Steuerelemente mit Ereignissen verwendet, erleichtern Ihnen diese Präfixe die Übersicht und Arbeit.

MultiSelect: Wer die Wahl hat, hat die Qual

Die *MultiSelect*-Eigenschaft des *Listenfeld*-Objektes bietet in VBA die Möglichkeit, in einem Listenfeld mehr als ein Element gleichzeitig auszuwählen (Abbildung 29.3). Die Steuerung der Mehrfachauswahl bietet folgende Einstellungen:

- 0 (Einfachauswahl)
- 1 (Mehrfachauswahl zusammenhängend, mit der Umschalt-Taste)
- 2 (Mehrfachauswahl nicht zusammenhängend, mit der Strg-Taste)

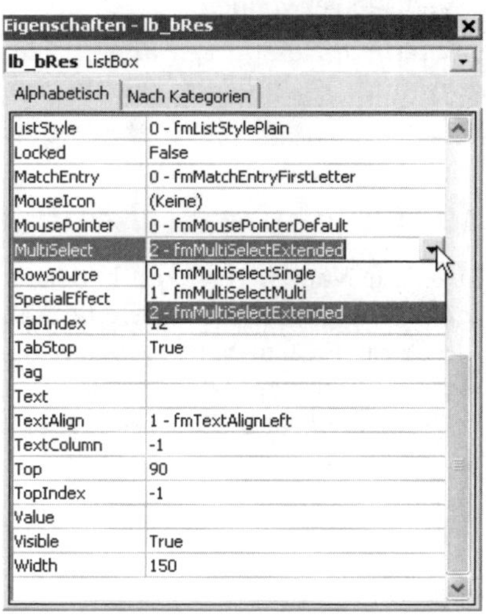

Abbildung 29.3: *Die* MultiSelect-*Eigenschaft eines Listenfeldes legt fest, ob nur ein oder mehrere Elemente gleichzeitig ausgewählt werden können*

Programmierung der Steuerelemente

Nun geht's an die Programmierung. Als erstes müssen einige Felder beim Formularaufruf initialisiert, d.h. mit Werten gefüllt werden. Dies geschieht in der Ereignisprozedur *UserForm_Initialize* (Listing 29.1).

Listing 29.1: *Initialisieren der Felder mit den Standardwerten*

```
Private Sub UserForm_Initialize()
Dim i As Integer
'Dropdown mit Datumswerten des aktuellen Jahres füllen.
For i = 0 To 364
  dd_Beginn.AddItem _
      (Format$(CLng(DateValue("1.1." & Year(Date))) + i, _
      "dd.mm.yyyy"))
  dd_Ende.AddItem _
      (Format$(CLng(DateValue("1.1." & Year(Date))) + i, _
      "dd.mm.yyyy"))
Next i
'Endefeld initialisieren. (Wird beim ersten
'Change-Ereignis von dd_Beginn überschrieben)
dd_Ende = Format$(Now + 1, "dd.mm.yyyy")
'Beginnfeld mit dem heutigen Datum füllen
dd_Beginn = Format$(Now, "dd.mm.yyyy")
'Listenfeld Verfügbare Ressourcen mit Namen und
'Stundensätzen aus Ressourcenliste füllen
For i = 1 To ActiveProject.Resources.Count
  'neues Listenelement mit dem Namen der Ressource anlegen
  lb_vRes.AddItem (ActiveProject.Resources(i).Name)
  'dann den Stundensatz in die zweite Spalte (1) eintragen
  lb_vRes.Column(1, i - 1) = _
    ActiveProject.Resources(i).StandardRate
Next i
End Sub
```

HINWEIS Den Code-Editor erreichen Sie durch einen Doppelklick auf einen leeren Teil des Formulars in der Entwurfsansicht, über den Menübefehl Ansicht/Code oder durch Drücken der Taste F7.

In dieser ersten Routine kommt schon die Programmierung der Kombinationsfelder *dd_Beginn* und *dd_Ende* zum Einsatz. Hier werden die Datumswerte, die später zur Auswahl stehen, den Kombinationsfeldern hinzugefügt. Dies geschieht mit der AddItem-Methode. 365 Mal wird ein Datumswert am Ende der Liste hinzugefügt, nachdem er mit dem *Format$*-Befehl formatiert wurde. Anschließend werden beide Felder mit dem aktuellen Datum voreingestellt.

Überwachen von Änderungen

Wenn der Beginn des Vorgangs geändert wird, soll das Ende automatisch auf das gleiche Datum gesetzt werden. Für diesen Zweck weisen Sie dem *Change*-Ereignis des dd_Beginn-Objekts eine Ereignisprozedur zu. Wenn das *Change*-Ereignis des Kombinationsfeldes dd_Beginn eintritt, wird automatisch das Datum im Feld *dd_Ende* geändert (Listing 29.2).

```
Private Sub dd_Beginn_change()
'Wenn dd_Beginn geändert wurde, wird dd_Ende automatisch auf den
'gleichen Wert gesetzt.
If CDate(dd_Beginn) > CDate(dd_Ende) Then
  dd_Ende = dd_Beginn
End If
End Sub
```

***Listing 29.2:** Prozedur, die nach dem Ändern des Beginn-Feldes ausgeführt wird*

Dieser Code passt das *Ende*-Datum dem *Beginn*-Datum automatisch an, wenn das *Beginn*-Datum größer wird als das im Kombinationsfeld *dd_Ende* eingetragene.

Hinzufügen von Listenelementen

Beim Klicken auf die Schaltfläche *Hinzufügen* werden die im Listenfeld *Verfügbare Ressourcen* ausgewählten Zeilen dem Listenfeld *Beteiligte Ressourcen* hinzugefügt, wobei eine Zeile auch mehrmals hinzugefügt werden kann (Listing 29.3).

```
Private Sub btnHinzufügen_Click()
Dim i As Long
Dim j As Long
Dim a As Boolean
Dim Name As String
Dim StdSatz As String
'Alle Elemente, die im Listenfeld "Verfügbare Ressourcen"
'ausgewählt sind, werden in beteiligte Ressourcen kopiert
For i = 0 To lb_vRes.ListCount - 1
  a = vbTrue
  If lb_vRes.Selected(i) Then
        'Name und Stundensatz aus rechtem Listenfeld ermitteln
        Name = lb_vRes.Column(0, i)
        StdSatz = lb_vRes.Column(1, i)
        ' Verhindern, dass eine Ressource mehrfach eingetragen wird
        For j = 0 To lb_bRes.ListCount - 1
          If Not IsNull(lb_bRes.List) Then
            If Name = lb_bRes.Column(0, j) Then
              MsgBox "Diese Ressource " & Name & _
                     " wurde bereits zugeordnet."
              a = False
            End If
          End If
        Next
        If a = vbTrue Then
          'Neues Element in linkem Listenfeld ans Ende anfügen,
          'Name direkt eintragen
          lb_bRes.AddItem (Name)
          j = lb_bRes.ListCount - 1
          'und Stundensatz formatiert hinzufügen
          lb_bRes.Column(1, j) = _
            Format$(StdSatz, "#,##0.00 €")
        End If
  End If
Next i
End Sub
```

***Listing 29.3:** Ausgewählte Ressourcen in das Listenfeld* Beteiligte Ressourcen *übernehmen*

Hier kommen einige Eigenschaften und Methoden des Listenfeld-Steuerelementes zum Einsatz, die im Folgenden kurz beschrieben werden.

Die Eigenschaft *ListCount*

Die Eigenschaft ListCount beinhaltet die Anzahl der im *Listenfeld* enthaltenen Elemente. Der kleinste Wert für *ListCount* liegt bei *1*.

Die Eigenschaft *Selected(i)*

Die Eigenschaft Selected(i) enthält für jedes Element den Zustand ausgewählt `(.Selected(i)=True)` oder nicht gewählt `(.Selected(i)=False)`, wenn die *MultiSelect*-Eigenschaft des Listenfeldes die Werte 1 oder 2 hat.

Die *Column(x,y)*-Methode

Die *Column(x,y)*-Methode gibt den Wert des Elementes im Listenfeld zurück oder füllt ihn, das in der x-ten Spalte und der y-ten Zeile steht. Die Adressierung der *Column*-Methode beginnt bei *0*.

Die *RemoveItem*-Methode

Beim Klicken auf die Schaltfläche *Entfernen* werden die im linken Listenfeld ausgewählten Zeilen entfernt. In der Routine, wird die *RemoveItem*-Methode verwendet. Mit dieser Methode wird ein einzelnes Element aus einem Listenfeld- oder Kombinationsfeld-Steuerelement entfernt (Listing 29.4).

***Listing 29.4:** Ausgewählte Zeilen aus der Liste entfernen*

```
Private Sub btnEntfernen_Click()
Dim i As Integer
'alle gewählten Elemente aus Listenfeld beteiligte Ressourcen entfernen
For i = lb_bRes.ListCount - 1 To 0 Step -1
  If lb_bRes.Selected(i) Then
    lb_bRes.RemoveItem (i)
  End If
Next i
End Sub
```

In dieser Ereignisprozedur wird das Listenfeld lb_bRes von unten nach oben nach ausgewählten Elementen durchsucht, die dann mit der *RemoveItem*-Methode gelöscht werden. Weil Elemente aus der Liste gelöscht werden, muss die Suche von unten nach oben erfolgen. Wenn Sie hier mit dem ersten Element beginnen würden, müssten Sie den Zähler, über den auf das einzelne Element zugegriffen wird, korrigieren. Bei einer Schleife, welche mit dem letzten Element beginnt, ist dies nicht erforderlich.

Die Daten eintragen

Nach Betätigung der Schaltfläche *Vorgang einfügen werden* die Daten aus den einzelnen Feldern an das Ende der Vorgangstabelle geschrieben. Die Liste der Ressourcen wird dabei durch Semikola getrennt zu einer Zeichenkette zusammengefasst und in das Feld ResourceNames geschrieben (Listing 29.5).

***Listing 29.5:** Werte aus dem Dialogfeld in die Vorgangstabelle schreiben*

```
Private Sub btnEinfügen_Click()
Dim Anzahl, i As Long
Dim resString As String
'Anzahl Vorgänge in Projekt ermitteln
Anzahl = ActiveProject.Tasks.Count
If Len(Me.txt_Bezeichnung) < 1 Then
  MsgBox "Der Vorgang muss angegeben werden.", vbCritical
```

```
  Exit Sub
End If
'hinter letztem Vorgang den neuen Vorgang einfügen
ActiveProject.Tasks.Add (Me.txt_Bezeichnung)
'Anfangs- und Enddatum eintragen
ActiveProject.Tasks(Anzahl + 1).Start = CDate(Me.dd_Beginn)
ActiveProject.Tasks(Anzahl + 1).Finish = CDate(Me.dd_Ende)
'Ressourcennamen aus Listbox in das Feld RessourcenNamen
'eintragen
resString = ""
For i = 0 To Me.lb_bRes.ListCount - 1
  If i = 0 Then  'wenn nur eine Ressource in der Liste
      resString = lb_bRes.Column(0, i)
    Else  'wenn mehrere Ressourcen in der Liste stehen,
          'muss zwischen den Ressourcennamen das Listentrenn-
          'zeichen (Listseparator) stehen.
      resString = resString & ListSeparator & _
      lb_bRes.Column(0, i)
  End If
Next I
ActiveProject.Tasks(Anzahl + 1).ResourceNames = resString
' Vorgänger einfügen
If cBVor = True Then
  ActiveProject.Tasks(Anzahl + 1).Predecessors = Anzahl
End If
'Formular schließen
Unload Me
End Sub
```

Um die ausgewählten Ressourcen, die ja alle im Listenfeld *Beteiligte Ressourcen* stehen, mit dem neuen Vorgang zu verknüpfen, werden alle Namen der Ressourcen nacheinander, durch das in der Systemsteuerung festgelegte Listentrennzeichen getrennt, in der Hilfsvariable *resString* gesammelt und anschließend dem Feld *ActiveProject.Tasks(Anzahl+1).ResourceNames* zugewiesen.

Schaltfläche für den Start

Um dieses Beispiel bequem aufzurufen, erstellen Sie eine Schaltfläche. Dieser Symbolleistenschaltfläche weisen Sie ein Makro zu, welches die UserForm aufruft:

1. Rufen Sie dazu den Code-Editor auf, indem Sie die Tastenkombination Alt+F11 drücken.
2. Fügen Sie mit dem Menübefehl Einfügen/Modul ein neues Modul in Ihr Projekt ein.
3. Fügen Sie nun im Code-Fenster folgendes Makro (Listing 29.6) ein.

Listing 29.6: *Das UserForm aufrufen*

```
Sub VorgängeEinfügen()
' Ruft die UserForm uF_Vorgang auf
uF_Vorgang.Show
End Sub
```

4. Wechseln Sie nun zurück zu Project, legen eine neue Schaltfläche an und weisen Sie dieser das Makro aus Listing 29.6 zu. Die Anpassung von Menüs und Symbolleisten haben Sie bereits in ▶ Kapitel 21 kennen gelernt. Nach einem Klick auf die Schaltfläche wird das Formular angezeigt.

Mit Register- und Multiseiten-Objekten arbeiten

Sie können zwar die Größe eines *UserForm*-Objektes ändern, wenn aber eine Vielzahl an Steuerelementen angezeigt werden soll, geht der Platz doch irgendwann einmal aus. Welche Möglichkeiten gibt es, um viele Steuerelemente übersichtlich anzuordnen?

Nehmen wir an, Sie wollen die Kosten pro Vorgang und die Standardsätze der Ressourcen übersichtlich in einem UserForm darstellen. Hierfür eignen sich besonders die Steuerelemente *Register* und *Multiseiten*. Mit diesen ist es möglich, Platz sparend und übersichtlich gleichartige Daten verschiedener Objekte in einem UserForm unterzubringen (Abbildung 29.4).

Abbildung 29.4: *So sieht das fertige Dialogfeld aus*

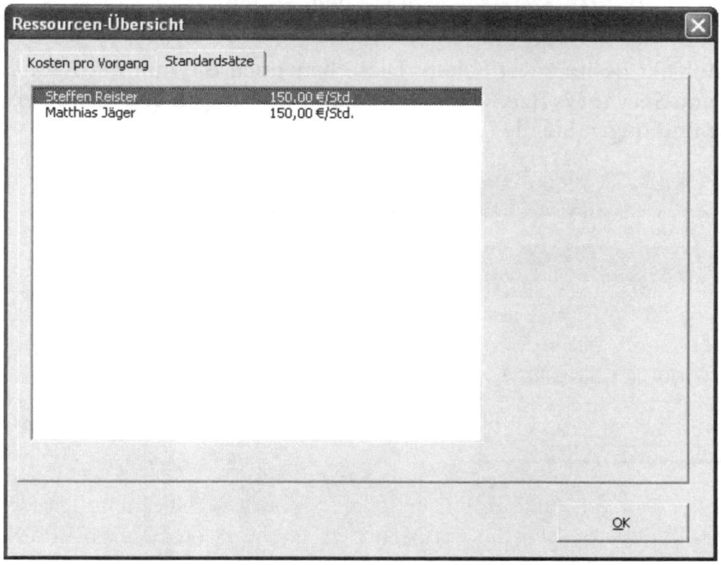

Sie erstellen ein UserForm, auf dem Sie mit Standardmitteln die Daten der verschiedenen Filialen selektieren und ansehen können. Dabei darf aber die Übersicht nicht verloren gehen.

Wichtig sind in diesem Beispiel die Steuerelemente *Register* und *Multiseiten*. Da sich diese beiden Steuerelemente optisch sehr ähnlich sehen, sollen zunächst kurz die wesentlichen Unterschiede erläutert werden.

Mehrseitige Formulare

Mit dem Steuerelement *Multiseiten* können Sie mehrseitige Dialogfelder erstellen. Das heißt, auf jeder Seite eines *Multiseiten*-Steuerelements können Sie von den anderen Seiten unabhängige Steuerelemente platzieren. Jede Seite kann ihr eigenes Layout besitzen. So ist es z.B. möglich, auf einer Seite ein Listenfeld und auf einer anderen Seite mehrere Textfelder zu platzieren.

Register-Steuerelement

Im Gegensatz zum Multiseiten-Steuerelement hat das *Register*-Steuerelement keinen eigenen Datenbereich. Alle Steuerelemente, die über ein aufgezogenes Register-Steuerelement gelegt werden, haben das Formular oder ein Multiseiten-Steuerelement zum Elternobjekt. Mit dem Register-Steuerelement kann man hervorragend Daten, z.B. in Tabellen oder Listenfeldern, selektieren.

Für genau diesen Zweck soll das *Register*-Steuerelement in diesem Beispiel eingesetzt werden.

Anlegen eines *Multiseiten*-Steuerelements

Gehen Sie zum Anlegen eines *Multiseiten*-Steuerelements folgendermaßen vor:

1. Ziehen Sie ein *Multiseiten*-Steuerelement auf dem Formular auf, sodass es die gesamte Formularfläche ausfüllt.
2. Das Standardobjekt besitzt zwei Seiten. Diese benennen Sie nun mit *Kosten pro Vorgang* und *Standardsätze*. Wählen Sie dazu im Kontextmenü den Befehl *Umbenennen* und tragen Sie die Informationen ein (Abbildung 29.5).

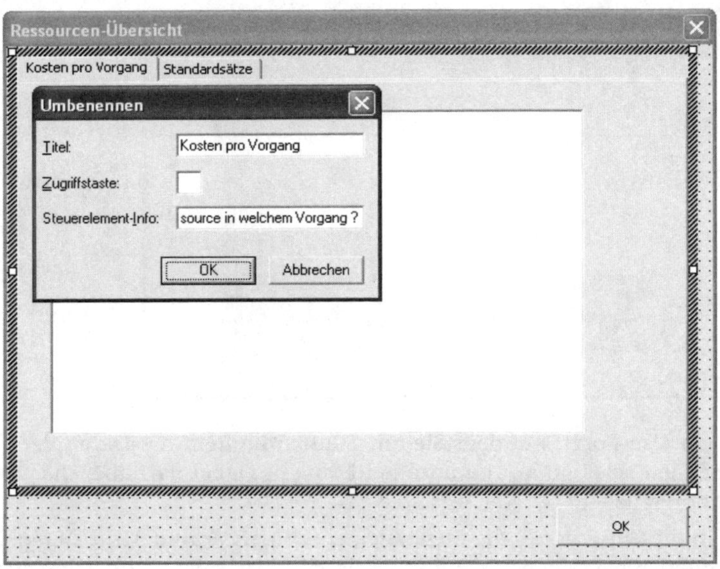

Abbildung 29.5: *Kontextmenü für den Seitentitel*

3. Aktivieren Sie durch Klicken auf den Seitentitel die Seite *Kosten pro Vorgang* des Multiseiten-Steuerelements.

Erstellen der *Register*-Steuerelemente

Gehen Sie auch hier Schritt für Schritt vor:

1. Auf dieser Seite des *Multiseiten*-Objektes erstellen Sie nun ein *Register*-Objekt.

2. Zur Abwechslung sollen die Registerkarten nicht am oberen, sondern am rechten Rand zu sehen sein (siehe hierzu auch Abbildung 29.6). Um dies zu ändern, stellen Sie in der Eigenschaft *TabOrientation* den Wert *3-fmTabOrientationRight* ein.

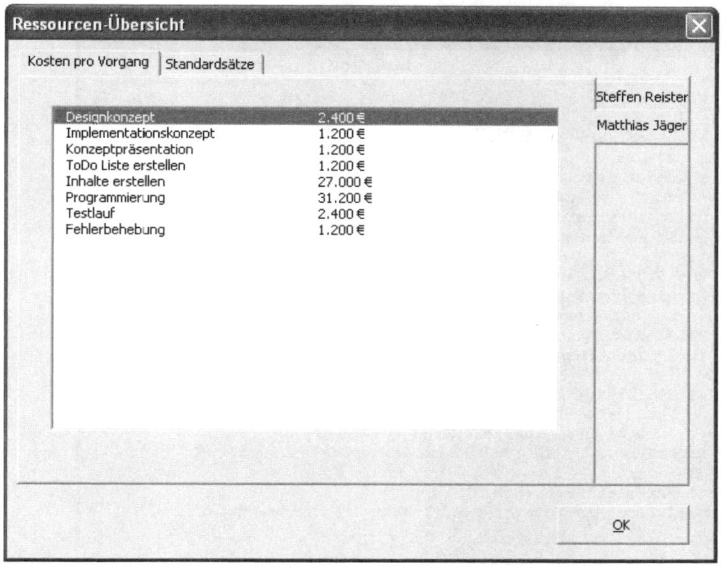

Abbildung 29.6: *Die Reiter des Register-Steuerelements können auch an der Seite angezeigt werden*

3. Die standardmäßig vorhandenen Registerkarten löschen Sie bitte, indem Sie mit der rechten Maustaste auf die Registerkarte klicken. Im daraufhin erscheinenden Kontextmenü wählen Sie dann den Befehl Seite löschen.
4. Ändern Sie die *Name*-Eigenschaft auf *tstr_Ress*.
5. Erstellen Sie auf der Registerfläche ein Listenfeld mit zwei Spalten und dem Namen lst*b_Kosten*.

HINWEIS In diesem Listenfeld werden Sie später folgende Daten darstellen: In der ersten Spalte werden die Namen der Vorgänge und in der zweiten Spalte die jeweiligen Kosten der ausgewählten Ressource stehen.

6. Auf der zweiten Seite des Multiseiten-Objekts ziehen Sie nun ein Listenfeld namens *lstb_RessStdSätze* auf.
7. Auch bei diesem Listenfeld stellen Sie die Eigenschaft *ColumnCount* auf den Wert *2* ein.

In diesem Listenfeld sollen wie im zweiten Beispiel die Namen der Ressourcen und deren Standard-Stundensätze dargestellt werden.

Listenfelder mit Daten füllen

Auch in diesem Beispiel wird das *Initialize*-Ereignis verwendet, um die Listenfelder mit Daten zu füllen (siehe auch Abbildung 29.7). Um den Code für dieses Ereignis einzutragen, gehen Sie wie folgt vor:

1. Doppelklicken Sie dazu mit der linken Maustaste auf einen freien Bereich der Formularfläche, und der Visual Basic-Editor öffnet ein Code-Fenster.
2. Wählen Sie im Listenfeld *Prozedur* in der oberen rechten Ecke des Code-Fensters die Formulareigenschaft *Initialize* aus.

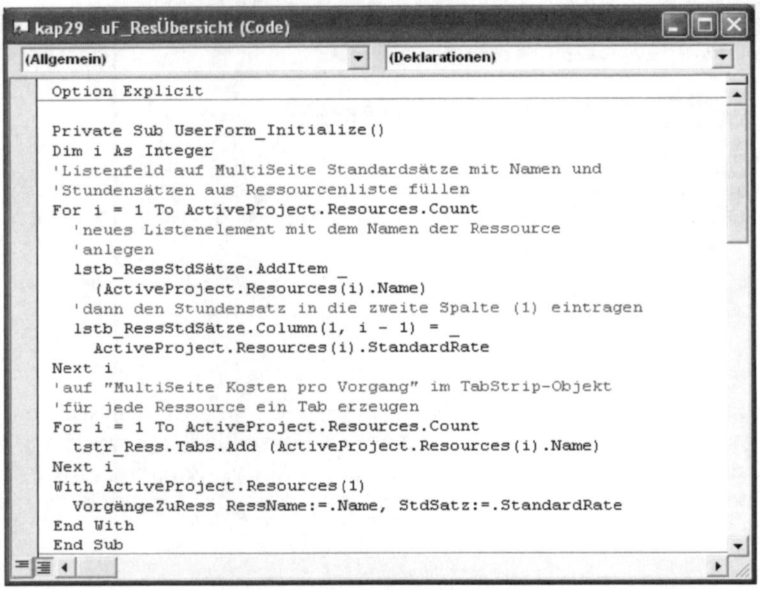

Abbildung 29.7: *Das* Initialize-Ereignis *ist das erste, welches nach Aufrufen des Formulars eintritt*

3. Geben Sie dort den folgenden Code (Listing 29.7) ein.

Listing 29.7: *Informationen aus dem aktiven Projekt in das UserForm einlesen*

```
Private Sub UserForm_Initialize()
Dim i As Integer
'Listenfeld auf MultiSeite Standardsätze mit Namen und
'Stundensätzen aus Ressourcenliste füllen
For i = 1 To ActiveProject.Resources.Count
  'neues Listenelement mit dem Namen der Ressource
  'anlegen
  lstb_RessStdSätze.AddItem _
    (ActiveProject.Resources(i).Name)
  'dann den Stundensatz in die zweite Spalte (1) eintragen
  lstb_RessStdSätze.Column(1, i - 1) = _
    ActiveProject.Resources(i).StandardRate
Next i
'auf "MultiSeite Kosten pro Vorgang" im TabStrip-Objekt
'für jede Ressource ein Tab erzeugen
For i = 1 To ActiveProject.Resources.Count
  tstr_Ress.Tabs.Add (ActiveProject.Resources(i).Name)
Next I
With ActiveProject.Resources(1)
  VorgängeZuRess RessName:=.Name, StdSatz:=.StandardRate
End With
End Sub
```

Zwischen Registerseiten wechseln

Beim Starten des Formulars wird nun das Listenfeld auf der zweiten Seite des Multiseiten-Objekts mit den Standardsätzen der Ressourcen gefüllt. Das Listenfeld auf der Seite Kosten pro Vorgang wird dagegen immer dann neu gefüllt, wenn man auf einen der *Tabstrips* klickt. Dann nämlich tritt das Change-Ereignis des *TabStrip*-Objekts ein. Innerhalb dieses Ereignisses wird anhand des Index des Tabs der Name der Ressource ermittelt, deren Kosten Sie in dem Listenfeld sehen wollen. Das Makro aus Listing 29.8 übernimmt diese Aufgabe.

Listing 29.8: *Das Listenfeld mit den Daten der aktiven Ressource füllen*

```
Private Sub tstr_Ress_Change()
  Dim i As Integer
  'Die Index-Nummer des TabStrips ist gleich der RessourcenID.
  'Der TabStrip-Index beginnt bei 0 und die RessourcenID bei 1.
  i = tstr_Ress.SelectedItem.Index + 1
  With ActiveProject.Resources(i)
    'VorgängeZuRess aufrufen
    VorgängeZuRess RessName:=.Name, StdSatz:=.StandardRate
  End With
End Sub
```

In der Ereignisprozedur *tstr_Ress_Change* wird jedes Mal nach dem Klicken auf eine Registerkarte (mit den Ressourcennamen) kontrolliert, auf welche Überschrift geklickt wurde. Damit kann dann die *Prozedur VorgängeZuRess* mit diesen Daten als Übergabewerte aufgerufen werden, um das Listenfeld zu füllen (Listing 29.9).

Listing 29.9: *Kosten der Ressource für jeden Vorgang berechnen*

```
Sub VorgängeZuRess(RessName As String, StdSatz As Variant)
Dim j As Integer
'Listenfeld löschen
lstb_Kosten.Clear
'Den Stundensatztext vom Format "00,00 _/Std." auf
'ein numerisches Format bringen
StdSatz = Left(StdSatz, Len(StdSatz) - 8)
'alle Vorgänge durchsuchen
For j = 1 To ActiveProject.Tasks.Count
  With ActiveProject.Tasks(j)
    'Im Feld ResourceNames nach dem RessourcenNamen suchen
    If InStr(.ResourceNames, RessName) Then
      'und in Listenfeld hinzufügen
      lstb_Kosten.AddItem (.Name)
      'und die Kosten der Ressource für diesen Vorgang
      'ermitteln und in Listenfeld eintragen
      lstb_Kosten.Column(1, lstb_Kosten.ListCount - 1) = _
        Format((.Duration / 60) * StdSatz, "#,##0 _")
    End If
  End With
Next j
End Sub
```

Nun sind alle notwendigen Teile des Beispiels fertig.

H

Vom Profi zum Programmierer

Informationen zu Ressourcen

In den Verweisen im Visual Basic Editor finden Sie das *TreeView*-Steuerelement, mit dem Informationen in einer Baumstruktur angezeigt werden können. Dieser Abschnitt zeigt, wie Sie mit einem solchen Steuerelement einen komfortablen Zugriff auf die Informationen rund um die Ressourcen eines Projekts bekommen.

WICHTIG

Das folgende Beispiel funktioniert nur, wenn Sie das Steuerelement *Microsoft TreeView Control, Version 6.0* eingebunden haben.

Das UserForm erstellen

Fügen Sie über *Einfügen/UserForm* ein neues *UserForm*-Objekt ein. Damit das Formular später auch wieder geschlossen werden kann, fügen Sie noch eine *OK*-Schaltfläche ein. Geben Sie dieser Schaltfläche den Namen *cmd_OK*. Anschließend klicken Sie diese Schaltfläche doppelt an. Im Code-Fenster wird dann das Klassenmodul des UserForms mit einer Rumpfprozedur für das *Click*-Ereignis angezeigt. Erweitern Sie dieses Modul um die Zeile *Unload Me* (Listing 29.10).

Listing 29.10: *Entladen des UserForm-Objekts*

```
Private Sub cmdOK_Click()
Unload Me
End Sub
```

Es gibt zwei Möglichkeiten, ein UserForm vom Bildschirm zu entfernen. Die eine davon ist die *Unload*-Anweisung. Bei Ausführung dieser Anweisung, wird das Objekt aus dem Speicher entladen. Sie haben keinen Zugriff mehr auf die Werte der einzelnen Objekte.

Bei der zweiten Möglichkeit setzen Sie die *Hide*-Methode ein. Diese nimmt das Objekt lediglich vom Bildschirm, entfernt es aber nicht aus dem Speicher. Dieses Verhalten entspricht der Zuweisung des Wertes `False` an die *Visible*-Eigenschaft.

Das Steuerelement einbinden und zeichnen

Bevor Sie ein neues Steuerelement verwenden können, müssen Sie dieses einbinden. Klicken Sie dazu im VBA-Editor mit der rechten Maustaste auf die Symbolleiste *Werkzeugsammlung*. Im Kontextmenü wählen Sie den Befehl *Weitere Steuerelemente*. Im Dialogfeld *Weitere Steuerelemente* markieren Sie den Eintrag *Microsoft TreeView Control, Version 6.0*. Dieses Steuerelement wird daraufhin in der Werkzeugsammlung angezeigt. Wenn Sie das Steuerelement aus der Werkzeugsammlung entfernen wollen, klicken Sie das betreffende Element mit der rechten Maustaste an und wählen im Kontextmenü den Befehl *Löschen*: *Objektname*.

Das Strukturansicht-Steuerelement ist Bestandteil der Datei *Mscomctl.ocx*. Sie finden diese Datei im Windows-Ordner *System* oder *System32*.

WICHTIG

Wenn Sie eine Anwendung entwickeln, denken Sie daran, dass Sie die ActiveX-Komponente ebenfalls zur Verfügung stellen müssen, damit die Anwendung funktioniert.

A

Jetzt können Sie ein *TreeView*-Steuerelement auf dem UserForm erstellen, indem Sie zunächst das Steuerelement in der Werkzeugleiste anklicken und anschließend das Objekt auf dem UserForm aufziehen.

Die Werte für dieses Steuerelement werden erst vor der Anzeige des Formulars ermittelt. Zwei Eigenschaften des Steuerelements sollten Sie noch ändern:

- Vergeben Sie den Namen *trV_Ress*. Dieser Name wird für den Namen der Ereignisprozedur verwendet.
- Mit der *LabelEdit*-Eigenschaft legen Sie fest, wie das *TreeView*-Steuerelement auf Änderungen durch den Benutzer reagiert. Wählen Sie im Listenfeld den Eintrag *tvwManual*. Diese Einstellung verhindert Änderungen an den Einträgen.

Formular mit Einträgen füllen

Bevor das UserForm-Objekt angezeigt wird, tritt das *Initialize*-Ereignis ein. Dieses Ereignis wird verwendet, um das *TreeView*-Steuerelement mit den Namen der Ressourcen zu füllen. Zuvor wird ein *Root*-Element mit dem Namen des aktuellen Projektes eingetragen (Listing 29.11).

Listing 29.11: *Die Ressourcen in das Steuerelement eintragen*

```
Private Sub UserForm_Initialize()
Dim nodX As Node
Dim r As Resource
uF_Ress.Caption = "Informationen zu den Ressourcen"
Set nodX = trV_Ress.Nodes.Add(, , "R", ActiveProject.Name)
For Each r In ActiveProject.Resources
  Set nodX = trV_Ress.Nodes.Add("R", tvwChild, "C" & r.ID, r.Name)
Next
nodX.EnsureVisible
End Sub
```

Die Textfelder für die Informationen

Textfelder auf UserForms können zur Eingabe von Daten, aber auch zu deren Ausgabe verwendet werden. Erstellen Sie Textfelder mit den Namen und Beschreibungen aus Abbildung 29.3.

Tabelle 29.3: *Die Informationen über die Textfelder auf dem UserForm*

Beschriftung	Name
Gruppe	*txt_Gruppe*
Kürzel	*txt_Kürzel*
Standardsatz	*txt_Satz*
Max. Einheit	*txt_mEinheit*
Kosten der Ressource	*txt_Kosten*
Projekt-Kosten	*txt_KostenPj*
Kostenanteil der Ressource	*txt_Anteil*

Informationen über die Ressourcen ermitteln

Wenn im *TreeView*-Steuerelement ein Eintrag angeklickt wird, soll die Information zur gewählten Ressource in den Textfeldern angezeigt werden (Abbildung 29.8). Es wird hier also das *Click*-Ereignis ausgewertet. Klicken Sie in der Entwurfsansicht des Formulars doppelt auf das *TreeView*-Steuerelement und tragen Sie den Code aus Listing 29.12 ein.

```
Private Sub trV_Ress_Click()
On Error Resume Next
Dim r As String
r = trV_Ress.SelectedItem.Text
With ActiveProject
  ' Prozedur verlassen, wenn der Projektname ausgewählt wurde
  If .Name = r Then
      txt_Gruppe = ""
      txt_Kürzel = ""
      txt_Satz = ""
      txt_mEinheit = ""
      txt_Kosten = ""
      txt_KostenPj = FormatCurrency(.Cost, 2, groupdigits:=vbTrue)
      txt_Anteil = ""
    Else
      txt_Gruppe = .Resources(r).Group
      txt_Kürzel = .Resources(r).Initials
      txt_Satz = .Resources(r).PayRates(1).StandardRate
      txt_mEinheit = FormatPercent(.Resources(1).MaxUnits, 2)
      txt_Kosten = FormatCurrency(.Resources(r).Cost, 2, _
                   groupdigits:=vbTrue)
      txt_KostenPj = FormatCurrency(.Cost, 2, groupdigits:=vbTrue)
      txt_Anteil = FormatPercent(.Resources(r).Cost / .Cost, 2)
  End If
End With
End Sub
```

***Listing 29.12:** Bei Änderungen am* TreeView-*Steuerelement die Textfelder aktualisieren*

Das Makro prüft zunächst, ob der Eintrag für das Projekt markiert wurde. Ist dies der Fall, wird die Prozedur verlassen. Ist eine gültige Ressource ausgewählt, werden die Informationen in den Textfeldern ausgegeben.

In diesem Makro werden einige neue VBA-Funktionen verwendet. In VBA 6 sind neue Funktionen für die formatierte Ausgabe von Werten hinzugekommen (vgl. auch Abbildung 29.4). Die Funktion

```
FormatPercent(Ausdruck[,AnzahlZiffernNachDezimalpunkt [,FührendeZifferAufnehmen [,ÜbergeordneteAlsNegativeZahlenVerwenden [,ZiffernGruppieren]]]])
```

erlaubt die Ausgabe von formatierten Prozentzahlen und die Funktion

```
FormatCurrency(Ausdruck[,AnzahlZiffernNachDezimalpunkt [,FührendeZifferAufnehmen [,ÜbergeordneteAlsNegativeZahlenVerwenden [,ZiffernGruppieren]]]])
```

gibt formatierte Währungsangaben zurück.

***Tabelle 29.4:** Argumentliste der neuen Funktionen*

Teil	Beschreibung
Ausdruck	Erforderlich. Zu formatierender Ausdruck.
AnzahlZiffernNachDezimalpunkt	Optionaler numerischer Wert, der angibt, wie viele Stellen rechts vom Dezimalpunkt angezeigt werden. Der Standardwert ist –1.
FührendeZifferAufnehmen	Optionale Tristate-Konstante, die angibt, ob bei Bruchzahlen eine führende Null angezeigt wird oder nicht.
ÜbergeordneteAlsNegativeZahlen Verwenden	Optionale Tristate-Konstante, die angibt, ob negative Werte in Klammern gesetzt werden oder nicht.
ZiffernGruppieren	Optionale Tristate-Konstante, die angibt, ob Zahlen mithilfe des Trennzeichens zwischen Gruppen, das in den Ländereinstellungen des Computers festgelegt ist, getrennt werden oder nicht.

Für die Konstanten der Argumente *FührendeZifferAufnehmen*, *ÜbergeordneteAlsNegativeZahlenVerwenden* und *ZiffernGruppieren* sind folgende Einstellungen (Abbildung 29.5) vorgesehen.

Tabelle 29.5: *Konstanten für die neuen Funktionen*

Konstante	Wert	Beschreibung
vbTrue	–1	Wahr
vbFalse	0	Falsch
vbUseDefault	–2	Verwendet die Einstellungen in den Ländereinstellungen des Computers.

UserForm anzeigen

Um das *UserForm*-Objekt anzuzeigen, wird die *Show*-Methode auf dieses Objekt angewendet. Diese Methode ist Ihnen bereits bei der Anzeige der integrierten Dialogfelder und in den vorangegangenen Beispielen begegnet (Listing 29.13).

Listing 29.13: *Makro für die Anzeige des Informationsformulars*

```
Sub zeigeRessInfo()
On Error GoTo Err_zeigeRessInfo
uF_Ress.Show
If Err.Number <> 0 Then
  GoTo Err_zeigeRessInfo
End If
Exit_zeigeRessInfo:
Exit Sub
Err_zeigeRessInfo:
MsgBox Err.Description, vbCritical, "Fehlernummer: " & Err.Number
End Sub
```

Um die Informationen abzurufen, weisen Sie dieses Makro einem Symbol oder einem Menübefehl zu.

Abbildung 29.8: *Die Informationen zu den Ressourcen in einem* TreeView-*Steuerelement*

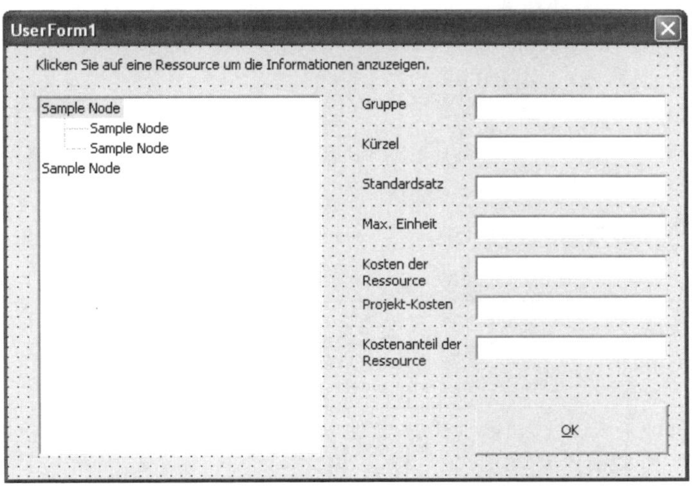

Teil I
Anhang

647 **A** Tastenkombinationen und Funktionstasten
649 **B** Referenz – Die Funktionen zum Berechnen von Feldern
665 **C** Glossar – Definitionen in Project 2003
691 **D** Tipps und Tricks zu Project 2003
703 **E** Die CD-ROM zum Buch

A Tastenkombinationen und Funktionstasten

647 Eingabe
647 Bewegen in Ansichten
648 Gliedern von Vorgängen
648 Vorgangsverknüpfungen
648 Berechnungsoptionen
648 Weitere Tastenkombinationen

Eingabe

***Tabelle A.1:** Eingabe*

Bearbeitungsleiste zum Bearbeiten von Text in einem Feld aktivieren	F2
Vorgang, Ressource oder Zuordnung löschen	Entf
Zellinhalte löschen	Strg+Entf
Neuen Vorgang, Ressource einfügen	Einfg

Bewegen in Ansichten

***Tabelle A.2:** Bewegen in Ansichten*

Zum Anfang eines Projekts gehen (Zeitskala)	Alt+Pos1
Zum Ende eines Projekts gehen (Zeitskala)	Alt+Ende
Zeitskala nach links verschieben	Alt+Pfeil links
Zeitskala nach rechts verschieben	Alt+Pfeil rechts
Zeitskala eine Fensterbreite nach links verschieben	Alt+Bild ab
Zeitskala eine Fensterbreite nach rechts verschieben	Alt+Bild auf

Gliedern von Vorgängen

Tabelle A.3: Gliedern von Vorgängen

Teilvorgänge ausblenden	**Alt+Umschalt+–** (Bindestrich) oder **Alt+Umschalt+–** (Minuszeichen auf der Zehnertastatur)
Teilvorgänge einblenden	**Alt+Umschalt+=** (Gleichheitszeichen) oder **Alt+Umschalt++** (Pluszeichen auf der Zehnertastatur)
Alle Vorgänge einblenden	**Alt+Umschalt+*** (Sternchen auf der Zehnertastatur)
Tiefer stufen	**Alt+Umschalt+Pfeil rechts**
Höher stufen	**Alt+Umschalt+Pfeil links**

Vorgangsverknüpfungen

Tabelle A.4: Vorgangsverknüpfungen

Vorgänge verknüpfen	**Strg+F2**
Vorgangsverknüpfungen entfernen	**Strg+Umschalt+F2**

Berechnungsoptionen

Tabelle A.5: Berechnungsoptionen

Nur das aktive Projekt neu berechnen	**Umschalt+F9**
Alle offenen Projekte neu berechnen	**F9**
Automatisches Berechnen ein-/ausschalten	**Strg+F9**

Weitere Tastenkombinationen

Tabelle A.6: Weitere Tastenkombinationen

Alle Vorgänge oder alle Ressourcen anzeigen	**F3**
Dialogfeld *Definition Spalte* aufrufen	**Alt+F3**
Auf Sortierung nach »Nr.« zurücksetzen	**Umschalt+F3**
Informationen zum Vorgang, Ressource anzeigen	**Umschalt+F2**
Dialogfeld *Ressourcen zuordnen* aufrufen	**Alt+F10**
Visual Basic-Editor	**Alt+F11**
Dialogfeld *Makros* aufrufen	**Alt+F8**

B Referenz – Die Funktionen zum Berechnen von Feldern

649 Funktionen des Bereichs *Allgemeines*
650 Funktionen des Bereichs *Datum/Zeit*
654 Funktionen des Bereichs *Konvertierung*
658 Funktionen des Bereichs *Mathematik*
659 Funktionen des Bereichs *Microsoft Project*
662 Funktionen des Bereichs *Text*

Funktionen des Bereichs *Allgemeines*

Feld	Bedeutung	Syntax
`Choose`	Wählt einen Wert aus der Liste der Argumente aus und gibt diesen zurück.	`Choose` (*Index, Ausdruck-1[, Ausdruck-2, ... [, Ausdruck-n]]*) Die Syntax der `Choose`-Funktion enthält nachfolgende Teile. *Index, erforderlich*: Numerischer Ausdruck oder Feld, dessen Ergebnis ein Wert zwischen 1 und der Anzahl der verfügbaren Ausdrücke ist. *Ausdruck, erforderlich*: Ausdruck vom Typ *Variant*, der einen der möglichen Ausdrücke enthält.
`IIf`	Gibt einen von zwei Teilen zurück, abhängig von der Auswertung eines Ausdrucks.	`IIf` (*Ausdruck, True-Teil, False-Teil*) Die Syntax der `IIf`-Funktion enthält die nachfolgenden benannten Argumente. *Ausdruck, erforderlich*: Auszuwertender Ausdruck vom Typ *Variant*. *True-Teil, erforderlich*: Wert oder Ausdruck, der zurückgegeben werden soll, wenn der entsprechende Ausdruck *True* ergibt. *False-Teil, erforderlich*; ein Wert oder Ausdruck, der zurückgegeben werden soll, wenn der entsprechende Ausdruck *False* ist.
`IsNumeric`	Gibt einen Wert vom Typ *Boolean* zurück, der angibt, ob ein Ausdruck als Zahl ausgewertet werden kann.	`IsNumeric` (*Ausdruck*) *Ausdruck, erforderlich*: *Variant* mit einem numerischen Ausdruck oder einem Zeichenfolgenausdruck. ▶

Anhang

Feld	Bedeutung	Syntax
`IsNull`	Gibt einen Wert vom Typ *Boolean* zurück, der angibt, ob ein Ausdruck keine gültigen Daten (NULL) enthält.	`IsNull` (*Ausdruck*) *Ausdruck, erforderlich*: *Variant* mit einem numerischen Ausdruck oder einem Zeichenfolgenausdruck.
`Switch`	Wertet eine Liste mit Ausdrücken aus und gibt einen Wert vom Typ *Variant* oder einen Ausdruck zurück, der mit dem ersten Ausdruck in der Liste verknüpft ist, der *True* ergibt.	`Switch` (*Ausdruck-1, Wert-1[, Ausdruck-2, Wert-2 ... [, Ausdruck-n,Wert-n]]*) *Ausdruck, erforderlich*: Auszuwertender Ausdruck.

Funktionen des Bereichs *Datum/Zeit*

Feld	Bedeutung	Syntax
`CDate`	Erzwingt einen Ausdruck vom Datentyp *Date*.	`CDate` (*Ausdruck*) *Ausdruck*: Ein gültiger Datumsausdruck
`Date`	Gibt einen Wert vom Typ *Variant* (*Date*) zurück, der das aktuelle Systemdatum enthält.	`Date`
`DateAdd`	Gibt einen Wert vom Typ *Variant* (*Date*) zurück, der ein Datum enthält, zu dem ein bestimmtes Zeitintervall addiert wurde.	`DateAdd` (*Intervall, Zahl, Datum*) *Intervall Integer, erforderlich:* Zeichenfolgenausdruck, der das zu addierende Zeitintervall darstellt. *Zahl, erforderlich*: Numerischer Ausdruck, der die Anzahl der Intervalle darstellt, die Sie addieren möchten. Die Zahl kann positiv (für Datumsangaben in der Zukunft) oder negativ (für Datumsangaben in der Vergangenheit) sein. *Datum, erforderlich*: *Variant* (*Date*) oder *Literal*, der/das das Datum angibt, zu dem das Intervall addiert wird.
`DateDiff`	Gibt einen Wert vom Typ *Variant* (*Long*) zurück, der die Anzahl der Zeitintervalle zwischen zwei angegebenen Datumsangaben angibt.	`DateDiff` (*Intervall, Datum1, Datum2[, ErsterTagDerWoche [, ErsteWocheDesJahres]]*) *Intervall, erforderlich*: Zeichenfolgenausdruck, der das Zeitintervall darstellt, das Sie zur Berechnung des Unterschiedes zwischen *Datum1* und *Datum2* verwenden. *Datum1, Datum2 Variant (Date), erforderlich*: Zwei Datumsangaben, die Sie in der Berechnung verwenden möchten. *ErsterTagDerWoche, optional*: Eine Konstante, die den ersten Tag der Woche angibt. Wenn kein Tag angegeben ist, wird der Sonntag verwendet. *ErsteWocheDesJahres, optional:* Eine Konstante, die die erste Woche des Jahres angibt. Wenn keine Woche angegeben ist, wird die den 1. Januar enthaltende Woche als erste Woche verwendet. ▶

Feld	Bedeutung	Syntax
`DatePart`	Gibt einen Wert vom Typ *Variant* (*Integer*) zurück, der den angegebenen Teil eines gegebenen Datums enthält.	`DatePart` (*Intervall, Datum[,ErsterTagDerWoche[, ErsteWocheDesJahres]]*) *Intervall, erforderlich*: Zeichenfolgenausdruck, der das Zeitintervall angibt, das zurückgegeben werden soll. *Datum, erforderlich*: Wert vom Typ *Variant* (Date), der ausgewertet werden soll. *ErsterTagDerWoche, optional*: Eine Konstante, die den ersten Tag der Woche angibt. Wenn kein Tag angegeben ist, wird Sonntag verwendet. *ErsteWocheDesJahres, optional*: Eine Konstante, die die erste Woche des Jahres angibt. Wenn keine Woche angegeben ist, wird die Woche mit dem 1. Januar als erste Woche verwendet.
`DateSerial`	Gibt einen Wert vom Typ *Variant* (*Date*) für ein angegebenes Jahr, einen angegebenen Monat und einen angegebenen Tag zurück.	`DateSerial` (*Jahr, Monat, Tag*) *Jahr Integer, erforderlich*: Zahl zwischen 100 und 9999 (einschließlich) oder ein numerischer Ausdruck. *Monat Integer, erforderlich*: Ein numerischer Ausdruck. *Tag Integer, erforderlich*: Ein numerischer Ausdruck.
`DateValue`	Gibt einen Wert vom Typ *Variant* (*Date*) zurück.	`DateValue` (*Datum*) *Datum, erforderlich*: In der Regel ein Zeichenfolgenausdruck, der ein Datum zwischen dem 1. Januar 100 und dem 31. Dezember 9999 darstellt. Datum kann jedoch auch jeder andere beliebige Ausdruck sein, der ein Datum, eine Zeit bzw. sowohl ein Datum als auch eine Zeit in diesem Bereich darstellen kann.
`Day`	Gibt einen Wert vom Typ *Variant* (*Integer*) zurück, der eine ganze Zahl zwischen 1 und 31 (je einschließlich) angibt und den Tag des Monats darstellt.	`Day` (*Datum*) *Datum, erforderlich*: Ein Wert vom Typ *Variant*, ein numerischer Ausdruck, ein Zeichenfolgenausdruck oder eine beliebige Kombination, die ein Datum darstellen kann. Wenn *Datum* eine Null enthält, wird Null zurückgegeben.
`Hour`	Gibt einen Wert vom Typ *Variant* (*Integer*) zurück, der eine ganze Zahl zwischen 0 und 23 (je einschließlich) angibt und die Stunde des Tages darstellt.	`Hour` (*Zeit*) *Zeit, erforderlich*: Ein Wert vom Typ *Variant*, ein numerischer Ausdruck, ein Zeichenfolgenausdruck oder eine beliebige Kombination, die eine Zeit darstellen kann. Wenn *Zeit* eine Null enthält, wird Null zurückgegeben.
`IsDate`	Gibt einen Wert vom Typ *Boolean* zurück, der anzeigt, ob ein Ausdruck in ein Datum konvertiert werden kann.	`IsDate` (*Ausdruck*) *Ausdruck, erforderlich*: Ein Wert vom Typ *Variant*, der einen Datumsausdruck oder einen Zeichenfolgenausdruck enthält, der als Datum oder Zeit erkannt werden kann.
`Minute`	Gibt einen Wert vom Typ *Variant* (*Integer*) zurück, der eine ganze Zahl zwischen 0 und 59 (je einschließlich) angibt und die Minute der Stunde darstellt.	`Minute` (*Zeit*) *Zeit, erforderlich*: Ein Wert vom Typ *Variant*, ein numerischer Ausdruck, ein Zeichenfolgenausdruck oder eine beliebige Kombination, die eine Zeit darstellen kann. Wenn *Zeit* eine Null enthält, wird Null zurückgegeben.

▶

Feld	Bedeutung	Syntax
Month	Gibt einen Wert vom Typ *Variant* (*Integer*) zurück, der eine ganze Zahl zwischen 1 und 12 (je einschließlich) angibt und den Monat des Jahres darstellt.	Month (*Datum*) *Datum, erforderlich*: Ein Wert vom Typ *Variant*, ein numerischer Ausdruck, ein Zeichenfolgenausdruck oder eine beliebige Kombination, die eine Zeit darstellen kann. Wenn *Zeit* eine Null enthält, wird Null zurückgegeben.
Now	Gibt einen Wert vom Typ *Variant* (*Date*) zurück, der das aktuelle Datum und die aktuelle Uhrzeit entsprechend des Systemdatums und der Systemuhrzeit des Computers angibt.	Now
ProjDateAdd	Addiert eine Dauer zu einem Datum, sodass ein neues Datum zurückgegeben wird.	ProjDateAdd (*Datum, Dauer, Kalender*) *Datum Variant, erforderlich*: Das ursprüngliche Datum, zu dem Dauer addiert wird. *Dauer Variant, erforderlich*: Die Dauer, die zu Datum addiert werden soll. *Kalender String, optional*: Der Kalender, der zum Berechnen des neuen Datums verwendet wird. Falls *Kalender* nicht angegeben ist, wird standardmäßig der Ressourcenkalender für die aktuelle Ressource oder der Vorgangskalender bzw. der Standardkalender für den aktuellen Vorgang verwendet, wenn kein Vorgangskalender vorhanden ist.
ProjDateDiff	Gibt die Dauer zwischen zwei Datumsangaben in Minuten zurück.	ProjDateDiff (*Datum1, Datum2, Kalender*) *Datum1 Variant, erforderlich*: Das Datum, das als Anfang für die Dauer verwendet wird. *Datum2 Variant, erforderlich*: Das Datum, das als Ende für die Dauer verwendet wird. *Kalender String, optional*: Der Kalender, der zum Berechnen der Dauer verwendet wird. Falls *Kalender* nicht angegeben ist, wird standardmäßig der Ressourcenkalender für die aktuelle Ressource oder der Vorgangskalender bzw. der Standardkalender für den aktuellen Vorgang verwendet, wenn kein Vorgangskalender verfügbar ist.
ProjDateSub	Gibt das Datum zurück, das um eine angegebene Dauer vor einem anderen Datum liegt.	ProjDateSub (*Datum, Dauer, Kalender*) *Datum Variant, erforderlich*: Das ursprüngliche Datum, von dem die Dauer abgezogen wird. *Dauer Variant, erforderlich*: Die Dauer, die von Datum abgezogen werden soll. *Kalender String, optional*: Der Kalender, der zum Berechnen des Datumsunterschiedes verwendet wird. Falls *Kalender* nicht angegeben ist, wird standardmäßig der Ressourcenkalender für die aktuelle Ressource oder der Vorgangskalender bzw. der Standardkalender für den aktuellen Vorgang verwendet, wenn kein Vorgangskalender verfügbar ist.
ProjDateValue	Gibt den Datumswert eines Ausdrucks zurück.	ProjDateValue (*Ausdruck*) *Ausdruck Variant, erforderlich*: Der Ausdruck, der als Datum dargestellt werden soll. ▶

Feld	Bedeutung	Syntax
`ProjDurValue`	Gibt die Anzahl von Minuten in einer Dauer zurück.	`ProjDurValue` (*Dauer*) *Dauer Variant, erforderlich*: Die Dauer, die in Minuten ausgedrückt werden soll.
`Second`	Gibt einen Wert vom Typ *Variant* (*Integer*) zurück, der eine ganze Zahl zwischen 0 und 59 (je einschließlich) angibt und die Sekunde der Minute darstellt.	`Second` (*Zeit*) *Zeit, erforderlich*: Ein Wert vom Typ *Variant*, ein numerischer Ausdruck, ein Zeichenfolgenausdruck oder eine beliebige Kombination, die eine Zeit darstellen kann. Wenn *Zeit* eine Null enthält, wird Null zurückgegeben.
`Time`	Gibt einen Wert vom Typ *Variant* (*Date*) zurück, der die aktuelle Systemzeit anzeigt.	`Time`
`Timer`	Gibt einen Wert vom Typ *Single* zurück, der die Anzahl der Sekunden angibt, die seit Mitternacht verstrichen sind.	`Timer`
`TimeSerial`	Gibt einen Wert vom Typ *Variant* (*Date*) mit der Zeit für eine bestimmte Stunde, Minute und Sekunde zurück.	`TimeSerial` (*Stunde, Minute, Sekunde*) *Stunde Variant (Integer), erforderlich*: Zahl zwischen 0 (12:00 Uhr) und 23 (23:00 Uhr), je einschließlich, oder ein numerischer Ausdruck. *Minute Variant (Integer), erforderlich*: Ein numerischer Ausdruck. *Sekunde Variant (Integer), erforderlich*: Ein numerischer Ausdruck.
`TimeValue`	Gibt einen Wert vom Typ *Variant* (*Date*) zurück, der die Zeit enthält.	TimeValue (*Zeit*) Bei dem erforderlichen Zeit-Argument handelt es sich in der Regel um einen Zeichenfolgenausdruck, der eine Zeit zwischen 0:00:00 (12:00:00 Uhr) und 23:59:59 (23:59:59 Uhr), je einschließlich, darstellt. *Zeit* kann jedoch ein beliebiger Ausdruck sein, der eine Zeit in diesem Bereich darstellt. Wenn *Zeit* eine Null enthält, wird Null zurückgegeben.
`Weekday`	Gibt einen Wert vom Typ *Variant* (*Integer*) zurück, der eine ganze Zahl enthält, die den Tag der Woche darstellt.	`Weekday` (*Datum, [ErsterTagDerWoche]*) *Datum, erforderlich:* Ein Wert vom Typ *Variant*, ein numerischer Ausdruck, ein Zeichenfolgenausdruck oder eine beliebige Kombination, die ein Datum darstellen kann. Wenn *Datum* eine Null enthält, wird Null zurückgegeben. *ErsterTagDerWoche, optional*: Eine Konstante, die den ersten Tag der Woche angibt. Wenn kein Tag angegeben ist, wird Sonntag verwendet.
`Year`	Gibt einen Wert vom Typ *Variant* (*Integer*) zurück, der eine ganze Zahl enthält, die das Jahr darstellt.	`Year` (*Datum*) *Datum, erforderlich*: Ein Wert vom Typ *Variant*, ein numerischer Ausdruck, ein Zeichenfolgenausdruck oder eine beliebige Kombination, die ein Datum darstellen kann. Wenn *Datum* eine Null enthält, wird Null zurückgegeben.

Funktionen des Bereichs *Konvertierung*

Feld	Bedeutung	Syntax
`Asc`	Gibt einen Wert vom Typ *Integer* zurück, der den Zeichencode darstellt, der dem ersten Buchstaben in einer Zeichenfolge entspricht.	`Asc` (*Zeichenfolge*) *Zeichenfolge*: Ein gültiger Zeichenfolgenausdruck.
`CBool`	Erzwingt einen Ausdruck vom Datentyp *Boolean*.	`CBool` (*Ausdruck*) *Ausdruck*: Eine gültige Zeichenfolge oder ein gültiger numerischer Ausdruck.
`CByte`	Erzwingt einen Ausdruck vom Datentyp *Byte*.	`CByte` (*Ausdruck*) *Ausdruck*: Ein Wert vom Typ *Integer* zwischen 0 und 255.
`CCur`	Erzwingt einen Ausdruck vom Datentyp *Currency*.	`CCur` (*Ausdruck*) *Ausdruck*: Ein numerischer Ausdruck zwischen –922.337.203.685.477,5808 und 922.337.203.685.477,5807.
`CDate`	Erzwingt einen Ausdruck vom Datentyp *Date*.	`CDate` (*Ausdruck*) *Ausdruck*: Ein gültiger Datumsausdruck.
`CDbl`	Erzwingt einen Ausdruck vom Datentyp *Double*.	`CDbl` (*Ausdruck*) *Ausdruck*: Ein numerischer Ausdruck zwischen –1,79769313486232E308 und –4,94065645841247E–324 für negative Werte; zwischen 4,94065645841247E–324 und 1,79769313486232E308 für positive Werte.
`CDec`	Erzwingt einen Ausdruck vom Datentyp *Decimal*.	`CDec` (*Ausdruck*) *Ausdruck*: Ein numerischer Ausdruck im Bereich von +/– 79.228.162.514.264.337.593.543.950.335 für ganze Zahlen, d.h. Zahlen ohne Dezimalstellen. Für Zahlen mit 28 Dezimalstellen liegt der Bereich bei +/– 7,9228162514264337593543950335. Die kleinste Zahl mit Dezimalstellen lautet: 0,0000000000000000000000000001.
`Chr`	Gibt einen Wert vom Typ *String* mit dem Zeichen zurück, das mit dem angegebenen Zeichencode verbunden ist.	`Chr` (*Zeichencode*) *Zeichencode*: Ein Wert vom Typ *Long*, der ein Zeichen kennzeichnet.
`CInt`	Erzwingt einen Ausdruck vom Datentyp *Integer*.	`CInt` (*Ausdruck*) *Ausdruck*: Ein numerischer Ausdruck zwischen –32.768 und 32.767; Brüche werden gerundet.
`CLng`	Erzwingt einen Ausdruck vom Datentyp *Long*.	`CLng` (*Ausdruck*) *Ausdruck*: Ein numerischer Ausdruck zwischen –2.147.483.648 und 2.147.483.647; Brüche werden gerundet. ▶

Feld	Bedeutung	Syntax
`CSng`	Erzwingt einen Ausdruck vom Datentyp *Single*.	`CSng` (*Ausdruck*) *Ausdruck*: Ein numerischer Ausdruck von –3,402823E38 bis –1,401298E–45 für negative Werte; zwischen 1,401298E–45 bis 3,402823E38 für positive Werte.
`CStr`	Erzwingt einen Ausdruck vom Datentyp *String*.	`CStr` (*Ausdruck*) *Ausdruck*: Eine gültige Zeichenfolge oder ein gültiger numerischer Ausdruck.
`CVar`	Erzwingt einen Ausdruck vom Datentyp *Variant*.	`CVar` (*Ausdruck*) *Ausdruck*: Derselbe Bereich wie bei *Double* für numerische Ausdrücke bzw. derselbe Bereich wie bei *String* für nicht numerische Ausdrücke.
`DateSerial`	Gibt einen Wert vom Typ *Variant* (*Date*) für ein angegebenes Jahr, einen angegebenen Monat und einen angegebenen Tag zurück.	`DateSerial` (*Jahr, Monat, Tag*) Die DateSerial-Funktionssyntax hat die nachfolgenden benannten Argumente. *Jahr Integer, erforderlich*: Zahl zwischen 100 und 9999 (je einschließlich) oder ein numerischer Ausdruck. *Monat Integer, erforderlich*: Ein numerischer Ausdruck. *Tag Integer, erforderlich*: Ein numerischer Ausdruck.
`DateValue`	Gibt einen Wert vom Typ *Variant* (*Date*) zurück.	`DateValue` (*Datum*) *Datum, erforderlich*: In der Regel ein Zeichenfolgenausdruck, der ein Datum zwischen dem 1. Januar 100 und dem 31. Dezember 9999 darstellt. Datum kann jedoch auch jeder andere beliebige Ausdruck sein, der ein Datum, eine Zeit bzw. sowohl ein Datum als auch eine Zeit in diesem Bereich darstellen kann.
`Day`	Gibt einen Wert vom Typ *Variant* (*Integer*) wieder, der eine ganze Zahl zwischen 1 und 31 (je einschließlich) angibt und den Tag des Monats darstellt.	`Day` (*Datum*) *Datum, erforderlich*: Ein Wert vom Typ *Variant*, ein numerischer Ausdruck, ein Zeichenfolgenausdruck oder eine beliebige Kombination, die ein Datum darstellen kann. Wenn *Datum* eine Null enthält, wird Null zurückgegeben.
`Hex`	Gibt einen Wert vom Typ *String* zurück, der den hexadezimalen Wert einer Zahl darstellt.	`Hex` (*Zahl*) *Zahl, erforderlich*: Ein gültiger numerischer Ausdruck oder ein gültiger Zeichenfolgenausdruck.
`Hour`	Gibt einen Wert vom Typ *Variant* (*Integer*) zurück, der eine ganze Zahl zwischen 0 und 23 (je einschließlich) angibt und die Stunde des Tages darstellt.	`Hour` (*Zeit*) *Zeit, erforderlich*: Ein Wert vom Typ *Variant*, ein numerischer Ausdruck, ein Zeichenfolgenausdruck oder eine beliebige Kombination, die eine Zeit darstellen kann. Wenn *Zeit* eine Null enthält, wird Null zurückgegeben.
`Minute`	Gibt einen Wert vom Typ *Variant* (*Integer*) zurück, der eine ganze Zahl zwischen 0 und 59 (je einschließlich) angibt und die Minute der Stunde darstellt.	`Minute` (*Zeit*) *Zeit, erforderlich*: Ein Wert vom Typ Variant, ein numerischer Ausdruck, ein Zeichenfolgenausdruck oder eine beliebige Kombination, die eine Zeit darstellen kann. Wenn *Zeit* eine Null enthält, wird Null zurückgegeben. ▶

Feld	Bedeutung	Syntax
`Month`	Gibt einen Wert vom Typ *Variant* (*Integer*) zurück, der eine ganze Zahl zwischen 1 und 12 (je einschließlich) angibt und den Monat des Jahres darstellt.	`Month` (*Datum*) *Datum, erforderlich*: Ein Wert vom Typ *Variant*, ein numerischer Ausdruck, ein Zeichenfolgenausdruck oder eine beliebige Kombination, die eine Zeit darstellen kann. Wenn *Zeit* eine Null enthält, wird Null zurückgegeben.
`Oct`	Gibt einen Wert vom Typ *Variant* (*String*) zurück, der den Oktalwert einer Zahl darstellt.	`Oct` (*Zahl*) *Zahl, erforderlich*: Ein gültiger numerischer Ausdruck oder ein gültiger Zeichenfolgenausdruck.
`ProjDateConv`	Konvertiert einen Wert in ein Datum.	`ProjDateConv` (*Ausdruck, Datumsformat*) *Ausdruck Variant, erforderlich*: Der Ausdruck, der in ein Datum konvertiert werden soll. *Datumsformat Long, optional*: Das Datumsformat. Der Standardwert ist pjDateDefault, Sie können jedoch eine der folgenden *pjDateFormat*-Konstanten ersetzen: Konstante-Datumsformat, am Beispiel des 30.09.2004 (12:33 Uhr) *pjDate_dd* –> 30. *pjDate_ddd_dd* –> Do 30. *pjDate_ddd_hh_mmAM* –> Do 12:33 *pjDate_ddd_mm_dd* –> Do 30.09. *pjDate_ddd_mm_dd_yy* –> Do 30.09.04 *pjDate_ddd_mm_dd_yy_hh_mmAM* –> Do 30.09.04 12:33 *pjDate_ddd_mmm_dd* –> Do 30. Sep *pjDate_ddd_mmm_dd_yyy* –> Do 30. Sep '04 *pjDate_hh_mmAM* –> 12:33 *pjDate_mm_dd* –> 30.09 *pjDate_mm_dd_yy* –> 30.09.04 *pjDate_mm_dd_yy_hh_mmAM* –> 30.09.04 12:33 *pjDate_mm_dd_yyyy* –> 30.09.2004 *pjDate_mmm_dd* –> 30. Sep *pjDate_mmm_dd_hh_mmAM* –> 30. Sep 12:33 *pjDate_mmm_dd_yyy* –> 30. Sep '04 *pjDate_mmmm_dd* –> 30. September *pjDate_mmmm_dd_yyyy* –> 30. September 2004 *pjDate_mmmm_dd_yyyy_hh_mmAM* –> September 30, 2004 12:33 *pjDate_Www_dd* –> 2.KW40 *pjDate_Www_dd_yy_hh_mmAM* –> 2.KW40.04 12:33 *pjDateDefault* – Das Standardformat. Festgelegt auf der Registerkarte *Ansicht* im Dialogfeld *Optionen*. ▶

Feld	Bedeutung	Syntax
`ProjDurConv`	Konvertiert einen Ausdruck in einen Dauerwert mit den angegebenen Einheiten.	`ProjDurConv` (*Ausdruck, EinheitenDerDauer*) *Ausdruck Variant, erforderlich*: Der Ausdruck, der in eine Dauer konvertiert werden soll. *EinheitenDerDauer Long, optional*: Die für den Ausdruck der Dauer verwendeten Einheiten. Falls *EinheitenDerDauer* nicht angegeben ist, werden die Einheiten als Standardwert verwendet, die in der Option *Dauer wird eingegeben in* auf der Registerkarte *Terminplan* im Dialogfeld *Optionen* angegeben sind. *EinheitenDerDauer* kann eine der folgenden *pjFormatUnit*-Konstanten sein: *pjMinutes*; *pjElapsedMinutes*; *pjHours*; *pjElapsedHours*; *pjDays*; *pjElapsedDays*; *pjWeeks*; *pjElapsedWeeks*; *pjMonths*; *pjElapsedMonths*; *pjMinutesEstimated*; *pjElapsedMinutesEstimated*; *pjHoursEstimated*; *pjElapsedHoursEstimated*; *pjDaysEstimated*; *pjElapsedDaysEstimated*; *pjWeeksEstimated*; *pjElapsedWeeksEstimated*; *pjMonthsEstimated*; *pjElapsedMonthsEstimated*
`Second`	Gibt einen Wert vom Typ *Variant* (*Integer*) zurück, der eine ganze Zahl zwischen 0 und 59 (je einschließlich) angibt und die Sekunde der Minute darstellt.	`Second` (*Zeit*) *Zeit, erforderlich*: Ein Wert vom Typ *Variant*, ein numerischer Ausdruck, ein Zeichenfolgenausdruck oder eine beliebige Kombination, die eine Zeit darstellen kann. Wenn *Zeit* eine Null enthält, wird Null zurückgegeben.
`Str`	Gibt einen Wert vom Typ *Variant* (*String*) zurück, der eine Zahl darstellt.	`Str` (*Zahl*) *Zahl, erforderlich*: *Long* mit einem gültigen numerischen Ausdruck.
`StrConv`	Gibt einen Wert vom Typ *Variant* (*String*) zurück, der wie angegeben konvertiert wird.	`StrConv` (*Zeichenfolge, Konvertierung, LCID*) *Zeichenfolge, erforderlich*: Zeichenfolgenausdruck, der konvertiert werden soll. *Konvertierung Integer, erforderlich*: Die Summe der Werte, die die Art der durchzuführenden Konvertierung angeben. *LCID, optional*: Die Gebietsschema-ID, falls sie von der Gebietsschema-ID des Systems abweicht. (Die Gebietsschema-ID des Systems ist die Standardeinstellung.)
`TimeSerial`	Gibt einen Wert vom Typ *Datum* zurück inkl. der Zeit für eine spezifische Stunde, Minute, Sekunde.	`TimeSerial` (*Stunde, Minute, Sekunde*) *Stunde Variant (Integer), erforderlich*: Zahl zwischen 0 (12:00 Uhr) und 23 (23:00 Uhr), je einschließlich, oder ein numerischer Ausdruck. *Minute Variant (Integer), erforderlich*: Ein numerischer Ausdruck. *Sekunde Variant (Integer), erforderlich*: Ein numerischer Ausdruck.
`TimeValue`	Gibt einen Wert vom Typ *Variant* (*Date*) zurück, der die Zeit enthält.	`TimeValue` (*Zeit*) *Zeit, erforderlich*: In der Regel ein Zeichenfolgenausdruck, der eine Zeit zwischen 0:00:00 (12:00:00 Uhr) und 23:59:59 (23:59:59 Uhr) – jeweils einschließlich – darstellt. *Zeit* kann jedoch auch ein beliebiger Ausdruck sein, der eine Zeit in diesem Bereich darstellt. Wenn *Zeit* eine Null enthält, wird Null zurückgegeben. ▶

Feld	Bedeutung	Syntax
`Val`	Gibt die in einer Zeichenfolge enthaltenen Zahlen als numerischen Wert vom entsprechenden Typ zurück.	`Val` (*Zeichenfolge*) *Zeichenfolge, erforderlich*: Ein gültiger Zeichenfolgenausdruck.
`Weekday`	Gibt einen Wert vom Typ *Variant* (*Integer*) zurück, der eine ganze Zahl enthält, die den Tag der Woche darstellt.	`Weekday` (*Datum, ErsterTagDerWoche*) *Datum, erforderlich*: Ein Wert vom Typ *Variant*, ein numerischer Ausdruck, ein Zeichenfolgenausdruck oder eine beliebige Kombination, die ein Datum darstellen kann. Wenn *Datum* eine Null enthält, wird Null zurückgegeben. *ErsterTagDerWoche, optional*: Eine Konstante, die den ersten Tag der Woche angibt. Falls kein Tag angegeben ist, wird Sonntag verwendet.
`Year`	Gibt einen Wert vom Typ *Variant* (*Integer*) zurück, der eine ganze Zahl enthält, die das Jahr darstellt.	`Year` (*Datum*) *Datum, erforderlich*: Ein Wert vom Typ *Variant*, ein numerischer Ausdruck, ein Zeichenfolgenausdruck oder eine beliebige Kombination, die ein Datum darstellen kann. Wenn *Datum* eine Null enthält, wird Null zurückgegeben.

Funktionen des Bereichs *Mathematik*

Funktion	Bedeutung	Syntax
`Abs`	Gibt einen Wert desselben Typs zurück, der an die Funktion übergeben wurde. Dieser Wert gibt den absoluten Wert einer Zahl an.	`Abs` (*Zahl*) *Zahl, erforderlich*: Ein gültiger numerischer Ausdruck. Wenn *Zahl* eine Null enthält, wird Null zurückgegeben; wenn die Variable *Zahl* nicht initialisiert wurde, wird 0 zurückgegeben.
`Atn`	Gibt einen Wert vom Typ *Double* zurück, der den Arkustangens einer Zahl angibt.	`Atn` (*Zahl*) *Zahl, erforderlich*: *Double* oder ein gültiger numerischer Ausdruck.
`Cos`	Gibt einen Wert vom Typ *Double* zurück, der den Kosinus eines Winkels angibt.	`Cos` (*Zahl*) *Zahl, erforderlich*: *Double* oder ein gültiger numerischer Ausdruck, der einen Winkel im Bogenmaß ausdrückt.
`Exp`	Gibt einen Wert vom Typ *Double* zurück, der die Basis des natürlichen Logarithmus als potenzierte Zahl angibt.	`Exp` (*Zahl*) *Zahl, erforderlich*: *Double* oder ein gültiger numerischer Ausdruck.
`Fix`	Gibt den ganzzahligen Teil einer Zahl zurück. Wenn die Zahl negativ ist, wird die erste negative ganze Zahl größer oder gleich *Zahl* zurückgegeben.	`Fix` (*Zahl*) *Zahl, erforderlich: Double* oder ein gültiger numerischer Ausdruck. Wenn *Zahl* eine Null enthält, wird Null zurückgegeben. ►

Funktion	Bedeutung	Syntax
`Int`	Gibt den ganzzahligen Teil einer Zahl zurück. Wenn die Zahl negativ ist, wird die erste negative ganze Zahl kleiner oder gleich *Zahl* zurückgegeben.	`Int` (*Zahl*) *Zahl, erforderlich: Double* oder ein gültiger numerischer Ausdruck. Wenn *Zahl* eine Null enthält, wird Null zurückgegeben.
`Log`	Gibt einen Wert vom Typ *Double* zurück, der den natürlichen Logarithmus einer Zahl angibt.	`Log` (*Zahl*) *Zahl, erforderlich*: *Double* oder ein gültiger numerischer Ausdruck größer als 0.
`Rnd`	Gibt einen Wert vom Typ *Single* zurück, der eine Zufallszahl enthält.	`Rnd` (*Zahl)* *Zahl, erforderlich*: *Single* oder ein gültiger numerischer Ausdruck.
`Sgn`	Gibt einen Wert vom Typ *Variant* (*Integer*) zurück, der das Vorzeichen einer Zahl angibt.	`Sgn` (*Zahl*) *Zahl, erforderlich*: Ein gültiger numerischer Ausdruck. Rückgabewerte Wert von Zahl -> Rückgabewert von Sgn Größer als 0 –> 1 Gleich 0 –> 0 Kleiner als 0 –> –1
`Sin`	Gibt einen Wert vom Typ *Double* zurück, der den Sinus eines Winkels angibt.	`Sin` (*Zahl*) *Zahl, erforderlich*: *Double* oder ein gültiger numerischer Ausdruck, der einen Winkel im Bogenmaß ausdrückt.
`Sqr`	Gibt einen Wert vom Typ *Double* zurück, der die Quadratwurzel einer Zahl angibt.	`Sqr` (*Zahl*) *Zahl, erforderlich*: *Double* oder ein gültiger numerischer Ausdruck größer als oder gleich 0.
`Tan`	Gibt einen Wert vom Typ *Double* zurück, der den Tangens eines Winkels angibt.	`Tan` (*Zahl*) *Zahl, erforderlich*: *Double* oder ein gültiger numerischer Ausdruck, der einen Winkel im Bogenmaß ausdrückt.

Funktionen des Bereichs *Microsoft Project*

Funktion	Bedeutung	Syntax
`ProjDateAdd`	Addiert eine Dauer zu einem Datum, sodass ein neues Datum zurückgegeben wird.	`ProjDateAdd` (*Datum, Dauer, Kalender*) *Datum Variant, erforderlich*: Das ursprüngliche Datum, zu dem Dauer addiert wird. *Dauer Variant, erforderlich*: Die Dauer, die zu Datum addiert werden soll. *Kalender String, optional*: Der Kalender, der zum Berechnen des neuen Datums verwendet werden soll. Wenn *Kalender* nicht angegeben ist, wird standardmäßig der Ressourcenkalender für die aktuelle Ressource oder der Vorgangskalender bzw. der Standardkalender für den aktuellen Vorgang verwendet, wenn kein Vorgangskalender verfügbar ist. ▶

Funktion	Bedeutung	Syntax
`ProjDateConv`	Konvertiert einen Wert in ein Datum.	`ProjDateConv` (*Ausdruck, Datumsformat*) *Ausdruck Variant, erforderlich*: Der Ausdruck, der zu einem Datum konvertiert werden soll. *Datumsformat Long, optional*: Das Datumsformat. Der Standardwert ist *pjDateDefault*, Sie können jedoch eine der folgenden *pjDateFormat*-Konstanten ersetzen: Konstante-Datumsformat, am Beispiel des 30.09.2004 (12:33 Uhr) *pjDate_dd* –> 30. *pjDate_ddd_dd* –> Do 30. *pjDate_ddd_hh_mmAM* –> Do 12:33 *pjDate_ddd_mm_dd* –> Do 30.09. *pjDate_ddd_mm_dd_yy* –> Do 30.09.04 *pjDate_ddd_mm_dd_yy_hh_mmAM* –> Do 30.09.04 12:33 *pjDate_ddd_mmm_dd* –> Do 30. Sep *pjDate_ddd_mmm_dd_yyy* –> Do 30. Sep '04 *pjDate_hh_mmAM* –> 12:33 *pjDate_mm_dd* –> 30.09 *pjDate_mm_dd_yy* –> 30.09.04 *pjDate_mm_dd_yy_hh_mmAM* –> 30.09.04 12:33 *pjDate_mm_dd_yyyy* –> 30.09.2004 *pjDate_mmm_dd* –> 30. Sep *pjDate_mmm_dd_hh_mmAM* –> 30. Sep 12:33 *pjDate_mmm_dd_yyy* –> 30. Sep '04 *pjDate_mmmm_dd* –> 30. September *pjDate_mmmm_dd_yyyy* –> 30. September 2004 *pjDate_mmmm_dd_yyyy_hh_mmAM* –> September 30, 2004 12:33 *pjDate_Www_dd* –> 2.KW40 *pjDate_Www_dd_yy_hh_mmAM* –> 2.KW40.04 12:33 *pjDateDefault* – Das Standardformat. Festgelegt auf der Registerkarte *Ansicht* im Dialogfeld *Optionen*.
`ProjDateDiff`	Gibt die Dauer zwischen zwei Datumsangaben in Minuten zurück.	`ProjDateDiff` (*Datum1, Datum2, Kalender*) *Datum1 Variant, erforderlich*: Das Datum, das als Anfang für die Dauer verwendet wird. *Datum2 Variant, erforderlich*: Das Datum, das als Ende für die Dauer verwendet wird. *Kalender String, optional*: Der Kalender, der zum Berechnen der Dauer verwendet werden soll. Wenn *Kalender* nicht angegeben ist, wird standardmäßig der Ressourcenkalender für die aktuelle Ressource oder der Vorgangskalender bzw. der Standardkalender für den aktuellen Vorgang verwendet, wenn kein Vorgangskalender verfügbar ist. ▶

Funktion	Bedeutung	Syntax
`ProjDateSub`	Gibt das Datum zurück, das um eine angegebene Dauer vor einem anderen Datum liegt.	`ProjDateSub` (*Datum, Dauer, Kalender*) *Datum Variant, erforderlich*: Das ursprüngliche Datum, von dem Dauer abgezogen wird. *Dauer Variant, erforderlich*: Die Dauer, die von Datum abgezogen werden soll. *Kalender String, optional*: Der Kalender, der zum Berechnen des Datumsunterschieds verwendet werden soll. Wenn *Kalender* nicht angegeben ist, wird standardmäßig der Ressourcenkalender für die aktuelle Ressource oder der Vorgangskalender bzw. der Standardkalender für den aktuellen Vorgang verwendet, wenn kein Vorgangskalender verfügbar ist.
`ProjDateValue`	Gibt den Datumswert eines Ausdrucks zurück.	`ProjDateValue` (*Ausdruck*) *Ausdruck Variant, erforderlich*: Der Ausdruck, der als Datum dargestellt werden soll.
`ProjDurConv`	Konvertiert einen Ausdruck in einen Dauerwert in den angegebenen Einheiten.	`ProjDurConv` (*Ausdruck, EinheitenDerDauer*) *Ausdruck Variant, erforderlich*: Der Ausdruck, der in eine Dauer konvertiert werden soll. *EinheitenDerDauer Long, optional*: Die für das Ausdrücken der Dauer verwendeten Einheiten. Wenn *EinheitenDerDauer* nicht angegeben ist, werden die Einheiten als Standardwert verwendet, die in der Option *Dauer wird eingegeben in* auf der Registerkarte *Terminplan* im Dialogfeld *Optionen* angegeben sind. *EinheitenDerDauer* kann eine der folgenden *pjFormatUnit*-Konstanten sein: *PjMinutes*: *pjElapsedMinutes* *PjHours*: *pjElapsedHours* *PjDays*: *pjElapsedDays* *PjWeeks*: *pjElapsedWeeks* *PjMonths*: *pjElapsedMonths* *PjMinutesEstimated*: *pjElapsedMinutesEstimated* *PjHoursEstimated*: *pjElapsedHoursEstimated* *PjDaysEstimated*: *pjElapsedDaysEstimated* *PjWeeksEstimated*: *pjElapsedWeeksEstimated* *PjMonthsEstimated*: *pjElapsedMonthsEstimated*
`ProjDurValue`	Gibt die Anzahl von Minuten einer Dauer zurück.	`ProjDurValue` (*Dauer*) *Dauer Variant, erforderlich*: Die Dauer, die in Minuten ausgedrückt werden soll.

Funktionen des Bereichs *Text*

Funktion	Bedeutung	Syntax
`Asc`	Gibt einen Wert vom Typ *Integer* zurück, der den Zeichencode darstellt, der dem ersten Buchstaben in einer Zeichenfolge entspricht.	`Asc` (*Zeichenfolge*) *Zeichenfolge*: Ein gültiger Zeichenfolgenausdruck.
`Chr`	Gibt einen Wert vom Typ *String* mit dem Zeichen zurück, das mit dem angegebenen Zeichencode verknüpft ist.	`Chr` (*Zeichencode*) *Zeichencode*: Ein Wert vom Typ *Long*, der ein Zeichen kennzeichnet.
`Format`	Gibt einen Wert vom Typ *Variant* (*String*) zurück, der einen Ausdruck erhält, der gemäß den Anweisungen in einem Formatausdruck formatiert ist.	`Format` (*Ausdruck[, Format[, ErsterTagDerWoche[, ErsteWocheDesJahres]]]*) *Ausdruck, erforderlich*: Ein gültiger Ausdruck. *Format, optional*: Ein gültiger benannter oder benutzerdefinierter Formatausdruck. *ErsterTagDerWoche, optional*: Eine Konstante, die den ersten Tag der Woche angibt. *ErsteWocheDesJahres, optional*: Eine Konstante, die die erste Woche des Jahres angibt.
`InStr`	Gibt einen Wert vom Typ *Variant* (*Long*) zurück, der die Position des ersten Auftretens einer Zeichenfolge in einer anderen angibt.	`InStr` (*[Startwert,]Zeichenfolge1, Zeichenfolge2[, Zeichenvergleich]*) *Startwert, optional*: Numerischer Ausdruck, der die Startposition für jede Suche festlegt. Wenn kein Wert angegeben wird, beginnt die Suche an der Position des ersten Zeichens. Wenn *Startwert* den Wert NULL enthält, tritt ein Fehler auf. Das Startwert-Argument ist erforderlich, wenn *Zeichenvergleich* angegeben wird. *Zeichenfolge1, erforderlich*: Zeichenfolgenausdruck, nach dem gesucht wird. *Zeichenfolge2, erforderlich*: Zeichenfolgenausdruck, der durchsucht wird. *Zeichenvergleich, optional*: Gibt den Typ des Zeichenfolgenvergleichs an. Wenn *Zeichenvergleich* den Wert NULL hat, tritt ein Fehler auf. Wenn *Zeichenvergleich* nicht angegeben wird, bestimmt die Einstellung *Option Compare* die Vergleichsart.
`LCase`	Gibt einen Wert vom Typ *String* zurück, der in Kleinbuchstaben konvertiert wurde.	`LCase` (*Zeichenfolge*) *Zeichenfolge, erforderlich*: Ein gültiger Zeichenfolgenausdruck. Wenn *Zeichenfolge* eine Null enthält, wird Null zurückgegeben. ▶

Funktion	Bedeutung	Syntax
`Left`	Gibt einen Wert vom Typ *Variant* (*String*) zurück, der eine bestimmte Anzahl von Zeichen von der linken Seite einer Zeichenfolge enthält.	`Left` (*Zeichenfolge, Länge*) *Zeichenfolge, erforderlich*: Zeichenfolgenausdruck, von dem die Zeichen der linken Seite zurückgegeben werden. Wenn *Zeichenfolge* eine Null enthält, wird Null zurückgegeben. *Länge Variant (Long), erforderlich*: Numerischer Ausdruck der angibt, wie viele Zeichen zurückgegeben werden müssen. Wenn der Wert 0 ist, wird eine leere Zeichenfolge ("") zurückgegeben. Wenn der Wert größer oder gleich der Anzahl von Zeichen in Zeichenfolge ist, wird die gesamte Zeichenfolge zurückgegeben.
`Len`	Gibt einen Wert vom Typ *Long* zurück, der die Anzahl an Zeichen in einer Zeichenfolge oder die Anzahl an *Bytes* enthält, die zum Speichern einer Variablen erforderlich ist.	`Len` (*Zeichenfolge , Variablenname*) *Zeichenfolge*: Ein gültiger Zeichenfolgenausdruck. Wenn *Zeichenfolge* eine Null enthält, wird Null zurückgegeben. *Variablenname*: Ein gültiger Variablenname. Wenn *Variablenname* eine Null enthält, wird Null zurückgegeben. Wenn *Variablenname* ein Wert vom Typ *Variant* ist, behandelt Len diesen Wert wie einen Wert vom Typ *String* und gibt immer die Anzahl der darin enthaltenen Zeichen zurück.
`LTrim`	Gibt einen Wert vom Typ *Variant* (*String*) zurück, der eine Kopie einer angegebenen Zeichenfolge ohne führende Leerzeichen enthält.	`LTrim` (*Zeichenfolge*) *Zeichenfolge, erforderlich*: Ein gültiger Zeichenfolgenausdruck. Wenn *Zeichenfolge* eine Null enthält, wird Null zurückgegeben.
`Mid`	Gibt einen Wert vom Typ *Variant* (*String*) zurück, der eine angegebene Anzahl von Zeichen aus einer Zeichenfolge enthält.	`Mid` (*Zeichenfolge, Startwert[, Länge]*) *Zeichenfolge, erforderlich*: Zeichenfolgenausdruck, aus dem Zeichen zurückgegeben werden. Wenn *Zeichenfolge* eine Null enthält, wird Null zurückgegeben. *Startwert Long, erforderlich*: Zeichenposition in Zeichenfolge, an der der herauszunehmende Teil beginnt. Wenn *Startwert* größer als die Anzahl der Zeichen in Zeichenfolge ist, gibt Mid eine leere Zeichenfolge ("") zurück. *Länge Variant (Long), optional*: Anzahl der zurückzugebenden Zeichen. Wenn kein Wert angegeben wird oder wenn weniger Zeichen als *Länge* in dem Text enthalten sind (einschließlich des Zeichens an Startwert), werden alle Zeichen von der Position Startwert bis zum Ende der Zeichenfolge zurückgegeben.
`Right`	Gibt einen Wert vom Typ *Variant* (*String*) zurück, der eine angegebene Anzahl von Zeichen von der rechten Seite einer Zeichenfolge enthält.	`Right` (*Zeichenfolge, Länge*) *Zeichenfolge, erforderlich*: Zeichenfolgenausdruck, von dem die Zeichen der rechten Seite zurückgegeben werden. Wenn *Zeichenfolge* eine Null enthält, wird Null zurückgegeben. *Länge Variant (Long), erforderlich*: Numerischer Ausdruck der angibt, wie viele Zeichen zurückgegeben werden sollen. Wenn der Wert 0 ist, wird eine leere Zeichenfolge ("") zurückgegeben. Wenn der Wert größer oder gleich der Anzahl von Zeichen in Zeichenfolge ist, wird die gesamte Zeichenfolge zurückgegeben. ▶

Funktion	Bedeutung	Syntax
`RTrim`	Gibt einen Wert vom Typ *Variant* (*String*) zurück, der eine Kopie einer angegebenen Zeichenfolge ohne nachstehende Leerzeichen enthält.	`RTrim` (*Zeichenfolge*) *Zeichenfolge, erforderlich*: Ein gültiger Zeichenfolgenausdruck. Wenn *Zeichenfolge* eine Null enthält, wird Null zurückgegeben.
`Space`	Gibt einen Wert vom Typ *Variant* (*String*) zurück, der aus der angegebenen Anzahl von Leerzeichen besteht.	`Space` (*Zahl*) *Zahl, erforderlich*: Anzahl der Leerzeichen, die in der Zeichenfolge enthalten sein sollen.
`StrComp`	Gibt einen Wert vom Typ *Variant* (*Integer*) zurück, der das Ergebnis eines Zeichenfolgenvergleichs angibt.	`StrComp` (*Zeichenfolge1, Zeichenfolge2[, Zeichenvergleich]*) *Zeichenfolge1, erforderlich*: Ein gültiger Zeichenfolgenausdruck. *Zeichenfolge2, erforderlich*: Ein gültiger Zeichenfolgenausdruck. *Zeichenvergleich, optional*: Gibt die Art des Zeichenfolgenvergleichs an. Wenn das Zeichenvergleich-Argument eine Null enthält, tritt ein Fehler auf.
`StrConv`	Gibt einen Wert vom Typ *Variant* (*String*) gemäß Angabe konvertiert zurück.	`StrConv` (*Zeichenfolge, Konvertierung, LCID*) *Zeichenfolge, erforderlich*: Zu konvertierender Zeichenfolgenausdruck. *Konvertierung Integer, erforderlich*: Die Summe der Werte, die die Art der durchzuführenden Konvertierung angeben. *LCID, optional*: Die Gebietsschema-ID, falls von der Gebietsschema-ID des Systems abweichend. (Die Gebietsschema-ID des Systems ist der Standardwert.)
`String`	Gibt einen Wert vom Typ *Variant* (*String*) zurück, der eine sich wiederholende Zeichenfolge mit der angegebenen Länge enthält.	`String` (*Zahl, Zeichen*) *Zahl Long, erforderlich*: Länge der zurückgegebenen Zeichenfolge. Wenn *Zahl* eine Null enthält, wird Null zurückgegeben. *Zeichen Variant, erforderlich*: Zeichencode, der das Zeichen oder den Zeichenfolgenausdruck angibt, dessen erstes Zeichen zum Erstellen der zurückzugebenden Zeichenfolge verwendet wird. Wenn *Zeichen* eine Null enthält, wird Null zurückgegeben.
`Trim`	Gibt einen Wert vom Typ *Variant* (*String*) zurück, der eine Kopie einer angegebenen Zeichenfolge ohne führende oder nachstehende Leerzeichen enthält.	`Trim` (*Zeichenfolge*) *Zeichenfolge, erforderlich*: Ein gültiger Zeichenfolgenausdruck. Wenn *Zeichenfolge* eine Null enthält, wird Null zurückgegeben.
`UCase`	Gibt einen Wert vom Typ *Variant* (*String*) zurück, der die angegebene Zeichenfolge, in Großbuchstaben konvertiert, enthält.	`UCase` (*Zeichenfolge*) *Zeichenfolge, erforderlich*: Ein gültiger Zeichenfolgenausdruck. Wenn *Zeichenfolge* eine Null enthält, wird Null zurückgegeben.

C Glossar – Definitionen in Project 2003

Auf den nächsten Seiten werden alle Definitionen zu projektrelevanten Themen beschrieben. Auf eine Beschreibung von Windows-Funktionalitäten und allgemeinem PC-Know-how wurde hier bewusst verzichtet. In erster Linie soll es in diesem Kapitel um projektbezogenes Fachvokabular gehen.

A

Abgeblendet

Ein Programmelement, das nicht verfügbar ist, ist abgeblendet. Ein Element kann z.B. abgeblendet sein, weil es für die Aktion, die Sie gerade ausführen möchten, nicht zutrifft. Ein anderer Grund kann sein, dass das Programm so eingerichtet ist, dass die Ausführung des abgeblendeten Elements nicht vorgesehen ist.

Abweichung

Die Differenz zwischen geplanten und berechneten Vorgangs- oder Ressourceninformationen. Abweichungen treten meist dann auf, wenn Sie einen Basisplan speichern und danach aktuelle Daten in den Terminplan eingeben. Abweichungen bei Vorgangsdaten sind meistens Differenzen zwischen geplanten und berechneten Terminen. Abweichungen bei Ressourcendaten sind in der Regel Differenzen zwischen geplanten und berechneten Arbeitsmengen oder Kosten.

Abweichung nach Abschluss

Das Ertragswertfeld, in dem die Differenz zwischen den berechneten Kosten (BK) und den Plankosten (PK) angezeigt wird. In Project ist der BK-Wert das Feld *Gesamtkosten*, der PK-Wert ist das Feld *Geplante Kosten*, und die Abweichung nach Abschluss ist das Feld *Abweichung Kosten*.

Adresse

Im Feld *Adresse* wird in Project die *UNC* (Universal Naming Convention) oder der *URL* (Uniform Resource Locator) eines Hyperlinks gespeichert, den Sie mit einem Vorgang, einer Ressource oder einer Zuordnung verknüpft haben.

- Eine UNC kann z.B. so aussehen: *C:\Eigene Dateien\Projektdatei.mpp*
- URLs hingegen können so aussehen: *http://www.winex.de*

Aktuell

Informationen, die die tatsächlich eingetretene Situation wiedergeben. Der aktuelle Anfang eines Vorgangs beispielsweise ist der Tag, an dem der Vorgang tatsächlich begonnen wurde. Die aktuellen Kosten sind der Betrag, der bisher tatsächlich ausgegeben wurde.

Aktuelle Kostenabweichung (KA)

Die Differenz zwischen dem Betrag, den der aktuelle Stand der Arbeiten an einem Vorgang hätte kosten dürfen (SKAA), und dem tatsächlich bis zum Statusdatum oder aktuellen Datum angefallenen Betrag (IKAA). Ist der KA-Wert positiv, sind die bisherigen Kosten unter der geplanten Kostengrenze geblieben. Bei einem negativen KA-Wert wurde der Kostenrahmen für den betreffenden Vorgang überschritten.

Anordnungsbeziehungen

Die Art der Beziehungen zwischen verknüpften Vorgängen. Sie verknüpfen Vorgänge miteinander, indem Sie zwischen dem *Endtermin* und dem *Anfangstermin* eine Beziehung definieren.

Ansicht

Eine Kombination aus einer oder mehreren Ansichten, z.B. *Balkendiagramm (Gantt), Ressource: Tabelle* usw., und ggf. einer Tabelle und einem Filter. Mit Ansichten können Sie Daten in einer Vielzahl von Formaten eingeben, strukturieren und überprüfen.

Ansichtsarten

In Project gibt es drei Ansichtsarten:

- *Diagramme* stellen Informationen grafisch dar. Beispiele hierfür sind die Ansichten *Balkendiagramm (Gantt)*, *Netzplandiagramm (PERT)*, *Ressource: Grafik* und *Kalender*.
- *Tabellen* stellen Daten in Zeilen und Spalten dar. Jede Zeile enthält Informationen über einen bestimmten Vorgang oder eine bestimmte Ressource. Jede Spalte enthält ein Feld, in dem Sie besondere Informationen über Vorgänge und Ressourcen eingeben können.
- *Masken* stellen Informationen in einem Format ähnlich einem Papierformular dar. Eine Maske enthält nur Informationen zu einem einzigen Vorgang bzw. zu einer einzigen Ressource.

Ansichtskombination

Eine Ansicht, die aus zwei unterschiedlichen Ansichten besteht. Die Ansicht im unteren Ausschnitt zeigt detaillierte Informationen zu den Vorgängen oder Ressourcen, die Sie in der Ansicht im oberen Ausschnitt ausgewählt haben. Sie können z.B. die Ansicht *Balkendiagramm (Gantt)* im oberen Ausschnitt mit der Ansicht *Vorgang: Maske* im unteren Ausschnitt kombinieren. Wenn Sie dann in der Ansicht *Balkendiagramm (Gantt)* einen Vorgang auswählen, werden Einzelheiten zu diesem Vorgang in der Ansicht *Vorgang: Maske* angezeigt.

Ansichtsleiste

Ein Bildschirmelement in Project, das entlang des linken Randes des Project-Fensters angezeigt wird. Die Ansichtsleiste bietet eine praktische Methode, Ansichten zu wechseln: Sie klicken einfach auf ein Symbol auf der Ansichtsleiste.

Arbeit

Bei Vorgängen: Der gesamte Arbeitsaufwand (in Minuten, Stunden, Tagen oder Wochen), der zum Abschluss eines Vorgangs erforderlich ist. Dabei werden die Arbeitszeiten aller beteiligten Ressourcen addiert.

Bei Zuordnungen: Die Arbeitsmenge, für die eine Ressource in einem bestimmten Vorgang vorgesehen ist.

Bei Ressourcen: Die gesamte Arbeitsmenge, die einer Ressource in allen Vorgängen zugeordnet wurde.

Arbeitsbereich

Eine Zusammenstellung von Dateien und Einstellungen, die Sie speichern und wieder öffnen können, indem Sie eine einzige Arbeitsbereichsdatei öffnen. Arbeitsbereichsdateien haben die Dateinamenerweiterung *.mpw*. Wenn Sie eine Arbeitsbereichsdatei erstellen, werden in Project Listen der aktuellen Einstellungen, geöffneten Projekte, Ansichten usw. erstellt. Beim Öffnen einer Arbeitsbereichsdatei wird der gespeicherte Arbeitsbereich in Project anhand dieser Listen wieder hergestellt, sodass Sie Ihre Arbeit an der Stelle fortsetzen können, an der Sie sie unterbrochen haben.

Arbeitsgruppe

Eine Gruppe von Personen, bestehend aus Arbeitsgruppenleitung und Arbeitsgruppenmitgliedern, die alle an dem gleichen Projekt arbeiten. Die Arbeitsgruppenleitung weist die Vorgänge den Arbeitsgruppenmitgliedern zu.

Arbeitsgruppen-Nachrichten

Nachrichten zu den Vorgängen in einem Projekt, die die Arbeitsgruppenleitung in Project an die Arbeitsgruppenmitglieder sendet. Es gibt drei verschiedene Arbeitsgruppen-Nachrichten, auf die die Arbeitsgruppenmitglieder jeweils antworten können.

Arbeitsgruppenleitung

Die Person in der Arbeitsgruppe, die den Projektterminplan erstellt und pflegt und den Arbeitsgruppenmitgliedern in Arbeitsgruppen-Nachrichten Vorgänge zuordnet. Mithilfe der Arbeitsgruppen-Funktionen aktualisiert die Arbeitsgruppenleitung Vorgänge in der Projektdatei, wenn die Arbeitsgruppenmitglieder die Antworten auf die Ressourcenanfragen gesendet haben.

Arbeitsgruppenmitglieder

Die Personen in einer Arbeitsgruppe, die Arbeitsgruppen-Nachrichten von der Arbeitsgruppenleitung empfangen. Arbeitsgruppenmitglieder können Nachrichten mithilfe eines *MAPI*-kompatiblen 32-Bit-E-Mail-Systems empfangen und beantworten, oder indem sie sich mit einem Webbrowser am Team-Posteingang anmelden. Bei Verwendung des Team-Posteingangs können Arbeitsgruppenmitglieder Nachrichten an die Arbeitsgruppenleitung senden, jedoch keine Arbeitsgruppen-Nachrichten an andere Arbeitsgruppenmitglieder.

Arbeitstage (Bericht)

Eine auf einer Seite untergebrachte Übersicht über Arbeitszeiten und arbeitsfreie Zeiten für ein Projekt oder für bestimmte Ressourcen. Der Bericht enthält auch Ausnahmen zu den Standardzeiten, falls vorhanden.

Arbeitszeit

Die in einem Ressourcen- oder Projektkalender gekennzeichneten Stunden, während denen gearbeitet wird.

Ausblenden

In einer Gliederung das Verbergen von Vorgängen, die Sammelvorgängen untergeordnet sind, sodass nur noch die Sammelvorgänge sichtbar sind. Dadurch können Sie sich auf die Hauptphasen des Projekts konzentrieren. In der Ansicht *Ressource: Einsatz* lassen sich auch Ressourcen ausblenden und wieder einblenden.

Ausschnitt

Ein Fensterbereich, der eine Ansicht enthält. Eine Ansichtskombination besteht aus zwei Ausschnitten. Beispielsweise kann sich im oberen Ausschnitt die Ansicht *Balkendiagramm (Gantt)* und im unteren Ausschnitt die Ansicht *Vorgang: Maske* befinden.

AutoFilter

Ein Instrument zum Filtern von Daten in einer Spalte. AutoFilter sind standardmäßig deaktiviert, Sie können sie jedoch aktivieren, indem Sie auf sie klicken. Sind die AutoFilter eingeschaltet, so wird in jeder Spaltenüberschrift in einer Tabellenansicht ein Menüpfeil für AutoFilter angezeigt. Wenn Sie auf einen solchen Menüpfeil klicken, wird eine Liste angezeigt, aus der Sie auswählen, welche Informationen in der betreffenden Spalte angezeigt werden sollen. Durch Auswählen eines Filters werden keine Daten aus dem Projekt gelöscht. Es werden vielmehr Daten herausgefiltert, die dann ausgeblendet werden.

B

Balkendiagramm (Gantt)

In der Ansicht *Balkendiagramm (Gantt)* werden die Vorgangsinformationen zum Projekt sowohl als Text in einer Tabelle (auf der linken Seite) als auch in Form eines grafischen Balkens (auf der rechten Seite) angezeigt. Die linke Tabellenseite enthält in der Regel Informationen über die Nummer, den Namen, die Dauer und die Ressourcen an einem Vorgang. Die rechte Seite stellt die zeitliche Verteilung der Vorgänge über eine Zeitachse und deren Abhängigkeiten untereinander dar.

Basiskalender

Ein Kalender, aus dem Arbeitszeiten und arbeitsfreie Zeiten für ein Projekt oder eine Reihe von Ressourcen hervorgehen. Ein Ressourcenkalender unterscheidet sich von einem Basiskalender darin, dass er nur Arbeitszeiten und arbeitsfreie Zeiten einer bestimmten Ressource angibt.

Basisplan

Der ursprüngliche Projektplan, anhand dessen Sie den Projektfortschritt beobachten können. Der Basisplan enthält Daten zu folgenden Elementen:

- Vorgängen (Anfangs- und Endterminen, Dauern, Arbeit, Kosten, Unterbrechungen, Arbeit nach Zeitphasen und Kosten nach Zeitphasen)
- Ressourcen (Arbeit, Kosten, Arbeit nach Zeitphasen und Kosten nach Zeitphasen)
- Zuordnungen (Anfangs- und Endterminen, Arbeit, Kosten, Arbeit nach Zeitphasen und Kosten nach Zeitphasen)

Berechnet

Die aktuellen Informationen zu einem Projekt sind die berechneten Daten. Hierzu gehören aktuelle und verbleibende Termine, Dauern und Kosten für Vorgänge, die bereits angefangen haben, sowie die neuesten berechneten Termine, Dauern und Kosten für Vorgänge, die noch nicht angefangen haben.

Berechnete Kosten (BK)

Das Ertragswertfeld, das die berechneten oder prognostizierten Gesamtkosten für einen Vorgang, eine Ressource oder eine Zuordnung anzeigt. Dieser Wert basiert auf den bereits angefallenen Kosten und den Kosten, die für die verbleibende Arbeit geplant sind. Der BK-Wert entspricht dem Wert im Feld *Kosten*.

Berechneter Filter

Ein Filter, der die Werte in zwei Feldern eines Vorgangs oder einer Ressource miteinander vergleicht. Bei Anwendung des Filters *Kostenrahmen überschritten* werden beispielsweise die geplanten Kosten mit den derzeit berechneten Kosten verglichen und nur die Vorgänge angezeigt oder hervorgehoben, deren berechnete Kosten die geplanten Kosten überschreiten.

Berechnetes Feld

Ein Feld, dessen Wert basierend auf den Daten in anderen Feldern berechnet wird. Je nach der von Ihnen gewählten Einstellung wird der Wert von Project entweder automatisch oder zum angegebenen Zeitpunkt neu berechnet.

Bericht

Ein auf die Anforderungen einer bestimmten Zielgruppe abgestimmtes Format zum Drucken von Informationen aus dem Terminplan. Sie können die in Project angebotenen Berichte verwenden oder benutzerdefinierte Berichte erstellen.

Berichtsart

Eine Kategorie von Project-Berichten, die ähnliche Daten enthalten. Es gibt fünf Berichtsarten: *Übersicht*, *Vorgangsstatus*, *Kosten*, *Zuordnungen* und *Arbeitsauslastung*.

Berichtszeitraum

Die Zeitspanne, während der Sie einen Vorgang überwachen und aktualisieren, den Ihnen die Arbeitsgruppenleitung zugeordnet hat. Sie können die Zeiteinheit auf Tage, Wochen oder auf eine einzige Zeiteinheit für den gesamten Vorgang ändern.

D

Dateiformate

Das Schema, nach dem Daten in einer Datei gespeichert werden. In unterschiedlichen Programmen werden unterschiedliche Dateiformate und Dateinamenerweiterungen verwendet, um das Format anzugeben. In Project können Sie Dateien in folgenden Formaten importieren und exportieren:

- Project (*.mpp*, *.mpd*, *.mpx* oder *.mpt*)
- Excel (*.xls*)
- Excel-Pivot-Tabellen (*.xls*) (nur Exportieren möglich)
- Access (*.mdb*)
- FoxPro (*.dbf*)
- Reine Textdateien oder ASCII-Dateien (*.txt*)
- Dateien mit Kommas als Trennzeichen (*.csv*)
- HTML (*.htm*) (nur Exportieren möglich)

Dauer

Die reine Arbeitszeit, die zur Erledigung eines Vorgangs insgesamt benötigt wird. Diese ergibt sich in der Regel aus dem Anfang und dem Ende des Vorgangs, die im Projekt festgelegt sind, sowie dem Ressourcenkalender. Die fortlaufende Dauer ist die Zeit, die zur Erledigung eines Vorgangs noch benötigt wird, basierend auf einem 24-Stunden-Tag und einer 7-Tage-Woche, einschließlich der Feiertage und arbeitsfreien Tage.

Einem Wert für eine Dauer folgt stets eine Abkürzung für eine Zeiteinheit:

Tabelle C.1: *Abkürzungen für die Zeiteinheit*

Arbeitsdauer	Fortlaufende Dauer
min = Minute	Fm = fortlaufende Minuten
h = Stunde	Fh = fortlaufende Stunden
t = Tag	ft = fortlaufende Tage
W = Woche	fW = fortlaufende Wochen

DDE (Dynamic Data Exchange, dynamischer Datenaustausch)

Ein Protokoll für den aktiven Austausch von Daten, die zwischen Dokumenten kopiert werden. Wenn die Daten im Quelldokument geändert werden, werden sie in der Kopie automatisch aktualisiert. Nicht alle Programme unterstützen *DDE*. Informationen darüber, ob die Programme, die Sie verwenden, *DDE* unterstützen, finden Sie jeweils in der zugehörigen Dokumentation.

E

Einheiten

Die Anzahl der Einheiten bzw. der Anteil einer Ressource, die einem Vorgang zugeordnet ist. Angenommen, Sie haben einen Vorgang »Installation«. Sie können diesem Vorgang zwei Einheiten zuordnen, also zwei Installateure. Wenn Sie nur einen Installateur haben, können Sie dem Vorgang 50 % von einer Einheit zuordnen (die halbe Zeit eines Installateurs). Die maximalen Einheiten sind die maximale Anzahl der für die Ressource verfügbaren Einheiten. Wenn beispielsweise drei Installateure an einem Projekt arbeiten, sind die maximalen Einheiten 300 %, nämlich drei Vollzeit arbeitende Installateure.

Einmalige Nummer

Eine eindeutige Nummer, die in Project automatisch einem Vorgang, einer Ressource oder einer Zuordnung zugewiesen wird. Diese Nummer kennzeichnet den Vorgang, die Ressource oder die Zuordnung eindeutig und ändert sich nicht, wenn andere Vorgänge oder Ressourcen im Projekt hinzugefügt oder entfernt werden.

Einschränkung

Eine Angabe, die die möglichen Anfangs- oder Endtermine eines Vorgangs auf bestimmte Weise einschränkt. Sie können z.B. angeben, dass ein Vorgang an einem bestimmten Datum beginnen muss oder nicht später als zu einem bestimmten Termin beendet sein darf. Wenn Sie einem Projekt, das vom Anfangstermin aus berechnet wird, einen neuen Vorgang hinzufügen, wird diesem automatisch die Einschränkung *So früh wie möglich (SFWM)* zugewiesen. Umgekehrt wird einem neuem Vorgang, den Sie einem vom Endtermin aus berechneten Projekt hinzufügen, automatisch die Einschränkung *So spät wie möglich (SSWM)* zugewiesen.

Einzelansicht

Ein Fenster, in dem nur eine einzige Ansicht angezeigt wird, z.B. die Ansicht *Balkendiagramm (Gantt)* oder *Vorgang: Tabelle.*

Einzelheiten

Spalten in den Ansichten *Vorgang: Einsatz, Ressource: Einsatz, Ressource: Grafik* und in den Maskenansichten, in denen nützliche Zusatzinformationen zu Vorgängen, Ressourcen oder Zuordnungen angezeigt werden. Es gibt verschiedene Kategorien von Einzelheiten, sodass unterschiedliche Arten von Zusatzinformationen angezeigt werden können.

Enterprise-Felder

Neben den herkömmlichen Feldern für Text, Kosten und Gliederungscodes für Vorgänge, stehen *Enterprise-Felder,* die für die gesamte Project Server-Datenbank und damit für das gesamte angeschlossene Unternehmen gelten, zur Verfügung. Neben Vorgangs- und Ressourcenfeldern für Datum, Text, Kosten, Zahl usw. verwendet Project 2003 Projektfelder für Enterprise-Projekt-Anfang1-10, -Attribut1-20, -Datum1-30, -Dauer1-10, -Ende1-10, -Kosten1-10, -Text1-40, -Zahl1-40 und Enterprise-Projekt-Gliederungscodes, die als Merkmal für das Projekt in die Gesamtdatenbank eingehen. Insbesondere die Projekt-Gliederungscodes sind wichtige Felder für die späteren Auswertungen mit OLAP Cubes im Portfolio-Analysierer, da diese als wichtige Kenngrößen für die Unternehmensmerkmale wie für Projekte einfließen

Enterprise-Global

Spezielle unternehmensweite Projektvorlage, in der alle firmenspezifischen Merkmale für Projekte und Ressourcen gespeichert werden. Im Unterschied zur globalen Vorlagendatei *Global.mpt* handelt es sich bei der *Enterprise-Global* um eine spezielle Projektvorlage, die aus der Datenbank vom Project Server geöffnet wird. Die Projektvorlage *Enterprise-Global* stellt sicher, dass sich alle Projekte – im Unternehmen oder in einer Organisationseinheit – die auf den Project Server zugreifen, an bestimmte Standards halten, wie z.B. die einheitliche Verwendung von Ansichten, Tabellen, Feldern, Filter, Kopf- und Fußzeilen. Nur Benutzer mit Administratorberechtigungen, z.B. ein Projektleiter mit Administratorenkenntnissen des Project Servers und den entsprechenden Berechtigungen dazu, kann die Enterprise-Global auschecken und Änderungen vornehmen.

Enterprise-Ressourcenpool

Mit Einsatz des Project Server 2003 werden alle Daten inklusive sämtlicher Projekte und Ressourcen auf einer Datenbank gespeichert. Der *Enterprise-Ressourcenpool* stellt dabei einen zentralen Ort auf der Project Server-Datenbank dar, an dem Ressourceninformationen sicher gespeichert und verwaltet werden, sodass der Benutzer immer aktuelle Informationen zu den Ressourcen erhält – einschließlich Zuordnung, Nutzung und Verfügbarkeit innerhalb der Organisation. In der Benutzeradministration kann festgelegt werden, welche Anwender Zugriff auf den Enterprise-Ressourcenpool erhalten und wer diesen modifizieren kann.

Technisch wird der Enterprise-Ressourcenpool mit der normalen Anwenderoberfläche von Project Professional 2003 geöffnet und in gewohnten Ressourcentabellen editiert. Gliederungscodes erlauben auch hier die Zuordnung zu Standorten, Abteilungen, Teams, Mitarbeiterqualifikationen (Skills), Projekterfahrungen, usw.

Ertragswert

Ein Maßstab für die Kosten der Arbeit, die bis zum Statusdatum oder aktuellen Datum geleistet wurde. Beim Ertragswert wird, basierend auf den ursprünglichen Kostenschätzungen und dem bisherigen Arbeitsfortschritt, ermittelt, ob die tatsächlich angefallenen Kosten innerhalb des Kostenrahmens liegen.

Export-Abbildung

Eine Menge von Anweisungen, die Project genau mitteilen, welche Arten von Daten Sie exportieren möchten. Project bietet eine Reihe von Standard-Export-Abbildungen. Sie können Export-Abbildungen auch selbst erstellen oder vorhandene an Ihre Anforderungen anpassen.

Exporttabelle

Die Project-Tabelle, die zum Exportieren von Daten im *mpx*-Dateiformat für den Gebrauch in einem anderen Programm verwendet wird.

Externer Vorgang

Vorgang aus einem anderen Projekt, der mit dem Vorgang im aktuellen Projekt verknüpft ist. Wenn Sie Vorgänge zwischen eigenständigen Projekten miteinander verknüpfen, werden in jedem dieser Projekte die externen Vorgänge angezeigt. Sie können also mühelos die Eigenschaften der verknüpften Vorgänge überprüfen, ohne zwischen den Projekten wechseln zu müssen. Sie können externe Vorgänge formatieren und die Vorgangsverknüpfungen bearbeiten. Es ist jedoch nicht möglich, den Inhalt eines externen Vorgangs zu bearbeiten. Einen externen Vorgang können Sie nur in seinem Quellprojekt bearbeiten.

F

Fälligkeitsverfahren

Bestimmt, wann die Kosten für eine Ressource anfallen und wann die aktuellen Kosten abgerechnet werden. Kosten können am Anfang oder am Ende eines Vorgangs anfallen oder über die Dauer des Vorgangs anteilig berechnet werden.

Tabelle C.2: *Die Fälligkeitsverfahren für Kosten*

Zweck	Fälligkeitsverfahren
Kosten fallen zu Anfang des Vorgangs an	Anfang
Kosten fallen bei Abschluss des Vorgangs an	Ende
Kosten fallen anteilig an, je nach Prozentwert, zu dem der Vorgang erledigt ist	Anteilig

Feste Einschränkung

Eine Einschränkung, die einen Vorgang an ein bestimmtes Datum bindet. Folgende feste Einschränkungen sind möglich:

- Ende nicht früher als (ENFA, für Projekte, die vom Endtermin aus berechnet werden).
- Ende nicht später als (ENSA, für Projekte, die vom Anfangstermin aus berechnet werden).
- Muss enden am (MEA, für alle Projekte).
- Muss anfangen am (MAA, für alle Projekte).
- Anfang nicht früher als (ANFA, für Projekte, die vom Endtermin aus berechnet werden).
- Anfang nicht später als (ANSA, für Projekte, die vom Anfangstermin aus berechnet werden).

Feste Kosten

Ein für den Vorgang angesetzter Fixbetrag, der stets konstant bleibt, ungeachtet der Vorgangsdauer oder der von einer Ressource geleisteten Arbeit.

Fester Termin

Ein Datum, an das ein Vorgang gebunden ist, entweder, weil das Datum im Feld *Aktueller Anfang* oder *Aktuelles Ende* eingegeben wurde, oder weil der Vorgang durch eine feste Einschränkung eingeschränkt wurde.

Filter

Gibt an, welche Vorgangs- oder Ressourcendaten in einer Ansicht angezeigt oder hervorgehoben werden sollen. Wenn Sie beispielsweise den Filter *Kritisch* anwenden, werden nur die kritischen Vorgänge angezeigt.

Flexible Einschränkung

Eine Einschränkung, die einen Vorgang nicht an ein bestimmtes Datum bindet.

Fortlaufende Dauer

Die Zeit, die zur Erledigung eines Vorgangs noch benötigt wird, basierend auf einem 24-Stunden-Tag und einer 7-Tage-Woche, einschließlich Feiertagen und arbeitsfreien Tagen:

- fm = fortlaufende Minuten
- fh = fortlaufende Stunden
- ft = fortlaufende Tage
- fW = fortlaufende Woche

Fortschrittsbalken

In der Ansicht *Balkendiagramm (Gantt)* ein Balken, der anzeigt, wie viel eines Vorgangs bereits erledigt wurde. Der Fortschrittsbalken wird bei allen Vorgängen, die in Bearbeitung oder abgeschlossen sind, von einer entsprechenden Linie überlagert.

Fortschrittslinie

Eine grafische Darstellung des Projektfortschritts in der Ansicht *Balkendiagramm (Gantt)*. Dabei wird in Project für ein gegebenes Fortschrittsdatum eine Fortschrittslinie gezeichnet, die in Arbeit befindliche Vorgänge miteinander verbindet. Auf diese Weise entsteht im Balkendiagramm ein Diagramm mit nach links zeigenden Spitzen für Arbeiten, die dem Terminplan gegenüber zurück, und nach rechts zeigenden Spitzen für Arbeiten, die dem Terminplan gegenüber voraus sind. Der Abstand einer solchen Spitze von der vertikalen Linie gibt an, wie weit der Vorgang zum gegebenen Fortschrittsdatum dem Terminplan gegenüber voraus oder zurück ist.

Freie Pufferzeit

Die Zeitspanne, um die sich ein Vorgang verzögern kann, ohne dass der Nachfolger verzögert wird. Bei einem Vorgang ohne Nachfolger ist die freie Pufferzeit die Zeit, um die der Vorgang verzögert werden kann, ohne dass der Endtermin des Projekts gefährdet ist.

G

Geplante Kosten

Die ursprünglichen Projektkosten, wie sie im Basisplan festgehalten sind. Die geplanten Kosten sind eine Art Momentaufnahme der Kosten zum Zeitpunkt der Speicherung des Basisplans. Die Überwachung der geplanten Kosten und der Vergleich der geplanten Kosten mit den aktuellen Kosten gibt Ihnen Aufschluss über die Kostenentwicklung und hilft Ihnen, Ertragswerte zu berechnen.

Gesamte Pufferzeit

Die Zeitspanne, um die ein Vorgang verzögert werden kann, ohne dass der Endtermin des Projekts dadurch gefährdet ist.

Gliederungsebene

Die Ebene von der obersten Gliederungsebene aus gesehen, auf der sich ein Vorgang innerhalb der Projektgliederung befindet. Vorgänge können in Project um bis zu 65.000 Ebenen eingerückt werden.

Gliederungsnummer

Eine Nummer, die die exakte Position eines Vorgangs in der Gliederung angibt. Die Gliederungsnummer 7.2 entspricht beispielsweise dem zweiten Teilvorgang des siebten Sammelvorgangs auf der höchsten Projektebene. Falls Gliederungsnummern angezeigt werden, sehen Sie in Vorgangsansichten links von jedem Vorgang eine solche Nummer.

Globaldatei

Eine Project-Datei *(Global.mpt)*, die Informationen enthält, die Sie für mehrere Projekte verwenden können, z.B. Ansichten, Kalender, Masken, Berichte, Tabellen, Filter, Symbolleisten, Menüleisten, Makros und Einstellungen für Optionen.

H

Hauptprojekt

Ein Projekt, das eines oder mehrere eingefügte Projekte enthält, die mit anderen eingefügten Projekten verknüpft sind.

Hervorhebungsfilter

Ein Filter, bei dem alle Vorgänge oder Ressourcen angezeigt werden und die Vorgänge oder Ressourcen, die die Filterkriterien erfüllen, hervorgehoben werden.

Höherstufen

Verschieben eines Vorgangs auf eine höhere Gliederungsebene in der Spalte *Vorgangsname*, d.h. Ausrücken des Vorgangs nach links.

HTML

Abkürzung für »Hypertext Markup Language«, eine Formatierungskonvention für die Darstellung von Text und Grafik im World Wide Web. Bei HTML, das auf SGML basiert, werden Marken verwendet, die im Text eingebettet werden.

Hyperlink

Ein farblich abgesetztes Textelement, das eine Verknüpfung zu einer anderen Datei oder einer anderen Stelle in einer Datei enthält. Wenn Sie auf einen Hyperlink klicken, sucht ein Webbrowser nach dem Dokument, das damit verknüpft ist, und zeigt es an. Bei den meisten Browsern wird ein Hyperlink, auf den Sie noch nicht geklickt haben, in einer Farbe angezeigt und ein Hyperlink, auf den Sie bereits geklickt haben, in einer anderen Farbe.

Hyperlink-Adresse

Die Adresse der Zieldatei eines Hyperlinks – entweder eine *URL*-Adresse oder eine *UNC*-Adresse. Wenn Sie auf einen Hyperlink klicken, wird im Webbrowser oder im Programm die in der Hyperlink-Adresse definierte Zieldatei geöffnet.

Hyperlink-Darstellung

Ein beschreibender Ausdruck, den Sie im Feld *Hyperlink* eingeben können, um das Hyperlink-Ziel genauer zu beschreiben. Wenn Sie auf eine Hyperlink-Darstellung klicken, wechseln Sie zu der Zieldatei, die im Feld *Hyperlink-Adresse* definiert ist.

Hyperlink-Unteradresse

Ein Feld in der Hyperlink-Tabelle, in dem Sie eine bestimmte Stelle in der Zieldatei genau angeben können. Eine solche Stelle kann eine Project-Ansicht oder -Nummer sein, ein Lesezeichen (oder ein Ausdruck) in Word, eine Zellendefinition in Excel, eine PowerPoint-Folie oder ein internes Objekt in Access.

I

Indikator

Ein kleines Symbol, das im Feld *Indikatoren* angezeigt wird und Informationen über einen Vorgang oder eine Ressource gibt. Das Feld *Indikatoren* befindet sich rechts neben dem Feld *Nr.* und wird in einer Reihe von Tabellen angezeigt. Wenn Sie auf einen Indikator zeigen, werden Zusatzinformationen eingeblendet, die Sie an wichtige Details erinnern.

Indikatoren (Feld)

Ein Feld, das ein Symbol enthält, das Auskunft über den Status einer Zuordnung, einer Ressource oder eines Vorgangs gibt. Wenn neben einem Vorgang z.B. ein Häkchen als Indikator angezeigt wird, weist dies darauf hin, dass der Vorgang abgeschlossen ist.

Interaktiver Filter

Ein Filter, bei dessen Anwendung jedes Mal ein Dialogfeld angezeigt wird, in dem Sie Filterkriterien eingeben. Beispielsweise wird bei Auswahl des interaktiven Filters *Benutzte Ressource* ein Dialogfeld angezeigt, in dem Sie den Namen einer Ressource eingeben. Dann werden alle Vorgänge angezeigt, denen diese Ressource zugeordnet ist.

Internet

Ein weltweites Netzwerk, das aus tausenden von kleineren Computernetzwerken und Millionen von einzelnen Computern in Unternehmen, Bildungseinrichtungen, Regierungsbehörden und Privathaushalten besteht. Das Internet gleicht einer elektronischen Stadt mit virtuellen Bibliotheken, Geschäften, Büros, Galerien usw.

Intranet

Ein Netzwerk, das ähnliche Dienste bereitstellt wie das Internet, jedoch innerhalb eines Unternehmens. Das Intranet einer Firma kann mit dem Internet verbunden sein, muss aber nicht. Eine Firma kann z.B. einen oder mehrere Webserver in einem internen Netzwerk einrichten, in dem HTML-formatierte Informationen innerhalb des Unternehmens verteilt werden.

Ist-Kosten bereits abgeschlossener Arbeit (IKAA)

Die aktuellen Kosten, die für die bereits erledigte Arbeit einer Ressource an einem Vorgang bis zum Projekt-Statusdatum oder bis zum aktuellen Datum angefallen sind.

K

Kalender (Ansicht)

Eine Project-Ansicht, in der die Vorgänge eines Projekts im Kalenderformat angezeigt werden.

Kapazitätsabgleich

Eine Methode zum Auflösen von Ressourcenkonflikten oder -überlastungen, bei der bestimmte Vorgänge verschoben oder unterbrochen werden. Beim Kapazitätsabgleich durch Project werden die gewählten Zuordnungen einer Ressource neu verteilt und unter Berücksichtigung der Arbeitskapazität der Ressource, der Zuordnungseinheiten und des Kalenders sowie der Vorgangsdauer und -beschränkungen in den Projektplan integriert.

Kosten pro Einsatz

Eine feste Gebühr für den Einsatz einer Ressource. Dieser Wert kann variabel, also auf Stunden basierende Ressourcenkosten ersetzen oder zu diesen hinzukommen. Kosten pro Einsatz fallen jedes Mal dann an, wenn die Ressource verwendet wird.

Kostensatzfeld

Ein Feld, dessen Inhalt einen Bezahlungssatz darstellt (z.B. 20,00 € pro Stunde). Hierzu gehören u.a. die Felder *Standardsatz* und *Überstundensatz*.

Kostensatztabelle

Eine Zusammenstellung an Informationen über die Kostensätze für eine Ressource, darunter *Standardsatz, Überstundensatz* und *Kosten pro Einsatz* sowie die Termine, zu denen die unterschiedlichen Sätze gültig werden. Sie können für jede Ressource bis zu fünf verschiedene Kostensatztabellen einrichten.

Kreuztabelle (Bericht)

Informationen über Vorgänge und Ressourcen über einen bestimmten Zeitraum. Sie können eine Kreuztabelle z.B. so gestalten, dass sich am linken Berichtrand eine Liste der Vorgänge mit den jeweils zugeordneten Ressourcen und am oberen Berichtrand eine Zeitskala befindet, und dass am Schnittpunkt zwischen einer Vorgangszeile und einer Zeitspalte jeweils Kostendaten für den betreffenden Vorgang in diesem Zeitraum angezeigt werden. Die gleichen Informationen, jedoch mit mehr Formatierungsmöglichkeiten, erhalten Sie in den Ansichten *Vorgang: Einsatz* und *Ressource: Einsatz*.

Kriterium

Bei einem Filter eine der Anweisungen dazu, welche Vorgänge oder Ressourcen bei Anwendung des Filters angezeigt werden sollen. Das Kriterium für den Filter *Abgeschlossene Vorgänge* ist beispielsweise *Alle Vorgänge, die zu 100 % abgeschlossen sind.*

Bei einem Suchlauf eine der Anweisungen, die die zu suchenden Vorgänge oder Ressourcen definieren.

Kritischer Vorgang

Ein Vorgang, der termingerecht abgeschlossen werden muss, damit das gesamte Projekt planmäßig abgeschlossen wird. Wird ein kritischer Vorgang verzögert, so ist auch der Projektendtermin gefährdet. Die Abfolge der kritischen Vorgänge in einem Projekt bildet den kritischen Weg des Projekts.

Kritischer Weg

Die Abfolge von Vorgängen, die termingerecht abgeschlossen werden müssen, damit das gesamte Projekt planmäßig abgeschlossen wird. Jeder Vorgang auf dem kritischen Weg ist ein kritischer Vorgang.

L

Leistungsgesteuerte Terminplanung

Die Standardmethode der Terminplanung in Project. Hierbei ändert sich die Dauer eines Vorgangs bei jedem Hinzufügen oder Entfernen von Ressourcen, während der Leistungsumfang, der für die Erledigung des Vorgangs erforderlich ist, stets gleich bleibt. Angenommen, ein Vorgang erfordert 32 Stunden Arbeit, ist aber mit einer Dauer von 2 Tagen geplant. Dies weist darauf hin, dass dem Vorgang mehrere Ressourcen zugeordnet werden müssen, nämlich 2. Wenn pro Tag 8 Stunden gearbeitet werden, würden zwei Personen den Vorgang in 2 Tagen schaffen. Wird eine Ressource von dem Vorgang entfernt, so erhöht sich die Dauer auf 4 Tage, während die erforderliche Leistung (32 Stunden) gleich bleibt.

Leistungsgesteuerte Terminplanung gilt nur für Ressourcen, die einem Vorgang hinzugefügt oder von diesem entfernt werden. Diese Berechnungsmethode kommt nicht zum Einsatz, wenn in Project Arbeit, Dauer und Einheiten für Ressourcen geändert werden, die bereits Vorgängen zugeordnet sind.

M

Mehrere kritische Wege

Ein Vorgang, der die Endtermine einer Reihe von Vorgängen innerhalb des Projektplans beeinflusst, hat mehrere kritische Wege. Das Kennzeichnen und Überwachen von mehreren kritischen Wegen erlaubt einen wirkungsvolleren Umgang mit Situationen, die den Endtermin des Projekts gefährden könnten. In einem Project-Projektplan wird standardmäßig nur ein kritischer Weg angezeigt. Sie können dies jedoch ändern, sodass mehrere kritische Wege angezeigt werden.

Meilenstein

Ein Orientierungspunkt in einem Projekt, der ein wichtiges Ereignis markiert und Ihnen hilft, den Projektfortschritt zu überwachen. Jeder Vorgang mit einer Dauer von null wird als Meilenstein angezeigt.

Methode des Kritischen Weges

Eine Methode im Projektmanagement, bei der die Gesamtdauer eines Projekts basierend auf den einzelnen Vorgangsdauern und den Anordnungsbeziehungen der Vorgänge untereinander berechnet wird.

N

Nachfolger

Ein Vorgang, der erst nach dem Anfang oder Ende eines anderen Vorgangs anfangen oder enden kann.

Negativer Zeitabstand

Eine Überlappung zwischen zwei Vorgängen, zwischen denen eine Anordnungsbeziehung besteht. Angenommen, ein Vorgang kann beginnen, wenn sein Vorgänger zur Hälfte abgeschlossen ist. Legen Sie in diesem Fall für den Nachfolger eine Ende-Anfang-Beziehung und einen negativen Zeitabstand von 50 % fest. Der negative Zeitabstand wird stets als negative Zahl eingegeben.

Nicht zusammenhängende Mehrfachauswahl

Eine Auswahl mehrerer nicht nebeneinander liegender Felder. Sie können z.B. aus einer Vorgangstabelle die Vorgänge 1 bis 4, 7 und 10 auswählen. Dazu halten Sie die Strg-Taste gedrückt und klicken dann auf die gewünschten Felder.

Notiz

Erklärender Text, den Sie einem Vorgang, einer Ressource oder einer Zuordnung hinzufügen können.

O

OLAP Cube

Online Analytical Processing (Daten aus großen Datenbeständen analysieren). OLAP konzentriert sich bei der Analyse hauptsächlich auf das Berichtswesen. Die Daten werden aus den Datenquellen in einem multidimensionalen Datenwürfel (OLAP Cube) zusammengefasst und dann in Berichten (Portfolio Analyzer) mit Tabellen und Grafiken angezeigt. Der Anwender kann sich die Dimensionen, die für ihn interessant sind, auswählen und die Daten dieser Dimensionen darstellen.

Organisieren

Das mit Registern ausgestattete Dialogfeld, in dem Sie Ansichten, Tabellen, Filter, Kalender, Berichte, Masken, Symbolleisten, Abbildungen und Module aus *Visual Basic für Applikationen* in andere Dokumente und für andere Personen kopieren können.

P

Periodischer Vorgang

Ein Vorgang, der im Laufe eines Projekts wiederholt vorkommt. Eine wöchentliche Statusbesprechung lässt sich z.B. als periodischer Vorgang definieren.

PERT-Analyse

Die PERT-Analyse (Program, Evaluation and Review Technique) ist ein Vorgang, bei dem Sie ein wahrscheinliches Ergebnis anhand von drei Szenarios auswerten: dem günstigsten Fall, dem realistischen Fall und dem ungünstigsten Fall. Das Ergebnis, das Sie untersuchen, kann z.B. die Dauer eines Vorgangs, der Anfangstermin oder der Endtermin eines Vorgangs sein.

Pivot-Tabelle

Eine interaktive Tabelle, mit der Sie große Mengen an Daten rasch zusammenfassen, d.h. in Form einer Kreuztabelle darstellen können. Sie können die Zeilen und Spalten der Pivot-Tabelle gegeneinander austauschen, um unterschiedliche Übersichten über die Quelldaten zu erstellen, die Daten filtern, indem Sie unterschiedliche Seiten anzeigen lassen, oder für die Bereiche, die für Sie von Interesse sind, die Einzelheiten einblenden.

Plan

Ein Terminplan mit Anfangs- und Endterminen für Vorgänge und Ressourcen- und Kosteninformationen. Ein Basisplan ist der ursprüngliche Projektplan, den Sie gespeichert haben, um den Projektfortschritt zu überwachen. Ein Zwischenplan ist eine während des Projekts gespeicherte Zusammenstellung von Terminen, mit der Sie den Basisplan, den aktuellen Plan und andere Zwischenpläne vergleichen können.

Planabweichung (PA)

Die Differenz zwischen dem Betrag, den der aktuelle Stand der Arbeiten an einem Vorgang hätte kosten dürfen (SKAA), und dem Betrag, der für den Vorgang bis zum Statusdatum oder aktuellen Datum (SKBA) im Basisplan vorgesehen war. Ist der PA-Wert positiv, sind die Projektkosten dem Plan voraus. Bei einem negativen PA-Wert sind die Projektkosten dem Plan gegenüber im Rückstand.

Positiver Zeitabstand

Eine Zeitspanne zwischen zwei Vorgängen, zwischen denen eine Anordnungsbeziehung besteht. Wenn Sie beispielsweise einen zweitägigen Zeitabstand zwischen dem Ende eines Vorgangs und dem Anfang des nächsten Vorgangs benötigen, können Sie eine Ende-Anfang-Beziehung und einen positiven Zeitabstand von zwei Tagen festlegen. Der positive Zeitabstand wird stets als positive Zahl eingegeben.

Priorität

Ein Maßstab für die Wichtigkeit eines Vorgangs. Die Priorität entscheidet darüber, ob bei einem Vorgang ein Kapazitätsabgleich durchgeführt werden darf (also ob Ressourcenkonflikte oder Überlastungen durch Verzögern oder Unterbrechen des Vorgangs gelöst werden können). Die Vorgänge mit der niedrigsten Priorität werden als Erstes verzögert oder unterbrochen. Sie können Vorgänge auch anhand der Priorität sortieren.

Profil

Die Form der grafischen Darstellung, wie die berechnete Arbeit für eine Zuordnung über den angegebenen Zeitraum verteilt ist. Mit einem Profil können Sie besser steuern, wie in Project die Arbeit einer Ressource an einem Vorgang geplant wird. Profile können unterschiedlich geformt sein, z.B. flach, endlastig, anfangslastig, glockenförmig, trapezförmig usw.

Projekt aktualisieren (Befehl)

Informiert Ressourcen über E-Mail, Intranet oder das World Wide Web über Änderungen, die sich auf Vorgänge auswirken, z.B. neue Anfangs- oder Endtermine oder neue Ressourcenzuordnungen.

Projekt-Netzplandiagramm

Ein Diagramm, aus dem die Anordnungsbeziehungen zwischen den Vorgängen eines Projekts hervorgehen. Die Vorgänge werden durch so genannte Knoten dargestellt, die Anordnungsbeziehungen durch Verbindungslinien zwischen den Knoten. Die Ansicht *Netzplandiagramm (PERT)* in Project ist ein Projekt-Netzplandiagramm.

Projektkalender

Der Basiskalender, der in einem Projekt verwendet wird.

Projektstrukturplan (PSP)

Eine hierarchische Struktur, die zum Ordnen von Vorgängen für die Erstellung von Berichten und die Überwachung von Kosten dient. In Project können Sie den Projektstrukturplan anhand der Vorgangsnummern oder durch Zuweisen eines eigenen *PSP-Codes* zu jedem Vorgang erstellen.

Projektübergreifende Verknüpfung

Die Überwachung von Änderungen und Verknüpfungen zwischen getrennten, nicht zusammengeführten Projekten durch Einfügen externer »Stellvertretervorgänge«, die Anordnungsbeziehungen zu anderen Projektplänen darstellen.

Projektübersicht (Bericht)

Eine auf einer Seite untergebrachte Übersicht über die wichtigsten Projektinformationen, z.B. die Anzahl der Vorgänge und Ressourcen, den Status der Vorgänge und des Terminplans, Kosten, Anfangs- und Endtermine usw.

Puffer

Die Zeitspanne, um die ein Vorgang verzögert werden kann, ohne dass dies die Termine eines anderen Vorgangs oder den Projektendtermin beeinflusst. Freie Pufferzeit ist die Zeitspanne, um die ein Vorgang verzögert werden kann, ohne dass sich dadurch ein anderer Vorgang verzögert. Die gesamte Pufferzeit ist die Zeitspanne, um die ein Vorgang verzögert werden kann, ohne dass dies den Projektendtermin verzögert. Die gesamte Pufferzeit eines Vorgangs ist negativ, wenn der Vorgang zu lange dauert, als dass der Vorgänger an dem durch eine Einschränkung geforderten Datum beginnen könnte.

Q

QuickInfo

Das Wort oder der Ausdruck, der die Funktion einer Symbolleistenschaltfläche oder eines anderen Werkzeugs beschreibt. Die QuickInfo wird angezeigt, wenn Sie den Mauszeiger auf einer Schaltfläche oder einem Werkzeug positionieren, ohne zu klicken.

R

Ressourcen

Das Personal und die Sachmittel, die für die Erledigung der Vorgänge in einem Projekt eingesetzt werden.

Ressourcenansicht

Eine Ansicht, in der Ressourcendaten angezeigt werden. Hierzu gehören z.B. die Ansichten *Ressource: Tabelle, Ressource: Grafik* und *Ressource: Einsatz* sowie die Ressourcenmasken.

Ressourcenberichte

Gedruckte Informationen über die Ressourcen eines Projekts, z.B. über Kosten und Zuteilung.

Ressourcengesteuerte Terminplanung

Eine Planungsmethode, bei der die Dauer eines Vorgangs auf dem erforderlichen Arbeitsumfang und der Anzahl der dem Vorgang zugeordneten Ressourcen basiert. Ressourcengesteuerte Terminplanung ist in Project die Standard-Planungsmethode.

Ressourcengruppe

Eine Gruppe von Ressourcen, die mehrere Eigenschaften gemeinsam haben und unter einem Gruppennamen zusammengefasst sind. Sie können Ressourcen z.B. nach Arbeitsgebieten zusammenfassen und Gruppennamen wie »Installateure« oder »Redaktion« verwenden. Oder Sie fassen die Ressourcen nach Positionen zusammen und verwenden Gruppennamen wie »Subunternehmen« oder »Festangestellte«.

Ressourcenkalender

Ein Kalender, in dem die Arbeitszeiten und die arbeitsfreien Zeiten für eine bestimmte Ressource angegeben sind. Ein Basiskalender unterscheidet sich darin von einem Ressourcenkalender, dass er Arbeitszeiten und arbeitsfreie Zeiten für mehrere Ressourcen enthält. Anhand von Ressourcenkalendern können Sie einmalige Ausnahmen für einzelne Ressourcen festlegen, z.B. Urlaub, andere Arbeitstage, andere Schichten usw.

Ressourcenliste

Eine Liste der Ressourcen, die für die Zuordnung zu Projektvorgängen zur Verfügung stehen.

Ressourcenpool

Eine Gruppe von Ressourcen, die für die Zuordnung zu Projektvorgängen zur Verfügung stehen, wobei der Ressourcenpool ausschließlich für ein bestimmtes Projekt oder für mehrere Projekte bereitstehen kann.

Ressourcenzuteilung

Die Zuordnung von Ressourcen zu Vorgängen in einem Projekt.

Rollup

Wenn in der Ansicht *Balkendiagramm (Gantt)* die Daten von Teilvorgängen als Symbole auf dem zugehörigen Sammelvorgangsbalken aneinander gereiht werden, heißt dies, der *Rollup* der Teilvorgänge wird auf dem Sammelvorgangsbalken dargestellt. Sie können den *Rollup* von Teilvorgängen auf dem Sammelvorgangsbalken darstellen, um wichtige Termine sichtbar zu machen.

S

Sammelvorgang

Ein Vorgang, der aus Teilvorgängen besteht und diese zusammenfasst. Sammelvorgänge können Sie mithilfe der Gliederungsfunktion von Project erstellen. In Project werden Sammelvorgangsdaten (Dauer, Kosten usw.) automatisch aus den Daten für die Teilvorgänge ermittelt.

Skalieren

Ein Verfahren zum Vergrößern oder Verkleinern des angezeigten Bildes auf einer zu druckenden Seite. Wenn Sie den Maßstab verkleinern, werden mehr Daten einer Ansicht oder eines Berichts auf jeder Seite gedruckt. Wenn Sie den Maßstab vergrößern, werden weniger Daten einer Ansicht oder eines Berichts auf jeder Seite gedruckt.

Soll-Kosten bereits abgeschlossener Arbeit (SKAA)

Das Ertragswertfeld, das angibt, welcher Budgetanteil relativ zur bisher geleisteten Arbeit und zu den geplanten Kosten für den Vorgang, die Zuordnung oder die Ressource bereits ausgegeben sein darf. Der SKAA-Wert errechnet sich durch den kumulierten Wert des Zeitphasenfeldes *% Abgeschlossen* für Vorgänge (oder *% Arbeit abgeschlossen* für Zuordnungen und Ressourcen), multipliziert mit den geplanten Kosten, die für den Vorgang, die Zuordnung oder die Ressource bis zum Statusdatum oder aktuellen Datum vorgesehen wurden. SKAA wird auch als »Ertragswert« bezeichnet.

Soll-Kosten der berechneten Arbeit (SKBA)

Das Ertragswertfeld, das angibt, welcher Budgetanteil relativ zu den geplanten Kosten für den Vorgang, die Zuordnung oder die Ressource bereits ausgegeben sein darf. Der SKBA-Wert errechnet sich durch die kumulierten geplanten Kosten nach Zeitphasen bis zum Statusdatum oder aktuellen Datum.

Statusdatum

Ein von Ihnen angegebenes Datum (nicht das aktuelle Datum), für das Sie basierend auf der bisherigen Projektentwicklung Kosten, Arbeit und andere Projektdaten auswerten und prognostizieren.

T

Tabelle (Ansicht)

Eine Ansicht mit einer Anordnung von Spalten, die spezielle Informationen über Vorgänge, Ressourcen und Zuordnungen enthält.

Team-Posteingang

Eine Nachrichtenzentrale auf einem Webserver, in der die Arbeitsgruppenleitung Nachrichten (z.B. Ressourcen anfragen, Status abfragen und Projekt aktualisieren) an die Mitglieder der Arbeitsgruppe senden kann. Die Mitglieder der Arbeitsgruppe greifen mit einem Webbrowser auf den Team-Posteingang zu. Sie empfangen neue Vorgangszuordnungen, überwachen den Fortschritt ihrer Vorgänge, erhalten Aktualisierungsanforderungen von der Arbeitsgruppenleitung und senden Statusmeldungen über den Fortschritt ihrer Vorgänge an die Arbeitsgruppenleitung zurück. Über den Team-Posteingang können Arbeitsgruppenmitglieder Nachrichten an die Arbeitsgruppenleitung senden, nicht jedoch an andere Arbeitsgruppenmitglieder.

Teilprojekt

Ein Projekt, das in ein anderes Projekt eingefügt wurde. Teilprojekte dienen zur Unterteilung komplexer Projekte in einfacher zu handhabende Einheiten. Ein Teilprojekt wird auch als eingefügtes Projekt bezeichnet.

Teilvorgang

Ein Vorgang, der Teil eines Sammelvorgangs ist. Die Teilvorgangsdaten werden im Sammelvorgang zusammengeführt. Teilvorgänge können Sie mithilfe der Gliederungsfunktion von Project erstellen.

Terminplan

Die zeitliche Abfolge der Vorgänge innerhalb eines Projekts. Ein Terminplan besteht in erster Linie aus Vorgängen, Anordnungsbeziehungen, Dauern, Einschränkungen und zeitbasierten Projektinformationen.

Terminplanung mit fester Dauer

Eine Planungsmethode, bei der die Dauer eines Vorgangs stets gleich bleibt, ungeachtet dessen, wie viele Ressourcen dem Vorgang zugeordnet werden.

Tieferstufen

Verschieben eines Vorgangs auf eine niedrigere Gliederungsebene im Feld *Vorgangsname*, also Einrücken des Vorgangs nach rechts. Durch Tieferstufen wird der Vorgang zum Untervorgang des nächstliegenden Vorgangs auf einer höheren Gliederungsebene.

U

Überlastung

Die Folge davon, dass einer Ressource mehr Vorgänge zugeordnet wurden, als sie in der zur Verfügung stehenden Zeit schaffen kann. In Project wird eine Ressourcenüberlastung basierend auf Arbeitsumfang und Dauer der zugeordneten Vorgänge, der maximal verfügbaren Anzahl von Einheiten der Ressource und dem von der Ressource benutzten Kalender ermittelt.

Überstunden

Die bei einer Zuordnung vorgesehene Arbeit, die über die normale Arbeitszeit der zugeordneten Ressource hinausgeht und für die zum Überstundensatz abgerechnet wird. Überstunden sind nicht als zusätzliche Arbeit anzusehen. Vielmehr wird damit der Anteil der für eine Zuordnung aufgewendeten Arbeit bezeichnet, der in Überstunden geleistet wurde. Wenn für eine Zuordnung z.B. 40 Stunden Arbeit mit 8 Überstunden geplant sind, beträgt die Arbeitszeit insgesamt 40 Stunden: 32 Stunden Regelarbeitszeit und 8 Überstunden.

Unterbrochener Vorgang

Ein Vorgang, dessen Ablauf unterbrochen wurde, damit Vorgänge höherer Priorität ausgeführt werden können. Ein Vorgang niedriger Priorität mit zwei Tagen Dauer kann beispielsweise unterbrochen werden, sodass der erste Teil des Vorgangs am Montag und der zweite Teil am Freitag bearbeitet wird.

URL

Abkürzung für »Uniform Resource Locator«. Ein Standard zum Bezeichnen und Suchen eines Objekts im Internet, z.B. einer Datei oder einer Newsgroup. URLs sind der am häufigsten verwendete Adresstyp im World Wide Web. In HTML-Dokumenten geben URLs das Ziel eines Hyperlinks an.

V

Verknüpfen

Bei einem Projekt das Einrichten einer Anordnungsbeziehung zwischen zwei Vorgängen. Wenn Sie Vorgänge miteinander verknüpfen, definieren Sie eine Beziehung zwischen ihren Anfangs- und Endterminen. Es gibt vier verschiedene Anordnungsbeziehungen: *Ende-Anfang* (EA), *Anfang-Anfang* (AA), *Ende-Ende* (EE) und *Anfang-Ende* (AE).

Verzögerung

Die Zeitspanne, um die ein Vorgang sich gegenüber dem ursprünglichen Basisplan verspätet. Die Verzögerung ist die Differenz zwischen berechnetem Anfangs- oder Endtermin und geplantem Anfangs- oder Endtermin. Zu einer Verzögerung kann es kommen, wenn ein Basisplan gespeichert ist und die aktuellen Termine, die danach für Vorgänge eingegeben werden, nach den Terminen im Basisplan liegen, oder wenn die aktuellen Dauern die im Basisplan angegebenen Dauern überschreiten.

Visual Basic für Applikationen

Die Entwicklungsumgebung und -sprache in *Visual Basic*, die in anderen Programmen verwendet werden kann. *Visual Basic für Applikationen* ermöglicht es Ihnen, *Visual Basic*-Programme zu entwickeln, die speziell auf die Anforderungen Ihrer Arbeitsumgebung abgestimmt sind und so die Funktionalität der verwendeten Programme erweitern.

Vorgang

Eine Aktivität mit einem Anfang und einem Ende. Projekte bestehen aus einzelnen Vorgängen. Der Abschluss der einzelnen Vorgänge spielt für die termingerechte Beendigung eines Projekts eine große Rolle.

Vorgang mit festen Einheiten

Ein Vorgang, dessen Anzahl der zugeordneten Einheiten (Ressourcen) ein feststehender Wert ist, auf dessen Einheitenzahl also eine Änderung des Arbeitsumfangs oder der Vorgangsdauer keinen Einfluss hat.

Vorgänger

Ein Vorgang, der vor dem Anfang oder Ende eines anderen Vorgangs beginnen oder enden muss.

Vorgangsart

Eine Vorgangskategorie, die dadurch gekennzeichnet ist, welcher Aspekt des Vorgangs feststehend ist und welcher variabel. Es gibt drei Vorgangsarten: Vorgänge mit festen Einheiten, Vorgänge mit fester Arbeit und Vorgänge mit fester Dauer. Die Standard-Vorgangsart für Vorgänge in Project ist Feste Einheiten. Dies bedeutet, dass die zugeordneten Ressourcen immer gleich bleiben, wenn der Arbeitsumfang eines Vorgangs steigt und sinkt. Um den veränderten Arbeitsumfang zu kompensieren, wird bei einem solchen Vorgang die Dauer verändert, da diese nicht feststehend ist.

Vorgangsbericht

Gedruckte Informationen über die Vorgänge oder Aktivitäten in einem Projekt. Vorgangsberichte enthalten in der Regel Informationen über Anfangstermine, bereits abgeschlossene Arbeit und die erwartete Dauer von Vorgängen.

Vorgangsnummer

Eine Nummer, die in Project einem Vorgang bei der Eingabe automatisch zugewiesen wird. Die Vorgangsnummer gibt die Position des Vorgangs in Bezug auf andere Vorgänge an.

Vorlage

Ein Project-Dateiformat, das es Ihnen ermöglicht, vorhandene Terminpläne als Ausgangsbasis für neue Terminpläne wieder zu verwenden. Vorgangs- und Ressourcendaten, Formatierung, Makros und projektspezifische Einstellungen können Bestandteil einer Vorlage sein.

W

Web-Posteingang

Eine Nachrichtenzentrale in Project, in der die Arbeitsgruppenleitung webbasierte Nachrichten von Arbeitsgruppenmitgliedern lesen kann, die den Team-Posteingang verwenden. Dabei geht es um Nachrichten, die die von der Arbeitsgruppenleitung über Ressourcen anfragen, Status abfragen oder Projekt aktualisieren gesendeten Nachrichten beantworten. Über den Web-Posteingang kann die Arbeitsgruppenleitung den Projektterminplan, basierend auf den Antworten der Arbeitsgruppenmitglieder, automatisch aktualisieren lassen.

Webserver

Ein Serverprogramm, das Anfragen von anderen Computern verarbeitet, die eine Website angezeigt bekommen möchten. Ein Webserver kann auch als Aufbewahrungsort für Websites dienen. Der Webserver muss auf einem Computer installiert sein, der die richtige Hardware und die richtigen Verbindungen zur Abwicklung der eingehenden Webanfragen aufweist.

Website

Jedes Dokument oder Objekt in einem Intranet oder im World Wide Web, das in HTML formatiert ist und mit einem Webbrowser geöffnet werden kann.

World Wide Web

Ein Bereich des Internet, in dem eine grafische Benutzeroberfläche verwendet wird und keine textbasierte. Die Seiten oder Websites, die Sie im World Wide Web angezeigt bekommen, werden im HTML-Format erstellt. Mithilfe von Webbrowsern können Sie in HTML formatierte Websites ansehen.

Z

Zeiteinheitsabkürzung

Eine Abkürzung, die für die Zeiteinheit bei der *Dauer* der Arbeit oder der fortlaufenden Dauer steht.

Zeitphasen

Nach Zeitphasen berechnete Vorgangs-, Ressourcen- oder Zuordnungsinformationen sind Informationen, die über einen bestimmten Zeitraum betrachtet werden. Zeitphasendaten, z.B. Arbeit oder Kosten, können Sie in den Feldern auf der rechten Seite der Ansicht *Vorgang: Einsatz* und der Ansicht *Ressource: Einsatz* sehen. Je nach ausgewählter Zeitskala werden Zeitphasendaten nach Stunden, Wochen, Monaten oder beliebigen anderen Intervallen aufgeschlüsselt.

Zeitskala

Die Leiste mit den Zeitintervallen, die am oberen Rand der verschiedenen Balkendiagramme sowie der Ansichten *Ressource: Grafik*, *Vorgang: Einsatz* und *Ressource: Einsatz* angezeigt wird. Die Zeitskala besteht aus der oberen, gröberen und der unteren, feineren Zeitskala. In beiden Bestandteilen können Minuten, Stunden, Tage, Wochen, Monatsdrittel, Monate, Quartale, Halbjahre und Jahre angezeigt werden. Beispielsweise kann die obere Zeitskala in Monate unterteilt sein, während in der unteren Zeitskala Wochen angezeigt werden.

Ziehpunkt

Ein kleines Quadrat, das an jeder Ecke und an den Kanten eines Auswahlrahmens für ein Zeichenobjekt angezeigt wird. Sie ziehen einen Ziehpunkt, um ein Objekt zu vergrößern oder zu verkleinern.

Zoomen (Vergrößern/Verkleinern)

Eine Methode zum Vergrößern oder Verkleinern der in einer Ansicht angezeigten Informationen. Sie können die Ansicht so vergrößern, dass Sie nur eine Woche betrachten, oder so verkleinern, dass Sie das gesamte Projekt sehen.

Zusammengeführte Datei

Eine Datei, die eine oder mehrere eingefügte Projektdateien enthält. Die eingefügten Projekte können Verknüpfungen zu ihren Quellprojekten aufweisen, sodass jegliche Änderungen an den eingefügten Projekten in der zusammengeführten Datei automatisch auch in der Quelldatei vorgenommen werden.

Zwischenplan

Eine während des Projekts gespeicherte Zusammenstellung von Anfangs- und Endterminen. Vergleichen Sie einen Zwischenplan mit dem Basisplan oder dem aktuellen Plan, um den Projektfortschritt oder eventuelle Verzögerungen zu beobachten. Es können bis zu zehn Zwischenpläne für ein Projekt gespeichert werden.

D Tipps und Tricks zu Project 2003

Ändern der Standardansicht beim Start

Beim Start von Project erscheint standardmäßig die Ansicht *Balkendiagramm (Gantt)*. Arbeiten Sie jedoch überwiegend z.B. im Bereich **Ressourcenplanung**, können Sie festlegen, dass beim Start eine beliebige andere Ansicht, z.B. *Ressource: Einsatz*, angezeigt wird.

1. Klicken Sie im Menü *Extras* auf *Optionen* und holen Sie die Registerkarte *Ansicht* in den Vordergrund.
2. Wählen Sie im Listenfeld *Standardansicht* auf die Ansicht, die beim Start angezeigt werden soll.

Indikatoren für geschätzte Dauer deaktivieren

1. Klicken Sie mit der rechten Maustaste auf den Spaltentitel rechts von der Position, an der Sie das Feld *Geschätzt* einfügen möchten.
2. Rufen Sie im Kontextmenü *Spalte einfügen* auf. Im Dialogfeld *Definition Spalte* wählen Sie im Listenfeld *Feldname* den Eintrag *Geschätzt* aus. Treffen Sie Ihre weiteren Festlegungen zu Spaltentitel, Ausrichtung etc. und bestätigen Sie mit *OK*.
3. Legen Sie den ersten Vorgang (keinen Sammelvorgang!) auf *Nein* fest und zeigen Sie mit dem Mauszeiger auf das kleine schwarze Quadrat in der rechten unteren Ecke des Zellrahmens (Füllziehpunkt). Klicken Sie darauf und ziehen Sie den Mauszeiger nach unten, um die Felder für alle weiteren Vorgänge ebenfalls auf *Nein* festzulegen.
4. Um die Indikatoren für geschätzte Dauer **bei den Vorgängen** zu deaktivieren, die noch erstellt werden sollen, wählen Sie die Befehlsfolge *Extras/Optionen* und deaktivieren Sie das Kontrollkästchen *Neue Vorgänge haben geschätzte Dauer* auf der Registerkarte *Terminplan*.
5. **Dauerhaft deaktivieren** können Sie wie folgt: Wählen Sie die Befehlsfolge *Extras/Optionen*. Auf der Registerkarte *Terminplan* deaktivieren Sie das Kontrollkästchen *Anzeigen, dass Vorgänge geschätzte Dauer haben*.
6. Um die Indikatoren für geschätzte Dauer dauerhaft **für alle neuen Projekte** zu deaktivieren, klicken Sie anschließend auf *Als Standard festlegen*. Die Einstellungen werden nun standardmäßig als lokale Einstellungen für alle neuen Projekte herangezogen.

Geschätzte Dauer wird auch als *vorläufige Dauer* bezeichnet, da in der Projektplanung eigentlich alle Zeiträume zunächst geschätzt sind. Das Fragezeichen weist darauf hin, dass die Angabe noch nicht konkret erfolgte. Sie können diese Angabe mit einem für den Vorgang realistischen Wert überschreiben. Anschließend wird das Fragezeichen automatisch entfernt.

Geöffnete Projekte automatisch speichern

1. Rufen Sie den Menübefehl *Extras/Optionen* auf und holen Sie die Registerkarte *Speichern* in den Vordergrund.
2. Aktivieren Sie im Bereich *Automatische Speicherung* das Kontrollkästchen *Automatisch speichern alle* und legen Sie ein Speicherintervall fest (z.B. alle 30 Minuten).
3. Entscheiden Sie sich zwischen der Option *Nur aktives Projekt speichern* und *Alle geöffneten Projekte speichern*.
4. Aktivieren Sie das Kontrollkästchen *Bestätigung vor dem Speichern* und beenden Sie den Vorgang mit *OK*.

In Project haben Sie die Möglichkeit, für Ihre Projekte eine zeitgesteuerte Speicherung der geöffneten Dateien durchzuführen. Aktivieren Sie unbedingt die *Benachrichtigung*. Sie wissen schließlich nie, was mal dazwischen kommt, während Sie gerade an Ihren Projektplan experimentieren! **Achtung:** Diese Funktion ist **nicht** identisch mit der Microsoft Word-Option *Auto-Wiederherstellen*.

Eintragen von Feiertagen in den Projektkalender

1. Laden Sie das Project-Add-In *Feiertage einstellen* von *The Project Group* herunter.
2. Führen Sie das Installationsprogramm *setup.exe* aus (hierfür sind unter Windows 2000/XP/Server 2003 lokale Administratorrechte erforderlich).
3. Betätigen Sie auf der neuen Symbolleiste die Schaltfläche *Feiertage einstellen*.

Project hat im Gegensatz zu Outlook keine eigene Feiertagsdatei. Aus diesem Grund müssen Feiertage über den Menübefehl *Extras/Arbeitszeit ändern* standardmäßig manuell in den Kalender eingetragen werden, damit es zu keiner Einplanung von Ressourcen an Feiertagen kommt. Das Project-Add-In kann kostenlos unter nachfolgender Adresse heruntergeladen werden:

http://www.theprojectgroup.de

Speichern eines Projektes als Vorlage

1. Öffnen Sie das bestehende Projekt und rufen Sie den Menübefehl *Datei/Speichern unter* auf.
2. Im Dialogfeld *Speichern unter* weisen Sie der Vorlage einen Namen zu und wählen im Listenfeld *Dateityp* die Option *Projektvorlage* aus.
3. Im Feld *Speichern in* wird der entsprechende Ordner angezeigt. Klicken Sie nach Prüfung bzw. Korrektur auf *Speichern*.

4. Es erscheint das Dialogfeld *Als Projektvorlage* speichern. Wählen Sie die Datentypen, die Sie nicht in der Projektvorlage speichern möchten, indem Sie die entsprechenden Kontrollkästchen aktivieren.
5. Bestätigen Sie, indem Sie auf *Speichern* klicken.

Project bietet ein Verfahren an, das Ihnen ermöglicht, z.B. aktuelle Werte oder Basispläne vor dem Speichern in die Vorlage zu löschen. Es macht schließlich wenig Sinn, diese projektspezifischen Daten für ein neues Projekt zu verwenden. Alternativ könnten Sie die Projektdatei kopieren und anschließend leicht modifizieren.

Tabellen schnell auswählen und anpassen

1. Klicken Sie mit der rechten Maustaste auf den Schnittpunkt von Zeilen- und Spaltentitel, links oben in der Ecke. Diese Schaltfläche (*Alles auswählen*) trägt keine Beschriftung.
2. Aus dem angezeigten Kontextmenü wählen Sie die gewünschte Tabelle aus.
3. Alternativ können Sie aus dem Kontextmenü den Befehl *Weitere Tabellen* wählen. Dort haben Sie die Möglichkeit, weitere Tabellen auszuwählen, zu bearbeiten oder zu organisieren.

Das aufgerufene Kontextmenü entspricht der Befehlsfolge *Ansicht/Tabelle*. Der schnelle Zugriff auf Tabellen lohnt sich vor allem für Anwender, die häufig mit unterschiedlichen Tabellen arbeiten.

Löschen von Tabellen, Filtern, Ansichten und Kalendern

1. Klicken Sie im Menü *Extras* auf *Organisieren* und dann auf die gewünschte Registerkarte (z.B. *Tabellen*).
2. Wählen Sie im Feld auf der rechten Seite unter dem Namen der Projektdatei die zu löschende Tabelle aus und klicken Sie dann auf *Löschen*.
3. Bestätigen Sie den Löschvorgang, indem Sie auf *Ja* klicken und beenden Sie den Vorgang mit der *Schließen-Schaltfläche* in der Titelleiste des Dialogfeldes.

Die gelöschte Einheit wird zwar aus der Projektdatei, aber nicht aus Project entfernt. Sie können die gelöschte Tabelle also später wieder (aus der *Global.mpt*) in das Projekt kopieren.

Balkenhöhe zum Drucken verkleinern

1. Wählen Sie in der Ansicht *Balkendiagramm (Gantt)* die Befehlsfolge *Format/ Layout*.
2. In der Kategorie *Balken* wählen Sie die gewünschte Balkenhöhe aus.

Der Standardwert für die Balkenhöhe liegt bei 12. Die Balkenhöhe kann in den Abstufungen 10, 8, und 6 reduziert werden. Bei 1 cm Seitenrand ohne Kopf- oder Fußzeile (und ohne Legende) lassen sich auf diese Weise bis zu 44 Vorgänge auf ein DIN A4-Blatt im Querformat drucken. Dies ist nicht unwichtig, wenn wieder einmal die Vorgabe zählen sollte: »Bitte reduzieren Sie es auf eine Seite!«

Möchten Sie verhindern, dass eine Tabelle in allen neuen Projekten angezeigt wird, klicken Sie im Menü *Extras* auf *Organisieren* und dann auf die Registerkarte *Tabellen*. Klicken Sie in der Liste *Global.mpt* auf die zu löschende Tabelle und dann auf *Löschen*.

Legende und Spalten in anderer Sprache

Bei international tätigen Project-Anwendern besteht häufig die Problematik, einen Terminplan in englischer Sprache zu entwickeln, obgleich die deutsche Project-Version installiert ist. Mit der Umbenennung der Titel kann auf einem Ausdruck ansatzweise eine Lösung für dieses Problem gefunden werden.

1. Wählen Sie im Menü *Format* den Befehl *Balkenarten* aus.
2. Vergeben Sie in der Spalte *Name* die Vorgangsdefinitionen in der gewünschten Sprache (z.B. *Task* für einen normalen Vorgang oder *Summary* für einen Sammelvorgang) und bestätigen Sie mit *OK*.
3. Vergeben Sie für die Spaltentitel mit einem Doppelklick auf den Spaltenkopf oder über das Menü *Ansicht/Tabelle/Weitere Tabellen* und dem Befehl *Bearbeiten* einen anderen Namen für den Titel, z.B. *ID* für *Nr.* oder *Duration* für *Dauer.*

Wenn Sie neben der deutschen Version von Project auch noch eine andere Sprachversion installieren, haben Sie über das Programm *Microsoft Office Spracheinstellungen* im Ordner *Microsoft Office Tools* die Möglichkeit, die gesamte Anwendung in einer anderen Sprache zu starten.

Balkenarten in der Legende für den Ausdruck unterdrücken

Das Fenster für die Legende umfasst in der Standardeinstellung auf der ausgedruckten Seite alle Vorgangsarten des Menüs *Format/Balkenarten*, wobei diese längst nicht in jedem Projektplan vorkommen. Dies nimmt wertvollen Platz in Anspruch. Mit diesem Tipp können Sie die Angaben der Legende selektieren.

1. Wählen Sie in der Ansicht *Balkendiagramm (Gantt)* die Befehlsfolge *Format/Balkenarten.*
2. Klicken Sie auf den Namen des Vorgangs, den Sie in der Legende nicht anzeigen lassen wollen.
3. Ergänzen Sie die Namensbezeichnung des Vorgangs in der Bearbeitungszeile mit einem vorgestellten »Sternchen« (Asterisk), also z.B. **Sammelvorgang*.
4. Bestätigen Sie mit *OK*.
5. Prüfen Sie das Ergebnis, indem Sie auf die Schaltfläche *Seitenansicht* in der Symbolleiste klicken.

Projekt-Gesamtnotizfeld in Kopf- oder Fußzeile einfügen

1. Rufen Sie den Menübefehl *Datei/Eigenschaften* auf.
2. Auf der Registerkarte *Zusammenfassung* finden Sie das Feld *Kommentar.* Dort tragen Sie Ihre Notizen ein und bestätigen mit *OK.*
3. Nach Aufruf des Menübefehls *Datei/Seite einrichten* holen Sie die Registerkarte *Kopfzeile* oder *Fußzeile* in den Vordergrund, je nachdem, wo die Notiz angezeigt werden soll.
4. Wählen Sie im Bereich *Ausrichtung* eine Registerkarte aus (z.B. *Zentriert).*
5. Wählen Sie das Dropdown-Menü *Projektfelder* an. Das Menü öffnet sich und mit dem Mauszeiger werden die Felder automatisch markiert. Wenn Sie jetzt die Taste N drücken, erscheint automatisch *Notizen* im Feld.
6. Klicken Sie auf *Hinzufügen.* Im Vorschaufenster können Sie nun Ihren Text erkennen.
7. Bestätigen Sie die Einstellungen abschließend mit *OK.*

Mit diesem Tipp können Sie relevante Projektdaten »auf einen Blick« wie auch auf sämtlichen Druckseiten einheitlich darstellen.

Datumswerte schnell eingeben

Alternativ zum Kalender, der sich bei jedem Datumsfeld in Project als Dropdown-Menü aufrufen lässt, können Sie folgende Eingabeverfahren wählen:

1. Für den aktuellen Tag geben Sie in das Datumsfeld den Begriff *heute* ein bzw. für den Folgetag *morgen.*
2. Bei einem Termin des aktuellen Monats und Jahres genügt es, für den Tag die entsprechende Zahl einzugeben. Beispiel: Sie wollen das Datum *10.03.2004* eingeben, wobei das aktuelle Jahr »2004« ist und der laufende Monat »März«. Es genügt hier die Eingabe *10.* Das Programm ergänzt die aktuellen Faktoren automatisch.
3. Geben Sie die Zahl für Monat und Jahr jeweils getrennt durch »,« (Komma) »;« (Semikolon) oder »–« (Bindestrich) ein, wenn Monat oder Jahr noch in der Zukunft liegen. Am Beispiel für das Datum 10.03.2004 demonstriert, könnte die Eingabe lauten: *10,3,4* bzw. *10;3;4* oder *10-3-4.*

Diese Methode ist für alle Datumsfelder (z.B. Anfang, Ende, Aktueller Anfang, Datum1, Stichtag wie auch im Projektinfo) anwendbar. Bei weit in der Zukunft liegenden Terminen sparen Sie sich damit das Klicken durch den Kalender.

Stichtage zu Vorgängen vergeben

1. Klicken Sie doppelt auf den Vorgang oder rufen Sie über das Kontextmenü die *Informationen zum Vorgang* auf.
2. Tragen Sie unter der Registerkarte *Spezial* den gewünschten Termin als Stichtag ein und bestätigen Sie mit *OK.*

Häufig existieren in Projekten feste Stichtage zu Vorgängen. Mithilfe des Stichtages kann ergänzend zu den Einschränkungsterminen in Project eine grafische Abbildung des Stichtagdatums im *Balkendiagramm (Gantt)* erfolgen. Bei Überschreitung des Enddatums eines Vorgangs über den Stichtag hinaus, »warnt« zusätzlich ein grafischer Indikator (rote Raute mit Ausrufungszeichen) in der Vorgangstabelle und macht so auf den Konflikt aufmerksam. Beim Auftreten eines Konfliktes wird der Vorgang automatisch kritisch dargestellt, obschon seine Pufferzeit noch ungleich Null sein könnte.

Stichtage beeinflussen nicht die Termineinschränkungen für Vorgänge. Ein Vorgang könnte z.B. eine Anfangseinschränkung haben und zur Überwachung des Endtermins einen Stichtag.

Vorgang manuell kritisch darstellen

1. Per Doppelklick auf den gewünschten Vorgang erhalten Sie das Fenster *Informationen zum Vorgang*.
2. Wählen Sie die Registerkarte *Spezial*.
3. Im Feld *Einschränkungsart* wählen Sie *Muss anfangen am* oder *Muss enden am* sowie im Feld *Einschränkungstermin* das entsprechende Datum aus und bestätigen mit *OK*.
4. Stellen Sie über den Menübefehl *Format/Balkenarten* (oder Doppelklick im leeren Balkenplan) sicher, dass die farbliche Unterscheidung (z.B. roter Vorgangsbalken) zwischen kritischen und nicht kritischen Vorgängen vorgenommen wird. Ist dies nicht der Fall, rufen Sie den Balkenplan-Assistenten über den Menübefehl *Format/Balkenplan-Assistent* auf und markieren Sie *Kritischer Weg*.
5. Bestätigen Sie mit *Weiter*, *Ende* und schließlich *Jetzt formatieren*. Beenden Sie dann den Assistenten.
6. Der Vorgang wird als kritischer Vorgang angezeigt.

Vorgänge mit der Einschränkungsart *Muss anfangen am* oder *Muss enden am* werden in Project als kritische Vorgänge dargestellt. Das Setzen dieser Einschränkungsart hat jedoch auch Konsequenzen und Einschränkungen in der Terminplanberechnung.

Listenfeld der Ressourcenauswahl sortieren

1. Wählen Sie die Ansicht *Ressource: Tabelle* aus und klicken Sie mit der rechten Maustaste auf einen Spaltentitel. Aus dem Kontextmenü wählen Sie die Option *Sortieren nach*.
2. Im Fenster *Sortieren* wählen Sie im Feld *Sortieren nach* z.B. das Kriterium *Name*, wenn Sie die Ressourcen alphabetisch sortieren wollen.
3. Bestimmen Sie die jeweilige Sortierreihenfolge über das Feld *Aufsteigend* bzw. *Absteigend*.
4. Aktivieren Sie das Kontrollkästchen *Dauerhafte Neunummerierung für Ressourcen*, damit die Sortierreihenfolge neu festgelegt wird. Klicken Sie anschließend auf *Sortieren*.

Bei einer großen Anzahl von Ressourcen ist es sinnvoll, das Listenfeld zur Auswahl der Ressourcennamen in den Vorgangsansichten alphabetisch zu sortieren. Das Auffinden der Ressourcen bzw. die Zuordnung erfolgt schneller. Die Sortierreihenfolge im Listenfeld ist abhängig von der Ressourcensortierung in der Ansicht *Ressource: Tabelle*.

Verknüpfung zum nicht mehr existierenden Ressourcenpool aufheben

1. Öffnen Sie das Projekt ohne den Ressourcenpool, indem Sie im Dialogfeld *Ressourcenpoolinformationen öffnen* die Option *Andere Projekte nicht öffnen* auswählen.
2. Wechseln Sie über den Menübefehl *Extras/Ressourcen gemeinsam nutzen/ Gemeinsame Ressourcennutzung* zum gleichnamigen Dialogfeld.
3. Wählen Sie das Optionsfeld erneut aus, obwohl es bereits aktiviert ist.
4. Bestätigen Sie das folgende Dialogfeld mit *OK*.

Wenn ein Projekt geöffnet wird, das mit einem namensgleichen Ressourcenpool bereits verknüpft war, geraten die Zuordnungen im neuen Ressourcenpool durcheinander. Die Ursache ist, dass Project intern so genannte *IDs* abspeichert und nur beim Neuverknüpfen die Zuordnung aufgrund der Schreibweise vornimmt.

Entfernen doppelt verknüpfter Projekte aus dem Ressourcenpool

1. Öffnen Sie den Ressourcenpool mit Schreib-/Leserecht.
2. Wählen Sie das Menü *Extras/Ressourcen gemeinsam nutzen/Gemeinsame Ressourcennutzung* aus.
3. Markieren Sie eines der doppelt vorhandenen Projekte.
4. Aktivieren Sie die Schaltfläche *Verknüpfung aufheben*.

Wenn Sie ein Projekt, das mit dem Ressourcenpool verknüpft ist, mit *Speichern unter* erneut speichern, wird dieses Projekt auch mit dem Ressourcenpool verknüpft, sodass alle Ressourcen doppelt gebucht sind.

Leerzeilen in VBA überspringen

In Projektplänen werden aus Gründen der Übersichtlichkeit häufig Leerzeilen erstellt, um die Projektstrukturierung besser hervorzuheben.

In der Programmierungsumgebung von Project kann mithilfe der *For Each...Next-Anweisung* sehr komfortabel auf alle Vorgänge im Projekt zugegriffen werden. Leerzeilen führen dabei jedoch häufig zu Fehlern, z.B. »Laufzeitfehler 91«, da die leeren Zeilen als fortlaufende einmalige Nummern weiter mitgeführt werden, jedoch keinen Inhalt haben.

Und so können Sie das Problem beheben:

1. Öffnen Sie in Project den Visual Basic-Editor über das Menü *Extras/Makro* oder mit der Tastenkombination Alt+F11.
2. Geben Sie in einem neuen Modul folgenden Code (Listing D.1) ein:

Listing D.1: Leerzeilen überspringen

```
Sub LeereVorgaengeUebergehen()
  Dim tsk As Task
  For Each tsk In ActiveProject.Tasks
    If Not (tsk Is Nothing) Then
      MsgBox tsk.Name
      'Weitere Anweisungen
    End If
  Next tsk
End Sub
```

3. Führen Sie das Makro über das Menü *Ausführen* mit dem Befehl *Sub/UserForm ausführen* oder mit der Funktionstaste F5 aus.

Unterbrechungstermine über VBA auslesen

In Project können Vorgänge mit einem Unterbrechungstermin in der Projektverfolgung ausgesetzt werden. Es können dabei beliebig viele Teile als Unterbrechungsabschnitte generiert werden, die nicht über einen Menüpunkt oder eine Maske in Project ausgelesen werden können.

Mithilfe des vorliegenden VBA-Codes (Listing D.2) können Sie in einer *MsgBox* die Unterbrechungstermine lesen:

1. Öffnen Sie den Visual Basic-Editor über den Menübefehl *Extras/Makro/Visual Basic-Editor* oder mit der Tastenkombination Alt+F11 und geben Sie in einem neuen Modul folgenden Code ein:

Listing D.2: Unterbrechungstermine auslesen

```
Sub UnterbrechungstermineAuslesen()
  Dim tsk As Task
  msg = ""
  With ActiveCell.Task
      For i = 1 To .SplitParts.Count
        splitAnfang = Format(.SplitParts(i).Start, "dd.mm.yy")
        splitEnde = Format(.SplitParts(i).Finish, "dd.mm.yy")
        msg = msg & "Abschnitt " & i & ":   " & splitAnfang & _
              " - " & splitEnde & Chr(10)
      Next I
  End With
  MsgBox msg
End Sub
```

Outlook-Export über VBA

Mithilfe von Project-VBA können Sie selektierte Vorgänge, z.B. Meilensteine, von einem Projektplan nach Outlook exportieren.

1. Selektieren Sie im Project-Projektplan mehrere Vorgänge, indem Sie z.B. den Filter *Meilensteine* verwenden.
2. Öffnen Sie den Visual Basic-Editor über den Menübefehl *Extras/Makro/Visual Basic-Editor* oder mit der Tastenkombination Alt+F11.

3. Setzen Sie im Menü *Extras/Verweise* einen Verweis im Kontrollkästchen zur *Microsoft Outlook 11.0 Object Library.*
4. Geben Sie in einem neuen Modul folgenden Code (Listing D.3) ein:

Listing D.3: *Selektierte Vorgänge nach Outlook exportieren*

```
Sub ExportOutlook()
  Dim tsk As Task
  Dim myOLApp As Object
  Dim myItem As Outlook.AppointmentItem

  Set myOLApp = CreateObject("Outlook.Application")
  For Each tsk In ActiveSelection.Tasks
  Set myItem = myOLApp.CreateItem(olAppointmentItem)
    With myItem
      .Start = tsk.Start
      .End = tsk.Finish
      .Subject = tsk.Name
      .Body = tsk.Notes
      .Save
    End With
  Next tsk
End Sub
```

5. Führen Sie das Makro über das Menü *Ausführen* mit dem Befehl *Sub/UserForm ausführen* oder mit der Funktionstaste F5 aus.

Mit dem angegebenen Makro exportieren Sie die selektierten Vorgänge als Kalendereintrag zu Outlook. Dabei werden die Project-Felder *Anfang, Ende, Vorgangsname* und *Notizen* als Outlook-Kalendereintrag übertragen. Alle weiteren Felder stehen als Ergänzung zu dem gezeigten Makro zur Verfügung.

Klicken Sie im VBA-Editor auf die `CreateItem`-Methode und drücken danach die Taste F1 für die Visual Basic-Hilfe. Bei gesetztem Verweis auf die *Outlook 11.0 Object Library* bekommen Sie Hilfe zu den Outlook-Methoden und zum Objektmodell von Outlook.

VBA – Benutzerdefinierte Projekteigenschaften auslesen

Beim Programmieren von Project in VBA wird immer wieder auf Daten (z.B. Datum oder Zahlwerte) von Projekten zugegriffen. Sie werden ausgelesen, berechnet und wieder ausgegeben. Die Variablen, die diese Daten speichern, sind jedoch zeitlich auf die Laufzeit begrenzt und der Inhalt geht beim Beenden der Prozedur und damit spätestens beim Schließen der Projektdatei verloren.

Mithilfe der *CustomDocumentProperties*-Eigenschaft können Sie jedoch dauerhaft benutzerdefinierte Eigenschaften in einer Projektdatei speichern. Der Zugriff und die Veränderung des Inhalts auf diese Eigenschaft kann dabei über VBA, aber auch direkt in Project ohne Programmierung erfolgen. Gehen Sie folgendermaßen vor, um benutzerdefinierte Werte für ein Projekt zu speichern:

1. Öffnen Sie über das Menü *Datei/Eigenschaften* die Registerkarte *Anpassen.*
2. Vergeben Sie einen Namen für eine neue Projekteigenschaft (z.B. »MyProp«), einen Typ (Text, Datum, Zahl oder Ja/Nein) und einen ersten Wert.

3. Wählen Sie anschließend die Schaltfläche *Hinzufügen*. Die neue Projekteigenschaft erscheint jetzt in der Liste der Eigenschaften.
4. Öffnen Sie den Visual Basic-Editor über den Menübefehl *Extras/Makro/Visual Basic-Editor* oder mit der Tastenkombination Alt+F11 und geben Sie in einem neuen Modul den folgenden Code (Listing D.4) ein:

Listing D.4: *Benutzerdefinierte Eigenschaften auslesen*

```
Sub ProjektEigenschaften2()
  MsgBox ActiveProject.CustomDocumentProperties("MyProp").Value
End Sub
```

Mithilfe des beschriebenen VBA-Codes können Sie die Projekteigenschaft *MyProp* aus dem Projekt auslesen. Diese Variable bleibt auch nach dem Schließen der Projektdatei weiter erhalten und kann zu einem beliebigen späteren Zeitpunkt erneut ausgelesen werden.

VBA – Benutzerdefinierte Projekteigenschaften schreiben

Mithilfe des nachfolgend beschriebenen VBA-Codes (Listing D.5) können Sie die Projekteigenschaft *MyProp* in eine Projektdatei schreiben. Diese Variable bleibt auch nach dem Schließen der Projektdatei weiter erhalten und kann zu einem beliebigen späteren Zeitpunkt erneut genutzt werden. Die *CustomDocumentProperties*-Eigenschaft beschreibt die einzige Möglichkeit, in Project dauerhaft Konstanten als Eingabewerte – auch nach dem Schließen der Projektdatei – zu speichern:

1. Öffnen Sie den *Visual Basic-Editor* über den Menübefehl *Extras/Makro/Visual Basic-Editor* oder mit der Tastenkombination Alt+F11 und geben Sie in einem neuen Modul folgenden Code ein:

Listing D.5: *Benutzerdefinierte Projekteigenschaften schreiben*

```
Sub ProjektEigenschaftenSchreiben()
  Dim Eingabe As String
  Eingabe = InputBox("Geben Sie bitte einen neuen Wert " & _
                     "für MyProp ein", "CustomDocumentProperties")
  ActiveProject.CustomDocumentProperties _
     ("MyProp").Value = Eingabe
End Sub
```

2. Führen Sie das Makro über das Menü *Ausführen* mit dem Befehl *Sub/UserForm ausführen* oder mit der Funktionstaste F5 aus.
3. In Project im Menü *Datei/Eigenschaften* können Sie anschließend auf der Registerkarte *Anpassen* den neuen Wert für die Projekteigenschaft *MyProp* sehen.

Fragen zu Project in den Newsgroups stellen

1. Öffnen Sie Outlook Express.
2. Fügen Sie unter *Extras/Konten/News* über die Schaltfläche Hinzufügen den Newsserver *msnews.microsoft.com* hinzu.
3. Bestätigen Sie den Dialog zum Übertragen der Liste aller Newsgroups.
4. Wählen Sie *microsoft.public.de.project*, *microsoft.public.de.project.vba* und *microsoft.public.de.project.server* aus.

5. Wählen Sie in der Explorer-Leiste eine der drei Newsgroups aus.

Microsoft stellt mit den Newsgroups Foren bereit, in denen Sie Fragen zu Project stellen und beantworten können. Unter der folgenden Adresse finden Sie mehr Informationen zu den Newsgroups, u.a. auch ein Webinterface, mit dem Sie die Newsgroups alternativ zu Outlook Express auch über das WWW nutzen können:

http://communities.microsoft.com/newsgroups

Project-Adressen im Internet

Project-Bücher bei Microsoft Press

http://mspress.microsoft.de/mspress/project.asp

Reinke Solutions Team

www.winex.de

Die Autoren

www.msproject.info
www.holert.com
www.projectfaq.de

Microsoft Project Homepage Deutschland

http://www.microsoft.com/germany/ms/project2003/

Microsoft Project Server 2003 Technical Library

http://www.microsoft.com/technet/prodtechnol/office/proj2003/reskit

Deutsche Newsgroup

news://msnews.microsoft.com/microsoft.public.de.project
news://msnews.microsoft.com/microsoft.public.de.project.server
news://msnews.microsoft.com/microsoft.public.de.project.vba

Englische Newsgroup

news://msnews.microsoft.com/microsoft.public.project
news://msnews.microsoft.com/microsoft.public.project.vba
news://msnews.microsoft.com/microsoft.public.project.pro_and_server
news://msnews.microsoft.com/microsoft.public.project.standard_and_server

Weitere

http://www.mvps.org/project
http://www.mpug.org/
http://www.woodyswatch.com/project/

E Die CD-ROM zum Buch

Sämtliche im Buch beschriebenen Beispiele finden Sie auf der beiliegenden CD-ROM im Ordner *\Buch* auf dieser CD-ROM. Entnehmen Sie aus der folgenden Tabelle E.1 jeweils den Namen der Beispieldatei, eine Kurzbeschreibung derselben und den Speicherort, an dem Sie die Beispiele auf der CD-ROM finden.

Beachten Sie auch die Hinweise zur Handhabung der Beispiel- und Übungsdateien im jeweiligen Kapitel.

Für die meisten Beispiele ist es grundsätzlich von Vorteil, wenn Sie den jeweiligen Ordner von der CD-ROM auf die Festplatte Ihres PC kopieren und eventuell vorhandene Schreibschutz-Attribute von den Dateien entfernen:

1. Markieren Sie dazu die kopierte(n) Datei(en).
2. Klicken Sie mit der rechten Maustaste in die Markierung und wählen aus dem Kontextmenü den Befehl *Eigenschaften*.
3. Deaktivieren Sie (falls erforderlich) das Kontrollkästchen für den Schreibschutz und klicken dann auf *OK*.

Tabelle E.1: *Beschreibung der Beispieldateien*

Ordner	Dateiname	Kurzbeschreibung
\Buch\Kap01		Kapitel ohne Beispieldateien.
\Buch\Kap02		Kapitel ohne Beispieldateien.
\Buch\Kap03	*kap03_01.mpp* *kap03_02.mpp* *kap03_03.mpp* *kap03_04.mpp*	Die Beispieldateien stellen die unterschiedlichen Zwischenstände der Übungen des Kapitels dar.
\Buch\Kap04	*kap04_01.mpp* *kap04_02.mpp* *kap04_03.mpp* *kap04_04.mpp*	Die Beispieldateien stellen die unterschiedlichen Zwischenstände der Übungen des Kapitels dar.
\Buch\Kap05		Kapitel ohne Beispieldateien.
\Buch\Kap06	*kap06.mpd*	Basisdatenbank zum Nachvollziehen der Beispiele im Kapitel und Aufsetzen auf verschiedene Zwischenstände der Übungen.
\Buch\Kap07	*kap07_01.mpp* *kap07_02.mpp* *kap07_03.mpp* *kap07_04.mpp* *kap07_05.mpp* *kap07_06.mpp* *kap07_07.mpp* *kap07_08.mpp*	Die Beispieldateien stellen die unterschiedlichen Zwischenstände der Übungen des Kapitels dar.
\Buch\Kap08	*kap08_01.mpp* *kap08_02.mpp* *Vergleichsbericht.mpp*	Beispieldateien für die Erzeugung eines Plan-Soll-Vergleichs in Project.

▶

Ordner	Dateiname	Kurzbeschreibung
\Buch\Kap09	*kap09_01.mpp*	Basisdatei zum Nachvollziehen der Beispiele im Kapitel.
\Buch\Kap10	*kap10_01.mpp*	Basisdatei zum Nachvollziehen der Beispiele im Kapitel.
\Buch\Kap11	*kap11_01.mpp*	Basisdatei zum Nachvollziehen der Beispiele im Kapitel.
\Buch\Kap12	*kap12_01.mpp* *kap12_Lösung.mpp*	Basisdatei zum Nachvollziehen der Beispiele im Kapitel und deren Lösung
\Buch\Kap13	*kap13_01.mpp* *kap13_02.mpp*	Ergebnisse der Übungen in *kap13_01.mpp*. Basisdatei zum Nachvollziehen der Übungen *kap13_02.mpp*.
\Buch\Kap14	*kap14_01.mpp* *kap14_02.mpp*	Basisdatei zum Nachvollziehen der Übungen *kap14_01.mpp*. Ergebnisse der Übungen in *kap14_02.mpp*.
\Buch\Kap15	*kap15_01.mpp*	Datei mit den Ergebnissen der Übungen.
\Buch\Kap16	*kap16_01.mpp* *kap16_02.mpp* *projekt_db.mdb*	*kap16_01.mpp* und *kap16_02.mpp* sind die Beispiele zum Thema Projektverknüpfungen. *Projekt_db.mdb* enthält die Beispielprojekte zum Thema gemeinsamer Ressourcenpool.
\Buch\Kap17	*kap17_01.mpp* *kap17.mdb* *PJDB.htm*	Die beiden Dateien *kap17_01.mpp* und *kap17.mdb* werden für das Speichern von Daten aus einer Project-Datei im Datenbankformat verwendet. Die Datei *PJDB.htm* enthält Informationen zur Microsoft Office Project 2003-Datenbank, deren Aufbau und die Inhalte der Datenbank-Tabellen.
\Buch\Kap18		Kapitel ohne Beispieldateien.
\Buch\Kap19	*kap19_01.mpp*	Beispieldatei für das Abspeichern von Projektdaten im HTML-Format.
\Buch\Kap20		Kapitel ohne Beispieldateien
\Buch\Kap21	*SAMPEPM.HTML* *SAMPPRM.HTML*	Zwei HTML-Dateien für die Verwendung mit der Beispieldatenbank.
\Buch\Kap22		Kapitel ohne Beispieldateien
\Buch\Kap23	*kap23_01.mpp* *excelprojektvorlage.xls* *export_kap23_01.xls* *import_kap23_01.xls*	Beispieldateien zum Exportieren bzw. Importieren von Excel-Daten.
\Buch\Kap24	*Hausbau.mpp* *Hausbau.vsd* *visioexport_mpx.mpx* *kap24_01.mpp*	Beispieldateien für den Datenaustausch zwischen Project und Visio.
\Buch\Kap25	*kap25_01.mpp*	Basisdatei zum Nachvollziehen der Beispiele im Kapitel.
\Buch\Kap26	*kap26_01.mpp*	Basisdatei zum Nachvollziehen der Beispiele im Kapitel.
\Buch\Kap27	*kap27.mpp*	Beispieldatei mit sieben Modulen zu VBA und ca. 100 Beispiel-Listings zu häufigen Aufgabenstellungen in VBA.
\Buch\Kap28	*kap28.mpp*	Beispieldatei mit Modulen zur Erstellung von Symbolleisten.
\Buch\Kap29	*kap29.mpp*	Beispieldatei mit Modulen zur Erstellung von Dialogfeldern (UserForms) in Project.

Stichwortverzeichnis

% Abgeschlossen 121, 335
% Arbeit abgeschlossen 121

A

Abgeblendet 665
Abhängigkeiten 503
Ablaufplanung 181
Abschlussphase 18
Abweichung 229, 266, 665
Abweichung nach Abschluss 665
ActionControl-Eigenschaft 622
Active Server Pages 465
ActiveProject 566, 567, 569, 570, 573
ActiveX-Steuerelemente 627
Add-In 692
Adresse 665
Aktivierung 36
Aktualisierung 247
  Ressourcenstatus 120
  Vorgangsstatus 120
Aktuell 666
Aktuelle Arbeit 121, 335
Aktuelle Dauer 121
Aktuelle Kosten 121
Aktuelle Kostenabweichung (KA) 666
Aktuelles Datum 251
Ampelansicht 469
Ampelfunktion 340
Analysis Server 2000 408
Analysis Services
  Verbindungsinformationen 430
Änderungen in Pool übertragen 366
Anfangstermin 134
Anordnungsbeziehungen 666
anpassen 329
Ansichten 40, 89, 666
  Ansicht auswählen 142
  Ansichtsleiste 41
  Balkendiagramm
    Überwachung 52, 175
  Balkendiagramm (Gantt) 41, 52, 60, 140, 192, 193, 298, 691
  benutzerdefiniert 474
  Beziehungsdiagramm 168
  Gestalten 144
  Ins Menü aufnehmen 142
  Kalender 52, 89, 95
  Kopieren 145
  Netzplandiagramm 52, 89, 102
  Netzplandiagramm (PERT) 167
  Organisieren 146
  Originalansichten wiederherstellen 146
  Ressource
    Einsatz 52, 216, 299, 691
    Grafik 52, 300
    Tabelle 41, 53, 137, 183, 191, 214, 234, 306
    Zuteilung 208, 215, 221
  Ressourcenansichten 306
  vergrößern bzw. verkleinern 346
  Vorgang
    Eingabe 140, 199, 225, 241, 244
    Einsatz 52
    Einzelheiten 299
    Maske 141, 299
    Name 300
    Tabelle 141, 165, 232, 241, 298, 303
  wechseln 41
  Weitere Ansichten 53
Ansichtsarten 666
Ansichtskombination 168, 297, 666
Ansichtsleiste 143, 667
Ansichtsoptionen 474
Anwendungspoolname
  Beispieldatenbank 447
Application 532, 533, 562, 563, 567, 568, 570
Arbeit 220, 249, 667
Arbeitsauslastung 263, 288, 472, 473, 475
  Nach Ressourcen 278
  Nach Vorgängen 278
Arbeitsbereich 667
Arbeitsfreie Zeit 511
Arbeitsgruppe 462, 667
Arbeitsgruppenleitung 667
Arbeitsgruppenmitglieder 668
Arbeitsgruppen-Nachrichten 667
Arbeitsprofile 264
Arbeitstage (Bericht) 668
Arbeitszeiten 124, 668, 692
  ändern 192
Arbeitszeiten anpassen 124
Architektur 464
Array 584
Art der Dauer 195
Assistant 533
Aufgabenbereich 39
  Mit Vorlage beginnen 40
  Neues Projekt öffnen 40
  Projekt öffnen 40

Aufgabenordner 485
Auflistung 589
Auftraggeber 22
Aufwandsrückmeldung 463
Ausblenden 668
Ausschnitt 668
Authenticode-Technologie 552
AutoFilter 108, 668
speichern 109
AutoKorrektur 344
Automatisch berechnen 120
Automatische Speicherung 692
Automatische Syntaxüberprüfung 548

B

Balkenarten 76, 694
Balkendiagramm 34, 398
Balkendiagramm (Gantt) 508, 669
Balkenhöhe 693
Balkenplan-Assistent 76, 86
Balken-Rollup 91
Basiskalender 669
Basisplan 87, 478, 669
definieren 229
speichern 230
Bearbeiten von Kalendern 128
BeginGroup-Eigenschaft 617
Beispieldatenbank
an WSS anbinden 449
Anwendungspoolname 447
Basisverzeichnis der Website 444
Datenbanken 439
Datenbankkapazitätseinstellungen 449
Endbenutzer-Lizenzvertrag 438
installieren und konfigurieren 437
Integration zwischen WSS und Project Server 452
Konfigurationsassistent 437
Sicherungsdatei 439
URL 441
URL zu WSS anpassen 452
Virtuellen Server erweitern 447
Virtuellen Server konfigurieren 442
virtuellen Server konfigurieren 446
Virtuellen Server vorbereiten 446
Webseiten synchronisieren 453
Website TCP-Port 443
Windows SharePoint Services-Website 442
Windows-Accounts 440
Benutzer 383
Berechtigungen 473
mehrere 366
Benutzerdefinierte Felder
Dauer1 237
Dauer2 237
Dauer3 237
Benutzerdefinierter Filter 473
Berechnet 669
Berechnete Felder 332, 670
Berechnete Kosten (BK) 669
Berechneter Filter 669
Berechnungsmodus 120
Berechnungsoptionen 120
Berechtigungen 473
Berichte 670
Arbeitsauslastung 278
Arbeitstage 275
benutzerdefiniert 278, 289
Drucken 292
global verfügbar machen 291
kopieren 279
Kostenanalyse 277
Kostenberichte 276
Kostenrahmen 286
Kreuztabellenbericht 289
Kritische Vorgänge 274
löschen 281
Meilensteine 275
Monatskalenderbericht 279
Organisieren 281, 291
Praxisbeispiele 282
Projektübersicht 274
Projektübersicht direkt aufrufen 353
Ressourcenberichte 277
Seite einrichten 283, 292
Sortieren 286
Übersichtsberichte 274
Vorgänge höchster Ebene 274
Vorgangsstatus 275
Vorgangszuordnungen 277
Vorschau 280
Wer macht was 287
Berichtsart 670
Berichtstypen 273
Berichtszeitraum 284, 670
Betriebsphase 17
Bild kopieren 525
Bildausdehnung 401
Bildlaufleisten
bedienen 41
horizontal/vertikal 41
Sprünge im Arbeitsblatt 41
Bildschirmfoto 346
Boolean 577
Browser 391

C

Caption 533, 563
Caption-Eigenschaft 623
Cell 533
Certification Authorities 552
Change-Ereignis 631, 639
Click-Ereignis 641
Client Access License 461
Clientapplikation 464
Client-Zugriffslizenz 461
Code
definieren 310
Formate erstellen 311

Code *(Fortsetzung)*
Hierarchie 312
Menüeintrag abspeichern 313
Priorität 313
Projektstrukturierung 314
Codebereich 606
Code-Fenster
anzeigen 546
Deklarationsteil 580
Collection 589
COMAddIn 533
COMAddIns 535
COMAddInsDialog 357
Commandbar 533
CommandBarButton
Enabled-Eigenschaft 620
State-Eigenschaft 619
CommandBarControl
ActionControl-Eigenschaft 622
Caption-Eigenschaft 623
FaceId-Eigenschaft 621
Find-Methode 623
OnAction-Eigenschaft 622
CommandBar-Objekt 615
Add-Methode 617
Controls-Auflistung 616
Gruppierungslinie 617
Name-Eigenschaft 615
NameLocal-Eigenschaft 615
OnAction-Eigenschaft 618
Reset-Methode 621
sichtbar machen 616
CommandBars-Auflistung 615
ConsolidateProjects 568
Control
Delete-Methode 620
OnAction-Eigenschaft 625
Tag-Eigenschaft 624
Width-Eigenschaft 624
Count 562, 568, 570
CSV (Comma Separated-Values) 504
Cubes 672
CustomDocumentProperties 566, 567, 568

D

Datei
Eigenschaften 59, 566, 567, 568
Vorlage 693
zusammengeführte 689
Dateiformate 670
Datenanalyse 500
Datenaustausch 503
Datenbank 461
Datenfeld 584
dynamisches 584
Erase-Anweisung 586
höchster Index 585
mehrdimensionales 585
neu dimensionieren 585
niedrigster Index 585
sortieren 591
statisches 584
Datenfluss 465
Datenquellen
externe 503
Datenspalten 508
individuell 508
Datentyp 582
Datenvorlage 104
Datum 695
Datumsformat 135
Dauer 158, 670
formatieren 355
fortlaufende 674
geschätzt 162
DDE 671
Debugger
Makro 604
definierbare Felder 327
Definitionsphase 17
Diagramm
für das Intranet 398
online-fähig machen 400
Dialogfelder 46
Auswahllisten 47
Drehfelder 47
Eingabefelder 47
Hilfe 47
Kontrollkästchen 47
Navigieren zu Feldern 47
Optionsfeld 47
Registerkarten 47
Digitale Signatur 553
Dim-Anweisung 579
DIN-Norm 69 901 5
Direktbereich 604
Direktfenster 604
Dithering 401
Drag & Drop
Spalten 148
Drilldown 469
Drucken
Module 547
Optimieren 693
Druckvorschau 344
Durchlaufzeiten 181

E

Earned Value 121
Editorformat 548
Eigenschaften
Definition 532
Hilfe zu 532
von Dateien 137
Eigenschaftenfenster
anzeigen 545
Eingefügte Projekte 121
Einheiten 671

Einsatzgebiete 503
Einsatzmittel 181
Einschränkung 163, 671
feste 674
flexible 674
Einschränkungsart 171
Einschränkungstermine 169
Einstellungen zur Sicherheit (VBA) 554
Einzelansicht 672
Einzelheiten 672
Einzelheitenarten 216
ElseIf-Anweisung 596
Enabled-Eigenschaft 616
Endtermin 135, 478
Enterprise
Ressourcen 476
Enterprise Codes 310
Enterprise Felder 672
Enterprise Global 565
Enterprise Project Management 407
Enterprise-Gliederungscode
RSP 476
Entwickler 565
Entwicklungsphase 17
Ereignisse
auf Applicationsebene 610
Definition 609
UserForm 609
Err-Objekt
VBA 602
Ertragswert 121, 318, 673
EventInfo 533
Excel
Daten importieren 495
Export 498
Import 498
Zeitskalendaten analysieren 501
Excel-Projektvorlage 492, 498
Export 376, 492, 504, 512
Export-Abbildung 514, 673
Export-Assistent 491
Projektdaten 505
Exportfilter 393
Exportschema 491
Exporttabelle 673

F

FaceId-Eigenschaft 621
Fälligkeitsverfahren 673
Farbtiefe 400
Fehler
benutzerdefinierte 603
simulieren 603
Fehlerbehandlung 600
VBA 601
Fehlerbehandlungsroutine 603
Fehlermeldungen
unterdrücken 601
Fehlernummer 602
Fehlerquellen 257
Feiertage 130, 692
Feingliederung 20, 152
Felder 148, 329
Abweichung 232
Akt. Dauer 248
Aktuell 234
Anfang 149, 328
anpassen 329
Art 184
Attribut 327
Attribut1 149
Basiskalender 185
bearbeiten 329
Benutzerdefiniert 184, 327
Code 185
Datum 327
Dauer 149, 158, 159, 328
Einschränkungsart 170
Einschränkungstermin 170
E-Mail-Adresse 184
Ende 149, 328
Fällig am 185
Fälligkeit fester Kosten 232
Feste Kosten 150, 178, 232
Gesamte Pufferzeit 175
Gesamtkosten 224, 232
Gliederungscode 328
Gruppe 184
in Formeln 335
Indikatoren 148, 171, 184, 248
Kosten/Einsatz 185, 328
Kritisch 175
Kürzel 184
Materialbeschriftung 184
Max. Einh. 184, 185
Nachfolger 150, 166
Notizen 248
Nr. 148
Ressourcennamen 149, 184
Standardsatz 184
Text 328
Text1 149, 184
Überstd.-Satz 185
umbenennen 329
Verantwortlich 149
Verbl. Dauer 248
Verbleibend 232
Vorgänger 149, 150, 166
Vorgangsname 148, 232
Wertelisten 330
Zahl 328
Feldnamen 514
Fenster
anordnen 42
Dokumentfenster 42
kombinieren 42
navigieren 42
Neues öffnen 42
Programmfenster 42
Symbole 41
teilen 480
Verankern 549

Fertigungsphase 17
Feste Arbeit 158, 197, 206
Feste Dauer 118, 132, 158, 197, 198, 205
Feste Einheiten 158, 197, 211
Feste Kosten 122
Filter 107, 267, 674
  [AktuellerFilter] 356
  Abgeschlossene Vorgänge 267
  benutzerdefiniert 473
  Benutzt Ressource 271
  Eingabemasken 111
  erstellen 109
  Interaktiver 110, 677
  Kosten größer als 268
  Kostenrahmen überschritten 268
  Kritische Vorgänge 269
  Nicht abgeschlossene Vorgänge 270
  Ressourcengruppe 271
  Terminbereich 269
  Überlastete Ressourcen 270
  Vorgänge in Arbeit 270
  Vorgangsbereich 269
Filtermenü anpassen 356
Find-Methode 623
Firewall 477
For Each...Next 569, 570
FormatCurrency 642
Formate
  Arbeit Ressourcen 242
  Ressourcenkosten 225, 242, 244
  Terminplan Ressourcen 198, 242
Formatieren
  Balken 74
  Datum 75
  Kategorien 73
  Texte 72
FormatPercent 642
Formeleditor 332
Formeln
  Felder 335
  Funktionen 338
  global verfügbar machen 334
  importieren 334
Fortschrittsbalken 674
Fortschrittslinien 675
  einblenden 252
  formatieren 253
  periodische Intervalle 252
Freigaben 385
FrontPage 398, 403
Frühschicht 188
FTP 391
Führungskraft 467, 473
Function Point-Methode 159
Funktionen 333
  Abs 658
  Asc 654, 662
  Atn 658
  CBool 654
  CByte 654
  CCur 654
  CDate 650, 654
  CDbl 654
  CDec 654
  Choose 649
  Chr 654, 662
  CInt 654
  CLng 654
  Cos 658
  CSng 655
  CStr 655
  CVar 655
  Date 650
  DateAdd 650
  DateDiff 650
  DatePart 651
  DateSerial 651, 655
  DateValue 651, 655
  Day 651, 655
  Exp 658
  externe 587
  Fix 658
  Format 662
  Hex 655
  Hour 651, 655
  IIf 649
  in Formeln 338
  Instr 662
  Int 659
  IsDate 651
  IsNull 650
  IsNumeric 649
  LCase 662
  Left 663
  Len 663
  Log 659
  LTrim 663
  Mid 663
  Minute 651, 655
  Month 652, 656
  Now 652
  Oct 656
  ProjDateAdd 652, 659
  ProjDateConv 656, 660
  ProjDateDiff 652, 660
  ProjDateSub 652, 661
  ProjDateValue 652, 661
  ProjDurConv 657, 661
  ProjDurValue 653, 661
  Right 663
  Rnd 659
  RTrim 664
  Second 653, 657
  Sgn 659
  Sin 659
  Space 664
  Sqr 659
  Str 657
  StrComp 664
  StrConv 657, 664
  String 664
  Switch 650
  Tan 659
  Time 653

Funktionen *(Fortsetzung)*
Timer 653
TimeSerial 653, 657
TimeValue 653, 657
Trim 664
UCase 664
Val 658
Verwendung von 338
Weekday 653, 658
Year 653, 658
Fußzeile 695
gestalten 82
Fußzeilen 303

G

Gantt-Balken 260
Gantt-Diagramm 34, 503
Exportieren 505
Geldmittel 182
Gesamtkosten 266
Geschätzte Dauer 119, 691
GIF 398
Gitternetzlinien 80
einblenden 79
Gliederungscode 308
erstellen 310
umbenennen 310
verwenden 309
Gliederungsebene 570, 571, 675
Gliederungsnummer 675
Gliederungstiefe 152
Global.mpt 147, 281, 291, 383, 385, 612
Startoptionen 386
Unternehmensweite Anpassungen 388
Zentraler Zugriff 386
Globaldatei 675
Globale Projektvorlage
im Netzwerk 359
Grafische Symbole 469
Grafischer Indikator 340, 469, 470
Grobgliederung 20
Gruppieren 308
nach Meilensteinen 310
nach:[Aktuelle Gruppe] 356
Gruppierkriterium 310
Gruppiermenü anpassen 356
Gruppierungskriterien 313

H

Hauptprojekt 676
Hervorhebungsfilter 676
Hide-Methode 640
Hilfe 47
Assistenten-Optionen 48
aufrufen 49
Drucken 51
Hilfetext kopieren 51
Office-Assistent 48
Online-Hilfe 51
Reparieren 51
Tipps 48
zu VBA-Themen 557
Hilfslinie 79
Höherstufen 676
Horizontale Skalentrennung 66
HTML 87, 676
Code 392
Dateien 392
Seiten 391
Tags 392
Vorlagen 396
Hyperlink 178, 345, 392, 404, 676
Hyperlink-Adresse 676
Hyperlink-Darstellung 676
Hyperlink-Unteradresse 676

I

IIF-Funktion 338
Import 381
mit Überschriften 496
Outlook Aufgaben 485
Importschema 497
Indikatoren 677, 691
grafische 340
Inflation 226
Informationen zum Vorgang 170
Informationen zur Ressource 225
Initialisierung 20
Initialize-Ereignis 631, 637, 641
InputBox-Funktion 577
Installationsphase 17
Intergrierte Menüs 356
Internet 87, 391, 677
Internet Explorer
anpassen 459
erweiterte Sicherheit 417
Internet Information Services 6.x 408
Internet Informationsdienste
ASP.NET 415
IIS 5.0 Isolationsmodus 416
konfigurieren 414
WWW-Dienst 416
Internet Informationsdienste Manager 415
Internet-Assistent 392
Intranet 677
IP-Adresse 391
Ist 229
Ist-Kosten bereits abgeschlossener Arbeit (IKAA) 677
Istwerte 232

J

Jet-Engine 375
JPG 398

K

Kalender 124, 186, 677
  Definition von 126
  erstellen 126
  Hierarchie 132
  Nachtschicht 190
  organisieren 129
  Visio Gantt-Diagramm-Kalender 512
  zuweisen 130
Kalender bearbeiten 128
Kalender erstellen 126
Kalenderarten 124
Kalendereinträge 511
Kalenderoptionen 122
Kapazitätsabgleich 221, 678
Kennwort
  Einstellungen 383
Klasse
  Definition 532
Klassenmodul 610
Knoten 102
Knotenarten 103
Komprimierbarkeit 401
Konflikt 181
Konstanten 568, 581, 643
  eingebaute Konstanten 581
Kontextmenü 43, 147, 349, 387, 550
Konzeptphase 17, 18
Kopf- und Fußzeile 82
Kopfzeile 303, 695
  gestalten 82
Kosten 9, 178, 224, 244, 565, 572, 573
  Aktuell 243
  feste 178, 674
  geplante 675
  pro Einsatz 678
Kostenanalyse 265, 266
Kostenberichte 276
  Kostenanalyse 277
  Kostenrahmen 276
  Ressourcenkostenrahmen 277
  Vorgangskosten 276
  Vorgangskostenrahmen 277
Kostenfeld berechnen 336
Kostensatzfeld 678
Kostensatztabelle 678
Kostensteigerungen 226
Kostenüberwachung 318
Kostenziel 8, 9
Kreuztabelle 678
Kriterium 678
kritisch 696
Kritische Wege 76, 257, 480
  berechnen 122
  mehrere 679
Kritischer Pfad 34, 175

L

Langläufer 270
Laufzeitfehler 569, 578, 579, 600
Leerzeilen 697
Legende 84, 694
  gestalten 84
Leistungssteuerung 119, 196, 198, 205, 219
Lenkungsausschuss 384
ListCount-Eigenschaft 633
Listenfeld 629, 696
Listentrennzeichen 634
ListSeparator 568
Lokal-Fenster 606
Löschen 693

M

Machbarkeitsstudie 20
Makro
  an Ereignisse knüpfen 609
  aufzeichnen
    relativer Bezug 542
  automatisch starten 608
  Bedingungen prüfen (If ... Then Anweisung) 594
  benannte Argumente 576
  Codezeile umbrechen 575
  Kommentare 556
  löschen 544
  Makrovirus-Schutz 551
  Namenskonventionen 540
  Quelle vertrauen 554
  Rollupformatierung 93
  Tastenkombination festlegen 612
Makrorekorder
  Aktionen aufzeichnen 540
Management
  Definition 6
Manuell berechnen 120
Maske
  Arbeitsüberwachung 318
  benutzerdefiniert 318, 321
  Eingabe 318
  Ertragswert 318
  globalisieren 325
  kopieren 323
  Kostenüberwachung 318
  löschen 324
  Notizen 316
  Objekte 317
  PERT-Eingabe 318
  Ressourcenmasken 317
  Terminüberwachung 318
  Überwachung 318
  umbenennen 323
  Vorgänger & Nachfolger 316
  Vorgangsbeziehungen 319
Masteransicht erstellen 303
Material 182

mathematische Funktionen 332
mathematische Operatoren 333
Matrixorganisation 462
Maximale Einheiten 185
Mehrere Kritische Wege 122
Mehrfachauswahl
  in Listenfeldern 630
  nicht zusammenhängende 680
Mehrfachzugriff 386
Mehrprojekttechnik 383
Meilenstein 34, 74, 89, 162, 169, 679
Menü
  neues 352
Menübefehl
  einfügen 613
  einfügen mit VBA 618
Menüleiste 42
  Befehle 42
  erstellen 613
  Menüs anzeigen 42
  Mit Tastatur steuern 43
Messbarkeit der Ziele 20
Methoden
  Definition 532
Microsoft FrontPage 398
Microsoft Jet-Engine 375
Microsoft Office 2003 408
Microsoft Office 2003 Project Professional 407
Microsoft Office 2003 Project Server 407
Microsoft Office 2003 Project Web Access 407
Microsoft Windows SharePoint Services 407
MindManager 57
Mitarbeiter 26
Modul
  schützen 551
Moduleditor
  Allgemeine Einstellungen 548
MPP (Project Projekt) 505
MPX (Project Exchange) 504, 507
MsgBox 562, 566, 572, 573
MsgBox-Funktion 571
  eingebaute Konstanten 573
Multiprojekt 568
Multiprojektmanagement 181, 407
Multiseiten-Steuerelement 635, 636
  Register anordnen 636
MultiSelect-Eigenschaft 629, 633

N

Nachfolger 680
Nachfolgervorgänge
  mit VBA 534
Nachrechnung 21
Nachschlagetabelle 312
  erstellen 312
Nachtschicht 190
Name-Eigenschaft 629
Netzplan 34
Netzwerk 383
  Global.mpt 385
  Server 384
  Verknüpfung 387
  Zugriffsrechte 385
Newsgroups 700
Notizen 101, 346, 680
  Vorgang 62
Notiz-Symbol 63
NT-Authentifizierung 136
Nummer, einmalige 671

O

Objekt 529
  zugreifen über die With-Anweisung 565
Objektkatalog 539, 557
Objektmodell 530
  Definition 531
ODBC 160, 376
OLAP 672
OLAP-Cube 472
  erstellen 453
  Zugriffsrechte erteilen 455
OnAction-Eigenschaft 618, 622, 625
Operatoren 333
Optionen
  Allgemein 136
  Ansicht 691
  Berechnen 243
  Terminplan 174
Organisationsstruktur 21
Organisieren 680
  Kalender 129
Outlook 698, 700
  Aufgaben importieren 485
  Project Web Access anzeigen in 486
Outlook-Leiste
  Gruppe anlegen 488
  Verknüpfung 487

P

Parameterinfo 559
periodische Intervalle 252
Personal 182
Persönlicher Ordner 485
PERT-Analyse 94, 263, 681
PERT-Diagramm 34, 89, 102
Pflichtenheft 9
Phasen 151
Phasen im Projekt
  Abschlussphase 16
  Definitionsphase 16
  Einführungsphase 16
  Planungsphase 16
  Realisierungsphase 16
Phasenmodell 15
Physisch % Abgeschlossen 121

Pivot-Tabelle 681
Plan 681
Planabweichung 681
Planung 20
Planungs-Assistent 136, 172
Planungsphase 18, 229
Plan-Werte 232
Pool schreibgeschützt 366
Portfolio-Analysierer 471, 472, 473, 672
Portfoliobetrachtungen 463
Portfoliomanagement 461
Powerpoint
  Bild kopieren nach 526
Präfixe für Objekte 629
Print 569, 570
Print-Methode
  Debugging 605
Priorität 681
Problemphase 17, 18
Produktaktivierung 36
Profil 682
Programmierung 566, 570
Programmpfad 38
Project
  4.0 / 4.1 / 98 507
  Arbeitsfenster 39
  Basiskalender 511
  beenden 54
  Desktop-Symbol 38
  Desktop-Verknüpfung 38
  installieren, aktualisieren 35
  starten 37
Project 2000 504
Project 98 504
Project Felder
  Verwendung von 336
Project Server
  ActiveX Komponenten 436
  Administrator Kennwort 434
  Anmeldung 436
  Beispieldaten installieren 427
  Beispieldatenbank 467
  Datenbankinformationen 428
  Endbenutzer Lizenzvertrag 436
  Enterprise Option 434
  Evaluationshandbuch 466
  Extranetadresse 430
  Filtern, Gruppieren, Suchen 468
  Informationen zum Datenbankkonto 429
  installieren 426
  Konfigurations-Assistent für Windows SharePoint Services 424
  Mail-Server 431
  SharePoint Portal Server 433
  SMTP Server 431
  Startseite 436
  Testdatenbank 408
  Umgehungsliste 450
  URL 430, 436
  Verbindungsinformationen zu SharePoint 426
  Verbindungsinformationen zu Windows SharePoint Services 432
Project Server Account
  erstellen 457
ProjectBeforeTaskChange 533
Project-Datei, Eigenschaften 137
Project-Hilfe 346
Projects 562
Projekt 5, 503
  Aktualisierung 247, 250, 463, 682
  Aufbauorganisation 23
  Auftraggeber 22
  auschecken 466
  Datenbanken 375
  Detailansicht 470
  Drucken 80
  einchecken 466
  gemeinsam öffnen 365
  Gliederungstiefe 152
  historisieren 463
  Informationen 59
  Informationsarten 140
  Komplexität 29
  Kontroll- und Abstimmungsinstanzen 24
  kopieren 367
  Kosten 258
  kritischer Weg 258
  Lebenszyklus 31
  Meilensteine 270
  neu anlegen 58
  öffnen 39
  Optionen 243
  Organisation 31
  Phasen 151
  Pufferzeiten 258, 260
  Ressourcen 258
  Speichern 54, 86
  Speichern unter 54
  Struktur 21
  Struktur eines Projektes 15
  Strukturierung 152, 155
  Überwachung 241
  vergleichen 238
  veröffentlichen 481
  Vorgänge 257
  Zeit 257
  Ziele 8
Projektberater 40, 59
  allgemein 40
  Ausblenden 60
  Berichten 40
  Einblenden 60
  Einblenden/Ausblenden 40
  Ressourcen 40
  Symbolleiste 40
  Überwachen 40
  Vorgänge 40
Projektbeteiligte einbinden 462
Projektbüros 464
Projekteigenschaften 699, 700
Projekt-Explorer
  anzeigen 544
Projekt-Info 134
Projektinformationen 295, 468, 478

Projektkalender 124, 126, 512, 682
Projektkostenrahmen 468
Projektleiter 22, 24, 181
Aufgaben 24, 27
Projektmanagement
Begriffe 33
Definition 5, 7
Die zehn Regeln 28
Ganzheitlich 30
Integration in die Unternehmensorganisation 25
Mitarbeiter 26
Mitarbeiterqualifikation 26
Rahmen- und Nebenbedingungen 12
Zielkonflikte 13
Projektmanager 11, 15, 24, 469, 478
Projektmitarbeiter 181
Projekt-Netzplandiagramm 682
Projektorganisation 23, 463
Projektplanungssoftware
Fehler beim Einsatz von Project 3
Voraussetzungen erfolgreicher Nutzung 4
Projektportfolio 463, 467
Übersicht 468
Projektsammelvorgang 136
Projektstruktur 15, 21
Projektstrukturplan 682
erstellen 516
Projektteam 24
Ressource hinzufügen 475
Projektterminplan 468
projektübergreifende Verknüpfungen 370
Projektübersicht 503, 682
Projektüberwachung 241
Projektversionen
Datentabellen 240
Filter 239
vergleichen 236
Vergleichsbericht 238
Projektvorlagen 373, 384
Protection-Eigenschaft 616
Provider 391
Prozedurtrennlinie 547
Prozentuale Zuteilung 249
PSP 682
PSP-Diagramm 516
Puffer 682
Pufferzeit
freie 675
gesamte 675
Pufferzeiten 257

Q

QuickInfo 63, 345, 558, 683

R

Rechnen in Feldern 332
Rechtschreibung 344
Regeln 384
Registerkarte
Allgemein 136
Ansicht 135
Kalender 122
Terminplan 117
Register-Steuerelement 636
relativer Pfad 403
RemoveItem-Methode 633
Reset-Methode 621
Ressourcen 34, 182, 263, 683
Arbeit 245
Auswahl 696
Begriff 182
Eingabe 183, 191
Ersetzen 218
Ersetzungs-Assistent 479
Gemeinsam nutzen 363
Informationen zur Ressource 225
Kapazitätsabgleich 221
Kosten 224
Maximale Einheiten 185
Ressourcenkonflikte 213
Standardformel 200
Status 245
überlastet 263, 270, 473
Verfügbarkeit 474
Verhalten von Project 195
zum Pool hinzufügen 369
Zuordnung 191, 192, 478
Ressourcenansicht 183, 683
Ressourcenberichte 683
Überlastete Ressourcen 277
Wer macht was 277
Wer macht was wann 277
Ressourceneinsatz 473
Ressourcenfelder 328
Ressourcengruppe 683
Ressourceninformationen 140, 295
Ressourcenkalender 125, 126, 131, 186, 192, 196, 201, 213, 683
Definition 186
Teilzeitarbeit 187
Ressourcenkonflikt 213
Analyse 214
Ersetzen von Ressourcen 218
Handlungsalternativen 217
Kapazitätsabgleich 221
Manuelle Zuordnung der Arbeit 220
Ressourcenkürzel 184
Ressourcenliste 684
Ressourcenmanagement 181, 463, 472
Ressourcenmanagementtools 472
Ressourcenmanager 463, 472
Ressourcenpool 363, 463, 684, 697
aktualisieren 367
erneut laden 367
erstellen 364
Schreibzugriff 366
verknüpft 365
Ressourcenprojekt 363, 364
Ressourcenstatus 120, 245

Ressourcentabelle 499
Ressourcenüberlastung 215
Ressourcenverfügbarkeit 473
Ressourcenzuteilung 684
Rollup 684
Rückgängig machen 345
Rückwärtsberechnung 135

S

Sachmittel 182
Sachziel 8, 9
Sammelvorgang 571, 684
Sammelvorgangsbalken 91
Schaltflächen 343
  hinzufügen 350
  löschen 45
  QuickInfos 44
  vergrößern 44
Schaltflächensymbol
  ändern 611
Schätzen 159
Schätzmethodik 159
Schema speichern 494
Schichtarbeit 188
Schleifen programmieren
  Do-Loop-Anweisung 593
  For ... Next-Anweisung 588
  fuß- und kopfgesteuerte 593
  vorzeitig verlassen (Exit For-Anweisung) 592
  vorzeitig verlassen (ExitDo) 594
  While Wend Anweisung 592
Schnittstellen 503
Schreibschutzkennwort 86
Screenshot 346
Seite einrichten 81, 292, 695
Seitenansicht 54, 80
Seitenzahl
  Fußzeile 83
Select Case-Anweisung
  VBA 597
Selected-Eigenschaft 633
Selection 533
Serveradministrator 473, 474
Set-Anweisung 579, 622
Show-Methode 643
Sicherheitslogik 465
Sicherungskennwort 86
Skalieren 684
Skillmanagement 463
Solldefinition 229
Soll-Kosten bereits abgeschlossener Arbeit (SKAA) 684
Soll-Kosten der berechneten Arbeit (SKBA) 685
Sollwerte 232
Spalte 148
Spalten
  individuell 510
Spätschicht 188
Speichern
  Automatisch 692
Sprache 694
SQL Server
  Authentifizierung 411
  Database Creators 414
  gemischter Modus 411
  Security Administrators 414
  Service User 412
SQL Server-Authentifizierung 413, 428
SQL-Server 2000 408
Standardanfangszeit 122
Standardansicht 136
Standardendzeit 122
Standardkalender 124, 186
Standardvorgangsart 118
Standortkalender 126
Startmenü 38
State-Eigenschaft 619
Status 254
Statusanzeige 254
Statusberichte 463
  Abgeschlossene Vorgänge 276
  Bald anfangende Vorgänge 275
  Nicxht angefangene Vorgänge 275
  Verspätete Vorgänge 276
  Verzögerte Vorgänge 276
  Vorgänge in Arbeit 276
  Vorgangsstatus 275
Statusdatum 121, 251, 685
  setzen 252
Statusfelder 254
  einblenden 255
Statusleiste 46
Steuerelement Kalender 262
Stichtag 695
Störungen 257
Strukturierung 28, 512
Symbole
  Editor 611
  einfügen 611
  Typen 624
Symbolleisten 44, 343
  anpassen 44, 348
  einblenden 349
  erstellen 45
  fixieren 616
  Format 44, 346
  löschen 45
  neue 351
  Projektberater 347
  Ressourcenmanagement 215
  Schaltflächen 44, 343
  Standard 44, 344
  Überwachen 243
Systemtheorie 28
Systemvoraussetzungen 408
  Hardware 408
Szenario-Management 93

T

Tabellen 104, 685, 693
Abweichung 242
Anpassen 147
Arbeit 234, 242, 306
Eingabe 144, 170, 184
erstellen 491
Geplant 305
Kosten 178, 224, 225, 232, 234, 242, 244, 306
Spalten einfügen 147
Standardeingabe 144
Tabstrip 639
Tags 392
Tasks-Auflistung 589
Tätigkeiten delegieren 463
Team zusammenstellen 475, 477
Teamkommunikation 465
Teamleiter 24
Team-Posteingang 685
Teilprojekt 685
Teilvorgang 685
Teilzeitarbeit 187
Telnet 391
Termin 10
fester 674
festlegen 476
Terminbereich 269
Termineinschränkung 163, 696
Terminkonflikte 171
beheben 176
Terminplan 257, 685
Optionen 117
Terminplanindikatoren 478
Terminplanmeldung 173
Terminplanmeldungen 119
Terminplanung
leistungsgesteuerte 679
mit fester Dauer 686
ressourcengesteuerte 683
Terminverzug 478
Terminziel 8, 10
Text
benutzerdefiniert 508
Textarten 174
Textfeld 628, 641
Textformatierung
kopieren der 345
Tieferstufen 686
Tooltipp 558
TooltipText 621
TreeView-Steuerelement 640
TXT (Textdatei) 504

U

Überlastung 686
Überstunden 686
Überwachung 21, 241
Aktualisierung 247
Informationen eingeben 241, 247
Kosten 244
Optionen 243
Ressourcenarbeit 245
Überwachungsinformationen 247
Überwachungsphase 18
Umgehungsliste 450
UniqueID 569
Unterbrechungstermine 698
Unternehmensweiter Einsatz 462
URL 686
Usenet 391
UserForm
Ereignisse 609
UserForm-Objekt 628
Hide-Methode 640
Show-Methode 643
Unload 640

V

Variable 578
Datentyp 582
deklarieren 579
Gültigkeit 580
implizit deklarieren 578
Option Explicit 579
Private-Anweisung 580
Public-Anweisung 580
Static-Anweisung 580
überwachen 607
variable Felder 327
VBA 532, 566, 567, 568, 687, 697
VBE 533
Verbleibende Verfügbarkeit 249
Verfügbarkeit 475
anzeigen 474
Verfügbarkeitsansicht 474
Verfügbarkeitsdaten 463
Vergrößern/Verkleinern 689
Verknüpfen 687
Verknüpfungen 163
analysieren 166
aufheben 365, 369
definieren 164
Extern 370
Outlook-Leiste 487
Projektübergreifend 370
projektübergreifende 682
vertrauenswürdige Quellen 555
Verweis 587
Verwendung von Project Feldern 336
Verzögerung 221, 687
Visible-Eigenschaft 640
Visio 503
Visual Basic 375
Visual Basic Editor 533
aufrufen 543
Visual Basic für Applikationen 687

Vorgang 34, 687
  Aktualisieren 250
  Aktualisierung 247
  Anordnungsbeziehung 259
  Dauer 63, 157
  ein- und ausblenden 62
  Einfügen 62, 264
  Eingabetabelle anpassen 144
  Eingeben 60
  Einschränkungen 261
  externer 673
  fortlaufende Dauer 67
  kritischer 175, 678
  mit festen Einheiten 687
  periodischer 680
  Priorität 264
  Sammelvorgang 69
  Status 245
  Tabelle 143
  Teilvorgänge 61
  Terminierung 63
  Tiefer stufen 62
  unterbrechen 119, 345, 686
  verknüpfen 68, 119, 164
  Verknüpfungen entfernen 68
  Verknüpfungsmöglichkeiten 69
  Vorgangsdauern schätzen 158
  Vorgangseingabe 140
  Vorgangsnotizen 62, 63
Vorgänger 687
  mit VBA 534
Vorgangsaktualisierungen 473
Vorgangsansichten 183
Vorgangsart 158, 195, 384, 687
  Standard 118
Vorgangsbalken ausblenden 93
Vorgangsbericht 284, 688
Vorgangsdauer 157, 158
  eingeben 64
Vorgangseinschränkung 257
  beim Excel-Import 499
Vorgangsfelder 328
Vorgangsinformationen 140, 295
Vorgangskalender 124, 126, 131, 190
Vorgangsnummer 688
Vorgangsstatus 120, 245
Vorgangstabelle 498
Vorgangsverknüpfungen 164
Vorlage 40, 373, 384, 555, 688, 692
Vorläufige Dauer 691
Vorwärtsberechnung 134

W

Was-wäre-wenn-Analyse 257, 263
Webbasierte Funktionalitäten 464
Webbasierter Zugriff 463
Web-Posteingang 688
Webserver 688
Website 688
Weg
  kritischer 679
  mehrere kritische 679
Werkzeugsammlung 628
Wertelisten für Felder 330
WindowActivate 563
Windows 533, 568
  Service-User 447
  Service-User einrichten 409
Windows SharePoint Services 417
  Anwendungspool 422
  für Beispieldaten konfigurieren 445
  Inhaltsdatenbank 422
  installieren 418
  Konfigurations-Datenbank Server einstellen 420
  verwalten 452
  Virtuellen Server erweitern 421
  Virtuellen Server konfigurieren 418
Windows SharePoint Services 2.0 408
Windows-Benutzergruppe
  Administratoren 411
  OLAP Administrators 410
  Service User aufnehmen 410
With-Anweisung 565, 618
With-Events-Anweisung 610
Word
  Export nach 519
Wordexport
  Graphik kopieren 521
  Projekt-Kopfdaten 521
  Vorgangstabelle 519
World Wide Web 391, 688
Wort vervollständigen 559
WWW 688

X

XLS (Microsoft Excel-Datei) 504
XML 87, 465

Z

Zeilenhöhe 99
Zeilenumbruch 575
Zeitabstand
  negativer 680
  positiver 681
Zeiteinheiten 64, 66, 515
  einstellen 65
  Standard ändern 64
Zeiteinheitsabkürzung 689
Zeitphasen 689
Zeitskala 66, 515, 689
  ändern 66
  aufrufen 66
  dritte 67
Zeitskalendatenanalyse-Assistent 500

Zertifikat
auswählen 554
erstellen 552
für VBA-Projekt 552
löschen 556
öffnen zertifizierter Datei 554
Selfcert.exe 552
Ziehpunkt 689
Zieldefinition 20
Zielkonflikte 12, 13
Zoomen 689
Zoomfunktion
verkleinern/vergrößern 54
Zeitfenster 54
Zugriffsrecht 383, 384
Ändern 385
Lesezugriff 385
Vollzugriff 385
Zuordnungsarbeit
Ressource 474
Zuordnungsinformationen 140, 295
Zuordnungstabelle 499
Zuordungseinheiten 118
Zuweisungsoperator 532, 578
Zwischenablage 519, 525
Zwischenplan 689